DICIONÁRIO DA MITOLOGIA GREGA E ROMANA

PIERRE GRIMAL

DICIONÁRIO DA MITOLOGIA GREGA E ROMANA

Tradução de

Victor Jabouille

bertrand brasil

Título original: *Dictionnaire de la Mythologie Grecque et Romaine*
1951, Presses Universitaires de France

DIFEL
Difusão Editorial, Lda

Denominação social — DIFEL, 87 — Difusão Editorial, Lda.
Sede Social — Rua de D. Estefânia, 46-B
1000 LISBOA
Telefs.: 53 76 77 — 54 58 39 — 325 23 10
Telex: 64030 DIFEL P
Telefax: (01) 54 58 86
Capital Social — 60 000 000$00 (sessenta milhões de escudos)
Contribuinte n.º — 501 378 537
Matrícula n.º 3007 — Conservatória do Registo Comercial de Lisboa

bertrand brasil

EDITORA BERTRAND BRASIL, S. A.
Avenida Rio Branco, 99-20.º
20040 — Rio de Janeiro — RJ
Tel.: (021) 2632082 Telex: (021) 33798 Fax: (021) 2636112

Revisão: *Pedro Dourado*
Composição: *Textype — Artes Gráficas, Lda.*
Impressão e acabamento: *Printer Portuguesa*
Depósito legal n.º 52621/92
ISBN 85-286-0148-X

INTRODUÇÃO À EDIÇÃO PORTUGUESA

«... un mythe est perçu comme mythe par tout lecteur, dans le monde entier»*

Editado pela primeira vez em 1951[1], o *Dicionário da Mitologia Grega e Romana*, que ora se apresenta ao público leitor da língua portuguesa, mantém actuais os princípios que orientaram a sua elaboração. Como afirma, na «Introdução», o Autor, Professor Pierre Grimal, um dos mais eméritos classicistas franceses contemporâneos, esta obra ambicionava constituir «um reportório cómodo das lendas e dos mitos mais citados ou utilizados na literatura antiga». De facto, o *Dicionário da Mitologia Grega e Romana*, obra de consulta corrente, cumpre cabalmente a função esboçada e proporciona, de uma forma breve mas correcta, a apresentação das linhas definidoras dos principais mitos gregos e romanos e, complementarmente, fornece as noções indispensáveis à compreensão dos textos dos autores clássicos, tão ricos em conteúdo mitológico.

Não se tratando de uma obra de teoria ou de crítica, o *Dicionário* surge como um instrumento de consulta para quem pretenda documentar-se sobre as figuras e os temas das mitologias grega e romana ou, também, como um instrumento de esclarecimento rápido de pormenores míticos. Nesta perspectiva, o interesse da obra não se circunscreve exclusivamente aos estudiosos das literaturas antigas

* Claude Lévi-Strauss, *Anthropologie Structurale*, Paris, Plon, 1958, p. 232.

[1] Paris, P. U. F.

de expressão grega e latina; todos os que no seu percurso cultural se confrontam com o cenário, o enredo, o episódio, a cena, a alusão, a personagem, a metáfora, o nome, o epíteto, o símbolo ou o referente da mitologia clássica encontrarão nesta obra uma primeira resposta para satisfazer a sua curiosidade. A apresentação descritiva e a quase ausência de soluções interpretativas convidam à utilização do *Dicionário* pelo leitor não especializado, embora, por outro lado, a apresentação de uma bibliografia elementar (fontes e estudos) possibilite a sua exploração como obra de referência básica.

O leitor interessado em aprofundar os seus conhecimentos da temática mitológica poderá recorrer, complementarmente, a outras obras. Para além dos tradicionais *Dictionnaire Illustré de la Mythologie et des Antiquités Grecques* [2], de P. Lavedan, ou do *Dictionnaire des Antiquités Grecques et Romaines d'aprés les textes et les monuments contenant l'explication des termes qui se rapportent aux moeurs, aux institutions, à la religion, et en géneral à la vie publique et privée des anciens*[3], de C. Daremberg, E. Saglio e E. Pottier — obras actualizadas, quanto à informação mitológica, pelo *Dicionário* de P. Grimal —, ou, a um nível mais exigente de pesquisa, a indispensável *Real-Encyclopädie der klassischen Altertumswissenschaft*[4], de Pauly, Wissowa e Kroll, o instrumento de referência fundamental numa pesquisa mitológica aprofundada continua a ser a obra publicada por W. H. Roscher, o *Aufürliches Lexikon der Griechischen und Romischen Mythologie*[5]. Adicione-se a estas obras o actualizadíssimo e já indispensável *Lexicon Iconographicum Mythologiae Classicae* (LIMC)[6], obra colectiva em curso de publicação e complemento natural, com grande cópia de documentação iconográfica, das obras de referência anteriormente citadas.

Se no momento da publicação da primeira edição francesa do *Dicionário* a mitologia iniciava — após um longo espaço de tempo em que, ainda consequência dos exageros de algumas interpretações da «escola comparativista», foi encarada com desconfiança e descrédito — o seu período de recuperação e de afirmação como ciência, a verdade é que, no momento actual, a sua implantação e aceitação são inquestionáveis. Correntes de investigação e de opinião apenas esboçadas ou em fase de desenvolvimento na época de redacção do *Dicionário* acabaram por comprovar a sua eficácia com os resultados obtidos. Tomando como ponto de partida cronológico o final

[2] Paris, Hachette, 1931[3].

[3] Groz, Akademische Druck Verlagsanstalt, 1962-1963[R].

[4] München-Stuttgart, Alfred Duckmüller Verlag, 1968[2].

[5] Leipzig, Teubner, 1921 (Hildesheim, Georg Olms, 1965[R]).

[6] Zurich-München, Artemis Verlag, 1981...

da II Guerra Mundial, podemos — seguindo a classificação proposta por Edmond Leach[7] e ainda geralmente aceite, apesar da dificuldade existente em sistematizar um conjunto de linhas de aproximação tão diversas — agrupar em três grandes tipos as teorias que fundamentam as pesquisas míticas contemporâneas: 1. teorias funcionalistas; 2. teorias simbolistas; 3. teorias estruturalistas. Segundo estas perspectivas, a mitologia afirma-se como uma verdadeira ciência, recorrendo a metodologias próprias, operando em direcções múltiplas e apoiando-se em outras disciplinas (psicologia, sociologia, etnologia, história das religiões, linguística, gnosiologia, antropologia, etc.)[8]. Os mitos — reacção positiva às interpretações «pan-comparativistas» (sobretudo anteriores à I Grande Guerra) — são entendidos como explicações diferentes da filosofia ou da ciência, recusando-se, pois, a sua classificação como expressão de mentalidade primitiva. Em todo o processo de evolução e implantação da «ciência dos mitos» é patente a importância dos estudos sobre as mitologias grega e romana.

Bronislaw Malinowski[9] (1884-1942) é o autor que pode resumir as posições *funcionalistas*, que partem de uma realidade que deriva da experiência: o papel desempenhado pelos mitos nas sociedades em que permanecem vivos e actuantes. O funcionalismo não procura descobrir o significado espiritual ou intelectual das narrativas míticas, mas, sim, realçar a função social que desempenham na vida comunitária. O mito fundamenta os usos e as normas básicas do convívio, propondo uma justificação narrativa tradicionalmente aceite por todos: «Estudado vivo, o mito, [...] não é simbólico, não é uma expressão directa do interesse científico, mas uma ressurreição narrativa de uma realidade primordial, contada para satisfação de intenções religiosas profundas, de desejos morais, de submissões sociais, de certezas e, até, de necessidades práticas. O mito cumpre, na cultura primitiva, uma função indispensável; expressa, acentua e codifica a crença; protege e reforça a moral; vigia a eficiência do ritual e de certas regras práticas para a orientação do homem. O mito é, assim, um ingrediente vital da civilização humana; não é uma fábula vã, mas uma força criadora activa; não é uma explicação intelectual ou uma

---

[7] *Rethinking Anthropology*, London, Athlone Press, 1964.

[8] Para a compreensão da problemática da *mitologia* e para a sua perspectivação geral histórica, sugere-se a consulta de: Marcel Detienne, *L'invention de la mythologie*, Paris, Gallimard, 1981; Carlos García Gual, *La Mitologia. Interpretaciones del pensamiento mítico*, Barcelona, Montesinos, 1987; Furio Jesi, *Mito*, Milano, Isedi, 1973 (trad. portuguesa *O Mito*, Lisboa, Presença, 1977 [1]); Victor Jabouille, *Iniciação à Ciência dos Mitos*, Lisboa, Inquérito, 1986. Continua a ser muito útil a obra de John Peradotto, *Classical Mythology. An annotated bibliographical survey*, Urbana, University of Illinois Press, 1973.

[9] *The Argonauts of Western Pacific*, London, Routledge and Kegan Paul, 1922; *Magic, science and religion and other essays*, New York, Doubledy Anchor Books, 1954[R].

imagem artística, mas é um privilégio pragmático da fé primitiva e da sabedoria moral.»[10]

Sem se pretender afirmar uma relação directa e imediata com o funcionalismo de Malinowski, é possível verificar aproximações na importante obra de M. P. Nilsson[11] (1874-1967) (atenção renovada em relação ao aspecto cultural do mito e à sua repercussão na vida dos Antigos) e na corrente designada por «teoria do mito e do ritual», representada, por exemplo, por J. E. Fonterose[12] ou Theodor H. Gaster[13]. Na linha dos grandes estudiosos alemães da religião e da mitologia antigas dos finais do século XIX e do início do século XX — L. Preller, C. Robert ou o já referido M. F. Nilsson —, Walter Burkert[14] (n. 1931) analisa os mitos realçando as implicações sociais e a sua coesão com o ritual, valorizando a actuação funcional. Burkert considera o mito, que pertence ao nível linguístico, um conto tradicional aplicado a algo de interesse para a colectividade, transferindo, assim, a sua importância não para o momento da criação, mas, sim, para o da transmissão e preservação. Conto tradicional actualizado como experiência verbalizada, o mito define as suas próprias marcas históricas: «A narrativa tradicional está sempre pressuposta como forma verbal no processo do ouvir e do contar de novo e só pode sobreviver como forma estandardizada. Nesta medida, o mito é uma síntese *a priori*. A aplicação, a relação com a realidade, é secundária e a maior parte só parcialmente certa: a narração tem o seu "sentido próprio".»[15] «Mitos são estruturas de sentido.»[16]

---

[10] B. Malinowski, «Myth in Primitive psychology», in *Magic, science and religion and other essays*, p. 101.

[11] *Greek Popular Religion*, New York, Columbia University Press, 1940; *Geschichte der griechischen Religion*, München, C. H. Beck, 1941; *The Mycenaean Origin of the Greek Mythology*, Berkeley-Los Angeles, University of California Press, 1972[R]; *Cults, Myths, Oracles and Politics in Ancient Greece*, Lundt, Gleermp, 1972[R]; *Greek Piety*, New York, Norton and Company, 1959.

[12] *Pythoi. A study of Delphic myth and its origins*, Berkeley, University of California Press, 1971; *The Delphic Oracle*, Berkeley-Los Angeles, University of California Press, 1981[R]; *The ritual theory of myth*, Berkeley, University of California Press, 1971[R].

[13] *Thespis. Ritual, myth and drama in the ancient nearest*, New York, Anchor Books, 1977[R].

[14] *Griechischen Religion des archaischen und klassischen Epoche*, Stuttgard, Kohlhammer, 1977; *Homo Necans*, Berkeley — Los Angeles, California University Press, 1983[R]; *Structure and History in Greek Mythology and Ritual*, Berkeley — Los Angeles, University of California Press, 1979; *Die orientalisierende Epoche in der griechischen Religion und Literatur*, Heidelberg, Georg Olms, 1984.

[15] «Mythos und Mythologie», in *Propyläen Geschichte der Literatur*, I Band, Berlin, Propyläen Verlag, 1981 (trad. portuguesa *O mito*, Coimbra, Faculdade de Letras, 1986, p. 7).

[16] *Idem*, p. 8.

Entre as perspectivas *simbolistas* da análise mitológica, consideram-se os autores que encaram o mito como um modo diferente de exprimir o pensamento, a cultura e a forma de observar o mundo. Tomando como referentes teóricos os trabalhos de Creuzer e de Schelling, autores tão diferentes como E. Cassirer, S. Freud, C. G. Jung, K. Kerényi, W. F. Otto, M. Eliade, P. Ricoeur ou G. Durand têm em comum o admitirem o símbolo, tautegórico, que se afirma a si próprio, implicando a intervenção de reacções fundamentais, como a actividade física e a vontade. Trata-se de um outro tipo de linguagem, colectiva, mais emotiva e rica, exprimindo o que não pode ser expresso directamente no falar corrente. Os mitos dirigem-se, pois, não apenas ao entendimento, mas, também, à fantasia e à realidade.

E. Cassirer (1874-1945), sobretudo em *Philosophie der Symbolische Form*[17], afirma-se como um pensador profundo e original numa base de hermenêutica filosófica e o seu pensamento, apesar de a sua obra ter sido escrita em período anterior ao que está a merecer a nossa atenção, vai ser actuante posteriormente. O mito apoia-se sobre uma *força* positiva da figuração e da imaginação, mais do que sobre uma espécie de deficiência do espírito, sendo, assim, forma que cria significado. Forma de pensamento, forma de intuição e forma de vida, o mito pode apenas ser história verdadeira, mesmo que o seja na medida em que estabelece uma relação com os elementos formais estáticos da experiência, os únicos a que é possível atribuir a qualificação, relativa, de objectividade. Mais do que consequência de uma deficiência da linguagem, o mito é considerado, à luz da actividade formadora que lhe é própria, milagre do espírito e enigma. Cassirer considera o mito como uma não perfeita distinção entre símbolo e objecto do símbolo: o mito surge espiritualmente sobre o mundo das coisas materiais como expressão colectiva, poética e primordial diferente do pensamento lógico[18]. Entre os seguidores de Cassirer refiram-se W. M. Urban[19] (a mitologia é o fundamento da religião, que usa a linguagem do mito para simbolizar uma realidade não mitológica, e uma forma bastante elevada de conhecimento) e Susanne Langer[20] (embora também com nítidas influências de A. Whitehead e da semiótica de Ch. Morris).

[17] *Philosophie der symbolischen Formen*, trad. francesa *La philosophie des formes symboliques*, Paris, Les Éditions du Minuit, 1972; *An essai on Man*, New Heaven, Yale University Press, 1962[2]; *Sprache und Mythos*, trad. inglesa *Language and myth*, New York, Dover, 1953[2] (trad. portuguesa *Linguagem, Mito e Religião*, Porto, Edições Rés, 1976).

[18] Cf. *An essay on man* e *Language and myth*.

[19] *Language ad reality*, London, 1939.

[20] *Philosophy in a new key*, New York, New American Library, 1942.

W. Otto[21] (1874-1958), um filólogo clássico, exprime uma concepção inovadora da mitologia e da religião ao afirmar que os deuses gregos, como são apresentados, por exemplo nos *Poemas Homéricos*, são imagens simbólicas de uma intuição vital não traduzível de outro modo. É através deles que se exprime a visão religiosa, poética e mítica dos gregos. O mito é o que o homem apreende da divindade e o culto é a adaptação à diferença entre o humano e o divino.

A orientação psicanalítica, desenvolvida a partir da teorização e dos estudos pioneiros de S. Freud (1856-1939), continua a ocupar um lugar de destaque entre as correntes «simbólicas» de interpretação do mito. Já em carta ao Dr. Fliess datada de 15 de Outubro de 1894, Freud referenciava a tragédia *Rei Édipo* de Sófocles como exemplo caracterizante da materialização do complexo nuclear da teoria psicanalítica. O mito é considerado, sob o ponto de vista filogenético, o que o sonho é sob o ponto de vista individual. Se o sonho se explica pela libido pessoal, o mito — sonho de um povo — explica-se pela libido colectiva.

Os continuadores de Freud, discípulos e dissidentes, insistiram na utilização do material mitológico como referente e como *corpus* base de trabalho. Em termos de teorização, merece referência destacada C. Jung[22] (1876-1961) e a sua teoria dos *arquétipos*. Para Jung, os arquétipos são os herdeiros do mais antigo passado; são os traços tornados hereditários das primeiras experiências existenciais do homem perante a natureza, perante os outros homens e perante si próprio. Mais tarde, Jung encara os arquétipos como modos de comportamento universal típico, que correspondem a formas de conduta biológica, a princípios regulamentadores ou, ainda, a formas *a priori* da experiência. Os arquétipos são, deste modo, necessariamente inconscientes, formas dinâmicas que se impõem às imagens particulares. Mas o arquétipo não é uma imagem; é o impulso que dá origem a imagens e o símbolo é a explicação de um arquétipo desconhecido.

A partir da teoria dos arquétipos Jung chega à formulação essencial de um inconsciente individual — o que foi explorado por Freud — e de um inconsciente colectivo — imutável e universal, constituído por *arquétipos*, *animus*, *anima*, *duplo*, etc. O *inconsciente colectivo* pode ser definido como uma estrutura mental de que a mito-

---

[21] *Die Götter Griechland*, Bönn, Cohen, 1929; *Dionysus: myth and cult*, Bloomington, University of Indiana Press, 1965[R].

[22] *L'homme à la recherche de son âme*, Paris, Payot, 1979[R]; *Métamorphoses de l'âme et ses symboles*, Genéve, Georg & Cie, 1978[R]; *Psychologie et alchimie*, Paris, Buchet-Chastel, 1970[R]; *Psychologie de l'inconscient*, Paris, Buchet-Chastel, 1978[R]; *Psychologie et religion*, Paris, Buchet-Chastel, 1974[R]; *Les racines de la conscience. Études sur l'archétype*, Paris, Buchet-Chastel, 1975[R]; *Types psychologiques*, Genéve, Georg & Cie, 1967[R]. Sobre o pensamento de C. G. Jung cf. J. Jacoby, *Psychologie de C. G. Jung*, Paris, Delachaux et Nieslé, 1946.

logia constitui a materialização. Os produtos arquetípicos não se apresentam como mitos já formados, mas como elementos míticos, como motivos. O mito é, pois, a projecção de uma força psíquica que parte de um objecto real e o transfere na representação.

Para além dos já citados, têm prosseguido a investigação numa linha de interpretação psicológico-psicanalítica (freudiana ou não) aplicada à mitologia da Grécia e de Roma autores como Georges Devereux[23], Maria Scriabine[24], Gilbert Aigrisse[25], Erich Neumann[26], André Green[27], H. F. Jacques[28], Joseph Campbell[29], Kouretas[30], Philipe Slater[31], Clémence Ramnoux[32]. Convém acrescentar a estes nomes os de «pioneiros» como Charles Baudoin[33] e Marie Delcourt[34].

Discípulo de W. F. Otto, e também influenciado pelo pensamento de L. Frobenius, Karl Kerényi (1897-1973) exprime uma nova concepção do mundo mítico e da religião, conciliando a sua formação classicista com a interpretação psicológica de Jung. Kerényi considera, em *Einführung in der Wesen des Mythologie*[35], obra escrita em 1941 em colaboração com Jung, que a mitologia tem a sua própria linguagem, como a música, e que é necessário ter em conta essas imagens essenciais que, surgindo nos textos de autores antigos, têm paralelo em outras culturas. A mitologia é definida como «uma arte ade-

---

[23] É vasta a bibliografia de Georges Devereux, a maior parte dispersa nas revistas de psicanálise e de medicina. Refiram-se algumas das suas obras mais próximas da mitologia grega e romana: *Tragédie et poésie grecques*, Paris, Flammarion, 1975; *Dreams in Greek Tragedy*, Oxford-Berkeley, Basil Blackwell — California University Press, 1976; *Femme et mythe*, Paris, Flammarion, 1982; *Baubo. La vulve mythique*, Paris, Jean-Cyrille Godefroy, 1983.

[24] *Au carrefour de Thébes*, Paris, Gallimard, 1977.

[25] *Psychanalyse de la Grèce Classique*, Paris, Les Belles Lettres, 1960.

[26] *The Great-Mother: an analysis of the archetype*, Princeton, Princeton University Press, 1970.

[27] *Un oeil en trop*, Paris, Seuil, 1969.

[28] *Mythologie et Psychanalyse. Le châtiment des Danaides*, Ottawa, Lémeal, 1969.

[29] *The hero with a thousand faces*, New York, Bollingen Foundation, 1949; *The mask of God*, New York, Viking Press, 1959-1968.

[30] «Psychanalyse et mythologie: la névrose sexuelle des Danaides», in *Révue française de Psychanalyse*, 21, 1957, pp. 597-602.

[31] *The glory of Hera*, Boston, Beacon, 1963.

[32] *La nuit et les enfants de la nuit*, Paris, Flammarion, 1959.

[33] *Le triomphe du héros*, Paris, Plon, 1952.

[34] *Hermaphrodite. Mythes et rites de la bissexualité dans l'Antiquité*, Paris, P. U. F., 1965; *Légendes et cultes d'héros en Grèce*, Paris, Leroux, 1942; *Orestes et Alcméon. Étude sur la projection du matricide en Grèce*, Paris, Les Belles Lettres, 1959; *Pyrrhos et Pyrrha. Recherches sur les valeurs du feu dans les légendes helléniques*, Paris, Les Belles Lettres, 1965[R]; *Oedipe ou la legende du conquérant*, Paris, Les Belles Lettres, 1982[R]; *Héphaistos ou la légende du magicien*, Paris, Les Belles Lettres, 1982[R]. Cf. *Hommages à Marie Delcourt*, Bruxelles, Latomus, 1970.

[35] Zürich, Rheinverlag, 1941 (trad. francesa *Introduction à l'essence de la mythologie*, Paris, Payot, 1968).

rente e inerente à poesia (os domínios das duas chocam-se), uma arte com dados materiais particulares»[36]. Existe uma matéria especial que condiciona a arte da mitologia: «é uma soma de elementos antigos, transmitidos pela tradição, tratando de deuses e de seres divinos, de combates de heróis e de descidas aos infernos, elementos contidos nas narrativas conhecidas, mas que, contudo, não excluem qualquer modelagem mais completa»[37]. A mitologia informa a vida social do homem antigo e é um traço básico da sua vida comum. Essas imagens ou elementos narrativos, que surgem na narrativa mítica com valor simbólico fundamental, são designados por *mitologemas* e são considerados expressão da *psyche* colectiva do povo que criou a mitologia[38]. Os mitologemas correspondem, de certo modo, aos arquétipos de Jung. A mitologia informa a vida social do homem antigo e é um traço básico da vida comum. A análise mitológica pode, nesta perspectiva, recair sobre a comparação entre as representações de uma mesma imagem mítica, isto é, as materializações de um mitologema em mitologias distintas. Esta perspectiva de leitura do mito é exemplificada por trabalhos vários: Jung e Kerényi, na obra citada, analisam o tema do menino e menina divinos; O. Rank[39], o do nascimento do herói; J. Campbell, o do «herói com mil rostos».

O pensamento de Georges Gusdorf (n. 1912), sobretudo o expresso na obra *Mythe et métaphysique. Introduction à la philosophie*[40], explora uma concepção simbólica, que, derivada do existencialismo de Karl Jaspers, considera o mito como *pré-história* da filosofia, primeiro conhecimento que o homem adquire sobre ele próprio e sobre o meio; o mito é a estrutura desse conhecimento[41]. Para Gusdorf, é a consciência mítica que permite a localização da razão na existência, que insere a razão na sua totalidade — porque, abandonada a si própria, permaneceria como suspensa no abstracto, sem integração no mundo real. Se a mitologia é uma *primeira metafísica*, a metafísica deve ser compreendida como uma *mitologia segunda*[42].

Roger Caillois[43] (1913-1978), na linha do pensamento de O. Rank (todas as histórias de nascimento de heróis — Moisés, Édipo, Rómulo, Tristão ou Lohengrin — seguem sensivelmente a mesma sequência

---

[36] *Op. cit.*, p. 13.

[37] *Ibidem.*

[38] Cf. *loc. cit.*

[39] *The trauma of birth*, New York-London, Brace — Routledge and Kegan Paul, 1929; *The myth of birth of the hero*, New York, Vintage Books, 1964^{R}; *Don Juan. Um étude sur le double*, Paris, Denoel et Steele, 1932.

[40] Paris, Flammarion, 1968^{R}.

[41] Cf. *op. cit.*, p. 11.

[42] Cf. *op. cit.*, pp. 243-244.

[43] *Le mythe et l'homme*, Paris, Gallimard, 1972^{R}.

temática[44]), considera que o herói nasce de uma resolução imaginária de certos conflitos interiores, como os provocados pela revolta do filho contra os tabus impostos pelo pai. Mas o indivíduo não pode contentar-se com um sonho, mesmo realizador: pretende indentificar-se com o herói, razão pela qual o mito se concretiza sempre num ritual. A nível psicológico há uma ruptura entre o onírico e a acção; nas sociedades, pelo contrário, os mitos geram comportamentos. A exemplificação pode ser feita a partir de casos contemporâneos: o nazismo e a Ku-Klux-Klan. A teoria psicanalítica converge, assim, com a teoria sociológica: há um ponto de encontro entre as situações sociais e as que resultam dos complexos da libido. Os mitos, como instrumentos do sagrado, são absolutamente simétricos com as realidades animais (compare-se, por exemplo, as máscaras que assumem a morfologia do insecto e o canibalismo amoroso do instinto do louva-a-deus).

Mircea Eliade[45] (1907-1986) tenta, numa base simbolista e comparativista perspectivada a partir dos trabalhos de Jung e enriquecida com a fenomenologia de Husserl, definir o fenómeno mítico. Apresentando-se como «historiador das religiões», M. Eliade afirma que o mito tem uma função religiosa possível e é a base de um sistema hermenêutico[46].

M. Eliade define mito do seguinte modo: «... o mito conta uma história sagrada; relata um acontecimento que teve lugar no tempo primordial, no tempo fabuloso das origens. Por outras palavras, o mito conta como, graças aos actos dos seres sobrenaturais, uma realidade teve existência, quer seja a realidade total, o Cosmo, ou apenas um fragmento: uma ilha, uma espécie vegetal, um comportamento humano, uma instituição. É, pois, sempre uma narrativa de uma criação: conta-se como qualquer coisa foi produzida, como começou a *ser*. O mito não fala senão naquilo que aconteceu *realmente*, naquilo

---

[44] Cf. O. Rank, *The myth of birth of the hero.*

[45] **Aspects du mythe*, Paris, Gallimard, 1963; *Le chamanisme et les techniques archaiques de l'extase*, Paris, Payot, 1978; **Forgerons et alchimistes*, Paris, Flammarion, 1977; *Histoire des croyances et des idées religieuses*, Paris, Payot, 1976 e 1979; **Images et symboles*, Paris, Gallimard, 1952; *Initiations, rites, sociétés secrètes. Naissances mystiques. Essai sur quelques types d'initiation*, Paris, Gallimard, 1978; *Méphistophélès et l'Androgyne*, Paris, Gallimard, 1962; **Le mythe de l'eternel retour*, Paris, Gallimard, 1969[R]; **Mythes, rêves et mystéres*, Paris, Gallimard, 1957; *La nostalgie des origines*, Paris, Gallimard, 1971; *Occultisme, sorcellerie et modes culturelles*, Paris, Gallimard, 1978; **Traité d'histoire des religions*, Paris, Payot, 1975[R]; *De Zalmoxis a Gengis-Khan*, Paris, Payot, 1970. Existe tradução portuguesa das obras assinaladas com *. Cf. Adriano Marino, *L'herméneutique de Mircea Eliade*, Paris, Gallimard, 1981, e Joseph M. Kitagawa e Charles H. Longs (ed.), *Myths and symbols. Studies in honour of Mircea Eliade*, Chicago — London, University of Chicago Press, 1971[2].

[46] Cf. Adriano Marino, *op. cit.*

que se manifestou completamente, as personagens do mito são Seres Sobrenaturais»[47].

Para Eliade, o herói repete um gesto arquetípico e, desse modo, o homem, integrado na sociedade suportou, durante séculos, pesadas pressões históricas sem desesperar, sem recorrer ao suicídio nem cair na esterilidade espiritual. No eterno presente converge fatalmente o passado e o futuro. Os acontecimentos históricos justificam-se como um *eterno retorno*, um renovar perene do mito ou, por outro lado, como uma sucessão de teofanias.

Gilbert Durand[48] (n. 1924) pode ser encarado como o ponto de partida teórico de uma nova perspectiva de análise simbolista. Entroncando o seu pensamento em Gaston Bachelard e sofrendo as influências de Jung, Kerényi, Eliade, Dumézil e Henry Corbin[49], G. Durand remete-nos para a análise do Imaginário — «isto é, o conjunto das imagens e das relações de imagens que constituem o capital do pensamento do *homo sapiens*»[50]. G. Durand considera que as imagens humanas se agrupam segundo os três reflexos fundamentais — o postural, o digestivo e o rítmico —, que, por sua vez, se integram em dois, de facto, três, grandes regimes, agrupamentos mais gerais de estruturas vizinhas, analisados em *Structures Anthropologiques de l'Imaginaire*. O regime diurno (o da gesta épica) diz respeito à dominante postural, à tecnologia das armas, à sociologia matriarcal do soberano mago e guerreiro, aos rituais de elevação e de purificação; o regime nocturno — que é o regime místico e simboliza o corte e todos os símbolos de intimidade — subdivide-se em duas dominantes: a digestiva e a cíclica. A dominante digestiva reúne as técnicas do recipiente e do *habitat*, os valores alimentares e digestivos, a sociologia matriarcal e da alimentação; a cíclica agrupa as técnicas do ciclo, do calendário agrícola e da indústria têxtil, os símbolos naturais ou artificiais do regresso, os mitos e os dramas astrobiológicos[51]. Estes reflexos e regimes manifestam-se em estruturas gerais mais ou menos comuns a indivíduos da mesma época e da mesma cultura. Considerando o mito como «uma narrativa (discurso mítico) que põe em cena personagens, cenários, objectos sim-

---

[47] *Aspects du mythe*, p. 15.

[48] *Les structures anthropologiques de l'imaginaire*, Paris, Bordas, 1988[R]; *Le décor mythique de la Chartreuse de Parme*, Paris, Corti, 1961; *L'imagination symbolique*, Paris, P. U. F., 1984[4]; *Science de l'homme et tradition*, Paris, Berg Internacional, 1979; *Figures mythiques et visages de l'oeuvre, de la mythocritique à la mythanalyse*, Paris, Berg International, 1979; *L'âme tigrée. Les plurels de psyché*, Paris, Denoel-Gonthier, 1980; *Mito, Símbolo e Mitodologia*, Lisboa, Presença, 1982; *O Mito, a Sociedade e a Sociologia das Profundezas*, Lisboa, A Regra do Jogo, 1983; *La foi du cordonnier*, Paris, Denoel-Gonthier, 1984; *Beaux-arts et archétypes. La religion de l'art*, Paris, P. U. F., 1989

[49] *L'imagination créatrice dans les soufisme d'Ibn Arabi*, Paris, Flammarion, 1959.

[50] *Les structures anthropologiques de l'imaginaire*, p. 11.

[51] *Figures mythiques et visages de l'oeuvre*, p. 59.

bolicamente valorizados, segmentável em sequências ou mais pequenas unidades semânticas (mitemas) nas quais se investe obrigatoriamente uma crença (contrariamente à fábula e ao conto) chamada pregnância simbólica (E. Cassirer)»[52], G. Durand admite que o pensamento humano se move dentro de quadros míticos e, inconscientemente ou não, esses quadros estão presentes nas manifestações do Imaginário. É o mito que, na realidade existencial das culturas e da vida dos homens, distribui o papel da história.

G. Durand propõe vários níveis de análise mítica. A *mitocrítica* é o «emprego de um método de crítica literária ou artística que focaliza o processo compreensivo sobre a narrativa mítica inerente, como *Wesenschau*, ao significado de toda a narrativa»[53]. Com a *mitanálise*, «define um método de análise científica dos mitos com o fim de tirar deles não só o sentido psicológico (P. Diel , J. Hillman, Y. Durand), mas também o sentido sociológico (Lévi-Strauss, D. Zahan, G. Durand)»[54]. Se a mitocrítica é uma proposta de leitura da obra literária e se a mitanálise se debruça sobre a sociedade, a *mitodologia*, terceiro estádio de análise, é apresentada como a realidade última, a grande explicação que está para além da *episteme.*

O *estruturalismo*, designação geral entendida sobretudo como consequência dos trabalhos de V. Propp[55] e de Claude Lévi-Strauss[56], marca a investigação mitológica e pode ser encarado como um dos factores responsáveis pela definição de uma ciências dos mitos. Um dos principais obreiros desta afirmação da mitologia é Georges Dumézil[57] (1898-1987), que, ao fundamentar o seu estudo compara-

[52] *Idem*, p. 34.

[53] *Idem*, p. 218.

[54] *Idem*, p. 313.

[55] *Morfologijá skázki*, trad. inglesa *Morphology of the Folktale*, Austin-London, University of Texas Press, 1968².

[56] *Les structures élémentaires de la parenté*, Paris, P. U. F., 1949; *Tristes tropiques*, Paris, Plon, 1955; *La pensée sauvage*, Paris, Plon, 1962; *Anthropologie Structurale*, Paris, Plon, 1958; *Anthropologie Structurale II*, Paris, Plon, 1973; *Le totémisme aujourd'hui*, Paris, P. U. F., 1974²; *Mythologiques*: *I Le cru et le cuit*; *II Du miel aux cendres*; *III L'origine des maniéres de table*; *IV L'homme nu*, Paris, Plon, 1964-1971.

[57] Com a publicação da tese de doutoramento, *Le festin de l'immortalité: étude de mythologie comparée indo-européen* em 1924, iniciou Georges Dumézil uma obra vastíssima, na qual é possível distinguir duas fases. Realcem-se os seguintes trabalhos: 1.ª *Mythes et dieux des Germains*; *essai d'interprétation comparative*, Paris, P. U. F., 1940; *Mitra-Varuna: essai sur deux représentations indo-européennes de la souveraineté*, Paris, P. U. F., 1940; *Jupiter, Mars et Quirinus: essai sur la conception indo-européenne de la société et sur les origines de Rome*, Paris, Gallimard, 1941; 2.ª *Mythe et Épopée*, Paris, Gallimard, 1968, 1971 e 1973; *La religion romaine archaique*, Paris, Payot, 1966; *Heur et malleur du guerrier*, Paris, P. U. F., 1970; *Du mythe au roman*, Paris, P. U. F., 1970; *Les dieux souverains des Indo-Européens*, Paris, Gallimard, 1977; *Apollon sonore et autres essais. Esquisse de mythologie*, Paris, Gallimard, 1977.

tivo das religiões dos povos indo-europeus num conjunto articulado de conceitos e seguindo uma perspectiva própria de pesquisa das formas de representação e da ideologia da mentalidade antiga indo-europeia nos relatos míticos, deve ser considerado um estruturalista heterodoxo. A análise dos materiais possibilitou-lhe concluir que as sociedades indo-europeias, pelo menos em períodos remotos, eram caracterizadas por uma ordem hierarquizada, uma organização social tripartida, em que cada estrato era colectivamente representado no mito e na épica por um conjunto adequado de deuses e de heróis. A conclusão de que existiam três estratos sociais — sacerdotes, militares e produtores (pastores e agricultores) — é acompanhada pela concepção de que cada um desses grupos contribui, de uma forma específica, para a consolidação do sistema socio-sobrenatural. Também os deuses compõem uma tríade com valor funcional, representando a soberania, a força combativa e a fecundidade (a tríade primitiva Júpiter, Marte e Quirino atesta em Roma o sistema trifuncional). É o sistema trifuncional — suporte da «nova mitologia comparada»[58] — que permite considerar o pensamento de G. Dumézil como estruturalista. A tripartição funcional da sociedade primitiva indo-europeia reflecte-se, com múltiplas variantes, nas heranças míticas dos diferentes povos, com matizes e temas próprios a cada um, porque a história, ao particularizar-se, pode modificar as representações.

G. Dumézil considera que as religiões são conjuntos pelos quais se distribui toda a experiência humana. O estudo de uma religião não pode, assim, incidir sobre factos isolados, mas deve ter em conta conjuntos e relações de elementos. O sistema religioso de uma sociedade exprime-se numa estrutura conceptual primeiro e em seguida em mitos que representam e fazem agir essas relações intelectuais fundamentais. Os mitos, finalmente, actualizam, mobilizam e utilizam as mesmas relações. O objectivo fundamental deve ser, deste modo, determinar a estrutura enquanto tal. O mito é cenário privilegiado que permite descobrir e verificar as relações conceptuais fundamentais. O mito é definido por G. Dumézil do seguinte modo: «O país que não tem lendas, diz o poeta, está condenado a morrer de frio. É muito possível. Mas se um povo não tivesse mitos, já estaria morto. A função da classe particular de lendas que são os mitos é, com efeito, a de exprimir dramaticamente a ideologia de que vive a sociedade, de

[58] A expressão é da autoria de C. Scott Littleton, grande estudioso da obra de G. Dumézil e seu divulgador no mundo cultural anglo-saxónico. Cf. *The new comparative mythology. An anthropological assessment of the theories of G. Dumézil*, Berkeley, University of California Press, 1966. Cf. ainda J. Larson (ed.), *Myth in Indo-European Antiquity*, Berkeley, University of California Press, 1974.

manter na sua consciência não só os valores que ela reconhece e os ideais que persegue de geração em geração, mas, principalmente, o seu ser e a sua própria estrutura, os elementos, os vínculos, os equilíbrios, as tensões que a constituem, justificar, no fundo, as regras e as práticas tradicionais sem as quais tudo o que é seu se dispersaria.»[59]

A obra de Georges Dumézil marcou praticamente todos os que se têm debruçado sobre a mitologia e a religião da Grécia e de Roma em particular e de todos os povos indo-europeus em geral; refiram-se, entre os estudiosos que se têm debruçado sobre a mitologia e a religião clássicas, E. Benveniste, Stig Wikander, Lucien Gruschel, T. W. Powel, Jan de Vries, J. Duchesne-Guillemin, Francis Vian, Raymond Bloch, Jean Bayet, J. Prsuluski, Atsuhiko Yoshida, Jean Puhvel e Robert Schilling.

É Claude Lévi-Strauss (n. 1908) quem, em meados do nosso século, lança a investigação mitológica numa linha de pesquisa inovadora e concreta. Utilizando os conhecimentos metodológicos da Escola Linguística de Praga, em particular de Roman Jakobson, e os trabalhos de V. Propp, Lévi-Strauss surge como o grande investigador do *estruturalismo.* A análise estrutural dos mitos acompanha um trabalho mais vasto de inventariação dos determinantes psicológicos, que postula uma analogia de estruturas entre as diversas ordens de factos sociais e linguísticos. É possível distinguir no mito dois sentidos: o imediatamente perceptível a partir da narração e um outro sentido, escondido, que não é consciente. É este segundo sentido que o mitólogo, com o linguista, pode atingir. O mito não é uma narrativa que desenvolve a sua cadeia sintagmática segundo um eixo diacrónico de um tempo irreversível, do mesmo modo que as palavras se seguem na cadeia do discurso de sujeito falante; tal como a língua, o mito é um arranjo ordenado de elementos que, no seu conjunto, formam um sistema sincrónico, que constitui o espaço semântico a partir do qual se produz a narrativa.

Segundo Lévi-Strauss, existem dois níveis de leitura, como vimos: o nível narrativo manifesto e o nível mais profundo, que só se pode atingir através da referenciação dos elementos constitutivos da narrativa mítica. Em *Anthropologie Structurale*, Lévi-Strauss afirma: «... 1.° como todo ser linguístico, o mito é formado por unidades constitutivas; 2.° essas unidades constitutivas implicam a presença daquelas que intervêm normalmente na estrutura da própria língua, a saber, os fonemas, os morfemas e os semantemas. Mas elas estão, em relação a estas últimas, tal como estão elas próprias em relação aos morfemas, e estes em relação aos fonemas. Cada forma difere da que a precede por um mais alto grau de complexidade. Por esta

[59] *Heur et malleur du guerrier*, p. 11.

razão, chamaremos aos elementos que relevam no próprio mito (e que são os mais complexos de todos) grandes unidades constitutivas»[60]. Estas grandes unidades constitutivas são os *mitemas*[61].

O esquema de análise apresentado — análise do mito «à americana» — foi aplicado ao mito de Édipo[62], num texto bastante criticado[63]. Posteriormente, Lévi-Strauss propõe uma outra análise exemplar. Em «La geste de Asdiwal»[64], verifica-se uma divisão do mito em segmentos, a atribuição a esses segmentos de valores semânticos sem relação directa com a ordem dos eixos e dos planos que vão realçar a «armadura mítica», o conjunto de paralelismos e oposições que regem, em homologia, uma pluralidade de códigos e que recorre ao auxílio de informações extraídas do contexto cultural e etnográfico. Do mesmo modo, em *Mythologiques*, Lévi-Strauss analisa os mitos ameríndios recorrendo a elementos culturais enquadrantes. Neste conjunto de obras, acentua-se um aspecto: a importância que tem, dentro da mesma comunidade, a relação dos mitos uns com os outros. Os mitos são constituídos por unidades, transformadas e permutadas, segundo regras gerais e independentes — ou quase — da vontade humana. O mito tem, assim, uma esfera de existência e de significação independente, dentro da qual se verifica a actuação de variações, associações, de montagens que são autónomas. Entendido como «uma categoria do nosso pensamento que utilizamos arbitrariamente para reunir sob um mesmo vocábulo tentativas de explicação de fenómenos naturais, obras de literatura oral, especulações filosóficas e casos de emergência de processos linguísticos à consciência do sujeito»[65], o mito acaba por se reduzir, devido ao jogo de regras de transformação e de permuta, a um conjunto quase abstracto que se presta a um tratamento lógico-matemático. A relação *mito/literatura* é encarada, e ultrapassada, com a introdução do conceito de *mitismo*: «as obras individuais são todas mitos em potência, mas é a sua adopção sob a forma colectiva que actualiza, se se der o caso, o seu *mitismo*»[66].

As teorias de Lévi-Strauss não são universalmente aceites e têm surgido críticas, nomeadamente em relação à pretensão de encontrar na leitura estrutural dos mitos uma única função e de poder analisar essas narrativas segundo um método analítico conjugado com uma combinação de mitemas enquadrada pelo reportório dos mesmos.

---

[60] *Anthropologie Structurale*, pp. 232-233.

[61] *Ibidem*.

[62] *Idem*, pp. 235 e s.

[63] Cf. Jean-Pierre Vernant, «Oedipe sans complexe», in *Mythe et tragedie en Grèce ancienne*, Paris, Maspero, 1972, pp. 77-98.

[64] *Anthropologie Structurale II*, pp. 175-233.

[65] *Le totémisme aujourd'hui*, p. 18.

[66] *L'homme nu*, p. 560.

A principal crítica[67] localiza-se na excessiva generalização das suas conclusões (transferência de um *corpus* mítico contemporâneo e oral para um antigo e escrito). Entre os críticos, refiram-se Paul Ricouer[68], G. S. Kirk[69] e Jean-Pierre Vernant.

Jean-Pierre Vernant[70] e Marcel Detiénne[71] — núcleo da «Escola de Paris» — utilizaram o magistério de Lévi-Strauss e aplicaram o seu método à mitologia grega, apoiando-se (e essa é a marca de originalidade) em profunda fundamentação histórica e filológica, desenvolvendo, por outro lado, as correlações sociais. Em Itália, sobretudo em Roma, autores como A. Brelich[72], Dario Sabbatucci[73] ou Giulia Piccagula, desenvolveram uma investigação mítica de hermenêutica baseada na antropologia histórica[74].

Tomando como vector inicial os trabalhos de V. Propp e de Lévi-Strauss, os estudiosos do discurso literário atentaram, também, no discurso mítico. Roland Barthes (1915-1980), em «Le mythe, aujourd'hui»[75], relaciona o mito com linguagem e informação, considerando a mitologia como parte da semiologia: «*le mythe est une parole*»[76]. Esta *parole* é uma mensagem[77]. A intenção da análise é esclarecer a correlação do mito enquanto sistema semiótico secundário ou como metalinguagem: o que é *signo* na linguagem transforma-se em significante no mito, o que corresponde a uma regressão do sen-

---

[67] Cf. Edmond Leach (ed.), *The structural study of Myth and Totemism*, London, Tavistoch Publications, 1976[R].

[68] *Le conflit des interprétations. Essais d'hermenéutique*, Paris, Gallimard, 1969.

[69] *Myth, its meaning and function in ancient and other cultures*, Berkeley — Los Angeles, Cambridge University Press-California University Press, 1970; *The nature of Greek myths*, Harmondsworth, Penguin Books, 1974.

[70] *Mythe et pensée chez les Grecs*, Paris, Maspero, 1974; *Mythe et société en Grèce ancienne*, Paris, Maspero, 1981[2]; *L'individu, la mort, l'amour. Soi même et l'autre en Grèce ancienne*, Paris, Gallimard, 1989; em colaboração com Pierre-Vidal Naquet, *Mythe et tragédie en Grèce ancienne*, Paris, Maspero, 1972; em colaboração com Marcel Detienne, *Les rusas de l'intelligence. La Métis des Grecs*, Paris, Maspero, 1974; *La cuisine du sacrifice en pays grec*, Paris, Gallimard, 1979.

[71] *Les jardins d'Adonis. La mythologie des aromates en Grèce*, Paris, Gallimard, 1972; *Dionysos mis a mort*, Paris, Gallimard, 1977; *L'invention de la mythologie*, Paris, Gallimard, 1981; *Les maîtres de vérité en Grèce ancienne*, Paris, La Découverte, 1981[R]; *Dionysos à ciel ouvert*, Paris, Hachette, 1986; *L'écriture d'Orphée*, Paris, Gallimard, 1989; em colaboração com Giulia Sissa, *La vie quotidienne des dieux grecs*, Paris, Hachette, 1989.

[72] *Gli eroi greci. Un problema strico e religioso*, Roma, Ed. dell'Ateneo, 1958; *Paides e Partenoi*, Roma, Ed. dell'Ateneo, 1969.

[73] *Essai sur le mysticisme grec*, Paris, Flammarion, 1982; *Il mito, il rito e la storia*, Roma, Bulzoni, 1978.

[74] Cf. *Il mito. Atti del Convegno Internazionale, Quaderni Urbinati di Cultura Classica*, n. s., 8, 1981.

[75] *Mythologies*, Paris, Éditions du Seuil, 1957, pp. 193-247.

[76] *Op. cit.*, p. 193.

[77] *Idem*, p. 194.

tido (*sens*) para a forma (*forme*), sem, contudo, se verificar a sua completa destruição. O mito foi vivificado, sonorizado pela ideia, pelo conceito, na medida em que este é histórico, intencional e enriquecido pela situação. As ideias míticas são vagas, porque são formuladas por associação; o significado do mito, ao contrário do da língua, não é, assim, arbitrário mas parcialmente motivado por analogias. Como diz Barthes[78], «mito não esconde nada; a sua função é de deformar, não de fazer desaparecer». Sendo a actualidade o campo privilegiado para a criação mítica, Barthes propõe, para combater a tendência para a mitologização, a criação de um mito artificial sob a forma de sistema semiótico terciário (a linguagem mitológica em *Bouvard e Pécouchet* de Flaubert).

A. J. Greimas (n. 1917), empreendendo uma tentativa de sintetizar a *paradigmática* de Lévi-Strauss e a *sintagmática* de V. Propp, particularmente no que respeita à sua aplicação ao mito, propõe uma nova interpretação sintetizadora. Após reduzir a vinte as trinta e uma *funções* (actos generalizados da personagem) de Propp e de as reunir em pares por meio de correlação semântica de positivo e negativo, elabora um modelo estrutural: o *modelo actancial*[79]: *destinador-objecto-destinatário/adjuvante-sujeito-oponente.* Os trabalhos de Greimas são desenvolvidos e aplicados à mitologia clássica com grande êxito por Claude Calame[80].

Estruturalismo, simbolismo, funcionalismo, semiótica, generativismo, análise computacional: eis algumas das fórmulas contemporâneas de o homem se aproximar do mito e de o tentar compreender. Os progressos são evidentes e enormes e o conceito alargou-se, actualizou-se, desenvolveu-se. Mito já não é apenas a história dos deuses e heróis da Grécia e da Roma antigas; o mito, reinventado ou, simplesmente, recordado, faz parte do nosso quotidiano como realidade ou, apenas, como referente. Mas o que é, de facto, o mito? Uma forma de o homem, à boa maneira socrática, se conhecer a si próprio ou, como dizia Pessoa, apenas «o nada que é tudo»[81].

Com a edição portuguesa do *Dicionário da Mitologia Grega e Romana*, pretendeu-se realizar não apenas um trabalho de tradução de uma obra básica mas, também, apresentar uma publicação adequada aos leitores da língua portuguesa. Assim, os nomes próprios gregos e latinos foram transcritos de acordo com os princípios linguísticos portugueses. O instrumento básico para esse trabalho de transcrição

---

[78] *Idem*, p. 207.

[79] *Sémantique Structurale*, Paris, Larousse, 1966, p. 180.

[80] Cf. Claude Calame, *Le récit en Grèce ancienne. Enonciations et répresentations de poètes*, Paris, Méridiens — Klincksieck, 1986. Cf. também Claude Calame (dir.), *Métamorphoses du mythe en Grèce antique*, Genève, Labor et Fides, 1988, e Jan Bremmer (ed.), *Interpretations of greek mythology*, London, Routledge, 1988.

[81] *Mensagem*, Lisboa, Ática, 1978[12].

é o excelente *Vocabulário da Língua Portuguesa*[82], de Francisco Rebelo Gonçalves. No caso dos muitos nomes não registados no *Vocabulário*, seguiram-se as regras de transcrição e de transliteração. Algumas formas portuguesas poderão parecer distanciadas do original, em particular os nomes gregos, que, de acordo com os princípios filológicos adoptados, passaram sempre pela transliteração e subordinação à acentuação latina antes de passarem para português a partir da forma de acusativo, excepto nos casos já consagrados pelo vulgo. Transcrevem-se também, depois dos nomes em português, os respectivos nomes em grego e em latim, mesmo nos casos não referidos no original, e excluindo-se, naturalmente, os que não têm atestação antiga.

As citações dos nomes e dos títulos das obras dos autores antigos seguem, normalmente, o modelo proposto nas obras consagradas (*Année Philologique*, *Lexikon Greek-English*, de Liddel-Scott, e *Thesaurus Linguae Latinae*). Em casos especiais, e tendo em consideração o público heterodoxo a que se dirige esta edição do *Dicionário*, optou-se, por exemplo, por formas de abreviatura mais transparentes em português. Aceitando embora as críticas numa perspectiva de rigor científico, consideramos que, deste modo, é possível levar mais longe a exploração do *Dicionário* como obra de referência e como convite a leitura complementar das fontes. Em anexo a esta «Introdução à edição portuguesa», apresenta-se a relação das abreviaturas utilizadas para os nomes dos autores antigos e dos títulos das obras.

Procedeu-se, de uma forma ponderada, sempre que a qualidade das obras o justificava e de acordo com os princípios que orientaram a edição portuguesa, à actualização da bibliografia referida em rodapé, mantendo, naturalmente, toda a que consta na edição francesa.

A edição portuguesa do *Dicionário da Mitologia* resultou de um trabalho colectivo e a tradução ficou a dever-se a um grupo de docentes da Faculdade de Letras da Universidade de Lisboa. Por não ser demais realçar a sua grande competência, dedicação e entusiasmo, queremos deixar expresso o agradecimento aos colegas Cristina de Sousa Pimentel, Cristina Negrão Abranches, Arnaldo do Espírito Santo e Manuel José Barbosa. Também é de salientar com apreço o trabalho do senhor Pedro Dourado, que, para além do labor da revisão, apoiou a execução gráfica da obra. Uma última palavra de agradecimento para o Editor, que compreendeu o interesse da publicação em português desta obra, e para os competentes e atentos compositores e impressores. A todos se devem os aspectos positivos desta edição do *Dicionário da Mitologia Grega e Romana*; os aspectos negativos e as opções erradas são por nós inteiramente assumidos.

Victor Jabouille

[82] Coimbra, Coimbra Editora, 1966.

RELAÇÃO DE AUTORES E OBRAS ANTIGAS E RESPECTIVAS ABREVIATURAS

A. GELL., *N. A.* — AULUS GELLIUS, *Noctes Atticae*
ACC. — ACCIUS (ou ATTIUS)
ACCHILL TAT. — ACHILLES TATIUS
ACTIN. — ACTINUS
AEL., *Ep.* — AELIANUS, *Epistulae*
Fr. — *Fragmenta*
NA — *Natura Animalium*
Tact. — *Tactica*
VH — *Varia Historia*
AESCH., *A.* — AESCHYLUS, *Agamemnon*
Ch. — *Choephori*
Eleg. — *Fragmenta Elegiaca*
Eu. — *Eumenides*
Pers. — *Persae*
Pr. — *Prometheus Vinctus*
Supp. — *Supplices*
Th. — *Septem contra Thebas*
AESCHIN., *Ep.* — AESCHINES, *Epistulae*
AESOP. — AESOPUS
ALC. — ALCAEUS
ALCID. — ALCIDAMAS
ALCIPHR. — ALCIPHRO
ALCM. — ALCMAN
ALEX. POLYH. — ALEXANDER POLYHISTOR
AMBR. — AMBROSIUS
AMM. MARC. — AMMIANUS MARCELINUS
ANACR. — ANACREON
ANON. — ANONYMUS/ANONYMI
ANT. LIB., *Transf.* — ANTONINUS LIBERALIS, *Transformationes*
Anthol. Pal. — *Anthologia Palatina*
ANTIGONUS CHARYSTEIUS
APOL. RH. *Arg.* — APOLLONIUS RHODIUS, *Argonautica*
APOLLOD, *Bibl.* — APOLLODORUS, *Bibliotheca*
Ep. — *Epitome*
Hist. — *Fragmenta Historica*
APPIAN., *Punica* — APPIANUS
APUL., *Met.* — APULEIUS, *Metamorphoses*
AR. BYZ., *Ep.* — ARISTOPHANES BYZANTINUS, *Historiae Animalium Epitome subiunctis Aeliani Timothei aliorumque Eclogis*
ARAT., *Phaen.* — ARATUS, *Phaenomena*
ARCHIL. — ARCHILOCUS
ARCHIM. — ARCHIMEDES
Arg. Orf. — *Argonautica Orphica*
ARIST., *A. Po.* — ARISTOTELES, *Analytica Posteriora*
Ath. — Ἀθηναίων πολιτεία
Cat. — *Categoriae*
Cael. — *de caelo*
Color. — *de coloribus*
Div. Somn. — *de Divinatione per Somnum*
Ep. — *Epistulae*
de An. — *de Anima*
de Gen. An. — *de Generatione Animalium*
de Part. An. — *de Partibus Animalium*
Eth. E. — *Ethica Eudimia*
Eth. N. — *Ethica Nicomachea*
Fr. — *Fragmenta*
H. An. — *Historia Animalium*
M. An. — *de Motu Animalium*
M. Mor. — *Magna Moralia*
Meth. — *Metaphysica*
Mir. — *Mirabilia*
Oec. — *Oeconomica*
Phys. — *Physica*
Poet. — *Poetica*
Pol. — *Politica*
Probl. — *Problemata*
Rhet. — *Rhetorica*
Rhet. Alex. — *Rhetorica ad Alexandrum*
Sens. — *de Sensu*
Top. — *Topica*
VV — *de Virtutibes et Vitiis*
ARISTID. — ARISTIDES
ARISTOPH., *Ach.* — ARISTOPHANES, *Acharnenses*
Av. — *Aves*
Eq. — *Equites*
Fr. — *Fragmenta*
Lys. — *Lysistrata*
Nu. — *Nubes*
Pax — *Pax*
Pl. — *Plutos*
Ra. — *Ranae*
Th. — *Thesmaphoriazusae*
V. — *Vespae*

ARNOB., *Adv. Nat.* — ARNOBIUS, *Disputationes adversus nationes*
ARR. — ARRIANUS
ATHEN. — ATHENAEUS
ATHENAGORAS, *Leg. pro Christo* — *Legatio pro Christo*
AUGUST., *Civ. D.* — AUGUSTINUS, *de Civitate Dei*
AUR. VICTOR, *De orig. gent.* — AURELIUS VICTOR, *de origine gentis Romanae*
AUS., *Ep.* — AUSONIUS, *Epistulae*
Epigr. — *Epigrammata*
Idyll. — *Idyllia*
AVIEN., *Or.* — AVIENUS, *Ora maritima*
Perieg. — *Periegesis*
BACCH. — BACCHYLIDES
BION
BOET. — BOETHIUS
C. I. L. — *Corpus Inscriptionum Latinarum*
CALLIM., *Epigr.* — CALLIMACHUS, *Epigrammata*
Hymn. — *Hymni*
Iamb. — *Iambi*
CASSIAN. — CASSIANUS
CASSIOD. — CASSIODORUS
CATO
CATUL. — CATULLUS
CENS., *de d. nat.* — CENSORINUS, *de Die Natali*
CIC., *Acad.* — CICERO, *Academica*
Att. — *Epistulae ad Atticum*
Brut. — *Brutus*
Cato m. — *Cato Maior*
Cluent. — *Pro A. Cluentio Habito gratio*
de div. — *de divinatione*
de fin. — *de finibus*
de leg. — *de legibus*
de nat. D. — *de natura Deorum*
de rep. — *de re publica*
Fam. — *Epistulae ad Familiares*
in Pis. — *in Pisonem*
in Vat. — *in Vatinium*
Off. — *de Officiis*
Orat. — *Orator*
Q. F. — *Epistulae ad Quintum fratrem*
Top. — *Topica*
Tusc. — *Tusculanae disputationes*
Verr. — *in Verrem actio*
CLAUD. — CLAUDIANUS
CLEM. AL., *Paed.* — CLEMENS ALEXANDRINUS, *Paedagogus*
Protr. — *Protrepticus*
Strom. — *Stromateis*
COLUM. — COLUMELLA
CONON, *Narr.* — CONON, *Narrationes*
Rh. — *Ars Rhethorica*
Corpus Hermeticum
CRATINUS
CRIT. FLAC. — CRITO FLACCUS
D. CAS. — DIO CASSIUS
D. CHRYSOST. — DIO CHRYSOSTOMOS
DEMOSTH., *Ep.* — DEMOSTHENES, *Epistulae*
Proem. — *Proemia*
DICT. CR., *Bel. Tr.* — DICTYS CRETEIS, *Bellum Troiae*
DIOD. SIC., *Bibl. Hist.* — DIODORUS SICULUS, *Bibliotheca Historica*
DIOG. LAERT. — DIOGENES LAERTIUS
DION. PER. — DIONYSIUS PERIEGETA
DION. HAL., *Ant. Rom.* — DIONYSIUS HALICARNASSENSIS, *Antiquitates Romanae*
Opusc. — *Opuscula*
DION. TR. — DIONYSIUS THRAX
ENN. — ENNIUS
Ep. Gr. Fragm. — *Epicorum Graecorum Fragmenta*
EPIMENIDES
ERATOSTH., *Cat.* — ERATOSTHENES, *Catasterismi*
Etym. Magn. — *Etymologicum Magnum*
EUR., *Alc.* — EURIPIDES, *Alcestis*
Andr. — *Andromache*
Antiop. — *Antiope*
Archel. — *Archelaus*
Ba. — *Bacchae*
Cyc. — *Cyclops*
El. — *Electra*
Ep. — *Epistulae*
Fr. — *Fragmenta*
Hec. — *Hecuba*
Hel. — *Helena*
Hercl. — *Heraclidas*
Herc. F. — *Hercules Furens*
Hipp. — *Hippolytus*
Hyps. — *Hypsipyle*
Ion
Iph. Aul. — *Iphigenia Aulidensis*
Iph. T. — *Iphigenia Taurica*
Med. — *Medea*
Oen. — *Oeneus*
Or. — *Orestes*
Phoen. — *Phoenissae*
Rh. — *Rhesus*
Supp. — *Supplices*
Tr. — *Troades*
EUS. — EUSEBIUS
EUST., *ad. Hom.* — EUSTHATIUS, *Commentarii ad Homeri Iliadem et Odysseam, ad fidem exempli Romani*
ad Dion. Perieg. — *Dionysius Periegeta cum commentariis Eustethii*
EUTR. — EUTROPIUS
FIRM. MAT. — FIRMICUS MATERNUS
Fragm. Hist. gr. — *Fragmenta Historicum Graecorum*
FULG., *Myth.* — FULGENTIUS, *Mythologiae*
GAL. — GALENUS
Geogr. Gr. min. — *Geographici Graeci Minores*
GREG. COR. — GREGORIUS CORINTHIUS
HARPOCR. — HARPOCRATIO
HECAT. — HECATAEUS
HELLAN. — HELLANICUS
HERACLID. LEMB. — HERACLIDES LEMBUS
HERACLID. PONT. — HERACLIDES PONTICUS
HERMIAS
HEROD. — HERODOTUS
HES., *Fragm.* — HESIODUS, *Fragmenta*
Op. — *Opereta et Dies*
Scut. — *Scutum Herculis*
Theog. — *Theogonia*
HESYCH. — HESYCHIUS
HIPP. — HIPPOCRATES
HOR., *Ep.* — HORATIUS, *Epistulae*
O. — *Odarum sue carmina libri*
S. Satirae
HYG., *Astr. Poet.* — HYGINUS, *Astronomica Poetica*
Fab. — *Fabulae*
Hymn. hom. Aesclep. — *Hymnus homericus ad Asclepidam*
Hymn. hom. Apoll. — *Hymnus homericus ad Apollinem*
Hymn. hom. Bach. — *Hymnus homericus ad Bacchum*
Hymn. hom. Cer. — *Hymnus homericus ad Cererem*
Hymn. hom. Mart. — *Hymnus homericus ad Martem*
Hymn. hom. Merc. — *Hymnus homericus ad Mercurium*
Hymn. hom. Pan. — *Hymnus homericus ad Panem*
Hymn. hom. Ven. — *Hymnus homericus ad Venerem*
Hymn. orph. — *Hymni orphici*
Hymni
HYP. — HYPERIDES
IAMB. — IAMBLICHUS

IBYC. — IBYCUS
Il. — *Ilias*
ISID. — ISIDORUS
ISOC. — ISOCRATES
J. LYD., cf. LYD.
JUST. — JUSTINIANUS
JUV. — JUVENALIS
LACT., *Div. Inst.* — LACTANTIUS, *Divinarum institutionum libri 7*
LACT. PLAC. — LACTANTIUS PLACIDUS
LIB., *Narr.* — LIBANIUS, *Narrationes*
LIV. — T. LIVIUS
LIV. ANDR. — LIVIUS ANDRONICUS
LUC., *Phars.* — LUCANUS, *Pharsalia*
LUCIAN., *D. Deor.* — LUCIANUS, *Dialogi Deorum*
D. Meretr. — *Dialogi Meretricii*
D. Mort. — *Dialogi Mortuorum*
Deor. Conc. — *Deorum Concilium*
Herm. — *Hermotimus*
VH — *Verae Historiae*
LUCR., *De Nat. Rer.* — LUCRETIUS, *de Natura rerum*
LYC., *Alex.* — LYCOPHRON, *Alexandra*
LYD., *de Mens.* — LYDUS, JOANES LAURENTIUS, *de Mensibus*
Mag. — *de Magistratibus populi Romani*
Ost. — *de Ostentis*
MACROB., *Sat.* — MACROBIUS, *Saturnalia*
MALAL., *Chronogr.* — MALALAS, *Chronographica*
MAN., *Astron.* — MANILIUS, *Astronomica*
MART. — MARTIALIS
MART. CAP. — MARTIANUS CAPELLA
MEN. — MENANDER
MIMN. — MIMNERMUS
Mir. Ausc. — *de Mirabilia Auscultationibus*
MOSCH. — MOSCHUS
Myth. Vat. — *Mythographi Vaticani*
NAEV. — NAEVIUS
NEP. — NEPOS
NIC., *Alex.* — NICANDER, *Alexipharmaca*
Ther. — *Theriaca*
NICETOR
NICOL. DAM., *Vit. Caes.* — NICOLAUS DAMASCENUS, *Vita Caesaris*
NONN., *Dion.* — NONNUS, *Dionysiaca*
Od. — *Odyssea*
OLYMP. — OLYMPIODORUS
OV., *Am.* — OVIDIUS, *Amores*
Fast. — *Fasti*
Her. — *Heroides*
Met. — *Metamorphoses*
Pont. — *ex Ponto epistulae*
PACUV. — PACUVIUS
PALEPH. — PALAEPHATUS
Pap. Ox. — *Oxyrhynchus Papyri*
PARTH., *Erot.* — PARTHENIUS, *Erotica* (*Narrationum Amatoricorum libellus*)
PAUSAN. — PAUSANIAS
PETRON., *Sat.* — PETRONIUS, *Satyricon*
PH. — PHILO
PHAEST. — PHAESTUS
PHERECYD. — PHERECYDES
PHILARG. — PHILAGRIUS
PHILOSTR., *Ep.* — PHILOSTRATUS, *Espistulae*
Her. — *Heroicus*
Imag. — *Philostrati maiores imagini*
V. Apoll. — *Vita Apollonii*
PHOT., *Bibl.* — PHOTIUS, *Bibliotheca*
PIND., *Isth.* — PINDARUS, *Isthmia*
Nem. — *Nemea*
Olymp. — *Olympia*
Pyth. — *Pythia*
PLAT., *Alc.* — PLATO, *Alcibiades*
Ap. — *Apologia*
Chrm. — *Charmides*
Cra. — *Cratylus*
Criti. — *Critias*
Ep. — *Epistulae*
Euthd. — *Euthydemus*
Grg. — *Gorgias*
Hi. Ma. — *Hippias Maior*
Hi. Mi. — *Hippias Minor*
Hipparch. — *Hipparchus*
Ion
La. — *Laches*
Lg. — *Leges*
Ly. — *Lysis*
Men. — *Meno*
Min. — *Minos*
Mx. — *Menexenus*
Phd. — *Phaedon*
Phdr. — *Phaedrus*
Phlb. — *Philebus*
Plt. — *Politicus*
Prm. — *Parmenides*
Prt. — *Protagoras*
Rep. — *Respublica*
Smp. — *Symposium*
Sph. — *Sophista*
Thg. — *Theages*
Tht. — *Teaethetus*
Ti. — *Timaeus*
Virt. — *de Virtute*
PLAUT., *Amp.* — PLAUTUS, *Amphitruo*
As. — *Asinaria*
Aul. — *Aulularia*
Bac. — *Bacchides*
Cap. — *Captivi*
Cas. — *Casina*
Cist. — *Cistellaria*
Curc. — *Curculio*
Ep. — *Epidicus*
Men. — *Menaechmi*
Merc. — *Mercator*
Mil. — *Miles gloriosus*
Most. — *Mostellaria*
Pers. — *Persa*
Poen. — *Poenulus*
Ps. — *Pseudolus*
Rud. — *Rudens*
St. — *Stichus*
Trin. — *Trinummus*
Truc. — *Truculentus*
Vid. — *Vidularia*
PLIN., *N. H.* — PLINIUS, *Naturalis Historiae*
PLOTINUS, *Enn.* — *Enneades*
PLUT., *Alcib.* — PLUTARCHUS, *Alcibiades*
Amat. — *Amatorius*
Arat. — *Aratus*
de def. — *de defectu oraculorum*
de I. et O. — *de Iside et Osiride*
de mul. virt. — *de mulierum virtutibus*
De Mus. — *de Musica*
de Pyth. or. — *de Pythiae oraculis*
De sera
Eum. — *Eumenes*
Marc. — *Marcellus*
Mor. — *Moralia*
Num. — *Numa*
Pelop. — *Pelopidas*
Parall. min. — *Parallelae minores*
Publ. — *Publicola*
Qu. Gr. — *Quaestiones Graecae*
Qu. Nat. — *Quaestiones naturales*
Qu. Rom. — *Quaestiones Romanae*
Thes. — *Theseus*
Vit. — *Vitae Parallelae*
POL., *Onom.* — POLLUX, *Onomastica*
POLL. — POLLIO
POLYB. — POLYBIUS

POLYAEN. — POLYAENUS
POMP. MELA — POMPONIUS MELA
PORPH., *de antro nympharum* — PORPHYRIUS
PRISCILL. — PRISCILLIANUS
PROB. — PROBUS
PROCL., *ad HES., Op.* — PROCLUS, *ad Hesiodi Opera et Dies*
Chrest. — *Chrestomathia*
PROP. — PROPERTIUS
PS.-VIRG. — PSEUDO-VIRGILIUS
PS.-OV., *Ibis* — PSEUDO-OVIDIUS
PS.-PLUT., *de flor.* — PSEUDO-PLUTARCHUS, *de floribus*
PTOL. HEPH., *Nov. hist.* — PTOLOMAEUS HEPHAESTIO, *novar. historiar. ad. varium eruditionem pertinentium excepta e Photio edid lectionis variet. instr. et commentar. illustr.*
QUINT., *Inst.* — QUINTILIANUS, *de institutione oratoria*
QUINT. SM., *Posth.* — QUINTUS SMYRNAEUS, *Posthomerica*
Res Gestae Diui Aug. — *Res Gestae Divi Augusti*
SALLUST., *de. B. Iug.* — SALLUSTIUS, *de bello Iugurthino*
de C. Cat. — *de Coniuratione Catilinae*
SAPPH. — SAPPHO
SENEC., *Ag.* — SENECA, *Agamemno*
Apoc. — *Apocolocyntosis*
Herc. F. — *Hercules Furens*
Herc. Oe. — *Hercules Oetaeus*
Med. — *Medea*
Oed. — *Oedipus*
Phaedr. — *Phaedra*
Phoen. — *Phoenissae*
Th. — *Thyestes*
Tro. — *Troades*
SERV., *ad. VIRG., Aen.* — SERVIUS, *in Vergilii carmina commentarii*
SEXT. EMP. — SEXTUS EMPIRICUS
SIL. ITAL., *Punic.* — SILIUS ITALICUS, *Punica*
SIMON. — SIMONIDES
SOLIN. — SOLINUS
SOPH., *Aj.* — SOPHOCLES, *Ajax*
Ant. — *Antigone*
El. — *Electra*
Eleg. — *Elegiae*
Fr. — *Fragmenta*
Oed. Col. — *Oedipus Coloneus*
O. T. — *Oedipus Tyrannos*
Phil. — *Philoctetes*
Tr. — *Trachiniae*
STAT., *Achil.* — STATIUS, *Achilleis*
Theb. — *Thebais*
STEPH. BYZ. — STEPHANUS BYZANTINUS
STESICH. — STESICHORUS
STOB., *Flor.* — STOBAEUS, *Florilegium*
STRAB. — STRABO
SUET., *Aug.* — SUETONIUS, *Augustus*
SUID. — SUIDAS
TAC., *Ann.* — TACITUS, *Annales*
TER. — TERENTIUS
TERT. — TERTULLIANUS
THEOCR., *Epigram.* — THEOCRITUS, *Epigrammata*
Idyl. — *Idyllia*
THEOGN. — THEOGNIS
THEOPHR. — THEOPHRASTUS
THUC. — THUCYDIDES
TIB. — TIBULLUS
TIM. — TIMAEUS
Trag. Gr. Fragm. — *Tragicorum Graecorum Fragmenta*
TZETZ., *ad. Lyc.* — TZETZEZ, *ad. Lycophronem*
Anteh. — *Anthomerica*
Chil. — *Historiarum variarum chiliades*
Hom. — *Homerica*
Posth. — *Posthomerica*
Proleg. — *Prolegomena de Comoedia Graeca*
VAL. FLAC., *Arg.* — VALERIUS FLACCUS, *Argonautica*
VAL. MAX. — VALERIUS MAXIMUS
VAR., *LL* — VARRO, *de Lingua Latina*
RR — *Res rusticae*
VELL. — VELLEIUS PATERCULUS
VERG. (VIRG.), *Aen.* — VERGILIUS (VIRGILIUS), *Aeneis*
Ecl. — *Eclogae* (*Bucolica*)
Georg. — *Georgica*
VITR. — VITRUVIUS
WEST., *Myth.* — WESTERMANN (ed.), *Mythographi*
XENOPH., *An.* — *Anabasis*
Ap. — *Apologia Socratis*
Ath. — *Respublica Atheniensium*
Cyn. — *Cynegeticus*
Cyr. — *Intitutio Cyri*
Ep. — *Epistulae*
Eg. — *de Equitandi ratione*
Hell. — *Hellenica*
Lac. — *Respublica Lacedaemoniorum*
Men. — *Memorabilia*
Oec. — *Oeconomicus*
Smp. — *Symposium*
Vect. — *de Vectigalibus*
ZENOB. — ZENOBIUS
ZOS. — ZOSIMUS

PREFÁCIO

Terá alguma vez o leitor reparado nas inscrições que, no baixo-relevo assinado por Arquelau de Priene e conservado no Museu Britânico — uma apoteose de Homero celebrada na presença de dois soberanos lágidas, na corte de Alexandria ou, talvez, nas suas proximidades, num dos átrios da famosa Biblioteca — acompanham certas personagens da representação?

No registo inferior, Homero está entronizado entre as representações alegóricas das suas duas epopeias. De pé, por detrás do assento do poeta, Crono, o Tempo, e Ecumena, a Terra habitada, representados teatralmente pelo próprio casal dos príncipes reinantes, consagram a glória do imortal aedo. A alguma distância, frente ao grupo, próximo de um altar, é oferecido um sacrifício religioso. Ladeando este bômos, *um jovem sustém piedosamente uma enócoa para a libação e uma mulher espalha incenso sobre o fogo. Lêem-se aqui dois nomes: o jovem acólito é o* Mito *e a sacerdotisa personifica a* História.

Creio que, nesta escultura, datada, segundo parece, de cerca de 205 a. C., o Mito tomou, pela primeira vez, forma humana na arte da Grécia, sempre pronta a divinizar o ser e o pensamento. O Mito e, também, em face dele, a História, no momento preciso em que o movimento da vida intelectual em Atenas, em Alexandria e, posteriormente, em Pérgamo, iria consagrar por todo o lado a dissociação das lendas, quando já se iniciara a sua transformação em filosofia e história[1]*. Se reflectirmos um pouco mais sobre a presença*

[1] Mario UTERSTEINER, *La fisiologia del mito*, Milão, 1946.

essencial de Homero, perante o qual, no relevo alexandrino, Mito e História preparam, desta vez em comum, o seu sacrifício para um poeta, poderemos formular algumas observações de certo modo decisivas.

«Sob a sua forma mais evoluída», escreve P. Grimal, que, com tanta diligência e modéstia, definiu e realizou o presente trabalho, «o Mito desenvolveu-se ao longo de todo o Helenismo.»[2] *Realça, ainda, a riqueza do seu desenvolvimento. Ora, é precisamente na epopeia de Homero que se deixam antever, pelo menos por alusões dispersas, os primeiros inícios tangíveis da comemoração mítica. O sábio compilador das genealogias divinas consignadas, mais tarde, em a* Teogonia, *quem quer que tenha sido, foi um erudito que trabalhou sobre uma documentação sacerdotal; assim, não é surpreendente que ele pareça ter mais conhecimentos sobre as teomaquias e as cosmogonias orientais. Homero estava mais próximo do pensamento primitivo e das tendências profundas da alma helénica, que sempre gostou de adornar a expressão das suas ideias com o véu das imagens e dos símbolos. Na verdade, fora antes dele*[3] *que se reunira o feixe das recordações maravilhosas que toda a humanidade, até aos nossos dias, da infância à velhice, tem considerado uma necessidade, visto que vivemos todos do ensino que é ministrado através das fábulas. O papel organizador da Grécia micénica poderia ter sido capital. É certo que o Oriente, da Mesopotâmia à Fenícia, do Egipto do Delta às cataratas, também sustentou a sua imaginação e a fé nas aventuras, umas vezes brutais, outras grandiosas, com as quais era necessário alimentar a biografia imaginária de tantos deuses belicosos e distantes. Onde encontrar, então, não apenas a riqueza fecunda e fundente, mas também o próprio princípio das invenções com que a Grécia beneficiou Roma, o Oriente e, até, nós próprios? Organizou os livros sagrados, a própria liturgia do culto através da qual o homem se distingue do ser; preservou do esquecimento dos mortais os primeiros grandes* memento *do ser pensante. Todas as belas obras de arte foram determinadas por esta criação: poemas, estátuas e, até, esses lugares para os quais a Grécia criou o vocábulo intraduzível de* herôon, *antes de o Cristianismo, mais tarde, os transformar em* martyria. *O humanismo não seria possível se a Grécia não tivesse tido, em primeiro lugar, a preocupação de criar todos estes meios úteis para conservar o passado dito lendário.*

---

[2] *Introdução*, p. XXXVI.

[3] Demonstrei que a chamada época micénica, em que a lenda tem a sua morada junto dos locais aqueus, mergulhava, por sua vez, no passado cretense pré-helénico. Estão aí as suas relações e, muitas vezes, as suas primeiras raízes.

Respeito e aprovo a reserva de P. Grimal: «Este Dicionário», escreve, «não tem outra ambição senão a de ser um reportório cómodo das lendas e dos mitos mais geralmente citados ou utilizados na literatura antiga... Os sistemas envelhecem e, por vezes, com extraordinária rapidez. Apenas os dados dos textos permanecem imutáveis.» Escreveram-se numerosos tratados de mitologia antiga, que tiveram, entre outros, o defeito de permitir que se acreditasse ser possível dissociar a religião e a mitologia[4] *ou reduzir tudo à mitologia, como elemento essencial. Um bom historiador, a propósito da religião grega e pretendendo realçar a sua contribuição essencial, escreveu que não era necessário insistir tanto nas devoções populares nem sequer nas tendências místicas dos cultos de iniciação: «[a religião grega] foi, antes de tudo, criadora de belas formas e de belas narrativas»*[5]*. Confesso que subscreveria de boa vontade esta classificação, que, na minha opinião, atribui à poesia um primado abusivo. Deve sentir-se e gozar-se-lhe o encanto sem se pretender reduzir a parte criadora de uma raça inteligente e apaixonada, sempre atenta ao divino, a esta «fabulação» tão fecunda de que falam os filósofos. É certo que, outrora, do céu à terra, toda a Grécia, vida e pensamento, ficou submersa no jogo das alegorias e dos símbolos. Mas este jogo, mesmo na época de Platão, não exclui a seriedade nem a reverência por aquilo que é sagrado, mesmo nesta liberdade «irónica», que não desaparece na dialéctica nem no deslumbramento das belas narrativas. Para o julgar, é suficiente darmo-nos conta — e neste ponto o* Dicionário *de P. Grimal será de grande utilidade — como é grande a incerteza das tradições lendárias, automaticamente aumentadas pelas variantes com que se enriquece uma mesma tradição ao longo dos tempos. Os Gregos — contava já Pausânias na «Beócia» (IX, 16, 7) — nunca estão de acordo sobre uma narrativa mítica. Os que acreditam, segundo as regras perigosas da hipercrítica, que não se pode extrair história da lenda, já salientaram o que em Eurípides, por exemplo, ou noutros autores, se afastava dos quadros genealógicos da Vulgata e tentar, deste modo, desencorajar os modernos exegetas nos seus esforços para ordenar tantos dados contraditórios.*

Era necessário, antes de tudo, inventariá-los; daí a incontestável utilidade do estudo directo e da classificação de textos com que P. Grimal beneficia os seus leitores. Ajudar a pôr em movimento esta grande tarefa será sempre dissociar, se possível, os dados históricos, os elementos míticos e os ornamentos imaginativos. No fundo apercebemo-nos de como a lenda antiga é importante para o conhecimento dos

---

[4] Esta distinção é aceite no volume «Grécia-Roma» da *Encyclopédie Quillet*, 1944, onde Martin P. Nilsson estudou separadamente a mitologia grèga.

[5] P. Roussel, «La Grèce et l'Orient» em *Peuples et Civilisations*, II 1928, p. 118.

grandes acontecimentos históricos, mais talvez que para o das personagens, deuses heróis e homens que mostra em acção[6]. *De Teseu a Rómulo, da Ática ao Lácio, a fábula narrou sistematicamente as numerosas lutas pelo domínio dos territórios. De entre a multidão dos rivais, destacou este ou aquele chefe, que veio a ser o unificador, o libertador ou o traidor, porque, um dia, a atenção popular convergiu nele. A imaginação das multidões tem sempre necessidade de um eleito, bom ou mau; ele torna-se o símbolo de uma sociedade humana, sociedade que nem mesmo no meio das suas querelas e dos seus defeitos, vive sempre na proximidade do divino. Por isso, do mesmo modo que, por exemplo, o divino e o humano se uniram no drama grego, também se associam na personalidade do herói lendário. É ociosa a questão da origem divina ou humana. O herói move-se simultaneamente nos dois planos: sob este aspecto, e na sua própria concepção, são produtos da imaginação religiosa, como Héracles ou Jasão, seres híbridos, como o Centauro e seus semelhantes. Aceite este ponto, compreenderemos melhor por que é que no tempo de Evémero e durante todo o período helenístico se verifica um constante vaivém entre o céu e a terra: este deus desceu entre os homens, aquele homem elevou-se ao plano heróico e celestial. O hino adulatório dos Atenienses a Demétrio Poliocerta atribui-lhe já a* parousia, *a presença real na Terra, colocando-o, ao mesmo tempo, entre os Olímpicos, junto do pai.*

Tal como os humanos, os seres da lenda tiveram sempre os seus amigos e os seus detractores. Platão, que criou tantos mitos para mascarar sob aparências mais ou menos conformistas a sua acção revolucionária contra numerosas teorias oficiais, troçava e condenava o que acreditava serem invenções imorais de Homero. Toda uma escola crítica visa, ainda hoje, eliminar as fábulas, fazendo-as passar por um comentário tardio e, sobretudo, interessado da história, considerando-as significativas sobretudo para a mentalidade dos que as propagaram. Explicariam menos o passado do que o presente daqueles que, sucessivamente, as imaginaram. Mas em quantos casos, perguntaremos, não exprimiu a lenda, à sua maneira, e retrospectivamente, uma história mais precisa? Há oposições menos empenhadas e defesas mais arrebatadas. Chateaubriand falava, com humor mas não sem estilo, do rebanho dos «deuses ridículos» de que o Cristianismo teria, parece, libertado os átrios e os bosques do mundo antigo. E esses deuses pretensamente afastados permanecem, todavia, entre nós e com eles todas as alegorias da fábula, colocadas, por vezes, ao serviço da indústria moderna, no mundo mecanizado, que já não tem tempo de produzir o tão necessário supérfluo da fantasia e

---

[6] Cf. L. RADERMACHER, *Mythos und Sage bei den Griechen*, 1938.

que sofre obscuramente por ter perdido esta forma de conforto da alma. O reportório de P. Grimal terá também leitores que não serão apenas os profissionais do estudo.

O mito clássico, em que a invenção grega desempenhou um papel tão importante, é umas vezes erudito, outras o representante de uma tradição oral, frequentemente mutável, e de recordações populares, nascidas na vizinhança de inocentes berços. Por isso, todas as classes de idade encontram nele o seu espólio. Desde que a crítica histórica utilizou de uma forma mais ou menos erudita esta documentação tão complexa, não nos parece que tenha sido destruída a poesia do passado. Só os espíritos áridos fingem desprezar as narrativas gratuitas legadas — e, por outro lado, transformadas — de idade para idade. Seria injusto troçar desses homens de outrora, que, antes de nós, consideravam já que a vida seria inaceitável sem as fábulas. Ainda hoje, muitas vezes à nossa custa, damos conta que há tanta realidade nas lendas como na história. Alguém disse que as piores crónicas não são necessariamente as mais vetustas. Ainda não há muito tempo, apercebemo-nos de que o poema egípcio de Pentaur sobre a batalha de Qadesh, que teve lugar em 1294, entre Mouwattali e Ramsés II, é uma fonte muito instrutiva, talvez ainda mais do que os hieróglifos dos monumentos oficiais e os relevos inscritos no Ramesseu ou noutros locais.

Charles PICARD

INTRODUÇÃO

A única ambição deste *Dicionário* é o ser um reportório cómodo das lendas e dos mitos mais citados ou utilizados na literatura antiga. O seu objectivo principal é oferecer, numa forma o mais breve possível, as noções indispensáveis à compreensão dos autores. Nesta perspectiva, parece colmatar uma lacuna na bibliografia de língua francesa. Mas a obra não tem pretensões de originalidade nem de erudição. Não se encontrará, por exemplo, nenhum esquema «explicativo» das lendas, não só porque a obra, desse modo, atingiria proporções não razoáveis, como, também, o processo incessante das investigações muda, de geração em geração, o ponto de vista da crítica. Os sistemas envelhecem e, por vezes, com grande rapidez; apenas os dados dos textos permanecem imutáveis[1]. Foram esses dados que pretendemos reunir, resumir e apresentar. É certo que este trabalho não teria sido possível sem o auxílio de reportórios anteriores e sobretudo do insubstituível *Lexikon* publicado por Rosher e seus colaboradores[2],

---

[1] Era tentador utilizar documentos figurados para determinar a zona de extensão de uma lenda, no espaço ou no tempo, ou descobrir as variantes novas. A cerâmica, os relevos, a própria pintura forneciam documentos abundantes. Mas a sua abundância aumentara desmesuradamente uma compilação já de si volumosa, constituindo, para mais, uma matéria em evolução: os resultados que se pensa terem sido alcançados revelam-se, muitas vezes, provisórios e, em última análise, são os textos, e apenas eles, que fornecem os meios necessários para a interpretação. Sem o texto, a figura é muda. Por todas estas razões, apenas apelámos excepcionalmente para o documento figurado.

[2] W. H. ROSCHER, *Ausführliches Lexikon der griechischen und römischen Mythologie*, 6 vols., 4 suppl., Munique, 1884-1937. V. também H. J. ROSE, *A Handbook of Greek Myhtology, including its Extension to Rome*, 2.ª ed., Oxford, 1933. P. LAVEDAN, *Dictionnaire il-*

que foi o nosso guia constante. Quando se pretender não apenas conhecer as lendas, mas estudá-las, é aquela obra que se deverá consultar. Aqui, apenas se encontrará uma iniciação: a análise científica dos mitos não foi o nosso objectivo.

* * *

Aquilo que tradicionalmente se designa por «mitologia» clássica não é um objecto simples nem sequer coerente. Considerada no seu conjunto, constitui uma massa de narrativas fabulosas, de toda a espécie, de todas as épocas, na qual é necessário estabelecer, se tal for possível, uma qualquer classificação.

Uma primeira distinção resulta da origem da narrativa: certas lendas são romanas, mas a maior parte é helénica. As duas mitologias têm, certamente, entre si numerosos pontos de contacto, mas antes de se encontrarem seguiram caminhos distintos e igualmente longos. O pensamento mítico grego é de longe o mais rico e será ele que, finalmente, imporá as suas formas ao romano, mas esta desigualdade não deve fazer negligenciar algumas lendas propriamente romanas, cujo estudo não é destituído de interesse.

Pesquisas recentes[3] revelaram que as camadas mais profundas da mitologia romana remontam à pré-história da «raça» latina. Muitas das narrativas históricas, aceites e apresentadas como tal pelos escritores antigos e, até em época ainda recente, pelos modernos, parecem mais não ser na realidade que, na utilização, a adaptação «historicizada» de temas míticos muito antigos comuns aos povos indo-europeus de grupos linguísticos aparentados (nomeadamente os Celtas e os Indo-irânicos). É assim que se encontrará, nas páginas que se seguem, um artigo consagrado aos *Horácios* e um outro a *Sérvio* ou a *Rómulo*.

Este grupo de lendas opõe-se a outras estruturas cujo carácter mítico é mais evidente e onde é fácil reconhecer a marca dos teóricos gregos. São as «fábulas» clássicas da mitologia latina, frequentemente decalcadas ou variantes banais das lendas helénicas, mas nas quais, por vezes, se deixa reconhecer um elemento nacional: um detalhe de ritual ou da instituição, um antigo tabu, uma intenção política, que a lenda tem precisamente por fim explicar e à volta da qual se formou. Minerva, em Roma, no tempo de Cícero, não é, aparentemente, senão um outro nome para Atena: contudo, as suas aventuras com

---

lustré de la Mythologie et des Antiquités grecques et romaines, Paris, s.d. Essencial para o estudo sistemático das lendas é ainda L. PRELLER e C. ROBERT, *Griech. Myth.*, 4.ª ed., 5 vols., Berlim, 1887-1926.

[3] G. DUMÉZIL, *Flamen-Braham* (*Ann. Musée Guimet*, LI, Paris, 1935); Id., *Mitra-Varuna*, Paris, 1940; Id., *Jupiter, Mars, Quirinus*, Paris, 1941; Id., *Horaces et les Curiaces*, Paris, 1942; Id., *Servius et la Fortune*, Paris, 1943; Id., *Naissance de Rome*, Paris, 1944, etc.

Marte e Ana Perena só se compreendem no interior de uma mitologia propriamente latina. Na prática, a partilha entre os dois pensamentos é bastante difícil, embora não impossível[4], e apercebemo-nos de que o pensamento romano, mesmo se sofreu, desde cedo, uma primeira influência grega[5], soube, apesar disso, manter alguma originalidade. Estes contributos diversos — «substrato» latino, «disciplina» etrusca[6], impregnação sabélica — permitiram ao pensamento romano inflectir a sua evolução num determinado sentido, diferente do da mitologia helénica, incomparavelmente mais rico. Verifica-se com as lendas o mesmo que com a estatuária ou a pintura ou a arquitectura, que se desenvolveram em Roma graças a técnicos helénicos: não foi um desenvolvimento qualquer, e não foi certamente o que teria sido em Alexandria, em Pérgamo ou em Atenas. Até muito tarde, sob o Império, verifica-se uma inflexão romana dos temas lendários; o cristianismo ocidental não é idêntico ao cristianismo de língua grega e se é verdade que o pensamento mítico, considerando-o distinto do pensamento religioso, lhe serve, por vezes, de suporte, a existência autónoma de um pensamento religioso romano autoriza-nos a postular uma autonomia semelhante para as lendas e para os mitos.

A mitologia helénica resulta da acção de influências ainda mais diversas, entre as quais o papel dos elementos indo-europeus parece bastante limitado. Foi em todo o caso recoberto por contribuições decisivas oriundas do mundo semita e, mais vagamente, dessas civilizações «mediterrânicas» de que começamos a ver os estratos sucessivos nessa encruzilhada que foi sempre o Mediterrâneo oriental. Nesta espantosa síntese, é difícil discernir a parte que pertence a cada um. As lendas formam-se, evoluem, tornam-se matéria literária ou «histórica», mudam de carácter à medida que os centros de difusão se deslocam de ilha em ilha, de continente em continente, passando da Síria para Creta, de Rodes para Micenas, de Mileto para Atenas[7]. Não é de estranhar que, nestas condições, se assista a uma fusão de tradições, de contos, de mitos, cada um referente a um episódio ou a um momento, e misturando-se todos na confusão total.

---

[4] V., p. e., J. Bayet, *Les origines de l'Hercule Romain*, Paris, 1924.

[5] Tese verosímil de F. Altheim, *Griech. Götter im alten Rom*, Giessen, 1930; Id., *Terra Mater*, Giessen, 1931.

[6] Cf. A. Grenier, *Les religions étrusques et romaines*, Paris, 1948, onde se encontrará bibliografia sobre esta questão delicada.

[7] Aconselha-se a consulta de Ch. Picard, *Les origines du Polythéisme hellénique*, 2 vols., Paris, 1930-1932, e, do mesmo autor, *Les religions pré-helléniques* (*Crète et Mycènes*), Paris, 1948. R. Dussard, *Les religions des Hittites et des Hourrites, des Phéniciens et des Syriens*, Paris, 1947. M. P. Nilsson, *A History of Greek Religion*, I, Munique, 1941; Id., *The Mycenaean Origin of Greek Mythology*, Berkeley (Califórnia), 1932, etc.

* * *

Se considerarmos, agora, a mitologia «clássica», não já na sua formação mas como um todo, fixado pelo estado actual dos nossos documentos, a variedade não é menor. De acordo com as classificações (muito variáveis e incertas) dos especialistas, distinguiremos os «mitos» propriamente ditos, os «ciclos heróicos», as «novelas», as «lendas etiológicas», os «contos populares», e, por fim, simples «anedotas» sem outro significado para além delas próprias. Nesta perspectiva, as diferenças entre a mitologia grega e a mitologia romana desvanecem-se; verifica-se, todavia, que as formas mais elevadas (nomeadamente os mitos e as «novelas», tal como os ciclos heróicos) pertencem apenas à primeira.

Convencionou-se chamar «mito», em sentido estrito, a uma narrativa que se refere a uma ordem do mundo anterior à ordem actual e destinada não a explicar uma particularidade local e limitada (é a função da simples «lenda etiológica»), mas uma lei orgânica da natureza das coisas. Nesse sentido, a história de Héracles, impondo, depois de qualquer aventura, um nome a um sítio determinado (o de «Colunas de Hércules» ao nosso estreito de Gibraltar, por exemplo), não é um mito, porque o problema da ordem total do mundo não é aí posto em questão.

Ao contrário, a narrativa do dilúvio e da criação do homem por Deucalião e Pirra é o protótipo do mito, tal como, noutro plano, a aventura de Pandora e de Epimeteu.

Contrariamente ao que se afirma com frequência, o mito, mesmo quando se verifica a intervenção dos deuses, não é necessariamente religioso. Embora no mito de Deucalião este não faça senão executar a ordem de um oráculo e, por consequência, em última análise, seja o instrumento da vontade divina, hesitaremos contudo em qualificar esta lenda como «religiosa». Recorre, sem dúvida, a meios sobrenaturais (tal como o faz o conto o *Gato das Botas*), mas, para se desenvolver, tem apenas necessidade de um vago consentimento do Destino. Mereceria verdadeiramente o epíteto de «religioso» excepto se, pelo contrário, existisse um culto e um ritual de Deucalião de que este mito seria o ἱερὸς λόγος. Ora parece que Deucalião nunca foi mais do que um herói local, tornado, por razões diversas e obscuras, o *instrumento* do mito.

Outros mitos, pelo contrário, estão intimamente ligados a uma personalidade divina e à religião propriamente dita. Todo o ciclo de Deméter, que apresenta de uma forma mística a germinação, o crescimento, a maturação do trigo, é um dos maiores mitos do pensamento grego. É profundamente religioso e só se desenvolve plenamente nos Mistérios de Elêusis, graças a um aparelho ritual extremamente complexo.

Os «Nascimentos», as «Infâncias» de Zeus, as suas Bodas Sagradas com Hera, são apenas mitos pelo seu simbolismo profundo: não merecem esse qualificativo automaticamente e pela única razão de fazerem intervir os deuses. A «hierogamia», figuração ritual das bodas divinas, por exemplo, está destinada a renovar o poder da vegetação. As anedotas pitorescas respeitantes à dança dos Curetes não são de modo algum mitos, mas, apenas, lendas «etiológicas», destinadas a justificar rituais de que, precisamente, o valor mágico íntrínseco (dança da chuva ou qualquer outra que se queira) está perdido para sempre.

Vê-se até que ponto são fugidias as fronteiras do mito. Uma narrativa, para merecer este nome, deve estar situada, em grau maior ou menor, na fronteira das Essências: esta repugnância do mito pelo acidental explica a sua fortuna junto de Platão e, mais geralmente, no pensamento grego, ávido de penetrar (e mais ainda de exprimir) as Leis eternas.

Sob a sua forma mais evoluída, o mito desenvolveu-se ao longo de todo o Helenismo. Surge na *Teogonia* de Hesíodo, mas alusões esparsas nos *poemas homéricos* deixam entrever que existia já há muito tempo. Longe de responder a não se sabe que pensamento «primitivo», prossegue a sua carreira durante o tempo mais belo da reflexão filosófica, sob formas cada vez mais complexas. Pense-se na cosmogonia isíaca de um Apuleio: parece que o mito, no decorrer do tempo, desenvolve a sua ambição profunda e expande-se numa contemplação mística da realidade que exprime. A *narrativa* é apenas um suporte acessório e, como tal, um vestido carnal.

Durante muito tempo, os teóricos distinguiram de uma forma insuficiente o mito e os «ciclos heróicos». A diferença é, contudo, bastante clara. Um ciclo heróico compõe-se de uma série de histórias nas quais a única unidade é fornecida pela identidade do herói que é a personagem principal. O protótipo destes ciclos é o de Héracles. Héracles não é, em absoluto, um «mito»; o eco de antigas explicações, solares ou, mais geralmente, naturalistas, das suas lendas, mostra-o bem. As suas aventuras não põem em causa a ordem do universo. Nasce sobre uma Terra já arrefecida. Nenhum dos seus actos possui o menor significado cósmico: suporta o Céu sobre os seus ombros, é certo, mas é apenas uma prova destinada a demonstrar a sua força física. O Céu não é modificado por tal acto. Se vai procurar o cão Cérbero, depois de o ter trazido para a superfície, fica bastante embaraçado e, sem saber o que fazer, leva-o de novo para o reino de Hades. É apenas na especulação dos filósofos que Héracles assume o valor de uma ilustração moral, mas bastante tarde e de modo secundário.

Os principais ciclos heróicos da Grécia, o de Héracles, o de Jasão, o de Teseu, são materializações que apenas provam a vitalidade de um tema. Héracles é essencialmente dório; Teseu é ático; Jasão, menos simples, parece reunir à sua volta tradições eólias e muito antigas histórias de migrações, bastante desfiguradas através da elaboração literária. O traço característico de todos estes ciclos é a sua ligação a locais precisos: o Olimpo de Zeus, o Nisa de Dioniso são regiões indeterminadas; mas não o Eta de Héracles, onde as escavações revelaram a existência muito material de um altar e de um rito de incineração[8].

Do mesmo modo, existe uma «geografia» dos Argonautas [9], relacionando os santuários de Atena espalhados em redor do Mediterrâneo, como existe uma «geografia» de Eneias ligando os de Afrodite. Todos estes santuários heracleus possuíam a sua lenda própria, e são todas estas narrativas isoladas que, ao agruparem-se, acabaram por dar origem a uma imensa «gesta» do herói. Elementos de épocas diversas, de religiões ou de ritos diferentes amalgamaram-se deste modo. O Héracles tásio não é o Héracles argivo. A unidade relativa a que, em data antiga, o ciclo chegou prova apenas até que ponto era grande a força assimiladora do Helenismo, que integrava, de bom ou mau grado, os empréstimos estrangeiros. A ordenação de todos estes elementos díspares é já um trabalho literário, atribuído, sem dúvida, aos mais antigos historiadores em busca de tradições que procuravam conciliar. A colheita, contudo, era tão abundante que ultrapassava as suas possibilidades. Rivalidades de santuários, particularismos de cidades, conservaram-nos episódios exteriores ao ciclo «canónico»: tal *trabalho* é admitido numa lista, excluído de uma outra, tal episódio é desenvolvido segundo esquemas diferentes segundo tal ou tal mitógrafo, de um modo diferente, ainda, por Píndaro ou por Pausânias. Os «ciclos» não nascem de uma única peça; formam-se no decurso de uma longa evolução. Ao contrário do mito, que, desde a sua origem, é simbólico, o valor simbólico do ciclo não é alcançado senão no termo da sua existência, quando os seus diversos episódios estão suficientemente integrados para poderem, todos eles, revestir um único significado. Deste modo, as histórias de caçadores que são a luta contra o leão de Némea, o touro de Creta, os pássaros do lago Estínfalo, a corça de Cerineia, não são, no seu início, mitos morais. Foram necessários muitos séculos para que Pródico pudesse escolher Héracles como herói, não de uma caçada, mas de um apólogo moral!

---

[8] M. P. NILSSON, *Arch. f. Religionswiss.*, XXI (1922), pp. 310-316: *Journ. of Hell. St.*, XLIII (1923), pp. 144 e s.

[9] E. DELAGE, *La Géographie dans les Argonautiques d'Apollonios de Rhodes*, Paris, 1930.

O terceiro tipo de lenda é o que designámos sob o nome de «novela». Do mesmo modo que o precedente, está geograficamente caracterizado; os seus episódios, igualmente múltiplos, estão situados em locais familiares. Tal como o anterior, não é simbólico, pelo menos essencialmente e de modo primitivo. Mas, enquanto no ciclo heróico a unidade é inteiramente conferida pelo herói, aqui, a única unidade é a da intriga. Assim, a história de Helena, raptada ao seu marido, guardada em Tróia, disputada pelos dois exércitos no decurso de um cerco de dez anos, e em seguida o regressar, depois de novas aventuras, e toda uma odisseia, ao lar que nunca deveria ter deixado, todo este conjunto, de que a *Ilíada* apenas desenvolve uma parte, é uma «novela». É, se se preferir, um romance ao gosto de *Teágenes e Caricleia*: mas a história de Helena pertence à lenda e a de Teágenes à literatura. A razão é simples: num determinado momento a aventura de Helena foi encarada como *verdadeira*; *Teágenes* foi sempre considerado uma fantasia e uma mentira agradável. Mostrava-se um túmulo de Helena; prestava-se-lhe um culto; talvez fosse uma divindade «caída», ou, talvez, mas isso é menos seguro, o primeiro estado do seu romance tenha sido o seu ἱερὸς λόγος. É assim que Gargantua de Rabelais é uma personagem de um romance; o da tradição de que as *Grandes Crónicas* são o primeiro testemunho, é uma personagem da lenda. A fronteira, poderá dizer-se, está claramente ultrapassada; a diferença é, contudo, sensível. A *Ilíada* reveste a personagem de Aquiles com traços literários, inventados à vontade. A própria personagem permanece lendária: existe independentemente da sua incarnação homérica; outros poetas, antes da *Ilíada*, apoderaram-se dela; outros, depois dela, modificaram-na ainda. O herói da «novela» lendária pode prestar-se a todas as fantasias, não se identifica nunca com elas, por mais genial e por maior que seja a obra que o utiliza. Eneias, para nós, existe sobretudo através de Virgílio; mas a perfeição literária da *Eneida* não pode criar de uma forma completa o «mito» (no sentido lato) da Roma dos Enéadas. A fortuna, o significado, a importância do poema, devem-se à preexistência do herói que a mística de César teve o génio de confiscar para si.

As divindades podem ser os heróis destas «novelas»: a gesta de Afrodite e de Ares, a de Afrodite e Anquises não têm nada de «mítico», no sentido pleno, tal como as «infâncias» de Palas ou as histórias familiares de Tétis. Na maior parte das vezes, contudo, a novela conta as aventuras de mortais e há para este facto uma razão: é que a novela tem, geralmente, um alcance social. Mostrou-se recentemente que a lenda de Édipo era a de um «conquistador»[10]: cada uma (ou quase) das acções atribuídas ao herói é simbólica —

[10] M. Delcourt, *Œdipe ou la Légende du Conquérant*, Paris, 1944.

mas já não, como para o mito, de um simbolismo cósmico, mas expressão de uma função social, resíduo dos velhos ritos «políticos» em torno da realeza: assim, o assassínio do velho rei, o incesto e as provas preliminares. Nesta lenda, não é a personagem de Édipo que é importante; o verdadeiro tema é o cenário das suas aventuras. Não se verifica o mesmo para o ciclo de Héracles, em que os episódios são intermutáveis e a sua sucessão acidental.

O tipo de lenda mais frequente é a anedota etiológica, isto é, a narrativa destinada a explicar um detalhe surpreendente: uma anomalia num sacrifício, uma particularidade de uma imagem cultural, de um lugar, de um nome próprio, originam uma história que o justifica. Assim, por exemplo, encontrava-se num templo de Chipre a estátua de uma mulher inclinada para a frente; o facto era surpreendente e o verdadeiro significado tinha-se perdido. Contava-se, então, que era a metamorfose de uma jovem curiosa surpreendida no acto de olhar pela janela e, sobre este tema, tecia-se uma anedota de amor. Esta era a lenda de Anaxárete.

Muitas narrativas análogas dizem respeito a nomes de locais e fundamentam-se em jogos etimológicos. Isto acontece em particular quando, por qualquer razão, a língua do país mudou e a sua onomástica se torna incompreensível. O nome da cidade latina de Alba (nome sem dúvida aparentado com a palavra *Alp-* e designando uma elevação, na língua falada anteriormente às primeiras invasões indo-europeias) tinha deixado de ser compreensível para as populações de língua latina. Relacionou-se, arbitrariamente, com o adjectivo *albus* (branco). A cidade, dir-se-á, foi fundada no local onde Eneias sacrificara, outrora, uma javalina *branca* com as suas trinta crias.

Estas anedotas integram-se nos ciclos heróicos e, como elementos acessórios, nas «novelas». O acto significativo é atribuído a uma personagem marcante, já dotada de uma «eficácia lendária», quando não é um deus. Estas lendas etiológicas podem mesmo tornar-se mitos, quando a particularidade a explicar reveste uma importância cósmica. É o caso, nomeadamente, de todas as «heroizações astrais», que transportam para o céu indiferentemente um homem, um animal ou uma coisa, para fazer delas constelações [11].

Certas lendas, por fim, não entram em nenhuma das categorias precedentes. São os «contos para rir» (ou para comover), que não explicam nada, que põem em cena heróis obscuros, que não têm qualquer significado moral ou cósmico. Adivinha-se, por vezes, que a sua razão de ser nos escapa, pelo menos no estado actual da sua trans-

[11] Existem lendas construídas artificialmente, em série, como faz o PS.-PLUTARCO no tratado *Sobre os Rios*. Não representam tradições vivas mas simples imitações construídas sobre um esquema banal: o rio recebe o nome de uma personagem que se afoga nele, etc.

missão. É possível que a forma conhecida seja apenas um resíduo de um estado anterior, mais completo, mais significativo. O mistério é, por vezes, total e nada nos permite afirmar que tal história não seja ou que nunca tenha sido outra coisa senão um divertimento.

* * *

As fontes da Mitologia são muito diversas: vão desde os poemas homéricos aos comentários eruditos dos sábios bizantinos do século XII. É suficiente referir aqui os principais grupos e a sua repartição.

É reduzido o número de lendas que nos foram transmitidas sob a sua forma verdadeiramente popular. A tradição oral, tão preciosa para os folcloristas modernos, apenas nos deu algumas transcrições directas. Encontram-se sobretudo na *Descrição da Grécia* de Pausânias. Infelizmente, a obra apenas trata das seguintes regiões: Ática, Corinto e Sícion, Lacónia, Messénia, Élida, Acaia, Arcádia, Beócia, Fócida. Composto na primeira metade do século II d. C., recolhe tradições já muito evoluídas. O seu valor documental é, contudo, imenso[12], pois sem ela ignoraríamos as versões não canónicas, e as mais instrutivas, das lendas locais. Sob este aspecto, Estrabão, embora seja um século anterior a Pausânias, é menos rico. A sua obra cobre um espaço demasiado vasto para que possa descer aos detalhes tão caros a Pausânias. Para mais, Estrabão é um «inquiridor» de menor fidelidade; aventura-se mais nas interpretações, seguindo as luzes da sua erudição.

A segunda categoria de fontes, de longe a mais considerável, é a das fontes «eruditas». Compreende tratados técnicos, unicamente consagrados à mitologia, ou comentários a obras literárias destinadas a esclarecer pontos obscuros. Este trabalho começou cedo na história da literatura grega. O primeiro autor conhecido é um milésio, Hecateu, que escreveu, no final do século VI a. C., quatro livros de «Genealogias», de que possuímos apenas alguns fragmentos. Hecateu concebe a mitologia como parte da história e é como historiador que reúne as tradições relativas às famílias e às cidades.

Pouco depois, encontramos outros historiadores: Acusilau de Argos, Ferécides de Atenas, que se ocupam, também eles, das tradições dos seus países. Ferécides constituiu, por seu lado, uma fonte importante para todos os mitógrafos antigos, que o citam frequentemente. Infelizmente, apenas possuímos raros fragmentos das obras de Hecateu e de Ferécides. Ocorre o mesmo com Helânico de Miti-

---

[12] V. especialmente a este respeito o *Comentário* de J. G. FRAZER, 2.ª ed., 6 vols., Londres, 1913, e o *Atlas*, *ib.*, 1930 (texto de A. W. VAN BUREN).

lene, contemporâneo de Tucídides, cuja obra, a julgar pelos títulos que conhecemos, parece ter abarcado a totalidade dos países então helenizados. A sua *Cronologia das Sacerdotizas de Hera* constitui uma recolha muito importante das tradições argivas. Helânico escreveu igualmente uma história da Ática, que fixava uma cronologia dos reis de Atenas, em que se misturam estreitamente o mito e a história. Com Herodoro, de Heracleia do Ponto, principia, nos fins do século V a. C., uma nova tendência: já não se trata de fixar pontos «da história», mas de encontrar um sentido profundo para os mitos. Nesta perspectiva, o siciliano Evémero, posterior um século a Herodoro, pode ser considerado como seu discípulo espiritual. A sua doutrina, o evemerismo, é bastante conhecida: consiste essencialmente em considerar que os deuses são simplesmente homens a quem, pelos seus méritos, pelos serviços que prestaram aos seus semelhantes, foram prestadas honras divinas. Deste modo, procurar-se-á, com as narrativas fabulosas, encontrar um significado «racional»: a hidra de Lerna, com as cabeças que renascem, seria um pântano pestilento que Héracles quis secar, mas que nascentes enchiam incessantemente. Este é um jogo estéril, sem qualquer fundamento na realidade, mas que teve uma grande repercussão no pensamento antigo. O historiador Diodoro Sículo, no século I a. C., conservou-nos um grande número destas «racionalizações», que tinham seduzido o espírito romano e de que se apoderou a simbólica dos filósofos, tanto os epicuristas como os estóicos. Assinalaremos algumas entre as mais significativas.

Um discípulo, ou, pelo menos, um continuador de Evémero, Paléfato, escreveu, no início do século III a. C., cinco livros sobre os «Acontecimentos incríveis» (Περὶ ἀπίστων), de que ainda possuímos um resumo[13]. A mesma tradição liga-se um pequeno tratado de um certo Heraclito, que pretende «curar» as inverosimilhanças dos mitos[14].

Com a idade helenística faz-se luz e afirma-se uma terceira tendência, que não tem por objecto nem interpretar as narrativas fabulosas nem integrá-las na história, mas, simplesmente, recolhê-las por elas próprias. A partir do século III a. C., aparecem «colecções», cujos resumos nos são, por vezes, conservados. Algumas

---

[13] Publicado na colecção de A. WESTERMANN, *Scriptores poeticae Historiae graeci*, Brunschwick, 1843, com a *Biblioteca* de Apolodoro, as *Narrationes* de Conon, as *Narrationes Amatoriae* de Parténio, a *Noua Historia* de Ptolomeu, as *Transformationes* de Antonino Liberal, os *Catasterismoi* de Eratóstenes, o *De Incredibilibus* de Heraclito, e vários outros tratados anónimos: *Allegoriae*, *De Ulixis Erroribus*, *Miscella*, a que se acrescentaram os de João Pediasmo, *De Herculis Laboribus*, e o de Nicetas, *Deorum Cognomina*. A maior parte destes tratados foi reeditada na colecção *Mythographi Graeci*, 4 vols., Leipzig, 1894-1902, por R. WAGNER, P. SAKOLOWSKI, E. MARTRINI, A. OLIVIERI e N. FESTA.

[14] V. nota precedente.

destas obras eram consagradas a um tipo definido de lendas, por exemplo, as *Catasterismoi* («astralizações»), de Eratóstenes de Cirene, que escreveu na segunda metade do século III a. C.[15] Outros, mais ambiciosos, pretendem abarcar a totalidade das tradições lendárias. A tentativa mais importante, que conduz simultaneamente a uma recolha e a um «sistema», é aquela que os manuscritos atribuem a Apolodoro, um gramático ateniense cuja actividade se localiza em meados do século II antes da nossa era. Discípulo de Aristarco de Samotrácia, fora formado na filosofia segundo concepções alexandrinas e consagrara trabalhos à exegese dos poetas antigos. A *Biblioteca* que possuímos sob o seu nome não é obra sua, pelo menos na redacção conservada. Embora o problema esteja longe de estar resolvido, é provável que a versão que chegou até nós remonte a um abreviador do século I d. C., que se contentou em seguir o plano e os dados gerais da obra primitiva, sem trazer qualquer contribuição pessoal. Se não se verificasse esta hipótese, isto é, se a obra fosse posterior ao século II, seria difícil explicar a total ausência de alusões ao mundo romano[16]. Por outro lado, apenas possuímos uma parte resumida dela. A lacuna é, contudo, colmatada, mais ou menos, graças a uma *Epítome*, que remonta ao comentador bizantino João Tzetzes.

A *Biblioteca* divide os mitos em grandes ciclos: em primeiro lugar a Teogonia, em seguida, os inícios das raças humanas, a partir de Deucalião e Pirra; depois vêm as lendas argivas, as lendas tebanas, as lendas áticas. A *Epítome* contém resumos em forma de narrativas das epopeias homéricas e cíclicas.

Qualquer que seja a sua origem, esta *Biblioteca* é-nos preciosa na medida em que nos dá a conhecer quais eram, no início da época romana, os «cânones» lendários e dá-nos, por outro lado, informações sobre o trabalho de classificação dos mitos devidos aos esforços dos gramáticos e dos filólogos.

O desenvolvimento do poder romano não interrompeu estas investigações. Num certo sentido, favoreceu-as mesmo, porque convinham a esse novo público, mediocremente culto, resumos e compêndios. É, por exemplo, graças ao trabalho de Antonino Liberal (cuja obra se situa entre o segundo e o terceiro século da nossa era) e às suas *Transformações*, que podemos entrever o que era essa recolha, hoje perdida, que Nicandro, no século II a. C., escrevera sobre as *Metamorfoses* (Ἑτεροιούμενα).

---

15 O tratado editado sob este nome (v. a nota 13) é um resumo medíocre muito posterior.

16 A melhor edição é a de FRAZER, 2 vols., Londres, 1921, com tradução inglesa, abundante comentário, e introdução. Sobre o problema da datação da *Biblioteca*, cf. M. VAN DER VALK, in *Revue des Et. gr.*, LXII (1958), pp. 100-168.

Nicandro, recolhendo as tradições populares, inventando outras, explicava por uma metamorfose a origem de cada espécie animal. Ovídio, nas suas *Metamorfoses*, tratará em verso um assunto análogo e está demonstrado que Nicandro foi uma das suas fontes, se não a principal.

Um poeta alexandrino pertencente à escola de Calímaco, Parténio de Niceia, compôs, para o seu amo Gallus, o amigo de Virgílio, um tratado das «aventuras amorosas» ('Ερωτικὰ παθήματα), destinado a fornecer *temas* aos elegíacos romanos. Esta antologia foi-nos conservada[17], tal como a das Narrativas (as *Narrationes*, Διηγήσεις), que o mitógrafo Conon (desconhecido de outro modo) escreveu cerca do início da nossa era, dedicando-as ao rei Arquelau da Capadócia[18].

Os mitógrafos de língua latina são menos numerosos e são, por outro lado, meros imitadores dos precedentes. O mais célebre de entre eles é o gramático Higino. Chegaram até nós duas recolhas sob o seu nome: as *Fábulas* (*Fabulae*) e a *Astronomia Poética*. A segunda é imitada dos *Catasterismoi* de Eratóstenes; as primeiras contêm, classificadas por categorias, as versões mais aberrantes das lendas clássicas. O interesse principal desta obra, que, por outro lado, é extremamente fautiva e testemunha estranhas ignorâncias por parte do seu autor, é o de nos conservar as intrigas de obras hoje perdidas dos grandes trágicos. Esta ou aquela obra de Sófocles e, sobretudo de Eurípides, são-nos apenas conhecidas através do resumo de Higino. Isto torna possível, em certos casos, seguir a transformação do tema lendário e discernir o que é fabulação literária e o que é elemento tradicional[19]. Infelizmente, o texto de Higino é lacunário, os nomes próprios estão mutilados, e as contradições e absurdidades também não faltam. Não sabemos em que época esta compilação foi efectuada. O nome de Júlio Higino que os manuscritos atribuem ao seu autor não nos deve iludir. Não pode tratar-se do liberto de Augusto, o sábio bibliotecário da Biblioteca de Apolo no Palatino. Segundo uma hipótese recente, a obra dataria da época dos Antoninos[20].

Uma recolha análoga à de Higino, mas sem nome do autor, é conhecida por um manuscrito do Vaticano e, por esta razão, tem o nome de *Mitógrafo do Vaticano*[21]. É verosímil que esta compilação remonte ao século V da nossa era.

Os primeiros escritores cristãos constituem — o que é surpreendente — uma fonte não desprezível de conhecimento dos mitos pa-

---

[17] V. nota 13.

[18] O que data o tratado do período compreendido entre 36 a. C. e 17 d. C. V. nota 13.

[19] A melhor edição é a de ROSE, *Hygini Fabulae*, Leyde, s.d.

[20] ROSE, *op. cit.*, p. VIII.

[21] Ed. G. H. BODE, em *Scriptores rerum mythicarum latini*, 2 vols., Celle, 1834.

gãos. Utilizam-nos e citam-nos numa intenção polémica, mas, precisamente, para este fim, procuram as lendas mais ilógicas, aquelas que menos honram o espírito humano que a Graça não iluminou. Santo Agostinho, Clemente de Alexandria, tal como Arnóbio e Lactâncio, são, sob este ponto de vista, de grande valor.

* * *

Mas o domínio da lenda não está limitado ao da investigação erudita: esta não teve o desenvolvimento que apresentámos senão porque estava ao *serviço* da literatura. É a obra literária que é, por excelência, o meio de desenvolvimento do mito. Não há praticamente um único aspecto da literatura grega que não o conheça e que, de algum modo, não se apoie nele. Eis por que o seu estudo é inseparável do das próprias obras. Os grandes ciclos épicos surgem-nos na *Ilíada*. Desde essa época, são objecto de uma elaboração muito complexa, e adivinha-se que os autores do poema apenas *escolheram* parte de uma abundante literatura lendária pré-existente. Possuímos apenas testemunhos fragmentários desta literatura: alusões contidas no poema, resumos dos mitógrafos e, sobretudo, resumos das epopeias cíclicas consagradas aos heróis tebanos (os guerreiros infortunados da expedição dos Sete Chefes, tal como Édipo e seus filhos), aos Argonautas, às próprias personagens que surgem na *Ilíada* mas que não são aí figuras centrais, como, por exemplo, Mémnon, Pentesileia, que foram contadas pelo milésio Arctino na sua *Etiópida*. A *Pequena Ilíada*, de Lesques, continha o relato de episódios da Guerra de Tróia posteriores à morte de Pátroclo. Outros poemas, como os *Regressos*, cantavam as aventuras dos heróis aqueus uma vez terminada a guerra. A *Odisseia* é apenas o mais famoso destes *Regressos*, mas não o único.

A partir de Homero, toda a poesia grega vive de lendas: lírica coral, ditirambo, tragédia, todos estes géneros recolhem «fatias dos grandes repastos homéricos»[22]. As tradições encontram-se aí, com as modificações próprias do género, e também num esforço de classificação, tentativas de filiação, relacionamento de heróis, cada poeta constrói o seu mundo lendário pessoal. Embora esses ensaios de normalização conduzam, no final, ao estabelecimento de uma maior confusão entre as diferentes versões e as suas variantes. Pouco a pouco, contudo, os poetas incorporam os resultados adquiridos pelos mitógrafos. Com a escola de Calímaco, a lenda deixa de ser o suporte do poema, e converte-se muitas vezes no seu objecto principal. No tér-

[22] ÉSQUILO, citado por ATENEU, VIII, 347 c.

mino não é mais do que uma lenda versificada e o jogo consiste em acumular as alusões mais obscuras, as variantes mais aberrantes. Se Calímaco possui, na maior parte dos casos, um gosto muito seguro que o movimenta nesta via, o seu contemporâneo Lícofron deu-nos na sua *Alexandra* o tipo acabado desta poesia mitológica que apenas com muita dificuldade se pode considerar «poética». O tema é uma pretensa profecia de Cassandra (também chamada Alexandra), que, depois da Guerra de Tróia, anuncia a ressurreição da raça e do povo troianos. Dificilmente inteligível, este texto forneceu a João Tzetzes ocasião para um comentário extremamente útil para os mitógrafos modernos, porque cada um dos seus versos contém uma alusão às lendas mais obscuras da mitologia e a sua explicação faz intervir um tão grande número de mitos que o conjunto constitui um verdadeiro resumo do tesouro lendário antigo.

A poesia latina possui os seus «antiquários», dos quais Ovídio é o seu melhor representante. Duas obras simétricas utilizam, uma sobretudo a mitologia grega (são as *Metamorphoses*), e outra a mitologia romana (são os *Fasti*, calendário poético das festas romanas, de que, infelizmente, apenas foram escritos os seis primeiros livros, correspondentes aos primeiros seis meses do ano). Propércio, no Livro IV das suas elegias, empenhou-se, também, em imitar Calímaco e contou as lendas etiológicas dos locais e dos ritos romanos: a de Tarpeia ou a do culto de Júpiter Feretrino. O seu sucessor distante, Estácio, consagra alguns dos seus *Silvas* a pesquisas análogas, enquanto nas suas epopeias, a *Tebaida*, a *Aquileida*, retoma a tradição cíclica. Por fim, Valério Flaco deu, pela mesma época, as *Argonáuticas* latinas, inspiradas naquelas, bem mais célebres, que tinham sido escritas por Apolónio de Rodes em meados do século III antes da nossa era.

A partir deste momento, a mitologia está fixada nas suas grandes linhas. As curiosidades eruditas de um Plutarco não podem modificar as versões canónicas. Afastada das suas fontes populares e também do seu suporte religioso, a mitologia evoluiu segundo linhas múltiplas: simbolização mística com os «neopitagóricos»[23], simbolização moralizante, com os epicuristas e os estóicos, ensaios literários ou plásticos, estatuária ou pintura. Já não é uma compilação de crenças, mas um instrumento de expressão, só por si uma retórica ou uma poética, e é bastante significativo que aos melhores tempos do classicismo francês ou inglês, quando se levantou a Querela dos Antigos e dos Modernos, os adversários tenham escolhido conduzir o debate para

[23] Ver, sobre este assunto, o livro sugestivo de J. CARCOPINO, *La Basilique de la Porte Majeure*, Paris, 1927, e a bibliografia. V. também F. CUMONT, *Le symbolisme funéraire des Romains*, Paris, 1942.

a questão de saber se os velhos mitos tinham ou não perdido o seu poder. Hoje, sabemos que existem outros «estilos poéticos» e que o pensamento e a expressão míticos são apenas uma das vias abertas à literatura. Já não reinvidicamos para estas lendas antigas um valor absoluto. Sabemos que elas são apenas o produto normal de uma longa evolução espiritual. Não estamos senão mais intimamente persuadidos da importância que elas revestiram na história do pensamento humano, e no que, talvez, ainda possam assumir entre as mãos do artista capaz de animar estas *marionnettes* eternas[24].

[24] Para a «sobrevivência» dos mitos na literatura e na arte desde a Antiguidade, aconselha-se a consulta de H. Hunger, *Lexikon der griechischen und römischen Mythologie*, Viena, 1953.

NOTA DE CONSULTA

No artigo correspondente a cada nome, são apresentadas as principais narrativas e lendas particulares nas quais intervém a personagem citada, sendo os homónimos diferenciados por um número de ordem. A apresentação das lendas, voluntariamente resumida, procura, na medida do possível, revestir o aspecto de uma biografia. Estão indicadas as diferentes versões para cada episódio, começando ou pela que está atestada em data mais antiga ou pela que, *a priori*, pode ser considerada como a menos «evoluída», mesmo se é apenas conhecida através de um mitógrafo tardio. Houve um esforço para sublinhar as variantes e as inovações devidas a autores trágicos, mas de modo a que a evolução de cada mito fosse sempre clara. Lamentar-se-á, por vezes, a ausência desta ou daquela versão. Os limites desta obra impõem uma escolha. Já Diodoro e Pausânias tinham verificado a inextricável confusão do conjunto lendário grego.

Os artigos relativos a heróis e a lendas do domínio romano são precedidos por um asterisco. Este asterisco não figura no início dos artigos nos quais as narrativas, originalmente gregas, apresentam prolongamentos romanos (caso de *Diomedes*, *Eneias*, etc.).

Considerou-se vantajoso apresentar quadros genealógicos de certas «famílias» importantes. Estes quadros têm por fim resumir as indicações contidas nos artigos e também eles representam uma escolha, em grande parte arbitrária, entre as várias versões. Na maior parte dos casos, têm por base a *Biblioteca* de Apolodoro, acrescentando-se, eventualmente, dados retirados de outras fontes. Procuram, ainda, apresentar uma espécie de «vulgata», sendo as variantes indicadas no corpo do artigo. A ordem dos acontecimentos, raramente determinada nas nossas fontes, foi fixada arbitrariamente quando não era conhecida.

As notas no fundo da página reúnem as referências essenciais aos autores antigos. Estas referências seguem, geralmente, o mesmo plano da exposição, mas cada texto é citado apenas uma vez, quando da sua primeira utilização, quaisquer que sejam o número e o local das informações recolhidas. Os escólios são mencionados imediatamente após o texto a que se referem.

Também se encontrará, no final das notas relativas a cada artigo, e apenas para alguns deles, a indicação das obras e dos trabalhos modernos que nos pareceram apresentar um interesse especial. Limitámo-nos, em princípio, aos trabalhos posteriores à publicação do *Léxico* de Roscher. Verificar-se-ão, mesmo quanto a estas obras, lacunas. A consulta das revistas especializadas e dos reportórios bibliográficos permitirá anulá-las.

Este Dicionário termina com dois índices, um de nomes próprios e outro dos temas lendários.

Seja-nos permitido exprimir ao nosso colega e amigo Jean AUDIAT o nosso reconhecimento pelo seu interesse em ler provas desta obra. A sua erudição evitou-nos muitos erros e omissões. As falhas que inevitavelmente subsistem devem-se ao autor e apenas a ele. Assinalá-las será, não só para ela como, esperamo-lo, para os leitores de futuras reedições, um inestimável serviço.

Agradecemos também ao nosso mestre Professor Charles PICARD a benevolência com que quis dar o seu patrocínio à nossa temerária empresa. E não queremos deixar de mencionar aqui o empenho, a competência e o gosto de que fizeram prova os editores e impressores durante a realização de um trabalho particularmente longo e delicado.

PRINCIPAIS OBRAS E AUTORES ANTIGOS REFERENCIADOS

ANTONINO LIBERAL, *Transformationes*, ed. WESTERMAN, *Mythographi Graeci*, Brunschig, 1843, pp. 200-238.

APOLODORO, *Biblioteca*, ed. G. FRAZER, 2 vols. (col. Loeb), London-New York.

ID., *Epítome*, mesma edição.

APOLÓNIO DE RODES, *Argonáutica*, ed. R.C. SEATON, 2 vols. (col. Loeb), London-New York.

ESCÓLIOS, ed. C. WENDEL, Berlin, 1935.

ARATO DE SOLI, *Fenómenos*, ed. G. ZANNONI, Fiorenza, e.d. (1948).

ARNÓBIO, *Adversus Nationes*, ed. A. REIFFERSCHEID, em *Corpus Scriptorum ecclesiasticorum latinorum*, vol. IV, Viena, 1875.

CALÍMACO, Hinos, epigramas e fragmentos escolhidos, ed. E. CAHEN, Paris, 2.ª ed., 1940.

CENSORINO, *De Die Natali*, ed. F. HULTSCH, Leipzig, 1867.

Corpus Inscriptionum Latinarum.

CONON, *Narrações*, ed. WESTERMANN, pp. 124--151 (ver *supra* ANTONINO LIBERAL).

DICTIS DE CRETA, *Bellum Troianum*, ed. F. MEISTER, Leipzig, 1872.

DIODORO DA SICÍLIA, *Biblioteca Histórica*, ed. BEKKER-DINDORF-VOGEL, Leipzig, 1888--1906.

DIONÍSIO DE HALICARNASSO, *Antiguidades Romanas*, ed. E. SPELMAN e E. CARY (col. Loeb), London-New York, 1937.

ELIANO, *Obras* (*Histórias Várias: Da natureza dos animais*), ed. R. HERCHER, 2 vols., Leipzig, 1864-1866.

Epicorum Graecorum Fragmenta, ed. KINKEL, Leipzig, 1877.

ERATÓSTENES, *Catasterismoi*, ed. WESTERMANN, pp. 239-267 (ver *supra* ANTONINO LIBERAL).

ESTÊVÃO DE BIZÂNCIO, edição e comentários de L. HOSTEIN. A. BERKEL, TH. DE PINEDO, Leipzig, 1825 (ed. A. WESTERMANN, Leipzig, 1839).

ESTOBEU, *Florilégio*, ed. Meineke, Leipzig, 1855.

ESTRABÃO, *Geografia*, ed. H.L. JONES e J. R. S. STERRETT (col. Loeb), 8 vols., London-New York, 1917-1932.

Etymologicum Magnum, ed. Th. GAIS FORD, Oxford, 1848.

EUSTÁCIO, *Comentário a Dionísio Periegeta*, apud C. MULLER, *Geographi Graeci Minores*, II, Paris, 1862.

IDEM, *Comentário à* Ilíada *e à* Odisseia *de Homero*, ed. G. STALLBAUM, 6 vols., Leipzig, 1825-1830.

FESTO, *De verborum significatione quae supersunt, cum Pauli epitome*, ed. W. LINDSAY, Leipzig, 1913.

Fragmenta Historicorum graecorum, ed. C. e T. Muller, 5 vols., Paris, 1841-1870.

FULGÊNCIO, *Mythologiarum Libri III*, ed. R. HELM, Leipzig, 1898.

GÉLIO, AULO, *Noites Áticas*, ed. HERTZ, Leipzig, 1898.

HERÓDOTO, *História*, ed. PH. LEGRAND, Paris, 1932 e s.

HESÍODO, *Obras*, ed. P. MAZON, Paris, 1928.

IDEM, *Teogonia*.

IDEM, *Os Trabalhos e os Dias*.

IDEM, *Fragmentos*, ed. RZACH, Leipzig, 1902.

HESÍQUIO, *Lexikon*, ed. MANKE, 5 vols., Iena, 1858-1868.

HIGINO, *Fabulae*, ed. J. H. Rose.

IDEM, *Astronomia Poética*, ed. VAN STAVERN, Amsterdam, 1742.

Ilíada, ed. P. MAZON., 4 vols., Paris, 1938.
Escólios, ed. G. DINDORF, 4 vols., Oxford, 1875-1877 (cf. P. MAZON, ed. citada, «Introdução», pp. 74 ss., 1942).

LACTÂNCIO, *Diuinae Institutiones*, ed. BRAND e LAUDMAN; *Corpus Scriptorum ecclesiasticorum latinorum*, vol. XIX, Vienn, 1890.

LACTÂNCIO PLÁCIDO, *Narrationes Fabularum Ovidianarum*, ed. H. MAGNUS, Berlin, 1914.

IDEM, *Commentarii in Statti Thebaida... et in Achilleida*, ed. R. JANKE, Leipzig, 1898.

LÍCOFRON, *Alexandra*, ed. G. KINKEL, Leipzig, 1880.

MACRÓBIO, *Saturnalia*, ed. F. EYSSENHARDT, 2.ª, Leipzig, 1893.
MALALAS, *Chronografia*, ed. L. DINDORF, Bonn, 1831.
MANILIO, *Astronomica*, ed. A. E. HOUSMAN, London, 1903-1930.
NICOLAU DE DAMASCO, ed. *Fragmentos* em *Fragm. Hist. Gr.*
NONO DE PANÓPOLIS, *Dionisíacas*, ed. A. LUDWICH, Leipzig, 1909.
IDEM, *Fábulas extraídas do comentário a S. Gregório de Nazianzo*, etc., ed. WESTERMANN, pp. 359-389 (ver *supra* ANTONINO LIBERAL).
Odisseia, ed. V. BÉRARD, 4 vols., Paris, 1924. *Escólios*, ed. G. DINDORF, 2 vols., Oxford, 1855.
PSEUDO-ORFEU, *Argonáuticas*, ed. G. DOTTIN, Paris, 1930.
PALÉFATO, *Incredibilia*, ed. WESTERMANN, pp. 268-312 *supra* ANTONINO LIBERAL).
PARTÉNIO, 'Ερωτιχὰ Παθήματα, ed. WESTERMANN, p. 152-181 (ver *supra* ANTONINO LIBERAL)
PAULO, ver FESTO.
PAUSÂNIAS, *Descrição da Grécia*, ed. FR. SPIRO, 3 vols., Leipzig, 1903.
POLUX, *Onomasticon*, ed. BETHE, *Lexicographi Graeci*, Leipzig, 1900.
PTOLOMEU HESFESTION, *Nouae Historiae Libri VII*, ed. WESTERMANN, pp. 182-199 (ver *supra* ANTONINO LIBERAL).
QUINTO DE ESMIRNA, Posthomerica, ed. A. S. WAY (Loeb), London-New York.
SÉRVIO, *Comentário a Virgílio*, ed. THILO e HAGEN, 3 vols., Leipzig, 1881-1902.
SOLINO, ed. MOMMSEN, 2.ª ed. Berlin, 1895.
Scriptores rerum mythicarum latini tres, ed. G. H. BODE, Celle, 1893.; cf. *Trans. Amer. Philol. Ass.*, 1947, pp. 189-207.
SUDA, *Lexikon*, ed. GAISFORD, 4 vols., Hale e Brunswick, 1859.
Tragicorum Graecorum Fragmenta, ed. NAUCK, 2.ª ed., 1869. Index 1892.
TZETZES, Johannes e Isaac.
Comentário a LÍCOFRON, *Alexandra*, ed. G. MULLER, 3 vols., Leipzig, 1811.
Hitoriarum uariarum chiliades, ed. TH. KIESSLING, Leipzig, 1826.
Antehomerica, *Homerica*, *Posthomerica* } ed. Fr. JACOBS, Leipzig, 1793.
(cf. F. S. LEHRS, em HESÍODO, *Carmina*, 2.ª ed., Paris, 1892).
VALÉRIO FLACO, *Argonaútica*, ed. O. KRAMMER, Leipzig, 1913.
VARRÃO, *de Lingua Latina*, ed. R. G. KENT (col. Loeb), 2 vols., London-New York, 1938.
WESTERMANN, *Mythographi* (ver *supra* ANTONINO LIBERAL).

Os títulos das obras modernas e das *revistas* foram abreviadas da forma o mais transparente possível; em caso de dúvida, o leitor poderá recorrer ao «índice das revistas» do *Année Philologique*.

A

ABANTE. (῎Αβας.) V. *Abas.*

ABAS. (῎Αβας.) A lenda conhece três heróis deste nome, difíceis de distinguir uns dos outros.

1. O mais antigo é o epónimo do povo eubeu dos Abântidas, que é mencionado na *Ilíada*. Passa por ser filho de Posídon e da ninfa Aretusa, deidade de uma fonte próxima de Cálcis. No entanto, uma tradição ateniense recente fazia dele um descendente de Metíon, filho de Erecteu: teria sido então filho de Cálcon, por sua vez filho de Metíon. Este Abas tinha dois filhos, Calcodonte e Caneto.

2. O mais célebre é o rei de Argos, filho de Linceu e de Hipermestra. Une em si o sangue dos dois irmãos inimigos, Dánao e Egipto, e é o antepassado de Perseu e da sua estirpe (v. quadro 32, p. 370). É considerado o fundador da cidade focense de Abas. De Aglaia teve dois gémeos, Acrísio e Preto, e uma filha, Idómene, que desposou Amitáon (v. quadro 1, p. 8). Além desses, teria tido um filho bastardo, Lirco, epónimo da região de Lirceia, no Peloponeso.

3. Um outro Abas é filho de Melampo, neto de Amitáon, e por conseguinte bisneto do herói precedente (v. quadro 1, p. 8). É a este Abas, filho de Melampo, que se atribui a paternidade de Lisímaca, mulher de Tálao, e mãe de Adrasto (quadro cit.), do adivinho Ídmon, que herdara as qualidades do avô, e de Cérano (v. também, a propósito deste, o artigo *Políido*).

***ABORÍGENES.** (*Aborigines.*) Os Aborígenes são, nas lendas romanas, os mais antigos habitantes da Itália central. Passam por ser filhos das árvores. Vivem sem leis, sem cidades, errantes, e alimentam-se de frutos selvagens. Considera-se geralmente que o seu nome significa «o povo original». Eram eles quem o rei Latino governava, quando Eneias chegou ao Lácio, comandando os Troianos. Unidos aos Troianos, formarão o povo Latino, assim designado em honra do rei Latino (v. este nome).

ABSIRTO. (῎Αψυρτος.) V. *Argonautas.*

ACACÁLIS. (Ἀκακαλλίς.) Acacális é uma das filhas de Minos, que foi amada sucessivamente por Hermes e Apolo. Do primeiro, teve um filho, Cídon. Do segundo, teve três: Naxo (que deu o nome à ilha assim chamada), Mi-

---

Abas: 1) *Il.*, II, 536 e s.; IV, 464; *escól.* a II, 536; EUST., *ad Hom.*, p. 281, 43; HYG., *Fab.*, 153; STEPH. BYZ., s.u. Ἀβαντίς; STRAB., X, p. 445; EUR., *Iph. Aul.*, 164 ss.; APOL. RH., *Arg.* I, 77 es., e escól. *ad loc.*, IV, 1214. **2)** APOLLOD., *Bibl.*, II, 1, 1; PAUSAN., II, 12, 2; 16, 2; X, 35, 1. **3)** APOLLOD., *Bibl.*, I, 9, 13; APOL. RH., *Arg.* I, 139 e s., e escól. *ad loc.*; PAUSAN., I, 43, 5.

Aborígenes: DION. HAL., I, 9 e s.; 72; II, 48 es.; CATO, *Fr.* 5, 6, 7; SALLUST., *de C. Catil.* VI, 1; LYC., *Alex.*, 1253 (cit. O povo dos Βορείγονοι, que provavelmente é uma tradução mal feita de *Aborígenes*); PHAEST., p. 266; PLIN., *N. H.*, IV, 120; SERV., *ad VIRG.*, *Aen.*, VIII, 328. Cf. J. BÉRARD, *La Colonisation grecque en Italie méridionale...*, Paris, 1941, p. 387 e s.; J. PERRET, *Les origines de la légende troyenne de Rome*, Paris, 1942, p. 637 e s.

Acacális: PAUSAN., VIII, 53, 4; escól. *ad* APOL. RH., *Arg.*, IV, 1492; *ibid.* IV, 1490 ss.; ANT.LIB., *Transf.*, 30; APOLLOD., *Bibl.*, III, 1, 2. V. E. PAIS, *Storia Critica di Roma*, I, p. 289 e s.; J. CARCOPINO, *La Louve du Capitole*, Paris, 1925, p. 58.

leto e Anfítemis, também conhecido pelo nome de Garamante. Foi durante o tempo em que esperava Anfítemis que Minos, irritado, a exilou para longe de Creta, e a mandou para a Líbia (isto é, para a região da Tunísia meridional), onde o filho, com o nome de Garamante, deu origem ao povo nómada dos «Garamantes». Já quando estava para ter o seu terceiro filho, Mileto, Acacális receara a cólera de seu pai e fugira do palácio para procurar refúgio nos bosques. Foi nos bosques que deu à luz o pequeno Mileto. Não podendo criá-lo, abandonou a criança junto de uma árvore. Porém, por ordem de Apolo, as lobas amamentaram-no com o seu leite até que uns pastores o encontram, o recolhem e o criam. Por vezes, a Acacális também se chama Acacala. 'Ακαχαλλίς, em grego, designa o «tamariz do Egipto». (V. *Filandro.*)

ÁCACO. ("Ακακος.) Ácaco é o pai adoptivo de Hermes, segundo algumas tradições. Filho de Licáon, fundou a cidade de Acacésio, na Arcádia.

ACADEMO. ('Ακάδημος.) Herói ático que revelou aos Dioscuros o local onde Teseu mantinha prisioneira a irmã deles, Helena, quando, depois do rapto desta, Castor e Pólux percorreram a Grécia à sua procura. Academo tinha o seu túmulo nos arredores de Atenas, para lá do bairro do Ceramico. Este túmulo estava rodeado por um bosque sagrado, tornado célebre por Platão, que nele instalou a sua escola, a Academia. O nome da Academia também é, por vezes, derivado do de Equedemo, um arcadiano, companheiro dos Dioscuros na referida expedição.

ACALÂNTIS. ('Ακαλανθις.) Entre as nove filhas de Píero, o rei da Macedónia, havia uma de nome Acalântis. Com as irmãs, desafiou as Musas a cantarem tão bem como ela. As deusas, indignadas, transformaram-nas todas em aves. Acalântis tornou-se um pintassilgo (ἄκαντα, em grego, significa cardo). (V. *Piérides.*)

* **ACA LARÊNCIA.** (*Acca Larentia.*) No reinado de Rómulo, ou então no de Anco Márcio, num dia de festa, o guardião do templo de Hércules em Roma convidou o próprio deus a participar num jogo de dados, com a condição de o vencido proporcionar ao outro uma refeição e uma bela jovem. O deus aceitou e ganhou a partida; o guardião ofereceu-lhe uma refeição no templo e fê-lo obter os favores da mais bela jovem de Roma, na altura, Aca Larência. Quando Hércules a deixou, aconselhou-lhe, como recompensa, que se pusesse ao serviço do primeiro homem que encontrasse. Foi ele um etrusco, chamado Tarúcio, que a desposou. Tarúcio era muito rico e não tardou a morrer. Aca Larência herdou-lhe a fortuna, que constava de várias propriedades, vizinhas de Roma, que, por seu lado, ela, ao morrer, legou ao povo romano. Esta versão da lenda foi, sem dúvida, inventada para conceder títulos jurídicos à posse de territórios reivindicados por Roma. Na sua velhice, Aca desapareceu sem deixar vestígios, no Velabro, no mesmo local onde fora enterrada a outra Larência, a mulher de Fáustulo.

Uma outra lenda conhece, efectivamente, uma Aca Larência, mulher do pastor Fáustulo (v. *Fáustulo*). Ela tinha doze filhos, para além de Rómulo e Remo, que adoptou. Seria em lembrança dos doze filhos de Aca Larência que se teria constituído o colégio dos doze Irmãos Arvales.

ÁCAMAS. ('Ακάμας.) Com o nome de Ácamas conhecem-se vários heróis.

1. Um deles é um troiano, filho de Antenor e de Teano, que desempenhou um papel particularmente brilhante no ataque ao campo grego. Foi morto por Meríones.

2. Um outro Ácamas, tio de Cízico (v. este nome), também combatente do lado dos Troianos, era o chefe de um contingente trácio. Foi morto por Ájax, filho de Télamon.

3. O mais célebre dos heróis com este nome é o filho de Teseu e Freda, e o epónimo da tribo ática dos Acamantidas. Este Ácamas não figura na epopeia homérica, embora as lendas posteriores à composição da *Ilíada* lhe atribuam, bem como ao irmão, Demofonte, um papel na tomada de Tróia. Ácamas, segundo se diz, fora com Diomedes a Tróia como embaixador, antes do começo da guerra, para reclamar Helena. Aí, foi visto por Laódice, a filha de Príamo, e Laódice apaixonou-se por ele. A jovem confiou a sua paixão à mulher de Perseu, Filóbia. Imediatamente, Filóbia decidiu ajudar Laódice. Persuadiu o marido, que reinava na cidade de Dárdano, na Tróade, a convidar separadamente os dois jovens para um banquete e a colocá-los um ao lado do outro. Laódice passaria por ser uma cortesã do harém de Príamo. No fim do banquete, Laódice tornara-se mulher de Ácamas. Desta união nas-

---

Ácaco: PAUSAN., VIII, 3, 2; 36, 10; STEPH. BYZ., *s.u.* 'Ακακήσιον.

Academo: PLUT., *Thes.*, 32; D.L., III, 9; STEPH. BYZ., *s.u.* 'Εκαδήμεια. V. tb. os artigos *Teseu*, *Helena*; v. CH. PICARD, *Dans les Jardins du Héros Académos*, Publ. de l'Inst. de Fr., Paris, 1934.

Acalântis: ANT. LIB., *Transf.*, 9, a partir de NIC., IV; OV., *Met.* V, 295 e s., e 670 e s.; v. também *Píero*.

Aca Larência: PLUT., *Qu. Rom.*, 35; LACT., I, 1, 20; CATO, segundo MACROB., *Sat.*, I, 10, 16; VAR., *LL*, VI, 23; PLUT., *Rom.*, 4 e s., v. MOMMSEN, em *Festgaben für G. Homeyer*, Berlin, 1871, p. 93 e s.; J. BAYET, *Hercule romain*, Paris, 1926; A. MOMIGLIANO, in *Miscellanea Fac. Lett... di Torino*, ser. II, 1938; U. PESTALOZZA, *Mater Larum e Acca Larentia*, *Rendic. del Ist. Lombardo*, 1933, p. 905 e s.; E. TABELING, *Mater Larum*, Francfort, 1932; D. SABBATUCCI, «Il mito di Acca Larentia», in *Studi e materiali...*, XXIX (1958), pp. 41-76.

Ácamas: **1)** *Il.*, II, 819-823; XII, 99-100; XIV, 476-486; XVI, 342-344. **2)** *Ibid.*, II, 844; VI, 5-11. **3)** SOPH. *Phil.*, 562; EUR., *Hec.*, 125 s.; PLUT., *Thes.*, 35; PARTH., *Erot.*, 16; VIRG., *Aen.*, II, 262; HYG., *Fab.*, 108; APOLLOD., *Epit.*, I, 17; 23; V, 22; PAUSAN., I, 5, 2; X, 10, 1; 26, 2; cf. escól. *ad* I, 5, 2; TZETZ., *ad Lyc.*, 496.

ceu um filho, Múnito, que foi criado na casa de Príamo, pela sua própria avó, Etra, a mãe de Teseu, então cativa de Helena. Depois da queda de Tróia, Múnito voltou para o pai, que o levou para a Ática juntamente com Etra, finalmente libertada. No entanto, durante a viagem de regresso, em Olinto, Múnito foi picado por uma serpente, enquanto caçavam, e morreu.

Na tomada de Tróia, segundo se diz, Ácamas encontrava-se no interior do cavalo de madeira. Obteve, como quinhão no despojo, a cativa Clímene. De regresso, deteve-se na Trácia, onde permaneceu muito tempo, por amor a Fílis. Depois, dirigiu-se a Chipre, onde fundou uma colónia. Conta-se que foi aí que morreu, de uma queda de cavalo, tendo caído de maneira desastrosa sobre a sua própria espada. Contudo, esta lenda é geralmente atribuída a seu irmão Demofonte (v. este nome).

Segundo outras lendas, Ácamas, depois de ter participado na tomada de Tróia com seu irmão Demofonte, regressou à Ática com sua avó Etra e aí tomou o poder e reinou em paz.

ACÂNTIS. ('Ακανθίς.) Autónoo e a sua mulher, Hipodamia, tinham quatro filhos, Anto, Eródio, Esqueneu, Acanto e uma filha, Acântis, por vezes também chamada Acantilis. Toda esta família cultivava uma extensão de terra considerável mas pouco produtiva, pois trabalhavam pouco e, sobretudo, os campos enchiam-se-lhes de cardos e juncos (daqui tinham derivado os nomes dos seus filhos, Esqueneu e Acanto, tal como o da filha, pois σχοῖνος e ἄκανθα significavam, respectivamente, «junco» e «cardo» em grego). A sua ocupação principal era a criação de cavalos. Costumavam apascentar as éguas nos pântanos. Um dia em que Anto as viera buscar, as éguas não quiseram abandonar o local de pastagem, enfureceram-se e lançaram-se sobre o jovem, despedaçando-o. O pai, alertado pelo barulho, não se apressou a acudir, tal como o preceptor dos jovens. Foi em vão que, por fim, tentaram afastar as éguas. Toda a família ficou mergulhada no desespero por causa desta horrível morte, de tal forma que Zeus e Apolo, compadecidos do seu doloroso luto, os transformaram em pássaros: Autónoo em alcaravão, Hipodamia em contovia de popa, Anto, Eródio, Esqueneu, Acanto e Acântis em pássaros mal identificados, cujo nome era o destas personagens. Acanto e Acântis são, provavelmente, duas variedades de pintassilgos (v. *Acalantis*), e Eródio uma garça real.

ACÁRNAN. ('Ακαρνάν.) Alcméon, o filho do adivinho tebano Anfiarau, tinha dois filhos, Anfótero e Acárnan, que lhe dera Calírroe (a «Bela-Nascente»), uma filha do rio Aqueloo (v. quadro 1, p. 8). No decurso das suas aventuras, Alcméon tinha ofendido Fegeu, o rei de Psófis, na Arcádia, cujos filhos acabaram por matá-lo (v. *Alcméon*). Quando Calírroe soube da morte de seu marido, pediu a Zeus, que a amava, que fizesse crescer milagrosamente os seus dois filhos, ainda crianças, para assim poderem vingar seu pai. Zeus consentiu e foi deste modo que eles conseguiram matar os dois filhos de Fegeu, Prónoo e Agenor, que encontraram junto do rei Agapenor. Em seguida, dirigiram-se a Psófis e mataram Fegeu, o verdadeiro responsável pela morte de seu pai. Os habitantes da cidade perseguiram-nos, mas eles conseguiram escapar e foram refugiar-se junto de Agapenor, em Tégea, na Arcádia, onde os Tegeatas, ajudados por alguns argivos, os protegeram dos seus perseguidores. Por ordem de seu avô, Aqueloo, dirigiram-se depois a Delfos para aí consagrarem a Apolo o colar de Harmonia. Esta fora a origem de uma longa série de mortes e, designadamente, causara de forma indirecta a morte de seu pai Alcméon e a de seu avô Anfiarau (v. *Erífile*). Feito isto, eles percorreram o Epiro, recrutando companheiros, e colonizaram a Acarnânia, cujos habitantes, até aí designados por Curetes, passaram a chamar-se Acarnanos, de Acárnan.

Uma tradição refere que Acárnan encontrou a morte ao tentar desposar Hipodamia, a filha de Enómao, que matava os seus pretendentes (v. *Hipodamia*)

ACASTO. ("Ακαστος.) Acasto, filho de Pélias, rei de Iolco, e de Anaxíbia (v. quadro 28, p. 258), participou na expedição dos Argonautas contra a vontade de seu pai (este, com efeito, imaginara esta expedição apenas como um meio de se desembaraçar de Jasão, que representava um perigo para o seu trono) (v. *Jasão*). Participou igualmente na caçada ao javali de Cálidon. E quando o seu pai, Pélias, foi morto por Medeia, Acasto ocupou o trono de Iolco (v. *Medeia*).

Acasto ocupa indirectamente um lugar na lenda de Peleu, o pai de Aquiles. Na verdade, durante a caçada de Cálidon, Peleu matara, acidentalmente, um dos caçadores, Euríton. Para se purificar desta morte, dirigiu-se junto de Acasto. Aí, durante a sua estada na corte de Iolco, Astidameia, a mulher de Acasto, apaixonou-se por ele. Rejeitada pelo herói, ela envia uma mensagem à mulher de Peleu dizendo-lhe que o seu marido estava em vias de a abandonar, para desposar a filha de Acasto, Estérope. Desesperada, a esposa de Peleu enforcou-se. Não se julgando ainda suficientemente vingada, Astidameia acusa Peleu junto de Acasto, alegando que aquele a ten-

---

Acântis: ANT. LIB., *Transf.*, 7.

Acárnan: APOLLOD., *Bibl.*, 7, 5 e 6; PAUSAN., VIII, 24, 9; THUC., II, 102, 9; OV., *Met.*, IX, 412; escól. *ad* PIND., *Olymp.*, I, 127.

Acasto: APOLLOD., *Bibl.*, I, 9, 10; 16; 27; III, 13, 3; 7, 8; APOL. RH., *Arg.*, I, 326; I, 224 e escól. *ad loc.*; VAL. FLAC., *Arg.*, I, 164 e s.; 484 e s.; HYG., *Fab.*, 14, 24, 103, 273; OV., VII, 306; PAUSAN., I, 18, 1; III, 18, 16; V, 17, 9; PIND., *Nem.*, IV, 88 e s.; V, 46 e s., e os escólios; v. os escólios a ARISTOPH., *Nu.*, 1063; PIND., *Nem.*, III, 59;. EUR., *Alc.*, 732; *Tr.*, 1127 e s.; *Il.*, XXIV, 488 e escól. *ad loc.;* TZETZ., *ad Lyc.*, 175; DIOD. SIC., IV, 53 e s. Cf W. MANNHARDT, *Antike Wald-und Feldkulte*, Berlin, 1877, p. 49 e s.; FRAZER, ed. de APOLLOD., II, p. 72, n.° 1.

tou seduzir. Acasto acredita e, não ousando matar o seu hóspede, que acabara de purificar dum assassínio, pensa levá-lo consigo para uma caçada, no cimo do Pélio, e abandoná-lo aí, enquanto dorme. E, para se certificar de que as feras ou os malfeitores da montanha o não deixarão com vida, esconde entre o estrume de vaca a espada do herói adormecido. Peleu, desarmado, teria sido morto pelos Centauros da montanha se um deles, o sábio Quíron, não o tivesse acordado a tempo, entregando-lhe a sua espada (v. *Peleu*).

Tendo regressado ao seu reino, Peleu pensou vingar-se. Segundo certas versões, ele regressa para atacar Iolco, ou sozinho ou com a ajuda de Jasão e de Castor e Pólux. Tendo tomado a cidade, matou Astidameia e espalhou os seus membros pela cidade, de forma a fazer passar o seu exército entre os membros deste corpo retalhado. Matou igualmente Acasto.

Mas outros autores pretendem que, durante a Guerra de Tróia, Peleu, indefeso por não contar com a ajuda de Aquiles, que se encontrava na Ásia, foi atacado por Acasto e afastado do seu reino. Além de Astidameia, a tradição conhece uma outra mulher de Acasto, Hipólita Creteide, filha de Creteu (v. *Creteu*).

ACATES. (Ἀχάτης.) **1.** Acates é um troiano, amigo fiel de Eneias, a quem acompanhou nas suas viagens até Itália (v. *Eneias*). Uma tradição assegura que terá sido ele quem matou Protesilau, o primeiro Grego que terá desembarcado em solo troiano.

2. Acates é também o nome dado por Nono, nas *Dionisíacas*, a um companheiro do deus. Este Acates seria um Tirreno.

ACESTES. V. *Egestes.*

* **ÁCIS.** (Ἄκις.) Ácis era o deus do rio assim chamado, próximo do Etna. Era considerado como filho do deus itálico Fauno e da ninfa Simetis. Antes de ser um rio, ele amara a ninfa Galateia, a quem o Ciclope Polifemo também amava, embora sem esperanças. Este, brutal e ciumento, tentara esmagar sob os rochedos o seu rival, mas Ácis transformou-se em rio, escapando assim ao gigante.

ACÔNCIO. (Ἀκόντιος.) Vivia na ilha de Ceos um jovem de grande beleza, de família abastada, embora não pertencendo à nobreza. Um ano, participou nas festas de Delos. Encontrou aí uma donzela, acompanhada da sua ama, que viera, também ela, cumprir as suas devoções para com os deuses de Delos. A jovem era tão bela que Acôncio ficou desde logo apaixonado. O seu nome era Cidipe. Era filha duma personagem ilustre que na altura estava de passagem por Delos. Acôncio seguiu-a até ao templo de Ártemis. Aí, a jovem sentou-se enquanto se desenrolava o sacrifício. Então, Acôncio colheu um marmelo e, com uma faca, inscreveu aí a seguinte frase: «Juro pelo Templo de Ártemis casar-me com Acôncio.» De seguida, lançou habilmente o marmelo na direcção da jovem. A ama apanhou-o e entregou-o a Cidipe que, ingenuamente, leu em voz alta a inscrição. Apercebendo-se do sentido das palavras que estava a pronunciar, ela corou e arremessou com violência o fruto para longe de si. Mas ela pronunciara, mesmo contra sua vontade, a fórmula que a ligava a Acôncio. E a deusa era testemunha do seu juramento. Acôncio regressou pouco depois à sua pátria, onde vivia consumido de paixão por aquela que ele considerava como sua noiva. Entretanto, o pai de Cidipe preparava para a sua filha os esponsais que ele mesmo escolhera. Porém, logo a partir do momento em que se iniciaram as festas, Cidipe adoeceu repentinamente, ao ponto de os esponsais terem de ser adiados para mais tarde. De imediato, a jovem melhorou. Mas, por três vezes, sempre que a tentavam casar, ela viu-se possuída pela sua doença misteriosa. A notícia deste facto surpreendente chegou aos ouvidos de Acôncio, que acorreu a Atenas (Cidipe era ateniense) e, hora a hora, dia a dia, ele ia-se inteirando do estado de saúde daquela a quem amava. De tal forma o fez que a sua paixão se tornou rapidamente motivo de troça na cidade. Pensou-se logo que ele teria enfeitiçado a donzela. O pai desta foi a Delfos interrogar o oráculo, e o deus revelou-lhe que Cidipe estava ligada por um juramento e que a cólera de Ártemis a punia sempre que ela estava na iminência de quebrar tal juramento. O pai, ao saber, deste modo, o que realmente se passava, colheu informações sobre a família de Acôncio, que de modo nenhum lhe pareceu indigna de se unir à sua. Pouco tempo depois, um casamento feliz recompensou o estratagema do jovem (v. também *Hermócares*).

ACRÍSIO. (Ἀκρίσιος.) Abas, o rei de Argos, filho de Linceu e de Hipermestra, tivera dois filhos gémeos, Preto e Acrísio (quadro 32, p. 370). As duas crianças, que transportavam consigo o ódio recíproco dos seus avós, Egipto e Dánao, já se batiam no seio de sua mãe e, uma vez crescidos, a sua inimizade não diminuíra. Declararam guerra um ao outro para saberem a quem pertenceria o trono de Argos, que seu pai lhes legara ao morrer. Foi durante esta guerra que se terá inventado o emprego de escudos redondos, que viriam a ter um grande sucesso na arte militar da Antiguidade. Após uma luta bastante prolongada, Acrísio

---

Acates: 1) VIRG., *Aen.*, I, 120, etc.; OV., *Fast.*, III, 603; escól. *ad Il.*, II, 701, e EUST., *ad loc.*; *Od.*, XI, 521 (EUST., p. 1696); TZETZ., *Anteh.*, 230 e s. 2) NONN., *Dion.*, XIII, 309; XXXVII, 350, etc.

Acestes: V. *Egestes.*

Ácis: OV., *Met.*, XIII, 750 e s.; SERV., *ad* VIRG., *Ecl.*, IX, 39.

Acôncio: OV., *Her.*, XX e XXI; *Trist.*, III, 10, 73 e s.; ANTON. LIB., *Transf.*, I; PLUT., *Qu. Gr.*, 27; v. BUTTMANN, *Mythologie*, II, p. 115 e s.; DILTHEY, *De Callimachi Cydippa*, Leipzig, 1863.

Acrísio: APOLLOD., *Bibl.*, II, 2, 1 e s.; II, 4, 4. V. escól. *ad* EUR., *Or.*, 965, e a APOL. RH., *Arg.*, IV, 1091; I, 40; PAUSAN., II, 16, 2; 4; 23, 7; 25, 7; HYG., *Fab.*, 63.

saiu vencedor e expulsou o irmão, que partiu para a Lícia, onde desposou a filha do rei Ióbates, Ântia, a quem os trágicos chamam Estenebeia. Ióbates, à frente dum exército lício, reconduziu Preto à Argólida e instalou-o em Tirinte, cidade que os Ciclopes lhe tinham fortificado com muralhas de pedras enormes. Os dois irmãos decidiram então estabelecer um pacto mediante o qual Acrísio reinava em Argos e Preto em Tirinte. Deste modo, o reino da Argólida ficava dividido em duas partes iguais.

Acrísio tinha uma filha, Dánae, que lhe dera sua mulher, Eurídice, a filha de Lacedémon. Desejando ter um filho, foi interrogar o oráculo que lhe anunciou que a sua filha teria, de facto, um filho, mas que este o mataria. Foi então que, para evitar o cumprimento do oráculo, Acrísio mandou construir uma câmara subterrânea, em bronze, onde encerrou Dánae e a conservou debaixo de grande vigilância. Nada impediu, porém, que Dánae fosse seduzida. Dizem uns que o foi pelo seu tio Preto, outros (a maioria) por Zeus, sob a forma duma chuva de ouro, que se infiltrou por uma fenda do tecto até ao seio da jovem. Quando Acrísio soube que Dánae fora seduzida, não quis acreditar na origem divina desta sedução e meteu a sua filha, juntamente com o bebé, dentro dum cofre, que lançou no mar, à deriva. A criança chamava-se Perseu (v. a sua lenda), e levou a cabo, mais tarde, muitos feitos, após Dites o ter recolhido na praia de Serifo, onde as ondas o tinham lançado. Um dia, porém, Perseu sentiu desejo de rever o seu avô, Acrísio, e, para isso, regressou a Argos com a sua mãe e a sua mulher, Andrómeda. Acrísio, sabendo que Perseu se preparava para vir ao seu encontro, receou que o oráculo se cumprisse e partiu para Larissa, no país dos Pelasgos (na Tessália), na outra extremidade da Grécia, igualmente longe de Serifo e de Argos, e longe do caminho que unia as duas localidades. Ora acontecia que em Larissa o rei Teutâmias efectuava uns jogos em honra de seu pai e Perseu encontrava-se lá como concorrente. No momento de lançar o disco, levantou-se uma rajada de vento, e o disco lançado por Perseu foi fatalmente desviado e feriu Acrísio na cabeça, matando-o. Perseu, apercebendo-se de que o oráculo se cumprira apesar de tudo, sepultou Acrísio fora da cidade e voltou para Argos.

***ÁCRON.** (*Acron.*) Rei da cidade sabina de Cenina. Após o rapto das Sabinas, foi o primeiro a iniciar as hostilidades contra Rómulo. Aceitou o desafio lançado por este e, perante os dois exércitos, deu-se o duelo dos dois chefes. Ácron foi morto por Rómulo, que o despojou da sua armadura e a consagrou a Júpiter Ferétrio, sobre o Capitólio. Foi esta a origem da tradição dos Despojos Opimos.

ACTÉON. (Ἀκταίων.) Aristeu, o filho de Apolo e da ninfa Cirene, tivera de Autónoe, a filha de Cadmo, um filho chamado Actéon, que foi criado pelo Centauro Quíron. Este ensinou-lhe a arte da caça. Um dia, Actéon foi devorado pelos seus próprios cães, no cimo do Citéron. Sobre esta morte, há diversas versões. Uns dizem que ele foi punido, deste modo, por Zeus ter tentado arrebatar-lhe o amor de Sémele. Mas a maioria dos autores atribui esta punição à cólera da deusa Ártemis, irritada por ter sido surpreendida por Actéon a banhar-se, nua, numa nascente. A deusa transformou-o em veado e, enfurecendo os cinquenta cães que compunham a sua matilha, açulou-os contra ele. Os cães devoravam-no sem o reconhecerem, tendo depois procurado o dono ganindo por toda a floresta. A sua busca conduziu-os até à caverna onde habitava o Centauro Quíron que, para os consolar, esculpiu uma estátua representando Actéon.

ACTOR. (Ἄκτωρ.) **1.** Actor é um herói tessálio, apresentado umas vezes como filho de Mírmidon e de Pisídice (v. *Mírmidon*), sendo esta uma das filhas de Éolo, outras vezes como um lápita, filho de Forbas e de Hirmine, a filha de Epeu (quadro 25, p. 268), outras vezes, ainda, como filho de Hirmine e Éolo. Nesta última versão ele é o pai de Augias (quadro 16, p. 202). Quanto à sua descendência, as tradições também não variam menos. Ora é considerado como o pai de Menécio e, por conseguinte, o avô de Pátroclo (v. *Menécio* e *Egina*), ora como o pai «humano» dos Moliónidas Êurito e Ctéato (v. *Moliónidas*), e da dinastia de Élide (v. *Tálpio*). Como muitos heróis da Tessália, ele tem, como se vê, um «homónimo» peloponésio.

Actor reinava em Feras, na Tessália, e foi para junto dele que se dirigiu Peleu quando, expulso por seu pai por ter matado Foco, procurava alguém que o quisesse purificar. Actor consentiu nisso, conservou-o junto de si e, ao morrer, legou-lhe o reino. Nesta versão, a lenda atribui a Actor um filho, Eurítion, que participou na caçada de Cálidon, e uma filha, Filomena (v. também *Eurítion*, 3).

2. Um outro Actor, de Orcómeno, é um descendente de Frixo (v. quadro 34, p. 392).

ADMETE. (Ἀδμήτη.) Admete é a heroína duma lenda de Samo. É filha de Euristeu e bisneta de Perseu (quadro 30, p. 352), e vive em Argos onde é sacerdotisa de Hera Argia. Segundo uma versão da lenda das Amazonas, é por causa de Admete que Héracles terá ido buscar o cinto da rainha das Amazonas.

Admete permaneceu no cargo de sacerdotisa durante cinquenta e oito anos, mas quando o pai lhe morreu ela viu-se forçada a fugir de Argos. Refugiou-se então em Samo, levando con-

---

Ácron: Plut., 16; Liv., I, 10; Dion. Hal., II, 34; Val. Max., III, 2, 3; Flor., I, 1, 11; Serv., *ad* Virg., *Aen.*, VI, 859.

Actéon: Hes., *Th.*, 997; Apollod., *Bibl.*, III, 4, 4; Hyg., *Fab.*, 181; Nonn., *Dion.*, V, 287 e s.; Ov., *Met.*, III, 131 e s.; Fulg., *Myth.*, III, 3: Pausan., I, 44, 8; IX, 2, 3; Eur., *Ba.*, 337; Diod. Sic., IV, 81; cf. S. Reinach, in *C. M. R.*, III, pp. 24 a 53. Cf. W. Nestle, in *A.R.W.*, 1936, p. 248 e s.

Actor: 1. Apollod., *Bibl.*, 1, 7, 3; 8, 2; escól. *ad* Apol. Rh., *Arg.*, I, 558; IV, 816; Diod. Sic., IV, 72.

Admete: Athen., XV, 672 a; Pausan., VII, 4, 4.

sigo a estátua cultual da deusa confiada aos seus cuidados. Em Samo, encontrou um santuário de Hera, muito antigo, edificado outrora pelos Léleges e as Ninfas. Foi aí que ela colocou a estátua.

Entretanto, os Argivos, impressionados pelo desaparecimento da estátua, encarregaram uns piratas tirrenos de a irem procurar. Eles esperavam também que os Sâmios entregassem Admete, responsável pela estátua, e a punissem, se ela tivesse sido roubada. Como o templo de Samo não tinha portas, os piratas não tiveram qualquer dificuldade em roubar a estátua. Porém, quando quiseram pôr-se à vela, não conseguiram partir. Por este motivo, compreenderam que a deusa desejava permanecer em Samo. Depuseram então a imagem sagrada sobre a margem e ofereceram-lhe um sacrifício. Admete, entretanto, já se apercebera do desaparecimento da estátua e alertara os habitantes da ilha, que iniciaram buscas por todo o lado. Encontraram-na, finalmente, abandonada na margem pelos piratas, que já tinham partido. Eles pensaram então que a deusa viera até ali por si própria e ataram-na com fibras de vime. Quando Admete chegou, desatou a imagem, purificou-a e consagrou-a de novo, pois ela ficara maculada pelo contacto de mãos humanas, e levou-a para o seu templo. Para comemorar este acontecimento, todos os anos os habitantes de Samo celebravam uma festa, no decurso da qual a estátua de Hera era transportada até à margem, consagrada de novo, e recebia oferendas.

Pausânias atribui o transporte de Hera Argia de Argos para Samo, não a Admete mas aos Argonautas.

ADMETO. (Ἄδμητος.) Admeto era o rei de Feras, na Tessália. Ele era filho de Feres, que dera o seu nome à região, e de Periclímene. Quando jovem, participou na caçada ao javali de Cálidon e na expedição dos Argonautas. Por morte de seu pai, tornou-se o rei e foi então que teve ao seu serviço Apolo, como boieiro (v. *Apolo*). Apaixonou-se por Alceste, filha de Pélias, rei de Iolco. Este tinha decidido que só entregaria a sua filha a um homem cujo carro fosse puxado por um leão e um javali, sob o mesmo jugo. Apolo forneceu a Admeto a parelha necessária, ou por ter sido muito bem tratado durante o seu tempo de servidão, ou por se ter apaixonado mesmo por Admeto.

Tendo assim, graças à ajuda do deus, obtido a mão da jovem, Admeto esqueceu-se, durante a celebração do casamento, de oferecer sacrifícios a Ártemis. Esta, irritada, encheu-lhe o leito nupcial de serpentes. Apolo prometeu a Admeto que abrandaria a cólera da sua irmã. Ao mesmo tempo, pediu aos Destinos um favor para Admeto: que este não morresse no dia fixado pela sorte, se porventura encontrasse alguém que consentisse morrer em seu lugar. Para alcançar este favor, Apolo usou dum subterfúgio e embriagou os Destinos. Mas quando chegou o dia fixado para a morte de Admeto, ninguém aceitou sacrificar-se por ele. Apenas a sua mulher, por amor, se resignou a morrer. Mas Héracles, antigo companheiro de Admeto na expedição dos Argonautas, passou ocasionalmente por Feras no momento da morte de Alceste. Vendo as gentes do palácio em traje de luto e ouvindo lamentações por todo o lado, quis saber a razão de tudo aquilo. Quando soube que a rainha morrera, desceu aos Infernos e trouxe de lá Alceste, mais jovem e bela que nunca. Esta é a versão seguida por Eurípides no seu drama *Alceste*. Segundo uma outra tradição, Héracles não intervém na ressurreição da jovem esposa. Foi Perséfone que, admirando o seu sacrifício, a fez regressar à vida.

Admeto teve três filhos: Eumelo, Perimele e Hípaso (quadro 23, p. 258).

ADÓNIS. (Ἄδωνις.) A fábula de Adónis é uma lenda síria, a que já Hesíodo se refere. A sua forma mais aceite, em geral, é a seguinte: O rei da Síria, Tiante, tinha uma filha, Mirra, ou Esmirna, a quem a cólera de Afrodite suscitou o desejo de vida incestuosa com o próprio pai. Com a ajuda da sua ama, Hipólita, ela conseguiu enganar Tiante e manteve com ele relações durante doze noites. Porém, na décima segunda noite, Tiante apercebeu-se do estratagema da filha e perseguiu-a, de cutelo em punho, para lhe dar a morte. Mirra, nesse transe, acolheu-se à protecção dos deuses e estes transformaram-na numa árvore, a árvore da mirra. Dez meses depois, a casca da árvore levantou-se, estalou e dela saiu um menino, que recebeu o nome de Adónis. Afrodite, impressionada pela beleza da criança, recolheu-a e confiou-a em segredo a Perséfone, para que a criasse. Mas esta, por seu lado, prendeu-se à criança, que achava muito bela, e não a quis devolver a Afrodite. Este litígio entre as duas deusas foi arbitrado por Zeus; outros dizem que pela Musa Calíope, em nome de Zeus. Ficou decidido que Adónis viveria uma terça parte do ano com Afrodite, uma outra terça parte com Perséfone, e a restante terça parte com quem quisesse. Adónis passou sempre os dois terços do ano com Afrodite e um apenas com Perséfone. Mais tarde, a cólera de Afrodite (não se sabe ao certo por que razões) provocou contra ele um javali que o feriu mortalmente no decurso duma caçada.

Este primeiro esboço do mito, em que se reconhece o símbolo do mistério da vegetação nesta criança nascida duma árvore que passa

---

Admeto: Apollod., *Bibl.*, I, 8, 2; 9, 16; Tib., II, 3, 11 e s.; Ov., *Her.*, V, 151 (verso interpolado); Plut., *Num.*, 4; Aesch., *Eu.*, 172; 723; 728; Eur., *Alc.*, *passim*.

Adónis: Apollod., *Bibl.*, III, 14, 4; Hyg., *Fab.*, 58 e 161; Serv., *ad Virg.*, *Ecl.*, X, 18; Ov., *Met.*, X, 345 e s.; Serv., *ad Virg.*, *Aen.*, V, 72; Hyg., *Fab.*, 164 c; Theocr., I, 109; III, 46 e escól.; Prop., III, 5, 38; Lucian., *D. Syr.*, 8; Strab., 755; Paus., VI, 24, 7; Bion, I, 72; Theocr., XV, 102; 136 e s.; Hyg., *Fab.*, 251; Hinos órficos, 56, 9; Aus., *Epit. in Glauc.*; *Cupido crucifix.*, 57 e s.; Clem Al., *Proptr.*, p. 21 C. Cf. J. G. Frazer, *Adonis*, trad. Ann Mus. Guimet, XXX, Paris, 1921. Cf. E. Reiner, *Die rituelle Totenklage*, Tubingen, 1938; S. Ronzevalle, *Mél. Univ. Saint-Joseph*, Beyrouth, 1929, p. 141-204.

um terço do ano debaixo da terra e que, no restante tempo, sobe à luz do dia para se unir à deusa da Primavera e do Amor, foi depois embelezada e aperfeiçoada. Acrescentaram-se pormenores mais precisos sobre a origem da maldição de Afrodite: Cencreis, a mãe de Esmirna, e a mulher de Cíniras (em vez de Tiante), ofendera a deusa com a presunção de que a sua filha a suplantava em beleza e foi para castigar este delito que a deusa inspirou a Esmirna um amor criminoso. Esmirna, no momento em que descobriu o carácter incestuoso da sua paixão, quis primeiro enforcar-se, mas a ama apareceu-lhe a sugerir que satisfizesse a sua paixão. Consumado o incesto, a jovem escondeu-se, envergonhada, na floresta, onde Afrodite, compadecida da sua vítima, a transformou em árvore. Foi seu pai quem fendeu a casca com a sua espada, pondo assim à luz do dia o pequeno Adónis, ou então terá sido um javali (prefigurando deste modo a morte do jovem) que libertou a criança da árvore, ao fazê-la sair do seu invólucro. A imaginação dos poetas helenistas compraz-se em representar Adónis criado pelas Ninfas e caçando ou conduzindo rebanhos nos campos e nos bosques. Quanto ao funesto acontecimento que lhe provocou a morte, afirmava-se que ele fora provocado não por Ártemis, mas pelo ciúme de Ares, o amante de Afrodite, ou ainda pela vingança de Apolo contra Afrodite, que teria cegado Erimanto, o filho do deus, por ele a ter contemplado nua, enquanto se banhava (*Erimanto*).

A lenda de Adónis é situada quer sobre o monte Idálio, quer no Líbano. Em Biblo, passava um rio chamado Adónis, que tomava uma cor vermelha todos os anos no dia em que se celebrava a morte de Adónis.

Várias lendas referentes a flores surgem ligadas à história de Adónis; não apenas a origem mítica da mirra (as lágrimas de Mirra), mas também a da rosa: inicialmente a rosa era branca, mas quando Afrodite corria em socorro do seu amigo ferido, um espinho espetou-se-lhe no pé e a cor do sangue tingiu as flores que lhe são consagradas. As anémonas também terão nascido de Adónis ferido. O poeta idílico Bíon refere que a deusa derramou tantas lágrimas quantas as gotas de sangue de Adónis, e que de cada lágrima nascia uma rosa, e de cada gota de sangue uma anémona.

Em homenagem ao seu amigo, Afrodite instituiu uma festa que era celebrada todos os anos pelas mulheres sírias, na altura da Primavera. Plantavam-se em vasos, em caixas, etc., sementes que eram de seguida regadas com água quente, para as fazer germinar mais rapidamente. Chamava-se a estas plantações «jardins de Adónis». As plantas, violentadas deste modo, morriam muito cedo após a sua germinação, simbolizando o destino de Adónis. As mulheres lançavam lamentações rituais sobre o destino do jovem querido de Afrodite.

As origens semíticas desta lenda são evidentes. O próprio nome do deus vem da palavra hebraica que significa «senhor». O culto de Adónis espalhou-se no mundo mediterrânico na época helenística, e a sua lenda figura já em espelhos etruscos.

ADRASTO. (Ἄδραστος.) Adrasto é um rei de Argos cuja lenda se liga à da expedição dos Sete Chefes contra Tebas. Desde que Preto partilhara o reino de Argos entre si e os dois filhos de Amitáon, Bias e Melampo (v. a lenda de *Preto* e dos *Prétidas*, *Melampo*, e o quadro 1, p. 8), três famílias reinavam simultaneamente no país. Mas bem cedo a discórdia se estabeleceu entre as três casas. No decurso de um motim, Anfiarau, o descendente de Melampo, matou o pai de Adrasto, Tálao, que era da descendência de Bias (ou ainda Prónax, um dos filhos de Tálao). Adrasto fugiu, então, para Sícion, para junto do seu avô materno, o rei Pólibo (v. quadro 24, p. 265), que morreu sem deixar descendentes masculinos, e lhe cedeu o seu reino. Rei de Sícion, Adrasto começou por se reconciliar com Anfiarau e regressou ao trono de Argos. Mas, no seu íntimo, Adrasto jamais perdoara ao primo o assassínio de seu pai. Concecedeu-lhe a mão de sua irmã, Erípile, e acertou com ele que, em caso de desacordo ulterior entre os dois, eles se deveriam submeter à arbitragem da jovem, pensando desta forma garantir eventualmente o meio de executar a sua vingança.

Ora aconteceu que Polinices, filho de Édipo, tinha sido expulso de Tebas por seu irmão Etéocles e que Tideu, filho do rei de Cálidon, Eneu, fora exilado por seu pai, na sequência dum assassínio (v. *Tideu*). Numa noite de trovoada, os dois heróis apresentaram-se no palácio de Adrasto, pedindo asilo, e tiveram uma discussão à porta do palácio. Adrasto, atraído pelo barulho, fê-los entrar e começou por purificar Tideu da mácula que pesava sobre ele. Depois, apercebendo-se de que os dois heróis se tinham batido como «leão e javali» (ou antes, vendo a efígie destes animais representada nos seus escudos), recordou-se dum velho oráculo que dizia que ele casaria as suas filhas com um leão e um javali. Entregou então a mais velha, Argia, a Polinices, a mais nova, Deípile, a Tideu, e prometeu reconduzi-los a ambos à sua pátria e restabelecê-los nos seus direitos. Assim começou a expedição contra Tebas.

Participaram nesta expedição os descendentes de Bias e de Melampo, bem como os de Preto, ou seja, as três casas que reinavam sobre a Argólida. Segundo aditamentos posteriores ao núcleo primitivo desta lenda, havia também aliados arcádios e messénios, ou seja, contingentes do resto do Peloponeso, exceptuando Micenas, cujos príncipes, os atridas Agamémnon e Menelau, previam que esta guerra só poderia ter um desfecho desastroso.

Adrasto: *Il.*, II, 572; PIND., *Nem.*, IX, 9 e ss.; HEROD., V, 67; APOLLOD., *Bibl.*, III, 6, 1 e s.; escól. *ad Od.*, XI, 326; *Il.*, XIV, 119 e s.; IV, 376 e s.; PAUSAN., I, 43; IX, 9, 1; PIND., *Olymp.*, VI, 19 e s.; PLUT., *Thes.*, 29; HYG., *Fab.*, 242; STAT., *Theb.*, *passim*; AESCH., tragédia perdida *Eleusinos*.

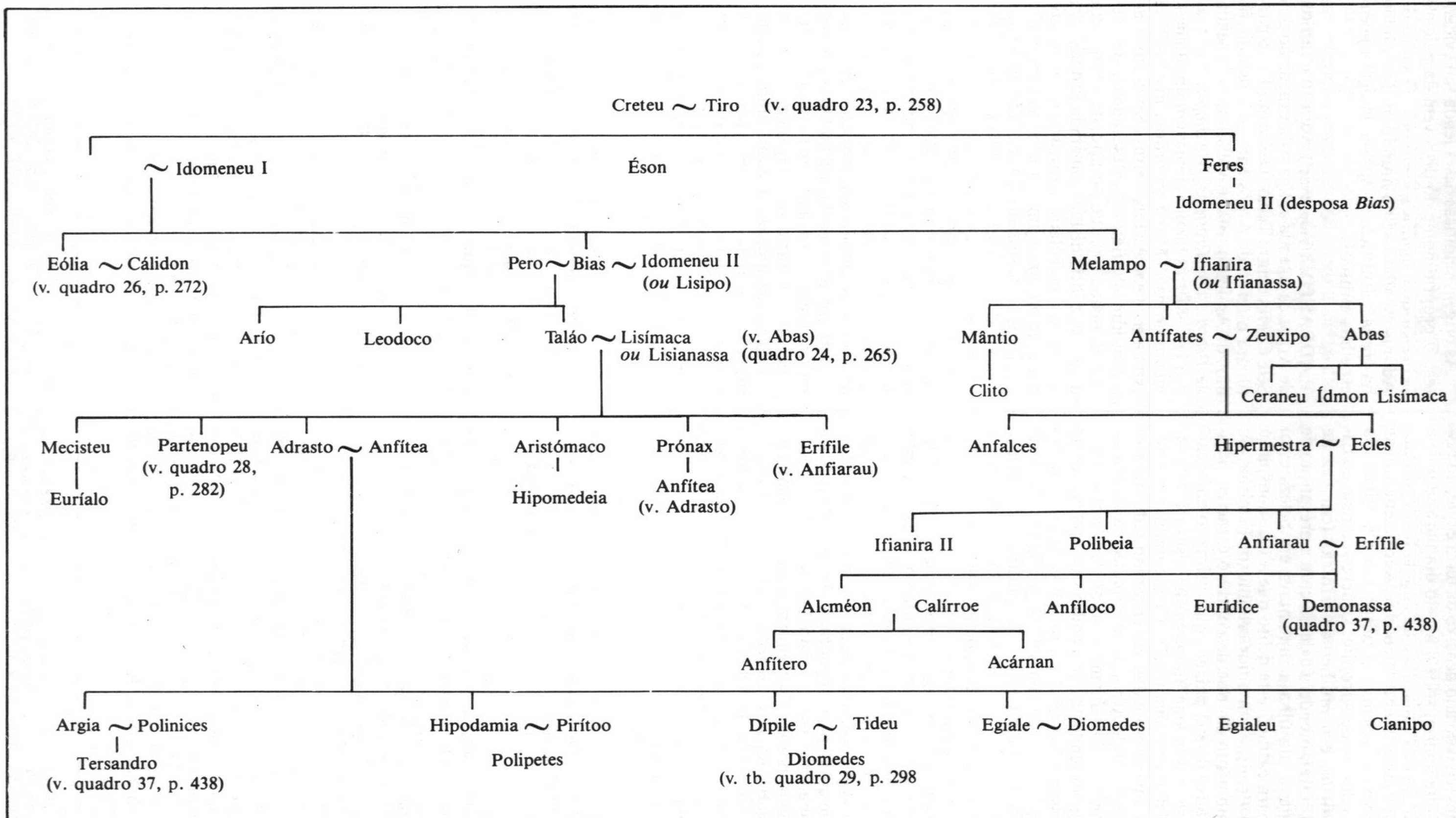

Quadro genealógico n.º 1

Sob o comando de Adrasto, os Sete Chefes eram: Anfiarau, Capaneu, Hipomedonte, o sobrinho de Adrasto, Partenopeu (que alguns consideram ser irmão de Adrasto), Tideu e Polinices.

Na sua caminhada, os chefes detiveram-se em Némea, onde organizaram jogos fúnebres em honra do jovem Arquémoro, morto à sua vista por uma serpente (v. *Anfiarau*). Foi esta a origem dos Jogos Nemeus. Nas margens do Ísmeno, eles alcançaram uma primeira vitória contra os Tebanos e obrigaram-nos a recuar para dentro das suas muralhas. Porém, quando eles empreenderam o assalto, todo o exército foi dizimado. Só Adrasto se salvou com o seu cavalo *Aríon* (v. *Aríon*), célebre pela sua crina negra. Depois disto, as versões divergem. Ou Adrasto terá conseguido persuadir os Tebanos a entregarem-lhe os corpos das vítimas, ou então (é esta a versão ateniense) Adrasto fugiu sem parar até Atenas para se colocar sob a protecção de Teseu. Este teria então marchado sobre Tebas, teria arrebatado pela força os cadáveres e tê-los-ia enterrado em Elêusis.

De forma alguma desencorajado pelo resultado da primeira expedição, Adrasto, passados dez anos, teria empreendido uma nova guerra contra Tebas, com os filhos dos mortos. O exército era menos numeroso, mas os presságios eram favoráveis. Os Epígonos (assim se chama aos filhos dos primeiros heróis) tomaram Tebas e deram o ceptro real a Tersandro, filho de Polinices. Mas Adrasto perdeu o seu filho, Egialeu, morto pelo filho de Etéocles, Laodamante. O velho Adrasto morreu de desgosto, em Mégara. Conta-se também que ele se lançou ao fogo, para obedecer a um oráculo de Apolo.

Adrasto, casado com Anfítea, a filha de Prónax, teve seis filhos. As suas quatro filhas, Argia, Hipodamia, Deípile, Egíale, desposaram, respectivamente, Polinices, Pirítoo, Tideu e Diomedes.

AÉDON. ('Αηδών.) Segundo a *Odisseia*, Aédon era a filha de Pandáreo (v. *Pandáreo*), e a mulher do tebano Zeto, o irmão de Anfíon (v. *Anfíon*). Ele tinha apenas um filho e invejava a fecundidade da sua cunhada, Níobe, a mulher de Anfíon. Cheia de ciúmes, ela procurara matar o filho primogénito de Níobe, Amaleu, enquanto ele dormia. Mas, por um erro, matou o seu próprio filho, Ítilo. Aflita, implorou a piedade dos deuses, que a transformaram num rouxinol (ἀηδών, em grego).

Sobre o rouxinol existe uma outra lenda, igualmente trágica e marcada por assassínios. Aédon era a filha de Pandáreo, de Mileto, e a mulher do artista Politecno (de nome transparente). Habitava com ele em Cólofon, na Lídia. Dele tivera um filho, Ítis. Enquanto honraram os deuses, Politecno e Aédon foram felizes. Mas a sua felicidade encheu-os de orgulho e eles gabaram-se de levar uma vida mais harmoniosa do que Hera e Zeus. Para os castigar, Hera enviou-lhes a Discórdia, Éris, que lhes inspirou o desejo de emulação. Lançaram-se ambos ao trabalho: ele, a construir um carro, ela, a tecer. Quem primeiro terminasse deveria dar ao outro uma criada. Com a ajuda de Hera, Aédon ganhou. Ferido, Politecno resolveu vingar-se. Foi a Éfeso e pediu ao sogro a permissão de levar consigo Quélidon, irmã de Aédon, de visita a esta. Pelo caminho, desonrou a jovem, pôs-lhe roupas de escrava, cortou-lhe os cabelos e ameaçou-a de morte se ela dissesse à sua irmã quem era. Depois, chegando junto de Aédon, entregou-lha como escrava. Quélidon serviu algum tempo sem ser reconhecida. Mas um dia, numa ocasião em que, junto duma fonte, ela lastimava os seus infortúnios, Aédon ouviu-a e reconheceu-a. Dicidiram ambas vingar-se. Mataram Ítis e serviram-no como iguaria ao pai dele; depois, fugiram para Mileto. Politecno soube, por um vizinho, a natureza da refeição que tomara. Sem demora, pôs-se a persegui-las mas, detido pelos criados de Pandáreo, a quem as filhas tinham revelado tudo, ele foi ligado, untado de mel e exposto numa pradaria. Atormentado pelas moscas, despertou a compaixão de Aédon, que afastou os insectos. Este gesto provocou de imediato a indignação de seus irmãos e de seu pai, que a quiseram matar. Zeus, porém, teve pena desta família atormentada e transformou-os, a todos, em pássaros: Pandáreo tornou-se uma águia do mar, Harmótoe, a mãe de Aédon, um alcíone, Politecno, um picapau, porque outrora Hefesto lhe dera como presente um picão. O irmão de Aédon foi transformado em poupa. Aédon, como o nome indica, em rouxinol, e Quélidon em andorinha (χελίδων, em grego, significa andorinha). Por um favor especial de Ártemis (que ela invocara no momento em que o seu cunhado a violara), Quélidon ficou a viver na companhia dos humanos.

AÉROPE. ('Αερόπη.) **1.** Minos teve um filho, Catreu, de quem nasceram três filhas e um filho. Chamavam-se elas Aérope, Clímene e Apemósine; o filho chamava-se Altemene. Catreu interrogara o oráculo para saber como morreria. O oráculo respondeu-lhe que morreria às mãos de um dos seus filhos. Catreu não revelou a ninguém este oráculo, mas não conseguiu impedir que Altemene o viesse a conhecer. Este, de imediato, fugiu com a sua irmã Apemósine. Catreu, por seu lado, entregou Aérope e a sua irmã Clímene a Náuplio, o viajante, com a ordem de os vender no estrangeiro. Náuplio conduziu as duas jovens para Argos, onde Aérope desposou Plístenes, o rei

---

Aédon: *Od.*, XIX, 518 e s.; Ant. Lib., *Transf.*, XI.

Aérope: **1)** Apollod., *Bibl.*, III, 2, 1; escól. *ad Il.*, I, 7; Soph., *Aj.*, 1297, e escól. *ad loc.*; Apollod., *Ep.*, ed. Frazer, II, 7, 10; Eur., *Or.*, 16 e s.; trag. perdida das *Cretenses*; Serv., *ad Virg.*, *Aen.*, I, 458; Hyg., *Fab.*, 86; Pausan., II, 18, 2; Ov., *Trist.*, II, 391. **2)** Pausan., VIII, 44, 77.

do país. Desta união nasceram Agamémnon e Menelau (v. quadro 2, p. 12).

Segundo uma outra tradição, Catreu entregou Aérope a Náuplio, não por recear que ela o matasse, mas porque ela se entregara a um escravo e ele incumbira Náuplio de a afogar. Além disso, Aérope não se teria casado com Plístenes, mas com Atreu, e este seria o pai de Menelau e de Agamémnon. Para conciliar as duas tradições, imaginou-se que Atreu era filho (ou pai) de Plístenes e que Aérope se casou primeiro com este e, após a sua morte, com Atreu, e que os dois rapazes, filhos de Plístenes, foram criados por Atreu.

Durante o seu casamento com Atreu, ela deixou-se seduzir pelo seu cunhado, Tiestes, e deu-lhe, em segredo, o cordeiro de ouro que garantia a Atreu o poder real (v. *Atreu*). Apesar disso, Atreu conseguiu conservar a coroa graças à intervenção de Zeus e, para castigar sua mulher, lançou-a ao mar.

2. Pausânias conhece uma outra Aérope, filha de Cefeu, que foi amada por Ares e que morreu ao dar à luz um filho. Ares, contudo, fez com que a criança se continuasse a alimentar do seio da morta.

AFRODITE. (Ἀφροδίτη.) Afrodite é a deusa do Amor, identificada em Roma com a velha divindade itálica Vénus. Duas diferentes tradições se referem ao seu nascimento. Ora fazem dela a filha de Zeus e de Díone (v. *Díone*), ora uma filha de Úrano, cujos órgãos sexuais, cortados por Crono, caíram no mar e geraram a deusa, «a Mulher-nascida-das-ondas», ou então «nascida do esperma do Deus». Logo que emergiu do mar, Afrodite foi transportada pelos Zéfiros, primeiro para a ilha de Citera, depois até à costa de Chipre. Aí, foi acolhida pelas Estações (as *Horas*), vestida e enfeitada, e conduzida por elas para junto dos Imortais. Uma lenda referida por Luciano dá a entender que ela terá sido, primeiro, criada por Nereu (cf. *Hera*). Mais tarde, Platão imaginou a existência de duas Afrodites diferentes: a que nasceu de Úrano (o Céu), a Afrodite Urânia, deusa do amor puro, e a filha de Díone, a Afrodite Pandémia (ou seja, a Afrodite Popular), deusa do amor vulgar. Mas esta é uma interpretação filosófica tardia, estranha aos mitos mais antigos da deusa. À volta de Afrodite formaram-se diferentes lendas que não constituem uma história coerente, mas episódios diversos em que intervém a deusa. Afrodite era a mulher de Hefesto, o deus coxo de Lemnos. Contudo, amava Ares, o deus da Guerra. Homero refere como os dois amantes foram surpreendidos, uma manhã, pelo Sol, que logo foi dar a novidade a Hefesto. Este preparou, em segredo, uma armadilha: tratava-se duma rede mágica que só ele podia manejar. Um dia em que os dois amantes estavam abraçados no leito de Afrodite, Hefesto fechou-os na rede e chamou todos os deuses do Olimpo, o que provocou neles a mais viva hilaridade. A pedido de Posídon, Hefesto consentiu em retirar a rede. A deusa partiu, envergonhada, para Chipre e Ares para a Trácia. Dos amores de Ares e Afrodite nasceram Eros e Ânteros, Deimo e Fobo (o Terror e o Medo), a Harmonia (que mais tarde, em Tebas, se tornou a mulher de Cadmo). Por vezes, acrescenta-se ainda a esta lista Priapo, o deus de Lâmpsaco, protector dos jardins (segundo algumas tradições, Afrodite é considerada como a deusa dos jardins, mas isso acontece sobretudo na sua encarnação itálica, Vénus).

Os amores de Afrodite não foram apenas com Ares. Quando Mirra, transformada em árvore, deu à luz Adónis (v. *Adónis*), Afrodite recolheu a criança, que era muito bela, e confiou-a a Perséfone. Esta, porém, não a quis depois entregar. A questão foi submetida a Zeus, que decidiu que o jovem deveria permanecer uma terça parte do ano com Perséfone, outra terça parte com Afrodite e o restante tempo com quem preferisse. Mas Adónis permanecia uma terça parte com Perséfone e as duas terças partes com Afrodite. Adónis haveria de morrer muito cedo, ferido mortalmente por um javali, talvez vítima da inveja de Ares.

A deusa amou igualmente Anquises, no cimo do Ida, na Tróade, e dele teve dois filhos, Eneias e, segundo certas tradições, Lirno (v. *Anquises*).

Eram célebres as cóleras e as maldições de Afrodite. Foi ela quem inspirou a Eos uma paixão irresistível por Oríon, como castigo por ter cedido a Ares. Castigou igualmente todas as mulheres de Lemnos por não a honrarem, atormentando-as com um odor de tal modo insuportável que os maridos as trocavam pelas cativas trácias. As Lémnias mataram então todos os homens da ilha, e fundaram uma sociedade de mulheres até ao dia em que os Argonautas apareceram e lhes deram filhos (v. *Toas*). Afrodite castigou ainda as filhas de Cíniras, em Pafos, forçando-as a prostituírem-se com os estrangeiros (v. também *Fedra*, *Pasífae*, etc.).

O seu favor não era menos perigoso. Um dia, a Discórdia lançou uma maçã que deveria ser entregue à mais bela das três deusas, Hera, Atena e Afrodite. Zeus ordenou a Hermes que as conduzisse, às três, ao monte Ida, na Tróade, para aí serem apreciadas por Alexandre, mais tarde conhecido pelo nome de Páris. As deusas iniciaram perante ele um debate, elogiando cada uma a sua beleza e prometendo-lhe presentes. Hera oferecia-lhe a realeza sobre todos os povos; Atena tornava-o invencível na guerra e Afrodite concedia-lhe a mão de

---

Afrodite: *Od.*, VIII, 266 e s.; *Il.*, II, 819 a 821; III, 15 e s.; IV, 10-12; V, 1 e s.; V, 311-317; 330 e s.; Hes., *Theog.*, 190 e ss.; Ant. Lib., *Transf.*, 34; Apollod., *Bibl.*, I, 9, 17; 4, 4; III, 2, 2; 12, 2; 14, 4; *Ep.*, IV, 1; Luc., *Tragoedop.*, 87 e s. Cf. L. R. Farnell, *The Cults of the Greek States*, Oxford, 1896, t. II, p. 618 e s.; H. Herter, in *Eléments orientaux dans la religion grecque...* (recueil anonyme), Paris, 1960, p. 61-76, G. Devereux, «La Nainance d'Aphrodite», *Mèl. Lévi Strauss*, Paris, 1970, II, pp. 1229-1232; G. Grigson, *Aphrodite Göttin der liebe*, Bergich Glaudbach, 1978.

Helena. Afrodite foi a preferida e foi ela, pois, que esteve na origem da Guerra de Tróia (v. *Helena*). Durante toda a guerra, ela protegeu os Troianos e, sobretudo, Páris. Quando este combateu, num combate singular, contra Menelau e esteve em vias de ser derrotado, foi Afrodite quem o livrou do perigo e provocou o incidente que fez recomeçar as hostilidades gerais. Mais tarde, protegeu igualmente Eneias quando este ia ser morto por Diomedes, que chegou mesmo a ferir a deusa. Mas a protecção de Afrodite não pôde impedir a queda de Tróia e a morte de Páris. Apesar disso, conseguiu salvar a raça troiana e foi graças a ela que Eneias, com Anquises, seu pai, e Iulo (ou Ascânio), seu filho, levando consigo os Penates de Tróia, conseguiu escapar-se da cidade em chamas e procurar uma terra que fosse a sua nova pátria (v. *Ascânio*, *Eneias*). Por isso, Roma via uma protectora especial em Afrodite-Vénus. Esta era considerada a antepassada dos Iulii, os descendentes de Iulo e, portanto, de Eneias, filho da deusa. Por tal motivo, César construiu-lhe um templo, dedicado à Vénus-Mãe, a *Venus Genitrix*.

Os animais favoritos da deusa eram as pombas. Era um casal destes animais que puxava o seu carro. As suas plantas eram a rosa e o mirto.

AGAMEDES. ('Ἀγαμήδης.) Arquitecto célebre, Agamedes era filho de Estínfalo e bisneto de Árcade, o epónimo dos Arcádios (quadro 10, p. 132). A sua mulher chamava-se Epicaste, que trouxera consigo Trofónio, que ela gerara de Apolo. Ela dera-lhe depois um filho, Cércion. Agamedes, Trofónio e Cércion eram três arquitectos, todos eles igualmente hábeis, e construíram muitos edifícios célebres na Grécia arcaica. Atribui-se-lhes sobretudo o quarto nupcial de Alcmena em Tebas, o templo de Apolo, em Delfos, o de Posídon, na Arcádia, no caminho de Mantineia para Tégea, e um tesouro do rei de Hiria, Hirieu, na Beócia. A propósito deste tesouro, conta-se a seguinte lenda: Agamedes e Trofónio, que tinham sido encarregados da sua construção, colocaram tão habilmente uma pedra que lhes era fácil deslocá-la e, de noite, retiravam objectos do tesouro do rei. Este apercebeu-se dos furtos e, para prender os culpados, pediu conselho a Dédalo. Este urdiu um estratagema que apanhou Agamedes. Trofónio cortou-lhe a cabeça para que ele não pudesse revelar o nome do cúmplice. A terra, porém, entreabriu-se e engoliu Trofónio. No bosque de Lebadeia, havia um buraco e um monumento em pedra, com o nome de Agamedes. Aí se erguia o oráculo de Trofónio, onde se traziam oferendas e onde se invocava também o nome de Agamedes.

Existe uma versão um pouco diferente desta lenda: o rei não se chamava Hirieu, mas Augias, de Élis. Cércion, que participava no furto, fugiu com Trofónio até Orcómeno mas, perseguidos por Dédalo e Augias, Cércion refugiou-se em Atenas e Trofónio em Lebadeia.

Segundo uma outra lenda, Agamedes e Trofónio tinham construído um templo de Apolo e, como pedissem ao deus o seu salário, este prometeu pagar-lhes ao fim de oito dias. Enquanto esperavam, o deus aconselhava-os a levar uma vida feliz. Na oitava noite, os dois arquitectos morreram de morte suave. Era este o melhor salário que o deus lhes podia dar.

AGAMÉMNON. ('Ἀγαμέμνων.) Agamémnon surge na lenda como o rei por excelência, a quem é atribuído na *Ilíada* o comando supremo do exército aqueu. Pelo nome dos seus antepassados, ora é designado como um atrida, ora como um pelópida, ou ainda como um tantálida (v. quadro genealógico 2, p. 12). A *Ilíada* apresenta-o como o rei de Argos, outras vezes como rei de Micenas, atribuindo então o trono de Argos a Diomedes (esta última versão é a do «Catálogo das Naus», passo interpolado, mais recente do que o resto do poema). Finalmente, na tradição mais tardia, Agamémnon era considerado o rei da Lacedemónia, que tinha a sua capital em Amiclas.

Para a sua filiação, v. *Aérope* e *Atreu*. Agamémnon estava casado com Clitemnestra, que desempenha um importante papel na sua história. Clitemnestra, irmã de Helena e, como ela, filha de Leda e Tíndaro (quadro 19, p. 242), estivera primeiro casada com Tântalo, filho de Tiestes, mas Agamémnon tinha morto Tântalo ao mesmo tempo que um seu filho, recém-nascido, filho dele e de Clitemnestra. Depois deste duplo assassínio e do casamento, forçado, de Clitemnestra com Agamémnon, os Dioscuros, Castor e Pólux, irmãos de Clitemnestra, perseguiram Agamémnon que teve de procurar asilo junto de seu sogro, Tíndaro. Por fim, Castor e Pólux consentiram em reconciliar-se com Agamémnon. Porém, a união de Clitemnestra, que começara com um crime, es-

---

Agamedes: PAUSAN., VIII, 4, 8; 10, 2; IX, 11, 1; 37; 3-7; 39, 6; STRAB., IX, 11, 1, p. 421; escól. *ad* ARISTOPH., *Nu.*, 500; PLAT., *Axioch.*, 367c; *Hymn. hom. Apoll.*, 118; PLUT., *Cons. ad Ap.*, 108, 39; CIC., *Tusc.*, I, 47, v. também *Trofónio*; cf. A. H. KRAPPE., in *Arch. f. Rel. Wiss.*, XXX (1933), p. 228-241.

Agamémnon: EUR., *Iph. Aul.*, *passim*, not. 1149 e s.; 337 e s.; etc.; APOLLOD., *Ep.*, ed. Frazer, II, 15; III, 7; PAUSAN., II, 18, 2; 22, 2 e s.; HYG., *Fab.*, 88. *Il.*, IX, 142 e s.; SOPH., *El.*, 157; EUR., *Or.*, 23; *Il.*, II, 299-300; CIC., *De Diu.*, II, 30; OV., *Met.*, XII, 11 a 23; AESCH., *A.*, *passim*; escól. *ad Il.*, I, 59; APOLLOD., *Ep.*, III, 17 e s.; SOPH., *El.*, 566 e s.; HYG., *Fab.*, 98; EUR., *Iph. Aul.*, 88; escól. *ad. Il.*, I, 108; TZETZ., *ad Lyc.*, 183; SOPH., *fr.* (Nauck), p. 128; *Phil.*, *passim*; *Il.*, I, 366 es., *Od.*, VIII, 75 e s.; *Il.*, II e s.; XI, 92, 101, 122; XIX, 56 e s.; *Od.*, XI, 547 e s.; 422; III, 141 e s.; cf. PAUSAN., II, 16, 6; *Od.*, III, 263 e s.; IV, 524; XI, 421 e s.; PIND., *Pyth.*, XI, 17 e s.; AESCH., *A.*, 1417; SOPH., *El.*, 530; APOLLOD., *Ep.*, VI, 23; SENEC., *Ag.*, 875 e s.; SERV., *ad* VIRG., *Aen.*, XI, 268 e s., etc.; HYG., *Fab.*, 117; cf.,e entre outras obras, NILSSON, *Hommer and Mycenae*, Londres, 1033; LEAF, *Homer and History*, Londres, 1915, e a introdução de P. MAZON à sua edição de *l'Iliade*, Paris, 1949; L. MARRIE, *Zeus Agamemnon in Sparta*, *Arch. f. Rel. W.*, XXIII, p. 359 e s.

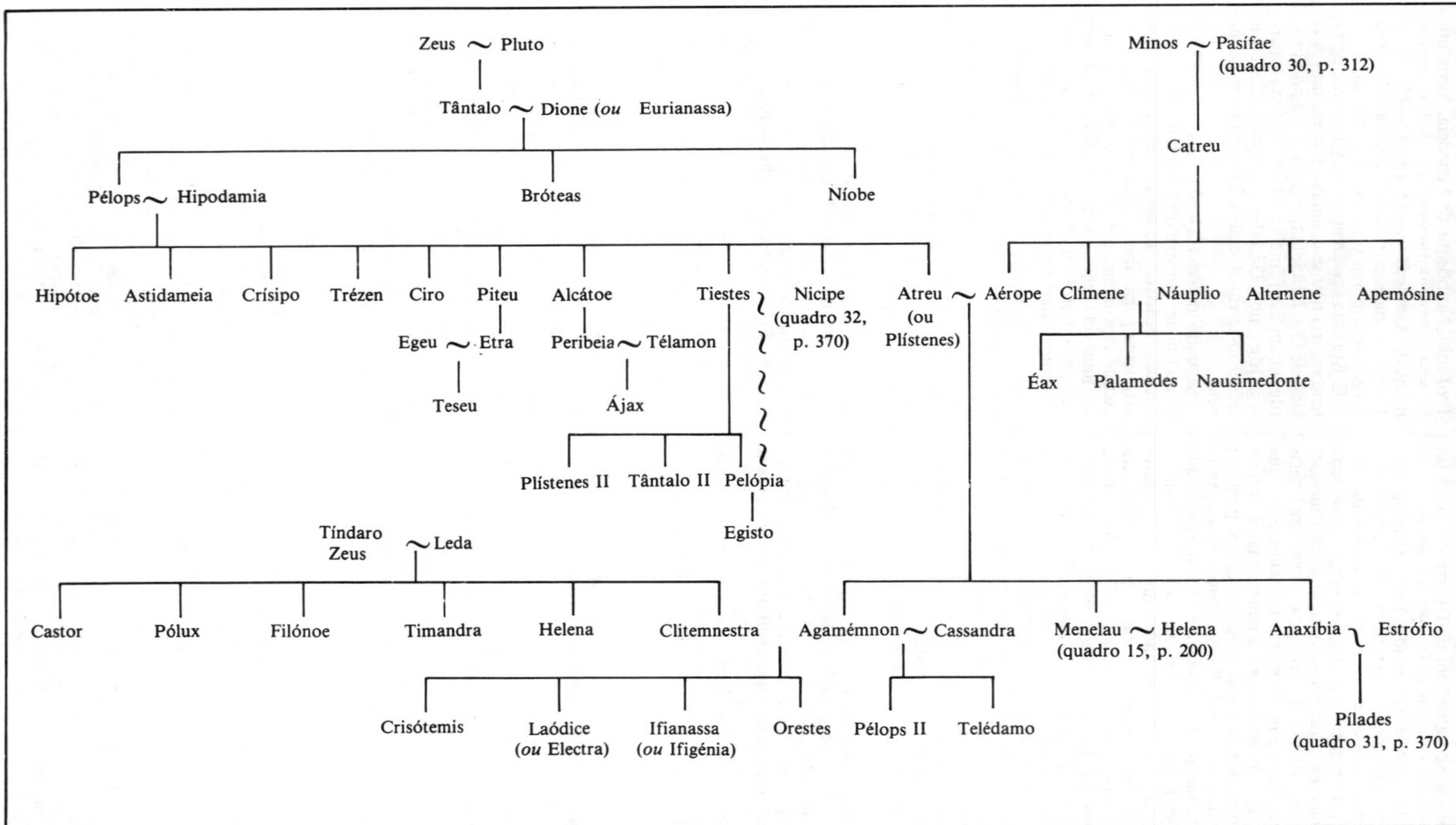

Quadro genealógico n.º 2

tava amaldiçoada, como o mostra a sequência da lenda.

De Clitemnestra, Agamémnon teve três filhas, Crisotémis, Laódice e Ifianassa, e um filho, o mais novo, Orestes. É este o primeiro estado da lenda. Depois surge uma filha, Ifigénia, distinta de Ifianassa e, finalmente, em vez de Laódice, os poetas trágicos referem Electra, que é totalmente desconhecida do autor da *Ilíada*. Destes filhos, os trágicos conhecem sobretudo Ifigénia e Electra, bem como Orestes.

A Guerra de Tróia. — Na altura em que uma multidão de pretendentes procurava obter a mão de Helena, Tíndaro, a conselho de Ulisses, comprometera-os por juramento a respeitar a decisão de Helena e não negar ao pretendente escolhido a posse da jovem mulher. Além disso, se ele fosse atacado, os outros deveriam vir em seu auxílio. Quando Páris raptou Helena, Menelau veio pedir ajuda a Agamémnon. Este lembrou aos chefes o seu juramento, e assim se formou o núcleo do exército que deveria atacar Tróia. Agamémnon foi escolhido por todos como comandante supremo, tanto por causa do seu valor pessoal como pelos resultados duma hábil campanha eleitoral. As tropas juntaram-se em Áulide. Segundo a *Ilíada*, Zeus envia logo um presságio favorável: após um sacrifício a Apolo, uma serpente lançou-se, vinda do altar, na direcção duma árvore próxima e devorou oito pequenos passarinhos num ninho, bem como a mãe, nove ao todo. Depois disto, a serpente transformou-se em pedra. Calcas, o adivinho, disse que Zeus pretendia, por este meio, indicar que Tróia seria tomada após um período de dez anos. Ésquilo dá conta de um outro prodígio: uma lebre prenha despedaçada por duas águias. Calcas interpretou este sinal dizendo que Tróia seria destruída, mas que Ártemis seria desfavorável aos Gregos.

Segundo um poema posterior à *Ilíada* (sem dúvida *Os Cantos Cíprios*), os Gregos, que não conheciam o caminho para Tróia, vão parar inicialmente às costas da Mísia, e, após vários combates, são dispersos por uma tempestade e regressam, cada um ao seu país (v. *Aquiles*). Oito anos após este desaire, os Gregos reúnem-se de novo em Áulide. Porém, o mar continua fechado à navegação, devido a uma persistente calmaria. Interrogado, o adivinho Calcas responde que esta calma se deve à cólera de Ártemis. Esta cólera tem várias causas: ou porque Agamémnon, ao matar uma corça, terá declarado que nem Ártemis teria conseguido fazer melhor, ou porque outrora Atreu não tinha sacrificado o cordeiro de ouro à deusa (v. *Atreu*), ou, ainda, porque Agamémnon prometera à deusa sacrificar-lhe o mais belo produto do ano em que lhe nascera a sua filha Ifigénia e não lhe tinha sacrificado a jovem. Por todas estas razões, a deusa exigia um sacrifício, o de Ifigénia. Agamémnon consentiu, ou por ambição ou então preocupado com o bem público, o que aumentou ainda mais os motivos de queixa de Clitemnestra contra seu marido.

Finalmente, a expedição partiu. Em Ténedos, a frota fez uma paragem para descanso e foi aqui que, pela primeira vez, surgiu a hostilidade latente entre Aquiles e Agamémnon, numa querela que prefigura aquela que diante de Tróia fará os Gregos correrem grandes riscos. Foi em Lemnos que, na mesma altura, Agamémnon mandou deixar Filoctetes, cuja ferida espalhava um odor nauseabundo e cujos gritos perturbavam os sacrifícios.

Passaram-se depois os primeiros nove anos do cerco a Tróia. No décimo, Agamémnon participa com Aquiles em diversas acções de pirataria contra as cidades da vizinhança. Dos despojos recolhidos, Aquiles ficou com Briseide e Agamémnon com Criseide, a filha do sacerdote de Apolo, Crises. Este, contudo, exigiu a sua filha em troca dum resgate. Agamémnon recusou. Como castigo, Apolo fez surgir uma peste no exército grego. Inicia-se aqui o relato da *Ilíada*. A assembleia dos soldados obriga Agamémnon a entregar Criseide, mas este exige, em contrapartida, que Aquiles lhe dê Briseide. Foi este o pretexto da cólera de Aquiles, que recusou o pedido de Agamémnon e se retirou para a sua tenda. Agamémnon procede então à reclamação oficial de Briseide, através de dois arautos, Taltíbio e Euríbates. Aquiles não tem outra alternativa, entrega a jovem, mas recusa-se a combater. A pedido de Tétis, Zeus envia a Agamémnon um sonho enganador, fazendo-lhe crer que seria possível conquistar Tróia sem Aquiles. Aliás, um velho oráculo dera a conhecer a Agamémnon que Tróia cairia quando houvesse discórdia no campo dos Aqueus.

Os combates recomeçam, com a intervenção directa de Agamémnon, que leva a cabo diversas façanhas; é, porém, ferido e obrigado a abandonar os combates. Após o ataque ao acampamento grego, vendo que tudo se perderia se Aquiles não voltasse a combater a seu lado, Agamémnon reconcilia-se com ele, reenvia-lhe Briseide, promete-lhe a mão de uma das suas filhas e preciosos presentes. A partir desta altura, a questão de Agamémnon deixa praticamente de existir na *Ilíada*, e todo o interesse se concentra em Aquiles.

As epopeias posteriores narravam outras intervenções de Agamémnon nos acontecimentos que se seguiram à morte de Heitor, e à de Aquiles, especialmente os combates que se travaram à volta do seu cadáver, e as disputas pela posse das armas do herói (v. *Ájax*, filho de Télamon, e *Ulisses*). A *Odisseia* conta que, após a tomada de Tróia, na divisão dos despojos, coube-lhe em sorte a profetisa Cassandra, filha de Príamo. Dela teve dois gémeos, Telédamo e Pélops.

O regresso de Agamémnon e a sua partida de Tróia também deram origem a relatos épicos. A Odisseia alude já a uma querela entre Agamémnon e Menelau, em que este queria regressar logo depois do fim da guerra, enquanto Agamémnon desejava permanecer ainda o tempo suficiente para se reconciliar com Atena, por meio de presentes. Os poemas sobre os *Regressos* narravam também como no momento do embarque lhe apareceu a sombra de Aquiles, procurando retê-lo, anunciando-lhe todas as suas desgraças futuras. A sombra exigia-lhe também o sacrifício de Políxena, uma das filhas de Príamo.

Quando chegou à sua pátria, Agamémnon era observado por um espião enviado por Egisto, o amante de sua esposa. Egisto convida Agamémnon para um grande banquete e mata-o, a ele e aos seus companheiros, com a ajuda de vinte homens, escondidos na sala do festim. Outras versões da mesma lenda mostram Clitemnestra participando neste massacre, e matando também Cassandra, a sua rival. Píndaro acrescenta que, no seu ódio contra a raça do marido, ela queria também matar Orestes, o seu próprio filho. Nos poetas trágicos, as circunstâncias variam: ora Agamémnon é ferido no decurso do banquete, como em Homero, ora é morto no banho, no momento em que, embaraçado com a camisa que a sua mulher lhe dera e cujas mangas ela cosera, ele não se podia defender. Higino diz que o instigador do assassínio foi Éace, o irmão de Palamedes, que procurava deste modo vingar a lapidação deste, ordenada por Agamémnon. Éace teria contado a Clitemnestra que Agamémnon se preparava para a substituir por Cassandra. Isto teria motivado Clitemnestra para o crime. Ela tê-lo-ia ferido com um machado, enquanto ele oferecia sacrifícios aos deuses, e tê-lo-ia morto ao mesmo tempo que a Cassandra. Esta versão assemelha-se bastante à história de Egíale e de Diomedes.

Sabe-se como, em seguida, Agamémnon foi vingado por seu filho Orestes (v. *Orestes*).

AGAPENOR. (Ἀγαπήνωρ.) Agapenor figura, na *Ilíada*, no «Catálogo das Naus», como chefe do contingente arcádio. A sua residência é em Tégea. Filho de Anceu e de Io, ele é neto de Licurgo (quadro 28, p. 282). É como antigo pretendente de Helena, e ligado pelo juramento prestado a Tíndaro (v. *Agamémnon*), que ele participa na expedição contra Tróia.

No regresso, Agapenor foi dar à ilha de Chipre, após um naufrágio. Aí, fundou a cidade de Pafo e edificou um templo a Afrodite. Foi na altura em que ele se encontrava ainda em Tégea que os filhos de Fegeu, Agenor e Prónoo, encontraram aí os dois filhos de Alcméon, que mataram, para vingar o assassínio de seu pai.

AGAVE. (Ἀγαυή.) Agave é a filha do rei de Tebas, Cadmo, e da sua esposa, Harmonia. As suas irmãs são Ino, Sémele, Autónoe. Tem como marido Equíon e como filho Penteu (v. quadro 3, p. 66).

A sua irmã Sémele fora morta pelo raio quando, de forma imprudente, pedira a Zeus, seu amante, que se lhe mostrasse com todo o seu poder. Agave espalhou o boato de que Sémele tivera uma aventura com um mortal e que Zeus a castigara por ela pretender estar grávida dele. Mais tarde, Dioniso, o filho de Sémele, vingou sua mãe e castigou cruelmente Agave pela sua calúnia. Quando Dioniso chegou a Tebas, onde na altura reinava Penteu, ordenou a todas as mulheres da cidade que se dirigissem ao monte Citéron para aí celebrarem os seus mistérios. Penteu, que se opunha à introdução do rito, tentou espiar as Bacantes. Descoberto por sua mãe, ele foi apanhado por um animal feroz e, no seu delírio, a própria mãe o despedaçou, membro a membro (v. *Penteu*). Quando voltou a si, Agave, assustada, fugiu de Tebas para a Ilíria, para junto de Licoterses, o rei do país, com quem se casou. Porém, mais tarde, ela matou-o, para assegurar a posse do reino ao seu próprio pai, Cadmo.

AGDÍSTIS. (Ἄγδιστις.) A lenda de Agdístis é uma história oriental, originária de Pessinunte, o país da Grande Mãe dos Deuses, Cíbele, e que nos é referida por Pausânias. Tudo começa num sonho de Zeus, em que este deixa cair semente sua sobre a terra. Esta semente gerou um ser hermafrodita, chamado Agdístis. Os outros deuses agarraram-no, castraram-no e, do membro cortado, surgiu uma amendoeira. A filha do deus-rio Sangário colheu uma amêndoa desta árvore e colocou-a no seio. Ficou grávida e deu à luz um rapaz, chamado Átis, que ela expôs. A criança foi protegida e alimentada por um bode. Cresceu e adquiriu uma beleza tão extraordinária que Agdístis (que era então apenas mulher) se apaixonou por ele. A fim de o subtraírem às suas perseguições, os pais de Átis enviaram-no para Pessinunte, para aí desposar a filha do rei. Tinham já entoado o hino ao Himeneu quando Agdístis apareceu. Átis, ao vê-la, ficou louco e castrou-se. O rei de Pessinunte, que lhe entregava a filha, fez o mesmo. Agdístis, desgostosa, conseguiu que o corpo de Átis, que falecera devido ao ferimento, permanecesse incorruptível.

Conhece-se uma outra versão do mesmo mito: na fronteira da Frígia, havia uma falésia deserta, chamada Agdo. Cíbele era aí adorada sob a forma duma pedra. Zeus, apaixonado pela deusa, tentou, em vão, unir-se-lhe. Mas, como o não conseguisse, depositou o seu sémen sobre um rochedo ali próximo. Dele nasceu Agdístis, um ser hermafrodita, que Dioniso embriagou e castrou. Do seu sangue nasceu uma romãzeira cujo fruto a filha do deus Sangário, Nana, colocou no seio, o que a fez engravidar. Foi esta a origem de Átis. Sangário ordenou-lhe que expusesse a criança, que foi recolhida por transeuntes e alimentada com mel e com «leite de bode» (sic). Daí o ter-se chamado Átis, que significa bode em Frígio (*attagus*), ou ainda «O Belo». Como Agdístis e Cíbele disputassem o jovem, que se tornara

---

Agapenor: *Il.*, II, 609 e s.; HYG., *Fab.*, 97; APOLLOD., *Bibl.*, III, 10, 8, 7, 6 e s.; *Ep.*, VI, 15 (ed. Frazer, p. 259); *ibid.*, III, 11; PAUSAN., VIII, 5, 2; LYC., 479; TZETZ., *ad Lyc.*, 902.

Ágave: HES., *Theog.*, 975 e s.; APOLLOD., *Bibl.*, III, 4, 2, 3; DIOD. SIC., IV, 2, 1; PIND., *Olymp.*, II, 38 e s.; EUR., *Ba.*, passim, e 1043 e s.; OV., *Met.*, III, 511 e s.; HYG., *Fab.*, 184; 240; 254; SERV., *ad VIRG.*, *Aen.*, IV, 469, etc.

Agdístis: PAUSAN., VII, 17, 9 e s. cf. I, 4, 5; ARNOB., *Adv. Nat.*, V, 5; 12 e s.; cf. os art. *Átis* e *Cíbele*.

muito belo e que o rei de Pessinunte, Midas, destinava para a sua filha, Átis e os seus seguidores foram atingidos de loucura por Agdístis, de tal modo que Átis se castrou sobre um pinheiro e morreu. Cíbele sepultou os seus membros, mas do sangue que correra da ferida nasceram violetas à volta do pinheiro. A filha de Midas matou-se de desespero, e do seu sangue nasceram também violetas. Cíbele sepultou-a igualmente e sobre a sua campa cresceu uma amendoeira. Zeus, tocado pelas preces de Agdístis, concedeu-lhe que o corpo de Átis não se corrompesse, que os seus cabelos continuassem a crescer e o seu dedo mindinho a mexer-se. Agdístis transportou então o cadáver para Pessinunte, onde o enterrou e fundou uma confraria de sacerdotes e uma festa em sua honra.

AGENOR. (Ἀγήνωρ.) Agenor descende, pelo lado de Io e do seu filho Épafo, do próprio Zeus. Épafo, com efeito, teve uma filha, Líbia (a que deu o nome à zona de África assim chamada), a qual gerou de Posídon dois gémeos, Agenor e Belo (quadro 3, p. 66). Enquanto Belo reinava sobre o Egipto, Agenor estabeleceu-se na Síria. Ele reinou sobre Tiro ou Sídon. Desposou Telefaassa e dela teve vários filhos: uma filha, Europa, e três filhos, Cadmo, Fénix e Cílice. Quando a sua filha Europa foi raptada por Zeus, que revestira a forma dum touro, Agenor enviou os filhos à sua procura, com ordem de não regressarem antes de a encontrarem. Os jovens partiram e, à medida que a sua busca se lhes revelava infrutífera, foram fundando cidades onde se estabeleceram: na Cilícia, em Tebas, em Taso, na Trácia. Fénix estabeleceu-se na Fenícia.

As tradições divergem quanto ao nome dos filhos de Agenor. Eurípides nomeia Cílice, Fénix e Taso. Pausânias nomeia Taso e Heródoto fala de colónias fenícias estabelecidas na ilha deste nome, bem como de uma colónia estabelecida na ilha de Tera por Cadmo. Diodoro da Sicília conhece uma fundada também por Cadmo, em Rodes. Estas lendas constituem tradições locais que guardam lembrança de fundações fenícias, cuja expansão elas assinalam.

Por vezes, considera-se como mulher de Agenor Argíope e não Telefaassa, ou então a sua sobrinha, Antíope, filha de Belo.

V. outros heróis homónimos no Índice I.

AGLAURO. (Ἄγλαυρος ou Ἄγραυλος.) A lenda dá conta de duas Aglauro.

1. A primeira é a filha de Acteu, o primeiro rei de Atenas, e a mulher de Cécrops, de quem ela teve um filho, Erisícton, e três filhas, Aglauro, Herse e Pandroso (v. quadro 4, p. 79).

2. Aglauro, a filha da precedente, foi amada por Ares, de quem teve uma filha, Alcipe. Para além disso, Aglauro intervém, com as suas irmãs, na lenda de Erictónio. Atena criava em segredo o pequeno Erictónio, nascido duma paixão que Hefesto tivera por ela. Guardava-o numa cesta, entregue aos cuidados das três filhas de Cécrops. Era Pandroso quem cuidava, de modo especial, daquele «depósito». As suas irmãs, cheias de curiosidade, não se contiveram e abriram a cesta, dentro da qual viram a criança, rodeada por uma serpente. Tomadas pelo medo, enlouqueceram e precipitaram-se do alto dos rochedos da Acrópole. Uma gralha veio contar a Atena a indiscrição das três jovens (v. *Erictónio*).

Ovídio conta, ao contrário, que Aglauro, se bem que a mais culpada, não foi atingida de loucura. Mais tarde, mostra-se ciumenta da sua irmã Herse, que foi amada por Hermes. O deus acabou por transformá-la numa estátua de pedra (v. *Seíce*).

ÁGRON. (Ἄγρων.) Na ilha de Cós, vivia um homem chamado Eumelo, filho de Mérope. Tinha duas filhas e um filho, todos três muito arrogantes. As filhas chamavam-se Bissa e Merópide, o rapaz Ágron. Habitavam num domínio afastado, cultivando a terra, que lhes fornecia abundantes colheitas. Por isso, limitavam-se a render culto à Terra, desprezando os outros deuses. Se convidavam as jovens para uma festa de Atena, o irmão recusava em vez delas, dizendo que ele não amava as mulheres com olhos de coruja (era a cor dos olhos de Atena); se os convidavam para uma festa de Hermes, ele dizia que não amava os deuses ladrões; se o convite era para Ártemis, respondia que não gostava das mulheres que correm durante a noite. Em suma: eram só insultos aos deuses. Irritados, Ártemis, Hermes e Atena decidiram vingar-se e, uma tarde, dirigiram-se todos três à casa dos jovens. Atena e Ártemis tinham-se disfarçado de donzelas e Hermes de pastor. Hermes convidou o pai e o filho para um banquete que os pastores, afirmava ele, davam em honra de Hermes. E pediu-lhes que enviassem Bissa e Merópide para o bosque de Atena e Ártemis. Ao escutar o nome de Atena, Merópide pôs-se a insultá-la. Imediatamente foi transformada em coruja. Bissa tornou-se a ave de Leucótea (uma gaivota), Eumelo um corvo e Ágron uma tarambola.

*** AIO LOCÚCIO.** (*Aius Locutius.*) Aio Locúcio, cujo nome contém duplamente a ideia de falar (*aio* e *loquor*), é um deus misterioso que apenas se manifestou numa ocasião, por alturas da invasão gaulesa, em 390 a. C., por meio duma voz anunciando a aproximação do inimigo. Mas após a tomada de Roma e quando os Gauleses foram expulsos, Camilo, o ditador, para reparar a falta de respeito de

---

Agenor: APOLLOD., *Bibl.*, II, 1, 4; III, 1; OV., *Met.*, II, 838; III, 51; 97; 257; HEROD., IV, 147; VI, 46 e s.; II, 44; SERV., *ad Virg.*, *Aen.*, III, 88; escól. *ad* EUR., *Phoen.*, 8; PAUSAN., V, 25, 12; DIOD. SIC., V. 59, 1 e s.; HYG., *Fab.*, 6, 178, 170.

Aglauro: APOLLOD., *Bibl.*, III, 14, 2; 6; HYG., *Fab.*, 166; OV., *Met.*, II, 560 e s.; 710 a 835.

Ágron: ANT. LIB., *Transf.*, 15 (segundo BOIOS, *Ornithogonia*, I).

Aio Locúcio: CIC., *de div.*, I, 101; II, 69; A. GEL., *N. A.*, XVI, 17; LIV., V, 32, etc.

que ele se tornara culpado para com esta voz divina, erigiu-lhe um santuário no sítio onde a voz fora escutada, no ângulo norte do Palatino.

I. ÁJAX, filho de Oileu. (Αἴας.) Ájax, da Lócrida, é chamado «o filho de Oileu», para o distinguir de Ájax, filho de Télamon, ou «o grande Ájax». Figura entre os heróis que combatem contra Tróia, como chefe do contingente locrense, à frente de quarenta naus. Ele combate ao lado do seu homónimo, o filho de Télamon, mas enquanto este é um guerreiro «pesado», o filho de Oileu é pequeno, armado duma couraça de linho e dum arco. É rápido e desempenha a função que na época clássica será transferida para os peltastas. Participa em todos os grandes combates, referidos na *Ilíada*: entra no sorteio para o duelo projectado com Heitor, luta junto das naus, à volta do corpo de Pátroclo e concorre aos jogos fúnebres dados em honra de Pátroclo por Aquiles.

Reconhece-se-lhe um mau carácter. Do ponto de vista moral, distingue-se também do seu homónimo: arrogante, cruel para com os inimigos, atreito a querelas, ele é, além disso, ímpio, e as suas faltas acabaram por arrastar consigo a perda duma grande parte do exército grego. A sua falta maior é o sacrilégio cometido contra Atena e que atraiu sobre si a cólera da deusa. Durante a tomada de Tróia, Cassandra refugiara-se junto do altar da deusa. Ájax quis arrancá-la à força da estátua a que ela se abraçava e arrastou a jovem e a estátua. Por este delito para com as leis religiosas, os Aqueus quiseram lapidá-lo, mas Ájax, por seu lado, foi refugiar-se junto do altar da deusa e escapou assim à morte. Porém, durante a viagem de regresso, Atenas enviou uma tempestade que destruiu, perto da ilha de Mícono, nas Cíclades, um grande número de naus, entre as quais a que transportava Ájax. Mas, entretanto, o herói foi salvo por Posídon, que o trouxe à superfície. Então, o próprio Ájax vangloriou-se de ter sobrevivido, apesar da cólera da deusa. Face a isto, Atena rogou a Posídon que o matasse e o deus, com um golpe de tridente, quebrou o rochedo sobre o qual se refugiara e afogou-o. Conta-se também que foi a própria Atena que o fulminou, utilizando o raio, a arma de seu pai Zeus.

O sacrilégio de Ájax, contudo, continuou a pesar sobre os seus compatriotas, os Locrenses. Três anos após o regresso dos heróis de Tróia, rebentaram epidemias na Lócrida e houve uma série de más colheitas. Interrogado o oráculo, este respondeu que tais flagelos eram a manifestação da cólera divina e que Atena só seria apaziguada se, ao longo de mil anos, para expiar o rapto (e a violação) de Cassandra, os Locrenses enviassem cada ano a Tróia duas donzelas, tiradas à sorte, o que foi feito. Os Troianos mataram as duas primeiras que chegaram e espalharam as suas cinzas no mar. As seguintes foram, depois, bem acolhidas e colocadas ao serviço da deusa Atena. Mas tinha subsistido o costume de, à sua chegada, a populaça as perseguir, armada de paus, tentando dar-lhes a morte. Caso escapassem, dirigiam-se ao santuário de Atena, descalças, e aí permaneciam virgens, até uma idade bastante avançada. Assim foi expiado, durante muito tempo após a sua morte, o sacrilégio cometido pelo filho de Oileu, contra a sacerdotiza Cassandra.

II. ÁJAX, filho de Télamon (Αἴας.) Ájax, filho de Télamon (v. quadro 31, p. 352), é o «grande» Ájax. Ele reina sobre Salamina e chega a Tróia, à frente de doze naus, o contingente da ilha. No campo de batalha aqueu, ele ocupa a ala esquerda. Depois de Aquiles é ele o herói mais forte e mais valente de todo o exército. Forte, de elevada estatura, belo, ele é calmo e senhor de si. Apresenta-se fortemente armado. O seu escudo é notável: foi feito com sete peles de boi sobrepostas. A oitava camada, no exterior, é uma placa de bronze.

Moralmente, o filho de Télamon é o oposto do «pequeno Ájax»: pouco falador, benevolente, ele teme os deuses. Mas, se ele é mais sério do que Aquiles, com quem partilha tantos traços em comum, a sensibilidade, o gosto pela música, a ternura do filho de Tétis, são coisas que lhe faltam completamente. Ele é, antes de mais, um guerreiro, um pouco rude.

Ájax é o herói designado pela sorte para combater, em combate singular, contra Heitor. Derruba-o com uma pedra, mas os arautos interrompem o combate. Quando os Aqueus são derrotados, ele é dos únicos que tenta deter Heitor, mas em vão. É ferido e não pode permanecer até ao fim. Faz parte da embaixada a Aquiles, para tentar demover este da sua decisão. Reprova-lhe o seu egoísmo e dureza inabaláveis face aos desaires dos Gregos. Quando Heitor lança o assalto contra as naus, é ao redor de Ájax que se concentra a resistência dos Aqueus. E é a ele que se dirige Posídon, inquieto, pedindo-lhe que redobre os esforços. Fere Heitor com uma pedrada, mas este volta a si, com redobrado ardor e obriga-o a defender-se em cima da própria nau. Quando Heitor lhe quebra a lança, ele vê nisso a vontade dos deuses e foge. É neste momento que Pátroclo entra em cena e força os Troianos a recuarem. Ájax regressa ao combate após a morte de Pátroclo, e Heitor está a ponto de o atacar. Fá-lo-ia se Zeus, para respeitar os destinos que reservam Heitor para os golpes de

---

Ájax I: *Il.*, XIII, 46; XXIII, 754; 483; escól. a XIII, 66; *Od.*, IV, 499 e s.; PAUSAN., X, 31, 1-3; CALLIM., *Aitia* (?), passo perdido; PROP., IV, 1, 118 e s., CIC., *De Or.*, II, LXVI, 265; HYG., *Fab.*, 116; PLIN., *N. H.*, XXXV, 60; TZETZ., *ad Lyc.*, 1141; PROCL., *Chrest.*, p. 461; SOPH., Trag. perdida de *Ájax, o Locrense*; cf. Th. ZIELINSKI, in *Eos*, 1925, pp. 37-50.

Ájax II: *Il*, II 557; VII, 183; XI, 472, XIII, 46; XXIII, 842; *Od.*, XI, 469; SOPH., *Aj., passim*; PLAT., *Smp.*, 219e; APOLLOD., *Bibl.*, III, 12, 7; PLUT., *Thes.*, 29; PIND., *Isth.*, V, 37; HYG., *Fab.*, 81; DICT. CR.; I, 13; OV., *Met.*, XIII, 384; 284 e s.; QUINT. SM., *Posth.*, IV, 500 e s.; PROCL., in *Ep. Gr. Fr.* (Kinkel), p. 36; 5 e s.; HYG., *Fab.*, 107; APOLLOD., *Ep.*, V, 6-7; cf. P. VON DER MÜHLL, *Der grosse Aias*, Bâle, 1930.

Aquiles, não envolvesse os dois heróis numa nuvem.

Durante os jogos fúnebres celebrados por Aquiles, ele lutou contra Ulisses. Nenhum dos dois saiu vencedor. Aquiles deu o prémio a ambos. No concurso de esgrima, contra Diomedes, ele não é vencido mas também não chega a vencer o seu adversário. Mas ele lança o disco menos longe do que qualquer um dos seus concorrentes.

As lendas posteriores à *Ilíada* embelezaram esta figura, tentando aproximá-la da de Aquiles. Tal como este, consideraram-no o neto de Éaco (v. *Télamon*). Na Ática, dizia-se que ele tinha como mãe Peribeia, uma das donzelas enviadas por Egeu para Creta, como tributo a Minos, e que Teseu libertara da morte ao matar o Minotauro.

Quando Héracles preparava a sua expedição contra Tróia (v. *Héracles*), e convidou Télamon a participar nela, encontrou este banqueteando-se. Estendendo debaixo de si a sua pele de leão, ele pediu a Zeus que concedesse a Télamon um filho tão valente como ele e tão forte como o leão cuja pele exibia. Zeus escutou a sua prece e, como sinal de assentimento, enviou uma águia (daí o nome da criança, Ájax, que lembra o do pássaro, em grego αἰετός). Segundo outra versão, na altura da visita de Héracles já Ájax tinha nascido. O herói envolveu-o na sua pele de leão, pedindo a Zeus que o tornasse invulnerável. A criança tornou-se invulnerável, excepto nas zonas que, no corpo de Héracles, suportavam a aljava: a axila, a anca e o ombro.

Em seguida, pouco a pouco, novos traços se acrescentam ao seu carácter, tal como o concebia a *Ilíada*. No momento da partida para Tróia, o pai aconselhou-o a «vencer, sem dúvida com a lança, mas também com a ajuda dos deuses». A isto respondeu Ájax que «o cobarde também podia vencer com a ajuda dos deuses»; depois, teria apagado do seu escudo a imagem de Atena, incorrendo assim na hostilidade da deusa. Nas expedições preliminares, cujo relato não se encontra na *Ilíada*, a tradição referia que Ájax teria desempenhado um papel importante. Foi o primeiro de todos a chegar ao local da reunião, em Argos, com o seu irmão Teucro, e foi escolhido para chefe da armada, juntamente com Aquiles e Fénix. Por momentos, ele substituiu Agamémnon no comando supremo, quando o atrida foi deposto por ter morto a corça sagrada de Ártemis. No desembarque da Mísia, ele assume com Aquiles o comando das operações, e enquanto Aquiles fere Télefo (v. *Aquiles*), Ájax mata Teutrânio, o irmão deste.

Durante os nove primeiros anos da Guerra de Tróia, Ájax participa em operações de banditismo contra as cidades da Ásia. Ataca a cidade do rei frígio Teleutas e arrebata-lhe a filha, Tecmessa. Devasta igualmente o Quersoneso da Trácia (hoje a península de Galipoli), onde reinava Polimestor, um genro de Príamo, que lhes entregou Polidoro, um dos filhos do seu sogro, que ele tinha à sua guarda (v. *Polidoro*). Ájax perseguiu igualmente os rebanhos dos Troianos, no cimo do Ida e no campo. Mas foi após a morte de Aquiles, durante os últimos episódios da guerra, que as lendas desenvolveram as aventuras de Ájax: mostram-no a recolher o filho de Aquiles, Neoptólemo-Pirro, tratando-o como um filho e combatendo a seu lado. Combate também com o arqueiro Filoctetes, tal como combatia, na *Ilíada*, ao lado do arqueiro Teucro. Acabada a guerra, ele exige que Helena seja condenada à morte, para castigo do seu adultério, o que excita contra ele a cólera dos Atridas, que querem salvar a jovem mulher. Ulisses consegue que Helena seja confiada a Menelau. Ájax reclama então, como parte do despojo, que se lhe atribua o Paládio (v. *Paládio*). Ulisses, instigado pelos Atridas, age de tal forma que lhe recusam a entrega da estátua. Isto provoca uma cisão entre os chefes. Ájax ameaça vingar-se de Menelau e de Agamémnon. Os Atridas protegem-se com sentinelas e, no dia seguinte, pela manhã, encontram Ájax morto, trespassado pela sua própria espada.

Uma outra versão da sua morte, mais familiar aos trágicos, conta como o herói enlouqueceu por lhe terem recusado, não o Paládio, mas as armas de Aquiles. Estas tinham sido destinadas por Tétis ao mais valente dos Gregos, ou, pelo menos, ao que tivesse inspirado mais terror aos Troianos. Para se saber quem seria esse, interrogaram os prisioneiros troianos que, por despeito, designaram Ulisses em vez de Ájax. Ulisses obteve as armas. Durante a noite, num acesso de loucura, Ájax massacrou os rebanhos destinados à alimentação dos gregos, e pela manhã matou-se quando ficou lúcido e se deu conta da alucinação em que caíra.

Durante os «Regressos», Atena, para castigar a injustiça de que fora vítima Ájax, perseguiu os Gregos com a sua cólera (v. todavia, sobre esta cólera, *Ájax filho de Oileu*).

Ájax não foi queimado, segundo o costume de então, mas colocado num ataúde e enterrado. Os Atenienses prestavam-lhe honras divinas, todos os anos, em Salamina.

ALALCOMENEU. ('Ἀλαλκομένευς.) Alalcomeneu é um herói que se considerava ser o fundador da cidade de Alalcómene, na Beócia. Atribuiu-se-lhe a invenção das «hierogamias» de Zeus e Hera, ou seja, as cerimónias religiosas que representam um casamento da deusa com o deus. Contava-se, com efeito, que, quando a deusa Hera, enganada por Zeus, se veio queixar a Alalcomeneu, que fora incumbido de educar Atena, das infidelidades do seu marido, ele aconselhou-a a mandar fazer uma estátua de si própria em madeira de carvalho e a passeá-la, solenemente, acompanhada dum cortejo, como se fosse para um casamento. A deusa assim fez, dando início a uma festa chamada «Festa de Dédalo». Na crença popular, pensava-se que este rito renovava, rejuvenescia, a união divina e a tornava eficaz através duma magia «simpática».

Alalcomeneu: PAUSAN., IX, 33, 5; STEPH. BYZ., *s. u.*; escól. *ad Il.*, IV, 8; PLUT., *De Daed. Plat.*, VI.

ALCÁTOO. (Ἀλκάθοος.) Filho de Pélops, rei de Élis, e de sua mulher Hipodamia e, por conseguinte, irmão de Atreu e Tiestes (quadro 2, p. 12). Como o rei Megareu tivera um filho que fora morto por um leão e prometera a mão de sua filha a quem abatesse a fera, Alcátoo apresentou-se, conseguiu matar o leão e obteve assim a recompensa prometida. Abandonou então a sua primeira mulher, Pirgo, e desposou Evecme, a filha de Megareu. Obteve, ao mesmo tempo, o trono de Onquesto.

Mais tarde, tendo os Cretenses devastado a cidade de Mégara, Alcátoo, com a ajuda de Apolo, reconstruiu as muralhas destruídas (v. *Megareu*). Na época histórica apontava-se ainda a pedra sobre a qual Apolo teria poisado a sua lira enquanto trabalhava na muralha. Esta pedra conservara propriedades notáveis. Quando um calhau a atingia, ela ressoava e emitia um som musical.

Um dos filhos de Alcátoo, Isquépolis, tomara parte na caçada ao javali de Cálidon, onde encontrara a morte. O seu irmão Calípole, quem primeiro recebeu a notícia, precipitou-se a transmiti-la a seu pai. Este preparava-se para cumprir um sacrifício em honra de Apolo, no alto da cidadela. Na sua impaciência, Calípole perturbou a cerimónia e alterou a disposição da pira sagrada. Alcátoo, irritado, pensando que o filho queria ofender os deuses, matou-o com a pancada duma acha inflamada (v. *Políido*).

Alcátoo tinha ainda uma filha, Ifínoe, cujo túmulo diziam situar-se em Mégara.

ALCESTE. (Ἄλκηστις.) Alceste é uma das filhas de Pélias, o rei de Iolco, e de Anaxíbia, sua mulher (v. quadro 23, p. 258). É a mais bela e a mais piedosa de todas, a única que não participou no assassínio de Pélias, quando Medeia, através dos seus estratagemas e sortilégios, conseguiu que este fossse massacrado pelas suas próprias filhas (v. *Jasão*). Quando Admeto, o rei de Feras, na Tessália, se apresentou a pedir a mão de Alceste, Pélias impôs-lhe algumas condições, que ele cumpriu com a ajuda de Apolo (v. *Admeto*). Eurípides diz-nos que a sua união foi modelo de ternura conjugal, a tal ponto que Alceste consentiu em morrer em vez do marido. Porém, quando ela estava já morta, Héracles desceu aos Infernos, donde a trouxe mais bela e jovem que nunca. Conta-se também que Perséfone, sensibilizada pela dedicação de Alceste, a fizera voltar espontaneamente ao mundo dos vivos.

ALCÍNOE. (Ἀλκινόη.) Uma mulher de Corinto, Alcínoe, casada com um tal Políbo, filho de Driante, incorreu na cólera de Atena pelo seguinte: contratara uma mulher para fiar e, quando esta concluiu o trabalho, recusou pagar-lhe o salário combinado. A fiandeira lançou-lhe imprecações, tomando Atena como testemunha da má-fé de Alcínoe. Atena era, com efeito, a patrona e a protectora das fiandeiras. A deusa atingiu Alcínoe de loucura. De imediato, a jovem apaixonou-se por um hóspede, um estrangeiro de Samos, chamado Xanto. Para o seguir, ela deixou o marido e os filhos. Porém, a meio da viagem ela caiu em si e, clamando em desespero pelos filhos e pelo marido, lançou-se ao mar.

ALCÍNOO. (Ἀλκίνοος.) Quando Ulisses, após o seu último naufrágio, no regresso da ilha de Calipso, foi dar à ilha dos Feaces, foi aí recebido pelo rei desse país, Alcínoo. Homero chama à ilha Esquéria. Trata-se, provavelmente, de Corfu. Alcínoo era considerado neto de Posídon. O seu pai chamava-se Nausítoo. Alcínoo, por seu lado, tinha cinco filhos e uma filha, Nausícaa, que acolheu Ulisses na margem do rio (v. *Ulisses* e *Nausícaa*). A mulher de Alcínoo, que é simultaneamente sua sobrinha, chama-se Arete (que em grego significa «o indizível»). Ela vive no palácio, com o marido e os filhos, cercada de honra e respeito. Arete e Alcínoo são amados pelo seu povo. Eles são hospitaleiros para com os estrangeiros e sobretudo para com os náufragos, cuja desgraça procuram suavizar. O seu palácio está rodeado dum pomar maravilhoso onde frutos de toda a espécie amadurecem continuamente ao longo de todo o ano.

Após ter confortado Ulisses e ter escutado, no decurso dum banquete, o extenso relato das suas aventuras, Alcínoo dá-lhe um barco para regressar a Ítaca, que não fica longe de Corfu, e enche-o de presentes.

Em *A Argonáutica*, Medeia e os Argonautas desembarcaram no país de Alcínoo, na viagem de regresso, e encontram na corte um grupo de enviados de Eetes, incumbidos de reconduzir Medeia até seu pai. Alcínoo é escolhido como árbitro da questão. Decide entregar Medeia a seu pai, se ela ainda estiver virgem; em caso contrário, deixá-la-á com Jasão. Perante esta decisão, Arete apressa-se a casar os dois jovens, poupando assim Medeia ao castigo que a aguardava na Cólquida. (v. *Argonautas*). Sem coragem de se apresentarem perante o seu rei, os Cólquicos estabeleceram-se em Corfu, enquanto os Argonautas retomaram a sua viagem, depois de Arete ter oferecido presentes aos jovens esposos.

ALCÍONE. (Ἀλκυόνη.) Alcíone é a filha do rei dos ventos, Éolo. Desposara Ceíce, o filho

---

Alcátoo: Pausan., I, 41, 4; 42, 4; 43, 4-5; Ov., *Met.*, VIII, 14 e s.; *Trist.* I, 10, 39 e s.; Ps.-Virg., *Ciris*, 104 e s.; Pind., *Isth.*, VIII, 148.

Alceste: Eur., *Alc.*, *passim*; Hyg., *Fab.*, 51; Diod. Sic., IV, 52, 2; Apollod., *Bibl.*, I, 9, 15; Plat., *Smp.*, 179 c. Cf. A. Lesky, in *Sitz Wien. Akad.*, CCIII, 2, 1925; A. Momigliano, in *Cult*, X, 1931; p. 201-213; G. Megas, *Ar. f. Rel. W.* XXX (1933), p. 1 e s.; L. Weber, in *Rh.*, *Mus.*, 1936, p. 117-164; M. Gaster, in *Byz.*, XV, 1939, p. 66-90.

Alcínoe: Parth., *Erot.*, 27.

Alcínoo: *Od.*, VI e VII, *passim*, e os escól.; Apol. Rh., *Arg.*, IV, 982 e s.; Apollod., *Bibl.*, I, 9, 26. Cf. V. Bérard, *Les navigations d'Ulysse*, t. III; A. Shewan, *The genealogy of Arete and Alkinoos*, *Cl. Rev.*, 1925, p. 145; M. Mayer (*Op. cit.*, art. *Elpenor*).

Alcíone: Escól. *ad Il.*, IX, 562; Apollod., *Bibl.*, I, 7, 4; Hyg., *Fab.*, 65; Ov., *Met.*, IX, 410-750. Cf. W. Nestle, in *A. R. W.*, 1936, p. 248 e s.

do Astro da Manhã (Eósforo ou Lúcifer). Formavam ambos um casal tão feliz que eles próprios se comparavam a Zeus e a Hera. Os deuses, irritados com tal presunção, transformaram-nos em pássaros, a ele em mergulhão, a ela em alcíone. Como Alcíone fazia o seu ninho na orla do mar e as vagas lho destruíssem impiedosamente, Zeus compadeceu-se dela e ordenou que os ventos se acalmassem durante os sete dias que precedem os sete que se seguem ao solstício de Inverno, período em que Alcíone choca os ovos. São os chamados «dias do alcíone», que não conhecem tempestade.

Ovídio conta uma história sensivelmente diferente: Ceíce, casado com Alcíone, decidira ir consultar um oráculo. Durante a viagem, foi surpreendido por uma tempestade, o navio destruiu-se e ele próprio morreu afogado. O seu corpo foi trazido pelas ondas para a costa, onde a sua mulher o encontrou. Com o desespero, ela transformou-se num pássaro de pio lamentoso, e os deuses concederam uma metamorfose análoga ao seu marido.

ALCIONEU. ('Αλκυονεύς.) **1.** Entre os Gigantes gerados por Geia (a Terra), na sua união com o Céu (Úrano), havia um, chamado Alcioneu, que se distinguia de todos pelo seu tamanho e pela sua força prodigiosa. Foi ele quem desempenhou o papel mais activo na luta entre os Gigantes e os Deuses, que se travou nos Campos Flegreus (em Paleno, na Macedónia). Alcioneu não podia ser morto enquanto combatesse sobre a terra onde nascera. Por isso, a conselho de Atena, Héracles levou-o para longe de Paleno e, aí, trespassou-o com uma flecha, após o gigante ter esmagado duma só vez, com um rochedo enorme, vinte e quatro companheiros de Héracles. As filhas de Alcioneu, as Alciónidas, desesperadas pela morte do pai, lançaram-se ao mar e foram transformadas em pássaros (os alcíones) (v. também *Héracles*).

2. A lenda dá conta dum outro Alcioneu, um jovem de Delfos, dotado de excepcional beleza e de costumes irrepreensíveis. Havia nesse tempo, nas encostas do monte Círfis, uma montanha próxima de Delfos, uma gruta onde habitava um monstro, de nome Lâmia, ou então Síbaris. Este monstro saía da gruta e arrebatava homens e rebanhos dos campos em redor. Os habitantes consultaram o oráculo para saber como haviam de se desembaraçar deste flagelo. Apolo ordenou-lhes que lhe oferecessem em sacrifício um mancebo da cidade. A sorte caiu em Alcioneu. Os sacerdotes coroaram-no e, em procissão, conduziram-no até junto do animal. Pelo caminho, surgiu Euríbato, o filho de Eufemo, um jovem distinto, da linhagem do rio Áxio. Ao ver que conduziam um jovem, ele quis saber a razão daquele ajuntamento. Quando soube quem iam sacrificar, tomado de compaixão por Alcioneu, e não podendo libertá-lo pela força, pediu que consentissem ocupar o lugar do mancebo. Os sacerdotes acederam e foi ele que, coroado, foi conduzido até ao animal. Quando chegou diante da gruta, entrou aí corajosamente e, agarrando Lâmia, arrastou-a para fora e jogou-a com violência contra os rochedos, onde lhe despedaçou a cabeça. O animal desapareceu e, nesse lugar, jorrou uma fonte que se chamou Síbaris. Foi desta fonte que recebeu o nome a cidade que os Locrenses fundaram mais tarde na Itália.

ALCMENA. ('Αλκμήνη.) Mulher de Anfitrião e mãe de Héracles. Sobre a sua origem, v. quadro 32, p. 370. Pertence à descendência de Perseu. Dotada de notável beleza, casara-se com Anfitrião, mas sem lhe conceder o direito de consumar o casamento enquanto ele não tivesse executado uma certa vingança (v. *Anfitrião*). Viveu exilada com ele em Tebas. Anfitrião partiu em expedição contra os Teléboos, e foi no momento do seu regresso que Zeus se uniu à sua jovem esposa. Para atingir os seus fins, o deus tomara a forma de Anfitrião, pois já conhecia a virtude de Alcmena. Segundo uma tradição, Zeus terá prolongado esta noite nupcial pelo espaço de três dias completos. Para isso, ordenara ao Sol que não se levantasse antes que todo esse tempo tivesse passado. Quando Anfitrião reentrou em casa, estranhou não ser acolhido com mais entusiasmo. Quando lhe começou a narrar a sua campanha e a sua vitória, Alcmena respondeu-lhe que já conhecia todos esses pormenores. Ao ser consultado sobre este mistério, Tirésias revelou ao marido o seu glorioso infortúnio. Alcmena gerou um par de gémeos que deviam nascer com o intervalo de uma noite: Héracles, filho de Zeus, e Íficles, filho de Anfitrião. Alcmena teria sido, diz-se, a última das mortais a quem Zeus se teria unido. Mas Anfitrião pensou, inicialmente, em castigar a sua mulher quando soube dos felizes empreendimentos de Zeus. Decidiu queimá-la sobre uma pira, mas Zeus fez cair uma chuvada que extinguiu as chamas. Perante esta intervenção directa da divindade, Anfitrião perdoou-lhe. Todavia, nas proximidades do parto, Hera, ciumenta da sua rival, uma mortal, tentou, como deusa dos partos, prolongar o mais possível a gravidez de Alcmena. A deusa tinha ainda mais um motivo para isso: um oráculo de Zeus permitiu-lhe, regulando o momento dos nascimentos, submeter Héracles ao jogo de Euristeu (v. *Héracles* e *Euristeu*).

Mais tarde, Alcmena ficou viúva e acompanhou Héracles quando o herói, com o seu irmão Íficles e o filho deste, Iolau, tentou reconquistar Tirinte, a sua pátria de origem, após ter cumprido os seus trabalhos. Mas Euristeu

---

Alcioneu: **1)** APOLLOD., *Bibl.*, I, 6, 1; SUID., *s.u.* 'Αλκυονίδες; escól. a APOL. RH., *Arg.*, I, 1289; PIND., *Isth.*, VI, 46; **2)** ANT. LIB., *Transf.*, 8.

Alcmena: HES., *Scut.*, 1 e s.; APOLLOD., *Bibl.*, II, 4, 5; 8; 8, 1 e s.; escól. *ad Il.*, XIX, 116; *ad Od.*, XI, 226; PIND., *Nem.*, X, 15; *Isth.*, VII, 5; *Pyth.*, IX, 149; EUR., trag. perdida de *Alcmena*; HYG., *Fab.*, 29; PAUSAN., V, 18, 3 I, 32, 5; 16, 7; 41, 4; 19, 3, etc.; PLAUT., *Amp.*, *passim*; ARNOB., *Adv. Na.*, IV, 26. V. também *Anfitrião*, *Héracles*, *Euristeu*, *Heraclidas*; L. SÉCHAN, *Études*..., p. 242 e s.

impediu-o de realizar o seu plano. Todavia, na altura da apoteose de Héracles, Alcmena encontrava-se em Tirinte com uma parte dos seus netos (os outros encontravam-se em Corinto e em Tráquin). Morto Héracles, Euristeu mandou expulsar Alcmena de Corinto e conseguiu que o rei de Tráquin, Ceíce, fizesse o mesmo aos descendentes de Héracles que habitavam no seu reino. Refugiaram-se todos em Atenas, onde encontraram protecção. Euristeu exigiu aos Atenienses que os expulsassem. Os Atenienses recusaram-se e, na guerra que se seguiu, Euristeu encontrou a morte. Levaram a sua cabeça a Alcmena, que lhe arrancou os olhos com uns fusos. Depois disto, Alcmena viveu em Tebas com os descendentes de Héracles. Morreu em idade avançada. Na ocasião da sua morte, Zeus enviou Hermes a recolher o seu corpo para o transportar para as Ilhas dos Bem-Aventurados, onde ela desposou Radamante. Segundo outros, ela foi arrebatada até ao Olimpo, onde participou das honras divinas de seu filho. Por vezes, contava-se ainda que, após a morte de Anfitrião, num combate ao lado de Héracles, Alcmena desposara Radamante, na altura exilado, e com ele vivera na Beócia, em Ocálea.

ALCMÉON. (Ἀλκμαίων.) **1.** Alcméon é o filho mais velho do adivinho Anfiarau (sobre as suas origens ver o quadro 1, p. 8) e tem como irmão imediatamento mais novo Anfíloco. Quando Anfiarau, obrigado pela sua mulher, Erífile, teve de entrar na guerra contra Tebas, sabendo pela sua arte que encontraria aí a morte, confiou aos seus filhos a tarefa de o vingar quando atingissem a maioridade. Para isso, teriam de matar a mãe e empreender uma expedição contra Tebas. Foi deste modo que Alcméon se viu envolvido, depois de Adrasto, na expedição dos Epígonos (v. *Adrasto*). Um oráculo prometera aos Epígonos que eles obteriam a vitória se tivessem Alcméon a comandá-los. Todavia, apesar deste oráculo e do encargo que lhe fora confiado por seu pai antes da sua partida, Alcméon não mostrava nenhuma pressa em marchar contra Tebas. Mas a sua mãe, influenciada pelo vestido com que a presenteara Harmonia, tal como o fora com o colar desta antes da primeira expedição, acabou por o persuadir. Nos primeiros combates, Alcméon matou ele mesmo o rei de Tebas, Laodamante, filho de Etéocles. Desmoralizados, os Tebanos, que se encontravam cercados, fugiram de noite, a conselho do seu adivinho, Tirésias. No dia seguinte, os vencedores entraram na cidade, saqueando e pilhando. Uma parte do despojo da guerra dedicaram-no a Apolo e puseram à frente da cidade o filho de Polinices, Tersandro.

Após a vitória, Alcméon foi interrogar o oráculo de Delfos sobre a segunda tarefa que lhe faltava cumprir, a morte de sua mãe. O oráculo respondeu-lhe que ele não devia fugir disso, pois não só Erífile aceitara deixar-se corromper para levar o seu marido à ruína, mas fizera o mesmo aos filhos, encorajando-os a partir para a segunda expedição contra Tebas. Isto decidiu Alcméon, que a matou, ou com a ajuda de seu irmão Anfíloco, ou mesmo sozinho. Então, as Erínias vingadoras perseguiram-no, tal como tinham perseguido Orestes depois de este ter morto Clitemnestra. Desvairado, dirigiu-se primeiro para a casa do seu avô Ecleu, na Arcádia, depois para junto de Fegeu, em Psófis. Fegeu purificou-o, curou-o e deu-lhe em casamento a filha Arsínoe ou, segundo outros, Alfesibeia. Alcméon ofereceu a esta o colar de Harmonia e o vestido que, em tempos, tinha servido para corromper Erífile. Mas a região de Psófis foi atingida de esterilidade, e o oráculo ordenou que, para levantar esta maldição, Alcméon se fizesse de novo purificar, desta vez pelo deus-rio Aqueloo. Alcméon retomou a sua caminhada errante. Dirigiu-se primeiramente a Eneu, em Cálidon, que o acolheu como hóspede bem-vindo. Pelo contrário, os Tesprotos, no Epiro, para onde se dirigiu de seguida, expulsaram-no da sua terra. Por fim, de acordo com os termos do oráculo, ele encontrou, na embocadura do Aqueloo, uma terra «criada a partir do assassínio de sua mãe», e aí o deus do rio purificou-o e deu-lhe em casamento a filha, Calírroe. Mas esta exigiu-lhe como presentes o vestido e o colar de Harmonia, como condição para a sua vida em comum. Para lhe obedecer, Alcméon foi de novo ter com Fegeu, em Psófis, e exigiu à sua primeira mulher, Arsínoe, os presentes que outrora lhe dera. Como pretexto, alegava que, por ordem do oráculo, tinha de os consagrar a Apolo Délfico para obter dele, definitivamente, o perdão do assassínio de sua mãe. Fegeu autorizou a filha a entregar o colar e o vestido, mas um serviçal de Alcméon revelou ao rei as verdadeiras intenções do seu amo e o destino dos presentes. Indignado, Fegeu ordenou aos seus filhos Crónoo e Agenor (chamados, por vezes, Témeno e Áxion) que lhe armassem uma cilada e o matassem (já que ele o não podia fazer, pois Alcméon era seu hóspede).

No tempo de Pausânias, mostravam o seu túmulo rodeado de ciprestes, num alto vale, acima de Psófis. Os filhos de Alcméon não tardaram, aliás, a vingar o seu pai (v. *Acárnan*). Uma tradição isolada, referida apenas por Propércio, afirma que esta vingança terá sido executada pela primeira mulher de Alcméon (que, nesta versão, se chama Alfesibeia).

Uma outra tradição, de que se serve Eurípides, contava que durante a sua loucura, enquanto era perseguido pelas Erínias, Alcméon tivera de Manto, a filha de Tirésias, dois filhos, Anfíloco e Tisífone, um rapaz e uma rapariga. Depois, ele conduzira as duas crianças para Corinto e confiara-as ao rei da cidade, Creonte, para que este as criasse. Mas Tisífone revestira-se entretanto duma tal beleza que a rainha começara a desconfiar dela e, receando que o rei

Alcméon: **1)** PAUSAN., VII, 24, 4; VIII, 24, 8 (cf. PROP., I, 15, 15 e s.); X, 10, 2; APOLLOD., *Bibl.*, III, 6, 2; 7, 2; 5; 6; HYG., *Fab.*, 73; PIND., *Pyth.*, VIII, 38 e s.; THUC., II, 102; PLUT., *De aud. p.*, XIII, p. 35 c; SOPH., Trag. perdida de *Alcméon*, cf. A. H. KRAPPE, in *Cl. Qu.*, 1924, p. 57 e s. **2)** V. *Silo*.

a tornasse sua mulher, vendeu-a como escrava. A jovem foi comprada pelo próprio pai, Alcméon, que a não reconheceu. Quando Alcméon voltou a Corinto, reclamou os seus filhos. O rei só lhe pôde entregar o filho; mas, entretanto, descobriu-se que a escrava que ele comprara era Tisífone e, assim, Alcméon reencontrou os seus dois filhos.

2. Para um outro Alcméon, filho de Silo, v. *Silo*.

ÁLCON. (Ἄλκων.) Arqueiro cretense, companheiro de Héracles. As suas flechas nunca erravam o alvo. Ele atravessava com elas arcos colocados sobre a cabeça dum homem e era capaz de fender uma flecha em duas, acertando numa lâmina colocada como alvo. Um dia em que o seu filho fora atacado por uma serpente, Álcon trespassou o animal com uma flecha, sem ferir a criança.

Esta história é referida igualmente a respeito do pai de Falero, um dos Argonautas. O pai de Falero, um ateniense, filho de Erecteu, chamava-se também Álcon, e os dois heróis foram confundidos (v. quadro 12, p. 182).

ALÉBION. (Ἀλεβίων.) Alébion e Dércino, ambos filhos de Posídon, viviam na Ligúria, e quando Hércules por aí passou com os rebanhos de bois que trazia da sua expedição contra Gérion, eles tentaram roubar-lhos. Os dois ladrões, porém, foram mortos por Héracles (v. também *Lígis*).

ALÉCTRION. (Ἀλεκτρυών.) Ares, no decurso dos seus amores com Afrodite, tinha emboscado um espião, de nome Aléctrion (o Galo), encarregado de lhe anunciar a aproximação do dia. Uma manhã, o espião adormeceu e, deste modo, o Sol surpreendeu os dois amantes e apressou-se a relatar a aventura a Hefesto, o marido de Afrodite. Foi então que este resolveu lançar uma armadilha à sua infiel mulher e surpreendê-la em flagrante (v. *Afrodite*).

ALETES. (Ἀλήτης.) **1.** Pelo lado do pai, Hípotes (v. *Hípotes*), Aletes descendia de Héracles, de quem era bisneto. Pelo lado da mãe, descendia de Iolau, sobrinho de Héracles (quadro 32, p. 370). O seu nome, que significa «o Errante», fora-lhe dado pelo pai, pois havia nascido na altura da migração dos descendentes de Héracles, no tempo em que Hípotes fora banido como assassino, e andava de cidade em cidade (v. *Heraclidas*). Quando atingiu a maioridade, decidiu apoderar-se de Corinto e expulsar os Jónios e os descendentes de Sísifo que aí reinavam. Antes de agir, foi consultar o oráculo de Dodona, que lhe prometeu a vitória, com uma dupla condição: que alguém lhe desse um punhado de terra de Corinto, e que ele atacasse a cidade «num dia em que as pessoas usassem grinaldas». A primeira condição realizou-se quando Aletes, tendo pedido pão a um habitante de Corinto, apenas obteve, por troça, um punhado de terra. Para realizar a segunda, ele avançou contra a cidade numa altura em que os habitantes celebravam uma festa em honra dos mortos e usavam todos grinaldas, de acordo com o costume. Aletes conseguiu convencer a filha do rei Creonte a abrir-lhe nesse dia as portas da cidade. Prometeu casar com ela. A jovem aceitou a proposta e entregou-lhe a cidade.

Aletes promoveu, depois, uma expedição contra Atenas. De facto, o oráculo prometera-lhe que ele alcançaria a vitória se poupasse a vida ao rei de Atenas. Os Atenienses, tendo tido conhecimento deste oráculo, persuadiram o rei, Codro, que tinha setenta anos, a sacrificar-se pelo seu povo (v. *Codro*). Fracassou deste modo o plano de Aletes.

2. Um outro Aletes, filho de Egisto, entra na lenda de Orestes e Electra (v. *Electra*).

ALEXANDRE. V. *Páris*.

ALFESIBEIA. (Ἀλφεσίβοια.) Ninfa da Ásia, por quem Dioniso estava apaixonado. O deus, contudo, não conseguia seduzi-la, até que um dia pensou transformar-se em tigre. Aterrorizada, Alfesibeia consentiu em deixar-se agarrar pelo deus para atravessar um rio (que se chamava então Sólax), em cujas margens ela se tinha refugiado. Concebeu do deus um filho, Medo, que deu, mais tarde, o seu nome ao povo dos Medos e que chamou Tigre ao rio em cujas margens sua mãe se vira forçada a ceder a Dioniso.

ALFEU. (Ἀλφειός.) Deus do rio do mesmo nome que atravessa o Peloponeso, entre a Élide e a Arcádia. Como todos os rios, é filho de Oceano e Tétis. Atribuem-se-lhe como filhos Orsíloco, o pai de Díocles, rei de Feras, na Messénia, e ainda, algumas vezes, o arcádio Fegeu (v. *Fegeu*). Diversas lendas referem a tentativa de Alfeu para seduzir Ártemis e as Ninfas. Alfeu amava Ártemis, mas a deusa resistia ao seu amor. Ele decidiu então possuí-la pela força. Um dia, quando Ártemis e as suas Ninfas celebravam uma festa em Letrinos, na foz do rio, ele tentou abordá-la, mas a deusa sujou o rosto com lama e Alfeu não a reconheceu. Uma versão diferente conta que Alfeu perseguiu Ártemis até à ilha de Ortígia, que flutua no meio do porto de Siracusa. Para além disso, entre as se-

---

Álcon: Val. Flac., *Arg.*, I, 598 e s.; Serv., *ad Virg.*, *Ecl.*, V, 11; Manil., V, 305 e s.; Apol. Rh., *Arg.*, I, 96 e s.; Hyg., *Fab.*, 14.

Alébion: Apollod., *Bibl.*, II, 5, 10; Pomp. Mela, II, 5, 78.

Aléctrion: Eust., *ad Hom.*, 1598, 61.

Aletes: Conon, *Narr.*, 26; escól. *ad* Pind., *Nem.*, VII, 155; Pausan., II, 4, 4; V, 18, 8; Plut., *Prov.*, I, 48, p. 328. V. *Codro*.

Alexandre: V. *Páris*.

Alfesibeia: Plut., *De flum* 24.

Alfeu: Hes., *Theog.*, 338; *Il.*, V, 545 e s.; Hyg., *Fab.*, 244, 245; Pausan., VI, 22, 5; escól. *ad* Pind., *Pyth.*, II, 12; Pausan., V, 7, 2; Ov., *Met.*, V, 572 e s. Cf. A. Tomsin, *La Légende des amours d'Aréthuse et d'Alphée, Ant. Class.*, IX (1940), p. 53.

guidoras de Ártemis, havia uma, Aretusa, por quem Alfeu estava igualmente apaixonado. Para a seguir, tornou-se caçador como ela e quando, para se lhe escapar, fugiu até Siracusa, para a ilha de Ortígia, ele foi no seu encalço. Aretusa foi transformada em fonte. Por amor, Alfeu misturou as suas águas às dela (v. uma outra versão da sua lenda — *Náiades*).

ALOÍDAS. ('Αλωάδαι.) São chamados Aloídas os filhos que Posídon teve de Ifimedia, a filha de Tríopas. Com efeito, Ifimedia casara com Aloeu que, por seu lado, era filho do deus e de Cânace, da raça de Deucalião (v. quadro 11, p. 141, e 8, p. 116). Ifimedia apaixonara-se por Posídon e tinha por costume passear ao longo da praia, recolhendo nas mãos a água do mar e despejando-a sobre os seios. Posídon acabou por ceder ao seu amor e deu-lhe dois filhos, Oto e Efialtes, que eram gigantes. Na verdade, em cada ano, as duas crianças cresciam um côvado em largura e uma braça em altura. Aos nove anos, com nove côvados de largura (ou seja, perto de quatro metros) e nove braças de altura (quase dezassete metros) decidiram fazer guerra aos deuses. Para isso puseram o Ossa sobre o Olimpo e, por cima destas duas montanhas, o Pélion, ameaçando assaltar o céu. De seguida, anunciaram que encheriam o mar de montanhas, pondo-o a seco, e fá-lo-iam deslocar-se para onde até então tinha sido a terra. Por fim, declararam o seu amor às deusas. Efialtes apaixonara-se por Hera e Oto por Ártemis. Além disso, irritados com Ares, que provocara a morte de Adónis na caça, eles encerraram o deus num pote de bronze, depois de o terem algemado. Deixaram-no assim durante treze meses, até que Hermes o conseguiu libertar, já num estado de fraqueza extrema. Todas estas façanhas desmedidas acabaram por atrair sobre os dois irmãos o castigo dos deuses. Conta-se que Zeus os fulminou, ou então que Ártemis se transformou numa corça e se lançou no meio deles, um dia em que eles caçavam na ilha de Naxos. Na pressa de a atingirem, eles mataram-se um ao outro. O seu castigo continuou nos Infernos: ligaram-nos com serpentes a uma coluna, onde uma coruja os vinha atormentar, piando sem cessar.

Atribui-se-lhes a fundação de várias cidades: Aloion, na Trácia, Ascra, no cimo do Hélicon, onde teriam prestado culto às Musas. A sua presença em Naxos, na altura da sua morte, explicar-se-ia por uma missão de que os incumbira o seu pai adoptivo, Aloeu, e que consistia em procurar a sua mãe e a sua irmã Pâncrates, raptadas por Célis e Cassameno (v. *Ifimedia*).

ÁLOPE. ('Αλόπη.) Cércion, o salteador que reinava em Elêusis, tinha uma filha, Álope, que foi amada por Posídon, às ocultas do pai. O deus deu-lhe um filho, que ela fez à própria ama expor na floresta. Uma égua (animal consagrado a Posídon) amamentou o bebé, que um pastor viria a encontrar envolvido em esplêndidos cueiros. Este recolheu a criança, mas um outro pastor pediu-lha. Aquele entregou a este a criança, mas guardou consigo os cueiros. O outro, indignado, foi queixar-se a Cércion que, reparando nos cueiros, percebeu de quem se tratava e forçou a ama a revelar-lhe tudo. Álope foi condenada à morte e a criança de novo exposta. Apareceu então outra égua que voltou a amamentar a criança. Esta foi recolhida por outro pastor, que lhe deu o nome de Hipótoo. Hipótoo tornou-se, mais tarde, o epónio da tribo ática dos Hipotoôntidas, e quando Teseu condenou à morte Cércion, Hipótoo veio reclamar-lhe o reino de seu avô. Teseu entregou-lho com todo o gosto. Quanto a Álope, na altura em que Cércion a terá morto, Posídon transformou-a numa fonte.

ALPO. ("Αλπος.) Alpo era um gigante siciliano, que vivia nos montes Peloros (hoje o cabo de Faro). A sua lenda é apenas referida por Nono, nas *Dionisíacas*. Como todos os gigantes, era filho da Terra. Possuía inúmeros braços. A sua cabeça estava rodeada por uma cabeleira de cem víboras. Ele espreitava os viandantes perdidos nas passagens das montanhas, esmagava-os sob os rochedos e devorava-os em seguida. Por isso, a montanha estava deserta. Pã e as Ninfas, inclusivamente Eco, não se aventuravam nesses locais. Por todo o lado reinava o silêncio. Esta situação durou até Dioniso chegar a estas paragens. Alpo atacou-o, protegido por um escudo formado pela quarta parte dum rochedo; as suas armas de ataque eram árvores inteiras. Dioniso lançou contra ele o seu tirso, que o atingiu na garganta. Alpo, fulminado, caiu ao mar, ao lado da ilha sob a qual jaz Tífon.

ALTEIA. ('Αλθαία.) Alteia, a filha de Téstio, é a esposa de Eneu, rei de Cálidon, e a mãe de Dejanira e Meleagro (quadros 26, p. 272, e 29, p. 298). Sete dias após o nascimento de seu filho, as Moiras, que são as Fadas do Destino, foram ter com ela e predisseram-lhe que a criança morreria se o tição, que naquela altura ardia sobre a lareira, se consumisse inteiramente. Alteia pegou imediatamente no tição, apagou-o e escondeu-o num pequeno cofre. Segundo outras tradições, este tição mágico seria um ramo de oliveira que Alteia teria dado à luz, simultaneamente com o seu filho.

Ora aconteceu que Meleagro, durante a caçada de Cálidon, matou os seus tios, os irmãos de Alteia. Esta, irritada, lançou ao fogo o tição a que estava ligada a vida de seu filho. Me-

---

Aloídas: Apollod., *Bibl.*, I, 7, 4; Hyg., *Fab.*, 28; Serv., *ad Virg.*, *Aen.*, VI, 582; *Il.*, V, 385 e s.; *Od.*, XI, 305 e s., e os escól. *ad Il.*, *ibid.* Cf. A. H. Krappe, in *St. Mat. St. Rel.*, XII.

Álope: Hesych., *s. u.* 'Αλοπη; Hyg., *Fab.*, 187, 238; 252; Pausan., I, 5, 2; 14, 3; 39, 3; Eur., trag. perdida de *Álope* ou *Cércion*.

Alpo: Nonn., *Dion.*, XXV, 236 e s.; XLV, 172 e s; XLVII, 627 e s.

Alteia: Apollod., *Bibl.*, I, 8, 2 e s.; Bacch., *Ep.*, V, 93 e s.; Diod. Sic., IV, 34; Ov., *Met.*, VIII, 270 e s.; Pausan., X, 31, 4; Hyg., *Fab.*, 14; 129; 171; 173; 174; 239; 249; Tzetz., *ad Lyc.*, 492; Ant. Lib., *Transf.*, 2; escól. *ad Il.*, IX, 534; 548.

leagro morreu nesse mesmo instante. Com o desespero, Alteia enforcou-se (v. também *Meleagro*).

Contava-se, por vezes, que os dois filhos de Alteia não eram realmente filhos de Eneu, mas de duas divindades: Meleagro era filho de Ares e Dejanira filha de Dioniso. Este apaixonara-se por Alteia e Eneu, tendo-se apercebido, emprestou-lhe a sua mulher. Em paga, o deus ter-lhe-ia dado um pé de videira, cujo cultivo e uso lhe ensinou (v. *Eneu*).

AMALTEIA. ('Αμάλθεια.) Assim se chamava a ama que, no cimo do monte Ida de Creta, alimentou Zeus em criança e o criou em segredo, a fim de o subtrair às buscas de Crono, que o queria devorar. Para os antigos, Amalteia tanto é a cabra que amamentou a criança, como uma ninfa, e esta é a versão mais comum. Contava-se que Amalteia escondera o pequeno numa árvore, para que seu pai o não conseguisse encontrar «nem no céu, nem na terra nem no mar». À sua volta, juntara os Curetes, cujos cantares e danças ruidosas abafavam os gritos da criança. A cabra que a amamentava chamava-se simplesmente *Aíx* (a Cabra). Era um ser assustador, que descendia de Hélio (o Sol), e os Titãs temiam de tal modo apenas o seu aspecto que a Terra, a pedido deles, escondera o animal numa caverna das montanhas de Creta. Mais tarde, quando Zeus lutou contra os Titãs, fez para si uma armadura com a pele desta cabra. Esta armadura é a égide. Conta-se ainda que, um dia, Zeus, quando se divertia, quebrou um corno da cabra e ofereceu-o a Amalteia, prometendo-lhe que este corno se encheria milagrosamente de todos os frutos que ela desejasse. É este o Corno de Amalteia, ou o Corno da Abundância (v. *Aqueloo*).

***AMATA.** (*Amata*.) Mulher de Latino e mãe de Lavínia (v. *Latino* e *Lavínia*). Entre os numerosos pretendentes à mão de Lavínia, Amata escolhera o jovem rei dos Rútulos, Turno. Por isso, quando Eneias chegou e Latino decidiu dar a sua filha ao estrangeiro, Amata tentou, por todos os meios, impedir o casamento. Ela movimentou as mulheres Laurentes contra os Troianos. Ao ter conhecimento da vitória destes e da morte de Turno, enforcou-se.

Note-se que Amata é o nome ritual da Vestal, em Roma, no momento da sua consagração pelo Grande Pontífice.

AMAZONAS. ('Αμαζόνες.) As Amazonas são um povo de mulheres que descendem do deus da Guerra, Ares, e da ninfa Harmonia. O seu reino é localizado no Norte, quer sobre as cordilheiras do Cáucaso, quer na Trácia, quer na Cítia meridional (nas planícies da margem esquerda do Danúbio). Elas governam-se a si próprias, sem recorrerem a nenhum homem. À sua frente está uma rainha. Não toleram a presença dos homens, a não ser como servidores, em trabalhos servis. Há quem diga que mutilavam os filhos do sexo masculino à nascença, cegando-os ou tornando-os coxos. Segundo outros, matavam-nos e uniam-se, de vez em quando, a estrangeiros, para perpetuar a raça, mas só conservavam os filhos do sexo feminino, a quem amputavam um seio, para que não se sentissem embaraçadas na prática do arco ou no manejo da lança. É este costume que explica o seu nome (ἀ-μαζών, «As que não têm seio»). A sua paixão era a guerra.

Várias lendas narram os combates sustentados pelos heróis gregos contra estas estrangeiras: Belerofonte, por ordem de Ióbates; Héracles, que recebeu de Euristeu o encargo de se dirigir às margens do Termodonte, na Capadócia, e aí se apoderar do cinto de Hipólita, a rainha das Amazonas (v. *Héracles*). Hipólita teria consentido facilmente em dar o seu cinto a Héracles, mas Hera, com inveja do herói, suscitou um motim entre as Amazonas, e Héracles teve de matar Hipólita e retirar-se, debaixo de combate. Nesta expedição, Héracles estava acompanhado de Teseu. Este raptou uma amazona, de nome Antíopa. Para vingar este rapto, as Amazonas marcharam sobre Atenas, e o combate travou-se dentro da própria cidade. As Amazonas acamparam na colina que mais tarde recebeu o nome de Areópago (a colina de Ares). Elas foram vencidas pelos Atenienses, comandados por Teseu (v. *Teseu*). Contava-se ainda que as Amazonas tinham enviado a Tróia um contingente, comandado pela sua rainha, Pentesileia, para apoiar Príamo. Mas Aquiles não tardaria a matar Pentesileia, cujo olhar derradeiro o inflamou de amor (v. *Aquiles*).

A deusa a quem as Amazonas prestavam culto era, naturalmente, Ártemis, cuja lenda apresenta muitos pontos comuns ao género de vida das Amazonas, guerreiras e caçadoras. Também se lhes atribui, por vezes, a fundação de Éfeso, e a construção do grande templo de Ártemis (v. também *Mirina*).

ÂMICE. ('Αμύκη.) Âmice é a filha do rei de Chipre, Salamino. Ela instalou uma colónia de cipriotas em Antioquia, nas margens do Oronte, e aí desposou Caso, um filho de Ínaco que para ali tinha conduzido uma colónia de cretenses. Aí morreu, e foi sepultada não longe da cidade, num local chamado Âmice.

Amalteia: HYG., *Fab.*, 139; 182; OV., *Fast.*, V, 115; CALLIM., *Hymn.*, I, 46 e s.; DIOD. SIC, V, 70, 2; STRAB., VIII, 7, 5, p. 387; ERATOSTH., *Cat.*, XIII.

Amata: VIRG., *Aen.*, VII, 343 e s.; XII, 595 e s.; cf. A. GELL., *N. A.*, I, 12, 19.

Amazonas: APOLLOD., *Bibl.*, II, 3, 2; 5, 9; *Ep.*, I, 16; *Il.*, VI, 186; APOL. RH., *Arg.*, II, 96 e s., e escól. *ad loc.*; PLUT., *Thes.*, 27; DIOD. SIC., IV, 28, 2; VAL. FLAC., *Arg.*, V, 132; PAUSAN., I, 2, 1; 15, 2; 17, 2; 25, 2; 41, 7; II, 31, 4; 32, 9; III, 25, 3; IV, 31, 8; V, 10, 9; 11, 4 e 7; 25, 11; VII, 2, 7 e 8. Cf. Ch. PICARD, in *Mél. Radet*, 1940, p. 270-284; ID., *Ephèse et Claros*, Paris, 1922; P. DEVAMBEZ, «Les Amazones et l'Orient», *Rev. Arch.*, 1976, pp. 265-280; P. SAMUEL, *Amazones, guerrières et gaillardes*, Grenoble, 1975.

Âmice: MALAL., p. 198 b.

ÂMICO. (Ἄμυκος.) Âmico era um gigante, filho de Posídon e rei dos Bébrices, na Bitínia. De índole selvagem, inventara o boxe e o pugilato. Atacava os estrangeiros que aportavam na Bitínia e matava-os a murro. Quando os Argonautas desembarcaram no seu país, depararam com Âmico, que os desafiou para o combate. Pólux aceitou o desafiou e a luta começou. Apesar da sua enorme estatura e força brutal, o gigante foi vencido pela habilidade e agilidade do herói. A parada do jogo era a própria pessoa dos combatentes: Âmico, se tivesse vencido, teria matado o seu adversário; mas este, tendo levado a melhor, limitou-se a exigir de Âmico que prometesse respeitar, no futuro, os estrangeiros, vinculando-o a isso por meio dum juramento solene.

AMIMONE. (Ἀμυμώνη.) Amimone é uma das cinquenta filhas do rei Dánao; a sua mãe era Europa. Quando Dánao deixou a Líbia (v. *Dánao*) com os seus filhos, Amimone acompanhou-o e instalou-se com ele em Argos. Mas o país estava privado de água, por causa da cólera de Posídon, descontente com a atribuição desta região a Hera, quando ele a desejava para si. Tendo-se tornado rei de Argos, Dánao enviou as suas filhas à procura de água. Tal como suas irmãs, Amimone partiu também e, quando se cansou de caminhar, adormeceu no campo. Enquanto dormia, apareceu um sátiro, que tentou violentá-la. A jovem invocou a ajuda de Posídon que apareceu de imediato e, com um golpe de tridente, afastou o sátiro. Amimone concedeu a Posídon o que recusara ao sátiro. O tridente contudo, ferira o rochedo e uma nascente jorrara, uma tripla nascente. Segundo outra versão, Posídon, apaixonado por Amimone após a ter socorrido, revelou-lhe a existência da fonte de Lerna. Amimone gerou um filho de Posídon, o herói Náuplio.

ÂMPELO. (Ἄμπελος.) Âmpelo (cujo nome significa «cepa da vinha») era um jovem, amado por Dioniso. Era filho dum sátiro e duma ninfa. O deus deu-lhe como presente uma vinha carregada de cachos, suspensa num ramo de olmo. O jovem quis colher os frutos, subiu ao olmo, mas caiu e morreu. Dioniso transformou-o em constelação.

***AMÚLIO.** (*Amulius.*) Décimo quinto rei de Alba, filho de Procas e irmão de Numitor. Antes de morrer, Procas dividira ao meio a herança real: dum lado os tesouros, do outro o reino. Numitor escolheu este; Amúlio, apoiando-se nas riquezas que lhe couberam, não teve qualquer dificuldade em afastar o seu irmão e ocupar-lhe o lugar. Apesar de todas as preocupações, não pôde impedir a sua sobrinha, Rea, de dar à luz dois gémeos, Rómulo e Remo, que acabaram por o destronar e dar-lhe a morte, restituindo o poder a Numitor, o seu avô (v. *Numitor*).

***ANA PERENA.** (*Anna Perenna.*) Divindade romana muito antiga, honrada num bosque sagrado, situado mesmo ao norte de Roma, na Via Flamínia. Representavam-na com os traços duma velha mulher. Quando se deu a Secessão da Plebe no Monte Sagrado, como as provisões fossem insuficientes, Ana Perena terá feito uns bolos que todos os dias vendia ao povo, evitando assim a fome. Por esta razão lhe terão prestado honras divinas após a cessação dos motins políticos e a reentrada da plebe em Roma.

Outra tradição, desenvolvida simultaneamente com o romance de Eneias, considerava-a como a irmã da rainha Dido. Após o suicídio de Dido (v. *Eneias*), o reino de Cartago fora invadido pelos indígenas, sob o comando de Iarbas (v. *Iarbas*) e Ana vira-se obrigada a fugir. Inicialmente, encontrou asilo junto do rei de Mélite, uma ilha da costa de África. Mas Pigmalião, o rei da Síria, tinha vindo pedir ao rei de Mélite que lhe entregasse a fugitiva. Esta deixou a ilha e, após ter embarcado, foi colhida por uma tempestade que a lançou sobre as costas do Lácio. Ora, nesta altura, Eneias reinava sobre a cidade de Laurentes e foi precisamente aí que a jovem aportou. Eneias passeava à beira-mar, acompanhado do seu amigo Acates, que reconheceu Ana. Eneias acolheu-a, comovido, lamentou o triste fim de Dido e instalou-a no seu palácio. Isto, porém, não agradou à mulher de Eneias, Lavínia, que não viu com bons olhos o aparecimento desta testemunha do passado de seu marido. Um sonho preveniu-a de que devia recear as artimanhas de Lavínia e, em plena noite, Ana fugiu do palácio. Vagueando, encontrou o deus do rio vizinho, o Numício, que a arrastou para o seu leito. Entretanto, os companheiros de Eneias procuravam a fugitiva. Seguiram os seus passos até à margem do rio; aí, as pegadas desapareciam. Desnorteados quanto ao rumo a tomar, surgiu-lhes um vulto, vindo da água, que lhes revelou que Ana, a exilada, se tornara numa ninfa das águas, cujo nome, agora, era Perenna, que significava eternidade. Por isso, alegres, os servidores de Eneias espalharam-se pelos campos e passaram o dia em festas e festins, costume que se perpetuou na celebração anual da festa de Ana Perena.

Tendo envelhecido, Ana foi escolhida por Marte como intermediária entre ele e Minerva. Marte amava Minerva, mas a deusa, que era

---

Âmico: APOL. RH., II, 1 e s.; APOLLOD., *Bibl.*, I, 9, 20; HYG., *Fab.*, 17; THEOCR., XXII, 27 e s.

Amimone: APOLLOD., *Bibl.*, II, 1, 4 e s.; OV., *Am.*, I, 13; PAUSAN., II, 15, 4; HYG., *Fab.*, 169. Drama sat. de ÉSQUILO (perdido); cf. escól. *ad Il.*, IV, 171. V. F. BROMMER, *Ath. Mitt.*, 1938-1939, p. 171-176.

Âmpelo: OV., *Fast.*, III, 407 e s.; NONN., *Dion.*, X, 175 e s.

Amúlio: PLUT., *Rom.*, 3; LIV., I, 3; DION. HAL., I, 71.

Ana Perena: OV., *Fast.*, III, 517 e s.; MACR., *Sat.*, I, 12, 6. V. M. GUARDUCCI, *Il Culto di Anna... nelle iscrizioni siculi di Buscemi, e il culto latino di Anna Perenna*, in *Studi e Materiali di St. delle Rell.*, 1936, p. 25 a 50, e sobretudo G. DUMÉZIL, *Le Festin d'immortalité...*, Paris, 1924.

casta, resistia aos seus atrevimentos. Por isso, pensou em confiar à velha Ana o tradicional papel de alcoviteira. Ana, sabendo ser a sua missão impossível, porque Minerva era incorruptível, enganou o deus, iludiu-o com falsas esperanças e, por fim, substituiu-se a Minerva num encontro nocturno com Marte. Quando este foi introduzido no quarto nupcial, ela levantou o véu que lhe ocultava o rosto e Marte reconheceu a velha, que escarneceu dele com termos muito picantes. Dizem que será esta a razão que explica as canções obscenas que se cantam na festa de Ana.

ANAXÁGORAS. ('Ανκξαγόρας.) Filho de Megapentes, que por seu lado era filho de Preto, o rei de Argos, a quem sucedeu (v. quadro 13, p. 152). Segundo uma tradição referida por Pausânias e Diodoro, foi durante o seu reinado, e não sob o do seu avô, Preto, que se deu a loucura colectiva das mulheres de Argos, loucura essa que foi curada por Melampo (v. *Melampo*). Em paga, Anaxágoras cedeu a Melampo uma terça parte do seu reino, uma segunda terça parte ao irmão de Melampo, Bias, e reservou para si a restante. Os seus descendentes, os Anaxagóridas, reinaram nestas condições até que o filho de Esténelo, Cilárabe, unificou de novo todo o reino de Argos sob o seu poder. Com efeito, na descendência de Melampo, Anfíloco exilou-se quando regressou da Guerra de Tróia (v. *Anfíloco*). Na de Bias, o último, Cianipo, filho de Egialeu, ou, segundo outros, o seu irmão logo a seguir (cf. quadro 1, p. 8), morreu sem filhos. Cilárabe também morreu sem deixar descendência e foi o filho de Agamémnon, Orestes, que se apoderou de Argos, ao mesmo tempo que de Esparta (v. *Orestes*).

ANAXÁRETE. ('Αναξαρέτη.) Anaxárete era uma donzela de Chipre, pertencente a uma nobre família que descendia de Teucro, o fundador de Salamina de Chipre. Um jovem da ilha, chamado Ifis, apaixonara-se profundamente por ela, mas Anaxárete comprazia-se em fazê-lo sofrer. Desesperado, Ífis enforcou-se à porta da casa da jovem. Esta, longe de se impressionar com o facto, quis, por simples curiosidade, ver este funeral que passava à sua janela, por causa da grande multidão de pessoas que reunira, bem como pelas lamentações de toda a cidade, comovida por uma sorte tão trágica. Mas Afrodite, irritada pela sua dureza, transformou-a em estátua de pedra, fixando-lhe a postura de se debruçar à janela. Esta estátua, chamada *Venus prospiciens*, a Vénus-que-olha-em-frente, encontrava-se num templo de Salamina de Chipre.

ANCURO. ("Αγχουρος.) Ancuro é filho de Midas e rei da Frígia. Como perto da sua capital se abrira um profundo abismo que ameaçava absorver a cidade, Ancuro pediu ao oráculo que fizesse desaparecer tal ameaça. O oráculo respondeu-lhe que deveria lançar a este abismo o que ele possuía de mais precioso. O ouro e as jóias, entretanto lançados, não deram qualquer resultado. Ancuro acabou por se precipitar ele mesmo. O abismo, então, fechou-se de imediato.

ÂNDROCLO. ("Ανδροκλος.) Filho de Codro e chefe dos colonos jónios que afastaram os Léleges e os Cários que residiam na região de Éfeso. Considerava-se mesmo que ele teria fundado esta cidade. Conquistou também a ilha de Samos. Sobre a fundação da cidade de Éfeso, contava-se que um oráculo anunciara aos colonos que a localização da futura cidade lhes seria indicada por um peixe e um javali. Ora estando eles, uma tarde, a preparar a refeição, um peixe que estava a ser cozinhado saltou e arrastou consigo um carvão em brasa que pegou fogo a um bosque. Do bosque saiu um javali, que Ândroclo matou. Convencido de que o oráculo se cumprira nesta curiosa coincidência, Ândrocolo fundou aí mesmo a cidade.

ANDRÓGEO. ('Ανδρόγεως.) Andrógeo é um dos filhos de Minos e de Pasífae (quadro 30, p. 312). Este filho, notável em todas as modalidades atléticas, veio participar nos concursos promovidos em Atenas por Egeu, e aí venceu todos os concorrentes. Invejoso, Egeu mandou-o combater o touro de Maratona, que infestava a região, e Andrógeo sucumbiu. Outros dizem que, depois das suas vitórias em Atenas, Andrógeo se dirigiu para Tebas, para aí concorrer aos jogos, tendo sido atacado no caminho pelos seus rivais derrotados e por eles assassinado. Seja como for, quando estas notícias chegaram a Minos, estava este prestes a celebrar um sacrifício na ilha de Paros. Sem interromper o ritual da festa, ele quis, contudo, deixar bem claro o seu luto e afastou da cabeça a coroa que a ornava; fez parar também a música das tocadoras de flauta rituais. Foi esta, diz-se, a origem do rito especial de Paros, que exclui dos sacrifícios oferecidos às Graças (pois era às Graças que Minos sacrificava) as coroas de flores e a música da flauta. Terminada a festa, Minos reuniu uma frota e foi atacar Atenas. Começou por se apoderar de Mégara, durante a viagem, cidade que, no golfo de Salamina, constitui o ponto estratégico da Ática. Sujeitou a si a cidade graças à traição da filha do rei Niso, Cila (v. *Cila*); em seguida, marchou sobre Atenas. A guerra, contudo, prolongava-se. Desejando pôr-lhe termo, Minos suplicou a Zeus que o vingasse dos Atenienses. A fome e a peste caíram então sobre a cidade. Com o tempo, os Atenienses acaba-

Anaxágoras: PAUSAN., II, 18, 4 e s.; DIOD. SIC., IV, 68.

Anaxárete: OV., *Met.*, XIV, 698 e s.; cf. ANT. LIB., *Tr.*, 39, que conta uma lenda parecida, cujos heróis, igualmente cipriotas, são Arcéofon e Arsínoe, a filha do rei de Salamina.

Ancuro: PLUT., *Parall. min.*, 5.

Ândroclo: PAUSAN., VII, 2, 8 e s.; 4, 2; ATHEN., VIII, 361*c* a *e*; STRAB., XIV, p. 633; 640.

Andrógeo: APOLLOD., *Bibl.*, III, 15, 7; CAT., LXVI, 77 e s.; HYG., *Fab.*, 41; OV., *Met.*, VII, 458; PAUSAN., I, 1, 2; 4; 27, 10.; PROP., II, 1, 61-62; L. WEBER, in *Ar. f. Rel.* Wiss., XXIII (1925), p. 228 e s.

ram por interrogar o oráculo, após o sacrifício de várias donzelas (as Jacíntides) se ter revelado inútil. O oráculo respondeu que, para fazer cessar o flagelo, os Atenienses deveriam conceder a Minos o que este lhes exigia. Minos exigia que todos os anos lhe fosse entregue um tributo de sete mancebos e sete donzelas, sem armas, que seriam dados como alimento ao filho monstruoso de Pasífae, o Minotauro. Seria Teseu quem havia de libertar a Ática deste tributo.

Uma tradição refere que Andrógeo teria sido ressuscitado por Asclépio, confundindo-o possivelmente com Glauco (v. *Glauco*, 5). Andrógeo tinha dois filhos, Alceu e Esténelo, que se fixaram em Paros, com os seus tios, os filhos de Minos e de Pária (v. *Nefálion*).

ANDRÓMACA. ('Ανδρομάχη.) Andrómaca é a filha do rei de Tebas, da Mísia, Eécion, cuja cidade foi arrasada por Aquiles, pouco antes do nono ano da Guerra de Tróia (v. *Aquiles*). Andrómaca, mulher de Heitor e nora de Príamo, perdeu, neste ataque dos Gregos contra a sua terra natal, o pai e os sete irmãos, massacrados por Aquiles. De Heitor, ela tinha apenas um filho, Astíanax. Após a morte do marido e a queda de Tróia, Andrómaca foi destinada, como despojo de guerra, a Neoptólemo, o filho de Aquiles. Neoptólemo, depois de ter morto Astíanax, segundo uns, ou sem o ter morto, segundo outros, levou Andrómaca para Epiro, onde reinava. Aí, Andrómaca deu-lhe três filhos: Molosso, Píelo e Pérgamo. Quando Neoptólemo foi assassinado em Delfos, onde fora consultar o oráculo, ao morrer legou a Heleno, o irmão de Heitor que ele levara consigo para o Epiro, o reino e a mulher (v., no artigo *Molosso*, a versão seguida por Eurípides).

Quando Eneias viajou até ao Epiro, Andrómaca reinava, em boa harmonia, com Heleno. Quando este morreu, Andrómaca teria acompanhado o seu filho Pérgamo até à Mísia, onde fundou uma cidade com o seu nome, Pérgamo. Segundo a tradição, Andrómaca terá sido uma mulher forte e morena, do tipo dominador.

ANDRÓMEDA. ('Ανδρομέδη.) Andrómeda é a filha de Cefeu, o rei da Etiópia, e de Cassiopeia. A sua mãe pretendia ser mais bela do que todas as Nereides. Ciumentas, estas pediram a Posídon que as vingasse de tal afronta. Para lhes agradar, Posídon fez aparecer um monstro que assolava o país de Cefeu. Interrogado pelo rei, o oráculo de Ámon predisse que a Etiópia ver-se-ia livre deste flagelo se a filha de Cassiopeia fosse exposta como vítima expiatória. Os Etíopes forçaram Cefeu a consentir no sacrifício e prenderam, então, a jovem a um rochedo. Perseu, no regresso da sua expedição contra Gorgo, viu-a, apaixonou-se por ela e prometeu a Cefeu que lhe libertaria a filha se ele consentisse em dar-lha como esposa. Cefeu aceitou. Perseu matou o monstro e desposou Andrómeda. Entretanto Fineu, um irmão de Cefeu, que já estivera noivo da jovem, sua sobrinha, conspirou contra Perseu. Mas este descobriu a conspiração e voltou contra os seus inimigos a cabeça de Gorgo, que os transformou em pedra. Quando deixou a Etiópia, Perseu levou consigo Andrómeda para Argos, e depois para Tirinte. Aqui, Andrómeda deu-lhe vários filhos e uma filha (v. quadro 32, p. 370).

Existe uma interpretação racionalista da lenda, referida por Cónon. Segundo esta versão, Cefeu reinava sobre o país que mais tarde se chamou Fenícia, mas que nesta altura se chamava Íope, do nome da cidade costeira homónima. O seu reino estendia-se desde o Mediterrâneo até à região dos Árabes e ao mar Vermelho. Cefeu tinha uma filha muito bela, Andrómeda, cortejada por Fénix, o epónimo da Fenícia, e pelo seu tio Fineu, o irmão de Cefeu. Após muita hesitação, Cefeu decidiu dar a filha a Fénix, mas não quis dar a entender que a recusava a seu irmão, e então simulou um rapto. Levariam Andrómeda para uma ilha onde ela habitualmente fazia sacrifícios a Afrodite. Fénix desempenhou-se disto, fazendo-a embarcar num barco a que dera o nome de *A Baleia*. Quanto a Andrómeda, como ignorava tratar-se apenas duma encenação para enganar o seu tio, gritava, pedindo socorro. Ora, por acaso, Perseu, o filho de Dánae, passava nessa altura. Viu a jovem a ser raptada e, ao primeiro olhar, apaixonou-se. Lança-se sobre a embarcação, volta-a, deixa os marinheiros paralisados com o susto e leva consigo Andrómeda, com quem casa. Depois disto, reina tranquilamente em Argos.

ANFIARAU. ('Αμφιάραος.) Anfiarau é o filho de Ecles e de Hipermestra, (sobre a sua filiação e as suas origens, v. o quadro 1, p. 8). Tinha como filhos Alcméon e Anfíloco, aos quais outras tradições acrescentam três heróis, que pertencem às lendas itálicas: Tributo, Coras e Catilo, os fundadores da cidade de Tibur, perto de Roma (hoje Tivoli).

Anfiarau era um adivinho, protegido por Zeus e Apolo. Além disso, era um guerreiro e um chefe célebre pela sua honestidade e valentia, bem como pela sua piedade. Nas que-

---

Andrómaca: *Il.*, VI, 395 e s.; XXII, 460 e s., etc.; EUR., *Tr.*; HYG., *Fab.*, 123; VIRG., *Aen.*, III, 295, e SERV., *ad loc.*; EUR., *Andr.*, *passim*; SENEC., *Tro.*; PAUSAN., I, 11, 1 e 2; X, 25, 9-10; cf. J. PERRET, *Les Origines troyennes...*, Paris, 1942; WILLAMOWITZ-MOELL., in *Hermes*, 1923, p. 284 e 5.

Andrómeda: APOLLOD., *Bibl.*, II, 4, 3; OV., *Met.*, IV, 665 e s.; HYG., *Fab.*, 64; *Astr. Poet.*, II, 11; TZETZ., escól. *ad* LYC., *Alex.*, 836; CONON, *Narr.*, 40. SÓFOCLES e EURÍPIDES tinham ambos composto, sobre este tema, uma tragédia, de que apenas restam alguns fragmentos; cf. também ERATOSTH., *Cat.*, 17. V. A. FERRABINO, *Kalypso*, Torino, 1914, p. 323 e ss.

Anfiarau: APOLLOD., *Bibl.*, I, 8, 2; III, 6, 3 e s.; VIRG., *Aen.*, VII, 670; XI, 640; HOR., *Carm.*, I, 18; 2; II, 6, 5; *Il.*, XV, 245-253; PIND. *Nem.*, *passim*, e os escól.; AESCH., *Th.*, 568 e s.; STAT., *Theb.*, *passim*; DIOD. SIC., IV, 65, 5 e s.; PAUSAN., I, 34, 1-5; V, 17, 7 e s.; IX, 41, 2; HYG., *Fab.*, 73; 74; BACCH., *Epin.*, VIII, 10 e s.; TZETZ., *ad Lyc.*, 1066; PS.-OV., *Ibis*, 427 e s.; 515 e s.

relas que marcaram o início do seu reinado em Argos, Anfiarau matou o pai de Adrasto, Tálao, e expulsou Adrasto (v. *Adrasto*). Mais tarde, os dois primos reconciliaram-se. Mas enquanto Anfiarau o fazia sinceramente, o outro guardava-lhe rancor. Adrasto deu-lhe em casamento sua irmã Erífile, estipulando que ambos se deveriam submeter ao julgamento da jovem mulher, em caso de alguma briga futura. E foi este acordo que viria a provocar a morte de Anfiarau. Com efeito, tendo Adrasto prometido a Polinices que o faria reinar de novo sobre Tebas, ele pediu ao seu cunhado Anfiarau que tomasse parte na expedição que ele preparava contra a cidade. Anfiarau, esclarecido pelos seus dons de adivinho sobre a sorte funesta desta guerra, tentou demovê-lo desta iniciativa. Mas Polinices, a conselho de Ífis, ofereceu a Erífile o colar de Harmonia (v.*Cadmo*). Comprada por este presente, Erífile, escolhida como árbitro entre Adastro e Anfiarau, decidiu a favor da guerra e Anfiarau, vinculado à sua promessa, viu-se forçado a marchar contra Tebas. Antes de partir, obrigou os seus dois filhos a jurar que o vingariam mais tarde, matando a sua própria mãe e organizando uma segunda expedição contra Tebas que, essa sim, seria vitoriosa (v. *Alcméon*). Foi esta a chamada expedição dos «Epígonos».

A caminho de Tebas, esperava-os uma primeira aventura. Ao atravessarem Némea, os heróis, tendo sede, pediram a Hipsípile, a escrava que guardava Ofeltes, o filho do rei do país, que lhes indicasse uma fonte onde se dessedentassem. Hipsípile, para lhes responder, deixou por momentos de segurar na criança. Ora um oráculo ordenara que ela nunca fosse poisada em terra enquanto não conseguisse caminhar. Ela, porém, colocou-a junto da fonte e a serpente que estava de guarda à fonte precipitou-se sobre a criança e sufocou-a. Anfiarau revelou-lhe o significado funesto deste presságio: a expedição seria desastrosa e os chefes morreriam. Os heróis nem por isso deixaram de prosseguir o seu caminho, após terem instituído jogos em honra de Ofeltes, a quem eles chamaram Arquémoro, o «Começo do Destino». Eles mesmos participaram nos jogos que, mais tarde, se tornaram nos Jogos Nemeus, e Anfiarau ganhou o prémio do salto e do disco. Pelos seus discursos e pela sua sabedoria, obteve também o perdão de Hipsípile da parte dos pais de Ofeltes (v. *Hipsípile*). Depois, os «Sete» chegaram a Tebas.

Em Tebas, nos combates travados diante das sete portas da cidade, Anfiarau desempenhou um papel importante. Como um dos Sete, Tideu, fora ferido no ventre por Melanipo, Anfiarau matou-o, cortou-lhe a cabeça e levou-a, a sangrar, até Tideu, que a abriu e lhe comeu o cérebro. Atena, que pensara conceder a imortalidade a Tideu, ficou tão horrorizada com este acto de canibalismo que renunciou à sua intenção. Na derrota que pôs fim a esta campanha, Anfiarau fugiu até às margens do Ismeno e aí, no momento em que ia ser alcançado por Periclímeno, Zeus, com o seu raio, entreabriu a terra e engoliu-o, a ele, aos seus cavalos, ao seu carro e ao seu cocheiro. No tempo de Pausânias, ainda se indicava o local onde o herói desaparecera. Zeus concedeu-lhe a imortalidade e Anfiarau continuou a proferir oráculos em Oropo, na Ática.

ANFÍCTION. (Ἀμφικτύων.) Anfíction, segundo filho de Deucalião e de Pirra (v. quadro 8, p. 116), casara com uma filha de Crânao, rei de Atenas, e afastou o sogro para reinar em seu lugar (v. também *Coleno*). Dez anos depois, foi ele também expulso do reino por Erictónio. Segundo algumas tradições, foi ele quem deu o nome de Atenas à cidade e que a consagrou à deusa Atena. Foi igualmente no seu reinado que Dioniso visitou a Ática, onde foi hóspede do rei.

Atribui-se-lhe, por vezes, a fundação da Anfictionia, a associação religiosa que reunia periodicamente enviados de todas as cidades gregas. Antes de reinar em Atenas, com efeito, ele teria sido rei das Termópilas, que era um dos dois locais de reunião da assembleia (o outro era Delfos).

Anfíction teve um filho, Itono, cujos filhos entram nas lendas beócias. Uma das suas filhas é a mãe de Cércion (quadro 8, *cit.*; v. também *Locro*).

ANFÍLOCO. (Ἀμφίλοχος.) Duas personagens com o nome de Anfíloco são referidas, de modo pouco claro, pelas diferentes tradições. Um é o filho mais novo de Anfiarau, e o irmão de Alcméon (v. quadro 1, p. 8). Muito jovem quando seu pai atacou Tebas, apenas desempenhou um papel secundário no assassínio de Erífile e na vingança de Anfiarau (v. *Anfiarau* e *Alcméon*). Talvez Anfíloco nem sequer tenha participado no assassínio de sua mãe. Por isso, não foi perseguido pelas Erínias, como seu irmão. Ele figura entre os pretendentes de Helena e, como tal, participou na expedição contra Tróia, depois de ter regressado da guerra dos Epígonos contra Tebas. O seu nome, contudo, não é referido na *Ilíada*, mas deve ter sido introduzido pelos poemas dos *Regressos*. Em Tróia, Anfíloco, que participava dos dons proféticos de seu pai, secundou o adivinho Calcas e com ele teria fundado diversos oráculos na costa da Ásia Menor. Este papel é, contudo, geralmente atribuído mais ao segundo Anfíloco, sobrinho do precedente, filho de Alcméon e de Manto, que por sua vez é filha do adivinho tebano Tirésias. Anfíloco, o jovem, fundara Argos, na Etólia (diferente da Argos da Argólida, muito mais célebre e mais antiga). Também ele foi a Tróia e, com o adivinho Mopso, fundou na Cilícia a cidade de Malo. Depois, desejando regressar à cidade de Argos, por ele fundada, teria partido de Malo, deixando a cidade entregue a Mopso. Mas em

Anfíction: Apollod., *Bibl.*, I, 7, 2; III, 14, 6; *Chron. Paros*, 1, 8 a 10; Pausan., I, 2, 5 e 6; 14, 3; 31, 3; V, 1, 4; IX, 1, 1; 34, 1; X, 8, 1 e 2.

Anfíloco: Apollod., *Bibl.*, III, 6, 2; 7, 2; 10, 8; Strab., XIV, p. 668 e s.; Pausan., I, 34, 3; II, 1, 1; 18, 4-5; 20, 5; III, 15, 8; V, 17, 7; X, 10, 4. V. *Anfiarau*, *Alcméon*.

Argos, ele ficou descontente com o estado em que encontrou a cidade e voltou a Malo.

Pediu então a Mopso que lhe restituísse o poder. Mas este recusou-lho. Então, os dois adivinhos bateram-se num combate singular, tendo ambos morrido.

ANFÍON. ('Αμφίων.) É o filho de Zeus e de Antíope e o irmão de Zeto. Nasceu em Eleûteres, na Beócia, e ao nascer foi exposto com o seu irmão no cimo da montanha pelo tio-avô Lico. Os dois bebés foram recolhidos por um pastor, que os criou. Zeto dedicou-se às artes violentas e manuais: luta, agricultura, criação de gado, enquanto seu irmão, que recebera de Hermes uma lira como presente, se entregava à música. Conta-se que os dois jovens costumavam discutir acerca dos méritos respectivos das suas artes. Anfíon, mais afável que seu irmão, cedia-lhe com frequência, mesmo ao ponto de renunciar por vezes à música. Entretanto, a mãe, Antíope, estava prisioneira de seu tio Lico, e era tratada como uma escrava pela mulher deste, Dirce, ciumenta da sua beleza. Mas, uma noite, as cadeias que a prendiam caíram milagrosamente e ela, sem que ninguém se apercebesse, chegou à choupana onde habitavam os seus filhos. Estes reconheceram-na e vingaram-na, matando Lico e sua mulher, Dirce. O castigo desta foi horrível. Ataram-na viva a um touro que a arrastou e despedaçou contra os rochedos. Depois disto, os dois irmãos reinaram em Tebas no lugar de Lico. Rodearam a cidade de muralhas. Zeto transportava as pedras às costas, enquanto Anfíon se limitava a atraí-las a si, com os acordes da sua lira. Mais tarde, Anfíon desposou Níobe, a filha de Tântalo (v. *Níobe*). Segundo uns, foi morto por Apolo, ao mesmo tempo que os seus filhos. Segundo outros, enlouqueceu e tentou destruir um templo de Apolo. O deus trespassou-o então com uma flecha.

ANFÍSTENES. ('Αμφισθέν.) Anfístenes é um lacedemónio, neto de Ágis e filho de Ânficles. Teve um filho, Irbo, cujos dois filhos, Astrábaco e Alopeco, encontraram a estátua de Ártemis de Órtia. Por terem contemplado a estátua sagrada, Astrábaco e Alopeco ficaram loucos.

A estátua de Ártemis há muito que se perdera (diz-se que seria a mesma que Orestes e Ifigénia tinham trazido de Táurica). As duas crianças encontraram-na escondida num silvado. Era diante desta estátua que os jovens espartanos, todos os anos, eram chicoteados até sangrarem.

ANFITRIÃO. ('Αμφιτρύων.) Anfitrião é filho de Alceu, o rei de Tirinte, e da filha de Pélops, Astidameia (v. quadro 2, p. 12). Participou na guerra entre o seu tio e cunhado Eléctrion e o segundo sobrinho deste, Ptérelas: Eléctrion reinava em Micenas e Ptérelas reclamava este reino como pertencente à descendência de Mestor, um dos irmãos de Eléctrion. Os filhos de Ptérelas surgiram à frente dum exército de táfios (os habitantes da ilha de Tafos, na costa da Acarnânia), para devastar a região de Micenas e roubar os rebanhos de Eléctrion. Todos os filhos de Eléctrion e de Ptérelas pereceram nesta luta, excepto um de cada família, Licímnio entre os primeiros e Everes entre os segundos. Os Táfios conseguiram escapar, levando consigo os rebanhos, que eles confiaram ao rei de Élis, Políxeno. Mas Anfitrião levou este a entregar-lhos, mediante um resgate, e reconduziu-os para Micenas. Para vingar a morte de seus filhos, Eléctrion decidiu então empreender uma campanha contra Ptérelas e o seu povo, os Teléboas. Durante a sua ausência, confiou o reino a Anfitrião, assim como a sua filha, Alcmena, comprometendo-se Anfitrião a respeitar a jovem até ao regresso do rei. Mas Eléctrion não partiu para a guerra, como era seu desejo. Quando Anfitrião lhe entregava os rebanhos roubados, uma vaca enfureceu-se e quando Anfitrião, para a dominar, lhe batia com uma vara, esta ressaltou dos chifres do animal e acertou em cheio em Eléctrion, matando-o. Esténelo, o soberano de Argos e de quem dependia o reino de Micenas, aproveitou o facto para expulsar Anfitrião do seu território. Anfitrião fugiu com Alcmena e Licímnio para Tebas, onde foi purificado do seu homicídio pelo rei Creonte. Vinculado, porém, ao seu juramento, Anfitrião não podia desposar Alcmena. Esta só queria consentir no casamento depois de vingada a morte dos seus irmãos. Por isso, Anfitrião teve de promover uma expedição contra Ptérelas e os Teléboas e, para tal, pediu ajuda a Creonte. Este não lha recusou mas pôs como condição prévia que Anfitrião libertasse Tebas duma raposa que fazia estragos na região. Esta raposa, a raposa de Teumeso, não podia ser alcançada em corrida. Anfitrião recorreu então ao cão de Prócris, que viera de Creta e que era capaz de alcançar em corrida tudo quanto perseguia. A caçada iniciou-se mas sem poder ter um desfecho. Porém, Zeus, para respeitar os Destinos e encontrar uma solução, transformou os dois animais em estátuas de pedra.

Tendo assim satisfeito a condição fixada por Creonte, Anfitrião obteve a aliança dos Tebanos contra os Teléboas. Com outros contingentes (designadamente Céfalo, da Ática, Panopeu, da Fócida, Heleio, da Argólida, um filho

---

Anfíon: *Od.*, XI, 260 e s.; EUR., tr. perdida de *Antíope*; APOL. RH., *Arg.*, I, 735-741; escól. a IV, 1090; APOLLOD., *Bibl.*, III, 5, 5 e s.; PAUSAN., II, 6, 4; 21, 9-10; V, 16, 4; VI, 20, 18; IX, 5, 6-9; 8, 4; 16, 7; 17, 2-7; 25, 3; X, 32, 11; PROP., I, 9, 10; HOR., *Ep.*, I, 18, 41-44; *Od.*, III, 11, 2; *Ars poet.*, 394 e s.; OV., *Met.*, VI, 271; LUC., *De Salt.*, 41; HYG., *Fab.*, 7-11; 14; 69; 76; 97; 155. Cf. I. DUCHEMIN, *La houlette et la lyre..*, I, Paris, 1960.

Anfístenes: PAUSAN., III, 16-9 e s.

Anfitrião: APOLLOD., *Bibl.*, II, 4, 6 e s.; HES., *Boucl.*, 11 e s.; TZETZ., *ad Lyc.*, 932; EUR., *Herc. F.*, 16 e s.; PAUSAN., IX, 19, 1; ANTON. LIB., *Tr.*, 41; OV., *Metam.*, VI, 762 e s.; HEROD., V, 59, PAUSAN., I, 37, 6: PLAUT., *Amp.*, *passim*; HYG., *Fab.*, 30; THEORCR., XXIV; DIOD. SIC., III, 67,2.

de Perseu), devastou a ilha de Tafos. Mas aqui, de novo, deparou com um encantamento. Enquanto Ptérelas fosse vivo, a cidade de Tafos não podia ser conquistada, e a vida de Ptérelas estava ligada a um cabelo de ouro escondido na sua cabeleira. Entretanto, a filha de Ptérelas, Cometo, apaixonou-se por Anfitrião e cortou o cabelo fatal da cabeleira de seu pai. Este morreu e Anfitrião pôde assim apoderar-se de todo o território dos Teléboas. Depois, deu a morte a Cometo e voltou a Tebas carregado de despojos. Foi durante esta ausência que Zeus, disfarçado de Anfitrião, se apresentou a Alcmena e dela obteve o que Anfitrião em vão lhe pedia (v. *Alcmena* e *Héracles*). Nessa mesma noite, Anfitrião regressou e gerou Íficles, enquanto Alcmena concebia Héracles a partir de Zeus. Quando a infidelidade involuntária de sua mulher lhe foi revelada pelo adivinho Tirésias, Anfitrião quis, inicialmente, puni-la, mas foi impedido pela intervenção de Zeus (v. *Alcmena*). Reconciliado com a sua mulher, Anfitrião participou activamente na educação de Héracles, ensinado-lhe a conduzir um carro. Conta-se ainda que, para saber qual era o seu filho e qual o de Zeus, ele introduziu no quarto das crianças duas grandes serpentes. Íficles assustou-se, mas Héracles, com dez meses apenas, asfixiou os monstros. Assim se revelou a origem humana de Íficles e a origem divina de Héracles (v. também *Íficles*). Uma outra tradição dizia que as duas serpentes teriam sido enviadas por Hera. Mais tarde, quando Héracles revelou a sua índole violenta ao matar Lino, seu mestre de música, Anfitrião, receando sorte idêntica se porventura contrariasse o filho, enviou-o para o campo como boieiro. Foi assim que o herói matou o leão que nas montanhas do Citéron atacava os rebanhos de Anfitrião. Este morreu a combater ao lado de Héracles, na luta que os habitantes de Tebas, com a ajuda de Héracles, sustentaram contra os Mínias de Orcómeno, uma cidade vizinha de Tebas (v. também *Ergino* e *Héracles*).

ANFITRITE. (Ἀμφιτρίτη.) Anfitrite é a rainha do Mar, aquela que rodeia o Mundo. Ela faz parte do grupo das filhas de Nereu e de Dóris, as chamadas Nereides. É ela quem conduz o coro das suas irmãs. Um dia em que dançava com elas junto à ilha de Naxos, Posídon viu-a e raptou-a. Conta-se também que Posídon há muito que a amava, mas que, por pudor, a jovem se lhe recusou e se escondeu nas profundezas do Oceano, para lá das Colunas de Hércules. Reencontrada pelos Delfins, foi conduzida por estes em grande cortejo até junto de Posídon, que a desposou. Ela desempenhava junto do deus do mar o mesmo papel que Hera junto de Zeus e que Perséfone junto do deus dos Mortos. Representavam-na, habitualmente, rodeada dum numeroso cortejo de divindades marinhas.

ÂNIO. (Ἄνιος.) Ânio é um filho de Apolo que reinava em Delos, no tempo da guerra contra Tróia. Sua mãe chamava-se Reo (a Romã) e, pelo lado do pai, Estáfilo (Cacho), descendia de Dioniso. Quando Estáfilo se apercebeu da gravidez da filha, não acreditando que o responsável fosse Apolo, mas um amante vulgar, mandou que a encerrassem num cofre e a lançassem ao mar, à deriva. O cofre foi dar às costas da Eubeia. Assim que a criança nasceu, Apolo transportou-o, a ele e à mãe, para a ilha sagrada de Delos. Deu-lhe o poder sobre a ilha, conferindo-lhe ao mesmo tempo o dom da profecia. (V. também o art. *Reo*.)

De Doripe, Ânio teve três filhas, chamadas «as Vinhateiras» (οἰνοτροφοί): Elais, Espermo e Eno, cujos nomes lembram, respectivamente, o do azeite, o do trigo e do vinho. Estas três donzelas tinham recebido de Dioniso, seu antepassado, o poder de fazer brotar do solo o azeite, o trigo e o vinho. Conta-se que o seu pai ofereceu os seus serviços aos Gregos que partiam para a Guerra de Tróia, pois sabia, pelos seus dotes de profeta, que a guerra iria durar dez anos. Inicialmente, os Gregos recusaram recorrer às três irmãs, mas depois, como a guerra se prolongava para além do previsto, Agamémnon enviou Ulisses e Menelau a Delos para as trazer e lhes confiar a tarefa de reabastecerem o exército. Elas aceitaram de bom grado este encargo, mas depois saturaram-se e fugiram. Perseguidas pelos Gregos, pediram protecção a Dioniso, e este transformou-as em pombas. Por este motivo, era proibido em Delos matar as pombas.

A lenda de Ânio não figura nos poemas homéricos; surge apenas nos *Poemas Cíclicos*, e desenvolveu-se na época helenística. Sobre Ânio, pai de Lavínia, v. *Lavínia*.

*** ANQUÉMOLO.** (*Anchemolus*.) Filho de Reto, rei do povo itálico dos Marrúvios (uma cidade do país dos Marsos, na Itália central, nas margens do lago Fucino). Fora amante da sua sogra, Caspéria. Quando Reto se apercebeu disso, quis matar o seu filho, mas este fugiu e encontrou asilo junto de Dauno, o pai de Turno. Combateu ao lado deste na guerra contra Eneias, morrendo em combate.

ANQUISES. (Ἀγχίσης.) Anquises é o pai de Eneias e o filho de Cápis e de Temiste (v. quadro 7, p. 112). Foi amado por Afrodite, que o viu quando ele guardava os rebanhos no cimo do Ida, perto de Tróia. Para ser bem sucedida, Afrodite aproximou-se dele, fazendo-se passar

Anfitrite: *Od.*, III, 91; XII, 60, etc.; HES., *Theog.*, 243; APOLLOD., *Bibl.*, I, 2, 7; 2; 4, 6; escól. *ad Od.*, III, 91; HYG., *Astr. Poet.*, II, 17.

Ânio: Fragm. des ép. gr. (Kinkel), p. 29 e s.; APOLLOD., *Ep.*, III, 10; VIRG., *Aen.*, III, 80 e SERV. *ad loc.*; OV., *Met.*, XIII, 632 e s.; TZETZ., *ad Lyc.*, 570, 581; escól. à *Od.*, VI, 164; DIOD. SIC., V, 62; DION. HAL., I, 59; cf. R. TEXIER, *Rev. Arch.*, 1934, p. 155 e ss.

Anquémolo: VIRG., *Aen.*, X, 388 e s.; SERV., *ad loc.*, citando AVIENO e ALEX. POLYH.

Anquises: *Hymn. hom. Aphrod.*; *Il.*, XX, 239; escól. *ad* XIII, 429; APOLLOD., *Bibl.*, III, 12, 2 e s.; HYG., *Fab.*, 270; VIRG., *Aen.*, I, 617; II, 687. etc. V. também *Eneias*. Cf. H. J. ROSE, in *Cl. Qu.*, 1924, p. 11-16.

pela filha do rei da Frígia, Otreu, raptada por Hermes e transportada para a zona de pastagens do Ida. Foi deste modo que ela se lhe uniu. Mais tarde, revelou a Anquises a sua identidade e anunciou que lhe daria um filho. Recomendou-lhe, porém, que não revelasse a ninguém que tinha um filho de uma deusa, pois se Zeus o viesse a saber, fulminaria a criança. Mas, num dia de festa, Anquises, que bebera vinho em excesso, gabou-se dos seus amores. Foi, então, castigado por Zeus, que o tornou coxo, com o seu raio, ou, segundo outros, o cegou. Atribui-se também a Anquises a paternidade de Lirno.

Um dia em que Zeus enviara a Tróia cavalos divinos, Anquises, em segredo, conseguiu que as suas éguas fossem cobertas por estes cavalos de padreação e lhe dessem seis poldros, dos quais cedeu dois a Eneias.

Uma tradição obscura atribui a Anquises uma esposa mortal, chamara Eriópide, que lhe teria dado várias filhas, a mais velha das quais se chamaria Hipodamia (v. *Eneias*).

Quando Tróia foi tomada, Eneias salvou o pai do incêndio e do massacre, levando-o consigo na sua viagem errante. O local da morte de Anquises (que tinha oitenta anos quando partiu de Tróia) é diferentemente localizado, consoante os autores. Uns situam a sua sepultura no cimo do Ida, onde outrora ele guardara os seus rebanhos; outros, na península de Palene, na Macedónia; outros, na Arcádia, no Epiro, no Sul da Itália, na Sicília, no cabo Drépano. Segundo Virgílio, Eneias organizou em sua honra jogos fúnebres que deram origem aos Jogos Troianos, celebrados em Roma ainda durante o Império. Por fim, há tradições que o fazem viver até à chegada de Eneias ao Lácio, na altura da guerra contra Mezêncio (v. também *Egestes*).

ANTEIA. (῎Αντεια.) V. *Estenebeia*.

ANTEIAS. (᾿Ανθείας.) Herói de Patras, filho de Eumelo (v. *Triptólemo*).

ANTENOR. (᾿Αντήνωρ.) Ancião troiano, companheiro e conselheiro do velho Príamo. Antes da Guerra de Tróia, estabelecera laços de amizade com certos chefes gregos, de quem ele fora, inclusivamente, hóspede. Antes do cerco à cidade, acolhe em sua casa Menelau e Ulisses, enviados como embaixadores, a fim de resolver amigavelmente o conflito (v. *Menelau*). Na *Ilíada*, vemo-lo dar conselhos de moderação aos Troianos. Partidário das soluções pacíficas, tenta obter a resolução do conflito através de um duelo entre Páris e Menelau. Na altura da tomada de Tróia, um dos seus filhos, Licáon, que fora ferido, é reconhecido por Ulisses que o conduz através do exército grego e o coloca em lugar seguro, a ele e ao seu irmão Glauco. Durante o saque, os Gregos suspenderam uma pele de leopardo à porta de sua casa, para indicar que esta deveria ser poupada.

Com a evolução do ciclo troiano, a imagem de Antenor transformou-se: passou a ser a de um traidor da pátria, que ajudou os Gregos a roubar o Paládio e que abriu as portas do cavalo de madeira aos soldados gregos aí encerrados. Antenor é considerado o antepassado dos Vénetos, que habitavam o vale inferior do Pó. Após a conquista de Tróia, teria partido com os seus filhos e, através da Trácia, alcançado o Norte de Itália.

ANTEU. (᾿Ανθεύς.) Anteu era um jovem, originário de Halicarnasso, de estirpe real, que vivia como refém na corte do tirano de Mileto, Fóbio. A mulher deste, Cleobeia (outros chamam-lhe Filecme), apaixonou-se por ele. O jovem, contudo, resistiu-lhe, através de sucessivos adiamentos. Assim, ora alegava recear ser descoberto ora invocava o respeito que lhe merecia Fóbio pelos laços de hospitalidade, de tal forma que Cleobeia resolveu vingar-se, matando-o. Tendo lançado, a um poço bem fundo, uma taça de ouro que lhe pertencia, rogou a Anteu que descesse e lha trouxesse. No momento em que ele chegara ao fundo do poço, Cleobeia esmagou-o com uma pesada pedra que entretanto lançara. Tendo tomado consciência do crime que cometera, e continuando apaixonada por Anteu, enforcou-se (v. também *Frígio*).

ANTEU. (᾿Ανταῖος.) Anteu é um gigante, filho de Posídon e de Geia. Habitava na Líbia (não longe de Útica, segundo Lucano, ou de Marrocos, segundo a maioria dos autores) e obrigava todos os viajantes a lutar contra ele. Depois de os ter vencido e matado, enfeitava o templo do pai com os seus despojos. Enquanto estivesse em contacto com a sua mãe (isto é, o solo), Anteu era invulnerável. Mas Héracles, quando passou pela Líbia em busca das maçãs de ouro, lutou com ele e sufocou-o, soerguendo-o sobre os ombros (v. também *Tinge*).

ANTICLEIA. (᾿Αντίκλεια.) Mãe de Ulisses e mulher de Laertes. Era a filha de Autólico, o mais astuto dos homens (v. quadro 36, p. 422). Quando Autólico roubou o gado a Sísifo, este apareceu-lhe em casa, à procura do gado. Foi durante esta estada em casa de Autólico que Anticleia se terá deixado possuir, em segredo, pelo seu hóspede, antes de desposar Laertes. Este facto explicará por que razão Ulisses é, por vezes, considerado como filho de Sísifo. Durante a ausência do filho, Anticleia, cansada de aguardar o seu regresso, consumida pelo desgosto, acabou por se suicidar.

Antenor: *Il.*, III, 148; 203-207; 262; VII, 347-353; PAUSAN., X. 26, 7; 27, 3 e s.; SERV., *ad VIRG.*, *Aen.*, I, 246 e 651; LIV., I, 1; STRAB., XIII, 1, 53 (p. 608); *Trag. Gr. Fragm.* (NAUCK), p. 160. Cf. J. BÉRARD, *Colonisation...*, p. 384; J. PERRET, *Origines troyennes...*, p. 157 e s.

Anteu: PARTH., *Erot.*, 14.

Anteu: PIND., *Isth.*, IV, 87 e s.; escól. *ad loc.*; DIOD. SIC., IV, 17, 4; PAUSAN., IX, 11, 6; OV., *Ib.*, 393 e s.; escól. *ad loc.*; APOLLOD., *Bibl.* II, 5, 11; LUC., *Phars.*, IV, 590 e s.; HYG., *Fab.*, 31; STAT. *Theb.*, VI, 893 e s.; POMP. MEL., III, 106; STRAB., XVII, p. 829.

Anticleia: *Od.*, XI, 85; 536 e s.; HYG., *Fab.*, 343; 201; OV., *Met.*, XIII, 31 e s.; SERV., *ad VIRG.*, *Aen.*, VI, 529.

ANTÍGONA. ('Αντιγόνη.) **1.** Filha de Édipo, irmã de Ismene, de Polinices e de Etéocles (v. *Édipo* e quadro 9, p. 128). As lendas mais antigas atribuem-lhe como mãe Euriganeia, a filha do rei dos Flégias, que são um povo da Beócia. Mas a variante mais corrente da tradição (segundo os trágicos) faz dela a filha de Jocasta e o resultado do incesto de Édipo com a sua própria mãe. Quando Édipo, inteirado dos seus crimes pelo oráculo de Tirésias, se privou da vista e se exilou de Tebas, partindo como cego a mendigar o pão pelos caminhos, Antígona foi a sua companhia. O caminho que seguiram levou-os até Colono, na Ática, onde Édipo morreu. Após a morte de seu pai, Antígona regressou a Tebas, onde viveu com a sua irmã Ismene. Aguardava-a aí uma nova provação. Na Guerra dos Sete Chefes contra Tebas, os seus dois irmãos, Etéocles e Polinices, encontravam-se em campos opostos: o primeiro, no exército tebano; o segundo, do lado inimigo, atacando a sua própria pátria. Quando a batalha se deu, frente às portas de Tebas, Etéocles e Polinices morreram ambos às mãos um do outro. Creonte, o rei, tio de Polinices e de Etéocles e das duas jovens, organizou funerais solenes para Etéocles, mas proibiu que se desse sepultura a Polinices, que conduzira estrangeiros contra a sua pátria. Antígona recusou-se a cumprir esta ordem. Considerando um dever sagrado, imposto pelos deuses, dar sepultura aos mortos e, sobretudo, aos parentes mais próximos, infringiu a ordem de Creonte e espalhou sobre o cadáver de Polinices uma mão-cheia de pó, gesto ritual suficiente para o cumprimento da obrigação religiosa. Por este acto de piedade, ela foi condenada à morte por Creonte e encerrada viva no túmulo dos Labdácidas, de quem descendia. Enforcou-se aí e Hémon, seu noivo e filho de Creonte, matou-se sobre o seu cadáver. Também a mulher de Creonte, Eurídice, se suicidou, desesperada.

2. A lenda conhece uma outra Antígona, irmã de Príamo, uma jovem dotada de grande beleza. Muito orgulhosa da sua cabeleira, considerava-a mais bela do que a de Hera. Encolerizada, a deusa transformou a cabeleira de Antígona em serpentes. Os deuses, porém, apiedaram-se dela e transformaram a infeliz numa cegonha, inimiga das serpentes.

ANTÍLOCO. ('Αντίλοχος.) Filho de Nestor, acompanhou o pai na Guerra de Tróia. Belo, veloz na corrida, gozava da afeição de Aquiles, logo depois de Pátroclo. Quando este morreu, foi ele quem deu a notícia a Aquiles e com ele chorou a morte do amigo. Mas também Antíloco não levaria muito tempo a morrer, ou às mãos de Mémnon, o filho da Aurora (Eos), ou às de Heitor, ou então ao mesmo tempo que Aquiles, atingido por uma flecha de Páris. Uma versão da lenda mostra Antíloco correndo em ajuda de seu pai, que estava a ser atacado e prestes a sucumbir. Antíloco interpôs-se para salvar o pai, mas foi atingido mortalmente. Os seus restos mortais repousaram ao lado dos de Pátroclo e Aquiles. Os três heróis continuam, no além, uma vida de combates e de festas na Ilha Branca (v. *Aquiles*).

ANTÍNOE. ('Αντινόη.) **1.** Nome de uma filha de Cefeu, de Mantineia. Aconselhada por um oráculo, seguiu uma serpente e conduziu deste modo os habitantes de Mantineia até ao local onde eles fundaram uma nova cidade, na margem do riacho Ópis (ὄφισ significa «serpente»).

2. Será igualmente o nome de uma das filhas de Pélias, segundo alguns autores. Após o assassinato voluntário do seu pai (v. *Pélias* e *Medeia*), ela fugiu, horrorizada, para a Arcádia. Situavam o seu túmulo perto de Mantineia.

ANTÍNOO. ('Αντνοος.) Chefe dos pretendentes que, durante a ausência de Ulisses, tinham invadido o seu palácio e procuravam desposar Penélope. Distinguia-se pela sua violência, brutalidade, orgulho e dureza. Tenta matar Telémaco, dissipa com os companheiros os bens de Ulisses, insulta Eumeu quando o velho porqueiro introduz Ulisses no palácio, incita o mendigo Iro contra Ulisses, que ele não reconhece, e, por fim, é morto pela primeira flecha deste, na cena do Reconhecimento, no momento em que leva ao lábios uma taça. Estaria aqui a origem da expressão «que exista grande distância entre a taça e os lábios» (v. também *Calcas*).

ANTÍOCO. ('Αντίοχος). Filho de Héracles, antepassado de Hípotes (v. *Filas*, 3 e 4).

ANTÍOPE. ('Αντιόπη.) Uma das filhas do deus-rio Asopo ou, segundo outros, do tebano Nicteu (v. quadro 27, p. 280). Invulgarmente bela, foi amada por Zeus, que se lhe uniu, disfarçado de sátiro. Desta união nasceram-lhe dois gémeos, Anfíon e Zeto. Antes do nascimento dos seus filhos, Antíope fugira de casa, receando a cólera de seu pai, e refugiara-se junto do rei de Sícion, Epopeu (v. *Lamedonte*). Desesperado pela partida da filha, Nicteu suicidou-se, tendo, ao morrer, confiado ao seu irmão Lico a tarefa de o vingar. Lico atacou

---

Antígona: **1)** SOPH., *Ant.*; APOLLOD., *Bibl.*, III, 7, 1; EUR., *Phoen.*, 1670 e s.; ID., tr. perdida de *Antig.* (L. SÉCHAN, *Études*, p. 274 e s.); SOPH., *Oed. Col.*, *passim*; cf. HYG., *Fab.*, 72. **2)** OV., *Met.*, VI, 93; SERV., *ad VIRG.*, *Geor.*, II, 320, S. FRAISSE, *Le mythe the d'Antigone*, Paris, 1974.

Antíloco: APOLLOD., *Bibl.*, I, 9, 9; HYG., *Fab.*, 252; 81; 97; *Il.*, XV, 569 e s.; *Od.*, III, 111 e s.; SOPH., *Phil.*, 424 e s.; *Od.*, XXIV, 72 e s.; PAUSAN., X, 30, 3 e s.; V. também *Mémnon*.

Antínoe: **1)** PAUSAN., VIII, 8, 4. **2)** PAUSAN., VIII, 11, 3; cf. HYG., *Fab.*, 24.

Antínoo: *Od.*, I, 383; II, 113 e s.; XVIII, 288 e s.; IV, 660 e s.; 773 e s.; XVI, 363 e s.; 418 e s.; XVII, 375 e s.; 462 e s.; XVIII, 36 e s.; XXI, 288 e s.; XXII, 8 e s.; XXIV, 423 e s.; etc.; ZENOB., V., 71.

Antíope: APOLLOD., *Bibl.*, III, 5, 5; PAUSAN., II, 6, 2 e s.; IX, 17, 3 e s.; X, 32, 6; HYG., *Fab.*, 8 e 7. EUR., trag. perdida *Antíope*; OV., *Met.*, VI, III. Cf. E. GRAF, *Die Antiopesage bis zu Euripides*, Halle, 1884.

Sícion, que tomou, matou Epopeu e reconduziu Antíope, sob prisão, a Tebas. Foi durante o regresso de Sícion a Tebas que ela deu à luz os seus dois filhos, em Elêuteras. Abandonados na montanha, por ordem do tio-avô Lico, as duas crianças foram recolhidas por pastores (v. *Anfíon*). Em Tebas, Lico e a mulher maltrataram Antíope. Mas uma noite, as cadeias que prendiam a jovem quebraram-se por si mesmas e Antíope dirigiu-se imediatamente para a choupana onde se abrigavam os seus filhos. Estes não a reconheceram logo e entregaram-na mesmo a Dirce, que viera buscá-la. Mas o pastor que tinha recolhido os gémeos não tardou a revelar-lhes que Antíope era a sua mãe. Anfíon e Zeto libertaram-na imediatamente, castigando Dirce e Lico. Antíope foi, depois, atingida de loucura por Dioniso, irritado com a morte de Dirce, e pôs-se a vaguear por toda a Grécia, até ser curada e desposada por Foco (v. *Foco*). V. também as variantes da lenda no artigo *Lico*.

ÁPIS. (Ἆπις.) Segundo a tradição referida por Apolodoro, Ápis é o filho de Foroneu que, por sua vez, é filho de Ínaco. A sua mãe é a ninfa Teledice. Do pai, herdou o poder sobre todo o Peloponeso, que, a partir dele, recebeu o nome de Ápia. Comportou-se, porém, como um tirano e foi morto, segundo uns por Etolo, o herói epónimo da Etólia, segundo outros por Télxion e Telquis. Foi então divinizado e adorado com o nome de Serápis. A sua morte foi vingada por Argos. Segundo Ésquilo, Ápis é um profeta-médico, filho de Apolo, vindo de Naupacto para purificar o Peloponeso.

Uma versão diferente, referida por Pausânias, faz de Ápis o filho de Telquis de Sícion e o pai de Télxion (v. quadro 24, p. 265). Tal como na versão precedente, diz-se que este Ápis reinou sobre todo o Peloponeso.

APOLO. (Ἀπόλλων.) Apolo é um deus que pertence à segunda geração dos Olímpicos, filho de Zeus e de Latona e irmão da deusa Ártemis. Hera, ciumenta de Latona, perseguira a jovem mulher à volta da Terra; cansada de caminhar, Latona procurava um local onde pudesse dar à luz a criança de que estava grávida, mas em todo o lado lhe negavam acolhimento, receando a cólera de Hera. Apenas uma ilha flutuante e estéril, chamada Ortígia (a ilha das Codornizes), ou ainda Astéria, consentiu em dar asilo à infeliz. Foi nela que nasceu Apolo; reconhecido, o deus fixou a ilha no centro do mundo grego e deu-lhe o nome de Delos, a brilhante. Aí, junto duma palmeira, a única árvore de toda a ilha, Latona aguardou o parto durante nove dias e nove noites. Mas Hera retinha junto de si, no Olimpo, Ilítia, a deusa que presidia aos partos bem sucedidos. Todas as deusas, designadamente Atena, estavam junto de Latona, mas nada podiam fazer sem o consentimento de Hera. Elas decidiram, por fim, enviar Íris a pedir-lhe que permitisse o parto, oferecendo-lhe, para mitigar a sua cólera, um colar de ouro e de âmbar, com a espessura de nove côvados. Por este preço, Hera consentiu que Ilítia descesse do Olimpo até Delos. Latona ajoelhou-se, junto da palmeira, e deu à luz em primeiro lugar Ártemis; depois, com a ajuda desta, deu à luz Apolo. No momento em que o deus nasceu, voaram sobre a ilha cisnes sagrados, dando-lhe a volta sete vezes, pois estava-se no sétimo dia do mês. Zeus ofereceu de imediato presentes ao seu filho: deu-lhe uma mitra de oiro, uma lira e um carro puxado por cisnes. Ordenou-lhe depois que fosse a Delfos. Mas os cisnes conduziram primeiro Apolo ao seu país, nas margens do Oceano, para lá da pátria do Vento do Norte, entre os Hiperbóreos, que vivem sob um céu sempre límpido e que dedicaram a Apolo um culto que celebram continuamente. O deus permaneceu aí durante um ano, recebendo as homenagens dos Hiperbóreos. Regressou depois à Grécia e chegou a Delfos em pleno Verão, por entre festas e cânticos. Até a Natureza está em festa em sua honra: as cigarras e os rouxinóis cantam, as fontes são mais cristalinas. Todos os anos, em Delfos, se celebrava deste modo a chegada do deus, mediante hecatombes.

Em Delfos, Apolo matou, com as suas flechas, um dragão chamado Píton, ou então Delfine, encarregado de proteger um velho oráculo de Témis, mas que se entregava a toda a espécie de depredações no país, sujando a água das nascentes e dos rios, assaltando os rebanhos e os cidadãos, devastando a fértil planície de Crissa e assustando as Ninfas. Este monstro saíra da terra. Conta-se ainda que Hera o tinha encarregado de perseguir Latona na altura em que esta estava grávida de Apolo e Ártemis. Apolo livrou o país da presença do monstro, mas, em recordação do seu feito (ou

---

Ápis: APOLLOD., *Bibl.*, I, 7, 6; II, 1, 1 e s.; TZETZ., *ad Lyc.*, 177; STEPH. BYZ., *s. u.*; escól. *ad Il.*, I, 22; XIII, 218; *ad* APOL. RH., *Arg.*, IV, 263; PAUSAN., II, 5, 7; cf. ARN., *Adv. Nat.*, 36.

Apolo: CALLIM., *Hymn. hom. Apoll.*; *Il.*, VII, 452 e s.; XXI, 441 e s., etc.; PIND., *Pyth.*, III, 14 e s.; e escól. *ad loc.*; fr. 87 e 88; AESCH., *Supp.*, 260 e s.; EUR., *Iphig. T.*, 1250; *Alc.*, 1 e s.; e escól. *ad loc.*; APOL. RH., *Arg.*, II, 707 e s.; IV, 616 e s.; SERV., *ad VIRG.*, *Aen.*, III, 73; VIII, 300; VI, 617; *Georg.*, I, 14; STRAB., IX, 646; PLUT., *Qu. Gr.* 12; HYG., *Fab.*, 32, 53, 89, 93, 140, 165, 161, 202, 242; LUC., *De Sacr.*, 4; OV., *Met.*, I, 416 e s.; 452 e s.; III, 534 e s.; VI, 382 e s.; X, 106 e s.; *Fast.*, VI, 703 e s.; AEL., *V. H.*, III, 1; ANT., LIB., *Transf.*, 20; 30; APOLLOD., *Bibl.*, I, 4, 1 e s.; 3, 4; 7, 6 e s.; II, 5, 9; 5, 2; III, 1, 2; 10, 1 e s.; 12, 5; *Ep.*, VI, 3; III, 8; 25; TZETZ., *ad Lyc.*, 34. Cf. L. R. FARNELL, *The cults of the Greek States*, Oxford, 1907, IV, p. 98 e ss.; K. KERENYI, *Apollon*, Vienne, 1937.

Sobre os desenvolvimentos romanos do culto apolíneo, ver sobretudo J. CARCOPINO, *La Basilique Pythagoricienne...*, Paris, 1943 (7.ª ed.); J. GAGE, *Recherches sur les Jeux Séculaires*, Paris, 1934; ID., *Apollon romain*, Paris, 1955; Fr. CUMONT, *Symbolisme funéraire*; P. LAMBRECHTS, *La politique apollinienne d'Auguste...* in *Nouvelle Clio* V (1953), p. 65-82; K. LATTE, *La montagne apollonienne à Delphes*, Paris, 1955, M. S. RUIPÉREZ, «Θοῖβος 'A πόλλων», *Emerita*, XXI (1953), p. 14; M. DELCOURT, *L'oracle de Delphes*, Paris, 1955; J. DEFRADAS, *Les thémes de la propagande delphique*, Paris, 1972[2].

talvez para acalmar a cólera do monstro após a sua morte), instituiu em sua honra jogos fúnebres, que se chamaram Jogos Píticos, celebrados em Delfos. Apoderou-se, depois, do oráculo de Témis e consagrou no santuário uma trípode. A trípode é um dos símbolos de Apolo, e é sentado sobre a trípode que a Pitonisa profere os seus oráculos. Os habitantes de Delfos celebraram a vitória do deus e a tomada do santuário por meio de cânticos de triunfo. Eles cantaram pela primeira vez o *Péan* que é, na sua essência, um hino em honra de Apolo. Mas este teve de ir até ao vale de Tempe, na Tessália, para se purificar da mácula deixada pela morte do dragão. De oito em oito anos, em Delfos, uma festa solene comemorava a morte de Píton e a purificação de Apolo. Conta-se que, mais tarde, o deus teve ainda de defender o seu oráculo, desta vez contra Héracles. Héracles viera, com efeito, interrogar o oráculo, e como a Pitonisa se recusasse a responder-lhe, ele quis saquear o templo, levar a trípode e estabelecer um oráculo para si num outro local. Apolo assumiu a luta. Esta permaneceu incerta, pois Zeus separou os combatentes (que eram ambos seus filhos) lançando entre eles um raio. O oráculo, porém, permaneceu em Delfos (v. *Héracles*).

Apolo era representado como um deus muito belo, de elevada estatura, notável pelos seus longos cabelos negros, de reflexos azulados, como as pétalas da violeta. Também teve numerosos amores, com ninfas e com mortais.

Foi assim que ele amou a ninfa Dafne, a filha do deus-rio Peneu, na Tessália. Este amor fora-lhe inspirado pelo rancor de Eros, irritado com a troça de Apolo que escarnecera dele por se exercitar com o arco (era esta, na verdade, a arma por excelência de Apolo). A ninfa não correspondeu aos seus desejos. Fugiu para a montanha e, como o deus a perseguisse, no momento em que estava prestes a ser alcançada, dirigiu uma súplica a seu pai, para que este a metamorfoseasse e lhe permitisse assim escapar ao abraço do deus. O pai anuiu ao pedido da filha e transformou-a em loureiro (em grego: *dafne*), a árvore consagrada a Apolo.

Com a ninfa Cirene foi mais feliz e dela nasceu o semideus Aristeu. Com as Musas, cujo culto se ligava ao seu, teve igualmente aventuras: de Tália, atribuiu-se-lhe a paternidade dos Coribantes, que eram divindades que integravam o cortejo de Dioniso. De Urânia, ele terá gerado Lino e Orfeu, que outros atribuem a Eagro e à Musa Calíope. Uma das suas aventuras, das mais célebres, é a que se refere ao nascimento de Asclépio (v. *Asclépio*), na qual foi vítima da infidelidade de Corónis. Um infortúnio análogo aconteceu-lhe com Marpessa, a filha de Eveno. Apolo amava a jovem, mas ela foi-lhe subtraída por Idas, o filho de Afareu, num carro alado, presente de Posídon a Idas. Este conduziu a donzela para Messena. Aí, Idas e Apolo bateram-se mas, uma vez mais, Zeus apartou os contendores. Foi dado a Marpessa o direito de escolher um deles. Decidiu-se pelo mortal, receando, diz-se, ser abandonada na sua velhice caso desposasse Apolo. Com Cassandra, a filha de Príano, o seu amor não teve melhor sorte. Apolo amava Cassandra e, para a seduzir, prometeu ensinar-lhe a arte da adivinhação. Cassandra recebeu as lições mas, depois de bem instruída, recusou-se-lhe. Apolo vingou-se retirando-lhe o dom de inspirar confiança nas suas profecias. E era por isso que a infeliz Cassandra se esforçava em vão por fazer as profecias certas, mas ninguém a acreditava.

Foi talvez por esta altura que Apolo foi amado por Hécuba, mãe de Cassandra e mulher de Príamo, que lhe deu um filho, Troilo. Também em Cólofon, na Ásia, Apolo passava por ter um filho da adivinha Manto, o adivinho Mopso, que levou a melhor sobre o adivinho grego Calcas, ou Calcante, num concurso feito após a Guerra de Tróia (v. a sua lenda e a de *Calcante*). Na Ásia, Apolo teve ainda um filho, chamado Mileto, duma mulher que umas vezes designam de Ária e outras de Acacális ou Ácale (v. *Acacális*). Este Mileto fundou depois a cidade de Mileto.

Na própria Grécia, Apolo era geralmente considerado como o amante de Ftia, o epónimo da região da Tessália assim chamada, e atribuiu-se a esta união o nascimento de três filhos: Doro, Laódoco e Polipetes, mortos por Etolo. Finalmente, de Reo ele gerou Ânio, que reinou sobre Delos (v. *Ânio*).

A paternidade de Tenes, que foi morto por Aquiles na ilha de Ténedo, e cuja morte provocou o encadeamento dos Destinos que acarretaram a própria morte de Aquiles, tanto é atribuída a Apolo como a Cicno.

Apolo não limitou os seus amores às mulheres. Amou igualmente alguns jovens. Os mais célebres são os heróis Jacinto e Ciparisso, cujas mortes, ou antes, metamorfoses (o primeiro tornou-se um lírio martagão, ou um jacinto; o segundo, um cipreste), atormentaram profundamente o deus. Conta-se que, por duas vezes, Apolo sofreu uma provação curiosa e teve de se colocar ao serviço dos mortais, feito escravo. A primeira vez foi no seguimento da conjura que ele urdira com Posídon, Hera e Atena para acorrentar Zeus com as suas cadeias de ferro e suspendê-lo no céu (v. *Egéon*). Após o fracasso desta conspiração, Apolo e Posídon foram obrigados a trabalhar para o rei de Tróia, Laomedonte. Foram encarregados de construir as muralhas da cidade. Mas, segundo alguns, só Posídon trabalhou na muralha, enquanto Apolo guardou os rebanhos do rei no cimo do Ida. Acabado o tempo de serviço, Laomedonte recusou-se a pagar às duas divindades o salário acordado. E, como eles protestassem, ameaçou cortar-lhe as orelhas e vendê-los como escravos. Quando Apolo retomou a sua figura e o seu poder divino, enviou contra Tróia uma peste que devastou o país (v. *Hesíone* e *Héracles*).

A lenda de Apolo-pastor surge também na segunda experiência suportada pelo deus. Quando o filho de Apolo, Asclépio, instruído na arte da medicina pelo Centauro Quíron, fez tais progressos que chegou a ressuscitar os mortos, Zeus fulminou-o (v. *Asclépio*). Isto magoou profundamente Apolo que, não podendo vingar-se de Zeus em pessoa, matou com as suas flechas os Ciclopes, artífices do raio. Para o castigar, Zeus pensou por momentos precipitá-lo no Tártaro mas, por intercessão de Latona, acedeu a atenuar-lhe o castigo, e ordenou que Apolo servisse um mortal, como escravo, durante um ano. Apolo dirigiu-se então para a Tessália, para a casa do rei Admeto, em Feras, e serviu-o como boieiro. Graças a si, todas as vacas tinham duas crias por parto e, de um modo geral, trouxe a prosperidade àquela casa (v. *Alceste*).

Apolo surgia também algumas vezes como pastor, mas por conta própria. Os seus bois foram roubados pelo jovem Hermes, ainda este andava de cueiros, demonstrando assim a precocidade do seu espírito. Apolo reencontrou o seu gado sobre o monte Cilene. Mas conta-se que o pequeno Hermes havia inventado a lira e Apolo ficou de tal forma maravilhado com o invento que deixou Hermes na posse do seu rebanho, em troca deste instrumento. Tendo depois Hermes inventado a flauta, Apolo comprou-lha pelo preço duma vareta de ouro (o «caduceu» de Hermes) e, além disso, ensinou-lhe a arte da adivinhação.

A flauta intervém ainda nas lendas apolíneas com a história de Mársias. Mársias, o sátiro, filho de Olimpo, encontrara uma flauta arremessada por Atena, que a experimentara mas logo desistira ao verificar que ela lhe deformava a boca e dava ao seu rosto uma expressão desagradável. Achando que a música que dela extraía era melodiosa, Mársias desafiou Apolo e pretendeu ser melhor músico com a sua flauta do que o deus com a sua lira. Mársias saiu vencido e Apolo esfolou-o, após o ter dependurado num pinheiro.

Era como deus da música e da poesia que Apolo era representado sobre o monte Parnaso, onde presidia aos jogos das Musas. Os seus oráculos eram geralmente expressos em fórmulas versificadas, e passava por inspirar tanto os adivinhos como os poetas. Partilha esta função inspiradora com Dioniso, mas a inspiração apolínea distingue-se da inspiração dionisíaca, pelo seu carácter mais equilibrado (v. *Dioniso*).

Deus da adivinhação e da música, deus pastoral, cujos amores com as Ninfas e os adolescentes transformados em flores e árvores o unem intimamente à vegetação e à Natureza, Apolo era ainda um deus guerreiro, capaz de, com o seu arco e as suas flechas, enviar de longe, tal como sua irmã Ártemis, uma morte rápida e doce. Ele participa com ela no massacre dos filhos de Níobe, para vingar a honra de Latona (v. *Níobe*). Envia aos Gregos, acampados diante de Tróia, uma peste que dizima o seu exército, para forçar Agamémnon a entregar ao seu pai, Crises, a jovem Criseide, que fora feita prisioneira. Massacrou também os Ciclopes, a serpente Píton, Tício, o Gigante. Intervém na Gigantomaquia, ao lado dos Olímpicos. Na *Ilíada*, combate do lado dos Troianos contra os Gregos; protege Páris no combate, e é à sua intervenção, directa ou indirecta, que se atribui a morte de Aquiles. Alguns animais eram particularmente consagrados a Apolo: o lobo, que por vezes lhe era oferecido em sacrifício, e cuja imagem se associa, frequentemente, à do deus nas moedas; o cabrito montês ou a corça, que figuram igualmente no culto de Ártemis; entre as aves, o cisne, o milhafre, o abutre e o corvo, cujo voo fornecia presságios. Por fim, entre os animais marinhos, o delfim, cujo nome lembrava o de Delfos, o santuário principal de Apolo. O loureiro era a planta apolínea por excelência. Era uma folha de loureiro que a pitonisa mascava durante os seus transes proféticos.

São variadas as funções e os símbolos de Apolo. O seu estudo pertence mais à história das religiões do que à mitologia. Foi assim que Apolo se tornou, pouco a pouco, o deus da religião órfica e que se ligou o seu nome a todo um sistema meio religioso meio moral, que prometia a salvação e a vida eterna aos seus iniciados (v. os artigos *Zagreu* e *Orfeu*). Apolo foi considerado o pai de Pitágoras, a cujo nome se ligaram, algumas vezes, doutrinas aparentadas. Representava-se também Apolo (e sobretudo Apolo Hiperbóreo) reinando sobre as Ilhas dos Bem-Aventurados, que são o *Paraíso* do Orfismo e do Neopitagorismo. É a este título que os mitos apolíneos surgem, com uma certa persistência, nas paredes da Basílica da *Porta-Maggiore*, em Roma, bem como nos sarcófagos esculpidos pelos Romanos. Apolo foi ainda adoptado por Augusto, o primeiro imperador de Roma, como seu protector pessoal. Augusto atribuía à iniciativa do deus a sua vitória naval em Ácio sobre António e Cleópatra, em 31 a. C., e entre o povo era frequente ouvir-se que Átia, a mãe de Augusto, o tinha concebido por obra do deus, numa noite em que dormira no seu templo. Augusto construiu no Palatino, muito perto do seu palácio, um templo a Apolo e prestou-lhe um culto pessoal. Foi sobretudo em honra de Apolo que se celebraram os Jogos Seculares de 17 a. C., onde se cantou o *Canto Secular* de Horácio. Neste hino, Apolo e a sua irmã Ártemis surgem como divindades intermediárias entre o povo romano e Júpiter. São elas que transmitem e espalham as bênçãos celestes.

APRÍATE. (Ἀπριάτη.) Apríate, a «donzela-sem-resgate», é uma heroína de Lesbos, amada por Trambelo, o filho de Télamon. Como ela, porém, não correspondesse ao seu amor o jovem decidiu raptá-la quando passeava com as suas companheiras numa propriedade pertença de seu pai. A jovem resistiu-lhe e Trambelo, então, atirou-a ao mar (alguns dizem que foi ela própria que se lançou ao mar), Apríate afogou-se. Na mesma altura, o céu puniu Trambelo (v. *Trambelo*).

APSIRTO. (Ἄψυρτος.) V. *Argonautas*.

AQUELOO. (Ἀχελῷος.) Aqueloo é o nome dum rio da Etólia, o maior da Grécia, e do deus deste rio. Consideravam-no filho do Oceano

Apríate: PARTH., *Erot.*, 26; cf. *Fr. Hist. gr.* (Müller), IV, 335, 2 a; TZETZ., *ad Lyc.*, 467.

Aqueloo: HES., *Theog.*, 340; MACROB., *Sat.*, V, 18, 10; SERV., *ad VIRG.*, *Georg.*, 1, 8; MALAL.,

e de Tétis, um dos pares mais antigos das teogonias helénicas (v. *Úrano*). Aqueloo seria o mais velho dos três mil deuses-rios seus irmãos.

Outras lendas consideram por vezes Aqueloo como filho do Sol (um dos Titãs) e da Terra, ou ainda um dos filhos de Posídon, e conta-se então que o rio se chamava, inicialmente, Forbas, mas que um dia, ao atravessá-lo, Aqueloo foi ferido por uma flecha, que o vitimou. Caiu ao rio e este tomou o nome do herói.

Atribuem-se lhe diversos amores, ora com Melpómene, de quem ele teria tido como filhas as Sereias, ora com outras Musas; era também considerado como o pai de várias nascentes, como a de Pirene, em Corinto, a de Castália, em Delfos, a de Circe, em Tebas. Calírroe («a Bela-Nascente»), que desposou Alcméon, é considerada sua filha, mas a tradição não refere a sua mãe (v. *Alcméon* e *Acárnan*).

Aqueloo está ligado ao ciclo dos trabalhos de Héracles: vizinho de Eneu, o rei de Cálidon, na Etólia, ele pediu-lhe a mão de sua filha, Dejanira. Ora, como deus-rio, Aqueloo tinha o dom da metamorfose: podia revestir-se da forma que lhe agradasse, fosse ela a dum touro, dum dragão, etc. Isto aterrou Dejanira, que ficou apreensiva com o facto de vir a possuir um marido tão incómodo. Quando Héracles se apresentou na corte de Eneu e lhe pediu a sua mão, ela aceitou logo. Contudo, Héracles teve de a conquistar a Aqueloo, que não se resignou facilmente a deixar-se humilhar. Teve lugar um combate entre os dois pretendentes. Aqueloo usou de todos os seus poderes, Héracles de toda a sua força. Durante a luta, Aqueloo transformou-se em touro; Héracles arrancou-lhe um dos chifres. Então, Aqueloo deu-se por vencido e rendeu-se. Ele cedeu-lhe o direito de desposar Dejanira, mas reclamou-lhe o seu corno. Em troca, deu-lhe como presente um corno da cabra Amalteia, a ama de Zeus (v. *Amalteia*), que derramava em abundância flores e frutos. Outros autores defendem que este corno maravilhoso é o corno do próprio Aqueloo.

É à acção milagrosa do deus que se atribui também a criação das Ilhas Equínades, que se situam na embocadura do rio. Como quatro ninfas do país sacrificassem nas margens do Aqueloo, entre os deuses invocados, elas esqueceram-se do deus do rio. Encolerizado, este fez engrossar as suas águas e arrastou-as para o mar, onde se transformaram em ilhas. A quinta ilha do grupo, Perimele, era uma jovem que o deus amara e à qual ele tirara a virgindade. O pai de Perimele, Hipodamante, irritado com a filha, lançou-a ao rio no momento em que ela ia dar à luz um filho. A pedido do seu amante, a jovem foi transformada em ilha por Posídon.

Hoje, o rio Aqueloo tem o nome de Asprópotamo (desagua no mar Jónio, à entrada do golfo de Patras).

AQUEMÉNIDES. (Ἀχαιμενίδης.) Afastando-se apressadamente do país dos Ciclopes, ameaçado pelos rochedos que os Gigantes, excitados por Polifemo, arremessavam contra as suas naus, Ulisses esqueceu-se de embarcar um dos seus companheiros, chamado Aqueménides. Este, que conseguiu sobreviver, escondendo-se, foi mais tarde recolhido por Eneias.

AQUERONTE. (Ἀχέρων.) É com a Odisseia que surge uma descrição do mundo subterrâneo dos Infernos mencionando o rio Aqueronte, ao lado do Piriflegetonte e do Cocito. O Aqueronte é o rio que as almas devem atravessar para chegar ao império dos Mortos. Um barqueiro, Caronte, tem a missão de as fazer passar duma margem para a outra (v. *Caronte*). Este rio está quase estagnado; as suas margens estão embaraçadas de juncos e cheias de lodo.

Uma tradição considera-o um dos filhos da Terra (Geia), condenado a permanecer sob a terra como um castigo de um antigo crime: durante o combate entre os Olímpicos e os Gigantes, o Aqueronte consentira em dar de beber a estes, cheios de sede devido à luta.

De Orfne, a ninfa da Obscuridade, ou então de Górgira, Aqueronte gerara Ascálafo, o jovem transformado em coruja por Deméter (v. a sua lenda).

Existia um rio chamado Aqueronte no Epiro, na costa ocidental da Grécia continental. Este rio atravessava uma região selvagem e, durante o seu trajecto, desaparecia numa fenda profunda. Quando reaparecia, perto da foz, formava um pântano insalubre, numa paisagem desolada. Uma falsa etimologia (que fazia derivar o seu nome da palavra grega que significa «dor»), bem como as particularidades do rio epirota, contribuíram certamente para fazer nascer a ideia de que este rio se ligava aos Infernos e atribui-se ao mundo subterrâneo as características que se lhe conheciam sobre a terra.

Nas crenças místicas protegidas pelo Império Romano, o Aqueronte era dado como situando-se nas vizinhanças do pólo austral, entre as constelações dos Antípodas.

AQUILES. (Ἀχιλλεύς.) A lenda de Aquiles é uma das mais ricas da mitologia grega e uma das mais antigas. Ficou célebre principalmente por causa da *Ilíada*, cujo assunto é, não a tomada de Tróia, mas a cólera de Aquiles que,

---

p. 164; PROP., II, 25, 33; OV., *Met.*, VIII, 550 e s.; *Il.*, XXI, 194; APOLLOD., *Bibl.*, I, 3, 4; 7, 10; III, 7, 5; APOL. RH., *Arg.*, IV, 896; PAUSAN., II, 2, 3; X, 8, 5; EUR., *Bacch.*, 519; APOLLOD., *Bibl.*, I, 8, 1; SOPH., *Tr.*, 9 e s.; DIOD SIC., IV, 35, 3 e S.; DION. CHRYSOS., *Disc.*, 60; HYG., *Fab.*, 31; OV., *Met.*, XI, 1 e s.; VIII, 577 e s.

Aqueménides: VIRG., *Aen.*, III, 614 e s.; OV., *Met.*, XIV, 161.

Aqueronte: *Od.*, X, 513. EUR., *Alc.*, 440; VIRG., *Aen.*, 295, etc.; OV., *Met.*, V, 539; APOLLOD., *Bibl.*, 1, 5, 3; HEROD., V, 92, 7; PAUSAN., I, 17, 5; V, 14, 2 e s.; X, 28, 1 e 4, v. F. CUMONT, *Symbolisme funér.*, p. 55 e s.; P. FOSSING, in *Mél. Poulsen*, Copenhague, 1941.

Aquiles: *Origem e infância. Il.*, II, 681-694; XI, 771-790; escól. a IX, 668; XVI, 37; XIX, 326; EUST., *ad Hom.*, p. 14; STAT., *Achil.*, II, 382 e s.; APOLLOD.,

no decurso desta expedição, quase ia causando a perda do exército grego. Deste modo, o poema épico mais lido de toda a Antiguidade contribuiu para a popularização das aventuras do herói. Outros poetas e as lendas populares apoderaram-se da sua personagem e tentaram completar o relato da sua vida, inventando episódios para preencher as lacunas dos relatos homéricos. Desta forma, foi-se criando, pouco a pouco, um ciclo de Aquiles, sobrecarregado de incidentes e de lendas, frequentemente divergentes, e que inspirou os poetas trágicos e os poetas épicos de toda a Antiguidade, até à ópera romana.

A infância. — Aquiles era filho de Peleu, que reinava sobre a cidade de Ftia, na Tessália. Descende, em linha directa, da raça de Zeus, pelo lado do pai, e a sua mãe é uma deusa, Tétis, filha de Oceano, o deus do Oceano (v. quadro n.º 31, p. 352). Sobre a sua educação, as versões não coincidem. Umas vezes mostram-no-lo educado por sua mãe, na casa paterna, entregue aos cuidados do preceptor Fénix ou do Centauro Quíron, outras vezes contam de que modo ele foi a causa involuntária duma zanga entre o seu pai e a sua mãe, e como, tendo esta abandonado o marido, ele foi confiado ao Centauro Quíron, que vivia no monte Pélion. Tétis, por ser uma deusa, estabelecera com o mortal Peleu uma união que não podia ser duradoura. Demasiadas diferenças separavam os esposos. Aquiles terá sido o sétimo filho nascido deste casamento, e Tétis tentara eliminar, em cada um deles, os elementos mortais transmitidos por Peleu. Para isso, ela mergulhava-os no fogo, o que lhes provocava a morte. Porém, no caso do sétimo filho, Peleu acordou e viu Tétis prestes a consumar a sua perigosa experiência. Arrebatou-lhe a criança, que apenas queimou os lábios, bem como o pequeno osso do pé direito. Tétis, zangada, voltou à sua vida no mar, com as suas irmãs, Peleu, tendo salvo deste modo o filho, pediu ao Centauro Quíron, hábil na arte da medicina, que substituísse o osso queimado. Para isso, Quíron desenterrou um gigante, Dâmiso, que em vida fora extremamente veloz na corrida, e substituiu o osso em falta pelo osso correspondente do gigante. É isto que explica as qualidades de corredor que notabilizaram tanto Aquiles. Uma outra lenda, ainda, afirma que, na sua infância, Aquiles foi banhado por sua mãe na água do Estige, o rio infernal. Esta água tinha o poder de tornar invulnerável quem nela mergulhasse. Contudo, o calcanhar, pelo qual Tétis segurava o filho, não foi atingido pela água mágica e ficou vulnerável.

No monte Pélion, Aquiles recebeu os cuidados da mãe do Centauro, Filira, e de sua mulher, a ninfa Cariclo. Já mais crescido, começou a exercitar-se na caça e no adestramento de cavalos, bem como na medicina. Além disso, aprendia a cantar e a manejar a lira, e Quíron exercitava-o na prática das virtudes dos antepassados: o desprezo dos bens deste mundo, o horror à mentira, a moderação, a resistência às más paixões e à dor. Alimentavam-no exclusivamente de entranhas de leões e de javalis, para lhe comunicar a força desses animais, de mel (que lhe devia conceder a doçura e a persuasão), e de medula de urso. Foi Quíron, ainda, quem lhe deu o nome de Aquiles; antes chamavam-lhe Ligiron.

A partida para Tróia. — É na sequência dum convite pessoal feito na Tessália por Nestor, Ulisses e Pátroclo que Aquiles decide participar na expedição de Tróia, conduzindo uma frota de cinquenta naus, na qual navega um batalhão de mirmídones. Ele próprio se faz acompanhar do seu amigo Pátroclo e do seu preceptor Fénix (v. *Fénix*). No momento do embarque, Peleu promete consagrar ao rio Esperqueu (que banha o seu país) os cavalos de seu filho, se este regressar são e salvo da expedição. Tétis, por seu lado, previne Aquiles do destino que o espera: se ele for a Tróia, gozará de grande nomeada, mas a sua vida será curta. Se, pelo contrário, permanecer no seu país, terá uma vida longa mas sem glória. Sem hesitar, Aquiles escolheu a vida breve e gloriosa. É esta a tradição homérica. Contudo, os poetas posteriores, e sobretudo os trágicos, narram este momento da partida de forma bem diferente. Dizem que um oráculo revelara a Peleu (ou a Tétis) que Aquiles devia morrer diante de Tróia. Quando se tratou, para os Gregos, de partir para a Ásia, para atacarem a cidade de Príamo, Peleu (ou Tétis) pensou ocultar o jovem, revestindo-o de trajes femininos e fazendo-o viver na corte de Licomedes, o rei de Ciros, onde viveu na companhia das filhas do rei. Teria permanecido aí nove anos. Chamavam-lhe Pirra (isto é, «a Ruiva»), por

---

Bibl., III, 13, 6 e s.; *Ep.*, III, 14; APOL. RH., *Arg.*, IV, 869 e s.; escól. a 816; escól. *ad* ARISTOPH., *Nu.*, 1068; EUR., trag. perdida das *Escírias*, NAUCK, 2.ª ed., p. 574 e s.; PAUSAN., I, 22, 6; HYG., *Fab.*, 96; cf. SOPH., *Fr.* (Pearson), II, p. 191 e s.; OV., *Met.*, XIII, 162 e s.; PTOL. HEPH., West., p. 183; 195; LYC., *Alex.*, 178 e s.; TZETZ., *ad Lyc.*, 178; ET. MAGN., *s. v.*

Primeira expedição. Il., XI, 625; PROCL., in *Ep. Gr. Fragm.* (Kinkel), p. 18 e s.; escól ad Il., I, 59; APOLLOD., *Ep.*, III, 17; PHILOSTR., *Her.*, III, 28 a 36; DICT. CR., I, 16; II, 1 e s.; HYG., *Fab.*, 101; PROP., II, 1, 63 e s.; OV., *Pont.*, II, 2, 6. V. *Télefo.*

Segunda expedição. Il., *passim*; *Od.*, XI, 477 e s.; XXIV, 39 e s.; PROCL., in *Ep. Gr. Fragm.* (Kinkel), p. 33 e s.; PIND., *Olymp.*, II, 147; APOLLOD., *Ep.*, III, 22; 31 e s.; PLUT., *Qu. Gr.*, 28; DIOD. SIC., II, 46; PHILOSTR., *Her.*, XX, 16 e s.; TZETZ., *Anteh.*, 257 e s.; *Posth.*, 100 e s.; 395 e s.; *ad Lyc.*, 174; 999; QUINT. SM., *Posth.*, III, 26 e s.; IV, 468 e s.; escól. *ad* THEOCR., XVI, 49.; OV., *Met.*, XII, 70-140; 597-609; DICT. CR., II, 12; HYG., *Fab.*, 107; 110; VIRG., *Aen.*, VI, 56 e s.; SERV., *ad VIRG.*, *Aen.*, VI, 57; escól. *ad* APOL. RH., *Arg.*, IV, 815; *ad.* EUR., *Hec.*, 41; *Tr.*, 16; LACT. PLACT., *ad STAT.*, *Ach.*, I, 134; NONN., West., p. 382, n.º 62; PAUSAN., III, 19, 11 e s.; 24, 10 e s. V. A. DE VITA, *Il mito di Achille*, Turin, 1932; A. RIVIER, *La vie d'Achille, illustré par les vases grecs...* Lausanne, 1936; cf. A. PUECH, *L'Iliade d'Homère...*, Paris, et les ouvrages généraux sur l'*Iliade*, not. CH. AUTRAN, *Homère et les Origines sacerdotales de l'épopée grecque*, Paris, 1938; P. MAZON, éd. de l'*Iliade*, Paris, Belles Lettres, vol. I avec la Bibliographie; df. P. MÉAUTIS, in *Mythes inconnus*, Paris, 1949, p. 93-248.

causa dos seus cabelos, dum louro ardente. Assim disfarçado, ele uniu-se a Deidâmia, uma das filhas de Licomedes, e dela teve um filho, Neoptólemo, que mais tarde haveria de receber o nome de Pirro. Contudo, este disfarce revelou-se inútil para enganar o destino. Ulisses soubera, pelo adivinho Calcas, que Tróia não poderia ser tomada sem a participação de Aquiles. Pôs-se logo à sua procura e acabou por descobrir o local do seu refúgio. Apresentou-se então na corte de Ciros disfarçado de mercador e, aí, penetrando nos aposentos das mulheres, expôs a sua mercadoria. As mulheres escolheram objectos bordados e tecidos. Mas Ulisses tivera o cuidade de misturar a estes objectos armas preciosas. Foi nestas que recaiu de imediato a escolha de «Pirra». Ulisses não teve grande trabalho em convencer o jovem a revelar-se. Diz-se também que, para forçar o instinto guerreiro de Aquiles a declarar-se, Ulisses imaginou um outro estratagema: fez soar repentinamente a trombeta em pleno harém de Licomedes. Enquanto as mulheres fugiram, apavoradas, Aquiles, sozinho, ficou onde estava e pediu que lhe trouxessem armas, tão forte era nele o instinto guerreiro. Tétis e Peleu tiveram então de se resignar ao inevitável, e a vocação guerreira de Aquiles já não foi contrariada. À partida de Áulis, onde se reunira a frota grega, Tétis deu ao herói uma armadura divina, oferecida outrora por Hefesto a Peleu, como presente de casamento. Ela acrescentou a isso os cavalos que Posídon trouxera como presente, na mesma ocasião. Além disso, e numa última tentativa de alterar o destino, ela colocou junto do seu filho uma escrava, cuja única função era impedi-lo, mediante os seus conselhos, de matar um filho de Apolo. De facto, um oráculo garantia que Aquiles deveria morrer de morte violenta se matasse um filho de Apolo, sem explicitar qual.

A primeira expedição. — Na tradição da *Ilíada*, o exército grego chegou a Tróia vindo directamente de Áulis. Mas as lendas posteriores referem uma primeira tentativa de desembarque que terá fracassado completamente. A primeira vez que a frota deixou Áulis para atacar Tróia, houve um erro na rota a tomar e, em vez de desembarcarem na Tróade, os Gregos desembarcaram muito mais ao sul, na Mísia. Supondo estarem na Tróade, prepararam-se para devastar o país. Mas Téfelo, filho de Héracles e rei do país, veio ao seu encontro e deu-se um combate. No decurso da luta, Aquiles feriu Télefo com a sua lança. Reconhecendo que se tinham enganado, os Gregos reembarcaram e dirigiram-se a Tróia. Porém, não chegariam lá, pois uma tempestade dispersou-lhes a frota, e cada contingente foi parar ao seu país. Aquiles, nomeadamente, foi atirado para Ciros, para junto de sua mulher e de seus filhos. De novo os Gregos se reuniram, desta vez em Argos. Foi lá que Télefo, a conselho do oráculo de Delfos, veio pedir a Aquiles que o curasse do ferimento que lhe fizera, pois, dizia o oráculo, só a lança de Aquiles podia curar as feridas que fizera (v. *Télefo*).

A segunda expedição. — De Argos, a frota grega navegou até Áulis. Aqui, ficou imobilizada por uma calmaria que Calcas dizia ter sido enviada pela deusa Ártemis. A deusa exigia o sacrifício da filha de Agamémnon, Ifigénia (v. *Agamémnon*). Agamémnon consentiu no sacrifício e, para fazer chegar a sua filha até Áulis sem levantar suspeitas, nem a ela nem à sua mãe, Clitemnestra, imaginou para o seu pedido o pretexto de que a desejava dar em casamento a Aquiles. Este não estava ao corrente do estratagema do rei. Quando soube disso, já a jovem estava em Áulis e era tarde de mais para agir. Ainda tentou opor-se ao sacrifício, mas os soldados, tendo-se revoltado contra ele, tê-lo-iam lapidado. Teve assim de se resignar ao inevitável. Este episódio parece ter sido desenvolvido sobretudo pelos trágicos. Entretanto, surgem ventos favoráveis e o exército, conduzido por Télefo, chega à ilha de Ténedos. Aí, durante um banquete, estala pela primeira vez uma disputa entre Aquiles e Agamémnon. Foi também em Ténedos que Aquiles matou um filho de Apolo, Tenes, cuja irmã ele tentava raptar (v. *Tenes*). Dando-se conta demasiado tarde de que cumprira o oráculo contra o qual o prevenira sua mãe, fez a Tenes funerais sumptuosos e matou, para castigar a sua negligência, a escrava que devia evitar este assassínio.

Durante nove anos, os Gregos permanecem diante de Tróia, antes que se iniciem os acontecimentos relatados pela *Ilíada*. Estes nove anos são preenchidos por façanhas, algumas das quais são já conhecidas pelo poeta da *Ilíada*, enquanto outras foram elaboradas posteriormente. A *Ilíada* refere uma série de operações de pirataria e de banditismo contra as ilhas e cidades da Ásia Menor, designadamente contra Tebas da Mísia, que foi tomada por Aquiles, e cujo rei, Eécion, o pai de Andrómaca, foi morto por ele, que matou igualmente os seus sete filhos. Raptou ainda a rainha. Insere-se aqui também a operação contra Lirnesso, na qual ele tomou para si Briseide, enquanto Agamémnon se apoderava de Criseide no ataque a Tebas. Com Pátroclo, Aquiles tenta um ataque aos rebanhos de bois de Eneu, que pastavam no cimo do Ida. Outros episódios foram ainda introduzidos durante estes combates preliminares dos nove primeiros anos, nomeadamente as escaramuças do desembarque, no decurso das quais os Troianos, inicialmente vitoriosos, foram derrotados por Aquiles, que matou Cicno, o filho de Posídon. Contava-se também que Aquiles, que não figurava entre os pretendentes de Helena antes de Menelau ter sido escolhido como seu esposo, teve curiosidade em vê-la. Afrodite e Tétis ter-lhe-iam proporcionado um encontro num local discreto. Mas não parece que alguma vez tenham tentado representar um Aquiles apaixonado por Helena.

Com o décimo ano da guerra, começam os relatos propriamente homéricos, e a querela sobre Briseide. Uma peste dizimava as fileiras gregas e Calcas revelou que o flagelo se devia à cólera de Apolo, que o enviou a pedido do seu sacerdote, Crises, cuja filha Criseide fora raptada e entregue a Agamémnon, como parte do despojo de Tebas. Aquiles convoca os chefes para uma reunião e obriga Agamémnon a entregar a jovem. Porém, Agamémnon exige, em compensação, que Aquiles lhe entregue Briseide, que este obtivera como parte dos despojos. Aquiles retira-se para a sua tenda e recusa-se a participar na luta contra os Troianos enquanto lhe negarem a posse da jovem. Quanto os arautos lha vêm reclamar, ele entrega-a mas protesta solenemente contra tal acto, tão injusto para si. Depois, caminhando pela orla do mar, invoca Tétis que o aconselha a deixar que os Troianos ataquem até chegarem às naus, a fim de a sua presença se revelar imprescindível, pois só ele, e ela sabe-o bem, inspira ao inimigo um terror suficiente para o impedir de atacar eficazmente os Gregos. Tétis, subindo ao Olimpo, procura Zeus e pede-lhe que conceda a vitória aos Troianos enquanto Aquiles se mantiver afastado dos combates. Zeus concorda e, ao longo de nove dias, as derrotas sucedem-se para os Gregos. É em vão que Agamémnon envia uma embaixada a Aquiles para o demover, e que lhe promete entregar Briseide e um despojo magnífico, bem como vinte das mais belas mulheres de Tróia e uma das suas filhas em casamento. Aquiles permanece inflexível. A luta aproxima-se do acampamento. Ele olha-a do alto da coberta da sua nau. Pátroclo, por fim, não consegue resistir e pede a Aquiles que o deixe ir em socorro dos Gregos, cujas naus vão ser queimadas. Aquiles consente em emprestar-lhe a sua armadura. Mas Pátroclo, após alguns êxitos enquanto os Troianos julgaram tratar-se de Aquiles, não tardou a sucumbir aos golpes de Heitor. Uma dor indizível apodera-se de Aquiles. Os seus gritos são escutados por Tétis, que acorre e lhe promete uma armadura nova, em troca da que Heitor acaba de recolher do cadáver de Pátroclo. Aquiles aparece sem armas, e a sua voz afugenta os Troianos que, em redor do corpo de Pátroclo, lutavam contra os Gregos pela posse do cadáver.

Na manhã seguinte, Aquiles pede a Agamémnon que esqueça a querela. Ele está pronto a lutar a seu lado. Agamémnon, por sua vez, pede-lhe perdão e entrega-lhe Briseide, que respeitara. Aquiles regressa de imediato aos combates, não sem que, todavia, o seu cavalo *Xanto* (o *Alazão*), a quem o dom da profecia bem como o da palavra foram miraculosamente concedidos naquele momento, lhe anuncie a sua morte próxima. Aquiles despreza este aviso, avança para o campo da batalha, pondo em fuga os Troianos. Apenas Eneias, inspirado por Apolo, se dispõe a enfrentá-lo. A lança de Aquiles trespassa o escudo do seu adversário. Este arremessa-lhe uma enorme pedra, e nessa altura Posídon afasta-os a ambos do perigo, envolvendo-os numa nuvem. Heitor tenta por várias vezes atacar Aquiles, mas em vão. Os deuses opõem-se a isso. Os destinos não querem que os dois heróis se defrontem nesta altura. Aquiles continua a sua marcha em direcção a Tróia. Passando a vau o Escamandro, aprisiona vinte jovens troianos que reserva para sacrificar aos deuses sobre o túmulo de Pátroclo. O deus do rio tenta deter a carnificina e matar mesmo Aquiles, cujas vítimas lhe entulham o leito. Engrossa, salta as margens e persegue os heróis. Mas Hefesto constrange o deus do rio a retomar o seu curso. Aquiles prossegue o seu ataque em direcção às portas, para cortar a retirada aos Troianos. É desviado do seu caminho por Apolo, que o desorienta na sua perseguição. Quando regressa a Tróia, é demasiado tarde. Heitor está sozinho diante das portas Ceias. Mas no momento de combater, ao ver Aquiles aproximar-se, Heitor tem medo. E, por três vezes, à volta da cidade, Aquiles lança-se em sua perseguição, que só acabará quando Zeus, elevando as balanças do destino, suspende a sorte de Aquiles contra a de Heitor. O prato deste inclina-se para o Hades. Apolo abandona, então, Heitor. Atena entra em cena e inspira ao troiano o desejo fatal de enfrentar Aquiles. Para isso, ele toma a forma de Deífobo, o irmão do herói. Heitor pensa que este vem em sua ajuda. Mas não tarda a aperceber-se do seu equívoco e morre, anunciando a Aquiles que a sua hora também não está longe. Ao morrer, pede ao seu adversário que entregue o seu cadáver a Príamo. Aquiles recusa e arrasta o cadáver atrás do seu carro, após lhe ter perfurado os calcanhares e os ter ligado com uma correia de couro. Entretanto, regressa ao acampamento e realizam-se os funerais de Pátroclo.

Cada dia que passa, Aquiles arrasta à volta de Tróia o cadáver do inimigo que lhe arrebatou o seu amigo Pátroclo, que ele chora. Ao fim de doze dias, Tétis é encarregada por Zeus de informar Aquiles de que os deuses estão indignados com a sua falta de respeito para com os mortos. Príamo, vindo em embaixada reclamar-lhe o corpo de Heitor, é bem recebido por Aquiles, que lhe entrega o filho em troca dum forte resgate. É este o relato da *Ilíada*.

A *Odisseia* mostra-nos Aquiles entre os mortos. Aí, ele percorre com rapidez a pradaria de Asfódelos. À sua volta, juntam-se os heróis, seus amigos na guerra: Ájax, filho de Télamon, Antíloco, Pátroclo, Agamémnon. É este que conta a Ulisses a morte de Aquiles, mas não diz quem o matou. Ele relata principalmente os jogos fúnebres que acompanharam os funerais e a disputa, que se lhes seguiu, quanto à atribuição das armas do herói (v. *Ájax, filho de Télamon*, e *Ulisses*).

Os relatos posteriores aos poemas homéricos completam este ciclo. Surge em primeiro lugar a luta contra a rainha das Amazonas, Pentesileia. Esta, que vinha em socorro de Tróia, chegou no momento dos funerais de Heitor. Começou por fazer recuar os Gregos até ao seu acampamento, depois Aquiles feriu-a mortalmente e, no momento de morrer, ela descobriu o rosto. Perante a sua beleza, ele ficou transido de dor. Esta foi tão notória (Aquiles era incapaz de dissimular os seus sentimentos) que Tersites troçou dele por causa do seu amor para com uma morta. Aquiles matou-o com um murro.

Contava-se depois a luta contra o filho da Aurora, Mémnon, em presença das duas mães (Eos, de Mémnon, e Tétis, de Aquiles). Por fim, o amor por Políxena, uma das filhas de Príamo. Tendo reparado em Políxena, na altura do resgate do corpo de Heitor, Aquiles apaixonou-se por ela ao ponto de prometer a Príamo atraiçoar os Gregos e aliar-se-lhe caso ele consentisse dar-lhe a jovem em casamento.

Príamo aceitou tais condições e o tratado devia ser assinado no templo de Apolo Timbreu, situado a pouca distância das portas de Tróia. Aquiles chegou ao local desarmado, e foi aí que Páris, escondido atrás da estátua do deus, o matou. Face a isto, os Troianos apoderam-se do cadáver e exigem o mesmo resgate que eles tinham sido obrigados a pagar pela obtenção do de Heitor. Esta versão romanesca do fim do herói parece, contudo, tardia. Outros autores referem que Aquiles encontrou a morte em combate, numa altura em que, uma vez mais, ele tinha repelido os Troianos até às muralhas da sua cidade. Apolo, erguendo-se na sua frente, ordenara-lhe que se retirasse e, como ele não obedecera, matou-o com uma flecha. Por vezes, o archeiro que lança a flecha é Páris. Mas é Apolo quem a terá dirigido para o único ponto vulnerável do corpo de Aquiles, o seu calcanhar.

Em redor do corpo travou-se então uma luta tão cruel como a que havia assinalado a morte de Pátroclo. Ájax e Ulisses conseguiram, por fim, levá-lo para o acampamento, mantendo os inimigos à distância. Os funerais foram celebrados por Tétis e as Musas, ou as Ninfas. Atena untou o corpo com ambrósia, para impedir a sua putrefacção.

De seguida, após lhe ter sido levantado pelos Gregos um túmulo junto ao mar, diz-se que Tétis conduziu o corpo até à embocadura do Danúbio, para a Ilha Branca, e que aí Aquiles continua a viver, de forma misteriosa. Os marinheiros, quando passavam perto desta ilha, escutavam, de dia, um tinido contínuo de armas e, de noite, o barulho de taças que se tocavam e os cantos dum eterno banquete. Diz-se também que, nos Campos Elísios, Aquiles se teria casado com Medeia, ou com Ifigénia, com Helena ou com Políxena. Contavam ainda que, antes da partida dos Gregos, após a tomada de Tróia, uma voz saíra do túmulo de Aquiles e pedira que se sacrificasse Políxena em memória do herói.

A lembrança de Aquiles permanecera muito viva na imaginação popular dos Gregos, e o seu culto estava muito difundido nas ilhas, tal como no continente asiático, palco das suas façanhas.

O retrato de Aquiles traçado por Homero é o de um jovem muito belo, de cabelos loiros, olhos brilhantes e voz forte. O medo não tem poder sobre ele. A sua paixão mais forte é a alegria de combater. É violento e ama a glória acima de tudo. Mas a sua natureza possui aspectos mais doces, quase ternos. Como músico, ele consegue apaziguar as preocupações por meio da lira e do canto. Ama o seu amigo Pátroclo e Briseide, com quem levava uma vida de amor partilhado. É cruel quando manda executar os prisioneiros troianos e exige, depois de morto, que se lhe sacrifique Políxena sobre o seu túmulo. É hospitaleiro e chora com Príamo quando este lhe vem pedir o corpo de seu filho. Ele mesmo, nos Infernos, se alegra ao saber que o seu filho Neoptólemo é corajoso. Venera os seus pais e, quando sabe qual é a vontade dos deuses, executa-a de imediato. Apesar de todos estes traços humanos, Aquiles foi considerado pelos filósofos helenistas, sobretudo pelos estóicos, como o tipo do homem violento, escravo das paixões, e opunha-se-lhe com agrado Ulisses, o sábio por excelência. Conhece-se também o culto votado por Alexandre a Aquiles, a quem ele tomava por modelo. Ambos morreram jovens.

Aquiles inspirou um grande número de obras literárias antigas, desde a *Ilíada* até à *Aquileida* de Estácio. Figura em várias tragédias, nomeadamente na *Ifigénia em Áulis*, de Eurípides.

ARACNE. (Ἀράχνη.) Aracne é uma jovem da Lídia, cujo pai, Ídmon, de Cólofon, era tintureiro. A jovem Aracne adquirira uma grande reputação na arte de tecer e de bordar. As tapeçarias que desenhava eram tão belas que as ninfas dos campos mais próximos vinham contemplá-las. A sua habilidade granjeava-lhe a fama de ter sido aluna de Atena, a deusa das fiandeiras e das bordadeiras. Mas Aracne entendia que só a si própria devia o seu talento. Desafiou a deusa, que aceitou o desafio e lhe apareceu disfarçada de velha. Atena limitou-se, inicialmente, a adverti-la, aconselhando-lhe mais modéstia. Caso contrário, disse-lhe, deveria recear a cólera da deusa. Aracne respondeu-lhe com insultos. A deusa então abandonou o disfarce e o concurso começou. Palas representou sobre a tapeçaria os doze deuses do Olimpo em toda a sua majestade. E, para aviso da sua rival, acrescentou nos quatro cantos a representação de quatro episódios mostrando a derrota dos mortais que tinham ousado desafiar os deuses. Aracne desenhou, sobre o seu trabalho, os amores dos deuses, mas os amores que os não honram: Zeus e Europa, Zeus e Dánae, etc. O seu trabalho era perfeito, mas Palas, furiosa, rasgou-o e feriu a sua rival com a naveta. Ultrajada, Aracne enforcou-se, desesperada. Atena não a deixou morrer e transformou-a em aranha, que continua a fiar e a tecer na ponta do seu fio (v. uma outra tradição no artigo *Falange*).

ÁRCADE. (Ἀρκάς.) Árcade é o filho de Zeus e da ninfa caçadora, companheira de Ártemis, Calisto. Uma outra versão atribui-lhe como pai o deus Pã. Quando Calisto, amada por Zeus (v. *Calisto*), morreu ou, segundo a versão mais espalhada, foi transformada em ursa, Zeus confiou o filho a Maia, a mãe de Hermes, que o criou. Árcade, pelo lado da mãe, era neto do rei Licáon, que reinava sobre a região que mais tarde se havia de chamar Arcádia. Um dia Licáon, a fim de pôr à prova a clarividência de Zeus, ter-lhe-ia servido os membros do pequeno Árcade preparados e

Aracne: Ov., *Met.*, VI, 5 a 145; Virg., *Georg.*, IV, 246, e Serv., coment. *ad. loc.*

Árcade: Apollod., *Bibl.*, III, 8, 2; 9, 1; Hyg., *Fab.*, 224; *Astr.*, II, 4; Ov., *Met.*, II, 496 e s.; *Fast.*, II, 183 e s.; Nonn. *Dion.*, XIII, 295 e s.; Pausan., VIII, 4, 1 e s.; 9, 3 e s.; 36, 8; X, 9, 5 e s.; Eratosth., *Cat.*, I.

prontos para serem comidos. Zeus de modo nenhum se deixou ludibriar. Virou a mesa e atingiu com o raio a casa de Licáon. Este ficou transformado em lobo. Zeus juntou em seguida os membros de Árcade e restituiu-lhe a vida.

Sendo Árcade já adulto, encontrou, um dia, numa caçada, sua mãe disfarçada de ursa. Perseguiu-a. O animal refugiou-se no templo de Zeus Lício. Árcade, no seu encalço, penetrou no recinto sagrado. Ora, uma lei do país punia com a morte todo aquele que penetrasse deste modo no templo. Mas Zeus compadeceu-se deles e, para evitar que o matassem, transformou-os em constelações: a Ursa e o seu Guardião (Arcturo).

Árcade reinou sobre os Pelasgos do Peloponeso, que a partir dele se chamaram Árcades. Sucedeu ao filho de Níctimo. Ensinou o seu povo a cultivar o trigo, arte que lhe fora ensinada por Triptólemo, a preparar o pão e a fiar a lã. Desposou Leanira, filha de Amiclas (v. quadro 5, p. 90 e o artigo *Crócon*). Teve dela dois filhos, Élato e Afidas (v. uma variante no artigo *Crisopeleia*). Com a ninfa Érato, teve um terceiro filho, Ázan. Foi por estes três filhos que ele repartiu a Arcádia (v. quadro 10, p. 132).

ARES. (Ἄρης.) Deus da Guerra, identificado com o itálico *Marte*. Era filho de Zeus e de Hera e, como Apolo, Hermes, etc., pertence à segunda geração dos Olímpicos (v. quadro 38, p. 452). Inclui-se entre os doze grandes deuses, ao contrário das suas irmãs Hebe e Ilítia, que são divindades secundárias. Desde a época homérica, Ares surge como o deus da Guerra por excelência. Representa o espírito do Combate, que se compraz com a carnificina e o sangue. Diante de Tróia, ele combate geralmente ao lado dos troianos, mas preocupa-se pouco com a justiça da causa que apoia. Pode também ajudar os Aqueus. É representado com couraça e capacete, armado com o escudo, a lança e a espada. Tem uma estatura acima do normal e solta gritos terríveis. Combate quase sempre a pé, mas vemo-lo também em cima dum carro puxado por quatro corcéis. Acompanham-no deuses que fazem de seus escudeiros, Deimo e Fobo (o Medo e o Terror, que são seus filhos). Encontramo-lo também rodeado de Éris (a Discórdia) e Énio.

Ares habita na Trácia, região semi-selvagem, de clima rude, rica em cavalos e invadida por povos guerreiros. É aí também que habita, pelo menos segundo uma tradição, o povo das Amazonas, que são filhas de Ares. Na própria Grécia, prestam-lhe um culto particular em Tebas, onde o consideravam como o antepassado dos descendentes de Cadmo. Era lá, com efeito, que ele possuía uma fonte, guardada por um dragão, de quem era pai. Quando Cadmo, para realizar um sacrifício, quis tirar água desta fonte, o dragão tentou impedi-lo. Cadmo matou-o e, para expiar este crime, teve de servir Ares durante oito anos na qualidade de escravo (v. *Cadmo*). Mas, no fim deste prazo, os deuses casaram Cadmo com Harmonia, a filha de Ares e de Afrodite.

A maior parte dos mitos em que intervém Ares são, naturalmente, mitos guerreiros e relatos de combates. Mas o deus está longe de ser sempre um vencedor. Pelo contrário, parece que os Gregos, desde os tempos homéricos, tiveram prazer em mostrar a força brutal de Ares contida ou ludibriada pela força mais inteligente de Héracles ou pela sabedoria viril de Atena. Num dia em que, no campo de batalha, diante de Tróia, ele combatia ao lado de Heitor, encontrou-se perante Diomedes. Imediatamente o atacou, mas Atena, ocultada pelo capacete mágico de Hades, intervém de forma a desviar o golpe da lança do deus e fere-o por intermédio de Diomedes. Aquele solta um grito horrível, que foi escutado por todo o exército, e foge para o Olimpo, onde Zeus ordena que o tratem. Numa outra altura, ainda, na disputa dos deuses que teve lugar durante a Guerra de Tróia, Atena lutou com Ares e, também aqui, a deusa levou a melhor aturdindo-o com uma pedrada. Mas não é só no ciclo troiano que se manifesta esta oposição entre Ares e Atena. Quando Héracles combateu Cicno, o filho de Ares quis defender o seu filho e Atena, em nome da razão, convidou Ares, que não era senão violência e cólera, a obedecer ao destino, que ditava que Cicno fosse morto por Héracles, sem que ninguém pudesse matar o herói. Mas as suas palavras foram inúteis e Atena teve de interferir directamente para desviar a lança do deus. Héracles, aproveitando uma falha na protecção do deus, feriu-o na coxa. Ares fugiu vergonhosamente para o Olimpo. Era, aliás, a segunda vez que Héracles havia ferido Ares. A primeira fora em Pilo, e o herói tinha-lhe mesmo tirado as armas.

Quando a Amazona Pentesileia, sua filha, foi morta diante de Tróia por Aquiles, Ares quis vingar-se imediatamente, sem se preocupar com os Destinos. Zeus viu-se obrigado a detê-lo, lançando o seu raio.

Finalmente, um outro infortúnio de Ares é a sua prisão pelos Aloídas, que o encerraram durante treze meses, acorrentado, num pote de bronze.

É a um acto de violência de Ares que se liga, segundo a lenda, o nome do Areópago, a colina onde, em Atenas, se reunia o tribunal encarregado de julgar os crimes de ordem religiosa. Junto da colina havia uma fonte. Foi aí que um dia Ares surpreendeu Halirrótio, o filho de Posídon e da ninfa Êurite, a tentar violentar Alcipe, a filha que ele tivera de Aglauro.

Ares: *Il.*, II 512-515; V, 311-364; 385 e s.; 590-909; XV, 110-142; XX, 32 e s.; XI 391-433; XIII, 298-301; *Od.*, 266 e s.; Hes., *Theog.*, 922 e s.; *Scut.*, 109; 191 e s., 424 e s.; *Hymn. hom. Ar.* (onde se descobrem numerosas infuências órficas); Herod., V, 5; Eur., *Ion*, 1258 e s.; *Iph. T.*, 945 e s.; Apol. Rh., *Arg.*, II, 990; Pausan., I, 21, 4 e s., 28, 5; Apollod., *Bibl.*, 1, 4, 4; 7, 4; 7; 8, 2; II, 5, 8; 11; III, 4, 1 e s.; 14, 8; 2; Ov., *Fast.*, V, 229 e s.; Serv., *ad Virg.*, *Ecl.*, X, 18; Hyg., *Fab.*, 159; Quint., Sm., I, 675 e s.; V e s.; V, 340 e s; XIV, 47 e s.; Fr. Schwenn, *Ares*, *A. R. W.*, XX (1920-1921), p. 229 e s.; XXI (1922), p. 58 e s.; XXII (1923-1924), p. 224 e s.

Encolerizado, matou Halirrótio. Mas Posídon fê-lo comparecer perante um tribunal composto por olímpicos, no cimo da mesma colina junto da qual se dera o crime. Os deuses absolveram o homicida.

A lenda atribuiu a Ares muitas aventuras amorosas. A mais célebre é, certamente, a que o mostra unido clandestinamente à deusa Afrodite (v. *Afrodite*). Mas teve também muitos filhos das mortais. A maior parte destes foram homens violentos, pouco hospitaleiros, que atacavam os viajantes, os matavam ou se entregavam a diversos actos de crueldade. Assim, de Priene teve três filhos: Cicno, Diomedes da Trácia, cujas éguas devoravam carne humana e Licáon. Todos estes foram mortos por Héracles. Ou então são ainda heróis secundários que desempenham um papel nos mitos guerreiros. Atribui-se-lhe também, por vezes, a paternidade de Meleagro e a de Driante, que participou, como Meleagro, na caçada de Cálidon. Era Ares, finalmente, que passava por ter dado ao seu filho Enómao as armas com que este deu a morte aos pretendentes à mão de sua filha (v. *Pélops* e *Hipodamia*).

Os animais consagrados a Ares são o cão e o abutre.

ARETUSA. ('Αρέθουσα.) Ninfa do Peloponeso e da Sicília (v. *Alfeu*, *Náiades*).

ARGENO. ("Αργεννος.) Argeno ou Argino era um jovem de grande beleza, filho de Pisídice, a filha de Leucon (v. quadro 34, p. 392), que vivia na Beócia, nas margens do lago Copais. Um dia em que ele se banhava no Cesifo, Agamémnon, na altura em Áulis, aguardando ventos favoráveis para embarcar, viu-o e apaixonou-se por ele. O jovem fugiu, perseguido por Agamémnon. Exausto, lançou-se no rio e afogou-se. Agamémnon fez-lhe um sumptuoso funeral e fundou, em sua honra, um templo de Ártemis Argenis.

ÁRGIRA. ('Αργυρᾶ.) Árgira, ninfa duma fonte da Arcádia, amava um pastor jovem e belo, chamado Selemno. O amor durou enquanto Selemno foi jovem, mas quando perdeu a beleza ela abandonou-o. Desesperado, Selemno morreu e foi transformado em rio por Afrodite. Mas como, apesar da transformação, ele continuava a sofrer por causa do seu amor, Afrodite concedeu-lhe que esquecesse todos os seus sofrimentos. É por essa razão que todos quantos se banham no Selemno, homens ou mulheres, esquecem os seus desgostos amorosos.

ARGO. ("Αργος.) **1.** A lenda conhece um primeiro Argo, filho de Zeus e de Níobe, que descendia, pelo lado da mãe, de Oceano e Tétis (v. quadro 19, p. 239). Níobe foi a primeira das mortais a quem Zeus concedeu filhos. Argo obteve em partida a realeza sobre o Peloponeso, a que ele chamou «Argos» (o nome permaneceu na cidade assim chamada e na Argólida, que a rodeia). Desposou Evadne, a filha de Estrímon e de Neera (ou então da Oceânide Pito) e dela teve quatro filhos (v. quadro 20, p. 240, e, para uma outra tradição, o quadro 21, p. 242). Argo passa por ter introduzido na Grécia a arte de lavrar e semear o trigo.

2. Mas o Argo mais célebre (geralmente designado na sua forma latinizada, Argos) é o bisneto do precedente. Segundo uns, possuía um só olho, segundo outros teria quatro: um par para ver de frente e o outro para olhar para trás. Outras versões atribuíam-lhe, finalmente, uma infinidade de olhos repartidos por todo o corpo. Dotado de uma força espantosa, livrou a Arcádia dum touro que devastava a região. Esfolou-o e revestiu-se com a sua pele. Em seguida, matou um sátiro que causava estragos aos Arcádios e lhes roubava os rebanhos. Matou ainda Equidna, a filha monstruosa do Tártaro e de Geia (a Terra), que se apoderava dos transeuntes. Surpreendeu-a enquanto dormia e teve assim um pretexto (v. também *Equidna*). Hera encarregou-o, depois, de guardar a vaca Io, de quem tinha ciúmes (v. *Io*): para isso, Argo prendeu o animal a uma oliveira que crescia num bosque sagrado, em Micenas. Graças aos seus múltiplos olhos, podia vigiá-la, pois só metade dos seus olhos é que dormia: ele tinha sempre tantos olhos abertos como fechados. Hermes, porém, recebeu de Zeus a ordem de libertar Io, sua amante. Sobre a forma como Hermes se desembaraçou da tarefa, as lendas variam: ora se conta que matou Argo com uma pedra, atirada de longe, ora que o adormeceu ao som da flauta de Pã, ou então que o mergulhou num mágico sono, graças à sua varinha divinal. Como quer que seja, Hermes matou Argo. Hera, para imortalizar aquele que a servira, transferiu os seus olhos para a plumagem do pássaro que lhe era consagrado, o pavão.

3. Um terceiro Argo é o filho de Frixo e de Calcíope. Nascera na Cólquida e aí fora criado, mas deixou-a para vir reclamar a herança do seu avô Átamas (v. *Frixo*). Um naufrágio lançou-o à ilha de Ária, onde foi recolhido pelos Argonautas, assim como os seus irmãos Frôntis, Melas e Citissoro. Uma outra versão coloca o encontro de Jasão e Argo em Acetes, na Cólquida. Foi ele quem, por intermédio de sua mãe, proporcionou o primeiro encontro de Jasão e Medeia. Regressou com os Argonautas. Na Grécia, desposou a filha de Admeto, Perimele, de quem teve um filho, Magnes (quadro 34, p. 392).

4. O Argo que construiu a nau *Argo* (v. *Argonautas*) e participou na expedição do velo de oiro, é uma quarta personagem, umas ve-

---

Aretusa: Ov., *Met.*, V, 576 e s.

Argeno: Athen., XIII, 603 d; Prop., III, 7, 31.

Ágira: Pausan., VII, 23, 1-3.

Argo: **1)** Apollod., *Bibl.*, II, 1, 1 e s.; Hyg., *Fab.*, 123; 145; 155; Pausan., II, 16, 1; 22, 6; 34, 5; III, 4,1. **2)** Apollod., *Bibl.*, II, 1, 2; Hyg., *Fab.*, 145; Macrob., *Sat.*, I, 19, 12; Prop., I, 3, 20; Ov., *Met.*, I 583-750. **3)** Hyg., *Fab.*, 14; Apol. Rh., *Arg.*, II, 1122 e s.; Apollod., *Bibl.*, I, 8, 9. **4)** Escól. *ad* Apol. Rh., *Arg.* I, 4; Ptol. Heph., 2; Apol. Rh., *ib.*, I, 324 e s.; v. também in Roscher, *Lex.*, o art. *Panopte.*

zes distinta dos precedentes (e nesse caso é considerado como filho de Arestor — filiação, aliás, atestada também por Argo, 2) e outras vezes confundida com o filho de Frixo (*supra*, n.º 3).

ARGONAUTAS. (Ἀργοναῦται.) Denominavam-se Argonautas os companheiros de Jasão na sua busca do Velo de Oiro. Sobre as origens desta expedição, v. *Jasão*. O nome de Argonautas deriva do da nau que transportou os heróis, *Argo*, e que significa «rápido», além de lembrar igualmente o nome do seu construtor, Argo (v. *Argo*).

I. *Os Argonautas*. — «Catálogos» diferentes conservaram-nos a lista dos Argonautas que acorreram ao pregão do arauto que percorreu a Grécia anunciando que Jasão organizava uma expedição à Cólquida. Estas listas diferem bastante entre si e reflectem os diferentes tempos da lenda. Duas são, sobretudo, dignas de interesse, na medida em que se revelam independentes uma da outra, a de Apolónio de Rodes e a de Apolodoro. O número dos Argonautas é relativamente fixo: entre cinquenta e cinquenta e cinco. A nau estava construída para cinquenta remadores.

Há certos nomes que são comuns às duas listas e que representam o fundo mais estável da lenda. São eles, além de Jasão, que comandava a expedição, Argo, filho de Frixo (ou, segundo outros, de Arestor), construtor da nau, Tífis, o filho de Hágnias, que o pilotava. Tífis aceitara estas funções por ordem de Atena, que lhe ensinara a arte, ainda desconhecida, da navegação. Quando ele morreu, no país dos Mariandinos (v. *infra*, p. 44), foi substituído por Ergino, filho de Posídon. Refere-se em seguida Orfeu, o músico trácio, cuja tarefa era marcar a cadência dos remadores. Afirmava-se que os deuses lhe haviam ordenado que embarcasse na *Argo* para que os seus cantos servissem de antídoto contra as seduções das Sereias (v. *infra*, p. 44). A tripulação incluía vários adivinhos: Ídmon, filho de Abante, Anfiarau e, pelo menos na lista apresentada por Apolónio, o lápita Mopso (v. *Mopso*). Vinham depois os dois filhos de Bóreas, Zetas e Cálais, os dois filhos de Zeus e Leda, Castor e Pólux, e os seus dois primos, os filhos de Afareu, Idas e Linceu. O arauto da expedição era Etálides, um filho de Hermes. O seu nome é omitido por Apolodoro. Todos estes heróis desempenham um papel activo nas aventuras da *Argo*. Os que surgem depois são geralmente meros figurantes. São eles: Admeto, o filho de Feres; Acasto, o filho de Pélias, que acompanhara o seu primo Jasão, contrariando as ordens de seu pai; Periclímeno, filho de Neleu; Astério (ou Astérion) filho de Cometes, o lápita Polifemo, filho de Élato; Ceneu, ou ainda o seu filho, Corono; Êurito, filho de Hermes e (segundo Apolónio) o seu irmão Équion; Augeu, filho de Hélio, o rei da Élide, irmão de Eetes, que participou na expedição levado, diz-se, pelo desejo de ver o irmão, que não conhecia; Cefeu, filho de Áleo, e (apenas segundo Apolónio) o seu irmão Anfidamante; Palemónio, filho de Hefesto, ou de Etolo; Eufemo, filho de Posídon; Peleu e o seu irmão Télamon, ambos filhos de Éaco; Ífito, filho de Náubolo; Peante, o pai de Filoctetes. Este é mencionado por Valério Flaco e Higino. Depois vêm Íficlo, o filho de Téstio e o seu sobrinho Meleagro; Butes, o filho de Téleon e (apenas na versão de Apolónio) o filho dum outro Téleon, Eribotes. Apolodoro e Apolónio coincidem na nomeação de Héracles, cujo nome está ligado a um episódio de navegação, o rapto de Hilas, mas a propósito do qual a tradição está longe de ser unânime (v. *Héracles*). Finalmente ambos incluem na sua lista Anceu, filho de Licurgo.

Os nomes seguintes não figuram na lista de Apolodoro: os três filhos de Pero, Tálao, Ário e Leódoco (v. quadro 1, p. 8); Íficlo, filho de Fílaco; Euridamante, filho de Ctímeno; Falero, filho de Álcon; um ateniense, Fliante (ou Flio), filho de Dioniso (no lugar de Fliante, Apolodoro nomeia outros dois filhos do mesmo deus, Fano e Estáfilo); Náuplio, que Apolónio dis-

---

Argonautas: **A.** GENERALIDADES: PIND., *Pyth.*, IV; APOLLOD., *Bibl.*, I, 9, 16 e s.; APOL. RH., *Arg.*; VAL. FLAC., *Arg.*; *Argon. orph.* DIOD. SIC., IV, 40 e s.; TZETZ., *ad Lyc.*, 175; HYG., *Fab.*, 12; 14 a 23; OV., *Met.*, VII, 1 e s. CATÁLOGOS: PIND., *ib.*, 171 e s.; APOL. RH., *ib.*, I, 23 e s.; cf. escól., I; 77, HYG., *Fab.*, 14; DIOD. SIC., IV, 41; STAT., *Theb.*, V, 398 e s; VAL. FLAC., *ib.*, I, 352 e s. (cf. ed. Burmann, *ad. loc.*); *Arg. orph.*, 118 e s. V. O. JESSEN, Diss., Berlin 1889. *R. E. G.*, 1890, p. 207 e s.; PRELLER-ROBERT, *Myth.*, II, p. 770 e s.; E. LIÉNARD, in *Latomus*, 1938, p. 240-255.

B. NAVEGAÇÃO: *a*) *Lemnos*: APOLLOD., *Bibl.*, I, 9, 17; APOL. RH., *Arg.*, I, 607 e s.; escól. a 609; 615; escól. *ad. Il.*, VII, 468 e s.; VAL. FLAC., II, 77 e s.; HYG., *Fab.*, 15. Cf. *Hipsípile*; *Toas*.

b) *Cízico*: APOLLOD., *Bibl.*, I, 9, 18; APOL. RH., *Arg.*, I, 935 e s.; VAL. FLAC., II, 634 e s.; III, 1 e s.; HYG., *Fab.*, 16. Cf. *Cízico*.

c) *Hilas*: APOLLOD., *Bibl.*, I, 9, 19; APOL. RH., I, 1207 e s.; escól. a 1290; VAL. FLAC., III, 521 e s.; THEOCR., XIII; ANT. LIB., *Transf.*, 26; PROP., I, 20, 17 e s.; HYG., *Fab.*, 14; STEPH. BYZ., *s.u.* Ἀρεταί.

d) *Bébrices*: APOLLOD., *Bibl.*, I, 9, 20; APOL. RH., II, 1 e s.; THEOCR., XIII, 27 e s.; VAL. FLAC., IV, 99 e s.; HYG., *Fab.*, 17; LACT. PLAC., *ad. STAT.*, *Th.*, III, 353; SERV. *ad. VIRG.*, *Aen.*, V, 373.

e) *Fineu*: APOLLOD., *Bibl.*, I, 9, 21: APOL., RH., *ib.*, II, 176 e s.; escól. a 177; 178; 181; escól. *ad. Od.*, XII, 69; VAL. FLAC., *ib.*, IV, 422 e s.; HYG., *Fab.*, 19; SERV., *ad. VIRG.*, *Aen.*, III, 209; DIOD. SIC., IV, 43 e s.; Cf. *Fineu*.

f) *Ciâneas*: APOLLOD., *Bibl.*, I, 9, 22; APOL. RH., II, 317 e s.; 549 e s.; VAL. FLAC., 561 e s.; HYG., *Fab.*, 19.

g) *Cólquida*: APOLLOD., *Bibl.*, I, 9, 23 e 24; APOL. RH., *Arg.*, II, 720 e s.; III, 1 e s.; IV, 1 a 240 e escól; VAL. FLAC., V, 1 e s. até VIII, 139; HYG., *Fab.*, 14; 18; 23; TZETZ., *ad. Lyc.*, 890; DIOD. SIC., IV, 48; OV., *Met.*, VII, 1-158; PIND., *Pyth.*, IV, 394 e s. Cf. *Jasão*; *Medeia*.

h) *Regresso*: APOLLOD., *Bibl.*, I, 9, 24 e s.; APOL. RH., *ib.*, IV, 576 até ao fim; HYG., *Fab.*, 14; 23; DIOD. SIC., IV, 56. Cf. *Talo*; *Medeia*. *Tritão*. Sobre o conjunto da lenda, cf. E. DELAGE, *La Géographie dans les Argonautiques d'Apoll. de Rh.*, Paris-Bordeaux, 1930, e a bibligrafia citada.

tingue, por razões de cronologia, do pai de Palamedes; Oileu, o pai do Ájax «o menor». Entre os parentes de Meleagro, aos nomes já citados, Apolónio acrescenta o filho de Portáon, Laocoonte, que não figura em Apolodoro. Depois vêm Eurítion, filho de Iro; Clítio e Ífito, os filhos de Êurito; Canto, o filho de Cáneto; Astério e Anfíon, filhos de Hiperásio.

Apolodoro, pelo contrário, cita os seguintes heróis, que não são nomeados por Apolónio: além de Fano e Estáfilo (v. *supra*), Actor, filho de Hípaso, Laertes e o seu sogro, Autólico, Eurílo, filho de Mecisteu, que pertence ao ciclo troiano, tal como Peneleu, filho de Hipalmo, Leito, filho de Aléctrion, Atalanta, a única mulher da tripulação, Teseu, em cuja lenda isto não passa dum episódio introduzido artificialmente numa fase tardia, Menécio, filho de Actor, que por sua vez é filho de Díon e distinto do filho de Hípaso (v. *supra*) e, finalmente, dois filhos de Ares, Ascálafo e Iálmeno.

A fantasia dos diferentes escoliastas e a dos poetas tardios acrescentou, por fim, à lista dos Argonautas nomes prestigiosos, que não foram recolhidos nem por Apolónio nem por Apolodoro: por exemplo, Tideu, o médico Asclépio, o músico Filámon, Nestor, que só figura no poema de Valério Flaco, Pirítoo, o inseparável companheiro de Teseu e cuja presença se explica pela introdução deste na lenda, como se explica pela de Héracles a menção de Hilo, seu filho (que contradiz as cronologias habitualmente estabelecidas), de Iolau, de Ífis, o irmão de Euristeu, e até, apenas segundo Higino, do irmão gémeo de Héracles, Íficles. Valério Flaco nomeia um tal Clímeno, tio de Meleagro, que é geralmente considerado como um irmão do herói (v. quadro 29, p. 298). Por fim, só Higino nomeia Hipálcimo, filho de Pélops e de Hipodamia (mas que não figura nas genealogias habituais). Deucalião, o cretense, pai de Idomeneu, e um herói cujo nome, mutilado, parece ser Tersanor, filho da Leucótoe que foi transformada em heliotrópio (v. *Clítia*).

II. *A navegação.* — A nau foi construída em Págasa, que é um porto da Tessália, por Argo (v. *Argo*, 4), com a ajuda da deusa Atena. A madeira veio do Pélion, excepto a peça da proa, trazida pela deusa, e que era um pedaço de carvalho sagrado de Dodona. Foi ela própria que a talhou e a dotou de fala, de tal forma que a nau podia profetizar.

Os heróis lançaram à água a *Argo*, na praia de Págasa, com muito povo a assistir, e embarcaram após um sacrifício a Apolo. Os presságios eram favoráveis. Interpretados por Ídmon, eles indicavam que todos voltariam sãos e salvos, com excepção do próprio Ídmon, destinado a morrer durante a viagem.

A primeira escala foi na ilha de Lemnos. Nessa altura, só havia na ilha mulheres, pois elas tinham matado todos os homens (v. *Toas*, *Hipsípile*, *Afrodite*, etc.). Os Argonautas uniram-se a elas e deram-lhes filhos. Depois de as deixarem, navegaram em direcção à ilha da Samotrácia onde, a conselho de Orfeu, se fizeram iniciar nos mistérios. Penetrando no Helesponto, chegaram seguidamente à ilha de Cízico, no país dos Dolíones, cujo rei se chamava Cízico. O povo recebeu-os hospitaleiramente. O rei convidou-os para um banquete e deu-lhes muitas provas de amizade. Na noite seguinte, os heróis partiram, mas sopraram ventos contrários que, sem eles se terem apercebido, os fizeram aportar de novo à costa dos Dolíones, de madrugada. Estes, desconhecendo tratar-se dos hóspedes da véspera que regressavam, tomaram-nos por piratas pelasgos, que viriam, como de costume, atacar o seu país. Ao motim, acorreu o rei Cízico a dar apoio aos seus súbditos. Mas não tardou a ser morto pelo próprio Jasão, que lhe trespassou o peito com a sua lança. Os outros heróis levaram a cabo um grande massacre entre os inimigos. Porém, quando o dia raiou, as duas partes reconheceram o seu erro e lamentaram-se profundamente. Jasão organizou sumptuosos funerais para o rei Cízico. Durante três dias, os Argonautas fizeram as lamentações rituais e organizaram jogos em sua honra. Entretanto Clite, a jovem esposa de Cízico, enforca-se, desesperada. As Ninfas choraram-na de tal modo que das suas lágrimas se formou uma fonte, que ficou a chamar-se Clite. Antes de partir, como uma tempestade os impedisse de retomar o mar, os Argonautas ergueram sobre o monte Díndimo, que domina Cízico, uma estátua de Cíbele, a mãe dos deuses.

A etapa seguinte conduziu-os mais para leste, para a costa da Mísia. Os habitantes acolheram-nos com presentes. Enquanto os heróis se ocupavam a preparar a refeição, Héracles, que tinha partido o seu remo durante a travessia, tal era a força com que remava, embrenhou-se na floresta vizinha, à procura duma árvore apropriada para fabricar outro. Mas Hilas, um jovem que ele amava e que com ele embarcara na *Argo*, fora enviado à procura de água doce para preparar a refeição. Junto duma fonte, encontrou as Ninfas a dançar. Maravilhadas com a sua beleza, estas atraíram-no até à sua fonte onde ele se afogou. Polifemo, um dos Argonautas, ouviu o grito do jovem no momento em que ele desaparecia sob a água. Lançou-se em seu socorro e, no caminho, encontrou Héracles que regressava da floresta. Ambos se puseram à procura; erraram toda a noite pelo bosque e, quando a nau partiu, antes da aurora, eles não se encontravam a bordo. Foi, pois, sem Héracles e Polifemo que os Argonautas tiveram de continuar a sua viagem, pois não estava no plano dos Destinos que os dois heróis participassem na conquista do Velo. Polifemo fundou, nos arredores, a cidade de Cio e Héracles continuou sozinho as suas façanhas (v. *Hilas* e *Héracles*).

A *Argo* alcançou depois o país dos Bébrices, onde reinava o rei Âmico (v. a sua lenda). Depois de Pólux ter derrotado Âmico, segundo algumas tradições, travou-se uma luta generalizada entre os Argonautas e os Bébrices. Estes sofreram muitas baixas e acabaram por dispersar em debandada.

No dia seguinte, os Argonautas retomaram a viagem e, colhidos por uma tempestade, antes de entrarem no Bósforo, foram obrigados fazer escala na costa da Trácia, ou seja, na margem europeia do Helesponto, no país de

Fineu. Este era um adivinho, cego, filho de Posídon, que fora castigado pelos deuses com uma singular maldição: sempre que lhe pusessem à frente uma mesa cheia de iguarias, as Harpias, que são uns seres meio mulheres meio pássaros, precipitavam-se sobre os alimentos, comiam uma parte e, o que não podiam levar, deixavam-no sujo dos seus excrementos. Os Argonautas pediram a Fineu que os informasse sobre o êxito da sua empresa. Mas o adivinho não lhes quis dar resposta antes que eles o tivessem livrado das Harpias. Os Argonautas disseram-lhe que se sentasse à mesa e, quando as Harpias surgiram, Cálais e Zétes, que eram alados por serem filhos dum deus do vento, lançaram-se em sua perseguição, até que as Harpias, esgotadas, prometeram pelo Estige não mais incomodar o rei Fineu. Liberto desta maldição, Fineu revelou aos Argonautas uma parte do futuro que lhes era permitido conhecer. Pô-los de sobreaviso contra um perigo que os iria ameaçar em breve pelo caminho: as Rochas Azuis (as Ciâneas), recifes móveis que se entrechocam. Para saber se conseguiriam passar por estes rochedos, Fineu aconselhou-os a enviar à sua frente um pombo. Se este conseguisse transpor a passagem, eles poderiam segui-lo sem perigo. Mas se os escolhos se fechassem sobre ele, nesse caso, então, a vontade dos deuses ser-lhes-ia contrária e o mais prudente seria abandonar a empresa. Deu-lhes depois algumas indicações sobre os principais passos da sua rota.

Após este oráculo, os Argonautas continuaram o seu caminho. Chegados diante das Rochas Azuis, chamadas também Simplégades, ou seja, rochas que se ferem, soltaram uma pomba que conseguiu franquear a passagem, mas os rochedos, fechando-se, apanharam-lhe as penas mais longas da cauda. Os heróis esperaram que os rochedos se afastassem de novo e lançaram-se, então, em frente. O barco saiu são e salvo, mas a popa ficou ligeiramente danificada, como a cauda da pomba. Desde essa altura as Rochas Azuis permaneceram imóveis, pois era vontade do Destino que, assim que um navio tivesse conseguido atravessá-las, o seu movimento acabaria.

Tendo assim penetrado no Ponto Euxino — o Mar Negro —, os Argonautas chegaram ao país dos Marinheiros, cujo rei, Lico, os acolheu favoravelmente. Foi aí que, no decurso duma caçada, morreu o adivinho Ídmon, ferido por um javali. Foi aí também que morreu o piloto Tífis. Anceu substituiu-o no leme. De seguida, ultrapassaram a foz do Termodonte (o rio em cujas margens se dizia que viviam as Amazonas), depois ladearam o Cáucaso e chegaram à Cólquida, à foz do Faso, onde terminava a sua viagem. Os heróis desembarcaram e Jasão dirigiu-se junto do rei Eetes, a quem expôs a missão que lhe fora confiada por Pélias. O rei não recusou entregar-lhe o Velo de Oiro, mas pôs-lhe como condição colocar o jugo, sem a ajuda de ninguém, a dois touros de cascos de bronze, que expeliam fogo pelas narinas. Estes touros monstruosos, presentes de Hefesto a Eetes, nunca tinham conhecido o jugo. Quando estivesse cumprida esta primeira prova, Jasão deveria ainda lavrar um campo e semear os dentes dum dragão (tratava-se do resto dos dentes do dragão de Ares que Atena dera a Eetes; v. *Cadmo* e *Ares*).

Jasão perguntava a si próprio como poderia impor o jugo àqueles monstros, quando Medeia, a filha do rei, que sentia por ele uma forte paixão, veio em sua ajuda. Obrigou-o primeiro a prometer-lhe que a tomaria por esposa se ela lhe fornecesse os meios de vencer as provas impostas por seu pai e que a levaria para a Grécia. Jasão prometeu. Medeia deu-lhe então um bálsamo mágico (ela era perita em toda a espécie de artes ocultas), com o qual ele deveria untar o seu escudo e o seu corpo antes de enfrentar os bois de Hefesto. Este bálsamo tinha a virtude de tornar invulnerável ao ferro e ao fogo todo aquele que com ele se tivesse untado, e a sua invulnerabilidade devia durar um dia inteiro. Além disso, ela revelou-lhe que os dentes do dragão fariam nascer uma seara de homens armados que procurariam matar o herói. Este apenas teria de lançar para o meio do bando, e de longe, uma pedra. Imediatamente os homens se virariam uns contra os outros, acusando-se reciprocamente de terem lançado a pedra, e matar-se-iam uns aos outros.

Assim prevenido, Jasão conseguiu pôr o jugo aos touros, atrelá-los à charrua, lavrar o campo e, por fim, a semear os dentes do dragão. Depois, disfarçou-se e, de longe, apedrejou os homens acabados de nascer daquela insólita sementeira. Estes puseram-se a bater uns nos outros. Aproveitando a sua desatenção, Jasão massacrou-os.

Eetes, contudo, não cumpriu a sua palavra. Tentou incendiar a nau *Argo* e matar a tripulação. Mas, antes que tivesse tempo de realizar o seu desígnio, Jasão, guiado por Medeia, apoderara-se já do Velo (os sortilégios de Medeia tinham adormecido o dragão encarregado de o guardar) e fugira.

Quando Eetes descobriu que Jasão havia fugido levando consigo o Velo e raptando a sua filha, lançou-se na perseguição da nau. Medeia, que previra tudo isso, matou o irmão Absirto, que levara consigo, e espalhou os membros pelo caminho. Eetes perdeu tempo a recolhê-los e, quando acabou, era demasiado tarde para pensar em alcançar os fugitivos. Por isso, levando consigo os membros do filho, alcançou o porto mais próximo, que era Tomos, na costa ocidental do Ponto Euxino, e aí o sepultou. Mas antes de voltar à Cólquida, lançou vários grupos de súbditos seus no encalço da *Argo*, avisando-os de que, se não voltassem com Medeia, seriam condenados à morte em vez dela.

Segundo uma outra versão, Absirto fora enviado por Eetes em perseguição da sua irmã, mas Jasão tê-lo-ia morto à traição, com a ajuda de Medeia, num templo consagrado a Ártemis, na foz do Danúbio (Istro). Os Argonautas prosseguiram o seu caminho em direcção ao Danúbio e subiram o rio até ao Adriático (na época em que foi elaborada esta versão da lenda, o Danúbio, ou Istro, era considerado como uma artéria fluvial, estabelecendo a comunicação entre o Ponto Euxino e o Adriático). Zeus, irritado por causa do assassínio de

Absirto, enviou uma tempestade que afastou a nau da sua rota. A nau então começou a falar e revelou a cólera de Zeus, acrescentando que esta cólera não passaria antes de os Argonautas serem purificados por Circe. A nau subiu então o Erídano (o Pó) e o Ródano, através do país dos Lígures e dos Celtas. Daí, alcançaram o Mediterrâneo, contornaram a Sardenha e atingiram a ilha de Eeia, o reino de Circe (sem dúvida a península do monte Circeu, no Norte de Gete, entre o Lácio e a Campânia). Aí, a feiticeira, que, tal como Eetes, era filha do Sol e, por conseguinte, tia de Medeia, purificou o herói e teve uma longa conversa com o jovem, mas recusou categoricamente conceder hospitalidade no seu palácio a Jasão. A nau retomou então o seu percurso errante e, guiada pela própria Tétis, por ordem de Hera, atravessou o Mar das Sereias. Aí, Orfeu cantou uma melodia tão bela que os heróis não tiveram qualquer desejo de seguir o apelo das Sereias (v. *Sereias*). Só um deles, Butes, alcançou a nado o rochedo das feiticeiras, mas Afrodite salvou-o, arrebatando-o e estabelecendo-o em Lilibeu (hoje Marsala), na costa ocidental da Sicília.

Em seguida, a nau *Argo* encontra o estreito de Caríbdis e Cila, depois as ilhas errantes (sem dúvida as ilhas Líparis), sobre as quais se elevava um fumo negro. Por fim, chegaram à Corcira (hoje Corfu), ao país dos Feaces, onde reinava Alcínoo. Foi aqui que eles encontraram um grupo de cólquicos enviados em sua perseguição por Eetes. Pediram a Alcínoo que lhes entregasse Medeia. Alcínoo, após consultar a sua mulher, Arete, respondeu que consentiria se, examinada, Medeia fosse dada como virgem; mas se ela fosse já mulher de Jasão, então deveria permanecer com ele. Arete deu a conhecer a Medeia, em segredo, a decisão de Alcínoo, e Jasão apressou-se a cumprir a condição que deveria salvar Medeia. Alcínoo não teve outro remédio senão recusar a entrega da jovem mulher. Os cólquicos, sem coragem de regresssar à sua pátria, estabeleceram-se no país dos Féaces e os Argonautas retomaram a navegação.

Mal tinham deixado Corcira quando uma tempestade os arrastou para as Sirtes, na costa Líbia. Aí, tiveram de transportar aos ombros a sua nau até ao lago Tritão. Graças a Tritão, o deus do lago, encontraram uma saída para o mar e retomaram a viagem em direcção a Creta. Mas durante este episódio perderam dois companheiros, Canto e Mopso (que aliás, não figuram em todas as listas dos Argonautas transmitidas pela tradição, v. *supra*, p. 42).

Em Creta, no momento de desembarcar, deparam com um gigante, Talo, espécie de *robot* monstruoso, construído por Hefesto, e a quem Minos confiara o encargo de defender a ilha contra qualquer desembarque (v. *Talo*). Pegava em rochedos enormes da margem e lançava-os, de longe, contra os navios que passavam, para os afastar da margem. Três vezes ao dia, dava a volta à ilha. Este gigante era invulnerável, mas tinha no tornozelo, sob uma pele muito espessa, uma veia, a fonte da sua vida. Se esta veia fosse aberta, Talo morreria. Medeia levou a melhor sobre este gigante, pelos seus encantamentos. Ela pô-lo furioso, enviando-lhe visões enganadoras, e fê-lo de tal modo que Talo rasgou a veia do tornozelo contra um rochedo. Morreu imediatamente. Os Argonautas acostaram e passaram a noite na margem. No dia seguinte, levantaram um santuário a Atena Minóica e partiram de novo.

No mar de Creta foram repentinamente envolvidos por uma noite cerrada, misteriosa, que os fez correr os maiores riscos. Jasão invocou Febo, pedindo que lhes mostrasse o caminho no meio daquela escuridão. Então, Febo-Apolo atendeu a sua prece e lançou um dardo inflamado, que lhes mostrou, muito perto da nau, uma pequena ilha das Espórades, onde puderam lançar âncora. Chamaram a esta ilha Ânafe (a Ilha da Revelação) e ergueram aí um santuário a Febo, o Resplandecente. Mas faltavam as oferendas para celebrar condignamente o sacrifício inaugural nessa ilha rochosa. Por isso, fizeram libações rituais com vinho, em vez de água. Vendo isto, as criadas feáces, dadas por Arete a Medeia como presente de núpcias, puseram-se a rir e dirigiram gracejos maliciosos aos Argonautas. Estes responderam-lhes da mesma forma e seguiu-se uma cena divertida que todos os anos se repete nesta ilha, sempre que aí se celebra um sacrifício em honra de Apolo.

Depois, os Argonautas fizeram escala em Egina e, navegando ao longo da Eubeia, chegaram a Iolco, cumprindo o seu périplo em quatro anos e trazendo consigo o Velo de Oiro. Jasão conduziu em seguida a nau *Argo* para Corinto, onde a consagrou a Posídon, como ex-voto.

Esta lenda, muito complexa, é anterior, no seu núcleo original, à redacção da *Odisseia*, que conhece as explorações de Jasão. Para nós, ela é célebre principalmente por causa do longo poema erudito de Apolónio de Rodes, que a narra em pormenor. Na Antiguidade, ela conheceu uma grande popularidade; acaba por constituir um ciclo ao qual se ligaram, duma forma ou doutra, um grande número de lendas locais. Tal como dos *Poemas Homéricos*, também das aventuras da *Argo* se tiraram peças de teatro, poemas de toda a espécie. O romance de Medeia, sobretudo, seduziu os poetas (v. *Medeia*, *Jasão*).

ARIADNE. ('Αριάδνη.) Ariadne é a filha de Minos e de Pasífae (v. quadro 30, p. 312). Quando Teseu chegou a Creta para lutar com

Ariadne: APOLLOD., *Ep.*, I,9; PLUT., *Thes.*, 20; PAUSAN., I, 20, 3; X, 29, 4; CAT., LXIV, 116 e s; OV., *Her.*, X; *Met.*, VIII,174 e s.; HYG., *Fab.*, 43; cf. *Od.*, XI, 321 e s.; PROP., I,3,1 e s.; ERATOSTH., *Cat.*, 5. Cf. A VON SALIS, *Theseus und Ariadne, Festschr. der Arch. Ges. zu Berlin*, 1930; A. M. MARINI, *Il mito di Arianna...*, *A. e R.*, 1932, p. 60-97; 121-142, CH. F. HERBERGER, *The Thread of Ariadne, The labyrinth of Calendar of Minos*, New York, 1972; R. E. EISNER, *Ariadne in religion and myths, prehistory to 400 BC*, bin. Stanford Univ., 1971.

o Minotauro (v. *Teseu*), Ariadne viu-o e sentiu por ele um violento amor. Para lhe permitir descobrir o caminho no labirinto, onde se encontrava o Minotauro, deu-lhe um novelo de fio, que ele desenrolou, e que lhe indicou o caminho do regresso. Depois, fugiu com Teseu, para escapar à cólera de Minos. Contudo, não chegou a Atenas. Tendo feito escala na ilha de Naxos, Teseu abandonou-a, adormecida, junto do mar. As explicações que se dão desta traição variam segundo os autores. Ou terá sido porque Teseu amava outra mulher que ele abandonou deste modo Ariadne ou, então, terá sido por ordem dos deuses, pois os destinos não lhe concediam que a desposasse. Mas Ariadne, quando acordou de manhã e avistou, desaparecendo ao longe, as velas da embarcação do seu amante, não se abandonou por muito tempo à sua dor. Logo de seguida, chegaram Dioniso e o seu séquito. Fascinado pela beleza da jovem, o deus desposou-a e levou-a para o Olimpo. Como presente de núpcias deu-lhe um diadema de oiro, obra de Hefesto... Este diadema tornou-se depois uma constelação (v. também *Teseu*).

De Dioniso, Ariadne teve como filhos Toas, Estáfilo, Enópion e Peparetos. Uma outra tradição refere que Ariadne foi morta na ilha de Dia (mais tarde identificada com Naxos), pela deusa Ártemis, por ordem de Dioniso (v. outras versões da lenda de Ariadne no art. *Teseu*).

ARÍON. ('Αρείων.) Aríon é o nome do cavalo de Adrasto, na primeira expedição contra Tebas. Graças a ele, Adrasto seria o único a salvar-se entre os heróis que participavam naquela campanha. Após a derrota do exército de Argos, Aríon conduziu rapidamente o seu senhor para longe do campo de batalha e depositou-o em segurança na Ática, perto de Colono. A rapidez de Aríon já se revelara nos jogos fúnebres realizados em honra de Arquémoro (v. *Anfiarau*).

Sobre a origem de Aríon, contava-se a seguinte história: quando Deméter procurava por toda a parte a sua filha, raptada pelo seu tio, Hades (v. *Perséfone*), Posídon, que a amava, seguia-a por todo o lado, na sua caminhada. Para escapar às suas impertinências, Deméter resolveu transformar-se em égua e esconder-se no meio dos cavalos do rei Onco, em Telpusa, na Arcádia. Mas Posídon não se deixou enganar. Tomou também a forma dum cavalo e uniu-se assim disfarçado à deusa. Desta união nasceram uma donzela cujo nome era proibido referir (chamavam-na a Senhora ou a Ama), e um cavalo, Aríon. Este cavalo pertenceu primeiro a Onco, depois passou para Héracles, que o montou na expedição contra Élis e na luta contra Cicno.

ARÍON. ('Αρίων.) Aríon era um músico de Lesbos, que obtivera do seu mestre Periandro, o tirano de Corinto, a permissão de percorrer a Magna Grécia e a Sicília, ganhando dinheiro a cantar. Ao fim de algum tempo quis regressar a Corinto. Os escravos e os marinheiros do navio que o conduzia decidiram matá-lo e apoderar-se do dinheiro que levava consigo. Apolo apareceu-lhe, então, em sonhos, vestido como um citaredo, e disse-lhe que se acautelasse com os seus inimigos, prometendo-lhe ajuda. Quando Aríon foi atacado pelos conjurados, pediu-lhes que lhe concedessem a graça de o deixarem cantar pela última vez, o que lhe foi concedido. À sua voz acorreram os golfinhos, que são os animais favoritos de Apolo. Então Aríon, confiado no deus, lançou-se ao mar. Um golfinho recolheu-o e transportou-o sobre o dorso até ao cabo Ténaro. Uma vez em terra, dedicou um ex-voto a Apolo e dirigiu-se para Corinto, onde contou a sua história ao tirano. Entretanto, o navio dos seus assassinos chegava a Corinto. Periandro perguntou aos marinheiros por Aríon e estes responderam-lhe que ele morrera durante a viagem. Aríon mostrou-se, então, e os assassinos foram crucificados ou, segundo outros, empalados. Apolo, para lembrar este caso, transformou em constelações a lira de Aríon e o golfinho compassivo.

ARÍSTEAS. ('Αριστέας.) O poeta Arísteas do Proconeso, personagem meio mítica e meio histórica, morreu numa oficina de apisoador. Quando os seus amigos chegaram para levar o seu corpo, ele tinha desaparecido e foi impossível reencontrá-lo. Certos viajantes, nesse mesmo dia, disseram, ao chegar à cidade, que tinham encontrado no caminho Arísteas, dirigindo-se para Cízico. Reaparecia em ocasiões diversas e em locais diferentes. Sete anos mais tarde, Arísteas voltou e escreveu o seu poema dos *Arimaspos*. Pensava-se que, durante estes sete anos, teria acompanhado Apolo ao país mítico dos Hiperbóreos. O poema que escrevera desapareceu de novo.

ARISTEU. ('Αρισταῖος.) Filho da ninfa Cirene, a filha do rei dos Lápitas, Hipseu, que por sua vez era filho da Náiade Creúsa e do deus-rio tessálio Peneu (v. quadro 25, p. 268). Um dia em que caçava num vale do Pélion, Apolo viu Cirene e levou-a, no seu carro dourado, até à Líbia (v. *Cirene*). Aí, ela deu à luz um filho, Aristeu. Quando a criança nasceu, Apolo confiou-a à sua bisavó Geia (Creúsa era filha de Geia e de Posídon) e às Estações (as *Horas*). Segundo uma outra tradição, Aristeu foi educado pelo Centauro Quíron. Em seguida, as Musas completaram a sua educação ensinando-lhe a arte da medicina e da adivi-

Aríon: PAUSAN., VIII, 42, 1 e s.; VIII, 25, 7 e s.; TZETZ., *ad Lyc.*, 153; 766; *Il.*, XXIII, 346 e s., escól. *ad loc.*; APOLLOD., *Bibl.*, III, 6, 8.

Aríon: SERV., *ad* VIRG., *Ecl.*, VIII, 55; OV., *Fast.*, II, 79 e s.; HYG., *Astr. Poet.*, II, 17; *Fab.*, 194; escól. *ad* ARAT., p. 165 (Br.); cf. HEROD., I, 24.

Arísteas: PLUT., *Qu. Rom.*, 28, cf. HEROD., VI, 13 e s.

Aristeu: PAUSAN., VIII, 2, 4; X, 17, 3 a 5; 30, 5; NONN. *Dion.*, V, 229 e s.; XIII, 300 e s.; APOL. RH., *Arg.*, II, 500 e s., e escól. *ad loc.*; HES., *Theog.*, 977; OV., *Pont.*, IV, 2, 9; VIRG., *Georg.*, IV, 317 e s.; CIC., *De div.*, I, 57. Cf., C. OPHEIM in *Iowa Stud. in Class. Philol.*, IV, 1936.

nhação. Elas confiaram-lhe o cuidado dos seus rebanhos de carneiros, que pastavam na planície de Ftia, na Tessália. As Ninfas ensinaram-lhe também a arte dos lacticínios e da apicultura, bem como o cultivo da vinha. Ele, por sua vez, ensinou aos homens o que aprendera das deusas.

Desposou a filha de Cadmo, Autónoe, que lhe deu um filho, Actéon. Atribui-se-lhe ainda uma série de invenções referentes à caça, designadamente os fossos e as redes. Tal como ele, Actéon será um caçador, o que causará, por fim, a sua ruína (v. a sua lenda).

Virgílio refere como Aristeu tinha um dia perseguido Eurídice, a mulher de Orfeu, ao longo dum rio. Eurídice foi mordida por uma serpente, enquanto fugia, e morreu. Esta morte excitou contra Aristeu a ira dos deuses, que o castigaram lançando uma epidemia que dizimou as suas abelhas. Desesperado, Aristeu solicitou ajuda a sua mãe, a ninfa Cirene, que habitava sob as águas do Peneu, num palácio de cristal. Levado à sua presença, ele escutou de sua mãe preciosos conselhos. Cirene informou-o de que só o deus marinho Proteu lhe poderia dizer a causa da infelicidade que o perseguia. Aristeu foi interrogar Proteu e surpreendeu-o repousando sobre um rochedo, no meio de um rebanho de focas que ele guardava, por conta de Posídon. Aproveitando do sono de Proteu, Aristeu acorrentou-o e obrigou-o, deste modo, a responder-lhe, pois Proteu não gostava de ser interrogado. Desta vez, revelou a Aristeu que os deuses o castigavam pela morte de Eurídice e deu-lhe conselhos sobre a forma de procurar novos enxames.

Conta-se também que Aristeu participou, à frente dum exército da Arcádia, na conquista da Índia, ao lado de Dioniso. Numa ocasião em que uma peste devastava as cidades, na estação em que a estrela Sírio traz os dias mais quentes do ano, os habitantes pediram a Aristeu que lhes desse um remédio para este flagelo. Por ordem de seu pai, Aristeu acedeu a socorrer os infelizes e estabeleceu-se em Ceos. Elevou aí um altar a Zeus e ofereceu, todos os dias, sobre as montanhas, sacrifícios a Sírio e a Zeus. Este, tocado pelas suas preces, enviou ventos etésios para refrescar a atmosfera e purificar o ar. Desde então, todos os anos, este vento sopra na estação quente e purifica o ar das cidades.

Venera-se Aristeu na Arcádia, onde ele tinha introduzido a criação de abelhas. Veneram-no também na Líbia, na região de Cirene, onde se dizia que tinha seguido a sua mãe e plantado a preciosa planta que se chama *sílfio*, donde se extrai um remédio e uma especiaria.

ARISTODEMO. (Ἀριστόδημος.) Um dos Heraclidas, é filho de Aristómaco que, por sua vez é bisneto de Héracles (v. quadro 18, p. 220). Tem como irmãos Témeno e Cresfontes, os conquistadores do Peloponeso. Encontrando-se com seu irmão Témeno em Naupacto, enquanto se faziam os preparativos na frota e no exército que permitiriam a conquista, Aristodemo foi atingido por um raio, a pedido de Apolo, que o queria punir por não ter consultado o oráculo de Delfos. Uma outra tradição pretendeu que ele teria sido morto pelos filhos de Pílades e Electra, Medonte e Estrófio. Finalmente, os Lacónios asseguravam que ele não tinha sido morto, mas que participara na conquista com os seus irmãos, e obtivera como quinhão a Lacónia, onde reinava, deixando após a sua morte o trono como herança aos seus filhos, Eurístenes e Procles, que ele tivera de Autésio (v. *Teras* e quadro 37, p. 438).

ARQUELAU. (Ἀρχέλαος.) Arquelau é filho de Témeno, e um dos descendentes de Héracles (v. quadro 18, p. 220). Banido da cidade de Argos pelos seus irmãos, dirigiu-se para a Macedónia, para junto do rei Cisseu. Este encontrava-se nesse momento cercado de inimigos e prestes a ser derrotado. Cisseu prometeu-lhe a sua filha e o reino se ele o conseguisse salvar daquela situação. Fiel ao exemplo do seu antepassado Héracles, Arquelau, num só combate, restabeleceu a calma e salvou Cisseu. Mas este, influenciado por maus conselheiros, recusou-lhe a recompensa que prometera e, para apagar qualquer vestígio da sua má-fé, deliberou matar Arquelau. Para isso, mandou abrir uma grande fossa, que encheu de carvões ardentes e cobriu-a com uma leve ramagem. A sua intenção era matar aí Arquelau. Este, porém, avisado da armadilha por um escravo do rei, solicitou a Cisseu uma audiência secreta e precipitou-o na fossa. De seguida, por ordem dum oráculo de Apolo, deixou a cidade e seguiu uma cabra que encontrou no caminho. A cabra conduziu-o até ao local da cidade de Ege, na Macedónia. Aí, Arquelau fundou a cidade a que deu o nome de Ege, em honra da cabra que o conduzira (do grego αἴξ). Arquelau passava por ser o antepassado directo de Alexandre da Macedónia.

ARQUÉMORO. V. o artigo *Anfiarau.*

ÁRTEMIS. (Ἄρτεμις.) É identificada em Roma com a Diana itálica e latina. Ainda que certas tradições façam dela a filha de Demé-

---

Aristodemo: Apollod., *Bibl.*, II, 8, 2; Pausan., II, 18, 7; III, 1, 5; IV, 3, 4; Herod., VI, 52; IV, 147. V. *Procles.*

Arquelau: Hyg., *Fab.*, 219; Eur., trag. perdida *Arquelau* (v. *Fragm. trag. gr.*, ed. Nauck, p. 339 e s.). Cf. W. Klinger, *Essai d'une reconstitution d'Archelaos, tragédie d'Euripide* (V. B. A. P. C., 1935, p. 99-103).

Ártemis: *Il.*, XXI, 470-507; Hes., *Theog.*, 918; *Hym. hom. Art.*; Apollod., *Bibl.*, I, 4, 1; 6, 2 e 5; 4.3; III, 4,3, 8, 2; etc., *Od.*, V, 123 e s.; Pausan., VIII, 27, 17, etc.; Eur., *Iph. Taur.*, *Iph. Aul.*; Call., *Hymn. hom. Art.*, Cf. L. R. Farnell, *The Cults of the Greek States*, Oxford, 1896, t. II, p. 425 e s; Ch. Picard, *Ephèse et Claros*, Paris, 1922; L. Chirassi, *Miti e culti arcaici di Artemis...*, Trieste, 1964; K. Hoenn, *Artemis — Gestaltwanel einer Göttin*, Zurich, 1946; M. S. Ruipérez, «*Ártemis*, divinidad dorio-ilinia, Etimologia y expansión», *Emerita*, XV (1946), 1-60; C. L. Trachy, *The mythology of Artemis and her role in Greek popular religion*, Din. Florida State Univ., 1977.

ter, ela é geralmente considerada como a irmã gémea de Apolo, como ele filha de Leto e de Zeus. Ártemis nasceu em Delos, em primeiro lugar e, uma vez nascida, ajudou sua mãe a dar à luz o seu irmão (v. *Apolo*). Ártemis permaneceu virgem, eternamente jovem, o tipo da donzela selvagem que se compraz apenas na caça. Tal como seu irmão, usa o arco como arma. Serve-se dele contra os veados, que persegue em corrida, e também contra os humanos. É ela que envia às mulheres que morrem de parto o mal que as vitima. As suas flechas dão morte súbita, sobretudo as que não provocam qualquer dor. É vingativa e foram numerosas as vítimas da sua cólera. Um dos seus primeiros actos foi, com seu irmão, executar os filhos de Níobe. Enquanto Apolo matava, uns após outros, os seis rapazes durante uma caçada no monte Citéron, Ártemis matava as seis donzelas que tinham ficado em casa (v. *Níobe*). Este acto impusera-se às duas divindades por causa do seu amor para com a mãe, que Níobe havia insultado. Foi também para defender Leto que as duas crianças recém-nascidas mataram o dragão que as vinha atacar (v. *Apolo*). Foi igualmente por causa dela que eles atacaram e mataram Tício, que tentava violar Leto (v. *Tício*).

Ártemis participou no combate contra os Gigantes. Era seu adversário o gigante Grácio, que matou com a ajuda de Héracles. Provocou ainda a morte de outros dois monstros, os Alóadas (v. a sua lenda). Atribuiu-se-lhe também a morte do monstro Búfago (o Devorador de Bois) na Arcádia.

Entre as vítimas de Ártemis figura ainda Oríon, o caçador gigante. O motivo que a levou a matá-lo diverge segundo as tradições: nuns casos, Oríon incorreu na cólera da deusa ou porque a desafiou no disco, ou porque tentou raptar uma das suas companheiras, Ópis, que ela mandara vir do país dos Hiperbóreos. Noutros, ainda, Oríon terá ousado mesmo violar Ártemis. Esta enviou-lhe um escorpião que o matou com a sua mordedura. Um outro caçador, Actéon, filho de Aristeu, ficou a dever também a sua morte à cólera de Ártemis (v. a sua lenda). Esteve igualmente na origem da caçada de Cálidon, que devia provocar o fim de Meleagro, *o Caçador*. Foi por Eneu se ter esquecido de sacrificar a Ártemis, quando oferecia as primícias das suas colheitas a todas as divindades, que ela assolou o seu país com a presença assustadora dum javali de dimensões fora do vulgar (v. *Meleagro*). Uma das versões da lenda de Calisto atribui-lhe a morte da jovem, que ela matou com uma flecha, a pedido de Hera ou, então, para a punir por se ter deixado seduzir por Zeus, quando ela se tinha transformado em ursa (v. *Calisto*). Todas estas lendas são relatos de caça, que nos apresentam uma deusa selvagem dos bosques e montanhas, na companhia habitual de feras.

Um episódio dos trabalhos de Héracles conta como o herói recebera de Euristeu a ordem de lhe trazer o veado dos cornos de oiro, consagrado a Ártemis. Héracles, não querendo nem ferir nem matar o animal, perseguiu-o durante um ano inteiro. Por fim, cansado, matou-o. De imediato, Ártemis e Apolo se lhe dirigiram, pedindo-lhe contas. O herói conseguiu acalmá-los lançando sobre Euristeu a responsabilidade desta caçada (v. *Héracles*). O mesmo tema surge na história de Ifigénia: era já antiga a cólera da deusa contra a família (v. *Atreu*), mas ela foi despertada por uma frase infeliz de Agamémnon que, tendo morto um veado durante uma caçada, na altura em que, em Áulis, ele esperava vento favorável para partir para Tróia, exclamou: «Nem sequer Ártemis o teria conseguido matar desta forma!» Ártemis enviou então uma calmaria que imobilizou toda a frota. Tirésias, o adivinho, revelou a causa daquele contratempo, acrescentando que o único remédio seria sacrificar a Ártemis Ifigénia, a donzela filha do rei. Mas a deusa não esteve de acordo com este sacrifício e, no derradeiro momento, substituiu a jovem por uma corça, arrebatando-a e levando-a para Táurica, como sacerdotisa do culto que lhe prestavam nesse longínquo país (a Crimeia).

Ártemis era honrada em todos os países montanhosos e selvagens da Grécia: na Arcádia e na região de Esparta, na Lacónia, no monte Taígeto; na Élide, etc. O seu santuário mais célebre no mundo grego era o de Éfeso, onde Ártemis se substituíra a uma antiga deusa asiática da fecundidade. Os antigos já interpretavam Ártemis como uma personificação da Lua, que vagueia nas montanhas. O seu irmão Apolo era também habitualmente olhado como a personificação do Sol. Mas é certo que nem todos os cultos de Ártemis são cultos lunares, e que no panteão romano a deusa ocupara o lugar da Dama das Feras revelada pelos monumentos religiosos cretenses. Ela assimilou igualmente cultos bárbaros, como o de Táurica, caracterizado por sacrifícios humanos (v. *Anfístenes*).

Considerava-se Ártemis como a protectora das Amazonas, como ela guerreiras e caçadoras e, também como ela, libertas do jugo do homem. Sobre as suas relações com a magia, v. o artigo consagrado a *Hécate*.

ASCÁLAFO. (Ἀσκάλαβος.) Quando Deméter percorria a terra à procura de sua filha, atravessou a Ática e, aí, teve muita sede. Uma mulher, Misme, deu-lhe de beber e a deusa bebeu de um só trago, tão avidamente que fez rir o filhinho de Misme, Ascálabo. Irritada, a deusa despejou-lhe em cima o resto da água e o pequeno tornou-se um lagarto sarapintado.

ASCÁLAFO. (Ἀσκάλαφος.) **1.** Ascálafo era o filho de uma ninfa do Estige e do Aqueronte. Encontrava-se ele no Jardim de Hades quando Perséfone comeu aí um grão de romã, interrompendo deste modo o jejum e tornando impossível, sem o saber, toda a esperança de voltar a ver a luz do dia (v. *Perséfone*). Ascálafo

Ascálabo: Ant. Lib., *Tr.*, 24; cf. Ov., *Met.*, V, 446 e s.

Ascálafo: **1)** Apollod., *Bibl.*, I, 5, 3; II, 5, 12; Ov., *Met.*, V, 539. **2)** Pausan., IX, 37, 7.

viu-a e denunciou-a. Furiosa, Deméter transformou-o em coruja. Uma versão diferente refere que Ascálafo foi colocado pela deusa debaixo de uma pesada pedra, pedra essa que Héracles deslocou quando desceu ao Hades. Só então Ascálafo, num segundo castigo, foi transformado em coruja.

2. Para Ascálafo, filho de Ares, v. *Iálmeno*.

***ASCÂNIO.** ('Ασκάνιος.) Ascânio é o filho de Eneias e de Creúsa. Pelo lado da mãe, é neto de Príamo, e pelo lado do pai, é neto de Afrodite (v. *Anquises* e o quadro 35, p. 394). Uma outra tradição atribui-lhe como mãe Lavínia, a filha do rei Latino (v. *Eneias*). Segundo esta tradição, Ascânio teria nascido apenas depois da chegada de Eneias à Itália.

A versão mais antiga da lenda conta como Ascânio foi transportado por seu pai, juntamente com Creúsa e Anquises, na altura da tomada de Tróia. Depois, ele teria sido enviado por seu pai para a Propôntide, onde reinou até regressar a Tróia com Escamândrio, o filho de Heitor, para restaurar a cidade. Uma outra tradição refere, pelo contrário, que Ascânio acompanhou o seu pai à Itália, mas que, na sua velhice, Eneias voltou com ele à Ásia, reinou em Tróia e, por morte, legou o reino ao filho. A tradição mais viva, todavia, a que se liga a lenda romana de Eneias, representa Ascânio fixado na Itália, onde deixou descendência.

Foi sobretudo a *Eneida* que desenvolveu a personalidade do pequeno Ascânio. Virgílio mostra-o como um adolescente, ainda criança, mas quase um homem. Ascânio participa nos Jogos Troianos em honra de Anquises, após a morte deste. Caça nas florestas do Lácio e desencadeia, pela sua imprudência ao matar uma corça sagrada, as hostilidades com os indígenas. Objecto de profunda afeição por parte de seu pai, esperança dos Troianos proscritos, ele goza da excessiva indulgência de Vénus, sua avó.

Após a morte de Eneias, a lenda conta que Ascânio reinou sobre os Latinos. Mostram-no em luta contra os Etruscos, sobre quem teria obtido uma vitória nas margens do Numício. Trinta anos após a fundação de Lavínio por Eneias, Ascânio fundou Alba Longa, a cidade-mãe de Roma, no local onde outrora Eneias sacrificara uma javalina branca com as suas trinta crias. Foi forçado a isso pela hostilidade dos Latinos, que tomaram partido contra ele, a favor da viúva de Eneias, a sua madrasta Lavínia. Esta, após o desaparecimento de Eneias, encontrando-se grávida, refugiara-se na floresta, pois receava que o seu enteado desse a morte ao seu futuro filho. Refugiou-se junto de um pastor, Tirro, ou Tirreno, e foi aí que ela deu à luz um filho, chamado Sílvio. Tirro excitou contra Ascânio a cólera do povo latino. Depois da morte de Ascânio, Sílvio sucedeu-lhe no trono de Alba.

Ascânio é frequentemente chamado *Iulo*, e é este o nome que permitia à família romana dos *Iulii* considerá-lo como seu antepassado (v. *Afrodite*).

ASCLÉPIO. ('Ασκληπιός.) Asclépio, o Esculápio dos Latinos, é simultaneamente o herói e o deus da Medicina. É filho de Apolo, mas as lendas respeitantes ao seu nascimento são bastante díspares. Muito frequentemente — e é esta a versão seguida sobretudo por Píndaro — conta-se que Apolo possuíra Corónis, a filha do rei Flégias, da Tessália (v. *Flégias*) e a deixara grávida. Mas enquanto guardava a criança no ventre, Corónis cedera ao amor de um mortal, Ísquis, filho de Élato. Avisado desta falta pela indiscrição de uma gralha (ou ainda pela sua intuição), Apolo matou a infiel e, no momento em que o corpo de Corónis estava colocado sobre a fogueira para ser queimado, Apolo arrancou-lhe do seio a criança ainda viva. Foi deste modo que nasceu Asclépio. Segundo outra versão, destinada a explicar por que razão Asclépio era o grande deus de Epidauro, no Peloponeso, Flégias, como grande ladrão que era, chegara a esta região para se inteirar das suas riquezas e dos meios para delas se apoderar. Vinha acompanhado de sua filha. Esta, no decurso da viagem, fora seduzida por Apolo e dera à luz em segredo um filho, em terras de Epidauro, junto de uma montanha chamada Mírtio, onde o abandonara em seguida. Mas uma cabra veio amamentar a criança, e um cão guardá-la. O pastor Arestanas, a quem pertenciam a cabra e o cão, encontrou o menino e ficou espantado com o brilho que o rodeava. Compreendeu que estava perante um mistério e não ousou recolher o bebé. Este prosseguiu sozinho o seu destino divino.

Uma outra versão apresentava como mãe de Asclépio Arsínoe, filha de Leucipo. Esta era a tradição micénica que procurava harmonizar-se com as outras, assegurando que a criança era filha de Arsíone, mas tinha sido alimentada por Corónis.

Asclépio foi confiado pelo pai ao Centauro Quíron, que lhe ensinou a medicina. Asclépio

---

Ascânio: Virg., *Aen., passim*; *not.* VII, 483-492.; Liv., I, 1 e s.; Serv., *ad. Virg., Aen., passim*; Dion. Hal., I, 53 e s.; Conon, *Nar.*, 41; Hyg., *Fab.*, 254; 273; Arnob., *Adv. Nat.*, II, 71. V. J. Perret, *Les origines de la légende troyènne.*

Asclépio: *Hym. hom. Ascl.*, Pind., *Pyth.*, III, e escól. a 14; 96; Hes., fr. 109; 110; 147; 148; Apollod., *Bibl.*, III, 10, 3 e s.; Diod. Sic., IV, 71; V, 74; Ov., *Met.*, II, 535 e s.: Serv., *ad Virg.*, *Aen*, VI, 617; VII, 761; XI, 259; Hyg., *Fab.*, 202; *Astr. Poet.*, II, 40; Pausan., II, 26, 3 e s.; IV, 3, 2; 32, 12; cf. *Rev. Arch.*, 1889, p. 70; *Hym. hom. Ascl.* (inscr. de Epidauro) = Collitz e Bechtel, *Samml. der gr. Dial. Inschr.*, III, p. 162 e s.; n.º 3342; Cic., *de nat. D.*, III, 22, 57, Apol. Rh., *Arg.*, IV, 526 e s.; Lact. Plac. *ad. Stat.*, *Th.*, III, 506; Ant. Lib., Tr, 20; escól. *ad* Eur., *Alc.*, 1; Ov., *Fast.*, V, 735 e s.; Arnob., *Adv. Nat.*, I, 30; 36; 41; IV, 15. Cf. Fernand Robert, *Tímele*, Paris, 1939. R. Herzog, *Die Wunderheilungen von Epidauros, Philol.*, Suppl., 1931; E. e L. Edelstein, *Asclépios*, Baltimore, 1945; H. Grégoire, R. Goosens, M. Mathieu, *Asklépios, Apollon Smintheus...*, Bruxelles, 1950; E. H. Ackerknecht, *Das Reich des Asklépios*, Berne, 963.

adquiriu rapidamente grande destreza nesta arte. Descobriu, inclusivamente, o meio de ressuscitar os mortos. Na verdade, ele recebera de Atena o sangue que escorrera das veias da Górgona; enquanto as veias do lado esquerdo tinham espalhado um veneno violento, o sangue do lado direito era benéfico e Asclépio sabia utilizá-lo para dar vida aos mortos. O número de pessoas que ele ressuscitou deste modo é considerável. Entre elas conta-se Capaneu, Licurgo (provavelmente durante a guerra contra Tebas, em que figuraram entre as vítimas dois heróis com este nome), Glauco, o filho de Minos, e, o mais comummente referido, Hipólito, filho de Teseu (v. *Fedra*). Zeus, perante estas ressurreições, receou que Asclépio alterasse a ordem do mundo e fulminou-o. Para se vingar, Apolo matou os Ciclopes (v. *Apolo*). Após a sua morte, Asclépio foi transformado em constelação e tornou-se o Serpentário.

Alguns testemunhos tardios mostram Asclépio participando na caçada de Cálidon e na expedição dos Argonautas. Mas, de um modo geral, permanece afastado dos ciclos lendários. Atribuem-se-lhe dois filhos, os dois médicos Podalírio e Macáon, já referidos na *Ilíada*. Fases posteriores da lenda atribuem-lhe, depois, uma mulher, Epíone, e filhas: Aceso, Iaso, Panaceia, Egle e Hígia (v. estes nomes). O culto de Asclépio, que se verifica na Tessália, em Trica, donde é, talvez, originário, fixou-se principalmente em Epidauro, no Peloponeso, onde se desenvolveu uma verdadeira escola de medicina, cujas práticas eram sobretudo mágicas, mas que preparou o advento de uma medicina mais científica. Esta arte era praticada pelos Asclepíades, ou descendentes de Asclépio. O mais célebre é Hipócrates, cuja família se ligava ao deus.

As insígnias usuais de Asclépio eram umas serpentes enroladas à volta de um pau, mas também pinhas, coroas de loureiros, eventualmente uma cabra ou um cão.

ÁSIA. ('Ασία.) Ásia é a filha de Oceano e Tétis (v. quadro 38, p. 452). Ela deu o nome ao continente asiático. Unida a Jápeto, gerou Atlas, Prometeu, Epimeteu e Menécio.

ASOPO. ('Ασωπός.) Deus do rio homónimo. Segundo os autores, passa por ser o filho de Posídon e de Pero, de Zeus e de Eurínome, ou ainda, tal como todos os rios, de Oceano e Tétis. Desposou Métope, a filha do rio Ládon, e dela teve dois filhos, Ismeno e Pélagon, além de vinte filhas. Diodoro só nomeia doze: Córcira, Sálamis, Egina, Pirene, Cleona, Tebe, Tânagra, Téspia, Asópis, Sínope, Énia (ou Órnia), Cálcis. Atribui-se-lhe também a paternidade de Antíope, a mãe de Zeto e de Anfíon, e a de Platea (v. também *Ismene*, 1, e, sobretudo, *Egina*).

ÁSPALIS. ('Ασπαλίς.) Militeu, o filho de Zeus e da ninfa Ótris, miraculosamente alimentado por um enxame de abelhas nos bosques onde sua mãe o expusera, partira para a Tessália onde fundou uma cidade, chamada Meliteia (v. *Meliteu*). Reinou aí como tirano, raptando as donzelas e pondo-as ao seu serviço. Uma delas, Áspalis, filha de um tal Argeu, agradou-lhe e ele ordenou que a trouxessem à sua presença. A jovem enforcou-se antes da chegada dos soldados, enviados para a levarem. O irmão, Astígites, vestiu a roupa da sua irmã, escondeu uma espada debaixo do vestuário e deixou-se conduzir como se fosse Áspalis. Depois, quando se encontrou em frente do tirano, matou-o. Os habitantes da cidade lançaram o cadáver ao rio e concederam o poder a Astígites. Quando foram à procura do cadáver de Áspalis, aperceberam-se de que ele desaparecera, e que, em seu lugar, os deuses tinham posto uma estátua de madeira, a que se prestou culto.

ASSÁON. ('Ασσάων.) Pai de Níobe, na versão lídia da lenda. Como o seu genro, Filoto, tinha sido morto na caça, no cimo do monte Sípilo, Assáon quis unir-se, criminosamente, à sua própria filha. Níobe recusou. Então, Assaón convidou os vinte filhos de Níobe para um banquete e fê-los morrer a todos pelo fogo. Desesperada, Níobe atirou-se do alto de uma falésia. Assáon, tendo enlouquecido, matou-se igualmente.

ASTÉRIA. ('Αστερία.) **1.** Astéria é filha do Titã Ceu e de Febe, a irmã de Leto, filha, como ela, de Úrano (o Céu) e de Geia (a Terra). Amada por Zeus, transformou-se em codorniz para escapar às suas perseguições e lançou-se ao mar, onde ficou sendo uma ilha, com o nome de Ortígia (a Ilha das Codornizes), aquela que, mais tarde, foi denominada Delos, depois que Leto aí deu à luz os seus dois filhos. De Perses, ela concebeu Hécate (v. quadro 33, p. 392).

2. Uma outra Astéria (ou Astérope), filha de Díon e de Diomede, desposou Foco, filho de Éaco. É a mãe de Panopeu e de Criso (v. estes nomes, e os quadros 22, p. 244, e 31, p. 352).

ASTÉRION. ('Αστερίων.) Astérion, ou Astério, filho de Téctamo ou de Doro, e de uma filha de Creteu, era um rei de Creta, que desposou Europa, depois de esta ter sido seduzida por Zeus. Astérion adoptou os filhos nascidos desta união divina: Minos, Sarpédon, Radamante (v. quadro 30, p. 312).

Ásia: HES., *Theog.*, 539; APOLLOD., *Bibl.*, I, 2, 2 e 3.

Asopo: APOLLOD., *Bibl.*, III, 12, 6; DIOD. SIC., IV, 72; escól. *ad* PIND., *Olymp.*, VI, 144; *Isthm.*, VII, 39; OV., *Am.*, III, 6, 3; escól. *ad Il.*, VI, 153; EUR., *Iph. Aul.*, 697; ANT. LIB., *Transf.*, 38; HYG., *Fab.*, 52; PAUSAN., IX, 3, 3, cf. C. M. BOWRA, *The daughters of Asopus Hermes*, 1938, pp. 213-221.

Áspalis: ANT. LIB., *Transf.*, 13.

Assáon: PARTH., *Erot.*, 33; cf. escól. *ad Il.*, XXIV, 613 e 617; *ad* EUR., *Phoen.*, 159.

Astéria: **1)** HES., *Theog.*, 414 e s.; APOLLOD., *Bibl.*, I, 2, 2 e 4; HYG., *Fab.*, 53; SERV., *ad VIRG.*, *Aen.*, III, 73. V. *Latona* e *Apolo*. Cf. OV., *Met.*, VI, 108. **2)** V. *Criso*.

Astérion: APOLLOD., *Bibl.*, III, 1, 2; DIOD. SIC., IV, 60. **2)** Escól. *ad Il.*, XII, 292.

ASTÍANAX. ('Αστυάναξ.) Filho de Heitor e de Andrómaca, seu pai chamava-lhe Escamândrio, por causa do nome do rio que banhava Tróia, mas o povo chamava-lhe Astíanax (o Príncipe da Cidade), como sinal de gratidão para com Heitor. Ainda criança, ao colo de sua mãe, ele surge na cena de despedida de Andrómaca e Heitor, brincando inocentemente com o penacho do elmo do pai. Após a morte de Heitor e a tomada de Tróia, Astíanax foi reclamado pelos chefes gregos, designadamente por Ulisses, que lhe deram a morte precipitando-o do alto de uma torre. Uma tradição mais recente refere que Astíanax não foi morto, mas fundou uma nova Tróia (v. *Ascânio*).

ASTIMEDUSA. ('Αστυμέδουσα.) Astimedusa é a filha de Esténelo (v. quadro 32, p. 370). Desposada por Édipo (segundo uma obscura versão da lenda de Édipo), depois da morte de Jocasta, teria caluniado junto do pai os seus dois enteados, Etéocles e Polinices, alegando que eles lhe queriam mal. Édipo amaldiçoou então os dois filhos. Terá sido esta a origem do litígio entre os dois príncipes.

ASTREIA. ('Αστραία.) Nome da Virgem (a constelação), do tempo em que ela reinava sobre a Terra. Filha de Zeus e de Témis (a Justiça), irmã do Pudor (*Pudicitia*), ela espalhava entre os homens os sentimentos de justiça e de virtude. Isto passava-se no tempo da Idade de Ouro. Mas depois que os mortais degeneraram e a inclinação para o mal se espalhou pelo mundo, Astreia subiu de novo ao céu, onde se tornou a constelação da Virgem. Diz-se também que, antes de deixar a Terra, ela se demorou ainda algum tempo entre os camponeses, no campo (v. também *Justiça*).

ATALANTA. ('Αταλάντη.) Heroína que ora nos surge ligada ao ciclo arcádico ora relacionada com as lendas beócias. Umas vezes, na verdade, é considerada como a filha de Íaso (ou Iásio), que é filho de Licurgo e descendente de Árcade (a sua mãe, neste caso, é Clímene, filha de Mínias, o rei de Orcómeno); outras vezes (segundo Eurípides, por exemplo), Atalanta tem por pai Ménalo, o epónimo do monte Ménalo; noutros casos ainda (e esta é a versão mais difundida depois de Hesíodo), ela é a filha de Esqueneu, que é um dos filhos de Átamas e de Temisto (v. quadro 34, p. 392) e o epónimo da cidade beócia de Esqueno.

Como o seu pai só queria rapazes, expôs a criança, aquando do seu nascimento, sobre o monte Parténio. Uma ursa alimentou-a até ao dia em que apareceram uns caçadores que a recolheram e criaram no seu meio. Tendo atingido a idade núbil, Atalanta não se quis casar, mas permaneceu virgem e, tal como a sua patrona Ártemis, entregou-se à caça nos bosques. Os Centauros Reco e Hileu tentaram violá-la, mas ela matou-os com as suas flechas. Participou na caça do javali de Cálidon e desempenhou aí um papel importante (v. *Meleagro*). Nos jogos fúnebres celebrados em honra de Pélias, ganhou o prémio da corrida e ainda o da luta, batendo-se com Peleu.

Atalanta não queria casar-se, quer por uma questão de fidelidade a Ártemis quer porque um oráculo lhe anunciara que, caso se casasse, seria transformada num animal. Por isso, para demover os pretendentes, ela anunciara que só desposaria o homem capaz de a vencer na corrida. Se ela saísse vitoriosa daria a morte ao pretendente. Ora Atalanta era muito ágil e, na corrida, muito veloz. Dizem que ela começava por conceder um ligeiro avanço ao seu concorrente e perseguia-o, armada de uma lança, com que o trespassava no momento em que o alcançava. Muitos jovens tinham já encontrado assim a morte, quando surgiu um novo pretendente, que tanto dizem chamar-se Hipómenes, filho de Megareu, como Melânion (ou Milânion), filho de Anfidamante, e, portanto, primo de Atalanta (na versão em que esta é filha de Íaso, v. quadro 28, p. 282). Este novo recém-chegado trazia consigo umas maçãs de oiro que Afrodite lhe dera. Estas maçãs eram provenientes, ou de um santuário da deusa em Chipre, ou do Jardim das Hespérides. Durante a corrida, no momento em que iria ser alcançado, o jovem lançou para a frente de Atalanta, um a um, os frutos dourados. Atalanta, levada pela curiosidade (ou talvez mesmo apaixonada pelo seu pretendente e bastante satisfeita por poder ela própria viciar a competição), deteve-se o tempo de os recolher e, deste modo, Melânion, ou Hipómenes, recebeu, como vencedor, o prémio que fora acordado.

Mais tarde, no decurso de uma caçada, os dois esposos entraram num santuário de Zeus (ou mesmo de Cíbele) e aí se saciaram de amor. Indignado com tal sacrilégio, Zeus transformou-os ambos em leões (o que se explica pela crença de que os leões não se uniam entre si, mas a leopardos). Na região de Epidauro chamava-se a atenção para uma fonte de Atalanta. Sentindo sede, durante a caçada, Atalanta teria ferido o rochedo com a sua lança e uma nascente teria jorrado.

Atalanta teve do seu marido — ou de Ares ou então de Meleagro — um filho, Partenopeu, que tomou parte na primeira expedição contra Tebas (v. *Partenopeu*).

Astíanax: *Il.*, VI, 400 e s.; XXIV, 734 e s.; EUR., *Tr.*, *passim*; PAUSAN., X, 25, 9; EUR., *Andr.*, 10; OV., *Met.*, XIII, 415; HYG., *Fab.*, 109; escól. *ad Il.*, XXIV, 735.

Astimedusa: Escól. *ad Il.*, IV, 376.

Astreia: HYG., *Astr. Poet.*, II, 25; OV., *Met.*, I, 149; JUV., *Sat.*, VI, 19 e s.

Atalanta: APOLLOD., *Bibl.*, I, 8, 2; III, 9, 2; CALLIM., *Hymn. ad Art.*, 221 e s.; DIOD. SIC., IV, 34; 65; escól. *ad* EUR., *Phoen.*, 151; cf. *Trag. Gr. Fragm.*, Nauck. p. 525 e s.; XENOPH., *Cyn.*, 1, 7; APOL. RH., *Arg.*, I, 769 e s.; PROP., I, 1, 9 e s; OV., *Met.*, VIII, 316 e s.; X, 560 e s.; *Ars. Am.*, II, 185 e s.; *Am.*, III, 2, 29 e s.; SERV., *ad Virg.*, *Aen.*, III, 113; PAUSAN., III, 24, 2; V, 19, 2; VIII, 35, 10; 45, 2; 6; HYG., *Fab.*, 70; 99; 73; 74; 185; 244; 270; AEL., *VH*, XIII, 1: PALEPH., *Incr.*, 14. V. *Meleagro*.

ÁTAMAS. (Ἀθάμας.) Rei beócio, que reinava no país de Queroneia, ou então, segundo outros, sobre Tebas. É filho de Éolo e neto de Heleno (v. quadro 8, p. 116). A sua lenda foi tema de várias tragédias e está cheia de episódios complexos, por vezes contraditórios. Átamas casou-se três vezes e é a história desses casamentos que constitui o pretexto para os desenvolvimentos romanescos dum mito bastante antigo.

Na versão mais célebre, e que certamente tem a sua origem no *Frixo* de Eurípides (que se perdeu), Átamas desposara, em primeiras núpcias, Néfele, que lhe dera um filho, Frixo, e uma filha, Hele. Depois, ele teria repudiado Néfele e casado com a filha de Cadmo, Ino. Deste segundo casamento nasceram dois filhos, Learco e Melicerta. Ino, ciumenta dos filhos do primeiro casamento, planeou matá-los e, para isso, imaginou o seguinte estratagema: começou por convencer as mulheres do país a torrar a semente do trigo. Os homens semearam o trigo, mas nada germinou. Naturalmente que, perante este aparente prodígio, Átamas mandou consultar o oráculo de Delfos. Ino subornou os mensageiros que regressaram com a resposta de que para fazer cessar aquela escassez de cereal, o deus exigia o sacrifício de Frixo. Este estratagema acabou por não resultar. Já Frixo tinha sido conduzido para o altar (bem como a sua irmã, segundo algumas tradições) e ia ser imolado, quando Néfele lhe deu um carneiro com um velo de ouro, presente de Hermes, que arrebatou pelos ares os dois jovens, livrando-os do perigo. Frixo teve a sorte de alcançar a Cólquida, enquanto a sua irmã se afogava (v. *Hele*, *Frixo*).

Uma outra tradição afirmava que o mensageiro subornado por Ino ter-se-ia mesmo compadecido de Frixo e revelado o ardil a Átamas. Este, ao saber do crime de que sua mulher se tornara culpada, ordenou que a sacrificassem em vez de Frixo, conjuntamente com o seu filho, o pequeno Melicerta. Mas quando os conduziam ao altar, Dioniso teve pena daquela que fora a sua ama de leite (v. *infra*); rodeou-a duma nuvem que a tornou invisível e lhe permitiu escapar-se com Melicerta. Em seguida, feriu Átamas de loucura. Átamas matou o seu filho mais novo, Learco, lançando-o num caldeirão de água a ferver. Ino, por sua vez, suicidou-se com Melicerta (v. *Leucótea*). Esta versão é um arranjo «trágico» da lenda, destinado a conciliar numa só narrativa dois episódios, o da ira de Ino contra os filhos de Néfele e o da sua própria morte. Estes dois episódios parecem ter sido, originariamente, independentes.

Eurípides tinha escrito uma outra tragédia, *Ino*, em que tratava da terceira união de Átamas, o seu casamento com a filha de Hipseu, Temisto. Nesta tragédia, Ino tinha partido (sem dúvida depois do frustrado sacrifício de Frixo) para a montanha, para se juntar às Bacantes, ao serviço de Dioniso. Átamas, supondo-a morta, desposara Temisto, de quem teria tido dois filhos, Orcómeno e Esfíngio. Ino, porém, regressa secretamente e dá-se a conhecer a Átamas, que a introduz no palácio como escrava. Temisto vem a saber que a sua rival não morrera, mas não conseguiu descobrir onde ela se escondia. Tratou então de fazer desaparecer os filhos de Ino e, para isso, tomou como confidente a nova escrava. Ordenou-lhe que vestisse de negro os filhos de Ino e os seus de branco, a fim de os poder distinguir na escuridão. A pretensa escrava inverteu o vestuário, de tal forma que Temisto matou os seus dois filhos, enquanto que os de Ino ficaram ilesos. Ao conhecer o seu erro, Temisto suicidou-se. É provável que esta lenda seja, em grande parte, invenção do próprio Eurípides.

Contava-se, com muita frequência, que a cólera de Hera se tinha abatido sobre Átamas, após o sacrifício de Frixo, pois ele consentira em ocupar-se da educação do pequeno Dioniso, confiado por Zeus a Ino, que era a irmã de Sémele. Possuído de loucura pela deusa, ele teria matado o pequeno Learco; Ino matara então Melicerta e atirara-se ao mar com o cadáver (v. *Leucótea*).

Banido da Beócia após este crime, Átamas iniciou uma vida errante. Tendo interrogado o oráculo sobre o local em que deveria fixar residência, foi-lhe respondido que deveria deter-se no sítio em que os animais selvagens lhe dessem de comer. Quando chegou à Tessália, encontrou aí uns lobos ocupados em devorar o cadáver dum carneiro. À sua vista, os animais fugiram, deixando-lhe a presa. Assim se cumpriu o oráculo. Átamas fixou-se neste país, a que pôs o nome de Atamânia, e onde fundou a cidade de Álone (ou Hálone). Foi aí que desposou Temisto, a filha de Hipseu, de quem teve quatro filhos: Leuco, Eritreu, Esqueneu e Ptóo (v. quadro 34, p. 392, e 25, p. 268). Mais tarde, Átamas teria estado na iminência de ser sacrificado pelos seus súbditos, por ter infringido uma proibição religiosa, quando foi salvo pelo seu neto, Citissoro (v. este nome). Este último episódio da lenda de Átamas foi levado à cena por Sófocles, na sua tragédia *Átamas Coroado*, que se perdeu, e parece mesmo que o sacrifício do herói teria sido urdido por Néfele, como vingança. Átamas teria sido salvo, não por Citissoro, mas por Héracles.

ATE. (Ἄτη.) Personificação do Erro. Divindade leve e ágil, seus pés só poisam sobre a ca-

Átamas: APOLLOD., *Bibl.*, I, 9, 1 e 2; III, 4, 3; HYG., *Fab.*, 1 a 4; *Astr. poet.*, II, 20; TZETZ., *ad Lyc.*, 22; 229; OV., *Met.*, IV, 481-542; XI, 195 e s.; AESCH., trag. perdida *Átamas*; EUR., trags. perdidas *Frixo* e *Ino*; SOPH., trag. perdida *Átama*; PAUNAN., I, 24, 2; 44, 7; VI, 21, 11; VII, 3, 6; IX, 23, 6; 24, 1; 34, 5-8; escól. a IX, 23, 6; STRAB., IX, p. 433; escól. *ad Il.*, VII, 86 e EUST., *ad loc.*; a ARISTOPH., *Nu.*, 267; *ad* APOL. RH., *Arg.*, 265; I, 763; SERV., *ad* VIRG., *Georg.*, I, 219; cf. OV., *Fast.*, II, 628 e s.; III, 853 e s.; DIOD. SIC., IV, 47.

Ate: *Il.*, IX, 503-512; X, 391; XIX, 85-138; LYC., *Alex.*, 29; TZETZ., *ad loc.*, APOLLOD., *Bibl.*, III, 12, 3; STEPH. BYZ., *s. u.* Ἴλιον.

beça dos mortais, sem que eles se apercebam. Aquando do juramento de Zeus, em que este se comprometeu a dar a supremacia ao «primeiro descendente de Perseu que ia nascer» e submeteu desse modo Héracles a Euristeu, foi Ate quem o enganou. Zeus vingou-se, precipitando-a do Olimpo. Ate caiu na Frígia, sobre uma colina que recebeu o nome de Colina do Erro. Foi ali que Ilo construiu a cidadela de Ílion (Tróia). Zeus, precipitando Ate do alto do céu, cortou-lhe para sempre a possibilidade de residir no Olimpo. É por isso que o Erro constitui a triste partilha da humanidade.

ATENA. ('Αθηνᾶ.) Deusa que em Roma é identificada com Minerva, Atena é a filha de Zeus e de Métis. Esta estava grávida e prestes a dar à luz uma filha quando Zeus a engoliu. Fê-lo a conselho de Úrano e de Geia, que lhe revelaram que se Métis tivesse uma filha, ela teria depois um rapaz que arrebataria a Zeus o império do céu. Quando da altura do parto, Zeus ordenou a Hefesto que lhe fendesse a cabeça com uma machadada. Da sua cabeça saltou uma menina completamente armada: era a deusa Atena. O lugar do seu nascimento é geralmente indicado como sendo a margem do lago Tritão, na Líbia. Ao saltar, ela lançou um grito de guerra que abalou o céu e a terra.

Deusa guerreira, armada com a lança e a égide (uma espécie de couraça de pele de cabra), Atena desempenhou, naturalmente, um papel importante na luta contra os Gigantes. Ela matou Palas e Encélado. Ao primeiro, esfolou-o e da sua pele fez para si uma couraça. Quanto a Encélado, perseguiu-o até à Sicília e imobilizou-o lançando-lhe em cima a ilha inteira. Na *Ilíada*, ela participa igualmente no combate, ao lado dos Aqueus (desde que Páris, sobre o Ida, lhe recusara o prémio da beleza, era hostil aos Troianos). Os seus favori tos na Guerra de Tróia são Diomedes, Ulisses, Aquiles, Menelau, etc. Do mesmo modo protege Héracles no combate. Começou, aliás, por o armar no momento em que o herói estava para começar os seus trabalhos. Foi ela também quem lhe deu as castanholas de bronze com que espantou os pássaros do lago Estínfalo, o que lhe permitiu abatê-los com as suas flechas. Em compensação, Héracles ofereceu-lhe as maçãs de oiro das Hespérides, quando Euristeu lhas restituiu. Héracles combateu ao lado de Atena contra os Gigantes.

Atena ajudou igualmente Ulisses a regressar a Ítaca. Na *Odisseia*, a sua acção é constante e ela intervém através de metamorfoses, sob a forma de diversos mortais, para prestar assistência ao herói. Ela envia também sonhos, como no caso de Nausícaa, para lhe sugerir que vá lavar a roupa ao rio, no dia em que sabe que Ulisses chegará à ilha dos Feaces. Atena dota o seu protegido duma beleza sobrenatural, para impressionar mais fortemente a jovem neste encontro que lhe deverá proporcionar um barco para regressar à sua pátria. Além disso, intercede junto de Zeus a favor do herói. É ela quem provoca a ordem dada a Calipso para que liberte Ulisses e lhe forneça meios que lhe possibilitem retomar a navegação. Esta protecção concedida a Ulisses e a Héracles simboliza a ajuda trazida pelo Espírito à força violenta e ao valor pessoal dos heróis. É por essa razão que Atena é geralmente considerada no mundo grego, e especialmente na sua cidade, Atenas, como a deusa da Razão. É ela quem preside às artes e à literatura, função em que tende a suplantar as Musas. Mas ela tem mais afinidade com a filosofia do que com a poesia e a música propriamente dita. É também como deusa da actividade inteligente que ela protege as fiandeiras, as tecedeiras, as bordadeiras, etc. (v. a lenda de *Aracne*, etc.). A sua habilidade, associada ao seu espírito guerreiro, levara-a a inventar a quadriga e o carro de guerra. Foi ela também quem dirigiu a construção da nau *Argo*, a maior nau que se construíra até então (v. *Argonautas*).

A sua habilidade tinha-se também aplicado às artes da paz e, na Ática, reconhecia-se-lhe, entre outros benefícios, a invenção do fabrico do azeite e até a introdução da oliveira no país. A oliveira era, dizia-se, o presente que ela fizera à Ática, para merecer ser reconhecida como a soberana da região. Posídon disputava-lhe aí a soberania, e cada um tentou conseguir para a Ática o mais belo presente, a fim de engrandecer os seus títulos. Posídon, com um golpe de tridente, fez brotar um lago de água salgada no cimo da Acrópole de Atenas. Atena fez crescer aí uma oliveira. Os doze deuses, designados para árbitros, decidiram que a oliveira era preferível, e concederam a Atena a soberania sobre a Ática.

Atena era frequentemente acolhida pelas cidades como protectora e patrona. Além de Atenas, em relação à qual ela passava por lhe ter dado o seu nome, possuía templos na cidadela de cidades como Esparta, Mégara, Argos, etc. Em Tróia, recebia um culto especial sob a forma duma estátua muito antiga, chamada Paládio. Esta estátua era considerada como a garantia da sobrevivência da cidade. Ninguém poderia conquistar Tróia sem antes se ter apoderado do Paládio. Foi por essa razão que Diomedes e Ulisses se introduziram de noite em Tróia e roubaram a estátua, retirando assim à cidade a sua protecção. Era precisamente este Paládio que, na época histórica, se conservava em Roma, no templo de Vesta, onde desempenhava idêntica função (cf. *Paládio*).

Atena permaneceu virgem. Conta-se, todavia, que teve um filho, do seguinte modo: ela fora visitar Hefesto à sua forja, a fim de se prover de armas. O deus, abandonado por Afrodite, apaixonou-se por Atena, logo que a viu,

Atena: HES., *Theog.*, 886 e s.; PIND., *Olymp.*, VII, 65 e s.; EUR., *Ion*, 454 e s.; APOLLOD., *Bibl.*, I, 3, 6 e s.; 6, 1 e s.; II, 4, 3; 4, 11; III, 14, 1; 6; 12, 3; VIRG., *Aen*, III, 578 e s.; HEROD., VIII, 55; OV., *Met.*, VI, 70 e s.; HYG., *Fab.*, 164; 166; SERV., *ad Virg., Georg.*, I, 12; III, 113; escól. *ad Il.*, II, 547; *Astr. poet.* II, 13; PAUSAN., I, 18, 2; OV., *Met.*, II, 552 e s.; DION. HAL., I, 68 e s.; II, 66, 6; CONON, *Narr.*, 34; L. R. FARNELL, *The Cults of the Greek States*, Oxford, 1896, t. I, pp. 258 e s.

e começou a persegui-la. Ela fugiu. Ainda que coxo, Hefesto logrou alcançá-la e tomou-a em seus braços, mas ela não cedeu. Todavia, no seu desejo, Hefesto molhou a perna da deusa. Enojada, a deusa limpou-se com lã e lançou à terra a sujidade. Foi da terra assim fecundada que nasceu Erictónio, que a deusa considera como seu filho. Ela criou-o às escondidas dos outros deuses e quis torná-lo imortal. Meteu-o num cofre, guardado por uma serpente, e confiou-o às filhas do rei de Atenas (v. *Aglauro*).

As insígnias de Atenas eram a lança, o capacete e a égide. Ela possuía a égide em comum com Zeus. Sobre o seu escudo fixou a cabeça da Górgona, que Perseu lhe dera, e que tinha a propriedade de transformar em pedra todo o ser que a olhava. O seu animal favorito era a coruja; a sua planta, a oliveira. Grande, de aspecto calmo, mais majestosa do que propriamente bela, Atena é descrita tradicionalmente como a «deusa dos olhos garços». Sobre o seu nome de *Palas*, v. *Palas*.

ÁTIS. ("Αττις.) Átis é um deus frígio, companheiro de Cíbele, a Mãe dos Deuses, cuja lenda evoluiu com a difusão do culto no mundo helénico e, depois, em Roma. Átis é considerado, originariamente, como o filho de Agdístis e da ninfa (ou filha) do rio Sangário, Nana. Sobre as circunstâncias deste nascimento, v. *Agdístis*. Átis foi então objecto do amor de Agdístis, o ser hermafrodita, e por ele ferido de loucura. Foi num acesso de loucura que ele se castrou, no decurso duma cena orgíaca, levando os espectadores a mutilarem-se igualmente. Este mito não é mais do que a transposição de cenas que se desenrolaram de facto no culto de Cíbele. Segundo a lenda, Átis morre em resultado da sua mutilação. Mas mesmo morto, ele conserva uma espécie de vida latente e, da sua sepultura, brotam flores (v. *Agdístis*).

Ovídio apresenta uma versão bastante divergente da lenda de Átis: nos bosques da Frígia, diz ele, havia um adolescente, muito belo, que merecera ser amado por Cíbele, com uma paixão casta. Ela decidiu ligar-se-lhe para sempre, fazendo-o guardião do seu templo, mas com a condição de ele conservar a sua virgindade. Átis não conseguiu, contudo, resistir à paixão que lhe provocou a ninfa Ságaris (cujo nome evoca o do rio Sangário). Cíbele, furiosa, derrubou uma árvore à qual estava ligada a vida da ninfa e fez enlouquecer Átis. Este, no meio duma crise violenta, castrou-se. Após a mutilação, Átis parece ter-se acolhido de novo ao serviço da deusa. Representavam-no sobre o carro de Cíbele, percorrendo com ela as montanhas da Frígia.

ATLÂNTIDA. ('Ατλαντίς.) Em dois dos seus diálogos, conta Platão que Sólon, aquando da sua viagem ao Egipto, interrogara os sacerdotes e que um deles, que vivia em Sais, no delta do Nilo, lhe tinha dado a conhecer tradições muito antigas relativas a uma guerra sustentada outrora por Atenas contra o povo dos Atlantes. Este relato, iniciado no *Timeu*, é retomado e desenvolvido no fragmento que possuímos do *Crítias*. Os Atlantes, referira o sacerdote egípcio, habitavam uma ilha que se estendia em frente das Colunas de Hércules, à saída do Mediterrâneo, quando se entra no Oceano. Na altura em que os deuses partilharam entre si a Terra, Atenas ficara a pertencer a Atena e a Hefesto, enquanto a Atlântida ficou sob o domínio de Posídon. Aí vivia Clito, uma donzela que perdera os seus pais, chamados Evenor e Leucipe. Posídon apaixonou-se por ela. Clito habitava na montanha central da ilha. O deus rodeou o seu domicílio de uma muralha e um fosso que encheu de água e aí viveu com ela durante muito tempo. Deu-lhe cinco pares de gémeos. O mais velho chamava-se Atlas, e foi a ele que Posídon concedeu a supremacia. Dividiu todo o território da ilha em dez partes. Atlas reinou sobre a montanha central e, a partir daí, exerceu o seu poder. A ilha da Atlântida era extremamente rica, tanto pela sua flora como pelos seus tesouros minerais. Havia aí em abundância não somente ouro, cobre, ferro, etc., mas também oricalco, um metal que brilhava como o fogo. Os reis da Atlântida construíram cidades esplêndidas, cheias de subterrâneos, de pontes, de canais, de passagens complicadas, que facilitavam a defesa e o comércio. Em cada uma das dez circunscrições reinavam os descendentes dos dez reis primitivos, filhos de Posídon e de Clito. O descendente de Atlas era o seu suserano. Todos os anos se reuniam na capital, para uma cerimónia especial em que participavam numa caçada ritual ao touro e comungavam, bebendo o sangue do animal que tinham degolado. Em seguida julgavam-se uns aos outros, cobertos com um grande vestido de cor azul-escura, sentados sobre as cinzas ainda quentes do sacrifício, depois de todas as lâmpadas se terem apagado. É neste ponto que acaba o fragmento conservado do diálogo.

Estes Atlantes tinham tentado dominar o mundo, mas foram vencidos pelos Atenienses, nove mil anos antes do tempo de Platão. Segundo uma tradição, bastante diferente, referida por Diodoro da Sicília, os Atlantes eram

---

Átis: PAUSAN., VII, 17, 10; ARNOB., *Adv. Nat.*, V, 5-7; OV., *Fast.*, IV, 223 e s.; DIOD. SIC., III, 58 e s.; PAUSAN., VII, 17.9 e s.; SERV., *ad Virg.*, *Aen.*, VII, 761; LUC., *Sacr.*, 7; H. HEPDING, *Attis, seine Mythen u. sein Kult*, Rel. Vers. u. Vorarb. I, 1903; V. GRAILLOT, *Le Culte de Cybèle... à Rome et dans l'empire romain*, Paris, 1912; CARCOPINO, *dans Aspects mystiques de la Rome païenne*, Paris, 1942, p. 49 e s.; J. G. FRAZER, *Atys et Ossiris, Étude de religions Orientales comparées*, trad. H. Peyre, *Ann. Mus. Guimet*, XXXV, Paris, 1926.

Atlântida: PLAT., *Ti.*, 21a e s.; *Criti.*, 108 e s.; PROCL., in *Tim.*, 21a e s.; STRAB., II, 102; XIII, 598; HEROD., IV, 184 (nomeia somente os Atlantes); DIOD. SIC., III, 54 e s. Cf. St. GSELL., *His. anc. de l'Alfr. du Nord*, I, 1913; pp. 328 e s.; R. DEVIGNE, *Un continent disparu, l'Atlantide*, Paris, 1924; cf. P. TERMIER, *Bull. de l'Inst. Océanogr.*, 1913; G. GADOW, *Der Atlantis Streit. Zur meistdiskutierten soge des Altertums*, Frankfurt am Main, 1973.

vizinhos dos Líbios e tinham sido atacados pelas Amazonas (v. o artigo *Mirina*). Para Platão, os Atlantes e a sua ilha haviam desaparecido para sempre, submergidos por um cataclismo.

ATLAS. (Ἄτλας.) Gigante, filho de Jápeto e da Oceânide Clímene (por vezes, da Oceânide Ásia), é irmão de Menécio, Prometeu e Epimeteu, os «homens violentos» (v. quadro 27, p. 280 e 38, p. 452). Certas tradições dão-no como filho de Úrano e, por conseguinte, irmão de Crono. Atlas pertence à geração divina anterior à dos Olímpicos, a dos seres monstruosos e desproporcionados. Participou na luta dos Gigantes e dos Deuses e a punição que Zeus lhe infligiu consistiu em sustentar sobre os seus ombros a abóbada celeste. Situam geralmente a sua morada no Extremo Ocidente, no país das Hespérides. Por vezes, também o colocam «entre os Hiperbóreos». Heródoto é o primeiro a falar de Atlas como sendo uma montanha situada no Norte de África. Terá sido Perseu quem, após matar a Górgona, tranformara Atlas em rochedo, ao apresentar-lhe a cabeça de Medusa (v. *Perseu*).

Atribuem-se-lhe vários filhos: de Plêione, teve as Plêiades e as Híades; de Hespéride, as Hespérides. Díone também é considerada sua filha. Como filhos teve Hias e Héspero.

As especulações tardias consideram Atlas como um astrónomo que ensinou aos homens as leis do céu e que, por essa razão, foi divinizado. Por vezes, distinguem-se três Atlas: o da África, um Atlas italiano e um Atlas da Arcádia, pai de Maia e, por conseguinte, avô de Hermes.

Em relação a Atlas, epónimo da Atlântida, ver este nome.

ATREU. (Ἀτρεύς.) Atreu é o filho de Pélops e de Hipodamia. Tem como irmão mais novo Tiestes (v. quadro 2, p. 12). A sua lenda baseia-se essencialmente no ódio dos dois irmãos e nas horríveis vinganças que levaram a cabo, um contra o outro. Este ódio, contudo, parece não ser ainda conhecido dos *Poemas Homéricos*. Atribuiu-se, por vezes, a sua origem a uma maldição de Pélops: na verdade, juntamente com sua mãe, Hipodamia, Atreu e Tiestes mataram o meio irmão Crisipo, que Pélops tivera da ninfa Axíoque. Como punição, Pélops baniu os dois jovens, maldizendo-os. Estes refugiaram-se em Micenas, junto de Euristeu, de quem Atreu era tio, ou antes, segundo a versão mais corrente, em casa do pai de Euristeu, Esténelo. Quando este expulsou Anfitrião das suas terras da Argólida, confiou a cidade e o território de Mídea a Atreu e a Tiestes. Mais tarde, quando Euristeu morreu sem deixar filhos, sob os golpes dos Heraclidas, um oráculo aconselhou os habitantes de Micenas a tomar como rei um filho de Pélops. Mandaram então chamar Atreu e Tiestes e cada um começou a alegar as suas qualidades de realeza. Foi nesta altura que veio ao de cima o seu ódio recíproco. De facto, Atreu encontrara em tempos, no seu rebanho, um cordeiro cujo velo era de oiro. Se bem que tivesse feito a promessa de sacrificar a Ártemis o melhor produto do seu rebanho, nesse ano reservou para si este cordeiro, cujo velo escondeu num cofre. Mas a sua mulher Aérope (v. *Aérope*), que tinha Tiestes como amante, dera a este o extraordinário velo. Na disputa perante os Micénios, Tiestes propôs que fosse escolhido para rei aquele que pudesse apresentar um velo de oiro. Atreu aceitou, pois ignorava o furto de Aérope. Tiestes exibiu então o velo e foi eleito. Mas Zeus mandou avisar Atreu, por intermédio de Hermes, para estabelecer com Tiestes que o verdadeiro rei seria designado por um outro prodígio: se o Sol alterasse o seu curso, seria Atreu que reinaria sobre Micenas; caso contrário, Tiestes permaneceria na posse do ceptro. Tiestes aceitou, e logo o Sol teve o seu ocaso no Oriente. Deste modo, Atreu, objecto evidente do favor divino, reinou definitivamente sobre a cidade. Preocupou-se de imediato em expulsar Tiestes do reino. Mas tendo depois descoberto a intriga de Aérope com Tiestes, fingiu reconciliar-se com ele e chamou-o. Quando Tiestes chegou a Micenas, Atreu matou em segredo três filhos que Tiestes tivera duma Náiade, Aglau, Calilente e Orcómeno, apesar de eles se terem refugiado como suplicantes junto dum altar de Zeus. Em seguida, ainda cortou em pedaços as três crianças, cozinhou-as e apresentou-as como iguarias ao pai, durante um banquete. Quando Tiestes acabou de comer, Atreu mostrou-lhe as cabeças das crianças e revelou-lhe a natureza da sua refeição. Depois, expulsou-o do país. Tiestes refugiou-se em Sícion. Aí, seguindo o conselho de um oráculo, gerou da sua própria filha, sem ela o saber, um filho, Egisto. Esta filha de Tiestes, chamada Pelópia, casou-se de seguida com Atreu, seu tio. Egisto, cujo verdadeiro pai Atreu desconhecia, foi criado por este e, sendo já crescido, foi a ele que Atreu confiou a missão de matar Tiestes. Egisto, porém, descobriu a tempo que ele era o seu pai e, regressando a Micenas, matou Atreu e entregou depois o reino a Tiestes (v. *Egisto*).

Atlas: Hes., *Theog.*, 507 e s.; *Od.*, 1, 52 e s.; VII, 245; Aesch., *Pr.*, 348; 425 e s.; Pind., *Pyth.*, IV, 288 e s.; Eur., *Ion*, 1 e s.; *Herc. F.*, 402; escól. *ad* Apol. Rh., *Arg.*, III, 106; 1, 444; Ov., *Met.*, II, 296; VI, 174; Apollod., *Bibl.*, 1, 2, 3; II, 5, 11; Hyg., *Fab.* 150; Herod., IV, 184; Serv., *ad Virg.*, *Aen.*, VIII, 134. V. também *Héracles*.

Atreu: *Il.*, II, 105 e s.; escól. a 107; e *ibid.*, II, 106; Pind., *Ol.*, I, 144, e escól. *ad loc.*, Thucyd., I, 9; Pausan., II, 16, 6; 18, 1; III, 1, 5; III, 1, 5; 24, 11; V, 3, 6; IX, 40, 11; X, 26, 3; Hyg., *Fab.*, 85; 88; Apollod., *Bibl.*, II, 4, 6; *Ep.*, II, 10 e s.; Eur., *El.*, 726 e s.; escól. *ad* Eur., *Or.*, 41, 811, 995, 998; *El.*, 699 e s.; D. Chrysost., *Disc.*, LXVI; Senec., *Th.*, 222 e s.; Tzetz., *Chil.*, I, 425 e s.; Ov., *Trist.*, II, 391 e s.; *Ars Am.*, I, 327 e s.; Mart., III, 45, 1 e s.; Aesch., *A.*, 1583 e s.; Pausan., II, 16, 6; 18, 1; Serv., *ad Virg.*, *Aen.*, I, 568; XI, 262; v. também os frs. das tr. gr. ed. Nauck, pp. 480 e s.; 632 e s.: fr. de Soph. (*Atreu, Tiestes, em Sícion*), e de Eur., *Tyest.*

Atreu tivera como filhos de Aérope Agamémnon e Menelau, apesar de estas crianças serem, por vezes, atribuídas a Plístenes, que seria um filho de Atreu que morrera jovem, tendo os seus filhos sido recolhidos pelo seu avô (v. *Plístenes*, *Aérope*).

AUCNO. (*Aucnus*.) V. *Ocno*.

AUGE. (Αὔγη.) Filha do rei da cidade arcádia de Tégea, Áleo, e de Neera, a filha de Pereu (v. quadro 10, p. 132). A sua lenda está simultaneamente ligada ao ciclo de Héracles e, através do seu filho Télefo, ao ciclo troiano. Uma das mais antigas versões atestadas mostra Auge vivendo na corte do rei de Tróia, Laomedonte, onde foi amada por Héracles, quando o herói conquistou a cidade (v. *Héracles*). Daí, não se sabe por que razões, ela mudou-se para a corte do rei da Mísia, Teutras. Mas a versão mais corrente é fornecida pela *Auge* de Eurípides, bem como pelos *Mísios* e pelos *Aleadas* de Sófocles, e que é a seguinte:

Um oráculo avisara Áleo que a sua filha geraria um filho que mataria os tios (os Aleadas) e reinaria em seu lugar. O rei consagrou então a sua filha à deusa Atena e proibiu-a de casar, sob pena de morte. Mas Héracles, passando por Tégea a caminho de Élis onde ia combater Augeu, foi acolhido por Áleo e aí, no seguimento de um grande banquete, em estado de embriaguês, violentou Auge, ignorando ser ela a filha do rei. A violação terá acontecido ou no santuário de Atena ou junto de uma fonte próxima. Quando o rei soube que a filha estava grávida quis matá-la e, ou terá metido Auge e o seu filho num cofre que lançou ao mar, ou, então, confiou-os ambos ao navegador Náuplio, para que ele os lançasse ao mar. Náuplio, tal como fizera já em relação a Aérope e à sua irmã (v. *Aérope*), salvou a jovem mãe e o seu filho, um rapaz, vendendo-os a uns mercadores de escravos que os levaram para a Mísia. O rei do país, que não tinha filhos, desposou Auge e adoptou-lhe o filho, o pequeno Télefo. Uma versão diferente contava que Auge tinha sido vendida após ter dado à luz o filho, tendo este permanecido na Arcádia, e exposto no cimo duma montanha, onde uma corça o tinha alimentado com o seu leite. Mais tarde, a conselho do oráculo de Delfos, Télefo veio para a Mísia, para junto de Teutras e reencontrou a sua mãe (v. *Télefo*, e o relato romanesco do seu reconhecimento).

AUGEU. V. *Augias*.

AUGIAS. (Αὐγείας.) Rei de Élis, no Peloponeso, é considerado, geralmente, como um filho do Sol (Hélio), apesar de se atestarem igualmente outras genealogias. Dão-no, por exemplo, como filho do Lápita Forbas, ou de Posídon, ou de Élio, o herói epónimo da Élide. A sua mãe é Hirmine, filha de Neleu (v. quadros 16, p. 202, e 25, p. 268). Em todas estas genealogias tem como irmão Actor. Participou na expedição dos Argonautas com o fim, diz-se, de conhecer o seu meio-irmão Eetes, que nunca vira. Do seu pai, Augias conservava importantes rebanhos, mas, por negligência, deixava que o estrume se amontoasse nos estábulos, o que prejudicava a fertilidade das terras. Por isso, quando Euristeu ordenou a Héracles que limpasse os seus estábulos, Augias aceitou de boa vontade, tanto mais que o herói lhe pediu como recompensa a décima parte dos seus rebanhos, se conseguisse terminar aquele trabalho num só dia, o que considerou ser impossível. Héracles, porém, abriu uma brecha no muro que rodeava os estábulos e fez aí entrar as águas do Alfeu e do Peneu, que corriam perto um do outro. A água saiu pela outra extremidade do curral e arrastou todo o estrume. Irritado por ver o herói conseguir aquilo de que se gabara ser capaz de fazer, e alegando ou que Héracles se fizera ajudar por Iolau ou que já se encontrava ao serviço de Euristeu, Augias não lhe quis pagar o preço acordado. Chamado a testemunhar, Fileu, o filho de Augias, afirmou perante os juízes que o seu pai tinha mesmo prometido a décima parte dos seus rebanhos a Héracles, em paga do seu trabalho. Furioso, Augias baniu Héracles e Fileu do seu reino, antes de ser dada a sentença. Mas, mais tarde, Héracles reuniu um exército de voluntários arcádios e marchou contra Augeu. Este, sabendo que o herói conduzia um grupo armado contra si, encarregou os seus sobrinhos, os dois filhos de Actor, os Moliónidas (v. *Moliónidas*), de o defenderem. Tendo Héracles adoecido, os dois irmãos aproveitaram-se do facto para derrotarem o herói. Mas, sem perder tempo, no decurso duma cerimónia religiosa, Héracles matou os Moliónidas e tomou Élis. Matou Augias e os filhos, e colocou no trono Fileu. Uma outra tradição diz-nos que Augias morreu muito velho, de morte natural. O seu povo ter-lhe-ia prestado honras divinas (v. *Héracles*). Para a história do tesouro de Augias, v. *Agamedes*.

AURA. (Αὔρα.) Aura, cujo nome significava «a Brisa», era a filha duma frígia, Peribeia, e do Titã Lelanto. Rápida como o vento, ela caçava no meio das companheiras de Ártemis. Foi possuída por Dioniso, que procurou em vão alcançá-la na corrida. Mais veloz, ela escapava-se-lhe sempre, até que Afrodite, a pedido do deus, a fez enlouquecer de tal forma que ela se lhe entregou. Dioniso deu-lhe um par de gémeos, mas, na sua loucura, ela esquarte-

Auge: *Pap. Ox.*, XI, 1359; APOLLOD., *Bibl.*, II, 7, 4 e s.; III,9,1; DIOD. SIC., IV,33; STRAB., XIII, p. 615; PAUSAN., VIII,4, 8-9; 47,2; 48,7; X, 28,8; HYG., *Fab.*, 99; 100; 101; 162; 252; TZETZ., *ad Lyc.*, 206; *Fr. tr. gr.* (Nauck), p. 146 e s.; 436 e s.; SOPH. e EUR., tr. perd.: *Mísios*, *Aleadas*, *Auge*, *Télefo*; ALCID., *Od.*,14 a 16 (179 Blass); *Anth. Pal.*, III,2; v. *Télefo*.

Augias: PIND., *Ol.* X, 26 e s.; escól. ao v. 40; *Il.*, XI, 701; escól. *ad* II, 629; XI, 700; APOL. RH., *Arg.*, I,172 e escól. *ad loc.*; III, 362; APOLLOD., *Bibl.*, I, 9.16; II, 5, 5; HYG., *Fab.*, 14; 30; 157; PAUSAN., V,1,9; 2,1 e s.; 3,7; DIOD. SIC., IV, 13, 3; 33,1; THEOCR., XXV,7; TZET., *Chil.*, II,278.

Aura: NONN., *Dion.*, XLVIII, 242 e s.; cf. também *Etym. Mag.*, *s. v.* Δίνδυμον.

jou-os e precipitou-se no rio Sangário. Zeus transformou-a em fonte. Um dos gémeos era Ínaco (v. *Ínaco*).

AURORA. V. *Eos.*

ÁUSON. (Ἀὔσων.) Áuson é um filho gerado por Ulisses durante as suas viagens, ou de Circe ou, segundo outros, de Calipso (v. quadro 39, p. 460). Atribuía-se-lhe como irmão Latino e como filho Líparo. Áuson deu o seu nome ao povo dos Áusones, os primeiros habitantes da Itália, que também se chamava *Ausónia.* Foi o primeiro a reinar sobre este território (v. também o artigo *Leucósia,* e a tradição que fazia de Áuson o filho do rei Ítalo).

AUTOLEONTE. (Αὐτολέων.) Quando os Locrenses combatiam, deixavam nas suas fileiras um espaço vazio, em honra do seu compatriota Ájax, acreditando que o herói viria lutar para o meio deles. Um dia em que combatiam contra os habitantes de Crotona, um destes, Autoleonte, quis penetrar nas linhas locrenses através desse espaço deixado vazio. Mas foi ferido profundamente na coxa por um fantasma. A sua ferida não sarou. Interrogado o oráculo, este ordenou-lhe que se dirigisse à Ilha Branca, na embocadura do Danúbio (v. *Aquiles*), e aí oferecesse sacrifícios expiatórios aos heróis e, designadamente, a Ájax da Lócrida. Aí, viu Helena, que o fez portador duma mensagem para o poeta Estesícoro, atingido de cegueira por ter falado mal dela num dos seus poemas. Helena mandou dizer a Estesícoro que ele recobraria a vista se cantasse uma «palinódia», o que aconteceu efectivamente. Esta é a versão de Cónon. Pausânias, que também refere a anedota, chama ao herói Leónimo.

AUTÓLICO. (Αὐτόλυκος.) Filho de Hermes e de Quíone, ou então de Estilbe, filha de Eósforo, é o irmão gémeo de Filámon (v. *Dedálion* e *Quíone*, 3). Desposou Mnestra, filha de Erisícton (*q. v.*). Mas trata-se, sem dúvida, duma tradição recente. Através da sua filha, Anticleia, ele é o avô de Ulisses (v. quadros 36, p. 422, e 39, p. 460). Do pai, Hermes, Autólico conserva o dom de roubar sem nunca ser surpreendido. Por tal razão, os seus furtos são bastante numerosos. Roubou a Amintor um elmo de coiro, que deu a Ulisses e que este usou na sua expedição nocturna com Diomedes contra Tróia. Depois, apoderou-se furtivamente dos rebanhos de Êurito, na Eubeia. Roubou igualmente, mas sem sucesso, uns animais a Sísifo (v. *Sísifo*). Para eliminar qualquer vestígio dos seus roubos, usava de habilidade para disfarçar os animais, tingindo, por exemplo, o pêlo dos bois. Segundo outros, ele possui mesmo o dom de os transformar.

Ensinou a Héracles a arte da luta. Quando Sísifo se hospedou em sua casa, tentando reencontrar os rebanhos roubados, Autólico uniu-o secretamente à filha Anticleia, enquanto a prometia em casamento a Laertes.

Autólico participou na expedição dos Argonautas. Por vezes, apresentam-no como avô de Jasão, tendo a sua filha Polimede desposado Éson.

AUTOMEDONTE. (Αὐτομέδων.) Automedonte é o condutor do carro de Aquiles e, como tal, o seu companheiro de combate. Também era um chefe que chegara a Tróia à frente de dez navios, com um contingente de ciros. Desempenha um papel activo nos combates diante de Tróia. Depois da morte de Aquiles continua a servir o filho deste, Pirro-Neoptólemo. Participou na tomada da cidade.

AUXÉSIA. (Αὐξησία.) Auxésia e a sua companheira, Dâmia, eram duas jovens cretenses que vieram a Trezena e aí, envolvidas acidentalmente num motim, foram lapidadas pela multidão. Em reparação, dedicou-se-lhes um culto e celebrou-se uma festa em sua honra. Auxésia e Dâmia foram identificadas com Deméter e Perséfone.

***AVÍLIO.** (*Auilius.*) Filho de Rómulo e de Hersília (v. *Hersília*).

Áuson: EUST., *ad Od.*, p. 1379; 10; SERV., *ad VIRG., Aen.*, VIII, 328, e III, 171; escól. *ad* APOL. RH., *Arg.*, IV, 553; STEPH. BYZ., *s. u.* Λιπάρα; TZETZ., *ad* LYC., 44; V. J. BÉRARD, *Colonisation*, p. 337 e s. e p. 487.

Autoleonte: CONON, *Narr.*, 18; cf. PAUSAN., III, 19, 11-13.

Autólico: *Il.*, X, 267 e escól. *ad loc.*; APOLLOD., *Bibl.*, I, 9, 16; II; 4, 9; 6, 2; HYG., *Fab.*, 200; 210; 243; cf. 14; SERV., *ad VIRG., Aen.* II, 79; *Od.*, XIX, 394 e s.; XXI, 220; XXIV, 234; EUR., drama sat. perdido de *Autólico*. OV., *Met.*, VIII, 738. V. *Ulisses.*

Automedonte: *Il.*, IX, 209; XVI, 145 e s.; XIX, 395 e s.; XXIII, 563 e s.; XXIV, 473; 574; 625; OV., *Ars Am.*, II, 738; HYG., *Fab.*, 97; VIRG., *Aen.*, II, 476.

Auxésia: PAUSAN., II, 30, 4; 32, 2; HEROD., V,82 e s.

B

BÁBIS. (Βάβυς.) Bábis é o irmão do sátiro frígio Mársias, que quis rivalizar com Apolo na arte da música (v. *Mársias*). Como o seu irmão, Bábis toca flauta, mas flauta com um único tubo, enquanto o irmão toca flauta dupla. Bábis é um «inocente», que toca tão mal que isso lhe valeu incorrer na cólera do deus.

BACO. (Βάκχος.) V. art. *Dioniso*.

BAIO. (Βαῖος.) Baio é um piloto de Ulisses, cujo nome não é citado na *Odisseia*, mas que, nos desenvolvimentos posteriores da lenda, passa por ter dado o seu nome a vários lugares: uma montanha na ilha de Cefalénia, no mar Jónico, e a cidade de Baias, na Campânia. Baio, que pilotava o navio de Ulisses, encontrou a morte durante a viagem pela Itália (v. *Ulisses*).

BÁLIO. (Βαλίος.) **1.** Bálio é um dos cavalos de Aquiles. Nasceu de Zéfiro e da Harpia Podarge. Foi um presente dado por Posídon a Peleu aquando das bodas deste com Tétis. Quando Aquiles morreu, Posídon recuperou o cavalo, que era imortal, tal como Xanto, o outro cavalo de Aquiles.

2. Bálio era também o nome atribuído a um dos cães de Actéon.

BASILEIA. (Βασίλεια.) Basileia, cujo nome significa «A Rainha», é, numa tradição aberrante, a filha mais velha de Úrano e de Titânia, uma irmã dos Titãs e de Reia, que esta educou. Caracterizava-se pela prudência e pela inteligência. Desposou o irmão, Hiperíon, e dele concebeu Selene (a Lua) e Hélio (o Sol). Por despeito, os outros Titãs mataram o seu marido e afogaram Hélio no rio Eridano. Com a dor de ter perdido o irmão, Selene precipitou-se do cimo do telhado da sua casa. Hélio e Selene foram, então, transformados em astros. A sua mãe, entretanto, informada destes acontecimentos por um sonho, ficou louca e, pegando num tamborim e nos címbalos que tinham pertencido à filha, começou a percorrer os campos, batendo no tamborim e tocando os címbalos, até que alguém, por piedade, a deteve. Nesse momento, verificou-se uma grande tempestade e Basileia desapareceu. Prestou-se-lhe um culto sob o nome de «A Grande Mãe», o que a identifica com Cíbele.

O nome de Basileia é também o da Realeza personificada e divinizada.

BATO. (Βάττος.) **1.** Bato é o nome de um velho que representa um papel na história do roubo dos bois de Apolo por Hermes. Como Apolo, ocupado pelo amor do filho de Magnes, Himeneu, negligenciasse a vigilância dos seus rebanhos, Hermes roubou-lhe um certo número de animais, que conduziu até perto do monte Ménalo, no Peloponeso. Aí, encontrando um velho que habitava na montanha,

---

Bábis: Plut., *Prov. Alex.*, 2.

Baio: Strab., I, p. 26; V, p. 245; Serv., *ad Virg., Aen.*, III, 441; VI, 107.

Bálio: 1) *Il.*, XVI, 148 e s.; escól. a *Il.* XIX, 400 e s.; Apollod., *Bibl.*, III, 4, 4; 13, 5; Diod. Sic., VI, 3. **2)** Apollod., *Bibl.*, III, 4, 4.

Basileia: Diod. Sic., III, 57.

Bato: 1) Ant. Lib., *Transf.*, 23, segundo Hesíodo e Apolónio de Rodes; cf. Ov., *Met.*, II, 676 e s. **2)** Pausan., III, 14, 3; X, 15, 6-7; Suid., *s.u.*; Herod., IV, 145 e s.; Pind., *Pyth.*, V, v. 37 e s., e escól. *ad loc.*; *Pyth.* IV, 1 e s.; Justin., XIII, 7; escól. Calim., *Hymn.*, II, 65.

receou que o seu roubo fosse revelado. Então, prometeu uma bezerra a esse velho, chamado Bato, caso ele concordasse em guardar silêncio. O velho anuiu, mas Hermes, depois de ter posto os bois em segurança, transformou-se e voltou a procurar Bato, fingindo andar em busca dos animais. Perguntou-lhe se não vira passar um rebanho, prometendo-lhe uma recompensa se o ajudasse a encontrá-lo. Bato, infiel ao seu juramento, falou. Hermes, indignado, transformou-o em rochedo.

2. Bato é também o nome do fundador (mítico ou histórico, não se sabe) da colónia de Cirene, na costa da Líbia. Teve por pai Polimnesto, que descende do argonauta Eufemo (v. este nome). Percente ao grupo dos «Mínias» (descendentes dos Argonautas; v. art. *Mínias*), que, emigrados de Lemnos para a Lacedemónia, tiveram de abandonar esta para se instalarem em Tera, seguindo o lacedemónio Teras. A sua mãe é Frónime (v. este nome) e é originário de Creta.

A tradição mais frequente quer que Bato seja apenas um cognome dado ao herói porque ele era gago; Heródoto, todavia, diz-nos que Bato significa «rei» na língua líbia. O nome verdadeiro de Bato seria, segundo uns, Aristóteles ou, segundo outros, Aristeu (talvez por confusão com Aristeu, filho da ninfa Cirene; v. estes nomes). Segundo Pausânias, Bato, depois de ter fundado Cirene, recuperou a fala.

BÁTON. (Βάτων.) Condutor do carro de Anfiarau, o herói tebano (v. *Anfiarau*). Como ele, descende de Melampo. Diante de Tebas, Báton partilhou o destino do seu amo e foi engolido pela terra no momento em que ia ser atingido por um inimigo. Prestaram-lhe honras divinas. Segundo uma outra tradição, Báton, depois da morte de Anfiarau, retirou-se para uma cidade da Ilíria denominada Harpíia.

BAUBO. (Βαυβώ.) Baubo é a mulher de Disaules, que habitava em Elêusis. Deméter procurava a filha por todo o mundo grego e, na sua busca, chegou a Elêusis. Era acompanhada pelo pequeno Iaco. Disaules e Baubo aconselharam-na com amizade e Baubo ofereceu-lhe, para a reconfortar, uma sopa, que a deusa, na sua dor, não quis aceitar. Então Baubo, para manifestar o seu descontentamento ou para alegrar a deusa, levantou as vestes e mostrou-lhe o traseiro. Vendo isto, Iaco aplaudiu. A deusa, divertida, começou a rir e aceitou a sopa.

Disaules e Baubo tiveram como filhos Triptólemo (que se confunde muitas vezes com o filho de Céleo e Metanira) (v. *Triptólemo*) e Eubuleu. As suas filhas eram Protónoe e Nisa.

BÁUCIS. (Βαυκίς.) Báucis era uma mulher frígia, casada com Filémon, um camponês muito pobre. Um dia, acolheram na sua choupana Zeus e Hermes, que percorriam a Frígia sob a forma de dois viajantes. Os outros habitantes da região recusaram-se a receber os dois estrangeiros. Só Filémon e Báucis se mostraram hospitaleiros para com eles. Na sua cólera, os deuses enviaram um dilúvio que atingiu toda a região, mas pouparam a cabana dos dois velhos. Esta cabana foi transformada num templo. Como Filémon e Báucis tinham pedido para acabar os seus dias juntos, Zeus e Hermes transformaram-nos em duas árvores, que se erguiam, lado a lado, diante do templo que fora outrora a sua cabana.

BELEROFONTE. (Βελλεροφόντης.) Belerofonte descende da casa real de Corinto. Filho de Posídon, tem por pai «humano» Glauco, o filho de Sísifo (v. quadro 36, p. 422). A sua mãe é uma filha do rei de Mégara, Niso, denominada tanto Eurimedeia como Burínome. As suas aventuras começam pela morte acidental de um homem, a quem por vezes se chama Delíades, e que teria sido o seu próprio irmão, e outras vezes Piren (cujo nome está relacionado com o da fonte de Pirene, em Corinto, v. *infra*) ou Alcímenes ou, ainda, Belero (o que dá a etimologia ao seu próprio nome: Belerofonte seria compreendido como significando «*o Matador de Belero*»), um tirano de Corinto. Na sequência desta morte, Belerofonte teve de abandonar a cidade e foi para Tirinte, para junto do rei Preto, que o purificou. Estenebeia (a quem Homero chama Anteia), a mulher de Preto, enamorou-se de Belerofonte e pediu-lhe uma entrevista. Como Belerofonte a recusasse, ela queixou-se ao marido, dizendo que o jovem tinha querido seduzi-la. Preto enviou imediatamente Belerofonte para junto do seu sogro Ióbates, o rei da Lícia, e deu-lhe uma carta, na qual pedia a Ióbates que mandasse matar o portador. Preto não quis matar ele próprio Belerofonte porque este era seu hóspede e um velho costume impedia que se matasse um homem com o qual se tinha comido. Depois de ter lido a carta, Ióbates ordenou a Belerofonte que matasse a Quimera, que era um ser monstruoso, leão na parte da frente, dragão atrás, com uma cabeça de cobra que soprava chamas. Este monstro devastava a região, roubando os rebanhos. Ióbates pensava que Belerofonte nunca seria bem sucedido sozinho. Mas Belerofonte montava o cavalo alado Pégaso, que

---

Báton: PAUSAN., III, 23, 2; V, 17, 8; X, 10, 3; APOLLOD., *Bibl.*, III, 6, 8; STEPH. BYZ., *s. u.*, Ἅρπυια; v. também *Anfiarau*.

Baubo: CLEM. AL., *Protr.*, p. 17; ARNOB., *Adv. Nat.*, V. 25; PAUSAN., I, 14, 2; SUID., *Lex.*, s. u.

Báucis: OV., *Met.*, VIII, 616-715; LACT., *Narrat.*, VIII, 7-9. Cf. L. MALTEN, in *Hermes*, 1939, pp. 176-200.

Belerofonte: *Il.*, VI, 155-205; 216-226; escól. a 155; 191; HES., fr. 245 = *Pap. Ox.*, III, 421; *Th.*, 319 e s.; PIND., *Olymp.*, XIII, 87 e s.; *Isth.*, VIII, 44 e s; APOLLOD., *Bibl.*, I, 9, 3; III, 3, 1 e ss.; TZETZ., *ad Lyc.*, 17; *Chil.*, VII, 810 e s.; EUR., fr. de *Estenebeia*, trag. perdida; SOPH., *id.*, *Ióbates*; cf. *Trag. Gr. Fragm.*, Nauck[2], p. 567 e s.; HYG., *Fab.*, 56; 157; 243; 273; *Astr. Poet.*, II, 18, 13; PAUSAN., II, 2, 3-5; 4, 1-3; 27, 2; III, 18, 13; STRAB., VIII, p. 379; DIOD. SIC., VI, 7; escól. *ad* STAT., *Theb.*, IV, 589; PALEPH., *Incr.*, 29; *App. Narr.*, West., 82, p. 388; HOR., *Od.*, IV, 11, 26 e ss. V. *Quimera*. Cf. L. MALTEN in *Jahr. Deut. Arch Inst.*, 1925, pp. 121-160; J. AYMARD *Mél. Er. fr.*, 1925; W. NESTLE, in *A. R. W.*, 1936, pp. 248 e s.

tinha encontrado um dia a beber na fonte de Pirene, em Corinto (v. *Pégaso*), e, elevando-se nos ares, abateu-se sobre a Quimera, que matou com um só golpe. Ióbates, então, mandou-o combater os Sólimos, uma população vizinha particularmente belicosa e feroz. Ele derrotou-os igualmente. Ióbates enviou-o, em seguida, combater as Amazonas, das quais matou um grande número. Ióbates, por fim, reuniu um grupo dos mais bravos de entre os Lídios e ordenou-lhes que preparassem uma emboscada para matar Belerofonte. Mas este abateu-os até ao último. O rei reconheceu então que o herói era de origem divina e, cheio de admiração por todos os seus feitos, mostrou-lhe a carta de Preto e convidou-o a ficar junto dele. Deu-lhe, ainda, em casamento, a filha Filonoé (segundo outros, Anticleia) e, ao morrer, legou-lhe o seu reino. Para a vingança de Belerofonte, v. *Estenebeia.*

Da filha de Ióbates, Belerofonte teve dois filhos, Isendro e Hipóloco, e uma filha, Laodamia, que conceberá de Zeus o herói Sarpédon.

Mais tarde, Belerofonte, cheio de orgulho, quis subir, com o seu cavalo, até à morada de Zeus. Zeus precipitou-o para a terra e ele morreu. Belerofonte era venerado como herói em Corinto e na Lídia.

A *Ilíada* alude aos laços de hospitalidade que teriam existido entre Belerofonte e o rei de Cálidon, Eneu.

BELO. (Βῆλος.) Belo é um dos dois gémeos que a ninfa Líbia teve de Posídon, sendo o outro Agenor (v. *Agenor* e quadro 3, p. 66). Enquanto Agenor se dirigiu à Síria, Belo ficou no Egipto, onde foi rei, e desposou Anquínoe, a filha do deus Nilo. Teve como filhos dois gémeos, Egipto e Dánao, aos quais se acrescenta, por vezes, Cefeu e Fineu.

Os autores conhecem também diversos heróis assírios e babilónios com este nome. Um deles figurava na genealogia da rainha Dido de Cartago.

* **BELONA.** (*Bellona.*) Como deusa romana da guerra, Belona, durante muito tempo uma simples potência mal definida, foi, pouco a pouco, identificada com a deusa grega Enio. É, por vezes, considerada como a mulher do deus Marte. É representada, também, como a condutora do seu carro, sob traços aterradores: segura na mão uma tocha ou um gládio ou uma lança. Assemelha-se muito à representação tradicional das Fúrias.

BIA. (Βία.) Bia, cujo nome significa «a Violência», personifica esta abstracção. É considerada como a filha do gigante Palas e de Estígia. Na Gigantomaquia, luta ao lado de Zeus. Tem por irmã Nice (a Vitória) e por irmãos Zelo (o Ardor) e Crato (o Poder) (v. quadro 33, p. 388). Com eles, acompanha sempre Zeus. Ajudou a agrilhoar Prometeu ao Cáucaso.

BIANA. (Βίαννα.) Biana é uma jovem que dá o seu nome à cidade de Vienne, no Delfinado (França). Era uma cretense ida para longe da sua terra natal em consequência de uma fome que tinha expulso muitos cretenses. No decorrer de uma dança, a jovem tinha sido engolida por um abismo que se formara na terra. O seu nome foi dado à cidade construída pelos imigrantes.

BIANOR. (Βίανωρ.) Herói de Mântua. Era filho do Tibre e da ninfa Manto (v. *Ocno*). Fundou a cidade de Mântua, à qual deu este nome em recordação de sua mãe. É, por vezes, considerado como idêntico a Ocno.

BÍAS. (Βίας.) Bías é o filho de Amitáon e de Idómene, a filha de Feres. Tem como irmão Melampo, o adivinho, que está ligado às suas aventuras (v. quadro 23, p. 258). Bías, ao querer desposar a filha de Neleu, chamada Péro, teve de se submeter a uma condição imposta pelo pai dela, que consistia em furtar os rebanhos de Fílaco. Estes bois eram bem guardados por um cão feroz, mas Melampo concordou em roubá-los em lugar do seu irmão (v. *Melampo*) e, quando obteve de Neleu a mão de Péro, cedeu-a a Bías.

Em seguida, enquanto curava da sua loucura os filhos do rei Preto, obteve um terço do reino deste para Bías, que aí se instalou (v. *Preto*, *Melampo* e *Anaxágoras*). De Bías, Péro concebeu Tálo, o pai de Adrasto (v. quadro 1, p. 8), Perialce, Laódoco, Areo, Alfesibeia. Mais tarde, instalado em Argos, no reino de Preto, desposou uma filha deste, Lisipe. É, sem dúvida, com ela que gerou a sua filha Anaxíbia, desposada, mais tarde, por Pélias, segundo certas tradições.

BÍBLIS. (Βυβλίς.) Bíblis é, pelo lado do pai, Mileto, a bisneta de Minos (v. *Acacális*) ou, segundo outras versões, a sua neta (v. *Mileto* e quadro 30, p. 312). Sobre o nome da sua mãe, as tradições variam: é, por vezes, apontada como sendo Ciânee, filha de Meandro; outras vezes, como Tragasia, filha de Celeneu,

Belo: AESCH., *Supp.*, 312 e s.; APOLLOD., *Bibl.*, II, 1, 4; escól. APOL. RH., *Arg.*, III, 1186; escól. a EUR., *Phoen.*, 5, 158, 291, 678; TZETZ., *Chil.*, VII, 349 e s.; HEROD., VII, 61; HIG., *Fab.*, 31; 106; 151; Cf. SERV., *ad* VIRG., *Aen.*, I, 620 e ss.; e SERV., *ad loc.*,; OV., *Metam.*, IV, 213; PAUSAN., IV, 23, 10; VII, 21, 13.

Belona: A. GELL., *N. A.*, XIII, 23 e ss.; AUGUST., *Civ. D.*, VI, 10; PLAUT., *Amp.*, 42; STAT., *Theb.*, V, 155, etc.

Bia: HES., *Theog.*, 283 e s., APOLLOD., *Bibl.*, I, 2, 4; AESCH., *Prom.*, prólogo.

Biana: STEPH. BYZ., *s. u.*, Βίεννος.

Bianor: SERV., *ad* VIRG., *Ecl.*, IX, 60. Cf. GRENIER, *loc. cit.* (s. v. *Aucnus*).

Bías: *Od.*, XV, 242-256; escól. a XI, 287; EUST., *ad Hom.*, p. 1685; escól. a PIND., *Nem.*, IX, 30; a AESCH., *Supp.*, 569; a EUR., *Phoen.*, 173; HEROD., IX, 34; escól. a TEÓCR., III, 45; a APOL. RH., *Arg.*, I, 18; PROP., II, 3, 51 e ss.; PAUSAN., II, 18, 4; 21, IV, 34, 4; 36, 3; APOLLOD., *Bibl.*, I, 9, 10 e ss.; II, 2, 2. V. *Melampo.*

Bíblis: NONN., *Dion.*, XIII, 518 e ss.; PARTH., *Erot.*, II; ANT. LIB., *Transf.*, 30; OV., *Met.*, IX, 451 e s.; CONON., *Narrat.*, 2; escól. a THEOCR., VII, 115; PAUSAN., VIII, 5, 10; STEPH. BYZ., *s. u.*

ou, ainda, como Idótea, filha do rei Êurito. Tinha um irmão gémeo chamado Cauno, que ela amou com uma paixão incestuosa. Horrorizado com a irmã, Cauno fugiu de Mileto, a sua pátria, e fundou a cidade de Cauno, na Cária. Bíblis enlouquece devido à dor e erra através de toda a Ásia Menor. No momento em que se vai precipitar do alto de um rochedo, e assim acabar os seus dias e as suas penas, as Ninfas, que tiveram piedade dela, transformaram-na numa fonte inesgotável, como as lágrimas de uma donzela.

A esta opõe-se uma outra tradição, segundo a qual teria sido Cauno a conceber o amor criminoso pela irmã. Esta teria sido a razão pela qual Bíblis abandonara a casa paterna e se enforcara. O seu nome foi dado a duas cidades: Bíblis da Cária e Bíblis da Fenícia.

BIZAS. (Βύζας.) Bizas (ou Bizante) é o filho de Posídon e de Ceroessa. A sua mãe era filha de Io e de Zeus e tinha nascido próximo do local onde se situa a cidade mais tarde chamada Bizâncio. Fundou esta cidade de Bizâncio, assim denominada segundo o seu nome, e fortificou-a com a ajuda de Apolo e de Posídon. Tendo Hemo, tirano da Trácia, atacado a cidade, Bizas venceu-o em combate singular e perseguiu os inimigos em fuga até ao interior da Trácia. Na sua ausência, contudo, a cidade foi atacada pelo rei da Cítia, Odrise, que a cercou. Mas Fidalía, a esposa de Bizas, salvou a cidade com a ajuda das outras mulheres, lançando para o campo inimigo numerosas serpentes. Fidalía salvou a cidade uma segunda vez, quando dos ataques do seu cunhado, Estrombo.

* **BONA DEA.** (*Bona Dea.*) *Bona Dea*, a Boa Deusa, é uma divindade romana ligada ao culto de Fauno. A sua lenda, bastante sumária, tem por fim explicar particularidades do culto. Numa primeira versão, *Bona Dea* é filha de Fauno. Amada pelo pai, não quis ceder aos seus desejos e ele não obteve o que pretendia, mesmo quando a embriagou com vinho. Fauno castigou-a, então, com vergastas de murta (isso explica que a murta tenha sido excluída do seu templo). Transformando-se, por fim, em serpente, conseguiu unir-se a ela. Uma outra versão faz de *Bona Dea* a esposa de Fauno, uma mulher muito hábil em todas as artes domésticas, tão pudica ao ponto de não sair do seu quarto e de não ver outro homem além do marido. Um dia, encontrou um jarro com vinho, bebeu-o e embriagou-se. O marido deu-lhe um tal correctivo, com vergastas de murta, que ela morreu. Com remorsos, Fauno concedeu-lhe honras divinas. Em Roma, a *Bona Dea* tinha o seu santuário junto ao Aventino e era aí que, num bosque sagrado, as mulheres e as jovens celebravam, todos os anos, os mistérios da «Boa Deusa», de que os homens eram excluídos. Hércules, que também fora excluído deles, tinha, como vingança, instituído, no seu Grande Altar, cerimónias nas quais as mulheres não podiam participar (v. *Hércules*).

BORÉADAS. (Βορεάδαι.) Os Boréadas são, de um modo geral, os filhos de Bóreas, o Vento do Norte. Designam-se mais particularmente sob este nome os seus dois filhos gémeos, Cálais e Zetes, que teve de Oritia, a filha de Erecteu, raptada pelo deus nas margens do Ilisso (v. *Bóreas* e *Oritia*; quadro 12, p. 144). Estes dois jovens eram alados: segundo alguns autores, as suas asas uniam-se aos calcanhares; segundo outros, saíam dos flancos, como as dos pássaros. Tal como o pai, são génios dos ventos, cujos nomes eram relacionados pelos Antigos com o verbo que significa «soprar». Cálais era «O que sopra docemente» e Zetes era «O que sopra com força». Tal como o pai, haviam nascido na Trácia. A sua característica essencial era a rapidez. Tomaram parte na expedição dos Argonautas e representaram nela um papel importante, em particular durante a escala no território do rei Fineu (v. *Argonautas*), na perseguição das Harpias que tiranizavam este rei. Sobre este ponto, contudo, as tradições diferem: tanto libertam Fineu obrigando as Harpias a voarem — e obrigando-as a prometerem que, no futuro, deixariam Fineu em sossego —, como matam duas em cada três, como, por fim, sem que haja uma intervenção das Harpias, castigam Fineu, que tinha cegado as filhas que tinha tido da irmã Cleópatra (v. *Fineu*).

As tradições também diferem sobre a sua morte: segundo alguns autores, eles não puderam capturar as Harpias e morreram no regresso; mas, segundo a versão mais divulgada, participaram em toda a expedição dos Argonautas e encontravam-se presentes nos jogos fúnebres em honra de Pélias (v. *Pélias* e *Jasão*), onde ganharam os prémios da corrida. Mas, pouco depois, foram mortos por Héracles, que não lhes perdoou o terem aconselhado os Argonautas a abandonarem a Mísia quando ele se tinha atrasado em busca de Hilas (v. *Argonautas* e *Hilas*). Quando regressavam dos funerais de Pélias, o herói descobriu-os, na ilha de Tenos, e matou-os. Erigiu-lhes duas estelas que vibravam todas as vezes que o vento do Norte soprava sobre a ilha.

Bóreas teve ainda duas filhas, Cleópatra, que casou com Fineu, e Quíone (v. também *Butes*).

Bizas: DIOD. SIC., IV, 49; STEPH. BYZ., *s. u.*; TZETZ., *Chil.*, II, 40.

Bona Dea: MACR., I. 12, 24 e s.; SERV., *ad VIRG.*, *Aen.*, VIII, 314. VAR., *RR*, II, 1, 5; PROP., IV, 9; OV., *Fast.*; V, 148 e ss.; LACT., *Div. Inst.*, I, 22; TERT., *ad Nat.*, II, 9; ARNOB., *ad Nat.*, V, 18. Cf. A. GREIFENHAGEN, *Bona Dea, Röm. Mitt.*, 1937, p. 227 e ss.; G. PICCALUGA, in *Studi e Materiali...*, 1964, p. 195-237.

Boréadas: APOL. RH., *Arg.*, I, 211 e ss.; II, 273 e s; I, 1298-1308; e escól. *ad* APOL. RH., II, 178; escól. *ad Od.*, XIV, 533; XII, 69; HYG., *Fab.*, 14; 19; 273; APOLLOD., *Bibl.*, III, 15, 2 e s.; 1, 9, 21; OV., *Met.*, VI, 711 e s.; SERV., *ad VIRG.*, *Aen.*, III, 209; escól. *ad* PIND., *Pyth.*, IV, 181.

BÓREAS. (Βορέας.) Deus do Vento do Norte. Habita na Trácia, que é, para a Grécia, a região fria por excelência. É representado como um demónio alado, com uma grande força física, barbudo e normalmente vestido com uma túnica curta plissada. Numa representação, vê-mo-lo, como o Jano romano, provido com dois rostos opostos, que personificavam, sem dúvida, o vento duplo que soprava sobre a Europa, o Bóreas e o Antibóreas. Mas esta concepção é excepcional.

Bóreas é filho de Eos (a Aurora), e de Astreu, o filho de Crio e de Euríbia. É irmão de Zéfiro e de Noto (v. quadro 16, p. 202). Pertence, por consequência, à raça dos Titãs, os seres que personificavam as forças elementares da natureza. Entre outros actos violentos, é-lhe atribuído o rapto de Oritia, a filha do rei de Atenas Erecteu, quando aquela brincava com as suas companheiras nas margens do Ilisso. Levou-a para a Trácia, onde ela lhe deu dois filhos, Cálais e Zetes (v. artigo precedente). Uma variante desta lenda situava o rapto durante uma procissão que subia a Acrópole em direcção ao templo de Atena Políade. Atribui-se, por vezes, a Bóreas o castigo de Fineu (v. este nome). Com as éguas de Erictónio, Bóreas procriou, diz-se, sob a forma de um cavalo, doze potros, tão rápidos que as espigas não se curvavam sob o seu peso quando corriam sobre um campo de trigo e, quando corriam sobre a superfície do mar, não o encrespavam. Com uma das Erínias e, em seguida, com uma das Harpias, Bóreas gerou também cavalos velozes.

Para Bóreas, «rei dos Celtas», v. *Ciparissa.*

BORMO. (Βῶρμος.) Filho de Tícia (ou de Tício), um mariandino. Era um jovem muito belo. Um dia, em que tinha ido a uma fonte buscar água para os ceifeiros, foi raptado pelas Ninfas (v. *Hilas*). Conta-se também que foi morto na caça. A sua morte era celebrada todos os anos, na altura das colheitas, com lamentações acompanhadas pelo som de uma flauta.

BOTRES. (Βότρης.) Botres era um tebano, filho de Eumelo. Eumelo venerava o deus Apolo. Um dia, quando lhe oferecia um sacrifício, seu filho Botres encontrava-se junto a si, assistindo-o. Mas Botres repartiu os miolos da vítima, um carneiro, antes de o ter colocado sobre o altar para a oferenda. Irritado, o pai pegou num tição da fogueira sagrada e bateu na criança, que morreu imediatamente. Perante o desespero do pai e da mãe, Apolo transformou Botres em pássaro, denominado Aérope, isto é, o pássaro com o olhar triste, que faz o seu ninho sob a terra e esvoaça sem cessar.

BRANCO. (Βράγχος.) Filho de um herói originário de Delfos denominado Esmicro (v. este nome), que se estabelecera e casara em Mileto. Antes do seu nascimento, a mãe tivera uma visão em que lhe parecia ter visto o Sol entrar-lhe pela própria boca, passar através de todo o seu corpo e sair-lhe pelo ventre. Os adivinhos interpretaram isso como um presságio favorável. O filho que deu à luz foi chamado Branco, isto é, «brônquio», porque foi pelos brônquios que a sua mãe tinha sentido o Sol descer dentro dela. Um dia em que guardava os rebanhos na montanha, o jovem, que era muito belo, foi amado por Apolo. Erigiu um altar a Apolo Amical e, inspirado pelo deus, que lhe concedeu o dom da adivinhação, fundou um oráculo em Didime, a sul de Mileto. Este oráculo foi considerado até à época histórica quase como equivalente ao de Delfos. Era servido pelos Branquides ou descendentes de Branco. Este contava entre os seus antepassados paternos, dizia-se, Macareu, o homem que tinha morto Neoptólemo em Delfos.

BRANGAS. (Βράγγας.) Brangas é o filho do deus-rio da Trácia, Estrímon, e irmão de Olinto. Como este tivesse sido morto, na caça, por um leão, Brangas enterrou-o no lugar em que tinha morrido e denominou Olinto a cidade que construiu nas proximidades.

BRISEIDE. (Βρισηίς.) Briseide, de seu verdadeiro nome Hipodamia, é a filha de Briseu, um sacerdote da cidade de Lirnesso, conquistada e pilhada por Aquiles (v. este nome). Briseu é o irmão de Crises, o pai de Criseide. Hipodamia, denominada Briseide a partir do nome do seu pai, era casada com Minês, que foi morto por Aquiles. Este levou-a consigo e, para a consolar, Pátroclo prometeu-lhe que arranjaria as coisas de modo a que Aquiles a desposasse e, com efeito, ela tornou-se a escrava favorita, ternamente amada pelo herói. Quando a Assembleia dos Gregos forçou Agamémnon a entregar Criseide ao seu pai e quando o rei exigiu como compensação que Aquiles lhe desse Briseide, Aquiles, colérico e magoado, recusou-se a combater (v. a sua lenda). É ela que Agamémnon promete devolver em primeiro lugar quando da embaixada que envia a Aquiles para tentar acalmá-lo. É ela, enfim, e apenas ela, que Aquiles aceita no momento da sua reconciliação com o Atrida. A tradição posterior a Homero apresentava Briseide como uma mulher alta, com cabelos castanhos, de olhos brilhantes, tez clara, as sobrancelhas unidas e vestindo-se com gosto. Parece que também foi ela quem prestou as honras fúnebres a Aquiles.

Bóreas: HES., *Theog.*, 378; cf. 869; HEROD., VII, 189; *Met.*, VI, 685 e s.; *Trist.*, III, 10, 45; *Il.*, XX, 221 e ss.; QUINT. SM., VIII, 242; NONN., *Dion.*, XXXVI, 155; PLAT., *Phdr.*, 229B; PAUSAN., V, 19, 1; APOLLOD., *Bibl.*, III, 15, 1 e 2; escól. *Od.*, XIV, 533; v. *Annali dell' Instituto*, XXXII, L e M.

Bormo: ATHEN., XIV, 3, p. 620 A; escól. *ad* APOL. RH., *Arg.*, I, 1126; II, 780.

Botres: ANT. LIB., *Transf.*, 18.

Branco: CONON, *Narr.*, 33; escól. *ad* PAUSAN., V, 8, 8; STRAB., p. 421; 634.

Brangas: CONON, *Narr.*, 4.

Briseide: *Il.*, I, 318 e s.; II, 688 e ss; e escól.; XIX, 291 e s.; QUINT. SM., III, 552 e s.; escól. *ad Il.*, I, 392; EUST., *ad Hom.*, 77, 30; TZETZ., *ad Lyc.*, 345; *Anteh.*, 350 e s.; PAUSAN., V, 24, 11; X, 25, 3; OV., *Her.*, 3.

BRISEU. (Βρίσης.) Briseu é o pai de Briseide (v. este nome). Tanto é apresentado como rei dos Léleges, na Cária, como — e é a maior parte dos casos — é considerado, tal como o irmão Crises, como um sacerdote de Apolo na cidade de Lirnesso, que foi pilhada pelos Gregos durante a Guerra de Tróia. Além de sua filha Hipodamia, chamada geralmente Briseide, tinha um filho, Etion (distinto do herói homónimo, rei de Lirnesso e pai de Andrómaca). Quando Aquiles, durante o saque, destruiu a sua casa, Briseu enforcou-se.

BRITE. (Βρύτη.) A lenda de Brite, filha de Marte (Ares) e seguidora da deusa Ártemis em Creta, é uma repetição da de Britomártis. Amada por Minos, Brite lançou-se ao mar e o seu corpo foi encontrado numa rede de pescadores. Declarou-se uma peste e o oráculo respondeu que, para a debelar, era necessário prestar honras divinas a «Diana Dictina», a Ártemis da rede.

BRITOMÁRTIS. (Βριτόμαρτις.) Britomártis é uma deusa cretense cujo nome significava, segundo a tradição, «a Virgem Doce». É filha de Zeus e de Carme. Era, parece, uma ninfa virgem, companheira de Ártemis em Gortina (Creta). Minos apaixonou-se por ela e, na sua paixão, perseguiu-a durante nove meses pelos montes e vales da ilha. Um dia, ao fim desse tempo, ela apercebeu-se de que ia ser alcançada; saltou, então do alto de uma falésia para o mar. Foi recolhida numa rede de pescadores e salva, o que lhe valeu o epíteto de Dictina («a jovem da rede»).

Uma outra versão, menos maravilhosa, explica o mesmo epíteto fazendo remontar a Britomártis a invenção das redes para a caça. Diz-se, também, que, no decorrer de uma caçada, Britomártis ficou presa na rede e, salva por Ártemis, teria recebido honras divinas sob o nome de Dictina.

Como Ártemis, é representada rodeada por cães, vestida como uma caçadora, fugindo dos homens e amante da solidão.

BÚCOLO. (Βουκόλος.) Búcolo, cujo nome significa «O Boieiro», era o filho de Colono, de Tânagra, na Beócia, e irmão de Équemo, de Leone e de Ocna, a única filha. Esta, apaixonada por Eunosto, foi por ele repudiada. Ao ver-se desprezada, a jovem acusou-o perante os irmãos de ter querido violentá-la. Os jovens mataram Eunosto, mas, com remorsos, a jovem acabou por confessar a verdade. Ameaçados pelo pai de Eunosto, os irmãos fugiram e Ocna suicidou-se.

BÚFAGO. (Βουφάγος.) Búfago (literalmente «O Comedor de Bois») é um herói arcádio. É filho de Jápeto e de Tórnax. Com sua mulher, Promne, recolheu, durante a guerra contra Augias, Íficlo, que tinha sido ferido (v. *Héracles*); tratou dele até à morte e, depois, sepultou-o. Mais tarde, foi morto por Ártemis, que se sentia importunada pelo seu amor insistente, quando a perseguia no monte Fóloe, na Arcádia.

BÚLIS. (Βουλίς.) V. *Egípio.*

BUNO. (Βοῦνος.) Buno é um herói coríntio, filho de Hermes e de Alcidâmia, que recebeu de Eetes, quando este trocou Corinto por Colcos, o trono de Corinto, com a obrigação de o conservar até ao seu regresso ou ao de um dos seus descendentes. Depois da morte de Buno, é Epopeu de Sícion quem lhe sucede. V. *Epopeu.*

BUSÍRIS. (Βούσιρις.) Busíris é, na lenda grega, um rei do Egipto. Na realidade, não figura em qualquer das dinastias faraónicas, mas talvez seja uma deformação do nome do deus Osíris. Busíris era um rei muito cruel. A sua tirania tinha obrigado Proteu a fugir do Egipto (v. *Proteu*). Tinha também projectado enviar uma expedição de bandidos para raptar as Hespérides, que eram afamadas pela sua beleza. Héracles encontrou-as no seu caminho quando ia procurar as maçãs de ouro e matou-as, tal como tinha morto o próprio Busíris. Com efeito, uma série de más colheitas abatera-se sobre o Egipto e Frásio, um adivinho oriundo de Chipre, aconselhara o rei a sacrificar a Zeus um estrangeiro, todos os anos, a fim de aplacar o deus e recuperar a prosperidade. Foi o que fez Busíris, começando por sacrificar o próprio Frásio. Quando Héracles passou pelo Egipto, Busíris prendeu-o, atou-o com faixas, coroou-o com flores e conduziu-o ao altar como vítima. Mas Héracles desatou os nós, matou Busíris, o seu fiho Ifidamante (ou Anfidamante), o arauto Calves e todos os assistentes.

Busíris era filho de Posídon e de Lisianassa (v. quadro 3, p. 66) e tinha sido colocado no trono do Egipto pelo rei Osíris, quando este

---

Briseu: *Il.*, II, 689; escól *ad Il.*, XIX, 291; EUST., *ad Hom.*, 77, 30; DICTYS, II, 17; TZETZ., *Anteh.*, 349 e s.; PROP., *El.*, II, 9, 9-16.

Brite: *Myth. Vat.*, II, 26.

Britomártis: SOLIN., XI, 8; PAUSAN., II, 30, 3; III, 14, 2; cf. IX, 40, 3; DIOD. SIC., V, 76; CALLIM., *Hymn. ad Art.*, 189 e s.; PS.-VIRG., *Ciris*, 301; ANT. LIB., *Transf.*, 40; escól. *ad* ARISTOPH., *Ra.*, 1356; escól. *ad* EUR. *Hipp.*, 146. Cf. R. HOLLAND, «Britomartis», *Hermes*, 1925, pp. 59-65.

Búcolo: PLUT., *Qu. Gr.*, 40.

Búfago: PAUSAN., VIII, 14, 9; 27, 17.

Búlis: ANT. LIB., *Transf.*, 5.

Buno: PAUSAN., II, 3, 10; THEOMP., r. 340; TZETZ., *ad Lyc.*, 174.

Busíris: DIOD. SIC., I, 17, 45; IV, 18, 27; APOLLOD., *Bibl.*, II, 5, 11; HEROD., 45 A. GELL., II, 6; MACR., *Sat.*, VI, 7; VIRG., *Georg.*, III, 5; SERV., *ad loc.*; HYG., *Fab.*, 31; 56; 157; OV., *Met.*, IX, 183; *Et. Magn., s. u.*; EUR., drama satírico *Busíris*, perdido; sobre Busíris = Bu-as-iri: «o lugar de Ísis», cf. A. WIEDEMANN, *Herodots Zweites Buch.*, Leipzig, 1890; FRAZER, ed. de APOLLOD., *Bibl.*, I, pp. 224 e ss.

partira para a sua grande expedição à volta da Terra.

BUTES. (Βούτης.) **1.** O primeiro herói com este nome é um filho de Bóreas e meio-irmão de Licurgo. Butes e Licurgo nasceram de mulheres diferentes, nenhuma delas Oritia, a esposa legítima do deus (v. *Bóreas*). Butes procurou matar o seu meio irmão Licurgo. Mas, como os seus propósitos tivessem sido descobertos, teve de fugir com os seus partidários e foi estabelecer-se em Naxo, onde viveu da pilhagem e da pirataria. No decurso de uma das suas expedições, atacou a Ftiótide, na Tessália, para raptar mulheres. Depararam-se-lhe as adoradoras de Dioniso. A maior parte escapou, mas a ama do deus, Corónis, foi raptada e dada a Butes. Devido às súplicas da jovem, Butes foi levado à loucura por Dioniso. Lançou-se num poço e morreu.

2. O segundo herói chamado Butes é o filho do rei de Atenas Pandíon e de Zeuxipe (v. quadro 12, p. 144). Tem por irmãs Filomela e Procne e por irmão Erecteu. Após a morte de Pandíon, a herança foi dividida entre os filhos e Erecteu obteve o trono, enquanto Butes ficou com o sacerdócio de Atena e de Posídon. Desposou a filha de Erecteu, Ctónia (mas v. também *Erecteu*). Era a ela que pretendia remontar a família sacerdotal dos Eteobutadas, de Atenas.

3. Para Butes, o argonauta que fundou a cidade de Lilibeia, na Sicília, v. *Argonautas* e *Érix*.

BÚZIGES. (Βουζύγης.) Búziges, «o que coloca os bois sob o jugo», é a figura mítica do inventor do jugo, aquele que imaginou o modo de domesticar os touros e de os atrelar, bem como de os utilizar no trabalho e cultivo dos campos. Também era considerado como um dos primeiros legisladores. Atribui-se-lhe a proibição, frequentemente mencionada na Antiguidade, de matar os bois ou os touros devido aos serviços que prestavam à agricultura. V. também o artigo *Paládio*.

Butes: **1)** DIOD. SIC., V, 50. **2)** APOLLOD., *Bibl.*, III, 14, 8.

Búziges: SERV., *ad* VIRG., *Georg.*, I, 19; PLIN., *N. H.*, VII, 57; escól. *ad Il.*, XVIII, 483; HESYC., *s. u.*

C

CAANTO. (Κάανθος.) Filho de Oceano. Como, próximo de Tebas, nas margens do rio Ismeno, a ninfa Mélia, sua irmã, tivesse sido raptada por Apolo, seu pai ordenou que ele a fosse procurar. Caanto encontrou Mélia e o deus, mas não conseguiu separá-los. Por isso, enraivecido, deitou fogo ao santuário de Apolo, o que lhe custou a vida, porque o deus matou-o com uma flecha. Dizia-se que o seu túmulo se encontrava em Tebas, junto da fonte de Ares.

CABARNO. (Κάβαρνος.) Quando Deméter andava em busca de sua filha, que tinha sido raptada por Hades, um habitante da ilha de Paros, de nome Cabarno, indicou-lhe quem tinha sido o autor do rapto. A deusa, em recompensa, confiou a Cabarno o encargo de velar pelo seu culto, a ele e a todos os seus descendentes. É uma lenda exclusiva de Paros.

CABÍRIDES. (Καβειρίδες.) Três ninfas, irmãs dos Cabiros (v. este nome).

CABIRO. (Καβειρώ.) Filha de Proteu e de Anquínoe. Oriunda de Lemnos, que tem Hefesto como deus, foi por este amada e deu-lhe vários filhos, os Cabiros e as Cabírides (v. *Cabiros*).

CABIROS. (Κάβειροι.) Misteriosas divindades cujo principal santuário se encontrava na Samotrácia, mas que eram adoradas em vários lugares, mesmo, segundo Heródoto, em Mênfis no Egipto. Os mitógrafos antigos interpretam de diversos modos a sua origem e a sua natureza. Na maior parte das versões, é Hefesto que aparece como pai deles ou, pelo menos, como seu antepassado divino. Segundo Acusilau, Hefesto tivera um filho de Cabiro (mãe dos Cabiros) a quem foi dado o nome de Cadmilo, o qual, por sua vez, teria gerado três Cabiros. Estes eram os pais das ninfas Cabírides. Segundo Ferecides, os Cabiros eram filhos de Hefesto e de Cabiro, filha de Proteu. Nestas versões, as ninfas Cabírides, em número de três, eram irmãs dos Cabiros (que também eram três). Outros autores pretendiam que havia sete Cabiros e que o seu pai tinha sido o fenício Sidic e tinham, portanto, Asclépio como irmão. Uma tradição que remonta a Mnáseas de Pátaros menciona quatro Cabiros: Axíero, Axioquersa, Axioquerso e Cadmilo, identificados, respectivamente, com Deméter, Perséfone, Hades e Hermes, e, às vezes, entre os Romanos, com Júpiter, Mercúrio, Juno e Minerva; mas esta hipótese não explica qual era a sua genealogia. Nesta versão, *Cabiros* seria apenas um nome místico, funcional, das divindades invocadas. É assim que, às vezes, os Cabiros aparecem identificados com Iásion e Dárdano (v. estes nomes), filhos de Zeus e Electra, os quais também são heróis da Samotrácia.

Caanto: PAUSAN., IX, 10, 5-6.

Cabarno: STEPH. BYZ., *s. u.* Κάβαρνοι.

Cabírides: STRAB., X, 3, 21.

Cabiro: STRAB., X, 3, 21; STEPH. BYZ., *s. u.*, Καβειρία.

Cabiros: STRAB., X, 3, 19 e s.; escól. *ad* APOL. RH., *Arg.*, I, 917; AEL. ARIST., II, 469 (Keil); PHIL. BYBL., I, 8; NONN., *Dion*; XIV, 22 e s.; HEROD., III, 37; VAR., *LL*, V, 58; SERV., *ad VIRG.*, *Aen.*, III, 12; 264; VIII, 679, V. F. CHAPOUTHIER, *Les Dioscures au service d'une déesse*, Paris, 1935; BENGT HEMBERG, *Die Kabiren*, Upsal, 1950.

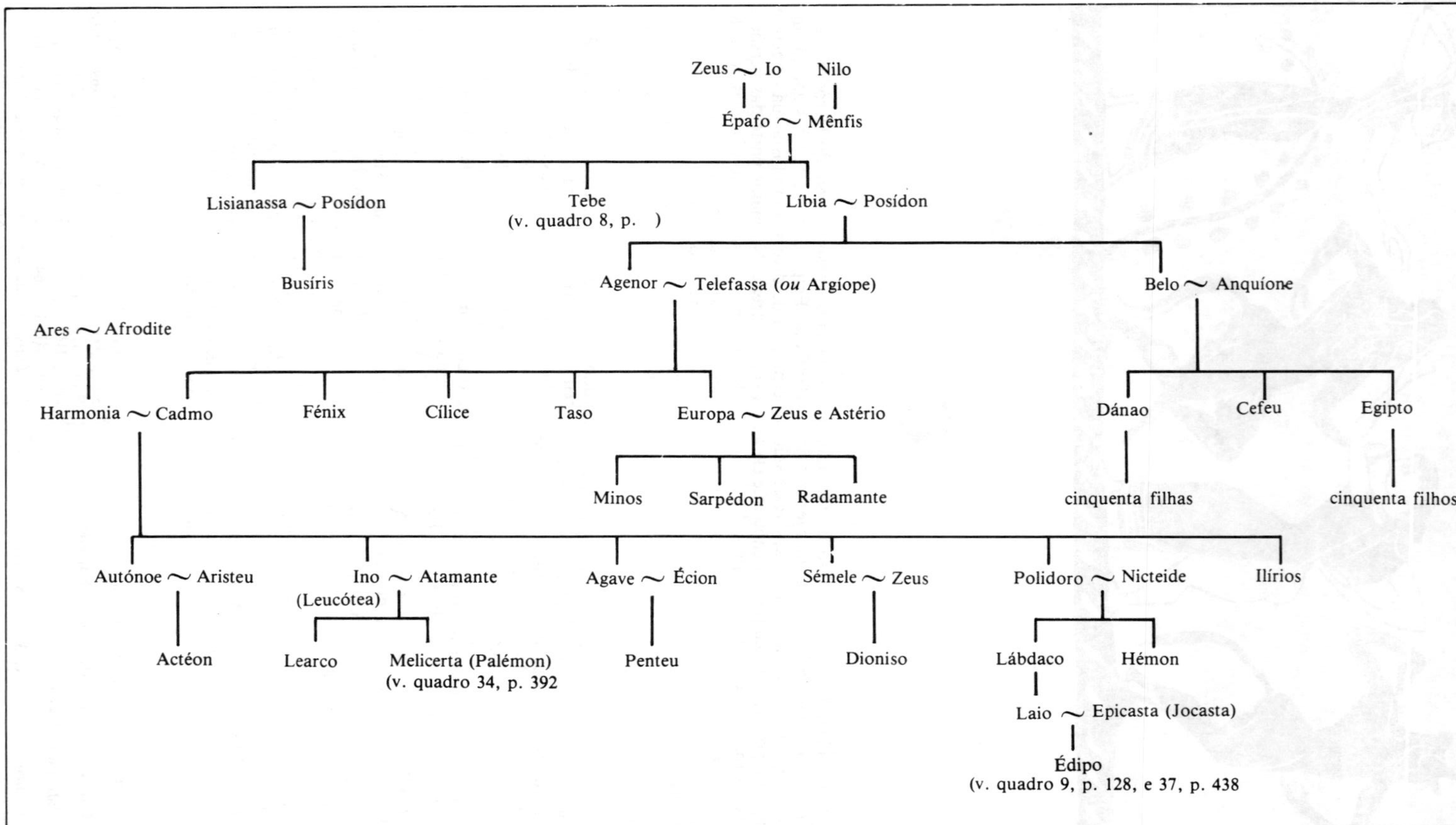

Quadro genealógico n.º 3

Como os Cabiros são divindades dos mistérios, não podiam ser nomeados impunemente. Na maioria dos casos chamava-se-lhes Grandes Deuses. Ao lado dos nomes acima referidos, uma glosa menciona Álcon e Eurimedonte, um par de cabiros, filhos de Cabiro e Hefesto. Na época romana, os Cabiros são, a maior parte das vezes, considerados como uma tríade que tem subjacentes três divindades romanas: Júpiter, Minerva e Mercúrio.

Sobre os Cabiros quase não existem mitos. Dizia-se que tinham assistido aos nascimento de Zeus na Acrópole de Pérgamo. Isso corresponde à sua natureza de divindades integradas no séquito de Reia. São servos da deusa, e, por este motivo, são muitas vezes confundidos com os Coribantes e os Curetes (v. estes nomes). Desde o fim da época clássica, apareciam, sobretudo, como protectores da navegação, com a mesma importância que os Dioscuros, com os quais têm algumas afinidades.

***CACA.** (*Caca.*) Caca é uma divindade romana antiquíssima, que era considerada irmã do salteador Caco (v. este nome). Teria traído seu irmão, denunciando a Hércules o esconderijo onde Caco tinha escondido os bois roubados ao herói. Caca recebeu um culto em recompensa, e em sua honra mantinha-se um fogo perpétuo, como para a deusa Vesta.

***CACO.** (*Cacus.*) Caco, talvez um deus do fogo, talvez simples *numen* de um lugar, é um herói local de Roma, cujo mito anda associado ao mito de Hércules. Era considerado filho de Vulcano. Vivia numa gruta do Aventino e, quando Hércules voltou da sua expedição ao Ocidente mediterrânico, trazendo consigo os bois roubados a Gérion (v. *Héracles*), e os deixou a pastar em liberdade no sítio do futuro *Forum Boarium* enquanto descansava na margem do Tibre, Caco, não podendo roubar toda a manada como era seu desejo, levou apenas alguns animais (quatro vacas e quatro bois, diz-se), que escondeu na sua gruta. Para não deixar rasto, arrastou os animais pela cauda, obrigando-os a caminhar às arrecuas. Assim, as pegadas pareciam orientar-se para fora da gruta e não em direcção a ela. Quando Hércules acordou e contou a manada, deu conta do roubo. Partiu à procura do que lhe pertencia, e teria sido enganado pela artimanha de Caco se, segundo alguns, os animais, ao sentirem os seus congéneres, não tivessem mugido, revelando deste modo a sua presença, ou, segundo outros, se não tivesse sido avisado por Caca, irmã do próprio Caco. Como quer que seja, travou-se uma luta entre Caco e Hércules. Caco tinha três cabeças e cuspia fogo pelas três bocas. Mas Hércules não tardou a vencê-lo com a sua maça. Outra versão mostra Caco, fechado na gruta, a amontoar rochas diante da entrada, desafiando por este meio os ataques de Hércules. Mas este, subindo à colina, arrancou os rochedos que formavam o tecto da gruta, conseguindo assim atingir o seu inimigo e matá-lo. Depois, em reconhecimento pela vitória alcançada, sacrificou a Júpiter Inventor, e o rei Evandro, que então reinava em Palanteu, futura Roma (nessa época simples aldeia de pastores, próxima daquele local, no cimo do Palatino, v. *Evandro*) agradeceu-lhe por ter libertado o território de um ladrão como Caco e prometeu-lhe que o céu o havia de recompensar concedendo-lhe honras divinas.

Há uma versão obscura da lenda de Hércules que substitui Caco por um salteador de nome Garano, ou Recarano, o qual, no entanto, desempenha o mesmo papel que Caco (v. *Recarano*).

Segundo um antigo historiador romano, Caco era companheiro do rei Mársias, que tinha vindo da Frígia para invadir a Itália. Mársias tinha-o mandado numa embaixada ao rei Tárcon da Etrúria, mas este fê-lo prisioneiro. Caco evadiu-se e regressou para junto de Mársias. Mársias e Caco ocuparam então a Campânia, à volta do Volturno, e atacaram a região de Roma, onde se havia instalado uma colónia arcádica. Hércules, nessa altura, fez uma aliança com Tárcon e esmagou os invasores.

Finalmente, Diodoro refere um certo Cácio (Καχίος), homem excepcionalmente valente, que vivia no cimo do Palatino e que tinha recebido Hércules hospitaleiramente. Foi o nome deste Cácio que ficou associado a uma «subida» do Palatino, as *scalae Caci*, nas redondezas da sua casa (*atrium Caci*).

CADMO. (Κάδμος.) Cadmo é um herói do ciclo tebano, mas a sua lenda, como a de Héracles, expandiu-se um pouco por todo o mundo mediterrâneo, da Ásia Menor à Ilíria e à África (Líbia). Cadmo é filho de Agenor e de Telefaassa (ou, segundo outras tradições, de Argíope) (v. *Agenor* e o quadro 3, p. 66). É irmão de Cílix e de Europa (se bem que, às vezes, Fénix seja considerado seu pai, bem como de Europa) (v. *Europa*). Finalmente, uma tradição beócia tardiamente testemunhada tinha-o na conta de filho do herói tebano autóctone Ógigo (v. este nome).

Caca: LACT., *Div. Inst.*, I, 20, 36; SERV., *ad VIRG.*, *Aen.*, VIII, 190; *Myth Vat.*, II, 153; III, 13.

Caco: VIRG., *Aen.*, VIII, 190 e s., e SERV., *ad loc.*; LÍV., I, 7, 3 e s.; DION. HAL., I, 39 e s.; OV., *Fast.*, I, 543, e s.; V, 643 e s.; VI, 79 e s.; PROP., V, 9, 1 e s.; TZETZ., *Hist.*, V, 21, VERRIUS FLACCUS, *in* SERV., *ad Aen.*, VIII, 203; SOLIN., I, 8; DIOD. SIC., IV, 21; J. BAYET, *Origines...*, p. 145 e s.

Cadmo: HES., *Theog.*, 935 e s.; *Od.*, V, 333 e s.; escól. *ad Il.*, II, 494, HEROD., IV, 147; DIOD. SIC., IV, 2, 1 e s.; V, 47 e s.; 48; 49; V, 59, 2 e s.; THEOGN., 15-18; HIG., *Fab.*, 6; 178; 179; PIND., *Pyth.*, III, 152 e s.; *Ol.*, II, 38 e s.; APOL. RH., *Arg.*, IV, 516 e s.; escól. a III, 1186, EUR., *Phoen.* 930 e s.; 822 e s.; *Bac.*, 1330 e s.; escól. *ad* EUR., *Phoen.*, 683; *ad* AESCH., *Th.*, 469; APOLLOD., *Bibl.*, III, 1, 1; 4, 1; 5, 2; 5, 4 e s.; OV., *Met.*, III, 6 e s.; IV, 563 e s.; PAUSAN., III, 1, 8; 15, 8; 24, 3; IV, 7, 8; VII, 2, 5; IX, 5, 1 e s.; 10, 1; 12, 1 e s.; 16, 3 e s.; 26, 3-4; X, 17, 4; 35, 5. STRAB., I, 46; 7, 326; ATHEN., XI, 426 B; TZETZ., *Chil.*, IV, 393 e s.; NONN., *Dion.*, I, 140 e s.; 350 e s., etc.; STEPH. BYZ. *s. u.* Βουθόη; F. VIAN, *Les origines de Thèbes*, Paris, 1963.

Após o rapto de Europa, Agenor mandou os seus filhos procurá-la e intimou-os a que não aparecessem diante dele sem a trazerem de volta. Juntou-se-lhes sua mãe, e juntos deixaram a região de Tiro, onde reinava Agenor. Mas bem depressa os jovens se deram conta de que vã era a sua busca, e, ao passo que seus irmãos se instalam em diversas regiões, Cadmo e sua mãe vão para a Trácia, onde são recebidos favoravelmente pelos seus habitantes. Morta Telefaassa, Cadmo foi consultar o oráculo de Delfos, que lhe ordena que deixe de procurar Europa e funde uma cidade. Mas, para escolher o local, deveria seguir uma vaca até que esta caísse por terra, esgotada de cansaço. Para cumprir o oráculo, Cadmo pôs-se a caminho e, ao atravessar a Fócida, viu, entre as manadas de Pélagon, filho de Anfídamas, uma vaca com o sinal da Lua em cada flanco (um disco branco que fazia lembrar a Lua cheia). Seguiu-a e a vaca levou-o através da Beócia. Por fim, deitou-se no local da futura cidade de Tebas. Cadmo viu então que o oráculo se tinha cumprido e quis oferecer a vaca em sacrifício a Atena. Com esse fim, mandou alguns dos seus companheiros buscar água a uma fonte próxima, chamada fonte de Ares. Mas um dragão, que, segundo alguns autores era descendente do próprio Ares, guardava a fonte e matou a maioria dos homens que Cadmo lá tinha enviado. Cadmo veio em socorro dos companheiros e matou o dragão. Apareceu-lhe então Atena que o aconselhou a semear os dentes do animal. Foi o que Cadmo fez; imediatamente, surgiram da terra homens armados, que foram chamados *Spartoi* (ou seja, homens semeados). Estes homens prodigiosos eram ameaçadores. Cadmo teve então a ideia de atirar pedras para o meio deles. Os *Spartoi*, ignorando quem os atingia, acusaram-se reciprocamente e massacraram-se uns aos outros. Apenas cinco sobreviveram: Equíon (que casou em seguida com Ágave, uma das filhas de Cadmo), Udeo, Ctónio, Hiperenor, Peloro. Cadmo teve, todavia, de expiar a morte do dragão, servindo Ares durante oito anos como escravo. Mas, acabada a penitência, Cadmo tornou-se rei da região de Tebas, graças à protecção de Atena. E Zeus deu-lhe por esposa uma filha de Ares e Afrodite, a deusa Harmonia.

O casamento de Cadmo com Harmonia foi celebrado com grandes festejos, nos quais participaram todos os deuses e as musas cantaram. Desceram do céu e vieram à Cadmeia (cidadela de Tebas), levando presentes. Os principais foram para Harmonia: um vestido maravilhoso tecido pelas Cárites e um colar de ouro, obra do deus ferreiro, Hefesto. Segundo alguns, este colar teria sido dado a Cadmo pelo próprio Hefesto, mas, segundo outros, teria sido um presente de Europa para o irmão. Ela própria tinha-o recebido de Zeus. O colar e o vestido desempenharam mais tarde um papel importante na expedição dos Sete contra Tebas (v. *Anfiarau*, *Erifile* e *Alcméon*).

De Harmonia teve Cadmo várias filhas — Autónoe, Ino (que após a sua deificação passou a chamar-se Leucótea), Agave e Sémele — e um filho, Polidoro.

Quando o fim da vida se aproximava, Cadmo e Harmonia abandonaram Tebas em condições misteriosas, deixando o trono a Penteu, seu neto, filho de Agave e de Equíon. Foram para a Ilíria, para junto dos habitantes de Enquélias. Tendo estes sido atacados pelos Ilírios, um oráculo prometeu-lhes a vitória, se fossem comandados por Cadmo e Harmonia. E, de facto, realizada esta condição, saíram vencedores. Cadmo reinou então sobre os Ilírios e teve um filho a quem deu o nome de Ilírio. Pouco depois, porém, tanto ele como Harmonia foram transformados em serpentes e alcançaram os Campos Elísios. O seu túmulo era conhecido na Ilíria (v. também *Agave*).

Uma lenda, referida por Nono de Panópolis, mas que provavelmente não passa de uma invenção de poeta tardio, conta como Cadmo seguiu as pegadas do touro que tinha raptado sua irmã e foi incorporado por Zeus na expedição contra o gigante Tífon. Com esse fim, tinha vestido um traje de pastor, que lhe fora dado pelo deus Pã, seu companheiro. E, quando Tífon roubou os tendões de Zeus, foi Cadmo quem o encantou com uma lira e conseguiu que aquele restituísse os tendões do deus, sob o pretexto de que com eles faria cordas para a sua lira. Cadmo devolveu os tendões a Zeus que, graças a isso, conseguiu obter a vitória. Em recompensa, Cadmo recebeu a mão de Harmonia (v. *Tífon*).

Em Tera, Rodes, Samotrácia, Creta e em muitos outros sítios, contava-se que Cadmo, quando andava à procura de Europa, tinha lá fundado cidades.

CAFAURO. (Κάφαυρος.) Líbio, filho de Anfítemis (também chamado *Garamante*) e de uma ninfa do lago Tritão. Era, pois, neto de Acacális e de Apolo. Um dia em que andava a guardar rebanhos de ovelhas na Líbia, não longe do lago Tritão, um argonauta, de nome Canto, tentou roubar-lhe uma parte do gado para dar de comer aos seus companheiros esfomeados. Cafauro matou-o, mas não tardou a sucumbir, por sua vez, às mãos dos Argonautas (v. também *Cefálion*).

CÁFENE. (Καφένη.) Cáfene é uma jovem da cidade de Criasso, na Cária. Uma colónia de gregos de Melos, que se instalara na região sob o comando de Ninfeu, cresceu rapidamente e tornou-se poderosa. Os habitantes de Criasso ficaram preocupados e decidiram aniquilar os seus incómodos vizinhos. Projectaram convidar todos os gregos para uma festa e matá-los quando estivessem todos juntos, mas Cáfene estava enamorada de Ninfeu e revelou-lhe o plano. Quando os cários foram convidar os gregos, estes aceitaram, mas disseram que o costume da sua terra exigia que as suas mulheres também fossem convidadas para o banquete. E assim se fez. Os homens foram para

---

Cafauro: APOL. RH., *Arg.*, IV, 1494

Cáfene: PLUT., *de mul. vir.*, VII, 304.

a festa desarmados, mas as mulheres levavam cada uma sua espada escondida debaixo da roupa. Durante o banquete, dado o sinal, os cários atiraram-se aos gregos, mas estes anteciparam-se e mataram-nos a todos. Arrasaram a cidade de Criasso e construíram outra, a que puseram o nome de Nova Criasso. Cáfene casou com Ninfeu e concederam-lhe grandes honras.

CAFIRA. (Καφείρα.) Cafira é filha de Oceano. Na ilha de Rodes, juntamente com as Telquines, educou Posídon, que lhe fora confiado por Reia.

***CAIETA.** (*Caieta*.) A lenda da cidade de Caieta (a actual Gaeta, não longe de Terracina, na costa meridional do Lácio) contava que a cidade tinha sido fundada em memória de Caieta, ama de Eneias (segundo outros, ama de Ascânio, ou até de Creúsa, mulher de Eneias). Ora se dizia que Caieta tinha sido sepultada neste lugar, ora que aí tinha sido impedido o incêndio que ameaçara a frota de Eneias. Havia, finalmente, outra tradição que ligava o nome de Caieta a Eetes, pai de Medeia, que teria vindo a esta região em perseguição de sua filha (v. *Argonautas* e *Eetes*). Segundo esta versão, o primeiro nome da cidade teria sido Eeta, mais tarde convertido em Caieta.

CAÍRA. (Κάειρα.) Caíra é filha de um oleiro de Mileto que aparece na lenda de Neleu, filho de Codro (v. *Neleu* e *Codro*). Devendo Neleu abandonar a sua pátria, perguntou ao oráculo onde devia fixar-se. O oráculo respondeu-lhe que encontraria uma nova pátria no sítio onde uma jovem lhe desse terra misturada com água. Neleu, errante, chegou um dia a Mileto e pediu a Caíra que lhe desse barro mole para gravar a impressão de um selo. Caíra aquiesceu. Tinha-se cumprido o oráculo. Neleu apoderou-se então do poder em Mileto e fundou três cidades nos arredores.

CAÍSTRO. (Κάυστρος.) Caístro é o deus de um rio da Lídia com o mesmo nome. Diz-se que é filho de Aquiles e da Amazona Pentesileia e Éfeso, fundador da cidade de Éfeso, era seu filho. Era também pai de Semíramis, nascida de Dérceto (v. *Semíramis*).

CÁLAMO. (Κάλαμος.) Cálamo, cujo nome significa «cana», era filho do deus-rio Menandro na Frígia. Unia-o o amor a um jovem de rara beleza, de nome Carpo, que era filho do deus Zéfiro e de uma das Horas. Quando um dia ambos se banhavam no Menandro, Cálamo tentou ultrapassar a nado o seu amigo, mas Carpo afogou-se durante esta competição. Cálamo, de dor, ficou tão seco que se transformou numa cana da margem do rio. Carpo (cujo nome significa «fruto») transformou-se em «fruto dos campos», que morre e nasce todos os anos.

CALCANTE. V. *Calcas*.

CALCAS. (Κάλχας.) Calcas é um adivinho de Micenas, ou de Mégara, o mais hábil do seu tempo na interpretação do voo das aves e o que melhor conhecia o passado, o presente e o futuro. Apolo dera-lhe o dom da profecia. Calcas era filho de Testor e, através dele, descendia de Apolo. Foi o adivinho titular da expedição dos Gregos contra Tróia. Nos momentos mais importantes da guerra e da sua preparação, há sempre uma profecia de Calcas. Quando Aquiles tinha nove anos, foi ele quem anunciou que Tróia só podia ser conquistada se o jovem participasse na luta, levando com isso Tétis a dissimular o filho entre as filhas do rei Ciro (v. *Aquiles*). Em Áulis, interpretou o presságio da serpente que devorava as aves em cima do altar do sacrifício, e declarou que a cidade seria tomada no décimo ano da guerra (v. *Agamémnon*). Após o desembarque mal sucedido na Mísia, quando Télefo consentiu conduzir a frota para a Tróade, Calcas, com as suas predições, confirmou as indicações de Télefo (v. *Aquiles*). É ele quem em Áulis, aquando da segunda partida, revela que a calmaria que retém a frota se deve à ira de Ártemis e que esta ira não pode ser aplacada senão com o sacrifício de Ifigénia (v. *Ifigénia* e *Agamémnon*). Mais tarde, após a morte de Aquiles e o suicídio de Ájax, filho de Télamon, anunciou aos Gregos que a cidade não podia ser tomada se não se obtivesse o arco de Héracles. Deste modo, Calcas está na origem da missão de Ulisses junto de Filoctetes (v. *Ulisses* e *Filoctetes*). Quando Heleno, após a morte de Páris, se refugiou nas florestas do Ida, Calcas aconselhou os Gregos a que o fizessem prisioneiro, porque só ele poderia revelar-lhes como tomar a cidade (v. *Heleno*). É, finalmente, quem, ao ver que a força de nada serve, sugere a construção de um cavalo de madeira, graças ao qual os combatentes poderão introduzir-se na cidade e ele próprio esteve entre os guerreiros encerrados no cavalo. No momento da partida, anunciou aos Gregos que o regresso de cada um não seria fácil por causa da ira de Atena, descontente com a in-

---

Cafira: Diod. Sic., V, 55, 1.

Caieta: Virg., *Aen.*, VII, 1 e s.; e Serv., *ad loc.*; Ov., *Met.*, XIV, 441 e s.; Strab:, V, p. 233; Solin., II, 13; Aur. Vict., *Orig.*, 10; Dion. Hal., I, 72; Diod. Sic., IV, 56 (citando Timeu).

Caíra: Tzetz., *ad* Lyc., 1379.

Caístro: Serv., *ad Virg.*, *Aen.*, XI, 661; Strab., XIV, 650; Pausan., VII, 2, 7; *Etym. Magn.*, *s. u.* Κάυστρος.

Cálamo: Serv., *ad Virg.*, *Ecl.*, V, 48; Nonn., *Dion.*, XI, 370-481.

Calcas: *Il.*, I, 69, 92; II, 300 e s.; escól. *ad Il.*, II, 135; *ad* Apol. Rh., *Arg.*, I, 139; *ad Od.*, XIII, 159; Pausan., I, 43, 1; Hyg., *Fab.*, 97; 128; 190; Apollod., *Bibl.*, III, 13, 18; *Ep.*, III, 15; 21 e s.; V, 8 e s.; V, 2 e s.; Pausan., I, 43, 1; VII, 3, 7; IX, 19, 6; Ov., *Met.*, VII, 11 e s.; Strab., XIV, 462 e s.; Serv., *ad Virg.*, *Ecl.*, VI, 72; *Aen.*, II, 166; III, 322; Conon, *Narr.*, 34; 6; Quint. Sm., VI, 61; XII, 3 e s.; Virg., *Aen.*, II, 185; Tzetz., *Posth.*, 645; *ad Lyc.*, 427; 938 e s.; 1047 e s.; V. J. Bérnard, *La Colonisation grecque...*, pp. 394 e s.; e J. Perret, «Calchas et les bergers...», *Rev. Arch.*, 1937, pp. 181 e s.

justiça de que fora vítima o seu protegido, Ájax, filho de Télamon (v. a sua lenda). Por tal motivo, Calcas, sabendo que a armada não chegaria a bom porto, não quis partir na sua companhia. Embarcou com outro adivinho, Anfíloco, filho de Anfiarau (v. a sua lenda), levando consigo os heróis Leonteu, Podalírio e Polipetes. O navio que os transportava foi atirado para a costa da Ásia Menor, em Cólofon (segundo outros, foram a pé até lá). Ora, um oráculo, provavelmente uma profecia de Heleno, tinha anunciado a Calcas que ele morreria no dia em que encontrasse um adivinho mais hábil do que ele. Em Cólofon, encontrou o adivinho Mopso. Junto da casa de Mopso havia uma figueira. Calcas perguntou: «Quantos figos tem ela?» E Mopso respondeu: «Dez mil e um moios e sobra um figo.» E, feitas as contas, verificou-se que Mopso tinha razão. Havia também uma porca prenha. Mopso perguntou a Calcas: «Quantas crias tem ela e dentro de quanto tempo vai parir?» Calcas respondeu que ela tinha oito crias. Mopso fez-lhe notar que estava enganado e acrescentou que a porca tinha, não oito, mas nove crias, todas machos, e que ia parir no dia seguinte, à sexta hora. E foi o que aconteceu. Calcas, então, morreu de desgosto; outros dizem que se suicidou. Enterraram-no em Notion, perto de Cólofon. Cónon dá outra versão da rivalidade entre os adivinhos: o rei da Lícia estava a preparar uma expedição. Mopso aconselhou-o a que a não levasse por diante, dizendo-lhe que seria vencido. Calcas, pelo contrário, garantiu-lhe a vitória. O rei, tendo partido para a guerra, foi vencido. Este facto fez subir a reputação de Mopso, mas fez com que Calcas se suicidasse de desespero.

Contava-se ainda outra história a respeito da sua morte. Calcas tinha plantado uma vinha no bosque de Grínio, na Mísia, bosque consagrado a Apolo. Um profeta da vizinhança predisse-lhe então que jamais beberia do vinho da sua vinha. Calcas riu-se dele. A vinha cresceu, produziu frutos, depois vinho, e, no dia em que se devia beber do vinho novo, Calcas convidou as pessoas da vizinhança, incluindo o adivinho que lhe tinha feito a predição. No momento em que a taça já estava cheia e Calcas se preparava para beber, o rival repetiu-lhe que ele não provaria deste vinho. Calcas pôs-se a rir com tanta força que sufocou e morreu sem ter podido levar a taça aos lábios (v. *Antínoo*).

As lendas da Itália meridional falam de um Calcas, também adivinho, cujo túmulo era conhecido em Síris, no golfo de Tarento. Havia também um Calcas a cujo santuário as pessoas iam dormir, para conhecerem o futuro pelos sonhos. Este santuário ficava na região do monte Gargano, no Adriático. O Calcas de Síris teria sido morto por Héracles, com um murro. É difícil ligar estas várias lendas entre si (v. também *Calco*).

CALCÍOPE. (Χαλκιόπη.) Calcíope é o nome de várias heroínas.

1. Uma é filha de Eurípilo, rei da ilha de Cós. Da sua união com Héracles nasceu Téssalo (quadro 18, p. 220).

2. Outra é filha de Eetes, rei da Cólquida. Casou com Frixo, do qual teve quatro filhos: Argo, Melas, Frôntis, e Citissoro (v. quadro 34, p. 392).

3. A terceira é filha de Rexenor (ou de Calcodonte 1). Casou com Egeu, rei de Atenas, de quem foi segunda mulher, já que a primeira tinha sido Meta, filha de Hoples. Não podendo ter filhos dela, Egeu foi a Delfos e, no regresso, ao passar por Trezena, gerou Teseu, unindo-se a Etra (v. *Egeu* e *Teseu*).

CALCO. (Κάλχος.) Calco é um rei dos Dáunios, população antiquíssima do Sul da Itália, que estava enamorado da feiticeira Circe, no tempo em que ela recebeu a visita de Ulisses. Mas Circe, apaixonada por Ulisses, rejeitou o amor de Calco. Mas como este insistia, ela ofereceu-lhe um banquete, durante o qual o metamorfeseou em porco, encerrando-o de seguida numa pocilga. Vendo que o seu rei não voltava, os Dáunios foram buscá-lo à força. Circe consentiu em restituí-lo, sob a sua forma humana, mas com a condição de que ele não voltasse a pôr os pés na sua ilha, nem para lhe fazer declarações de amor, nem por outro motivo, fosse ele qual fosse.

CALCODONTE. (Χαλκώδων.) **1.** Calcodonte é um herói de Eubeia, filho de Abas, epónimo dos Abantes, e pai do herói Elpenor que participou na Guerra de Tróia (v. *Elpenor*). Foi morto por Anfitrião durante uma expedição levada a cabo pelos Tebanos contra os Eubeus, para se libertarem de um tributo que estes lhes haviam imposto. Mostrava-se o seu túmulo não longe de Cálcis. Calcodonte teve, além de Elpenor, uma filha, Calcíope, que casou com Egeu em segundas núpcias (v. *Calcíope*).

Com o mesmo nome são mencionados outros heróis:

2. Um companheiro de Héracles na expedição contra a Élide.

3. Um dos pretendentes de Hipodamia morto por Enómao (v. *Hipodamia*).

4. Finalmente, um dos defensores de Cós contra Héracles, aquando do ataque dirigido pelo herói contra Eurípilo (v. *Eurípilo* e *Héracles*). Calcodonte foi ferido por Héracles e só conseguiu salvar-se graças à intervenção de Zeus, que o tirou a tempo do campo de batalha.

Calcíope: 1) APOLLOD., *Bibl.*, II, 7, 8; *Il.*, II, 676 e s.; e escól. *ad loc.*; PLUT., *Qu. Gr.*, 58; HYG., *Fab.*, 254; cf. 97. **2)** APOLLOD., *Bibl.*, I, 9, 1; HIG., *Fab.*, 3; 14; APOL. RH., *Arg.*, II, 1140 e s. e escól. *ad loc.*; TZETZ., *ad Lyc.*, 22. **3)** APOLLOD., *Bibl.*, III, 15, 6; TZETZ., *ad Lyc.*, 454; ATHEN., XIII, 556 F.

Calco: PARTH., *Erot.*, 12.

Calcodonte: 1) APOLLOD., *Bibl.*, III, 10, 8; *Il.*, II, 541; IV, 464; e escól. *ad Il.*, II, 536; EUST., *ad Hom.*, p. 281, 45; TZETZ., *ad Lyc.*, 1034; PAUSAN., VIII, 15, 6-7; IX, 17, 3; 19, 3. **2)** PAUSAN., VIII, 15, 6. **3)** PAUSAN., VI, 21, 7. **4)** APOLLOD., *Bibl.*, II, 7, 1; PLUT., *Qu. Gr.*, 58.

CÁLCON. (Χάλκων.) **1.** Cálcon é um herói natural de Ciparisso, no monte Parnasso. Um oráculo aconselhou Nestor que desse Cálcon a seu filho Antíloco como conselheiro e escudeiro. Quando se deu o combate entre Aquiles e Pentesileia, rainha das Amazonas, Cálcon, que a amava, correu a ajudá-la, mas foi morto por Aquiles. O cadáver foi suspenso numa cruz pelos Gregos, para castigar a sua traição.

2. Existe outro Cálcon, filho de Metíon (v. *Abas*).

CALÍDICE. (Καλλιδίκη.) Calídice é uma rainha dos Tresprotas, desposada por Ulisses quando ele, depois de regressar a Ítaca, teve de voltar a partir, conforme o que predissera Tirésias. Ulisses teve dela um filho de nome Polipetes, que reinou no seu território à morte de sua mãe, enquanto Ulisses voltava para Ítaca. (V. *Ulisses* e quadro 39, p. 460).

CALIDNO. (Κάλυδνος.) Filho de Úrano, é considerado por algumas tradições como rei de Tebas, predecessor de Ógigo. Era a ele que se atribuía, em alguns casos, a construção das muralhas e das torres da cidade, enquanto a tradição mais divulgada fazia de Anfíon e Zeto os autores de tais obras (v. *Anfíon*).

CÁLIDON. (Καλυδών.) **1.** Herói epónimo da região de Cálidon, na Etólia, a norte do golfo de Corinto. É filho de Etolo e de Prónoe (v. *Etolo* e quadro 26, p. 272). Casou com Eólia, filha de Amitáon, da qual teve duas filhas, Epicaste e Protogenia.

2. Há outras tradições que fazem de Cálidon filho de Téstio. Quando este, após uma longa estada, voltou de Sícion, encontrou Cálidon deitado ao lado de sua mãe. Pensando, erradamente, que estavam a cometer incesto, matou-os. Mais tarde, reconhecendo o engano, atirou-se ao rio Áxeno, que a partir de então ficou a chamar-se Téstio, antes de ter, definitivamente, o nome de Aqueloo. Dizia-se ainda que Cálidon era filho de Ares e de Astínome. E como tinha visto Ártemis a banhar-se, foi transformado num rochedo, numa serra chamada Cálidon, junto do Aqueloo (v. também *Aqueloo*).

CALÍOPE. (Καλλιόπη.) Uma das Musas. Ainda que a princípio as suas funções, tal como as das suas irmãs, não estivessem especificadas, a partir da época alexandrina é-lhe atribuído como seu domínio a poesia lírica. Às vezes, é considerada mãe das Sereias (também Sirenes ou Sirenas), de Lino e de Reso (v. estes nomes). Figura ainda em certas lendas como árbitro entre Perséfone e Afrodite, na querela que tiveram a propósito de Adónis.

CALÍPOLIS. (Καλλίπολις.) Filho de Alcátoo, foi morto pelo próprio pai por ter perturbado a celebração de um sacrifício. Em Mégara, mostrava-se o sítio onde ficava o seu túmulo (v. *Alcátoo*).

CALIPSO. (Καλυψώ.) **1.** Calipso é, segundo alguns, uma ninfa filha de Atlas, ou, segundo outros, filha do Sol (Hélio) e de Perseide (o que faria dela irmã de Eetes e de Circe; v. as suas lendas). Vivia na ilha Ogígia, que os autores situam no Mediterrâneo ocidental e que, sem dúvida, se identifica com a península de Ceuta, em frente de Gibraltar. Calipso, «aquela que esconde», albergou Ulisses quando náufrago. A *Odisseia* conta como ela o amou e o guardou consigo durante dez anos (sete, dizem outros, ou até um ano), oferecendo-lhe em vão a imortalidade. No fundo do coração, Ulisses acalentava o desejo de regressar a Ítaca e não se deixou seduzir. Calipso morava numa gruta profunda, com várias salas, que dava para uns jardins naturais, um bosque sagrado com árvores enormes e fontes que corriam por entre a relva. Passava o tempo a fiar, a tecer, com as suas servas, que também eram ninfas e que iam cantando enquanto trabalhavam. A pedido de Atena, Zeus mandou Hermes ter com Calipso para lhe ordenar que libertasse Ulisses. Calipso, contra a vontade, deixou partir aquele que amava. Deu-lhe madeira para fazer uma jangada e provisões para a viagem. Indicou-lhe também por que astros devia orientar a sua navegação.

As lendas posteriores à *Odisseia* atribuem a Ulisses e a Calipso um filho, de nome Latino (na maior parte dos casos tido por filho de Circe); às vezes, conta-se que tiveram dois filhos: Nausítoo e Nausínoo, cujos nomes evocam a palavra navio (Ναῦς). Finalmente, é-lhes ainda atribuído outro filho, Áuson, epónimo da Ausónia (v. *Áuson* e *Ulisses*; quadro 39, p. 460).

2. Calipso é também o nome de uma das filhas de Tétis e Oceano.

CALÍRROE. (Καλλιρρόη.) Calírroe, que significa «belo regato», é nome de várias heroínas.

1. A primeira é filha de Oceano e de Tétis. Foi ela que, unida a Crisaor, filho da Górgona (ou Górgone), deu à luz os monstros Gérion e Equidna (quadro 33, p. 388). Com Posídon teve Mínias; com Nilo, Quíone; e com o primeiro rei da Lídia, Manes, gerou Cótis.

Cálcon: **1)** EUST., *ad Hom.*, p. 1697, 54. **2)** V. *Abas* 1.

Calídice: APOLLOD., *Ep.*, VII, 34; cf. *Ep. Gr. Fragm.* (ed. Kinkel), p. 57 e s.

Calidno: TZETZ., *ad Lyc.*, 1206; 1209; STEPH. BYZ., *s. u.* Κάλυδνα.

Cálidon: **1)** APOLLOD., *Bibl.*, I, 7, 7. **2)** PS.-PLUT., *De fluu.*, 22, 1 e 4.

Calíope: HYG., *Astr. Poet.*, II, 7; escól. *ad Il.*, X, 435; APOLLOD., *Bibl.*, I, 3, 4.

Calípolis: PAUSAN., I, 42, 7; 43, 5.

Calipso: **1)** APOLLOD., *Epit.*, VII, 24; *Od.*, V, 13-281; VII, 243-166; HYG., *Fab.*, 125; JOH. LYD., *De mens.*, I, 13; EUST., *ad Hom.*, p. 1796; TZETZ., *ad Lyc.*, 174. Cf. PROP., I, 15, 9; OV., *Ars am.*, II, 125; v. também *Áuson*. V. BÉRARD, *Les navigations d'Ulysse*, t. III, pp. 213 e s.; A. MEILLET, *in Rev. des Et. Gr.*, 1919, pp. 384 e s. ROHDE, *Griech. Roman*, Leipzig, 1934, p. 2; A. FERRABINO, *Kalypso*, Turim, 1914, pp. 257 e s. **2)** HES., *Theog.*, 369.

2. Há outra Calírroe, filha do deus-rio Aqueloo. Casou-se com Alcméon, de quem teve dois filhos: Anfótero e Acárnan (quadro 1, p. 8). Depois de o marido ter sido morto pelos filhos de Fegeu, foi amada por Zeus, a quem pediu que fizesse crescer imediatamente os seus dois filhos e lhes desse força para vingarem o pai. Zeus satisfez-lhe o pedido e foi assim que ela se vingou (v. *Acárnan*). Estas desgraças sucederam porque Calírroe cobiçara o colar e a veste de Harmonia (v. *Cadmo*), presentes divinos a que andava ligada uma maldição.

3. O deus-rio Escamandro tinha uma filha também chamada Calírroe. Casou-se com Trós, de quem teve quatro filhos: Cleópatra, Ilo, Assáraco e Ganimedes (v. quadro 7, p. 112). Relaciona-se com a Tróade uma Calírroe, talvez idêntica à precedente; era uma ninfa amada de Páris no tempo em que ele guardava rebanhos no Ida, antes da sua aventura com Helena. Por Helena, Páris deixou Calírroe, que, diz-se, chorou muito tempo o seu amor perdido.

4. Outra Calírroe é uma filha do rei da Líbia, Lico. Após a Guerra de Tróia, Diomedes foi atirado pela tempestade para as costas do seu reino. Lico fê-lo prisioneiro e ia sacrificá-lo a Ares, quando Calírroe, enamorada do herói, o libertou. Mas este abandonou-a. Levada pelo desespero, enforcou-se.

5. Calírroe é ainda o nome de uma fonte perto de Calídon. Contava-se que era uma rapariga que tinha rejeitado o amor de um sacerdote de Dioniso, chamado Coresso. Este queixou-se do seu insucesso a Dioniso, que espalhou pela região uma epidemia de loucura. Os habitantes consultaram o oráculo de Dodona, que revelou que, para aplacar o deus, era preciso oferecer em sacrifício a jovem, ou outra pessoa que a substituísse, no altar em que Coresso oficiava. No momento em que Coresso ia sacrificar Calírroe, voltou a apoderar-se dele o amor que por ela sentia, não teve força para o fazer e matou-se. Calírroe, de vergonha, suicidou-se junto de uma fonte que passou a ter o seu nome.

CALISTO. (Καλλιστώ.) **1.** A lenda de Calisto é um mito arcádio: Calisto, segundo certos autores, era uma ninfa dos bosques, segundo outros era filha do rei Licáon, ou ainda de Nicteu. Jurara manter-se virgem e passava os seus dias nos montes a caçar, com as companheiras de Ártemis. Zeus viu-a e amou-a. Uniu-se a ela, tomando a forma de Ártemis, porque Calisto fugia de todos os homens. Segundo outros, tomou a forma de Apolo, deus arcádio, irmão de Ártemis. Com ele, gerou Árcade. Estava Calisto grávida de Árcade quando, um dia, Ártemis e suas companheiras resolveram banhar-se numa fonte. Calisto teve de se despir e a sua falta foi revelada. Ártemis, muito zangada, expulsou-a e transformou-a em ursa. Diz-se também que esta transformação se deveu ao ciúme de Hera, ou ainda a uma precaução tomada por Zeus, que quis disfarçar a sua amante e, com este disfarce, poupá-la à vingança da sua esposa. Hera, todavia, conseguiu descobri-la e convenceu Ártemis a matá-la com uma flecha; ou, então, foi Ártemis que tomou a iniciativa de a matar, para a castigar por ela não ter guardado a virgindade. Zeus transformou-a numa constelação, a Ursa Maior (v. ainda outras variantes da lenda, a propósito de *Árcade,* quadro 10, p. 132).

Atribuem-lhe alguns um segundo filho, o deus Pã, irmão gémeo de Árcade.

2. Sobre outra Calisto, irmã de Ulisses, v. quadro 39, p. 460.

CAMBLES. (Κάμβλης.) Cambles era um rei da Lídia, tão ávido de comida que devorou a própria esposa. Em seguida, matou-se de desgosto. Em vez de se chamar Cambles, este rei aparece às vezes com o nome de Camblete (v. também *Iárdano*).

CAMBLETE. V. *Cambles.*

*** CAMENAS.** (*Camenae.*) Em Roma, as Camenas são as ninfas das fontes. Tinham um santuário num bosque sagrado não longe da Porta Capena (um pouco a sul do Célio), no lugar onde havia também um templo de Egéria (v. *Egéria*). Estas ninfas foram desde antiga data assimiladas às Musas.

*** CAMERTE.** (*Camers.*) Camerte é um rei lendário de uma cidade mítica, chamada Amiclas, situada entre Terracina e Caieta. É filho de Volscente. A sua cidade tinha desaparecido na época clássica, devido a uma invasão de serpentes.

*** CÂMESES.** Câmeses é o nome de um rei antiquíssimo que, segundo uma tradição muito obscura, teria reinado no Lácio no tempo em que o deus Jano lá chegou, vindo exilado da Tessália, sua pátria. Câmeses deu guarida ao fugitivo e partilhou com ele o seu reino. Du-

---

Calírroe: 1) Hes., *Theog.*, 288 e s.; *Hymn. hom. Dem.*, 419; Tzetz., *ad Lyc.*, 651; 874; Hyg:, *Fab.*, 111; Apollod., *Bibl.*, II, 5, 10; Serv., *ad Virg.*, *Aen.*, IV, 250; Dion. Hal., I, 27. **2)** V. *Alcméon* e *Acárnan*; Apollod., *Bibl.*, III, 7, 5; Pausan., VIII, 24, 9. **3)** Apollod., *Bibl.*, III, 12, 2; escól. *ad Il.*, XX, 232; a *Pérsio*, I, 134; **4)** Plut., *Paral. Grg. et Rom.*, XXIII; **5)** Pausan., VII, 21, 1.

Calisto: 1) Eratosth., *Cat.* I e s.; VIII; Apollod., *Bibl.*, III, 8, 2; escól. Ven. *ad Il.*, XVIII, 487; Calím., *Hymn. Z.*, 40; Catul., LXVI, 66; Theocr,. I, 125; Hyg., *Astr. Poet.*, II, 1; *Fab.*, 155; 176; 177; Ov., *Met.*, II, 409 e s.; *Fast.*, II, 155 e s.; Serv., *ad Virg.*, *Georg.*, I, 138; Paus., I, 25, 1; VIII, 3, 6 e s.; 4, 1; X, 9, 5; cf. Tzetz., *ad Lyc.*, 478; 481; escól. *ad* Eur., *Rh.*, 36; *ad* Theócr., 1, 3. **2)** V. *Ulisses.*

Cambles: Aten., X, 416 C; cf. Ael., *VH*, I, 27; Nic. Dam., *in Fragm. Hist. gr.* (Müller), III, p. 372, 28.

Camenas: Serv., *ad Virg.*, *Ecl.*, VII, 21 (citando Varrão); Liv., I, 21, 3; Plut., *Num.*, 13.

Camerte: Plin., *N. H.*, III, 59. VIII, 109; Serv., *ad Virg.*, *Aen.*, X, 564; cf. X, 561 e s.

Câmeses: Plut., *Qu. Rom.*, Serv., *ad Virg.*, *Aen.*, VIII, 330.

rante algum tempo, ambos reinaram em conjunto, mas, quando Câmeses morreu, Jano reinou sozinho.

*** CAMILA.** (*Camila.*) A lenda de Camila é uma lenda virgiliana, narrada na *Eneida* e, sem dúvida, baseada em contos populares itálicos e também imitada da história de *Harpálice* (v. este nome). Camila era filha de Métabo, rei dos Volscos de Priverno. Expulso da sua cidade pelos seus inimigos após a morte de sua mulher Casmila, Métabo, perseguido por soldados armados, fugiu com sua filha ainda pequenina, mas, no momento em que ia escapar-lhes, deparou com a torrente do Amaseno, pequena ribeira do Lácio. Então, para salvar a filha, teve a ideia de a amarrar a uma haste resistente que tinha consigo, de maneira a poder atirá-la para a outra margem. E fez voto a Diana de lhe consagrar a filha se esta se salvasse. A criança atingiu a margem oposta. Ele passou a ribeira a nado, e ambos viveram durante muito tempo nos bosques, sós. A rapariga acostumou-se a esta existência a ponto de não poder suportar a vida nas cidades. Caçava, exercitava-se na guerra e tomou parte na luta contra Eneias, durante a qual cometeu numerosas proezas, semelhantes às das Amazonas gregas. Mas foi morta pelo herói Arrunte.

CAMPE. (Κάμπη.) Campe era um ser monstruoso do sexo feminino, a quem Crono confiara a guarda dos Ciclopes e dos Hecatonquiros, que ele havia encerrado nos Infernos. Zeus, quando um oráculo lhe prometeu a vitória contra Crono e os Titãs, se tivesse a ajuda dos Ciclopes, matou Campe e libertou-os.

CÂNACE. (Κανάκη.) Cânace é uma das filhas de Éolo e Enarete (v. *Éolo* e quadro 8, p. 116). Ovídio (seguindo, sem dúvida, Eurípides) conta que ela teve um filho de Macareu, seu irmão. Preparava-se a ama para levar a criança do palácio, a fim de a expor, dissimulada debaixo de uns objectos sagrados, como se fosse celebrar um sacrifício. Foi então que a criança deu um grito, revelando assim a sua presença a Éolo. Este atirou a criança aos cães e mandou uma espada a sua filha, com a ordem de que se suicidasse. Cânace teve de Posídon vários filhos (v. quadro 11, p. 142).

*** CANENTE.** (*Canens.*) Canente é uma ninfa do Lácio que personifica o Canto. Está casada com o rei Pico, que reina sobre os Laurentes (a sul de Óstia), e ambos se amam ternamente. Mas um belo dia, durante uma caçada, a feiticeira Circe repara em Pico e fica por ele apaixonada. Para o afastar da comitiva que o acompanhava, Circe transforma-o em javali, tencionando restituí-lo depois à sua forma normal. Mas Pico, separado da mulher, definha, e, quando Circe lhe faz a declaração de amor, repele-a. Então ela, enraivecida, transforma-o em ave (em picanço). Entretanto, Canente desespera. Anda de um lado para o outro durante seis dias e seis noites à procura de Pico, e acaba por se deixar cair esgotada nas margens do Tibre. Aí, canta pela última vez, dissolvendo-se no ar.

CANOPO. (Κάνωπος.) Canopo é o herói que deu o nome a uma cidade egípcia e a um braço de rio da foz do Nilo (*Canopo*), perto de Alexandria. Oriundo de Amiclas, era o piloto de Menelau, quando este, após a queda de Tróia, foi para o Egipto com Helena (v. as suas lendas). Canopo era um jovem de rara beleza. Teónoe, filha de Proteu, rei do Egipto (v. este nome), amou-o, mas não foi correspondida. Um dia em que Canopo foi a terra, foi picado por uma serpente e morreu. Menelau e Helena enterraram-no e construíram-lhe um túmulo na ilha de Canopo. Das lágrimas choradas por Helena nessa altura nasceu uma planta, o *helenion*.

Outra tradição faz de Canopo piloto do deus egípcio Osíris. Teria sido também piloto da nau *Argo*, e tanto o piloto como a nau foram elevados à categoria de constelações.

CÁON. (Χάων.) Cáon é o herói epónimo da Caónia, uma região do Epiro. Era irmão (ou amigo) de Heleno, com quem foi levado para o Epiro por Neoptólemo (v. *Heleno*). Tendo Cáon morrido num acidente de caça, Heleno, que após a morte de Neoptólemo se tornara rei daquela região, deu, em memória de Cáon, o nome dele a uma parte do seu reino. Segundo outras versões, Cáon sacrificou-se pelos seus compatriotas, oferecendo-se como vítima voluntária aos deuses, durante uma epidemia.

CAOS. (Χάος.) Caos é a personificação do Vazio primordial, anterior à criação, no tempo em que a ordem ainda não tinha sido imposta aos elementos do mundo. Gerou Érebo e a Noite (*Nyx*), e depois o Dia (*Hémera*) e o Éter. Às vezes, pelo contrário, é apresentado como filho do Tempo (*Crono*) e irmão de Éter.

CAPANEU. (Καπανεύς.) Capaneu é um dos príncipes de Argos que marcharam contra Tebas, aquando da expedição dos Sete (v. *Anfia-*

Camila: VIRG., *Aen.*, XI, 531 e s.; 641 e s.; 759 e s.; 838 e s.; HIG., *Fab.*, 252; SERV., *ad Virg.*, *Aen.*, I, 317.

Campe: APOLLOD., *Bibl.*, I, 2, 1; NONN., *Dion.*, XVIII, 237 e s.; DIOD. SIC., III, 72; cf. OV., *Fast.*, III, 799 e s.

Cânace: APOLLOD., I, 7, 3; DIOD. SIC., V, 61; CALÍM., *Hymn. Dem.*, 99; HYG., *Fab.*, 238; 242; 243; OV., *Her.*, 11; STOB., *Flor.*, 64, 35; SERV., *ad Virg.*, *Aen.*, I, 75; escól. *ad* ARISTOPH, *Nu.*, 1371; *R.* 849; PLUT., *Parall. min.*, 312 c; EURÍP., Trag. *Éolo*, perdida, sobre este assunto (*Fr. Tr. Gr.*, ed. NAUCK, p. 291 e s.); OV., *Her.*, XI; cf. L. SÉCHAN, *Études*, pp. 233 e s.

Canente: OV., *Met.*, XIV, 320 e s. V. também *Pico.*

Canopo: CONON, *Narr.*, 8; TAC., *Ann.*, II, 60; STRAB., XVII, 801; SERV., *ad Virg.*, *Aen.*, XI, 263; *Georg.*, IV, 287; HYG., *Astr. Poet.*, II, 32; EUST., *Cat.*, 37.

Cáon: SERV., *ad Virg.*, *Aen.*, III, 297; 334; 335.

Caos: HES., *Theog.*, 116 e s.; PLAT., *Smp.*, 178 B; VIRG., *Geórg.*, IV, 347; OV., *Met.*, I, 7; HYG., *Fab.*, *pr.*

rau, *Adrasto*). É filho de Hipónomo. É um homem violento, de estatura gigantesca; não teme os deuses e, no primeiro ataque à cidade, lança-se, resolvido a incendiá-la, mas um raio de Zeus detém-no no momento em que ele vai escalar a muralha de Tebas e mata-o. Evadne, sua mulher, atirou-se à fogueira em que o corpo dele era incinerado.

Esténelo, que participou na guerra contra Tróia, era filho de Capaneu (v. sua lenda).

* **CÁPIS.** (Κάπυς.) **1.** A *Ilíada* menciona um Cápis entre os antepassados de Eneias. Era filho de Assáraco e teve de Temiste dois filhos: Ilo e Anquises (v. quadro 7, p. 112). As lendas posteriores atribuem a Eneias um companheiro com o mesmo nome, que teria fundado a cidade de Cápua, na Campânia, mas também se dizia que Cápua tinha sido fundada por Romo, um dos filhos de Eneias, e que ele lhe tinha posto este nome em memória do bisavô (v. também *Egetes*).

Cápis, companheiro de Eneias, é também considerado fundador da cidade de Cáfias, na Arcádia.

2. Há também autores que dizem que o fundador de Cápua não foi um troiano, mas sim um samnita homónimo. Na verdade, parece que o nome de Cápua deriva de uma palavra etrusca que significa Falcão e, de um modo geral, todos os animais «que têm garras».

CÁRCABO. (Καρκάβος.) Cárcabo é filho de Tríopas, rei dos Perrebos, que reinava no Norte da Grécia entre a Macedónia e a Trácia. Tríopas era um tirano cruel e seu filho matou-o para libertar a pátria, mas, após o parricídio, exilou-se voluntariamente e foi purificado por Trós, rei de Tróade, junto do qual tinha procurado exílio. Este, além disso, outorgou-lhe um território, no qual ele fundou a cidade de Zelia. Pândaro, seu descendente, combatia do lado dos Troianos.

CÁRCINO. (Καρκίνος.) Cárcino, cujo nome em grego significa «caranguejo», é um caranguejo que vivia no pântano de Lerna. Durante a luta de Héracles com a hidra, mordeu o herói no calcanhar. Héracles, furioso, esmagou-o. Mas Hera, para recompensar Cárcino por ter contribuído para a perseguição de Héracles, levou-o para o céu, para o meio das constelações: é o signo de Câncer.

Na interpretação evemerista do mito de Lerna, imaginou-se que Cárcino era um chefe militar que foi em socorro do rei Lerno, atacado por Héracles, e que foi morto pelo herói (v. *Lerno* e *Héracles*).

CÁRIA. (Καρύα.) Cária é uma donzela da Lacónia que foi transformada em noz (*Carya*, em grego, significa «noz») (v. *Díon*).

Há outra lenda que considera Cária uma Hamadríade, nascida do incesto de Óxilo, filho de Orio, e de sua irmã Hamadríade.

CARÍBDIS. (Χάρυβδις.) No rochedo que, perto de Messina, se estende ao longo do estreito que separa a Itália da Sicília, vivia outrora um monstro de nome Caríbdis. Era uma filha da Terra e de Posídon. Durante a sua vida como ser humano, tinha-se revelado de uma voracidade extrema. Quando Héracles passou nesta região, levando consigo os rebanhos de Gérion, Caríbdis roubou-lhe alguns animais e devorou-os. Zeus castigou-a, fulminando-a com um raio e precipitando-a no mar, onde se transformou em monstro. Caríbdis absorvia três vezes por dia uma grande quantidade de água do mar, arrastando para as suas fauces tudo o que flutuava. Deste modo, engolia os navios que se encontravam nestas paragens. Depois, expelia a água que tinha absorvido. Quando Ulisses passou o estreito de Messina, da primeira vez escapou ao monstro; mas depois do naufrágio que se seguiu ao sacrilégio cometido contra os bois do *Sol* (v. *Ulisses*), foi arrastado, sobre o mastro do navio naufragado, pela corrente de Caríbdis. Teve, todavia, a habilidade de se agarrar a uma figueira que crescia à entrada da gruta onde o monstro estava escondido. Depois, quando o mastro, vomitado por Caríbdis, voltou a sair, Ulisses agarrou-se a ele e prosseguiu a viagem.

A um tiro de arco de Caríbdis, do outro lado do estreito, havia outro monstro à espreita dos navegantes: era Cila (v. a sua lenda).

CARICLO. (Χαρικλώ.) **1.** Cariclo é uma filha de Apolo (segundo outros, de Oceano) que casou com o Centauro Quíron. Foi ela quem educou Jasão e Aquiles.

Capaneu: *Il.*, II, 564, IV, 403; STAT., *Teb.*, III, 604; IV, 176; VI, 731 e s.; X, 827 e s.; AESCH., *Th.*, 422 e s.; SOPH., *Oed. Col.*, 1319; *Ant.*, 134 e s.; EUR., *Phoen.*, 1191 e s.; 1202; *Supp.*, 496 e s.; *Iph. Aul.*, 246; PAUSAN., IX, 8, 7; APOLLOD., *Bibl.*, III, 6, 3; 6, 7; 1; HYG., *Fab.*, 70; 71; OV., *Met.*, IX, 404; DIOD. SIC., IV, 65, 8. Cf.. CH. PICARD, «Les bûchers sacrés d'Eleusis», *Rev. Hist. Rel.*, 1933, pp. 137 e s.; W. NESTLE, in *A. R. W.*, 1936, pp. 248 e s.

Cápis: *Il.*, XX, 239; APOLLOD., *Bibl.*, III, 12, 2; HECAT., ap. *Fragm. Hist. gr.*, I, p. 18 (Jac.); DION. HAL., I, 71, 1 e s.; 83, 3; STRAB., VIII, 608; VIRG., *Aen.*, I, 183; X, 145; SERV., *ad Virg.*, *Aen.*, I, 2 e 242; 272; 284; II, 35; X, 145; STAT., *Silv.*, III, 5, 77; OV., *Fast. IV, 34*, TZETZ., *ad Lyc.*, 1232; LIV., IV, 37. Cf. J. BÉRARD, *Colonisation*, p. 380; J. HEURGON, *Capoue pré-romaine*, pp. 144 e s.

Cárcabo: Escól. *ad Il.*, IV, 88.

Cárcino: ERATOSTH., *Cat.*, XI, PALEPH., *Inc.*, 39; TZETZ., *Chil.*, II, 239.

Cária: SERV., *ad Virg.*, *Ecl.*, VIII, 30; ATEN., III, 78 b; EUST., *ad. Hom.*, p. 1964, 15.

Caríbdis: *Od.*, XII, 73 e s.; 104 e s.; 234 e s.; 430 e s.; APOL. RH., *Arg.*, IV, 789; 825 (e escól. *ad. loc.*); APOLLOD., *Bibl.*, I, 9, 25; *Ep.*, VII, 23 e s.; HIG., *Fab.*, 125; 199; SERV., *ad Virg.*, *Aen.*, III, 420; TZETZ., *ad Lyc.*, 45; 743; 818; OV., *Met.*, VII, 63; VIRG., *Aen.*, III, 418 e s.; 555 e s.; STRAB., VI, 268. V. BÉRARD, *Navig. d'Ulysse*, t. IV, pp. 390-405.

Cariclo: **1)** PIND., *Pyth.*, IV, 181 e escól.; APOL. RH., *Arg.*, I, 564 e escól., IV, 813; OV., *Met.*, II, 636. **2)** PLUT., *Thes.*, 10. **3)** APOLLOD., III, 6, 7; CALIM., *B. Pal.*, 57 e s.

2. Há outra Cariclo, filha de Circeu, rei de Salamina. Tendo casado com Ciro, rei de Mégara, teve uma filha, Endeis, que casou com Éaco.

3. Finalmente, é conhecida uma ninfa Cariclo, mãe do adivinho Tirésias. Esta Cariclo era uma das companheiras favoritas de Atena, que a deixava subir para o seu carro. Um dia em que as duas divindades se banhavam na fonte de Hipocrene, no monte Hélicon, Tirésias, que andava à caça nas proximidades, também veio à fonte, onde viu Atena completamente nua. A deusa cegou-o imediatamente. Como Cariclo lhe censurasse a crueldade para com o seu filho, Atena explicou-lhe que todo o mortal que visse um imortal contra a vontade dele devia perder o uso da vista, mas, para a consolar, concedeu a Tirésias dons maravilhosos. Em primeiro lugar, deu-lhe um bastão de cerejeira brava, graças ao qual podia orientar-se tão bem como se tivesse vista; depois, «purificou-lhe» os ouvidos, de tal sorte que ele compreendia a linguagem das aves. Foi assim que adquiriu o dom da profecia. Além disso, prometeu-lhe que, depois da morte, conservaria no Hades todas as suas faculdades intelectuais e, sobretudo, a faculdade de profetizar (v. *Tirésias*).

CÁRILA. (Χαρίλα.) Cárila era uma orfãzinha que vivia outrora em Delfos. Durante um período de carestia provocada pela seca, Cárila foi pedir à porta do rei a esmola de um punhado de trigo, mas o rei, em vez de lhe dar o que ela pedia, escorraçou-a brutalmente com um pontapé na cara. Cárila, desesperada, enforcou-se. Então, a seca intensificou-se. O oráculo, interrogado, respondeu que, para acabar com a seca, era preciso expiar a morte de Cárila. Por isso, de nove em nove anos, celebrava-se em Delfos uma festa expiatória, durante a qual se procedia a uma distribuição de trigo, e, em procissão, se enterrava, numa campa cavada na serra, uma boneca com uma laçada de junco ao pescoço, à qual se punha o nome de Cárila.

CÁRITES. (Χάριτες.) As Cárites, em latim *Graças (Gratiae),* são divindades da Beleza e talvez, na origem, forças da vegetação. São elas que espalham a alegria na natureza e no coração dos homens e até no dos deuses. Moram no Olimpo, na companhia das Musas, com as quais, às vezes, formam coros. Fazem parte do séquito de Apolo, o deus músico. Geralmente, são representadas como três irmãs que têm os nomes de Eufrósina, Talia e Aglaia, três donzelas nuas agarradas umas às outras pelos ombros. Duas delas olham numa direcção, a do meio olha na direcção contrária. Têm Zeus como pai, e como mãe Eurínome, filha de Oceano, mas, às vezes, a sua mãe é Hera em lugar de Eurínome.

Atribui-se às Graças toda a espécie de influências nos trabalhos do espírito e nas obras de arte. Foram elas que teceram a veste de Harmonia (v. *Cadmo*). Acompanham de bom grado Atena, deusa dos lavores femininos e da actividade intelectual e também fazem companhia a Afrodite, a Eros e a Dioniso.

CARMANOR. (Καρμάνωρ.) Carmanor era um sacerdote de Creta, pai de Êubolo e de Crisótemis (v. *Carme* e *Crisótemis*). Foi ele quem, contavam os Cretenses, acolheu Apolo e Ártemis, após o assassínio de Píton, e os purificou. Acobertou também em sua casa os amores de Apolo e Acacális (v. *Acacális*).

CARME. (Κάρμη.) Carme é o nome da mãe de Britomártis, que gerou de Zeus, em Creta (v. *Britomártis*). É considerada filha de Êubolo, filho de Carmanor (v. *Carmanor*).

Segundo outros autores, Carme é filha de Fénix, um dos filhos de Agenor (v. quadro 3, p. 66); sua mãe é Cassiopeia. Contava-se que, já velha, tinha sido levada como prisioneira para Mégara e dada por ama a Cila, filha do rei Niso (v. *Cila*).

*** CARMENTA.** (*Carmenta.*) Na lenda romana, Carmenta é mãe de Evandro. Chegara com ele da Arcádia, quando Evandro foi exilado deste país e teve de procurar refúgio no Ocidente (v. *Evandro*). O nome Carmenta não é, segundo se diz, o que ela usava na Arcádia. Tanto se diz que o seu primitivo nome era Nicóstrata, como Témis, Timandra (ou ainda Telpusa). Dizia-se que era uma ninfa, filha do rio Ládon e teria sido em Roma que lhe deram o nome de Carmenta, porque possuía o dom da profecia (de *carmen,* «canto mágico»). Foi o conhecimento que tinha dos oráculos e dos destinos que lhe permitiu escolher o sítio «feliz» entre todos os lugares de Roma para instalar o filho. Quando Hércules foi a Palanteu, ao regressar da expedição contra Gérion (v. *Héracles*), Carmenta profetizou-lhe o destino que o esperava (v. *Caco*). Viveu uma longa vida, pois morreu com cento e dez anos. O seu filho sepultou-a no sopé do Capitólio, não longe da Porta Carmental, assim chamada em memória da profetisa.

Contava-se que Carmenta não era mãe de Evandro, mas sim sua mulher, e, para explicar a exclusão das mulheres do culto de Héracles na *Ara Maxima,* dizia-se que ela, tendo

---

Cárila: Plut., *Qu. Gr.*, 12.

Cárites: *Il.*, V, 338; XVIII, 382; XIV, 267; *Od.*, VIII, 362 e s.; XVIII, 192 e s.; Hes., *Theog.*, 64; 907 e s.; Hyg., *Fab.*, *pref.*; Pausan., IX, 35, 5; Apollod., *Bibl.*, I, 3, 1; Pind., *Ol.*, XIV, 13; Theocr., *Id.*, XVI, 108; Saph., *fr.* 65 (Bergk); Apol. Rh., *Arg.*, IV, 424 e s. Cf. Sen., *De Ben.*, I, 3. Cf. Th. Zielinski., «Charis and Charites», *Cl. Qu.*, 1924, pp. 158-163; A. H. Krappe., «Les Charites», *R. E. G.*, 1932, pp. 155-162; M. Nietzki., «Die Chariten», *Fest. K. Wit. Gym.*, Stettin, 1930, pp. 73-85.

Carmanor: Pausan., II, 7, 7; 30, 3; X, 7, 2; 16, 5.

Carme: Pausan., 30, 3; Diod. Sic., V, 76; Ant. Lib., *Transf.*, 40; Ps.-Virg., *Círis*, 220.

Carmenta: Pausan., VIII, 25, 2; Virg., *Aen.* VIII, 333 e s.; e Serv., *ad loc.*, 336; cf. 130; 269; Ov., *Fast.*, I, 461 e s.; Liv., I, 7; Dion. Hal., I, 31; Plut., *Qu. Rom.*, 56; 60; *Romul.*, 21; Solin., I, 10; 13; Hyg., *Fab.*, 277. V. *Evandro* e J. Bayet., *Origines...*; R. Pettazzoni., «Carmenta», *S. M. S. R.*, 1941, p. 1-16.

sido convidada pelo herói a tomar parte no sacrifício que estava a oferecer aquando da fundação deste altar, recusou. Irritado, o deus proibiu que daí em diante as mulheres assistissem à celebração deste culto.

Alguns autores romanos consideravam Carmenta uma divindade da procriação. Era invocada sob o duplo nome de *Prorsa* e de *Postuersa*, de acordo com as duas posições possíveis da criança que está para nascer.

* **CARNA.** (*Carna.*) Carna era uma ninfa que vivia nos campos onde mais tarde se elevaria Roma. A sua morada era um bosque sagrado nas margens do Tibre, o *Lucus Helerni*, onde os pontífices ainda ofereciam sacrifícios no tempo de Augusto. Ovídio conta que ela, a princípio, se chamava Crane e se tinha consagrado à virgindade. Caçava nos bosques e nas colinas. Quando algum apaixonado a convidava a ir consigo, ela obrigava-o a segui-la pelos bosques onde desaparecia num abrir e fechar de olhos, de tal modo que era impossível encontrá-la. Um dia, porém, Jano, o deus bifronte, viu-a e enamorou-se dela. Ao aproximar-se, ela pretendeu enganá-lo, como fazia com os outros. Mas Jano viu-a no momento em que ela procurava esconder-se atrás de um penedo. Agarrou-a e violou-a. Em compensação, deu-lhe todo o poder sobre os gonzos das portas e entregou-lhe, como símbolo das suas funções, um ramo de espinheiro florido, ramo mágico destinado a afastar todo o malefício das aberturas das casas. É ela, especialmente, que tem por missão afastar as estriges, aves semi-humanas que vêm chupar o sangue das crianças recém-nascidas que as amas deixam sozinhas no berço. Ovídio conta que foi assim que ela salvou da morte um filho do rei Procas, recitando fórmulas de encantamento e entregando-se a práticas de magia, quando as estriges já tinham aplicado a sua marca no corpo da criança.

CARNABON. (Καρναβῶν.) Rei dos Getas, que começou por acolher hospitaleiramente Triptólemo, quando este, ao serviço de Deméter, percorria a terra num carro puxado por dragões, para dar a conhecer aos homens o cultivo do trigo. A seguir, porém, Carnabon atacou Triptólemo e matou um dos seus dragões. Deméter acudiu no momento em que Carnabon ia matar Triptólemo e transportou o rei para o meio dos astros, onde o representou no acto de matar o dragão que ele agarra com a mão.

CARNO. (Κάρνος.) Carno é um adivinho oriundo da Acarnânia que se incorporou no exército dos Heraclidas quando estes, reunidos em Naupacto, se preparavam para invadir o Peloponeso. Hípotes, um dos Heraclidas, tomou-o por um espião e matou-o. Logo a seguir, uma peste dizimou o exército. Foi consultado o oráculo, que respondeu que a peste era provocada pela ira de Apolo, por causa da morte do seu sacerdote. Hípotes, como expiação, foi banido e os Heraclidas instituíram um culto a Apolo «Carneu».

A tradição conhece também um herói de nome Carno, ou Carneu, filho de Zeus e de Europa e amado por Apolo.

CARONTE. (Χάρων.) Caronte é um génio do mundo infernal. É a ele que incumbe a tarefa de passar as almas através dos pântanos do Aqueronte para a outra margem do rio dos mortos. Em paga, os mortos são obrigados a dar-lhe um óbolo. Era por isso que havia o costume de pôr uma moeda na boca dos cadáveres no momento em que eram sepultados. Caronte é representado como um velho muito feio, de barba hirsuta e inteiramente grisalha, com um manto andrajoso e um chapéu redondo. Dirige a barca fúnebre, mas não rema. São as almas que desempenham este ofício. Mostra-se tirânico e brutal para com elas, como um verdadeiro déspota. Quando Héracles desceu aos Infernos, obrigou Caronte a passá-lo na sua barca e, como ele recusasse, Héracles tirou-lhe a vara de barqueiro e deu-lhe tamanha sova que ele teve de obedecer. Mais tarde, aliás, Caronte foi castigado por ter deixado um homem vivo penetrar no mundo dos mortos e teve de passar um ano acorrentado.

Nos frescos dos túmulos etruscos, Caronte aparece sob a forma de um demónio alado, com serpentes entre os cabelos e um grande malho na mão. Isso leva-nos a supor que o Caronte etrusco é, na realidade, o «demónio da morte», aquele que *mata* quem está a morrer e o arrasta para o mundo subterrâneo.

CÁROPE. (Χάροψ.) Cárope é um trácio que avisou Dioniso das más intenções de Licurgo a seu respeito (v. *Licurgo*). Em recompensa, Dioniso, depois de castigar Licurgo, colocou Cárope em vez dele no trono da Trácia e iniciou-o nos seus mistérios. Cárope é pai de Eagro e, por conseguinte, avô de Orfeu. Foi ele quem transmitiu aos seus descendentes o conhecimento da religião dionisíaca.

CÁROPS. V. *Cárope.*

CASSANDRA. (Κασσάνδρα.) Cassandra é filha de Príamo e de Hécuba, e irmã gémea de Heleno (quadro 35, p. 394). Quando eles nasceram, Príamo e Hécuba deram uma festa no

---

Carna: Ov., *Fast.*, VI, 107 e s.; Macrob., *Sat.*, I, 12, 31, etc.

Carnabon: Hyg., *Astr. Poet.*, II, 14; Herod., IX, 29

Carno: *Narrat.*, 26; escól. *ad* Theocr., *id.*, V, 83; Apollod., *Bibl.*, II, 8, 3 (não menciona Carno); escól. *ad* Calím., *Hymn. Apol.*, 71; Pausan., III, 13, 3

Caronte: Virg., *Aen.*, VI, 299, e Serv., *ad loc.*; VI, 332; Eust., *ad Hom.*, XVI, 34; Diod. Sic., I, 92; 96; Pausan., X, 28, 2; Aristoph., *Ra.*, 182 e s.; *Lys.*, 606; *Pl.*, 278. Cf. F. De Tuyt., *Charun, démon étrusque de la Mort*, Bruxelas, 1934.

Cárope: Diod. Sic., III, 65.

Cassandra: *Il.*, VI, 252; XIII, 363 e s.; XXIV, 699 e escól. *ad loc.* e VII, 44; *Od.* XI, 421; *Ep. Gr. Fragm.* (Kinkel), p. 49; Pausan., V, 19, 5; X, 26, 3 e s.; Virg., *Aen.*, II, 245; 343; III, 183; Pind., *Pyth.*, XI, 29 e s.; Eust., *ad Hom.*, 663, 40; Apol-

templo de Apolo Timbreu, situado fora de portas, a uma certa distância de Tróia. À tarde, partiram, esquecendo-se das crianças, que passaram a noite no santuário. Na manhã do dia seguinte, quando foram procurá-las, encontraram-nas a dormir, enquanto duas serpentes lhe passavam a língua pelos órgãos dos sentidos, para os «purificar». Assustados com os gritos dos pais, os animais afastaram-se para os loureiros sagrados que ali havia. Posteriormente, as crianças revelaram o dom da profecia, que lhes tinha sido comunicado pela «purificação» das serpentes.

Outra lenda conta como Cassandra obteve do próprio Apolo o dom da profecia. O deus, enamorado dela, tinha-lhe prometido que lhe ensinaria a adivinhar o futuro, se ela cedesse aos seus desejos. Cassandra aceitou a proposta e recebeu as lições do deus, mas, uma vez ensinada, esquivou-se. Então, Apolo cuspiu-lhe na boca, retirando-lhe, não o dom da profecia, mas sim o da persuasão (v. *Apolo*).

Conta-se, geralmente, que Cassandra era uma profetisa «inspirada», como a Pítia ou a Sibila. O deus apossava-se dela e ela, em delírio, proferia os seus oráculos. Heleno, pelo contrário, interpretava o futuro por meio das aves e de sinais exteriores.

Mencionam-se profecias de Cassandra em cada um dos momentos importantes da história de Tróia: aquando da vinda de Páris, ela predisse que o jovem (que então ainda não era conhecido pela sua verdadeira identidade) havia de trazer a ruína à cidade (v. *Páris*). Estava Cassandra quase a conseguir que ele fosse executado, quando reconheceu que era filho de Príamo, o que lhe salvou a vida. Mais tarde, quando Páris regressou a Tróia com Helena, ela predisse que este rapto provocaria a perda da cidade. Mas ninguém acreditou nela, como quase sempre acontecia. Foi ela a primeira a saber, após a morte de Heitor e a embaixada de Príamo a Aquiles, que Príamo voltava com o corpo do filho. Cassandra, apoiada pelo divino Laocoonte, opôs-se com todas as forças à proposta de introduzir na cidade o cavalo de madeira que os Gregos tinham deixado na praia quando fingiram partir, dizendo que esse cavalo estava cheio de guerreiros armados. Mas Apolo enviou serpentes que devoraram Laocoonte e seus filhos (v. *Laocoonte*), e ninguém fez caso da advertência de Cassandra. Atribui-se-lhe também um certo número de profecias acerca da sorte que esperava os troianos feitos prisioneiros após a queda da cidade e acerca do futuro destino da raça de Eneias.

Durante o saque de Tróia, refugiou-se no templo de Atena, onde foi perseguida por Ájax Locrense. Cassandra agarrou-se à estátua da deusa, mas Ájax arrancou-a de lá, fazendo oscilar a estátua na peanha, enquanto ela erguia os olhos ao céu. Perante tal sacrilégio, os Gregos preparam-se para lapidar Ájax, mas ele escapa, refugiando-se no altar da deusa que acaba de ofender (v. *Ájax, filho de Oileu*).

Na distribuição do saque, Cassandra foi dada a Agamémnon, que se deixou tomar de um amor violento por ela. Cassandra tinha permanecido virgem até então, embora não lhe tivessem faltado pretendentes, nomeadamente Otrioneu, o qual prometera a Príamo livrá-lo dos Gregos se, depois da vitória, lhe desse em recompensa a mão de sua filha. Mas Otrioneu foi morto por Idomeneu.

Cassandra teria dado a Agamémnon dois gémeos, Telédamo e Pélops. Ao regressar a Micenas, Agamémnon foi assassinado pela mulher, que ao mesmo tempo matou Cassandra, de quem tinha ciúmes. Em certas versões do assassínio de Agamémnon, a única causa da sua morte é o amor que ele tem por Cassandra.

Por vezes, Cassandra é chamada *Alexandra* e foi sob este nome que Lícofron fez dela a personagem principal de um poema profético, escrito no momento em que os Romanos começavam a intervir nos assuntos da Grécia. Lícofron imagina que Príamo, descontente com os dons proféticos de sua filha e temendo as zombarias dos Troianos, a manda encarcerar sob a vigilância de um guarda encarregado de lhe comunicar as palavras dela. Pretende-se que o poema reproduz as profecias da donzela.

CASSÍFONE. (Κασσιφόνη.) Cassífone é irmã de Telégono e filha de Ulisses e da feiticeira Circe (quadro, 16, p. 202, e 39, p. 460). Quando Telégono matou, por acidente, Ulisses, Circe ressuscitou-o, e Cassífone desposou Telémaco, seu meio-irmão. Mas Cassífone matou Telémaco para vingar Circe, sua mãe, que ele havia assassinado.

Esta lenda pertence às camadas mais recentes da lenda de Ulisses e só é referida pelo comentário de Tzetzes a Lícofron. Na maior parte dos autores, Circe é mulher de Telémaco (v. *Ulisses* e *Telémaco*).

CASSIOPEIA. (Κασσιέπεια.) Cassiopeia é mãe de Andrómeda (v. este nome). Muito orgulhosa da sua beleza, teve a ousadia de rivalizar com as Nereides, ou até, segundo outras tradições, com Hera. Estas deusas pediram a Posídon que lhe vingasse o amor-próprio, e Posídon mandou um monstro marinho que devastou o território de Cassiopeia. Para aplacar a cólera divina, Andrómeda teve de ser exposta como vítima expiatória e entregue ao monstro, mas Perseu libertou-a e levou-a consigo. Cassiopeia foi transformada numa constelação (v. *Perseu*).

LOD., *Bibl.*, III, 12, 5; *Ep.*, V, 17; 22; 23; Vi, 23; AESCH., *A.*, *passim*; SERV. *ad VIRG.*, *Aen.*, II, 247; HYG., *Fab.*, 90; 193; 108; 117; 128; TZETZ., *ad Lyc.*, *sumário*; *Hom.*, 410; EURIP., *Troian.*, *passim*; *Andr.*, 297; cf. J. DAVREUX., *La légend de la prophétesse Cassandre*, Liège, 1942; J. Th. KAKRIDIS., «Kassandra», *Anz. Akad. Wiss. Wien*, 1928; P. G. Mason, in *J. H. S.*, LXXIX (1959), pp. 80-93.

Cassífone: TZETZ., *ad Lyc.*, 798; 805; 808; 811; cf. J. BÉRARD, *Colonisation*, p. 336 e s.; v. *Ulisses.*

Cassiopeia: Escól. *ad* APOL. RH., *Arg.*, II, 178; *Fragm. Hist. gr.*, I, 83; ANT. LIB., *Transf.*, 40; HYG., *Fab.*, 64; 149; *Astr. Poet.*, II, 10; APOLLOD., *Bibl.*, II, 4, 3; III, 1, 6; STRAB., I, 42 e seg.; ERATOSTH., *Cat.*, 16; TZETZ., *ad Lyc.*, 836; 838 e s.; OV., *Met.* IV, 738.

São discordantes as tradições quanto à origem de Cassiopeia. Muitas vezes, aparece relacionada com a família do sírio Agenor. Seria mulher de Fénix e mãe de Fineu (v. quadro 3, p. 66). É filha de Árabo, filho de Hermes, que deu o nome à região da Arábia. Às vezes, o seu marido não é Fénix, mas sim Épafo, com o qual teria gerado Líbia, mãe de Agenor. Finalmente, aparece muitas vezes como mulher de Cefeu, rei da Etiópia. Todas estas genealogias relacionam Cassiopeia com os confins meridionais, Arábia, Etiópia e Sul do Egipto.

CASTÁLIA. (Κασταλία.) Castália é uma donzela de Delfos. Perseguida por Apolo, junto do santuário do deus, atirou-se a uma fonte, à qual foi dado depois o seu nome e que foi consagrada a Apolo.

Segundo outra tradição, Castália era filha de Aqueloo e mulher do rei Delfo. Dele teve um filho, Castálio, que reinou no território de Delfos após a morte do pai.

CASTOR. (Κάστωρ.) Um dos *Dioscuros* (v. a sua lenda).

* **CATETO.** (Κάθητος.) A lenda de Cateto foi introduzida no ciclo latino para explicar alguns nomes. De facto, diz-se que Cateto se enamorou de Sália, filha do rei etrusco Ânio. Raptou-a e levou-a consigo para Roma. Ânio tentou apanhá-los, mas em vão. Desesperado, atirou-se ao rio mais próximo, que, a seguir, passou a chamar-se Ânio (o *Anieno* actual, que desagua no Tibre a norte de Roma). Cateto, entretanto, desposou Sália e teve dois filhos dela: Latino e Sálio, epónimos, respectivamente, dos Latinos e do colégio dos *Sálios*, sacerdotes de Marte que, todos os anos, em Roma, executavam danças sagradas no decorrer de uma procissão ritual.

* **CATILO.** (*Catilus*.) Catilo é um herói que anda ligado à fundação da cidade de Tíbur (hoje Tívoli). Os historiadores romanos consideravam-no grego: Catilo teria vindo com Evandro, de cuja frota era comandante, ou então teria sido filho do herói argivo Anfiarau. Após a morte de seu pai, partira, mandado por Oicles, à cabeça de um grupo de jovens, para procurar fortuna em Itália, onde teria tido três filhos: Tiburto, Coras e Catilo filho. Teriam sido estes três filhos que fundaram a cidade de Tíbur. Virgílio apresenta Catilo filho em acção na luta dos Rútulos contra Eneias.

CATREU. (Κατρεύς.) Catreu é um dos quatro filhos que Minos teve de Pasífae e seu sucessor no trono de Creta (quadro 30, p. 312). Um oráculo tinha-o avisado de que seria morto pela mão de um dos seus filhos, que eram quatro: três raparigas (Aérope, Clímene e Apemósine) e um rapaz (Altémenes). Catreu não revelou este oráculo aos filhos, mas o rapaz e uma das raparigas (Apemósine) tiveram conhecimento dele. Ambos fugiram para Creta, para evitar cumprir o destino. Foram para Rodes, onde fundaram uma cidade chamada Creténia, a partir do nome da sua ilha natal. Catreu, entretanto, com medo do oráculo, deu as outras duas filhas (Aérope e Clímene) a um viajante de nome Náuplio, para que as vendesse no estrangeiro como escravas.

Quando, porém, chegou à velhice, Catreu quis legar o reino a seu filho e, para o encontrar, deslocou-se a Rodes. Tendo desembarcado com os seus homens num lugar deserto, foi apanhado por uns vaqueiros, que pensavam tratar-se de piratas. Muito embora tenha protestado e dito quem era, o ladrar dos cães impediu que o ouvissem e os pastores apedrejaram-no, até que, de repente, chegou Altémenes e lhe deu o golpe de misericórdia com a lança. Quando soube o que tinha feito, Altémenes, a seu próprio rogo, foi engolido pela terra.

Foi enquanto Menelau estava ausente nos funerais de Catreu, seu avô por parte de sua mãe, Aérope (v. quadro 2, p. 12), que Páris raptou Helena.

Os Arcádios pretendiam que Crateu era neto do seu rei, Licáon, e filho de Tegeates, e não de Minos.

CÁUCASO. (Καύκασος.) Cáucaso era um pastor, outrora morto por Crono. Zeus, em sua memória, deu o nome dele à cordilheira do Cáucaso, que até então se chamava «Montanha de Bóreas».

CÁUCON. (Καύκων.) **1.** Cáucon é um dos filhos de Licáon, rei da Arcádia e, por isso, pertence à raça dos Pelasgos (v. *Licáon*). Deu o nome a um povo, o dos Cáucones, que habitava na região oeste do Peloponeso. Com todos os irmãos mais o pai, foi fulminado por Zeus, devido à impiedade de Licáon.

2. Há outro Cáucon, filho de Celeno, neto de Fílio de Atenas, que foi o primeiro a introduzir na Messénia o culto dos mistérios de Deméter.

CÁULON. (Καυλών.) Cáulon é filho da Amazona Clite, ama de Pentesileia (v. *Clite*). Foi com sua mãe para a Itália meridional, onde fundou a cidade de Caulónia, nos arredores de Lócride.

CAUNO. (Καῦνος.) Irmão gémeo de Bíblis (v. este nome) e filho de Mileto, foi o fundador de Mileto e de Idótea. Amado por sua irmã com um amor repreensível, foge e vai fundar

---

Castália: Lact., *ad Stat.*, *Teb.*, I, 697; escól. *ad* Eur., *Or.*, 1087; Pausan., X, 8, 5.

Cateto: Ps.-Plut., *Paral.*, 40; *Fragm. Hist. Gr.*, III, p. 230.

Catilo: Solin., II, 7 e s. (citando Catão, *Origens*); Plin., *N. H.*, XVI, 237; Serv., *ad Virg.*, *Aen.*, VII, 670.

Catreu: Apollod., *Bibl.*, III, 2, 1; *Ep.*, III, 3; Diod. Sic., V, 59, 1-4; Pausan., VIII, 53, 2.

Cáucaso: Ps.-Plut., *de flor.*, V, 3.

Cáucon: 1) Apollod., *Bibl.*, III, 8, 1; Tzetz., *ad Lyc.*, 481; escól. *ad Od.*, III, 366. **2)** Pausan., IV, 1, 5 e s.; 2, 6; 26, 8; 27, 6; V, 5, 5.

Cáulon: Serv., *ad Virg.*, *Aen.*, III, 553; Steph. Byz., *s. u.*

Cauno: Ant. Lib., *Transf.*, 30; Parth., IX, I; Conon, *Narr.*, 2; escól. *ad* Theocr., VII, 115; Ov., *Met.*, IX, 453 e s.; Hyg., *Fab.*, 243.

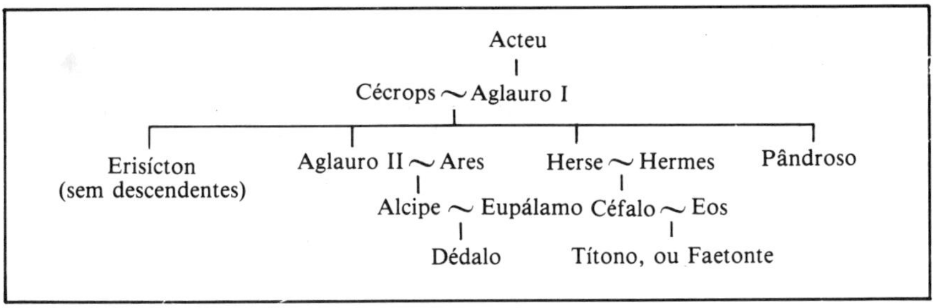

Quadro genealógico n.º 4

a cidade de Cauno, na Cária. Segundo outra versão, é ele quem ama Bíblis e, por tal motivo, se exila. Contava-se também que, na Lícia, tinha desposado a ninfa Prónoe, da qual teve um filho de nome Egíalo. Teria sido este que fundou a cidade de Cauno.

CÉCROPE. V. *Cécrops.*

CÉCROPS. (Κέκροψ.) **1.** Cécrops é um dos reis míticos da Ática; o primeiro, segundo a tradição lendária mais divulgada. Nasceu do próprio solo da Ática, que desde então passou a chamar-se, do nome de Cécrops, Cecrópia, enquanto antes dele se chamava «Acte». Desposou Aglauro, filha de Acteu, que, às vezes, aparece como sendo o primeiro rei da Ática. Dela teve quatro filhos: um rapaz, Erisícton (v. a sua lenda, 2), e três raparigas que fazem parte do mito de Erictónio (v. *Aglauro*).

Cécrops tinha uma natureza dupla: a parte superior do corpo era de homem, a inferior de serpente, sinal evidente de que era filho da Terra.

Foi durante o seu reinado que os deuses disputaram entre si as cidades sobre as quais pretendiam exercer o seu domínio. Atenas era cobiçada ao mesmo tempo pela deusa Atena e por Posídon. Este dirigiu-se à Ática e, com uma pancada do seu tridente, fez brotar um «mar» de água salgada no meio da Acrópole. A seguir, chegou a deusa que, tomando Cécrops por testemunha, plantou uma oliveira no alto da colina. Então, Zeus, para dirimir a questão, nomeou um júri: ora se diz que os juízes foram Cécrops e Cránao, ora os doze deuses. Os juízes decidiram a favor de Atena, porque Cécrops testemunhou que ela tinha sido a primeira a plantar uma oliveira em Atenas. Enraivecido, Posídon enviou uma inundação que cobriu toda a Ática.

Durante o reinado de Cécrops, que foi um príncipe pacífico, a civilização fez na Ática as suas primeiras conquistas: Cécrops ensinou os homens a construir cidades e a enterrar os mortos. Às vezes, atribui-se-lhe ainda a invenção da escrita, assim como a dos recenseamentos.

2. A lista dos reis de Atenas refere o nome de outro Cécrops, filho de Erecteu (v. este nome).

***CÉCULO.** (*Caeculus.*) A lenda romana de Preneste (a actual Palestrina, situada nas colinas que servem de fronteira entre o Lácio e a Sabina) atribui a fundação da cidade a um herói de nome Céculo, filho de Vulcano. Segundo essa lenda, viviam na região dois irmãos, os Depídios, que eram pastores e tinham uma irmã. Um dia em que a irmã estava em casa sentada à lareira, uma faúlha saltou-lhe da fogueira para o regaço. Ela sentiu imediatamente que tinha concebido uma criança. Nasceu um menino, que foi exposto junto do templo de Júpiter. Umas jovens que iam buscar água a uma fonte vizinha encontraram uma criança ao lado de uma fogueira acesa e levaram-na aos dois Depídios, que a educaram. Quando viram o menino, puseram-lhe o nome de Céculo, porque o fumo da fogueira, junto da qual tinha sido encontrado, lhe tinha provocado uma irritação nos olhos e ele parecia cego (*caecus*, de facto, significa *cego*). Entre os pastores, Céculo levou, durante a juventude, a vida de pilhagem vulgar nesse tempo. Quando se fez homem, fundou com alguns companheiros uma aldeia que viria a ser Preneste. No dia da festa inaugural da nova cidade, convidou os vizinhos a instalarem-se nela, e, para os convencer, pediu um prodígio a Vulcano, seu pai. Este enviou-lhe chamas que rodearam a multidão e se apagaram quando Céculo mandou. Este prodígio determinou a fortuna da cidade, onde se estabeleceram habitantes em grande número, sob a protecção do deus e do seu filho.

A *gens Caecilia* dizia-se descendente de Céculo (*Caeculus*).

CEDÁLION. (Κηδαλίων.) Cedálion é o artífice que ensinou o deus Hefesto a forjar e a trabalhar os metais. Após o nascimento de Hefesto, em Lemnos, Hera, sua mãe, confiou a

Cécrops: 1) Apollod., *Bibl.*, III, 14, 1 e s.; *Cron. de Par.*, 1, 2-4; Pausan., I, 2, 6; III, 15; Hyg., *Fab.*, 48; Tzetz., *Chil.*, V, 637 e s.; *ad Lyc.*, 111; Eur., *Ion*, 1163 e s.; Plin., *N. H.*, VII, 194; Cic., *de leg.*, II, 63; Tac., *Ann.*, XI, 14; Diod. Sic., I, 28, 1 e s.; Ov., *Met.*, VI, 72 e s.; v. *Aglauro.* **2)** V. *Erecteu.*

Céculo: Serv., *ad Virg.*, *Aen.*, VII, 681, e os escólios de Vir., *ibid.* cf. Virg., *Aen.*, VII, 678 e s.; Solin., II, 9; *Myt. Vat.*, I, 84.

Cedálion: Escól. *ad Il.*, XIV, 296; Eust., *ad Hom.*, 987, 7. Luc., *De domo*, 28; Eratosth., *Cat.*, 32.

criança a Cedálion, que vivia em Nasos. E este ensinou-lhe a sua arte.

Foi o mesmo Cedálion que ajudou Oríon, que ficara cego, a recuperar a vista. Oríon pô-lo aos ombros e pediu-lhe que se voltasse para o Sol nascente, o que o curou (v. *Oríon*).

CEFÁLION. (Κεφαλίων.) Cefálion é um pastor líbio, filho de Anfítemis e de uma ninfa do lago Tritão. Matou dois argonautas, Aribotes e Canto, que lhe tentaram roubar uma parte do rebanho (v. também *Cafauro*).

CÉFALO. (Κέφαλος.) Céfalo é um herói de vários mitos, mal ligados entre si. Variam as tradições sobre a sua origem. Na maior parte das versões, é considerado filho de Díon, o qual, pelo lado do pai, era descendente de Deucalião. A mãe de Céfalo é Diomede, filha de Xuto e de Creúsa (v. quadro 8, p. 116, e 22, p. 244). Pertence, portanto, pelos dois ascendentes, à raça de Deucalião. Outros autores dizem que ele é um ateniense, filho de Herse, uma das filhas de Cécrops, e de Hermes (v. quadro 4, p. 79). Finalmente, às vezes, é considerado filho de Pandíon, rei de Atenas. Foi casado com Prócris, filha de Erecteu, rei de Atenas.

O primeiro mito que se relaciona com Céfalo é o ter sido raptado pela Aurora, apaixonada por ele (v. *Eos*). Dela teria, na Síria, gerado Faetonte. Depressa, porém, Céfalo deixou a sua divina apaixonada e voltou à Ática, onde se casou com Prócris. Esta ofereceu-lhe de presente um cão que recebera de Minos e ao qual Zeus conferira o dom de nunca falhar um animal que perseguisse (v. *Prócris*). Foi este cão que ele emprestou a Anfitrião para o ajudar a caçar a raposa de Teumeso (v. *Anfitrião*).

Os seus amores com Prócris tiveram também a sua história. Prócris amava-o perdidamente e ele correspondia-lhe. Um dia, Céfalo começou a duvidar da fidelidade da esposa. Disfarçou-se e decidiu pô-la à prova. Sem se dar a conhecer, conseguiu ser admitido junto dela, quando Prócris pensava que ele estava ausente, e prometeu-lhe presentes cada vez mais preciosos se ela consentisse em entregar-se-lhe. A mulher resistiu durante muito tempo, mas, por fim, cedeu à tentação. Céfalo deu-se então a conhecer. Cheia de vergonha e de raiva, Prócris fugiu para a serra, onde Céfalo, roído de remorsos, a perseguiu. Acabaram por se reconciliar, admitindo cada qual os seus erros. Viveram felizes durante algum tempo, mas Prócris, por seu lado, tornou-se ciumenta. Via o marido ir muitas vezes à caça e interrogava-se se as ninfas dos montes não o tentavam. Interrogou um servo que o acompanhava, o qual lhe respondeu que, no fim da caçada, o seu marido parava para invocar uma misteriosa «Brisa», pedindo-lhe que viesse refrescar o seu ardor. Prócris, cheia de ciúmes, decidiu surpreender os amores repreensíveis de Céfalo. Foi atrás dele à caça, mas Céfalo, ouvindo um rumor entre a ramagem, atirou nessa direcção um dardo que tinha o condão de nunca falhar o alvo. Prócris foi mortalmente ferida. Mas antes de morrer compreendeu o seu erro. Céfalo tinha sido sempre fiel e a brisa que ele invocava era simplesmente o vento.

Acusado de assassínio diante do Areópago, Céfalo foi julgado e condenado ao exílio. Saiu da Ática, foi juntar-se a Anfitrião e acompanhou-o na sua expedição contra os Táfios. Após a vitória, deram o nome de Céfalo a uma ilha, que passou a chamar-se Cefalónia. Nessa ilha, desposou uma certa Lisipe, de quem teve quatro filhos, epónimos das quatro tribos de Cefalónia. Atribui-se-lhe também a origem da raça de Laertes, cujo pai, Arcésio, se considera às vezes filho ou neto de Céfalo. A este propósito conta-se que Céfalo foi consultar o oráculo de Delfos para lhe perguntar qual o meio de ter filhos. O oráculo respondeu-lhe que se unisse ao primeiro ser do sexo feminino que encontrasse. Ora ele encontrou uma ursa. Em obediência ao oráculo, uniu-se a ela e imediatamente o animal se transformou numa linda donzela que lhe deu um filho, Arcésio (cf. quadro 39, p. 460).

CEFEU. (Κηφεύς.) A lenda menciona dois Cefeus:

1. Um deles é rei de Tégea na Arcádia, e filho de Áleo, que participou na expedição dos Argonautas. Também faz parte da lenda de Héracles. Quando este decidiu partir para a Lacedemónia numa campanha contra os filhos de Hipocoonte, procurou a aliança de Cefeu, que tinha vinte filhos. Cefeu, contudo, receava que, se deixasse a sua cidade, os habitantes de Argos aproveitariam a sua ausência para invadir o seu território. Héracles, para o convencer, entregou-lhe uma madeixa de cabelos da Górgona, guardada num vaso de bronze. Era um presente de Atena. Héracles disse-lhe que, na sua ausência, se os inimigos atacassem a cidade, bastaria que Estérope, filha de Cefeu, exibisse no ar a madeixa e a agitasse três vezes por sobre a muralha da cidade. Se ela tivesse o cuidado de não olhar para trás, o inimigo seria posto em fuga. Cefeu sentiu-se seguro com estes argumentos e partiu para a guerra, com Héracles e Íficles, seu irmão, contra a Lacedemónia. Mas Cefeu, os seus filhos e Íficles pereceram todos na batalha, o que não impediu que Héracles fosse o vencedor.

Cefálion: Hyg., *Fab.*, XIV; Apol. Rh., *Arg.*, IV, 1496.

Céfalo: Hes., *Theog.*, 986 e s.; Ov., *Met.*, VII, 661 e s.; *Her.*, IV, 93 e s.; IV, 93 e s.; Hyg., *Fab.*, 48; 160; 189; 241; 270; Apollod., *Bibl.*, I, 9, 4; II, 4, 7; III, 14, 3; 15, 1; Suid., *s. u.* Τευμησία; *Od.*, XI, 321 e s., e Eust., *ad loc.*; Eratosth., *Cat.*, 32; Hyg., *Astr. Poet.*, II, 35; Ant. Lib., *Transf.*, 41; Serv., *ad Virg.*, *Aen.*, VI, 445; Strab., 456; Pausan., I, 37, 6; Arist., p. 504 (Rose); cf. escól. *ad Od.*, XXIV, 270.

Cefeu: 1) Apol. Rh., *Arg.*, I, 161 e s. Pausan., VIII, 4, 8; 5, 1; 8, 4; 9, 5; 23, 3; 47, 5; Apollod., *Bibl.*, II, 7, 3; Diod. Sic., IV, 33. **2)** Strab., I, 42; Herod., VII, 61; Eur., *in* Eratosth., *Cat.*, 15; 36; Hyg., *Astr. Poet.*, II, 9; Apollod., *Bibl.*, II, 1, 4; Cónon, *Narr.*, 40; Tac., *Hist.*, V, 2; Plin., *N. H.*, VI, 183; Ov., *Met.*, V, 12 s.; Nonn., *Dion.*, II, 682 e s.

Cefeu, o Arcádio, é às vezes referido como sendo filho de Licurgo, e não de Áleo. Conta-se também que participou na caçada de Cálidon.

2. O outro Cefeu, pai de Andrómeda e marido de Cassiopeia, é filho de Belo (v. quadro 3, p. 66). É rei dos «Cefenes», povo que habita ora nas margens do Eufrates ora na Etiópia, conforme as tradições (v. *Andrómeda* e *Cassiopeia*). Cefeu só tinha uma filha, Andrómeda. Quando morreu, sucedeu-lhe Perses, seu neto, filho de Perseu.

CEÍCE. V. *Céix*.

CÉIX. (Κήυξ.) **1.** Céix é um rei de Tráquin, amigo e parente de Héracles, visto que era sobrinho de Anfitrião. Foi junto dele que Héracles achou asilo depois de ter morto, sem querer, o jovem Eunomo (v. a sua lenda). Os filhos de Héracles, após a morte do pai, perseguidos pelo ódio de Euristeu, refugiaram-se em Tráquin, junto de Céix, mas Euristeu obrigou-o a expulsá-los.

A filha de Céix, Temístonoe, era mulher de Cicno, morto por Héracles, a quem Céix prestou as honras fúnebres. São-lhe atribuídos dois filhos: Hípaso, que seguiu Héracles na expedição contra a Ecália, onde morreu, e Hilas, companheiro de Héracles e dos Argonautas (v., no entanto, *Hilas*).

2. Outro Céix, filho de Eósforo, marido de Alcíone (v. este nome) tranformou-se em ave.

CÉLBIDAS. (Κελβίδας.) Célbidas é um habitante de Cumas que teria partido de Itália para ir fundar a cidade de Triteia, na Acaia. Segundo outras versões, a cidade de Triteia teria sido fundada por Melanipo, filho de Ares e da filha de Tritão, sacerdotisa de Atena Triteia.

CELENO. (Κελαινώ.) Celeno é o nome de várias heroínas:

1. Uma filha de Dánao, que de Posídon gerou o herói Celeno.

2. Uma filha de Atlas e de Plêione, uma das sete Plêiades. De Posídon teve Lico, Eurípilo e Tritão (v. quadro 27, p. 280).

3. Celeno é também o nome de uma das Harpias.

CÉLEO. (Κελεός.) **1.** Céleo é filho de Elêusis, nascido do solo, primeiro rei do território do mesmo nome (v. também *Raro*). Era ele quem reinava em Elêusis no momento em que Hades raptou a Deméter a sua filha. A deusa percorreu a terra à procura da filha e foi a Elêusis, onde Céleo e Metanira, sua mulher, a acolheram com hospitalidade. Deméter, disfarçada de velha, chegou à cidade pela tardinha, à hora em que as mulheres vão buscar água. Na fonte, estavam as filhas de Céleo, que levaram a estrangeira para casa de seu pai, onde lhe foi proposto empregarem-na como criada. Deméter aceitou. Demofonte, o filho mais novo do rei, foi confiado aos seus cuidados. A deusa cumpriu a sua missão de uma forma estranha (v. *Demofonte*, 1) e, por fim, revelou a sua natureza divina. Antes de voltar a subir ao Olimpo, ensinou a Céleo o ritual do seu culto e ajudou-o a construir o seu templo (v. também *Triptólemo* e *Deméter*).

Algumas tradições fazem de Céleo um camponês de Elêusis, não um rei.

2. Céleo é também o nome de um cretense que, com os seus companheiros, Laio, Cérbero e Ególio, tentou roubar mel na caverna sagrada, onde, no Ida de Creta, Reia tinha dado Zeus à luz. Esta caverna era interdita aos deuses e aos mortais. Lá se via, todos os anos, brilhar um fogo misterioso, no dia do aniversário do nascimento do deus. Os gatunos revestiram-se de placas de bronze, para se protegerem das abelhas, que tinham, outrora, produzido o mel com que a divina criança tinha sido alimentada, mas quando chegaram diante do berço do deus, as placas, por si próprias, caíram-lhes do corpo e Zeus fez ouvir o trovão. Tê-los-ia ali mesmo fulminado, se os Destinos e Témis não o tivessem impedido, dizendo que era interdito matar quem quer que fosse num lugar sagrado, que devia ser puro de toda a mancha. Zeus, então, transformou-os em aves: Laio, em tordo; Céleo, em gralha; Ególio, em xofrango; Cérbero, numa ave não identificada que, em grego, tinha o mesmo nome. Estas aves eram de bom augúrio, porque saíam da gruta sagrada.

CELEUTOR. (Κελεύτωρ.) Celeutor é um dos fihos de Ágrio, de Cálidon, que, juntamente com os seus irmãos, participou numa expedição contra seu tio, Eneu, quando eles tiraram o reino ao tio para o darem a seu pai. Por esta razão, foi morto por Diomedes, neto de Eneu (v. *Diomedes*, quadro 29, p. 298).

CÉLMIS. (Κέλμις.) Célmis é uma divindade que figura no círculo de Zeus, quando este era menino, segundo uma lenda cretense. Primeiramente fiel ao deus, Célmis ofendeu Reia e, por isso, foi transformado num bloco de diamante (ou de aço?) por Zeus.

CELTO. (Κελτός.) Herói epónimo dos Celtas. É um filho que Héracles teve de Céltina,

---

Céix: 1) APOLLOD., *Bibl.*, II, 7, 6; 8, 1; HES., *Sent.* 354; 472 e s.; escól. *ad.* SOPH., *Tr.*, 39; DIOD. SIC., IV, 36; 57; ANT. LIB., *Transf.*, 26; PAUSAN., I, 32, 6. **2)** V. *Alcíone*.

Célbidas: PAUSAN., VII, 22, 8; v. J. BÉRARD., *Colonisation*, pp. 60, 461, 528.

Celeno: 1) APOLLOD., *Bibl.*, II, 1, 5; STRAB., XII, 579. **2)** OV., *Fast.*, IV, 173; SERV., *ad.* VIRG., *Georg.*, I, 138; DIOD. SIC., III, 60; APOLLOD., *Bibl.*, III, 10, 1; escól. *ad.*, *Il.*, XVIII, 486; *ad.* APOL. RH., *Arg.*, IV, 1561; TZETZ., *ad Lyc.*, 886; 132; 219. **3)** VIRG., *Aen.*, III, 211; SERV., *ad.* VIRG., *Aen.*, III, 209.

Céleo: 1) *Hymn. Dem.*, *passim*; APOLLOD., *Bibl.*, I, 5, 1; III, 14, 7; PAUSAN., I, 39, 1; VIRG., *Georg.*, I, 65; SERV., *ad.* VIRG., *Georg.*, I, 147; OV., *Fast.*, IV, 507. **2)** ANT. LIB., *Transf.*, 19. Cf. Ch. PICARD, *Mél. Radet*, 1940, PP. 270-284.

Celeutor: APOLLOD., *Bibl.*, I, 8, 6; HIG., *Fab.*, 175.

Célmis: OV., *Met.*, IV, 282; NONN., *Dion.*, XIV, 29; XXIII, 156, etc. Cf. SOPH., *fr.*, 336 (Nauck).

Celto: PARTH., *Erot.*, 30; *Etym Magn.*, *s. u.* Κελτοί.

filha do rei da Grã-Bretanha. Voltava Héracles da expedição contra Gérion, com os rebanhos que tinha conquistado, quando, ao atravessar a Grã-Bretanha, a filha do rei escondeu os rebanhos, recusando-se a restituí-los se não se unisse a ela. Querendo recuperar os animais e, diz-se, porque a rapariga era muito bela, Héracles acedeu de boavontade. Celto nasceu dessa união (v. também *Galateia*).

Outra tradição considerava Celto filho de Héracles e da Plêiade Estérope.

CENEU. (Καινεύς.) Ceneu, cujo pai era o Lápita Élato (quadro 10, p. 132), foi primeiramente mulher, com o nome de Cénis. Tendo, porém, sido amada por Posídon, pediu a este deus que a transformasse num homem invulnerável. Posídon satisfez-lhe o pedido. Sob a sua nova figura, Ceneu participou na luta contra os Centauros. Estes, como não podiam matá-lo, atacaram-no com troncos de abeto até o enterrarem vivo. Diz-se que, depois de morto, Ceneu se tornou outra vez mulher, ou então que foi transformado numa ave de asas brilhantes, o flamingo.

Segundo outra tradição, Ceneu, transformado em homem, tinha-se enchido de orgulho. Cravando a sua lança na praça pública, exigiu que prestassem culto à sua arma, como se fosse uma divindade. Zeus, para o castigar, lançou contra ele os Centauros, que acabaram por matá-lo. Ceneu figura em alguns catálogos dos Argonautas. Corono, seu filho, era rei dos Lápitas no tempo de Héracles.

CENTAUROS. (Κένταυροι.) Os Centauros são seres monstruosos, meio homens e meio cavalos. Têm busto de homens e, às vezes, também as pernas, mas a parte posterior do corpo, a partir do busto, é de cavalo e, pelo menos na época clássica, têm quatro patas de cavalo e dois braços de homem. Vivem nas montanhas e nas florestas, alimentam-se de carne crua e têm costumes extremamente brutais.

Geralmente, admite-se que os Centauros nasceram dos amores de Ixíon e de uma nuvem, à qual Zeus tinha dado a forma de Hera e que tinha enviado a Ixíon para ver se este ousaria levar a cabo os seus amores sacrílegos (v. *Ixíon* e quadro 25, p. 268). Dois Centauros, todavia, Quíron e Folo, diferentes dos outros pelo carácter, tinham origem também diferente. Quíron nasceu dos amores de Fílira e de Crono (v. *Quíron*); Folo é filho de Sileno e de uma ninfa dos freixos (uma Melíade). Quíron e Folo não têm o carácter selvagem dos seus congéneres; são hospitaleiros, benfazejos, amigos dos homens e não recorrem à violência.

Os Centauros intervêm em vários mitos. Lutam várias vezes contra Héracles. Quando Héracles caçava o javali de Erimanto, chegou a casa de Folo, que o recebeu hospitaleiramente, lhe serviu carnes cozidas, comendo ele apenas carnes cruas. E como Héracles pedisse vinho, Folo respondeu-lhe que de facto tinha uma talha com vinho, mas que não ousava abri-la, porque era propriedade comum de todos os Centauros. Era um presente que Dioniso lhes confiara, recomendando-lhes que a não encetassem a não ser quando tivessem Héracles como hóspede. Este disse a Folo que abrisse a talha e não tivesse medo. Logo o cheiro do vinho atraiu os Centauros da montanha, que vieram do monte armados de penedos e abetos para assaltarem a caverna. Os dois primeiros Centauros que ousaram entrar, Ânquio e Ágrio, foram abatidos por Héracles a golpes de archote. Quanto aos outros, perseguiu-os à frechada até ao cabo Maleia, onde eles se refugiaram junto de Quíron que, expulso da Tessália pelos Lápitas, lá habitava. Os Centauros agruparam-se em torno de Quíron, e Héracles lançou uma flecha, que trespassou o braço de um deles, chamado Élato, e foi ferir um joelho de Quíron. Héracles tentou curar a ferida que tinha feito ao Centauro bom, mas nada resultou. Quíron continuou a sofrer a ponto de desejar ser mortal (pois tinha nascido imortal). Prometeu aceitou carregar com o fardo da sua imortalidade e Quíron morreu.

Os Centauros lutaram também contra os Lápitas, povo da Tessália, comandados por Pirítoo e seu amigo Teseu. Pirítoo (v. a sua lenda) convidara para a sua boda de casamento os Centauros, que por acaso ainda eram seus parentes, mas os Centauros não estavam habituados a beber vinho e num instante ficaram embriagados. Um deles, Êurito (ou Eurítion) tentou violar Hipodamia, noiva de Pirítoo, o que provocou uma rixa generalizada e um grande massacre de ambas as partes. Por fim, os Lápitas venceram e obrigaram os Centauros a saírem da Tessália.

Um ou vários Centauros aparecem ainda em lendas relacionadas com raptos: Êurito tenta raptar a Héracles a sua noiva Mnesímaque (v. *Dexâmeno*); em seguida, Nesso tenta violar Dejanira (v. *Nesso*). V. também a lenda dos Centauros Hileu e Reco, que tentaram violar a virgem Atalante (v. *Atalante*).

A lenda fala de Centauras, mulheres dos Centauros, que com eles viviam nas montanhas.

Tomando como modelo os Centauros, existem representações de outros seres de natureza mista, os Ictiocentauros, por exemplo, meio homens e meio peixes (v. *Ictiocentauros*).

Ceneu: APOLLOD., *Ep.*, I, 22; APOL. RH., *Arg.*, 1, 57-64; Escól. *ad. loc* e *ad. Il.*, I, 262; ANT. LIB., *Transf.*; 17; VIRG., *Aen.*, VI, 448 e s.; e SERV., *ad loc.*; OV., *Met.*, XII, 459-532; HYG., *Fab.*, 14; cf. 242; PALEPH., *Incr.*, II; *Pap. d'Oxyrrh.*, XIII, London, 1919, p. 133 e s.; cf. G. DUMÉZIL, *Le problème des Centaures*, Paris, 1929, pp. 179, e s.; J. Th. KAKRIDIS, in *Cl. Rev.*, 1947, pp. 77-80.

Centauros: PIND., *Pyth.*, II, 39 e s. e os escólios; *Il.*, I, 262 e s. e escól. ao v. 263; *Od.*, XXI, 295 e s. e escól. ao v. 303; escól. *ad.* APOL., RH., *Arg.*, III, 62; HYG., *Fab.*, 33; 34; 62; APOLLOD., *Bibl.*, II, 5, 4 e s.; *Ep.*, I, 20 e s.; DIOD. SIC., IV, 69, 4 e s.; escól. *ad.* EUR., *Phoen.*, 1185; THEOCR.; VII, 149 e s.; TZETZ., *Chil.*, II, 271; OV., *Met.*, XII, 210 e s.; AEL., *VH*, 13; CALÍM., *Hymn Art.*, 221; PROP., I, 1, 13; SOPH., *Traq.*, *passim*; v. G. DUMÉZIL, *Le Problème des Centaures*, Paris, 1929 e Bibliografia. A. CARNOY, «Le concept mythologique du Gandharva et du Centaure», *Muséon*, 1936, pp. 99-113.

***CENTÍMANOS.** (*Centimani.*) Gigantes com cem mãos (v. *Hecatonquiros*).

CERAMBO. (Κέραμβος.) Cerambo era um pastor de Ótris, na Tessália. No tempo do Dilúvio de Deucalião, refugiou-se na serra para escapar à inundação e as ninfas deram-lhe asas, transformando-o num escaravelho chamado Κεράμβυξ (v. também *Terambo*).

CÉRAMO. (Κέραμος.) Céramo é um herói ático que deu o nome ao bairro de Atenas chamado «Cerâmico». É filho de Ariadne e de Dioniso. Passava por ter inventado o ofício de oleiro, como o seu próprio nome indica.

CÉRANO. (Κοίρανος.) Cérano é nome de vários heróis:

1. O mais importante é o neto de Melampo (v. *Clito* e *Polüdo*).

2. O auriga de Mérion, que foi morto por Heitor diante de Tróia.

3. É também o nome de um milésio, a quem sucedeu um caso singular. Certo dia em que viu um pescador com um golfinho que tinha apanhado, resgatou o animal e pô-lo outra vez na água. Tempos depois, durante um naufrágio, de entre todos os passageiros do navio, só ele foi salvo pelos golfinhos. Mais tarde, quando morreu, ao passar o préstito fúnebre junto do porto de Mileto, viu-se avançar um grupo de golfinhos que participou no funeral.

CÉRBERO. (Κέρβερος.) Cérbero é o «cão do Hades», um dos monstros que guardavam o reino dos Mortos: impedia que os vivos lá entrassem e, sobretudo, que alguém de lá saísse. A imagem mais corrente que dele se dava era a seguinte: três cabeças de cão, cauda formada por uma serpente e, no dorso, uma multidão de cabeças de serpente levantadas. Também se afirma que tinha cinquenta ou, até, cem cabeças. Estava acorrentado diante da porta do Inferno e aterrorizava as almas no momento em que lá entravam. Um dos trabalhos impostos por Euristeu a Héracles foi mandá-lo aos Infernos buscar Cérbero, para o trazer para cima da Terra. Héracles partiu, não sem se ter feito iniciar, previamente, nos mistérios de Elêusis. Hades autorizou-o a levar Cérbero para o cimo da Terra, sob a condição de conseguir dominá-lo sem usar as suas armas. Héracles lutou com ele só com a força dos seus braços, quase o sufocou e dominou-o. Depois, levou-o a Euristeu, que teve tanto medo que lhe ordenou que o devolvesse à sua procedência. Cérbero foi, depois disso, encantado por Orfeu.

Cérbero passa por ser filho de Equidna e de Tífon. É irmão de Ortro, cão monstruoso de Gérion, da hidra de Lerna e do leão de Némea.

CÉRCAFO. (Κέρκαφος.) Cércafo é um dos sete Helíades, filhos de Hélio e de Rode. Casou com Cidipe, uma das filhas de seu irmão Óquimo, a quem sucedeu no trono da ilha de Rodes. Teve três filhos, Iáliso, Lindo e Camiro, que repartiram entre si a ilha e fundaram três cidades a que deram os seus próprios nomes (v. *Óquimo*).

CÉRCION. (Κερκυών.) **1.** Cércion é um herói eleusino, filho de Posídon ou de Hefesto, e de uma filha de Anfíction, ou ainda de Branco e da ninfa Argio (v. também *Raro*). Tinha a sua guarida no caminho que vai de Elêusis a Mégara, onde detinha os viandantes, forçando-os a lutar consigo. Depois de os vencer, matava-os. Sucedeu um dia que Teseu passou por ali. Mais hábil na luta do que Cércion, Teseu ergueu o adversário no ar, atirou-o ao chão com força e esmagou-o.

No caminho de Mégara a Elêusis havia um lugar chamado «palestra de Cércion»; dizia-se que era lá que outrora o bandoleiro atacava as suas vítimas (v. também *Álope*).

2. A lenda fala de um outro Cércion, filho de Agamedes (v. lenda de *Agamedes*).

CERCIRA. (Κέρκυρα.) Cercira, ou Corcira, é uma das filhas do rio Asopo. Sua mãe era Métope da Arcádia. Foi raptada por Posídon, que se uniu a ela na ilha de Corcira (a actual Corfu), que dela tomou o nome. Dessa união nasceu um filho, Féax, epónimo dos Feaces.

CERCOPES. (Κέρκωπες.) Os Cercopes são dois irmãos a que umas vezes se dão os nomes de Euríbates e Frimondas, outras vezes os de Silo e Tribalo, mas que vulgarmente são designados pelo colectivo «Cercopes». Sua mãe era Tia, uma das filhas de Oceano. Os Cercopes eram dois bandidos corpulentos e muitos fortes. Assaltavam os viandantes e matavam-nos. Sua mãe tinha-os prevenido contra um herói, um tal Melâmpigo (ou seja, o homem do traseiro negro). Um dia, encontraram Héracles a dormir à beira do caminho e tentaram roubá-lo, mas o herói despertou, dominou-os e pendurou-os pelos pés numa vara grande,

---

Cerambo: Ov., *Met.*, VII, 533; cf. Ant. Lib., *Transf.*, 22. V. *Terambo*.

Céramo: Pausan., I, 3, 1; Suid., *s. u.* Κέραμος.

Cérano: **1)** Apollod., *Bibl.*, III, 3, 1; Pausan., I, 43, 5. **2)** *Il.*, XVII, 611. **3)** Athen., XIII, 606 e; Ael., *N. A.*, 8, 3.

Cérbero: *Il.*, VIII, 366 e s.; *Od.*, XI, 623 e s.; Apollod., *Bibl.*, II, 5, 12; Pausan., III, 18, 13 e s.; 25, 5 e s.; Hes., *Theog.*, 311; 769 e s. (passo interpolado); Pind., *Pyth.*, I, 31 e escól. *ad loc.*, Hor., *Carm.*, II, 13, 34; Ov., *Met.*, VII, 408 e s. Hyg., *Fab.*, 30; 31; 151; Virg., *Aen.*, VI, 417 e Serv., *ad. loc.*

Cércafo: Diod. Sic., V, 56 e s.; Pind., *Olymp.*, VIII, 131 e s. Strab., XIV, 654; Steph. Byz., *s. u.* Λίνδος.

Cércion: **1)** Apollod., *Ep.*, I, 3; Bacch. XVII, 26; Diod. Sic., IV. 59, 5; Plut., *Thes.*, 11; Pausan., I, 39, 3; escól. *ad.* Luc. *Jup. Tr.*, XXI. p. 65 (Rab); Ov., *Met.*, VII, 439; Hyg., *Fab.*, 38. **2)** Pausan., VIII, 5, 4; 45, 7; 53, 6.

Cercira: Paus., II, 5, 2; V, 22, 4-6; escól. *ad* Pind., *Ol.*, VI, 144; Apol. Rh., *Arg.*, IV, 568; Diod. Sic., IV, 72.

Cercopes: Diod. Sic., IV, 31, 7; Apollod., *Bibl.*, II, 6, 3; Nonn., ap. Westermann, *Mythog.*, p. 375; Tzetz., *Chil.* v. 74 e s.; *ad. Lyc.*, 91; Eust., *ad.*, Hom., *Od.*, XIX, 247 (p. 186); Ov., *Met.*, XIV, 88 e s. Cf. Aly, *s. u.* Σίλλος, *R. E.*, III, 1-A, pp. 98 e s.

cada um na sua ponta, levando-os aos ombros como quem leva cabritos para a feira. Nesta situação repararam que Héracles tinha o traseiro negro e compreenderam a profecia da mãe. Mas com as suas piadas puseram Héracles de tão bom humor que ele se dispôs a soltá-los.

Todavia, após esta aventura, nem por isso os Cercopes deixaram a sua vida de roubos e assaltos, até ao dia em que Zeus, irritado com a conduta deles, os transformou em macacos e os colocou nas duas ilhas que fecham a baía de Nápoles, a saber, Próscida e Ísquia. Os seus descendentes por lá ficaram, e é essa, segundo se diz, a origem do nome que se dava a este arquipélago na antiguidade. Estas ilhas chamavam-se «ilhas dos macacos», *Pitecusas* (v. também *Héracles*).

CERÉBIA. (Κηρεβία.) Cerébia é mãe de Díctis e de Polidectes, dois irmãos que viviam na ilha de Serifos e que tiveram um papel importante na lenda de Perseu (v. *Perseu*). Teve estes seus filhos de Posídon, mas, segundo outras versões, Díctis e Polidectes eram filhos de Magnes e não de Posídon.

CERES. (Κῆρες.) As Ceres são génios que desempenham um importante papel na *Ilíada.* Nas cenas de batalha e de violência, representam geralmente o Destino que leva cada herói no momento da morte. São apresentadas como seres alados, negros, com grandes dentes brancos, horrendos, de unhas enormes e pontiagudas. Despedaçam os cadáveres e bebem o sangue dos mortos e dos feridos. O seu manto está manchado de sangue humano. No entanto, não são apenas as «Valquírias» do campo de batalha. Por vezes, certas expressões homéricas demonstram que se concebiam também como Destinos da existência de cada ser humano, personificando não só o seu tipo de morte, mas também o género de vida que lhe devia ser atribuído. Assim, Aquiles tem hipótese de escolher entre duas Ceres: uma, que lhe daria uma vida longa e feliz na sua pátria, afastado da glória e da guerra; outra, que ele escolheu, que lhe proporcionou em Tróia uma fama imorredoira, mas pela qual pagou o preço de uma morte prematura. São também as Ceres de Aquiles e Heitor que Zeus pesa, numa balança, na presença dos deuses, para saber qual dos dois deve morrer no combate que os opõe. O prato que contém a Ceres de Heitor desce em direcção ao Hades e Apolo abandona de imediato o herói à sua sorte inelutável.

As Ceres receberam uma espécie de genealogia na *Teogonia* hesiódica. Surgiam como «filhas da Noite»; no mesmo passo, porém, alguns versos depois, o poeta refere uma *Cer,* irmã de Tânato e Moros (a Morte e o Passamento), e *várias* Ceres, irmãs das Meras (ou Parcas) (v. estes nomes). Neste passo, há com certeza uma interpolação, ou talvez a contradição derive do carácter popular e vago da concepção de *Cer,* que tão depressa é uma divindade única como uma força imanente ao indivíduo. É assim que, na *Ilíada,* apenas se atribui uma *Cer* aos Troianos e outra aos Aqueus. Se bem que o passo seja posterior ao contexto em que se insere, não deixa de ser verdade que a noção de *Cer* podia assumir um valor colectivo.

Na época clássica, as Ceres parecem existir sobretudo como reminiscências literárias; tendem a confundir-se com outras divindades análogas, como as Meras, ou mesmo as Erínias, de quem se aproximam pelo carácter infernal e selvagem. Nas tragédias, não são mais que empréstimos da epopeia homérica. Platão, num passo poético, considera-as como génios maus que, semelhantes às Harpias, conspurcam tudo em que tocam na vida dos homens. É possível que a tradição popular tenha acabado por identificá-las com as almas malfazejas dos mortos, que é preciso apaziguar por meio de sacrifícios. Isso mesmo se fazia, por exemplo, na festa das Antestérias.

*** CERES.** (*Ceres.*) Ceres é o nome romano da deusa grega Deméter, com quem se identifica completamente. Embora o seu nome indique, etimologicamente, que Ceres era uma antiga força da vegetação (Ceres relaciona-se com uma raiz que significa «brotar») adorada pelos Latinos, esta divindade, todavia, apagou-se diante da outra. Conta-se que no momento em que os Etruscos, chefiados por Porsena, atacavam a jovem República Romana, a fome ameaçou toda a cidade. Consultaram-se os livros sibilinos, compilação de oráculos gregos, que aconselharam se introduzissem em Roma os cultos de Dioniso e de Deméter. Assim se fez no ano de 496 a. C. Este culto estava localizado no monte Aventino.

Sobre as lendas de Ceres, meras transcrições das lendas de Deméter, v. este nome.

CÉRIX. (Κήρυξ.) Cérix, cujo nome em grego significa «arauto», é filho de Deméter. É dele que descendem os «arautos» (*ceryces*), que figuram no ritual. Há versões que pretendem que Cérix é filho de Aglauro e de Hermes (v. *Aglauro*).

CEROESSA. (Κερόεσσα.) Ceroessa é filha de Io e de Zeus. Nasceu perto de Bizâncio, no Corno de Ouro; daí o seu nome, cuja raiz

---

Cerébia: TZETZ., *ad. Lyc.*, 838.

Ceres: *Il.*, I, 228; 416 e s.; II, 302; III, 454; VIII, 70 e s. (provavelmente, interpolado segundo XXII, 209); IX, 410 e s.; XI, 330 e s.; XVIII, 114 e s.; 535 e s.; XXII, 102; 209 e s.; XXIII, 78 e s.; HES., *Theog.*, 211; 217; *Op.*, 92; *Sc.*, 156; 249 e s.; AESCH., *Th.*, 760; 1055; SOPH., *O. T.*, 469 e s.; *Phil.*, 42; 1166; EUR., *Hercl.*, 870; *El.*, 1298 e s.; *Phoen.*, 950; PLAT., *Lg.*, 937 d; APOL. RH., *Arg.*, IV, 1485; 1665 e s. PHOT., I, p. 186 Nb.

Ceres: DION., HAL., VI, 17 e 94; TAC., *Ann.*, II, 49; CIC., *Pro Balbo*, 55. Sobre as *Ceres Africanas* v. CARCOPINO, *Aspects Mystiques de la Rome paienne*, p. 13 e s.; H. LE BONNIEC, *Le culte de Cérès à Rome*, Paris, 1958.

Cérix: PAUSAN., I, 38, 3; SUID., *s. u.* Κήρυκες.

Ceroessa: STEPH. BYZ., *s. u.* Βυζάντιον; PROCOP., *De aed.*, I, 5; *Fr. Hist. Gr.* (Müller), pp. 148-150.

evoca a palavra que significa corno (Κέρας). Foi criada por uma ninfa e, mais tarde, amada por Posídon, a quem deu um filho, Bizante, fundador e primeiro rei da cidade de Bizâncio. Teve ainda outro filho, Estrombo, que fez guerra a seu irmão e aos Bizantinos.

CETES. (Κέτης.) Cetes é um rei do Egipto que tinha o poder de se transformar em toda a espécie de seres (animais ou árvores) ou elementos (fogo, água, etc.). Diz-se que possuía «a ciência da respiração», origem, ao que parece, da sua magia.

CETO. (Κητώ.) Ceto, cujo nome faz lembrar o dos monstros marinhos (baleias, etc.), κῆτος, é filha de Onda (Ponto, o Mar, concebido como ser masculino) e da Terra (Geia). É irmã de Nereu, de Taumas, etc. (quadro 14, p. 182, e 33, p. 388). Desposou o seu próprio irmão, Forco ou Fórcis, de quem gerou as Greias (as Velhas, v. a sua lenda), as Górgones e o Dragão que guardava as maçãs das Hespérides e das próprias Hespérides.

CEU. (Κοῖος.) Ceu é um gigante da raça dos Titãs, filho de Úrano (o Céu) e de Geia (a Terra). É irmão de Oceano, de Hiperíon, Jápeto e Crono, bem como das Titânides: Tétis, Reia, Témis, Mnemósine, Febe, Dione e Tia. Unido a sua irmã Febe, gerou Leto, mãe de Apolo e Ártemis, e Astéria (quadro 38, p. 452).

***CÉU.** (*Caelus.*) Céu, que se usa no masculino para indicar personificação (o substantivo comum é neutro, *caelum*), não é um deus romano, mas sim uma simples tradução para latim do nome do deus grego Úrano, que desempenha um papel muito importante na teogonia e na mitologia helénicas (v. *Úrano*).

CÍANE. (Κωανή.) **1.** Cíane, cujo nome evoca a cor azul das águas do mar, é filha de Líparo, antiquíssimo rei dos Ausónios (antepassados dos Italianos). Líparo, expulso de Itália (Ausónia, nesse tempo), fixou-se nas ilhas Líparas, que ficaram com o seu nome. Quando Éolo se apresentou no seu reino, Líparo deu-lhe a mão de Cíane e repartiu com ele o poder (v. *Éolo*, 2).

2. Há outra Cíane, uma fonte de Siracusa, que tentou opor-se ao rapto de Perséfone levado a cabo por Hades. Antes de ser fonte, era uma ninfa. Mas Hades, indignado, transformou-a num pego azul profundo, semelhante ao mar.

3. Uma lenda, também de Siracusa, conta que uma donzela, de nome Cíane, foi violada pelo pai quando estava embriagado. Como era de noite, o pai, chamado Cianipo, esperava não ser reconhecido por Cíane, mas esta roubou-lhe o anel, na altura do atentado, e quando se fez dia ficou a saber o que se passara. Tendo desabado uma peste sobre a cidade, o oráculo declarou que, para acabar com ela, era preciso oferecer uma vítima humana, uma pessoa que tinha cometido um incesto. Cíane e seu pai suicidaram-se para expiar o crime.

CIANIPO. (Κυάνιππος.) **1.** Cianipo é filho de Egialeia, e, por conseguinte, neto de Adrasto, que foi rei de Argos, ao tempo dividido em três reinos. Há outra tradição que o considera filho de Adrasto (quadro 1, p. 8). Durante a sua menoridade, foi criado por Diomedes e Euríalo. Participou na Guerra de Tróia e figura entre os heróis que se meteram dentro do cavalo de madeira. Morreu sem descendência.

2. Há outro Cianipo, natural da Tessália, filho de Fárace, que, por amor, tinha casado com a filha de um nobre tessálio, chamada Leucónoe, donzela de rara beleza. Cianipo era um excelente caçador e não renunciou à sua paixão depois de casar. De manhã partia para a caça, à tarde voltava tão cansado que quase sempre adormecia mal pousava a cabeça no travesseiro. Deste modo, a pobre Leucónoe ficava de lado, profundamente enfadada. Um dia, decidiu seguir às escondidas o marido até à caça, para saber o que ele encontrava de tão atraente nos bosques. Saiu de casa sem ser vista pelos servos e num instante estava embrenhada no matagal, onde a descobriram os cães do marido; a matilha selvagem atirou-se a ela e fê-la em pedaços. Quando Cianipo descobriu o cadáver, ficou desesperado. Levantou uma pira, nela depôs a mulher, matou os cães que atirou para a pira e, por fim, suicidou-se.

3. V. *Cíane*, 3.

CIÁPODES. (Σκίαποδες.) Os Ciápodes, cujo nome significa em grego «pés de sombra», eram, dizia-se, um povo da Índia ou da Etiópia. Tinham um pé enorme, tão grande que, no Verão, deitavam-se. Levantavam a perna e assim se abrigavam do sol, servindo-lhes o pé de sombrinha.

CÍBELE. (Κυβέλη.) Cíbele é a grande deusa da Frígia, muitas vezes chamada Mãe dos Deuses, ou Grande Mãe. O seu poder estende-se a toda a natureza, cuja potência vegetativa personifica. É venerada nas montanhas da Ásia

---

Cetes: Diod. Sic., I, 62. V. *Proteu.*

Ceto: Hes., *Theog.*, 238; 270 e s.; 333; Apollod., *Bibl.*, II, 2, 6; 4, 2; escól. *ad.* Apol. Rh., *Arg.*, IV, 1399.

Ceu: Hes., *Theog.*, 134; 404 e s.; Apollod., *Bibl.*, I, 1, 3; Diod. Sic., V, 6 e s.; Hyg., *Fab. pre.*; Tzetz., *ad. Lyc.*, 1175; Pausan., IV, 35, 6.

Céu: Cic., *de nate. D.*, III, 17, 44; 24, 62 e s.; Serv., *ad. Virg.*, *Aen.*, V. 801, etc. V. *Urano.*

Cíane: 1) Diod. Sic., V, 7; Serv. *ad Virg.*, *Aen.*, I, 52. **2)** Ov., *Met.*, V, 409 e s.; Diod. Sic., V, 4; Nonn., *Dion.*, VI, 128. **3)** Plut., *Parall. min.*, 19.

Cianipo: 1) Pausan., II, 18, 4 e s.; 30, 9, 10; Tzetz., *Posth.*, 643. **2)** Parth., *Erot.*, 10; Plut., *Parall. min.*, 21; Stob., *Flor.*, 66, 34. **3)** V. *Cíane 3.*

Ciápodes: Plin., *N. H.*, VII, 2, 2, 23; Hesych., *s. u.*; Steph. Byz., *s. u.*; Philostr., *V. Apoll.*, III, 47.

Cíbele: Apol. Rh., *Arg.*, I, 1098 e s.; Strab., X, 3, 12, p. 469; XII, 5, 3, p. 567; Aristoph., *Av.*, 875; Lucr., II, 598 e s.; Ov., *Met.*, X, 686; Plin., *N. H.*, XVIII, 16. Sobre o culto, v. Graillot, *Le Culte de Cybèle Mère des Dieux à Rome et dans l'Empire romain*, Paris, 1912; e J. Carcopino, *La Réforme romaine du culte de Cybèle et d'Attis*, em *Aspects*

Menor e, de lá, o seu culto divulgou-se por todo o mundo grego e, posteriormente, pelo mundo romano, quando, em 240 a. C., o Senado romano tomou a decisão de mandar vir de Pessinunte a «pedra negra» que simbolizava a deusa e de lhe construir um templo no Palatino.

Cíbele é muitas vezes considerada pelos mitógrafos gregos como uma simples encarnação (e até mesmo um simples orago) de Reia, mãe de Zeus e dos outros deuses filhos de Crono (v. *Reia*). Cíbele seria a Reia adorada no monte Cíbele, na Frígia. Não é grande a sua intervenção nos mitos que chegaram até nós. O único digno de assim ser chamado é a história de Agdístis e de Átis (v. estes nomes), e mesmo aqui desempenha um papel secundário. Nestes mitos, Átis aparece às vezes como seu amante, e, na maior parte dos casos, como seu companheiro. É possível que a sua personalidade se dissimule por trás do hermafrodita Agdístis, que todas as tradições estão de acordo em mostrar como amante de Átis depois da sua mutilação.

Cíbele é importante sobretudo por causa do culto orgiástico que se desenvolveu em torno dela e que sobreviveu até uma época tardia do período imperial. Geralmente, é representada com a cabeça coroada de torres, acompanhada de leões, ou em cima de um carro puxado por estes animais. Tal como Reia, tem como servos os Curetes, também chamados Coribantes (v. estes artigos).

CICLOPES. (Κύκλωπες.) Os mitógrafos antigos distinguiam três espécies de ciclopes: os Ciclopes «urânicos», filhos de Úrano e de Geia (o Céu e a Terra), os Ciclopes sicilianos, companheiros de Polifemo, que intervêm na *Odisseia*, e os Ciclopes construtores.

Os Ciclopes urânicos pertencem à primeira geração divina, a dos Gigantes. Só têm um olho no meio da testa e distinguem-se pela força e pela habilidade manual. Contam-se três, chamados Brontes, Estéropes (ou Astéropes) e Arges, cujos nomes fazem lembrar as palavras Trovão, Relâmpago e Raio. Foram primeiramente postos a ferros por Úrano, libertados por Crono a seguir, e de novo encarcerados no Tártaro pelo mesmo Crono, até que Zeus, avisado por um oráculo de que não poderia obter a vitória senão com a ajuda deles, os libertou definitivamente. Eles deram-lhe, por isso, o trovão, o relâmpago e o raio; a Hades deram um elmo que tornava invisível quem o usasse e a Posídon um tridente. Assim armados, os deuses olímpicos derrotaram os Titãs e precipitaram-nos no Tártaro.

Na lenda, são sempre os Ciclopes que fabricam os raios divinos. Foi por causa disso mesmo que incorreram na ira de Apolo, cujo filho, Asclépio, fora morto por Zeus com um raio, por ter ressuscitado alguns mortos. Não se podendo vingar de Zeus, Apolo matou os Ciclopes (ou os seus filhos, segundo uma tradição isolada), o que lhe valeu, de castigo, ser obrigado a servir como escravo no palácio de Admeto (v. *Asclépio, Apolo* e *Admeto*). Portanto, nesta versão os Ciclopes aparecem como seres mortais e não como deuses.

Na poesia alexandrina, os Ciclopes já não são considerados senão como génios subalternos, ferreiros e artesãos de todas as armas dos deuses. Fabricam, por exemplo, o arco e as flechas de Apolo e de sua irmã Ártemis, sob a orientação de Hefesto, o deus ferreiro. Moram nas Ilhas Eólicas, ou então na Sicília. É aqui que possuem uma forja subterrânea e trabalham fazendo muito barulho. No fundo dos vulcões sicilianos, ouve-se o resfolegar do fole e o estrépito das bigornas. Ao entardecer, o lume da forja enrubesce o cume do Etna. E, nas lendas ligadas aos vulcões, tendem a confundir-se com os gigantes aprisionados sob a mole das montanhas, cujos sobressaltos, por vezes, fazem tremer a região.

Já na *Odisseia* os Ciclopes eram considerados uma população de seres selvagens e gigantescos, com um só olho e com uma força prodigiosa, que viviam na costa italiana (nos Campos Flegreus, nas proximidades de Nápoles). Entregues à criação de carneiros, a sua única riqueza consiste nos seus rebanhos. Têm tendências antropófagas, desconhecem o uso do vinho e até mesmo a cultura da videira. Vivem em grutas e não aprenderam a constituir cidades. Algumas características destes Ciclopes tendem a torná-los parecidos com os Sátiros, com os quais por vezes se confundem (v. *Polifemo*).

Atribuía-se aos Ciclopes (vindos, segundo se diz, da Lícia) a construção de todos os monumentos pré-históricos que se viam na Grécia, na Sicília e noutros lugares, feitos de grandes blocos de pedra, cujo peso e dimensões parecem desafiar as forças humanas. Já não se trata, neste caso, dos Ciclopes filhos de Úrano, mas de todo um povo que se tinha posto ao serviço de heróis lendários, de Preto, por exemplo, para fortificar Tirinte, de Perseu, para fortificar Argos, etc. Dá-se-lhe o epíteto de «Quirogásteres», que quer dizer: «aqueles que têm braços no ventre», o que faz lembrar os «Hecatonquiros», gigantes de cem braços que, na mitologia hesiódica, são irmãos dos três Ciclopes urânicos (v. *Hecatonquiros*).

CICNO. (Κύκνος.) O nome Cicno, que significa «cisne», é usado por vários heróis.

---

mystiques..., Paris, 1942, pp. 49 e s.; E. WILL, *La Grande Mère en Grèce*, in *Elémets orientaux...*, pp. 95-111 (v. *Afrodite*); E. LAROCHE, *Koubaba*, *ibid.*, pp. 113-128.

Ciclopes: HES., *Theog.*, 139 e s.; 501 e s. e escól. ao verso 139 citando HELAN. (fr. 176); APOLLOD., *Bibl.*, I, 1, 2; 2, 1; III, 10, 4; II, 2, 1; *Ep.*, VII, 3 e s.; escól. *ad.* EUR., *Alc.*, 1; HIG., *Fab.*, 49; EUR., *Cicl.*, 297; CALÍM., *Hymn Art.*, 46 e s.; VIRG., *Aen.*, VIII, 416 e s.; *Georg.*, IV, 170 e s.; OV., *Fast.*, IV, 287 e s.; *Od.*, IX, 106 e s.; VIRG., *Aen.*, III, 617 e s.; OV., *Met.*, XIII, 760 e s.; PIND., fr. 169; EUR., *Hercl.*, 15; 944; *Iph. Aul.*, 1500; PAUSAN., II, 25, 8; STRAB., VIII, 6, 2, p. 369; 6, 11 p. 373; escól. *ad* STAT., *Theb.*, I, 251; 630. Sobre os Ciclopes da odisseia, v. V. BÉRARD, *Navigations d'Ulysse*, t. IV, pp. 118-194. J. VAN OOTEGHEM, «Ulysse chez les Cyclopes», *L. E. C.*, 1939, p. 234.

1. O mais antigo parece ser um filho de Posídon e de Cálice. A sua lenda pertence ao ciclo de Tróia, mas só aparece nos poemas posteriores a Homero. Conta-se que tomou parte nos jogos celebrados, antes da Guerra de Tróia, em honra de Páris, que se julgava ter morrido (v. *Páris*). Aliado dos Troianos, veio em seu auxílio com uma frota aquando do desembarque dos Gregos. Durante muito tempo, impediu que estes progredissem, até ao momento em que se defrontou com Aquiles. Pela sua origem divina, Cicno possuía o dom da invulnerabilidade. Para dar cabo dele, Aquiles teve de lhe bater no rosto com o punho da espada, e levá-lo adiante de si, dando-lhe com o escudo, até que Cicno, indo de arrecuas, tropeça numa pedra e cai. Então Aquiles sufoca-o debaixo de si. Mas Cicno, por graça de seu pai, foi transformado em cisne.

2. Há outro Cicno, distinto do anterior, que também é filho de Posídon. Era rei de uma cidade chamada «Colonas», situada a pouca distância de Tróia, em frente da ilha então chamada Lêucofris (que mais tarde veio a chamar-se Ténedos, v. *infra*). Sua mãe, que se chamava Escamandródice, expô-lo à nascença à beira do mar, onde um cisne cuidou dele. Casou com Procleia, filha de Laomedonte, da qual teve dois filhos, um rapaz, Tenes, e uma rapariga, Hemítea. Tendo-lhe morrido a primeira mulher, casou com Filónome, filha de Trágaso. Filónome enamorou-se de Tenes, seu enteado, e, como ele não lhe correspondia, ela caluniou-o junto de Cicno, que acreditou ser Tenes culpado e o mandou deitar ao mar numa caixa, juntamente com Hemítea, sua irmã. Tenes e Hemítea arribaram sãos e salvos à ilha de Lêucofris, que, a partir de então, tomou o nome de Ténedos (v. *Tenes*). A acusação de Filónome tinha sido apoiada junto de Cicno por um flautista de nome Eumolpo, o qual tinha levantado falso testemunho contra o jovem. Mais tarde, Cicno veio a reconhecer que tinha sido enganado. Mandou então apedrejar Eumolpo e enterrar Filónome viva. Dirigiu-se depois a Ténedos para se reconciliar com o filho, mas este recusou-se a recebê-lo e, de uma machadada, cortou a amarra que ligava à praia o barco de seu pai. Em consequência deste caso, eram banidos de Ténedos todos os flautistas.

Há versões diferentes, recolhidas por Tzetzes, que fazem Cicno viver em Ténedos, após a reconciliação com o filho. Teria sido lá que foi morto por Aquiles. Este Cicno, pai de Tenes, nem sempre se distinguiu bem do anterior, o que, sem dúvida, explica esta variante (v. *Tenes*).

3. O herói mais célebre com o nome Cicno é o filho de Ares e de Pelópia, filha de Pélias. É-nos apresentado como um homem violento e sanguinário, um salteador que apanhava os viajantes, matava-os, e com os despojos oferecia sacrifícios a seu pai. Atacava sobretudo os peregrinos que se dirigiam a Delfos, e foi isso que atraiu sobre ele o ódio de Apolo, que contra ele suscitou o herói Héracles. Cicno e Héracles bateram-se em combate singular e Cicno não tardou a ser morto; seu pai avançou então para vingar a morte do filho, mas Atena desviou a lança do deus e Héracles feriu-o numa coxa, obrigando-o a fugir para o Olimpo. Esta é a versão de Hesíodo.

Geralmente, este combate é situado em Págasa, na Tessália. Apolodoro, pelo contrário, situa-o na Macedónia, nas margens do rio Equedoro. Segundo ele, Cicno era filho de Ares e de Pirene. Tal como na outra versão, Cicno é morto; mas quando Ares intervém, Zeus separa os combatentes com um raio.

Apolodoro conhece igualmente outro Cicno, filho de Ares e de Pelópia, que foi morto em Itono, mas não menciona a intervenção divina no duelo.

Uma versão referida por Estesícoro e Píndaro, que combina as duas anteriores, conta que, num primeiro combate, Héracles, tendo de defrontar Cicno e Ares, recuou. Mais tarde, encontrou Cicno sozinho e matou-o. Não se fala do ferimento infligido por Héracles ao deus.

4. Outro herói com o mesmo nome é um rei da Ligúria, amigo de Faetonte, que chorou a morte deste quando Zeus teve de o fulminar (v. *Faetonte*), e que foi transformado em cisne. Apolo tinha dado a este Cicno uma voz melodiosa e tal facto explica o canto que se supõe que os cisnes entoam no momento em que vão morrer.

5. Finalmente, há uma lenda do cisne, na qual intervém um certo Cicno, filho de Apolo e de Tíria, filha de Anfínomo. Este Cicno vivia entre Plêuron e Cálidon, na Etólia. Era belíssimo, mas caprichoso e duro, de tal modo que desiludiu sucessivamente todos os seus amigos e apaixonados. De todos os que lhe faziam a corte, acabou por restar apenas um que se chamava Fílio, mas Cicno impôs-lhe uma série de provas, cada uma delas mais difícil e perigosa do que a outra. Fílio, com a ajuda de Héracles, cumpriu-as todas (v. *Fílio*), mas, cansado, deixou Cicno que, desonrado e só, se atirou a um lago, juntamente com sua mãe. Apolo, compadecido, transformou-os a ambos em cisnes.

Cicno: **1)** Escól. *ad.* Aristoph., *Ra.* 972; Pind., *Olymp.*, II, 147 e s. e escól. ao v. 147; Kinkel. *Fr. ep. gr.*, p. 19; escól. *ad.* Theocr., XVI, 49; Athen., IX, 393 e; Hyg., *Fab.*, 157; 272; Ov., *Met.*, XII, 72 e s.; Sen., *Tro.*, 183; *Ag.*, 215; Eust., *ad Hom.*, 116, 26; 167, 23; 1968, 45; Paleph., *De incred.*, 12; Tzetz., *Anteh.*, 257. **2)** Strab., XIII, 1, 19, p. 598; Tzetz., *ad Lyc.*, 232; Pausan., X, 14, 1 e s.; Apollod., *Ep.*, III, 23 e s., escól. *ad. Il.*, I, 38; Eust., *ad. Il.*, *ibid.*, p. 33; Diod. Sic., V, 83; Suid., *s. u.* Τενέδιος ἄνθρωπος, Cónon, *Narr.*, 28. **3)** Apollod., *Bibl.*, II, 5, 11 e s.; II, 7, 7; Hes., *Scut.*, v. 57 e s.; Diod. Sic., IV, 37; Stesich., fr. 12; Hyg., *Fab.*, 31; 159; 269; 273; Pind., *Olymp.*, II, 147; X, 15 e escól. X, 19; Eur., *Herc. F.*, 391 e s.; Plut., *Thes.*, 11; Pausan., I, 27, 6; Tzetz., *Chil.*, II, 467. Cf. Vian, in *Rev. Et. anc.*, 1945, pp. 5 e s.; **4)** Hig., *Fab.*, 154; Pausan., I, 30, 3; Virg., *Aen.*, X, 189, e Serv., *ad loc.*, Ov., *Met.*, II, 367 e s.; *Mythogr. graec.* (ed. Westermann), p. 347. **5)** Ant. Lib., *Transf.*, 12; Ov., *Met.*, VII, 371-379.

CÍCONES. (Κίκονες.) Os Cícones são uma tribo da Trácia que, na *Ilíada*, figura entre os aliados de Príamo. Têm como chefe um certo Mentes, que parece ter desempenhado na guerra um papel pouco importante. Os Cícones intervêm sobretudo na *Odisseia*. Foi no território deles que Ulisses, tendo largado de Tróia, fez a sua primeira escala. Chegou, com efeito, a Ísmaros, uma das suas cidades, tomou-a e pilhou-a. Poupou apenas um sacerdote de Apolo, de nome Máron (v. este nome), que pelo resgate pagou magníficos presentes e, especificamente, doze ânforas de um vinho doce e inebriante, o mesmo que, mais tarde, havia de servir a Ulisses para embriagar Polifemo e, assim, livrar-se de apuros (v. *Ulisses*). Após o saque da cidade, Ulisses aconselhou os soldados a retirarem e a contentarem-se com o saque que tinham feito, mas os soldados não o escutaram. Por isso, os povos do interior tiveram tempo de chegar em força e de os atacar. Pereceram seis homens de cada navio. Ulisses mal teve tempo de fugir.

O nome dos Cícones vem-lhes do seu epónimo Cícon, filho de Apolo e de Ródope. Segundo se diz, foi entre eles que viveu Orfeu e foi iniciado nos mistérios de Apolo, e foram, também, as mulheres deles que o lincharam (v. *Orfeu*). Os Cícones existiam ainda em época histórica, já que Heródoto os menciona entre os povos cujo território foi atravessado pelo exército de Xerxes, no tempo das Guerras Médicas.

CICREU. (Κυχρεύς.) Filho de Posídon e de Sálamis, filha de Asopo. Cicreu matou uma serpente que devastava a ilha de Salamina e, em sinal de reconhecimento, os habitantes fizeram dele seu rei.

Conta-se também (esta é a versão seguida por Hesíodo num fragmento que Estrabão nos conservou) que esta serpente fabulosa tinha sido criada pelo próprio Cicreu, mas tinha sido escorraçada da ilha por Euríloco. O animal refugiou-se então em Elêusis, junto de Deméter, que fez dela um de seus servos.

Em Salamina, prestava-se culto a Cicreu, que era um dos heróis protectores da ilha. Aquando da batalha naval de Salamina, apareceu uma serpente entre os navios, e o oráculo de Delfos revelou que ela era a encarnação de Cicreu, que tinha vindo ajudar os Gregos e pressagiar-lhes a vitória.

Cicreu tinha uma filha, Cariclo, que é a mãe de Endeis e sogra de Éaco. Morreu sem descendência masculina e legou o seu reino ao bisneto, Télamon, filho de Éaco (v. quadro 31, p. 370). Segundo outra tradição, a filha de Cicreu chamava-se Glauce; casou com Acteu e deu-lhe um filho, Télamon, de tal modo que este era não só bisneto mas também neto de Cicreu.

CIDNO. (Κύδνος.) Cidno é filho de Anquíale e, pelo lado da mãe, neto de Jápeto. Foi ele quem deu o nome ao rio homónimo da Cilícia. Um de seus filhos, que se chamava Partènio, deu à cidade de Tarso, situada junto deste rio, o sobrenome de *Parténia*. Diz-se que havia na Cilícia uma lenda popular que contava os amores de Cidno, meio homem e meio rio, com Cometo. Tendo-se esta enamorado do rio acabou por casar com Cidno.

CÍDON. (Κύδων.) Filho de Hermes e de Acacális (v. este nome). Passava por ser o fundador da cidade cretense de Cidónia. Os habitantes de Tégea, na Arcádia, pretendiam que ele era, na realidade, um dos filhos do seu herói, Tegeates. Finalmente, às vezes, diz-se que é filho de Apolo, em vez de Hermes, mas da mesma mãe.

CÍFIO. (Σκύφιος.) Cífio é o nome do primeiro cavalo que foi gerado por Posídon. Para isso, o deus molhou uma pedra com o seu sémen e a terra, fecundada, gerou Cífio. Diz-se que tudo isto se passou na Tessália.

CILA. (Κίλλα.) Troiana, irmã de Príamo, filha de Laomedonte e de Estrimo (quadro 7, p. 112). Teve de Timetes (v. este nome) um filho que se chamava Munipo, na altura em que Hécuba andava grávida de Páris, e, como o adivinho Ésaco tinha vaticinado, a propósito de um sonho de Hécuba, que o menino que ia nascer provocaria a perda de Tróia (tratava-se de Páris), Príamo, interpretando erradamente a profecia, mandou matar a sua irmã Cila, bem como Munipo.

Às vezes, Cila é considerada irmã de Hécuba, e o seu filho teria sido gerado pelo próprio Príamo.

CILA. (Σκύλλη.) Cila é o nome de duas heroínas distintas que foram, por vezes, confundidas pelos mitógrafos, mas que a tradição procura quase sempre separar.

1. A primeira é um monstro marinho, emboscado no estreito de Messina (na costa itálica): trata-se de uma mulher cujo corpo, na parte inferior, está rodeado de cães, seis animais ferozes que devoram tudo o que lhes passa ao alcance.

Quando o navio de Ulisses passou junto à gruta onde este monstro se encontrava emboscado, os cães saltaram e devoraram seis com-

---

Cícones: *Il.*, II, 46; XVII, 73; *Od.*, IX, 39-66; 165; 196; 211; APOLLOD., *Ep.*, VII, 2; HYG., *Fab.*, 125; OV., *Met.*, VI, 710; HEROD., VII, 59; PLIN., *N. H.*, VI, 55; DIOD. SIC., V, 77, 4; STRAB., VII, fr. 18.

Cicreu: APOLLOD., *Bibl.*, III, 12, 7; TZETZ., *ad Lyc.*, 110; 175; 451; DIOD. SIC., IV, 72, 4; STRAB., IX, 1, 9, p. 394; PLUT., *Sol.*, 9; *Thes.*, 10; PAUSAN., I, 36, 1.

Cidno: STEPH. BYZ., *s.u.* Ἀγχιάη; NONN., *Dion.*, XL, 143 e s.

Cídon: PAUSAN., VIII, 53, 4; escól. ad APOL. RH., *Arg.*, IV, 1492; ad THEOCR., VII, 12; à *Od.*, XIX, 176; STEPH. BYZ., *s.u.* Κυδωνία.

Cífio: Escól. *ad* PIND., *Pyth.*, IV, 246; TZETZ., *ad Lyc.*, 766; escól. *ad* APOL. RH., *Arg.*, III, 1244; LACT. PLAC., *ad STAT.*, *Theb.*, IV, 43.

panheiros do herói: Estésio, Orménio, Ânquilo, Órnito, Sinopo e Anfínomo.

Na *Odisseia*, Cila é dada como filha de uma deusa, Crateis. Noutras obras, o pai chama-se Trieno, ou então Fórcis, o deus marinho. Outras genealogias dão-na como filha de Forbas e Hécate, ou então desta e de Fórcis. Tal como acontece com a maior parte dos monstros mitológicos, dizem-na também filha de Tífon e Equidna, ou de Lâmia.

As tradições divergem igualmente sobre as condições em que Cila se tornou o monstro horroroso descrito na *Odisseia*. Ovídio conta que Glauco amava Cila e, por isso, recusou o amor de Circe. Irritada, a feiticeira quis vingar-se da rival e misturou ervas com poderes mágicos na água da fonte onde ela se banhava. Cila transformou-se imediatamente: a parte de cima do corpo ficou igual, enquanto das suas virilhas nasciam seis cães horrorosos. Dizia-se também que Posídon estava apaixonado pela jovem e que Anfitrite, cheia de ciúmes, pedira a Circe que transformasse desse modo a infeliz. Ou então contava-se que Cila, apaixonada por Glauco, se recusou a dar ouvidos à paixão de Posídon, que assim a castigou.

Por vezes, atribuía-se a morte de Cila a Héracles. Quando o herói atravessou a Itália meridional, no regresso do país de Gérion, Cila devorou um certo número de bois que ele trazia consigo. Por isso, Héracles entrou em luta com ela e acabou por matá-la. Em seguida, porém, com a ajuda de archotes acesos, Fórcis devolveu a vida à filha por artes mágicas.

2. A outra Cila é a filha do rei de Mégara, Niso. Quando Minos lhe cercou a pátria, para o castigar do assassínio de Androgeu, Cila apaixonou-se pelo belo estrangeiro. Ora, Niso era invencível enquanto conservasse o cabelo de púrpura (outros dizem um cabelo de ouro) que tinha na cabeça. Para dar a vitória àquele que amava, Cila cortou o cabelo fatal, depois de ter feito prometer a Minos que a desposaria se traísse a pátria por amor dele. Foi assim que Minos se apoderou de Mégara mas, horrorizado com o crime de Cila, amarrou-a à proa do seu navio e ela afogou-se. Por piedade os deuses transformaram-na em ave, a poupa (*ciris*).

CILABRAS. (Κυλάβρας.) Pastor da Lícia, a quem Lácio, um dos fundadores da cidade de Fasélis, comprou o terreno onde se construiu esta cidade, em troca de peixe salgado. Os habitantes de Fasélis erigiram um santuário a Cilabras e ofereciam-lhe peixes salgados (v. *Lácio*).

CÍLARO. (Κύλλαρος.) Centauro jovem, de uma grande beleza, amado da Centaura Hilónome. Foi morto aquando de uma rixa que ensombrou as bodas de Pirítoo; Hilónome suicidou-se para não lhe sobreviver.

CILAS. (Κίλλας.) Cilas era o condutor do carro de Pélops. Reinava num pequeno território da Tróade, situado em redor da cidade de Cila, à qual tinha dado o seu nome. Morreu afogado durante a viagem que fez na companhia de Pélops da Lícia para o Peloponeso, onde Pélops ia competir numa corrida de carro com Enómao.

CILENE. (Κυλλήνη.) Cilene é uma ninfa da Arcádia considerada ora mulher, ora mãe de Licáon. Na segunda versão, é casada com Pelasgo, epónimo dos Pelasgos. Deu o seu nome ao monte Cilene, no qual se diz ter nascido Hermes. Até algumas vezes passa por tê-lo criado na sua primeira infância.

CÍLICE. V. *Cílix*.

CÍLIX. (Κίλιξ.) Cílix é um dos filhos de Agenor, rei de Sídon. É irmão de Cadmo, de Taso, etc. (v. quadro 3, p. 66) e de Europa. Juntamente com seus irmãos, partiu à procura da irmã quando a donzela foi raptada por Zeus. Deteve-se na Cilícia, região a que deu o seu nome.

Há outro autores que o consideram filho de Cassiopeia e de Fénix, o qual, segundo outra genealogia, é seu irmão. Atribuem-se-lhe, então, como filhos, Taso e Tebe.

Cílix aliou-se a Sarpédon numa expedição contra os Lícios, seus vizinhos, e, após a vitória, concedeu-lhe uma parte da Lícia.

CIMÉRIOS. (Κιμμέριοι.) Os Cimérios são um povo mítico que habitava numa região em que o Sol não se descobria. Junto deles foi Ulisses evocar os mortos e interrogar o adivinho Tirésias. Sobre a sua situação geográfica, va-

---

Cila: Apollod., *Bibl.*, III, 12, 3; Tzetz., *ad Lyc.*, 224; 314; 315.

Cila: 1) *Od.*, XII, 73 e s.; escól. v. 257; Eust., p. 1721, 8; Lyc., *Alex.*, 44 e s.; 668 e s.; 738 e s.; Tzetz., *ad* Lyc., 45; Ps.-virg., *Culex*, 331 e s.; *Ciris, passim*; Dict. Cret., VI, 5; Apol. Rh., *Arg.*, IV, 789 e s.; 825 e s.; escól. *ad* IV, 828; Apollod., *Ep.*, VII, 20; Hyg., *Fab.*, 125; 199; Ov., *Met.*, VII, 62 e s.; XIII, 900 a XIV, 74; Lact. Plac., *ad Ov.*, *Met.*, argum. XIV; Serv., *ad Virg.*, *Ecl.*, VI. 74; *Aen.*, III, 420. Cf. V. Bérard, *Navig. d'Ullysse.* 2) Aesch., *Ch.*, 613 e s.; Ps.-Virg., *Ciris, passim*; Virg., *Georg.*, I, 404 e s.; Serv., *ad Virg.*, *Ecl.*, VI, 74; Ov., *Met.*, VIII, 6 e s.; Apollod., *Bibl.*, III, 15, 8; Paus., I, 19, 4; II, 34, 7; Tzetz., *ad Lyc.*, 650; escól. *ad* Eur., *Hipp.*, 1200; Hyg., *Fab.*, 198.

Cilabras: Athen., VII, 277 e s.; Phot. *Lex.*, *s. u.* Φασηλίς; Suid., *id.*.

Cílaro: Ov., *Met.*, XII, 393 e s.

Cilas: Pausan., V, 10, 7; escól. *ad Il.*, I, 38; Strab., XIII, 613.

Cilene: Dion. Hal., I, 13; Apollod., *Bibl.*, III, 8, 1; Tzetz., *ad Lyc.*, 481; Fest., p. 52 M.

Cílix: Herod., VII, 91; Apollod., *Bibl.*, III, 1; Hyg., *Fab.*, 178; Serv., *ad Virg.*, *Aen.*, III, 88.

Cimérios; *Od.*, XI, 14 e escól. a X, 86; Eust., *ad Hom.*, 1667, 41; 1670, 49; 1671, 44; Tzetz., *ad Lyc.*, 695; 1427; Cic., *Acad.*, II, 61; Plut., *Marc.*, II; Diod. Sic., V, 32; Strab., VII, 2, 2; 4, 5; Plin., *N. H.*, III,

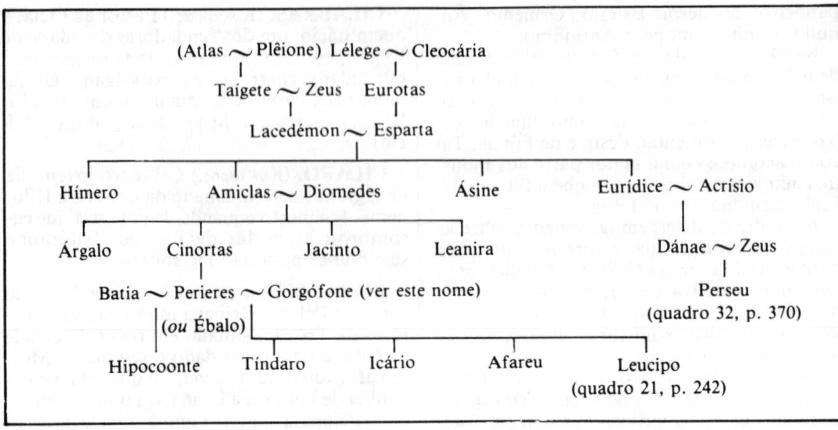

Quadro genealógico n.º 5

riam as opiniões dos autores. Ora os situam no Extremo Ocidente, ora nas planícies que se estendem a norte do Mar Negro; ora os consideram como antepassados dos Celtas, ora como dos Citas da Rússia meridional. Algumas vezes, até os situam, de forma surpreendente, na Itália, nos arredores de Cumas, sem dúvida porque se acreditava que nesta região havia uma porta dos Infernos e porque os Cimérios passavam por ser vizinhos da região dos mortos. Conta-se também que viviam em moradas subterrâneas, ligadas entre si por galerias. Não saíam da sua cidade a não ser de noite. É provável que para a formação desta lenda tenha contribuído a lembrança confusa dos povos mineiros que, na Europa central (Boémia) ou na ocidental (Grã-Bretanha), forneciam aos mercadores, vindos em caravanas das costas do Mediterrâneo, estanho e cobre já desde os tempos antiquíssimos em que as rotas comerciais eram rodeadas de mistério.

CÍNIRAS. (Κινύρας.) Cíniras é um rei de Chipre, o primeiro que, segundo a tradição, reinou nesta ilha. Não era, porém, natural dela, pois era originário da Ásia. A sua terra natal é Biblo, a norte da Síria. Quanto aos seus pais, as tradições não são unânimes: algumas consideram-no filho de Apolo e de Pafo, ou de Eurimedonte e de uma ninfa da região de Pafo (v. *Pigmalião*). Segundo outra genealogia, anda ligado à casa dos Cecrópidas da seguinte forma: Céfalo, raptado por Eos (a Aurora), com ela gera, na Síria, Faetonte, cujo filho, Astínoo, gerou por sua vez Sândaco, pai de Cíniras. Nesta genealogia, a mãe de Cíniras é Farnace, filha do rei de Hírio.

Quanto às circunstâncias da sua vinda para Chipre, as tradições não são menos contraditórias. Umas apenas mencionam o facto, dizendo que Cíniras veio com uma colónia para Chipre, onde fundou a cidade de Pafo, depois de ter casado com Metarme, filha de Pigmalião, rei de Chipre. Dela teve dois filhos, Adónis e Oxíporo, e três filhas, Orsédice, Laógore e Brésia. Estas foram vítimas da ira de Afrodite, que as obrigou a prostituírem-se com os estrangeiros que passavam por Chipre. Acabaram os seus dias no Egipto. Mas uma outra versão explica que o exílio de Cíniras se deve ao incesto involuntário com sua filha Esmirna, quando esta concebeu Adónis e foi transformada na árvore da mirra (v. *Adónis*).

Foi Cíniras quem introduziu em Chipre o culto de Afrodite, que tão grande importância teve na ilha. Passou por ter o dom da profecia e ser um músico notável. (O seu nome é, algumas vezes, relacionado com o de um instrumento que em fenício se chama *kinnor*.) Uma lenda isolada conta como se atreveu a competir com Apolo e garante que, tal como sucedera com Mársias, teria sido morto pelo deus. É mais frequente atribuir-se-lhe a introdução da civilização em Chipre: a descoberta das minas de cobre que constituíram a riqueza da ilha, a invenção da técnica de trabalhar o bronze e do seu fabrico. Foi amado por Afrodite, que lhe deu riquezas consideráveis e lhe permitiu viver até uma idade muito avançada, cento e sessenta anos, segundo se diz.

Cíniras não era guerreiro. Como vivia no tempo da Guerra de Tróia, os Gregos pediram-lhe que se juntasse a eles. Ulisses e Taltíbio, arauto de Agamémnon, foram a Chipre como embaixadores. Cíniras prometeu-lhes enviar um contingente de cinquenta navios. Equipou um e modelou os outros quarenta e nove com terra. Lançou-os ao mar todos ao mesmo tempo. Como era de esperar, só um chegou a Áulis, mas Cíniras tinha cumprido a sua pro-

61; Cf. B. Lavigni, in *Ann. Scuola Norm. de Pisa,* 1935. pp. 255-262.

Cíniras: *Il.*, 20 e s., escól. *ad loc.*, e Eust., *ib.;* Pind., *Pyth.*, II, 27, e escól.; *Nem.*, VIII, 18 e s.; Hyg., *Fab.*, 58, 242; 270; 275; Tac., *Hist.*, II, 3; Strab., XVI, 755; Apollod., *Bibl.*, III, 14, 3; *Ep.*, III, 9; Ov., *Met.*, VI, 98 e s.; X, 435 e s.; escól. *ad* Theocr., I, 109; Plin., *N. H.*, VII, 49; 57; Pausan., I, 3, 2; II, 29, 4; Lyc., *Alex.*, 478 e s.; e Tzetz., *ad loc.*; Arnob., *Adv. Nat.*, V, 19; cf. IV, 24.

messa. Depois da guerra, Teucro, banido de Salamina da Ática (v. a sua lenda), refugiou-se em Chipre, onde foi bem acolhido por Cíniras, que lhe outorgou um território, onde Teucro fundou a Salamina de Chipre, e lhe deu em casamento a sua filha Eune. Esta união lendária está na origem das boas relações mantidas, na época histórica, entre atenienses e cipriotas (v. também *Élato* e *Laódice*).

CINORTAS. (Κυνόρτας.) Cinortas é um herói da Lacónia, filho de Amiclas, que por sua vez era filho de Lacedémon e foi o fundador da cidade de Amiclas. Cinortas era mais velho que seu irmão Hiacinto (v. este nome; quadro 5, p. 90). A seguir à morte de Amiclas, foi Árgalo, seu filho mais velho, quem reinou em Esparta; mas como Árgalo morreu sem descendência, sucedeu-lhe Cinortas. Cinortas teve um filho que, conforme as tradições, se chama Perieres ou Ébalo. É mais frequente, porém, Ébalo ser considerado um filho de Éolo (v. quadro 30, p. 312). Há uma versão que vai ao ponto de suprimir esta geração e faz de Tíndaro, directamente, filho de Cinortas.

CINOSURA. (Κυνόσουρα.) Ninfa do Ida de Creta que, com a ninfa Hélice, teria, segundo algumas tradições, criado Zeus quando era menino (v. também *Amalteia*). Como Crono perseguia ambas, Zeus transformou-as em duas constelações, na Ursa Menor e na Ursa Maior, enquanto ele próprio tomava a forma da constelação do Dragão.

Cinosura deu o seu nome a uma cidade de Creta, situada perto da cidade de Histos.

CIPARISSA. (Κυπάρισσα.) Ciparissa, cujo nome é precisamente a forma feminina de Cipreste, era considerada, numa lenda pouco clara, como tendo sido filha de um «rei dos Celtas», de nome Bóreas e, por conseguinte, homónimo do vento originário da Trácia. Tendo este Bóreas perdido a filha, que morreu ainda jovem, chorou-a durante muito tempo. Erigiu-lhe um túmulo onde plantou um cipreste, espécie até então desconhecida. Era por este motivo que o cipreste passava por ser uma árvore consagrada aos mortos. E teria tomado o seu nome do nome da jovem.

CIPARISSO. (Κυπάρισσος.) A lenda regista dois heróis com este nome, um dos quais é da Beócia e o outro de Ceos.

1. O primeiro é filho de Mínias e irmão de Orcómeno (quadro 22, p. 244). É a ele que a cidade de Ciparisso, situada no Parnasso entre Dáulis e Delfos, deve o nome que tem.

2. O segundo é filho de Télefo. Vivia em Ceos e, devido à sua grande beleza, era amado por Apolo (pelo deus Zéfiro, segundo algumas tradições, ou ainda pelo deus romano Silvano). Seu companheiro predilecto era um veado sagrado domesticado, mas, num dia de Verão, sucedeu que, enquanto o veado dormia deitado à sombra, Ciparisso, por descuido, matou-o com uma seta. O moço, desesperado, sentiu vontade de morrer. Pediu ao céu que fizesse com que as suas lágrimas corressem eternamente. Os deuses transformaram-no em cipreste, a árvore da tristeza.

CIPARISSOS. (Κυπάρισσοι.) As Ciparissos, «os Ciprestes», passavam por ter sido filhas de Etéocles, rei de Orcómeno, na Beócia. Durante uma festa celebrada em honra de Deméter e Core, quando estavam a dançar, caíram numa fonte e afogaram-se. Mas a Terra, apiedando-se delas, converteu-as em ciprestes.

***CIPO.** (*Cipus.*) Cipo era um general romano que, em tempos muito remotos, voltava a Roma à frente do seu exército vitorioso quando, lançando por acaso um olhar às águas de um ribeiro, viu que a sua fronte estava enfeitada de cornos. Perante este prodígio, ofereceu um sacrifício e interrogou as entranhas de uma vítima. O harúspice revelou-lhe que isso pressagiava a realeza, se entrasse imediatamente na cidade. Cipo, aterrado, como bom republicano que era, mandou imediatamente reunir o povo no Campo de Marte e fez com que fosse desterrado. Em sinal de reconhecimento, o Senado ofereceu-lhe tanto terreno quanto conseguisse lavrar durante um dia. Para recordar o sucedido, mandou-se esculpir na porta Raudúscula (porta da muralha de Sérvio, ao pé do Aventino) uma cabeça de homem cornudo, retrato de Cipo.

CÍPSELO. (Κύψελος.) **1.** O primeiro herói com este nome é filho de Épito, rei da Arcádia. Governava esta região no tempo em que os Heraclidas atacaram o Peloponeso pela segunda vez. Cípselo conseguiu entender-se com eles, dando a um deles, Cresfontes, a sua filha Mérope em casamento, e, deste modo, conservou o trono. Mais tarde, educou o filho de Cresfontes e de Mérope, que se chamava Épito, como o bisavô, e possibilitou-lhe que vingasse a morte do pai (v. *Épito*). Cípselo vivia na ci-

---

Cinortas: PAUSAN., III, 1, 3 e s.; APOLLOD., *Bibl.*, I, 9, 5; III, 10, 3 ss.; TZETZ., *ad Lyc.*, 511; 1125.

Cinosura: HYG., *Astr. Poet.*, II, 2; ERATOSTH., *Cat.*, II e XXX; SERV., *ad VIRG.*, *Aen.*, I, 744; III, 516; *Georg.*, I, 138; 246; escól. *ad Od.*, V, 272; e *ad Il.*, XVIII, 487 e s.

Ciparissa: PROB., *ad VIRG.*, *Georg.*, II, 84 (citando Asclepíades.

Ciparisso: **1)** Escól. *ad Il.*, II, 519; NONN., *Dion.*, XIII, 123. **2)** OV., *Met.*, X, 106 e s.; SERV., *ad VIRG.*, *Aen.*, III, 64; 680; *Georg.*, 20; *Écl.*, X, 26 e PROB., *ad Georg.*, II, 84; NONN., *Dion.*, XI, 364.

Ciparissos: *Geopon.*, XI, 4.

Cipo: VAL. MAX., V, 6, 3; OV., *Met.*, XV, 565 e s.; cf. E. W. PALM, «Cipus. Un mythe romain», *Rev. Hist. Rel.*, CXIX (1939), pp. 82-88.

Cípselo: **1)** PAUSAN., IV, 3, 6 e 8; VIII, 5, 6 e 13; 29, 5; ATHEN., XIII, 609 e. **2)** PAUSAN., I, 23, 1; II, 4, 4; 28, 8; V, 2, 3; 17 2-9, 10; X, 24, 1; VON MASSOW, «Die kypseloslade,» *Ath. Mitt.*, 1916 (com reconstituição da caixa).

dade de Basilis, no território dos Parrésios, que ele mesmo fundara. Nessa cidade, erigiu um templo e um altar em honra de Deméter eleusina. Todos os anos, durante a festa da deusa, realizava-se um concurso de beleza entre as mulheres da região. A primeira a ganhar o concurso foi a própria mulher de Cípselo, que se chamava Heródice.

2. Há outro Cípselo, natural de Corinto, filho de Eécion e pai de Periandro, um dos Sete Sábios. Por esta razão, Cípselo pode ser considerado uma personagem histórica e não mítica, posto que alguns traços da sua história pareçam inspirados em dados folclóricos. Entre as oferendas consagradas no santuário de Olímpia, encontrava-se uma caixa de cedro oferecida por Cípselo. Foi nesta caixa que sua mãe o escondeu, à nascença, para o furtar às buscas dos descendentes de Báquis (que mais tarde, aliás, ele havia de expulsar do trono de Corinto, onde se tinham mantido durante cinco gerações). Como no dialecto de Corinto, caixa se dizia, nessa altura, «Cypsela», deu-se ao menino um nome derivado deste episódio. Essa caixa, que Pausânias viu e descreveu com todo o pormenor, tinha inscrições arcaicas e representações de cenas míticas.

CÍQUIRO. (Κίχυρος.) Havia na Caónia uma donzela nobre, de seu nome Antipe. Era amada por um rapaz da região, a cujo amor ela correspondia. Os dois jovens encontravam-se, às escondidas dos pais, num bosque sagrado. Aconteceu que um dia o filho do rei daquela terra, de nome Cíquiro, andava em perseguição de uma pantera que se tinha refugiado no bosque onde estava o túmulo de Epiro (v. este nome). Os dois apaixonados esconderam-se num silvado; Cíquiro, vendo a folhagem a mexer, arremessou a azagaia, ferindo Antipe mortalmente. Quando se aproximou e viu o crime que acabara de cometer, enlouqueceu. Montou de novo a cavalo e atirou o animal contra uns penedos e matou-se. Os habitantes da Caónia construíram uma muralha à volta do lugar onde se deu o acidente e deram o nome de Cíquiro à cidade assim fundada.

CIRCE. (Κίρκη.) Circe é uma feiticeira que aparece na *Odisseia* e nas lendas dos Argonautas. É filha do Sol e de Perse (filha de Oceano) ou, segundo alguns autores, de Hécate (quadro 16, p. 202). É irmã de Eetes, rei da Cólquida, guardião do velo de ouro (v. a sua lenda e a dos *Argonautas*) e de Pasífae, mulher de Minos. Habita na ilha de Ea, que os autores localizam em diversos sítios. Na lenda odisseica, esta ilha fica situada na Itália; é, sem dúvida, a península hoje chamada Monte Circeu, próxima de Caieta e de Terracina, que domina a costa baixa dos Pântanos Pontinos.

Quando Ulisses, depois das aventuras que teve no país dos Lestrígones, sobe pela costa da Itália e aporta à ilha de Ea, manda, sob o comando de Euríloco, metade da tripulação fazer o reconhecimento. O grupo penetra numa floresta e chega a um vale onde os homens deparam com um palácio brilhante. Entram todos, excepto Euríloco, que decide ficar na defensiva. Esconde-se e observa o acolhimento recebido pelos seus companheiros. Os gregos são bem recebidos pela dona do palácio, que é Circe em pessoa. Ela convida-os a sentarem-se e a tomarem parte num banquete. Os marinheiros aceitam, encantados, mas, mal provaram os manjares e as bebidas, Euríloco vê Circe tocar os convivas com uma varinha, e ei-los transformados em diversos animais: porcos, leões, cães, cada um — diz-se — de acordo com as tendências profundas do seu carácter e da sua natureza. Depois, Circe empurra-os para os estábulos, que já estão cheios de animais semelhantes. Perante tal espectáculo, Euríloco apressa-se a fugir e volta para junto de Ulisses, a quem narra o sucedido. Ulisses decide então ir pessoalmente procurar a feiticeira, para tentar saber dos companheiros.

Vagueava Ulisses pelo bosque, interrogando-se como havia de conseguir libertar os seus marinheiros, quando vê aparecer-lhe o deus Hermes, que lhe fornece o segredo para escapar aos feitiços de Circe: nada teria a temer se deitasse uma planta mágica, chamada *moly*, na poção que Circe lhe desse; bastará puxar da espada para que Circe faça todos os juramentos que ele quiser e desenfeitice os seus amigos. E Hermes entrega-lhe uma planta de *moly*. Ulisses, então dirigi-se para junto da feiticeira, que o recebe da mesma maneira que recebeu os seus companheiros e lhe oferece de beber. Ulisses bebe, mas toma a precaução de misturar o *moly* no conteúdo da taça. Depois, quando Circe lhe toca com a varinha, fica insensível ao feitiço e puxa da espada. Ameaça matá-la, mas ela serena-o e jura pelo Estige que não fará mal nenhum, nem a ele nem aos seus. Devolve, então, aos marinheiros e aos seus prisioneiros a forma que tinham antes, e Ulisses passa junto dela um mês de delícias. Um ano, dizem outros. Durante esse tempo, teve da feiticeira um filho de nome Telégono e, talvez, também uma filha chamada Cassífone (v. quadro 39, p. 460). Teria sido Telégono quem, na lenda itálica, fundou a cidade de *Tusculum* (v. a sua lenda).

Segundo outras tradições, Circe teria tido de Ulisses ainda outro filho de nome Latino, epónimo dos Latinos (v. também *Calipso*); ou ainda três filhos, Romo, Âncias e Árdeas, epónimos de três cidades, respectivamente, Roma, Âncio e Árdea.

Também se lhe atribuem aventuras com o rei latino Pico (v. *Canente*) e com Júpiter, de quem teria tido o deus Fauno.

Cíquiro: PARTHEN., *Erot.*, 32. V. *Epiro.*

Circe: HES., *Theog.*, 957, 1011 e s. (interpolado); *Od.*, X, 133-574; APOL. RH., *Arg.*, IV, 576-591; *Argon. orph.*, 1160 e s.; APOLLOD., *Bibl.*, I, 9, 1; 24; *Ep.*, VII, 14 e s.; HYG., *Fab.*, 125; OV., *Met.*, XIV, 1-74; 246-440. V. BÉRARD, *Navigations d'Ulysse*, IV, pp. 235-345. R. GASNZYNIEC, «De Medea Circes protypó», *Eos*, 1939, pp. 1-10; H. MARZELL, «Die Zauberpflange Moly», *Der naturforsch.*, II, pp. 523 e s.

Circe intervém na lenda dos Argonautas durante a viagem de regresso. A nau aporta na ilha de Ea, onde Medeia é recebida pela feiticeira, que é sua tia. Circe purifica Jasão e Medeia do assassínio de Absirto (v. *Argonautas*), mas recusa-se a dar hospitalidade a Jasão. Limita-se a ter uma longa conversa com a sobrinha.

Finalmente, é-lhe atribuída a metamorfose de Cila, sua rival no afecto do deus marinho Glauco (v. *Cila; Calco*).

CIRENE. (Κυρήνη.) Cirene é uma ninfa da Tessália. Era filha de Hipseu, rei dos Lápitas, que a Náiade Creúsa, que por sua vez era filha de Oceano e de Geia, tivera do deus-rio Peneu (quadro 25, p. 268). Cirene levava uma vida selvagem nas florestas do Pindo e protegia os rebanhos de seu pai contra os ataques dos animais ferozes. Um dia, ela, sem armas, atacou um leão e dominou-o na luta. Apolo viu-a quando ela cometia tal proeza e enamorou-se dela. Dirigiu-se imediatamente à caverna do Centauro Quíron, para lhe mostrar a rapariga e informar-se, junto dele, da sua identidade. Depois, raptou-a no seu carro de ouro e levou-a para além dos mares, para a região da Líbia, onde se uniu a ela num palácio dourado e lhe deu, como domínio, uma parte do território, a região de Cirene. Teve um filho de Apolo, Aristeu, que foi criado pelas Horas e pela Terra (v. *Aristeu*).

Sob esta forma, que nos foi transmitida por Píndaro, a lenda remonta a um poema perdido de Hesíodo. Na época helenística, contava-se que, tendo Cirene ido para a Líbia, para onde foi transportada por Apolo, Eurípilo, rei da Líbia e filho de Posídon, ofereceu-lhe o reino «de Cirene». Eurípilo prometera uma parte do seu reino a quem matasse um leão que devastava aquelas paragens. Cirene conseguiu abater a fera e foi assim que fundou a sua cidade, Cirene. Segundo esta versão da lenda, Cirene teve dois filhos, Aristeu e Antuco.

Há que ter em conta a diversidade de variantes na lenda de Cirene. Às vezes, em lugar de a fazer vir directamente da Tessália, atribui-se-lhe um período de permanência em Creta. Havia outras tradições que contavam que Apolo se tinha unido a Cirene sob a forma de um lobo (existia em Cirene um culto de Apolo Liceu). Virgílio, quando nas *Geórgicas* narra o episódio de Aristeu, apresenta Cirene como uma ninfa das águas, que vive no rio Peneu, na gruta subterrânea onde os rios se reúnem antes de iniciar o seu curso à superfície. Virgílio atenua, assim, o carácter de caçadora de Cirene, e insiste na sua descendência, já que ela é neta de um deus-rio. Não faz nenhuma alusão à sua ida para a Líbia.

CIRO. (Σκῖρος.) **1.** Um herói com este nome é um adivinho que foi de Dodona para Elêusis durante a guerra entre esta cidade e Atenas, no templo de Ereteu. Foi morto durante o combate e enterrado no caminho sagrado de Elêusis, no local que se chamou Círon.

2. Ciro é também o nome de um herói de Salamina que forneceu a Teseu marinheiros experientes e, nomeadamente, o seu piloto, Nausítoo, quando o herói partiu para Creta com o objectivo de matar o Minotauro. Este Ciro distingue-se bastante mal do Círon de Mégara (v. *Círon*).

CÍRON. (Σκίρων.) Na versão mais vulgar da lenda, Círon era um coríntio, filho de Pélops ou de Posídon, que se instalara no território de Mégara num local chamado Rochas Circónias, onde passava o caminho marginal à costa. Obrigava os viajantes a lavarem-lhe os pés e, durante a operação, atirava-os ao mar, onde uma enorme tartaruga despedaçava os cadáveres. Teseu matou-o quando ia de Trezena para Atenas.

No entanto, os historiadores de Mégara diziam que tudo isto era calúnia e que, na verdade, Círon era um herói benfeitor e aparentado com as melhores famílias. Diziam-no casado com Cariclo, filha de Cicreu que, por seu turno, era filho de Salamis e de Posídon (v. *Cicreu*). Do casamento de Círon e Cariclo nasceu uma filha, Endeis, que foi mulher de Éaco e mãe de Télamon e Teseu (v. quadro 31, p. 352). Teseu não o teria morto no regresso de Atenas mas sim quando já era rei, no decurso da expedição para se apoderar de Elêusis. Outra tradição estabelecia laços de parentesco entre Teseu e Círon, já que este passava por ser filho de Caneto e Henioque, filha de Piteu e, por isso, irmã de Etra, mãe de Teseu. Teseu e Círon eram, assim primos direitos. Supunha-se que fora para expiar esse assassínio que Teseu fundou, em honra de Círon, os Jogos Ístmicos (v. também *Símis*).

Finalmente, Círon era também apresentado como filho do rei de Mégara, Pilas. Seu avô era Cleson e seu bisavô Lélex. Casou com uma das filhas do rei de Atenas, Pandíon, enquanto este se encontrava exilado de Atenas, donde fora expulso pelos filhos de Metíon. Depois da morte de Pandíon, entrou em conflito com Niso, um dos seus cunhados, pois este obtivera o trono de Mégara. Submeteram-se à decisão de Éaco, que partilhou o poder entre ambos, dando a Niso o poder real e a Círon o comando do exército.

CITÉRON. (Κιθαιρών.) Citéron era um rei de Plateias, que deu o seu nome à montanha vizinha (o Citéron). Foi o antecessor de

Cirene: PIND., *Pyth.*, IX, *passim;* escól. aos vv. 6, 27, etc.; APOL. RH., *Arg.*, II, 502 e s.; e escól. aos vv. 498; 500; IV, 1661; VIRG., *Georg.*, IV, 317 e s.; CALLIM., *Hymn. Apol.*, 90 e s.; DIOD. SIC., IV, 81; HYG., *Fab.*, 161; Cf. SERV., *ad VIRG.*, *Aen*, IV, 377. Cf. A. FERRABINO, *Kalypso,* Turim, 1914. pp. 421 e s..

Ciro: 1) PAUSAN., I, 36, 4. **2)** PLUT., *Thes.*, 17.

Círon: APOLLOD., *Ep.*, I, 2; PLUT., *Thes.*, 10; 25; BACCH., XVII, 24 e s.; DIOD. SIC., IV, 59, 4; PAUSAN., I, 44, 8; escól. *ad* EUR., *Hipp.*, 979; OV., *Met.*, VII, 443 e s.; HYG., *Fab.*, 38; PAUSAN., I, 39, 6; II, 29, 9.

Citéron: PAUSAN., IX, 1, 2; 3, 1 e s; PLUT., *de Fl.*, II, 2; 3.

Asopo (epónimo do rio) no trono da cidade. Conta-se que, durante o seu reinado, houve uma zanga entre Zeus e Hera; esta, não querendo ceder às carícias do marido, fugiu para Eubeia. Zeus, agastado, refugiou-se em Plateias, em casa de Citéron, o qual, como era muito arguto, imaginou o seguinte estratagema: aconselhou Zeus a esculpir uma estátua de mulher, a envolvê-la num manto grande e a colocá-la num carro de bois. Hera, quando viu o marido nestes aprestos, foi informar-se, e responderam-lhe que Zeus (era esse, pelo menos, o boato que Citéron pusera a correr) estava a raptar Plateias, filha de Asopo, para fazer dela sua esposa. Hera acorreu imediatamente, arrancou o manto e viu que por baixo dele não havia senão uma estátua de madeira. Pôs-se a rir e reconciliou-se com o deus. Em memória do sucedido, celebrava-se todos os anos em Plateias uma festa do casamento de Zeus com Hera (comparar com a lenda de *Alalcómeneu*).

Há outras lendas relacionadas com o nome de Citéron. Dizia-se que Citéron era um jovem belíssimo que tinha sido requestado por Tisífone, uma das Erínias, mas tinha desdenhado o seu amor. Ela, então, transformou um dos seus cabelos numa serpente, que o picou. Ele morreu, dando assim o seu nome à montanha que antes se chamava Astérion. Dizia-se, ainda, que Citéron e Hélicon eram irmãos. Um, Hélicon, era bondoso e afável; o outro, Citéron, violento e brutal. Citéron acabou por matar o pai e por atirar o irmão do alto de um penhasco. Ele próprio suicidou-se, despenhando-se. Citéron e Hélicon se chamaram duas montanhas próximas uma da outra. A primeira, em memória do herói brutal, porque lá habitavam as Erínias; a segunda, em memória do herói bondoso, porque era a morada das Musas.

CITES. (Σκύθης.) Cites, o herói epónimo dos Citas, é por vezes considerado como filho de Héracles e de um monstro feminino com corpo de serpente, identificado com Equidna (v. este nome). Seus irmãos eram Agatirso e Gelono. Quando Héracles deixou a Cítia, Equidna perguntou-lhe que devia fazer aos filhos quando chegassem à idade adulta. Héracles entregou-lhe então um dos dois arcos que levava bem como o seu boldrié, a que estava presa uma taça de ouro. Acrescentou que, dos três filhos, deveria receber o poder sobre o país aquele que fosse capaz de esticar o arco e de dispor a boldrié como ele fazia. Os outros teriam de ser exilados. Foi o que aconteceu. Cites foi o único dos três filhos que conseguiu cumprir aquelas condições e a mãe deu-lhe o poder, enquanto os irmãos se exilavam.

Uma tradição referida por Diodoro dá a Cites como pai o próprio Zeus, em vez de Héracles.

CITISSORO. (Κυτίσσωρος.) Citissoro é o filho que Frixo, tendo ido para a Cólquida, teve de uma filha do rei Eetes, à qual ora se dá o nome de Calcíope, ora de Iofassa (quadro 34, p. 392). Pelo lado do pai, é neto de Atamante. É irmão de Argo, Melas e Frôntis. Quando se fez adulto, foi junto de seu avô Atamante para receber a herança que lhe cabia. Chegou a casa dele, em Aulo, no momento em que o povo se preparava para o oferecer em sacrifício a Zeus (v. *Atamante*). Citissoro libertou-o e restituiu-lhe o poder, o que lhe custou, a ele e aos seus descendentes, a indignação de Zeus. De geração em geração, o primogénito dos seus descendentes devia abster-se de entrar no Pritaneu; se o surpreendessem lá dentro, sacrificavam-no.

CÍZICO. (Κύζιχος.) Cízico é um herói da Propôntida, na costa asiática. Intervém na lenda dos Argonautas, que fazem no país dele uma das primeiras escalas (v. *Argonautas*).

Cízico era considerado oriundo da Grécia setentrional. É filho de Eneu, que por sua vez é filho de Estilbeu (quadro 25, p. 268), e de Enete, filha de Eusoro, rei da Trácia. Acamante, que comandava o contingente trácio ao serviço dos Troianos contra os Gregos, era também filho de Eusoro. Cízico era rei dos Dolíones, cuja origem remontava a Posídon. No momento em que entra na lenda, à chegada dos Argonautas, tinha acabado de se casar com Clite, filha do adivinho Mérops. Cízico recebeu os navegadores hospitaleiramente, fez uma festa e reabasteceu-os, mas, durante a noite, os Argonautas, tendo-se feito à vela, sem se darem conta disso, foram atirados por uma tempestade para a costa que tinham acabado de largar. Os Dolíones pensaram que estavam a ser atacados pelos piratas e viram-se obrigados a combater os Argonautas. Cízico foi auxiliar os seus súbditos e foi morto por Jasão. Na manhã do dia seguinte, todos reconheceram o erro que tinham cometido. Os Argonautas carpiram durante três dias junto do cadáver do rei. Depois, fizeram-lhe grandes funerais à maneira grega, com jogos fúnebres. Clite enforcou-se de desespero (v. este nome). A cidade onde Cízico tinha reinado passou a chamar-se Cízico (v. *Argonautas*).

CLEOMEDES. (Κλεομήδης.) Cleomedes é um herói de Astipaleia. Nos Jogos Olímpicos matou, no combate do cesto, o adversário, Ico de Epidauro, mas os juízes do combate não o declararam vencedor, dizendo que ele tinha lutado deslealmente. Cleomedes enlouqueceu. Voltando à sua pátria, derrubou a coluna que sustentava o tecto de uma escola, matando cerca de sessenta crianças. Perseguido pelos habitantes, foi refugiar-se no templo de Atena. Os que o perseguiam, após breve hesitação, resolveram apanhá-lo lá dentro, mas não o en-

Cites: HEROD., IV, 9 e 10; STEPH. BYZ., *s. u.* Σχύθαι; DIOD. SIC, II, 43.

Citissoro: APOL. RH., *Arg.*, 1155 e escól. *ad Il.*, 388; 1122; 1149; APOLLOD., *Bibl.*, I, 9, 1 e s.; PLAT., *Min.* 315 C; HEROD., VII, 197.

Cízico: APOL. RH., *Arg.*, I, 949 e s., e escól. *ad loc.*; CONON, *Narr.*, 41; PARTHEN., *Erot.*, 28.

Cleomedes: PAUSAN., VI, 9, 6 a 8; PLUT., *Qu. Rom.*, 28.

contraram, nem morto nem vivo. Interrogaram o oráculo, que lhes respondeu que Cleomedes era, cronologicamente, o último da geração dos heróis e que se tinha de instituir um culto em sua honra. Assim se fez.

Isto passou-se na 72.ª Olimpíada.

CLEÓPATRA. (Κλεοπάτρα.) A lenda conhece várias heroínas com o nome Cleópatra.

1. A mais célebre é filha de Bóreas e de Oritia, irmã de Zetes, Cálais e Quíone (v. *Boréades*). Casou-se com Fineu, de quem teve dois filhos, Plexipo e Pandíon (quadro 12, p. 144). Cleópatra foi encarcerada pelo marido, seus filhos foram cegados, enquanto Fineu desposava uma segunda mulher, Idea, filha de Dárdano. Os Argonautas, porém, foram libertá-la e mataram Fineu (pelo menos, segundo uma versão da lenda: v. *Fineu*).

2. Há outra Cleópatra, que é filha de Idas e mulher de Meleagro. Enforcou-se a seguir à morte do marido (quadro 21, p. 242).

3. Finalmente, há ainda outra, que foi enviada a Ílio pelos Locros (v. *Peribeia*, 3).

CLEÓSTRATO. (Κλεόστρατος.) Jovem de Téspias que livrou a sua pátria de um dragão que todos os anos recebia como oferenda a vida de um jovem. Tendo sido designado pelas sortes para ser devorado pelo dragão, revestiu-se de uma couraça metálica toda abroquelada com ganchos de ferro, que lhe fora preparada pelo seu amigo Menéstrato, e deixou-se devorar. O dragão morreu, terminando assim uma mortandade que durava havia já muito tempo.

CLEOTERA. (Κλεοθήρα.) Cleotera é filha de Pandáreo e Harmótoe, e irmã de Aédon e Mérope. Tendo perdido os pais muito cedo, as três irmãs foram educadas por Afrodite, Hera e Atena. Quando se tornaram donzelas, Aédon, a mais velha, casou com Zeto, mas as outras duas foram raptadas pelas Erínias, que delas fizeram suas criadas (v. *Pandáreo*).

CLESÓNIMO. (Κλησώνυμος.) Clesónimo é filho de Anfídamas de Opunte. Ainda menino, andava a brincar com Pátroclo, também ele muito novo, quando foi morto sem querer pelo companheiro. Por causa deste homicídio involuntário, Pátroclo teve de sair de Opunte, e seu pai confiou-o a Peleu, na Ftia, o qual o educou juntamente com Aquiles, seu próprio filho. É essa a origem da amizade que unia os dois heróis.

CLETE. (Κλήτη.) Clete é uma amazona, ama de Pentesileia, rainha das Amazonas. Após a morte de Pentesileia às portas de Tróia, quis voltar para a sua pátria, mas uma tempestade atirou-a para a Itália meridional, onde fundou a cidade de Clete (talvez vizinha da cidade de Caulónia, cujo nome deriva de *Cáulon*, seu filho; v. a lenda deste). Tempos depois, pereceu num combate contra os habitantes de Crotona, que lhe anexaram a cidade.

CLÍCIE. (Κλυτία.) Clície é uma donzela amada pelo Sol, que a repudiou em troca do amor de Leucótoe. Clície, porém, denunciou os amores da sua rival ao pai dela. Clície foi encerrada num fosso profundo, onde veio a morrer; Leucótoe foi castigada por causa disso, pois o Sol nunca mais foi vê-la. Consumiu-se de amor e transformou-se em girassol, flor que se volta sempre para o Sol, como se procurasse ver o seu antigo amante. Dos amores de Leucótoe e do Sol nasceu um filho, Tersanor, que figura em algumas listas dos Argonautas.

CLÍMENE. (Κλυμένη.) **1.** Clímene é filha de Oceano e de Tétis. Pertence à primeira geração divina, que foi a dos Titãs. Casada com Jápeto, gerou Atlas, Prometeu e Epimeteu, assim como Menécio (quadro 38, p. 452). Às vezes, é dada como mulher de Prometeu e, neste caso, é mãe de Hélen, antepassado de todos os Helenos, e de Deucalião. Ou então teria casado com Hélio (o Sol), com quem teria tido um filho, Faetonte, e várias filhas, as Helíades (v. a lenda destas; quadro 16, p. 202).

2. Também de origem marinha, há outra Clímene, filha de Nereu e de Dóris.

3. Clímene é o nome de uma das filhas de Mínias, rei de Orcómeno (quadro 22, p. 244). Casou com Fílaco, filho de Díon, e teve dois filhos: Íficlo e Alcímedes. Segundo outros, é mulher de Céfalo, com quem teria casado após a morte de Prócris. Também se dizia que ela tinha casado com Íaso, filho de Licurgo (quadro 28, p. 282), e lhe dera um filho, Atalante.

4. Há ainda outra, que é uma das filhas do cretense Catreu. Dada por este a Náuplio, dele teve três filhos, Palamedes, Éace e Nausimedonte.

CLÍMENO. (Κλύμενος.) **1.** Clímeno, oriundo da cidade de Cidónia, na ilha de Creta, era filho de Cárdis e descendente de Héracles (de *Héracles do Ida*, nome pelo qual o herói era

---

Cleópatra: **1)** Apollod., *Bibl.*, III, 15, 2 e s; Soph., *Ant.*, 966 e s; e escól., 970; 977; 980; escól. *ad* Apol. Rh., *Arg.*, I, 211; II, 140; 178; 207; 230; *ad Od.*, XII, 69. Diod Sic., IV, 43 e s. **2)** *Il.*, IX, 556; Pausan., IV, 2, 5; 7; Apollod., *Bibl.*, I, 8.2 e s.

Cleóstrato: Pausan., IX, 26,7.

Cleotera: *Od.*, XX, 66 e s; e Eust., pp. 1875, 15; 1883, 36; escól. *ad Od.*, XIX, 518; XX, 66.

Clesónimo: Escól. *ad Il.*, XII,1; XXIII, 87; XVI, 14; Apollod., *Bibl.*, III, 13,8.

Clete: Serv., *ad Virg.*, *Aen.*, III, 553; Lyc., *Alex.*, 993 e s; e Tzetz., *ad Lyc.*, 995; 1002 e s. Cf. J. Bérard, *Colonisation*, p. 382.

Clície: Ov. *Met.*, IV, 206-270. Cf. Hes., fr. 250; Anon., (West.), 348, vi; Hyg., *Fab.*, 14, 20.

Clímene: **1)** Hes., *Theog.*, 351 e s; 507 e s; Hyg., *Fab.*, pr.; Virg., *Georg.*, IV, 345; escól. *ad* Pind., *Ol.*, IX, 68; 72, 75; *ad Od.*, X, 2; Dion. Hal., I, 17; Strab., I, 33; Ov., *Met.*, I, 756 e s.; Serv., *ad Virg.*, *Aen.*, X, 189. **2)** *Il.*, XVIII; 47. **3)** Pausan., X, 29, 6; Apollod., *Bibl.*, III, 9, 2; escól. *ad Od.*, XI, 326; v. *Iphiclos*. **4)** Apollod., *Bibl.*, II, 1, 5; III, 2, 1. V. *Catreu* e *Náuplio*.

Clímeno: **1)** Pausan., V, 8, 1 e s; VI, 21, 6. **2)** Pausan., IX, 37, 1. **3)** Hyg., *Fab.*, 206; 238; 242; 246; 253; Parth., *Erot.*, 13.

conhecido em Creta). Cerca de cinquenta anos após o dilúvio de Deucalião, foi a Olímpia, onde fundou os jogos e construiu um altar em honra dos Curetes e do seu antepassado Héracles. Reinou nesse território até que Endímion o despojou do poder. Foi Endímion quem acrescentou aos jogos Olímpicos uma prova de corrida pedestre, propondo a seus filhos, como prémio, a sucessão ao trono (v. *Endímion*).

2. Com o nome Clímeno existe um herói beócio de Présbon. Reinou na cidade de Orcómeno, tendo sucedido ao rei Orcómeno que morreu sem filhos (quadro 34, p. 392). Foi morto pelos Tebanos à pedrada no bosque sagrado de Posídon. Foi para vingar a sua morte que seu filho Ergino impôs aos Tebanos um tributo, do qual foram libertados por Héracles (v. *Ergino*). Teve vários filhos (Ergino, Estrácio, Árron, Píleo e Aceu) e uma filha (Eurídice), que foi mulher de Nestor.

3. Clímeno, um arcádio, filho de Esqueneu, ou de Teleu, rei da Arcádia, apaixonou-se pela sua filha Harpálice, e conseguiu, com a cumplicidade da ama, unir-se a ela. Depois, deu-a em casamento a Alastor, mas arrependeu-se, raptou-a ao marido e manteve-a às claras junto de si. A jovem, para se vingar desta violência, matou os irmãos mais novos (ou então o filho que tinha tido do pai), serviu-os a Clímeno e fez com que ele os comesse. Apercebendo-se do estranho cozinhado que a filha lhe tinha dado a comer, matou-a. Depois suicidou-se. Também se diz que foi transformado em ave (v. *Harpálice*, 2).

CLÍNIS. (Κλεῖνις.) Clínis era um babilónio amado por Apolo e Ártemis. Era um homem rico e piedoso. Harpe, sua mulher, dera-lhe três filhos (Lício, Ortígio e Hárpaso) e uma filha (Artémique). Acompanhou muitas vezes Apolo ao país dos Hiperbóreos, onde viu que se ofereciam burros em sacrifício a este deus. Pretendeu fazer o mesmo em Babilónia, mas o deus proibiu-lho, sob pena de morte, dizendo-lhe que se limitasse às vítimas do costume: carneiros, bois e cabras. Dois dos seus filhos, porém, Lício e Hárpaso, desobedeceram. Dirigiram-se com um burro ao altar e iam sacrificá-lo, mas nesse momento Apolo enfureceu o animal, que se atirou aos dois jovens e os despedaçou, fazendo o mesmo ao pai e ao resto da família, que acorreram ao ouvir o ruído. Apolo e os outros deuses tiveram piedade deles e transformaram-nos em aves: Harpe e Hárpaso (cujos nomes evocam a ideia de «rapinar») tornaram-se falcões; Clínis, águia; Lício, corvo; Ortígio, abelharuco; Artémique, tentilhão (?), ou uma espécie de cotovia.

CLISITERA. (Κλεισιθήρα.) Clisitera é uma filha de Idomeneu e de Meda. Idomeneu tinha-a prometido em casamento a Leuco, filho de Talo e seu filho adoptivo. Mas Leuco matou-a a ela e à mãe, durante a ausência de Idomeneu, que tinha partido para a Guerra de Tróia (v. *Idomeneu*).

CLITE. (Κλείθη.) Clite é a jovem esposa de Cízico, rei da cidade do mesmo nome, que foi morto pelos Argonautas pouco depois de ter casado. Levada pelo desespero, Clite enforcou-se (v. *Argonautas*). Era filha da adivinho Mérope de Percote, na Mísia.

CLITEMNESTRA. (Κλυταιμνήστρα.) Clitemnestra é filha de Tíndaro e de Leda. É irmã de Timandra, de Filónoe, filhas «humanas» de Leda, e de Helena, bem como dos Dioscuros, filhos divinos que Leda teve de Zeus (v. *Leda*). Clitemnestra é gémea de Helena, mas enquanto Helena é filha de Zeus, que se uniu a Leda sob a figura de cisne, Clitemnestra é filha de Tíndaro (quadro, 21, p. 242).

Primeiramente, foi casada com Tântalo, filho de Tiestes, mas Agamémnon matou-lhe o marido e os dois filhos. Perseguido pelos Dioscuros, Agamémnon foi obrigado a desposar Clitemnestra. O casamento começava mal.

De Agamémnon, Clitemnestra teve vários filhos (v. quadro 2, p. 12, e *Agamémnon*). Durante a ausência de Menelau, que partira para Tróia a fim de tentar trazer Helena de volta, tomou à sua guarda a sua sobrinha Hermíone, que tinha nessa altura nove anos de idade.

Quando o exército grego se concentrou em Áulis e o adivinho Calcas declarou que era necessário sacrificar Ifigénia, Agamémnon chamou a mulher, que tinha ficado em Argos (ou Micenas) com os filhos, sob pretexto de celebrar o noivado de Ifigénia com Aquiles. Prepara o sacrifício às escondidas, tomando o cuidado de não revelar as suas intenções à mulher. Sacrificada Ifigénia, mandou Clitemnestra de volta para Argos, onde ela alimentou projectos de vingança. Já quando Télefo, ferido por Aquiles durante a expedição à Mísia, foi a Argos pedir que o mesmo Aquiles o curasse (v. *Télefo* e *Aquiles*), foi Clitemnestra quem o aconselhou a ameaçar Agamémnon, tomando Orestes, ainda pequenino, como refém.

Durante a ausência de Agamémnon e o período que durou a Guerra de Tróia, Clitemnestra começou por ser fiel ao marido. Este tinha deixado junto dela um velho aedo de nome Demódaco, encarregado de a aconselhar e, eventualmente, de o informar a ele. Mas Egisto (v. este nome) enamorou-se dela e não sossegou enquanto não afastou o aedo. Clitemnestra sucumbiu, talvez instigada pelas sugestões de Náuplio, que procurava vingar-se dos Gregos

---

Clínis: Ant. Lib., *Transf.*, 20.

Clisitera: Lyc., *Alex.*, 1222; Tzetz., *ad Lyc.*, 1218; 1222; *Chil.*, III, 294; Apollod., *Ep.*, VI, 10.

Clite: Apol. Rh., *Arg.*, I, 976; 1063 e s; Parth., *Erot.*, 38; Conon, 41.

Clitemnestra: *Il.*, IX, 142 e s.; *Od.* III, 193 e s.; 303-305; IV, 529-537; XI, 404-434; Aesch., *Ag.; Ch.*; *Eu.*; Soph., *El.*; Eurip., *El.*, *Hel.*; *Or.*; *Iph. Aul.*; Apollod., *Bibl.*, III, 10, 6 e s.; *Ep.*, II, 16; II, 22; VI, 10; 23 e s.; Hyg., *Fab.*, 77; *Astr. Poet.*, II, 8; Lucian., *D. Deor.*, 26, 1; Pausan., II, 16, 7; 18, 2; 22, 3 e s.; 31, 4; III, 19, 6; VIII, 34, 1 e s.;

corrompendo-lhes as mulheres, porque eles lhe tinham matado o filho, Palamedes (v. *Náuplio*), e também levada pelo desejo de se vingar do marido, que tinha sacrificado a sua filha Ifigénia, ou ainda por ciúme porque ela sabia da ligação do marido com Criseide. Egisto passou a dominar no palácio de Agamémnon e maquinou assassiná-lo quando ele voltou de Tróia.

Nas versões mais antigas da lenda, as dos poetas épicos, Clitemnestra não toma parte no assassinato, que é, exclusivamente, obra de Egisto. Nos trágicos, porém, torna-se cúmplice dele e acaba por ser ela a assassina, matando o marido com as próprias mãos. Prepara-lhe uma veste, com as mangas e o pescoço cosidos, que o embaraça ao sair do banho quando tenta vestir-se, o que permite desferir-lhe o golpe sem risco. Mata igualmente Cassandra, de quem tem ciúmes, não sem a ter previamente insultado. Nos trágicos, Clitemnestra persegue com o seu ódio os filhos de Agamémnon. Manda encerrar Electra num calabouço e teria matado Orestes se a criança não tivesse sido subtraída pelo seu preceptor.

Sete anos mais tarde, Clitemnestra foi morta por Orestes, seu filho, que vinga a morte do pai.

CLITO. (Κλεῖτος.) **1.** Há um Clito, neto de Melampo (v. este nome) que, devido à sua grande beleza, foi raptado por Eos (a Aurora), a eterna apaixonada, e por ela colocado entre os imortais. Teve um filho de nome Cérano. Políido é seu neto (v. este nome).

2. Há outro Clito que casou com Palene, filha de Síton, um rei do Quersoneso Trácio (v. *Palene*).

CLITOR. (Κλείτωρ.) **1.** Clitor é filho de Ázan e neto de Árcade, primeiro rei da Arcádia. Após a morte de Ázan, Clitor fundou a cidade que tem o nome dele e era o príncipe mais poderoso de toda a Arcádia. Como morreu sem filhos, quem herdou o seu reino foi o seu sobrinho Épito, filho de Elato (quadro 10, p. 132).

2. Na lista dos cinquenta filhos de Licáon, figura um Clitor que é, talvez, o mesmo que o anterior.

CNAGEU. (Κναγεύς.) Pausânias conta que um Lacónio foi feito prisioneiro pelos Atenienses na batalha de Afidna, onde tinha combatido ao lado dos Dioscuros; depois disso, foi vendido em Creta como escravo e posto ao serviço da deusa Ártemis. Ao cabo de algum tempo, evadiu-se, raptando a sacerdotisa, uma donzela, e a estátua da deusa. Instituiu na Lacónia o culto de Ártemis Cnágia.

CÓCALO. (Κώκαλος.) Cócalo é um rei da cidade de Camico, na Sicília (a futura Agrigento). Dédalo refugiou-se junto dele quando, voando pelo espaço, fugiu de Creta, onde Minos o tinha prisioneiro. Quando Minos foi à sua procura, Cócalo escondeu-o, mas Minos serviu-se de um truque: por onde ia passando distribuía uma concha de caracol e um fio, prometendo uma recompensa a quem fosse capaz de fazer passar o fio pelas espirais da concha. Ninguém encontrava a solução do problema. Cócalo, tentado, propôs a dificuldade a Dédalo, que atou o fio a uma formiga e meteu o animal neste novo labirinto. Quando Cócalo, triunfante, trouxe a Minos a concha passada pelo fio, ele ficou a saber que Dédalo, o homem engenhoso por excelência, estava nestas paragens, e não teve dificuldade alguma em levar Cócalo a dizer onde. Para, de qualquer forma, salvar o seu hóspede, Cócalo encarregou as filhas de escaldarem Minos durante o banho, ou então substituiu a água do banho por pez a ferver, talvez instigado por Dédalo, que tinha instalado um sistema de canos. Foi assim que Minos morreu.

COCITO. (Κωκυτός.) O Cocito, ou seja, o rio dos Lamentos, é na Terra um afluente do Aqueronte (v. esta palavra). Na lenda, é um rio dos Infernos, tal como o Aqueronte. É um curso de água muito fria. Corre paralelamente ao Estígio, como o Piriflegetonte, o rio das chamas. No seu conjunto, estes rios formam a extensão de água que as almas têm de atravessar antes de chegarem ao reino de Hades (v. *Caronte*).

CODRO. (Κόδρος.) Codro é filho de Melanto, descendente de Neleu, e, por conseguinte, da raça de Posídon. Com a invasão do Peleponeso pelos Heraclidas, Melanto, expulso da sua pátria, Pilo da Messénia, emigrou para Atenas. Aqui, Timetes, último descendente de Teseu, ofereceu-lhe o trono, em recompensa da ajuda que Melanto lhe tinha dado na luta contra Xanto, rei da Beócia (v. *Melanto*). Codro tinha seguido o destino de seu pai e, quando este morreu, sucedeu-lhe no trono de Atenas. Durante o seu reinado, os Peloponésios entraram em guerra com os Atenienses. O oráculo de Delfos prometeu-lhes a vitória, se não matassem o rei de Atenas. Este oráculo chegou aos ouvidos dos Atenienses, por inter-

---

Ep. Gr. Fragm. (Kinkel), p. 5. V. P. MAZON, *Intr. Générale à l'ed. d'Esch.*, *Orestie*, Paris, 3.ª ed., 1945. Cf. L. DÜRING, «Klutaimnestra,» *Eranos*, 1943, pp. 91-123.

Clito: *Od.*, XV, 250, e EUST., *ad loc.*; escól. *ad Il.*, XIII, 663 e s.; ATEN., XIII, 556 d.

Clitor: **1)** PAUSAN., VIII, 4, 4 e s.; 21, 3. **2)** APOLLOD., *Bibl.*, III, 8, 1; TZETZ., *ad Lyc.*, 481.

Cnageu: PAUSAN., III, 18, 4.

Cócalo: DIOD. SIC., IV, 79; APOLLOD., *Ep.*, I, 15; TZETZ., *Chil.*, I, 508 e s.; escól. *ad Il.*, II, 145; *ad* PIND., *Nem.*, IV, 95; OV., *Ibis*, 289 e s.; PAUSAN., VII, 4, 6; CÓNON, *Narr.*, 25; HYG., *Fab.*, 44; HEROD., VII, 169 e s.; ATHEN., III, 86 C e s.; havia uma tragédia de Sófocles sobre este assunto, com o título de *Os Habitantes de Camico*.

Cocito: *Od.*, X, 513 e s.; e escól. a 514; VIRG., *Aen.*, VI, 296; *Georg.*, IV, 478; TZETZ., *ad Lyc.*, 705; PLAT., *Phd.*, 113 c e s.

Codro: PHERECYD., *in Fragm. Hist. gr.*, I, 98; HELAN., *ib.*, I, 47; PAUSAN., I, 19, 5; II, 18, 8; VII, 2, 1; 25, 2; VIII, 52, 1; LYC., *C. Leocr.*, 84 e s.; cf. ARIST., *A. Po.*, VIII, I, 10, p. 1310 B.

médio de um habitante de Delfos, de nome Cleomântis. Em face disso, Codro decidiu sacrificar a vida pela pátria. Vestiu-se de mendigo e saiu de Atenas, aparentemente para apanhar lenha. Não demorou a encontrar dois inimigos e pelejou com eles. Matou um e foi morto pelo outro. Os Atenienses, então, reclamaram o seu corpo aos Peloponésios, para o enterrar. Estes compreenderam que tinham perdido a esperança de vencer Atenas e voltaram para o seu país.

Em Atenas, mostrava-se o túmulo de Codro, erigido no lugar em que tinha morrido, diante de uma das portas da cidade.

Quando morreu, sucedeu-lhe o filho mais velho, Medonte. O mais novo, Neleu, exilou-se em Mileto (v. *Neleu*, 2).

COLENO. (Κόλαινος.) Diz-se que Coleno, descendente de Hermes, foi o primeiro rei da Ática. Foi expulso pelo seu cunhado Anfíction. Posto fora da cidade, instalou-se no demo de Mírrina, onde consagrou um santuário a Ártemis «colaenis». Foi aí que morreu.

Esta é uma lenda puramente local (v. *Cránao* e *Cécrops*).

COMATAS. (Κομάτας.) A lenda de Comatas é uma lenda da Itália meridional. Era um pastor de Túrio, cidade situada no golfo de Tarento, que tinha o costume de oferecer frequentes sacrifícios às Musas. O seu amo (de cujos rebanhos escolhia as vítimas) encerrou-o num sarcófago de cedro, dizendo-lhe que as suas deusas favoritas haviam de encontrar meio de o salvar. Três meses depois, abriu-se o sarcófago e o moço foi encontrado vivo: as deusas tinham-lhe mandado abelhas, que o tinham alimentado com mel.

COMBE. (Κόμβη.) Combe é filha do deus-rio Asopo. Posteriormente, parece ter sido confundida com a ninfa Cálcis, epónimo da cidade de Cálcis de Eubeia. Conta-se que teve muitos filhos, mas as lendas não estão de acordo sobre quantos foram: chegam a mencionar cem! Na maior parte das vezes, são-lhe atribuídos sete, os sete Coribantes de Eubeia, cujos nomes são: Primneu, Mimas, Ácmon, Damneu, Ocítoo, Ideu, Melisseu. Teve por marido um deus de nome Soco, ou Saoco, de tal modo violento que ela fugiu com os filhos, refugiando-se na cidade de Cnosso, em Creta. Daí foi para a Frígia e depois para Atenas, para junto de Cécrops. Quando Soco morreu, regressou a Eubeia com os filhos e foi transformada em pomba, em circunstâncias obscuras, mas talvez no momento em que os filhos iam matá-la (v. também *Curetes*).

COMETES. (Κομήτης.) Cometes é filho de Esténelo. Diomedes, ao partir para a Guerra de Tróia, tinha-lhe confiado a vigilância de sua casa, mas Cometes enganou-o com Egíale, mulher dele. Com isso apenas se tornava instrumento da indignação de Afrodite, ferida pelo herói (v. *Diomedes* e *Egíale*). Quando Diomedes regressou à pátria, foi expulso, devido às intrigas de Cometes e Egíale, e forçado a emigrar.

Sobre um outro Cometes, filho de Tisssâmeno, v. este nome.

COMETO. (Κομαιθώ.) **1.** Cometo é filha de Ptérelas, rei dos Teléboas, com o qual Anfitrião estava em guerra (v. Anfitrião e quadro 32, p. 370). Ptérelas era invencível enquanto tivesse na cabeça um cabelo de oiro que Posídon lhe tinha feito nascer na cabeleira. Cometo, apaixonada por Anfitrião (ou então pelo seu aliado, Céfalo), cortou o mágico cabelo de oiro, o que proporcionou a vitória aos inimigos, mas Anfitrião não cedeu ao amor da rapariga e mandou-a matar.

2. Existe uma outra Cometo, que era sacerdotisa de Ártemis em Patras. Era amada por um jovem da cidade, de nome Melanipo, a cujo amor correspondia, mas os pais dela opunham-se a esta união. Os dois jovens encontravam-se no santuário da sacerdotisa. Ártemis, indignada com tal sacrilégio, fez vir uma peste sobre aquela região. O oráculo de Delfos, ao ser consultado, revelou a causa da indignação da deusa e declarou que o único meio de a apaziguar era sacrificar-lhe os culpados. Assim se fez. Além disso, todos os anos se ofereciam em sacrifício a Ártemis o rapaz e a rapariga mais belos da região. Isto prolongou-se até à chegada de Eurípilo que livrou a cidade deste horrível tributo (v. *Eurípilo*).

CONDILEÁTIDE. (Κονδυλεᾶτις.) Não longe da cidade de Cáfias, na Arcádia, havia outrora uma estátua de Ártemis, conhecida por Ártemis Condileátide, que se erguia num bosque sagrado. Um dia, um grupo de crianças, que brincava nesse sítio, achou uma corda; lançaram-na logo à volta do pescoço da deusa, dizendo que iam estrangulá-la. Sucedeu passarem por ali uns habitantes da cidade que surpreenderam as crianças; tolhidos de horror, em sua piedade, lapidaram-nas. Logo a seguir, as mulheres de Cáfias foram acometidas de um mal misterioso: as crianças que concebiam nasciam mortas. O oráculo de Delfos, ao ser consultado, declarou que a deusa estava indignada com a matança das crianças e ordenava que as enterrassem decentemente e lhes prestassem as

---

Coleno: PAUSAN., I, 31, 3; escól. *ad* ARISTOPH., *Av.* 873.

Comatas: THEOCR., VII, 78 e s.; e escól. ao v. 78.

Combe: APOLLOD., *Bibl.*, III, 12, 6; escól. *ad Il.*, XIV, 291; OV., *Met.*, VII, 382; cf. H. MEYER, art. «Kombe,» *Real-Encycl.*, XI, 1139-1141.

Cometes: Escól. *ad Il.*, V, 412; TZETZ., *ad Lyc.*, 603; 1093; SERV., *ad. VIRG.*, *Aen.*, VIII, 9; 11; 268; APOLLOD., *Ep.*, VI, 9.

Cometo: **1)** APOLLOD., *Bibl.*, II, 4, 7; TZETZ., *ad Lyc.*, 932; 934. **2)** PAUSAN. VII, 19, 2 e s.; v. *Eurípilo*. Cf. J. HERBILLON, *Les Cultes de Patras,* Paris, 1929; S. REINACH, «Un mythe de sacrifice,» *R. H. R.*, 1925, pp. 137-151.

honras devidas a heróis. Assim se fez. E chamou-se a esta Ártemis a Ártemis Estrangulada (Ἀπαγχομένη).

***CONSENTES.** (*Consentes.*) Os Etruscos admitiam a existência de doze divindades de nomes misteriosos, seis deuses e seis deusas, que formavam como que o conselho particular de Júpiter e que o assistiam no momento de tomar decisões importantes, nomeadamente a de lançar certas espécies de raios. Os Romanos adoptaram esta crença, mas aplicaram-na aos doze grandes deuses do panteão helénico: Júpiter, Neptuno, Marte, Apolo, Vulcano, Mercúrio, Juno, Minerva, Diana, Vénus, Vesta, Ceres, que correspondiam, respectivamente, a Zeus, Posídon, Ares, Apolo, Hefesto, Hermes, Hera, Atena, Ártemis, Afrodite, Héstia, Deméter. As suas imagens erguiam-se debaixo de um pórtico que ladeava a rua que subia do Foro para o Capitólio.

***CONSO.** (*Consus.*) Conso é um deus romano antiquíssimo e de carácter muito obscuro que tinha um altar subterrâneo no meio do Circo Máximo. Desenterrava-se esse altar em todas as festas do deus, aquando das *Consualia* e das corridas de cavalos. Estas festas incluíam ritos curiosos. Os animais de tiro, cavalos, burros e mulas, não deviam trabalhar nesse dia; coroavam-se de flores e havia corridas de cavalos e até de mulas. Foi durante a primeira festa de Conso que se deu, no tempo de Rómulo, o rapto das Sabinas.

É provável que originariamente Conso fosse um deus dos *silos*, encarregado de proteger o grão enterrado.

COPREU. (Κοπρεύς.) Copreu era filho de Pélops de Élis, mas, depois de ter matado Ífito, teve de abandonar a pátria, refugiando-se na corte de Euristeu, em Micenas, onde serviu este rei como arauto. Incumbia-lhe, concretamente, transmitir a Héracles as ordens de Euristeu, porque este receava de tal modo a sua vítima que não tinha entrevistas directas com ele (v. *Euristeu*). A lenda apresenta Copreu sob traços desagradáveis. Faz-se dele um homem vil, ao serviço de um cobarde, insolente. Seu filho, Perifetes, que acompanhou Agmémnon a Tróia, onde foi morto por Heitor, era, segundo Homero, muito superior ao pai em valor e força. Foi a Copreu que Euristeu mandou a Atenas como arauto, quando exigia dos Atenienses a expulsão dos Heraclidas. Parece que durante esta embaixada se mostrou tão insolente que os Atenienses, desrespeitando o direito das nações, o mataram, mas em lembrança e em expiação deste crime, os Efebos atenienses usavam, em determinadas festas, túnicas de cor escura.

CORA. (Κόρα.) Cora, cujo nome significa «donzela», é filha de Deméter. O seu verdadeiro nome é Perséfone (v. este nome, bem como *Deméter*).

CORCIRA. V. *Cercira.*

COREBO. (Κόροιβος.) **1.** Quando o rei Crotopo reinava em Argos, sua filha Psâmate foi amada por Apolo, de quem teve um filho, Lino. Com medo do pai, expôs a criança, mas Crotopo veio a conhecer a história. Matou a filha e fez com que os seus cães devorassem o menino. Apolo, indignado, enviou um monstro, que dava pelo nome de Pena (ou seja, castigo) e que devorou os filhos dos habitantes de Argos. Foi então que um jovem da cidade, de nome Crebo, matou Pena. Mas outro flagelo desabou sobre os habitantes de Argos. Corebo, vendo nisso um acto da vontade divina, foi a Delfos, propondo-se oferecer ao deus a reparação que ele quissesse por ter matado Pena contra a sua vontade. O oráculo respondeu-lhe que não voltasse a Argos, mas que levasse do templo de Delfos uma trípode sagrada, que a carregasse às costas e se fosse embora. Quando a trípode lhe caísse dos ombros, devia parar e fundar uma cidade. Isso aconteceu no lugar onde fica a cidade de Mégara. O seu túmulo encontrava-se na praça.

2. Corebo é também o nome de um frígio, filho de Mégdon (v. *Mégdon*, 1), que ofereceu ajuda a Príamo, com a condição de este lhe dar em troca a mão de Cassandra. Foi morto na tomada de Tróia (v. *Cassandra*).

***CÓRICO.** (*Choricus.*) Rei da Arcádia, cujos filhos, Plexipo e Éncto, descobriram a arte da luta. Num dia de festa, fizeram uma demonstração diante do pai, mas Palestra, irmã deles, falou dessa descoberta ao seu amante, Mercúrio (Hermes). Este apressou-se a aperfeiçoá-la e ensinou-a aos homens, dizendo ter sido ele o inventor. Os dois moços queixaram-se ao pai da inconfidência de Palestra, mas Córico censurou-os por não se terem vingado de Hermes. Então, um dia em que encontraram este deus a dormir no monte Cilene, os dois moços deceparam-lhe as mãos. Hermes queixou-se a Zeus, o qual esfolou Córico e, com a sua pele, fez um odre. Hermes deu à nova arte o nome da sua bem-amada Palestra (Παλαίστρα, em grego, quer dizer «luta».) (v. também *Palestra*).

Condileátide: Pausan., VIII, 23, 6 e s.

Consentes: Sén., *Qu. Nat.*, II, 21; Arnob., *Adv. Nat.*, III, 40; Mart. Cap., I, 41 e s.; Var., *LL*, I, 1, 4.

Conso: Tert., *De Spect.*, 3, 8; Serv., *ad Virg.*, *Aen.*, VIII, 636; Var., *LL*, VI, 20; Tac., *Ann.*, XII, 24; Plut., *Qu. Rom.*, 14; V. W. Fowler, *Roman Festivals*; Piganiol, *Les jeux romains*, cap. I.

Copreu: Apollod., *Bibl.*, II, 5, 1; *Il.*, XV, 638 e s. e escól. ao v. 639; Eur., *Hercl.*, *passim;* Philostr., *Vit. Soph.*, II, 1, 550.

Corebo: 1) Pausan., I, 43, 7 e s.; II, 19, 8; Stat., *Teb.*, I, 570 e s. e escól. *ad loc.*; Conon, *Narr.*, 19. **2)** Pausan., X, 27, 1; Virg., *Aen.*, II, 341; 407; 424; Eur., *Rh.*, 539.

Córico: Serv., *ad Virg.*, *Aen.*, VIII, 138.

CORINO. (Κόριννος.) Nome de um poeta lendário natural de Tróia, que, antes de Homero e no tempo em que se deu a Guerra de Tróia, teria escrito a *Ilíada*. Aprendera do próprio Palamedes o uso da escrita. Atribuía-se-lhe ainda a composição de uma epopeia sobre a guerra travada por Dárdano contra os Paflagónios. Homero dever-lhe-ia a maior parte dos seus poemas.

CORINTO. (Κόρινθος.) Epónimo da cidade de Corinto, era considerado entre os Coríntios um dos filhos de Zeus, mas de tal pretensão troçavam os outros gregos, de tal modo que a expressão «Corinto, filho de Zeus» se tornara numa expressão proverbial para designar um estribilho monótono. Dizia-se, de facto, que ele era filho de Máraton (v. este nome). Fugiu para a Ática com o pai, mas, à morte de Epopeu, ambos regressaram a Corinto. Quando Máraton morreu, Corinto tornou-se rei da cidade (v. *Epopeu*; quadro 11, p. 142; *Máraton*). Morreu sem descendência, pelo que, à sua morte, os Coríntios mandaram vir Medeia (v. *Medeia*). Há uma tradição que diz que ele foi assassinado pelos seus súbditos (v. também *Gorge*, 2). A sua morte foi vingada por Sísifo, que depois dele reinou em Corinto.

CÓRITO. (Κόρυθος.) **1.** Córito é filho de Zeus e de Electra, filha de Atlas. Seus filhos foram Iásion e Dárdano. (Segundo outras tradições, Iásion e Dárdano são directamente filhos de Zeus e Electra; v. quadro 7, p. 112.) Córito era rei dos Tirrenos de Itália (antepassados dos Etruscos). Nesta região, fundou a cidade de Cortona. De Cortona emigraram os seus dois filhos, para irem um para a Samotrácia e o outro para a Tróade (v. *Dárdano*).

2. Córito é também o nome de um rei de Tégea, na Arcádia, que recolheu Télefo, exposto por sua mãe, Auge, no monte Parténio, e o criou (v. *Télefo*).

3. Finalmente, Córito é também um filho de Páris e de uma ninfa do Ida, de nome Enone. Quando esta soube da infidelidade do seu amante, mandou o fiho ao encontro dos Gregos, para os guiar até à Tróade. Conta-se ainda que este Córito, que era mais belo que o pai, foi amado por Helena e correspondeu ao seu amor. Por isso, Páris matou-o (quadro 35, p. 392).

CORONIDES. (Κορωνίδες.) As Coronides são duas jovens que se chamavam Metíoque e Mnipe, ambas irmãs, filhas de Oríon. Durante uma peste que deflagrou em Orcómeno, Beócia, sua pátria, sacrificaram-se como vítimas expiatórias. Os corpos foram engolidos pela terra, mas os deuses infernais, Hades e Perséfone, compadeceram-se delas e transformaram os cadáveres em astros brilhantes, dois cometas celestes.

CORÓNIS. (Κορωνίς.) **1.** A heroína mais famosa assim chamada é filha de Flégias, rei dos Lápitas. Foi amada por Apolo, de quem teve um filho, Asclépio. Segundo uma tradição sagrada (abonada pelo Péan de Isilo, que nos foi conservado numa inscrição de Epidauro), o seu verdadeiros nome era Egle; o apelido Corónis (gralha) foi-lhe dado por causa da sua beleza. Flégias, nesta versão da lenda, não seria o rei da Tessália homónimo, mas sim um habitante de Epidauro, que tinha desposado Cleómene, uma tessália, filha de um certo Malo (talvez um dos fihos de Anfíction), e da musa Érato.

É sabido como Corónis foi infiel a Apolo e casou com Ísquis, filho de Élato. Diz-se que ela receava que o deus se cansasse dela quando fosse velha e a abandonasse (cf. *Marpessa*; v. *Asclépio*).

2. Encontram-se em outras lendas mais relações entre Corónis e as gralhas. Assim, há uma outra Corónis, filha de Coroneu, que Atena, sua protectora, transformou em gralha, a fim de lhe permitir escapar às investidas de Posídon, que estava apaixonado por ela.

3. Corónis era também o nome de uma das ninfas que foram as amas de Dioniso. Foi raptada por Butes, que, de castigo, foi ferido de loucura pelo deus e se suicidou, atirando-se a um poço (v. *Butes*, 1).

CORONO. (Κόρωνος.) Filho de Ceneu. Era o rei dos Lápitas no tempo de Héracles e foi contra ele e contra o seu povo que rei Egímio chamou o herói em sua ajuda (v. *Héracles*). Foi este que o matou.

Corono participou na expedição dos Argonautas. Teve um filho, Leonteu (v. este nome).

CRAGALEU. (Κραγαλεύς.) Cragaleu era um pastor, filho de Dríope, considerado um homem de grande sabedoria e equidade. Um dia em que levava os rebanhos a pastar, apresentaram-se diante dele três divindades, Ártemis, Apolo e Héracles, que o instituíram juiz de um diferendo que os dividia. Tratava-se de saber qual das três divindades reinaria na cidade de Ambrácia. Cragaleu sentenciou que a cidade pertenceria a Héracles. Então, indignado, Apolo transformou-o num penedo, no mesmo lugar em que ele tinha proferido a sentença. Os habitantes da Ambrácia ofereciam-lhe um sacrifício depois de cada festa de Héracles.

Corino: Suid., *Lex.*, *s. u.*

Corinto: Pausan., II, 1, 1; 3, 10 e s.; escól. *ad* Aristoph., *Ra.*, 439; *Fragm. Hist. gr.* (Müller), II, p. 212 e III, p. 378; cf. Apollod., *Bibl.*, III, 16, 2.

Córito: **1)** Virg., *Aen.*, II, 163 e s.; e Serv., *ad Virg.*, *Aen.*, III, 167; 170; VII, 207; 209; X, 719. **2)** Apollod., *Bibl.*, III, 9, 1; Diod., IV, 33. **3)** Tzetz., *ad Lyc.*, 57; Parthen., *Narr.*, 34; Conon, 23.

Coronides: Ant. Lib., *Transf.*, 25; Ov., *Met.*, XIII, 681 e s.

Corónis: **1)** V. *Asclépio*. **2)** Ov., *Met.*, II, 551 e s. **3)** Hyg., *Fab.*, 182; *Astr. Poet.*, II, 21; escól. *ad Il.*, XVIII, 486; Diod. Sic., V, 50 e s.

Corono: *Il.*, II, 746; Apollod., II, 7, 7; Apol. Rh., *Arg.*, I, 57 e s.; Soph., fr. 354.

Cragaleu: Ant. Lib., *Transf.*, 4.

CRÁNAO. (Κρανaός.) Cránao é um dos primeiros reis da Ática. Era «filho do solo» e sucedeu a Cécrops (v. este nome). Tendo Erisícton, filho de Cécrops, morrido ainda jovem e sem descendência, sendo Cécrops ainda vivo, foi Cránao quem obteve o poder, visto que, à morte de Cécrops, passava por ser o mais poderoso dos cidadãos. Sob o seu reinado, os habitantes do território passaram a chamar-se «Cranaeus», e a cidade de Atenas, Cránae. Do seu casamento com Pédias, filha do Lacedemónio Mines, teve várias filhas: Cránae, Cranecme e Átis. Foi o nome desta que foi dado àquela região, quando morreu sem se casar. O território de Cránae passou então a chamar-se Ática, nome por que ficou conhecido desde então.

Cránao, que deu uma das filhas em casamento a Anfíction, um dos filhos de Deucalião, foi expulso pelo genro, que ocupou o poder em seu lugar. Em Atenas, mostrava-se o seu túmulo.

CRÁNON. (Κράνων.) Cránon é um filho de Pelasgos, que deu o nome à cidade de Cránon, na Tessália. Éfira se chamava outrora esta cidade; mas quando Cránon foi morto ao tentar obter a mão de Hipodamia, em Pisa da Élida (v. *Hipodamia*), os habitantes da cidade de que ele era rei mudaram o nome da cidade que rebaptizaram em sua memória.

CRANTOR. (Κράντωρ.) Crantor era um dólope que o rei Amintor dera como refém a Peleu, após ter sido derrotado. Crantor tornou-se o escudeiro favorito de Peleu e estava a seu lado no combate dos Lápitas contra os Centauros. Foi morto por uma árvore atirada por estes contra os heróis. Peleu vingou a sua morte.

CREONTE. (Κρέων.) A lenda distingue dois heróis com este nome.

1. O primeiro é um rei de Corinto, filho de Liceto. Foi a ele que Alcméon confiou a educação de duas crianças, um rapaz e uma rapariga, que lhe nasceram de Manto, filha de Tirésias (v. *Alcméon*). Acima de tudo, Creonte intervém na lenda de Jasão e Medeia. Expulsos de Iolco, Jasão e Medeia foram refugiar-se na corte dele em Corinto. Aí viveram em paz durante anos a fio, até ao dia em que Creonte pensou em casar sua filha Glauce (ou Creúsa) com Jasão. Este aceitou e repudiou Medeia. Medeia quis vingar-se. Para isso, fez um vestido que mandou de presente à sua rival. Esta, imprudentemente, aceitou o presente. Mas quando Glauce o vestiu, foi envolvida por um fogo misterioso que a devorou. O pai, que foi socorrê-la, teve a mesma sorte. Há versões que contam que Medeia, na realidade, deitou fogo ao palácio, queimando, assim, ao mesmo tempo, pai e filha (v. *Medeia*).

2. Creonte, tebano, era filho de Menécio (quadro 9, p. 128). Quando Laio, rei de Tebas, foi morto por Édipo, seu próprio filho (v. *Édipo*), Creonte sucedeu-lhe. Mas a cidade foi então vítima de um flagelo, sob a forma de uma esfinge, que propunha adivinhas aos tebanos e os devorava quando não sabiam responder. Assim, devorou várias pessoas, e, por fim, o próprio filho de Creonte, Hémon. Então, o rei ofereceu uma recompensa a quem resolvesse a adivinha da esfinge. Édipo apresentou-se, respondeu correctamente, e a esfinge, desesperada, precipitou-se do alto da cidadela. A adivinha era assim: «Qual é o ser que tem voz, anda em quatro patas, depois em duas e depois em três?» Édipo foi capaz de descobrir que era o homem, que, no começo da sua existência, se desloca a quatro, continua deslocando-se nas duas pernas e acaba apoiando-se numa bengala. Vinculado pela promessa que fizera, Creonte teve de ceder o trono ao vencedor, o libertador de Tebas. Deu-lhe também em casamento a viúva do rei anterior, Jocasta, sua própria irmã que, sem ninguém saber, era a mãe de Édipo. Como, depois disso, uma peste assolasse Tebas, Creonte foi, por ordem de Édipo, consultar o oráculo de Delfos. Mais tarde, quando se revelou o incesto de Édipo, Creonte retomou o lugar no trono, enquanto Édipo lhe confiava os seus filhos e partia para o exílio.

Durante os combates dos Sete contra Tebas (v. *Adrasto*), Creonte, por ordem de Tirésias, ofereceu a Ares em sacrifício o seu próprio filho, Megareu, e assim salvou a cidade. Depois da derrota dos atacantes, Creonte decidiu que Polinices, que empunhara as armas contra a pátria, devia ficar insepulto (v. *Polinices* e *Etéocles*). E como Antígona (v. este nome) tivesse espalhado sobre o corpo do irmão a terra exigida pelos ritos, Creonte condenou-a à morte. Encerrou-a num túmulo dos Labdácidas, e a donzela suicidou-se. A dar-se crédito à versão apresentada por Sófocles, o seu noivo, Hémon, filho de Creonte, suicidou-se sobre o seu cadáver. A mulher de Creonte, Eurídice, enforcou-se de desespero. A crueldade de Creonte para com Antígona, a sua impiedade, são claramente evidenciadas por outra lenda: quando Édipo, banido de Tebas, se refugiou na Ática, na povoação de Colono, Creonte, que primeiro o tinha expulso sem comiseração, tentou fazê-lo voltar a Tebas. É que o oráculo de Delfos tinha revelado que a prosperidade de Tebas só estaria garantida no dia em que Édipo regressasse. Como Édipo se recusasse, Creonte tentou fazê-lo regressar à força, e Teseu teve de intervir para impedir que o raptassem.

É ainda a Teseu que se atribuiu a acção decisiva que obrigou Creonte a restituir aos ha-

---

Cránao: Pausan., I, 2, 6; 31, 3, Apollod., *Bibl.*, I, 7, 2; III, 14, 5; *Cron. Par.*, I, 4-7; Eus., *Cron.*, II, p. 16 e s. (ed. Schoene); Herod., VIII, 44; Strab., IX, 397. V. também *Anfíction.*

Cránon: Steph. Byz., *s. u.;* escól. *ad* Pind., *Pyth.*, X, 85.

Crantor: Ov., *Met.*, XII, 361 e s.

Creonte: 1) Apollod., *Bibl.*, I, 9, 29; III, 7, 7; Eur., *Med., passim*; cf. a tr. perdida de *Alcméon* referida por Apollod., *ibid.;* Senec., *Med.*, 879 e s.; Ov., *Her.*, XII; Diod Sic., IV, 54. **2)** Apollod., *Bibl.*, II, 4, 6 e s.; 11; III, 5, 8; 6, 7 e s.; 7, 1 e s.;

bitantes de Argos os corpos dos seus compatriotas que tinham perecido durante a guerra dos Sete. Segundo algumas versões, Teseu teria mesmo matado Creonte durante a expedição que empreendeu contra Tebas por causa disso.

Ao reinado de Creonte em Tebas estão ainda ligados dois episódios, um da lenda de Anfitrião, o outro do ciclo de Héracles. Com efeito, foi Creonte quem purificou Anfitrião, quando este se refugiou em Tebas, e lhe impôs que matasse a raposa de Teumeso, antes de o acompanhar na expedição contra os Teléboas (v. *Anfitrião*). Reinava igualmente em Tebas no tempo em que Héracles, ainda moço, aliviou a cidade do tributo imposto por Ergino de Orcómeno. Em recompensa, Creonte deu-lhe a mão de sua filha mais velha, Mégara, e a Íficles, irmão gémeo de Héracles, deu em casamento a filha mais nova.

CREONTÍADES. (Κρεοντιάδης.) Creontíades é um dos filhos de Héracles e de Mégara, filha de Creonte de Tebas. Foi morto pelo pai, que enlouquecera, juntamente com os irmãos. A maior parte das vezes, diz-se que tinha dois irmãos, Terímaco e Deicoonte. Às vezes, porém, os autores mencionam sete filhos de Mégara e Héracles: Polidoro, Aniceto, Mecistófono, Pátrocles, Toxóclito, Menebrontes e Quersíbio (v. também *Héracles*, p. 207).

CRÉS. V. *Crete.*

CRESFONTES. (Κρεσφόντης.) Cresfontes é um dos Heraclidas, filho de Aristómaco e irmão de Témeno e Aristodemo (quadro 18, p. 220). Com eles (ou apenas com Témeno e com os filhos de Aristodemo, que morrera antes da conquista; v. *Heraclidas*) conquistou, à cabeça dos Dórios, a península do Peloponeso. Após a conquista, os três irmãos repartiram entre si o território. Tinham combinado fazer três lotes, que tirariam à sorte. O primeiro lote seria formado por Argos, o segundo pela Lacedemónia, o terceiro pela Messénia. Cada um dos irmãos devia meter um seixo numa vasilha cheia de água. Os lotes seriam atribuídos pela ordem em que saísse o seixo de cada um. Mas Cresfontes, que queria a Messénia, o lote mais rico, pôs na água um torrão que logo se desfez. Os outros dois lotes foram os primeiros a sair. Foi assim que Cresfontes se tornou rei da Messénia, e Témeno de Argos. Depois do sorteio dos lotes, cada um erigiu um altar em honra de Zeus. Sobre os altares, cada um obteve um sinal relacionado com o carácter do povo do qual iria ser rei: no altar do senhor de Argos, um sapo; no do da Lacedemónia, uma serpente; no do da Messénia, uma raposa.

Cresfontes dividiu o território da Messénia em cinco regiões e confiou cada uma delas a um vice-rei. Concedeu à população indígena direitos iguais aos dos Dórios. Ele próprio escolheu Esteníclaro para capital, mas os Dórios criticaram esta organização. Por isso, Cresfontes alterou o seu sistema de governo. Destinou Esteníclaro aos Dórios, para sua residência exclusiva. Por seu lado, os ricos proprietários de terras ficaram descontentes; sublevaram-se e mataram o rei e dois dos seus filhos.

A mulher de Cresfontes era Mérope, filha de Cípselo (v. a sua lenda e a de *Épito*, filho sobrevivente de Cresfontes).

CRETE. (Κρής.) Crete, herói epónimo dos Cretenses, é filho de Zeus e de uma ninfa do Ida de Creta. Algumas vezes é considerado «filho do solo» cretense. Foi rei da primitiva população da ilha, os «Eteocretenses», ou «autênticos Cretenses». Foi ele que arranjou, num maciço do Ida, um asilo para Zeus quando era menino, ameaçado de morte por Crono, seu pai (v. *Zeus*). Teria dado leis aos Cretenses, antes de Minos, o grande legislador.

É, às vezes, considerado pai de Talo, o *robot* que guardava Creta de qualquer desembarque (v. *Argonautas* e *Hefesto*).

CRETEU. (Κρηθεύς.) Creteu é filho de Éolo e de Enárete (v. quadro 8, p. 116). Do seu casamento com Tiro, sua sobrinha (filha de Salmoneu) teve três filhos, Éson, Feres e Amitáon (quadro 23, p. 258). Adoptou os dois filhos, Neleu e Pélias, que Tiro tivera de Posídon antes de casar com ele. São-lhe ainda atribuídos outros filhos: Tálao, pai de Adrasto, geralmente considerado filho de Bias; Hipólita, de sobrenome Creteida, que casou com Acasto (v., no entanto, este nome); Mirina, mulher de Toas, rei de Lemnos.

Creteu é o fundador de Iolco, cidade de Jasão e de Pélias.

CREÚSA. (Κρέουσα.) **1.** A primeira heroína com este nome é uma Náiade da Tessália, filha da Terra. Foi amada pelo rio Peneu, que lhe deu dois filhos: Hipseu, rei dos Lápitas, e Estilbe, aos quais, algumas vezes, se acrescenta Andreu (quadro 25, p. 268).

HYG., *Fab.*, 67; 72; SOPH., *Oed. R.; Oed. Col.; Ant.*; EUR., *Phoen.*, 911 e s.; PAUSAN., I, 39, 2; IX, 5, 13; X, 3; 25, 1. V. também as referências às várias lendas onde intervém *Creonte.* Cf. SYMONS, *Die Sage um Thebanischen Kreon in der Griech.*, Diss., Berlim, 1872.

Creontíades: EUR., *Herc. F.*, 967 e s.; SENEC., *Herc. F.*, 989 e s.; MOSCH., IV, 13 e s.; DIOD. SIC., IV, 11, 1 e s.; APOLLOD., *Bibl.*, II, 4, 1 e s.; TZETZ., *ad Lyc.*, 38; *Myth. Vat.*, II, 158 (Bode).

Cresfontes: APOLLOD., *Bibl.*, II, 8, 4 e s.; PAUSAN., II, 18, 7; 19, 1; III, 1, 5; IV, 3-8; 5, 1; 16, 1; 27, 6; 30, 1; 31, 11; V, 3, 6; VIII, 5, 6; 29, 5; ISOC., VI, 22 e s.; 31; SOPH., *Aj.*, 1283 e s. e escól. ao v. 1285.

Crete: STEPH. BYZ., *s u.* Κρήτη e Αώριον. DIOD. SIC., V, 64; PAUSAN., VIII, 53, 2 e s.; SOLIN., XI, 5; EUST., *ad* DION. PER., 498.

Creteu: *Od.*, XI, 235 e s. e escól. a X, 2; APOLLOD., *Bibl.*, I, 7, 3; 9, 11; APOL. RH., *Arg.*, III, 358 e s.; e escól. a I, 49; 121; 143; 601; II, 1162; PAUSAN., IV, 2, 5; IX, 36, 8; TZETZ., *ad Lyc.*, 175; 284; escól. *ad* PIND., *Pyth.*, IV, 252; HYG., *Fab.*, 12.

Creúsa: **1)** PIND., *Pyth.*, IX, 25 e s.; e escól. *ad* DIOD. SIC., IV, 69; OV., *Am.*, III, 6, 31. **2)** APOLLOD., *Bibl.*, III, 15, 1 e s.; EUR., *Ion, passim* (v. também *Íon*); PAUSAN., I, 28, 4. **3)** EUR., *Med., passim*, e os escól.; OV., *Her.*, XII, 53 e s.; LUCIAN., *De Solt.*, 42. **4)** APOLLOD., *Bibl.*, III, 12,

2. Há uma outra Creúsa, filha de Erecteu e Praxítea (v. quadro 12, p. 144). Por ser muito nova, escapou à sorte das suas irmãs que, aquando da guerra com Eumolpo, se ofereceram voluntariamente como vítimas expiatórias pela pátria. Já feita donzela, foi violada por Apolo numa gruta da Acrópole em Atenas, sua pátria, ao qual deu um fiho, Íon. Creúsa expôs o filho num cesto, mesmo no lugar onde fora surpreendida pelo deus. Mais tarde, Íon foi levado por Hermes para Delfos e criado no templo. Creúsa casou com Xuto. Não teve filhos durante muito tempo, mas depois de uma peregrinação a Delfos, durante a qual encontrou o filho, teve, do marido, Diomedes e Aqueu (v. quadro 12, p. 144, e 8, p. 116).

3. A filha de Creonte, rei de Corinto, a que às vezes se dá o nome de Glauce, também se chama Creúsa (v. *Creonte*, 2, e *Medeia*).

4. Finalmente, Creúsa é o nome da mulher de Eneias. É filha de Príamo e de Hécuba. Tal como acontece com as tradições que se referem a Eneias, também as que mencionam Creúsa são muito divergentes. Nos grandes quadros históricos da Lesque de Delfos, Polignoto representa-a entre as troianas cativas. Todavia, na maior parte dos casos, considera-se que ela conseguiu escapar aquando da tomada de Tróia. Na versão virgiliana, Creúsa é arrebatada por Afrodite (ou Cíbele) enquanto Eneias sai da cidade com Anquises e Ascânio. Quando o marido vai à procura dela e volta de propósito à cidade para a encontrar, aparece-lhe a sombra de Creúsa, que lhe prediz as suas viagens em demanda de uma nova pátria. As epopeias mais antigas dão o nome de Eurídice, em vez de Creúsa, à mulher de Eneias.

CRIMISO. (Κριμισός.) Crimiso é um deus-rio da Sicília. Sob a forma de um urso (ou de um cão), uniu-se à troiana Egeste, ou Segeste (v. a sua lenda), e com ela gerou Acestes, fundador da cidade de Segesta. Virgílio e Higino dão-lhe o nome de Criniso.

CRÍNIS. (Κρῖνις.) Crínis é o fundador do templo de Apolo Esminteu em Crise da Mísia. Crínis merecera a ira do deus e atraíra um flagelo sobre os campos da sua casa, que eram devastados pelos ratos. Um belo dia, o deus desceu àquela região, onde foi recebido hospitaleiramente pelo chefe dos pastores de Crínis, de nome Ordes. Tal facto apaziguou Apolo. Para livrar a região do flagelo, ele próprio matou os ratos com as suas flechas e ordenou a Ordes que fosse ter com Crínis e lhe pedisse que consagrasse um santuário sob a invocação de Apolo dos ratos (Apolo Esminteu).

CRINISO. V. *Crimiso.*

CRÍSAMIS. (Κρίσαμις.) Crísamis era um rei de Cós que tinha grandes rebanhos. Um dia, um congro saiu do mar e arrebatou-lhe a mais bela das suas ovelhas. Crísamis acudiu e matou-o. Teve um sonho em que se lhe ordenava que enterrasse o congro. Crísamis não ligou importância a esta advertência e pereceu.

CRISÂNTIS. (Χρυσανθίς.) Crisântis é uma mulher da Argólida que, numa versão da lenda de Deméter, revelou a esta deusa, quando ela foi a Argos à procura de Perséfone, como é que sua filha tinha sido raptada. Segundo esta versão, o rapto teria ocorrido no Peloponeso, não longe de Lerna, e não na Sicília, na Planície de Ena.

CRISAOR. (Χρυσάωρ.) Crisaor, «o Homem da Espada de Ouro», é filho de Posídon e da Medusa (Gorgo), tal como Pégaso, o cavalo alado. Ambos saíram do pescoço da Górgona, morta por Perseu (v. *Perseu*). Crisaor, logo à nascença, brandia uma espada de ouro. Tendo-se unido a Calírroe, filha de Oceano, procriou Gérion, gigante de três corpos inimigo de Héracles, e Equidna (v. *Equidna* e *Gérion* e quadro 33, p. 388).

CRISEIDA V. *Criseide.*

CRISEIDE. (Χρυσηίς.) Criseide é filha de Crises, sacerdote de Apolo da cidade de Crisa, na Tróade. O seu verdadeiro nome é Astínome. Foi raptada pelos Gregos durante uma expedição contra a cidade de Tebas da Mísia, onde então se encontrava em casa de Ifínoe, irmã do rei Eécion, e foi dada a Agamémnon como parte do saque. Seu pai reclamou junto de Agamémnon a sua restituição, mas este recusou. Crises, então, suplicou a Apolo que mandasse aos Gregos uma peste que os obrigasse a anular esta decisão. O deus assim fez. Os Gregos obrigaram Agamémnon a restituir Criseide, mas o rei, em troca, exigiu Briseide (v. *Briseide*). Este facto foi a causa da cólera de Aquiles. Há uma tradição que conta que, mais tarde, Crises, voluntariamente, voltou a trazer a filha a Agamémnon, porque ela tinha sido bem tratada. De Agamémnon terá tido dois filhos, Ifigénia e Crises, tendo este, portanto, recebido o nome do avô.

A tradição especificava que Criseide tinha dezanove anos, era loira, franzina e baixa. Pelo contrário, Briseida era alta, de cabelo escuro, tez clara e muito elegante. Estas duas jovens constituem um par que resume dois tipos de beleza feminina.

CRISES. (Χρύσης.) **1.** Crises é o nome do pai de Criseide (v. *Criseide*).

5; Hyg., *Fab.*, 90; Pausan., X, 26, 1; Virg., *Aen.*, II, 736 e s.; Lyc., *Alex.*, 1263 e s.

Crimiso: Virg., *Aen.*, V, 38; Serv., *ad Virg.*, *Aen.*, I, 550; V, 30; Tzetz., *ad Lyc.*, 471; 953; Hyg., *Fab.*, 273, 14 (Rose).

Crínis: Escól. e Eust., *ad Il.*, I, 39.

Crísamis: Suid., *Lex.*, *s. u.;* Hesíq., *id.;* Phot., p. 179, 10.

Crisântis: Pausan., I, 14, 2.

Crisaor: Hes., *Theog.*, 378 e s.; 978 (apocr.); Hyg., *Fab.*, 151; Apollod., *Bibl.*, II, 4, 2; 5, 10; Tzetz., *ad Lyc.*, 17; Diod. IV, 17 e s.; Ov., *Met.*, IV, 784 e s.; VI, 119 e s.; Cf. F. J. M. De Waelle, in *Mus. Belge*, 1924, pp. 47-52.

Criseide: *Il.*, I, 9 e s.; 366 e s.; 451 e s.; escól. *ad Il.*, I, 18; 392; Hyg., *Fab.*, 121; Tzetz., *ad Lyc.*, 183; 298; *Anteh.*, 349 e s.

Crises: 1) V. *Criseida.* **2)** Hyg., *Fab.*, 121; Soph., tr. perdida de *Crises.*

2. É também o nome do seu neto, filho de Criseide e de Agamémnon, o qual intervém na lenda de Orestes. Criseide, quando foi restituída a seu pai por Agamémnon, estava grávida, mas afirmava que Agamémnon a tinha respeitado; e quando deu à luz um filho, a quem pôs o nome de Crises, garantiu que ele era filho de Apolo. Posteriormente, após a queda de Tróia, quando Orestes e Ifigénia, fugindo da vingança de Toas, rei de Táuris (v. *Orestes*), se apresentaram em casa de Crises, para nela procurarem asilo, o sacerdote queria entregá-los àquele que os perseguia, mas, nesse momento, a sua filha revelou que o verdadeiro pai do jovem Crises era, de facto, Agamémnon e que, por conseguinte, as duas casas estavam unidas por laços familiares. Crises desistiu de entregar Orestes e Ifigénia, e estes, com a ajuda de Crises filho, mataram Toas.

CRISIPO. (Χρύσιππος.) Crisipo era filho de Pélops e da ninfa Axíoque. Quando Laio de Tebas, banido por Zeto e Anfíon, se refugiou na corte de Pélops, onde foi acolhido hospitaleiramente, apaixonou-se pelo jovem Crisipo e raptou-o. Então, Pélops amaldiçoou solenemente Laio, e é essa a origem da maldição dos Labdácidas (v. *Édipo*). Crisipo suicidou-se de vergonha.

Há outra versão da lenda, segundo a qual Crisipo é morto pelos seus meios-irmãos Atreu e Tiestes (v. *Atreu*), instigados por Hipodamia, sogra dele, a qual temia que os seus filhos fossem esbulhados pelo intruso (v. *Hipodamia*).

CRISO. (Χρίσος.) Criso é o fundador da cidade de Crisa, na encosta sul do Parnaso. Pelo lado de seu pai, Foco, é descendente de Éaco. Sua mãe chama-se Astéria; é filha de Dioneia, ou de Díon, e, pelo lado dela, Crises está ligado à raça de Deucalião (v. quadro 8, p. 116; 31, p. 352). Criso tinha um irmão gémeo, Panopeu (v. este nome), com o qual não se entendia, já que as crianças brigavam desde o ventre da mãe. Há, no entanto, outra tradição que atribui filiações diferentes a Criso e a Panopeu; enquanto este era filho de Foco, o primeiro era filho de Tirrano e Asterodeia. Casou com Antifatia, filha de Náubolo e dela teve um filho, Estrófio, que com Anaxíbia, irmã de Agamémnon, gerou Pílades, primo e amigo de Orestes (v. quadro 2, p. 12).

CRISOPELEIA. (Χρυσοπέλεια.) Crisopeleia era uma ninfa Hamadríade, que vivia num carvalho, na Arcádia. Um dia em que Árcade andava à caça nessas paragens, viu o carvalho em risco de ser arrastado pela torrente. A ninfa, que morava na árvore, suplicou-lhe que a salvasse. Então, Árcade construiu um dique para desviar a corrente, permitindo que o carvalho sobrevivesse. Reconhecida, a ninfa Crisopeleia uniu-se a ele, dando-lhe dois filhos, Élato e Afidas, antepassados da raça arcádia (v. quadro 10, p. 132).

CRISÓTEMIS. (Χρυσόθεμις.) Filha de Carmanor de Creta (v. este nome). Atribui-se-lhe a instituição dos concursos musicais, nos quais foi a primeira a ganhar o prémio. Era tida por mãe do músico Filámon.

CRITEIS. (Κριθηίς.) Criteis é uma ninfa da Ásia Menor. Unindo-se ao rio Meles, que corre próximo de Esmirna, teria gerado o poeta Homero. Uma outra lenda considera-a filha de Apeles, um habitante de Cime. Este, à hora da morte, teria confiado a donzela a seu irmão Méon, mas Criteis emancipou-se da tutela do tio e entregou-se a um habitante de Esmirna, de nome Fémio. Um dia em que ia lavar roupa ao rio Meles, deu à luz um rapaz, que veio a ser o poeta Homero. Esta lenda tem por objectivo explicar o epíteto *Melesígenes*, «nascido junto do Meles», dado a Homero.

Finalmente, uma terceira versão apresenta Criteis como uma jovem de Ios, que foi amada por um génio secundário do séquito das Musas. Raptada pelos piratas, Criteis foi levada para Esmirna, onde Méon, rei da Lídia, a teria desposado. Deu à luz Homero nas margens do Meles, e morreu logo a seguir ao nascimento da criança.

CROCO. (Κρόκος.) Croco é um jovem que, por causa de um amor infeliz pela ninfa Esmílace, foi transformado em açafrão. Esmílace, entretanto, convertia-se na planta que tem o seu nome (*Smilax aspera*, a salsaparrilha da Europa).

CRÓCON. (Κρόκων.) Segundo uma tradição local, Crócon é um antigo rei da região de Elêusis. O seu palácio ficava na fronteira do território eleusino com o de Atenas. Era filho de Triptólemo e irmão de Céron e casou com Sésara, filha de Céleo.

Crócon e Céron eram os antepassados das famílias sacerdotais dos Crocónidas e dos Cerónidas, que desempenhavam um papel importante no culto de Deméter. Os Crocónidas tinham a precedência. Uma das filhas de Crócon, Meganira, casou com Árcade (v. este nome).

Crisipo: APOLLOD., *Bibl.*, III, 5, 5; ATHEN., XIII, 602 e s.; escól. *ad* EUR., *Phoen.*, 1760; *Or.*, 5; *ad* PIND., *Ol.*, I, 144; HYG., *Fab.*, 85; 243; AEL., *VH*, VI, 15; escól. *ad* APOL. RH., *Arg.*, I, 517; *ad Il.*, II, 103; PAUSAN., VI, 20, 7; TZETZ., *Chil.*, I 415-423. Uma trag. perdida de EUR. tinha o título de *Crisipo*.

Criso: PAUSAN., II, 29, 4; STEPH. BYZ., *s. u.* Κρίσα; escól. *ad* EUR., *Or.*, 33; TZETZ., *ad Lyc.*, 53; 939; escól. *ad Il.*, II, 520.

Crisopeleia: APOLLOD., *Bibl.*, III, 9, 1; TZETZ., *ad Lyc.*, 480; cf. também escól. *ad* EUR., *Or.*, 1646; PAUSAN., VIII, 4, 2; APOL. RH., *Arg.*, II, 477 e escól.

Crisótemis: PAUSAN., X, 7, 2.

Criteis: SUID., *Lex.*, *s. u.* Ὅμηρος; PLUT., *De Vita et p. Hom.*, 2; *De vita Hom.*, 3.

Croco: SERV., *ad VIRG.*, *Geórg.*, IV, 182; OV., *Met.*, IV, 283; NONN., *Dion.*, XII, 86.

Crócon: PAUSAN., I, 38, 2; SUID., *Lex.*, *s. u.* Κυρωνίδαι; APOLLOD., *Bibl.*, III, 9, 1.

Úrano ——— com a água do mar engendra Erínias
∼ Geia

Hecatonquiros (Briareu, Giges, Coto) | Ciclopes (Arge, Estérope, Bronte) | Titãs (Oceano, Ceu, Hipérion, Crio, Jápeto, Crono) (quadro 38, p. 452) | Titânides (Tétis, Reia, Témis, Mnemósine, Febe, Dione, Tia)

Quadro genealógico n.º 6

CRONO. (Κρόνος.) Na genealogia dos Titãs, Crono é o filho mais novo de Úrano (o Céu; v. quadro 6, em cima) e de Geia (a Terra). Pertencente, por conseguinte, à primeira geração divina, anterior a Zeus e aos Olímpicos. Foi o único de todos os irmãos que ajudou a mãe a vingar-se do pai (v. *Úrano*), e com a foicinha que ela lhe deu cortou-lhe os testículos. Depois, tomou o lugar dele no céu, e sem tardar voltou a atirar para o fundo do Tártaro os Hecatonquiros (gigantes de cem mãos), que eram seus irmãos, bem como os Ciclopes, uns e outros outrora encarcerados por Úrano, e que ele próprio tinha posto em liberdade a pedido de Geia, mãe de todos eles. Uma vez senhor do mundo, desposou Reia, sua própria irmã, e, visto que Úrano e Geia, depositários da sabedoria e do conhecimento do futuro, lhe tinham predito que ele seria destronado por um dos seus filhos, devorava-os à medida que iam nascendo. Assim, gerou e devorou sucessivamente Héstia, Deméter, Hera, Plutão (Hades) e Posídon. Indignada por desta forma se ver privada de todos os seus filhos, Reia, grávida de Zeus, fugiu para Creta, onde às escondidas deu à luz, em Dicte. Depois, envolvendo uma pedra em panos, deu-a a devorar a Crono, que a engoliu sem suspeitar do embuste. Já crescido, Zeus, com a ajuda de Métis, uma das filhas de Oceano, ou da própria Geia, levou Crono a tomar uma droga que o forçou a devolver todos os filhos que tinha devorado. Estes, chefiados pelo seu irmão mais novo, declararam guerra a Crono, que tinha os Titãs, seus irmãos, como aliados. Dez anos durou a guerra, até que, por fim, um oráculo da Terra prometeu a vitória a Zeus, se ele fosse buscar para seus aliados os seres outrora precipitados por Crono no Tártaro. Zeus libertou-os e obteve a vitória. Crono e os Titãs foram encarcerados no lugar dos Hecatonquiros, que se tornaram seus carcereiros.

Além dos filhos que teve de Reia, Crono tivera de Fílira o centauro Quíron, um imortal de natureza dupla, meio homem e meio cavalo. Ao unir-se a ela, Crono tinha, com efeito, tomado a forma de cavalo (v. *Quíron*). Há outras lendas que lhe atribuem também a paternidade de Hefesto, que ele teria tido de Hera. Alguns autores consideram Afrodite sua filha e não de Úrano (v. quadro 38, p. 452).

Na tradição religiosa órfica, Crono aparece libertado das algemas, reconciliado com Zeus e habitando as Ilhas dos Bem-Aventurados. Esta reconciliação de Zeus com Crono, considerado como rei *bom*, o primeiro a reinar no céu e na terra, conduziu às lendas da Idade de Ouro (v. artigo). Na Grécia contava-se que, em tempos muito remotos, ele reinava em Olímpia. Na Itália, onde Crono foi desde muito cedo identificado com Saturno, localizava-se o seu trono no Capitólio. Dizia-se também que tinha reinado na África, na Sicília, e, de modo geral, em todo o Ocidente mediterrâneo. Depois, quando os homens se tornaram maus, com a geração de bronze e, sobretudo, com a de ferro, Crono voltou a subir ao céu.

Um jogo de palavras levou a que às vezes Crono fosse considerado o tempo personificado (Κρόνος, com efeito, faz lembrar Χρόνος, o Tempo).

Uma lenda síria conta como Crono, filho de Úrano, aconselhado por Hermes Trismegisto, mutilou o pai com a ajuda dos irmãos, de nomes Bétilo, Dágon e Atlas. Trata-se de uma helenização tardia de crenças siro-hititas antiquíssimas.

CROTO. (Κρότος.) Croto é filho de Pã e de Eufeme, a ama das Musas. É, portanto, irmão de leite das Musas, com as quais habitava no Hélicon. Caçava e vivia familiarmente com as suas irmãs de leite. Para exprimir a admiração que tinha por elas, inventou os aplausos. As

Crono: HES., *Theog.*, 167 e s.; 485 e s.; 617 e s.; *Op.*, 169 e s. (versos interpolados de origem órfica, v. ed. MAZON, p. 92); APOLLOD., *Bibl.*, I, 2, 1 e s.; *Il.*, XIV, 271-278; 203; 243; V, 896-898; XV, 221-228; PAUSAN., V, 7, 6-10; VIII, 36, 2 e s.; J. LYD., *De Mens.*, IV, 54; OV., *Fast.*, IV, 199 e s.; HOR., *Ep.*, XVI, 63; PIND., *Olymp.*, II, 124; DIOD: SIC., III, 61; VAR., *De Agr.*, III, 1, 5; PLAT., *Plt.*, 269 a; 276 a; HYG., *Fab. pr.*, 3 (ed. Rose); v. P. RONZEVALLE, *Mél. de la Fac. or. de l'Un. de Beyrouth*, XII (1937), p. 177 e segs.; *Lettre d'Hum.*, IV (1945), p. 98 e s.; cf. L. R. FARNELL, *The Cults of the Greek States*, Oxford, 1896, I, pp. 23 e s.; K. MAROT, «Kronos und die Titanen,» *S. M. S. R.*, VIII, 1932, pp. 48-82; 189--214; sobre a *harpé*, cf. M. P. NILSSON, in *Opuscula selecta*, III, Lund, 1960, pp. 213 e s.

Croto: HYG., *Fab.*, 224; *Astr. poet.*, II, 27; ERATOSTH., *Cat.*, 28; escól. *ad* CIC., *Aratea*, 18.

Musas obtiveram da parte de Zeus que ele fosse tranformado numa constelação.

CRÓTON. (Κρότων.) Cróton é o herói mítico com o qual se relaciona a fundação da cidade de Crotona, na Itália meridional. Quando Héracles voltava da procura dos bois de Gérion, Cróton acolheu-o e recebeu-o como hóspede no sítio da futura cidade. Mas Lacínio, uma personagem da vizinhança de Cróton, tentou roubar-lhe os bois. Héracles matou-o e, sem querer, matou também Cróton no combate. Em expiação, Héracles erigiu-lhe um grande túmulo, predizendo que mais tarde se ergueria na vizinhança uma cidade célebre, que teria o nome de Crotona.

Cróton é algumas vezes considerado irmão de Alcínoo, rei dos Feaces (v. este nome). Esta lenda anda ligada à de Lacínio (v. esta palavra).

CROTOPO. (Κρότωπος.) Crotopo é filho de Agenor, rei de Argos. Teve um filho e uma filha, Estenelau e Psâmate (quadro 19, p. 239). Esta foi amada por Apolo, de quem teve um filho, Lino, que ela expôs à nascença. Lino, tendo sido recolhido por uns pastores, foi mais tarde devorado pelos cães dele. Psâmate não pôde esconder a seu pai tal dor e revelou-lhe tudo o que se passara. Crotopo ficou tão zangado que não acreditou quando ela disse que o pai de Lino era Apolo e mandou-a matar. Apolo, indignado com a morte do filho e da amante, fez com que Argos fosse assolada pela fome. Os habitantes consultaram o oráculo, que lhes mandou instituir um culto em honra de Psâmate e de Lino. Além disso, Crotopo foi exilado, indo fundar uma cidade na Megárida. Ovídio conta que, quando Crotopo morreu, Apolo o mandou para o Tártaro, como os grandes criminosos (v. também *Corebo* e *Lino*).

CTÉATO. (Κτέατος.) Ctéato é, juntamente com Êurito, um dos filhos de Actor e Molíone, conhecidos pelo nome de Moliónidas. Foram mortos por Héracles (v. *Moliónidas* e *Héracles*).

CTÍMENE. (Κτιμένη.) Irmã de Ulisses, tal como ele filha de Anticleia e de Laertes (quadro 39, p. 460). É da mesma criação que o porqueiro Eumeu. Casou com Euríloco, companheiro de Ulisses, que morreu durante o regresso a Ítaca e tomou parte activa no episódio de Circe e no dos bois do Sol.

CTÓNIA. (Χθονία.) **1.** Ctónia é filha de Foroneu e irmã de Clímeno, e, juntamente com o seu irmão, fundou um templo de Deméter na cidade de Hermíone. Uma tradição argiva faz de Ctónia filha de Colontas. Tendo-se este recusado a acolher Deméter e a instituir-lhe um culto, Ctónia criticou o pai pela sua impiedade. A casa de Colontas foi incendiada pela deusa, que transportou Ctónia para Hermíone. Nesta cidade, a jovem fundou um santuário onde se honrava Deméter sob a invocação de Deméter Ctónia (Deméter Subterrânea).

2. Há outra Ctónia, que figura entre as filhas de Erecteu (v. quadro 12, p. 144). Casou com o seu tio Butes, ou, então, foi oferecida como vítima expiatória durante a luta contra Eumolpo e os habitantes de Elêusis. Ou, ainda, suicidou-se juntamente com as irmãs, quando a mais velha, Protogenia, foi sacrificada.

*** CÚRCIO.** (*Curtius.*) M. Cúrcio é o herói de uma lenda topográfica do *Forum* romano. Durante os primeiros tempos da República, abriu-se a terra no meio do *Forum*, formando um abismo enorme. Os Romanos tentaram fechar a abertura deitando terra lá para dentro. Vãos, porém, foram os seus esforços. Foi preciso recorrer a um oráculo, que declarou que, para voltar a fechar a fenda, os Romanos deviam atirar lá para dentro o que Roma tinha de mais precioso. Um jovem, M. Cúrcio, compreendeu que aquilo que Roma tinha de mais precioso era a sua juventude e os seus soldados. Ele mesmo decidiu imolar-se pela salvação de todos. Montando a cavalo, consagrou-se aos deuses infernais e, diante de todo o povo reunido, precipitou-se armado no abismo, que se fechou sobre ele, deixando apenas um pequeno lago, que ficou a chamar-se *Lacus Curtius*, e na margem do qual nasceram uma figueira, uma oliveira e uma videira. Na época imperial havia o costume de atirar moedas ao lago, como oferenda a Cúrcio, «génio do lugar».

De acordo com outra tradição, Cúrcio era um sabino que, durante a guerra entre Tácio e Rómulo, ficou quase enliçado nos pântanos que se estendiam junto de *Comitium* e se viu obrigado a lá deixar o cavalo. Seria a este episódio que o *Lacus Curtius* deve o seu nome. Sobre o papel da água nesta fase da luta entre Sabinos e Romanos, v. *Jano*.

Cróton: Diod. Sic., IV, 24, 7; *Fragm. Hist. gr.*, II, 223 (Müller); Ov., *Met.*, XV, 12 e s.; escól. *ad* Theocr., IV, 33; Tzetz., *ad Lyc.*, 1006; Iamb., *Vita Pyth.*, IX, 50; cf. J. Bérard, *Colonisation*, p. 428.

Crotopo: Conon, *Narr.*, 19; Ps.-Ov., *Ibis*, 574 e s.; Pausan., I, 43, 7; II, 16, 1; 19, 8.

Ctéato: V. *Moliónidas*.

Ctímene: *Od.*, X, 441 e escól. *ad loc.;* XV, 362 e s.; Strab., X, 453; Eust., *ad Hom.*, p. 1664, 32; 1784, 29.

Ctónia: 1) Pausan., II, 35, 4 e s.; Ael., *H. An.*, XI, 4. **2)** Apollod., *Bibl.*, III, 15, 1; Hig., *Fab.*, 46; 328.

Cúrcio: Liv., VII, 6; Plin., *N. H.*, XV, 20, 4; Suet., *Aug.*, 57; Var., *LL*, V, 148; Val. Max., V, 6, 2; Dion. Cass., fr. 30, 1; Plut., *Rom.*, 18; Dion. Hal., II, 42 e s.; Cf. J. Hubaux, *Les grands mythes de Rome*, Paris, 1945, p. 24 e s.; A. Akeström, «Lacus Kurtius und seine Sagen», *Corolla Archeolog.*, Lund, 1932, pp. 72-83.

CURETES. (Κούρητες.) As lendas falam de um povo com este nome que, em antiquíssimas eras, ocupava a Etólia. Mas contam como os Curetes foram expulsos do seu país por Etolo, vindo do Peloponeso (v. *Etolo* e *Meleagro*).

É mais frequente dar-se o nome de Curetes a uns génios que rodearam a infância de Zeus em Creta. Há tradições muitíssimo diferentes a respeito da sua origem. Umas vezes, ainda que raramente, aparecem identificados com os Curetes da Etiópia. Na maior parte dos casos, porém, são considerados filhos de Combe e de Soco. Segundo esta versão, seriam provenientes de Eubeia e seriam sete: Primneu, Mimas, Ácmon, Damneu, Ocítoo, Ideu, Melisseu. Expulsos de Eubeia pelo pai, eles e a mãe andaram errantes pelo mundo grego. Vamos encontrá-los na Frígia, onde criam Dioniso, depois de terem passado por Creta e pela região de Cnosso. Da Frígia vão para a Ática, onde o rei Cécrops os ajuda a vingarem-se de Soco e a voltarem para a pátria. Combe, mãe deles, é também conhecida pelo nome de Cálcis, porque passava por ter inventado as armas de bronze (de χαλκός, bronze), e os Curetes, seus filhos, dançavam fazendo colidir as armas entre si, lanças contra escudos (v. *Combe*).

Fora desta tradição calcidense, contava-se que os Curetes eram filhos da Terra; ou ainda filhos de Zeus e de Hera, de Apolo e da ninfa Dánae, etc. Quanto ao seu número, variam igualmente os autores: dois, nove, ou um número indeterminado. A lenda mais célebre em que intervêm é a infância de Zeus. Quando Reia deu à luz o pequeno Zeus, numa gruta do Ida de Creta, confiou-o à ninfa Amalteia. Mas para que a criança, ao chorar, não revelasse a sua presença a Crono, que procurava devorá-la, pediu aos Curetes que em seu redor dançassem as suas ruidosas danças guerreiras. Eles assim fizeram. E assim tornaram possível que o deus chegasse à idade adulta.

Há lendas mais obscuras que contam que os Curetes possuíam o dom da profecia, e que revelaram a Minos como poderia restituir a vida a seu filho Glauco (v. *Minos*). A pedido de Hera, fizeram desaparecer Épafo, filho de Io (v. *Épafo*). Zeus, pai de Épafo, indignado, matou os Curetes com um raio.

Curetes: STRAB., X, 3, 1 e s., pp. 462-474 (nossa principal fonte); NONN., *Dion.*, XIII, 135 e s.; TZETZ., *ad Lyc.*, 77; APOLLOD., *Bibl.*, I, 1, 7; II, 1, 3; III, 3, 1; CALLIM., *Hymn. Z.*, 52 e s.; DIOD. SIC., V, 70, 2 e s.; VI, 1, 9; LUCR., II, 633 e s.; VIRG., *Georg.*, III, 150 e s.; OV., *Fast.*, IV, 207 e s.; *Met.*, IV, 282; HYG., *Fab.*, 139; SERV., *ad. VIRG.*, *Aen.*, III, 104; cf. H. JEANMAIRE, *Couroi et Courètes*, Lille, 1939 (importante bibliogr.); MAMOLINA MARCONI, *Ath.*, 1940, pp. 164-178; D. LEVI, *A. J. A.*, 1945, pp. 322 e s.; NILSON, *The Minoan-Mycenean Religion*, 1950, pp. 546 e s.

D

DÁCTILOS. (Δάκτυλοι.) Os Dáctilos do Ida são demónios cretenses ou frígios, que pertencem ao cortejo de Reia ou Cíbele. Seu nome significa «os dedos» e explicava-se quer pela habilidade que tinham para os trabalhos manuais, sobretudo com metais, quer por lendas etiológicas. Contava-se, por exemplo, que no momento em que a mãe (Reia ou uma ninfa do Ida) os dava à luz, os seus dedos, crispados de dor, se haviam enterrado na terra; foram as marcas assim feitas que deram o nome aos filhos. Noutra versão, dizia-se que tinham nascido do pó que as amas de Zeus lançaram para trás das costas por entre os dedos.

Os Dáctilos são magos e atribui-se-lhes por vezes a difusão ou mesmo a invenção dos Mistérios.

Aparentados com os Curetes, diz-se frequentemente que, tal como eles, velaram pela infância de Zeus. São cinco ou, mais vulgarmente, dez, ou ainda cem. Haveria cinco do sexo masculino e cinco do feminino. Uma tradição de Élida dá-lhes nome: Héracles (o mais velho, distinto do filho de Alcmena), Epimedes Idas (ou Acésidas), Peoneu e Íaso. Foi para distrair Zeus quando era ainda criança que organizaram os primeiros Jogos Olímpicos. Afirmava-se também que ensinaram música a Páris, no Ida da Tróade.

DADA. (Δάδα.) Dada é a mulher do herói cretense Sámon, que ajudou Escamandro a apoderar-se da Tróade (v. *Escamandro*). Como Sámon foi morto numa batalha, a mulher confiou-se a um arauto, pedindo-lhe que a acompanhasse a uma cidade das vizinhanças, onde tinha a intenção de voltar a casar-se. No caminho, porém, o arauto violou-a. De vergonha, Dada trespassou-se com a espada do marido, que levava consigo. Quando os Cretenses tomaram conhecimento deste drama, lapidaram o arauto no preciso local em que o facto se consumara. Esse sítio recebeu o nome de *Campo do Impudor*.

DAFNE. (Δάφνη.) Dafne, cujo nome significa «loureiro», em grego, é uma ninfa que Apolo amou. Ora se diz ser filha do rio Ládon e da Terra ora do rio Peneu da Tessália. Perseguida por Apolo, fugiu até ao momento em que, prestes a ser agarrada, suplicou ao pai que a transformasse. Tornou-se um loureiro, a planta que o deus amava (v. também *Apolo*).

Havia uma variante lacónia da lenda segundo a qual Dafne era filha de Amiclas. Amante da caça e de temperamento feroz, não vivia nas cidades e passava o tempo a percorrer as montanhas. Era a favorita de Ártemis. Leucipo, filho do rei Enómao de Élide, apaixonou-se por ela e, para se aproximar, envergou trajos femininos e misturou-se com as

---

Dáctilos: STRAB., X, 473 e s.; PAUSAN., V, 7, 6 e s.; 8, 1; 14, 7 e s.; VIII; 31, 3; IX, 19, 5; DIOD. SIC., V, 64; POLL., II, 156; APOL. RH., *Arg.*, I, 1129; PLUT., *De Mus.*, 15; Cf. CHAPOUTIER, *Les Dioscures au service d'une déesse*, Paris, 1935, p. 173 e s.; R. VALLOIS, «Les origines des Jeux Olimpiques: I. La course des Dactyles et Déméter»: *R.E.A.* 28 (1926), pp. 305-322.

Dada: *Fragm. Hist. gr.* (Müller), III, p. 369, 21.

Dafne: OV., *Met.*, I, 452 e s.: HYG., *Fab.*, 203; PARTH., *Erot.*, 14. Cf. Wester., *Ap. Narr.*, pp. 366-367, XIX, 1 e 2. Cf. W. STECHOW, «Apollo und Daphne», *Stud. Bibl. Warburg*, 33 (1932); L. LESCHI, «Une mosaïque de Tébessa»: *Mél. Ec. fr.* (1924), pp. 95-110.

companheiras de Dafne. Assim disfarçado, Dafne afeiçoou-se-lhe e não se separava dele um só momento. Então, cheio de ciúmes e vendo que Leucipo estava prestes a fazer-se amar, Apolo inspirou em Dafne e suas companheiras o desejo de se banharem numa fonte. Leucipo, porém, não queria despir-se. As companheiras obrigaram-no e aperceberam-se da artimanha. Lançaram-se sobre ele com as suas lanças, mas os deuses tornaram-no invisível. Apolo precipitou-se para agarrar Dafne, mas a ninfa fugiu e, a seu pedido, Zeus transformou-a em loureiro.

DÁFNIS. (Δάφνις.) Dáfnis é um semideus siciliano que pertence ao ciclo bucólico. Era filho de Hermes, o deus dos rebanhos, e de uma ninfa. Nasce nos altos vales sicilianos, num pequeno bosque de loureiros consagrado às ninfas e daí resultara o seu nome. Fora criado pelas ninfas, que lhe ensinaram a arte da pastorícia. De grande beleza, Dáfnis era amado por muitas ninfas e mortais, assim como por deuses. Pã, nomeadamente, ensinara-lhe música. Enquanto os seus bois pastavam, Dáfnis tocava siringe e cantava canções bucólicas, género que inventara. Todavia, Dáfnis morreu em plena juventude. A causa da sua morte foi o amor que lhe votava uma ninfa, de nome Nómia, «a Pastora», amor a que ele correspondia. Unindo-se-lhe, prometera que lhe seria sempre fiel; e cumpriu a promessa até ao dia em que a filha de um rei da Sicília conseguiu embriagá-lo e unir-se-lhe. Encolerizada, Nómia privou-o da visão. Por vezes, diz-se mesmo que chegou a matá-lo. A maior parte das vezes conta-se que Dáfnis, cego, cantava canções tristes e que, de dor, acabou por se atirar do alto de um penhasco, por se transformar em rochedo, ou, então por ser levado para o céu por seu pai Hermes. À sua memória estava ligada uma fonte e, todos os anos, se ofereciam sacrifícios em sua honra.

Em outra versão, Dáfnis amava uma ninfa de nome Pimpleia, ou Talia, que foi raptada por piratas. Partiu a procurá-la e encontrou-a na Frígia, escrava do rei Litierses. Ao tentar libertá-la, por pouco não partilhou da sorte que Litierses reservava aos seus hóspedes (v. a sua lenda e *Héracles*); mas Héracles surgiu a tempo de o salvar. Matou o rei e deu o seu reino a Dáfnis e Pimpleia.

O poeta alexandrino Sosíteo compôs um drama satírico sobre este tema.

DAITAS. (Δαίτας.) Havia em Lesbos dois irmãos, Daitas e Tiestes, que conceberam de um ovo um filho de nome Enorques; este erigiu em honra de Dioniso um templo no qual o deus era adorado sob o nome de Enorques, que ele lhe deu.

DAMASCO. (Δαμασκός.) Damasco é o herói que deu nome à cidade de Damasco, na Síria. Apresentam-no ora como fiho de Hermes e da ninfa Halimede, emigrante da Arcádia para a Síria, onde fundou uma cidade, ora como companheiro de Dioniso na conquista da Índia; cortou à machadada uma vinha plantada pelo deus e, por isso, ele esfolou-o no local da futura cidade de Damasco. Contava-se também que o nome de Damasco vinha de um herói chamado Damas, companheiro de Dioniso, que levantou uma «tenda» (σκηνή) no local da futura cidade e aí colocou uma estátua do deus. A cidade ter-se-ia chamado Damasco, de Δαμᾶ σκηνή.

DAMÁSEN. (Δαμασήν.) Damásen é um gigante, nascido da Terra (Geia) e criado por Éris (a Discórdia). Veio ao mundo barbudo e, logo que nasceu, a deusa Ilitia deu-lhe as suas armas. Tornou-se de uma estatura e força prodigiosas. A pedido da ninfa Mória, matou o dragão que fizera morrer Tilo, irmão dela (v. *Mória*).

DAMASTES. (Δαμάστης.) Trata-se de um gigante geralmente designado pelo seu sobrenome de Procrustes (v. este nome). Também se chama Polipémon.

DAMASTO. V. *Damastes*.

DAMETO. (Δάμαιθος.) Dameto é um rei da Cária, a cujo território abordou Podalírio, depois de um naufrágio ocorrido no seu regresso de Tróia. Recolhido por um cabreiro, Podalírio foi conduzido junto do rei; ora, a filha deste estava gravemente doente e ele salvou-a. Reconhecido, o rei Dameto concedeu-lhe a mão de sua filha, chamada Sirna, e deu-lhe uma península, na qual Podalírio fundou duas cidades. V. *Podalírio*.

DÂMISO. (Δάμυσος.) Dâmiso é, de todos os gigantes, o mais rápido na corrida. Estava enterrado em Palene. Quando Aquiles foi confiado a Quíron, este desenterrou Dâmiso e tirou-lhe o osso do tornozelo, para substituir o da criança, que fora molestado pelo fogo (v. *Aquiles*). Por isso, Aquiles era tão rápido na corrida. Uma das tradições relativas à morte do herói dizia que o osso do tornozelo se soltara, quando Apolo perseguia Aquiles e ele caiu, proporcionando assim ao deus oportunidade de o matar.

Dáfnis: AEL., *VH.*, X, 18; SERV. *ad VIRG.*, *Buc.*, V, 20; VIII, 68; escól. *ad* THEOCR. *Id.*, I, 77; PARTH., *Erot.*, XXIX; DIOD. SIC., IV, 84. Cf. THEOCR., *Id.*, I, 64-142; VII, 72-77; VIII, 92-94 (PS.-THEOCR.); WESTERMANN, p. 346, 5 (frag. de Sosíteo, *Dáfnis* ou *Litierses*). Sobre Dáfnis em Virgílio (*Buc.*, V), v. o nosso artigo in *Mélanges Picard*, I.

Daitas: TZETZ. *ad. Lyc.*, 212.

Damasco: STEPH. BYZ., *s. u.* Δαμασκός; *Etym Magn.*

Damásen: NONN., *Dion.*, 486 e s.

Damastes: V. *Procrustes*.

Damasto: V. *Damastes*.

Dameto: STEPH. BYZ., *s.u.* Σύρνα; cf. PAUSAN., III, 26, 7.

Dâmiso: PTOL., *Nov. hist.*, VI (Westerm., p. 195).

DÁNAE. (Δανάη.) Dánae é a filha do rei de Argos, Acrísio, e de Eurídice, filha de Lacedémon e de Esparto (quadro 32, p. 370). Sobre o oráculo que predisse a Acrísio que o filho de sua filha Dánae o mataria, e sobre as condições em que foi concebido e nasceu esse filho, Perseu, v. *Acrísio*. Depois do nascimento do filho, Dánae foi exposta juntamente com ele num cofre e, graças à protecção de Zeus, atirada para a ilha de Serifos, onde Díctis, irmão do tirano Polidectes, recolheu ambos. Aí, segundo certos autores, Polidectes apaixonou-se por Dánae e, para afastar Perseu, cuja presença contrariava os seus projectos, mandou-o em busca da cabeça de Medusa. Em outras versões, o próprio Díctis conduziu Dánae a Polidectes, que a desposou e lhe criou o filho. Durante a ausência de Perseu (se seguirmos a primeira versão), Polidectes tentou violar Dánae. No regresso, o herói encontrou Díctis e a mãe, como suplicantes, diante do altar, tentando escapar às violentas ameaças do tirano. Com a cabeça de Medusa, Perseu transformou Polidectes em pedra, assim como aos seus companheiros, e fez de Díctis o rei da ilha. Em seguida, deixou Serifos na companhia de Dánae, que voltou a viver em Argos, junto de sua mãe Eurídice, enquanto Perseu partia em busca de Acrísio.

Numa versão itálica da lenda, Dánae e Perseu, abandonados no mar dentro de um cofre, abordaram a costa do Lácio. Aí, Dánae casou com Pilumno, e com ele fundou a cidade de Árdea.

DANAIDES. (Δαναΐδες.) As Danaides são as cinquenta filhas do rei Dánao (v. este nome), que o acompanharam quando fugiu do Egipto, com medo dos cinquenta filhos de seu irmão Egipto. Já estabelecido em Argos, esses cinquenta sobrinhos vieram ter com ele, pediram-lhe que esquecesse a querela e anunciaram-lhe que tinham intenção de desposar as suas cinquenta filhas. Dánao consentiu, embora não acreditasse na reconciliação. Os casamentos realizaram-se da seguinte forma: Hipermnestra (ou Hipermestra), a mais velha, casou com Linceu, e Gorgófone com Proteu, visto que Linceu e Proteu eram de sangue real, por parte da mãe. Busíris, Encélado, Lico e Daifron sortearam entre si as quatro filhas que Dánao tivera de Europa: Autómate, Amimone, Agave e Escea. Istro casou com Hipodamia; Calcodonte com Ródia; Agenor com Cleópatra: Queto com Astéria: Diocoristas com Filodamia; Alces com Glauce; Alcmenor com Hipomedusa; Hipótoo com Gorge; Euquenor com Ifemedusa; Hipólito com Rode; Agaptólemo com Pirene; Cercetes com Dorión; Euridamante com Fartis; Égio com Mnestra; Argio com Evipe; Arquelau com Anaxíbia; Menémaco com Nelo; Clito com Clite; Esténelo com Esténele; Crisipo com Crisipe. Euríloco, Fantes, Perístenes, Hermo, Drias, Pótamon, Cisseu, Lixo, Imbro, Brómio, Polictor e Ctónio casaram respectivamente com Autónoe, Teano, Electra, Cleópatra, Eurídice, Glaucipe, Autélia, Cleodora, Evipe, Érato, Estigne, Brice. Périfas casou com Actea, Eneu com Podarce, Egípio com Dioxipe, Menalces com Adite, Lampo com Ocípete, Ídmon com Pilarge, Idas com Hipódice, Daifron com Adiante, Pandíon com Calídice, Arbelo com Eme, Hipérbio com Celeno, Hipocoristes com Hiperipe. Alguns destes casais foram designados pela sorte, outros estabeleceram-se com base na semelhança de nomes.

Para os casamentos, Dánao deu um grande banquete e ofereceu como presente a cada uma das filhas uma adaga. Em seguida, a todas fez prometer que matariam os maridos durante a noite. Todas o fizeram, excepto Hipermnestra, que poupou Linceu, que a respeitara. Por isso, Dánao mandou-a prender e manter sob rigorosa vigilância. As assassinas cortaram a cabeça das suas vítimas e concederam honras fúnebres aos corpos, em Argos, enterrando as cabeças em Lerna. Por ordem de Zeus, Hermes e Atena purificaram-nas dos assassínios. Mais tarde, Dánao confirmou a união de Hipermnestra e Linceu e procurou casar as filhas. Todavia, poucos pretendentes se apresentaram. Decidiu então celebrar jogos, cujos prémios eram as filhas. Os pretendentes estavam dispensados de trazer os habituais presentes. Desse modo, elas casaram com jovens do país, com quem geraram a raça dos Dánaos, que substituiu a dos Pelasgos. Mais tarde, Linceu matou as Danaides e seu pai, vingando assim os irmãos. É provável que o casamento das Danaides e a história da sua morte às mãos de Linceu representem dois estratos diferentes da lenda, sendo o segundo o mais antigo. Nos Infernos receberam um castigo que consistia em tentar eternamente encher com água um recipiente furado (v. *Amimone*).

DÁNAO. (Δαναός.) Dánao é um dos filhos de Belo e Anquínoe (v. *Belo* e *Egipto*, e quadro 3, p. 66). Por parte do pai, descendente de Posídon e da ninfa Líbia. Teve cinquenta filhas de diferentes mulheres (v. o artigo *Danaides*). Seu pai atribuíra-lhe o reino da Líbia mas, tendo sido avisado por um oráculo, ou então com medo dos cinquenta filhos de seu irmão Egipto, fugiu depois de, a conselho de Atena,

---

Dánae: APOLLOD., *Bibl.*, II, 2, 2,; 4, 1 e s.; III, 10, 3, etc.; HYG., *Fab.*, 63; 155; 244; DIOD. SIC., IV, 9; *Il.*, XIV, 319 e escól.; OV., Met., IV, 611 e s.; SERV. *ad VIRG.*, *Aen.*, VII, 371; PLIN., *N. H.*, III, 9, 56; E., tragédia perdida *Dánae*; S., *id.*, (v. *Acrísio*). V. também *Díctis*; cf. RADERMACHER, «Danaé und der goldene Regen»: *A.R.W.* 25 (1927), pp. 216-218.

Danaides: APOLLOD., *Bibl.*, II, 1, 5 e s.; escól. *ad* EUR., ec., 886 e *Or.*, 872; escól. *ad Il.*, IV, 171; SERV. *ad VIRG.*, *Aen.*, X, 497; HYG., *Fab.*, 168; 169; 170; PIND., *Nem.*, I, 10 e escól; *Pyth.*, IX, 111 e s. e escól.; PAUSAN., II, 19, 6; 20, 7; 21, 1 e 2; 25, 4; III, 12, 2; OV., *Her.*, XIV; HOR., *O.*, III, 11, 30 e s.; AESCH., *Supp.*; as outras duas peças da trilogia, os *Egípcios* e as *Danaides*, perderam-se, tal como o drama satírico *Amimone* (v. este nome). EUR., *Ph.*, etc.; cf. E. BENVENISTE, «La légende des Danaïdes»: *R. H. R.* 136 (1949), pp. 129-138; R. VALLOIS, «Mythes et Mystères»: *R. E. A.* (1931) pp. 139-140; E. KEULS, *The Water carriers in Hades...*, Amsterdam, 1974.

ter mandado construir um barco com cinquenta bancos de remadores. Com as filhas, acostou em Argos, depois de uma curta escala em Rodes, onde se diz que as jovens construíram o templo de Atena Líndia. Em Argos reinava o rei Gelanor. Segundo alguns autores, Gelanor cedeu espontaneamente o poder a Dánao; na versão de outros, porém, Dánao obteve-o apenas depois de uma prolongadíssima polémica diante do povo de Argos, e a que um prodígio pôs fim. Estando Dánao e Gelanor presentes para o debate decisivo, ao amanhecer, um lobo saiu da floresta e atirou-se a uma manada que passava diante da cidade. Saltou sobre o touro, que dominou e matou. Os Argivos repararam na analogia entre esse lobo, vindo da solidão, longe dos homens, e Dánao; nesse prodígio viram, pois, a expressão da vontade divina, e elegeram Dánao rei. Este erigiu um santuário em honra de Apolo Lício (Apolo-do-Lobo).

Quanto ao modo como Dánao arranjou água no território de Argos, que dela estava privado por causa da cólera de Posídon contra o deus Ínaco, v. *Amimone* e *Ínaco*.

Sobre o assassínio dos cinquenta filhos de Egipto, v. *Danaides*. Considerava-se Dánao o fundador da cidadela de Argos; lá se encontrava o seu túmulo, que se mostrava ainda na época clássica.

DÁRDANO. (Δάρδανος.) Dárdano é filho de Zeus e da filha de Atlas, Electra. O seu país de origem era a Samotrácia, onde vivia com seu irmão Iásion (v. este nome). Depois de um dilúvio, e tendo Iásion morrido, Dárdano abordou numa jangada a costa asiática face à Samotrácia, onde reinava Teucro, filho do rio Escamandro e da ninfa Ideia. Teucro recebeu-o hospitaleiramente e deu-lhe parte do seu reino, bem como sua filha Batieia. Dárdano construiu a cidade que recebeu o seu nome e, quando Teucro morreu, chamou a todo o país Dardânia. Teve filhos de Batieia; Ilo, Erictónio, aos quais se acrescenta Zacinto e uma filha, Idea, nome da bisavó materna (v. quadro 7, p. 112). Construiu a cidadela de Tróia e reinou na Tróade. Diz-se que iniciou os Troianos nos mistérios dos deuses da Samotrácia (os *Cabiros*; por vezes, é mesmo considerado como um deles), e que introduziu na Frígia o culto de Cíbele. Em uma tradição, Dárdano roubou a estátua de Palas chamada Paládio que se conservava na Arcádia, e levou-a para Tróia (v. *Paládio*).

Segundo uma lenda itálica, Dárdano era originário da cidade etrusca de Cortona, na Itália central. Saiu vitorioso das populações primitivas de Itália, os Aborígenes, e fundou em seguida a cidade. Emigrou depois para a Frígia, assim criando laços entre a Tróade e a Itália. Foi em memória das origens primeiras da sua raça que Eneias regressou à península itálica, depois da queda de Tróia.

Existe finalmente outra tradição, que liga por laços de parentesco Dárdano, Evandro e Palas, filho de Licáon (v. *Palas II*, 2).

DARES. (Δάρης.) Dares é um frígio que, por sugestão de Apolo Timbreu, deus de Tróia, foi dado como conselheiro a Heitor, para o impedir de lutar com Pátroclo (porque os destinos haviam fixado que, se Heitor matasse Pátroclo, seria por seu turno morto por Aquiles). Pouco tempo depois, Dares passou como trânsfuga para o campo dos Gregos. Morreu às mãos de Ulisses.

DARETE. V. *Dares*.

***DAUNO.** (Δαύνιος ou Δαύνος.) Dauno é um dos três filhos do ilírio Licáon. São seus irmãos Iápix e Peucécio, com quem, chefiando um exército de Ilírios, invadiu a Itália do Sul, expulsou os Áusones que ocupavam a região, e estabeleceu três reinos, que receberam os seguintes nomes: reino dos Dáunios, dos Messápios e dos Peucécios. O conjunto chamou-se «país dos Iápiges». Quando Diomedes chegou a Itália, expulso do seu país, foi bem recebido por Dauno que lhe deu terras e a mão de sua filha. Uma tradição tardia refere dissenções entre Dauno e Diomedes; este teria sido morto por aquele (v. *Diomedes*, 2).

Este Dauno (ou um homónimo) é pai de Turno (v. este nome).

DÉCELO. (Δέκελος.) Décelo é o herói que deu o seu nome à cidade ática de Deceleia. Quando os Dióscoros procuravam sua irmã Helena, raptada por Teseu, foi Décelo quem lhes indicou o local onde ela se encontrava prisioneira. O mesmo papel é, por vezes, atribuído ao herói Academo (v. a sua lenda).

DEDÁLION. (Δαιδαλίων.) Dedálion é o irmão de Céix, e filho da estrela da manhã, Lúcifer (Eósforo). Violento, amante da caça e de combates, fez numerosas conquistas. Nasceu-lhe uma filha, Quíone, que, dotada de grande beleza, teve muitos pretendentes. Um dia, porém, Hermes e Apolo passaram no país onde vivia e apaixonaram-se ambos pela jovem. Ela deu-lhes dois filhos: o de Hermes chamou-se Autólico (v. a sua lenda), o de Apolo foi o músico Filámon. Mas Quíone não soube manter-se no seu lugar. Teve a ousadia de considerar

---

Dánao: APOLLOD., *Bibl.*, II, 1, 4 e s.: DIOD. SIC., V, 58; PAUSAN., II, 16, 1; 19, 3 e s.; 20, 7; 38, 4; cf. SERV. *ad VIRG.*, *Aen.*, IV, 377; X, 497; HYG., *Fab.*, 168; 169; 170; EUST., *ad. Hom.*, p. 37, 20 e s; escól. *ad* EUR., *Hec.*, 886; cf. *Danaides*. V. G. A. MEGAS, «Die Sage von Danaos und den Danaiden»: *Herm.* (1933), pp. 415-428.

Dárdano: DIOD. SIC., V, 48, 2 e s.; CONON, *Narr.*, XXI; *Il.*, XX, 215 e s.; LYC., *Alex.*, 72 e s., e TZETZ. *ad loc.*, APOLLOD., III, 12, 1 s.; III, 15, 3; VIRG., *Aen.*, III, 167 e s.; VII, 206 e s.; VIII, 134 e s.; SERV., *ad VIRG.*, *Aen.*, II, 325; III, 15; 167; 170; VII, 207; IX, 10.

Dares: EUST., *ad Hom.*, p. 1697, 58.

Dauno: OV., *Fast.*, IV, 76; *Met.*, XIV, 408 e s.; 510 e s.; SERV., *ad VIRG.*, *Aen.*, VIII, 9; HOR., *Od.*, III, 30 11 e s.; IV, 14, 25 e s.; ANT. LIB., *Transf.*, 31; 37; PLIN., *N. H.*, III, 103; TZETZ., *ad Lyc.*, 603 e s.; Cf. ALTHEIM., *A history of roman religion*, Londres, 1938, p. 210 e s.

Décelo: HEROD., IX, 73; STEPH. BYZ, *s.u.* Δεκέλεια.

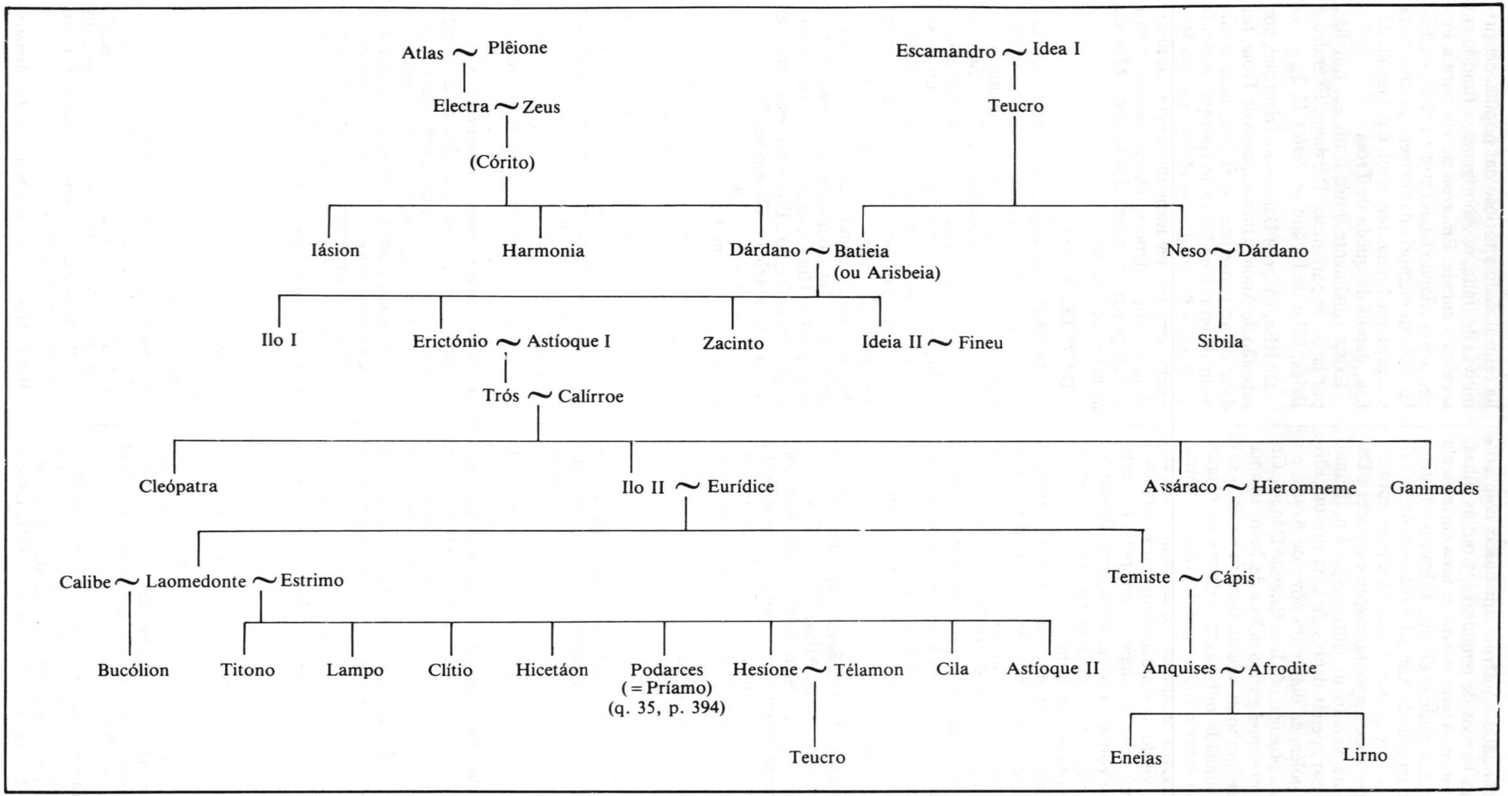

Quadro genealógico n.º 7

a sua beleza superior à de Ártemis, e a deusa matou-a com uma flecha. Na sua dor, Dedálion foi transformado por Apolo em gavião, ave que conservou os instintos violentos que tivera enquanto ser humano.

DÉDALO. (Δαίδαλος.) Dédalo é um ateniense que pertencia à família real descendente de Cécrops (quadro 4, p. 79). É o protótipo do artista universal, simultaneamente arquitecto, escultor e inventor de recursos mecânicos. A ele se atribuíram, na Antiguidade, as obras de arte arcaicas, inclusive aquelas que têm um carácter mais mítico que real, como as estátuas animadas a que Platão se refere no *Ménon*. Em certas tradições, o pai de Dédalo chamava-se Eupálamo e a mãe Alcipe. Em outras, o pai era Palémon, ou então Metíon, neto de Erecteu (v. *Metíon*). Dédalo trabalhava em Atenas, onde tinha como aluno seu sobrinho Talo, filho de sua irmã Perdiz. Talo revelou-se tão habilidoso que Dédalo se encheu de inveja. E, no dia em que Talo, inspirando-se na mandíbula de uma serpente, inventou a serra, atirou-o do alto da Acrópole. Mas o crime foi descoberto e Dédalo compareceu diante do Areópago, que o condenou. Exilado, Dédalo fugiu para Creta, para a corte do rei Minos, de quem se tornou o arquitecto e escultor habitual. Pasífae, mulher de Minos, apaixonou-se por um touro, e ele construiu para a rainha uma vaca de madeira (v. *Pasífae*). Também construiu para Minos o Labirinto, palácio de complicados corredores onde o rei encarcerou o Minotauro. Mais tarde, quando quis salvar Teseu que viera combater o monstro, Ariadne perguntou a Dédalo qual a maneira de o ajudar. E ele inspirou a artimanha que salvou Teseu, aconselhando-a a dar ao herói um novelo de fio que lhe permitiria voltar atrás se o fosse desenrolando à medida que avançava. Quando Minos soube do êxito de Teseu e do expediente de que servira, prendeu Dédalo no Labirinto como cúmplice, juntamente com seu filho Ícaro (que tivera de uma escrava do palácio, chamada Náucrate). Mas Dédalo fabricou umas asas, que prendeu com cera, para si e para seu filho, e ambos levantaram voo (v. *Ícaro*). Dédalo chegou são e salvo a Cumas. Minos perseguiu-o por toda a parte, mas ele estava escondido em Camico, na Sicília, na corte do rei Cócalo (v. este nome no que respeita ao estratagema de que Minos se serviu para descobrir Dédalo). Quando as filhas do rei Cócalo mataram Minos, Dédalo construiu na Sicília numerosos edifícios, como agradecimento ao seu anfitrião.

DEÍFOBO. (Δηίφοβος.) Deífobo é um dos filhos de Príamo e Hécuba e irmão preferido de Heitor. Durante o combate entre Heitor e Aquiles, foi sob a forma de Deífobo que Atena enganou o primeiro e o incitou a resistir, o que causou a sua perdição (v. *Aquiles* e *Heitor*). Foi também Deífobo quem reconheceu Páris-Alexandre aquando dos jogos fúnebres em que venceu todos os seus irmãos (v. *Páris*). Depois de Páris morrer às mãos de Filoctetes, Deífobo obteve a mão de Helena, em competição com seu irmão Heleno, se bem que este fosse mais velho que ele (v. *Heleno*). Quando Tróia foi tomada, Ulisses e Menelau atacaram-lhe a casa e dela se apoderaram. Menelau matou-o e mutilou-o. A sua sombra apareceu a Eneias nos Infernos.

DEIFONTES. (Δηιφόντης.) Pelo lado de seu pai, Antímaco, Deifontes é descendente de Héracles. Casou com Hirneto, filha de outro Heraclida, Témeno (v. quadro 18, p. 220). Quando os Heraclidas se apoderaram do Peloponeso (v. *Heraclidas*), Témeno obteve para si a cidade de Argos. Mandou então chamar Deifontes e associou-o ao poder tão intimamente que seus filhos recearam ser deserdados em favor do cunhado. Para impedir essa eventualidade, os mais velhos (sem a participação do mais novo) resolveram matar o pai. Atacaram-no enquanto ele tomava banho num rio e feriram-no gravemente. Mas, uma vez dado o alarme, fugiram. Témeno morreu em consequência dos seus ferimentos; antes, porém, teve ainda tempo de deixar o seu reino a Deifontes e de revelar o crime dos filhos, que foram banidos. Mas nem assim desistiram de retomar o poder em Argos. E, graças a ajudas externas, conseguiram efectivamente recuperá-lo. Com a mulher e o cunhado Agreu, o filho mais novo de Témeno que nunca lhe fora hostil, Deifontes estabeleceu-se em Epidauro, cujo rei, Pitireu, descendente de Íon, lhe cedeu voluntariamente o trono. Enquanto Deifontes residia em Epidauro, seus dois cunhados, Cérines e Falces, raptaram-lhe a mulher, atraindo-a fora das muralhas e levando-a no seu carro. Deifontes perseguiu-os e matou Cérines com a sua lança, mas Falces matou Hirneto e fugiu. Enterraram o corpo da jovem mulher no preciso local onde morrera, num pequeno bosque de oliveiras, e prestaram-lhe honras divinas.

DEIONEU. (Δηιονεύς.) Deioneu é o pai de Dia e sogro de Ixíon. Uma vez que Deioneu reclamava de Ixíon os usuais presentes, quando lhe concedeu a mão da filha, ele atirou-o per-

Dedálion: Ov., *Met.*, XI, 291 e s.; Hyg., *Fab.*, 200; Pausan., VIII, 4, 3.

Dédalo: Apollod., *Bibl.*, III, 15, 8 e s.; *Ep.*, I, 12 e s.; escól. *ad* Plat., *Ion*, 121a; Plat., *Men.*, 97, 2; Hyg., *Fab.*, 39; 244 e 274; Serv. *ad Virg.*, *Aen.*, IV, 14; *Georg.*, I, 143; Pausan., I, 21, 4; 26, 4; IX, 3, 2; VII, 4, 5; Diod. Sic., IV, 76, 1 e s.; Ov., *Met.*, VIII, 244 e s.; Tzetz., *Hom.*, I, 480 e s.; v. *Cócalo*. Sobre o Labirinto, v. K. Kerenzi, *Labyrinth. Studien*, 2.ª ed., Zurique, 1950; F. Frontisi-Ducroux, *Dédale. Mythologie de l'artisan en Grèce ancienne*, Paris, 1975.

Deífobo: *Il.*, XII, 94; XIII, 402-539; XXII, 223 e s.; Apollod., *Ep.*, V, 9; Quint. Sm., XIII, 354 e s.; Hyg., *Fab.*, 91; 113; 115; 240; Conon, *Narr.*, 34; *Ep. Gr. Fragm*, Kinkel, p. 36; *Od.*, IV, 276 e escól. *ad loc.*; Virg., *Aen.*, VI, 494-547; Tzetz., *Posth.*, 600 e s.; Cf. J. Hubaux, «Déiphobe et la Sibylle»: *A.C.* (1939), pp. 97-109.

Deifontes: Pausan., II, 19, 1; 28, 2 e s.; Apollod., *Bibl.*, II, 8, 5.

Deioneu: Escól. *ad Il.*, I, 268; *ad* Pind., *Pyth.*, II, 39.

fidamente para um fosso cheio de carvões incandescentes e matou-o.

DEÍPILO. (Δηίπυλος.) Deípilo é filho do rei da Trácia, Polimestor, que casou com Ilíone, filha mais velha de Príamo. Esta recebera de Príamo a incumbência de criar Polidoro, filho de Príamo, que lhe fora confiado mal nascera. Ilíone trocou secretamente as crianças, fazendo passar o filho por seu irmão. Tomava assim precauções para, no caso de um morrer, assegurar ao outro o direito ao trono. Depois da queda de Tróia, Agamémnon, que queria extinguir a raça de Príamo, prometeu em casamento a Polimestor sua filha Electra, se ele consentisse em lhe entregar Polidoro. Ele aceitou a oferta e matou o próprio filho, Deípilo, julgando matar Polidoro. Uma vez em que este foi consultar o oráculo de Delfos, ignorando completamente a sua origem, o oráculo respondeu-lhe que seu pai e sua mãe estavam mortos e a sua pátria em cinzas. Espantado porque nada de semelhante via na família que julgava ser a sua, interrogou Ilíone que lhe revelou a verdade. A conselho de Polidoro, Ilíone cegou e matou Polimestor (v. *Polimestor* e *Hécuba*).

DEJANIRA. (Δηιάνειρα.) Dejanira é filha de Eneu, rei de Cálidon, e, por isso, irmã de Meleagro (quadro 29, p. 298). Em outra tradição, seu pai era Dioniso, que fora hóspede de Eneu em Cálidon. Sua mãe é Alteia (v. este nome). Dejanira sabia conduzir um carro e conhecia a arte da guerra. Quando seu irmão Meleagro morreu, ela e as irmãs foram transformadas em pintadas. A pedido de Dioniso, porém, tanto ela como sua irmã Gorge recuperaram a forma humana.

Quando Héracles foi aos Infernos procurar Cérbero, encontrou a alma de Meleagro, que lhe pediu que casasse com a irmã, que ficara sem qualquer apoio desde que ele morrera. Mal regressou à terra, Héracles apressou-se a ir a Cálidon, onde encontrou Dejanira, que o deus-rio Aqueloo acabara de pedir em casamento. Sobre a luta que Héracles sustentou para a conquistar ao rival, v. *Aqueloo*.

Depois do casamento com Dejanira, Héracles ficou muito tempo em Cálidon, onde a mulher lhe deu um filho, Hilo (v. quadro 18, p. 220). Mais tarde, Héracles e Dejanira deixaram Cálidon. No caminho, durante a travessia de um rio, o centauro Nesso tentou violar Dejanira mas foi morto por Héracles. Ao morrer, porém, deu à jovem esposa uma droga, em cuja composição entrava o sangue que correra da sua ferida, dizendo-lhe que era um filtro de amor (v. *Nesso* e *Héracles*). Em Tráquin, Héracles e Dejanira foram recebidos pelo rei Céix e, com Dejanira, ambos combateram os Dríopes. Quando Héracles se apaixonou por Íole, Dejanira, movida pelo ciúme e porque queria reacender o amor do marido, embebeu uma túnica com a droga que Nesso lhe dera e enviou-a a Héracles. Mal a túnica lhe aflorou a pele, uma queimadura devoradora consumiu pouco a pouco o corpo do herói que, sem conseguir resistir ao sofrimento, se suicidou pelo fogo no monte Eta (v. *Héracles*). Quando reconheceu a verdadeira natureza do pretenso filtro de amor, Dejanira matou-se. Mostrava-se o seu túmulo em Tráquin.

DELFINE. (Δελφύνη.) Delfine é o nome de dois dragões.

1. Um foi encarregado por Tífon de vigiar os nervos e os músculos de Zeus, que ele encarcerara numa gruta, na Cilícia (v. *Tífon*). Mas Hermes e Pã conseguiram iludir a vigilância e devolver a Zeus a sua força e forma primitivas. Delfine era metade mulher e metade serpente.

2. O outro dragão com este nome era o que vigiava, em Delfos, a fonte perto da qual se encontrava o velho oráculo de que Apolo se apoderou. Distingue-se de Píton, contra o qual Apolo combateu (v. *Apolo*). Parece tratar-se de duas fases sucessivas da lenda, sendo a de Píton posterior à de Delfine.

DELFO. (Δελφός.) Delfo é o herói que deu nome à cidade de Delfos, tornada célebre pelo santuário e oráculo de Apolo. Dizia-se que fora um rei da região que reinava no tempo em que Apolo a conquistou (v. *Apolo*). Ora se diz que é filho de Posídon e da filha de Deucalião, Melanto, a quem o deus se uniu sob a forma de um delfim (daí derivando o nome do filho), ora que era filho do próprio Apolo e de Celeno (ou Melénis), ou de Tia, ou ainda de Melena, que são, respectivamente, as filhas de Híamo, de Castálio e do Cefiso (quadro 8, p. 116). É a um dos filhos de Delfo, o rei Pites, ou a uma das suas filhas, de nome Pítis, que Delfos devia o seu primitivo nome de Pito (v. também *Píton*).

DEMÉTER. (Δημήτηρ.) Deméter, a deusa maternal da Terra, pertence à segunda geração divina, a dos Olímpicos. É filha de Crono e de Reia, e é a segunda nascida do casal. É mais nova que Héstia e contemporânea de Hera (quadro 38, p. 452). A sua personalidade, simultaneamente religiosa e mítica, é inteiramente distinta da de Geia, a Terra concebida como elemento cosmogónico (v. *Geia*). Deméter, divindade da terra cultivada, é fundamentalmente deusa do trigo. As suas lendas desenvolveram-se em todas as regiões do mundo helénico onde cresce esse cereal. Os seus

---

Deípilo: HYG., *Fab.*, 109; cf. PACU. *ap.*, CIC., *Tusc.*, I, 106; HOR., *Sat.*, II, 3, 61.

Dejanira: APOLLOD, I, 8, 1; 3; II, 7, 5 e s.; HYG., *Fab.*, 31; 33; 34; 36; 129; 162; 174; 240; 243; escól. *ad* APOL. RH., *Arg.*, I, 1212; BACH., V, 165 e s.; OV., *Met.*, VIII, 532; IX, 5 e s.; *Her.*, IX; ANT. LIB. *Transf.*, 2; escól. *ad Il.*, IX, 584; XXI, 194 (citando um fragmento de PÍNDARO); PAUSAN., I, 32 5; VI, 19, 9; SERV., *ad VIRG.*, *Aen.*, VIII, 30; DIOD. SIC., IV, 34, 1 e s.; SENEC., *Herc. Oe.* V. *Héracles*.

Delfine: **1)** APOLLOD., *Bibl.*, L, 6, 3; cf. APOL. RH., *Arg.*, II, 706, e escól. *ad loc.*, **2)** SUID. e STEPH BYZ., *s.v.* Δελφοί.

Delfo: AESCH., *Eum.*, 16; PAVS., X, 6, 3; 32, 2; PLIN., *N. H.*, VII, 57; OV., *Met.*, VI, 120 e escól.; HYG., *Fab.*, 161. Escól. *ad* APOL. RH., *Arg.*, IV, 1405.

locais de eleição são as planícies de Elêusis e da Sicília; mas encontra-se também em Creta, na Trácia e no Peloponeso.

Tanto na lenda como no culto, Deméter está estreitamente ligada a sua filha Perséfone e ambas formam um par frequentemente designado apenas por «as Deusas». As aventuras de Deméter e Perséfone constituem o mito central da sua lenda, precisamente aquele cujo significado profundo era revelado pela iniciação aos mistérios de Elêusis.

O rapto de Perséfone — Perséfone é filha de Zeus e de Deméter; é a única filha da deusa (v., no entanto, o artigo *Perséfone*). Crescia feliz entre as ninfas, em companhia das irmãs, as outras filhas de Zeus, Atena e Ártemis, e pouco se preocupava com o casamento, quando seu tio Hades se apaixonou por ela e, com a ajuda de Zeus, a raptou.

O local do rapto é geralmente o prado de Ena, na Sicília; mas o *Hino Homérico a Deméter* refere, muito vagamente, a planície de Misa, nome mítico sem dúvida praticamente destituído de sentido geográfico. Outras tradições situam-no ora em Elêusis, próximo do Cefiso, ora na Arcádia, no sopé do monte Cilene, onde se mostrava uma gruta que se dizia ser uma das entradas conducentes aos Infernos, ora em Creta, perto de Cnosso, etc. Foi no momento em que a jovem colhia um narciso (ou um lírio) que a terra se abriu, Hades apareceu e levou a noiva para o mundo dos Infernos.

Para Deméter começou imediatamente a busca de sua filha, que a fez percorrer todo o mundo conhecido. No momento de desaparecer no abismo, Perséfone soltou um grito. Deméter ouviu-a e a angústia apertou-lhe o coração. A deusa acorreu, mas não conseguiu encontrar a filha. Durante nove dias e nove noites, sem comer, sem beber, sem tomar banho, sem se arranjar, a deusa vagueou pelo mundo com um archote aceso em cada mão. No décimo dia, encontrou Hécate que também ouvira o grito, mas não reconhecera o raptor, cuja cabeça estava envolvida pelas sombras da Noite. Apenas o Sol, que tudo vê, lhe pôde dizer o que se passara. Mas, segundo uma tradição local, foram os habitantes de Hermíone, na Argólide, que lhe revelaram quem era o culpado. Enfurecida, a deusa decidiu não mais voltar ao céu e ficar na terra, abdicando da sua função divina até que lhe devolvessem a filha. Tomou o aspecto de uma velha mulher e foi para Elêusis. Primeiramente, sentou-se numa pedra que se chamou, desde então, «Pedra sem Alegria»; depois dirigiu-se à corte do rei Céleo, que na altura reinava na região. Encontravam-se lá umas velhas mulheres que a convidaram a sentar-se com elas; Iambe, uma dessas mulheres, fê-la sorrir com os seus gracejos. A deusa pôs-se depois ao serviço de Metanira, mulher de Céleo, e foi contratada como ama. A criança que lhe foi confiada era o pequeno Demofonte (v. este nome) ou, em certas versões, o pequeno Triptólemo. A deusa tentou torná-lo imortal, mas não o conseguiu por causa da intervenção inoportuna de Metanira; dando-se a conhecer, confiou a Triptólemo a missão de espalhar pelo mundo a cultura do trigo (v. *Triptólemo*).

Outras lendas apresentavam a deusa no desempenho da mesma função de ama na corte do rei de Sícion, Plemneu (v. *Ortópolis*).

Entretanto, o exílio voluntário de Deméter tornava a terra estéril e a ordem do mundo encontrava-se perturbada. Assim, Zeus ordenou a Hades que devolvesse Perséfone. Mas isso já não era possível. A jovem quebrara o jejum ao comer um bago de romã durante a sua estada nos Infernos, o que a prendia definitivamente (v. *Perséfone*). Foi preciso chegar a uma solução de compromisso: Deméter retomaria o seu lugar no Olimpo e Perséfone partilharia o ano entre os Infernos e a mãe. Por isso, em cada Primavera que chega, Perséfone escapa-se da sua morada subterrânea e sobe ao céu, ao mesmo tempo que os primeiros rebentos brotam nos sulcos da terra, para de novo desaparecer nas sombras na altura das sementeiras. Assim, durante todo o tempo em que fica separada de Deméter, o solo permanece estéril: é a estação triste do Inverno.

Associaram-se episódios vários à busca de Deméter, ao sabor das lendas locais. Em Sícion, atribuía-se à deusa a invenção do moinho, que ela própria teria revelado aos habitantes; noutros locais, atribuía-se-lhe a cultura dos legumes, particularmente da fava, ou então de frutos, como o figo (v. *Fítalo*). Na Grécia, mostravam-se um pouco por toda a parte santuários da deusa e garantia-se que tinham sido fundados por pessoas que outrora lhe haviam dado guarida: em Argos, um certo Mísio e sua mulher Crisântis; em Fénea, na Arcádia, Trisaules e Damítales, etc.

Outras lendas — Associavam-se também à busca de Perséfone os amores de Deméter e Posídon. Para lhe escapar, a deusa tomou a forma de uma égua; mas fê-lo em vão e deu à luz, além do cavalo Aríon, uma filha que era co-

---

Deméter: HES., *Theog.*, 453 e s.; APOLLOD., *Bibl.*, I, 1, 5, HEROD., II, 171. *O rapto*: HES., *Theog.*, 912-914 e escól. *ad* v. 914; *Hymn. hom. Dem.*, *passim*; cf. *Il.*, XIV, 326; *Od.*, V, 125 e s.; XI, 217; DIOD. SIC., V, 2 e s.; CIC., *Verr.*, IV, 48, 106; ORPH., XXIX, 2; APOLLOD., *Bibl.*, I, 5, 1 e s; OV., *Fast.*, IV, 419 e s.; *Met.*, V, 346 e s.; HYG., *Fab.*, 146; LACT. PLAC., *ad STAT.*, *Theb.*, V, 347; escól. *ad* ARISTOPH., *Eq.*, 785; NONN., *Dion.*, VI, 1-154; PAUSAN., I, 14, 2; 37, 2; 38, 5; II, 35, 4; VIII, 15, 3; CONON, *Narr.*, 15; CALLIM., *Cer.*, 1 e s.; escól. *ad* THEOCR., II, 2; SERV., *ad VIRG.*, *Georg.*, I, 39; ARNOB., *Adv. Nat.*, V, 34 e s.; 37 e s.; *outras lendas*: PAUSAN., II, 5, 8; 11, 3; VIII, 5, 8; 42, 1; 37, 10; 25, 4-10; DIOD. SIC., V, 68 e s.; TZETZ., *ad Lyc.*, 766; PLIN., *N. H.*, III, 6, 9; THEOCR., escól. *ad*, I, 63; HES., *Op.*, 448; ARISTOPH., *Av.*, 710. Cf. L. R. FARNELL, *The cult of the greek states*, Oxford, 1907, t. III, p. 29 e s.; Ch. PICARD, «Sur la patrie et les pérégrinations de Déméter»: *R. E. G.* (1927); ID., «Déméter puissance oraculaire»: *R. H. R.* (1940); M. P. NILSSON., *Die eleusinische Religion Antike*, 1942, p. 210-231; G. MEAUTIS, *Les Mystères d'Eleusis*, Neuchâtel, 1934.

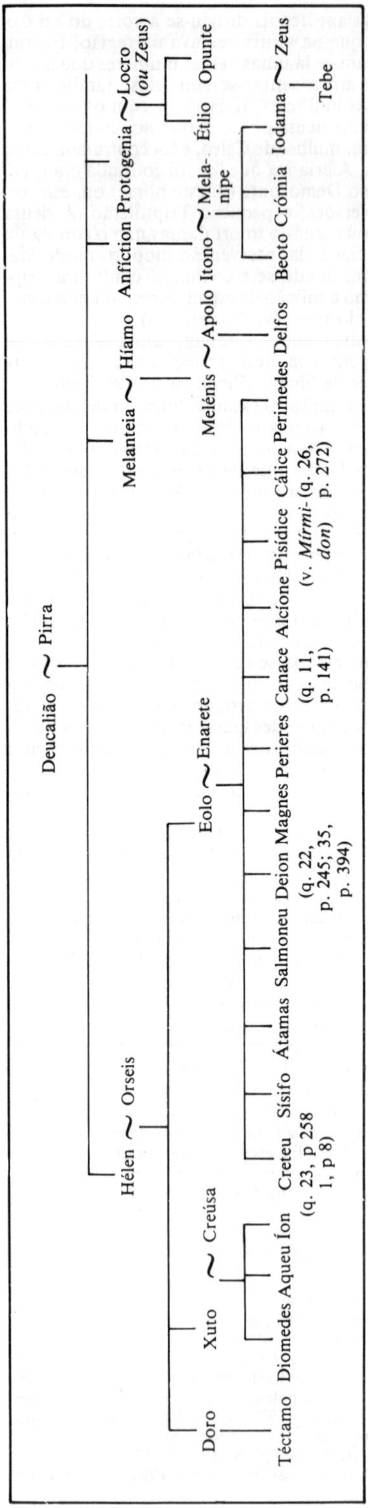

Quadro genealógico n.º 8

nhecida apenas pelo nome de «a Ama» (v. *Aríon*).

Outra lenda, já conhecida na *Odisseia*, é a do amor de Deméter e de Iásion, que deu à deusa um filho, Pluto (v. *Iásion*).

Deméter lutou contra Hefesto pela posse da Sicília (v. *Etna*), contra Dioniso pela da Campânia (este mito, provavelmente recente, simboliza de modo evidente a riqueza da Campânia em vinhas e trigo) (v. também o artigo *Erisícton*).

Os atributos de Deméter são a espiga, o narciso, a dormideira; a sua ave é o grou; a sua vítima predilecta, a porca (v. o artigo *Eubuleu*). Representa-se frequentemente a deusa sentada, com archotes ou uma serpente.

DEMIFONTE. (Δημιφῶν.) Demifonte era rei da cidade de Eleunte em Quersoneso da Trácia (península de Gallipoli). Para acabar com uma epidemia, recebera do oráculo ordem de imolar todos os anos uma donzela escolhida entre as famílias nobres da cidade. E, todos os anos, tirava uma à sorte, mas nunca metia na urna o nome das suas próprias filhas. Ora, um dos nobres da cidade, Mastúsio, recusava-se a deixar que suas filhas entrassem no sorteio se o rei não agisse de igual modo com as suas; então, o tirano matou-lhe a filha sem a ter tirado à sorte. Mais tarde, para se vingar, Mastúsio convidou o rei e as filhas para um sacrifício. As jovens chegaram primeiro e Mastúsio matou-as, tomou-lhes o sangue e misturou-o com vinho numa taça, da qual fez beber Demifonte. Quando este soube que bebida ingerira, atirou Mastúsio e a taça ao mar que, a partir de então, se chamou «Mar de Mastúsio» e o porto «Cratera», devido ao nome do recipiente em que haviam sido misturados o sangue e o vinho. Contava-se também que esta «cratera» se tornara a constelação geralmente conhecida pelo nome de «a Taça».

DEMÓDICE. (Δημοδίκη.) Demódice é o nome da madrasta de Frixo, numa versão da lenda (v. *Frixo*). Era mulher de Creteu, irmão de Átamas (quadro 8, p. 116, e 34, p. 392). Como Frixo, amado por Demódice, não correspondia a esse amor, ela caluniou-o junto de Creteu, que persuadiu seu irmão Átamas a matá-lo. Mas Néfele, mãe de Frixo, salvou-o dando-lhe um carneiro maravilhoso que o levou pelos ares (v. também *Átamas*).

DEMÓDOCO. (Δημόδοχος.) Demódoco é o nome de dois aedos que intervêm nas epopeias homéricas.

1. O primeiro e mais célebre cantava na corte de Alcínoo, rei dos Feaces, durante o banquete em que Ulisses contou as suas aventuras. As Musas, que o amavam, privaram-no da visão

---

Demifonte: Hyg., *Astr.*, II, 40.

Démodice: Hyg., *Astr.*, II, 20; escól. *ad* Pind., *Pyth.*, IV, 288.

Demódoco: 1) *Od.*, VIII, 44 e s.; XIII, 27; Eust. *ad Hom.*, *Od.*, III, 267; Pausan., III, 18, 11. 2) Pausan., I, 2, 3.

mas deram-lhe em troca o dom de comover o coração dos homens com os seus cantos.

2. O segundo é o aedo que Agamémnon, ao partir para a Guerra de Tróia, deixou a sua mulher Clitemnestra, para a vigiar e lhe dar bons conselhos. Não conseguiu, todavia, defendê-la da sugestão de Egipto (v. *Clitemnestra*).

DEMOFONTE. (Δημοφών.) **1.** Demofonte era filho de Céleo, rei de Elêusis, e de sua mulher Metanira; era irmão mais novo de Triptólemo. Quando procurava a filha, Deméter entrou ao serviço de Metanira e recebeu a missão de criar Demofonte. Desejando torná-lo imortal, a deusa punha-o no fogo, durante a noite, para o expurgar dos seus elementos mortais. No entanto, como a criança crescia maravilhosamente, a mãe, ou então a ama, Praxítea (v. este nome), espiou Deméter e, uma noite, viu-a entregar-se a ritos mágicos com Demofonte. Deu um grito; Deméter deixou cair a criança ao chão e revelou a sua verdadeira identidade. Segundo alguns autores, Demofonte foi consumido pelo fogo. Segundo outros, sobreviveu, mas ficou mortal, conservando apenas a glória eterna de, na sua infância, ter recebido os cuidados de uma deusa. Por vezes, esta aventura é atribuída não a Demofonte mas a seu irmão Triptólemo (v. este nome, *Elêusis* e *Céleo*).

2. Outro Demofonte é o irmão de Ácamas (v. este nome, 3) e, por isso, filho de Teseu e Fedra (ou, dizem outros autores, de Teseu e Ariadne). Com o irmão, tomou parte na Guerra de Tróia, para libertar ou resgatar a avó, Etra, que era escrava de Helena (v. *Etra* e *Ácamas*). Enquanto Teseu se encontrava nos Infernos, para raptar Perséfone e casá-la com Pirítoo, os Dióscoros, Castor e Pólux, expulsaram Ácamas e Demofonte do trono de Atenas e puseram em seu lugar o pretendente Menesteu (v. este nome). Ácamas e Demofonte retiraram-se para Siro, onde seu pai se lhes juntou (v. *Teseu*) e de lá partiram para a Guerra de Tróia, com Elefenor, filho de Calcodonte. Intervieram na tomada da cidade e figuravam entre os heróis que entraram no cavalo de madeira.

Embora o episódio seja, por vezes, também atribuído a Ácamas, durante o regresso de Tróia, Demofonte teve na Trácia uma aventura amorosa com a filha de Síton, rei de Anfípolis. Desposou a jovem, cujo nome era Fílis, e o pai deu-lhe como dote o direito de suceder-lhe no trono. Mas Demofonte quis voltar para Atenas. Depois de muito instado, prometeu regressar e preparou-se para partir. Fílis acompanhou-o até ao local chamado «os Nove Caminhos» e, no momento de se separarem, deu-lhe um cofre que continha objectos consagrados à Grande Mãe, Reia. Recomendou-lhe que o abrisse apenas quando tivesse perdido toda e qualquer esperança de voltar para junto dela. Demofonte partiu e fixou-se em Chipre. Quando passou o tempo estabelecido para que o marido voltasse, Fílis amaldiçoou Demofonte e suicidou-se. Entretanto, ele abriu o cofre e ficou aterrorizado com o que viu. Montou o seu cavalo e o cavalo tomou o freio nos dentes. Demofonte caiu e feriu-se mortalmente na sua própria espada.

A Demofonte deviam os Atenienses o Paládio, a estátua troiana de Palas Atena (v. *Atena* e *Paládio*), seja porque Diomedes e Ulisses lha deram de livre vontade, depois de a terem roubado de Tróia, seja porque ele próprio a conquistou, quando alguns argivos perdidos desembarcaram uma noite, por engano, em Faleros, conduzidos por Diomedes; nessa altura, Demofonte, que os confundiu com piratas, atacou-os e roubou a estátua.

É também no reinado de Demofonte que Orestes vai para Atenas, perseguido pelas Euménides. É igualmente nessa altura que se situa a vinda dos Heraclidas para pedirem ajuda contra Euristeu (v. *Heraclidas*).

Vê-se que esta lenda, composta por diversos episódios que encaixam de forma deficiente, não é totalmente coerente, pois alguns aspectos são contraditórios entre si. Daí resulta que seja indiferentemente atribuída a Ácamas ou a Demofonte.

DENDRÍTIS. (Δενδρῖτις.) Dendrítis (de δένδρον, árvore) é o epíteto de Helena em Rodes. Uma lenda local contava que, depois da morte de Menelau e acompanhada dos dois filhos ilegítimos do marido, Nicóstrato e Megapentes, Helena foi para Rodes, para junto de Polixo, viúva de Tlepólemo, que, como o marido, era argiva de nascimento, mas o acompanhara até Rodes quando ele fugiu da Argólida (v. *Tlepólemo*). Durante a menoridade do filho, Polixo foi a regente da ilha. Recebeu bem Helena, mas nem por isso deixou de procurar vingar-se nela da morte do marido, caído durante o cerco de Tróia. Com esse objectivo, criadas suas, disfarçadas de Erínias, apanharam Helena de surpresa, num dia em que tomava banho, e enforcaram-na numa árvore. Debaixo dessa «árvore de Helena» crescia uma planta mágica chamada helénio, que servia de remédio contra as mordeduras de serpente (v. também *Polixo*).

DÉRCINO. (Δέρκυνος.) Dércino é o lígure, irmão de Alébion, que com ele tentou roubar o gado que Héracles levava dos domínios de Gérion (v. *Héracles*).

DEUCALIÃO. (Δευκαλίων.) Deucalião é o nome de dois heróis.

1. O mais conhecido é o filho de Prometeu e Clímene, ou Celeno (v. quadro 38, p. 452).

Demofonte: 1) APOLLOD., *Bibl.*, I, 5, 1 *Hymn. hom. Dem.*, 231-274; OV. *Fast.*, IV, 549-562; HYG., *Fab.*, 147; SERV., *ad VIRG.*, *Georg.*, I, 19 e 163. V. FRAZER, ed. APOLLOD., *Bibl.*, II, apend. I, p. 311 e s. **2)** APOLLOD., *Ep.*, I, 18; 23; V, 22; VI, 16; *Ep. Gr. Fragm.*, Kinkel, p. 30; PAUSAN., X, 25, 8; OV., *Her.*, II; QUINT. SM. *Posthom.*, XIII, 496-543; TZETZ., *ad Lyc.*, 495; ATHEN., X, 437 C; SUID., s.v. Παλλάδιον.

Dendrítis: PAUSAN., III, 19, 10; PTOL., IV, p. 189 (ed. Westermann); AEL., *Hist. Nat.*, IX, 21.

Dércino: APOLLOD., *Bibl.*, II, 5, 10; TZETZ., *Hom.*, II, 340 e s.; cf. POMP. MEL., II, 5.

Deucalião: 1) APOLLOD., *Bibl.*, I, 7, 2 e s.; escól. *ad Il.*,I, 126; XIII, 307; LUCIAN., *Syr. D.*, 12 e s.;

Casou com Pirra, filha de Epimeteu e Pandora, a primeira mulher (v. *Pandora*). Quando Zeus, por considerar que os homens da Idade do Bronze eram uma raça viciosa, os quis aniquilar, resolveu enviar ao mundo um enorme dilúvio que os afogasse a todos. Decidiu poupar apenas dois justos, Deucalião e a mulher. A conselho de Prometeu, Deucalião e Pirra construíram uma «arca», um grande baú no qual se meteram. Durante nove dias e nove noites, flutuaram nas águas do dilúvio e acabaram por abordar as montanhas da Tessália. Aí, desembarcaram e, quando as águas do dilúvio se retiraram, Zeus enviou-lhes Hermes que lhes concedeu a realização de um desejo que manifestassem. Deucalião desejou ter companheiros. Então, Zeus ordenou a ambos, a Pirra e a Deucalião, que atirassem por cima dos ombros os ossos de suas mães. Pirra ficou aterrorizada com tal sacrilégio, mas Deucalião percebeu que se tratava de pedras, os ossos da Terra, que é a Mãe universal. Atirou então pedras por cima do ombro e, das que ele lançava, nasceram homens; das que Pirra atirava, nasceram mulheres.

Deucalião e Pirra tiveram numerosos descendentes (v. quadro 8, p. 116).

2. A lenda refere outro Deucalião, filho de Minos e Pasífae, e irmão de Catreu, Glauco e Andrógeo (quadro 30, p. 312). Este Deucalião era amigo de Teseu e participou na caçada de Cálidon. É o avô de Meríones (v. este nome).

DEXÂMENO. (Δεξαμενός.) Dexâmeno (*o Acolhedor*) é o nome de um rei da cidade de Óleno, na Acaia, junto de quem se refugiou Héracles quando foi expulso por Augias (v. *Augias* e *Héracles*). Prometeu ao herói a mão de sua filha Mnesímaque; em seguida, Héracles partiu para uma expedição. Quando voltou, encontrou a jovem prometida à força em casamento ao Centauro Eurítion, que obrigara Dexâmeno a dar-lha. Héracles matou o Centauro e casou com Mnesímaque.

Uma variante da lenda identifica Mnesímaque com Dejanira e situa a cena em Cálidon, na corte de Eneu (v. *Dejanira*), onde teve lugar uma luta semelhante entre Héracles e Aqueloo pela posse da jovem.

Dexâmeno deu em casamento aos Moliónidas (v. este nome) duas das suas filhas, Terónice e Teréfone.

DEXICREONTE. (Δεξικρέων.) Dexicreonte era um mercador de Samos. Durante uma escala na ilha de Chipre, Afrodite aconselhou-o a carregar o barco apenas com água e a fazer-se o mais depressa possível ao mar. Dexicreonte aceitou a sugestão. Quando estava no alto mar, houve uma calmaria e Dexicreonte vendeu água aos barcos parados com grande benefício. Em sinal de reconhecimento, erigiu uma estátua à deusa.

* **DIANA.** (*Diana.*) Diana é a deusa itálica e romana identificada com Ártemis (v. *Ártemis*). Parece que esta identificação se deu muito cedo, talvez no século VI a. C., por intermédio das colónias gregas da Itália meridional, em particular de Cumas. Limitou-se, porém, a adaptar os traços de uma deusa indígena, cujas lendas próprias são evidentemente muito pobres, dado que era adorada por um povo ainda inculto, mas a que as lendas elaboradas posteriormente deram cor. Os seus dois santuários mais antigos são os de Cápua, onde tinha o nome de Diana *Tifatina*, e o de Arícia (nas margens do lago de Nemi, perto de Roma), onde era denominada *Diana Nemorensis*, a Diana dos Bosques.

Contava-se que Diana de Nemi era a Ártemis de Táuris, levada para Itália por Orestes, o que explicava a crueldade dos seus ritos. Com efeito, o sacerdote da Diana de Nemi, chamado *Rex Nemorensis*, o Rei dos Bosques, podia ser morto, em certas circunstâncias, por quem aspirasse a suceder-lhe. Sabe-se que a Deusa de Táuris apreciava os sacrifícios humanos (v. *Ártemis*). Dizia-se também que Ártemis recolhera Hipólito, filho de Teseu, depois da sua morte e ressurreição conseguida pelo médico Asclépio. Levou-o para Itália e escondeu-o, com outro nome, no santuário de Arícia, onde o fez seu acólito. Hipólito chamava-se «Virbius», nome que se interpretava como «aquele que viveu duas vezes». A origem desta lenda está provavelmente na proibição de deixar entrar cavalos no santuário, um tabu muito antigo do culto da Diana de Nemi. Uma vez que, na lenda de Hipólito, a morte do herói fora provocada pelos seus cavalos (v. *Hipólito*), tal facto harmonizava-se perfeitamente com a personalidade atribuída a Vírbio e explicava o tabu como um sentimento de rancor para com os animais culpados.

Em Cápua havia a lenda de uma corça consagrada a Diana, animal de espantosa longevidade, cujo destino estava ligado à conservação da cidade.

DIANTE. (Δίας.) Em uma variante das tradições complicadas respeitantes às origens dos Atridas, Diante é filho de Pélops e Hipodamia e, por isso, irmão de Atreu e Tiestes. Teve uma filha, Cléola, que casou com Atreu e lhe deu um filho, Plístenes. Foi este filho que gerou

---

OV., *Met.*, I, 125-415; HYG., *Fab.*, 153; SERV., *ad Virg.*, *Buc.*, VI, 41; PI., *O.*, IX, 41 e s. **2)** APOLLOD., *Bibl.*, III, 1, 2; 3, 1; *Ep.*, III, 13; DIOD. SIC., V, 79, 4; HYG., *Fab.*, 14; 173; PAUSAN., I, 17, 7; PLUT., *Thes.*, 19.

Dexâmeno: APOLLOD., *Bibl.*, II, 5, 5; B., *apud* escól. *ad Od.*, XI, 295; DIOD. SIC., IV, 33, 1: PAUSAN., VII, 18, 1; *Fab.*, 33. Para os Centauros raptores de mulheres, v. G. DUMÉZIL, *op. cit.*, artigo «Centauros».

Dexicreonte: PLUT., *Qu. Gr.*, 54.

Diana: V. *Ártemis*; STRAB., V, 3, 12, p. 239; OV., *Met.*, XV, 497 e s.; *Fast.*, III, 265 e s.; VI, 735 e s.; APOLLOD., *Bibl.*, III, 10; SIL. ITAL., *Punic.*, XIII, 115 e s. V. G. FRAZER, *Balder the beautiful*, II, pp. 95 e s.; 302 e s.; J. HEURGON, *Capoue préromaine*, p. 303 ss.; ALTHEIM, *Griech. Götter im alten Rom.*, pp. 93-172; A. E. GORDEN, «On the origin of Diana»: *T. A. Ph. A.* (1932), pp. 177-192.

Diante: *Etym. Magn. s.u.* Δίας; escól. *ad* EUR., Or., 5; TZETZ., *ad Il.*, 68, 20.

Agamémnon e Menelau e uma filha, Anaxíbia. Em outra tradição, Cléola, filha de Diante, era a mulher de Plístenes, filho de Atreu, e era ela a mãe de Menelau, Anaxíbia e Agamémnon (v. quadro 2, p. 12).

DIÃO. V. *Díon.*

DIAS. V. *Diante.*

DICTE. (Δίκτη.) É outro nome da ninfa cretense Britomártis, como ela amada por Minos; também como ela, atirou-se ao mar e foi salva pelas redes de pescadores (v. *Britomártis* e *Brite*).

DÍCTIS. (Δίκτυς.) Díctis é o irmão do tirano de Serifos, Polidectes, e protector de Dánae e Perseu (v. estes nomes e *Polidectes*). O seu nome, relacionado com o vocábulo que significa «rede», corresponde perfeitamente ao papel que a lenda lhe atribui: foi ele quem, na costa de Serifos, apanhou o baú no qual navegavam Perseu e a mãe. Por vezes, diz-se que era um simples pescador. Depois da morte de Polidectes, foi rei da ilha.

* **DIDO.** (*Dido.*) A lenda de Dido, rainha de Cartago, é conhecida sobretudo graças ao romance de amor inserido por Virgílio na *Eneida*. Mas existia antes dele e contava um episódio das migrações fenícias para o Ocidente mediterrânico. Na sua forma mais antiga, a lenda era a seguinte: o rei de Tiro, Muto, tinha dois filhos: um filho, Pigmalião, e uma filha, Elissa (Elissa é o nome tírio da rainha Dido). Quando morreu, legou o reino a seus filhos e o povo reconheceu Pigmalião como rei, embora fosse ainda uma criança. Elissa casou com seu tio Sicarbas, sacerdote de Héracles e segunda figura do Estado, depois do rei. Mas Pigmalião mandou matar Sicarbas, para se apoderar dos seus tesouros. Não o conseguiu, porém, já que a irmã, horrorizada com o crime, decidiu fugir. Em segredo, carregou os barcos com os tesouros de Sicarbas e fugiu, acompanhada por nobres tírios descontentes. Contava-se que, durante a viagem, para iludir a cupidez de Pigmalião, atirou ostensivamente ao mar sacos cheios de areia, mas que ela dizia estarem cheios de ouro e que oferecia à alma do marido. Em Chipre, juntou-se-lhes um sacerdote de Zeus, impelido por um aviso divino. Aí, os companheiros de Dido raptaram oitenta jovens consagradas a Afrodite para as tornarem suas esposas. Em seguida, os emigrantes rumaram a África, onde foram bem recebidos pelos indígenas. Estes permitiram a Dido, que lhes pedia uma terra para se estabelecer, que tomasse «tanta quanta pudesse conter-se em uma pele de boi». Dido cortou uma pele de boi em tiras muito finas e obteve assim um fio comprido com que circundou um território bastante vasto. Os indígenas, obrigados a respeitar a promessa feita, concederam-lhe a terra dessa forma delimitada. Em breve os habitantes de Útica enviaram presentes aos recém-chegados e os encorajaram a fundar uma cidade. No primeiro local escolhido, quando cavavam, encontraram uma cabeça de boi, o que pareceu mau agouro. Mudaram, pois, de localização e, ao escavarem, encontraram uma cabeça de cavalo, o que foi interpretado como um magnífico sinal do valor guerreiro da futura cidade. Foi então, depois de vagas de novos colonos vindos da metrópole terem dado à cidade uma nova força, que Iarbas, rei indígena de uma população vizinha, quis casar com Dido e ameaçou que declararia guerra à cidade se ela recusasse. Dido, que não podia enjeitar a proposta mas abominava essa nova união, pediu um prazo de três meses, sob pretexto de acalmar com sacrifícios a sombra do primeiro marido. Quando esse prazo expirou, subiu para uma pira fúnebre e suicidou-se.

Foi sobre este tema que Virgílio construiu o romance de Eneias, no qual vemos o herói empurrado por uma tempestade para a costa de África e recolhido pelos habitantes de Cartago, a cidade fundada por Dido. Durante um banquete realizado em sua honra, Eneias narrou as suas aventuras e a tomada de Tróia. Depois, enquanto os companheiros reparavam os navios, usufruiu da hospitalidade da rainha, que pouco a pouco se apaixonou por ele. Finalmente, no decurso de uma caçada, quando uma tempestade os juntou em uma mesma gruta para se abrigarem, ela tornou-se sua amante, por vontade de Vénus e instigação de Juno. Depressa o rei Iarbas, sabedor do acontecido e indignado por se ver preterido em favor de um estrangeiro, pediu a Júpiter que afastasse Eneias. Júpiter, conhecedor dos destinos e sabendo que Roma tinha de nascer longe da costa de África, deu a Eneias ordem de partir e de quebrar aquela ligação passageira. Eneias partiu sem tornar a ver a rainha. Esta, quando soube que fora abandonada, ergueu uma enorme pira e suicidou-se entre as chamas. Em Virgílio, Dido fora já casada, como na versão anterior da lenda, mas o nome de seu primeiro marido é Siqueu. Surge também sua irmã, Ana, que talvez nunca tivesse sido anteriormente mencionada (v. igualmente *Ana Perena*).

Dicte: SERV., *ad VIRG.*, *Aen.*, III, 171.

Díctis: APOLLOD., *Bibl.*, I, 9, 6; TZETZ., *ad Lyc.*, 838; escól. *ad* APOL. RH., *Arg.*, IV, 1091; HYG., *Fab.*, 63; E., *TGF* (Nauck), p. 365, tragédia perdida *Díctis*.

Dido: TIM., fr. 23, ed. Müller; JUST., XVIII, 4, 3-6, 8; SERV. *ad VIRG.*, *Aen.*, I, 343; 443; 738; EUST., *ad* DION. PERIEG., 195-197; STEPH. BYZ., *s. u.* Καρχηδών; NAEV., fr. 9, 10, 12, 14 (ed. Vahlen); VIRG., *Aen.*, I e IV; OV., *Her.*, IV; H. DESSAU, «Vergil und Karthago, Dido und Anna»: *Hermes* 49 (1914), pp. 508-537; e «Aeneas in Karthago»: *ibid.* 3 (1917) pp. 470-472; L.-A. CONSTANS, *L'Éneide de Virgile*, Paris, 1943; H. OPPERMANN, «Dido bei Naevius»: *Rh. Mus.* (1939), pp. 206-214; J. KOWALSKI, «De Didone graeca et latina»: *R. W. F.* 63, 1 (1929); J. BAYET, «Virgile et le monnayage de Carthage»: B.S.A.F. (1941), pp. 167-170.

DIMETES. (Διμοίτης.) Dimetes era o irmão de Trézen, com cuja filha, Evopis, casou. Mas Evopis amava seu próprio irmão. Dimetes apercebeu-se do facto e revelou-o a Trézen. De medo e vergonha, a jovem enforcou-se, invocando toda a espécie de maldições contra aquele que descobrira e traíra o seu segredo. Mais tarde, Dimetes encontrou na praia o corpo de uma mulher de maravilhosa beleza, enrolado pelas vagas. Sentiu uma violenta paixão por esse cadáver e uniu-se-lhe. O cadáver, porém, entrou rapidamente em decomposição. Dimetes erigiu-lhe um túmulo mas, sem conseguir suportar a dor de perder o que amava, trespassou-se com a própria espada sobre esse mesmo túmulo.

DIOMEDES. (Διομήδης.) A lenda refere dois Diomedes.

1. O primeiro é um rei da Trácia, filho de Ares e Pirene, que costumava fazer devorar pelas suas éguas os estrangeiros que abordavam o seu país. Euristeu encarregou Héracles de pôr fim a essa prática e de levar as éguas para Micenas. Héracles partiu com um grupo de voluntários e, tendo dominado os criados encarregados de guardar os animais, levou-os consigo. Na praia, porém, foi atacado pelos indígenas que vinham defender os cavalos. Ao vê-lo, Héracles confiou-os a seu companheiro Abdero, um filho de Hermes, nascido em Opunte da Lócrida. As éguas mataram o jovem, arrastando-o. Entretanto, Héracles venceu os habitantes do país, matou-lhes o rei, Diomedes, e fundou na costa uma cidade chamada Abdera, nome inspirado no do jovem que amava. Em seguida, levou as éguas a Eristeu. Mas este deixou-as em liberdade e elas foram devoradas por animais selvagens no maciço do monte Olimpo. Outra tradição diz que Héracles matou Diomedes abandonando-o às suas éguas, que o devoraram. O herói levou depois os animais a Euristeu, que os consagrou a Hera. Os seus descendentes existiam ainda no tempo de Alexandre Magno.

A tradição conservou o nome dessas éguas, em número de quatro: Podargo, Lâmpon, Xanto e Deíno. Estavam ligadas por uma corrente de ferro à grade da manjedoura, que era em bronze.

2. O outro Diomedes é um herói etólio, que participou na Guerra de Tróia. É filho de Tideu e de Deípile, uma das filhas de Adrasto (quadro 1, p. 8; e 29, p. 298) e, por isso, participou também na expedição dos Epígonos contra Tebas (v. *Adrasto*). O primeiro feito que a tradição lhe atribui é a vingança exercida contra os filhos de Ágrio, que haviam arrebatado o reino a seu avô Eneu, rei de Cálidon (quadro 29, p. 298), para o dar ao pai. Diomedes foi secretamente a Argos, sua pátria adoptiva (v. *Tideu*), com Alcméon, e matou todos os filhos de Ágrio, excepto Onquesto e Tersites que anteriormente haviam fugido para o Peloponeso. Como Eneu estava velho, Diomedes deu o seu reino a Andrémon que casara com uma filha de Eneu, Gorge. Quando Eneu, que se retirara para o Peloponeso, foi morto numa emboscada preparada pelos filhos sobreviventes de Ágrio, Diomedes realizou-lhe magníficos funerais e enterrou-o no local onde mais tarde se ergueu a cidade de Énoe, assim chamada por causa do nome do ancião. Em seguida, casou com Egíale, sua tia (v. quadro 1, p. 8), que, segundo certos autores, era apenas sua prima, pois não a consideram filha de Adrasto mas sim de Egialeu. Seria, assim, sua neta.

Nas narrativas do ciclo troiano, Diodemes surge como companheiro habitual de Ulisses na maior parte das missões delicadas de que este foi incumbido. Partiu com os Atridas na sua qualidade de antigo pretendente à mão de Helena. Certas representações mostram-no junto de Ulisses, em Siro, procurando assegurar a colaboração de Aquiles. Em seguida, também colabora com Ulisses em obrigar Agamémnon ao sacrifício de sua filha Ifigénia, em Áulis, e secunda-o na embaixada a Aquiles, quando é questão de acalmar a cólera do herói e de o fazer voltar ao combate pelo lado dos Gregos. Participa sobretudo na expedição de «reconhecimento» levada a cabo por Ulisses durante a noite que se seguiu à embaixada. Juntamente com ele, matou o espião Dólon e Reso, o chefe do contingente trácio chegado na véspera, e apoderou-se dos seus cavalos. V. também o encontro com Glauco, neto de Belerofonte (*Glauco*, 2). Diomedes concorreu aos jogos fúnebres dados em honra de Pátroclo. Nas narrativas posteriores à *Ilíada*, acompanhou Ulisses a Lemnos para procurar Filoctetes, ferido, cuja presença era necessária para que os Gregos conseguissem tomar a cidade (v. *Filoctetes*). Diomedes era um combatente vigoroso que feriu na batalha a deusa Afrodite e, por isso, se expôs à sua cólera. Era hábil a falar e figura nos diversos «conselhos» dos chefes aqueus. Não era, porém, imune à cólera. Quando Aquiles matou Tersites, em consequência dos seus sarcasmos sobre Pentesileia, enfureceu-se com ele e lembrou-lhe que Tersites era seu parente (quadro 29, p. 298). Em seguida, pediu que o corpo da Amazona fosse lançado ao Escamandro.

De todos os «Regressos» de Tróia, o de Diomedes foi durante muito tempo considerado o mais feliz. É essa tradição que a *Odisseia* documenta ainda. No entanto, rapidamente as

---

Dimetes: PARTH., *Erot.*, 31.

Diomedes: **1)** APOLLOD., *Bibl.*, II, 5, 8; DIOD. SIC., IV, 15, 3 e s.; STRAB., VII, p. 331, fr. 44 e 47; HYG., *Fab.*, 30; 250; cf. também os artigos *Héracles* e *Euristeu*. **2)** APOLLOD., *Bibl.*, I, 8, 6 e s.; III, 7, 2 e 3; 10, 8; *Ep.*, III, 12; IV, 4; V, 8; 13; VI, 1; *Il.*, II, 559-568; IV, 365-421; V, 1-26; 84 e s.; X, 177-579; XXIII, 262-652; 798-825; HYG., *Fab.*, 97; 98; 108; 113; 175; ANT. LIB., *Transf.*, *Od.*, III, 180-182; PAUSAN., X, 31, 1; CONON, *Narr.*, 34; escól., *ad* LYC., 610 (citação de Minmermo); *ibid.*, 615. V. J. BERARD, *Colonisation grecque...* pp. 385 e s. (sobre as lendas itálicas); GIANELLI, *Miti...*, pp. 38 e s.; J. PERRET, *Origines...*, pp. 38 e s.; etc.

suas aventuras tiveram continuação após a Guerra de Tróia. Sua mulher, Egíale, fora-lhe infiel (v. *Egíale*) e, quando ele regressou a Argos, escapou por pouco às armadilhas que ela lhe preparara. Refugiou-se junto do altar de Hera como suplicante e, daí, fugiu para Itália, para a corte do rei Dauno. A infidelidade da mulher era a manifestação da cólera de Afrodite que lhe guardava rancor pela ferida que ele lhe fizera. Ao lado de Dauno, combateu contra os inimigos do rei, que depois o privou da legítima recompensa que lhe prometera. Então, Diomedes lançou imprecações contra o país e votou-o à esterilidade sempre que não fosse cultivado pelos Etólios, seus compatriotas. Em seguida, garantiu o domínio do país, a despeito de Dauno que, no entanto, parece ter acabado por levar a melhor e matar o herói, enquanto os seus companheiros eram metamorfoseados em aves, mansas quando encontravam gregos, mas ferozes com todos os outros seres humanos. Atribuía-se a Diomedes uma quantidade de fundações de cidades na Itália meridional.

DÍOMO. (Δίομος.) Díomo é o herói ático que deu o nome ao demo homónimo. É o filho de Calito. Quando Héracles foi hóspede deste último, amou Diomo. Depois da apoteose de Héracles, Díomo ofereceu-lhe em sacrifício um animal tomado do rebanho de seu pai. Surgiu então um cão que arrastou os bocados de carne da oferenda até um local onde Díomo fundou o santuário de Héracles Cinosarges.

DÍON. (Δίων.) Díon era um rei lacónio que casou com Anfítea, filha de Prónax. Tinha três filhas, Orfe, Lico e Cária. Anfítea recebera Apolo com grandes atenções, quando o deus viajava pela Lacónia. Como recompensa, Apolo prometeu a suas filhas o dom da profecia, na condição de que elas jamais traíssem os deuses e nunca procurassem saber o que não lhes dizia respeito. Um dia, porém, Dioniso foi igualmente hóspede da casa de Díon. Amou Cária, que lhe correspondeu. Quando regressou da sua viagem ao redor da Terra, apresentou-se de novo em casa de Díon, atraído pelo amor da jovem. Então, as irmãs desta espiaram-no, desejando descobrir os assuntos do deus. Apolo e Dioniso advertiram-nas solenemente, mas em vão. Foram transformadas em penedos. Apenas Cária, a bem-amada, se tornou uma nogueira de frutos fecundos. Prestou-se-lhe culto sob o nome de Ártemis Cariátis.

DIONE. (Διώνη.) Dione é uma das deusas da primeira geração divina. A sua origem diverge consoante as tradições: ora se diz que é filha de Úrano e Geia, e irmã de Tétis, Reia, Témis, etc., ora se considera ser uma das Oceânides, filha de Oceano e Tétis. Por vezes, conta-se também entre as filhas de Atlas. Teve dois filhos de Tântalo: Níobe e Pélops. Uma outra tradição atribuía-lhe Afrodite como filha (v. este nome).

DIONISO. (Διόνυσος.) Dioniso, também chamado Baco (Βάκχος) e identificado em Roma com o antigo deus itálico *Liber Pater* é, na época clássica, essencialmente o deus da vinha, do vinho e do delírio místico. A sua lenda é complexa, pois associa diversos elementos recebidos não só da Grécia mas também dos países vizinhos. Dioniso absorveu, por exemplo, cultos análogos originários da Ásia Menor e estas identificações parciais deram origem a episódios melhor ou pior associados ao resto da sua história.

Dioniso é o filho de Zeus e Sémele, filha de Cadmo e Harmonia (quadro 3, p. 66). Por isso, pertence à segunda geração dos Olímpicos, como Hermes, Apolo, Ártemis, etc. Sémele, amada por Zeus, pediu-lhe que se mostrasse em todo o seu poder. E o deus acedeu, para lhe agradar. Todavia, incapaz de suportar a visão dos relâmpagos que rodeavam o amante, tombou fulminada. Zeus apressou-se a arrancar-lhe a criança que trazia no ventre e que estava ainda no sexto mês de gestação. Coseu-o imediatamente dentro da sua própria coxa e, quando chegou o fim do tempo, tirou-o perfeitamente formado e vivo. Era o pequeno Dioniso, o deus «duas vezes nascido». A criança foi então confiada a Hermes, que o deu a criar ao rei de Orcómeno, Átamas, e a sua segunda mulher, Ino. Disse-lhes que vestissem o pequeno Dioniso com roupas feminis, para despistar o ciúme de Hera, que tentava fazer perecer a criança, fruto dos amores adúlteros de seu marido. Desta vez, porém, Hera não se deixou enganar e enlouqueceu a ama de Dioniso, Ino, e o próprio Átamas (v. *Ino*, *Palémon* e *Átamas*). Então,

---

Díomo: Escól. *ad* Apol. Rh., *Arg.*, I, 1207; Steph. Byz., *s. u.*

Díon: Serv. *ad Virg.*, *Buc.*, VIII, 29.

Dioniso: Apollod., *Bibl.*, II, 2, 2; III, 4, 3 e s.; V, 1 e s.; Hes., *Theog.*, 940-942; Eur., *Ba.*, *passim*; *Cyc.*, 3 e s.; Hyg., *Fab.*, 2; 4; 129; 132; 134; 167; 179; Lucian., Deor., IX, 2; Diod. Sic., IV, 2, 2 e s.; 25, 4; Ov., *Met.*, III, 259 e s.; 581 e s.; IV, 512 e s.; V, 39 e s.; *Fast.*, I, 353 e s.; VI, 489 e s.; Serv., *ad Virg.*, *Aen.*, I, 67; III, 14; 118; V, 241; Pausan., I, 44, 7; II, 37, 5; III, 24, 3; IX, 5, 2; 34, 7; Ant. Lib., *Transf.*, 28; Hyg., *Astr. Poet.*, II, 21; 17; Virg., *Georg.*, II, 380-384; *Il.*, VI, 129 e s. e escól. *ad loc.* escól. *ad Il.*, XVIII, 486; Tzetz., *ad Lyc.*, 273; *H.*, VIII, 582 e s.; Soph., *Ant.*, 955 e s.; *Hym. hom. Dion.*, *passim*; *Appendix Narrat.* (Westermann, *Myth. gr.*, p. 368, 22), escól. *ad* Aristoph., *Ra.*, 330; Arnob., *Adv. Nat.*, V, 28 e s.; Nonn., *Dion.*, *passim*, onde, a par de tradições autênticas, se encontram invenções romanescas ou simbólicas. V. também *Orfeu, Core.* H. Gregoire, «Bacchos le Taureau...» in *Mél. Ch. Picard*, Paris, 1949, pp. 401-406. Cf. W. Otto, *Dionysos, Mythos und Kultus*, Francoforte, 1933; H. Jeanmaire, *Dionysos*, Paris, 1951; K. Kerenyi, *Die Herkunft der Dionysosreligion...*, Colónia, 1956; *ID.*, *Dionysos. Archetypol images of indestructible life*, Princeton, University Press, 1976; M. Detienne, *Dionysos mis à mort*, Paris, 1977. M. Daraki, *Dionysos*, Paris, 1985.

Zeus levou Dioniso para longe da Grécia, para o país chamado Nisa, que uns situam na Ásia, outros na Etiópia ou em África, e deu-o a criar às ninfas desse país. No entanto, para evitar que Hera o reconhecesse, transformou-o desta vez em cabrito. Este episódio explica simultaneamente o epíteto ritual de «cabrito» usado por Dioniso e fornece uma etimologia aproximada do seu nome, relacionando-o com Nisa. As ninfas amas de Dioniso tornaram-se mais tarde as estrelas da constelação das Híades.

Já adulto, Dioniso descobriu a videira e o seu uso. Mas Hera enlouqueceu-o. Na sua loucura, o deus vagueou pelo Egipto e pela Síria. Desse modo, regressando da Ásia, atingiu a Frígia, onde foi acolhido pela deusa Cíbele, que o purificou e iniciou nos ritos do seu culto. Curado da loucura, Dioniso dirigiu-se à Trácia, onde foi mal recebido pelo rei Licurgo, que reinava nas margens do Estrímon. Licurgo tentou aprisionar o deus, mas não o conseguiu, pois Dioniso fugiu para junto de Tétis, a Nereide, que lhe deu abrigo no mar. Mas Licurgo conseguiu capturar as Bacantes que pertenciam ao cortejo do deus. Então, milagrosamente, as Bacantes foram libertadas e Licurgo acometido de loucura. Julgando destruir a videira, a planta sagrada de seu inimigo Dioniso, cortou a sua própria perna assim como as extremidades de seu filho. Caindo em si, apercebeu-se também de que a esterilidade atingia o seu país. Interrogado o oráculo, este revelou que a cólera de Dioniso só se apaziguaria se Licurgo fosse morto, o que os seus súbditos fizeram, atando-o a quatro cavalos que o esquartejaram.

Da Trácia, Dioniso dirigiu-se à Índia, região que conquistou numa expedição semiguerreira, semidivina, submetendo os países pela força das armas (de facto, levava consigo um exército). É então que se situa a origem do cortejo triunfal de que se fazia acompanhar, o carro puxado por panteras e ornamentado com parras e hera, os Silenos e as Bacantes, os Sátiros e outras divindades menores, tais como Priapo, o deus de Lâmpsaco.

De regresso à Grécia, Dioniso foi para a Beócia, país de origem de sua mãe. Em Tebas, onde reinava Penteu, sucessor de Cadmo, introduziu as Bacanais, as festas em sua honra durante as quais toda a população, mas sobretudo as mulheres, era tomada por um delírio místico e percorria os campos emitindo gritos rituais. O rei opôs-se à introdução de ritos tão perigosos e foi castigado, assim como sua mãe Agave, irmã de Sémele (v. *Agave* e *Penteu*); em delírio, Agave despedaçou o filho com as suas próprias mãos, no Citéron. Em Argos, para onde se dirigiu em seguida, Dioniso manifestou o seu poder de forma semelhante, enlouquecendo as filhas do rei Preto (v. *Melampo* e *Prétides*), bem como as mulheres do país, que percorreram os campos mugindo como se tivessem sido transformadas em vacas e que, fora de si, chegaram ao ponto de devorar os filhos que traziam ao peito.

Em seguida, o deus quis ir até Naxos e, por isso, contratou os serviços de piratas tirrenos, a quem pediu que o levassem em seu navio até à referida ilha. Os piratas, porém, fingiram aceitar e dirigiram-se à Ásia, com a intenção de vender o passageiro como escravo. Quando se deu conta do facto, Dioniso transformou-lhes os remos em serpentes, encheu-lhes o navio de hera e fez ressoar flautas invisíveis. Imobilizou o navio entre grinaldas de parras, de tal modo que os piratas, enlouquecidos, se lançaram ao mar tornando-se delfins — o que explica que os delfins sejam amigos dos homens e se esforcem por salvá-los nos naufrágios, já que são piratas arrependidos. Nessa altura, o poder de Dioniso foi reconhecido em todo o mundo e o deus pôde ascender ao céu, acabado que estava o seu papel na Terra e estabelecida por todo o lado a observância do seu culto.

Antes disso, no entanto, quis descer aos Infernos para procurar a sombra de sua mãe Sémele e lhe devolver a vida. Fê-lo atravessando o lago de Lerna, um lago sem fundo que se pensava ser o acesso mais directo ao mundo dos Infernos. Todavia, como não sabia o caminho, Dioniso teve de informar-se junto de um certo Prosimno (ou Polimno, v. este nome), que lhe pediu, para quando voltasse, uma determinada recompensa que o deus não lhe pôde dar, ao regressar à terra, pois Prosimno morreu entretanto; tentou, apesar disso, cumprir a sua promessa, mediante um bastão de forma apropriada que plantou no seu túmulo. No Hades, Dioniso pediu ao deus que lhe libertasse a mãe. Hades acedeu com a condição de que Dioniso desse em troca qualquer coisa de que gostasse muito. Entre as suas plantas preferidas, o deus cedeu o mirto e essa é, diz-se, a origem do costume que tinham os iniciados nos mistérios dionisíacos de coroar a cabeça com mirto.

Foi como deus, depois de ter subido ao céu, que Dioniso raptou Ariadne, em Naxos (v. *Ariadne* e *Teseu*).

Dioniso participou também na luta dos Deuses contra os Gigantes: matou Êurito com um golpe de tirso, que é uma grande haste enfeitada de hera, sua insígnia comum.

Dioniso, deus do vinho e da inspiração, era festejado com procissões tumultuosas, nas quais figuravam, evocadas por máscaras, os génios da Terra e da fecundidade. Estes cortejos deram origem às representações mais regulares do teatro: a comédia, a tragédia e o drama satírico, que conservou por mais tempo a marca das suas origens. Na época romana e a partir do século II a. C., os *Mistérios* de Dioniso, com a sua licenciosidade e o seu carácter orgiástico, penetraram na Itália, onde encontraram terreno de eleição entre as populações ainda pouco civilizadas das montanhas da Itália meridional e central. O Senado romano teve de proibir a celebração das Bacanais, em 186 a. C. No entanto, as seitas místicas conservaram a tradição dionisíaca. É provável que César tenha voltado a autorizar as cerimónias báquicas; o deus desempenha um papel ainda muito importante na religião da época imperial.

DIÓPATRA. (Διόπατρα.) V. *Terambo*.

DIÓSCOROS. (Διόσκουροι.) Os Dióscoros são os «filhos de Zeus», Castor e Pólux. Nasceram dos amores de Zeus e Leda e são irmãos de Helena e Clitemnestra (quadro 2, p. 12; 5, p. 90). Todavia, Leda era casada com Tíndaro, rei de Lacedémon. Na noite em que Zeus se uniu a Leda sob a forma de cisne, ela uniu-se também a seu marido humano; os dois casais de gémeos que depois nasceram são atribuídos do seguinte modo: Pólux e Helena, a Zeus; Castor e Clitemnestra, a Tíndaro. É por essa razão que os Dióscoros são por vezes denominados *Tindáridas*, ou filhos de Tíndaro (quadro 21, p. 242). Uma versão da lenda refere que estes dois pares de gémeos nasceram cada um de um ovo posto por Leda em consequência da sua união com Zeus transformado em cisne. Situa-se o nascimento no Taígeto, a montanha de Esparta. São heróis dórios por excelência, o que explica alguns dos aspectos da sua lenda em que surgem envolvidos em luta contra Teseu, o ateniense. Quando Teseu e Pirítoo foram aos Infernos conquistar a mão de Perséfone, os Dióscoros realizaram uma expedição contra a Ática, porque Teseu lhes raptara a irmã, Helena, e a encerrara na fortaleza de Afidna. Na ausência de Teseu, não só libertaram a irmã (v. *Academo*), mas também levaram como prisioneira para Esparta a mãe de Teseu, Etra (v. este nome). Além disso, expulsaram do trono de Atenas os filhos de Teseu e puseram em seu lugar o pretendente Menesteu (v. *Demofonte*).

Os Dióscoros participaram na expedição dos Argonautas (v. este nome) e distinguiram-se particularmente contra o rei dos Bébrices, Âmico. Também participaram na caçada de Cálidon (v. *Meleagro*). Ajudaram Jasão e Peleu a saquear Iolco (v. *Jasão*).

Não figuram entre os combatentes da Guerra de Tróia, embora fossem irmãos de Helena, porque tinham sido anteriormente divinizados depois das seguintes aventuras: Tíndaro tinha dois irmãos, Afareu e Leucipo. Afareu tinha dois filhos, Idas e Linceu (quadro 21, p. 242), casados com duas filhas de Leucipo, as Leucípides, Febe e Hilaíra. Castor e Pólux foram convidados para as bodas e raptaram as jovens. Seguiu-se uma luta durante a qual Castor e Linceu foram mortos. Todavia, os mitógrafos não conhecem apenas esta versão simples. Os Dióscoros raptaram sem dúvida as duas Leucípides, mas delas tiveram filhos e seus primos jamais lhes disputaram as mulheres. Com eles, organizaram pelo contrário uma expedição com o objectivo de roubar gado na Arcádia. Quando voltavam os quatro com o produto do saque, entraram em luta por causa das partilhas. Os Dióscoros prepararam uma emboscada aos primos, mas Castor foi morto por Idas, enquanto Pólux matava Linceu e ficava ele próprio ferido. Zeus fulminou Idas e levou Pólux para o céu. Este, porém, não quis aceitar a imortalidade que o deus lhe oferecia se seu irmão Castor ficasse nos Infernos. Assim sendo, Zeus permitiu que ficassem entre os deuses em dias alternados (v. também *Idas* e *Leucípides*).

Castor e Pólux são dois heróis jovens, dois combatentes. O primeiro é sobretudo guerreiro, o segundo pratica a arte do boxe. Nas lendas romanas surgem como participantes na batalha do lago Regilo, ao lado dos Romanos, e são eles que vão anunciar a vitória à cidade, fazendo beber os seus cavalos na fonte de Juturna, no *Forum*. Dizia-se que Juturna, a ninfa dessa fonte, era irmã de ambos. Tinham um templo junto dessa fonte, perto do de Vesta. Chamava-se «Dióscoros» aos fogos-de-santelmo de duas pontas, que os marinheiros consideravam um presságio favorável.

DIOSCUROS. V. *Dióscoros*.

DIRCE. (Δίρκη.) Dirce é a mulher de Lico, rei de Tebas, que torturou Antíope, mãe de Anfíon e Zeto. Sobre o seu castigo, v. *Anfíon*.

*** DIS PATER.** (*Dis Pater*.) Em Roma, «Dis Pater», o «Pai» das riquezas, é um deus do mundo subterrâneo. Desde muito cedo se identificou completamente com o deus Plutão (Hades) dos Gregos (v. *Hades*).

DÓLIO. (Δολίος.) É o nome do velho jardineiro que, na *Odisseia*, cuidava das propriedades de Ulisses enquanto ele estava ausente. Participou no massacre dos pretendentes.

DÓLON. (Δόλων.) Dólon é um troiano, filho do arauto Eumedes. Não tinha grande estatura, mas era muito rápido na corrida. Era o único filho de Eumedes e tinha cinco irmãs. Quando Heitor propõe aos Troianos enviar um espião ao campo dos Aqueus para saber das suas intenções e promete como recompensa a quem aceitar a missão o carro de Aquiles com os seus dois cavalos divinos, Dólon aceita. Reveste-se de uma pele de lobo e parte de noite. Todavia, encontra Diomedes e Ulisses que o surpreendem e o aprisionam. Forçam-no a revelar-lhes a disposição do exército troiano e, em seguida, Diomedes mata-o.

DÓRIS. (Δωρίς.) É filha de Oceano, mulher de Nereu (v. quadro 14, p. 182) e mãe das Nereides (v. este nome).

Dióscoros: APOLLOD., *Bibl.*, III, 10, 6 e s.; 11, 1 e s.; 13, 7 e s.; *Ep.*, ed. Frazer, I, 23 e s.; *Od.*, 298 e s.; *Il.*, III, 236 e s.; *Hymn. hom.* (ed. Allen), XVII; XXIII; PIND., *Pyth.*, XI, 94; *O.*, III, 61; *N.*, X, 112 e s.; EUR., *Hel.*, 16 e s.; LUCIAN., *D. Deor.*, XX, 14; PLUT., *Thes.*, 31 e s.; escól. *ad Il.*, III, 242; PAUSAN., III, 24, 7; OV., *Met.*, VIII, 300; *Fast.*, V, 699 e s.; THEOCR., XXII, 137 e s.; escól. *ad Il.*, III, 243; HYG., *Fab.*, 80; *Astr.*, II, 22; PLIN., *N. H.*, II, 37, 101; cf. SENEC., *Nat.*, I, 1, 13; ERATOSTH., *Cat.*, 10; CHAPOUTHIER, *Les Dioscures au service d'une déesse*, Paris, 1935; WILLIAMS, in *A. J. A.* 49 (1945), pp. 330 e s.

Dirce: V. *Antíope*.

Dólio: *Od.*, IV, 735; XXIV, 222; 397 e s.

Dólon: *Il.*, X, 314-464 e escól.; HYG., *Fab.*, 113; cf. L. GERNET, «Dolon le loup», in *Mél. Cumont*, pp. 189-208.

Dóris: HES., *Theog.*, 240 e s.; PROP., I, 17, 25; III, 7, 67.

DORO. (Δῶρος.) Doro é o herói que deu nome aos Dórios, um dos povos da raça helénica. Ao seu nome ligavam-se duas lendas distintas: a primeira diz que Doro era filho de Hélen e Orseis e, por isso, neto de Deucalião e Pirra (v. quadro 8, p. 116). Seu irmão é Éolo, o herói epónimo dos Eólios, outro grande ramo da raça helénica. Nesta versão, depois de terem habitado a região de Ftiótide, na Tessália, Doro e os seus descendentes emigraram para o país dos montes Olimpo e Ossa e, em seguida, para a região do Pindo, até ao interior, para logo voltarem a partir para o Eta e, finalmente, se estabelecerem no Peloponeso.

A outra versão refere-se a Doro como filho de Apolo e Ftia e irmão de Laódoco e Polipetes. Os três irmãos teriam sido mortos por Etolo, filho de Endímion (v. *Etolo* e *Endímion*), que lhes tomou o reino da Etólia, a norte do golfo de Corinto.

DRIANTE. V. *Drias.*

DRIAS. (Δρύας.) Drias é o nome de um filho de Ares, que participou na caçada de Cálidon. Deve talvez identificar-se com um outro Drias, igualmente filho de Ares e irmão de Tereu. Quando, por prodígios, Tereu soube que seu filho Ítis ia morrer às mãos de um dos seus parentes, julgou que Drias tramava fazer desaparecer o sobrinho para garantir a sucessão do trono. Apressou-se a matá-lo, para não lhe dar tempo de realizar os projectos que lhe atribuía. Mas Drias estava inocente e foi Procne quem, pouco tempo depois, matou Ítis (v. *Procne* e *Tereu*).

Sobre um herói homónimo, v. *Palene.*

DRÍMACO. (Δρίμαχος.) Em tempos recuados, os habitantes da ilha de Quios foram os primeiros a comprar escravos, o que lhes valeu a cólera dos deuses. Muitos escravos, porém, fugiram e fixaram-se na montanha, donde vinham periodicamente saquear as terras dos antigos amos. Chefiava-os um certo Drímaco. Depois de inúmeros combates, os habitantes estabeleceram uma trégua com esse chefe: em troca do pagamento de um tributo, ele comprometia-se a não voltar a atacá-los. Apesar disso, os habitantes puseram-lhe a cabeça a prémio, de tal modo que Drímaco, cansado de viver, convenceu um jovem que amava a cortar-lhe a cabeça e a ir cobrar aos habitantes da ilha a recompensa estabelecida. O jovem assim fez. Todavia, após a morte do chefe, os escravos recomeçaram as suas pilhagens. Então, a população de Quios erigiu-lhe um santuário e prestou-lhe culto. Quando alguém corria o perigo de ser vítima de alguma maquinação por parte de seus escravos, Drímaco aparecia-lhe em sonhos e avisava-o.

DRÍOPE. (Δρυόπη.) Dríope era a única filha do rei Dríope (Δρύοψ) e guardava, junto ao Eta, os rebanhos de seu pai. As Hamadríades tomaram-na como companheira de jogos e ensinaram-lhe os hinos e as danças preferidos dos deuses. Apolo viu-a, enquanto cantavam seus coros, e enamorou-se. Para dela se aproximar, transformou-se em tartaruga. As jovens divertiram-se com o animal como se fosse uma bola e, por fim, Dríope recebeu o deus assim metamorfoseado sobre os seus joelhos. Imediatamente ele tomou a forma de uma serpente e uniu-se-lhe. Assustada, Dríope regressou a casa e nada disse aos pais. Pouco depois, porém, casou com Andrémon, filho de Óxilo. Não tardou a dar à luz um filho, Anfisso, que, na idade adulta, fundou uma cidade no sopé do Eta, a que deu o nome da montanha. Um dia em que Dríope foi oferecer sacrifícios às Hamadríades, suas antigas companheiras, junto de um templo de Apolo que seu filho fundara, as Hamadríades, por amizade, raptaram-na e converteram-na em uma delas. No local do rapto cresceu um grande choupo e brotou uma nascente do solo.

Ovídio transmite uma versão ligeiramente diferente. Ainda Anfisso era pequeno quando Dríope se dirigiu à montanha, junto de um lago de águas límpidas. Queria oferecer sacrifícios às Ninfas, mas viu uma árvore de flores brilhantes e colheu algumas para distrair o filho. Não sabia que essa árvore era o corpo metamorfoseado da ninfa Lótis. Brotou sangue dos ramos e a Ninfa, encolerizada, transformou Dríope numa árvore semelhante a si mesma. Jovens donzelas que imprudentemente contaram a cena da metamorfose de Dríope foram também transformadas em pinheiros, árvores tristes e negras.

Na *Eneida*, Virgílio refere uma ninfa Dríope, amada pelo deus Fauno.

DRÍOPE. (Δρύοψ.) Dríope (ou Dríops), cujo nome lembra o vocábulo que significa «árvore», ou «carvalho», é o epónimo do povo dos Dríopes, considerado como tendo sido um dos primeiros ocupantes da península helénica. Ora se diz que era filho do rio Esperquio e da filha de Dánao, Polidora, ora de Apolo e Dia, filha de Licáon. Os seus descendentes, que habitavam primeiramente a região do Parnaso, foram expulsos pelos Dórios e obrigados a dispersar-se. Uns fixaram-se na Eubeia, outros na Tessália, outros, ainda, no Peloponeso ou mesmo na ilha de Chipre.

Dríope, na versão «arcádica» da sua lenda, a que o dá como descendente do rei Licáon, tem uma filha que o deus Hermes amou e foi mãe do deus Pã. Na versão «tessália», sua filha Dríope uniu-se a Apolo e concebeu Anfisso (v. *Dríope* Δρυόπη).

Doro: Apollod., *Bibl.*, I, 7, 3; 6; Herod., I, 56; Conon, *Narr.*, 14; Strab., VIII, 7, 1, p. 383.

Drias: Apollod., *Bibl.*, I, 8, 2; Ov., *Met.*, VIII, 307; Hyg., *Fab.*, 45, 159.

Drímaco: Athen., VI, 265 b.

Dríope: Ant. Lib., *Transf.*, 32; Ov., *Met.*, IX, 331 e s.; Virg., *Aen.*, X, 550 e s.

Dríope: Apollod., *Bibl.*, II, 7, 7; Ant. Lib., *Transf.*, 32; escól. *ad* Apol. Rh., *Arg.*, I, 1213; 1218; 1283; Str., VIII, 373; Tzetz., *ad Lyc.*, 480; Pausan., IV, 34, 9; *Hymn. hom. Pan.*

E

ÉACO. (Αἰακός.) Éaco, o mais piedoso de todos os Gregos, é o filho de Zeus e da ninfa Egina, filha do deus-rio Asopo. Nasceu na ilha de Enone, a que mais tarde foi dado o nome de sua mãe, Egina (v. *Egina*). A ilha era então deserta. Desejoso de ter companheiros e um povo para governar, Éaco pediu a Zeus que transformasse em homens as formigas que pululavam na região. Zeus acedeu às suas súplicas e o povo assim criado recebeu o nome de Mirmídones (palavra derivada de μύρμηκες, que em grego significa «formigas»).

Éaco desposou depois a filha de Círon, Endeis, de quem teve dois filhos: Télamon e Peleu (v. também *Cicreu*). Contudo, alguns autores (seguindo, supõe-se, a versão mais antiga da lenda) não reconhecem qualquer parentesco entre Télamon e Peleu, apresentando apenas este último como filho de Éaco (v. quadro 31, p. 352).

Mais tarde, Éaco desposou a filha de Nereu, Psâmate, de quem teve um filho chamado Foco. Para escapar à perseguição apaixonada do herói, Psâmate que, como a maioria das divindades marinhas e fluviais, possuía o dom da metamorfose, transformou-se em foca. Não conseguiu contudo impedir que Éaco concretizasse os seus intentos e o filho que dele gerou recebeu o nome de Foco, em memória da metamorfose da mãe. O jovem Foco era exímio em provas atléticas, o que suscitou a inveja dos seus dois irmãos, Peleu e Télamon. Decidiram matá-lo: Télamon lançou o disco de modo a atingir a vítima na cabeça, causando-lhe assim a morte. Com a ajuda de Peleu, Télamon enterrou o cadáver num bosque, mas quando o crime foi descoberto, Éaco expulsou de Egina os filhos (v. *Télamon* e *Peleu*).

A reputação de piedade e de justiça de que Éaco desfruta (que deriva, sem dúvida, do severo julgamento que o levou a condenar os próprios filhos) valeu-lhe a honra de ser escolhido para dirigir a Zeus uma prece solene, em nome de todos os Gregos, quando um período de esterilidade flagelava os campos da sua região. A calamidade devia-se à cólera de Zeus, revoltado contra Pélops que havia mutilado o cadáver de Estínfalo, seu inimigo e rei da Arcádia, espalhando os pedaços do corpo da vítima. Éaco conseguiu apaziguar a cólera do deus.

Após a morte, o herói teria ficado nos infernos como juiz das almas dos mortos. Mas tal crença é relativamente recente; é ignorada por Homero, que menciona apenas Radamante como juiz dos Infernos. Platão é o primeiro autor que atribui a Éaco esse estatuto.

Outra lenda relativa ao herói conta que ele participou na construção das muralhas de Tróia, ao lado de Apolo e de Posídon. Quando a obra ficou concluída, três serpentes se aproximaram do muro. Duas delas atacaram a parte construída pelos deuses e morreram; mas a terceira conseguiu derrubar a parte da muralha erguida pelas mãos do mortal. Apolo interpretou o presságio: «Tróia [disse] seria tomada duas vezes, primeiro por um filho de Éaco [foi Héracles quem tomou pela primeira vez a cidade, combatendo ao lado de Peleu e Télamon], e depois de três gerações, por Neoptólemo, bisneto de Éaco e filho de Aquiles.»

Éaco: APOLLOD., *Bibl.*, III, 12, 6; DIOD. SIC., IV, 61, 1 e s.; 72, 5 e s.; PAUSAN., II, 29, 2 e s.; HYG., *Fab.*, 52; OV., *Met.*, VII, 614 e s.; TZETZ., *ad Lyc.*, 176; STRAB., VII, p. 375; HES., *Theog.*, 1003 e s.; PIND., *Nem.*, V, 21 e s.; *Ol.*, VIII, 31-44; ISOC., IX, 14, 15; PLAT., *Ap.*, 41a; *Grg.*, 523 e s.

EAGRO. (Οἴαγρος.) Eagro é o pai de Orfeu. Os mitógrafos consideram-no um deus-rio. As várias tradições não são unânimes relativamente à sua genealogia: ora é filho de Ares, ora de Píero, ora de Cárops (v. *Cárops* e a lenda evemerista de Dioniso no artigo *Licurgo*). Nesta última versão, é rei da Trácia. É-lhe atribuída como esposa a Musa Calíope (mãe de Orfeu) ou as Musas Polímnia ou Clio. Autores tardios fazem dele o pai de Mársias, de Lino ou de Címoton.

ÉAX. (Οἴαξ.) Éax é um dos filhos de Náuplio e da filha de Catreu, Clímene (v. *Náuplio*). É irmão de Palamedes e Nausimedonte. Acompanhou Palamedes a Tróia e, quando este foi atingido pelos Gregos, Éax teve de encontrar um meio de transmitir a notícia ao pai: registou por isso as circunstâncias da morte num remo e lançou-o ao mar. Sabia que Náuplio, como passava a maior parte do tempo no seu barco, encontraria necessariamente a mensagem, numa das viagens.

Segundo outra versão, teria sido Éax também quem, para vingar a morte de Palamedes, teria aconselhado Clitemnestra a matar Agamémnon. É possível que também ele tenha sucumbido às mãos de Orestes ou de Pílades.

ÉBALO. (Οἴβαλος.) **1.** Ébalo é um rei de Esparta, mas as tradições a seu respeito estão longe de ser unânimes. Descende de Lélex e de Lacedémon (v. quadro 5, p. 90). Na versão lacónia, transmitida por Pausânias, é filho de Cinortas; na variante narrada por Apolodoro, é Perieres e não Ébalo o filho de Cinortas. Ébalo intervém apenas como pai de Arene, mulher de Afareu, um dos filhos de Perieres. É, pois, avô de Linceu, Idas e Piso — enquanto, segundo a tradição precedente, Afareu era seu genro (o filho de Gorgófone e de Perieres, que ela desposara em primeiras núpcias; v. *Gorgófone*). Linceu, Idas e Piso não são, por conseguinte, de acordo com esta última versão, descendentes directos daquele, mas da sua consorte.

Houve tentativas de conciliação das duas genealogias apresentadas. A mais simples consiste em fazer de Perieres o filho de Cinortas, e de Ébalo o filho de Perieres. Mas haverá então necessidade de distinguir dois Perieres — o filho de Cinortas e o de Éolo (v. *Perieres*). Além disso, Hipocoonte é, nesse caso, um bastardo de Ébalo, que este teria concebido de uma ninfa chamada Estratonice. Os seus filhos legítimos são Icário, Arne e Tíndaro.

Estas lendas, nascidas de tradições locais mal conjugadas, são das mais confusas.

2. Ébalo é também o nome de um herói teléboa, filho de Télon e da ninfa Sebétide. Télon emigrou para Capri, onde desposou Sebétide, filha do deus-rio Sebeto, próximo de Nápoles. Fez de Capri o seu reino, mas o filho, achando a ilha demasiado pequena para a sua ambição, emigrou para a Campânia e aí fundou um reino entre o Sarno e o Nola. Mais tarde, foi um dos aliados de Turno contra Eneias.

ECLES. (Οἰκλῆς.) Ecles é um descendente de Melampo, pertencendo por conseguinte à raça de Creteu e Tiro (v. quadro 1, p. 8). É filho de Antífates, embora alguns autores afirmem que o seu pai era um outro filho de Melampo, chamado Mâncio. Casado com Hipermestra, uma das filhas de Téspio, teve vários filhos: Ifianira, Polibeia e, o mais célebre, Anfiarau. Na expedição contra Tróia, Ecles foi companheiro de Héracles, que lhe confiou a guarda das naus. Tentando resistir, com tropas insuficientes, ao contra-ataque de Laomedonte, sucumbiu no início do confronto (v. *Héracles*).

Ecles passa também por ter acolhido no Peloponeso o seu neto Alcméon, quando este, para vingar o pai, matou Erifile, sua mãe (v. *Alcméon*). Cronologicamente, os dois episódios são contraditórios.

ECMÁGORAS. (Αἰχμαγόρας.) Fíale, a filha do Arcádio Alcimedonte, fora amada por Héracles, e dessa união nascera-lhe um filho, Ecmágoras. Na altura do nascimento, Alcimedonte obrigou a filha a expor a criança, no cimo da montanha, acabando depois por abandonar aí também a jovem mãe. Um gaio, que se encontrava nas proximidades, ouviu os gritos do bebé e tentou imitá-los. Héracles ouviu os gritos do gaio, que repetiam todos os ecos, aproximou-se e descobriu o seu filho e a sua amada. Libertou a jovem das cadeias e salvou-os a ambos. Uma nascente ali próxima recebeu o nome de Cissa (a Nascente do Gaio).

ECO. (Ἠχώ.) Eco é o nome de uma ninfa dos bosques e das fontes, personagem central de diversas lendas tendentes a explicar a origem do *eco*. Segundo uma das versões, ela era o grande amor de Pã, mas não correspondia, contudo, à paixão do deus, estando perdidamente enamorada de um sátiro que sempre a evitava. O corpo da ninfa teria sido feito em pedaços por uns pastores instigados por Pã, que assim teria ousado vingar-se do desdém de

Eagro: SERV., *ad* VIRG., *Georg.*, IV, 523; DIOD. SIC., III, 65; IV, 25; SUID., *s.u.* Ὅμηρος; PLAT., *Smp.*, 179d; NONN., *Dion.*, XIII, 428; ATHEN., XIII, 597 b; EUR., *Rh.*, 346; TZETZ., *ad Lyc.*, 831; APOLLOD., *Bibl.*, I, 3, 2; HYG., *Fab.*, 165.

Éax: APOLLOD., *Bibl.*, II, 1, 5; III, 2, 2; escól. *ad* EUR., *Or.*, 422; escól. *ad* ARISTOPH., *Th.*, 771; SUID., *s.u.* Παλαμήδης; tragédia perdida de EUR., *Palamedes*; HYG., *Fab.*, 117; PAUSAN., I, 22, 6.

Ébalo: **1)** PAUSAN., II, 2, 3; 21, 7; III, 1, 3 e s.; 15, 10; IV, 2, 4; APOLLOD., *Bibl.*, III, 10, 3 e s.; escól. *ad* EUR., *Or.*, 457; escól. *ad Il.*, II, 581; HYG., *Fab.*, 271. **2)** VIRG., *Aen.*, VII, 733 e s.; cf. escól. *Dan.*, v. 738.

Ecles: *Od.*, XV, 243; PIND., *Pyth.*, VIII, 55; EUR., *Supp.*, 925; escól. *ad* EUR., *Phoen.*, 173; PAUSAN., VI, 17, 4; escól. *ad* THEOCR., *Id.*, III, 43; DIOD. SIC., IV, 6, 4; III, 6, 2 e s.

Ecmágoras: PAUSAN., VIII, 12, 3 e 4.

Eco: COLUM., *R. R.*, IX, 5; *Anthol. Pal.*, IX, 27; MOSCH., *Idyl.* (*apud* STOB., *Flor.*, LXIII, 29, ed. Legrand, II, p. 80); OV., *Met.*, III, 356; e s.; PTOL. HEPH., VI; cf. J. BOLTE, *Das Echo in Volksglaube und Dichtung*, S. P. A. W., 1935, pp. 262-288 e 852-862; LONGUS, *Daphnis et Chloé*, III, 23.

Eco. Segundo outra variante da lenda, a jovem amava em vão o belo Narciso (v. *Narciso*) e teria desaparecido depois de morta, convertendo-se numa voz que, a partir desse momento, jamais deixou de repetir as últimas sílabas das palavras pronunciadas.

ÉDIPO. (Οἰδίπους.) Édipo é o herói de uma das mais célebres lendas da literatura grega, depois do ciclo troiano. Não possuímos os poemas épicos a que este tema deu origem, embora saibamos da sua existência. A tragédia foi o principal veículo de transmissão das aventuras de Édipo.

Édipo pertence à raça de Cadmo (v. quadro 3, p. 66). O seu bisavô, Polidoro, é um dos filhos de Cadmo. Tem por avô Lábdaco, filho de Polidoro e de Nicteide, a qual descende, por parte de seu pai Nicteu, de Ctónio, um dos «Espartos», homens nascidos dos dentes do dragão (v. *Ctónio*). O pai de Édipo é Laio, filho de Lábdaco. Todos os antepassados do herói reinaram em Tebas — com algumas interrupções, segundo reza a forma mais comum da tradição, durante a minoridade de Laio (v. *Lico*).

A mãe de Édipo desempenha um papel muito importante na lenda. O seu nome assume formas diferentes: na *Odisseia*, chama-se Epicasta; nos trágicos, Jocasta. É habitualmente associada a Penteu e, por intermédio deste, a Equíon, um dos «Espartos» (v. *Equíon*). O seu pai é Meneceu, e o avô é Oclaso (v. quadro 9, p. 132). Na versão épica do ciclo de Édipo, a mãe do herói chama-se Euriganeia ou Eurianassa, filha de Hiperfas ou de Périfas (o Lapita), ou de Teutras. Outra variante atribui-lhe o nome de Astimedusa e faz dela a filha de Esténelo, ligando Édipo ao ciclo de Héracles, por linha materna. Outras tradições existem, que entrelaçam as anteriores, usando-as arbitrariamente para resolver contradições no seio da lenda ou entre as múltiplas versões.

À nascença, Édipo estava já marcado por uma maldição. Na tradição seguida por Sófocles, trata-se de um oráculo que teria declarado que o filho gerado por Jocasta «mataria o pai». Segundo Ésquilo e Eurípides, pelo contrário, o oráculo teria surgido antes da concepção, para impedir que Laio tivesse um filho, predizendo-lhe que, se ele fosse concebido, não só mataria o seu progenitor como seria o causador de uma terrível cadeia de desgraças, que conduziriam à ruína da casa real. Laio não quis saber deste aviso e Édipo nasceu, o que levaria mais tarde à punição do rei.

Para evitar que o oráculo se cumprisse, o pai expôs o recém-nascido. Trespassou-lhe os tornozelos, atando-os com uma correia — do inchaço provocado por este ferimento adveio o nome de Édipo («pé inchado»). Existem duas versões diferentes deste episódio: ora se conta que o menino foi colocado numa cesta e lançado ao mar, ora que foi exposto no monte Citéron, perto de Tebas. Na primeira versão, o local indicado, na costa norte do Peloponeso, ora é Sícion ora Corinto. Aí, ele foi encontrado pela rainha Peribeia, mulher do rei Pólibo, que o recolheu e o criou. Segundo a outra versão, a criança teria sido exposta numa vasilha, em pleno Inverno. Tendo sido posteriormente recolhida por uns pastores coríntios que se encontravam na região com os seus rebanhos e que o ofereceram ao seu rei, que não tinha filhos e há muito ansiava um. Na versão seguida por Sófocles, é o servo do rei Laio a quem este confia a exposição da criança que a entrega aos pastores estrangeiros. Qualquer que seja a variante, o nome do pai adoptivo de Édipo não se altera: é sempre Pólibo, embora seja identificado ora como rei de Corinto ora como soberano de Sícion, Antédon ou Plateias.

Durante toda a sua infância e adolescência, Édipo viveu na corte de Pólibo, do qual sempre supôs ser filho. Mas, ao chegar à idade adulta, deixou os pais adoptivos. A razão varia consoante o autor. A mais antiga versão parece ser a seguinte: Édipo teria partido em busca de uns cavalos roubados e teria assim encontrado, sem o saber, o seu verdadeiro pai, Laio. Mais tarde, os trágicos introduziram motivos psicológicos menos simples. Durante uma querela, um coríntio revelou a Édipo, para o insultar, que ele não era filho do rei, mas uma criança exposta, por ele encontrada e recolhida. O jovem interrogou então Pólibo, que, com muitas reservas, acabou por lhe confessar que era essa a verdade. Édipo partiu a fim de consultar o oráculo de Delfos e saber quem eram os seus verdadeiros pais. É no decurso desta viagem que Édipo encontra Laio. O local difere, consoante os autores: ora é em Lafístio, no caminho para Orcómeno, onde o herói se tinha dirigido em busca dos cavalos, ora é na encruzilhada de Pótnias, ou na Fócida, naquela que é hoje chamada a encruzilhada de Mega, no sítio onde se encontram as estradas provenientes de Dáulis e Tebas, formando a via que leva a Delfos através do vale. O caminho é aí estrangulado entre rochedos, e o espaço reduzido. O arauto de Laio, Polifontes (ou Polipetes), ordenou a Édipo que cedesse passagem ao rei, matando simultaneamente um dos seus cavalos, ao ver que ele não obedecia. Foi então que o jovem, encolerizado, matou Polifontes e Laio. Tinha assim cumprido o oráculo. Segundo esta última versão, Édipo voltava de Delfos, onde o deus lhe tinha predito que ele mataria o pai e casaria com a mãe. Assustado e crendo ser filho de Pólibo, decidiu exilar-se

Édipo: *Od.*, XI, 271 e s.; escól. ao v. 271; *Il.*, XXIII, 676 e s.; HEROD., V, 59; PIND., *Olymp.*, II, 42 e s.; PAUSAN., I, 28, 7; 30, 4; II, 20, 5; 36, 8; IV, 3, 4; 8, 8,; V, 19, 6; IX, 2, 4; 5, 10 e s.; 9, 5; 18, 3 e s.; 25, 2; 26, 2; 4; X, 5, 3 e s.; 17, 4; AESCH., *Th.*, 745 e s.; SOPH., *Oed.*, *passim* e escól.; EUR., *Phoen.*, 7 e s.; 940 e s.; escól. v. 13; 26; 28; 50; 53; 61; 1760, etc.; HYG., *Fab.*, 66; 67; escól. *ad* STAT., *Theb.*, I, 61; ATHEN., X, 456 b; STRAB., VIII, 380; DIOD. SIC., IV, 64 e s.; APOLLOD., *Bibl.*, III, 5, 7 e s.; MALAL., *Chronogr.*, II, 50; M. DELCOURT., *Oedipe ou la légende du Conquérant*, Liège, 1944, cf. C. ROBERT, *Oidipus...*, 2 vols., Berlim, 1915; L. W. DALY., «Oedipus», R. E. (1940); DIRLMEIER, «Der Mythus von König Ödipus Gestalt», *Eranos*, LXXI, 1973, pp. 12-44; C. ASTIER, *Le mythe d'Oedipe*, Paris, 1974.

voluntariamente e por isso se dirigia a Tebas, na altura em que se cruzou com Laio e este o levou a insultá-lo (ou, segundo outros, o insultou), provocando a sua cólera.

Ao chegar a Tebas, Édipo encontrou a Esfinge — um monstro híbrido de leão e mulher, que apresentava enigmas aos transeuntes e devorava os que não conseguissem responder-lhe. Costumava perguntar: «Qual é o ser que caminha ora com dois pés, ora com três, ora com quatro, e que, contrariamente ao normal, é mais fraco quando usa o maior número de pés?» Havia ainda outro enigma: «Há duas irmãs: uma gera a outra e a segunda é gerada pela primeira.» A resposta à primeira adivinha é «o homem» (porque o homem gatinha na sua primeira infância, desloca-se depois caminhando sobre dois pés, e apoiado a um bordão no declinar da vida). A solução para a segunda é «o dia e a noite» (o substantivo *dia* é feminino em grego; por conseguinte, o dia é «irmã» da noite). Nunca ninguém entre os Tebanos conseguira dar resposta a estes enigmas e a esfinge devorava os candidatos um a um. Édipo viu imediatamente as soluções, e o monstro despeitado precipitou-se do alto do rochedo onde se encontrava (ou tê-lo-ia Édipo empurrado para o abismo). Uma versão talvez mais antiga apresentava deste modo a história: todos os dias, os Tebanos reuniam-se na praça pública da cidade, para tentar resolver em comum os enigmas propostos, sem nunca o conseguirem. Cada dia, no final da sessão, a Esfinge devorava por isso um dos habitantes. Teria mesmo chegado a comer, segundo certos mitógrafos, o filho de Creonte, o jovem Hémon.

Matando a Esfinge e livrando os Tebanos de tal monstro, Édipo conquistou as boas graças de toda a cidade. Como prova de gratidão, deram-lhe em casamento a viúva de Laio e tomaram-no por rei. Em certas versões, é Creonte, irmão de Jocasta (que tomara o poder como regente, desde a morte de Laio), que entrega voluntariamente o trono a Édipo, por este lhe ter vingado a morte do filho.

Mas não tardaria muito que o segredo do nascimento do herói se descobrisse. Numa das formas da lenda, são as cicatrizes dos tornozelos que revelam a Jocasta a sua identidade. Esta versão foi alterada por Sófocles, que construiu sobre o reconhecimento de Édipo a tragédia *Rei Édipo*. A peste devasta a cidade de Tebas e o rei envia Creonte a Delfos para averiguar a causa do flagelo. O emissário volta com a resposta da Pítia: a peste não cessaria enquanto a morte de Laio não fosse vingada. Édipo profere então contra o autor de tal crime uma maldição, que acabará por recair sobre si próprio. Interroga Tirésias, perguntando-lhe quem é o culpado. O adivinho que, graças à sua arte, conhece todo o drama, tenta furtar-se à resposta, deixando Édipo supor que ele foi cúmplice de Creonte no homicídio. Desencadeia-se uma querela entre Édipo e Creonte. Jocasta intervém e, para os reconciliar, põe em dúvida a clarividência de Tirésias, não exigindo mais do que uma prova: o oráculo que ele pronunciara outrora sobre o filho de Laio, que este expusera à nascença, receando ser por ele morto. Ora, apesar disso (insiste ela), Laio está morto, assassinado por bandidos numa encruzilhada. Ouvindo estas últimas palavras, Édipo pede que lhe descrevam Laio, o carro em que viajava e o local onde ocorreu o homicídio. É então de súbito acometido por uma terrível suspeita: não seria ele próprio o culpado? Manda vir do campo um dos servos de Laio, que o tinha acompanhado naquele fatídico dia e fora por isso testemunha do crime. Ora acontece que este servo não era outro senão o pastor que outrora expusera Édipo a mando do rei. Chega entretanto de Corinto um mensageiro que vem anunciar a Édipo a morte de Pólibo, pedindo-lhe que regresse para lhe suceder no trono. Édipo e Jocasta pensam para consigo que a ameaça do oráculo está afastada: Pólibo teve morte natural. Mas persiste, no entanto, a primeira parte da ameaça divina: Édipo não poderá arriscar-se a cometer incesto com a mulher de Pólibo? Para o tranquilizar, o mensageiro coríntio revela que ele foi encontrado exposto à nascença e que Pólibo não era seu pai. Assim se completa a teia em que Édipo se vê enredado, forçado a render-se à evidência. A história do menino exposto e encontrado não deixa dúvidas a Jocasta: o seu próprio filho matou o pai e ela própria cometeu com ele incesto. Corre para o interior do palácio e aí põe termo à vida. Édipo trespassa os olhos com o alfinete de Jocasta.

Esta versão, imortalizada por Sófocles, foi alterada por Eurípides, numa peça perdida que atribui um papel mais importante a Creonte. Este planeia uma conjura contra Édipo, que considera um usurpador, convence-o do assassínio de Laio e leva-o a cegar-se. Peribeia, mulher de Pólibo, vem em seguida anunciar a morte do marido. Quando ela recorda o modo como Édipo tinha sido encontrado, recém-nascido, no monte Citéron, Jocasta compreende que o seu segundo marido não é senão o filho exposto e, tal como na versão precedente, suicida-se.

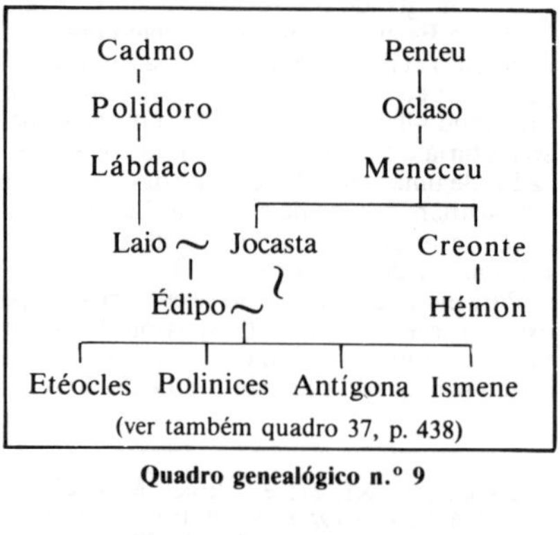

(ver também quadro 37, p. 438)

Quadro genealógico n.º 9

Na forma épica da lenda de Édipo, a morte de Jocasta não interrompe o reinado do filho de Laio, conservando ele o trono até à morte, que o surpreende durante uma guerra travada contra os seus vizinhos (Ergino e os Mínias).

Mas nos trágicos Édipo é vítima da imprecação que proferiu contra o assassino de Laio, antes de saber quem ele era, sendo banido da cidade e iniciando uma vida errante. É acompanhado por Antígona, sua filha, depois de os dois filhos varões se terem recusado a intervir a seu favor, sendo por isso amaldiçoados pelo pai. Depois de longas e penosas jornadas, Édipo chega à Ática, a Colono, onde viria a morrer. Como um oráculo tinha predito que a região que acolhesse o túmulo dele seria abençoada pelos deuses, Creonte e Polinices tentaram convencer o pai, moribundo, a voltar para Tebas. Mas Édipo, que tinha sido acolhido hospitaleiramente por Teseu, recusou e quis que as suas cinzas ficassem na Ática.

EÉCION. (᾿Ηετίων.) Eécion, pai de Andrómaca, é um rei de Tebas da Mísia. Ele e os filhos foram mortos por Aquiles, quando os Gregos atacaram a cidade. O herói tinha em tal conta a valentia do seu adversário que não o despojou das armas; enterrou-o com elas e organizou em sua honra sumptuosas cerimónias fúnebres. Sobre o túmulo, as ninfas plantaram um olmo. A mulher de Eécion foi libertada mediante resgate, mas morreu pouco depois, alvejada pelas flechas de Ártemis.

EETES. (Αἰήτης.) Filho do Sol e da Oceânide Perseide, Eetes (v. quadro 16, p. 202) tinha recebido inicialmente de seu pai o reino de Corinto. Mas bem depressa trocara Corinto pela Cólquida, uma região situada junto ao Cáucaso, nas margens do Mar Negro. Tinha como irmãs Circe, que acolheu Ulisses de um modo bem estranho, e também Pasífae, a mulher de Minos. Quanto à sua esposa, as tradições variam. Uns dizem que ela se chama Eurílite, outros atribuem-lhe a Nereide Neera, ou então a Oceânide Idia, outros, ainda, a feiticeira Hécate, sua sobrinha e filha de Perses, o rei de Táurica (v. *Medeia*).

Na Cólquida, Eetes reinava sobre Ea, cuja capital era a cidade de Fásis, nas margens do rio do mesmo nome. Quando Frixo, fugindo com a sua irmã Hele num carneiro de velo de oiro, que os transportava sobre a terra e o mar, chegou à Cólquida, foi acolhido pelo rei, que lhe deu uma das suas filhas, Calcíope (v. quadro 34, p. 392). Frixo sacrificou o maravilhoso carneiro a Zeus, e deu o velo de oiro a Eetes, que o pregou num carvalho, num bosque consagrado a Ares, o deus da guerra. Jasão, após ter recebido de Pélias a ordem de lhe trazer o velo de oiro, partiu com os seus companheiros em sua demanda, na nau *Argo* (v. *Argonautas*). Quando os Argonautas, após muitas aventuras, chegaram a Ea, o rei prometeu-lhes o velo, mas sob a condição de Jasão se sujeitar a algumas provas. Ele pensava desembaraçar-se assim dum pedido inoportuno. Mas Jasão conseguiu, com a ajuda de Medeia, a própria filha de Eetes, domar os touros monstruosos e vencer as demais provas exigidas. Eetes recusou-lhe então abertamente o velo e tentou incendiar a nau. Jasão apoderou-se do velo pela força e fugiu, levando consigo Medeia. Eetes partiu em sua perseguição, mas a sua filha tinha levado com ela o pequeno Absirto, seu irmão, que ela matou e cujos membros despedaçou. Depois, espalhou os pedaços humanos no mar e Eetes, para os recolher, deixou-se distanciar. Desencorajado, abandonou a perseguição. Mais tarde, Eetes terá sido destronado pelo seu irmão Perses, vindo depois a ser restabelecido nos seus direitos por Medeia, que regressou sem ninguém dar por isso.

EFIALTES. (᾿Εφιάλτης.) Efialtes é o nome de dois gigantes: designa um dos Alóadas (v. *Alóadas*) e, na Gigantomaquia, um dos adversários dos deuses, que foi morto por Apolo e Héracles, com os olhos crivados de flechas.

EGÉON. (Αἰγάιων.) Entre os Gigantes de Cem Mãos (os Hecatonquiros), havia um a quem os deuses chamavam Briareu e os homens Egéon. Ele participou, com os seus irmãos, na luta contra os Titãs, como aliado dos Olímpicos (v. *Titãs*). Tendo estes levado a melhor e os Titãs sido solidamente encerrados no Tártaro, o papel de Briareu-Egéon continuou. Ora o representam guardando os Titãs na sua prisão subterrânea, com os seus dois irmãos, ora se diz que Posídon o recompensou pela coragem que havia demonstrado, oferecendo-lhe a mão da sua filha Cimopoleia e dispensando-o de exercer a vigilância sobre os Titãs. Quando os olímpicos Hera, Atena e Posídon pretenderam acorrentar Zeus, foi Egéon quem Tétis chamou em socorro do rei dos deuses. A sua presença apenas, o receio da sua força prodigiosa, foram suficientes para os demover do seu projecto.

Curiosamente, existe uma tradição que considerava este amigo por excelência e partidário fiel de Zeus como um aliado dos Titãs, ao lado de quem ele teria combatido os Olímpicos.

*** EGÉRIA.** (*Egeria.*) Egéria é uma ninfa de Roma que parece ter sido originariamente uma deusa das fontes ligada ao culto de Diana dos Bosques, na região de Nemi (v. *Diana*). Tinha também um culto na própria cidade de Roma, junto da Porta Capena, no sopé da colina do Célio. Egéria passava por ter sido a conselheira do piedoso rei Numa. Ora é identificada como

---

Eécion: APOLLOD., *Bibl.*, III, 12, 6; *Il.*, VI, 395 e s.; STRAB., XIII, 585 e s.

Eetes: HES., *Theog.*, 957; 960; *Od.*, X, 136 e s.; APOLLOD., *Bibl.*, I, 9, 1; 23; 28; *Ep.*, ed. Frazer, VII, 14; APOL. RH., *Arg.*, III, 242, e escól. *ad loc.*; DIOD. SIC., IV, 45; HYG., *Fab.*, 27, etc.; HEROD., I, 2; VII, 193; CIC., *Tusc.*, III, 12, 26. V. também *Argonautas, Teseu, Medeia, Jasão*, etc.

Efialtes: APOLLOD. *Bibl.*, I, 6, 2.

Egéon: *Il.*, I, 403; 396 e s.; HES., *Theog.*, 811, num passo interpolado, ed. Mazon, p. 61; cf. escól. *ad* APOL. RH., *Arg.*, I, 1165, e VIRG., *Aen.*, X, 565 e s.

Egéria: OV., *Fast.*, III, 273 e s.; *Met.*, XV, 482 e s.; STRAB., V, 3, 12, p. 239; JUV., *Sat.*, III, 11 e s.; LIV., I, 21, 3; PLUT., *Num.*, 13; DION., HAL., II, 60 e s.; ARNOB., *Adv. Nat.*, V, 1. G. DUMEZIL, *Mitra-Varuna*, p. 59.

sua mulher ora como sua amiga e diz a lenda que costumavam encontrar-se à noite. Foi ela quem lhe ditou a sua política religiosa, ao mesmo tempo que lhe teria ensinado as orações e as fórmulas de conjuro mais eficazes. Quando Numa morreu, a ninfa desesperada tantas lágrimas verteu que foi transformada em fonte.

EGESTES. (Αἰγέστης.) Egestes ou Acestes é o filho do deus-rio siciliano Crimiso, e de uma troiana chamada Egesta ou Segesta, que acolheu da melhor maneira Eneias e os seus companheiros, quando a frota aportou na Sicília. As tradições que justificam a vinda dessa mulher troiana para a Sicília, longe da sua pátria, apresentam algumas variantes. Segundo Sérvio, quando Laomedonte recusou a Apolo e a Posídon a recompensa devida em troca da construção das muralhas de Tróia, os deuses lançaram sobre a região diversos flagelos: Posídon enviou um monstro marinho para devastar Tróia; Apolo foi o responsável por uma epidemia. Os Troianos foram consultar o oráculo de Apolo, que respondeu que o único remédio contra o monstro de Posídon seria permitir que ele devorasse jovens descendentes das famílias nobres da região. Muitos foram então os que enviaram os seus filhos para o estrangeiro. Foi o caso de Hípotes ou Hipóstrato, que confiou a sua filha Egesta a uns comerciantes que a levaram consigo para a Sicília. Sob a forma de um urso ou de um cão, aí a desposou o deus-rio Crimiso, de quem ela concebeu Egestes, o fundador da cidade de Egesta ou Segesta.

Segundo Lícofron, Egesta seria filha de Fenodamante, um troiano que havia aconselhado os seus compatriotas a entregarem ao monstro Hesíone, a filha de Laomedonte. Para se vingar, este confiou as três filhas de Fenodamante a uns marinheiros, para que eles as expusessem na Sicília, abandonando-as aos animais selvagens. As três jovens escaparam à morte por obra de Afrodite. Uma delas, Egesta, desposou o rio Crimiso e teve um filho, Segestes, que fundou as cidades de Segeste, Érice e Entela. De acordo com outra variante da lenda, Egesta, a filha de Hípotes, teria partido da Sicília e regressado de novo a Tróia, onde se teria casado com Cápis, de quem teria tido um filho a quem foi posto o nome de Anquises.

Dionísio de Halicarnasso conta que um antepassado de Egestes se desentendeu com Laomedonte e sublevou contra ele os Troianos, tendo sido por isso condenado à morte pelo rei, sendo o mesmo fim destinado a todos os seus filhos varões. Hesitando em mandar matar as filhas, o monarca entregou-as a uns comerciantes. Com elas embarcou também um jovem troiano, que as acompanhou até à Sicília, onde desposou uma delas. Dessa união nasceu Egestes, que foi criado na Sicília e adoptou os costumes da região cuja língua falava. Quando Tróia foi atacada, regressou para defendê-la, com a permissão de Príamo; mas a cidade foi pouco depois tomada. Voltou então para a Sicília levando consigo Élimo, um bastardo de Anquises, com três naus. Estrabão diz que para fundar Segesta, Egestes foi auxiliado pelos companheiros de Filoctetes.

Conhece-se ainda um outro Egestes, sacerdote em Lanúvio. Como as imagens sagradas dos Penates, levadas de Lanúvio para Alba após a fundação desta cidade, regressavam sempre miraculosamente para Lanúvio, Egestes foi aí enviado como chefe de uma delegação de seiscentos pais de família de Alba, a fim de assegurar o culto dos Penates no local em que os deuses queriam permanecer.

EGEU. (Αἰγεύς.) Egeu é um rei de Atenas, pai de Teseu. É filho de Pandíon, sucessor de Cécrops (v. *Cécrops*; quadro 12, p. 144). Pandíon havia sido expulso de Atenas pelos filhos de Metíon, na sequência de uma revolução; retirara-se então para Mégara, onde desposara Pília, a filha do rei Pilas, acabando por suceder ao sogro. Foi em Mégara que Pandíon teve os seus quatro filhos: Egeu, Palas, Niso e Lico. Após a morte do pai, estes dirigiram-se para Atenas e aí retomaram o poder, repartindo-o entre si. Egeu ficou contudo com a maior parte, por ser o mais velho, tornando-se então rei de toda a Ática.

Outra versão da lenda apresenta Egeu não como filho de Pandíon, mas de Círio. Teria sido adoptado por Pandíon, ideia em que se fundamenta a tese segundo a qual os descendentes de Palas se teriam insurgido contra Teseu contestando a legitimidade do poder que ele detinha (v. *Teseu*).

Egeu desposou em primeiras núpcias Meta, filha de Hoples; depois, Calcíope, a filha de Rexenor (ou de Calcodonte). Apesar destes dois casamentos, verificou que não podia ter filhos. Atribuiu o facto à cólera de Afrodite Urânia, a deusa nascida de Úrano (v. *Afrodite*), e introduziu por isso o seu culto em Atenas. Depois, foi consultar o oráculo de Delfos e a Pítia deu-lhe uma resposta tão obscura que ele não a entendeu. Foram as seguintes as palavras do oráculo: «Não desates tu, ó melhor dos mortais, a boca do odre, para beber vinho, antes de chegares ao local mais alto de Atenas.» Egeu regressou à cidade, mas durante a viagem parou em Trezena, instalando-se no palácio do rei Piteu, o filho de Pélops. Este compreendeu o oráculo e apressou-se a embriagar o herói, levando-o a pernoitar com a princesa Etra (sua filha), na mesma noite em que Posídon se lhe uniu (v. *Etra* e *Teseu*). Ao partir, Egeu obrigou a jovem a prometer que, se desse à luz um filho varão, o educaria sem jamais lhe dizer quem era o pai; ele próprio deixaria debaixo de um rochedo as sandálias e a espada, para que o filho, quando tivesse idade e força suficiente para deslocar a rocha, pudesse identifi-

---

Egestes: Virg., *Aen.*, I, 195 e s.; V, 36 e s.; 711 e s.; Serv., *ad Virg.*, *Aen.*, I, 550 e V, 30; Lyc., *Alex.*, 951-977 e escól. *ad loc.*; Tzetz., *ad* v. 471; 953; Dion. Hal., I, 47, 2; 52, 1-4; 67; Strab., VI, 254; v. J. Berard, *Colonisation...*, pp. 369 e s.

Egeu: Apollod., I, 9, 28; III, 15, 5 e s.; Tzetz., *ad Lyc.*, 494; Plut., *Thes.*, 3; 13; Pausan., I, 5, 3 e 4; 39, 4; Strab., IX, p. 392; escól. *ad* Aristoph., *Lys.*, 58; *V.*, 1123; Hyg., *Fab.*, 26; Ov., *Met.*, VII, 402 e s. V. também *Teseu.*

car e encontrar o seu progenitor. Este jovem herói chamar-se-ia Teseu.

Quando Egeu partiu de Trezena, encontrou Medeia, que lhe prometeu que se ele a desposasse ela poria fim à esterilidade que o afligia. O herói assim fez e ela deu-lhe um filho chamado Medo. Quando Teseu atingiu a idade adulta e chegou a Atenas, Medeia, que, graças aos seus poderes mágicos, sabia quem ele era, desejou que Egeu o matasse. Mas, este reconheceu-o e foi Medeia que teve de fugir com o seu filho. Teseu chegara a tempo: os filhos de Palas, amotinados contra Egeu, tentavam destroná-lo; mas o herói aniquilou-os.

Egeu tornou-se para Minos o responsável pela morte de Andrógeo (v. *Andrógeo*), razão pela qual o rei de Creta invadiu a Ática. O tributo imposto, cinquenta raparigas e cinquenta rapazes por ano, originou a expedição de Teseu contra o Minotauro (v. *Teseu*), durante a qual pereceu Egeu, então já de avançada idade. Teseu prometera içar velas brancas na sua nau, se voltasse vitorioso; se os navios, porém, regressassem sem ele, deveriam apresentar velas negras. Mas, acometido de loucura pelas maldições de Ariadne, por ele abandonada em Naxos (v. *Ariadne*), Teseu esqueceu-se de mudar o velame e Egeu, que aguardava ansiosamente à beira-mar o regresso do filho, ao ver as velas negras, supôs que o jovem morrera e lançou-se por isso ao mar que, desde então, tomou o nome de Egeu.

EGÍALE. (Αἰγιάλεια.) Egíale, a quarta filha de Adrastro (v. quadro 1, p. 8), desposou Diomedes, o rei de Argos. Mas, pouco tempo depois, o seu marido deixou-a para marchar contra Tebas e depois contra Tróia. Durante muito tempo, ela permaneceu-lhe fiel, mas depois começou a traí-lo, com diferentes heróis, o primeiro dos quais foi Cometes, o filho de Esténelo. Para explicar a sua conduta, referem alguns que Afrodite, ferida por Diomedes no decurso dum combate, em Tróia, procurou vingar-se deste modo, suscitando em Egíale paixões que ela não podia vencer. Atribui-se, por vezes, esta mudança de conduta às calúnias de Náuplio, o pai de Palamedes, que os Gregos tinham lapidado. Para se vingar dos chefes gregos, Náuplio foi de cidade em cidade contar às mulheres que os maridos as enganavam e se preparavam para trazer de Tróia concubinas que as substituiriam a elas, as mulheres legítimas.

Quando Diomedes regressou de Tróia, teve de se livrar das armadilhas que lhe preparavam Egíale e o seu amante, e fugiu para a Hespéria, para o Ocidente mediterrânico (v. *Diomedes*).

EGIALEU. (Αἰγιαλεύς.) V. *Sícion.*

EGÍMIO. (Αἰγιμιός.) Egímio, o filho de Doro, antepassado mítico dos Dórios, instituiu leis para este povo, quando habitava ainda no vale do Peneu, no Norte da Tessália. Quando os Dórios foram repelidos pelos Lápitas, conduzidos por Corono, Egímio chamou Héracles, cujo auxílio lhes assegurou a vitória. Em agradecimento, Egímio adoptou Hilo, o filho de Héracles, e deu-lhe uma porção de território igual ao que dera aos seus próprios filhos, Dimas e Pânfilo. Hilo, Dimas e Pânfilo são os epónimos das três tribos dórias: Hileus, Dímanes e Panfílios.

EGINA.(Αἴγινα.) Egina é a filha do deus-rio Asopo. Zeus apaixonou-se por ela e raptou-a. O pai percorreu toda a Grécia em busca do raptor, conseguindo encontrá-lo graças à ajuda de Sísifo, que denunciou o paradeiro do deus, pretendendo com tal favor conquistar uma fonte para a acrópole de Corinto. Em recompensa, Asopo concedeu-lhe o que desejava, fazendo nascer a fonte Pirene. Mas mais tarde Sísifo expiaria nos Infernos esta traição (v. *Sísifo*). Zeus fulminou Asopo, que regressou então para o seu leito. Foi desde essa altura que passou a existir carvão no leito do rio Asopo.

Zeus levou Egina para a ilha de Enone, onde ela deu à luz Éaco (v. *Éaco* e quadro 31, p. 352). A ilha tomou desde então o nome da jovem, passando a chamar-se ilha de Egina.

Mais tarde, a filha de Asopo foi para a Tessália, onde desposou Actor. Da sua união nasceu Menécio, o pai de Pátroclo.

EGÍPIO. (Αἰγυπιός.) Egípio é o filho de Anteu e de Búlis. Tinha por amante uma viúva chamada Timandra, cujo filho, Néofron, cheio de ciúmes, procurou vingar-se de Egípio. Conseguiu que este um dia pernoitasse por engano no leito da sua própria mãe, julgando estar junto de Timandra. Búlis, apercebendo-se do crime que o filho acabava de cometer, quis arrancar-lhe os olhos. Mas Zeus teve pena de toda esta família e transformou todos os membros em pássaros: Egípio e Néofron foram metamorfoseados em abutres; Búlis foi convertida em mergulhão (ave que, segundo a lenda, apenas se alimenta de olhos de peixe, de serpente ou de pássaro) e Timandra tornou-se um abelharuco.

EGIPTO. (Αἴγυπτος.) Egipto, o herói epónimo do Egipto, é filho de Belo e de Anquínoe (quadro 3, p. 66). Por linha paterna, descende directamente de Posídon; por linha materna, do rio Nilo. Tem um irmão chamado Dánao. Belo, que governava as regiões africanas, colocou Dánao no trono da Líbia e entregou a Arábia a Egipto. Mas este conquistou por sua iniciativa o país dos «Melâmpodas» (os «Pés Negros»), ao qual chamou Egipto, topónimo derivado do seu próprio nome.

Egíale: *Il.*, V, 412; Apollod., *Bibl.*, I, 8, 6; 9; 13; *Epit.*, ed. Frazer, VI, 9; Stat., *Silv.*, III, 5, 48.

Egímio: Pausan., II, 28, 6; Pind., *Pyth.*, I, 120 e s. V. também *Heraclidas.*

Egina: Pausan., II, 5, 1; Apollod., *Bibl.*, I, 9, 3; III, 12, 6; Pind., *Isth.*, VII, 21; *Olymp.*, IX, 104 e escól.; Herod., V, 80; Hyg., *Fab.*, 52; 155; Ov., *Met.*, VI, 113.

Egípio: Ant. Lib., *Transf.*, 5.

Egipto: Apollod., *Bibl.*, II, 1, 4; escól. *ad Il.*, I, 42; Hyg., *Fab.*, 170; Pausan., VII, 21, 6.

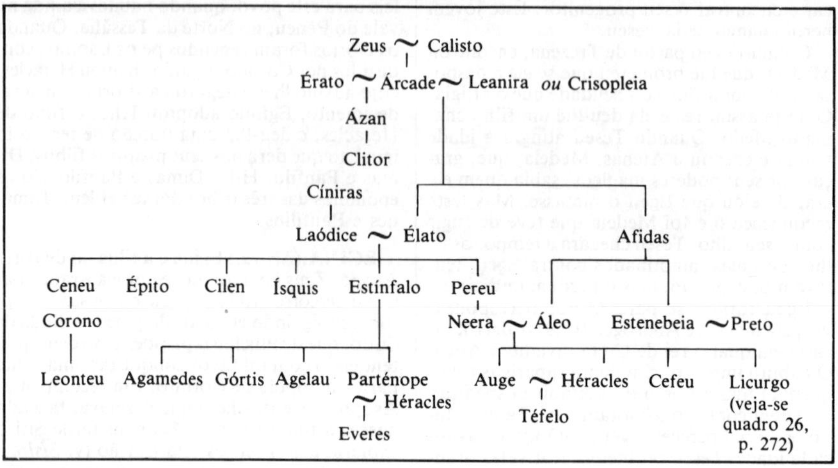

Quadro genealógico n.º 10

Egipto tinha cinquenta filhos, de diferentes mulheres. O seu irmão Dánao tinha cinquenta filhas (v. *Dánao* e *Danaides*). Os dois irmãos desentenderam-se e Dánao fugiu para a Argólida. Os filhos de Egipto foram ao seu encontro para lhe pedirem as filhas em casamento. Dánao consentiu, mas na noite de bodas ordenou às noivas que os matassem. Vendo-se privado dos seus filhos, temendo a cólera do irmão e consumido pelo desgosto, Egipto retirou-se para Ároe, onde veio a morrer.

EGISTO. (Αἴγισθος.) Egisto é o filho de Tiestes e da sua própria filha, Pelopeia (quadro 2, p. 12). Banido por seu irmão Atreu (v. *Atreu*), Tiestes vivia longe de Micenas, em Sícion, sempre à espera de se vingar do irmão que lhe havia massacrado os filhos. Um oráculo predissera-lhe um dia que a almejada vingança seria cumprida por um filho seu, gerado no ventre da sua própria filha. Tiestes surpreendeu, pois, a jovem de noite, depois de ter sacrificado aos deuses, em Sícion, e violou-a sem revelar a sua identidade, quando ela voltava para o palácio. Depois desapareceu, mas não sem que Pelopeia tivesse tido ocasião de lhe tirar a espada. Em seguida, Atreu desposou a jovem, sem saber aliás quem era. Passado pouco tempo, Pelopeia deu à luz o filho que concebera do próprio pai, expondo o recém-nascido. Mas Atreu mandou procurar a criança: encontrou-a entre uns pastores que a haviam recolhido e a alimentavam de leite de cabra (o nome de Egisto deriva precisamente de αἴξ, que em grego significa «cabra»). Atreu levou consigo o menino e criou-o como se fosse seu filho. Assim que ele atingiu a idade adulta, ordenou-lhe que fosse a Delfos procurar Tiestes e que o trouxesse prisioneiro, pois tinha a intenção de o matar. (Uma outra versão, de origem trágica, conta que a missão foi confiada a Menelau e a Agamémnon, os dois filhos de Atreu.) Egisto obedeceu e trouxe Tiestes, recebendo de Atreu a ordem de o matar. Mas Egisto empunhava a espada que a mãe lhe tinha dado e que era a mesma que ela roubara ao seu violador. Ao ver a espada com que o jovem ia desferir o golpe fatal, Tiestes perguntou-lhe de quem a havia recebido. Egisto respondeu que lha tinha dado sua mãe. Tiestes implorou então que lhe trouxessem Pelopeia e revelou a ambos o segredo do nascimento de Egisto. Apoderando-se da espada, Pelopeia trespassou com ela o peito. Então Egisto, arrancando a arma ensanguentada do cadáver da mãe, foi ter com Atreu, que sacrificava aos deuses na margem do rio, satisfeito por ter causado a morte do irmão, e aí mesmo o matou. Egisto e Tiestes ficaram então ambos a reinar em Micenas.

Enquanto os Atridas, Agamémnon e Menelau, se encontravam em Tróia, Egisto, que havia ficado no Peloponeso, tentou seduzir Clitemnestra. Durante muito tempo, nada conseguiu, enquanto a rainha teve junto de si o velho aedo Demódoco, que Agamémnon deixara com ela para a aconselhar. Mas por fim Egisto conseguiu afastá-lo e Clitemnestra deixou de lhe resistir. Viveram juntos até ao regresso de Agamémnon. Egisto colocou à beira-mar sentinelas para espiarem os barcos do Atrida e darem sinal da sua chegada assim que os avistassem. Quando Agamémnon chegou, o traidor recebeu-o com grandes demonstrações de amizade e de júbilo e ofereceu-lhe um banquete, durante o qual o matou (ou convenceu Clitemnestra a matá-lo) (v. *Agamémnon*). Reinou ainda sete anos no trono de Micenas, antes de ser morto por Orestes, filho de Agamémnon.

Egisto teve dois filhos: Aletes e Erígone.

Egisto: HYG., *Fab.*, 87; 88; 117; 252 (segundo SOPH.; cf. fr. ed. Nauck, p. 127; 146; 161; 231); AESCH., *A.*, 1583 e s.; *Od.*, III, 263 e s.; IV, 517 e s.; etc. V. também *Orestes*, *Atreu*.

ÉLATO. (Ἔλατος.) **1.** Élato é o filho mais velho de Árcade, o herói epónimo da Arcádia (quadro 10, p. 132). Ao repartir pelos filhos o poder, o pai atribuiu-lhe a região do monte Cileno, mas o herói conquistou mais tarde a Fócida, ajudou os Fócios na sua guerra contra os Flégias e fundou a cidade de Elateia.

2. Como grande parte dos heróis arcádicos, Élato tem um duplo tessálio, de quem se distingue com dificuldade. É a este Élato, natural de Larissa, que se associa por vezes Ceneu (v. *Ceneu* e *Polifemo*, 1).

ELECTRA. (Ἠλέκτρα.) Electra é o nome de diversas figuras lendárias.

1. A mais antiga é uma das filhas de Oceano e de Tétis. Casada com Taumas (o filho de Ponto, a Vaga, e de Geia, a Terra), é a mãe de Íris, a mensageira dos Deuses, e das duas Harpias, Aelo (a Tempestade) e Ocípete («a de voo rápido») (v. *Harpias*). Electra figura entre as companheiras de jogo de Perséfone na altura do rapto.

2. Electra é também o nome de uma das Plêiades, as sete filhas de Atlas e de Plêione, que habitavam na ilha de Samotrácia. Teve de Zeus um filho chamado Dádano (v. quadro 7, p. 112), que partiu de Samotrácia rumo à Tróade, onde fundou a dinastia real de Tróia. Electra teve ainda outro filho chamado Iásion, cuja lenda se encontra associada à de Cíbele e de Deméter (v. *Iásion*). Atribui-se-lhe ainda por vezes um terceiro filho — Emátion, que teria reinado em Samotrácia. Mas segundo a versão mais comum da lenda, o terceiro descendente da sua união com Zeus teria sido Harmonia, que veio a ser mulher de Cadmo (mas outras variantes existem que apresentam Harmonia como filha de Ares e de Afrodite) (v. também *Córito*).

Nas versões «itálicas» da lenda de Electra, esta passava por mulher de Córito, rei etrusco, e teria sido em Itália que teriam nascido Dárdano e Iásion.

Electra está ainda relacionada com a lenda do Paládio: quando Zeus quis violá-la, a jovem procurou refúgio junto dessa estátua divina, mas em vão. Na sua cólera, Zeus atirou o Paládio do alto dos céus. A estátua teria caído na Tróade, sendo conservada num templo da cidade de Tróia (v. *Paládio*). Contava-se também que tinha sido a própria Electra que a tinha trazido para a dar ao seu filho a fim de assegurar a protecção da cidade. Mais tarde, Electra e as suas irmãs foram transformadas em estrelas, formando a constelação das Plêiades.

3. Mas de todas as Electras da lenda, a mais célebre é sem dúvida a filha de Agamémnon e de Clitemnestra (v. quadro 2, p. 12). A epopeia homérica não a menciona, mas nos poetas posteriores ela vai-se sobrepondo pouco a pouco a Laódice, uma das filhas de Agamémnon, cujo nome deixa de ser referido a partir dessa altura. Após o assassínio do Atrida por Egisto e Clitemnestra, Electra, que só por pouco escapa à morte, é tratada como escrava. É salva por sua mãe, que intercede por ela junto de Egisto. Segundo algumas versões, é Electra quem afasta Orestes dos assassinos do pai, confiando-o em segredo ao velho preceptor, que o leva para longe de Micenas. Para evitar que a jovem dê à luz um filho que possa vingar a morte de Agamémnon, Egisto casa-a com um camponês que habita muito longe da cidade, mas o marido respeita a sua virgindade. Segundo outras variantes da lenda, Electra, que teria sido outrora noiva de Castor e depois prometida a Polimestor, foi mantida prisioneira no palácio de Micenas. Um dia, ao visitar o túmulo do pai, reencontra aí o irmão que acabara de regressar à cidade. Preparam ambos a vingança por que há muito ambicionam: a morte de Clitemnestra e de Egisto. Electra desempenha um papel activo neste duplo crime e quando Orestes é perseguido pelas Erínias é ela quem cuida dele. Participa em diversos episódios da lenda de Orestes, na versão desenvolvida pelos trágicos. No *Orestes* de Eurípides, compartilha os sofrimentos do irmão e luta a seu lado contra a hostilidade do povo que quer condenar à morte os dois assassinos. Na tragédia *Aletes* de Sófocles, hoje perdida, era ela a personagem principal. Quando Orestes e Pílades partiram para a Táurica, a fim de procurar a estátua de Ártemis Táurica (v. *Orestes*), chegou a Micenas a notícia da sua morte, acrescentando-se mesmo que fora Ifigénia quem matara o próprio irmão. Logo Aletes, o filho de Egisto, se apodera do trono. Electra dirige-se então a Delfos, onde encontra Ifigénia que para aí fora com Orestes. Ao ver a irmã, que considerava culpada de fratricídio, Electra quis puni-la e estava prestes a cegá-la com um tição ardente que tirara do altar, quando se apercebeu da presença do irmão. Volta então com Orestes para Micenas onde matam Aletes. Orestes desposa Hermíone, filha de Helena, e Electra é dada em casamento a Pílades, indo viver para a Fócida. Desta união nasceram Médon e Estrófio.

ELÉCTRION. (Ἠλεκτρύων.) Eléctrion é um dos filhos de Perseu e de Andrómeda. É ele o pai de Alcmena (v. *Alcmena* e quadro 32, p. 370). Contudo, uma genealogia beócia faz dele o filho de Itono e o pai de Leito, que participou na Guerra de Tróia.

Élato: 1) e 2) APOLLOD., *Bibl.*, III, 9, 1; PAUSAN., VIII, 4, 2 e s.; 48, 6; X, 34, 3.

Electra: 1) HES., *Theog.*, 266; *Hym. hom. Dem.*, 418. 2) APOLLOD., *Bibl.*, III, 10, 1; 12, 1; CONON, *Narr.*, 21; VIRG., *Aen.*, III, 163; e s.; VIII, 135; SERV., *ad* VIRG., *Aen.*, III, 167; 104; VII, 207; X, 272; HELLAN., frag. 56; 129; DIOD. SIC., III, 48 e s.; EUR., *Phoen.*, 1136. 3) STESICH., *Fragg.*; AESCH., *A. Ch.*, *passim*; SOPH., *El.*; EUR., *El.*, HYG., *Fab.*, 108; 17; 122; HELLAN., *Fragg.* 43.

Eléctrion: APOLLOD., *Bibl.*, II, 4, 5 e s.; escól. *ad Il.*, II, 494; XIX, 116; *ad* APOL. RH., *Arg.*, I, 747; DIOD. SIC., IV, 67, 7.

ELEFENOR. ('Ελεφήνωρ.) Elefenor é filho de Calcodonte e neto de Abas, a quem sucedeu no trono da Eubeia. Vendo um dia o avô ser maltratado por um escravo, foi em seu auxílio, querendo bater no servo. Mas errou o alvo, acertando em Abas com a arma com que pretendia espancar o servo. Elefenor matou assim involuntariamente o avô, crime que lhe valeu ser exilado de Eubeia.

O herói figura entre os pretendentes de Helena e participou por isso na Guerra de Tróia, chefiando as tropas enviadas pelos Abantes (povo da Eubeia) e um contingente de trinta naus. Para reunir o seu povo, como lhe não era permitido desde a morte do avô «pisar o solo» da Eubeia, foi obrigado a pôr-se em cima de um rochedo, a certa distância da margem. Durante a Guerra de Tróia, teve por companheiros os dois filhos de Teseu, Acamante e Demofonte. Acerca do seu destino, as tradições divergem: Homero conta que ele foi morto por Agenor, em Tróia; outras versões afirmam que sobreviveu à tomada da cidade e se estabeleceu na ilha de Otrono, próximo da Sicília, de onde foi expulso por uma serpente. Dirigiu-se então para o Epiro, para a região de Abância (ou Amância). Segundo a variante que alude à morte de Elefenor em Tróia, os seus companheiros ter-se-iam mais tarde instalado no mar Adriático, no Epiro, onde fundaram a cidade de Apolónia.

ELÊUSIS. ('Ελευσίς.) Elêusis ou Eleusino é o herói epónimo da cidade de Elêusis. Segundo uma das versões da lenda, era filho de Hermes e de Daíra, e marido de Cotoneia, de quem teve um filho chamado Triptólemo. Quando Deméter, por artes mágicas, tentava tornar este último imortal, mergulhando-o no fogo, Elêusis, que indiscretamente presenciava a cena, deixou escapar um grito. Irada, Deméter matou-o (v. também *Triptólemo*).

ÉLIMO. ("Ελυμος.) Bastardo de Anquises e companheiro de Egestes, com o qual fundou diversas cidades da Sicília, deu o seu nome à colónia troiana que com ele imigrou e que formou o núcleo do povo élimo.

ÉLIS. ("Ηλις.) Élis é o filho de Eurípile (a filha de Endímion) e do deus Posídon. Por morte de Endímion, seu avô, sucedeu-lhe no trono da Élida e fundou uma cidade a que deu o nome.

ELPENOR. ('Ελπήνωρ.) Elpenor é um dos companheiros de Ulisses. Foi metamorfoseado em porco por Circe, recuperando depois a forma humana. Na manhã em que Ulisses e os outros heróis se preparavam para deixar a ilha da feiticeira, Elpenor estava a dormir na varanda do palácio de Circe, sofrendo ainda os efeitos do vinho que bebera na véspera. Chamaram-no e ele, sem se lembrar onde se encontrava, meio adormecido, caiu da varanda quando se encaminhava para junto dos companheiros, morrendo instantaneamente. Mais tarde, Ulisses encontrou a sua sombra nos Infernos. Elpenor pediu-lhe que celebrasse em sua honra as cerimónias devidas aos mortos, requisito que o herói se apressou a satisfazer assim que saiu do mundo das Sombras. A lenda situava no Lácio o túmulo de Elpenor.

EMPUSA. ("Εμπουσα.) Empusa é um espectro do séquito da deusa Hécate. Pertence ao mundo infernal e povoa as noites de terrores. Pode tomar todo o tipo de formas e aparece sobretudo às mulheres e às crianças para as assustar. Dizia-se que tinha um pé de bronze e se alimentava de carne humana, metamorfoseando-se muitas vezes na figura de uma bela jovem para atrair as suas vítimas.

ENARÓFORO. ('Εναροφόρος.) Enaróforo era um dos filhos de Hipocoonte. Em virtude de se querer apoderar da jovem Helena pela força, Tíndaro confiou-a a Teseu (v. *Helena*).

ENDÍMION. ('Ενδυμίων.) A genealogia de Endímion varia consoante os autores. A variante mais comum da lenda apresenta-o como filho de Étlio (filho de Zeus) e de Cálice (quadro 26, p. 272), embora seja por vezes identificado como filho de Zeus. Conduziu os Etólios da Tessália para a Élida e estabeleceu-se como seu rei. Mais tarde, casou-se (o nome da esposa varia consoante os autores) e teve três filhos, Péon, Epeu e Etolo, e uma filha, Eurícide (v. *Etolo*). Atribui-se-lhe por vezes uma outra filha chamada Pisa, de cujo nome teria derivado o da cidade homónima na Élida.

A mais célebre lenda a respeito de Endímion é a que se refere aos seus amores com a Lua (*Selene*): Endímion, neste caso apresentado como um pastor jovem e de grande beleza, inspirou à Lua um profundo amor. A pedido de Selene, Zeus prometeu-lhe a realização de um desejo. Endímion escolheu dormir um sono eterno e o deus adormeceu-o, conservando-o eternamente jovem. Segundo algumas versões, foi durante este sono bem-aventurado que a Lua o viu e se apaixonou por ele. Estes acontecimentos ora são situados pela lenda no Peloponeso ora na Cária, não muito longe de Mileto (v. também *Hipno*). Endímion teria tido cinquenta filhas da sua amante.

Elefenor: TZETZ., *ad.*, *Lyc.*, 911; 1034; Hyg., *Fab.*, 97; APOLLOD., *Bibl.*, III, 10, 8; PLUT., *Thes.*, 35; PAUSAN., I, 17, 6; *Il.*, II, 540; IV, 463.

Elêusis: SERV., *ad* VIRG., *Georg.*, I, 19; PAUSAN., I, 38, 7; HYG., *Fab.*, 147.

Élimo: DION. HAL., I, 52 e s.; v. *Egestes*.

Élis: CONON, *Narr.*, 14.

Elpenor: *Od.*, X, 550 e s.; XI, 57 e s.; JUV., XV, 22; OV., *Ibis*, 487; THEOPR., *H. pl.*, V, 8, 3; SERV., *ad* VIRG., *Aen.*, VI, 107; cf. M. MAYER, «Rhodier, Chalkidier und die Odyssee», *J. D. A. I.*, 1925, pp. 42 e s.

Empusa: ARISTOPH., *Ra.*, 294; APOLL. TYAN., II, 4; IV, 25; *Etym. Magn.*, *s.u.* "Εμπουσα; SUID., *Lex.*, *s.u.*; escól. *ad* APOL. RH., *Arg.*, III, 862.

Enaróforo: APOLLOD., *Bibl.*, III, 10, 5; PLUT., *Thes.*, 31; PAUSAN., III, 15, 1.

Endímion: APOLLOD., *Bibl.*, I, 7, 5; APOL. RH., *Arg.*, IV, 57 e escól.; HYG., *Fab.*, 271; PAUSAN., V, 1, 2; PLAT., *Phdr.*, 72 c; CIC., *de fin.*, V, 20, 25; *Tusc.*, I, 38, 92.

ENEIAS. (Αἰνείας.) Eneias é um herói troiano, filho de Anquises e de Afrodite. Por parte do pai, filho de Cápis, descende da raça de Dárdano e por conseguinte do próprio Zeus (v. quadro 7, p. 112). Sobre as circunstâncias do seu nascimento, v. *Anquises*. Durante a sua primeira infância, Eneias viveu nas montanhas; depois, aos cinco anos, o pai levou-o para a cidade confiando-o a Alcátoo, o marido da sua irmã Hipodamia (v. *Anquises*), que se encarregou da sua educação. Eneias revela-se então como o mais valente dos Troianos, a seguir a Heitor. Não pertence à casa real, mas predições ligadas ao seu nascimento revelam que o poder lhe estará um dia reservado. Afrodite, de facto, ao desvendar a Anquises a sua identidade, após ter partilhado o seu leito, disse-lhe: «Terás um filho que será rei dos Troianos. Os seus filhos terão filhos e as gerações suceder-se-ão eternamente.»

O primeiro combate travado entre Eneias e Aquiles durante a Guerra de Tróia ocorreu no monte Ida, por ocasião das devastações empreendidas pelo filho de Peleu contra os rebanhos de Eneias. Este tentou em vão opor-se ao herói e teve de procurar refúgio em Lirnesso, onde foi salvo pela protecção de Zeus, na altura da tomada de Tróia por Aquiles. Em diversos momentos, Eneias intervém nos confrontos travados diante das muralhas da cidade. Primeiro, é ferido por Diomedes. Afrodite tenta salvá-lo e é também atingida. Apolo leva então Eneias para longe do campo de batalha, dissimulando-o numa nuvem. Mas logo o herói regressa à peleja, matando Créton e Orsíloco. Distingue-se igualmente no ataque ao campo aqueu. Defronta Idomeneu em vão. Depois mata um grande número de gregos. Está ao lado de Heitor, quando este põe em fuga os Aqueus. Combate pelo cadáver de Pátroclo e luta contra Aquiles. Entre todos os gregos, só Aquiles poderia matá-lo. Posídon salva-o a tempo das mãos do inimigo, dissimulando-o numa nuvem. O deus relembra a profecia de Afrodite, predizendo que Eneias um dia reinará em Tróia e que o seus filhos e os descendentes destes conservarão a supremacia que ele há-de conquistar. Assim, desde os *Poemas Homéricos*, Eneias surge como um herói protegido pelos deuses, aos quais obedece respeitosamente, estando-lhe reservado um destino grandioso: nele repousa o futuro da raça troiana. Todos estes elementos serão retomados por Virgílio na *Eneida* e interpretados no quadro da lenda romana.

Os poetas posteriores a Homero apresentam Eneias participando nos últimos combates em torno das muralhas de Tróia, desempenhando na defesa da cidade o papel de Heitor, após a morte deste. Mas é depois da queda da cidade que a sua importância redobra. Compreendendo, pelo prodígio que vitimou Laocoonte e os filhos, que o fim de Tróia se aproximava (v. *Laocoonte*), seguindo os conselhos do pai e as indicações de Afrodite, o herói dirige-se para as montanhas com Anquises, o pequeno Ascânio, seu filho, e a esposa, Creúsa. Uma versão mais romanceada da lenda contava como Eneias havia sido surpreendido na cidade pelo ataque dos Gregos. Teria então fugido no meio das chamas, levando o velho Anquises às costas e Ascânio nos braços, encarregando-se ainda dos deuses mais sagrados de Tróia, os Penates, e do Paládio. Ter-se-ia deste modo retirado para o Ida, onde reuniu os habitantes dispersos que haviam sobrevivido ao massacre, fundando uma cidade nova na qual reinou, justificando-se assim a profecia de Afrodite, que não teria, segundo essa versão, provocado a guerra senão para roubar o trono a Príamo, a fim de o dar à sua própria raça (v. também *Ascânio*).

Mas a lenda mais divulgada, à qual se encontra ligado o poema de Virgílio, é a que narra as aventuras e as viagens de Eneias. Após uma breve estada no Ida (v. *Oxínio*), o herói partiu para a Hespéria, isto é, para as regiões do Ocidente mediterrânico. As etapas da sua viagem são as seguintes: esteve na Trácia e na Macedónia, após uma escala em Samotrácia; depois em Creta e em Delos, em Citera, em seguida na Lacónia e na Arcádia; daí passou a Lêucade e a Zacinto, passando pelas costas do Epiro, aportando em Butroto, onde encontrou Heleno e Andrómaca (v. *Andrómaca*). Chega enfim à Itália meridional e aí se detém nas numerosas colónias gregas estabelecidas na região. Decide então contornar a Sicília, evitando o estreito de Messina (onde se encontram Cila e Caríbdis), fazendo escala em Drépano, onde Anquises morre. Quando se faz de novo ao mar, uma tempestade lança a frota para as costas de Cartago (v. *Dido*). Por ordem dos deuses, que não querem deixá-lo estabelecer-se em paz na cidade destinada a tornar-se a rival de Roma, o herói parte de Cartago, retoma o seu caminho e chega a Cumas. É aí que Virgílio situa a visita à Sibila e a descida aos Infernos. Eneias afasta-se, pouco depois, de Cumas e contorna as costas da Itália rumando para noroeste. Faz escala em Caieta (*Gaeta*) para prestar as últimas homenagens à sua ama (v. *Caieta*); evita cuidadosamente aportar na ilha de Circe e chega à embocadura do Tibre, onde o aguarda a guerra contra os Rútulos. Deixando a maior parte dos seus companhei-

---

Eneias: Hes., *Theog.*, 1008 e s.; *Hymn hom. Aphrod.*, *passim*, principalmente v. 196 e s.; *Il.*, II, 819 e s.; V, 166-275; 297-317; 431-470; 512-518; 541-572; XII, 98; XIII, 458-505; 540-544; XV, 332-338; XVI, 608-631; XVII, 333 e s.; 491-536; 752; 761; XX, 75-352; v. sobretudo XX, 307 e s.; Dion. Hal., I, 46 e s.; 72; Liv., I, 1 e s.; Virg., *Aen.*, *passim*; Ov., *Her.*, VII; Arnob., *Adu. Nat.*, II, 71. As alusões antigas a esta lenda são inumeráveis. V. uma análise quase totalmente negativa (lamentavelmente), *in* J. Perret., *Origines de la légende troyenne de Rome*, Paris, 1942. Cf. Hild, *La légende d'Enée avant Virgile*, Paris 1883. Acerca de Eneias e da sua chegada à Itália, v. J. Carcopino, *Virgile et les Origines d'Ostie*, Paris, 1919; H. Boas, *Aeneas' arrival in Latium*, Amsterdão, 1938; L.-A. Constans, *L'Enéide de Virgile*, Paris, 1943; E. Howald, «Aineias», *Mus. Helv.*, 1947, p. 67-73; L. Malten., «Aineias», *A. R. W.*, 1931, pp. 33-59.

ros no acampamento montado na margem, Eneias sobe o Tibre até à cidade de Palanteu, que ocupa o lugar onde mais tarde se erguerá Roma (o Palatino), solicitando ao velho rei Evandro que lhe conceda auxílio militar. De origem arcádica, o monarca mantinha com Anquises laços de hospitalidade e não foi por isso hostil aos Troianos. Acolheu favoravelmente Eneias, estabeleceu com ele uma aliança, enviando em seu auxílio um exército chefiado pelo seu próprio filho, Palante. Seguindo os conselhos de Evandro, Eneias dirigiu-se em seguida a Agila na Etrúria, onde chama às armas os súbditos de Mezêncio revoltados contra o seu rei. Mas durante a sua ausência as tropas de Turno, o rei dos Rútulos, atacam o acampamento troiano e tentam incendiar a frota. As hostes troianas estão a ficar em desvantagem na contenda, quando Eneias regressa trazendo consigo as forças aliadas e invertendo assim a situação. Pouco depois, o herói mata o seu inimigo Turno em combate singular. É com a vitória de Eneias que termina o poema épico de Virgílio. O poeta não conta directamente os acontecimentos posteriores que os historiadores nos revelam: a fundação de Lavínio, as lutas travadas contra as diversas populações da região e a desaparição de Eneias durante uma tempestade. É um descendente de Eneias, Rómulo, o fundador de Roma (v. *Rómulo*). O seu filho Ascânio, ou Julo, fundará Alba Longa, a metrópole de Roma. Acerca dos estádios da lenda anteriores a Virgílio, v. *Latino*. Algumas tradições obscuras falam de Eneias como o fundador de Roma (cf. *Nano* e *Ulisses*); outras atribuem-lhe quatro filhos: Ascânio, Eurileonte, Rómulo e Remo (v. *Remo*), mas é evidente que a versão virgiliana se impôs a todos os escritores e que ela é a única variante sobrevivente depois do século I da nossa era. A lenda de Eneias tinha o mérito de dar a Roma títulos de nobreza, fazendo remontar a estirpe dos seus fundadores às origens dos tempos históricos, atribuindo-lhes antepassados divinos: Zeus e Afrodite. Além disso, a grandeza de Roma parecia ter sido predita pelo próprio Homero. Roma parecia realizar, no seio do seu império, a reconciliação das duas raças inimigas, os Troianos e os Gregos.

ENEU. (Οἰνεύς.) Eneu é o rei de Cálidon. O seu nome está relacionado com a palavra *vinho* (em grego οἶνος). Foi a ele, segundo se conta, que Dioniso ofereceu o primeiro pé de vinha plantado na Grécia (v. *Alteia*). Dizia-se também que um dos seus pastores, chamado Orista (ou Estáfilo), notou que um dos bodes do rebanho costumava afastar-se dos demais e ia mordiscar os frutos de uma planta desconhecida. O próprio pastor acabou por ir colher alguns, espremeu-os e misturou ao sumo água do rio Aqueloo. O rei Eneu teria então dado ao líquido assim obtido um nome derivado do seu.

Embora certas tradições o apresentem como um descendente de Deucalião (v. *Oresteu*), admite-se geralmente que ele descende de Endímion e de Prónoe; é bisneto de Plêuron, neto de Agenor e filho de Portáon, ou Porteu, e de Êurite (v. quadro 26, p. 272). É rei da Etólia (pois Plêuron é filho de Etolo, o herói epónimo da região). Tem vários irmãos — Ágrio, Alcátoo, Melas, Leucopeu — e uma irmã, Estérope (v. quadro 29, p. 298).

Eneu desposou em primeiras núpcias uma filha de Téstio, Alteia (v. *Alteia*) e tiveram vários filhos — Toxeu (que ele matou por ter saltado um fosso, apesar da sua proibição), Tireu, Clímeno e Meleagro — e duas filhas — Gorge e Dejanira (às quais se acrescentam, por vezes, Eurímede e Melanipe) (acerca do nascimento de Dejanira, v. *Alteia*). Aos filhos acima mencionados, alguns mitógrafos acrescentam ainda Fereu, Agelau e Perifante (v. *Meleágridas*). Depois da morte de Alteia, que se suicidou por ter matado Meleagro, seu filho, num momento de cólera (v. *Meleagro*), Eneu voltou a casar-se. Desposou em segundas núpcias Peribeia, filha de Hipónoo, rei de Óleno. Acerca deste casamento, várias tradições existem. Segundo uma delas, Peribeia teria sido atribuída a Eneu, depois da vitória por este alcançada sobre Hipónoo, como quinhão do saque. De acordo com outra versão, o próprio Hipónoo teria enviado a Eneu espontaneamente a sua filha, porque ela tinha sido seduzida por um certo Hipóstrato (ou ainda pelo deus Ares). Uma última variante faz de Eneu o sedutor da jovem e explica que ela foi pelo pai entregue aos porqueiros do palácio, junto dos quais Eneu a encontrou. Levou-a consigo e teve dela um filho — Tideu, que seria o pai de Diomedes (v. quadro 29, p. 298).

Das aventuras protagonizadas por Eneu, destacam-se três episódios. Foi ele, inconscientemente, o causador do flagelo enviado por Ártemis contra Cálidon, pois esqueceu-se de a invocar durante os sacrifícios oferecidos no final das colheitas (v. *Meleagro*). Como pai de Dejanira, desempenha também um papel importante no ciclo de Héracles — é no seu palácio que este último passa alguns anos, depois de terminados os seus trabalhos, até ser expulso em virtude de um crime involuntário (v. *Héracles*). Finalmente, Eneu intervém na lenda de Diomedes, seu neto. Na velhice, o rei de Cálidon foi despojado do poder pelos filhos de Ágrio, seus sobrinhos. Diomedes, ajudado por Alcméon, matou-os, entregando o reino a Andrémon (marido de Gorge e, por conseguinte, um dos genros de Eneu) e levando consigo o velho rei, incapacitado de se defender, pelo peso dos anos. Conta-se ainda que, durante a viagem, dois dos filhos de Ágrio que sobreviveram mataram Eneu, no momento em que este atravessava a Arcádia.

Eneu desempenha também um papel, em certas versões da lenda de Agamémnon e Me-

---

Eneu: *Il.*, II, 641; VI, 215 e s.; IX, 529 e s. e escólio ao v. 584; XIV, 115 e s.; APOLLOD., I, 8, 1 e s.; OV., *Her.*, IV, 153; escólios *ad* ARISTOPH., *Ach.*, 418; *Myth Vat.*, I, 87; SERV., *ad* VIRG., *Georg.*, I, 9; *Aen.*, IV, 127; HYG., *Fab.*, 129. 172; ANT. LIB., *Transf.*, 2; DIOD SIC., IV, 34 e s.; ATHEN. II, 35; IX,

nelau: teria acolhido no seu palácio os dois príncipes, quando, durante a juventude, foram expulsos do reino paterno (v. *Agamémnon* e *Menelau*).

ÉNIO. (Ἐνυώ.) Énio é uma deusa da Guerra que figura habitualmente no cortejo de Ares. Ora é considerada como filha deste deus (v. *Ares*) ora como sua mãe ou mesmo sua irmã. É vulgarmente representada sangrando, em atitudes de violência. Foi em Roma identificada com a deusa guerreira Belona.

ENIPEU. (Ἐνιπεύς.) Enipeu é um deus-rio da Tessália, por quem Tiro, a filha de Salmoneu e de Alcídice, se apaixonou perdidamente. Posídon, que amava a jovem, tomou a forma de Enipeu e dessa união Tiro teve dois gémeos — Pélias e Neleu (quadro 23, p. 258).

ÉNOCLO. (Οἴνοκλος.) Énoclo é o rei dos Enianes. Conduziu o seu povo a Cirra, sendo aí lapidado, porque o oráculo de Apolo declarara que tal sacrifício era o único modo de debelar a fome que assolava a região.

ENÓMAO. (Οἰνόμαος.) Enómao é um rei de Pisa, na Élida, filho de Ares e de uma das filhas do deus-rio Asopo, chamada Harpina (ou Eurítoe), ou então da Plêiade Estérope. O herói Hipéroco é também, por vezes, apresentado como seu pai. Da sua união com Estérope (ou com Evarete, filha de Acrísio), nasceu Hipodamia. Muitos eram os pretendentes à mão da princesa, mas Enómao recusava sistematicamente dá-la em casamento. Talvez estivesse ele próprio enamorado dela, talvez um oráculo lhe tivesse predito que morreria às mãos do genro — ambas as explicações são propostas pelos mitógrafos. Enómao imaginou, então, para afastar os pretendentes, o seguinte estratagema: quem quer que desejasse desposar Hipodamia deveria disputar com ele uma corrida de carros. Antes de subir para o seu carro, Enómao sacrificava um carneiro a Zeus, enquanto o adversário dava início à corrida, cujo objectivo era atingir o altar de Posídon, em Corinto. Terminado o sacrifício, Enómao punha-se a caminho e não tardava a apanhar o rival, que condenava depois à morte. É que os seus cavalos eram divinos e tinham-lhe sido dados por Ares. Por isso, ninguém poderia esperar vencê-lo com um carro vulgar. Já Enómao tinha alcançado doze vitórias e tinha pregado à porta do palácio as cabeças desses doze infelizes adversários, quando Pélops veio à sua presença. Hipodamia apaixonou-se por ele e ajudou-o a subornar Mirsilo, o cocheiro real. Este deixou as coisas preparadas de tal modo que o eixo do carro de Enómao se quebrasse, durante a corrida. O próprio rei ficou preso nas rédeas sendo arrastado pelos cavalos. Segundo outra versão, teria sido morto por Pélops. Seja como for, não sobreviveu à sua derrota (v. *Hipodamia* e *Pélops*).

Os mitógrafos enumeram os doze (ou treze) pretendentes mortos por Enómao. São eles: Mermno, Hipótoo, Euríloco, Automedonte, Pélops de Opunte, Acárnan, Eurímaco, Lásio, Cálcon, Tricorono, Alcátoo, filho de Portáon, Aristómaco e Crótalo.

ENONE. (Οἰνώνη.) Afastado de Tróia, Páris passou a juventude nos montes, onde se enamorou da ninfa Enone, filha do deus-rio Cébren, e dela teve um filho chamado Córito (v. *Córito*). Mas depois de eleger a mais bela das deusas que compareceram ao célebre julgamento, Páris decidiu abandonar Enone, em troca do amor de Helena, que Afrodite lhe prometera. A ninfa, que conhecia o futuro, quis dissuadi-lo, mas foi em vão. Disse-lhe então que, se alguma vez fosse ferido, só teria de voltar para junto dela, que era a única que saberia curá-lo, pois Apolo dera-lhe outrora, em recompensa da sua virgindade, o dom de conhecer as plantas medicinais. Páris abandonou Enone em troca de Helena. Algum tempo depois, durante os últimos anos do cerco de Tróia, Filoctetes atingiu-o com uma flecha. Desesperado por ver que a cura tardava, lembrou-se da promessa de Enone e foi procurá-la (ou enviou-lhe mensageiros) para que o curasse. Mas Enone, furiosa por ter sido abandonada, recusou-lhe auxílio e Páris morreu. Em breve a ninfa se arrependeu da sua crueldade e acorreu com remédios, pensando encontrar com vida o antigo amante. Ao saber que ele morrera, o desgosto fê-la pôr fim aos seus dias: enforcou-se ou, segundo outra versão, lançou-se sobre a pira fúnebre.

ENÓPION. (Οἰνοπίων.) Enópion, «o que bebe vinho» (οἶνος, πίνω), é filho de Ariadne e Dioniso (ou de Ariadne e Teseu). Era rei da ilha de Quios, onde introduziu o uso do vinho tinto. Abordara essa ilha vindo de Creta, de Lemnos ou de Naxos.

---

410 f; Tzetz., *ad Lyc.*, 50; Pausan., II, 13, 8; 23, 5; 25, 2; IV, 2, 7; 35, 1; VII, 4, 1; 18, 10; X, 10, 3; 31, 3; 38, 5.

Énio: *Il.*, V, 592 e escól. *ad Il.*, V, 333; Corn., 21; Quint. Sm., VIII, 425; Pausan., I, 8, 5.

Enipeu: *Od.*, XI, 238; Apollod., *Bibl.*, I, 9, 8; Diod. Sic., IV, 68, 3; Eust., *ad Hom., p. 1681. V. Tiro.* Cf. Ov., *Met.*, VI, 116.

Énoclo: Plut., *Qu. Gr.*, 13; 26.

Enómao: Pausan., V, 10, 6 e s.; 14, 6; 17, 7; VI, 20, 17; 21, 3-11; VIII, 14, 10 e s.; 20, 2-3; Apollod., *Bibl.*, III, 10, 1; *Ep.*, II, 4 e s.; Pind., *Olymp.*, I, 109 e s.; escólio ao v. 127; Diod. Sic., IV, 73; escólios *ad* Apol. Rh., *Arg.*, I, 752; *ad Il.*, II; *ad* Soph., *El.*, 504; *ad* Eur., *Or.*, 982; 990; Tzetz., *ad Lyc.*, 149; 156; 219; Hyg., *Fab.*, 84; Serv., *Georg.*, III, 7; *Myth. Vat.*, I, 7; 125. Cf. Th. Zielinsky, «De Euripidis Thebaide Posteriore», *Mném.*, 1924, pp. 189-205. V. R. Vallois, *op. cit.*, no art. *Pélops* (Πέλοψ).

Enone: Apollod., *Bibl.*, III, 12, 6; Tzetz., *ad Lyc.*, 57; 60; Conon, *Narr.*, 23; Parth., *Erot.*, 4; Ov., *Her.*, V; Quint. Sm., X, 262; 484.

Enópion: Pausan., VII, 4, 8 e s.; 5, 13; Hyg., *Astr. Poet.*, II, 34; escól. *ad* Apol. Rh., *Arg.*, III, 997; Parth., *Erot.*, 20; Diod. Sic., V, 79; 84; Arat., *Phaen.*, 636 e s.; Plut., *Thes.*, 20; Apollod., *Bibl.*, I, 4, 3; *Ep.*, I, 9; Athen., I, 26 b; Serv., *ad Virg.*, *Aen.*, X, 763.

Enópion teve vários filhos — Evantes, Estáfilo, Máron, Talo — e uma filha, Mérope. Oríon pediu-a em casamento (v. *Oríon*), quando esteve na ilha atraído pela caça grossa. Mas Enópion, não lha querendo dar, fê-lo beber e, durante o sono, cegou-o.

ENOTRO. (Οἴνωτρος.) Enotro é um dos filhos de Licáon (v. *Licáon*) e de Cilene. Descontente com o lote que lhe coube na partilha do Peloponeso com os irmãos, emigrou com Peucécio, um deles. Aportaram ambos na Itália: Peucécio deu o seu nome aos Peucécios; Enotro, aos Enotros.

Outra tradição, que remonta a Varrão, faz de Enotro um rei sabino. Por vezes, é também considerado irmão do rei Ítalo.

* **ENTÓRIA.** ('Εντωρία.) A história de Entória é uma lenda romana transmitida por Plutarco e relativa à fundação do templo de Saturno. Parece mesmo tratar-se de uma elaboração artificial, repleta de confusões, baseada no modelo da lenda de Erígone (v. *Erígone*). No tempo em que Saturno vivia em Itália (v. *Idade de Ouro*), um camponês chamado Icário hospedou-o em sua casa. O deus apaixonou-se pela filha do seu anfitrião, Entória, e ela deu à luz quatro filhos: Jano, Himno, Fausto e Félix. Além disso, Saturno ensinou ao camponês a arte de cultivar a vinha e de preparar o vinho, recomendando-lhe que repartisse com os vizinhos as benesses que acabava de conquistar. Icário convidou-os e deu-lhes o vinho a beber, mergulhando-os desse modo num sono profundo. Mal despertaram, julgando ter sido envenenados, os vizinhos lapidaram Icário. Consumidos pelo desgosto, os seus quatro netos enforcaram-se. Na mesma altura, uma violenta epidemia se desencadeia em Roma e o oráculo de Delfos revela que essa é a consequência da cólera de Saturno. Para apaziguar o deus, Lutácio Cátulo fundou o templo de Saturno, no sopé do Capitólio, erguendo ainda um altar ornado com quatro efígies (os quatro filhos de Entória) e dando ao mês de Janeiro o nome de *Januarius* (mês de Jano). Saturno transformou em constelação toda a família de Icário.

EÓLIA. (Αἰολία.) **1.** Na *Odisseia*, a ilha de Eólia é a morada de Éolo, Senhor dos Ventos. É uma ilha flutuante, rochosa, cercada por muralhas de bronze. Foi mais tarde identificada ora com a ilha de Estrôngile (hoje *Stromboli*) ora com a de Lípari, ambas pertencentes ao arquipélago das Ilhas Eólicas.

2. O nome de Eólia designa também uma heroína lendária filha de Amitáon e mulher de Cálidon (v. quadro 1, p. 8).

ÉOLO. (Αἴολος.) Este nome designa diversas personagens difíceis de distinguir.

1. Um dos heróis com este nome é o filho de Heleno e da ninfa Orseide (v. quadro 8, p. 116), neto de Deucalião e Pirra, irmão de Doro e de Xuto. Reinou em Magnésia na Tessália e os seus descendentes são os Eólios. Desposou Enarete, a filha de Deímaco, de quem teve sete filhos: Creteu, Sísifo, Átamas, Salmoneu, Déion, Magnes e Perieres, aos quais a tradição acrescenta por vezes Macareu, Étlio e Mimas. Teve ainda cinco filhas: Cânace, Alcíone, Pisídice, Cálice, Perimede (segundo alguns autores, Tânagra e Arne seriam igualmente suas filhas). Este Éolo, filho de Heleno, é por vezes identificado com o Senhor dos Ventos (v. *infra*, 3), mas é mais comum atribuir esse título a um outro Éolo, neto do primeiro, filho de Posídon (segundo Diodoro) e de Arne. O filho de Heleno é uma das personagens da lenda dos amores trágicos de sua filha Cânace e de Macareu (v. *Cânace*).

2. Éolo, filho de Arne e de Posídon, é o neto de Éolo filho de Heleno. À sua mãe é muitas vezes atribuído o nome de Melanipe (é essa a tradição seguida particularmente por Eurípides nas duas tragédias perdidas sobre Melanipe). Melanipe (ou Arne) teve de Posídon dois gémeos — Éolo e Beoto. No momento em que ela deu à luz, o pai (Éolo, filho de Heleno, ou Desmontes, segundo Higino, nome que provém quase de certeza de um erro do compilador a partir do título de uma tragédia de Eurípides de que apresenta o resumo, *Melanipe Agrilhoada* — Μελανίππη ἡ δεσμῶτις) decide cegar a filha e fechá-la numa masmorra, ordenando ainda que as crianças sejam expostas nas montanhas. Uma vaca alimenta os recém-nascidos com o seu leite, até ao dia em que uns pastores das redondezas, testemunhando aquele milagre, recolhem Éolo e Beoto. Entretanto, Metaponto, rei da Icária (segundo Higino, deverá ler-se: «de Itália»), não conseguia ter filhos e ameaçou por isso a esposa, Teano, afirmando que a repudiaria se não tivesse descendentes. A rainha pediu então aos pastores que lhe trouxessem crianças que ela faria passar por seus filhos. Eles apresentaram-lhe Éolo e Beoto, os quais Teano levou à presença do monarca, fazendo-o crer que os havia dado à luz. Mas, pouco depois, ela concebeu dois filhos, decidindo por isso livrar-se dos dois estranhos que imprudentemente introduzira no seio da família, tanto mais que a beleza destes os tornava os favoritos do rei seu esposo. Um dia, Metaponto foi celebrar um sacrifício em honra de Diana de Metaponto, e Teano aproveitou a ocasião para revelar aos filhos o segredo que envolvia o nascimento de Éolo e Beoto, pedindo-lhes que matassem os dois intrusos durante uma caçada. Os quatro jovens digladiaram-se nas montanhas e, graças à ajuda de Posídon, Éolo e Beoto saíram

---

Enotro: PAUSAN., VIII, 3, 5; DION. HAL., I, 11-13; SERV., *ad Virg.*, *Aen.*, I, 552. V. J. BERARD, *Colonisation...*, pp. 459 e s.

Entória: PLUT., *Parall. gr. et. rom. hist.*, 9; ARAT., *Phaen.*, 137.

Eólia: 1) *Od.*, X, 1 e s.; STRAB., I, 40; DIOD. SIC., V, 9. 2) APOLLOD., *Bibl.*, I, 7, 7.

Éolo: 1) APOLLOD., *Bibl.*, I, 7, 3; STRAB., VII, p. 383; CONON, *Narrat.*, 27; PAUSAN., X, 8, 4; 38, 4; IX, 20, 1; 40, 5; escól. *ad* PIND., *Pyth.*, IV, 253; DIOD. SIC., IV, 67, 2; OV., *Her.*, XI; *Tr.*, II, 384; HYG., *Fab.*, 125. 2) EUR., tragédias perdidas (v. fr. de Nauck, p. 157 e 186, e o estudo de WUNSCH, *Rhein. Mus.*, 1894, pp. 91, e s., e ainda J. BERARD, *Colonisation...*, pp. 344 e s.); HYG.,

vencedores do confronto. Mataram os filhos de Teano e procuraram refúgio junto dos pastores que os haviam outrora recolhido. Foi então que Posídon lhes revelou a identidade dos pais, acrescentando que sua mãe ainda se encontrava prisioneira. Os dois irmãos apressaram-se a ir salvá-la e o deus do Mar restituiu-lhe a vista. Os dois jovens levaram-na então para a cidade de Metaponto, desvendando ao rei os crimes de Teano. Metaponto desposou Melanipe e os dois heróis voltaram a partir: um deles fundou a Beócia (na Trácia?); o outro, a Eólia, na região de Propôntides.

Existem outras versões da mesma lenda. Segundo uma delas, Arne-Melanipe, durante a gestação dos filhos de Posídon, não teria sido enclausurada pelo pai, mas dada em casamento a um habitante de Metaponto, que estava de passagem na Tessália e que ao regressar a casa teria adoptado os dois recém-nascidos a conselho de um oráculo. Ao atingirem a idade adulta, os dois filhos de Arne, graças a uma revolução, apoderaram-se do trono de Metaponto. Depois, mataram a mulher do pai adoptivo (Autólite ou Síris), que se tinha desentendido com a sua mãe. Em virtude deste crime, foram obrigados a fugir. Éolo dirigiu-se para as ilhas do mar Eólico e aí fundou a cidade de Lípara. Beoto partiu para a Eólida, mais tarde denominada Tessália.

Contava-se ainda que Éolo, depois de ter partido de Metaponto, teria sido recebido nas Ilhas Eólicas pelo rei Líparo, filho de Áuson, que lhe deu em casamento a sua filha Ciane. O monarca ter-lhe-ia também confiado o trono, enquanto ele próprio se dirigia a Sorrento, no golfo de Nápoles. De Cíane, Éolo teve seis filhos: Astíoco, Xuto, Ândrocles, Ferémon, Jocasto e Agatirno.

3. Éolo, filho de Posídon, é muitas vezes identificado com um outro Éolo, senhor dos Ventos, mencionado na *Odisseia*, mas em certos passos as duas personagens são diferenciadas (v. *supra*, 1). Quando Ulisses aporta na ilha de Eólia, este Éolo recebe-o amigavelmente, hospedando-o durante um mês no seu palácio. Na altura da partida, entrega a Ulisses um odre onde se encontram encerrados todos os ventos, excepto aquele que deveria levá-lo directamente rumo a Ítaca. Mas enquanto o herói dorme, os seus companheiros abrem o odre, supondo que ele está cheio de vinho, e os ventos escapam-se desencadeando uma tempestade violenta que arrasta a nau para a costa da Eólia. Éolo, adivinhando que Ulisses é alvo da cólera divina, nada mais quer ter a ver com ele e manda-o embora (v. *Ulisses*).

EONO. (Οἰωνός.) Eono é sobrinho de Alcmena, filho de Licímnio e, por consequência, primo de Héracles. Acompanhou o herói nas suas expedições ao Peloponeso. Venceu a corrida do estádio nos Jogos Olímpicos, quando Héracles os fundou. Foi morto por Hipocoonte e seus filhos (v. *Héracles*). Para vingar tal morte, Héracles empreendeu a sua expedição contra Esparta.

EOS. (Ἠώς.) Eos é a personificação da Aurora. Pertence à primeira geração divina, a dos Titãs (v. quadro 16, p. 202). É filha de Hiperíon e de Tia, e irmã de Hélio e de Selene; segundo outras tradições, seria filha de Palas (v. *Palas*). Da sua união com Astreu, um deus da mesma estirpe (filho de Crio e de Euríbia, e irmão do gigante Palas) (quadro 33, p. 388), nasceram os Ventos — Zéfiro, Bóreas e Noto, a estrela da Manhã (Eósforo) e os Astros. É representada como uma deusa cujos dedos róseos abrem as portas do céu ao carro do Sol. A sua lenda preenche-se com os seus múltiplos amores. Conta-se que um dia se enamorou de Ares, atraindo assim a cólera de Afrodite, que a castigou transformando-a numa eterna apaixonada.

Foram muitos os seus amantes: um deles foi Oríon, o gigante, filho de Posídon, que ela raptou e levou para Delos; outro foi Céfalo, o filho de Déion e Diomede (filha de Xuto), ou segundo outros, descendente de Herse e de Hermes. Contava-se que o raptara e o levara para a Síria, onde lhe dera um filho chamado Faetonte (geralmente identificado como filho do Sol) (v. *Faetonte*). Por fim, teria raptado Titono, filho de Ilo e de Plácia (ou Leucipe), de raça troiana, com quem teria ido para a Etiópia, que é, nas velhas lendas, o país do Sol. Aí deu à luz dois filhos: Emátion e Mémnon. Este, que parece ter sido o seu filho predilecto, reinou sobre os Etíopes e morreu em Tróia lutando contra Aquiles (v. *Mémnon*). Eos suplicou a Zeus que tornasse Titono imortal, mas esqueceu-se de pedir para ele a eterna juventude, razão pela qual ele envelheceu atormentado por diversas moléstias. Eos fechou-o então no seu palácio, onde Titono levou uma vida infeliz. Certas variantes da lenda acrescentam que Titono envelheceu tanto que perdeu a forma humana, convertendo-se numa cigarra descarnada.

EÓSFORO. V. *Heósforo.*

ÉPAFO. (Ἔπαφος.) Quando Io, uma das apaixonadas de Zeus, foi metamorfoseada em vaca e andou errante por toda a Terra, perse-

---

Fab., 157 e 186 (cf. H. I. ROSE, *ad loc.*); escól. *ad* DION. PER., 461; DIOD. SIC., IV, 67, 3 e s.; STRAB., VI, 265. **3)** *Od.*, X, 1-76; HYG., *Fab.*, 125; OV., *Met.*, XIV, 223 e s.; VIRG., *Aen.*, I, 52 e s.; APOL. RH., *Arg.*, IV, 761 e s.; e escól. ao v. 764. Cf. R. STRÖMBERG, in *Symb. Philol. Gotoburgenses*, 1950, pp. 71-84.

Eono: PIND., *Olymp.*, XI, 65 e escól. *ad. loc.*; PAUSAN., III, 15, 3; DIOD. SIC., IV, 33; 34; escól. *ad Il.*, I, 52; II, 581; APOLLOD., *Bibl.*, II, 7, 3; PLUT., *Qu. Rom.*, 90.

Eos: APOLLOD., I, 2, 2; 4, 4; 9, 4; III, 12, 4 e s.; 14, 3; ANT. LIB., *Transf.*, 41; HES., *Theog.*, 371 e s.; 378 e s.; 986 e s.; HYG., *Fab.*, 160; 189; 270; PIND., *Olymp.*, II, 83; *Nem.*, VI, 59; *Hymn. hom. ad Ven.*, 218 e s.; QUINT. SM., II, 540 e s.; TZETZ., *ad Lyc.*, 18; escól. *ad Il.*, XI, 1; PROP., II, 18, 7 e s.; *Od.*, V, 1 e s.; 121 e s.; IV, 188; OV., *Met.*, XIII, 581 e s.; VII, 690 e s.; EUR., *Hipp.*, 454 e s.; PAUSAN., I, 3, 1.

Épafo: APOLLOD., *Bibl.*, II, 1, 3-4; TZETZ., *ad Lyc.*, 894; HYG., *Fab.*, 145; 149; AESCH., *Supp.*, 41

guida pela cólera de Hera (v. *Io*), acabou por encontrar refúgio à beira do Nilo, e aí, retomando a forma humana, deu à luz Épafo, «o toque de Zeus». Mas Hera, perseguindo este filho com todo o seu ódio, ordenou aos Curetes que o escondessem. Eles dissimularam-no tão bem que Io não conseguiu encontrá-lo. Zeus matou os Curetes e Io pôs-se à procura do filho. Soube que ele estava a ser criado pela mulher do rei de Biblo, na Síria. Foi ter com ela, recuperou a criança e levou-a para o Egipto. Épafo cresceu e ao atingir a maturidade sucedeu no trono a Telégono, seu pai adoptivo. Desposou Mênfis, a filha do deus-rio Nilo, e dela teve uma filha chamada Líbia, de cujo nome deriva o do país vizinho do Egipto. Nasceram-lhe ainda duas outras filhas: Lisianassa e Tebe. Certas variantes da lenda atribuem-lhe por esposa não Mênfis, mas Cassiopeia (v. *Cassiopeia*).

EPEU. (Ἐπειός.) A lenda apresenta dois heróis com este nome.

1. O primeiro é um dos filhos de Endímion, rei da Élida, e por conseguinte irmão de Péon e de Etolo. Foi ele que sucedeu ao pai (v. *Etolo*) e durante algum tempo uma parte do povo dos Eleus ficou conhecida pelo nome de Epeus, derivado do antropónimo Epeu (v. quadro 26, p. 272).

2. O segundo herói com este nome, o mais célebre sem dúvida, é filho de Panopeu (v. quadro 31, p. 352). Participou na expedição contra Tróia, chefiando um contingente de trinta naus, mas não se distinguiu pelos seus dotes de guerreiro. Notabilizou-se principalmente na prova da luta disputada durante os jogos fúnebres em honra de Pátroclo; foi derrotado no lançamento do disco. O seu principal título de glória foi ter construído o cavalo de madeira que decidiu a tomada de Tróia. Na viagem de regresso à Élida, separado de Nestor, o herói chegou à Itália meridional, onde fundou a cidade de Metaponto ou de Lagaria. Aí consagrou à deusa Atena os instrumentos de que se tinha servido para fabricar o cavalo de Tróia. Uma outra tradição apresenta-o como o fundador de Pisa, na Itália central. Impelido por uma tempestade para as costas da Itália, teria desembarcado e as cativas troianas que consigo levava como despojos deitaram fogo às naus. Perdendo a esperança de algum dia voltar a ver a sua pátria, o herói e os seus companheiros teriam então fundado a cidade de Pisa, assim denominada a partir da cidade homónima da Élida.

Atribui-se a Epeu uma estátua miraculosa de Hermes, adorada em Eno, na Trácia. Essa imagem, esculpida em Tróia, havia sido arrastada pelo caudal do Escamandro quando este rio tentou deter Aquiles. A estátua de Hermes chegou assim a Eno, onde uns pescadores a apanharam nas redes. Como a imagem era feita de madeira, quiseram rachá-la para fazer uma fogueira, mas não conseguiram senão um pequeno golpe num ombro. Lançaram-na então ao fogo, mas ela não se deixou consumir pelas chamas. Deitaram-na ao mar; ela voltou a ficar presa nas suas redes de pesca. Compreenderam assim que era uma figura divina e ergueram-lhe um santuário. Esta lenda foi transmitida por Calímaco num poema de que apenas restam fragmentos.

*** EPÍDIO.** (*Epidius.*) Gaio Epídio é um herói de Nucéria, na Itália. Desapareceu um dia nas águas do rio Sarno; mais tarde voltou à superfície: trazia na fronte dois chifres de touro, o que indicava claramente que havia sido convertido em divindade fluvial.

EPIGEU. (Ἐπειγεύς.) Epigeu era filho de Agacles, rei de Budíon, na Tessália. Por ter causado a morte do seu primo, teve de se refugiar na corte de Peleu e acompanhou Aquiles na expedição contra Tróia. Foi morto por Heitor.

EPÍGONOS. (Ἐπίγονοι.) Nome dado aos descendentes directos dos Sete Chefes que participaram na primeira expedição contra Tebas. Se o primeiro ataque redundou em derrota, o segundo, movido pelos Epígonos, culminou na tomada da cidade (v. *Adrasto* e *Alcméon*).

Dez anos após a derrota sofrida na primeira guerra, os filhos dos heróis mortos em Tebas decidiram vingar os seus pais. Consultaram o oráculo e este prometeu-lhes a vitória desde que escolhessem para chefe Alcméon, o filho de Anfiarau. Apesar de ter motivos para recusar a missão, este aceitou comandar as tropas, cedendo às súplicas de sua mãe Erífile, subornada pelos presentes de Tersandro, filho de Polinices, tal como outrora o havia sido pelas ofertas do próprio Polinices. Participaram neste conflito vários heróis: os dois filhos de Anfiarau, Alcméon e Anfíloco; o filho de Adrasto, Egialeu; o filho de Tideu, Diomedes; o filho de Partenopeu, Prómaco; o filho de Capaneu, Esténelo; o filho de Polinices, Tersandro; o filho de Mecisteu, Euríalo. Os Epígonos começaram as operações devastando as aldeias em torno de Tebas. Depois, quando os Tebanos marcharam contra eles, sob o comando do filho de Etéocles, Laodamante, a luta decorreu em Glissas. Laodamante matou Egialeu, mas foi em seguida morto por Alcméon e os Tebanos puseram-se em fuga. Durante a noite, seguindo o conselho do adivinho Tirésias, os ha-

---

e s.; 580 e s.; *Prom.*, 865 e s.; HEROD., II, 153; III, 24 (Épafo é identificado com o deus egípcio Ápis); OV., *Met.*, I, 748 e s.

Epeu: 1) PAUSAN., V, 1, 4 e 8; v. J. BERARD, *Colonisation...*, p. 354, e os artigos *Elis*, *Endímion* e *Etolo*. **2)** *Od.*, VIII, 492 e s.; XI, 523; VIRG., *Aen.*, II, 264; SERV., *ad VIRG.*, *Aen.*, X, 179; *Il.*, XXIII, 653-699; 826-849; VELL. PAT., I, 1 (texto restituído); JUST., XX, 22, 1; LYC., *Alex.*, 930; 946-950. Cf. TZETZ., com. ao v. 947; CALLIM., ed. Cahen, p. 173. V. J. BERARD, *Colonisation...*, pp. 349 e s.

Epídio: SUET., *De gr. et rhet.*, p. 28.

Epigeu: *Il.*, XVI, 570 e s.

Epígonos: APOLLOD., *Bibl.*, III, 7, 2; DIOD. SIC., IV, 66; PAUSAN., IX, 5, 13 e s.; 8, 6; 9, 4 e s.; HYG., *Fab.*, 70; cf. HEROD., IV, 32; *Fr. tr. gr.*, Nauck, 2.ª ed.; pp. 19 e 173 e s. (tragédias perdidas de AESCH.

bitantes da cidade fugiram. Os Epígonos entraram em Tebas na manhã seguinte, pilharam e saquearam, consagrando grande parte dos despojos a Apolo, o deus de Delfos.

EPIMÉLIDES. (Ἐπιμηλίδες.) As Epimélides são as ninfas protectoras dos carneiros. Os Messápios contavam a seu respeito uma lenda. Um dia uns pastores da região viram essas ninfas a dançar perto do seu santuário. Ignorando que elas eram deusas, fizeram troça delas e afirmaram ser capazes de dançar muito melhor. Ofendidas, as ninfas aceitaram o desafio. Mas os pastores, que dançavam sem arte alguma, perderam facilmente a aposta. Como represália, elas transformaram-nos em árvores no local em que eles as haviam surpreendido. Os habitantes da região julgavam que de noite os troncos soltavam um gemido — eram os queixumes dos pastores assim metamorfoseados.

EPIMETEU. (Ἐπιμηθεύς.) Epimeteu é um dos quatro filhos de Jápeto e da Oceânide Clímene (ou de Ásia) (quadro 38, p. 452). Pertence à raça dos Titãs e é irmão de Atlas, Menécio e Prometeu (ao qual é frequentemente associado, por ser a sua antítese). É ele o instrumento de que Zeus se serve para ludibriar o engenhoso Prometeu. Depois de suplantar o deus em dois empreendimentos (v. *Prometeu*), Prometeu proibiu o irmão de aceitar quaisquer presentes das mãos de Zeus. Mas Epimeteu não conseguiu resistir, quando o pai dos deuses lhe mandou oferecer Pandora, levada à sua presença pelo mensageiro Hermes. Foi assim que Epimeteu se tornou responsável pelas desgraças da humanidade (v. *Pandora*). Da união de Pandora e Epimeteu, nasceu Pirra, a mulher de Deucalião.

EPÍONE. (Ἠπιόνη.) Companheira de Asclépio, é geralmente considerada sua mulher e mãe das suas quatro filhas: Iaso, Panaceia, Egle e Áceso. Tinha em Epidauro uma estátua, erguida ao lado da imagem daquele deus. Em Cós, passava por filha de Asclépio. Algumas variantes da lenda identificam-na como filha de Mérope.

EPIRO. (Ἤπειρος.) Epiro é a filha de Equíon. Acompanhou Cadmo e Harmonia, levando as cinzas de Penteu, na sua migração para o interior, após terem saído de Tebas. Morreu na Caónia e foi enterrada num bosque sagrado a que se alude na lenda de Antipe e Cíquiro (v. *Cíquiro*). Do seu nome teria derivado o do Epiro.

ÉPITO. (Αἴπυτος.) Conhecem-se vários heróis com este nome.

1. Um deles era um arcádio, filho de Hipótoo e pai de Cípselo. Um dia, tendo querido penetrar, à força, no templo de Posídon, em Mantineia, foi cegado pelo deus e morreu.

2. Um outro era o bisneto do precedente. Seu pai era o rei de Messénia, Cresfontes, e sua mãe Mérope, filha de Cípselo (quadro 18, p. 220). Por ocasião dum motim, os irmãos e o pai foram massacrados; Épito conseguiu fugir e refugiou-se junto do avô. Já homem, regressou, com a ajuda dos Arcádios e dos príncipes dórios filhos de Aristodemo e de Istmio, e vingou os seus pais e os seus irmãos. Matou Polifontes, o responsável pelo motim, que, após a morte de Cresfontes, se apoderara da sua mulher Mérope e a forçara a casar-se com ele. Épito libertou sua mãe e reinou sobre o país (v. também *Mérope*). A fama da sua virtude e da sua sabedoria foi tão grande que os seus descendentes, que até aí se chamavam Heraclidas, receberam a designação de Epítidas. O seu sucessor directo no trono foi o rei Glauco.

3. Existe ainda um outro Épito, filho de Élato ou, segundo certas tradições, de Árcade (v. quadro 10, p. 132), que reinou sobre toda a Arcádia. Foi mordido por uma serpente, no decurso duma caçada, e morreu. O seu túmulo situava-se não longe do monte Cilene. Ele criou, como se fosse sua filha, Evadne, filha de Posídon, que Pítane lhe confiara. Esta Evadne teve um filho de Apolo, Íamo (v. *Íamo*).

EPOPEU. (Ἐπωπεύς.) **1.** Epopeu é um herói de Sícion. A sua genealogia varia consoante as tradições: ora é apresentado como filho de Aloeu, e por conseguinte neto de Cânace e de Posídon, ora é considerado filho destes últimos (v. quadro 11, p. 142). Começou por reinar em Sícion, como herdeiro de Córax (v. *Lamedonte*). Mas quando morreu Buno, a quem Eetes confiara o trono de Corinto antes de partir para a Cólquida, foi Epopeu quem lhe sucedeu, reunindo assim as duas cidades sob o seu domínio.

O herói é uma das personagens da lenda de Antíopa (v. *Antíopa*). É ele quem acolha a jovem, quando ela foge do palácio do pai, antes de dar à luz Anfíon e Zeto, filhos de Zeus. Lico, o tio de Antíopa, atacou Sícion: a cidade foi tomada e Epopeu foi morto.

O herói teve um filho chamado Máraton, que durante todo o tempo em que seu pai foi

---

e de Soph.); escól. *ad* Pind., *Pyth.*, VIII, 68. V. também *Erifile.*

Epimélides: Ant. Lib., *Transf.*, 31; escól. *ad Il.*, XX, 8; Alciphr., III, 11; escól. *ad* Apol. Rh., *Arg.*, IV, 1322.

Epimeteu: Hes., *Theog.*, 511 e s.; *Op.*, 83 e s.; Apollod., *Bibl.*, I, 2, 3; 7, 2; Pind., *Pyth.*, V, 35; Plat., *Prt.*, 320; Hyg., *Fab.*, 142.

Epíone: Pausan., II, 27, 5; 29, 1; Suid., *s. u.*; escól. *ad Il.*, IV, 195; *ad* Pind., *Pyth.*, III, 14.

Epiro: Parthen., *Erot.*, 32.

Épito: 1) Pausan., VIII, 5, 5; 10, 3. **2)** Id., IV, 3, 7 e s.; Apollod., *Bibl.*, II, 8, 5; Hyg., *Fab.*, 184; Eur., *fr.* 452; v. também Nic. Dam. (*fr. Hist. gr.*, III, 377). **3)** Pausan., VIII, 4, 4 e 7; 16, 2 e s.; *Il.*, II, 603; Pind., *Olymp.*, VI, 46 e s.;

Epopeu: 1) Pausan., II, 1, 1; 6, 4; 11, 1; Apollod., *Bibl.*, I, 7, 4; III, 5, 5; escól. *ad* Apol., Rh., *Arg.*, IV, 1090; Hyg., Fab., 8. **2)** Hyg., *Fab.*, 204; 253; Ov., *Met.*, II., 589 e s.; Serv., *ad Virg.*, *Georg.*, I, 403; Westermann, p. 348.

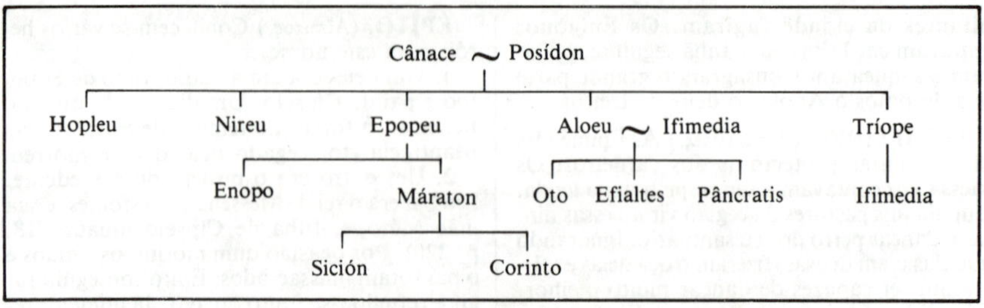

Quadro genealógico n.º 11

vivo permaneceu refugiado na Ática. Só voltou a Corinto ao saber da morte de Epopeu.

2. Houve outro herói homónimo, natural de Lesbos, que se apaixonou pela própria filha (v. *Nictímene*).

ÉQUEMO. (Ἔχεμος.) Équemo é o filho de Aéropo e o marido de Timandra, filha de Tíndaro e de Leda (v. quadro 2, p. 12). É, pois, graças ao matrimónio, cunhado de Helena, de Clitemnestra e dos Dioscuros. Sucedeu a Licurgo no trono da Arcádia e foi na qualidade de rei que defendeu o Peloponeso da primeira tentativa de invasão dos Heraclidas. Estabeleceu com o chefe destes, Hilo, um pacto segundo o qual a contenda seria decidida por um combate singular entre ambos. Se ele vencesse, os Heraclidas não tentariam de novo invadir o Peloponeso durante os cinquenta anos seguintes (outros autores mencionam um prazo de cem anos). O duelo efectuou-se no istmo de Corinto, nos arredores de Mégara, e Hilo foi morto por Équemo. Os Heraclidas retiraram-se. Graças a esta vitória, os Tegeatas (Équemo era oriundo de Tégea) conquistaram o direito de comandar uma das alas do exército da confederação do Peloponeso. A lenda situava o túmulo de Équemo em Mégara junto do de Hilo, ou em Tégea, sua terra natal.

Segundo uma das variantes da tradição, o herói participou na expedição dos Dioscuros contra a Ática, quando Castor e Pólux, na ausência de Teseu, foram libertar Helena (v. *Helena* e *Teseu*).

EQUETLO. (Ἔχετλος.) Equetlo é um herói ático que participou na Batalha de Maratona contra os Persas. É a única referência que temos a seu respeito. Vestido de camponês, surgiu no campo de batalha, massacrando as hostes persas. Após a vitória, desapareceu. Um oráculo revelou a natureza divina deste combatente misterioso, ordenando que se erguesse em sua honra um santuário.

ÉQUETO. (Ἔχετος.) Équeto é um rei lendário do Epiro, protótipo do tirano cruel, «terror dos mortais». Na *Odisseia*, uma das ameaças dirigidas ao mendigo Iro consiste em afirmar que poderá ser entregue a Équeto, que lhe cortará o nariz e as orelhas e o lançará aos cães para estes comerem crua a sua carne.

O rei tinha uma filha, Métope, que levada pela paixão se entregara ao seu amante. Para os punir, Équeto mutilou o jovem e cegou a filha, cravando-lhe nos olhos duas agulhas de bronze. Depois, fechou-a numa torre e deu-lhe um punhado de grãos de cevada modelados em bronze para que os moesse, prometendo-lhe que recuperaria a vista quando tivesse conseguido transformá-los em farinha.

EQUIDNA. (Ἔχιδνα.) Equidna, «a Víbora», era um monstro com tronco de mulher, mas cauda de serpente em lugar de membros inferiores. As tradições divergem relativamente à sua origem. Segundo Hesíodo, ela seria a filha de Fórcis e de Ceto, os filhos de Ponto e de Geia (o Mar e a Terra). Noutras versões, figura como descendente de Tártaro e de Geia, Estige ou Crisaor (v. quadro 14, p. 182, e 33, p. 388). Vivia numa caverna, na Cilícia, na região dos Arinos. Outros autores afirmam que habitava no Peloponeso, onde teria sido morta por Argo, o monstro de cem olhos, em virtude de ela ter o hábito de devorar os transeuntes. Dizia-se que era a mãe de inúmeros seres monstruosos: de Tífon concebeu outro, o cão de Gérion, Cérbero, o cão dos Infernos, a hidra de Lerna (v. *Héracles*) e a Quimera, morta por Belerofonte (v. *Belerofonte*). De Ortro, teve dois filhos: *Fix*, um monstro da Beócia, e o leão de Némea (v. *Héracles*). Atribuía-se-lhe ainda a maternidade do dragão da Cólquida que guardava o velo de ouro (v. *Jasão*), e do que vigiava as maçãs das Hespérides (v. *Héracles*), acrescentando-se também a este elenco a águia de Prometeu.

Os habitantes das colónias gregas do Ponto Euxino contavam acerca de Equidna uma lenda bastante diferente. Segundo eles, Héracles, ao chegar à Cítia, deixou os cavalos a pastar enquanto dormia; quando acordou, já não os viu. Andava ele à procura dos animais, quando encontrou um monstro, Equidna, que

---

Équemo: Pausan., I, 41, 2; 44, 10; VIII, 5, 1; 45, 3; 53, 10; Diod. Sic., IV, 58; Herod., IX, 26; escól. *ad* Pind., *Olymp.*, X, 79; Steph. Byz., *s. u.* Ἐχάδημο: Arnob., *Adv. Nat.*, IV, 27; VI, 3.

Equetlo: Pausan., I, 32, 4; cf. 15, 3.

Équeto: *Od.*, XVIII, 85 e escól.; 116 e escól.; XXI, 308; Eust., *ad Hom.*, p. 1839; Apol. Rh., IV, 1092 e escól.

Equidna: Hes., *Theog.*, 295 e s.; Epimenides, fr. 10, p. 236 (Kinkel); Pausan., VIII, 18, 2; Apollod., *Bibl.*, II, 1, 2; 3, 1 e s.; 5, 11; Herod., IV 9-10;

vivia numa caverna e lhe prometeu devolver-lhe os cavalos, desde que o herói consentisse em ficar algum tempo com ela, como seu amante. Héracles acedeu e três filhos nasceram dessa união: Agatirso, Gélon, epónimo da cidade de Gelonte, e Cites, que deu o nome à raça dos Citas.

EQUÍON. (Ἐχίων.) **1.** Equíon é um dos cinco sobreviventes dos homens nascidos dos dentes de dragão semeados por Cadmo, na altura da fundação de Tebas (v. *Espartos*). Desposou uma das filhas de Cadmo, Ágave, e dela teve um filho chamado Penteu, que reinou mais tarde na cidade e tentou opor-se à introdução do culto de Dioniso (v. *Penteu*, *Ágave*, *Dioniso*).

2. Outro herói com o nome de Equíon é um dos Argonautas, irmão gémeo de Êurito, filho de Hermes e de Antianira.

3. Acerca de outra personagem homónima, v. *Porteu*.

ÉRATO. (Ἐρατώ.) **1.** Érato, uma das nove Musas, é, como todas as suas irmãs, filha de Zeus e de Mnemósine. Preside à poesia lírica, particularmente à de temática amorosa.

2. Érato é igualmente o nome de uma Dríade arcádica que teve de Árcade um filho chamado Ázan (v. *Árcade*). Esta Érato era uma profetisa inspirada pelo deus arcádico Pã.

ÉREBO. (Ἔρεβος.) Érebo é o nome das Trevas Infernais. Tratando-se de uma personificação, foi inserido numa genealogia: a lenda apresenta-o como filho de Caos e irmão de Nix (a Noite).

ERECTEU. (Ἐρεχθεύς.) Erecteu é um herói ateniense cujo mito está ligado às origens da cidade. Na fase mais remota da sua história, parece não se ter distinguido de Erictónio (v. *Erictónio*), filho de Hefesto e da Terra. Figura como seu filho ainda em Eurípides; depois, à medida que as lendas se foram tornando mais precisas, entrou na cronologia dos primeiros reis de Atenas: é o filho de Pandíon I e de Zeuxipe (tia materna de Pandíon). Era irmão de Butes (v. *Butes*), de Filomela e de Procne, mais tarde convertidas em aves (v. *Tereu*, quadro 12, p. 144). Após a morte de Pandíon, Erecteu e Butes partilharam o poder e os bens do pai. Erecteu obteve o trono, enquanto Butes ficou com o sacerdócio e o culto das duas divindades protectoras da cidade — Atena e Posídon.

Uma lenda aberrante afirma que Erecteu veio do Egipto, numa altura em que a fome dizimava a Ática. Teria importado trigo e introduzido na região a cultura deste cereal, merecendo assim o reconhecimento dos habitantes, que o elegeram como rei.

O herói desposou Praxítea, a filha de Frásimo e de Diogeneia (filha de Cefiso) (v. *Praxítea*), de quem teve numerosos filhos: Cécrops II, Pandoro, Métion e ainda, segundo alguns autores, Álcon, Orneu, Téspio, Eupálamo; Protogenia, Pandora, Prócris, Creúsa, Ctónia, Oritia e Mérope.

Numa guerra travada contra os Atenienses, os habitantes de Elêusis aliaram-se ao Trácio Eumolpo, filho de Posídon e de Quíone (filha de Bóreas e de Oritia) e, por conseguinte, bisneto de Erecteu (v. quadro 12 p. 144). Erecteu perguntou ao oráculo de Delfos como poderia vencer o inimigo. O oráculo respondeu que para tal deveria sacrificar uma das suas filhas. De regresso a Atenas, ele imolou, segundo uns, Ctónia, segundo outros, Protogenia. Mas as irmãs da vítima, que tinham feito o juramento de não sobreviver após a sua morte, suicidaram-se. Conta-se também que elas sacrificaram a sua vida a favor da pátria. Erecteu e os Atenienses venceram a batalha. Eumolpo encontrou a morte no conflito, mas Posídon, revoltado com a morte do filho, conseguiu que Zeus fulminasse Erecteu.

Atribui-se por vezes a Erecteu a instituição da festa das Panateneias e a invenção do carro de guerra, por inspiração de Atena.

ERGINO. (Ἐργῖνος.) **1.** Ergino era rei dos Mínias de Orcómeno, na Beócia. Era filho de Clímeno e de Búzige (quadro 34, p. 392). Quando o pai foi morto, durante uma festa de Posídon, em Onquesto, por um tebano chamado Perieres, condutor do carro de Meneceu, Ergino reuniu um exército e marchou contra Tebas. Depois de matar muitos dos habitantes da cidade, concluiu com o rei um tratado segundo o qual exigia durante vinte anos um tributo de cem bois. Héracles voltava triunfante da caçada ao leão de Citéron, quando encontrou os emissários de Ergino que iam receber o tributo devido ao seu amo. Logo o herói os mutilou, cortando-lhes as orelhas e o nariz, que lhes suspendeu ao pescoço, dizendo-lhes que levassem esse tributo a Ergino. Indignado com tais ultrajes, este atacou Tebas. Creonte, o rei da cidade, estava disposto a ceder, mas

---

STEPH. BYZ., *s. u.* Γελωνοί Σκύθαι; DIOD. SIC., II, 43, 3.

Equíon: 1) APOLLOD., *Bibl.*, III, 4, 1, 2; 5, 2; HYG., *Fab.*, 178; OV., *Met.*, III, 125 e s.; X, 686. **2)** PIND., *Pyth.*, IV, 179; APOL. RH., *Arg.*, I, 52; HYG., *Fab.*, 14; VAL. FLAC., *Arg.*, I, 440; IV, 134, etc.; OV., *Met.*, VIII, 311.

Érebo: HES., *Theog.*, 123 e 125 (verso apócrifo); HYG., *Fab.*, prel.; cf. CIC., *de nat. D.*, III, 17.

Erecteu: *Il.*, II, 547; APOLLOD., *Bibl.*, I, 7, 3; 9, 4; III, 14, 8; 55, 1; 4 e s.; DIOD. SIC., I, 29, 1; IV, 76, 1; HEROD., VII, 189; VIII, 55; DION. HAL., XIV, 2; PAUSAN., I, 5, 3; 27, 4; 38, 3; VII, 1, 2 e s.; LYC., *C. Leocr.*, 98 e s. (citando EUR.); PLUT., *Parall. min.*, 20; CIC., *Pro Sest.*, 21, 48; *Tusc.*, I, 48, 116; *de nat. D.*, III, 19, 50; *De fin.*, V, 22, 62; HYG., *Fab.*, 46; 48; 238; EUR., *Ion*, 267; 277-280; 1007 e fr. *in* NAUCK, 2.° ed., 464 e s.; trag. perdida sobre Erecteu; escól. *ad* SOPH., *Oed. Col.*, 100; ERATOSTH., *Cat.*, 13, J. D. MIKALSON, «Erechtheus and the Panathenaia», *Am. Journ. of Phil.*, XCVII, 1976, pp. 141-153.

Ergino: 1) APOLLOD., *Bibl.*, II, 4, 11; escól. *ad* APOL. RH., *Arg.*, I, 185; PIND., *Olymp.*, XIV, 2 e s.; TZETZ., *ad Lyc.*, 874; *Chil.*, II, 226 e s.; PAUSAN., IX, 17, 1; 37, 2; 38, 4; DIOD. SIC., IV, 10; EUR., *Herc. Fur.*, 49 e s.; 220; POLYAEN., *Strat.*, I, 3, 5; escól. *ad* EUR., *Phoen.*, 53. **2)** APOL. RH., *Arg.*, I, 185 e escól.; II, 896; escól. *ad* PIND., *Pyth.*, IV, 61; HYG., *Fab.*, 14; VAL. FLAC., *Arg.*, I, 415; V, 65; VIII, 177; APOLLOD., *Bibl.*, I, 9, 16.

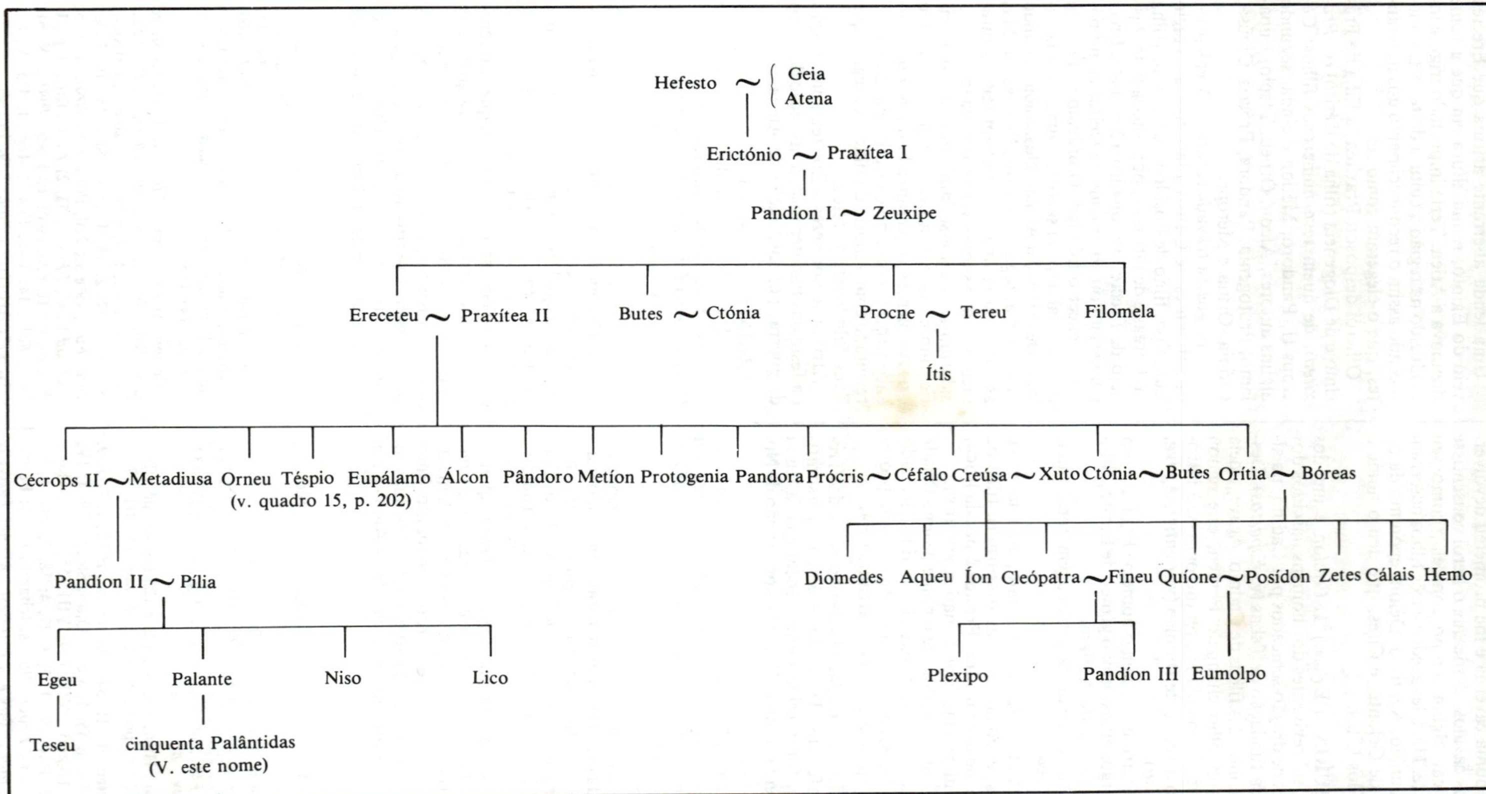

Quadro genealógico n.º 12

Héracles chamou às armas os jovens tebanos e, envergando uma armadura de Atena, assumiu ele próprio o comando das tropas, declarando guerra a Ergino. Para impedir que a cavalaria dos inimigos se espalhasse tacticamente, concebeu o plano de inundar a planície e obteve assim a vitória. Mas durante a luta, Anfitrião, seu pai adoptivo, foi morto. Héracles matou Ergino. Para o recompensar da vitória alcançada, Creonte deu-lhe a mão de Mégara, a sua filha mais velha.

Segundo uma tradição isolada, Ergino não teria perecido na luta. Concluiu com Héracles um tratado que impunha aos Mínias o dobro do tributo que haviam outrora exigido aos Tebanos. Procurou depois reconstituir a sua fortuna, num reino devastado. Assim que conseguiu amealhar uma soma considerável, desposou, a conselho do oráculo, uma bela jovem, de quem teve dois filhos, os arquitectos Agamedes e Trofónio (v. *Agamedes* e *Trofónio*).

2. Outro herói homónimo é um filho de Posídon que participou na expedição dos Argonautas. É por vezes identificado como rei de Orcómeno e adversário de Héracles. Após a morte do piloto Tífis, Ergino tomou o seu lugar e foi ele quem conduziu a nau *Argo*. Tinha, apesar de jovem, os cabelos brancos, o que lhe valeu a troça das mulheres da ilha de Lemnos (v. *Argonautas*). Mas nos jogos que aí foram celebrados obteve a vitória na prova da corrida.

ÉRICE. (῎Ερυξ.) Érice é o herói que deu o seu nome à montanha siciliana que ficou célebre pelo santuário de Afrodite que a coroava. É filho do argonauta Butes, raptado pela deusa do Amor quando estava prestes a ceder ao canto das Sereias, e da própria Afrodite. Segundo outros autores, Érice é filho de Afrodite e de Posídon. O seu pai, Butes, é por vezes considerado não como um argonauta mas como um rei indígena. Atribui-se-lhe a construção do templo de Afrodite Ericine e figura na lenda de Héracles. Quando este herói regressava de uma das suas aventuras, levando à sua frente os rebanhos roubados a Gérion, Érice desafiou-o para um duelo, a fim de lhe ficar com os bois. Héracles aceitou o desafio e matou-o, mas, em vez de se apossar do reino de Érice, o herói deixou-o aos indígenas, afirmando que um dos seus descendentes viria tomar o poder. Foi o que aconteceu, quando o Lacedemónio Dorieu fundou uma colónia naquelas paragens, já na época histórica.

ERICTÓNIO. (Ἐριχθόνιος.) Erictónio é um dos primeiros reis de Atenas. São diversas as genealogias em que a tradição o insere. Ora é apresentado como filho de Ástis, filha de Cránao (v. *Cránao*), ora se diz que nasceu do desejo nutrido por Hefesto em relação a Atena, o que coincide com a versão mais generalizada. O deus da forja recebeu um dia na sua oficina a visita de Atena, que aí se tinha dirigido para encomendar armas. Ao vê-la, ficou apaixonado. A deusa fugiu, mas, embora coxo, Hefesto conseguiu alcançá-la. Ela defendeu-se, mas na luta um pouco de esperma do deus caiu na sua perna. Enojada, Atena limpou a mancha com um pano de lã e lançou-o à terra. Assim fecundada, a Terra deu à luz um filho, que Atena recolheu e ao qual deu o nome de Erictónio (nome cuja primeira parte lembra a palavra «lã» e o segundo elemento a ideia de «solo, terra», evocando a origem do herói). À revelia dos deuses, Atena fechou Erictónio num cesto e confiou-o a uma das filhas de Cécrops (v. *Aglauro*). As jovens, impelidas pela curiosidade, abriram o cesto e viram a criança guardada por duas serpentes. Segundo algumas versões, o menino teria uma cauda de serpente, como a maior parte dos seres nascidos da terra; outras variantes dizem que ele fugiu, assim que o cesto se abriu, sob a forma de serpente, refugiando-se atrás do escudo de Atena. Assustadas com tal espectáculo, as jovens enlouqueceram e suicidaram-se, atirando-se do alto dos rochedos da Acrópole.

Atena criou Erictónio no recinto sagrado do seu templo na Acrópole. Mais tarde, Cécrops entregou-lhe o poder. Outros autores contam que Erictónio expulsou de Atenas o rei Anfíction (v. *Anfíction*). Desposou depois uma Náiade chamada Praxítea (heroína homónima da esposa de Erecteu, neto de Erictónio) (v. quadro 12, p. 144, e *Erecteu*). Da sua união, nasceu Pandíon, que lhe sucedeu no trono de Atenas.

Atribui-se geralmente a Erictónio a invenção da quadriga, a introdução do uso da moeda na Ática e a organização das Panateneias, a festa em honra de Atena, na Acrópole. Algumas destas inovações são igualmente atribuídas ao seu neto, Erecteu (v. *Erecteu*).

ERÍDANO. (Ἠριδανός.) Erídano é o nome de um rio mítico, um dos filhos de Úrano e Tétis. Existem tradições divergentes acerca da sua situação geográfica, mas é geralmente considerado um rio ocidental. Figura na lenda de Héracles: é à beira do seu leito que o herói pergunta às ninfas que caminho deverá seguir para chegar ao jardim das Hespérides.

O rio Erídano entra também na história dos Argonautas (v. *Argonautas*). A nau *Argo* atravessa-o, ao passar na região dos Celtas, para chegar ao Adriático. A partir do momento

---

Érice: APOLLOD., *Bibl.*, II, 5, 10; HYG., *Fab.*, 260; SERV., *ad VIRG.*, *Aen.*, I, 570; APOL. RH., *Arg.*, IV, 910 e s.; DIOD. SIC., IV, 23, 2; 83, 1; EUST., *ad Il.*, XIII, 43. V. J. BERARD, *Colonisation...*, pp. 430 e s.

Erictónio: APOLLOD., *Bibl.*, III, 14, 6 e s.; PAUSAN., I, 2, 6; 14, 6; 18, 2; 24, 7; escól *ad Il.*, II, 547; EUR., *Ion*, 20 e s.; 266 e s.; 1001; PLAT., *Ti.*, 23d-e (ANTIGONUS DE CARYSTEIUS, fr. 12). NONNOS, ed. WESTERMANN, p. 539 s.; TZETZ., *ad Lyc.*, 111; HYG., *Fab.*, 166; *Astr. Poet.*, II, 13; ERATOSTH., *Cat.*, XIII; SERV., *ad VIRG.*, *Georg.*, III, 113 e VIRG., *ibidem*, 274; OV., *Met.*, II, 552 e s.; PLIN., *N. H.*, VII, 197; Cf. M. FOWLER, «Erichthonios», *Cl. Ph.*, 1943, pp. 28-32.

Erídano: HES., *Theog.*, 338; HEROD., III, 115; PHERECYD., ed. Müller, fr. 33; APOL. RH., *Arg.*, IV, 627 e escól. V. artigo *Argonautas* e DELAGE, *La Géographie dans les Argonautiques*, pp. 220 e s.

em que a geografia se tornou mais precisa, o Erídano ora foi identificado com o Pó ora com o Reno.

ERIFILE. (Ἐριφύλη.) Erifile é a filha do rei de Argos Tálao e a irmã de Adrasto. Quando este se reconciliou com seu primo Anfiarau, o pacto foi selado pelo casamento de Erifile com Anfiarau (v. quadro 1, p. 8, e *Adrasto*, *Anfiarau*). Da sua união, nasceram quatro filhos: dois filhos varões, Alcméon e Anfíloco, e duas filhas, Eurídice e Demonassa.

A lenda de Erifile está ligada ao ciclo tebano e às duas expedições: a dos Sete contra Tebas e a dos Epígonos. Anfiarau, quando Adrasto lhe pediu que tomasse parte na primeira, recusou, de início, por saber, graças aos seus poderes divinatórios, que morreria nela. Mas na altura do seu casamento, comprometeu-se, em caso de diferendo com Adrasto, a tomar por árbitro a sua esposa Erifile. A questão foi submetida ao parecer desta, mas em vez de dar uma opinião imparcial, ela deixou-se subornar por um presente de Polinices, em favor de quem Adrasto preparava esta guerra: o colar de Harmonia (v. *Harmonia* e *Polinices*). Anfiarau, ao partir, obrigou os filhos a jurar que o vingariam. Na altura da expedição dos Epígonos, Erifile forçou Alcméon a assumir o comando. Desta vez foi Tersandro, o filho de Polinices, que a subornou, oferecendo-lhe o vestido de Harmonia. Mas Alcméon, ao regressar da batalha, matou a mãe (v. *Alcméon*) e consagrou as vestes a Apolo, no santuário de Delfos.

ERÍGONE. (Ἠριγόνη.) Erígone é a filha de um ateniense chamado Icário, que albergou em sua casa Dioniso, quando este veio à terra para dar aos homens a vinha e o vinho. O deus apaixonou-se pela jovem e da sua união nasceu o herói Estáfilo. Dioniso ofereceu a Icário um odre de vinho, aconselhando-o a repartir a oferta com os seus vizinhos. Ele reuniu uns pastores que viviam junto de si e assim fez. Embriagados, cuidaram os pastores que o anfitrião os havia envenenado e mataram-no à bastonada, abandonando o cadáver. O cão de Icário, chamado *Mera*, começou a ladrar e revelou a Erígone o local onde se encontrava o corpo insepulto. Ao ver o sucedido, a jovem enforcou-se na árvore junto da qual haviam deixado o cadáver do pai. Dioniso vingou-se, lançando sobre os Atenienses um curioso flagelo: num acesso de loucura, todas as jovens de Atenas se começaram a enforcar. Perante as interrogações dos habitantes da cidade, o oráculo de Delfos respondeu que Dioniso vingava desse modo a morte de Icário e de Erígone, que ficara até então impune. Os Atenienses castigaram de imediato os pastores responsáveis pelo crime e instituíram em honra de Erígone uma festa, durante a qual era costume prender algumas jovens às árvores, de modo a deixá-las ficar suspensas. Mais tarde, as jovens foram substituídas por discos com rostos humanos gravados. É esta a origem lendária do rito dos *oscilla*, praticado também em Roma e em Itália por ocasião dos *Liberalia*, festas celebradas em honra de *Liber Pater*, o Dioniso Itálico (v. também *Mera*).

2. Há ainda uma outra Erígone, filha de Egisto e de Clitemnestra e irmã de Aletes. É uma das personagens da lenda de Orestes. Admite-se por vezes que foi por sua intercessão que o herói foi levado ao tribunal do Areópago e julgado pelo seu duplo crime (v. *Orestes*). Vendo-o ilibado, Erígone ter-se-ia suicidado. Segundo outros autores, Orestes teria querido matá-la, quando pôs fim à vida de Egisto e de Clitemnestra, mas Ártemis salvou-a, levando-a para Atenas, onde a instituiu como sua sacerdotisa. Uma outra tradição conta que Erígone se casou com Orestes, do qual teve um filho chamado Pêntilo.

Uma destas personagens homónimas (admite-se geralmente ter sido a filha de Icário) foi transformada na constelação da Virgem, um dos signos do Zodíaco.

* **ÉRILO.** (*Erylus*.) Érilo é um herói lendário de Preneste, que apenas conhecemos graças à *Eneida*. Filho da deusa Ferónia, tinha três vidas distintas e três corpos (como o gigante Gérion). Quando Evandro se estabeleceu no Lácio, lutou com Érilo e venceu-o num combate singular.

ERIMANTO. (Ἐρύμανθος.) **1.** Uma das figuras com este nome é um filho de Apolo, que Afrodite condenou à cegueira por a ter surpreendido no banho, depois de ela se entregar a Adónis. Para se vingar, Apolo transformou-se em javali e matou Adónis com uma dentada.

2. Erimanto é ainda o nome do deus do rio homónimo em Psófis. Os mitógrafos costumavam associá-lo à família de Árcade, o epónimo da Arcádia.

ERÍNIAS. (Ἐρινύες.) As Erínias, também chamadas Euménides (isto é, «Benevolentes», nome que tem o intuito de as lisonjear e de evitar, por conseguite, a sua cólera temível,

---

Erifile: APOLLOD., *Bibl.*, I, 9, 13; III, 6, 2; 7, 5; TZETZ., *ad Lyc.*, 439; *Od.*, XV, 248; XI, 326 e escól.; PAUSAN., V, 17, 4; HYG., *Fab.*, 73; SERV., *ad VIRG.*, *Aen.*, VI, 445; DIOD. SIC., IV, 65 e s.; v. também os fragmentos de uma tragédia de SOPH., perdida, denominada *Erifile* (ed. NAUCK, p. 139); CIC., *De opt. gen. or.*, VI, 18; PHILOD., *De Mus.*, pp. 87 e s.

Erígone: 1) HYG., *Fab.*, 130; *Astr. Poet.*, II, 4; APOLLOD., *Bibl.*, III, 14, 7; escól. *ad Il.*, XXII, 29; AEL., *VH*, VII, 28; SERV., *ad VIRG.*, *Georg.*, II, 389; STAT., *Theb.*, XI, 644-647. **2)** PAUSAN., II, 18, 6-7; HYG., *Fab.*, 122; APOLLOD., *Ep.*, VI, 25; 28; *Fragm. Hist. gr.* (Müller), I, 546 (mármore de Paros); *Etym. Magn.*, *s. u.* Αἰώρα; TZETZ., *ad* LYC., 1374; SOPH., trag. perdida intitulada *Aletes* ou *Erígone*.

Érilo: VIRG., *Aen.*, VIII, 561 e s. e SERV., *ad loc.*; cf. LYD., *de Mens.*, 1, 8.

Erimanto: 1) PTOL. HEPH., I. **2)** PAUSAN., VIII, 24, 1 e s.; AEL., *VH*, II, 33.

Erínias: HES., *Theog.*, 156-190; APOLLOD., *Bibl.*, I, 1, 4; *Il.*, IX, 571; XIX, 87, etc.; TZETZ., *ad Lyc.*, 406; AESCH., *Eu.*, *passim*; EUR., *Or.*, *passim*; VIRG.,

chamando-lhes um nome odioso) são as violentas deusas que os Romanos identificavam com as Fúrias. Nasceram das gotas de sangue de Úrano, que impregnaram a Terra, quando o deus foi mutilado (v. *Crono* e *Úrano*). Pertencem, por conseguinte, ao grupo das mais antigas divindades do panteão helénico. São forças primitivas que não reconhecem a autoridade dos deuses da geração mais jovem. São análogas às Parcas ou aos Destinos, que só obedecem às suas próprias leis, a que até Zeus se tem de submeter. De início, o seu número é indeterminado; depois, vai-se tornando preciso, tal como os seus nomes: são geralmente três — Alecto, Tisífone e Megera. São representadas como três génios alados, com os cabelos mesclados de serpentes e tochas ou chicotes nas mãos. Quando se apoderam de uma vítima, enlouquecem-na, torturando-a de todas as maneiras. São muitas vezes comparadas a «cadelas» que perseguem os homens. A sua morada é a Treva dos Infernos, o Érebo.

Desde os *Poemas Homéricos*, a sua função essencial é a vingança do crime. Castigam particularmente as faltas cometidas contra a família. Por exemplo, o crime premeditado por Alteia contra Meleagro é-lhe inspirado pelas Erínias como vingança pelo facto de Meleagro ter causado a morte dos tios (v. *Meleagro*). São elas também as causadoras das desgraças da família de Agamémnon, após o sacrifício de Ifigénia; são elas que impelem Clitemnestra a matar o marido e que a castigam depois pela mão de Orestes, perseguindo este pelo matricídio. É análogo o papel que desempenham na maldição que impende sobre Édipo.

Protectoras da ordem social, castigam todos os crimes susceptíveis de a perturbar, punindo também o excesso, a *hybris*, que tende a levar o homem a esquecer-se da sua condição de mortal. Proíbem os adivinhos e os profetas de revelar o futuro com demasiada precisão, impedindo-os assim de tirar o homem da incerteza em que se encontra, para ele se não tornar a assemelhar demasiado aos deuses. Por elas se exprime a concepção fundamental do espírito helénico a respeito de uma certa ordem do mundo, que deve ser protegido das forças anárquicas. Uma das funções essenciais das Erínias é naturalmente castigar o assassino, não apenas o que age voluntariamente, mas o homicida em geral, pois o crime é uma mácula religiosa que põe em perigo a estabilidade do grupo social no qual é cometido. Geralmente, o assassino é banido da cidade e anda errante de terra em terra, até ao momento em que alguém aceita purificá-lo do seu crime. Muitas vezes, é acometido de loucura por acção das Erínias (v. *Orestes* e *Alcméon*).

Pouco a pouco, as Erínias vão sendo concebidas como divindades responsáveis pelos castigos infernais, à medida que se vai estabelecendo a crença no Além. Esta função surge já timidamente em Homero, mas é sobretudo na *Eneida* que ela se afirma. Virgílio mostra as Fúrias a atormentarem as «almas» dos mortos com os seus chicotes, aterrando-as com as suas serpentes no fundo do Tártaro. É muito possível que estas concepções sombrias tenham sofrido a influência da religião etrusca, que se comprazia em colocar no mundo infernal seres monstruosos que torturavam os mortos (v. *Caronte*).

***ERINONA.** (*Erinona*.) Erinona é uma jovem de Chipre cuja lenda apenas se conhece graças a uma glosa de Sérvio à écloga X de Virgílio. Pela sua pureza e sensatez, ela granjeou a amizade de Ártemis e de Atena, mas Afrodite tentou atear no coração de Zeus uma forte paixão por Erinona. Para impedir que tal acontecesse, Hera tudo fez para que a jovem fosse violada por Adónis. Zeus, revoltado contra este, fulminou-o. Contudo, diante das súplicas de Afrodite, consentiu que uma sombra de Adónis viesse ao mundo conduzida por Hermes. Depois de Erinona ter sido violada, Ártemis transformou-a num pavão, devolvendo-lhe em seguida a forma humana. Chegou a casá-la com Adónis ressuscitado e da sua união nasceu Taleu.

ÉRIS. (Ἔρις.) Éris é a personificação da Discórdia. É geralmente considerada irmã de Ares e sua companheira, mas a *Teogonia* de Hesíodo situa-a entre as forças primordiais, na geração da Noite (*Nyx*) e atribui-lhe por filhos várias abstracções, tais como a Pena (*Ponos*), o Esquecimento (*Lethe*), a Fome (*Limos*), a Dor (*Algos*) e o Juramento (*Horcos*). Mais tarde, em *Os Trabalhos e os Dias*, Hesíodo distingue duas Discórdias: uma perniciosa, filha da Noite, e outra útil, que mais não é do que o espírito de emulação, posta por Zeus no mundo como uma espécie de «mola de impulso». É ela que estimula a rivalidade entre os oleiros, entre os artesãos, inspirando em cada um deles o gosto pela sua profissão.

Éris é geralmente representada como um génio feminino alado análogo às Erínias, a Íris e a outros.

Foi Éris que lançou a «maçã» destinada à mais bela das deusas, e que Páris foi encarregado de atribuir (v. *Páris*), facto que esteve na origem da Guerra de Tróia.

ERISÍCTON. (Ἐρυσίχθων.) **1.** Erisícton é um herói da Tessália, filho (ou irmão) do rio Tríopas. Ímpio e violento, não temia a cólera

Aen., VI, 571; VII, 324; XII, 846; cf. A. H. Krappe, «Ἐρινύς», *Rh. Mus.*, 1932, pp. 305-320; J. Toutain, «L'évolution de la conception des Erinyes dans le mythe d' Oreste», *Mél. Cumont*, pp. 449-453.

Erinona: Serv., *ad Virg.*, *Buc.*, X, 18.

Éris: *Il.*, IV, 440; V, 518; 740; XI, 3; 73; XVIII, 535; XX, 48; Hes., *Theog.*, 225 e s.; *Sc.*, 148; 156; *Op.*, 11 e s.; Hyg., *Fab.*, prel.; *Fab.*, 92; Serv., *ad Virg.*, *Aen.*, I, 27; Apul., *Met.*, 10; Tzetz., *ad Lyc.*, 93.

Erisícton: 1) Athen., X, 416 e s. (citando Hellan.); Callim., *Hym. ad Dem.*, 24 e s.; Lyc., *Alex.*, 1393, e Tzetz., com. ao v. 1396; Ov., *Met.*, VIII, 738-878. Cf. K. J. Mckay, «Erysichthon...», Supl. VII a *Mnemosyne*, Leyde, 1962. **2)** Apollod., *Bibl.*, III, 14, 1-2; Plat., *Crit.*, 110 a; Athen., IX, 392 D; Pausan., I, 18, 6.

dos deuses e um dia decidiu cortar as árvores de um bosque consagrado a Deméter. Nem as advertências divinas conseguiram impedi-lo de cometer tal sacrilégio. Então, a deusa, para o castigar, resolveu condená-lo a uma fome devoradora, que nada era capaz de apaziguar. Em poucos dias, Erisícton devorou todas as riquezas da sua casa. Mas Mnestra, sua filha, que possuía o dom de se metamorfosear (recebera-o de Posídon, que um dia fora seu amante), urdiu um estratagema: decidiu vender-se como escrava; depois, já nas mãos do seu proprietário, assumia outra forma e voltava a fazer-se vender, arranjando deste modo os necessários recursos para sustentar o pai. Mas este acabou, acometido de loucura, por se devorar a si próprio.

2. Erisícton é também o nome de um herói lendário de Atenas, filho de Cécrops 1 e de Aglauro, que morreu jovem e sem descendência. Tudo quanto se sabe a seu respeito é que foi de viagem a Delos, donde trouxe uma velha estátua de Ilitia, morrendo no caminho de regresso a casa (v. quadro 4, p. 79).

ÉRITO. (Ἔρυτος.) Érito ou Êurito é o irmão gémeo de Equíon, um dos Argonautas. Tal como ele, é filho de Hermes e de Antianira, a filha de Méneto.

ÉRIX. (Ἔρυξ). V. *Érice*.

EROS. (Ἔρως). Eros é o deus do Amor. A sua personalidade instável evoluiu bastante desde a era arcaica até à época alexandrina e romana. Nas mais antigas teogonias, Eros é considerado como um deus nascido ao mesmo tempo que a Terra, gerado a partir do Caos primitivo, e era, como tal, adorado em Téspias sob a forma de uma pedra bruta. Segundo outra versão, Eros nasceu do Ovo primordial gerado pela Noite, um ovo que se dividiu em duas partes, que deram origem ao Céu e à Terra. Eros permanecerá sempre, mesmo na época dos «embelezamentos» alexandrinos da sua lenda, uma força fundamental do mundo. É ele que assegura não somente a continuidade das espécies, mas também a coesão interna do Cosmo, tema sobre o qual se exerceu a especulação dos autores de cosmogonias, dos filósofos e dos poetas. É contra a tendência de considerar Eros como um dos grandes deuses que se insurge a doutrina apresentada por Platão no *Banquete*, sob a forma de um mito, que o filósofo coloca na boca de uma sacerdotisa de Mantineia, Diotima, que fora outrora, segundo ele, a iniciadora de Sócrates. Afirma ela que Eros é um «génio» intermediário entre os deuses e os homens. Nasceu da união de Poro (o *Expediente*) com Pénia (a *Pobreza*), no jardim dos deuses, após um grande festim, para o qual haviam sido convidadas todas as divindades. Aos seus progenitores deve as qualidades bem significativas e definidas que possui: sempre em busca do seu objecto, tal como a Pobreza, sabe sempre arranjar maneira de atingir os seus fins (como o Recurso). Mas longe de ser um deus todo-poderoso, é uma força eternamente insatisfeita e inquieta.

Outros mitos foram imaginados a seu respeito, atribuindo-lhe genealogias diferentes: é por vezes apresentado como filho de Ilitia ou de Íris, ou ainda de Hermes e de Ártemis Ctónica; a tradição mais divulgada faz dele o filho de Hermes e de Afrodite. Mas acerca desta questão, as especulações dos mitógrafos estabeleceram distinções: tal como consideram a existência de diversas figuras com o nome de Afrodite, também distinguem diferentes Amores. Um deles seria o filho de Hermes e de Afrodite Urânia (v. *Afrodite*); outro Amor, chamado Ânteros («O Amor contrário» ou «Recíproco») teria nascido da união de Ares e de Afrodite, filha de Zeus e de Dione; um terceiro Eros seria o filho de Hermes e de Ártemis, filha de Zeus e de Perséfone, sendo particularmente este o deus alado familiar aos poetas e aos escultores. Cícero, que reuniu, no final do seu tratado *Sobre a Natureza dos Deuses* (*De natura deorum*) estas subtilezas dos mitógrafos, não teve dificuldade alguma em demonstrar o carácter artificial de todos estes mitos, imaginados tardiamente para resolver as dificuldades ou as contradições evidenciadas pelas lendas primitivas.

Pouco a pouco, sob a influência dos poetas, o deus Eros foi tomando a sua fisionomia tradicional. É representado sob a forma de uma criança, geralmente alada (embora também surja, por vezes, desprovido de asas), que se compraz em perturbar os corações. Inflama-os com a sua tocha ou fá-los sangrar com as suas flechas. As intervenções desta divindade são inumeráveis. Actua contra Héracles, contra Apolo (que o repreende por brincar aos arqueiros), contra o próprio Zeus, contra a sua mãe e, naturalmente, contra os homens. Os poetas alexandrinos gostam de representá-lo brincando com nozes (o equivalente antigo dos berlindes) com outras crianças de ascendência divina, nomeadamente Ganimedes, discutindo com os parceiros de jogo ou com o seu irmão Ânteros. Imaginam os poetas cenas infantis, que se coadunam com o carácter deste deus: Eros posto de castigo por sua mãe, Eros ferido por ter colhido rosas sem ter cuidado com os espinhos, etc. As pinturas de Pompeios popularizaram este tipo de Amor (v., por exemplo, «a vendedeira de Amores»). Mas debaixo da frágil figura da criança aparentemente inocente, sempre se adivinha o deus poderoso que

---

Érito: PIND., *Pyth.*, IV, 179; APOL. RH., *Arg.*, I, 52; APOLLOD., I, 9, 16; HYG., *Fab.*, 14; 160.

Eros: HES., *Theog.*, 120 e s. (v. ed. Mazon, p. 26); PROCL., *Com. in Ti.*, p. 368 (Schn.); ARIST., *Meth.*, I, 4; PLAT., *Smp.*, *passim* (v. sobretudo o mito de Diotima); ARISTOPH., *Av.*, 695 e s.; PAUSAN., VIII, 21, 2; IX, 27, 1 e s.; NONN., *Dion.*, VII, 1 e s.; ALC., fr. 13; ANACR., fr. 47; 48; 63, etc.; AESCH., *Supp.*, 1039 e s.; SOPH., *Tr.*, 354; 441; *An.*, 781 e s.; EUR., *Hipp.*, 1269 e s.; etc.; APOL. RH., *Arg.*, III, 111 e s.; BION, *Id.*, I, 80 e s.; OV., *Met.*, I, 452 e s.; V, 363 e s.; *Am.*, I, 2, 23 e s.; HOR., *Carm.*, II, 8, 14; cf. APUL., *Met.*, IV, 32 e s.; V, 1 e s. (o romance de Amor e Psique); CIC., *de nat. d.*, III, 23, 59 e s.; SILVANA FASCE, *Eros. La figura e il culto*, Génes, 1977.

pode desferir, ao sabor da sua fantasia, golpes cruéis — é este um dos temas gratos à imaginação dos poetas. Até a mãe de Eros o trata com respeito, sentindo sempre um certo receio dos seus poderes.

Uma das lendas mais célebres em que Eros figura é a aventura romanesca de Psique (v. *Psique*), uma história apresentada como um conto, cujas origens deverão provavelmente ser procuradas nas fábulas milésias.

ÉSACO. (Αἴσακος.) Ésaco, o filho de Príamo e de Arisbe (quadro 35, p. 394), herdara do seu avô, Mérope, o dom de interpretar os sonhos. Por isso, quando Hécuba, prestes a dar à luz Páris, sonhou que nascia dela uma tocha inflamada que pegava fogo à cidade de Tróia, interrogaram-no sobre o sentido de tão estranho sonho. Ele respondeu que a criança nascitura causaria a ruína da cidade e aconselhou que a matassem à nascença (v. *Páris, Hécuba*). Imediatamente, a mulher de Ésaco morreu, mordida por uma serpente, e Ésaco lançou-se ao mar. Por piedade, Tétis transformou-o em pássaro, provavelmente num pombo.

ESCAMÂNDRIO. (Σκαμάνδριος.) **1.** Escamândrio é o nome que Heitor dá ao filho, conhecido vulgarmente por Astíanax (v. este nome).

2. Chamava-se também assim um troiano, filho de Estrófio, que foi morto em combate por Menelau.

ESCAMANDRO. (Σκάμανδρος.) O Escamandro é o rio da planície de Tróia. Chama-se também Xanto («o Vermelho»), ou por causa da cor das águas ou porque, dizia-se, essas águas tingiam de encarnado a lã das ovelhas que nelas se banhavam. Contava-se também que, antes de se submeter ao julgamento de Páris, Afrodite nelas tinha mergulhado os cabelos para lhes dar reflexos dourados. O nome de Escamandro explicava-se pela seguinte lenda: estando na Tróade, Héracles sentiu sede e pediu a Zeus, seu pai, que lhe indicasse uma fonte. Zeus fez brotar da terra uma pequena torrente que o filho achou insuficiente. Então Héracles escavou a terra (em grego σκάπτω) e encontrou um importante lençol de água que se tornou a nascente do «Escamandro».

Na *Ilíada*, o Escamandro aparece como um deus, filho de Zeus. Intervém no combate de Aquiles contra os Troianos. Indignado por receber nas suas águas tantos cadáveres e tanto sangue, o Escamandro pretendeu erguer uma barreira contra o herói. Transbordou das margens e ameaçou afogá-lo, até que Hefesto o obrigou a reacomodar-se no seu leito e a manter-se neutro.

Unido à ninfa Ideia, Escamandro gerou Teucro, o primeiro rei da Tróada (v. quadro 7, p. 112). Está, assim, na origem da família real de Tróia.

ESFERO. (Σφαῖρος.) É o nome atribuído a Cilas, cordeiro do carro de Pélops, quando, depois de morto, se tornou herói. Era epónimo da ilha de Esfera, perto de Trezena. Etra foi surpreendida por Posídon quando lhe oferecia um sacrifício nocturno.

ESFINGE. (Σφίγξ.) Monstro feminino a quem se atribuía cabeça de mulher, peito, patas e cauda de leão, mas que estava provido de asas como uma ave de rapina. A esfinge está ligada sobretudo à lenda de Édipo e ao ciclo tebano. É já a este título que figura na *Teogonia* hesiódica. Passa por vezes por filho de Equidna e Ortro, o cão de Gérion. Nesse caso, é irmão do leão de Némea. Mas dizia-se também que seu pai era o monstro Tífon (v. este nome). Mais curiosa é a tradição que fazia da Esfinge uma filha natural de Laio, rei de Tebas, ou então do beócio Ucalegonte.

Este monstro foi enviado por Hera contra Tebas para castigar a cidade pelo crime de Laio, que amara o filho de Pélops, Crisipo, em amores culpados (v. *Crisipo* e *Laio*). Estabeleceu-se numa montanha situada a oeste de Tebas, nas proximidades da cidade. Daí, assolava a região devorando os seres humanos que lhe passavam ao alcance. Sobretudo, apresentava enigmas aos viajantes, que não os conseguiam decifrar. Então, matava-os. Somente Édipo conseguiu responder-lhe. Desesperado, o monstro atirou-se de um rochedo e matou-se. Dizia-se também que Édipo o trespassara com a sua lança (v. *Édipo*).

ESMÁRAGO. (Σμάραγος.) Esmárago era, juntamente com Ásbeto, Sabactes e Omódamo, um dos demónios malfazejos que se divertiam a provocar o escaqueirar dos vasos nos fornos dos oleiros. Os artesãos dirigiam-lhe uma oração antes da cozedura dos vasos.

ESMÉRDIO. (Σμέρδιος.) Esmérdio, filho de Leucipo, por sua vez filho de Naxo, é o terceiro rei da dinastia cária que se instalou em Naxo após a partida dos Trácios, colonizadores da ilha. Foi no seu reinado que Teseu, no regresso de Creta, abandonou Ariadne por ordem de Dioniso.

ESMICRO. (Σμῖκρος.) Esmicro é o filho de Democlo, um habitante de Delfos, que fora a Mileto acompanhado do filho, que contava

---

Ésaco: Apollod., *Bibl.*, III, 12, 5; Ov., *Met.*, XI, 763; Tzetz., *ad Lyc.*, *Alex.*, 224; Serv., *ad Virg.*, *Aen.*, IV, 254; V, 128.

Escamândrio: **1)** *Il.*, VI, 400 e s.; v. *Astíanax*. **2)** *Il.*, V, 49.

Escamandro: *Il.*, XXI, 131 e s.; escól. *ad* 1 e 2; Hes., *Theog.*, 337 e s.; Diod. Sic., IV, 75; Apollod., *Bibl.*, III, 12, 1; Arist., *H. An.*, 3, 12; Ael., *NA*, VIII, 21; Eust., 1197, 49 e s.

Esfero: Pausan., II, 33, 1; V, 10, 7; v. *Cilas*.

Esfinge: Hes., *Theog.* 326 e s., e escól. *ad loc.*; Apollod., *Bibl.*, III, 5,8; Soph., *O. T.*, 391 e s.; Eur., *Phoen.*, 45 e s.; escól. *ad* 26; 45; 1760; Diod. Sic., IV, 63; Pausan., IX, 26, 2 e s.; Hyg., *Fab.*, 67; Sen., *Oed.*, 92 e s.; Athen., X, p. 4565; Tzetz., *ad Lyc.*, 7. Cf. M. Delcourt, *Oedipe*, p. 104 e s.

Esmárago: *Epigr. hom.* (ed. Baumeister), 14, 9.

Esmérdio: Diod. Sic., V, 51.

Esmicro: Conon, *Narr.*, 33; Lact. Plac., *ad Stat.*, *Teb.*, VIII, 198.

apenas treze anos. No entanto, quando regressou a Delfos, o pai esqueceu-se do filho na Ásia. Esmicro foi recolhido por um filho de Eritarses, que apascentava um fato de cabras no campo e o levou ao pai. Depois de ter interrogado a criança, Eritarses conservou-o junto de si e tratou-o como se fosse seu filho. Um dia, Esmicro e o irmão adoptivo encontraram um cisne e lutaram com as crianças da vizinhança para saber a quem pertenceria a ave. Viram então aparecer-lhes a deusa Leucótea que lhes ordenou que pedissem aos Milésios a fundação em sua honra de um concurso de ginástica no qual as crianças tomariam parte. Mais tarde, Esmicro casou com a filha de um nobre milésio, de quem teve um filho, Branco (v. este nome).

Outra versão dizia que a aparição recomendara ao pai adoptivo de Esmicro que tivesse as maiores atenções para com a criança. Eritarses deu-lhe então sua filha em casamento e foi ela a mãe de Branco.

ESMINTEU. (Σμινθεύς.) Esminteu é um dos companheiros de Equelau, filho de Pêntilo (v. *Pêntilo*), o primeiro colono da ilha de Lesbos. Um oráculo determinara que sua filha morresse afogada no mar. O amante da jovem, Énalo, lançou-se ao mar com ela. Tocados por esta dedicação, os deuses deixaram-se comover e ambos se salvaram.

ESMIRNA. (Σμύρνα.) **1.** A primeira heroína com este nome é uma amazona que fundou várias cidades na Ásia Menor, nomeadamente Éfeso e Esmirna.

2. Esmirna é igualmente o nome da mãe de Adónis, também chamada Mirra. Por vezes, diz-se que é filha de Adónis, por seu turno filho de Belo e da ninfa Oritia, ou então que é filha do rei Cíniras. Quanto à sua lenda, v. *Adónis.*

ÉSON. (Αἴσων.) Tal como Amitáon e Feres, Éson era filho de Creteu e de Tiro (v. quadro 1, p. 8, e 23, p. 258). Casado com Polimede, filha de Autólico, ele tornava-se, através deste casamento, tio-avô de Ulisses, mas noutras tradições atribuem-lhe como mulher Alcímede, filha de Fílaco (quadro 22, p. 244). Pélias era seu meio irmão e Jasão seu filho. Pélias despojou-o do reino de Iolco, que lhe fora legado por Creteu, e enviou Jasão a conquistar o velo de ouro. Tendo-se espalhado o boato de que os Argonautas tinham morrido, Pélias, já nada tendo a recear, quis matar Éson. Este pediu-lhe, encarecidamente, que lhe concedesse o direito de escolher o tipo de morte, e envenenou-se com sangue de touro. Ovídio, ao contrário, refere que Éson tornou a ver o seu filho e foi rejuvenescido pelos encantamentos de Medeia.

ESPARTA. (Σπάρτα.) Epónimo da cidade de Esparta, filha de Eurotas e Cleta, e mulher de Lacedémon. É a mãe de Amiclas e Eurídice (v. quadro 5, p. 90). Por vezes, atribui-se-lhe também como filhos Hímero e Ásine.

ESPARTOS. (Σπαρτοί.) Os Espartos, os «Homens Semeados», são os que nasceram do dragão morto por Cadmo no local da futura Tebas, que o herói semeou na terra a conselho de Atena (ou de Ares). Saíram do solo completamente armados e massacraram-se uns aos outros. Sobreviveram apenas cinco: Ctónio, Udea, Peloro, Hiperenos e Équion. Cadmo admitiu-os na sua cidade e foi com a sua ajuda que construiu a Cadmeia, que é a cidadela de Tebas (v. também *Cadmo*).

ESPERQUEU. V. *Esperquio.*

ESPERQUIO. (Σπερχειός.) É o deus do rio homónimo, como todos os rios filho de Oceano e Tétis. Foi a ele que Peleu dedicou a cabeleira de Aquiles, para que seu filho voltasse são e salvo da Guerra de Tróia. Explica-se esta oferenda dizendo que Esperquio era cunhado de Aquiles, pois casara com a filha de Peleu, Polidora (v. *Polidora*). Atribui-se a Esperquio a paternidade de Dríops (v. este nome), antepassado do povo dos Dríopes e, talvez, das ninfas do Ótris.

ESQUÉDIO. (Σχέδιος.) Esquédio é um dos pretendentes de Helena. Participou na Guerra de Tróia, comandando um contingente focense, juntamente com o irmão Epístrofo. Ambos eram filhos de Ífito (por sua vez filho de Náubolo) e de Hipólita. Foi morto por Heitor. Acabada a guerra, uma tempestade lançou o contingente focense que ele comandava para a costa itálica, onde os sobreviventes fundaram a cidade de Témese. As suas cinzas foram levadas para Antícira, na Fócide.

ESQUENEU. (Σχοινεύς.) **1.** Um herói chamado Esqueneu é pai de Atalante e de Clímeno. Dizia-se que tinha origem beócia, mas emigrara para a Arcádia. Em ambos os países deu o seu nome a uma cidade.

2. Outro Esqueneu, filho de Autónoo, foi transformado em pássaro (v. *Acântis*).

Esminteu: PLUT., *De soll. amim.*, 36.

Esmirna: 1) STRAB., XI, p. 505; XII, p. 550; XIV, p. 633; STEPH. BYZ., *s. u.* Ἔφεσος; TAC. *An.*, IV; 56. **2)** V. *Adónis.*

Éson: APOLLOD., *Bibl.*, I, 9, 11 e 16; 27; *Od.*, XI, 259; APOL., RH., *Arg.*, I, 46; 233; OV., *Her.*, VI, 105; *Met.*, VII, 163 e 250 e s.; HYG., *Fab.*, 3; 13; DIOD. SIC., IV, 50; VAL. FLAC., *Arg.*, I, 777 e s.

Esparta: APOLLOD., *Bibl.*, III, 10, 3; PAUSAN., III, 1, 2; escól. *ad* EUR., *Or.*, 626.

Espartos: *V. Cadmo*, e escól. *ad* EUR., *Phoen.*, 942; *ad* APOL. RH., *Arg.*, III, 1179.

Esperquio: *Il.*, XVI, 174; escól. *ad* XXIII, 142; ANT. LIB., *Transf.*, 22; 32.

Esquédio: HYG., *Fab.*, 97; *Il.*, II, 517; XVII, 306; cf. XV, 515; PAUSAN., X, 4, 2; 30, 8; 36, 10; APOLLOD., *Bibl.*, III, 10, 8; LYC., *Alex.*, 1067 e s.; e TZETZ., *ad loc.*; STRAB., IX, 3, 17, p. 425.

Esqueneu: 1) APOLLOD., *Bibl.*, I, 8,2; TZETZ., *ad Lyc.*, 22; escól. *ad* APOL. RH., *Arg.*, I, 769; II, 1144; STEPH. BYZ., *s. u.* Σχοινοῦς; escól *ad* EUR., *Phoen.*, 150; HES., fr. 41 (Rz); *ad* THEOCR., III, 40; HYG., *Fab.*, 173; 185. **2)** ANT. LIB., *Transf.*, 7. **3)** APOLLOD., *Bibl.*, I, 9, 2.

3. No que respeita a um Esqueneu, filho de Átamas e Temisto, v. quadro 34, p. 392.

ESTÁFILO. (Στάφυλος.) Em grego, Estáfilo significa «o cacho». É o nome de várias personagens, difíceis de distinguir, todas elas pertencentes ao ciclo de Dioniso, o deus da vinha.

1. Por vezes, Estáfilo é um pastor do rei etólio Eneu. Todos os dias levava os rebanhos a pastar e reparou que uma das cabras regressava mais tarde que as outras e parecia mais contente. Seguiu-a e viu que ela comia frutos que ele desconhecia. Contou o sucedido ao rei, que teve a ideia de espremer os cachos e fabricou o vinho, assim o inventando. Deu-se a esse novo líquido o nome do rei (οἶνος, em grego, significa «vinho»). O fruto propriamente dito recebeu então o nome de «estáfilo».

2. Uma lenda afim faz de Estáfilo um filho de Sileno, o velho companheiro de Baco. Foi ele o primeiro a inventar o costume de misturar água com vinho.

3. Na maior parte das vezes, porém, Estáfilo é dado como filho dos amores de Dioniso e Ariadne, depois de esta ter sido abandonada por Teseu em Naxos (v. quadro 30, p. 312), se bem que uma tradição o diga filho do próprio Teseu. Era irmão de Toas, Enópion e Pepareto, aos quais se juntam por vezes Lâtramio, Evantes e Tauròpolis. Estáfilo casou com Crisótemis, de quem teve três filhas, Molpadia, Reo e Párteno (e, segundo certos autores, ainda uma quarta filha, Hemítea). Através de Reo, é avô de Ânio (v. *Reo*). Quanto às outras irmãs, v. *Párteno* e *Lirco*. Estáfilo figura entre os Argonautas.

Nas *Dionisíacas*, Nono introduziu a personagem de Estáfilo, que desenvolveu sem grande ligação com a lenda anterior.

ESTENEBEIA. (Σθενέβοια.) Estenebeia é a mulher do rei Preto. Diz-se geralmente que é filha do rei da Lícia, Ióbates (v. este nome), e que casou com Preto quando este, expulso por Acrísio, emigrou para a Ásia Menor (v. *Preto* e *Acrísio*). Existem, porém, outras genealogias de Estenebeia: seria filha do rei da Lícia, Anfíanax, ou do rei arcádio Afidas (v. quadro 10, p. 132, que resume esta tradição). Na *Ilíada*, em vez de Estenebeia, encontra-se o nome de Anteia, mas trata-se da mesma heroína; o nome Estenebeia prevaleceu nos trágicos.

É em Tirinte, como mulher de Preto, que Estenebeia intervém na lenda. Ela dera ao rei várias filhas, as Prétides (v. este nome) e um filho, Megapentes. A sua felicidade foi perturbada pela chegada a Tirinte do jovem herói Belerofonte, cuja beleza a seduziu. Ela insinuou-se mas Belerofonte repeliu-a. Irada, acusou-o em segredo a Preto de ter tentado violentá-la. Preto, que sentia afeição por Belerofonte e que, além disso, uma vez que o purificara de um assassínio, o não podia matar sem cometer sacrilégio, mandou-o para a Lícia, para casa do sogro, com uma carta em que pedia a Ióbates que matasse o seu portador (v. *Belerofonte*).

O fim do episódio, após as vitórias de Belerofonte, foi dramatizado por Eurípides na sua tragédia perdida *Estenebeia*. O herói voltou da Lícia decidido a vingar-se das calúnias de que fora vítima. Preto, todavia, ganhou tempo e permitiu a Estenebeia tentar fugir no cavalo alado de Belerofonte, Pégaso. Durante a fuga, Estenebeia foi cuspida da sela por Pégaso, caiu ao mar e morreu. O seu corpo foi recolhido por uns pescadores perto da ilha de Melos e levado para Tirinte. Outra tradição dizia que Estenebeia se suicidou quando soube do regresso de Belerofonte.

ESTENELAU. (Σθενέλας.) É filho de Crotopo, da família de Forbas (v. quadro 19, p. 239). Sucedeu ao pai no trono de Argos. Dánao reclamou o trono ao filho de Estenelau, Gelanor, quando veio do Egipto (v. *Dánao*).

ESTÉNELO. (Σθένελος.) É o nome de vários heróis, entre os quais se contam:

1. O filho de Actor e companheiro de Héracles, a quem seguiu na expedição contra as Amazonas. No regresso a Paflagónia, foi ferido e morreu; foi enterrado junto à costa. Mais tarde, quando os Argonautas passaram nas imediações, Perséfone permitiu-lhe voltar algum tempo à terra para os ver. Os Argonautas ofereceram-lhe um sacrifício como a um herói.

2. Outro herói com o mesmo nome está igualmente ligado ao ciclo de Héracles. Era um filho de Androgeu e, por isso, neto de Minos. Era irmão de Alceu. Quando Héracles, partindo à conquista do cinto da rainha das Amazona, abordou a ilha de Paros, dois dos seus companheiros foram mortos por quatro dos filhos de Minos que lá se encontravam. Para os substituir, o herói levou consigo Esténelo e Alceu. No regresso, Héracles tomou a ilha de Taso, donde expulsou os Trácios, e deu-lhes a ilha como reino.

3. Outro Esténelo, filho de Capaneu, é um dos Epígonos que conquistaram Tebas. Sua

---

Estáfilo: 1) PROB., *ad* VIRG., *Georg.*, I, 9. **2)** PLIN., *N. H.*, VII, 199. **3)** PLUT., *Thes.*, 20; PARTH., *Erot.* 1; escól. *ad* APOL. RH., *Arg.*, III, 297; APOLLOD., *Bibl.*, I, 9, 16; *Ep.*, I, 9; escól. *ad* LYC., *Alex.*, 570; DIOD. SIC, V, 62.

Estenebeia: Cf. *Il.*, VI, 164 (*Anteia*); APOLLOD., *Bibl.*, II, 2, 1; 3, 1; III, 9, 1, e s.; HYG., *Astr. Poet.*, I, 18; *Fab.*, 57; 243; EUST., *ad Il.*, V 158; VI, 174; EUR., trag. perdida *Estenebeia*, *Traf. Gr. Frag.* (Nauck), 2.ª ed., pp. 567 e s.; 325; 326; APOL. RH. *Arg.*, I, 161 e s.

Estenelau: PAUSAN., II, 16, 1; 19, 3.

Esténelo: 1) APOL. RH., *Arg.*, II, 913 e s., e escól. *ad loc.* **2)** APOLLOD., *Bibl.*, II, 5, 9; **3)** *Il.*, II, 564; IV, 367; V, 109 e s.; 241; 319 e s.; 835; VIII, 114; IX, 48; XXIII, 511; APOLLOD., *Bibl.*, III, 7, 1; 10, 8; HYG., *Fab.*, 97; 257; SERV., *ad* VIRG., *Aen.*, II, 261; PAUSAN., 30, 10; X, 10; 4; escól *ad Il.*, IV, 106; WESTERMANN, *Myth.*, p. 346, 1. V. art. *Cometes*, e SERV., *ad* VIRG., *Aen.*, VIII, 9; TZETZ., *ad Lyc.*, 603; 610; 1093. **4)** *Il.*, XIX, 116 e escól. *ad loc.*; APOLLOD., *Bibl.*, II, 4, 5; TZETZ., *ad Lyc.*, 838; EUR., *Alc.*, 1150; *Heracl.*, 361; OV., *Met.*, IX, 273; escól. *ad* APOL. RH., *Arg.*, IV, 223, 228.

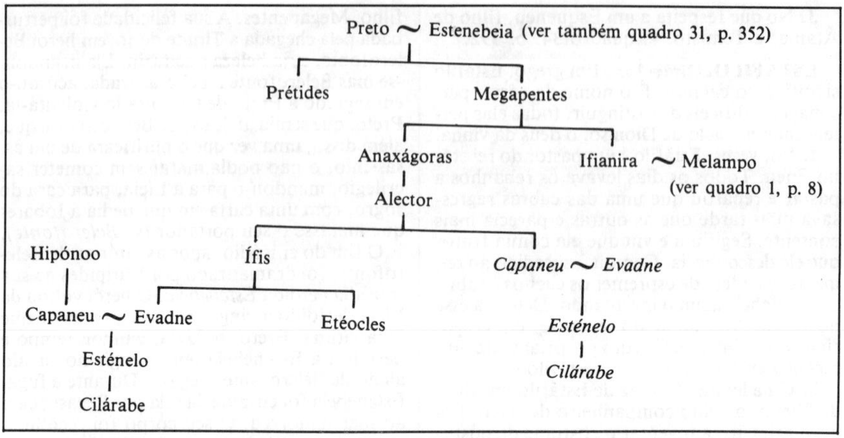

Quadro genealógico n.º 13

(Os nomes em *itálico* representam uma variante atestada em PAUS., II, 18, 5.)

mãe era Evadne. De Ífis (seu avô ou seu tio, consoante as tradições; v. *Ífis*), herdara um terço do reino de Argos. Mais tarde, seu filho Cilárabes unificou o poder no reino.

Figura entre os pretendentes à mão de Helena e, como tal, participou na Guerra de Tróia. No entanto, desde a tomada de Tebas (anterior à Guerra de Tróia), era amigo de Diomedes. Em Tróia, comandava um contingente de vinte e cinco navios. No combate, distinguiu-se sobretudo ao serviço de Diomedes, de quem parece ter sido o escudeiro. Em tempos, ferira-se num pé, ao saltar de um muro (talvez durante a tomada de Tebas) e só podia combater de um carro. Mais tarde, depois do regresso, acompanhou Diomedes à Etólia, para reconduzir no poder o rei Eneu (v. *Diomedes*).

Provavelmente, este mesmo Esténelo é o pai do Cometes que enganou Diomedes com Egíale (v. *Cometes*).

4. Outro Esténelo, distinto dos precedentes, é um dos filhos de Perseu e Andrómeda (v. quadro 32, p. 370). As tradições dão-lhe como mulher ora Nicipe, a filha de Pélops, ora Artíbia (ou Antíbia), filha de Anfídamas. Teve vários filhos: Alcínoe (ou Alcíone), Medusa, Euristeu (v. este nome) e Ífis ou Ífito. Reinou em Micenas, fundada por Perseu.

ESTENTOR. (Στέντωρ.) Na *Ilíada*, fala-se uma única vez de um Estentor, que gritava como cinquenta homens. Este Estentor, cujo nome se tornou proverbial, não era conhecido por nenhuma outra via pelos comentadores que dizem, todavia, tratar-se de um trácio que fizera um concurso de gritos com Hermes (o «arauto» dos deuses); vencido, foi morto.

ESTÉROPE. (Στερόπη.) Estérope é o nome de várias heroínas.

1. Uma delas é filha de Atlas e Plêione e conta-se entre as Plêiades (v. quadro 27, p. 280). Casou com Ares, de quem teve um filho, Enómao. Uma tradição dizia, porém, que casara com o próprio Enómao. Outra tradição dava-a como mulher de Hiperoco, de quem teria tido Enómao (v. também *Enómao*).

2. Outra Estérope figura entre as filhas de Plêuron (v. quadro 26, p. 272).

3. Esta Estérope distingue-se da mãe das Sirenes, igualmente uma etólia, filha de Portáon e Êurite, que casou com o deus-rio Aqueloo (v. *Sirenes*).

4. Outra Estérope surge na narrativa de Apolodoro sobre o pacto estabelecido entre Héracles e o rei de Tégea, Cefeu (v. *Cefeu*).

5. Estérope é também uma filha de Acasto, o rei de Iolco. Quando Peleu se refugiou na sua corte, Astidamia, mulher de Pélops, que estava apaixonada pelo herói, inventou, numa carta que enviou à mulher de Peleu, Antígona, que ele queria casar-se com a jovem, o que provocou o suicídio desta (v. *Peleu* e quadro 23, p. 258).

ESTÉROPES. (Στερόπης.) Estéropes, cujo nome lembra o vocábulo grego que significa «relâmpago», é um dos Ciclopes (v. quadro 6, p. 105; 14, p. 182).

ESTIGE. (Στύξ.) O Estige é um rio dos Infernos. Na *Teogonia* hesiódica, Estige é o filho mais velho de Oceano e Tétis. Mas a genealogia com que Higino começas as suas fábulas dá-o como um dos filhos da Noite e

---

Estentor: *Il.*, V, 785; EUST., e escól. *ad loc.* e II, 96.

Estérope: **1)** DIOD. SIC., III, 60; APOLLOD., *Bibl.*, III, 1011; PAUSAN., V, 10, 6; ERATOSTH., *Cat.*, 23; cf. TZETZ., *ad Lyc.*, 149; 219. **2)** APOLLOD., *ibid.*, I, 7, 7. **3)** APOLLOD., *ibid.*, I, 7, 10; escól. *ad Od.*, XII, 39; EUST., *ad Hom.*, p. 1709, 38. **4)** APOLLOD., *Bibl.*, II, 7, 3; PAUSAN., VIII, 47. **5)** APOLLOD., *ibid.*, III, 13, 3.

Estige: HES., *Theog.*, 361 e s.; 380 e s.; 775 e s.; CALLIM., *Hymn.*, 36; HYG., *Praef.*, I, 17; *Hymn. hom. Dem.*, 424; APOLLOD., *Bibl.*, I, 2, 1; 3, 1; TZETZ., *ad Lyc.*, 707; EPIMENIDES, frag. 10, p. 236 (KINK); VIRG., *Aen.*, VI, 439; SERV., *ad Aen.*, IV, 462; PAUSAN., VIII, 17, 6, e s.; STRAB., VIII, p. 389; HEROD., VI, 74; APUL., *Met.*, VI, 13 e s.; AEL., *NA*, X, 40.

do Érebo (as Trevas). Figura entre as companheiras de jogos de Perséfone, no *Hino Homérico a Deméter*, mas existe também uma tradição, referida por Apolodoro, segundo a qual não é Deméter a mãe de Perséfone mas sim ela. Frequentemente, Estige é casada com Palas, de quem concebe Zelo, Nice, Grato e Bia, isto é, Zelo, Vitória, Poder e Força. Durante a luta de Zeus contra os Gigantes, socorreu o rei dos deuses, com seus filhos, e contribuiu para lhe assegurar a vitória. Em recompensa, Zeus fê-la garante dos juramentos solenes pronunciados pelos deuses.

Segundo outra versão, transmitida por um fragmento de Epiménides, Estige uniu-se a um certo Piras (Πείρας) e deu-lhe uma filha, Equidna (v. este nome). Finalmente, um dos filhos atribuídos a Estige é Ascálabo ou Ascálafo (v. este nome).

Dava-se o nome de Estige a uma nascente que se encontrava na Arcádia, perto da localidade de Nonácris (junto da cidade de Féneo). Esta nascente brotava de um rochedo elevado e, em seguida, perdia-se no solo. Atribuíam-se às suas águas propriedades perniciosas: eram um veneno para homens e gado; quebravam o ferro e os metais, bem como toda a louça que nelas se mergulhava. Um casco de cavalo, porém, resistia a essa água e nada sofria com ela. Pausânias, que nos conservou esta enumeração das propriedades da água do Estige, alude a uma lenda segundo a qual Alexandre foi envenenado pela água desta nascente.

A água do rio infernal (e já não a água da nascente, que se dizia aí desaguar) passava igualmente por ter propriedades mágicas. Foi neste rio que Tétis mergulhou Aquiles para o tornar invulnerável (v. *Aquiles*). A água do Estige servia, porém, sobretudo para os deuses pronunciarem um juramento solene. Quando um deus se queria comprometer por um juramento, Zeus enviava Íris encher um jarro de água do Estige e trazê-lo para o Olimpo, para que fosse «testemunha» do juramento. Se depois o deus em questão cometia perjúrio, esperava-o um castigo terrível: ficava um ano inteiro sem respirar e não podia aproximar dos lábio nem ambrósia nem néctar. No fim desse ano, uma nova provação lhe era imposta. Durante nove anos ficava afastado dos deuses imortais e não participava nem dos seus conselhos nem dos seus festins. Apenas retomava o uso dos seus privilégios ao fim de dez anos. Esta descrição das consequências do perjúrio, contida num passo interpolado da *Teogonia*, fornece também pormenores sobre a natureza dessa água fatal. Diz-se que se trata de um braço do Oceano, exactamente a décima parte do rio inicial, formando as restantes nove partes as noves espiras com que o rio circunda o disco da Terra. Este número de nove espiras encontra-se na descrição virgiliana do Estige infernal, que rodeia com os seus meandros o reino dos Infernos (v. também *Aqueronte*).

ESTILBE. (Στίλβη.) **1.** Estilbe é a filha do deus-rio Peneu, na Tessália, e da ninfa Creúsa (v. quadro 25 p. 268). Uniu-se a Apolo e deu-lhe dois filhos, Centauro e Lápita, epónimo da raça dos Lápitas, o povo tessálio. Atribui-se-lhe ainda outro filho, Eneu, pai do herói Cízico.

2. Outra Estilbe, filha de Eósforo, passa às vezes por ser mãe de Autólico.

ESTÍNFALO. (Στύμφαλος.) É um dos cinco filhos de Élato e da filha de Cíniras, Laódice (v. quadro 10, p. 132). É o herói epónimo da cidade de Estínfalo, situada no Peloponeso, perto do lago com o mesmo nome (v. *Héracles*). Teve vários filhos: Agamedes, Górtis, Agelau e uma filha, Parténope, que deu a Héracles um filho, Everes. Estínfalo defendeu vitoriosamente a Arcádia dos ataques de Pélops até ao dia em que este, vendo que nada obteria pela força das armas, simulou reconciliar-se com ele e matou-o durante um banquete. Em seguida, despedaçou-lhe o cadáver e dispersou-lhe os membros (v. *Éaco*).

Segundo uma tradição obscura, Estínfalo era marido de Órnis e pai das Estinfálides, as jovens que Héracles matou porque tinham acolhido os Moliónidas (v. *Héracles*).

ÉSTIRO. (Στυρεύς.) Éstiro é um príncipe originário da Albania (actual Daghestan), que pretendia a mão de Medeia. Como o rei cita Anáusis também queria desposar a jovem, entraram em conflito e ambos ficaram feridos. Quando Jasão raptou Medeia, Éstiro perseguiu-a mas afogou-se numa tempestade que Hera então provocou.

*** ÉSTRIGES.** (*Striges*.) Nas crenças populares, as Éstriges são demónios femininos alados, dotados de garras semelhantes às das aves de rapina e que se alimentam do sangue e das entranhas das crianças (v. *Carna*).

ESTRIMO.(Στρυμώ). Filha do deus-rio Escamandro. Estrimo desposou Laodemonte (v. quadro 19, p. 239). É, por consequência, mãe de Príamo (Podarces). Sobre os outros filhos, v. *quadro citado*. A mãe de Príamo é, por vezes, referida não como Estrimo mas como Placia ou, até Leucipe.

ESTRÍMON. (Στρυμών.) É o deus do rio homónimo, na Trácia. Passa por pai de Reso, que teria tido de uma Musa cujo nome é diversamente referido pelas fontes (v. *Reso*). Atribui-

Estilbe: 1) Escól. *ad Il.*, I, 266; Diod. Sic., IV, 69; V, 61; Ov., *Am.*, III, 6, 31 e s.; escól. *ad* Apol. Rh., *Arg.*, I, 948. 2) V. *Autólico*.

Estínfalo: Pausan., II, 24, 6; VIII, 4, 4; 22, 1; 35, 9; Apollod., *Bibl.*, III, 9, 1; 12, 6; escól. *ad* Apol. Rh., *Arg.*, II, 1052.

Éstiro: Val. Flac., *Arg.*, III, 497; V, 459; VI, 265 e s.; VIII, 299 e s.; 328 e s.

Éstriges: Ov., *Fast.*, VI, 131 e s.; Petron., *Sat.*, 63; v. Plin., *N. H.*, XI, 232.

Estrimo: Apollod., *Bibl.*, III, 12, 3; esc. Veron, *ad Il.*, XI, 5; Tzetz., *ad* Lyc., 18.

Estrímon: Eur., *Rh.*, arg.; escól. 351; Conon, *Narr.*, 4; Ps.-plut., *de flor.*, 21, 3; Ant. Lib., *Transf.*, 21; Apollod., *Bibl.*, I, 2, 5; II, 1, 2.

-se-lhe também a paternidade de Brangas e Olinto (v. estes nomes), de Tereina e de Evadne (v. quadro 20, p. 240).

Uma lenda conta que Estrímon era um rei da Trácia, filho de Ares. Quando seu filho Reso foi morto em Tróia, Estrímon, desesperado, lançou-se ao rio que então se chamava Palestino e que, desde então, recebeu o nome de Estrímon. O herói voltava de conquistar os bois de Gérion, quando se encontrou na margem do Estrímon, que não conseguiu passar por falta de vau. Atirou então grandes blocos de rocha para a corrente, tornando deste modo o rio impraticável para a navegação.

ESTRÓFIO. (Στρόφιος.) **1.** Um primeiro herói assim chamado é o filho de Criso (v. este nome), descendente de Foco e, através deste, de Éaco (v. quadro 31, p. 352). Reina na cidade de Crisa, na Fócide. Sua mãe é Antifatia, filha de Náubolo. Por casamento com Anaxíbia, é cunhado de Agamémnon (v. quadro 2, p. 12) e seu filho é Pílades. Foi junto deste que Orestes, seu sobrinho, foi criado e se lhe ligou por lendária amizade (v. *Orestes* e *Pílades*).

2. Outro Estrófio é neto do anterior, filho de Pílades e Electra, a irmã de Orestes (v. quadro citado).

ETÁLIDES. (Αἰθαλίδης.) Filho de Hermes e de Eupolémia, que por seu lado é filha de Mírmidon, Etálides era um arqueiro notável. Participou na expedição dos Argonautas, a quem serviu de arauto. Etálides herdara do pai uma memória muito fiel, que conservou mesmo depois de morto, no Hades. Por outro lado, ele não permanecia sempre entre os mortos, mas voltava ao mundo dos vivos, por curtos períodos, após os quais regressava aos Infernos.

ETÉMEA. Havia em Cós um rei chamado Mérope, cuja mulher, pertencente à raça das Ninfas, tinha o nome de Etémea. Tendo esta ninfa deixado de fazer parte do cortejo de Ártemis, após o casamento com Mérope, a deusa virgem decidiu puni-la, trespassando-a com as suas flechas, e ter-lhe-ia decerto causado a morte, se Perséfone a não tivesse levado viva para os Infernos. Mérope, vendo-se deste modo privado da esposa, quis matar-se, desesperado. Mas Hera teve piedade dele e transformou-o numa águia, colocando-o depois no meio dos astros, para que com a metamorfose esquecesse as dores humanas.

ETÉOCLES. (Ἐτεοκλῆς.) Etéocles, um dos heróis do ciclo tebano, é filho de Édipo e de Jocasta, e irmão de Polinices (v. quadro 9, p. 128; 37, p. 438). Algumas tradições apresentam Euriganeia e não Jocasta como sua mãe (v. *Jocasta* e *Euriganeia*). Após a descoberta do incesto de Édipo (v. *Édipo*), os dois filhos expulsam-no de Tebas e ele amaldiçoa-os, predizendo-lhes que se hão-de guerrear e que cada um deles morrerá às mãos do outro (v. ainda, a respeito de outras versões, o artigo *Polinices*). Para evitar que tal maldição se cumprisse, os dois irmãos decidiram reinar alternadamente, cada um deles durante um ano. Etéocles foi o primeiro a tomar o poder. Polinices, espontaneamente ou impelido pelo irmão, partiu para longe, mas quando, passado um ano, regressou, pedindo a Etéocles o trono, viu recusada a sua pretensão. Polinices foi ter com Adrasto e com o auxílio deste organizou uma expedição contra a sua própria cidade (v. *Adrasto*). Contudo, antes de atacar a cidade, enviou Tideu em embaixada, para pedir pela última vez a Etéocles que respeitasse a convenção que ambos haviam acordado. Etéocles voltou a recusar. Então o exército dos Argivos, comandado por Adrasto, atacou a cidade de Tebas e Etéocles e Polinices travaram um duelo corpo a corpo tão encarniçado que levou à morte de ambos. Após a vitória tebana, Etéocles foi sepultado com todas as honras, enquanto a Polinices foram recusados os rituais fúnebres (v. *Antígona*).

Quando se efectuou a expedição dos Epígonos, era um filho de Etéocles, Laodamante, quem reinava em Tebas (v. *Epígonos*).

ÉTER. (Αἰθήρ.) Éter é a personificação do céu superior, onde a luz é mais pura do que no céu que está mais próximo da Terra. Hesíodo considera-o filho de Érebo e de Nix (a Obscuridade e a Noite), e irmão de Hémera (a Luz do Dia). Segundo outras tradições, unido ao Dia, ele gerou a Terra, o Céu e o Mar, depois um certo número de abstracções como a Tristeza, a Cólera, a Mentira, etc., assim como Oceano, Témis, Tártaro, Briareu, Giges, Estéropes (que Hesíodo considera como sendo os Ciclopes), Atlas, Hiperíon, Saturno, Ops, Moneta, Dione, as três Fúrias. Reconhece-se nesta lista, fornecida por Higino, elementos retirados do mito de Urano (v. esta lenda). Cícero considera Éter o pai de Júpiter e de Celo (isto é, Urano, o Céu personificado), e o avô do Sol.

ETIAS. (Ἡτίας.) Etias é, segundo uma lenda obscura, uma filha de Eneias, que deu nome à cidade de Étis, na costa da Lacónia, situada diante de Citera.

Estrófio: **1)** EUR., *Or.*, arg.; escól. V, 33, 765 e 1233; PAUSAN., II, 29, 4; PIND., *Pyth.*, XI, 53, e escól. *ad loc.*; OV., *Pont.*, III, 6, 25; AESCH., *A.*, 920 e s.; **2)** PAUSAN., II, 16, 7.

Etálides: APOL. RH., *Arg.*, I, 54; VAL. FLAC., *Arg.*, I, 437; HYG., *Fab.*, 14; APOL. RH., *Ibid.*, I, 641 e s., e o escól. *ad loc.* (v. 645); DIOG. LAERT., VIII, 1, 4; PORPH., *V. Pyth.*, 45; cf. TZETZ., *Chil.*, II, 722.

Etémea: HYG., *Astr. Poet.*, II, 16.

Etéocles: APOLLOD., *Bibl.*, III, 6, 1 e s.; HYG., *Fab.*, 68; PAUSAN., IX, 5, 5 e s.; 25, 2; EUR., *Phoen.*, 63 e s.; escól. *ad loc.*; SOPH., *Oed. Col.*, 1295; STAT., *Theb.*, *passim*; AESCH., *Th.*, *passim*. Acerca deste nome, cf. P. KRETSCHMER, in *Glotta*, 1954, p. 11; F. VIAN (v. artigo *Mínias*).

Éter: HES., *Theog.*, 124 e s.; HYG., *Fab.*, *praef.*; CIC., *de nate. D.*, III, 44.

Etias: PAUSAN., III, 22, 11.

ETILA. (Αἴθιλλα.) Etila, filha de Laomedonte, é uma das cativas troianas que, após o saque da cidade, caíram em poder dos Gregos. Ela foi entregue aos companheiros de Protesilau. Mas como os barcos deste, após uma tempestade, tiveram de arribar à costa da Trácia, em Palene, para se abastecerem de água, Etila incitou as suas companheiras de cativeiro à revolta, fazendo-lhes ver os infortúnios que até então tinham sofrido e os que as esperavam, que seriam bem piores ainda, quando chegassem à Grécia. Ela aconselhou-lhes que incendiassem os navios, o que elas fizeram. Os Gregos, forçados a permanecer na região, fundaram aí a cidade de Cíone.

ETNA. (Αἴτνη.) Etna, cujo nome se tornou o do vulcão que domina a cidade de Catana, era uma ninfa siciliana, filha de Úrano e de Geia ou, segundo versões antigas, de Briareu, o Gigante das Cem Mãos. Quando Hefesto e Deméter disputavam a posse da Sicília (terra de vulcões e de trigo), Etna interveio como árbitro. É também considerada como a mãe dos Palicos (v. *Palicos*), que teria gerado de Hefesto.

ETOLO. (Αἰτωλός.) Rei de Élis, no Peloponeso, filho de Endímion e duma ninfa. Tinha como irmãos e irmãs Péon, Epeu, Eurícide (ou Eurípile), Naxo e Piso. Para decidir qual dos filhos lhe sucederia, Endímion resolvera fazê-los participar numa corrida em Olímpia e designar o vencedor como o futuro rei. O vencedor foi Epeu. Péon fugiu para a Macedónia, Etolo ficou no Peloponeso e, após a morte de Epeu, sucedeu-lhe no trono. Mas, tendo morto o rei do país, Ápis (v. *Ápis*), foi obrigado pelos filhos da vítima a partir para o exílio e instalou-se a norte do golfo de Corinto, na embocadura do rio Aqueloo. Aí foi recebido como hóspede por Doro, Laódoco e Polipetes, os filhos da Pitonisa e de Apolo, matou-os e reinou sobre o país, após ter repelido os Curetes. Este país recebeu o nome de Etólia a partir do seu nome. Tinha como esposa Prónoe, filha de Forbas, que lhe deu dois filhos: Plêuron e Cálidon (v. *Endímion*, *Élis*, e o quadro 26, p. 272).

ETRA. (Αἴθρα.) Etra, filha do rei de Trezena Piteu e, por conseguinte, neta e Pélops (quadro 2, p. 12), é a mãe de Teseu. É por seu intermédio que o herói possui direitos sobre o trono e Trezena.

Etra foi cortejada em primeiro lugar por Belerofonte. Mas quando Egeu chegou a Trezena, vindo de Delfos, onde consultara o oráculo sobre os meios de assegurar uma descendência, o rei Piteu, que compreendeu o sentido da resposta do oráculo (v. *Egeu*), dispôs-se a entregar a filha ao seu hóspede, sem o conhecimento deste. Assim nasceu Teseu. Contava-se também que na véspera do dia em que Egeu devia chegar, a deusa Atena inspirou, em sonhos, a Etra, o desejo de ir a uma ilha vizinha oferecer um sacrifício ao herói Esfero, que fora outrora o condutor do carro de Pélops. Aí, ela foi surpreendida por Posídon que a desvirginou. Nessa mesma noite, ela uniu-se a Egeu, de tal forma que Teseu tanto pode ser considerado filho do deus como do mortal.

Enquanto Egeu regressava a Atenas, Etra ficou em Trezena, onde criou o seu filho (v. *Teseu*). Quando este, mais tarde, já rei de Atenas, viajou até aos Infernos, confiou, à sua mãe, Helena, que ele tinha raptado. Mas Castor e Pólux, os dois irmãos da jovem, vieram libertá-la e levaram Etra prisioneira. Esta seguiu Helena para Tróia, como escrava, de livre vontade, diz-se, e terá sido mesmo ela que aconselhou Helena a seguir Páris e a abandonar Menelau. Em Tróia, ela criou o pequeno Múnito, seu bisneto (v. *Múnito*). Após a tomada da cidade, ela foi reconhecida pelos seus netos, Demofonte e Ácamas, que conseguiram a sua libertação. Conta-se que, na altura da morte de Teseu, Etra se suicidou com o desgosto.

EUBULEU. (Εὐβουλεύς.) **1.** O nome de Eubuleu designa dois heróis relacionados com os mistérios de Elêusis. O primeiro seria um irmão de Triptólemo, filho do sacerdote de Deméter, Tróquilo, que teria fugido de Argos, refugiando-se na Ática. Certas tradições apresentam contudo Triptólemo e Eubuleu como filhos de Disaules (v. *Triptólemo*).

2. O segundo herói com este nome era um porqueiro que apascentava a sua vara próximo do local onde Hades raptou Perséfone levando-a para os Infernos. Uma parte dos animais de Eubuleu foi engolida pela terra juntamente com as duas divindades. É este incidente que explica o ritual que consistia em imolar alguns bácoros a Eubuleu, numa sala subterrânea, por ocasião da festa das Tesmofórias. Repare-se ainda que o nome de Eubuleu («o Bom Conselheiro», ou «o Benévolo») é um sobrenome de Hades, sendo por vezes aplicado a uma divindade nascida de Zeus e de Perséfone, invocada em Atenas, juntamente com Dioniso e com Tritopatreu.

EUDORO. (Εὔδωρος.) Eudoro é um filho de Hermes e de Polimele, a filha de Filas. Foi criado pelo avô e na altura da Guerra de Tróia seguiu Aquiles, chefiando um dos cinco batalhões dos Mirmídones. Aquiles manda-o acompanhar Pátroclo, quando este avança para o combate, durante a «cólera» do herói.

Etila: CONON, *Narr.*, 13; POMP. MELA, II, 2, 33; TZETZ., *ad Lyc.*, *Alex.*, 921.

Etna: Escól. *ad* THEOCR., I, 65; cf. SERV., *ad Virg.*, *Aen.*, IX, 584.

Etolo: APOLLOD., *Bibl.*, I, 7, 6 e 7; PAUSAN., V, 1, 2 a 8; escól. *ad* PIND., *Olymp.*, I, 28; CONON, *Narrat.*, 14.

Etra: APOLLOD., *Bibl.*, III, 10, 7; 15, 7; HYG., *Fab.*, 14; 37; 92; 243; PLUT., *Thes.*, 3; 6; PAUSAN., II, 33, 1 e s.; V, 19, 3; *Il.*, III, 144; TZETZ., *ad Lyc.*, 491; 495; v. *Teseu*, *Helena*, *Ácamas*.

Eubuleu: PAUSAN., I, 14, 2; escól. *ad* LUCIAN., *D. Meretr.*, II, 1; CLEM. AL., *Protr.*, p. 25; PAUSAN., IX, 8, 1; cf. CIC., *de nat. D.*, III, 21, 53 (ed. Müller).

Eudoro: *Il.*, XVI, 179 e s.; EUST., *ad Hom.*, p. 1697, 56.

EUFEMO. (Εὔφημος.) Eufemo é um dos Argonautas. Filho de Posídon, recebeu do pai o dom de caminhar sobre as águas. A sua mãe era Mérope, a filha de Tício. Na expedição dos Argonautas, no momento da travessia das Simplégades, é Eufemo quem lança ao ar a pomba cuja sorte informará os marinheiros sobre o destino que os espera (v. *Argonautas*). No episódio do lago Tritónis, é Eufemo quem recebe do deus Tritão um montículo de terra mágica, presságio da vinda dos seus descendentes para a Cirenaica (e, de facto, Bato, o fundador da colónia de Cirene, passava por um dos descendentes de Eufemo). É ainda ele quem lança ao mar essa porção de terra, donde brota a ilha de Tera. Desposou Laónome, a irmã de Héracles. Da sua união com a Lémnia Málaque (v. *Argonautas*), nasceu Leucófanes, avô de Bato.

EUFORBO. (Εὔφορβος.) Euforbo é um herói troiano, filho de Pântoo, que desferiu o primeiro golpe sofrido por Pátroclo. Foi morto por Menelau. O seu escudo, recolhido pelo vencedor, foi deposto no templo de Hera em Argos. Pitágoras julgava ter sido, numa das suas anteriores encarnações, o herói Euforbo.

EUFÓRION. (Εὐφορίων.) Após a morte, Aquiles viveu com Helena na Ilha dos Bem-Aventurados. Aí tiveram um filho, chamado Eufórion, um ser sobrenatural e alado. Zeus apaixonou-se por ele, mas o seu amor não foi correspondido. Para lhe escapar, o jovem Eufórion fugiu. O deus alcançou-o na ilha de Melos, fulminando-o. As ninfas da ilha enterraram-no, mas Zeus, encolerizado, transformou-as em rãs.

EUFRATES. (Εὐφράτης.) Para explicar a origem do nome do rio Eufrates, os mitógrafos imaginaram uma lenda. Um homem chamado Eufrates teve um filho, a que deu o nome de Axurtas. Um dia, encontrando o filho adormecido junto da mãe, confundiu-o com um estranho e matou-o. Reconhecendo pouco depois o engano, atirou-se desesperado às águas do rio Medo, que desde este incidente se passou a chamar Eufrates.

EULÍMENE. (Εὐλιμένη.) Eulímene é uma jovem de Creta, filha do rei Cídon. O seu pai prometeu-a em casamento a um certo Áptero, membro da aristocracia cretense, mas ela amava Licasto, que correspondia aos seus sentimentos e se tornara há muito seu amante. Quando um grande número de cidades cretenses se revoltaram contra Cídon, este interrogou o oráculo para saber o que deveria fazer. Obteve por resposta que deveria sacrificar uma virgem aos heróis da região. Cídon mandou tirar à sorte uma das jovens e quis o destino que fosse sua filha Eulímene a escolhida. Então Licasto, para impedir que tal sorte recaísse sobre a princesa, contou ao rei as relações que ambos mantinham. Mas o povo ainda ficou por isso mais convicto de que ela merecia a morte e Eulímene foi sacrificada. Cídon mandou abrir o corpo da vítima e verificou que ela estava grávida. Áptero, temendo que Licasto lhe infligisse represálias, armou-lhe uma emboscada e matou-o. Depois, exilou-se, fugindo para Xanto, perto de Térmera, na Lícia.

EUMELO. (Εὔμηλος.) **1.** Eumelo é o nome de diversos heróis, entre os quais se encontra o filho de Admeto e de Alceste, que figura na lista dos combatentes na Guerra de Tróia. Levou para o campo de batalha os cavalos outrora tratados por Apolo, durante o seu tempo de servidão em casa de Admeto. Esses cavalos, objectos dos cuidados divinos, valeram-lhe a vitória nos jogos fúnebres em honra de Pátroclo.

2. Outro herói homónimo, natural da ilha de Cós, foi transformado em corvo por causa da sua impiedade (v. *Ágron*).

3. Finalmente, é ainda Eumelo o nome do pai de Botres, de Corinto, metamorfoseado por Apolo em pássaro (v. *Botres*).

EUMEU. (Εὔμαιος.) Eumeu é o porqueiro de Ulisses, que permaneceu fiel à memória do amo e que sempre procurou salvaguardar em Ítaca os seus bens, na medida do possível. Era filho do rei Ctésio, que reinava na ilha de Síria (uma das Cíclades). Ainda de muito tenra idade, foi confiado a uma escrava fenícia, mas esta travou conhecimento com uns piratas fenícios e raptou o príncipe, que foi vendido como escravo a Laertes. Ao regressar a Ítaca, é a Eumeu que, a conselho de Atena, Ulisses primeiro se dirige. O porqueiro serve-lhe de intermediário na sua «reconquista» do palácio. É ele quem primeiro o recebe, introduzindo-o entre os pretendentes, disfarçado de mendigo.

EUMOLPO. (Εὔμολπος.) Eumolpo é, pelo menos segundo a tradição mais difundida, o filho de Posídon e de Quíone (filha de Bóreas e de Oritia — v. quadro 12, p. 144). Receando a ira paterna, Quíone lançou o recém-nascido ao mar. Posídon salvou-o e levou-o para a Etiópia, onde o confiou a uma filha que tivera de Anfitrite, Bentesícime, que o criou. Quando atingiu a idade adulta, o marido da sua mãe adoptiva deu-lhe uma das suas filhas em casamento. Mas Eumolpo tentou violar uma das

---

Eufemo: Pind., *Pyth.*, I, 44; escól. *ad* Pind., *Pyth.*, IV, 1 e s.; Apol. Rh., *Arg.*, I, 182; II, 536 e s.; IV, 1755; Hyg., *Fab.*, 14; Tzetz., *Chil.*, II, 618; *ad* Lyc., 886.

Euforbo: *Il.*, XVI, 808; XVII, 1 e s.; 81; Pausan., II, 17, 3; escól. *ad* Apol. Rh., *Arg.*, I, 645; Diog. Laert., VIII, 1, 4.

Eufórion: Ptol. Heph., IV, 1.

Eufrates: Ps.-Plut., *De Fluu.*, 20.

Eulímene: Parth., *Erot.*, 35.

Eumelo: **1)** *Il.*, II, 714; 763; XXIII, 376; *Od.*, IV, 796. **2)** e **3)** V. *Ágron* e *Botres*.

Eumeu: *Od.*, XIII, 404; XIV, *passim*; XV, 301 e s.; 403 e s.; XVI, 11-153; XVII, 182 e s.; 507 e s.; XXI, 188 e s.; XXII, 157 e s.

Eumolpo: Hyg., *Fab.*, 157; 273; Apollod., *Bibl.*, II, 5, 12; III, 14, 4; Steph. Byz., *s. u.* Αἰθίοψ; escól. *ad* Soph., *Oed. Col.*, 1053; Pausan., I, 38, 2; II, 14, 3; escól. *ad* Eur., *Phoen.*, 854; Pho., *Lex.*, *s. u.* Εὐμολπίδαι. Cf. P. Foucart, *Les Mystères d'Eleusis*, Paris, 1914.

cunhadas e foi por isso exilado. Com o seu filho Ísmaro, dirigiu-se então para junto do rei da Trácia, Tegírio, que concedeu a Ísmaro a mão de uma das suas filhas. Mas Eumolpo tomou parte numa conjura contra Tegírio, a trama veio a ser descoberta e ele teve de fugir. Refugiou-se então em Elêusis e foi bem recebido pelos habitantes da cidade. Mais tarde, depois da morte de Ísmaro, Eumolpo reconciliou-se com Tegírio, que o chamou à sua presença e lhe deu o seu reino. É nesta altura, quando Eumolpo se torna rei da Trácia, que irrompe a guerra entre os habitantes de Elêusis e os Atenienses chefiados por Erecteu (v. *Erecteu*). Chamado pelos amigos, Eumolpo corre em seu auxílio com um exército trácio. Mas é vencido pelos Atenienses, sucumbindo em combate. Posídon, seu pai, vinga a sua morte, pedindo a Zeus que fulmine Erecteu, o vencedor do conflito.

Diferentes tradições atribuem ao trácio Eumolpo a instituição dos mistérios de Elêusis. Foi ele quem purificou Héracles do assassínio dos Centauros. A família sacerdotal dos Eumólpidas considerava-se descendente de Eumolpo. Ao seu filho Cérix (o Arauto) foi, após a sua morte, atribuída uma função nos Mistérios. É ele o antepassado dos Cérices, os Arautos, que presidiam às iniciações em Elêusis.

Algumas tradições ligam Eumolpo a Museu, identificando este ora como seu pai, ora como seu filho. Mas os autores estão longe de ser unânimes acerca da personalidade desse Eumolpo, fundador dos mistérios. Alguns chegam mesmo a considerá-lo uma personagem completamente diferente do filho de Quíone. Seria então o filho de Déjope e o neto de Triptólemo.

EUNEU. (Εὔνεως.) Euneu é o filho de Jasão e de Hipsípile, rainha de Lemnos na altura em que as mulheres da ilha condenaram à morte todos os homens e em que os Argonautas, ao aportarem naquelas paragens, lhes deram a possibilidade de perpetuar a espécie (v. *Hipsípile* e *Argonautas*). Embora não figure no exército aqueu que combateu em Tróia, mantém relações amistosas com os Gregos. Fornece-lhes vinho, e compra a Pátroclo, pelo preço de uma cratera ricamente cinzelada, um dos filhos de Príamo, Licáon. Quando Hipsípile foi vendida como escrava a Licurgo, rei de Némea, Euneu libertou-a levando-a de novo para Lemnos.

ÊUNOMO. (Εὔνομος.) Quando Héracles, após o seu casamento com Dejanira, vivia na corte do seu sogro Eneu, o rei de Cálidon, matou acidentalmente um jovem chamado Êunomo, que trabalhava como escanção e era filho de Arquíteles, um parente de Eneu. Quando o jovem lhe despejava sobre as mãos água morna para lavar os pés, Héracles quis arrefecê-la com um sopro, mas a sua força foi tanta que matou instantaneamente o escanção. Arquíteles perdoou ao herói este homicídio involuntário, mas ele preferiu exilar-se, e partiu com a mulher e o filho, Hilo, para Tráquin. Êunomo é por vezes denominado Cíato.

EUNOSTO. (Εὔνοστος.) Eunosto é um herói de Tânagra, na Boécia, filho de Elieu e Escíade, criado pela ninfa Eunosta. Repudiou o amor de Ocna, a filha de Colono, o que lhe causou a morte (v. *Búcolo*).

EUQUENOR. (Εὐχήνωρ.) Euquenor é um filho do adivinho coríntio Políido. O seu pai preveniu-o diversas vezes do destino que o aguardava: deveria escolher entre uma morte serena em casa, ou uma morte violenta, se acaso fosse combater na Guerra de Tróia ao lado dos Atridas. Euquenor optou pela morte gloriosa e caiu no campo de batalha, ferido por uma flecha de Páris.

EURÍALO. (Εὐρύαλος.) Euríalo é o nome de diversas personagens:

1. Uma das figuras com este nome é um argivo, filho de Mecisteu (v. quadro 1, p. 8), que participou na expedição dos Argonautas, na dos Epígonos e na Guerra de Tróia, ao lado de Diomedes.

2. Outro herói homónimo é o filho que Ulisses teve de Evipe, filha de Tirimnas, rei do Epiro. Foi morto pelo próprio pai (v. *Evipe*).

3. Também se chamava Euríalo um dos companheiros de Eneias, um jovem de grande beleza, cuja amizade por Niso ficou célebre. Morreu no combate contra os Rútulos.

EURÍCION. (Εὐρυτίων.) **1.** Eurícion é o nome de um dos Centauros, que tentou raptar a noiva de Pirítoo, causando assim a guerra dos Centauros contra os Lápitas.

2. Também se chamava Eurícion outro Centauro, que foi morto por Héracles, por ter tentado desposar à força Mnesímaque, a filha de Dexâmeno, rei de Óleno (v. *Dexâmeno*).

3. Outra figura homónima é o filho de Actor (v. *Iro*), um herói natural de Ptia, que participou na caçada de Cálidon. Foi na sua corte que se refugiou Peleu, após ter assassinado Foco (v. *Peleu* e *Éaco*). Eurícion purificou-o e deu-lhe a mão de sua filha Antígona e ainda um terço do seu reino. Durante a caça ao javali de Cálidon, Peleu matou acidentalmente o sogro. Após este novo homicídio, foi obri-

---

Euneu: APOLLOD., *Bibl.*, I, 9, 17; *Il.*, VII, 467 e s.; XXI, 40 e s.; XXIII, 746-747; cf. XXI, 41; STRAB., I, p. 41.

Êunomo: APOLLOD., II, 7, 6; DIOD. SIC., IV, 36, 2; PAUSAN., II, 13, 8; ATHEN., IX, 410f e s.; TZETZ., *ad Lyc.*, 50-51; *Chil.*, II, 456 e s.; escól. *ad* APOL. RH., *Arg.*, I, 1212.

Eunosto: PLUT., *Qu. Gr.*, 40.

Euquenor: *Il.*, XIII, 663 e s.; PIND., *Olymp.*, XIII, 82; CIC., *de div.*, I, 40.

Euríalo: 1) APOLLOD., I, 9, 13; 16; III, 7, 2; *Il.*, II, 559-568; VI, 20-28; XXIII, 653-699. 2) PARTH., *Erot.*, 3. 3) VIRG., *Aen.*, IX, 179 e s.; 433.

Eurícion: 1) *Od.*, XXI, 295 e s. e escól.; OV., *Met.*, XII, 219; PAUSAN., V, 10, 2. 2) HYG., *Fab.*, 31; 33; APOLLOD., *Bibl.*, II, 5, 4; v. *Dexâmeno* e *Centauros.* 3) APOLLOD., *Bibl.*, I, 8, 2; III, 13, 1; escól. *ad Il.*, XVI, 175; TZETZ., *ad Lyc.*, 175; ANT. LIB., *Transf.*, 38; OV., *Met.*, VIII, 311; DIOD. SIC., IV, 72, 6; escól. *ad* ARISTOPH., *Nu.*, 1063; EUST., *ad Hom.*, p. 321 (*Il.*, II, 684).

gado a procurar refúgio na corte de Acasto (v. *Acasto* e *Astidameia*).

4. Acerca de Eurícion, o boieiro de Gérion, v. *Gérion* e *Héracles*.

EURICLEIA. (Εὐρύκλεια.) **1.** Euricleia é o nome da mãe de Édipo, numa versão da lenda que não menciona o incesto. Segundo essa variante, Euricleia é na verdade a primeira mulher de Laio e é a segunda esposa deste, Epicaste, que é desposada por Édipo, após a morte do marido.

2. Euricleia é também o nome da ama de Ulisses.

EURÍDICE. (Εὐρυδίκη.) **1.** A mais célebre das heroínas com este nome é a dríade, mulher de Orfeu. Um dia, quando passeava com as Náiades, suas companheiras, numa pradaria na Trácia, foi picada por uma serpente. Virgílio, para associar esta lenda à de Aristeu, supõe que o incidente se deu enquanto a jovem fugia de Aristeu, que corria atrás dela para a violar. Orfeu chorou desesperadamente a sua morte e não hesitou em descer aos Infernos para a procurar. Conseguiu, com os seus cantos, comover as divindades infernais e obteve a permissão de trazer Eurídice à luz do dia, com a condição de não procurar olhar para ela antes de haver chegado à superfície. Ela seguia atrás dele, percorrendo o caminho de regresso, e estavam prestes a sair do mundo das sombras, quando Orfeu, não conseguindo resistir por mais tempo ao desejo de a voltar a ver, se voltou para trás. No mesmo instante em que o fez, uma força irresistível arrastou de novo Eurídice para os Infernos e Orfeu teve de regressar sozinho à terra.

2. Eurídice é também o nome da filha de Lacedémon e de Esparta, que teve de Acrísio uma filha chamada Dánae (v. quadro 5, p. 90, e 32, p. 370).

3. Outra heroína homónima (pelo menos segundo a tragédia perdida de Eurípides, intitulada *Hipsípile*) seria a mulher do rei de Némea, Licurgo, mãe de Arquémoro.

4. Assim se chamava também a filha de Anfiarau e de Erifile (v. quadro 1, p. 8), possivelmente identificável com a anterior.

5. Eurídice era ainda o nome da mulher de Creonte, rei de Tebas, que não conseguiu suportar a morte de seu filho Hémon e se enforcou (v. *Antígona*).

Existem outras figuras lendárias com o mesmo nome.

EURIGANEIA. (Εὐρυγάνεια.) **1.** Eurigane e Euriganeia são os nomes da mulher de Édipo, nas mais antigas versões da lenda, que desconhecem o incesto com Jocasta. Após a morte desta, Édipo teria tido de Euriganeia os seus quatro filhos: Etéocles, Polinices, Antígona e Ismene.

2. Segundo uma tradição próxima da anterior, Euriganeia é a filha de Hiperfante e a mãe dos filhos de Édipo, enquanto a mãe do herói é Epicaste. Nesta versão, Édipo desposa a sua progenitora, mas não nascem filhos da sua união (v. também *Euricleia* e *Édipo*).

EURÍLOCO. (Εὐρύλοχος.) Companheiro e lugar-tenente de Ulisses na *Odisseia*, desposou Ctímene, a irmã do herói (v. *Ctímene*). Nos domínios de Circe, é ele quem a sorte designa para a missão de reconhecimento. Mas não chega a entrar no palácio da feiticeira, vindo contar a Ulisses a metamorfose dos seus companheiros. Mais tarde, é Euríloco quem aconselha o desembarque na ilha onde pastam os bois do Sol, sendo o responsável pela maldição derivada do sacrilégio dos companheiros de Ulisses, que não hesitaram em matar e devorar os animais do deus. Euríloco teve a mesma morte que esses homens.

EURÍMACO. (Εὐρύμαχος.) Eurímaco é um dos mais notáveis pretendentes de Penélope, na *Odisseia*. Insulta Ulisses, quando este chega ao palácio disfarçado de mendigo e atira-lhe um escabelo. Quando o adivinho Teoclímeno prediz aos pretendentes o destino que os ameaça, Eurímaco troça dele, acusando-o de ter perdido o juízo. Na prova do arco, para sua grande vergonha, Eurímaco não consegue distendê-lo. Na cena final, após a morte de Antínoo, tenta em vão reconciliar-se com Ulisses, desembainha a espada contra ele, mas é alvejado de morte por uma flecha.

EURIMEDONTE. (Εὐρυμέδων.) É este o nome de vários heróis:

1. O mais antigo é um gigante, que governava um povo de gigantes, nos confins da Terra. O seu comportamento violento levou à sua própria ruína e à do seu povo. Conta-se que ele violou Hera, ainda criança, tendo dessa união nascido Prometeu. O facto suscitou a cólera de Zeus (v. também a lenda de *Prometeu*, de que esta versão, bastante suspeita, parece ter sido uma reelaboração recente).

2. Eurimedonte é também um dos filhos de Minos e da ninfa Pária. É irmão de Nefálion, de Crises e de Filolau (v. quadro 30, p. 312). Quando da expedição contra as Amazonas, Héracles aportou em Paros e dois dos seus companheiros foram mortos pelos filhos de Minos, que habitavam nessa ilha. Então o herói atacou-os, matando-os. Depois, cercou a

---

Euricleia: 1) Escól. *ad* Eur., *Phoen.*, 13. **2)** *Od.*, I, 429; XIX, 401; Hyg., *Fab.*, 125.

Eurídice: 1) Senec., *Herc. F.*, 569 e s.; *Herc. Oe.*, 1061 e s.; Ov., *Met.*, X, 1-64; Virg., *Georg.*, IV, 454 e s.; e Serv., *ad loc.*; Hyg., *Fab.*, 164; Apollod., *Bibl.*, I, 3, 2; Mosch., *Id.*, III, 124; Diod. Sic., IV, 25; Conon, *Narr.*, 45; Pausan., IX, 30, 6; v. a lenda de *Orfeu*. **2)** Apollod., II, 2, 2; III, 10, 3. **3)** Apollod., *Bibl.*, I, 9, 14; III, 6, 4; Hyg., *Fab.*, 273 (v. *Arquémoro*). **4)** Pausan., V, 17, 7. **5)** Soph., *Ant.*, 1180 e s.

Euriganeia: 1) Escól. *ad* Eur., *Phoen.*, 1760 e 13. **2)** Apollod., *Bibl.*, III, 5, 8; Pausan., IX, 5, 5; escól. *ad* Eur., *Phoen.*, 63.

Euríloco: *Od.*, X, 205 e s.; 429 e s.; XII, 278; 339 e s.

Eurímaco: *Od.*, II, 177; XVIII, 349 e s.; XX, 359 e s.; XXI, 245 e s.; XXII, 44 e s.

Eurimedonte: 1) *Od.*, VII, 58; escól. *ad Il.*, XIV, 295. **2)** Apollod., *Bibl.*, II, 5, 9; III, 1, 2. **3)** Pausan., II, 16, 6.

cidade, e os habitantes, para o apaziguarem, suplicaram-lhe que aceitasse dois dos seus príncipes, em troca dos companheiros que haviam sido mortos. Héracles escolheu então dois netos de Minos: Alceu e Esténelo, os filhos de Andrógeo.

3. Conhece-se ainda outro Eurimedonte, que era o condutor do carro de Agamémnon. Foi morto por Egisto, em Micenas, juntamente com o amo.

ÊURIMO. (Εὔρυμος.) Êurimo é um herói natural de Óleno (provavelmente da cidade de Óleno, na Etólia), que caluniou Castor junto de Pólux. Castor apressou-se a revelar tal calúnia ao irmão, que de imediato matou Êurimo com os seus fortes punhos. Conta-se também que teria sido Pólux que teria vingado espontaneamente o irmão, infligindo a Êurimo o mesmo castigo.

EURÍNOME. (Εὐρυνόμη.) Eurínome é uma das deusas da primeira geração divina, a dos Titãs. É filha de Oceano e de Tétis (v. quadro 38, p. 452). Antes do reinado de Crono, reinava com Ofíon nas encostas nevadas do Olimpo, donde foi expulsa por Crono e Reia, que tomaram o lugar dos monarcas cessantes. Ofíon e Eurínome refugiaram-se então no mar. Foi aí que com Tétis ela acolheu Hefesto, quando este foi atirado do alto do céu (v. *Hefesto*).

Amada por Zeus, teve dele vários filhos: as Graças, Aglaia, Eufrósine e Talia, e o deus-rio Asopo. Eurínome tinha um templo muito antigo nos arredores de Figaleia. Esse templo erguia-se no meio de um bosque de ciprestes; a estátua de culto, que representava Eurínome, tinha um busto de mulher, partindo das ancas uma cauda de peixe.

EURÍNOMO. (Εὐρύνομος.) Apenas Pausânias conserva a memória de um génio chamado Eurínomo, que devorava a carne dos cadáveres enterrados, deixando apenas os ossos.

EURÍPILO. (Εὐρύπυλος.) **1.** O primeiro herói com este nome é um chefe da Tessália, filho de Evémon, que participou na expedição contra Tróia. Matou Hipsenor, Melanto e Apisáon. Foi ferido por Páris e socorrido por Pátroclo.

2. O segundo herói homónimo é uma personagem natural de Patras, no golfo de Corinto, geralmente identificada com a precedente. Contava-se que outrora os habitantes de Patras eram obrigados a sacrificar anualmente a Ártemis a mais bela jovem e o mais belo mancebo da cidade, como pena de um sacrilégio cometido no templo da deusa por Melanipo e pela sacerdotisa Cometo (v. *Cometo*, 2). Acontece que Eurípilo recebeu por quinhão, após o saque de Tróia, um cofrezinho misterioso: quando o abriu, foi acometido de loucura. O oráculo avisara-o de que só se curaria quando, durante a viagem de regresso, encontrasse «um sacrifício invulgar». O oráculo acrescentava ainda que ele deveria estabelecer-se no local onde o encontrasse. Quando chegou a Patras, o herói viu o sacrifício anual oferecido a Ártemis e compreendeu que o oráculo se cumprira. Mas os habitantes de Patras, por seu lado, haviam sido advertidos pelo oráculo de que a imolação deixaria de ser necessária quando fosse testemunhada por um chefe estrangeiro. Vendo Eurípilo desembarcar, souberam que a cólera de Ártemis estava apaziguada. O herói estabeleceu-se em Patras, onde veio a morrer. O seu túmulo era situado pela lenda na acrópole da cidade.

3. O terceiro herói com o mesmo nome é um rei da ilha de Cós, filho de Posídon e de Astipaleia. Quando Héracles, ao regressar de Tróia, aportou em Cós, Eurípilo e os seus filhos tentaram expulsá-lo, mas ele conseguiu entrar na cidade e matou-os.

4. A quarta personagem homónima é o filho de Télefo, que combateu nas hostes troianas, apesar de o pai ter prometido, no momento em que se viu curado dos seus ferimentos, que nem ele nem os seus descendentes combateriam contra os Gregos. Mas Astíoque, a irmã de Príamo, mãe de Eurípilo, consentiu em enviar o filho a Tróia, onde foi morto por Neoptólemo. O que a subornou foi um presente: uma poda da vinha de ouro que Zeus havia outrora oferecido a Ganimedes.

Eurípilo é o pai de Grino (v. *Grino*).

5. O quinto herói com o nome em epígrafe é um filho de Posídon, que reinava em Cirene, na Líbia. Foi ele quem deu a Eufemo um montículo de terra como presente de hospitalidade, quando os Argonautas passaram pelo lago Tritónis (v. *Eufemo*). Segundo Píndaro, Eurípilo é a incarnação do próprio deus Tritão; segundo outros autores, é o seu irmão. Sua mãe é Celeno, uma das filhas de Atlas. Casado com Estérope (filha do Sol), teve dois filhos, Licáon e Leucipo. Foi durante o seu reinado que Apolo levou a ninfa Cirene para aquela região (v. *Cirene*).

EURÍSACES. (Εὐρυσάκης.) Ájax, filho de Télamon, desposou em Tróia uma cativa de guerra chamada Tecmessa, a filha do rei frígio Teleutas (v. *Ájax*, filho de Télamon), de quem teve um filho, a quem foi posto o nome de Eurísaces. Antes de se suicidar, Ájax

---

Êurimo: HES., *s. u.* Εὐρύμας; PLUT., *De fraterno amore*, 11; LIB., *Epist.*, 389.

Eurínome: HES., *Theog.*, 358; 907; APOLLOD., *Bibl.*, III, 12, 6; *Il.*, XVIII, 394 e s.; APOL. RH., *Arg.*, I, 503; TZETZ., *ad Lyc.*, 1192; PAUSAN., VIII, 41, 4 e s.

Eurínomo: PAUSAN., X, 28, 4.

Eurípilo: 1) *Il.*, II, 734-737; V, 76-83; VI, 36; XI, 575-592; 806-848; HYG., *Fab.*, 81; 971; 114. Cf. OV., *Met.*, XIII, 353 (onde se alude possivelmente a *Eurípilo*, 3); VIRG., *Aen.*, II, 114. **2)** PAUSAN., VII, 19, 1 e s. **3)** *Il.*, II, 677; escól. *ad* XIV, 255; PIND., *Nem.*, IV, 25 e escól.; APOLLOD., *Bibl.*, II, 7, 1. **4)** Escól. *ad* JUV., *Sat.*, VI, 654; *Od.*, XI, 519. e escól.; HYG., *Fab.*, 112; 113; SERV., *ad* VIRG., *Buc.*, VI, 72. **5)** PIND., *Pyth.*, IV, 33; APOL. RH., *Arg.*, IV, 1551; escól. *ad* PIND., loc. cit., 57; TZETZ., *ad Lyc.*, 902; CALL, *Ap.*, 92.

Eurísaces: SOPH., *Aj.*, 530 e s.; 972 e s.; SERV., *ad VIRG.*, *Aen.*, I, 619; TZETZ., *ad Lyc.*, 53; JUST., 44, 3; PLUT., *Solon*, 10; PAUSAN., I, 35, 2 e s.; II, 29, 4.

confiou-o ao seu irmão Teucro. Após a tomada de Tróia, Eurísaces regressou a Salamina da Ática, a pátria de seu pai. Mas não fez a viagem no mesmo barco que o seu tio Teucro, o que suscitou contra este o desagrado de Télamon. Quando este expulsou Teucro da cidade (v. *Teucro*), foi Eurísaces quem sucedeu no trono ao avô. Teucro ainda tentou regressar, ao saber da morte de Télamon, mas o sobrinho obrigou-o a voltar para trás. Com a ajuda do seu irmão Fileu, Eurísaces entregou a ilha de Salamina aos Atenienses, o que a ambos valeu o direito de cidadania em Atenas. Segundo outras tradições, Fileu não seria o irmão, mas o filho de Eurísaces, e teria sido ele quem teria entregado a sua pátria a Atenas. Seja como for, a família de Eurísaces estabeleceu-se nesta cidade, e entre os seus descendentes que aí viveram contavam-se Milcíades, Címon, Alcibíades e o historiador Tucídides.

EURISTEU. (Εὐρυσθεύς.) Euristeu é um descendente de Perseu. Neto deste, é filho de Esténelo e de Nicipe, filha de Pélops. É primo-irmão de Anfitrião e de Alcmena (v. quadro 32, p. 370). Reinava em Tirinte, Micenas e Mídea, na Argólida. Tal poder havia-lhe sido conferido em virtude de uma predição de Zeus, iludida pela astúcia de Hera. De facto, no momento em que Héracles estava prestes a nascer, Zeus declarou que o descendente de Perseu que ia nascer reinaria sobre Micenas. Hera, movida pelo ciúme, convenceu Ilitia, a deusa dos partos, a protelar o nascimento de Héracles (v. *Alcmena*), apressando o de Euristeu, que estava ainda no sétimo mês de gestação. Euristeu foi, pois, o primeiro a nascer, beneficiando assim da promessa feita por Zeus.

Euristeu figura na lenda de Héracles como um homem imperfeito, a nível psíquico e moral, que treme de medo diante do herói e é incapaz de merecer o poder que recebeu das mãos dos deuses. Quando Héracles, ao regressar da expedição contra os Mínias de Orcómeno (v. *Ergino*), foi acometido de loucura por Hera e matou os seus próprios filhos, foi consultar a Pítia, que lhe ordenou que se dirigisse a Tirinte e se pusesse ao serviço de Euristeu. Este impôs-lhe então os «trabalhos» que granjearam a glória do herói e lhe valeram a apoteose. Mas o rei não permitiu que Héracles entrasse em Micenas, temendo que ele tentasse conquistar o poder. Euristeu também não aparecia em pessoa ao herói, limitando-se a transmitir-lhe as ordens por intermédio do seu arauto, Copreu, um filho de Pélops que se tinha refugiado no seu palácio, depois de matar Ífito. O rei ordenou também ao herói que deixasse ficar às portas da cidade tudo o que trouxesse ao amo, depois de cumprido cada um dos trabalhos. Além disso, Euristeu mandou fazer um enorme pote de bronze que lhe pudesse servir de último refúgio, se por acaso Héracles o atacasse. Foram várias as ordens que deu ao herói: primeiro, mandou-o matar o leão de Némea, depois, a hidra de Lerna; em seguida, ordenou-lhe que capturasse o veado de Énoe, depois o javali de Erimanto; mandou-o ainda limpar as estrebarias do rei Augias, expulsar e destruir as aves do lago Estínfalo, capturar o touro de Creta e as éguas de Diomedes, rei da Trácia; ordenou-lhe ainda que lhe trouxesse o cinto de Hipólita, a rainha das Amazonas, que roubasse os bois de Gérion e as maçãs de ouro do Jardim das Hespérides (v. *Héracles*). Mas recusou-se a reconhecer como feitos cometidos sob as suas ordens, a morte da hidra de Lerna e a captura do veado de Énoe, sob o pretexto de que Héracles recebeu um salário por tais tarefas (v. *Héracles*). Quando o herói terminou os seus trabalhos, Euristeu ofereceu aos deuses um sacrifício para o qual o convidou. Mas como os filhos do rei lhe ofereceram um quinhão de carne menor do que o dos outros, Héracles sentiu-se insultado e matou três dos príncipes.

O herói quis então instalar-se em Tirinte, mas foi impedido por Euristeu, que o perseguiu, cheio de ódio. E mesmo após a morte de Héracles os seus descendentes não ficaram isentos da cólera de Euristeu, que tudo fez para que Ceice lhos entregasse. Mas eles refugiaram-se na Ática e, quando Euristeu marchou contra os Atenienses com o seu exército, morreu em combate. A sua cabeça foi levada a Alcmena, que lhe arrancou os olhos.

Uma tradição isolada, recolhida na época alexandrina, conta que Héracles era o amante de Euristeu, tendo cumprido como prova de amor os Doze Trabalhos.

ÊURITO. (Εὔρυτος.) **1.** Êurito é o nome de um dos gigantes que participaram na luta contra os deuses. Foi morto por Dioniso, que o atingiu com o tirso.

2. Mas o mais célebre herói com este nome é o pai de Íole, personagem que figura no ciclo de Héracles.

Êurito era rei da Ecália, uma cidade que ora é situada na Tessália, ora na Messénia, ora na Eubeia. Era filho de Melaneu, um notável arqueiro, cuja destreza o fazia passar por um dos filhos de Apolo, o arqueiro divino. A sua mãe era Estratonice. Era casado com Antíoque, filha de Pílon de quem teve quatro filhos, Déion (ou Mólion), Clício, Toxeu e Ífito, e uma filha chamada Íole. Êurito herdou do pai o talento de manejar o arco e a flecha. Segundo a versão homérica da sua lenda, teria desafiado o próprio Apolo e este tê-lo-ia roubado à vida, «antes de atingir a velhice», a fim de o punir em virtude da sua presunção. Êurito passava ainda por ter sido o professor de Héracles, a quem teria ensinado a manejar sabiamente o arco. Foi aliás o arco de Êurito, herdado por

---

Euristeu: *Il.*, XV, 639 e s.; XIX, 95-133, e escól. ao v. 117; *Od.*, XI, 620; Apollod., *Bibl.*, II, 4, 5; V, 1 e s.; 8, 1; III, 9, 2; Hes., *Scut.*, 89 e s.; Tzetz., *Chil.*, II, 172 e s.; 192 e s.; Diod. Sic., IV, 12 e s.; Athen., XIII, 603d; IV, 157f; escól. *ad Il.*, XV, 639; Pausan., I, 32, 5; IV, 34, 6; IX, 11, 3; Pind., *Pyth.*, IX, 137; Ant. Lib., *Transf.*, 33.

Êurito: **1)** Apollod., *Bibl.*, I, 6, 2; Hyg., *Fab.*, prel. **2)** Apollod., *Bibl.*, II, 6, 1 e s.; II, 4, 9; 7, 7; Diod. Sic., IV, 31; Tzetz., *Chil.*, 412-435; Soph., *Tr.*, 260 e s. e escól. *ad loc.* (v. 266); escól. *ad* Eur., *Hipp.*, 545; escól. *ad Il.*, V, 392; *Od.*, VIII, 223 e s.; XXI, 11 e s. **3)** V. *Equíon.*

Ífito, seu filho, que foi oferecido por este a Ulisses como presente de hospitalidade; em troca, Ulisses entregou a Ífito uma lança e uma espada. Foi com esse arco que Ulisses matou os pretendentes.

A lenda mais conhecida a respeito de Êurito é a que o apresenta como inimigo de Héracles. Êurito instituiu um concurso aberto a todos os gregos e declarou que ofereceria como prémio a mão de sua filha ao arqueiro que conseguisse vencê-lo. Héracles aceitou o desafio e superou em destreza Êurito. Mas os filhos deste não concordaram em atribuir ao vencedor o prémio estabelecido. Temiam que Héracles, se tivesse filhos de Íole, tivesse um novo ataque de loucura como outrora e matasse todos (v. *Héracles*). Apenas Ífito tomou o partido do herói. A partir desse momento, as lendas diferem. Uma das versões afirma que Êurito acusou Héracles de ter roubado gado que, na realidade, fora furtado por Autólico, e Ífito, para livrar o herói desta acusação, ofereceu-se para o ajudar a procurar o gado desaparecido. Nesse preciso instante, Héracles teve um novo ataque de loucura e atirou-o do alto das muralhas de Tirinte. Segundo outra variante, o herói teria realmente sido o autor do roubo e teria assassinado Ífito, quando este veio reclamar os bens furtados. Foi para expiar este crime que Héracles foi vendido por Hermes como escravo e comprado por Ônfale (v. *Héracles*). Mas Êurito recusou-se a aceitar o preço que o herói estava disposto a pagar-lhe em compensação pela morte do filho. Mais tarde, terminado o tempo de escravatura, Héracles empreendeu uma expedição contra a Ecália. Tomou a cidade, matou Êurito e os filhos, e levou consigo Íole como cativa.

3. Outro herói homónimo é um filho de Hermes, irmão de Equíon, que figura entre os Argonautas (v. *Érito*).

4. V. *Moliónidas*.

EURO. (Εὖρος.) Euro é o Vento do Sudoeste. É o filho de Eos (a Aurora) e de Astreu ou de Tífon.

EUROPA. (Εὐρώπη.) Europa é o nome de diversas heroínas:

1. A filha de Tício, que teve de Posídon um filho chamado Eufemo (v. *Eufemo*).

2. Uma das Oceânides, filha de Oceano e de Tétis.

3. A mãe de Níobe, mulher de Foroneu.

4. A filha de Nilo, uma das mulheres de Dánao.

5. Mas a mais célebre de todas é a filha de Agenor e de Telefaassa, que foi amada por Zeus. Embora seja geralmente considerada filha de Agenor (v. quadro 3, p. 66), Fénix (ou um dos filhos deste) é por vezes apresentado como seu pai.

Zeus viu Europa brincar com as suas companheiras na praia de Sídon ou de Tiro, no reino de seu pai. Apaixonado pela sua beleza, transformou-se num touro de resplandecente brancura e cornos semelhantes a duas luas na fase de quarto crescente. Aproximou-se assim da jovem, indo deitar-se aos seus pés. Primeiro, Europa assustou-se, mas pouco depois, tomando coragem, acariciou o animal, sentando-se sobre o seu dorso. Logo o touro se levanta, correndo em direcção ao mar. Apesar dos gritos da jovem, que se agarrava aflita às hastes do animal, ele avança por entre as vagas e vai-se afastando da margem. Chegam ambos assim a Creta, onde junto de uma fonte, em Gortina, Zeus consuma o seu amor pela jovem, à sombra dos plátanos, que, em memória desta paixão, obtiveram o privilégio de nunca perderem as folhas.

Europa teve de Zeus três filhos: Minos, Sarpédon e Radamente. É também por vezes considerada a mãe de Carno (por quem Apolo se apaixonou) e mesmo de Dodoneu. Zeus ofereceu-lhe em troca três presentes: deu-lhe Talo, o homem de bronze (v. *Talo* e *Argonautas*), que guardava as costas de Creta, impedindo o desembarque de estranhos; entregou-lhe um cão que nunca deixava escapar presa alguma, e ainda uma lança de caça que jamais falhava o alvo. Depois, casou-a com Astérion, rei de Creta, filho de Téctamo, que não tendo filhos adoptou os de Zeus. Após a sua morte, Europa recebeu honras divinas. O touro em que o deus se metamorfoseara tornou-se uma constelação e foi colocado entre os signos do Zodíaco.

Acerca das aventuras dos irmãos de Europa, em busca da irmã desaparecida, v. *Agenor* e *Cadmo*.

EUTIMO. (Εὔθυμος.) Eutimo de Locros é um herói da Itália meridional que livrou a cidade de Témese de um cruel tributo que os habitantes eram obrigados a oferecer anualmente a um génio chamado Álibas. Este génio mais não era do que a alma de Polites, um dos companheiros de Ulisses. Quando este aportou em Témese, Polites, embriagado, violou uma jovem da região e os cidadãos lapidaram-no. A alma do morto perseguiu-os então de todas

Euro: *Il.*, II, 145; XVI, 765; *Od.*, V, 332; XIX, 206; NONN., *Dion.*, VI, 30 e s.; VIRG., *Aen.*, I, 131 e s. e SERV., *ad loc.*; OV., *Met.*, I, 61.

Europa: **1)** V. *Eufemo*. **2)** HES., *Theog.*, 357; escól. *ad* EUR., *Rh.*, 28. **3)** Escól. *ad* EUR., *Or.*, 932. **4)** APOLLOD., *Bibl.*, II, 1, 5; TZETZ., *Chil.*, VII, 371. **5)** *Il.*, XIV, 321 e s.; escól. *ad Il.*, XII, 292; II, 494; APOLLOD., *Bibl.*, II, 5, 7; III, 1, 1 e s.; III, 4, 2; CONON, *Narr.*, 32; 37; BACCH., XVI, 29 e s.; MOSCH., *Id.*, II; escól. *ad* PLAT., *Ti.*, 24e; escól. *ad* APOL. RH., *Arg.*, III, 1186; DIOD. SIC., IV, 60, 3; V, 78, 1; OV., *Met.*, II, 836 e s.; *Fast.*, V, 603 e s.; HYG., *Fab.*, 178; THEOPHR., *Hist. pl.*, I, 15; PLIN., *N. H.*, XII, 5; HOR., *Od.*, III, 27, 25 e s.; APUL., *Met.*, VI, 39; HES., *s.u.* Καρνεῖος; STEPH. BYZ., *s.u.* Δωδώνη; TZETZ., *Anteh.*, 101; *Chil.*, I, 473; ERATOSTH., *Cat.*, 33; HYG., *Astr. Poet.*, II, 35; cf. L. DE BRAUW, *Europe en de Stier*, dissert., Amsterdam, 1940; W. BUEHLER, *Europa*, Munich, 1968.

Eutimo: *Od.*, X, 224; PAUSAN., VI, 6, 4-11; STRAB., VI, 255; AEL., *VH*, VIII, 18; cf. GIANELLI, *Culti e Miti...*, pp. 261 e s.; CIACERI, *Storia*, I. pp. 258-266.

as maneiras e exigiu que lhe construíssem um santuário e lhe sacrificassem anualmente a mais bela jovem da região. Este tributo foi pago, até ao dia em que chegou àquelas paragens um pugilista famoso, Eutimo de Locros, que desafiou o génio e o venceu, forçando-o a abandonar a cidade. Eutimo desposou a jovem e por ali se instalou. Viveu até uma idade muito avançada e em vez de morrer desapareceu um dia misteriosamente.

EVADNE. (Εὐάδνη) **1.** Evadne é filha de Posídon e de Pítane. O seu pai «mortal» é Épito, rei da Arcádia (v. *Épito*, 3). Evadne foi amada por Apolo, de quem teve um filho chamado Íamo, antepassado da família sacerdotal dos Iâmidas de Olímpia (v. *Íamo*).

2. Outra heroína homónima é a filha de Ífis, e a mulher de Cafaneu (v. quadro 13, p. 152). Após a morte do marido, lançou-se desesperada para as chamas da pira fúnebre.

EVANDRO. (Εὔανδρος.) **1.** Uma das personagens com este nome é um herói natural da Lícia, filho de Sarpédon, que figura entre os aliados dos Troianos contra os Gregos.

2. Também se chamava Evandro um dos filhos de Príamo.

3. Mas o mais célebre Evandro é sem dúvida o fundador de Palanteu, a povoação instalada no Palatino, no local onde mais tarde Rómulo fundaria Roma. Evandro é natural da Arcádia, da cidade de Palâncio. Algumas tradições apresentam-no como filho de Hermes e de uma ninfa (Telpusa, filha de Ládon) que possuía o dom da profecia. Era a sua mãe a divindade venerada em Roma sob o nome de Carmenta (v. *Carmenta*), mas diversos autores atribuem-lhe ainda os nomes de Témis, Nicóstrata e Tibúrtis (esta última designação aproxima-a do Tibre, o rio de Roma). Outras versões da lenda fazem de Evandro o filho de Équemo de Tégea e de Timandra, a filha de Tíndaro e de Leda, sendo ele assim, por conseguinte, um descendente da família a que pertencem os Dioscuros, Helena e Clitemnestra. Acerca das causas que determinaram a sua saída da Arcádia, as variantes divergem. Ora se conta que partiu de livre vontade, ora se diz que foi obrigado a exilar-se, depois de matar o pai para proteger a mãe, ou depois de causar a morte da mãe.

Evandro instalou-se na margem esquerda do Tibre, estabelecendo-se na colina do Palatino. Foi bem acolhido pelo rei dos Aborígenes, Fauno, mas teve de lutar contra o rei de Preneste, o gigante Érilo (v. *Érilo*). Governou com justiça e muito contribuiu para civilizar os rudes habitantes da região. Ensinou-lhes a arte, até aí desconhecida, da escrita, mostrou-lhes o que era a música e instruiu-os em diferentes técnicas úteis e necessárias. Atribui-se-lhe também a introdução no Lácio de um certo número de cultos de origem arcádia: o de Ceres (Deméter), o de Neptuno (Posídon) e sobretudo o de Pã Lício, em honra do qual instituiu a festa dos *Lupercalia*. Quando Héracles chegou a Palanteu, foi Evandro quem o acolheu e o purificou do assassínio de Caco. Reconheceu a sua ascendência divina e fundou em sua honra o culto da *Ara Maxima* (o grande altar), entre o Palatino e o Aventino. A chegada de Evandro ao Lácio é situada sessenta anos antes da Guerra de Tróia. Era, pois, um velho, quando Eneias foi ter com ele para pedir auxílio contra os Rútulos (v. *Eneias*). Evandro lembrava-se de ter sido um dia hóspede de Anquises e recebe Eneias com todas as honras. Concede-lhe auxílio militar, enviando para o local do combate um contingente chefiado por seu filho Palas, dado que a sua avançada idade lhe não permite já combater. Palas não tardaria muito a morrer na peleja. Além deste filho, Evandro tinha duas filhas, Rome e Dine (ou Dauna).

Foi consagrado a Evandro um altar, no sopé do Aventino, não muito longe da *Porta Trigemina*. Este altar era uma réplica do de sua mãe, Carmenta, simetricamente situado no sopé do Capitólio, perto da *Porta Carmentalis*, do outro lado do *Forum Boarium*.

EVENO. (Εὔηνος.) Eveno é um rei da Etólia, filho de Ares e de Demonice (v. quadro 26, p. 272). Tinha uma filha chamada Marpessa e costumava matar os pretendentes à sua mão, ornando depois com os seus crânios o templo de Posídon. Marpessa foi raptada por Idas e amada por Apolo. Eveno perseguiu o raptor, mas não o pôde alcançar, pois Idas recebera de Posídon um carro alado. Enraivecido e despeitado, Eveno matou os cavalos e lançou-se às águas da ribeira então denominada Licormas, que tomou desde essa altura o nome de Eveno (v. *Marpessa*).

EVIPE. (Εὐίππη.) **1.** Depois de matar os pretendentes, Ulisses partiu para o Epiro, para consultar o oráculo. Aí foi recebido pelo rei Tirimas, cuja filha seduziu, recompensando mal o seu anfitrião pela hospitalidade recebida. Dessa união nasceu um filho, a quem foi posto o nome de Eurílo. Quando este atingiu a idade adulta, Evipe enviou-o a Ítaca com umas tabuinhas sobre as quais ela própria registara os «sinais de reconhecimento», para que Eurílo fosse reconhecido pelo pai. Mas o jovem chegou a Ítaca durante a ausência de Ulisses. Pe-

---

Evadne: 1) PIND., *Ol.*, VI, 30 e s.; HYG., *Fab.*, 157. **2)** APOLLOD., *Bibl.*, III, 7, 1; HYG., *Fab.*, 243; 256; OV., *Am.*, III, 21 e s.; *Pont.*, III, 1, 111; *Trist.*, V, 14, 38; EUR., *Supp.*, 985 e s.; STAT., *Theb.*, XII, 800 e s. e LACT. PLAC., *ad* v. 801.

Evandro: 1) DIOD. SIC., V, 79. **2)** APOLLOD., *Bibl.*, II, 13, 5. **3)** DION. HAL., I, 31 e s.; LIV., I, 5, 7 e s.; VAR., *L. L.*, V, 21, 53; PAUSAN., VIII, 43, 2 ss.; OV., *Fast.*, I, 471 e s.; VIRG., *Aen.*, VIII, 51 e s. e SERV. *ad loc.*; HYG., *Fab.*, 277; JUST., 43, 1; SOLIN., I, 4; II, 8; TAC., *Ann.*, XI, 14; PLUT., *Qu. Rom.*, 56. Cf. J. BAYET, *Hercule Romain*, Paris, 1926; «Les Origines de L'Arcadisme romain», in *Mél. Ec. fr. de R.*, 1920, pp. 63-143.

Eveno: APOLLOD., *Bibl.*, I, 7, 7; escól. *ad Il.*, IX, 557; TZETZ., *ad Lyc.*, 561; HYG., *Fab.*, 242; SIMON., fr. 216.

Evipe: 1) PARTH., *Erot.*, 3; cf. NAUCK, *Fr. tr. gr.*, p. 414 (tragédia perdida de SOPH.); cf. EUST., 1796, 61. **2)** V. *Atamante*.

nélope, que ouvira falar dos amores do marido por Evipe, esperou que Ulisses chegasse e conseguiu convencê-lo de que o jovem estava ali para o matar. Sem pensar, Ulisses matou-o por suas próprias mãos.

Segundo outras versões da lenda, o filho de Evipe e de Ulisses chamava-se Leôntofron (v. quadro 10, p. 132).

2. Acerca de outra Evipe, neta de Atamante, v. quadro 34, p. 392.

F

* **FADO.** (*Fatum.*) *Fatum* é o deus do Destino. Na origem, este vocábulo, que se relaciona com a raiz do verbo que significa «falar» (*fari*), designava a «palavra» de um deus e, como tal, aplicava-se a uma decisão divina irrevogável. Posteriormente, sob a influência da religião grega, *Fatum* designou as divindades do Destino, como, por exemplo, as Moiras, as Parcas e até as Sibilas. Existiam, em Roma, próximo dos *Rostra*, ao longo da Cúria, três estátuas denominadas as três *Fata*, que eram três estátuas de Sibilas. É este nome de *Fata* que, tomado como um singular feminino, está na origem do nome das fadas no folclore romano. O povo imaginou mesmo um deus *Fatus* por masculinização de *Fatum*, que é uma espécie de génio pessoal, simbolizando o destino individual análogo ao *Genius* (v. este vocábulo). O destino feminino foi, naturalmente, personificado por uma *Fata*, feminina, equivalente tardio da Juno primitiva (v. *Juno*).

FAETONTE. (Φαέθων.) Faetonte é um filho do Sol. Sobre a sua genealogia existem duas tradições distintas. Uma delas apresenta-o como filho de Eos (Aurora) e de Céfalo (v. quadro 4, p. 79); a outra faz dele o filho do Sol (Hélio) e da Oceânide Clímene (v. quadro 16, p. 202). Seja como for, é a segunda versão que melhor se relaciona com a lenda mais célebre em que o herói figura. Faetonte, filho do Sol, foi criado por sua mãe, desconhecendo a identidade do pai. Ao chegar à adolescência, a mãe revelou-lhe de quem era filho. O jovem pediu então uma prova de tal filiação. Pediu ao pai que o deixasse conduzir o seu carro. Depois de muito hesitar, o Sol consentiu, recomendando-lhe, no entanto, mil precauções. Faetonte partiu e começou a seguir o caminho traçado na abóbada celeste. Mas a altitude assustou-o: ao ver os animais dos signos do Zodíaco, ficou aterrado e abandonou a rota que lhe tinha sido traçada. Desceu demasiado baixo e quase queimou a Terra; subiu demasiado alto e os astros queixaram-se a Zeus, que, para evitar uma conflagração universal, foi obrigado a fulminar Faetonte, fazendo-o cair no rio Erídano. As suas irmãs, as Helíades (v. *Helíades*), recolheram o seu corpo, prestando-lhe honras fúnebres e de tal modo o choraram que foram transformadas em choupos.

FALANGE. (Φάλαγξ.) Falange é um ateniense , irmão de Aracne. Enquanto sua irmã aprendia com Atena a ciência da tecelagem, Falange aprendia o manejo das armas. Mas um dia os dois irmãos cometeram incesto e a deusa castigou-os, transformando-os em animais (v. também *Aracne*).

Fado: Cic., *de. div.*, I, 44, 100; Virg,. *Aen.*, V, 703; VII, 50; 239 e s.; XII, 725; Serv., *ad* passos citados e *Aen.*, X, 628; XII, 808; A. Gell., *N. A.*, III, 16, 9 e s.; Procop., *Bel. Goth.*, I, 25; Petron., *Sat.*, 42; 71; 77; cf. *C. I. L.*, VI, 4379; 10127; 11592 (epitáfios romanos).

Faetonte: Hes., *Theog.*, 986 e s.; Aesch., *Heliadai*, trag. perdida; Pausan., I, 4, 1; II, 3, 2; Hyg., *Fab.*, 152; 156; 250; Diod. Sic., V, 23; Apollod., *Bibl.*, III, 14, 4; Tzetz., *Chil.*, IV, 357 e s.; Eust., *ad Hom.*, XI, 325, p. 1689; e escól. *ad* XVII, 208; Ov., *Mat.*, II, 19 e s.; Lact. Plac., *ad* Stat., *Theb.*, I, 221; Serv., *ad Virg.*, *Aen.*, X, 189; Lucr., V, 396 e s.; Eur., fr. (Nauck, 2.ª ed., pp. 599 e s.); Plat., *Ti.*, 22 c. Cf. S. Reinach, in *Cultes Mythes et Rel.*, IV, pp. 45-53.

Falange: Escól. *ad* Nic., *Ther.*, 11; Suid., e Phot., *s.u.*

FALANTO. (Φάλανθος.) Falanto é o herói fundador de Tarento. Segundo uma das versões da lenda, durante a guerra da Messénia, os lacedemónios que não participaram na expedição foram reduzidos à escravatura, passando a constituir a classe dos hilotas. Todos os cidadãos nascidos por essa altura foram destituídos dos seus direitos políticos e receberam o nome de Parténios. Mas eles não se resignaram com tal sorte e escolheram para chefe da sua revolta um deles, chamado Falanto. Conceberam um plano de acção e conspiraram contra os Espartanos. A sublevação deveria eclodir durante a festa espartana das Jacíntias e Falanto deveria dar o sinal colocando uma coifa na cabeça. Os Espartanos, porém, aperceberam-se dos planos da conjuração e o arauto impediu Falanto de colocar a coifa na cabeça. A conspiração foi assim desmascarada e os Parténios fugiram sob o comando de Falanto, indo fundar, por ordem do oráculo de Delfos, a colónia de Tarento.

Contava-se também que o mesmo oráculo tinha revelado a Falanto que os seus esforços seriam bem sucedidos quando «chovesse de um céu sereno». Tal profecia viria a cumprir-se, no momento em que a própria esposa de Falanto, chamada Etra (nome que significa precisamente «céu sereno»), começou a chorar perante o primeiro infortúnio que atingiu o marido e os seus companheiros.

FALCES. (Φάλκης.) Falces é um dos filhos de Témeno, sendo por conseguinte um dos Heraclidas (v. quadro 18, p. 220). Teve um filho chamado Regnidas. Apoderou-se da cidade de Sícion durante a noite mas não destronou o antigo rei Lacestades, que era também um dos Heraclidas, partilhando com ele o poder. Juntamente com os irmãos, assassinou o pai, Témeno (v. *Deifonte*).

FALECO. (Φάλαικος.) Faleco foi um tirano de Ambrácia, de cuja tirania Ártemis salvou a cidade. A deusa convidou o rei para caçar consigo e mostrou-lhe o rasto de um leãozinho. Pouco depois de Faleco o ter capturado, apareceu a leoa, que se atirou ao tirano, matando-o. Os habitantes de Ambrácia, reconhecidos, erigiram à deusa uma estátua e prestaram-lhe culto sob o nome de Ártemis-Guia.

FALERO. (Φάληρος.) Falero é um herói ateniense, epónimo do porto ático de Faleros, no Pireu. Era apontado como um dos Argonautas e combatera contra os Centauros, ao lado de Teseu e de Pirítoo. Durante a infância, fora atacado por uma serpente que se lhe teria enroscado à volta do corpo, sendo salvo *in extremis* por seu pai, Álcon, que trespassou o animal com uma flecha.

*** FAMA.** (*Fama.*) Virgílio conta que a Fama, isto é, «a voz pública», foi engendrada após a concepção de Ceu e de Encélado. Dotada de um grande número de olhos e de bocas, desloca-se voando a grande velocidade. Ovídio retoma este retrato da Fama, acentuando-o: imagina que esta divindade habita no centro do mundo, nos confins da Terra, do Céu e do Mar, num palácio sonoro, com mil aberturas por onde penetram todas as vozes, mesmo as mais baixas. Este palácio, construído totalmente em bronze, está sempre aberto e devolve as palavras que lhe chegam, amplificando-as. A Fama vive rodeada pela Credulidade, pelo Erro, pela Falsa Alegria, pelo Terror, pela Sedição e pelos Falsos Rumores e, do seu palácio, vigia o mundo inteiro.

Esta criação, imitada dos Gigantes e dos outros seres monstruosos da primeira geração divina, constitui mais uma alegoria transparente e tardia do que um verdadeiro mito.

FÁON. (Φάων.) Fáon é um herói da ilha de Lesbos. Contava-se que tinha sido um barqueiro velho e pobre sem grande beleza, até ao dia em que levou na sua barca a deusa Afrodite, disfarçada de velha, sem lhe cobrar a passagem. A deusa deu-lhe em troca um frasquinho, contendo um bálsamo, com que ele ungia diariamente o seu corpo. Tornou-se, a partir de então, tão belo que todas as mulheres da ilha se apaixonaram por ele e entre elas, de um modo particular, Safo. Dizia-se também que desdenhara o amor de Safo e que ela, para esquecer a paixão, se atirara às ondas, do alto da falésia de Lêucade.

FARO. (Φάρος.) Faro é o timoneiro da nau que levou Helena e Menelau para Esparta, depois da Guerra de Tróia. Morreu, vítima de uma mordedura de serpente, na ilha que desde então tem o seu nome, na embocadura do Nilo (v. *Helena*).

FÁSIS. (Φᾶσις.) Deus-rio do Fásis, na Cólquida. Dizia-se que era filho de Hélio, o Sol, e da Oceânide Ocírroe. Tendo surpreendido a mãe em flagrante delito de adultério, matou-a. Perseguido pelas Erínias, lançou-se às águas do rio até aí chamado Arcturo, que tomou desde então o nome de Fásis.

*** FATUM.** V. *Fado.*

Falanto: STRAB., VI, 3, 2, p. 278 e s.; PAUSAN., X, 10, 6 e s.; DIOD. SIC., fr. VIII, 1; DION. HAL., fr. XIX, 2; cf. J. BERARD, *Colonisation*..., pp. 176 e s.; P. WUILLEUMIER, *Tarente*..., cap. 3.

Falces: PAUSAN., II, 6, 7; 11, 2; 13, 1; 28, 3; 38, 1; STRAB., VIII, 389; NICOL. DAM, fr. 38; DIOD. SIC., fr. IV.

Faleco: ANT. LIB., *Transf.*, 4; cf. OV., *Ibis*, 503.

Falero: HES., *Scut.*, 180; APOL. RH., *Arg.*, I, 96 e s.; HYG., *Fab*, 14; PAUSAN., I, 1, 4; V, 17, 10; VAL. FLAC., *Arg.*, I, 399 e s.; VI, 217.

Fama: VIRG., *Aen.*, IV, 173-188; HOR., *O.*, II, 2, 7; OV., *Met.*, XII, 39-63; VAL. FLAC., *Arg.*, II, 117 e s,; STAT., *Theb.*, 425-431.

Fáon: AEL., *VH*, XII, 18; SERV., *ad VIRG.*, *Aen.*, III, 275; PALAEPH., *Narr.* 49; LUCIAN., *D. Mort.*, IX, 2; OV., *Her.*, XV; PLIN., *N. H.*, XXII, 20; cf. J. CARCOPINO, *Basilique*..., pp. 375 e s.

Faro: STEPH. BYZ. e *Etym. Magn.*, *s.u.*; escól. *ad Od.*, IV, 355.

Fásis: HES., *Theog.*, 340; PS.-PLUT., *De Flum.*, V, 1.

* **FAUNA.** (*Fauna.*) Fauna é a irmã e esposa do deus Fauno e é invocada como uma anunciadora da boa sorte. Divindade das mulheres, identifica-se com a *Bona Dea*, de que é, talvez, na origem, um «epíteto»: a deusa favorável (*quae fauet*). Como *Bona Dea* (v. a sua lenda), intervém no ciclo do Hércules romano. É, por vezes, também apresentada como a esposa do rei latino Fauno. Hércules possuíu-a e ela concebeu um filho, o futuro rei Latino, epónimo do Lácio (*Latium*). Uma outra tradição, finalmente, registada por Dionísio de Halicarnasso, apresenta Fauna como uma jovem hiperbórea, que concebeu de Hércules Latino e que, após a partida daquele, desposou Fauno.

* **FAUNO.** (*Faunus.*) Faunus parece ter sido um antiquíssimo deus de Roma, cujo culto estava localizado no Palatino ou nas suas imediações. Pelo nome, aparece como um deus benfazejo, «favorável» (*qui fauet*), protector, em particular, dos rebanhos e dos pastores, o que facilita, sob a influência grega, a sua identificação com o deus arcádio Pã. Sofre, então, uma primeira transformação: fornece um «suporte» à personalidade do rei Evandro (εὖ - ἀνήρ, o Homem Bom), cujo nome podia passar por uma tradução do seu e permitir, assim, que as lendas da imigração dos Arcádios para o Palatino se fixassem no solo romano (v. *Evandro*). Fauno, contudo, perdeu pouco a pouco o seu carácter de divindade e foi considerado como um dos primeiros reis do Lácio, anterior à chegada de Eneias e dos Troianos, antes, por consequência, da fundação da cidade por Rómulo. É, por vezes, considerado filho de Circe e de Júpiter. Era o sucessor do rei Pico (*Picus*) e teve, por sua vez, como sucessor o filho (ou filho de Hércules, v. *Fauna*), Latino. A personalidade divina de Fauno persiste, porém, de um modo bastante curioso, multiplicando-se: os Faunos (*Fauni*), que são, na época clássica, os génios dos campos e das florestas, companheiros dos pastores e os equivalentes dos sátiros helénicos. Como os sátiros, a sua natureza é dupla: são meio-homens e meio-bodes, têm cornos e, muitas vezes, cascos.

O culto de Fauno comportava, na origem, a procissão dos Lupercos, durante a qual jovens corriam seminus, vestidos apenas com uma pele de cabra, e flagelavam as mulheres que encontravam com correias de couro. Considerava-se que esta flagelação concedia fecundidade às vítimas.

Para as outras lendas de Fauno, v. *Bona Dea* e *Fauna.*

* **FAUSTINO.** (*Faustinus.*) Faustino, cujo nome evoca o radical do adjectivo *faustus*, que significa «de bom augúrio», é um dos companheiros de Evandro na sua emigração para a Itália. Faustino é irmão de um outro companheiro de Evandro, Fáustulo (v. este artigo). Enquanto Fáustulo é um pastor de Amúlio, cujos rebanhos apascenta no Palatino, Faustino guarda os de Numitor no Aventino. Ainda viviam ambos quando os Troianos de Lavínio se instalam em Alba. Nesta versão da lenda de Rómulo, Faustino tem uma actuação singular. Contava-se que, quando Sílvia, a filha de Numitor, rei de Alba, deu à luz os dois gémeos, Rómulo e Remo, Numitor substituiu as duas crianças por dois outros gémeos. Foram estes que foram abandonados por ordem de Amúlio. Numitor, entretanto, confiou os netos, que tinham sido assim salvos, ao pastor Fáustulo e Faustino insistiu com o irmão para ser ele a encarregar-se da educação das crianças, o que conseguiu.

Plutarco refere também um irmão de Fáustulo — cujo nome foi mutilado pelos manuscritos — que contribuiu para a educação das duas crianças divinas e participou, tal como o próprio Fáustulo, na luta que, mais tarde, se travou entre Rómulo e Remo. Faustino e Fáustulo encontraram a morte nessa luta.

Esta lenda, pela localização dos dois pastores, evoca, mais uma vez, na luta entre Rómulo e Remo, a rivalidade entre as duas colinas, Aventino e Palatino. É provável que represente um desenvolvimento relativamente tardio do mito da fundação.

* **FÁUSTULO.** (*Faustulus.*) Fáustulo é o pastor que, nas margens do Tibre, junto ao Palatino, recolheu os gémeos Rómulo e Remo e os confiou à mulher, Aca Larência (*Acca Larentia*), para ela os educar. Fáustulo é considerado um homem bom e caridoso; é, por vezes, apontado como o chefe dos pastores do rei Amúlio. Quando este ordenou que as crianças fossem expostas (v. *Rómulo*), Fáustulo, por um acaso providencial, encontrou no caminho os servidores que levavam os gémeos. Esperou que estes se retirassem e, em seguida, como outros pastores tivessem já recolhido as duas crianças, convenceu-os a que lhas entregassem, sob o pretexto de que a sua esposa acabava de perder um filho e que se sentiria feliz se tivesse os gémeos para amamentar.

Segundo uma outra versão, foi o próprio Fáustulo quem descobriu as crianças que estavam a ser amamentadas por uma loba. Contava-se também que Numitor, o irmão de

Fauna: VAR., *LL*, VII, 36; PS.-SERV., *ad VIRG.*, *Georg.*, I, 11; SERV. *ad VIRG.*, *Aen.*, VII, 47; LACT., *Div. Inst.*, I, 22; MACROB., *Sat.*, I, 12, 21 e s.; DION CAS., *apud* TZETZ., *ad Lyc.*, 1232; DION. HAL., *Ant. Rom.*, I, 43.

Fauno: VIRG., *Aen.*, VII, 45 e s., e SERV., *ad VIRG.*, *Aen.*, VIII, 275; ARNOB., *Adv. Nat.*, II, 71, v.1 e s.; LACT., *Div. Inst.*, I, 22, 9; DION. CAS., *apud.* TZETZ., *ad Lyc.*, 1232; AUGUST., *Civ. D.*, VIII, 5; XVIII, 15; OV., *Fast.*, IV, 650 e s.; DION. HAL., I, 31; cf. J. BAYET, Les Origines de l'Arcadisme romain, *in Mél. Éc. Fr.*, 1920, pp. 63 e s.; ID., *Hercule romain*. Sobre as relações de Fauno, deus-lobo, com o Dauno apúlio, cf. F. ALTHEIM, *A History of Roman Religion*, pp. 210 e s.

Faustino: DION. HAL., I, 84; PLUT., *Qu. Rom.*, 10.

Fáustulo: DION. HAL., I, 79 e s.; (segundo FAB. PICTOR); PLUT., *Romul.*, 3 e s.; OV., *Fast.*, III, 55 e s.; LIV., I, 4 e s.; TZETZ., *ad Lyc.*, 1232; *De Or. Gent. Rom.*, 20 e s.; SERV., *ad VIRG.*, *Aen.*, I, 273; ZONARAS, VII, 1 e s.; SOLIN., I, 17; CONON, *Narr.*, 48.

Amúlio, destronado do trono de Alba, tinha salvo da morte os dois filhos de Sílvia e os tinha confiado a Fáustulo (v. *Faustino*). Quando cresceram, os gémeos foram enviados para Gábios para aí receberem uma educação de acordo com a sua posição; teriam sido recebidos por uns hóspedes de Fáustulo.

Durante a luta entre Rómulo e Remo, Fáustulo foi morto ao tentar interpor-se. Foi sepultado no Foro e, mais tarde, erigiu-se sobre a sua sepultura uma estátua de leão.

Na época clássica, mostrava-se ainda, no Palatino, a cabana de Fáustulo, conservada como uma relíquia desses tempos míticos. Esta cabana (*tugurium Faustuli*) encontrava-se no ângulo sudoeste do Palatino dominando o vale do Grande Circo e virada para o Aventino (v. *Faustino*).

Fáustulo, como o seu imão Faustino, como Fauno, tem um nome que se relaciona com a raiz do verbo *faueo*, «ser favorável». É um nome «de bom augúrio». Alguns autores apresentam-no na forma *Faustus*, de que *Faustulus* é um diminutivo.

* **FÉ.** V. *Fides*.

FEACES. (Φαίακες.) Os Feaces são um povo «mítico» visitado por Ulisses durante a sua viagem de Tróia até Ítaca. É numa nau feace que ele vence a última etapa do percurso e chega finalmente à sua ilha. Os Feaces são uma raça de marinheiros. Descendem de um epónimo, Féax (v. *Féax*), que os levou da região de Hipéria, onde habitavam e donde foram expulsos pelos Ciclopes, até à ilha de Esquéria, habitualmente identificada, na Antiguidade, com Corcira (Corfu). Dedicavam-se à navegação e ao comércio. Alcínoo era o seu rei (v. *Alcínoo*).

Quando, depois do naufrágio, Ulisses foi dar às margens da ilha dos Feaces, a princesa Nausícaa recebeu-o com bondade e seu pai Alcínoo acolheu-o hospitaleiramente no seu palácio. Organizou jogos e um festim em honra de Ulisses, deu-lhe presentes e até pôs à sua disposição uma nau aparelhada para o conduzir a Ítaca. Mas Posídon, encolerizado, pede a Zeus que o deixe punir os Feaces. Transforma então em rochedo a nau que transportara Ulisses e cerca com uma montanha a cidade dos Feaces (v. também *Ulisses*, *Nausícaa*, *Arete*).

Os Argonautas aportaram também na ilha dos Feaces. É aí que se celebra o casamento de Jasão e Medeia (v. *Argonautas*, *Medeia*).

FÉAX. (Φαίαξ.) **1.** Féax é o herói epónimo dos Feaces. É filho de Posídon e de Corcira, uma ninfa filha de Asopo, raptada pelo deus. Foi rei de Corcira (Corfu) e teve dois filhos: Alcínoo, que lhe sucedeu, e Locro, que emigrou para a Itália, onde deu o seu nome aos Locros. Atribui-se-lhe também, por vezes, a paternidade de um outro herói epónimo de uma cidade da Itália meridional chamada Crotona (v. *Crotona*).

2. Féax é também o nome do timoneiro que conduziu a nau de Teseu durante a viagem da Ática a Creta. Era natural de Salamina.

FEBE. (Φοίβη.) **1.** Febe, «a Brilhante», é o nome de uma das Titânides, filhas de Úrano e de Geia (v. quadro 6, p. 105, e 14, p. 182). Era casada com Ceu, de quem teve duas filhas — Latona e Astéria. Atribui-se-lhe, por vezes, a fundação do oráculo de Delfos, na qualidade de coadjuvante de Témis. Fora essa a prenda de anos que ela oferecera a Apolo, seu neto, filho de Latona.

2. Febe é também o nome de uma das Leucípides (v. *Leucípides* e quadro 21, p. 242). É geralmente apresentada como mulher de Pólux, embora em certos autores, como por exemplo Propércio, ela figure como esposa de Castor, em vez de Hilaíra.

Quanto a Febe, filha de Hélio, v. *Helíades*.

FEBO. (Φοῖβος.) Febo, «o Brilhante», é um epíteto de Apolo que muitas vezes funciona como nome próprio. É sobretudo em latim que o deus é chamado Febo, omitindo-se o mitónimo Apolo.

* **FEBRE.** (*Febris.*) Febris é a deusa da febre, divindade muito temida em Roma, onde as zonas mais baixas (Foro, Velabro) e mesmo os vales mais elevados (entre o Quirinal e o Viminal, etc.) permaneceram húmidos e doentios durante muito tempo. Potência simples, *numen* maléfico que se procurava conciliar, *Febris* não tem lenda. O seu santuário mais antigo parece ter sido um altar arcaico no Palatino. Eram ainda conhecidos dois outros: um no planalto do Esquilino, no local onde eram sepultados os escravos e os mais humildes (os *puticuli* da época clássica), e um outro no cimo do *Vicus Longus* (no extremo do vale do Quirinal), onde havia emanações de água e nascentes.

* **FEBRUO.** (*Februus.*) *Februus* é o deus ao qual, segundo a tradição, estava consagrado o mês de Fevereiro. Na época tardia, era identificado com *Dis Pater*, o Plutão latino, o deus do reino dos Mortos. Fevereiro era, com efeito, o mês em que se purificava a cidade, aplacando os mortos com sacrifícios e oferendas. Estas festas denominavam-se *Februalia* («Purificações») e *Februus* parece ser apenas a personificação dessa festa, do rito que lhe conferia a sua eficácia.

Feaces: *Od.*, VI a VIII; XIII, 125 e s.; Apol. Rh., *Arg.*, IV, 982 e s. Cf. V. Berard, *Navigations d'Ulysse*, IV, p. 12 e s.

Féax: 1) Diod. Sic., IV, 72; Steph. Byz., *s.u.*; escól. *ad Od.*, XIII, 130; Conon, *Narr.*, 3; escól. *ad* Theocr., IV, 32. **2)** Plut., *Thes.*, 17.

Febe: 1) Hes., *Theog.*, 136; 404 e s.; Apollod., *Bibl.*, I, 3, 3; Aesch., *Eu.*, 1 e s.; e escól. *ad loc.*; Diod. Sic., V, 67. **2)** Apollod., *Bibl.*, III, 10, 3; 11, 2; Pausan., III, 16, 1; Prop., *El.*, I, 2, 15.

Febre: Cic., *de leg.*, II, 11, 28; *de nat. D.*, III, 25, 63; August., *Civ. D.*, III, 25; Plin., *N. H.*, II, 7, 16; Ael., *VH*, XII, 11; Val. Max., II, 5, 6.

Februo: Serv., *ad Virg.*, *Georg.*, I, 43; Macrob., *Sat.*, I, 13, 3; John. Lyd., *De Mens.*, IV, 20.

FEDRA. (Φαίδρα.) Fedra é a filha de Minos e de Pasífae, irmã de Ariadne (v. quadro 30, p. 312). Seu irmão Deucalião deu-a em casamento a Teseu, na altura em que este reinava em Atenas, não obstante o facto de ele ser casado com a Amazona Antíopa, Melanipe ou Hipólita. As segundas núpcias foram, pois, pretexto para um ataque das Amazonas (v. *Teseu*). Fedra teve dois filhos de Teseu: Acamante e Demofonte, mas apaixonou-se pelo filho que Teseu tivera da amazona — Hipólito. Este, que detestava as mulheres, não correspondeu à paixão da madrasta. Fedra, então, temendo que o jovem denunciasse ao pai o ardor com que ela o perseguia, decidiu preparar uma farsa. Acusou Hipólito de tentar seduzi-la, e com tanta convicção levantou tais suspeitas que Teseu suplicou a Posídon que fizesse morrer o filho. Não tardou muito que este fosse arrastado pelos seus cavalos, encontrando assim a morte (v. *Hipólito*).

Fedra enforcou-se, não conseguindo resistir ao desespero e aos remorsos. A acção desta lenda é geralmente situada em Trezena. Nas duas tragédias que consagrou a este tema, das quais apenas uma se conserva, Eurípides expõe de modo diferente o problema da culpabilidade de Fedra: numa das peças, ela morre depois de ter acusado o enteado inocente causando-lhe a morte; na outra, mata-se antes de haver revelado o seu amor.

FEGEU. (Φηγεύς.) Fegeu é um rei da cidade de Fégio na Arcádia, de que foi fundador. É irmão de Foroneu, segundo a genealogia que apresenta este como filho de Ínaco (v. *Foroneu* e quadro 19, p. 239). É na sua corte que se refugia Alcméon depois de matar a mãe. Acerca do papel de Fegeu na lenda de Alcméon, v. *Alcméon*.

Fegeu tinha uma filha, Arsínoe, também chamada Alfesibeia, e dois filhos, Prónoo e Agenor, ou, segundo Pausânias, Témeno e Áxion.

FEIA. (Φαῖα). Feia é o nome da porca morta por Teseu em Crómion, assim chamada a partir do nome da velha que a criara. Descendia de Equidna e de Tífon.

FEMÓNOE. (Φημονόη). Femónoe é uma filha de Apolo. Foi a primeira Pítia do deus em Delfos. Teria inventado o hexâmetro dactílico para exprimir as profecias, e atribui-se-lhe também a famosa máxima délfica: «conhece-te a ti mesmo».

FÉNIX I. (Φοίνιξ). **1.** Fénix é um dos filhos de Agenor, segundo a versão mais célebre da lenda de Europa e de Cadmo (v. quadro 3, p. 66). Ele e os irmãos foram enviados pelo pai à procura de Europa, sua irmã, raptada por Zeus. Não a encontrando, e cansado de deambular pelo mundo, Fénix fixou-se no local onde mais tarde se ergueria a cidade de Sídon, na Fenícia, região que lhe deve o seu nome.

Esta genealogia não é, contudo, unanimemente reconhecida pelos mitógrafos. Ele é identificado, por vezes, como filho de Ógigo (v. *Ógigo*) ou como pai de Europa (e não como seu irmão), desempenhando na lenda o papel geralmente atribuído a Agenor.

2. Um outro herói com este nome é um dos companheiros de Aquiles, filho de Amintor, rei de Éleon, na Beócia. O nome da mãe varia, conforme os autores: ora se chama Hipodamia, ora Cleobula, ora Alcímede. Amintor tinha uma concubina chamada Clícia ou Ftia. A pedido da mãe, atormentada pelo ciúme, Fénix seduziu a amante do pai. Ao saber do sucedido, este cegou o filho. Segundo outra versão, teria sito Ftia, a concubina de Amintor, que em vão teria tentado seduzir o jovem. Não o conseguindo, caluniou-o de tal modo que o pai o condenou à cegueira. Fénix refugiou-se junto de Peleu, que o levou ao Centauro Quíron, graças ao qual ele recuperou a vista. Peleu confiou então a Fénix o seu filho Aquiles e nomeou-se rei dos Dólopes.

Fénix foi para Tróia com Aquiles, como seu conselheiro. Na altura da embaixada enviada pelos chefes gregos para tentar a reconciliação de Aquiles com Agamémnon, Fénix tenta em vão acalmar o herói, aconselhando-lhe moderação. É ele também que está junto de Aquiles, na tenda, na altura em que lhe é anunciada a morte de Pátroclo. Participa ainda nos jogos fúnebres em honra deste último, como árbitro na corrida de carros.

Após a morte de Aquiles, Fénix foi com Ulisses ao encontro de Neoptólemo. Quando os Gregos regressaram à terra natal, Fénix acompanhou Neoptólemo, que decidira fazer a viagem por terra. Morreu no caminho e o filho de Aquiles prestou-lhe honras fúnebres.

FÉNIX II. (Φοῖνιξ.) A fénix é uma ave fabulosa, oriunda da Etiópia, cuja lenda se encontra no Egipto, ligada ao culto do Sol. Heródoto foi o primeiro autor a falar dela; depois dele, os poetas, os mitógrafos, os astrólogos e os naturalistas forneceram-nos pormenores

---

Fedra: APOLLOD., *E.*, I, 17; EUR., *Hipp.*; SEN., *Phaedr. siue Hipoll.*; DIOD. SIC., IV, 62; PAUSAN., I, 22, 1 e s.; II, 32, 1-4; escól. *ad Od.*, XI, 321; TZETZ., *ad Lyc.*, 1329; OV., *Met.*, XV, 497 e s.; *Her.*, IV; HYG., *Fab.*, 47; SERV., *ad VIRG.*, *Aen.*, VI, 445; VII, 761.

Fegeu: STEPH. BYZ., *s.u*, Φηγεία; PAUSAN., VI, 17, 6; VIII, 24, 2 e s.; HYG., *Fab.*, 244-245; APOLLOD., *Bibl.*, III, 7, 5; OV., *Met.*, IX, 412.

Feia: APOLLOD., *Ep.*, I, 1.

Femónoe: STRAB., IX, 419; PAUSAN., X, 5, 7; 6, 7; 12, 10; SERV., *ad VIRG.*, *Aen.*, III, 445.

Fénix I: 1) Escól. *ad* APOL. RH., *Arg.*, III, 1186; EUR., fr. 819 (NAUCK, 2.ª ed., p. 627); escól. *ad* EUR., *Phoen.*, 5; *ad* AESCH., *Supp.*, 317; ANT. LIB., *Tr.*, 40; APOLLOD., *Bibl.*, III, 1, 1; HYG., *Fab.*, 178; CONON, *Narr.*, 32; LYC., *Alex.*, 1106; escól. *ad Il.*, XII, 292. **2)** APOLLOD., *Bibl.*, III, 13, 8; *Aen.*, VI, 12; *Il.*, IX, 168; 430 e s.; 658 e s.; XVI, 916; escól. *ad* IX, 448; EUST., *ad Hom.*, 762, 43 e s.; trag. perdidas de SOPH. e EUR. (v. NAUCK, fr., 2.ª ed., p. 286 e s.; 621 e s.); *Anthol. Pal.*, III, 3; TZETZ., *ad* LYC., 421; PROP., *El.*, II, 1, 60.

Fénix: HEROD., II, 73; OV., *Met.*, XV, 392 e s.; TAC., *Ann.*, VI, 28; POMP. MELA, III, 8, 10; ACHILL. TAT., III, 25; AEL., *NA*, VI, 58; PHILOSTR., *V. Apoll.*, III, 49; TZETZ., *Chil.*, V, 387-398; PLIN., *N. H.*, X, 2; SOLIN., 33; AMBR., *De*

acerca de tal ave. Admitia-se geralmente que a pátria da fénix era a Etiópia. Era aí que vivia, durante um período que algumas tradições fixam em quinhentos anos e outras em mil quatrocentos e sessenta e um ou mesmo em doze mil novencentos e cinquenta e quatro anos. O aspecto geral da fénix é o de uma águia, mas de dimensão considerável. A sua plumagem ostenta as mais belas cores: vermelho-fogo, azul-claro, púrpura e ouro. Os autores não são unânimes acerca da repartição destes matizes pelo corpo da ave, mas todos afirmam que a fénix é infinitamente mais bela do que o mais esplêndido dos pavões.

A lenda desta ave está sobretudo relacionada com a sua morte e ressurreição. A fénix é a única da sua espécie e por conseguinte não pode reproduzir-se como todos os outros animais. Quando sente chegar o fim da sua existência, colhe algumas plantas aromáticas, reúne incenso e amomo e constrói uma espécie de ninho. A partir deste ponto, os mitógrafos propagaram duas versões distintas: uns afirmam que a ave faz arder essa pira fúnebre odorífera e que das suas cinzas nasce uma nova fénix; segundo outros autores, o pássaro deita-se no ninho que construiu e morre, impregnando-o com o seu sémen. A nova fénix nasce então e, recolhendo o cadáver da sua progenitora, mete-o dentro de um tronco de mirra escavado e leva-o para a cidade de Heliópolis, no Sul do Egipto, onde o depõe no altar do Sol, a fim de ser queimado pelos sacerdotes do deus. É esta a única altura em que a fénix aparece no Egipto. Aí chega, segundo se conta, escoltada por um bando de aves variegadas, que parecem prestar-lhe homenagem voando respeitosamente em seu redor. Ao sobrevoar o altar do Sol, a fénix paira durante alguns instantes à espera que um sacerdote apareça. Chegado o momento, um dos sacerdotes sai do templo, e compara o aspecto da ave que ali se encontra com um desenho que a representa nos livros sagrados. Só depois queima solenemente o cadáver da antiga fénix. Terminada a cerimónia, a nova fénix parte para a Etiópia, onde permanecerá, alimentando-se de gotas de incenso, até que se cumpra o ciclo da sua vida.

Os astrólogos relacionaram a duração da sua existência com a teoria do «grande ano» ou revolução sideral. O nascimento de uma fénix marcava, segundo eles, o início de tal revolução. Sob o domínio do imperador Claúdio, foi levada para Roma uma «fénix» capturada no Egipto. Cláudio mandou expô-la, mas parece que ninguém levou a sério a ave.

FEREBEIA. (Φερέβοια.) Nome de uma jovem que foi enviada com Teseu como parte do tributo oferecido pelos Atenienses ao Minotauro (v. *Teseu*). Teseu apaixonou-se por ela (v. *Peribeia*).

FÉRECLO. (Φέρεκλος.) Féreclo, filho de Harmónides, é um troiano célebre pela sua destreza manual, construiu a nau que levou Páris a Esparta a fim de raptar Helena.

FEREIA. (Φεραία.) Fereia é um sobrenome de Hécate, mas deu origem a uma lenda acerca de uma Fereia, filha de Éolo, que teve de Zeus uma filha — a deusa Hécate. Esta foi exposta à nascença numa encruzilhada, onde foi recolhida por um pastor de Feres, que a criou.

* **FERENTINA.** (*Ferentina.*) Ferentina é uma ninfa latina, deusa de uma fonte e de um bosque sagrado de localização incerta. O seu santuário era um local de culto comum da Liga Latina.

FERES. (Φέρης.) **1.** O primeiro herói com este nome é um dos filhos de Creteu e de Tiro (v. quadro 23, p. 258, e 1, p. 8). É o fundador e o epónimo da cidade tessálica de Feres. Entre os seus filhos, os mais célebres são Admeto, que desposou Alceste (v. *Admeto*, *Alceste*) e Idomeneia, casada com Amitáon; mas ele tinha ainda outro filho, Licurgo, que reinou em Némea (v. *Licurgo*) e uma outra filha, Periópis, que, segundo uma das versões da lenda, foi a mãe de Pátroclo (v. *Menécio*). Foi Feres o célebre pai que recusou morrer em vez do seu filho Admeto, embora fosse já de avançada idade (v. *Admeto*).

2. Um outro herói com o mesmo nome é um dos filhos de Medeia e Jasão (v. quadro 23, p. 258). Tinha um irmão chamado Mérmero e ambos foram mortos por Medeia (v. *Medeia*).

* **FERÓNIA.** (*Feronia.*) Ferónia é uma deusa das fontes e dos bosques, cujo culto estava muito espalhado na Itália Central, nomeadamente no monte Soracte, em Terracina, em Furfo, em Pisauro, tal como na Etrúria, etc. Era no seu templo em Terracina que se dava a alforria aos escravos, o que explica que por vezes fosse identificada com a Liberdade (*Libertas*).

O seu filho era o Prenestino Érilo, dotado de três vidas, que foi morto por Evandro (v. *Érilo*).

---

fide Res., 99; LACT., *Phoenix*, *passim*; escól. *ad* LUC., *Phars.*, VI, 680; NONN., *Dion.*, XL, 394 e s.; CLAUD., *De phoen.*, Cf. J. HUBAUX, e M. LEROY, *Le Mythe du Phénix...*, Liège, 1939; F. SBORDONE, in *Riv. Ind. Germ.*, 1935, pp. 1-46; A. J. FESTUGIÈRE, *in M. M. A. I.*, 1941, pp. 147-151; R. VAN DE BROEK, *The myth of the Phoenix, according to classical and early christian Traditions,* Leyde, 1972.

Ferebeia: ATHEN., XIII, 557 b; PLUT., *Thes.*, 29; SERV., *ad a VIRG.*, *Aen.*, VI, 21.

Féreclo: *Il.*, V, 59 e s.; APOLLOD., *Ep.*, III, 3; TZETZ., *ad Lyc.*, 97; OV., *Her.*, XV, 22.

Fereia: TZETZ., *ad Lyc.*, 1180, escól. *ad* THEOCR., II, 36.

Ferentina: DION. HAL., II, 34; 51; IV, 45; LIV., I, 50, 1; e 52, 5.

Feres: 1) *Od.*, XI, 259 e escól. *ad* XII, 69; APOLLOD., *Bibl.*, I, 9, 11 e s.; III, 10, 4; 13, 8; PIND., *Pyth.*, IV, 221; DIOD. SIC., IV, 68; TZETZ., *ad Lyc.*, 275; 872; 1180; escól. *ad Il.*, II, 591; XIII, 697. **2)** APOLLOD., *Bibl.*, I, 9, 28; HYG., *Fab.*, 25; 239; PAUSAN., II, 3, 6 e s.

Ferónia: VIRG., *Aen.*, VIII, 564 e s.; e SERV. *ad loc.*; LIV., XXII, 1; 4; Cf. P. AEBISCHER, «Le culte de Férónia...», *Rev. B. Ph.*, 1934, pp. 5-23.

FESTO. (Φαῖστος.) Festo é um dos filhos de Héracles. Sucedeu a Ianisco (v. *Ianisco*) no trono de Sícion. Depois, em consequência de um oráculo, partiu para Creta, onde fundou a cidade a que foi dado o seu nome. Teve um filho chamado Rópalo. O seu nome figurava muito provavelmente na genealogia cretense de Pausânias em vez do nome do deus Hefesto, aí inserido por um erro de copista.

* **FIDES.** (*Fides.*) A deusa *Fides* é, em Roma, a personificação da Palavra Dada. É representada como uma mulher idosa, com os cabelos brancos, mais velha que o próprio Júpiter. Pretendia-se assim marcar que o respeito da palavra é o fundamento de toda a ordem social e política. Já Roma, a neta de Eneias, lhe consagrara um templo no Palatino. Os sacrifícios eram-lhe oferecidos com a mão direita envolvida em tecido branco.

FIDIPO. (Φείδιππος.) Fidipo, filho de Téssalo e neto de Héracles, figura no catálogo das naus como chefe de um contingente de trinta navios cedidos por Nisiro, Cós, Cárpato e Caso contra Tróia. Figura ainda entre os pretendentes de Helena. Durante a expedição da Mísia, foi enviado como embaixador a Télefo, seu parente (Télefo é filho de Héracles, de quem Fidipo é neto). Fez parte do grupo de chefes gregos que planeou o ataque à cidade de Tróia no cavalo de madeira. Após a tomada da cidade, instalou-se na ilha de Andro com os soldados naturais de Cós que estavam sob as suas ordens. O seu irmão Ânfito dirigiu-se, entretanto, para a região dos Pelasgos, onde se estabeleceu, dando ao território o nome de Tessália.

FÍLACO. (Φύλακος.) **1.** Fílaco é um herói tessálico descendente de Éolo. É filho de Déjon (ou Dejoneu) e de Diomede (filha de Xuto e descendente de Deucalião — v. quadro 8, p. 116, e 22, p. 244). A sua celebridade deve-se sobretudo ao facto de ser o pai de Íficlo (v. *Íficlo*) e de Alcímede, mãe de Jasão. Fílaco era casado com Clímene, filha de Mínias. É geralmente considerado fundador e epónimo da cidade de Fílace, sobre o monte Ótris. A lenda celebra-o ainda como possuidor de um magnífico rebanho (v. *Melampo*).

2. Houve em Delfos outro herói com o nome de Fílaco. Diz-se que apareceu, sob a forma de um gigante armado, no momento em que os Persas atacavam o santuário de Apolo, pondo-os em fuga, no meio de relâmpagos e fenómenos sobrenaturais. Tinha junto de si outro gigante, um herói chamado Autónoo (v. uma lenda análoga *s.u. Hiperbóreos*).

FILÁMON. (Φιλάμμων.) Filámon é um poeta e adivinho, filho de Apolo. A respeito da identidade da mãe, as tradições divergem. Diz-se por vezes que é filho de Filónide (filha de Déjon, de Heósforo e de Cleobeia ou de Crisótemis — v. *Crisótemis*). Geralmente é apresentado como filho de Quíone, filha de Dedálion (v. *Dedálion*). Conta-se que, no mesmo dia, Quíone (ou Filónide) se uniu a Hermes e a Apolo e concebeu então dois gémeos: Autólico, filho de Hermes, e Filámon, filho de Apolo.

Filámon era um jovem de grande beleza, que foi amado pela ninfa Argíope. Mas quando esta ficou grávida, ele não quis tê-la ao pé de si. A ninfa fugiu então para a Calcídica, onde deu à luz um filho varão — Tâmiris (v. *Tâmiris*).

Atribui-se a Filámon a criação de coros de donzelas e a organização dos mistérios de Deméter em Lerna. Quando os habitantes de Delfos foram atacados pelos Flégias, Filámon correu em seu auxílio chefiando tropas argivas. Foi durante esse combate que morreu.

FILANDRO. (Φίλανδρος.) Os habitantes da cidade de Éliro, em Creta, depuseram em Delfos um ex-voto representando uma cabra amamentando duas crianças. Dizia-se que estes dois recém-nascidos eram Filandro e Filácides, os dois filhos de Acacális e Apolo.

FILANTE. V. *Filas.*

FILAS. (Φύλας.) Há diversos heróis lendários com este nome, todos eles relacionados com o ciclo de Héracles.

1. Um deles é o rei de Éfira, na região dos Tesprotos. Héracles declarou-lhe guerra e lutou contra ele ao lado dos habitantes de Cálidon. Depois de lhe conquistar a cidade, matou-o. Filas tinha uma filha chamada Astíoque, bela cativa por quem Héracles se apaixonou e da qual teve um filho — Tlepólemo.

2. Filas é também o nome do pai de Polimele, que deu a Hermes um filho — o herói Eudoro, que acompanhou Aquiles a Tróia.

3. Existiu ainda outro Filas, rei dos Dríopes, que atacou com o seu povo o santuário de Delfos. Héracles aproveitou o pretexto para lutar contra ele, e, depois de o matar, expulsou os Dríopes do território que ocupavam entregan-

---

Festo: PAUSAN., II, 6, 6; Cf. VIII, 53, 5; II, 10, 1; STEPH. BYZ., *s.u,* Cf. L. MALTEN, in *Jahrb. Inst.*, 1912, pp. 232 e s.

Fides: VIRG., *Aen.*, I, 292, e SERV., *ad loc.*, *Aen.*, VIII, 636; SIL. ITAL., II, 484; PHAEST., p. 269; VAR., *LL*, V, 74; CIC., *Off.*, III, 104; HOR., *O.*, I, 35; 21 e s.

Fidipo: *Il.*, II, 676; DIOD. SIC., V, 54; escól, *ad* PIND., *Nem.*, IV, 60; escól. *ad* APOL. RH., *Arg.*, III, 1090; HYG., *Fab.*, 81; cf. 97; DICT. CR., *Bel. Tr.*, II, 5; EUST., *ad Od.*, 1698; VELL., I, 1, 1; STRAB., IX, 444; TZETZ., *ad Lyc.*, 911; APOLLOD., *Ep.*, VI, 15 e s.

Fílaco: **1)** APOLLOD., *Bibl.*, I, 9, 4; 12; STEPH. BYZ., *s.u.* Φυλάκη; escól. *ad Il.*, II, 695; e EUST., *ad loc.*; escól. *ad* APOL. RH., *Arg.*, I, 45; 118; 230; escól. *ad Od.*, XI, 290, e EUST., *ad loc.*; escól. *ad* THEOCR., III, 43. **2)** HEROD., VIII, 36 e s.; PAUSAN., X, 8, 7.

Filámon: OV., *Met.*, XI, 301 e s.; escól. *ad Od.*, XIX, 432, *ad* APOL. RH., *Arg.*, I, 23; HYG., *Fab.*, 161; 200; CONON, *Narr.*, 7; PAUSAN., II, 37, 2 e s; IV, 33, 3; IX, 36, 2; X, 7, 2.

Filandro: PAUSAN., X, 16, 5.

Filas: **1)** APOLLOD., *Bibl.*, II, 7, 6; cf. DIOD. SIC., IV, 36. **2)** *Il.*, XVI, 181. **3)** PAUSAN., IV, 34, 9; DIOD. SIC., IV, 37. **4)** PAUSAN., II, 4 3; IX, 40, 5-6.

do-o aos Malos. Levou ainda como cativa a filha de Filas, de quem teve um filho chamado Antíoco.

4. Por sua vez, esse Antíoco teve um filho, a quem deu o nome de Filas, que foi o pai de Hípotes e por conseguinte o avô de Aletes, companheiro dos Heraclidas (v. *Heraclidas*). Este Filas, filho de Antíoco, desposou Lipéfile, filha de Iolau, de quem teve, além de Hípotes, uma filha chamada Tero, que deu a Apolo um filho, Quéron, epónimo de Queroneia (v. quadro 32, p. 370).

FILÉCIO. (Φιλοίτιος.) Filécio é o boieiro de Ulisses. Trabalha com Eumeu, o porqueiro, e com Melântio, o cabreiro (v. *Eumeu*, *Melântio*). Tal como Eumeu, e contrariamente a Melântio, permanece fiel à memória de Ulisses, esperando ansiosamente o seu regresso, e lamenta a situação criada pelos pretendentes. Acolhe Ulisses, disfarçado de mendigo, sem o reconhecer, contudo. Mais tarde, ajuda-o a livrar-se dos pretendentes. Ele próprio mata Pisandro e Ctesipo e, com Eumeu, encarrega-se da punição de Melântio, a mando de Ulisses.

FILEU. (Φυλεύς.) Fileu é um dos filhos de Augias, rei da Élida e inimigo de Héracles. Tomou partido contra o pai, na altura da querela que opôs este a Héracles a propósito da recompensa exigida pelo herói em troca da limpeza dos estábulos (v. *Héracles*). Foi por esse motivo banido por Augias e estabeleceu-se em Dulíquio. Aí desposou Timandra (ou Ctímene) de quem teve um filho chamado Meges (v. *Meges* e *Timandra*).

Após ter vencido Augias, Héracles confiou a Fileu o trono da Élida, mas ele entregou mais tarde o poder real aos irmãos, a fim de regressar a Dulíquio. Participou na caçada de Cálidon. Além de Meges, teve uma filha, Eurídame, que se casou com Políido.

FÍLIO. (Φύλιος.) Fílio é um herói etólio que figura no romance de Cicno (v. *Cicno*) como personagem de uma história de amor. Ele apaixonou-se pelo jovem Cicno, mancebo de rara beleza, que vivia nos bosques entre Plêuron e Cálidon. Mas este tinha um coração impiedoso e tratava com rudeza os amantes que o cortejavam. Todos o abandonaram, excepto Fílio, que aceitou executar todas as provas que o capricho de Cicno lhe impunha. Teve, primeiro, de matar um leão sem usar armas de ferro; depois, teve de capturar uns abutres que devoravam homens; por fim, foi obrigado a levar com as suas próprias mãos um touro ao altar de Zeus. As duas primeiras provas, conseguiu ele cumpri-las sozinho, mas para executar a última pediu auxílio a Héracles. O deus aconselhou-o então a deixar de atender aos pedidos de Cicno e Fílio recusou-se, por conseguinte, a entregar ao seu amado o touro, como lhe houvera já dado o leão e os abutres. Cicno, enraivecido, atirou-se às águas de um lago, e foi transformado em cisne, tal como a mãe.

FÍLIRA. (Φιλύρα.) Fílira é a mãe do Centauro Quíron (v. *Quíron*). Duas versões existem acerca do modo como Crono a seduziu: segundo uma das variantes, receando o ciúme de Reia, sua esposa, o deus transformou-se num cavalo, unindo-se sob tal forma a Fílira (por isso Quíron era um ser híbrido: metade homem, metade cavalo); de acordo com a outra versão, a jovem fugiu, por pudor, aos abraços de Crono, transformando-se ela própria em égua, a fim de lhe escapar; mas o deus tomou a forma de um cavalo e violou-a. Quíron nasceu no monte Pélion, na Tessália, onde viveu com a mãe numa gruta. Ela ajudou-o, mais tarde, a educar as crianças que lhe eram confiadas: Aquiles e Jasão são os mais célebres. Foi ela quem cuidou de Aquiles durante os primeiros anos de vida (v. *Aquiles*).

FÍLIS. (Φυλλίς.) Fílis é a heroína de uma história de amor cujo herói é Acamante ou, segundo outra versão, Demofonte, seu irmão (v. *Acamante* e *Demofonte*), ambos filhos de Teseu. Ao regressar de Tróia, Acamante (ou Demofonte) foi surpreendido por uma tempestade que o arrastou, com algumas naus, para a costa da Trácia, para a embocadura do Estrímon, onde foi acolhido pelo rei Fileu, Cíaso ou Licurgo, filho de Drias ou Telo. Este monarca tinha uma filha chamada Fílis, que se apaixonou pelo príncipe, tornando-se sua esposa. Segundo outra versão, o rei ter-lhe-ia prometido casamento, mas prevenira-a de que antes teria de regressar a Atenas, a fim de resolver uns assuntos urgentes, após o que voltaria para nunca mais a deixar. Fílis consentiu em tal separação, mas entregou ao noivo uma caixinha, dizendo-lhe que a deveria conservar fechada e que continha os objectos sagrados do culto de Reia. Só deveria abri-la no dia em que tivesse perdido toda a esperança de a voltar a ver ou de voltar para ela. Chegou o dia aprazado e ele não apareceu; nove vezes Fílis desceu da cidade ao porto, para ver se chegava o barco do seu amado, mas em vão. Em memória dos nove percursos efectuados pela jovem, o local onde esperou ficou, a partir de então, conhecido pelo nome de «sítio das nove estradas». Quando perdeu a esperança de voltar a ver o seu amor, Fílis enforcou-se. No mesmo dia, em

---

Filécio: *Od.*, XX, 185 e s.; XXI, 82 e s.; XXII, 160 e s.; XXIII, 367 e s.; APOLLOD., *Ep.*, VII, 32; THEOCR., *Id.*, XVI, 55; OV., *Her.*, I, 103.

Fileu: *Il.*, II, 628; XV, 528; XXIII, 637; escól. ao v. II, 629; XI, 700; XV, 519; XXIII, 637 e EUST., *ad loc.*; EUR., *Iph. Aul.*, 285; APOLLOD., *Bibl.*, II, 5, 5; 7, 2; III, 10, 8; *Ep.*, III, 12; PLUT., *Qu. Rom.*, 28; DIOD. SIC., IV, 33; PAUS., V, 3, 2; CALLIM., fr. 198; 383; OV., *Met.*, VIII, 308.

Fílio: ANT. LIB., *Tr.*, 12; OV., *Met.*, VII, 372 e s.

Fílira: PIND., *Pyth.*, III, 1 e s.; IV, 103; VI, 22; *Nem.*, III, 43 e s.; APOLLOD., *Bibl.* I, 2, 4; escól. *ad Il.*, IV, 219; *ad* APOL. RH., *Arg.*, I, 554; II, 1231; IV, 813; APOL. RH., *Arg.*, II, 1231 e s.; HYG., *Fab.*, 138; SERV., *ad VIRG.*, *Georg.*, III, 93.

Fílis: TZETZ., *ad Lyc.*, 495; APOLLOD., *Ep.*, VI, 16; PS.-VIRG., *Culex*, 131 e s.; OV., *Her.*, 2; *Rem.*, 591 e s.; *Ars Am.*, III. 57; HYG., *Fab.*, 59; cf. 243; SERV., *ad VIRG.*, *Buc.*, V. 10.

Creta, onde entretanto Acamante (ou Demofonte) se tinha fixado, desposando outra mulher, algo de curioso aconteceu: o amante traidor abriu a caixinha que a noiva lhe dera e saiu dela um espectro que assustou o seu cavalo. O animal empinou-se e o jovem caiu sobre a sua espada, morrendo instantaneamente.

Contava-se ainda que Fílis tinha sido convertida em árvore — numa amendoeira sem folhas. O noivo voltou à Trácia, após a morte da jovem, e soube da sua metamorfose. Acercou-se da amendoeira estéril e beijou-a: logo brotaram folhas e a árvore reverdesceu. Daí advinha, segundo se dizia, o nome dado em grego às folhas, chamadas inicialmente *petala* e mais tarde *phylla*. Segundo outra variante, teriam sido plantadas sobre o túmulo de Fílis algumas árvores que perderiam as folhas na estação em que a jovem morrera.

Dos amores de Fílis e Demofonte, teriam nascido Acamante e Anfípolis.

FILOCTETES. (Φιλοκτήτης.) Filoctetes, filho de Peante e de Demonassa (ou Metone), é segundo a lenda, desde a época homérica, o herói a quem foram confiados o arco e as flechas de Héracles. Segundo certas variantes, ele recebera tais armas das mãos do seu pai, a quem Héracles as tinha dado; de acordo com outra versão, fora o próprio Héracles que, ao morrer no Eta, dera a Filoctetes o arco e as flechas, como recompensa pelo facto de ele ter ateado a pira fúnebre (v. *Héracles*). Héracles pediu-lhe que não divulgasse o lugar da sua morte, pelo que Filoctetes jurou guardar segredo. Mais tarde, contudo, acossado de perguntas, o herói dirigiu-se ao monte Eta e bateu com o pé no chão, no local onde se erguera a pira fúnebre de Héracles. Foi assim que, sem palavras, violou o seu juramento. A tradição acrescenta ainda que foi punido com uma terrível ferida no pé (v. *infra*).

Filoctetes figura entre os pretendentes de Helena e por isso se aliou à expedição contra Tróia. Chefiava um contingente de sete naus com cinquenta arqueiros. É natural da Tessália, mais precisamente da península de Magnésia. Não chegou no entanto a Tróia com os outros chefes. Durante a escala em Ténedo, foi mordido no pé por uma serpente, enquanto procedia a um sacrifício. A ferida infectou de tal modo que exalava um odor de putrefacção insuportável. Ulisses não teve por isso dificuldade em persuadir os outros chefes a abandonar o ferido em Lemnos, quando a frota passou por essa ilha. Filoctetes permaneceu dez anos em Lemnos, que era então uma terra deserta, alimentando-se de aves que ia matando com as flechas de Héracles.

Acerca do ferimento e do abandono numa ilha deserta, existem outras versões. Sófocles, na tragédia intitulada *Filoctetes*, conta que o herói se feriu não em Ténedo, mas na pequena ilha de Crise, uma ilhota que desapareceu no século II da nossa era, e onde existia um altar de Filoctetes com as imagens de uma serpente e de um arco esculpidas em bronze. Ele fora mordido por uma cobra escondida no meio de ervas altas, no momento em que limpava o altar de Crise, uma divindade que dera o seu nome à ilha. Uma outra versão, completamente aberrante, contava que Filoctetes fora ferido não por um animal mas por uma flecha de Héracles envenenada (mergulhada em tempos no sangue da hidra de Lerna) que caíra por acaso da aljava, atingindo acidentalmente o pé do herói, de modo a produzir uma ferida incurável. Tal incidente é naturalmente entendido como uma vingança de Héracles, que quis desse modo punir o perjúrio efectivamente cometido por Filoctetes ao revelar o local onde ardera a pira erguida no Eta (v. *supra*).

Uma das razões que se apresentam, por vezes, para justificar o abandono do herói numa ilha em vez do odor fétido exalado pela ferida, são os gritos lancinantes de dor que ele não conseguia conter. Tais gritos perturbavam o solene cumprimento do ritual dos sacrifícios, razão pela qual os companheiros se viram forçados a abandoná-lo. A sugestão partiu de Ulisses, a quem é geralmente atribuída a responsabilidade de tal acto, mas foi Agamémnon que tomou a decisão, em nome de todo o exército. Segundo outra versão, os gregos abandonaram Filoctetes na ilha para que ele tivesse ocasião de curar o ferimento, tanto mais que existia em Lemnos um culto de Hefesto cujos sacerdotes tinham fama de saber tratar mordeduras de serpente. O herói ter-se-ia efectivamente curado, partindo algum tempo depois para Tróia para se reunir ao exército grego. O médico responsável pelo seu restabelecimento teria sido um certo Pílio, filho de Hefesto, a quem em troca Filoctetes ensinou a arte de manejar o arco (v. *Pílio*).

Entretanto, dez anos se tinham passado sem que os Gregos tivessem tomado Tróia. Páris morrera e Heleno, a quem havia sido recusada a mão de Helena, tinha-se refugiado nos montes, não conseguindo contudo impedir que os Gregos o capturassem (v. *Heleno*). Meio forçado, meio de bom grado, revelou-lhes que Tróia não poderia ser tomada a menos que, entre outras condições, os inimigos tivessem como armas as flechas de Héracles, que já uma vez haviam conquistado a cidade (v. *Héracles*). Só elas poderiam reiterar tal feito. Ulisses partiu então para Lemnos, só ou (segundo a versão seguida por Sófocles) acompanhado por Neoptólemo (ou por Diomedes, segundo Eurípides), à procura de Filoctetes, a fim de o persuadir de que era seu dever regressar a Tróia.

Filoctetes: *Il.*, II, 716 e s.; escól. ao v. 722; *Od.*, III, 190; VIII, 219 e s.; EUST., *ad Il.*, II, 695, p. 323, 44; cf. KINKEL, *Ep. Gr. Fragm.*, p. 19; 36; HYG., *Fab.*, 97; 102; DIOD. SIC., IV, 38; escól. *ad* PIND., *Pyth.*, I, 100; 109; APOLLOD., *Bibl.*, III, 10, 8; *Ep.*, III, 14,; 27; V, 8; VI, 15; OV., *Met.*, IX, 229; XIII, 45 e s.; 313 e s.; STRAB., VI, 254; PAUSAN., VIII, 33, 4; DION. CHR., *Or.*, LII; SOPH., *Phil.*, *passim*; SERV., *ad VIRG.*, *Aen.*, III, 402; TZETZ., *ad Lyc.*, 50; 911; *Posth.*, 571 e s.; NAUCK, *Trag. Gr. Fragm.*, 2.ª ed., p. 79 e s.; 613 e s.; SENEC., *Herc. Oet.*, 1648 e s.; QUINT. SM., X, 179 e s. (cf. cantos XI-XII); PTOL. HEPH., *ap.* WESTERMANN, p. 197, A; LYC., *Alex.*, 927 e s. V. J. BERARD, *Colonisation*..., p. 359 e s.

O herói não acedeu de imediato, oferecendo alguma resistência. Sobre os meios utilizados por Ulisses para o convencer ou coagir, as tradições divergem, ao sabor da fantasia ou das intenções dos poetas que trataram a lenda. Em Eurípides, por exemplo, Ulisses e Diomedes apoderam-se astuciosamente das cobiçadas armas e forçam desse modo o herói, desarmado, a acompanhá-los até Tróia. Segundo outras versões, convencem-no mediante um discurso em nome do patriotismo e do dever, ou prometem curá-lo entregando-o aos cuidados dos filhos de Asclépio, médicos das tropas gregas. Contava-se de facto que, ao chegar a Tróia, Filoctetes fora tratado por Podalírio ou por Macáon (v. *Podalírio*, *Macáon*). Em breve ficou restabelecido, podendo participar na peleja. Acerca da cura, correu ainda uma versão segundo a qual Apolo o teria mergulhado num sono profundo enquanto Macáon lhe examinava a ferida, cortava os tecidos mortos, lavava a chaga com vinho e lhe aplicava por fim uma planta medicinal cujo segredo fora transmitido a Asclépio pelo Centauro Quíron. Filoctetes terá sido assim o primeiro paciente a ser submetido a uma intervenção cirúrgica sob anestesia.

Atribui-se frequentemente a este arqueiro a morte de Páris. O episódio é, contudo, contrariado pela profecia de Heleno (v. *supra*), dado que este foi capturado, segundo a lenda, depois da morte de Páris. Para obviar a este contra-senso, dizia-se que a profecia que ordenara a vinda de Filoctetes para Tróia fora feita por Calcas e não por Heleno — assim a sua vinda ocorrera antes da morte de Páris.

Após a tomada de Tróia, Filoctetes regressou a casa. Na *Odisseia*, figura entre os heróis privilegiados a quem o destino concedeu um feliz regresso. Mas algumas lendas posteriores relatavam novas aventuras desta personagem, que teria fundado diversas cidades no Sul da Itália, na região de Crotona. Atribuía-se-lhe em particular a fundação de Petélia e de Macala, onde consagrou a Apolo as flechas de Héracles. Morreu em combate, quando se aliou aos Ródios comandados por Tlepólemo, que estavam a ser atacados por indígenas bárbaros. Vários eram os locais onde se mostrava o seu túmulo.

FILOLAU. (Φιλόλαος.) Filolau é um dos quatro filhos de Minos e da ninfa Pária (v. quadro 30, p. 312). Atacou os companheiros de Héracles, quando este passou pela ilha de Paros, na sua expedição contra as Amazonas (v. *Héracles*).

FILOMELA. (Φιλομήλα.) Filomela é uma das duas filhas de Pandíon, rei de Atenas. Tinha uma irmã chamada Procne (v. quadro 12, p. 144). Por andar em guerra contra o tebano Lábdaco, seu vizinho, por uma questão de fronteiras, Pandíon chamou em seu auxílio o trácio Tereu, filho de Ares, graças ao qual obteve a vitória. Deu então ao aliado a mão de sua filha Procne. Algum tempo depois, Procne deu à luz um filho, a quem foi dado o nome de Ítis. Mas Tereu apaixonou-se por Filomela, sua cunhada; violou-a, e para que ela se não pudesse queixar, cortou-lhe a língua. Mas a jovem descobriu uma maneira de contar tudo à irmã: desenhou num bordado todas as suas desgraças. Procne decidiu então punir Tereu. Matou para isso o seu próprio filho, Ítis, cozeu-o, e serviu esta carne ao marido, sem que este suspeitasse de que iria comer o filho. Depois, Procne fugiu para longe com Filomela. Quando Tereu se apercebeu de tão grande crime, pegou num machado e perseguiu as duas irmãs. Encontrou-as em Dáulis, na Fócida. Ambas imploraram aos deuses que as salvassem. Estes tiveram pena delas e transformaram-nas em pássaros: Procne passou a ser um rouxinol e Filomela uma andorinha. Tereu sofreu também uma metamorfose, sendo transformado em poupa.

Existiam várias versões desta lenda. Segundo uma delas, seria Filomela a esposa de Tereu, invertendo-se, por conseguinte, os papéis das duas irmãs. É esta a variante geralmente adoptada pelos poetas romanos, que fazem de Filomela o rouxinol e de Procne a andorinha — o que parece aliás adequar-se mais à etimologia do nome *Filomela*, que evoca a ideia de música.

FILOMELIDES. (Φιλομηλείδης.) Filomelides é um rei de Lesbos que obrigava os viajantes que passassem pela ilha a lutar com ele, matando todos os que ia derrotando. Assim aconteceu até ao dia em que ele próprio foi morto por Ulisses ou, segundo outra versão, por Ulisses e Diomedes, durante uma escala da frota grega que seguia rumo a Tróia.

FILOMELO. (Φιλόμηλος.) Filomelo é um dos filhos de Iásion e de Deméter, irmão de Pluto. A ele se atribui a invenção do processo de prender uma junta de bois a um carro. Como recompensa, a mãe transformou-o numa constelação — a do Boieiro.

Filomelo é o pai de Pários, o herói epónimo de Pário.

FILOTES. (Φιλότης.) Filotes, a personificação da Ternura, é apresentada por Hesíodo como uma das filhas da Noite. É irmã de Ápate (o Engano), Geras (a Velhice) e Éris (a Discórdia).

***FILÓTIS.** (Φιλωτίς.) Após a tomada de Roma pelos Gauleses, a cidade estava enfra-

---

Filolau: Apollod., *Bibl.*, II, 5, 9; III, 1, 2.

Filomela: Pausan., I, 41, 8 e s.; X, 4, 8 e s.; Apollod., *Bibl.*, III, 14, 8; Eust., *ad Hom.*, p. 1875, 32; Conon, *Narr.*, 31; Tzetz., *Chil.*, VII, 459 e s.; Hyg., *Fab.*, 45; Ov., *Met.*, VI, 426 e s.; Serv., *ad Virg.*, *Buc.*, VI, 78 Lact. Plat., *ad* Stat., *Theb.*, V, 120; Soph., *Tereus* (trag. perdida); v. Pearson, *Frag. of Soph.*, II, p. 221 e s.; cf. L. Gernet, «La Légende de Procné...», *Mél Navarre*, II, pp. 207-217.

Filomelides: *Od.*, IV, 343 e escól. *ad loc*; XVII, 134 e escól. *ad loc*; Eust., *ad Hom.*, 1498, 62 e s.

Filomelo: Hyg., *Astr. Poet.*, II, 4.

Filotas: Hes., *Theog.*, 224.

Filótis: Plut., *Romul.*, 29.

quecida e os Latinos, sob o comando de Lívio Postúmio, aproveitaram a ocasião para a atacar. O exército latino acampou perto de Roma e enviou uma embaixada a fim de pedir aos Romanos que entregassem as filhas e as viúvas para estreitar, segundo diziam, os laços ancestrais que ligavam as duas raças. Os Romanos hesitaram em aceder a esta proposta e não sabiam o que fazer, quando uma escrava chamada Filótis, ou Tutola, lhes sugeriu um hábil estratagema. Eles enviariam aos Latinos a própria Filótis e algumas belas escravas disfarçadas de mulheres livres. Durante a noite, ela acenderia um sinal luminoso; então os Romanos iriam armados e massacrariam o inimigo adormecido. Foi precisamente o que aconteceu. Filótis colocou uma lucerna numa figueira e cobriu a luz com uns panos, de modo que os Latinos a não vissem. Os Romanos saíram a toda a pressa da cidade e fizeram grande carnificina entre os Latinos. Em memória desta aventura, celebrava-se as Nonas Capratinas ou Nonas da Figueira. Nesse dia, era costume sair-se da cidade em grande alarido e desordem; as pessoas chamavam umas às outras toda a espécie de nomes; eram oferecidos banquetes às mulheres em cabanas de folhas de figueira. As escravas passeavam em liberdade e atiravam pedras umas às outras, em memória da participação da sua classe na luta contra os Latinos.

Outros antiquários romanos explicavam este rito como uma cerimónia realizada em memória dos acontecimentos que acompanharam a morte de Rómulo: a desordem do povo, no Campo de Marte (no local chamado «Paúl da Cabra», *Palus Caprae*, donde deriva a expressão Nonas Caprotinas, tendo o facto ocorrido nas Nonas de Julho) (v. *Rómulo*).

FINEU. (Φινεύς.) Fineu é o nome de vários heróis.

1. Um deles é um dos filhos de Licáon, rei da Arcádia. Morreu fulminado por um raio juntamente com os seus irmãos (v. *Licáon*).

2. Outro herói com o mesmo nome é o irmão de Cefeu, e tio de Andrómeda (v. *Andrómeda*, *Perseu*). Pertence, por conseguinte, à raça de Belo, mas esta genealogia não se coaduna com as diferentes versões da lenda, não sendo unanimemente apresentada por todos os autores. As diversas variantes apenas coincidem num aspecto: Fineu pretendia desposar a sobrinha e tentou promover uma conspiração contra Perseu, quando este conquistou o direito à mão da jovem (v. *Perseu*). Durante a batalha travada entre Perseu e os partidários de Fineu, no salão nobre do palácio de Cefeu, o tio de Andrómeda foi transformado em pedra, graças ao poder do olhar de Medusa, cuja cabeça Perseu lhe mostrou. O desfecho do episódio impedia, pois, que se identificasse este Fineu, irmão de Cefeu, com o Fineu que intervém na lenda dos Argonautas (v. *infra*). Contudo, para tornar possível tal identificação, altuns mitógrafos tardios afirmavam que Perseu apenas cegara Fineu, não lhe roubando a vida.

3. O mais célebre herói com o nome de Fineu é um rei da Trácia. A sua lenda, bastante complexa, apresenta numerosas variantes. Conta-se geralmente que este soberano, ao qual haviam sido conferidos poderes divinatórios, tinha um dia preferido a longevidade à faculdade da visão, pagando por uma longa vida o preço da cegueira. Ficara, desde então, cego e o Sol, indignado, enviara-lhe as Harpias (v. *Harpias*), génios alados que o atormentavam de todas as maneiras, roubando-lhe a comida, ou conspurcando-a sempre que ele tentava alimentar-se. Segundo outra versão, a punição infligida ao rei teria outra causa: abusando dos dons de adivinho, Fineu revelaria aos homens os desígnios dos deuses; dizia-se ainda que ele teria indicado a Frixo o caminho para a Cólquida, ou aos filhos de Frixo o percurso que os levaria de volta à Grécia (v. *Frixo*), incorrendo assim na ira divina.

Quando os Argonautas empreenderam a expedição rumo à Cólquida, foram consultar Fineu acerca da rota que deveriam seguir. O rei prometeu informá-los, mas quis primeiro que eles o livrassem das Harpias. Os dois filhos de Bóreas, Cálais e Zetes, empenharam-se desde logo na perseguição dos dois génios, conseguindo vencê-los (acerca desta lenda, v. *Boréadas* e *Harpias*).

Outra lenda, independente da anterior, embora com traços análogos, conta que Fineu desposou em primeiras núpcias a filha de Bóreas, Cleópatra (v. quadro 12, p. 144), da qual teve dois filhos (a quem a tradição atribui geralmente os nomes de Plexipo e Pandíon); repudiou-a contudo mais tarde, a fim de se casar com Ideia, filha de Dárdano (v. quadro 7, p. 112). Cheia de inveja dos enteados, esta levantou contra eles uma falsa acusação, declarando que eles haviam tentado violá-la. Fineu mandou, então, cegar os dois filhos, julgando-os culpados de tal crime. Segundo outra versão, teria sido a própria Ideia que lhes teria furado os olhos. Outra variante, embora mais rara, afirmava que Cleópatra, vendo-se repudiada, cegara os próprios filhos, para assim castigar Fineu.

Quando os Argonautas passaram pela corte deste rei, os Boréadas, que eram irmãos de Cleópatra, vingaram-se de Fineu, cegando-o por sua vez. Asclépio, entretanto, devolveu a vista aos dois jovens, sendo por isso punido por Zeus, que o fulminou.

As duas séries de lendas precedentes foram combinadas pelos mitógrafos, que contavam que Fineu havia sido castigado por Zeus devido ao facto de ter acusado injustamente os filhos e de os ter cegado sem provas suficientes. O rei fora, além disso, atormentado pelas Harpias, das quais teria sido salvo pelos Argonautas.

Fineu: 1) Apollod., *Bibl.*, III, 8, 1. **2)** Apollod., *Bibl.*, II, 1, 4; 4, 3: Ov., *Met.*, IV, 669 e s.; Aesch., *Supp.*, 317; cf. escól. *ad* Apol. Rh., *Arg.*, II, 178. **3)** Pausan., III, 18, 15; V, 17, 11; Hes., fr. 81-83; 170 (Rz); escól. *ad* Apol. Rh., *Arg.*, I, 211 e s.; II, 273 e s.; Serv., *ad Virg.*, *Aen.*, III, 209; Soph., *Ant.*, 969 e s.; e escól. ao v. 981; Apollod., *Bibl.*, I, 9, 21; III, 15, 2 e s.; Diod. Sic., IV, 43 e s.; Hyg., *Fab.*, 19.

FÍTALO. (Φύταλος.) Fítalo é um herói ático que vivia nas margens do Ilisso. Quando Deméter passou pela Ática em busca da filha, Fítalo acolheu-a em sua casa. Em recompensa, a deusa ofereceu-lhe uns pés de figueira, e os descendentes do herói, os Fitálidas, detiveram, durante muito tempo, o privilégio da cultura dessa árvore. Mais tarde, acolheram Teseu, quando ele regressou de Corinto, e purificaram-no, no altar doméstico, dos crimes que cometera matando Sínis e outros bandidos (v. *Teseu*). Em troca de tais serviços, os Fitálidas passaram a desfrutar de certos privilégios em Atenas, durante a celebração das festas em honra de Teseu.

FIX. (Φίξ.) Em Hesíodo, é este o nome da Esfinge (v. *Esfinge*).

FLEGETONTE. (Φλεγέθων.) O Flegetonte é um dos rios dos Infernos e une-se ao Cocito para formar o Aqueronte. No ponto de confluência dos dois cursos de água, havia, segundo a tradição, uma grande cascata. O nome deste rio, relacionado pelos Gregos com o verbo que significa «queimar», sugeria que se tratava de um rio de fogo. Daí advém o nome de Piriflegetonte, que por vezes se lhe atribuiu (o que significa «o Flegetonte de fogo»).

FLÉGIAS. (Φλεγύας.) Flégias é o herói epónimo dos Flégias, a que já a *Ilíada* alude. É filho de Ares e de Crise, uma das duas filhas de Halmo (v. quadro 22, p. 244). É geralmente considerado um herói tessálio, embora os Flégias sejam igualmente associados à Beócia, à Fócida e à Arcádia. A tradição atribui-lhe vários filhos, entre os quais se destaca Ixíon (v. outras genealogias, *s.u. Ixíon*; cf. quadro 25, p. 268) e Corónis, mãe de Asclépio.

Segundo certas tradições locais, Flégias sucedeu a Etéocles no trono de Orcómeno. Aí fundara uma cidade nova chamada Flégia, reunindo à sua volta os mais belicosos de todos os gregos. Morreu sem deixar descendentes. O seu sucessor foi Crises, seu sobrinho, filho de Posídon e de Crisogenia (filha de Halmo). Flégias fez uma viagem ao Peloponeso, a fim de espiar a região e preparar uma expedição de rapina. Teria sido durante esta viagem que a sua filha Corónis fora seduzida por Apolo, o que explicava o nascimento de Asclépio em Epidauro (v. *Asclépio*).

A lenda fala ainda de uma tentativa de Flégias para incendiar o templo de Apolo em Delfos, provavelmente para se vingar do deus, em virtude de ele lhe ter matado a filha em consequência da infidelidade desta. Virgílio apresenta Flégias nos Infernos sofrendo a punição devida à sua impiedade.

Apolodoro conta que o rei foi morto em Eubeia, mas talvez se trate, de facto, de uma cidade com este nome situada na Beócia, como Orcómeno. Os assassinos teriam sido Lico e Nicteu, que após o crime se exilaram em Tebas (v. *Lio* e *Nicteu*). Desconhece-se quais teriam sido as razões que motivaram o homicídio.

FLIANTE. V. *Flias.*

FLIAS. (Φλίας.) Flias é um filho de Dioniso e da filha de Mínias, Aretírea (v. quadro 22, p. 244). Figura, na genealogia dos reis de Sícion apresentada por Pausânias (v. quadro 24, p. 265), como marido de Ctonófila, de quem teve um filho chamado Androdamante. Por vezes, Ctonófila é apresentada não como mulher de Flias mas como sua mãe. Flias é um dos Argonautas e é considerado o epónimo da cidade de Fliunte no Peloponeso.

FLÓGIO. (Φλόγιος.) Um dos heróis com este nome era o filho do Tessálio Deímaco. Irmão de Deileonte e Autólico, com eles acompanhou Héracles na expedição contra as Amazonas. Separaram-se, contudo, do herói nas proximidades de Sinope, onde permaneceram durante algum tempo, até à passagem dos Argonautas que os levaram consigo, acedendo às suas súplicas.

* **FLORA.** (*Flora.*) Flora é uma potência da natureza que faz florir as árvores e preside a «tudo o que floresce». A lenda pretende que Flora foi introduzida em Roma (tal como *Fides*) por Tito Tácio, juntamente com outras divindades sabinas. Era honrada quer por populações itálicas não latinas como por latinas. Algumas populações sabinas tinham-lhe consagrado um mês, o correspondente a Abril do calendário romano.

Ovídio relaciona com o nome de Flora um mito helénico, supondo que, na realidade, ela era uma ninfa grega denominada Clóris. Num dia de Primavera em que Flora errava pelos campos, o deus do vento, Zéfiro, viu-a, apaixonou-se por ela e raptou-a. Desposou-a, em seguida, num casamento público. Zéfiro concedeu a Flora, como recompensa e por amor, o reinar sobre as flores, não só sobre as dos jardins como, também, sobre as dos campos cultivados. O mel é considerado como um dos presentes que Flora ofertou aos homens, tal como as sementes das inumeráveis variedades de flores. Ao narrar esta lenda, de que é talvez o inventor, Ovídio refere explicitamente o rapto de Orítia por Bóreas. Este rapto é, sem

---

Fítalo: PAUSAN., I, 37, 2-4; PLUT., *Thes.*, 12.

Fix: HES., *Theog.*, 326; cf. PLAT., *Crat.*, 414a.

Flegetonte: *Od.*, X, 513; escól. ao v. 154; LUCIAN., *D. Mort.*, XX, 1; EUST., *ad Hom.*, 1295, 52; 1667, 39; VIRG., *Aen.*, VI, 265, e SERV., *ad loc.*; 550 e s.

Flégias: *Il.*, XIII, 301 e s.; *Hymn. hom. Asclep.*; PIND., *Pyth.*, III, 8 e s.; APOLLOD., *Bibl.*, II, 26, 4; IX, 36, 1; STEPH. BYZ., *s.u.*; escól. *ad* PIND., *Ibid.*, II, 39, escól. *ad Il.*, I, 260; *ad* APOL. RH., *Arg.*, I, 57; 735; III, 62; *ad* STAT., *Theb.*, I, 713; IV, 539; SERV., *ad VIRG.*, *Aen.*, VI, 618 e VIRG., *ibid.*, e s.; PAUSAN., IX, 36, 1 e s.; Cf. S. REINACH, art. cit., *s.u. Sísifo*, e F. VIAN, cit., *s.u. Mínia*.

Flias: PAUSAN., II, 6, 6; 12, 6; STEPH. BYZ., *s.u.* Φλιοῦς; APOL. RH., *Arg.*, I, 115, e escól. *ad loc.*

Flógio: APOL. RH., *Arg.*, II, 955 e s.; VAL. FLAC., *Arg.*, V, 115; cf. HYG., *Fab.*, 14.

Flora: OV., *Fast.*, V, 20 e s.; *C. I. L.*, I, 603; VAR., *LL*, V, 74; VII, 45; *R. r.*, I, 1, 6; PLIN., *N. H.*, XVIII, 29, 284 e s.

dúvida, o seu modelo, mas acrescenta-lhe um episódio singular; é Flora quem está na origem do nascimento de Marte. Juno, irritada com o nascimento de Minerva, saída expontaneamente da cabeça de Júpiter, quis conceber um filho sem o auxílio de um elemento masculino. Dirigiu-se a Flora, que lhe deu uma flor cujo simples contacto era suficiente para fecundar uma mulher. Foi assim que Juno, sem se unir a Júpiter, deu à luz o deus cujo nome é o do primeiro mês da Primavera.

Flora tinha um sacerdote particular em Roma, um dos doze flâmines menores, que eram considerados como instituídos por Numa. Celebravam-se em sua honra as *Floralia*, caracterizadas por jogos em que participavam as cortesãs.

FOBO. (Φόβος.) Fobo é a personificação do Medo. Acompanhava Ares no campo de batalha. Como o nome em grego é do género masculino, Fobo é um espírito do sexo masculino. Segundo a lenda, é filho de Ares e irmão de Deimo. Nenhuma lenda se conta a seu respeito.

FOCO. (Φῶκος.) **1.** Conta Plutarco que um certo Foco, natural de Glissas, na Beócia, tinha uma filha chamada Calírroe. Faziam-lhe a corte trinta pretendentes, mas o pai ia adiando sucessivamente o dia de escolher um deles para genro. Finalmente, declarou que, a conselho do oráculo de Delfos, seriam as armas que iriam decidir entre os candidatos. Estes pegaram então em armas e mataram-no. A jovem fugiu. Como os pretendentes a perseguissem, houve uns camponeses que a esconderam numa meda de trigo. Durante a festa federal da Beócia, Calírroe aproximou-se, como suplicante, do altar de Atena Itónia, e acusou os pretendentes do assassínio do seu pai. Os culpados fugiram para Orcómeno e depois para Hipotas, mas os Beócios cercaram-nos, forçando-os a renderem-se. Foram, então, lapidados. Na véspera da sua rendição, ouviram uma voz, vinda das montanhas, que gritava: «Estou aqui.» Era a voz de Foco, que lhes anunciava o castigo.

2. Foco é também o nome do herói epónimo da Fócida, acerca do qual existem várias tradições. Segundo certas versões, este Foco seria um coríntio, filho de Órnito, um descendente de Sísifo, pertencente, segundo a lenda, à raça de Posídon. Estabeleceu-se numa região próxima do Parnasso, que tomou desde então o nome de Fócida. Contava-se também que Órnito fora viver para o local que um dia se chamaria Fócida, onde lutara contra os Locros. Mais tarde, ter-se-ia retirado, deixando o trono ao filho (v. *Órnito*). O mesmo Foco passava ainda por marido de Antíope. Dioniso, revoltado com o castigo de Dirce, acometera a jovem de loucura e ela andava errante pela Grécia; Foco encontrou-a, curou-a e fez dela sua esposa. O túmulo de ambos estava tradicionalmente situado em Titórea.

3. Outra lenda relativa a Foco, epónimo da Fócida, apresenta o herói como filho de Éaco e de Psâmate (v. quadro 31, p. 352), meio irmão de Peleu e de Télamon, filhos de Éaco e de Endeis. O nome foi-lhe posto em memória da metamorfose da mãe, uma filha de Nereu, irmã de Tétis. Para escapar aos abraços de Éaco, Psâmate que, como todas as divindades marinhas, tinha o dom da metamorfose, transformou-se em foca. Tal, porém, não impediu Éaco de atingir os seus fins e de lhe dar um filho. Ao atingir a idade adulta, Foco deixou Salamina, terra do seu pai, e navegou rumo ao centro da Grécia. Aí conquistou uma região a que chamou *Fócida*. Aliou-se, então, a um indígena, Jaseu (de quem nada mais se sabe) e desposou Astéria, filha de Déion e de Diomedes, descendente, pelo seu avô Xuto, da raça de Deucalião (v. quadro 8, p. 116). Dessa união nasceram dois gémeos: Criso e Panopeu. Mais tarde, Foco voltou para Egina, onde foi morto pelos dois irmãos, que terão agido movidos pela inveja ou instigados pela mulher legítima de Éaco (v. *Peleu* e *Télamon*). Psâmate vingou a morte do filho, enviando um lobo para dizimar os rebanhos de Peleu, na Tessália, onde se tinha refugiado, depois de ter sido exilado pelo pai. Perante as súplicas de Tétis, Psâmate consentiu contudo em libertar Peleu de tal praga, transformando o animal em pedra.

A tradição situava o túmulo de Foco em Salamina, ao lado do de Éaco.

FOLO. (Φόλος.) Folo era um Centauro que vivia em Fóloe. Durante a caça ao javali de Erimanto, Héracles foi visitar Folo, filho de Sileno e de uma ninfa dos freixos (contrariamente à genealogia corrente dos Centauros, que descendem de Ixíon, v. *Ixíon*). Folo recebeu-o hospitaleiramente, serviu-lhe carne cozinhada, se bem que ele próprio a comesse apenas crua. Héracles pediu-lhe vinho. O anfitrião respondeu que não havia mais do que um jarro e que este era propriedade comum de todos os Centauros. O herói disse-lhe então que abrisse o recipiente, sem nada recear. Ele assim fez. Mas os Centauros, ao cheiro do vinho, acorreram à gruta de Folo, armados de rochedos, árvores e tochas. Héracles desencadeou uma luta contra eles (acerca deste episódio, v. *Héracles*) e Folo encontrou nela, acidentalmente, a morte. Enquanto enterrava os seus semelhan-

---

Fobo: *Il.*, IV, 349 e s.; XIII, 298 e s.; HES., *Theog.*, 934.

Foco: **1)** PLUT., *Narrat.*, *Am.*, IV, p. 774. **2)** STEPH. BYZ., *s.u.*; escól. *ad Il.*, II, 517; PAUSAN., II, 4, 3; IX, 17, 4; 25, 3; X, 1, 1; 4; 7; 32, 6. **3)** HES., *Theog.*, 1003 e s.; escól. *ad Il.*, II, 517; PAUSAN., II, 29, 3 e s.; X, 1, 1; 30, 4; TZETZ., *ad Lyc.*, 53; 175; 939; escól. *ad* EUR., *Andr.*, 687; APOLLOD., *Bibl.*, III, 12, 6; PIND., *Nem.*, V, 12; e escól. *ad loc.* e ao v. 25; OV., *Met.*, VII, 476 e s.; escól. *ad* APOL. RH., *Arg.*, I, 207; EUR., *Andr.*, 687 e s.; DIOD SIC., IV, 72.

Folo: APOLLOD., *Bibl.*, II, 5, 4 e s.; SOPH., *Tr.*, 1095 e s.; DIOD. SIC., IV, 12; TZETZ., *Chil.*, II, 268 e s.; HYG., *Fab.*, 30; THEOCR., *Id.*, VII, 149 e s.; SERV., *ad VIRG.*, *Aen.*, VIII, 294; ATHEN., XI, 499 e s. V. ainda *Héracles*, e DUMÉZIL, *Le problème des Centaures*.

tes, arrancou uma flecha de uma ferida, perguntando-se como um objecto tão pequeno podia causar efeitos tão nefastos. Absorto em tais pensamentos, deixou cair a seta no pé e ficou ferido de morte. Héracles celebrou em sua honra funerais esplendorosos.

* **FOME.** (*Fames*.) *Fames* é a alegoria da Fome. O seu nome é a tradução de *Limos*, uma das filhas da Discórdia (*Éris*) de que fala Hesíodo. Virgílio apresenta-a sediada no «vestíbulo» dos Infernos, ao lado da Pobreza. Ovídio carrega o quadro e mostra-a habitando a Cítia, uma região desolada, onde a Fome ceifa sem cessar uma vegetação rara. É ela quem se apodera de Erisícton a pedido de Hera e o conduz à morte (v. *Erisícton*).

* **FONTE.** (*Fons*.) *Fons*, também denominada *Fontus* (Fonto), é um deus romano relacionado com as fontes. É considerado filho de Jano, mas não é interveniente em nenhuma das lendas conservadas. Tinha um templo em Roma, talvez nas proximidades da *Porta Fontinalis* (porta do muro de Sérvio, a norte do Capitólio). Mostrava-se também um altar consagrado a Fonte junto do Janículo, próximo do suposto túmulo de Numa. A festa de *Fons* era a das nascentes e denominava-se *Fontinalia*.

FORBAS. (Φόρβας.) Forbas é o nome de grande número de heróis, sendo os principais os seguintes:

1. O mais célebre é o herói tessálio da raça dos Lápitas. É, por vezes, identificado como filho de Lápitas e de Orsínome (v. quadro 25, p. 268); outras versões apresentam-no como filho de Tríopas (filho de Lápitas), que é, segundo a genealogia precedente, seu irmão (v. *Tríopas*). Viveu inicialmente na Tessália, na planície do Dóctio; daí emigrou para Cnido ou para Rodes, em companhia de Periergo, seu irmão. Estabeleceu-se na região de Iáliso, enquanto o irmão se fixou em Camiro.

Tal como a maioria das lendas tessálicas, a de Forbas estendeu-se ao Peloponeso. Contava-se que ele, o filho de Lápitas, emigrara da Tessália, indo estabelecer-se em Óleno, na Élida. Aí, o rei Alector, temendo o poder de Pélops, pediu-lhe auxílio, dando-lhe em troca metade do seu reino. Forbas teve dois filhos — Augias e Actor, que, após a sua morte, partilharam o poder sobre a Élida. Contava-se ainda que a aliança de Alector e Forbas havia sido selada por um duplo casamento: Alector desposara uma filha de Forbas, chamado Diogeneia, e teria dado ao seu aliado a mão de Hirmine, sua irmã.

2. Dever-se-á talvez distinguir do anterior um herói com o nome de Forbas, filho de Argo, que figura numa genealogia argiva apresentada por Pausânias (v. quadro 19, p. 239). Teve um filho chamado Tríopas e era casado com Eubeia, de quem teve também uma filha, Messene, que algumas tradições consideram sua neta (v. *Messene*).

3. Existiu também um flégia chamado Forbas, que vivia em Pânope, na Fócida. Atacava os transeuntes que passassem na estrada que conduzia a Delfos, obrigando-os a lutar consigo. Os seus fortes punhos davam-lhe a vitória e com ela o privilégio de matar os vencidos. Assim aconteceu até ao dia em que Apolo, escondendo a sua identidade sob o frágil aspecto de uma criança, o desafiou e o venceu.

4. Também se chamava Forbas o herói que ensinou a Teseu a técnica de conduzir um carro. Atribui-se-lhe, por vezes, a invenção da luta, embora tal honra seja geralmente concedida a Teseu.

FÓRCIS. (Φόρκυς.) Fórcis é uma divindade marítima pertencente à primeira geração divina. Desde a *Teogonia* hesiódica que é geralmente identificado como filho de Geia e de Ponto (a Terra e o Mar), irmão de Nereu, Taumas, Euríbia e Ceto. Desposou a sua própria irmã, Ceto, de quem teve vários filhos, nomeadamente as três «velhas», as «Fórcides», que figuram na lenda de Perseu (v. *Perseu* e *Greias*). Atribui-se-lhe, por vezes, a paternidade de Cila, o célebre monstro marinho (v. *Cila*). Testemunhos dispersos aliam ainda a Fórcis outros descendentes, além de Cila e das Greias: Equidna e as Hespérides. Algumas tradições apresentam-no como avô das Euménides.

Fórcis habitaria em Arímnio, na costa da Acaia, na ilha de Cefalénia, ou mesmo em Ítaca. Uma lenda romana identifica-o como um antigo rei da Sardenha e da Córsega, que teria sido vencido por Atlas num combate naval. Teria então morrido afogado e os seus amigos divinizaram-no, venerando-o como um deus do mar.

FÓRMION. (Φορμίων.) Fórmion foi um espartano que comprou a casa outrora habitada por Tíndaro. Um dia, os Dioscuros, divinizados, procuraram-no, apresentando-se como dois viajantes vindos de Cirene. Pediram-lhe que os albergasse e que lhes desse, muito particularmente, um determinado quarto — aquele onde tinham passado a sua infância. Fórmion pôs à sua disposição toda a casa, menos a dependência a que eles se referiam, por

---

Fome: VIRG., *Aen.*, VI, 275; SENEC., *Herc. F.*, 690; SIL. ITAL., XIII, 581; OV., *Met.*, VIII, 799 e s.; cf. HES., *Theog.*, 227.

Fonte: ARNOB., *Adv.Gent.*, III, 29; MART. CAP., I, 46; VAR., *LL*, VI, 22; CIC., *de nat. D.*, III, 20, 52; *de leg.*, II, 22, 56.

Forbas: 1) DIOD. SIC., IV, 69; V. 58; 61; PAUSAN., V, 1, 11; VII, 26, 12; HYG., *Astr. Poet.*, II, 14; ATHEN., 262 e s.; cf. CALLIM., *H. Dem.*, 24; EUST., *ad Hom.*, p. 303, 8; escól. *ad* APOL. RH., *Arg.*, I, 172; APOLLOD., *Bibl.*, II, 5, 5. **2)** PAUSAN., II, 16, 1; IV, 1, 1; escól. *ad* EUR., *Or.*, 932. **3)** Escól. *ad Il.*, XXIII, 660; cf. OV., *Met.*, XI, 413. **4)** PAUSAN., I, 39, 3; EUR., *Supp.*, 680.

Fórcis: HES., *Theog.*, 270; 333 e s.; APOLLOD., *Bibl.*, I, 2, 6; SERV., *ad VIRG.*, *Aen.*, V, 824; X, 388; LYC., *Alex.*, 47 e s.; APOL. RH., *Arg.*, IV, 828.

Fórmion: PAUSAN., III, 16, 2 e s.

se tratar dos aposentos da filha. Durante a noite, a jovem desapareceu com as suas aias. No dia seguinte, também os Dioscuros haviam abandonado o palácio, mas no quarto da jovem foi encontrada a imagem dos dois hóspedes e uma mesa em cujo tampo havia *silphion* (planta aromática que era a principal produção de Cirene).

* **FÓRNACE.** V. *Fórnax.*

* **FÓRNAX.** (*Fornax.*) Fórnax é a deusa do forno onde se coze o pão. Preside à festa dos *Fornacalia.*

FORONEU. (Φορωνεύς.) Foroneu foi, segundo as lendas do Peloponeso, o primeiro homem do mundo. Era filho do deus-rio Ínaco e da ninfa Mélia, cujo nome evoca o dos freixos (v. *Melíades*). Tinha fois irmãos: Egialeu e Fegeu (v. quadro 19, p. 239). Um dia, foi escolhido como árbitro da contenda entre Hera e Posídon, que rivalizavam pela posse do Peloponeso, e decidiu a favor de Hera. Contava-se ainda que tinha sido ele o primeiro a ensinar aos homens o modo de viver em comunidade e as múltiplas vantagens do fogo. Atribuía-se-lhe também a introdução do culto de Hera Argiva no Peloponeso.

As tradições divergem a respeito do nome da sua esposa: ora é chamada Cerdo, ora Telédice, ora Pito. A lista dos filhos apresenta também inúmeras variantes, embora sejam geralmente mencionados dois nomes: Car, o primeiro rei de Megra, e a Argiva Níobe (v. *Níobe*). A eles se acrescentam por vezes Íaso, Lirco, Pelasgo e Agenor.

* **FORS.** (*Fors.*) *Fors* (Acaso) é o princípio masculino do Acaso. Opõe-se, assim, à Fortuna, que é o princípio feminino correspondente e com a qual forma um par. Os dois nomes aliam-se na forma *Fors Fortuna*, que acaba por designar uma única divindade, considerada globalmente nos seus dois aspectos.

* **FORTUNA.** (*Fortuna.*) Mais do que *Fors*, a Fortuna foi respeitada na religião romana da época clássica. Identificava-se, com efeito, com a Tique grega. Era representada com o corno da abundância, com um lema (porque é ela quem «pilota» a vida dos homens), umas vezes sentada, outras de pé, quase sempre cega. Atribui-se a introdução do seu culto a Sérvio Túlio, o rei que, mais do que qualquer outro, foi o favorito da Fortuna. Contava-se até que a tinha amado, embora fosse apenas um mortal, e que costumava entrar em sua casa por uma janela pequena. Encontrava-se uma estátua de Sérvio no templo desta deusa.

A deusa Fortuna era invocada sob muitos nomes distintos: *Redux* (para pedir o regresso de uma viagem), *Publica, Huiusce Diei* (a Fortuna particular do dia presente), etc. Sob o Império, cada imperador tinha a sua Fortuna. Pouco a pouco, e por influência helénica, a Fortuna assimilou outras divindades, nomeadamente Ísis (v. *Tique*).

FÓSFORO. (Φωσφόρος.) Fósforo é o nome com que por vezes se designa a Estrela da Manhã, geralmente chamada Heósforo (v. *Heósforo*). Traduzido em latim, o seu nome é Lúcifer, muitas vezes usado na poesia como personificação do astro que anuncia a Aurora e traz a luz do dia.

FRÁSIO. (Φράσιος.) Frásio era um adivinho, natural de Chipre. Foi para o Egipto numa altura em que a fome e a miséria grassavam na região e predisse ao rei, Busíris, que a situação terminaria se fosse anualmente sacrificado um estrangeiro. O monarca acatou o conselho, começando por imolar o próprio Frásio (v. também *Héracles* e *Busíris*).

FRÍGIO. (Φρύγιος.) Frígio é um rei de Mileto, sucessor de Fóbio, que lhe deixou o trono após a morte de Cleobeia (acerca desta lenda, v. *Anteu*). Quando Piéria, filha de Fites de Miunte, veio a Mileto por ocasião de uma festa em honra de Ártemis, Frígio apaixonou-se pela jovem e desposou-a, pondo assim termo à guerra que opunha os habitantes de Minute aos Milésios.

FRIXO. (Φρίξος.) Frixo é um dos filhos de Atamante e de Néfele, irmão de Hele. A conselho da segunda esposa, Ino, Atamante quis sacrificar os seus dois filhos (Frixo e Hele) a Zeus Lafístio. O deus não aceitou contudo a oferenda, enviando em auxílio das crianças um carneiro alado de velo de ouro que os salvou do sacrifício. Segundo outra versão, teria sido Néfele quem teria dado aos filhos esse carneiro maravilhoso, a fim de lhes salvar a vida. Ela própria teria recebido o animal das mãos de Hermes (v. *Néfele* e *Demódice*).

Montados no carneiro alado, Frixo e Hele deixaram Orcómeno e voaram para oriente. Durante o percurso, Hele caiu ao mar e afogou-se (v. *Hele*), mas o irmão chegou são e salvo à Cólquida, ao reino de Eetes. Este acolheu-o da melhor maneira e deu-lhe mais tarde a mão de sua filha, Calcíope; em troca, Frixo sacrificou o carneiro a Zeus e ofereceu

---

Fórnax: Ov., *Fast.*, II, 525 e s.; Lact., *Div. Inst.*, I, 20, 35; Plin., *N. H.*, XVIII, 2, 8.

Foroneu: Plat., *Ti.*, 22a (Acusilaus, fr. 20 Diels); Clem. Al., *Strom.*, I, 102; Pausan., II, 15, 5; 19, 5; Apollod., *Bibl.*, II, 1, 1; III, 1, 1; escól. *ad* Eur., *Or.*, 933; Hyg., *Fab.*, 143; Tzetz., *ad Lyc.*, 177.

Fors: Cic., *de leg.*, II, 11, 28.

Fortuna: Ov., *Fast.*, VI, 573 e s.; Plut., *De Fort.*, *Rom.*; *Quaest. Rom.*, 36. Cf. G. Dumézil, *Les Mythes Romains*, III, *Servius Tullius*; A. Passerini, «Il concetto antico di Fortuna» *Ph.*, 1935, pp. 90-97.

Fósforo: Ov., *Met.*, IV, 628; *Her.*, XVII, 112; Hyg., *Fab.*, 65; 161.

Frásio: Apollod., *Bibl.*, II, 5, 11; Hyg., *Fab.*, 55; Ov., *Ars Am.*, I, 649.

Frígio: Polyaen., VIII, 35; Plut., *De uirt. mul.*, XVI; cf. Parthen., *Erot.*, 14.

Frixo: Apol. Rh., *Arg.*, II, 1140-1156; escól. *ad Il.*, 1144; Herod., VII, 197; Palaeph., *Incr.*, 31; Pausan., IX, 34, 5; Apollod., *Bibl.*, I, 9, 1; 16; 21; Hyg., *Fab.*, 1 e s.; 12; 14; 21; 22; 188; 245; Arist., *Poet.*, II, 20; Eratosth., *Cat.*, 19.

ao rei o velo de ouro. Eetes consagrou-o a Ares, prendendo-o a um carvalho do bosque sagrado daquele deus. Seria este velo o alvo da expedição dos Argonautas. De Calcíone teve Frixo vários filhos, entre os quais se destacam: Argo, Melas, Frôntis e Citissoro. Segundo uma das versões da lenda, o herói teria passado toda a sua vida no palácio de Eetes, onde teria morrido em idade avançada, e os filhos teriam regressado a Orcómeno, ao reino que lhes pertencia por direito (v. também *Présbon* e quadro 25, p. 268). De acordo com outra variante da tradição, Eetes teria posto fim à vida de Frixo, em virtude de um oráculo lhe ter pressagiado a morte às mãos de um filho de Éolo. Esta versão, narrada por Higino, pertence sem dúvida a uma reformulação trágica da lenda. O mesmo texto conta que Frixo e Hele, após terem sido salvos do sacrifício, haviam sido acometidos de loucura por obra de Dioniso, em virtude de terem desejado punir Ino. Segundo esta versão, Néfele ter-lhes-ia dado o carneiro alado, no momento em que percorriam, enlouquecidos, os bosques.

FRÓNIME. (Φρονίμη.) Frónime é a mãe de Bato, o fundador da colónia de Cirene. Era filha do Cretense Etearco, rei da cidade de Axo, em Creta. A madrasta acusou-a de levar uma vida devassa, a fim de com tal calúnia levar Etearco a repudiar a filha. Assim aconteceu: o rei acreditou em tudo quanto lhe disse a esposa e obrigou um dos amigos, um comerciante de Tera chamado Témison, a jurar que obedeceria a todas as suas vontades. Témison jurou e o rei pediu-lhe então que levasse consigo Frónime e a afogasse no mar alto. Para não perjurar, o comerciante levou a princesa, mas não quis matá-la, limitando-se a mergulhá-la nas águas, para depois a salvar. Ao chegar a Tera, deu-a em casamento a um nobre chamado Polimnesto de quem ela teve um filho a que foi dado o nome de Bato.

FTIO. (Φθῖος.) Ftio é o herói epónimo da Ftiótida, na Tessália. A sua genealogia é traçada de diversos modos: ora é considerado como filho de Licáon, rei da Arcádia, ora como um dos filhos de Posídon e da ninfa tessália Larissa (sendo, neste caso, irmão de Aqueu e de Pelasgo); ora é, ainda, apresentado como um dos filhos de Aqueu, que desposou Crisipe, filha de Iro, de quem teve um filho chamado Hélen, que fundou a cidade de Hélade, na Tessália. Outras genealogias relacionam Ftio com os epónimos das principais raças gregas.

FTONO. (Φθόνος.) Ftono é a personificação da Inveja. Tal como a maioria das divindades menores cuja personalidade mal se distingue do nome, Ftono não protagoniza nenhuma lenda particular.

* **FÚRIAS.** (*Furies.*) As Fúrias são génios do mundo infernal nas crenças populares romanas primitivas. Foram muito rapidamente assimiladas às Erínias gregas, de cujos mitos se apropriaram.

* **FURRINA.** (*Furrina.*) A ninfa Furrina é a divindade de uma fonte e de um bosque sagrado, situados na margem esquerda do Tibre, junto do Janículo. O seu culto é, na origem, obscuro; na época republicana, é considerada como uma das Fúrias, mas, pouco a pouco, este santuário caiu em desuso e foi ocupado por Sírios, que nele introduziram as suas próprias práticas religiosas.

Frónime: HEROD., IV, 154 e s.; SUID., *s.u.* Βάττος.

Ftio: APOLLOD., *Bibl.*, III, 8, 1; TZETZ., *ad Lyc.*, 481; DION. HAL., I, 17; EUST., *ad Hom.*, p. 320, 24; STEPH. BYZ., *s.u.* Φθία, Ἕλλας; SERV., *ad VIRG.*, *Aen.*, II, 197; HEROD., II, 98.

Ftono: EUR., *Tr.*, 768 e s.; DEMOSTH., XXV, 52; LUCIAN., *Cal. non temere cred.*, 5.

Fúrias: CIC., *de nat. D.*, III, 18, 46; DION. HAL., II, 75; MART. CAP., II, 164.

Furrina: VAR., *LL*, V, 84; VI, 19; VII, 45; CIC., *de nat. D.*, III, 46; PLUT., *C. Graco*, 17 (identificação com as Erínias); Cf. GAUCKLER, *Le Sanctuaire syrien du Janicule*, Paris, 1912.

G

GALATEIA. (Γαλάτεια.) A lenda conhece duas personagens com este nome, cuja etimologia evoca a brancura do leite (em grego, γάλα).

1. A primeira é filha de Nereu e de uma divindade marítima que desempenha um papel nas lendas populares da Sicília. Galateia, a donzela branca que habitava no mar tranquilo, foi objecto do amor de Polifemo, o Ciclope siciliano de corpo monstruoso. Mas ela não lhe corresponde e enamora-se do belo Ácis, filho do deus Pã (ou *Faunus*, na tradição latina) e de uma ninfa. Um dia, quando Galateia repousava junto ao mar, recostada no peito do seu amante, Polifemo viu-os e, apesar de Ácis ter tentado fugir, lançou sobre ele uma grande rocha e esmagou-o. Galateia restituiu a Ácis a natureza da sua mãe, a ninfa, e converteu-o num rio de águas límpidas.

Atribui-se, por vezes, aos amores de Polifemo e Galateia o nascimento de três heróis — Gálates, Celto e Ilírio, epónimos, respectivamentos dos Gálatas, dos Celtas e dos Ilírios (v. *Celto*, *Ilírio* e *Gálata*). É, pois, possível que uma versão da lenda de Galateia narrasse os amores de Polifemo e da Nereide, mas não chegou até nós nenhum testemunho directo disso.

2. A outra Galateia é uma cretense, filha de um tal Eurítio, casada com Lampro, um homem de boa família mas muito pobre, que vivia na cidade de Festo. Quando soube que Galateia estava grávida, Lampro disse-lhe que só queria um filho; se desse à luz uma filha, a criança devia ser exposta. Enquanto Lampro estava na montanha a apascentar o seu rebanho, Galateia deu à luz uma filha, mas não foi capaz de a expor. Aconselhada pelos adivinhos, vestiu-a como a um menino e chamou-lhe Leucipo, não revelando o facto ao marido. Com o decorrer dos anos, Leucipo tornou-se muito bela e não era possível continuar a manter a ficção. Galateia, com medo, dirigiu-se ao santuário de Leto, e pediu à deusa que mudasse o sexo da filha. Leto deixou-se persuadir e a jovem transformou-se num rapaz (v. *Ífis*).

GÁLATES. (Γαλάτης.) Quando Héracles, ao regressar da captura dos bois de Gérion, atravessou a Gália, fundou a cidade de Alésia e foi amado pela filha de um príncipe do país, que nunca encontrara um marido digno dela. Da união entre os dois nasceu um filho, denominado Gálates, que mereceu, pelo seu valor, subir ao trono de toda a Gália. Mais tarde, Gálates deu o seu nome à terra dos Gálatas, a Galácia (v. também *Celto*).

GALEOTES. (Γαλεώτης.) Filho de Apolo e de Temisto, filha do rei dos Hiperbóreos, é o antepassado de uma raça de adivinhos sicilianos. Na companhia de outro hiperbóreo, Telmisso, fora consultar o oráculo de Dodona, que lhe ordenou que caminhassem, um para este e o outro para o oeste, até que uma águia lhes roubasse, durante um sacrifício, a carne

---

Galateia: **1)** *Il.*, XVIII, 45; HES., *Theog.*, 250; HYG., *Fab.*, *praef.*, 8 (Rose); APOLLOD., *Bibl.*, I, 2, 7; ATHEN., VII 284 c (citando CALLIM.); THEOCR., XI; OV, *Met.*, XIII, 750 e s.; SIL. ITAL., XIV, 221 e s.; NONN., *Dion.*, VI, 3000 e s.; SERV., *ad* VIRG., *Ecl.*, IX, 39; APPIAN., *Illyr.*, 2. **2)** ANT. LIB., *Transf.*, 17.

Gálates: DIOD. SIC., V, 24; cf. *Celto*; *Etym. Magn.*, s.u.

Galeotes: CIC., *De diu.*, I, 20; AEL., *NA*, XV, 46; HESYCH., *s.u.* Γαλεοί; STEPH. BYZ., *s.u.* Γαλεῶται.

da vítima. Deveriam, então, elevar um altar nesse local. Galeotes foi para a Sicília e Telmisso deteve-se na Cária.

* **GALESO.** (*Galaesus.*) Galeso era um súbdito do rei Latino no momento em que Eneias e os Troianos desembarcaram no Lácio. Como o filho de Eneias, Iúlo (ou Julo), matara uma corça domesticada, incidente que podia provocar a guerra entre os Latinos e os Troianos, Galeso procurou intervir entre os dois partidos de modo a restabelecer a paz, mas não o conseguiu e foi morto.

GALÍNTIAS. (Γαλινθίας.) Galíntias, cujo nome recorda o da doninha, é uma amiga de Alcmena e filha do tebano Preto. Quando Alcmena estava prestes a dar à luz o filho, Héracles, as Moiras e Ilítia, as divindades do parto, recusavam-se a «desligá-la», cumprindo as ordens de Hera. De pernas e mãos cruzadas, permaneceram durante nove dias e nove noites na entrada da casa, impedindo o nascimento com os seus encantamentos. Galíntias teve piedade da amiga e receou que ela enlouquecesse com as dores. Imaginou, então, o seguinte estratagema: dirigiu-se às deusas e anunciou-lhes que, por ordem de Zeus, Alcmena dera à luz um menino, apesar da sua oposição. Espantadas e indignadas, acreditando que os seus privilégios tinham sido violados, as deusas levantaram-se e abandonaram assim a posição que «ligava» Alcmena. Esta deu imediatamente à luz o filho, mas as divindades vingaram-se e transformaram imediatamente Galíntias em doninha e, como a sua boca tinha proferido a mentira que as enganara, foi condenada a dar à luz pela boca. Hécate, todavia, teve pena dela e converteu-a em sua servidora e animal sagrado. Héracles, já adulto, recordou-se daquela que lhe permitira nascer e consagrou-lhe um altar junto da sua casa. Os Tebanos, fiéis à recordação de Galíntias, levavam-lhe oferendas quando se celebravam as festas em honra de Héracles (v. também *Hístoris*).

GANGES. (Γάγγης.) Ganges é o deus do rio da Índia que tem o mesmo nome. É filho de Indo e da ninfa Caláuria. Um dia, embriagado, uniu-se, inconsciente, à mãe. Quando despertou, desesperado, lançou-se a um rio que até então se chamava Clíaro e que, a partir desse momento, tomou o nome de Ganges.

GANIMEDES. (Γανυμήδης.) Ganimedes é um jovem herói, que pertencia à estirpe real de Tróia e que era descendente de Dárdano (v. quadro 7, p. 112). De um modo geral, é considerado como o filho mais jovem de Trós e de Calírroe, o irmão de Cleópatra, de Ilo e de Asáraco. Outras versões, ao contrário, fazem dele filho de Laomedonte (o filho de Ilo que, na genealogia tradicional é seu sobrinho), ou de Ilo ou de Asáraco ou, ainda, de Erictónio (o seu avô na tradição mais corrente). Ganimedes era jovem, quase adolescente, e guardava os rebanhos de seu pai nas montanhas que rodeavam a cidade de Tebas quando Zeus o raptou e levou para o Olimpo. A sua beleza (Ganimedes era considerado «o mais belo dos mortais») tinha inflamado de amor o mais poderoso dos deuses. No Olimpo, Ganimedes servia de escanção. Era ele quem deitava o néctar na taça de Zeus, substituindo nesta função Hebe, a divindade da juventude.

As tradições diferem sobre os detalhes do rapto: tanto é o próprio Zeus quem rapta o jovem como é o deus que incumbe dessa missão a sua ave favorita, a águia, que apanha a criança com as suas garras e eleva-se nos ares. Também se afirmava que Zeus assumira a forma da águia, tal como tinha assumido a forma de tantos animais diferentes para satisfazer as suas paixões amorosas. Mas também se contava que o raptor tinha sido Minos ou Tântalo ou, ainda, Eos (a Aurora). O local do rapto difere igualmente segundo os autores: geralmente situado no monte Ida da Tróada, é, por vezes, transferido para Creta ou, até, para Eubeia ou, ainda, para a Mísia, lugar de Hárpage (cujo nome evoca a ideia de «raptar»).

Zeus, em compensação deste rapto, presenteou o pai do jovem com cavalos divinos ou com uma cepa em ouro, obra de Hefesto. A águia que raptara Ganimedes transformou-se em constelação.

* **GÁRANO.** (*Garanus.*) Nome de um pastor que, numa versão obscura da lenda de Caco, é o autor da morte deste, representando assim um papel geralmente atribuído a Hércules (v. *Caco*, *Recarano*).

GARMATONE. (Γαρμαθώνη.) Nome da esposa do rei do Egipto, Nilo. Garmatone perdera o filho, Crisócoas, e, apesar da sua dor, acolhera com hospitalidade a deusa Ísis, que se apresentou na sua casa. A deusa recompensou-a devolvendo a vida ao filho.

GAVANES. (Γαυάνης.) Gavanes, Aéropo e Perdicas são três irmãos, descendentes do rei de Argos Témeno. Tendo imigrado para a Ilíria e para a Macedónia, tinham entrado ao serviço do rei de Lebeia como pastores. Quando a rainha cozia pão para Perdicas, a massa crescia o dobro. O rei, inquieto perante este prodígio, em breve expulsou os três irmãos e, em vez de lhes pagar o salário acordado, deu-lhes

---

Galeso: Virg., *Aen.*, 535; 575.

Galíntias: Ov., *Met.*, IX, 284 e s.; Ant. Lib., *Transf.*, 29; Ael., *NA*, XII, 5; escól. *Il.*, XIX, 119.

Ganges: Plut., *De Fluu.*, 4; Philostr., *V. Apoll.*, III, 6.

Ganimedes: *Il.*, V, 265 e s.; XX, 232 e s.; Eust., *ad Hom.*, p. 1697, 31; Pind., *Olymp.*, I, 43; XI; XI, 105; Apollod., *Bibl.*, II, 5, 9; III, 12, 2; Cic., *Tusc.*, I, 26; Eur., *Tr.*, 822; escól. *ad Or.*, 1377; Tzetz., *ad Lyc.*, 34; Hyg., *Fab.*, 224; 271; *Astr. Poet.*, II, 29; *Hymn. hom. Aphrod.*, 210 e s.; Virg., *Aen.*, I, 28; V, 253; Ov., *Met.*, X, 255; Diod. Sic., IV, 74; cf. Pausan., II, 22-4; escól. *ad* Apol. Rh., *Arg.*, III, 115; Strab., XIII, 1, 11, p. 587; Eratosth., *Cat.*, 26.

Gárano: Serv., *ad Virg.*, *Aen.*, VIII, 203.

Garmatone: Plut., *De fluu.*, XVI, 1.

Gavanes: Herod., VIII, 137 e s.

Geia	sem elemento masculino	Úrano (o Céu) As Montanhas Ponto (o Mar)
	de Úrano (antes da mutilação)	Titãs: Oceano, Céu, Crio, Hipérion, Jápeto, Crono (v. quadro 36, p. Titânides: Tia (Θυία), Reia, Témis, Mnemósine, Febe, Tétis (Τηθύς) Cíclopes: Arges, Estéropes, Brontes. Hecatonquiros: Coto, Briareu, Giges.
	do sangue de Úrano	Erínias Gigantes Ninfas dos freixos
	de Ponto	Nereu, Taumas, Fórcis, Ceto, Euríbia (v. quadro 31, p. 352)
	de Tártaro	Tífon, Equidna
	de Posídon	Anteu
	de Oceano (?)	Triptólemo

Quadro genealógico n.º 14

«o pedaço de sol que passava pela chaminé». Sem se desconcertar, Perdicas pegou na sua faca e cortou o círculo de sol desenhado no chão e colocou-o no seu alforge. E os três irmãos partiram. O rei enviou em sua perseguição cavaleiros para os matarem, mas um rio encheu miraculosamente, protegendo os três irmãos, e os cavaleiros tiveram de se retirar sem os alcançar. Gavanes e os seus irmãos estabeleceram-se na Macedónia, onde Perdicas se converteu em antepassado dos reis do país.

GEIA. (Γαῖα.) Geia é a Terra, concebida como o elemento primordial de que descendem as raças divinas. Desempenha um papel importante na *Teogonia* de Hesíodo, embora seja nulo nos *Poemas Homéricos*.

Segundo Hesíodo, Geia foi a segunda a nascer, logo depois de Caos e imediatamente antes de Eros (o Amor). Sem o auxílio de qualquer elemento masculino, concebeu o Céu (Úrano), que se uniu a ela, as Montanhas e Ponto, a personificação masculina do elemento marítimo. Depois do nascimento do Céu, uniu-se a ele e deu à luz filhos que não foram apenas simples potências elementares, mas deuses propriamente ditos. Deu à luz, em primeiro lugar, os seis Titãs: Oceano, Ceu, Crio, Hiperíon, Jápeto e Crono — e as seis Titânides — Tia, Reia, Témis, Mnemósine, Febe e Tétis, que são as divindades femininas. Crono é o mais jovem desta linhagem (v. este nome e quadro 38, p. 452).

Surgiram, em seguida, os Ciclopes (v. este nome): Arges, Estéropes e Brontes, que são as divindades relacionadas com o raio, os relâmpagos e o trovão. Por fim, dos amores com Úrano nasceram os Hecatonquiros, seres violentos e com cem braços, denominados Coto, Briareu e Giges (v. estes nomes).

Todas estas crianças eram odiadas por Úrano, que não lhes permitia verem a luz do dia e que as obrigava a ficarem sepultadas nas profundezas da sua mãe, a Terra. Esta resolveu libertar os filhos e pediu-lhes que a vingassem de Úrano, mas nenhum concordou, excepto o mais jovem, Crono, que, levado pelo ódio que tinha ao pai, aceitou. Geia confiou-lhe, então, uma pequena foice de aço muito aguçada e quando, uma noite, Úrano se aproximou de Geia, envolvendo-a toda, Crono, com um golpe da sua foice, cortou os testículos ao pai e lançou-os para longe. O sangue da ferida caiu sobre a Terra e, uma vez mais, fecundou-a. Foi assim que nasceram as Erínias, os Gigantes e as Ninfas dos freixos e, em geral, as divindades coexistentes com as árvores.

Depois da mutilação de Úrano, Geia uniu-se a outro dos filhos que tivera primeiramente: Ponto, a Vaga, e, com ele, concebeu cinco divindades marítimas: Nereu, Taumas, Fórcis, Ceto e Euríbia.

Crono iniciou o seu reinado e em breve demonstrou ser um tirano tão brutal como o pai. Também ele encarcerou os irmãos, filhos de Geia, no Tártaro, o que levou a Terra a preparar uma segunda revolução. Quando Reia, que tinha visto todos os seus filhos serem sucessivamente devorados por Crono, ficou grávida de Zeus, foi consultar Geia e Úrano para lhes pedir que salvassem o filho que ia nascer. Geia e Úrano revelaram-lhe, então, o segredo dos Destinos e ensinaram-lhe como enganar Crono. Foi deste modo que Zeus nasceu e escapou à voracidade do pai. Para isso, Geia tinha-o dissimulado no momento do nascimento e escondera-o numa caverna profunda (v. *Zeus*). No lugar da criança, deu a Crono uma pedra envolta em panos, que o deus devorou. Mais tarde, quando Zeus entrou em luta

Geia: Hes., *Theog.*, 116 e s.; Apollod., *Bibl.*, I, 1, 1 e s.; I, 5, 2; II, 1, 2; Eur., fragm. *Chrys.*, *ap.* Nauck, *Trag. Gr. Fragm.*, p. 497; Lucr., *De Nat. Rer.*, I, 250 e s.; II, 991 e s.; Virg., *Georg.*, II, 325 e s.; Plat., *Rep.*, II, 377 e s.; Cic., *de nat. D.*, II, 23, 63 e s.; Hyg., *Fab. Praef.*

aberta contra Crono, foi Geia quem revelou que os Titãs podiam ser os únicos a dar-lhe a vitória, se se aliasse a eles. Zeus, então, libertou os Titãs e estes deram-lhe as armas: o raio, o trovão, o relâmpago, com os quais rapidamente destronou Crono.

Geia, contudo, não ficou inteiramente do lado de Zeus; descontente com a derrota dos Hecatonquiros, seus filhos, uniu-se ao Tártaro, o deus que personificava o abismo do Inferno, e concebeu com ele um monstro de uma força prodigiosa, Tífon, que declarou a guerra aos deuses e combateu-os durante muito tempo (v. *Tífon*). Da união com Tártaro nasceu um outro filho, Equidna, também um monstro (v. este nome).

Outras teogonias atribuem-lhe a maternidade de Triptólemo, que teria tido de Oceano, seu próprio filho, e um dos Titãs. De igual modo, o gigante Anteu, que foi adversário de Héracles, era considerado seu filho e de Posídon, deus do Mar (v. *Anteu*). Em termos gerais, não há um monstro que não seja considerado por um qualquer mitógrafo como filho da Terra: Caríbdis, as Harpias, Píton (v. estes nomes), o dragão que guardava o velo de ouro no país de Eetes, e mesmo a Fama, o monstro com que Virgílio descreve a Voz Pública (v. *Fama*).

Pouco a pouco, a Terra, potência e reserva inesgotável de fecundidade, é considerada como Mãe Universal e mãe dos Deuses. À medida que o pensamento helénico «personificava» os seus deuses, a Terra incarna em divindades como Deméter ou Cíbele, cujos mitos, mais humanos, falavam mais à imaginação, enquanto as especulações sobre a Terra como elemento deixavam o domínio da Mitologia para entrar no da Filosofia.

Geia era considerada como inspiradora de vários oráculos; possuía os segredos dos Destinos e os seus oráculos eram mais antigos e mesmo mais seguros que os de Apolo.

GELANOR. (Γελάνωρ.) Na genealogia dos reis de Argos, tal como é apresentada por Pausânias (v. quadro 38, p. 458), Gelanor é o último rei da linhagem de Foroneu. É filho de Esténelo e foi destronado por Dánao, que fora para o Egipto com as suas cinquenta filhas (v. *Dánao*). Segundo certos autores, renunciou voluntariamente ao poder.

Para o prodígio do lobo, que, diz-se, pôs fim ao seu reinado e que levou o povo a escolher Dánao como rei, v. *Dánao*.

GELO. (Γελώ.) Gelo é uma «alma penada» da ilha de Lesbos. Era a alma de uma jovem natural de Lesbos que regressava à Terra para roubar crianças.

*** GÉNIOS.** (*Genii.*) Na mitologia romana, os *Genii* — Génios — são seres imanentes não só a cada indivíduo, como, também, a cada lugar, a cada pessoa moral (sociedade, colégio, cidade, etc.), cujo ser espiritual simbolizam. Nascem ao mesmo tempo que o homem ou que a coisa a que estão ligados e têm como função essencial conservar a sua existência. Representam um papel, bastante misterioso aliás, na geração do indivíduo e presidem às bodas. Há um «génio» do leito nupcial dispensador da fecundidade ao casal. Como personificação do ser, o génio pessoal é uma força interior geradora de optimismo. Uma expressão proverbial em latim, *indulgere genio*, «ceder ao seu génio», aplica-se a qualquer complacência para com os gostos e, mais particularmente, por eufemismo, ao excesso de bebida. Pronunciavam-se juramentos pelo génio próprio ou pelo de outra pessoa. Na época do Império, o Génio do Imperador era um poder temível; possuía sobre os outros génios particulares a mesma proeminência que o próprio Imperador sobre os homens. Pouco a pouco, o génio foi identificado com os Manes e considerado como um elemento imortal do homem.

A tendência para distinguir um «génio» em todo o ser é tão forte que mesmo os deuses têm o seu génio. Sacrificava-se, por exemplo, ao Génio de Marte, ao de Júpiter, etc. Para as mulheres, o Génio é substituído por uma *Juno* (v. *Juno*).

GÉRANA. (Γεράνα.) Gérana era uma mulher da raça dos Pigmeus a quem este povo prestava honras divinas, mas que desprezava as verdadeiras divindades. Para castigá-la, Hera transformou-a em grou. Antes da sua transformação, Gérana tivera um filho, chamado Mopso. Ao ser transformada em ave, tentou reunir-se com ele na sua antiga casa, mas os grous, por vontade de Hera, estavam em guerra contra os Pigmeus, e estes, em pé de guerra, proibiram Gérana de se aproximar da sua antiga residência, atormentando assim, sem saber, a pobre mulher (v. *Pigmeus*).

GÉRION. (Γηρυών.) Gérion, o gigante que tinha três cabeças e cujo corpo era triplo até às ancas, era filho de Crisaor, nascido da união de Gorgo e de Posídon (v. *Crisaor* e quadro 32, p. 370) e de Calírroe, filha de Oceano. Habita na ilha de Eritia, situada nas brumas do Ocidente, «para além do imenso Oceano». A sua riqueza consiste em rebanhos de bois guardados por um boieiro, Eurítion, e um cão, Orto (ou Ortro), não longe do local onde Menetes apascentava os rebanhos de Hades. Por ordem de Euristeu, Héracles dirigiu-se a Erí-

---

Gelanor: APOLLOD., *Bibl.*, II, 1,4; PAUSAN., II, 16, 1; 19, 3 e s.; escól. *ad. Il.*, I, 42; EUST., *ad. Hom.*, 37, 32; STEPH. BYZ., *s.u.* Σουάγελα.

Gelo: SUID., *s. u.* Γελλοῦς παιδοφιλωτέρας; HESYCH., *s. u.* Γελλώ; escól. *ad* THEOCR., XV, 40.

Génios: PHAEST., pp. 94 e s.; CENS., *de d. nat.*, 3; SERV., *ad VIRG.*, *Aen.*, VI, 743; APUL., *De Deo Soc.*; PLAUT., *Pers.*, 263, etc.; *C. I. L.*, I, 603, etc.; Cf. E. RINK, *Die Bildlichen Darstellungen des römischen Genius*, Berlim, 1933.

Gérana: OV. *Met.*, VI, 90; ATHEN., IX, 393 *e* e s.; EUST., *ad Hom.*, 1322, 50; AEL., *Hist. An.*, XV, 29; cf. ANT. LIB., *Transf.*, VI (onde a heroína se denominava Énoe e não Gérana).

Gérion: HES., *Theog.*, 287 e s.; (cf. 979 e s.); APOLLOD., *Bibl.*, II, 4, 2; 5, 10; AESCH., *A*., 870;

tia para roubar os bois de Gérion. Encontrou primeiro o cão, que matou, e, depois, o pastor, que teve a mesma sorte. O próprio Gérion acorreu, então, em socorro dos seus servidores e teve de combater Héracles. Foi vencido e morto, ou com flechas ou a golpes de maça. Héracles conduziu os bois, por etapas, até à Grécia (v. *Héracles*).

A localização da ilha de Eritia tem dado, desde a Antiguidade, origem a identificações várias. Trata-se, provavelmente, da Espanha, próximo de Gades. O epónimo Eritia seria uma das Hespérides, cujo jardim se situava próximo da ilha. O próprio nome da região, que significa «País Vermelho», designa, evidentemente, uma terra situada a Oeste, o País do Sol Poente.

Uma outra tradição situa Eritia no Epiro, na região de Ambrácia.

GIAS. (Γύας.) **1.** O nome de Gias é referido duas vezes na *Eneida*. A primeira referência é a um companheiro de Eneias que toma parte nos jogos fúnebres em honra de Anquises.

2. A segunda é a um adversário de Eneias, que o herói matou ao mesmo tempo que o seu irmão Ciseu. Este segundo Gias era um latino, filho de um certo Melampo, que acompanhara Héracles na sua expedição contra Gérion (v. *Gérion*) e fixara-se, no regresso, no Lácio.

GIES. V. *Giges*.

GIGANTES. (Γίγαντες.) Os Gigantes são os filhos da Terra (Geia), nascidos do sangue que corria da ferida do seu marido, Úrano, após a sua mutilação por Crono (v. *Geia* e quadro 14, p. 182). Embora de origem divina, são mortais ou, pelo menos, podem ser mortos desde que isso aconteça por acção simultânea de um deus e de um mortal. Existia, ainda, uma erva mágica, produzida pela terra, capaz de os subtrair à feridas dos mortais, mas o próprio Zeus colheu essa erva antes que qualquer outro se apoderasse dela. Para tal, proibiu que o Sol, a Lua e a Aurora brilhassem; deste modo, ninguém via o suficiente para a procurar antes que ele a encontrasse. Outras tradições narram que este ou aquele gigante (por exemplo Alcioneu e Porfírion) eram mortais enquanto se encontravam na terra em que nasceram. A lenda dos Gigantes é, com efeito, dominada pela história do seu combate contra os deuses e da sua derrota. Nasceram da Terra e esta tinha-os concebido para vingar os Titãs, que Zeus tinha encarcerado no Tártaro. São seres enormes, com uma força invencível e com um aspecto aterrador. Têm uma espessa cabeleira, uma barba hirsuta e as suas pernas são corpos de serpentes. O local do seu nascimento é Flégias, na quase ilha de Palene, na Trácia. Logo que nasceram, ameaçaram o Céu, lançando contra ele árvores a arder e lapidando-o com rochedos enormes. Perante esta ameaça, os Olímpicos prepararam-se para o combate. Os principais adversários foram Zeus e Atena, a deusa dos combates. Zeus estava armado com a égide e com o raio, que lhe era transportada pela sua águia. Atena, tal como o pai, estava armada com a égide e fulmina com o raio. O principal alidado é Héracles, que é o mortal cuja ajuda é necessária para preencher a condição imposta pelo Destino para a morte dos Gigantes. Héracles usa o carro de Zeus e combate de longe com as suas flechas.

Dioniso, por vezes, toma parte activa na luta. Está armado com o seu tirso, com archotes e é secundado pelos Sátiros. Posteriormente, a lenda enriquece-se pouco a pouco, intervindo outras divindades: Ares, Hefesto, Afrodite e Eros, Posídon, etc.

Os mitógrafos conservaram a recordação da participação de alguns gigantes na luta: Alcioneu foi morto por Héracles, auxiliado por Atena (v. *Alcioneu*), que aconselhou o herói a levá-lo para longe de Palene, sua terra natal, porque cada vez que caía recuperava as forças ao tocar a terra de onde saíra. Porfírion atacou Héracles e Hera, mas Zeus inspirou-lhe um desejo lascivo por Hera, sua esposa, e, enquanto o Gigante procurava arrancar-lhe as vestes, Zeus fulmina-o e Héracles atinge-o com uma flecha. Efialtes foi morto por Apolo, que lhe acertou com uma flecha no olho esquerdo, ao mesmo tempo que Héracles atingiu com outra o olho direito; Êurito foi morto por Dioniso com um golpe de tirso; Clítio por Hécate, a golpes de archote; Mimas por Hefesto, com projécteis de ferro incandescente. Encélado fugiu, mas Atena atirou-lhe para cima, enquanto corria, a ilha da Sicília. Atena esfolou Palas e serviu-se da pele como de uma couraça durante o resto do combate. Políbotes foi perseguido por Posídon através do mar e chegou à ilha de Cós; o deus quebrou uma parte da ilha, chamada Nísiro, e lançou-a sobre o Gigante. Hermes, levando o elmo de Hades, que o tornava invisível, matou Hipólito na luta, enquanto Ártemis matava Grátion. As Moiras, armadas com as suas massas de bronze, mataram Ágrio e Toas. Quanto aos outros Gigantes, Zeus fulminou-os e Héracles acabou com eles com as suas flechas. Esta luta é geralmente localizada na quase ilha de Palene, na Trácia, mas uma outra tradição situava-a na Arcádia, nas margens do Alfeu.

Tradições mais recentes referem ainda outros nomes de gigantes, mas trata-se, na maior parte dos casos, de Titãs colocados abusiva-

---

EUR., *Herc. F.*, 423 e s.; PIND., fr. 169; *Isth.*, I, 15 e escól. *ad loc.*; HEROD., IV, 8; DIOD. SIC., IV, 17 e s.; PAUSAN., III, 18, 13; IV, 36, 3; PLIN., *N. H.*, IV, 20; SERV., *ad VIRG.*, *Aen.*, VIII, 300; OV., *Met.*, IV, 782 e s.; VI, 119 e s.; IX, 184 e s.; HYG., *Fab.*, 30; 151; STRAB., III, 2, 11 (fr. 5), p. 148; 5, 3-4 e 7, pp. 169 e 172; ARR., *Anab.*, II, 16, 5; PS.-SCYL., 26; cf. J. BÉRARD, *Colonisation*, pp. 422 e s.; E. CIACERI, «L'antico culto di Gerione», *Arch. Stor. per la Sic. Orient.*, XVII (1920), pp. 70 e s.

Gias: **1)** VIRG., *Aen.*, I, 222; V, 118 e SERV., *ad* v. 117; XII, 460; HYG., *Fab.*, 273. **2)** VIRG., *Aen.*, X, 319.

Gigantes: HES., *Theog.*, 184 e s.; APOLLOD., *Bibl.*, I, 6 e s.; cf. TZETZ., *ad Lyc.*, 63; PIND., *Nem.*, I, 67 e escól.; EUR., *Herc. F.*, 177 e s.; HOR., *O.*, III, 4, 49 e s.; OV., *Met.*, I, 150 e s.; *Fast.*, III, 438 e s.; *Trist.*, IV, 7, 17; PAUSAN., VIII, 29, 1 e s.; LUCR., V, 119 e s.; MACROB., *Sat.*, I, 20, 9; SERV., *ad VIRG.*, *Aen.*, I, 394; III, 578; IX, 564; DIOD. SIC., V, 71,

mente na categoria dos Gigantes ou de outros monstros, como Tífon, Briareu, os Alóadas, etc. (v. estes nomes), que não pertencem à mesma raça, mesmo se, por causa do seu corpo enorme e da sua força prodigiosa, merecem o nome de «gigantes».

A *Gigantomaquia*, ou luta dos Gigantes e dos deuses, é um tema favorito da plástica, em particular da destinada a ornamentar os frontões dos templos: os corpos dos monstros, terminados em serpentes, prestavam-se admiravelmente a preencher os ângulos e terminar uma composição.

GIGES. (Γύγης.) Gies, ou Giges, é um dos Hecatonquiros, gigantes com cem braços, concebidos pela Terra na sua união com Céu (v. quadro 14, p. 182). É irmão de Briareu (Egéon) e de Ceto. Como este último, participou na luta contra os Olímpicos e foi encarcerado por Zeus no Tártaro, onde foi vigiado pelo próprio irmão, Briareu (v. *Egéon*).

O rei da Lídia, Giges, cuja lenda, referida por Heródoto, contém grande número de elementos folclóricos (o anel que torna invisível, a fortuna maravilhosa, a descoberta de um «tesouro», o amor de uma rainha, etc.), não pertence à mitologia mas sim à história.

GIRTON. (Γύρτων.) Girton é o irmão de Flégias e, por consequência, em certas tradições, o tio de Ixíon. É considerado como o fundador da cidade de Girton, na Tessália.

GLAUCE. (Γλαύκη.) **1.** Glauce, a Verde, é uma Nereide; é também uma ninfa da Arcádia.

2. Também tem o nome de Glauce uma filha do rei de Tebas, Creonte, designada ainda por Creúsa, e que foi rival de Medeia junto de Jasão (v. *Creúsa*).

GLÁUCIA. (Γλαυκία.) Gláucia é filha do rio frígio Escamandro. Quando Héracles iniciou a sua expedição contra Tróia, era acompanhado, entre outros, por um beócio, Deímaco, filho de Éleon. Gláucia e Deímaco amaram-se e ela ficou grávida, mas Deímaco foi morto antes de o filho nascer. Quando a criança nasceu, a sua mãe chamou-lhe Escamandro em recordação do avô. Héracles recolheu Gláucia e o seu filho e levou-os para a Grécia, onde os entregou a Éleon. Escamandro deu o seu nome a um riacho próximo de Tanagra, deu o de Gláucia a um outro curso de água e o da esposa (Acidusa) a uma fonte vizinha. Com Acidusa, teve três filhas, às quais era prestado um culto sob o nome das Três Virgens.

GLAUCO. (Γλαῦκος.) Glauco é o nome de várias personagens, assim como de uma divindade marítima.

1. Conhece-se um Glauco filho do Troiano Antenor (v. este nome) e de Téano, que ajudou Páris a raptar Helena. Por essa razão, foi expulso pelo pai. Combateu nas fileiras troianas contra os Gregos e conta-se, por vezes, que foi morto por Agamémnon. A tradição pretende, contudo, que, na versão mais corrente, foi salvo por Ulisses e Menelau como filho de Antenor, porque estavam ligados a este por laços de hospitalidade.

2. Um outro Glauco combatia igualmente do lado troiano; era filho de Hipóloco, que comandava, com o seu primo, Sarpédon, o contingente lício. Gozava de renome pelo seu engenho e pela sua bravura. Durante os combates travados em torno da cidade, encontrou-se frente a frente com Diomedes e ambos reconheceram que as suas famílias estavam ligadas por laços de hospitalidade. Com efeito, Glauco, pelo lado do pai, Hipóloco, era neto de Belerofonte (v. quadro 36, p. 422), que Eneu, o avô de Diomedes, acolhera no seu palácio, tendo trocado entre si presentes de hospitalidade: Eneu oferecera um talabarte de púrpura e Belerofonte, uma taça de ouro. Defronte das muralhas de Tróia, os seus descendentes renovaram esta troca: Diomedes deu a Glauco as suas armas, que eram de bronze, e este ofereceu-lhe as suas, que eram de ouro. Em seguida, cada um retomou o seu lugar na batalha. Glauco realizou diversos feitos: quando Sarpédon foi ferido, procurou socorrê-lo, mas foi impedido por Teucro, que o atingiu e o obrigou a abandonar o combate. A seu pedido, Apolo curou-o a tempo de poder recolher o corpo de Sarpédon, mas sem impedir que os Gregos despojassem o cadáver das armas (v. *Sarpédon*). Reúne-se, em seguida, a Heitor e luta pela posse do cadáver de Pátroclo, que acabara de ser morto. É, porém, morto por Ájax, filho de Télemo. O seu corpo, por ordem de Apolo, foi transportado pelos ventos para a Lícia. Era a este Glauco, neto

---

STRAB., V, 4, 4, pp. 242 e s.; VI, 3, 5, p. 281; VII, p. 330, etc. Cf. O. JAHN, *Annali dell'Instituto*, 1863, pp. 250 e s.; F. VIAN, *La Guerre des Géants. Le mythe avant l'époque hellénistique*, Paris, 1952.

Giges: HES., *Theog.*, 149; 618; 714; 734; 817; OV., *Fast.*, IV, 593, V. *Hecatonquiros*.

Girton: STEPH. BYZ., *s.u.* Γύρτων; v. escól. *ad* APOL. RH., *Arg.*, I, 57.

Glauce: **1)** HES., *Theog.*, 244; HYG., *Fab.*, prel. **2)** PAUSAN., VIII, 47, 2, 3; APOLLOD; *Bibl.*, I, 9, 28; DIOD. SIC., IV, 54; HYG., *Fab.*, 25; TZETZ., *ad Lyc.*, 175; I, 1318.

Gláucia: PLUT., *Qu. Gr.*, 41.

Glauco: **1)** DICT. CR., III, 26, 4, 7; 5, 2: *Il.*, III, 312, PAUSAN., X, 27, 3 e s.; APOLLOD., *Ep.*, V, 21. **2)** DICT. CR., II, 33; *Il.*, II, 876; VI, 119-236; XII, 329 e s.; XVI, 493 e s.; XVII, 140 e s.; HYG., *Fab.*, 112; 113; HEROD., I, 147. **3)** *Il.*, IV, 154; AESCH., trag. perdida *Glauco*; EUST., *ad Hom.*, p. 269, 35; HYG., *Fab.*, 250; 273; APOLLOD., *Bibl.*, II, 3; escól. *ad* APOL. RH., *Arg.* I, 46; PAUSAN., VI, 20, 19; VII, 18, 2; AEL., *NA*, XV, 25; STRAB., IX, 2, 24, p. 409; VIRG., *Georg.*, III, 268, e SERV., *ad loc.*; escól., *ad* PLAT., *Rep.*, X, 497, 11; **4)** ATHEN., VII, 296 e s.; PALEPH., *Incr.*, 11, 23; TZETZ., *ad Lyc.*, 754; OV., *Met.*, XIII, 900 e s.; XIV, 1 e s.; SERV., *ad VIRG.*, *Georg.*, I, 427; VIRG., *Aen.*, VI, 36; DIOD. SIC, IV, 486; EUR., *Or.*, 352 e escól. *ad loc.* **5)** APOLLOD.,

de Belerofonte, que a dinastia dos reis da Lícia pretendia remontar.

3. Glauco é também o nome do bisavô do anterior. Filho de Sísifo, sucedeu ao pai no trono da cidade por ele fundada, Éfira, a futura Corinto. Este Glauco é sobretudo célebre pela sua morte. Tomou parte na corrida de quadrigas dos jogos fúnebres celebrados em honra de Pélias, foi vencido por Iolau, o filho de Íficlies (v. *Iolau*) e, em seguida, foi devorado pelas suas éguas, que se tinham enfurecido, quer por acção da água de uma fonte mágica da qual o dono, por inadvertência, lhes tinha dado de beber, quer por causa da cólera de Afrodite, que ficara ofendida por Glauco impedir as suas éguas de copularem para se tornarem mais rápidas.

Uma outra lenda conta que Glauco, filho de Sísifo, bebera, um dia, numa fonte cuja água conferia a imortalidade, mas ninguém acreditara na sua transformação. Para persuadir os homens, lançou-se ao mar e transformou-se num deus marítimo, que errou pelas ondas. Qualquer marinheiro que o visse podia ter a certeza de que pereceria em breve.

4. Existia um deus do mar com o nome de Glauco, mas atribuía-se-lhe uma genealogia diferente da do precedente, seu homónimo. Este Glauco era um pescador da cidade beócia de Antédon, filho do fundador, Antédon, e de Alcíone, ou, ainda, filho de Posídon e de uma Náiade. Quando nasceu, Glauco era mortal, mas, tendo, por acaso, comido uma erva que concedia a imortalidade, tornou-se um deus do mar. As deusas marítimas purificaram-no de tudo o que ainda existia nele de mortal e assumiu uma forma nova: os seus ombros desenvolveram-se, a parte inferior do corpo tornou-se uma poderosa cauda de peixe, as suas faces cobriram-se de uma barba com reflexos verdes como o bronze. Recebeu, para mais, o dom da profecia, que usava, de um modo caprichoso, à sua vontade. Virgílio faz dele o pai da Sibila de Cumas, que era também uma profetiza. Glauco apareceu a Menelau, quando este, no seu regresso de Tróia, dobrava o cabo Málea. Acompanhou também a nau *Argo*, do qual é considerado o construtor em certas versões da lenda. Combateu com os Argonautas.

Glauco teve igualmente amores célebres. Cortejou Cila, mas em vão e foi a causa da transformação da jovem em monstro devido aos encantamentos de Circe (v. *Cila*). Apesar disso, não conseguiu vencer o amor que sentia por ela e converteu-a em deusa.

Glauco tentou também conquistar Ariadne, que Teseu abandonara na costa de Naxo. Não o conseguiu, mas acompanhou o cortejo de Dioniso quando o deus foi buscar a jovem para a desposar.

5. Os mitógrafos conhecem ainda um outro Glauco, filho de Minos e de Pasífae (v. quadro 30, p. 312). Um dia, quando ainda era criança, perseguia um rato e caiu num recipiente cheio de mel e afogou-se. Minos procurou-o durante muito tempo e, graças aos adivinhos, ou ao próprio Apolo, acabou por encontrar o cadáver. Foi então que os Curetes o informaram de que um homem podia devolver a vida a Glauco: aquele que melhor soubesse descrever a cor de certa vaca dos seus rebanhos, que mudava de cor três vezes por dia. De branca passava a vermelha e, em seguida, a preta, recomeçando o mesmo ciclo no dia seguinte. Minos reuniu todos os homens mais hábeis de Creta e pediu-lhes que descrevessem a cor da vaca maravilhosa. Apenas um, Poliído, filho de Cérano, o conseguiu, respondendo que aquela vaca tinha a cor da amora. É verdade que este fruto começa por ser branco, fica em seguida vermelho e, quando maduro, é completamente preto. Minos pensou que Poliído resolvera a dificuldade e ordenou-lhe que devolvesse Glauco à vida, encerrando-o com o cadáver. Poliído ficou perplexo quando viu entrar na sala uma serpente que se dirigiu para o cadáver; temendo que o animal devorasse o corpo ou que o danificasse, matou-o. Logo a seguir, entrou uma segunda serpente, que, vendo a outra morta, saiu e regressou rapidamente transportando na boca uma erva com a qual tocou na sua companheira, que ressuscitou imediatamente. Poliído não demorou a apoderar-se da erva e a esfregar Glauco, que regressou de imediato à vida.

Minos, contudo, não se deu por satisfeito: antes de permitir que Poliído regressasse a Argos (ou a Corinto), sua pátria, quis que o adivinho ensinasse a sua arte a Glauco, o que ele fez, mas, quando foi, por fim, libertado, cuspiu na boca do seu discípulo e este perdeu toda a ciência que acabara de adquirir.

Segundo outras versões, Glauco não foi ressuscitado por Poliído mas por Asclépio.

GLÍFIO. (Γλύφιος.) Quando Tirésias era ainda uma mulher (v. a sua lenda) e se encontrava em Trezena, um habitante do país, denominado Glífio, quis, durante o banho, violentá-la. Tirésias, mais forte do que o seu adversário, venceu-o e matou-o. Mas Posídon amava Glífio e, para se vingar, pediu às Moiras que voltassem a transformar Tirésias em homem e lhe retirassem o dom da profecia, o que elas fizeram.

GÓRDIAS. (Γορδίας.) O rei Górdias era o soberano da Frígia nos tempos míticos e fundador da cidade de Górdio. Tinha o seu carro guardado na cidadela e este carro tinha o timão amarrado com um nó tão complicado que

---

Bibl., III, 1, 3; 3, 1; Tzetz., *ad Lyc.*, 811; Paleph., *Incr.*, 27; Hyg., *Fab.*, 49; 136; *Astr. Poet.*, 14; cf. *Fragm. Trag. Gr.*, 2.ª ed. (Nauck), pp. 216 e s.; 558 e s. (tragédias perdidas de Soph. e de Eur. sobre este tema); Athen., II, 51 d; escól. *ad* Pind., *Pyth.*, III, 96.

Glífio: Eust., *ad Hom.*, 1665, 48 e s.

Górdias: Strab., XII, 5, 3, p. 568; Arr., *Anab.*, II, 3; Plut., *Caes.*, 9; Hyg., *Fab.*, 191; 274.

ninguém o podia desfazer. Estava prometido o império da Ásia a quem o conseguisse. Alexandre, conhecedor do oráculo, cortou o nó com a espada.

O rei Górdias tinha sido amado por Cíbele e tinha-lhe dado um filho: Midas.

GORGE. (Γοργή.) **1.** Gorge é filha de Eneu, rei de Cálidon, e irmã de Meleagro. Tideu seria seu filho, nascido da união com o próprio pai (v. *Tideu*). Teve, de Andrémon, um filho, Toas (v. este nome, 4). Com a sua irmã, Dejanira, escapou à metamorfose que transformou as irmãs de Meleagro em perdizes (v. *Meleagro*).

2. Gorge é também o nome de uma filha de Megareu, casada com Corinto, o fundador da cidade de Corinto. Quando os seus filhos foram massacrados, ela, desesperada, lançou-se a um lago, que tomou o nome de lago Gorgópis.

GORGÓFONE (Γοργοφόνη.) Gorgófone (a Matadora da Górgona) é filha de Perseu e de Andrómeda (v. quadro 31, p. 352). Casou com Perieres, de quem teve dois filhos, Afareu e Leucipo. Os seus dois outros filhos, Icário e Tindareu (v. quadro 6, p. 105, e 21, p. 242; 37, p. 438) são considerados ora de Perieres ora de Ébalo, que teria desposado em segundas núpcias após a morte de Perieres. Gorgófone é considerada como a primeira mulher grega que voltou a casar depois de ficar viúva. Até então, diz-se, as viúvas não deviam voltar a casar.

GORGÓFONO. (Γοργοφόνος.) **1.** Gorgófono (o Matador da Górgona) é um neto de Perseu (v. quadro 32, p. 370).

2. Gorgófono é também o nome de um rei de Epidauro, que fora expulso do seu reino e a quem o oráculo ordenara que fundasse uma cidade no local em que encontrasse a bainha de uma espada (em grego μύκης, que designa mais exactamente o guarda-mão da espada, que serve de «tampa» à bainha). Gorgófono encontrou o objecto referido no Peloponeso: Perseu, no regresso, após a morte da Medusa, deixara-o cair no seu voo. Gorgófono fundou nesse local a cidade de Micenas.

GÓRGONA. (Γοργώ.) Havia três Górgonas, denominadas Esteno, Euríale e Medusa, todas as três filhas de duas divindades marítimas, Fórcis e Ceto (v. quadro 35, p. 394). Das três, apenas a última, Medusa, era mortal, sendo as outras imortais. O nome de Górgona é geralmente dado a Medusa, considerada como a Górgona por excelência. Estes três monstros habitavam no Extremo Ocidente, não longe do reino dos mortos, do país das Hespérides, do de Gérion, etc. A sua cabeça estava rodeada de serpentes, que tinham grandes presas, semelhantes às dos javalis, mãos de bronze e asas de ouro, o que lhes permitia voar. Os seus olhos eram cintilantes e o seu olhar tão penetrante que quem quer que o visse era transformado em pedra. Eram um objecto de horror e de amedrontamento não só para todos os mortais como para os imortais. Apenas Posídon não teve medo de se unir a Medusa e de a engravidar.

É nesse momento que Perseu parte para o Ocidente para matar Medusa, quer porque o tirano de Sérifo, Polidectes, lho ordenara, quer porque Atena lho aconselhara. Depois de muitas aventuras, Perseu acabou por encontrar o antro dos monstros e, elevando-se nos ares graças às sandálias aladas, presente de Hermes, consegue cortar a cabeça à Medusa. Para evitar olhá-la, serviu-se do seu escudo polido como espelho e, assim, não receou o olhar terrível do monstro. Para maior segurança, matou a Górgona durante o sono. Do pescoço cortado da Medusa saíram os dois seres engendrados por Posídon: Pégaso, o cavalo alado, e Crisaor (v. estes nomes).

Atena utilizou a cabeça da Medusa colocando-a no seu escudo ou, então, no centro da sua égide. Deste modo, os inimigos da deusa eram transformados em pedra apenas ao vê-la. Perseu recolheu também o sangue que escorreu da ferida, sangue que tinha propriedades mágicas: o que saíra da veia esquerda era um veneno mortal, enquanto o que correra da veia direita era um remédio capaz de ressuscitar os mortos (v. *Asclépio*). Acrescente-se que uma madeixa dos seus cabelos era suficiente para, ao ser mostrada, pôr em debandada todo um exército (v. *Cefeu* e *Héracles*).

A lenda de Medusa sofreu uma evolução desde as suas origens até à época helenística. Primitivamente, a Górgona é um monstro, uma das divindades primordiais pertencentes à geração pré-olímpica. Em seguida, é considerada como a vítima de uma metamorfose e contava-se que Gorgo fora primeiramente uma bela jovem, que ousara rivalizar em beleza com a deusa Atena. Orgulhava-se principalmente da beleza da sua cabeleira; para a punir, Atena transformou os seus cabelos em serpentes. Uma outra versão contava que a cólera de Atena se abatera sobre a jovem porque Posídon a violara num templo consagrado à deusa. Medusa foi atingida com a punição desse sacrilégio.

Diodoro conservou-nos uma interpretação evemerista da lenda das Górgonas. As Górgo-

---

Gorge: **1)** APOLLOD., *Bibl.*, I, 8, 1; TZETZ., *ad Lyc.*, 1011; HYG., *Fab.*, 97, 174; OV., *Met.*, XIII, 543; *Her.*, IX, 165; escól. *ad Il.*, XIV, 114; IX, 584; XV, 281; cf. NONN., *Dion.*, XXXV, 84 e s. **2)** *Etym. Magn.*, *s.u.* Γοχαωπῖς; HAESYCH., *s.u.* Ἐσκατιῶπις.

Gorgófone: PAUSAN., II, 21, 7; III, 1, 4; IV, 2, 4; APOLLOD., *Bibl.*, I, 9, 5; II, 4, 5; III, 10, 3; TZETZ., *ad Lyc.*, 511; 838.

Gorgófono: **1)** APOLLOD., *Bibl.*, II, 4, 5. **2)** PLUT., *De fluu.*, XVIII, 7.

Górgona: HES., *Theog.*, 274 e s.; *Scut.*, 224 e s.; PIND., *Pyth.*, XII; XIII; *Il.*, V, 741; VIII, 349; XI, 36; *Od.*, XI, 623; APOLLOD., *Bibl.*, II, 4, 2 e s.; 7, 3; III, 10, 3; OV., *Met.*, IV, 765 e s.; AESCH., *Pr.*, 800; escól. *ad* APOL. RH., *Arg.*, 1515; EUR., *Ion*, 989; 1003 e s.; SERV., *ad VIRG.*, *Aen.*, VI, 289; DIOD.SIC., III, 54 e 55; Cf. PLIN., *N. H.*, VI, 35. Cf. K. ZIEGLER, «Das Spiegelmotiv im Gorgomythos», *A. R. W.*, XXIV (1926), pp. 1-18; C. HORKINS. «Assyrian elements in the Perseus, Gorgon story», *A. J. A.*, 1934, pp. 341-358; KAISER WILHEM II, *Studien zur Gorgo*, Berlin, 1936.

nas, diz ele, formavam um povo belicoso e comparável às Amazonas. Habitavam num país situado nos confins do dos Atlantes (v. este nome). Estes, que tinham sido conquistados pelas Amazonas, obrigaram a rainha Mirina (v. este nome) a declarar guerra às Gorgonas, que se mostravam vizinhos incómodos. As Amazonas saíram vitoriosas, mas as Górgonas rapidamente se recompuseram da derrota. Foram, logo após, atacadas por Perseu e definitivamente destruídas por Héracles.

GÓRGONE. V. *Górgona.*

GORGÓPIS. (Γοργῶπις.) Gorgópis é, numa tradição obscura, o nome da esposa de Átamas, a madrasta de Frixo, designada mais geralmente por Ino (v. estes nomes).

***GRAÇAS.** (*Gratiae*). *Gratiae* é o nome latino das Cárites (v. esta palavra).

GRANICO. (Γράνικος.) Granico é o fundador da cidade frígia de Adramiteu, situada próximo de Tróia. Quando Héracles chegou à Frígia, Granico deu a sua filha Tebe em casamento ao herói e este fundou, em honra da sua jovem esposa, a cidade de Tebas (na Mísia).

GREIAS. (Γραῖαι.) As Greias são as «Velhas». Nunca foram jovens mas nasceram já velhas. Os seus pais são Fórcis e Ceto (de onde provém o nome de Fórcides, que por vezes lhes é dado) e pertencem à geração das divindades pré-olímpicas, como as suas três irmãs Górgonas (v. este nome e quadro 33, p. 388). As Greias são irmãs e em número de três (duas em certas tradições) e denominam-se Énio, Pefredo e Dino. Tinham apenas um olho e um único dente para as três, que utilizavam uma de cada vez. Viviam no Extremo Ocidente, no país da noite, onde nunca luz o Sol.

O único mito em que as Greias desempenham um papel é no de Perseu. Quando Perseu partiu para matar a Medusa, encontrou em primeiro lugar as Greias; como elas tinham apenas um olho, vigiavam uma de cada vez e as que não tinham olho dormiam enquanto esperavam o seu momento de estar vigilante. Perseu conseguiu tirar-lhes este único olho e, tendo assim mergulhado todas as três simultaneamente no sono, passou sem problemas e concluiu a sua empresa. Dizia-se que lançou o olho no lago Tritónis.

Numa outra versão da lenda, as Greias eram depositárias de um oráculo: conheciam as condições que era necessário reunir para matar a Górgona. Para o conseguir, era necessário obter de certas ninfas sandálias aladas, uma espécie de alforge denominado *kibisis* e o elmo de Hades, que tornava invisível quem o colocasse. Perseu, instruído por Hermes e por Atena, roubou às três «Velhas» o olho e o seu dente (diz-se que as ameaçou com a espada) e elas foram assim obrigadas a revelar o seu segredo. As Greias indicaram-lhe o local onde se encontravam as ninfas e estas não puseram qualquer dificuldade para entregarem a Perseu os objectos solicitados (v. *Perseu*).

GRIFOS. (Γρῦπες.) Os Grigos são pássaros fabulosos, cuja cabeça está provida de um bico de águia, têm asas poderosas e corpo de leão. São consagrados a Apolo e defendem os seus tesouros dos assaltos dos Arimaspes, no deserto da Cítia, no país dos Hiperbóreos. Outros autores situam-nos entre os Etíopes ou, ainda, na Índia.

Os Grifos estão também associados a Dioniso, de quem guardam a cratera repleta de vinho.

Fábulas mais recentes contavam que os Grifos se opunham aos pesquisadores de ouro no deserto do Norte da Índia, quer porque estavam encarregados de guardar o metal quer porque faziam os seus ninhos nas montanhas donde se extraía o minério, e queriam proteger as suas crias contra qualquer perigo.

GRINO. (Γρῦνος.) Grino é filho de Eurípilo e neto de Télefo. Após a morte do pai, morto por Neoptólemo junto a Tróia, Grino foi atacado pelos vizinhos, que procuraram apeá-lo do trono da Mísia. Chamou, então, em seu auxílio o filho de Neoptólemo e de Andrómaca, Pérgamo, e graças ao seu auxílio triunfou sobre os seus inimigos. Em memória deste feito fundou duas cidades: Pérgamo e Grínio.

GUNEU. (Γουνεύς.). Guneu é filho de Ócito e, na Guerra de Tróia, comanda o contingente dos Eníanes e dos Perrebos da Tessália. Figura entre os pretendentes de Helena e é essa a razão por que participa na expedição. Quando dos «Regressos», naufraga na costa da Líbia a estabelece-se nas margens do rio Cínips.

Gorgópis: Escól. *ad* PIND., *Pyth.*, IV, 288.

Granico: Escól. *ad Il.*, VI, 396.

Greias: HES., *Theog.*, 270 e s.; APOLLOD., *Bibl.*, *II*, 4, 2; AESCH., *Pr.*, 794 e s., e escól. v. 793; ERATOSTH., *Cat.*, 22; OV., *Met.*, IV, 774 e s.; HYG., *Astr. Poet.*, II, 12; TZETZ., *ad Lyc.*, 838; 846; escól. *ad* APOL. RHOD., *Arg.*, IV, 1515; PALEPH., *Incr.*, 32; AESCH., trag. perdida *Forcides* (cf. *Trag. Gr. Fragm.*, NAUCK, 2.ª ed., p. 83 e s.). Cf. C. HERZOG-HAUSER, «Die Graien», *Wien. Stud.*, 1933, pp. 66-72.

Grifos: HES., *ap.*, escól. *ad* AESCH., *Pr.*, 830; HEROD., III, 102; 116 citando ARÍST. de Proconeso; AESCH., *Pr.*, 803 e s.; AELIAN., *Hist. An.*, IV, 27; PLIN., *N. H.*, VII, 10; POMP. MELA, II, 1, 1. Cf. J. CARCOPINO, *Basilique Pythagoricienne...*, p. 298 e s.

Grino: SERV., *ad VIRG.*, *Ecl.*, VI, 72.

Guneu: *Il.*, II, 748; HIG., *Fab.*, 81; 97; APOLLOD., *Ep.*, III, 14; VI, 15; TZETZ., *ad Lyc.*, 877.; 897; 902; cf. BERGK, *Poet. Lyr. Gr.*, 3.ª ed., II, 654 (ARIST., *Pepl.*).

H

HADES. ("Αιδης.) Hades é o deus dos Mortos. É filho de Crono e Reia e irmão de Zeus, Posídon, Hera, Héstia e Deméter (quadro 38, p. 452). Juntamente com Zeus e Posídon, é um dos três senhores que dividiram entre si o poder sobre o universo depois de vencerem os Titãs. Enquanto Zeus obteve o Céu e Posídon o Mar, Hades recebeu o mundo subterrâneo, os Infernos ou Tártaro.

Quando nasceu e tal como os irmãos, Hades foi engolido por Crono e depois vomitado (v. *Crono*). Participou na luta contra os Titãs e os Ciclopes armaram-no com um capacete que tornava invisível quem o usasse. Este capacete de Hades, semelhante ao de Siguefredo na mitologia germânica, foi depois usado por outras divindades como Atena e mesmo por heróis como Perseu (v. a sua lenda).

Nos Infernos, Hades reina sobre os Mortos. É um amo impiedoso que não permite a nenhum dos seus súbditos que voltem ao mundo dos vivos. É assistido por demónios e vários génios que estão sob as suas ordens (por exemplo Caronte, o barqueiro, etc.). A seu lado reina Perséfone, que não é menos cruel. Contava-se que, outrora, ele a havia raptado nas planícies da Sicília, enquanto ela se divertia com suas companheiras a colher flores (v. *Deméter*). Perséfone, filha de Deméter, é a sua sobrinha (quadro 38, *ib.*). Hades estava apaixonado, mas Zeus, pai de Perséfone, não consentira no casamento porque, contrariamente a Deméter, lhe repugnava saber a jovem eternamente encerrada na morada das sombras. Por isso, Hades resolveu raptá-la. Talvez tenha mesmo sido ajudado nesse rapto por Zeus, que se tornou secretamente seu cúmplice. Mais tarde, Zeus ordenou a Hades que devolvesse Perséfone à mãe. Hades, todavia, tomara as suas precauções: dera-lhe a comer um bago de romã; ora, quem visitasse o reino dos Mortos e lá ingerisse qualquer alimento, não podia já voltar ao mundo dos vivos. Perséfone foi assim obrigada a passar um terço de cada ano junto de Hades. Dizia-se que a união de ambos foi infecunda.

Hades participa raramente nas lendas. Com excepção do episódio do rapto, que pertence ao ciclo de Deméter, apenas se encontra em outro mito, desta vez relacionado com Héracles. A *Ilíada* conta que, quando o herói desceu aos Infernos, Hades quis interditar-lhe o acesso ao seu reino, enfrentou-o na «porta» dos Infernos, mas Héracles feriu-o no ombro com uma flecha e Hades teve de ser imediatamente levado para o Olimpo, onde Péan, o deus que cura, lhe aplicou um bálsamo maravilhoso e a ferida cicatrizou rapidamente. Algumas variantes referem que Héracles agrediu o deus com uma enorme pedra. Seja como for, a vitória coube ao filho de Zeus.

Geralmente, Hades, cujo nome significa «o Invisível», não era nomeado, pois temia-se que, invocando-o, se provocasse a sua cólera. Por isso, designava-se através de eufemismos. O mais corrente era o epíteto de Plutão, «o

Hades: *Il.*, IV, 59; V, 395 e s.; IX, 569 e s.; XV, 187 e s.; XX, 61 e s.; *Hymn. hom. Dem.;* HES., *Theog.*, 311; 455; 768; 859; *Op.*, 153; AESCH., *Eu.*, 269 e s.; escól. *ad Il.*, XV, 188; EUST., *ad Hom.*, p. 613, 24; APOLLOD., *Bibl.*, I, 1, 5; 2, 1; 5, 1 e s.; 3 e s.; DIOD. SIC., V, 4, 1-3; 68, 2; CIC., *Verr.*, II, 4, 48; OV., *Fast.*, IV, 419 e s.; *Met.*, V, 346 e s.; HYG., *Fab.*, 79; 146; STRAB., III, 2, 9, p. 147; v. PLAT., *Cra.*, 403 a. Cf. J. ROEGER, Αἶδος κυνέη..., Gras, 1924.

Rico», alusão à riqueza inesgotável da terra, tanto da terra cultivada como das minas que encerra. Por esse motivo, Plutão é frequentemente representado empunhando um corno da abundância, símbolo dessa riqueza.

HAGNO. (Ἁγνώ.) Na lenda arcádia de Zeus, contava-se que o deus nascera no monte Liceu, num local chamado Cretea (o que permitia aos Arcádios conciliar a sua lenda com a das origens cretenses do deus, invocando que se confundira erroneamente Cretea com a ilha de Creta). Zeus fora criado por três ninfas da região: Hagno, Tísoa e Neda. Hagno era a ninfa de uma nascente do Liceu, que tinha a particularidade de ter sempre água, fosse Verão ou Inverno. Aquando de uma grande seca, que comprometia as colheitas, tal a sua duração, o sacerdote de Zeus Lício acabou por dirigir preces solenes ao deus e, durante um sacrifício, embebeu um raminho de carvalho na água da nascente. Imediatamente a água se agitou, pôs-se em movimento e levantou-se uma grande nuvem que espalhou uma chuva abundante pelo país.

* **HALESO.** (*Halesus.*) Haleso é um herói itálico, fundador e epónimo dos Faliscos de Falérios (uma cidade situada em território etrusco, em que se falava um dialecto estreitamente aparentado com o latim). Os mitógrafos tentavam relacioná-lo com Agamémnon, de quem o consideravam companheiro ou, então, seu filho ilegítimo, ido para Itália no tempo da Guerra de Tróia. Outras tradições consideram-no filho de Neptuno; com ele se relacionava o rei de Veios, Mórrio. Este instituíra em sua honra o *carmen saliare* (o canto arcaico que os Sálios entoavam durante certas cerimónias em Roma).

Na sua qualidade de descendente de Agamémnon e originário de Argos, Haleso conta-se entre os inimigos de Eneias quando este desembarcou em Itália. Combateu do lado de Turno e foi morto por Palante.

HÁLIA. (Ἁλία.) **1.** Hália é uma heroína ródia, irmã dos Telquines (v. este nome). Da união com Posídon, concebeu seis filhos e uma filha chamada Rodo, que deu o nome à ilha de Rodes. Os seus seis filhos foram acometidos de loucura por intervenção de Afrodite e tentaram violar a própria mãe. Com uma pancada do seu tridente, Posídon fez com que a terra os engolisse. Desesperada, Hália atirou-se ao mar. Os habitantes de Rodes dedicaram-lhe um culto como a uma divindade marinha, sob o nome de Leucótea.

2. Havia também uma Nereide com o mesmo nome. De facto, *Hália* relaciona-se com a raiz de um dos nomes do mar, enquanto elemento *salgado* (ἅλς).

HALIÁCMON. (Ἁλιάκμων.) **1.** O Haliácmon é um rio da Macedónia cujo deus se dizia ser filho de Oceano e Tétis.

2. Outra lenda contava que um habitante de Tirinte, num acesso de loucura, se atirara outrora ao rio até então chamado Carmanor. O rio tomara, a partir daí, o nome de Haliácmon, que era o do afogado. Mais tarde, foi dado um terceiro nome ao mesmo rio, que se tornou Ínaco (v. esta palavra).

HALIARTO. (Ἁλίαρτος.) Haliarto e o seu irmão Corono eram filhos de Tersandro e netos de Sísifo (v. quadro 36, p. 422). Como seu tio-avô Átamas, rei de Orcómeno, perdera todos os filhos (v. *Átamas*), legou-lhes o reino. Mais tarde, porém, quando um dos filhos de Frixo, Présbon, regressou da Cólquida para reivindicar o reino do avô (pois Frixo era filho de Átamas), Haliarto e Corono restituíram-lho. Fundaram as cidades de Haliarto e Coroneia.

HÁLIAS. (Ἁλίαι.) Chamavam-se Hálias (as «Mulheres do Mar») as mulheres cujo túmulo se encontrava em Argos. Contava-se que tinham ido das ilhas do mar Egeu juntamente com Dioniso, para combater Perseu e os Argivos. Morreram em combate.

HALIRRÓTIO. (Ἁλιρρόθιος.) Halirrótio é filho de Posídon e da ninfa Êurite. Nas proximidades da fonte de Asclépio, tentou violar Alcipe, filha de Ares, que o deus tivera de Aglauro. Ares matou-o e Posídon intimou o assassino do filho a comparecer diante de um tribunal formado por deuses e reunido na colina que desde então tomou o nome da Colina de Ares (o «Areópago»).

Outra versão diz que Halirrótio, filho de Posídon, indignado por ver a Ática atribuída a Atena e recusada a seu pai (v. *Atena*), tentara cortar a oliveira, dádiva da deusa à Ática. Mas o machado escapou-se-lhe milagrosamente das mãos e cortou-lhe a cabeça.

HALMO. (Ἄλμος.) Halmo é um filho de Sísifo, irmão de Glauco, de Ornition e de Tersandro (v. quadro 36, p. 422). O rei de Orcómeno, Etéocles, deu-lhe uma parte do seu território, no qual fundou o burgo de Halmomes. Halmo teve duas filhas, Crisógone e Crise. A primeira teve um filho de Posídon, chamado Crises, e a segunda teve de Ares um filho de nome Flégias.

Hagno: PAUSAN., VIII, 31, 2; 38, 2 e s.; 47, 3.

Haleso: VIRG., *Aen.*, VII, 723 e s.; X, 352; 411 e s.; SERV., *ad VIRG.*, *Aen.*, VII, 695; 723; VIII, 285; OV., *Am.*, III, 13, 31 e s.; *Fast.*, IV, 73 e s.; SOLIN., II, 7; PLIN., *N. H.*, III, 51.

Hália: **1)** DIOD. SIC., V, 55. **2)** *Il.*, XVIII, 40; APOLLOD., *Bibl.*, I, 2, 7; HES., *Theog.*, 245.

Haliácmon: **1)** HES., *Theog.*, 341. **2)** PLUT., *De fluu.*, XVIII, 1.

Haliarto: PAUSAN., IX, 34, 7 e.; EUST., *ad Hom.*, p. 268, 27; esc. *ad Il.*, II, 503.

Hálias: PAUSAN., II, 22, 1.

Halirrótio: APOLLOD., *Bibl.*, III, 14, 2; PAUSAN., I, 21, 7; 28, 5; SUID. e STEPH. BYZ., *s.u.* Ἄρειος πάγος; esc. *ad Il.*, XVIII, 483; 490; *ad* ARISTOPH., *Nu.*, 1006; SERV., *ad. VIRG.*, *Georg.*, I, 18.

Halmo: PAUSAN., II, 4, 3; IX, 34, 10-37, 1; esc. *ad* APOL. RH., *Arg.*, III, 1094.

HALS. ("Αλς.) Hals, o Mar, é o nome de uma feiticeira, serva e companheira de Circe. Dizia-se que tinha origem etrusca e que dera o nome a uma cidade ou lugar chamado *Halos Pyrgos*, a Torre de Hals, situado na Etrúria. Aquando da segunda viagem de Ulisses à ilha de Circe (nas lendas que continuavam a *Odisseia*; v. *Ulisses*), o herói foi procurar Hals e esta, com os seus feitiços, transformou-o em cavalo. Conservou-o junto de si e alimentou-o até ele morrer de velhice. Esta lenda destinava-se a explicar um verso misterioso da *Odisseia*, que predizia a Ulisses que a sua morte viria «do Mar».

HAMADRÍADAS. V. *Hamadríades.*

HAMADRÍADES. ('Αμαδρυάδες.) As Hamadríades são uma categoria das ninfas das árvores. Nascem com a árvore que protegem e partilham o seu destino. É assim que Calímaco, no *Hino a Delos*, refere uma ninfa de um carvalho angustiada por causa da sua árvore que um raio acabou de atingir. O poeta diz que as Ninfas ficam felizes quando a água do céu rega os carvalhos, e que estão de luto quando perdem a sua folhagem. Dizia-se também que morriam ao mesmo tempo que a árvore. Por isso são consideradas como seres intermédios entre os mortais e os imortais. Vivem muito tempo, dez «vidas de palmeira», isto é, nove mil setecentos e vinte anos.

Certas lendas lembram hamadríades que pediram a um ou outro herói que salvasse a sua árvore (v. os artigos *Reco, Crisopeleia*). Outras lendas recordam o castigo que atingiu os homens que cortavam uma árvore sem atender às súplicas da sua ninfa (v. *Erisícton*).

Ver uma lenda tardia sobre a origem das Hamadríades no artigo *Óxilo*, 3.

HARMONIA. ('Αρμονία.) Há duas lendas distintas sobre Harmonia, uma tebana e a outra ligada ao culto dos deuses da Samotrácia. Entre ambas há um ponto comum: tanto em uma como em outra, Harmonia é mulher de Cadmo.

Na lenda tebana, Harmonia é filha de Ares e de Afrodite. Zeus casou-a com Cadmo. O casamento realizou-se em Cadmeia, a cidadela de Tebas. Os deuses estiveram presentes, tal como assistiram mais tarde ao casamento de Tétis e de Peleu. Levaram presentes, os mais célebres dos quais foram um vestido e um colar. O vestido era um presente de Atena (ou Afrodite) — fora tecido pelas Cárites — e o colar era um presente de Hefesto. Dizia-se também que o colar e o vestido haviam sido dados a Harmonia pelo próprio Cadmo, que os recebera indirectamente de Europa, a quem Zeus os oferecera no tempo dos amores entre ambos (v. *Cadmo*). Finalmente, outra tradição garantia que o vestido era obra de Atena e Hefesto e que as duas divindades o haviam impregnado com um filtro que envenenou a descendência de Harmonia. A razão de tal facto residia no ódio que Atena e Hefesto sentiam por Harmonia, nascida dos amores de Ares e Afrodite. Estes dois presentes divinos haviam de desempenhar um importante papel na lenda dos Sete Chefes (v. *Alcméon, Anfiarau, Erifile*). Mais tarde foram oferecidos como *ex-voto* em Delfos e roubados no tempo de Filipe da Macedónia.

Nas tradições de Samotrácia, Harmonia, em vez de ser filha de Ares e de Afrodite, é-o de Zeus e Electra, uma das filhas de Atlas. Por isso, é irmã de Dárdano e Iásion (v. quadro 7, p. 112). Cadmo encontrou-a numa passagem pela ilha, quando procurava sua irmã Europa, raptada por Zeus. E foi na Samotrácia que se celebraram as bodas de Harmonia e Cadmo, nas mesmas circunstâncias que na tradição tebana. Dizia-se também que Cadmo raptara Harmonia com a ajuda de Atena.

Cadmo e Harmonia tiveram vários filhos (v. quadro 3, p. 66). No fim da vida, deixaram o reino de Tebas e foram para a Ilíria, onde acabaram por ser transformados em serpentes (v. *Cadmo*).

O nome de Harmonia está também ligado à abstracção que simboliza a *harmonia*, a concórdia, o equilíbrio, etc. Esta Harmonia não possui mitos propriamente ditos. Figura geralmente no séquito das Cárites e de Afrodite. As lendas tardias tendem a confundi-la com a mulher de Cadmo.

HARMÓNIDES. ('Αρμονίδης.) É o construtor do navio em que Páris foi de Tróia para a Lacedemónia com o objectivo de raptar Helena.

HARPÁLICE. ('Αρπαλύκη.) **1.** A primeira heroína com este nome é uma mulher trácia, filha do rei Harpálico. Como a mãe morrera quando a menina era ainda pequena, Harpálico criou-a com leite de vaca e de égua e habituou-a a combater porque pensava encontrar nela um sucessor, já que não tinha filhos. Harpálice ganhou gosto a essa vida e tornou-se muito hábil no manejo das armas. Durante um ataque contra Harpálico (vindo da parte dos Getas, que são bárbaros das planícies do Danúbio, ou então de companheiros de Neoptólemo, quando este regressou da Guerra de Tróia), o rei foi cercado pelos inimigos e ferido gravemente. E teria sido morto se a filha

---

Hals: PTOL. HEPH., *Nov. hist.*, IV, pp. 194 e 195 (Westermann); cf. *Od.*, XI, 134.

Hamadríades: *Hymn. hom. Ven.*, 259 e s.; ANTHOL. PAL., VI, 189; IX, 833, etc.; CALLIM., *Hymn.*, 79 e s.; NONN., *Dion.*, II, 922 s.; esc. *ad* APOL. RH., *Arg.*, II, 477; SERV., *ad VIRG.*, *Aen.*, I, 50; III, 34; *ad Ecl.*, X, 62; EUST., *ad Hom.*, *Il.*, VI, 420; OV., *Fast.*, IV, 231; *Met.*, VIII, 763 e s.

Harmonia: HES., *Theog.*, 937; 975 e s.; PIND., *Pyth.*, III, 157 e s.; esc. v. 167; EUR., *Phoen.*, 822 e s., e esc. v. 71; DIOD. SIC., IV, 2, 1; V, 48, 5; 49, 1; XVI, 64; THEOGN., XV, 18 12; IX, 12, 3; esc. *ad Il.*, II, 494; *ad* APOL. RH., *Arg.*, I, 916; STEPH. BYZ., *s.u.* Δάρδανος; ATHEN., VI, 232 f; XIV, 658 f; PARTH., *Erot.*, 25; HYG., *Fab.*, 148.

Harmónides: *Il.*, V, 60; TZETZ., *ad Lyc.*, 93.

Harpálice: 1) VIRG., *Aen.*, I, 315 e s.; SERV., *ad loc.* (v. 317); HYG., *Fab.*, 193; 252; 254. **2)** PARTH., *Erot.*, 13; NONN., *Dion.*, XII, 71 e s.; HYG., *Fab.*, 206, etc.; v. *Clímeno.* **3)** ATHEN., XIV, 11.

não tivesse vindo rapidamente em seu socorro e o tivesse salvo.

Mais tarde, Harpálico foi afastado do trono por uma sedição que a sua crueldade provocara. Retirou-se para os bosques, acompanhado da filha. Foi então ela quem acudiu às necessidades de ambos, caçando e, sobretudo, realizando incursões aos estábulos e aos currais das vizinhanças. Até que, por fim, os pastores lhe prepararam armadilhas como se se tratasse de um animal selvagem e a capturaram nas redes de caça. A sua morte, porém, foi marcada por rixas sangrentas. Quando se apoderaram de Harpálice, a jovem tinha consigo um cabrito, produto da sua última pilhagem. Os pastores disputaram o cabrito tão acirradamente que muitos morreram. Erigiu-se um túmulo a Harpálice e prestou-se-lhe um culto. Durante a festa que se celebrava em sua honra, os seguidores fingiam lutar, segundo se dizia em memória das lutas que se haviam seguido à sua morte.

2. Outra Harpálice é a protagonista de um incesto com seu pai Clímeno (v. *Clímeno*, 3). Consoante as versões, Harpálice foi transformada, depois do seu crime, numa ave nocturna chamada χαλκίς, ou suicidou-se, ou então foi morta por Clímeno.

3. A tradição refere também uma Harpálice, heroína de uma história de amor. Estava apaixonada por Íficles, mas, como ele a rejeitou, matou-se. Havia um «lamento de Harpálice» que as jovens cantavam.

HARPÁLICO. (Ἁρπάλυκος.) **1.** Além do herói, pai de Harpálice (v. este nome), a lenda refere com o mesmo nome:

2. Um filho de Licáon.

3. Na *Eneida*, um companheiro de Eneias que Camila matou durante a campanha contra Turno e os Rútulos.

4. Teócrito refere também um Harpálico que ensinou a Héracles a esgrima e a ginástica.

HARPÁLION. (Ἁρπαλίων.) **1.** É um herói morto por Meríones, no cerco de Tróia. Era filho do rei de Paflagónia, Pilemenes, e combatia do lado dos Troianos.

2. Outra personagem com o mesmo nome figura nas fileiras gregas, durante o cerco de Tróia. Originário da Beócia, era filho de Aricelo e de Anfínome, e companheiro de Protoenor. Foi morto por Eneias.

HARPIAS. (Ἅρπυιαι.) As Harpias (*as Rapaces*) são génios alados, filhas de Taumas e Electra, a Oceânide (v. quadro 33, p. 388). Pertencem à geração divina pré-olímpica. Na maior parte dos casos são duas: Aelo, também chamada Nicótoe, e Ocípete; conhece-se, porém, uma terceira, Celeno. Os nomes revelam a sua natureza. Significam, respectivamente, «borrasca», «voa depressa» e «obscura» (como o céu que uma nuvem prenunciadora de tempestade atravessa). Representam-se como mulheres providas de asas ou ainda como aves com cabeça de mulher e garras afiadas. Dizia-se que habitavam as ilhas Estrófades, no mar Egeu. Mais tarde, Virgílio situa-as no vestíbulo dos Infernos, juntamente com outros monstros.

As Harpias são raptoras de crianças e almas. Por vezes, colocava-se a sua imagem sobre os túmulos, levando a alma do morto nas suas garras. A lenda em que desempenham um papel mais importante é a de Fineu, que era atormentado por uma maldição: as Harpias tiravam-lhe tudo o que punha diante de si, particularmente a comida; o que não podiam levar, sujavam-no com os seus excrementos (v. *Fineu*). Quando os Argonautas chegaram, Fineu pediu-lhes que o libertassem das Harpias. Zetes e Cálais, os Boréadas, perseguiram então esses demónios e forçaram-nos a levantar voo. Ora, o destino determinava que as Harpias não morreriam a não ser que fossem apanhadas pelos filhos de Bóreas. Em contrapartida, estes tinham de morrer se as não conseguissem alcançar. Durante a perseguição, a primeira Harpia caiu num rio do Peloponeso, que tomou em seguida o nome de Hárpis. A outra chegou até às ilhas Equínades, que depois se chamaram Estrófades ou Ilhas do Regresso. Mas Iris (ou Hermes) ergueu-se diante de Cálais e Zetes e proibiu-lhes que matassem as Harpias, que eram as «servas» de Zeus. Em troca da vida poupada, elas prometeram que daí em diante deixariam Fineu tranquilo e se esconderiam numa caverna de Creta. Uma tradição aberrante conta que os dois filhos de Bóreas pereceram ao perseguirem as Harpias, mas trata-se de uma tradição isolada.

As Harpias intervinham na lenda de Pandáreo (v. este nome).

Dizia-se que as Harpias se tinham unido ao deus-vento Zéfiro, de quem haviam concebido cavalos: Xanto e Bálio, os dois cavalos divinos de Aquiles, tão rápidos como o vento; Flógio e Hárpago, os cavalos dos Dioscuros.

HARPINA. (Ἅρπιννα.) Harpina é uma das filhas do deus-rio Ásopo; é irmã de Egina. Foi amada por Ares e dele concebeu o herói Enómao (v. a sua lenda), na cidade de Pisa, na Élide. Deu o seu nome à cidade de Harpina, fundada por seu filho (v., no entanto, *Enómao*).

HARPÍRIA. (Ἁρπύρεια.) Na interpretação evemerista da lenda de Fineu, Harpíria é o nome de uma das suas filhas. Sua irmã chamava-se Erásia. Ambas levavam uma vida

---

Harpálico: **1)** V. *Harpálice*, 1. **2)** Apollod., *Bibl.*, III, 8, 1. **3)** Virg., *Aen*,. IV, 615. **4)** Theocr., XXIV, 109 e s.

Harpálion: **1)** *Il.*, XIII, 643 e s.; e esc. *ad loc.* **2)** Quint. Sm., X, 70.

Harpias: Hes., *Theog.*, 265; Apollod., *Bibl.*, 2, 6; III, 15, 2; Hyg., *Fab.*, 14; Virg., *Aen.*, III, 209; VI, 289; esc. *ad* Apol. Rh., *Arg.*, II, 285; 1089; Serv., *ad Virg.*, *Aen.*, III, 252.

Harpina: Diod. Sic., IV, 73; Pausan., V, 22, 6; VI, 21, 8; esc. *ad* Apol. Rh., *Arg.*, I, 752; Tzetz., *ad Lyc.*, 149.

Harpíria: Tzetz., *Chil.*, I, 220 e s.; *ad Lyc.*, 166 e s.

desregrada que punha em perigo a fortuna do pai. Foram raptadas pelos Bóreadas, Cálais e Zetes, que desse modo libertam Fineu de todas as suas preocupações (v. *Harpias*).

HEBE. (Ἥβη.) Pelo seu nome, Hebe surge como a personificação da juventude. É filha de Zeus e Hera e, por isso, irmã de Ares e de Ilítia (v. quadro 38, p. 452). Na «família divina», desempenha o papel de uma criada, ou de uma jovem criada pela família. Antes do rapto de Ganimedes, é ela quem serve o néctar. Prepara o banho de Ares, ajuda Hera a atrelar o seu carro. Dança com as Musas e as Horas ao som da lira de Apolo. Aquando da apoteose de Héracles e da reconciliação do herói com Hera, os deuses celebraram o seu casamento com Hebe, símbolo do seu acesso à juventude eterna das divindades.

HECAERGO. (Ἑκαεργος.) Hecaergo e Ópis eram dois hiperbóreos; foram os primeiros a oferecer um sacrifício a Apolo e Ártemis, na ilha de Delos, para onde tinham levado os objectos sagrados. Foram encarregados de criar as duas crianças divinas, que lhes deveram os epítetos respectivamente de Hecaergo e de Ópis. A lenda destina-se precisamente a explicar esses epítetos rituais e diversamente interpretados.

HÉCALE. (Ἑκάλη.) Quando Teseu partiu para combater o touro de Máraton, passou a noite numa povoação da Ática, onde foi acolhido por uma velha mulher chamada Hécale. Passaram ambos a noite em vígilia e, no dia seguinte, depois de Teseu ter partido, Hécale ofereceu um sacrifício a Zeus para obter o regresso do jovem herói. Teseu matou o touro mas, quando passou de novo na cabana de Hécale, a pobre velha morrera já. Fundou então em sua honra um santuário de Zeus Hecalésio, e instituiu uma festa e um culto a Hécale (v. *Teseu*).

HECAMEDE. (Ἑκαμήδη.) Quando Aquiles tomou a ilha de Ténedos, ao dirigir-se para Tróia, levou consigo, entre outras cativas, uma jovem chamada Hecamede, filha de Arsínoo. Mais tarde, esta cativa foi atribuída a Nestor.

HÉCATA. V. *Hécate.*

HÉCATE. (Ἑκάτη.) Hécate é uma deusa aparentada com Ártemis e que não possui mito propriamente dito. Permanece bastante misteriosa, caracterizada mais pelas suas funções e os seus atributos do que pelas lendas em que intervém. Hesíodo apresenta-a como concebida por Astéria e Perses e descendente directa da geração dos Titãs (v. quadro 33, p. 380). É, portanto, independente das divindades olímpicas; Zeus, porém, conservou-lhe os antigos privilégios e aumentou-os inclusivamente. Espalha por todos os homens a sua benevolência, concedendo as graças que lhe pedem. Dá, nomeadamente, a prosperidade material, o dom da eloquência nas assembleias políticas, a vitória tanto nas batalhas como nos jogos. Proporciona peixe abundante aos pescadores; faz prosperar ou definhar o gado conforme quer. Os seus privilégios estendem-se a todos os campos em vez de se limitarem a alguns como é, em geral, o caso das divindades. Invoca-se também muito particularmente como «deusa que nutre» a juventude, em pé de igualdade com Ártemis e Apolo.

São estas as características de Hécate na época antiga. Pouco a pouco, a deusa adquiriu uma especialização diversa. Foi considerada como a deusa que preside à magia e aos feitiços. Está ligada ao mundo das sombras. Surge aos magos e às feiticeiras com um archote em cada mão, ou sob a forma de diversos animais: égua, cadela, loba, etc. É a ela que se atribui a invenção da feitiçaria, e a lenda incorporou-a na família dos magos por excelência, Eetes e Medeia da Cólquida (v. *Perses*). Com efeito, tradições tardias dizem que Circe é sua filha (v. *Circe*). Ora Circe é a tia de Medeia. Por vezes, passa mesmo por ser sua mãe.

Como feiticeira, Hécate preside às encruzilhadas, que são lugares de eleição da magia. Aí se ergue a sua estátua, sob a forma de uma mulher com três corpos ou então com três cabeças. Estas estátuas eram muito abundantes nos campos da Antiguidade e junto delas colocavam-se oferendas.

HECÁTERO. (Ἑκάτερος.) Esta personagem é referida apenas por Estrabão, que cita um passo perdido de Hesíodo de leitura incerta. Segundo Hesíodo, Hecátero, unido à filha de Foroneu (provavelmente Níobe), teria engendrado toda uma série de demónios: as ninfas das montanhas, os Sátiros, bem como os Curetes, de que esta é uma das numerosas genealogias.

HECANTONQUIROS. (Ἑκατόγχειρες.) Os Hecatonquiros são gigantes providos de cem braços e de cinquenta cabeças. São em número de três: Coto, Briareu (ou Egéon, v. este nome) e Giges ou Gies. Filhos de Úrano e de Geia (v. quadro 14, p. 182), pertencem à mesma geração que os Ciclopes, etc. Como estes, ajudam os Olímpicos e Zeus na luta contra os Titãs.

Hebe: *Il.*, IV, 2; V, 722; 905; *Od.*, XI, 601 e s.; *Hymn. hom. Apoll.*, 195; Hes., *Theog.*, 922; 950 e s.; Pind., *Nem.*, I, 71; X, 17; *Isth.*, IV, 49; Pausan., II, 13, 3; Apollod., *Bibl.*, I, 3, 1.

Hecaergo: Serv., *ad Virg.*, *Aen.*, XI, 532; 858.

Hécale: Call., *Hec.*; Plut., *Thes.*, 14; cf. *Anthol. Pal.*, IX, 546; Steph. Byz. e *Etym. Magn.*, *s. u.*

Hecamede: *Il.*, XI, 624; XIV, 6; Suid., *Lex.*, *s. u.*

Hécate: Hes., *Theog.*, 404-452; *Hymn. hom.*, V, 24 e s.; Apollod., *Bibl.*, I, 2, 4; esc. Apol. Rh., *Arg.*, III, 200; 242; 467; 861; 1035; IV, 828; Diod. Sic., IV, 45 e s.; Apul., *Met.*, XI, 2; Cic., *de nat. D.*, III, 18, 46.

Hecátero: Strab., X, 3, 19, p. 471. Trata-se, possivelmente, de um nome ritual de Apolo (v. *Hecaergo*).

Hecatonquiros: Apollod., *Bibl.*, I, 1, 1, e s.; Hes., *Theog.*, 147 e s.; Paleph., *Incr.*, 20.

As interpretações evemeristas fazem dos Hecatonquiros homens e não gigantes, que habitavam a cidade de Hecatonquíria, na Macedónia. Teriam ajudado os habitantes da cidade de Olímpia (os «Olímpicos») a lutar contra os Titãs e a expulsá-los da região.

HÉCUBA. (Ἑκάβη.) Hécuba é a segunda mulher de Príamo. A sua genealogia foi objecto de controvérsia desde a Antiguidade. Duas tradições estavam em confronto: uma dava-a como filha de Dimas, rei da Frígia; a outra como filha de Cisseu, rei da Trácia. No primeiro caso, descendia do rei Sangário. Uma variante desta tradição diz que Sangário era seu pai e não seu bisavô e que a teve da ninfa Evágore. Atribui-se-lhe igualmente como mãe a filha de Xante, Glaucipe. Os autores que a dizem filha do trácio Cisseu dão-lhe como mãe Telecleia; a mulher de Dimas era a ninfa Êunoe.

A tradição que relaciona Hécuba com Dimas e a Frígia é a da *Ilíada*. Os tragediógrafos e particularmente Eurípides preferem as origens trácias. O problema genealógico levantado por Hécuba era tão complexo que o imperador Tibério, naturalmente irónico, gostava de o propor aos gramáticos do seu tempo.

Hécuba é célebre pela sua fecundidade. Por vezes diz-se que deu a Príamo dezanove filhos. Este número eleva-se a cinquenta em Eurípides. Apolodoro cita apenas catorze: Heitor, o mais velho; Páris, cognominado Alexandre, o segundo, cujo nascimento foi precedido de um sonho profético (v. *infra*); em seguida, quatro filhas, Creúsa, Laodiceia, Políxena e Cassandra (embora esta seja geralmente considerada como irmã gémea de Troilo ou ainda de Heleno, que, como ela, possuía o dom da profecia; v. *Cassandra* e *Heleno*); os últimos filhos foram varões: Deífobo, Heleno, Pámon, Polites, Ântifo, Hipónoo, Polidoro e Troilo, o mais jovem e o mais amado, preferido de seu irmão mais velho Heitor (v. *Troilo*). Atribui-se-lhe também um décimo quinto filho, Polídamas (v. quadro 35, p. 394, e artigo *Príamo*).

Em Homero, Hécuba desempenha um papel bastante apagado. Participa em segundo plano para moderar a coragem de Heitor, chorar sobre o seu cadáver, implorar a Atena que afaste a desgraça da cidade. Todavia, logo com as epopeias cíclicas e, sobretudo, com os tragediógrafos, a figura de Hécuba engrandece-se a ponto de se tornar o símbolo da majestade e da desgraça.

Contava-se que pouco antes de dar à luz o segundo filho tivera um estranho sonho: vira sair do seu ventre um archote que ateava fogo a toda a cidade de Tróia e inclusivamente aos bosques do Ida.

Consultados os adivinhos, estes declararam que o filho que ia nascer seria a causa da ruína da cidade. Hécuba, porém, recusou-se a deixar matar o filho quando ele nasceu e apenas ordenou que fosse exposto. A criança salvou-se e, mais tarde, voltou a Tróia (v. *Páris*). Outra versão diz que os adivinhos (e particularmente Ésaco, um dos filhos de Príamo; v. *Ésaco*) somente haviam posto Príamo de sobreaviso ao anunciar-lhe que a criança que nasceria num dado dia causaria a ruína de Tróia. Haveria que matá-lo bem como a sua mãe. No dia referido, deram-se dois nascimentos: o de Páris e o de Munipo, filho de Cila e de Timetes, irmão ou cunhado de Príamo (v. *Cila*). Príamo mandou matar Cila e Munipo.

Esta lenda do sonho de Hécuba destinava-se a levar até à rainha as origens do crime que causou a perdição de Tróia, seja simplesmente porque era a mãe de Páris, seja porque, apesar do aviso dos deuses, se recusou a deixar que o matassem. Assim se encontravam justificadas, em certa medida, as desgraças que sobre ela se abateram.

Quando Tróia foi tomada, ela perdera já quase todos os seus filhos. Um deles, Polidoro, fora confiado por Príamo ao rei de Quersoneso, Polimestor (que, segundo uma tradição da lenda, casara com uma das suas filhas, Ilíone) (v. *Deípilo* e *Polimestor*), com o objectivo de o pôr a salvo. Simultaneamente, Príamo encarregara Polimestor de guardar importantes tesouros para seu filho. No entanto, uma vez tomada Tróia e morto Príamo, Polimestor desejou apropriar-se dos tesouros de que era depositário. Matou Polidoro e atirou o seu cadáver ao mar (em outra versão, matou por engano o próprio filho, Deípilo; v. os artigos citados). O cadáver de Polidoro foi arrastado pelas vagas para a costa da Tróade, no momento em que Hécuba, que a sorte atribuíra a Ulisses entre as cativas troianas, estava prestes a embarcar. A velha rainha reconheceu o corpo do filho e imediatamente decidiu vingar-se. Mandou uma das suas servas procurar Polimestor com um pretexto falacioso: fingindo tudo ignorar, desejava dizer-lhe onde se encontrava escondido um tesouro que, até ao momento, escapara aos conquistadores. Levado pela cobiça do lucro, Polimestor acorreu. Quando o teve junto de si, a rainha arrancou-lhe os olhos depois de as cativas troianas terem morto à sua frente os dois filhos que trouxera consigo. Para a castigar desse crime, os Gregos decidiram lapidá-la. No entanto, debaixo do montão de pedras, encontrou-se, em vez do seu cadáver, uma cadela de olhos de fogo. Ou então, Hécuba foi transformada em cadela quando era perseguida pelos companheiros de Polimestor que queriam vingar o seu rei. Outra tradição dizia que Hécuba se transformara em cadela no barco que a levava para a Grécia e que se atirara ao mar.

Ver outra versão da sua morte no artigo *Helena*.

Hécuba: *Il.*, VI, 293 e s.; XVI, 718, e esc. *ad loc.*; XII, 82 e s.; 405 e s.; 430 e s.; XXIV, 200 e s.; 286 e s.; 746 e s.; esc. *ad* III, 325; APOLLOD., *Bibl.*, III, 12, 5; EUR., *Hec.*, *passim*; *Tr.*, *passim*; esc. *ad Hec.*, 3; 1261; cf. SENEC., *Tro.*; OV., *Her.*, XVI, 44 e s.; *Met.*, XIII, 422 e s.; 534 e s.; TZETZ., *Anteh.*, 41 e s.; *Posthom.*, 366 e s.; *ad Lyc.*, *praef.* (princípio); 86; 224 e s.; *ad VIRG.*, *Aen.*, II, 32; III, 15; VII, 320; X, 705; cf. SUET., *Tib.*, 70. Cf., M. L. DEFLANDRE, «Hécube...», *Rev. B. de Ph.*, 1939, pp. 283 e s.

HEFESTO. (Ἥφαιστος.) Hefesto é o deus do Fogo. É filho de Zeus e de Hera. No entanto, por vezes diz-se que Hera o concebeu sozinha, despeitada pelo nascimento de Atena, que Zeus pusera no mundo sem o auxílio de nenhuma mulher (v. *Atena*), e que, em seguida, o confiou ao Náxio Cedálion para que lhe ensinasse o trabalho com os metais (v. *Cedálion*). É essa, pelo menos, a tradição hesiódica. Uma tradição cretense aberrante faz de Hefesto não o filho de Zeus mas de Talo (v. este nome), por sua vez filho de Crés, o herói epónimo da ilha. Nesta tradição, Radamante era considerado filho de Hefesto.

Hefesto é um deus coxo; davam-se várias explicações míticas para o seu defeito físico. A mais vulgar é referida pela *Ilíada*: Hera discutia com Zeus a respeito de Héracles e Hefesto tomou o partido da mãe. Então, Zeus agarrou-o por um pé e atirou-o do Olimpo abaixo. Hefesto caiu durante um dia inteiro; ao anoitecer, embateu em terra, na ilha de Lemnos, onde tombou, mal respirando já. Aí, foi recolhido pelos Síntios (uma população trácia imigrada em Lemnos) que o reanimaram; mas ficou coxo para sempre.

Outra lenda a respeito da mesma enfermidade é igualmente referida pela *Ilíada*: Hefesto seria coxo de nascença e a mãe, envergonhada, teria decidido escondê-lo das outras divindades. Assim, atirou-o do alto do Olimpo. Hefesto caiu no oceano, onde foi recolhido por Tétis e Eurínome, que lhe salvaram a vida e o criaram durante nove anos numa gruta debaixo do mar. Durante esses nove anos, ele forjou e modelou para ambas diversas jóias e guardou sempre um reconhecimento profundo pela bondade que elas lhe haviam demonstrado.

As duas versões foram objecto de tentativas de conciliação. Imaginou-se que, atirado por Zeus, Hefesto não caíra em Lemnos, mas no mar, onde fora recolhido pelas deusas marinhas (note-se que já Hera passava por ter sido criada por Oceano e Tétis; v. *Hera*).

Para se vingar da mãe que o havia atirado do alto do Olimpo, Hefesto fabricou secretamente um trono de ouro em que havia cadeias que acorrentavam quem nele se sentasse. Enviou-o à mãe que, imprudentemente, se sentou nele e assim ficou presa sem poder desfazer as amarras. Ninguém conhecia o modo de o conseguir; somente Hefesto detinha o segredo. Então os deuses foram obrigados a chamá-lo de novo, para que ele consentisse em libertar a deusa. Foi Dioniso, em quem ele confiava, quem foi encarregado de o ir buscar. Para o convencer, embriagou-o. Diz-se que Hefesto fez a sua entrada no Olimpo montado num burro. E, aí, soltou a mãe.

No grupo dos grandes deuses olímpicos, Hefesto é o senhor do elemento ígneo. Deus poderoso, combate diante de Tróia com a chama, tal como, durante a Gigantomaquia, havia morto o gigante Clítio, atingindo-o com uma maça de ferro em brasa. Para além disso, é o deus dos metais e da metalurgia. Reina sobre os vulcões, que são as suas oficinas e onde trabalha com os seus ajudantes, os Ciclopes (pelo menos nas lendas mais recentes). Foi a ele que Tétis recorreu para forjar as armas para Aquiles. Já o trono de ouro que enviara à mãe era testemunho da mesma habilidade. Entre os deuses, Hefesto é o mesmo que Dédalo entre os homens: um inventor para quem nenhum milagre técnico é impossível.

Fisicamente desfavorecido, Hefesto passava no entanto por ter tido mulheres de grande beleza. Já a *Ilíada* lhe atribui Cáris, a Graça por excelência. Hesíodo dá-lhe como mulher Aglaia, a mais jovem das Cárites. Mas conhecem-se sobretudo as suas aventuras com Afrodite, contadas na *Odisseia*. Com efeito, Zeus unira-o à deusa mas esta não tardou a tornar-se amante de Ares. Até que um dia, o Sol, Hélio, que tudo vê, surpreendeu os dois amantes deitados lado a lado e foi contar tudo ao marido. Este nada disse, mas preparou uma rede invisível que colocou à volta da cama da mulher. Quando ela se encontrou outra vez com o amante, a rede fechou-se, imobilizando os dois culpados e impedindo-lhes qualquer movimento. Então, Hefesto convocou todos os deuses para o espectáculo. Envergonhada, Afrodite fugiu mal se viu livre e todos os deuses foram tomados de um riso inextinguível.

A tradição atribuía vários filhos a Hefesto: por exemplo, o Argonauta Palémon, ou então Árdalo, um escultor lendário que teria, como Palémon, herdado do pai a habilidade manual. Cita-se ainda Perifetes, um malfeitor célebre que foi morto por Teseu.

Quanto a Erictónio, o herói lendário dos Atenienses, nascera da terra e de um desejo de Hefesto pela deusa virgem Atena (v. *Erictónio*). De resto, o próprio deus teria ajudado ao nascimento de Atena, ao fender a cabeça de Zeus, donde saiu a deusa virgem (lenda que parece pouco conciliável com a que atribui o nascimento de Hefesto ao despeito sentido por Hera por causa do nascimento de Atena; ver *supra*).

Hefesto participou ainda na criação de Pandora, cujo corpo modelou em barro (v. *Pandora*). Contribuiu também para o castigo de Prometeu cravando-o no Cáucaso, como presa oferecida a um abutre que lhe roía o fígado (v. *Prometeu*).

Hefesto: *Il.*, I, 571, e s., e esc. *ad* I, 609; XIV, 338, e esc. *ad* 292; XVIII, 395 e s.; cf. Eust.; *ad Hom.*, p. 987, 8; Hes., *Theog.*, 570; 927 e s.; *Op.*, 60; Pausan., I, 20, 3; II, 31, 3; VIII, 53, 5; *Od.*, VIII, 266 e s.; *Hymn. hom. Apoll.*, 140; 317; Pind., *Olymp.*, VII, 3; Apollod., *Bibl.*, I, 3, 5 e s.; 6, 2; 9, 16; Serv., *ad Virg., Aen.*, III, 35, VIII, 454; *Ecl.*, IV, 62; Ov., *Fast.*, V, 229 e s.; Hyg., *Fab.*, 158; 166; esc. *ad* Theocr., *Id.*, VII, 149. Cf. L. Malten, in *J. D. A. I.*, XXVII (1912), pp. 232 e s.; F. Brommer, «Die Ruckfuhrung des Hephaistos», *ibid.*, 1937, pp. 198-219; M. Delcourt, *Hephaistos ou la légende du magicien*, Bibl. Fac. Liège, CLXVI, Paris, 1957.

HEGÉLEO. (Ἡγέλεως.) Hegéleo é neto de Héracles e filho de Tirseno, que era, por seu turno, filho do herói e de Ônfale. Dizia-se que Tirseno inventara a trombeta. Seu filho Hegéleo introduziu entre os Heraclidas e os Dórios o costume bélico da utilização desse instrumento. Erigiu em Argos um templo a Atena Trombeta (*Atena Sálpinge*) (v. também *Melas*).

HEITOR. (Ἕκτωρ.) Heitor, um herói troiano, é filho de Príamo e de Hécuba, provavelmente o primogénito, se bem que certas tradições (que remontam a Estesícoro) o considerem filho de Apolo. Embora Príamo seja o rei de Tróia, é Heitor quem detém o poder efectivo sobre o seus compatriotas. Dirige a seu gosto os debates da Assembleia, conduz a guerra como bem entende. Profundamente amado pelo povo, recebe honras quase divinas e tanto amigos como inimigos reconhecem nele o principal defensor da cidade. É dele que Agamémnon procura desembaraçar-se em primeiro lugar, sabendo perfeitamente que nunca tomará a cidade enquanto Heitor lá permanecer.

A personalidade de Heitor manifesta-se sobretudo na *Ilíada*. Pouco aparece nas epopeias cíclicas e nos tragediógrafos. Assim, não conhecemos senão os feitos que lhe são atribuídos no decurso do décimo ano de guerra, o único que a *Ilíada* descreve. Sabemos que era casado com Andrómaca, filha do rei de Teba da Mísia (v. *Andrómaca*), e que dela tinha um único filho, a quem os Troianos chamavam Astíanax e os pais Escamândrio. Astíanax era ainda muito pequeno quando o pai morreu. Uma tradição aberrante refere um segundo filho de Heitor e de Andrómaca, Laódamas, e outra um filho chamado Óximo.

Até ao princípio do décimo ano, Heitor evitou o combate em campo aberto, pelo menos quando sabia que Aquiles estava entre os Gregos. Uma vez, Aquiles tentou encontrar-se com ele, mas Heitor não o esperou e fugiu para a cidade. Em contrapartida, fazia grandes carnificinas entre os Gregos quando Aquiles estava ausente. Protegido por Ares até este ser ferido por Diomedes, matou nomeadamente Mnestes e Anquíalo, depois Teutras, Orestes, Treco, Enómao, Heleno e Orésbio. Todavia, face a um contra-ataque dos Gregos, regressa à cidade.

Em seguida, Heitor volta ao combate, depois de se despedir de Andrómaca e de Astíanax. É acompanhado por seu irmão Páris e desafia todos os heróis gregos para um combate singular. Menelau oferece-se mas Agamémnon retém-no. Foi Ájax quem aceitou o repto. O combate durou até à noite sem que o resultado se definisse. À noite, Ájax e Heitor trocam presentes: Ájax dá o seu boldrié, Heitor a sua espada.

É no decurso do ataque contra os barcos que o papel de Heitor é mais destacado. Toda a responsabilidade da luta recai sobre ele. Por várias vezes é necessária a intervenção directa dos deuses para o impedir de matar heróis como Nestor ou Diomedes. Por seu lado, Apolo protege-o; afasta dele as flechas de Teucro e Zeus dá expressamente ordens aos deuses e deusas para que lhe concedam a vitória enquanto Aquiles não participar na luta.

Quando a situação se torna crítica para os Gregos, Pátroclo, com autorização de Aquiles, vai socorrê-los mas depressa é morto por Heitor que o despoja das armas, apesar dos esforços dos Gregos.

Os derradeiros momentos da sua existência chegam então com o regresso de Aquiles à guerra. Quando o herói grego mata Polidoro, um dos irmãos de Heitor, este tenta vingá-lo, mas a sua lança cai sem forças aos pés do herói. É que o seu destino é nada poder contra Aquiles. Tem de morrer-lhe às mãos. Para retardar o momento fatal, Apolo envolve-o por um instante numa nuvem e Aquiles procura-o em vão. Todavia, enquanto o resto do exército troiano regressa à cidade, Heitor fica para trás diante da porta Ceia. Seu pai e sua mãe exortam-no a que volte, também ele, para o abrigo da muralha, mas Heitor não dá ouvidos a esse aviso. Espera Aquiles. No entanto, quando este se aproxima, enche-se de medo e foge. Por três vezes os dois adversários dão a volta à cidade, um perseguindo o outro até que Atena, tomando a figura de Deífobo, faz Heitor parar e lhe promete ajuda. Todavia, quando Heitor aceita o combate e enfrenta Aquiles, Atena desaparece e ele compreende que chegou a sua hora derradeira. No Olimpo, Zeus pesou na balança do Destino a sorte dos dois adversários e a de Heitor foi mais pesada; o prato desceu em direcção ao Hades. A partir de então, Apolo abandona Heitor e Aquiles atinge-o com o último golpe. É em vão que, no momento da morte, Heitor suplica a Aquiles que entregue o seu cadáver a Príamo. Aquiles recusa. Então Heitor, com a clarividência dos moribundos, prediz-lhe a sua morte eminente.

Aquiles trespassa os tornozelos do cadáver e amarra-o ao seu carro com correias de couro. Arrasta-o em torno da cidade ante os olhos de todos os Troianos. Em seguida, o cadáver é exposto no acampamento grego, abandonado sem qualquer protecção aos cães e às aves e os próprios deuses têm piedade dele. Zeus envia Iris junto de Aquiles e ordena-lhe que devolva a Príamo o corpo de Heitor. Por seu lado, o velho rei vem em embaixada junto do herói e, a troco de um elevado resgate, consegue a restituição do cadáver do filho. Durante doze dias, uma trégua permite aos Troianos celebrar dignamente os funerais do seu defensor. Andrómaca, Hécuba e Helena conduzem as cerimónias do luto.

Hegéleo: PAUSAN., II, 21, 3.

Heitor: *Il.*, *passim*, e especialmente I, 242; II, 416; 788 e s.; V, 680 e s.; VI, 102 e s.; VII, 11 e s.; 113 e s.; IX, 352 e s.; XXII, 433 e s.; XXIV, *passim*, etc.; esc. *ad Il.*, III, 314; TZETZ., *ad Lyc.*, 266; EUR., *Rh.*, *passim*; DICT. CR., III, 20; VI, 12.

HELE. (῞Ελλη.) Hele é a irmã de Frixo; é, como ele, filha de Átamas e Néfele (v. *Átamas*). Fugiu com Frixo no carneiro voador que os devia salvar da morte e do ódio da madrasta, Ino. Mas, enquanto Frixo chegava à Cólquida à corte do rei Eetes, Hele caiu ao mar, no estreito que por isso se chamou Helesponto (o Mar de Hele, hoje Mar da Mármara).

Outra lenda conta que ela não se afogou e foi salva por Posídon, que a amou e a fez mãe de Péon, Edono e Álmops.

HÉLEN. (῞Ελλην.) Hélen é o herói que deu o nome a toda a raça dos Gregos (os Helenos). É filho de Deucalião e irmão de Anfíction e Protogenia (v. quadro 8, p. 116), se bem que certos autores o considerem filho de Prometeu. Casou com uma ninfa das montanhas, chamada Orseide, de quem teve três filhos: Doro, Xuto e Éolo, de quem descendem as principais raças helénicas: Dórios, Eólios, Iónios e Aqueus (v. mesmo quadro).

Atribuiu-se a Hélen o reino da Ftia, na Tessália, entre o Peneu e o Asopo, precisamente no local onde Deucalião e Pirra se haviam estabelecido depois do Dilúvio. Teve como sucessor Éolo. Os outros filhos exilaram-se e fixaram-se em outros pontos da Grécia (v. as suas lendas).

HELENA. (Ἑλένη.) Helena é a mulher de Menelau, por quem os Gregos combateram durante dez anos em Tróia. A sua lenda, muito complexa, evoluiu bastante depois da epopeia homérica e carregou-se de elementos muito diversos que progressivamente esconderam a narrativa primitiva.

Na epopeia homérica, a sua genealogia é ainda clara: filha de Zeus e de Leda, seu pai «humano» é Tíndaro (v. quadro 26, p. 272) e seus irmãos são os Dioscuros, Castor e Pólux. Sua irmã é Clitemnestra. Muito cedo, porém, Helena foi considerada filha de Zeus e Némesis (v. este nome). Némesis, fugindo de Zeus, teria percorrido o mundo inteiro, assumindo toda a espécie de formas. Por fim transformou-se em gansa. Zeus por seu lado transformou-se em cisne e sob esse disfarce uniu-se-lhe em Ramnunte, na Ática. Em consequência dessa união, Némesis pôs um ovo que abandonou num bosque sagrado. Um pastor encontrou-o e levou-o a Leda que o pôs num cesto; na altura devida, o ovo abriu-se e dele nasceu Helena, que Leda criou como se fosse sua filha. A tradição que faz de Leda mãe de Helena contava, de forma semelhante, que Zeus se lhe unira sob a forma de cisne e que ela pusera um ovo donde saíra sua filha. Ou então pusera dois ovos de onde haviam saído, de um Helena e Pólux, de outro Clitemnestra e Castor. A menos que Helena, Castor e Pólux tenham saído do mesmo ovo, enquanto Clitemnestra, filha de Tíndaro, nascia de modo natural.

Outras tradições diziam que Helena era filha de Oceano ou de Afrodite. Além de Clitemnestra, atribuem-se-lhe também como irmãs Timandra e Filónoe.

Uma lenda ignorada por Homero menciona o rapto de Helena, ainda donzela, levado a cabo por Teseu e seu amigo Pirítoo, quando ela oferecia um sacrifício a Ártemis, em Lacedémon. Teseu e Pirítoo tiraram-na à sorte e foi Teseu quem a ganhou. Como os Atenienses não queriam receber a jovem, Teseu levou-a para Afidnas, onde a confiou a sua mãe, Etra. Os Dioscuros, porém, vieram reconquistá-la quando Teseu e Pirítoo haviam partido para os Infernos para raptar Perséfone. Os habitantes de Deceleia revelaram aos Dioscuros o esconderijo onde se encontrava Helena (v. *Décelo*). Outras versões atribuem esse papel ao herói Academo (v. este nome). Castor e Pólux atacaram Afidnas, tomaram a cidade, raptaram a irmã bem como a mãe de Teseu, que levaram para Lacedémon (v. *Etra*). Por vezes, dizia-se que Teseu respeitara a jovem; outras vezes, pelo contrário, contava-se que ela lhe dera uma filha que não era outra senão Ifigénia (v. este nome).

Quando Helena regressou a Lacedémon, Tíndaro pensou que já era tempo de a casar. Apresentou-se então uma multidão de pretendentes. Entre eles estavam quase todos os príncipes da Grécia, de que os mitógrafos conservaram os nomes. O seu número varia de vinte e nove a noventa e nove, consoante os autores. Dos heróis do seu tempo, praticamente apenas Aquiles não figura na lista, sem dúvida porque não estava em idade de casar.

Embaraçado em face de tão grande número de pretendentes, Tíndaro receava, ao escolher um, descontentar os outros e arriscar-se a uma guerra. Por isso, tomou em consideração o conselho que Ulisses lhe deu e que era fazer com que os pretendentes jurassem aceitar a escolha de Helena e socorrer o eleito em caso de necessidade. Foi esse o juramento que Menelau invocou alguns anos mais tarde e que obrigou todos os chefes gregos a partirem para a guerra contra Tróia (v. *infra*). Como recompensa do serviço que assim prestava a Tíndaro, Ulisses conseguiu a mão de Penélope (v. *Icário*).

Helena escolheu Menelau e todos os pretendentes acataram a opção. Pouco tempo depois, Helena deu a seu marido uma filha, Hermíone. Em certas tradições, teve também um filho,

---

Hele: Esc. *ad* AESCH., *Pers.*, 70; HYG., *Fab.*, 3; *Astr. Poet.*, II, 20; HEROD., VII, 58; STEPH. BYZ., *s. u.*

Hélen: HEROD., I, 56; THUC., I, 3; STRAB., p. 383; DIOD. SIC., IV, 60; APOLLOD., *Bibl.*, I, 7, 2, e s.

Helena: Quase todos os autores antigos narram a lenda de Helena, ou, pelo menos, a ela aludem. Apresentam-se os passos mais importantes: *Il.*, III, 121, 165, 237; esc. *ad* IV, 276; VI, 289 e s.; esc. *ad* VII, 392; *ad* XIII, 517; 626; XXIV, 761; *Od.*, III, 205; IV, 14; 227; 275 e s.; 569; esc. *ad* IV, 335; XI, 298; DICT. CR., *Bel. Tr.*, *passim*; *Ep. Fragm. Gr.* (ed. Kinkel), p. 17; 18; 36 e s.; 49, etc.; EUST., *ad Hom.*, 1488, 21; 1493, 61; 1946, 9; EUR., *Hel.*, *passim*; *Or.*, 57 e s. e esc. *ad* v. 239; *ad* v. 1274; *Iph. Aul.*, 57 e s.; 75; 581; *Cyc.*, 182; *El.*, 1280 e s.; *Tr.*, 959 e s.; esc. *ad Andr.*, 228; 628; PAUSAN., I, 33, 7

chamado Nicóstrato. Mas esse filho teria nascido apenas depois do regresso de Tróia.

É neste momento que se situa o rapto de Helena. Ela era então a mulher mais bela do mundo e Afrodite prometera a Páris que lha daria se ele lhe atribuísse o prémio de beleza (v. *Páris*). Seguindo-lhe os conselhos, ele embarcou e foi para Amiclas, onde foi hóspede dos Tindáridas. Depois, em Esparta, foi recebido em casa de Menelau. Todavia, quando este teve de partir para Creta, para os funerais de Catreu (v. este nome), foi Helena quem substituiu o marido nos deveres para com os hóspedes. Desse modo, encontrou Páris e, pouco depois, ele raptou-a. A maior parte dos autores posteriores a Homero considera que Helena estava de pleno acordo quanto a esse rapto. Alguns tentam justificar a sua conduta e garantem que apenas cedeu à força. Outros, por fim, dizem que foi o próprio Tíndaro quem, na ausência de Menelau, concedeu a Páris a mão de Helena. Chegou mesmo a dizer-se que Afrodite dera a Páris a forma e a figura de Menelau para lhe permitir seduzir Helena. A maior parte das vezes, porém, atribui-se à beleza de Páris e à sua riqueza o papel decisivo nesse rapto.

Helena não partiu de mãos vazias. Levou com ela tesouros, bem como as suas escravas, entre as quais se contava a cativa Etra, mãe de Teseu. Todavia, deixou Hermíone em Esparta.

As tradições divergem também quanto à viagem dos dois amantes. Os *Poemas Homéricos* não fornecem qualquer indicação sobre esse aspecto. No entanto, a versão mais antiga e também a mais simples conta que ventos favoráveis permitiram a Páris atingir a Ásia Menor em apenas três dias. Há, porém, outra versão segundo a qual o navio de Páris foi desviado por uma tempestade (provocada por Hera) até Sídon na Fenícia. A *Ilíada* alude a este episódio que, mais tarde, foi ampliado: Páris, embora favoravelmente acolhido pelo rei, tomara a cidade e saqueara o palácio; em seguida, partiu, perseguido pelos Fenícios com quem manteve uma sangrenta batalha. Finalmente, acabou por chegar a Tróia em companhia de Helena. Uma tradição afim dizia que, com medo de ser seguido, Páris se demorara longamente na Fenícia e em Chipre e que somente após um longo período de espera, certo de que não seria inquietado por Menelau, voltou para Tróia. Em todas estas versões, o herói conserva Helena junto de si. Há, porém, outras mais estranhas. De facto, Hera, descontente por ter sido preterida em favor de Afrodite no concurso de beleza das deusas, decidiu tirar a Páris o amor de Helena. Por isso, moldou uma nuvem totalmente igual a ela, que deu a Páris, enquanto a verdadeira Helena era levada por Hermes para o Egipto e confiada ao rei Proteu. Ou então foi o próprio Zeus quem enviou a Tróia o fantasma de Helena com o objectivo de provocar uma guerra. Heródoto não recorre à intervenção divina. Na sua versão, quando Helena e Páris chegaram ao Egipto, a caminho de Tróia, o rei Proteu começou por lhes oferecer hospitalidade. Depois, porém, quando soube das relações entre eles, indignado, expulsou Páris do seu reino e manteve Helena prisioneira até que Menelau a veio buscar. Finalmente, autores posteriores acrescentavam que Proteu, para não mandar embora Páris sozinho, fabricou, com as suas artes mágicas, um fantasma de Helena e deu-lho por companheira. E foi por esse fantasma que se desencadeou a Guerra de Tróia.

Todas estas lendas parecem ter a intenção de ilibar Helena e de a apresentar como instrumento de um destino que transcende a sua vontade. Têm provavelmente origem na «palinódia» de Estesícoro, do século V a. C. De facto, o poeta Estesícoro censura nos seus versos a conduta de Helena. E Pausânias conta que ele ficou cego. No entanto, quando um certo Leónimo de Crotona visitou a ilha Branca, no Ponto Euxino, onde se dizia que Helena vivia eternamente junto de Aquiles (v. *infra*), uma voz ordenou-lhe que rumasse a Hímera, a cidade de Estesícoro, e revelasse ao poeta que a causa da sua cegueira era a cólera de Helena. Para lhe pôr fim, deveria compor uma retractação das suas «calúnias». Estesícoro obedeceu e recuperou a vista (v. *Autoleonte*).

Na tradição homérica, Helena viveu realmente em Tróia durante todo o período de guerra. Foi recebida por Príamo e Hécuba, que ficaram deslumbrados com a sua beleza. No entanto, em breve chegaram embaixadores da Grécia para reclamar a fugitiva: eram Ulisses e Menelau, ou então Ácamas e Diomedes. Todavia, estas embaixadas resultaram infrutíferas e logo eclodiu a guerra. Helena vivia com Páris, de quem todos a consideravam esposa.

---

e s.; II, 22, 6; III, 19, 10 e s.; 20, 9; 24, 10; V, 18, 3; ATHEN., V, 190; VIII, 334 c; APOLLOD., *Bibl.*, III, 10, 6 e s.; 11, 1; *Ep.*, V, 9; 13; 19; 21; TZETZ., *ad Lyc.*, 88; 132; 143; 168; 202; 513; 495; 820; 851; *Anteh.*, 96 e s.; *Posth.*, 600; 729 e s.; HYG., *Fab.*, 77; 78; 79; 81; 118; 249; *Astr. Poet.*, II, 8; ERATOSTH., *Cat.*, 25; VIRG., *Aen.*, II, 567 e s.; VI, 510 e s.; SERV., *ad VIRG.*, *Aen.*, I, 526; 651; 166; 592; II, 610; VI, 121; VIII, 130; X, 91; XI, 262; OV., *Her.*, XVI; XVII; esc. *ad* PIND., *Nem.*, X, 150; *Olymp.*, X, 79; PTOL. HEPH., IV, p. 188 e 189 (Westermann); AEL., *NA*, IX, 21; XV, 13; PLUT., *Thes.*, 31; *Parall. min.*, 35, PHILOSTR., *V. Apoll.*, IV, 16; ARISTHOPH., *Lys.*, 155; esc. *ad Av.*, 714; DIOD. SIC., IV, 63; PARTH., *Erot.*, 16; ANT. LIB., *Transf.*, 27; CONON, *Narr.*, 8; 18; 34; HEROD., II, 112-120; PLAT., *Phdr.*, 243a e s.; *Rep.*, IX, 586c; ISOCR., *Helen.* F. CHAPOUTHIER, *Mél. Radet*, pp. 59-63; *id.*, *Les Dioscures au service d'une déesse*, *passim*; M. BECKER, *Helena...*, Leipzig, 1939; TH. ZIELINSKI, «La bella Elena», *Riv. Stud. Fil. e Rel.*, 1923, pp. 147-181; J. TH. KAKRIDIS, *in Rhein. Mus.*, 1931, pp. 113-128; K. KERÉNYI, *in Mnem.*, 1939, pp. 161-179; A. MOMIGLIANO, *in Aegyptus*, 1932, pp. 113-120; PESTALOZZA, artigo citado em *Leto*; H. GRÉGOIRE, «L'étymologie du nom d'Hélène», *Bull. Acad. Belg.*, 1947, pp. 255-265; PISANI, «Elena e l'εἴδωλον, *in Riv. di Fil.*, 1928, pp. 476 e s.; L. GAHLI-KAHIL, *Les enlevements et le retour d'Hélène dans les textes et dans les monuments figurés*, Paris, 1955; A. RUIZ DE ELVIRA, «Helena. Mito y epopeia», *Cuadernos de Fílologia Clas.*, VI, 1974, pp. 95-133; L. L. CLADER, *The evolution from divine to heroic in Greek epic tradition*, *Mnem.* Suppl., XLII, 1976.

Geralmente, porém, todo o povo troiano a detestava e a considerava a causa da guerra. Somente Heitor e o velho Príamo sabiam que a verdadeira causa da guerra residia na vontade dos deuses e se mostravam benevolentes para com ela. Na *Ilíada*, vemos Helena nas muralhas, indicando aos Troianos os gregos mais importantes, que ela bem conhece. Mais tarde, quando o cavalo de madeira foi introduzido na cidade, Helena, que sabia o que os seus flancos continham, imitou junto dele a voz das mulheres dos chefes gregos, de tal forma que um destes teve grande dificuldade em se conter e não lhe responder. A sua situação é bastante falsa: é compatriota dos inimigos e todos sabem que por eles nutre simpatia. Os Troianos desconfiam dela e com razão. Sempre ameaçada, Helena enfrenta as dificuldades e sabe que a sua beleza a livrará de todos os maus passos.

Uma lenda que a *Ilíada* ignora narra como Aquiles, que jamais a vira, concebeu o desejo de a conhecer e como as duas deusas, Tétis e Afrodite, arranjaram uma entrevista entre ambos. Por vezes, esse encontro situa-se antes do começo da guerra, ou, mais frequentemente, pouco tempo antes da morte de Aquiles. Durante a entrevista, é possível que o herói se tenha enamorado de Helena e a ela se tenha unido. É pelo menos o que pretendem os mitógrafos que atribuem cinco «maridos» a Helena. Aquiles teria assim sido o quarto, depois de Teseu, Menelau e Páris. O quinto, com quem casou depois da morte de Páris, era o outro filho de Príamo, Deífobo. De facto, quando Páris morreu, Príamo ofereceu Helena como prémio ao «mais corajoso». Deífobo e Heleno apresentaram-se, assim como Idomeneu (um dos filhos de Príamo). Todos três estavam apaixonados por ela há muito tempo. Foi Deífobo quem ganhou. Despeitado, Heleno refugiou-se no Ida, onde foi feito prisioneiro pelos Gregos (v. *Heleno*).

Quando Ulisses se introduziu na cidade, vestido de mendigo, Helena reconheceu-o, embora ele tivesse tido o cuidado de se desfigurar pintando cicatrizes no rosto ou fazendo-se mutilar por Toas (v. *Ulisses*). Ela, porém, não o traiu. Eurípides conta que Helena revelou a sua presença a Hécuba, mas que esta se contentou em o mandar embora em vez de o entregar aos Troianos. Mais tarde, Ulisses voltou a Tróia, igualmente disfarçado e acompanhado por Diomedes, para roubar o Paládio (v. este nome). Também desta vez foi reconhecido por Helena, que não se limitou a calar-se e lhe deu ajuda efectiva. Foi aquando desta missão de Ulisses, ou, segundo outras versões, na anterior, que o herói se pôs de acordo com Helena sobre os meios de tomar a cidade, que ela devia entregar.

Na noite fatal, foi ela quem agitou o archote na cidadela, sinal combinado para o regresso da armada grega escondida ao largo de Tenedo. Esvaziou de armas a casa de Deífobo para impedir qualquer resistência. Quanto à sua pessoa, tendo deste modo dado provas aos Gregos, esperou confiante a chegada de Menelau. Conta-se que este, depois de ter morto Deífobo, se apresentou junto dela, brandindo a espada, com a intenção de a submeter a igual sorte. Ela porém limitou-se a mostrar-se seminua e a espada caiu-lhe das mãos. Dizia-se também que ela se refugiara no templo de Afrodite e que, desse asilo inviolável, negociou a paz com o seu primeiro marido. Quando os Gregos viram que Helena ficava sã e salva, quiseram lapidá-la. Também desta vez foi salva pela sua beleza. As pedras caíram das mãos de seus carrascos (v. também *Menelau*).

O regresso de Helena com Menelau não foi mais fácil do que o dos principais heróis que haviam participado na guerra. Levou oito anos a regressar a Esparta. Vagueou pelo Mediterrâneo oriental, nomeadamente pelo Egipto, para onde a lançara um naufrágio. Várias lendas se relacionam com esta estada no Egipto (a segunda, depois da que fizera com Páris no caminho para Tróia; ver *supra*): o piloto do barco, Canopo (ou Canobo), foi mordido por uma serpente e morreu. Então Helena matou a serpente e apoderou-se do seu veneno. Realizou funerais solenes a Canopo, que se tornou epónimo de «Canopo», na foz do Nilo (v. *Canopo*). Contava-se também que o rei da cidade vizinha, chamado Ton, ou Tónis, acolhera hospitaleiramente Menelau e Helena. No entanto, seduzido pela beleza dela, tentou violá-la. Menelau matou-o. Uma tradição mais complexa dizia que Menelau, ao partir em expedição para a Etiópia, confiara a mulher ao rei Ton. Polidamna, mulher de Ton, porém, sabendo que o marido cortejava Helena, mandou-a para a ilha de Faros, munindo-a de uma erva para a proteger das numerosas serpentes que infestavam a ilha. Esta erva é o *helénion* (v. *Polidamna*).

Esta estada no Egipto explica-se também de outra forma: Helena teria fugido de Tróia antes da tomada da cidade, com saudades de Menelau. Conquistou para a sua causa o capitão de um barco, de nome Faro, e pediu que a conduzisse a Lacedémon. Uma tempestade porém arremessou-os para a costa do Egipto, onde uma serpente mordeu Faro, que morreu. Helena enterrou-o e deu o seu nome à ilha de Faros, situada na foz do Nilo. Mais tarde, acabada a guerra, Menelau reuniu-se-lhe no Egipto.

Na versão de Eurípides, antes de chegar a Esparta, Helena e Menelau dirigiram-se a Argos, precisamente no dia em que Orestes matou Clitemnestra e Egisto (v. *Orestes*). Por precaução, Menelau fez Helena entrar no palácio durante a noite. Ambos ignoravam os acontecimentos que acabavam de ter lugar. Quando Orestes viu Helena, rodeada do seu séquito, adornada com fasto oriental à moda troiana, quis matá-la, considerando-a responsável de todos as desgraças que haviam atingido a sua casa. Por ordem de Zeus, porém, Apolo raptou-a e tornou-a imortal. Esta lenda não está conforme à tradição mais corrente que, após a *Odisseia*, mostra Helena regressando a Esparta juntamente com Menelau e sendo exemplo de todas as virtudes domésticas.

No entanto, a lenda da divinização de Helena conservava alguma autoridade, uma vez que se conhecia grande número de santuários a ela consagrados, nos quais se honrava tam-

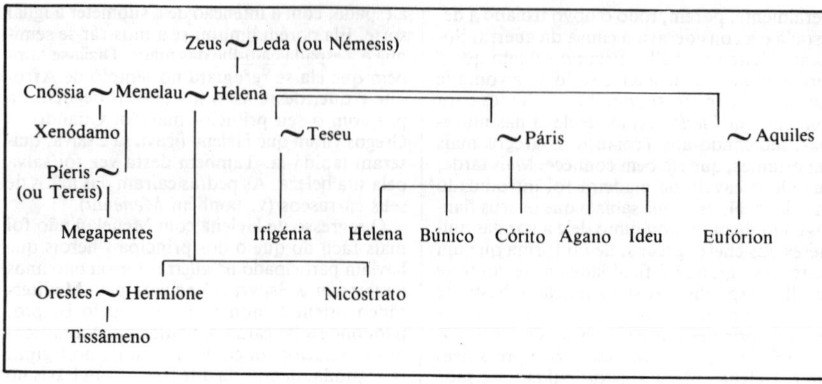

Quadro genealógico n.º 15

bém Menelau. Este teria sido divinizado a pedido de Helena, que pretendia dar-lhe alguma compensação dos tormentos que lhe inflingira em vida. Atribuía-se igualmente às suas súplicas a divinização de seus dois irmãos, Castor e Pólux.

Uma lenda ródia citada por Pausânias apresenta um epílogo muito diferente para a vida de Helena. Após a morte de Menelau, os dois filhos deste, Nicóstrato e Megapentes, baniram Helena, para finalmente a castigar por seus erros. Helena refugiou-se então em Rodes junto de sua antiga amiga Polixo, cujo marido fora morto na Guerra de Tróia, combatendo do lado dos Gregos. Polixo simulou acolhê-la hospitaleiramente mas decidiu vingar-se. Disfarçou suas servas de Erínias e encarregou-as de assustar Helena enquanto ela se banhava; as criadas atormentaram-na a tal ponto que ela se enforcou.

Existem ainda outras tradições respeitantes à «punição» de Helena: por exemplo, ela teria sido oferecida em sacrifício por Ifigénia, em Táurica (o que é uma «vingança poética» pelo sacrifício de Ifigénia em Áulis). Ou então, Tétis, enfurecida pela morte de Aquiles, caído por causa de Helena, fê-la morrer durante a viagem de regresso.

Entre as lendas místicas respeitantes a Helena, existe uma que a apresenta casada com Aquiles, vivendo eternamente, em constantes festins na Ilha Branca (*Leuce*), situada no Mar Negro, na foz do Danúbio. Posídon e os outros deuses celebraram o casamento e todos os mortais estavam proibidos de entrar nesta ilha (v., no entanto, a lenda de Estesícoro). Aquiles e Helena tiveram um filho, Eufórion, um ser alado que Zeus amou (v. *Eufórion*).

Das suas diversas uniões, Helena teve filhos (v. quadro 15, p. 200). Apenas o seu casamento com Deífobo foi estéril. Conta-se que Páris e ela discutiram longamente para saber que nome haviam de dar à filha: Alexandra, tomando como base o nome do pai, ou Helena, segundo o da mãe. Acabaram por decidir a escolha por meio do jogo dos ossinhos. Foi Helena quem ganhou. Diz que esta Helena foi morta por Hécuba; seus quatro irmãos pereceram por causa do desabamento de um telhado, durante a tomada de Tróia.

HELENO. (Ἕλῃνος.) Heleno é filho de Príamo e Hécuba e irmão gémeo de Cassandra. Recebeu ao mesmo tempo que a irmã o dom da profecia, durante uma noite passada no templo de Apolo Timbreu (v. *Cassandra*). E, tal como se dizia que Cassandra fora amada pelo deus, também Heleno foi seu favorito. Apolo ofereceu-lhe um arco de marfim com o qual feriu Aquiles na mão.

Heleno tomou parte nos jogos fúnebres celebrados em volta do cenotáfio de Páris, quando se julgava que ele estava morto (v. *Páris*). Predisse ao irmão todas as calamidades que seriam provocadas pela sua viagem à Grécia (aquela em que raptou Helena).

Durante a primeira parte da Guerra de Tróia e até à morte de Páris, Heleno bateu-se valorosamente ao lado de Heitor; depois da morte deste, substituiu-o no comando dos concidadãos. Foi ferido por Menelau.

A atitude de Heleno mudou completamente após a morte de Páris, quando Príamo lhe recusou a mão de Helena, preferindo-lhe Deífobo, que era mais novo (v. *Helena*). Despeitado, Heleno retirou-se para o Ida e decidiu não mais participar na luta. No entanto, Calcas, o adivinho dos Gregos, anunciara que só Heleno saberia revelar as condições em que a cidade de Tróia poderia ser tomada. Ulisses conseguiu então apoderar-se de Heleno e, em parte pela força em parte por corrupção, este

Heleno: *Il.*, VI, 76; VII, 44 e escól.; XII, 94; XIII, 576; XXIV, 249; Eust., *ad Hom.*, 626, 24; 663, 40; Apollod., *Bibl.*, III, 12, 5; *Ep.*, V, 9 e s.; Soph., *Phil.*, 604 e s.; 1337 e s.; Ptol. Heph., *Nov. Hist.*, VI (p. 165, 11, Westermann); Hyg., *Fab.*, 273; Virg., *Aen.*, III, 333; Serv., *ad Virg.*, *Aen.*, I, 479; II, 166; III, 297; 334; Tzetz., *Posth.*, 571 e s.; *ad Lyc.*, 911; 1439; *Chil.*, VI, 508 e s.; Dict. Cr., *Bell.*

pronunciou o seu oráculo. Tróia só poderia ser vencida com três condições: se Neoptólemo, filho de Aquiles, combatesse ao lado dos Gregos; se estes possuíssem os ossos de Pélops; finalmente, se o Paládio, a estátua milagrosa que caíra do céu, fosse roubada aos Troianos. Referem-se ainda outras condições impostas por Heleno: que Filoctetes voltasse a combater entre os Gregos e consentisse em trazer-lhes as flechas e o arco de Héracles; finalmente, foi ele quem os aconselhou a utilizarem um cavalo de madeira para introduzir secretamente os guerreiros no interior das muralhas.

Todos estes serviços, a sua atitude antes da guerra, quando tentara demover Páris do seu intento de raptar Helena, bem como o facto de ter impedido os Troianos de abandonarem o cadáver de Aquiles às aves de rapina valeram-lhe a vida e a liberdade quando a cidade foi tomada. A partir desse momento, as tradições divergem sobre as suas aventuras: acompanhado por Hécuba, Andrómaca e Cassandra, que obtivera na partilha das cativas, e por um grupo de troianos, dirigiu-se a Quersoneso da Trácia e aí se fixou. Diz-se que foi lá que Hécuba se transformou em cadela e morreu. Heleno enterrou-a num local chamado «túmulo da cadela». Segundo outra versão, Heleno calhou no lote atribuído a Neoptólemo, bem como Andrómaca. O seu dom de profecia permitiu dar a Neoptólemo o conselho de não voltar por mar com os outros gregos mas de voltar por terra. Graças a ele, Neoptólemo escapou ao desastre do Cabo Cafareu, em que pereceu quase toda a armada grega. Quando Neoptólemo foi morto em Delfos por Orestes (v. *Neoptólemo*), Heleno casou com Andrómaca, viúva dele (v. *Andrómaca*), de quem teve um filho, chamado Cestrino. Reinou em lugar de Neoptólemo mas, quando morreu, entregou o poder a Molosso, filho dele.

Atribui-se a Heleno a fundação de Butroto e a de Ílion, no Epiro. Deu o nome à Caónia (v. *Cáon*). Na *Eneida*, Virgílio apresenta Heleno casado com Andrómaca e recebendo solicitamente os seus compatriotas quando eles passam pelo Epiro.

Uma tradição atestada tardiamente e que foi imaginada provavelmente apenas para suprimir da sua lenda o episódio da sua captura pelos Gregos e da traição que se lhe seguiu, narra que Heleno, descontente por se ver preterido em favor de Deífobo, pediu a Príamo autorização para deixar Tróia e se ir fixar na Grécia. Com alguns companheiros e alguns navios, partiu da Tróade e apoderou-se de um cantão do Epiro, onde estabeleceu o seu domínio sobre os Molossos.

HELÍADES. (Ἡλιάδες.) Os Helíades são as filhas e os filhos do Sol (*Hélio*). Uns e outras intervêm em duas lendas distintas.

1. As filhas de Hélio e da Oceânide Clímene são irmãs de Faetonte. Chamam-se Mérope, Hélia, Febe, Etéria, Dioxipe (ou Lampécia). Quando o irmão foi fulminado por Zeus e caiu no rio Erídano, as Helíades choraram-no, nas margens do rio, e foram transformadas em choupos. As suas lágrimas deram origem a gotas de âmbar. Dizia-se também que esta metamorfose era um castigo por terem dado ao irmão, Faetonte, o carro e os cavalos do Sol sem a permissão de Hélio, provocando assim as catástrofes (v. *Faetonte*).

2. Os filhos de Hélio têm como mãe a ninfa Rodo, epónimo da ilha de Rodes. Eram sete e chamavam-se Óquimo, Cércafo, Macareu (ou Mácar), Áctis, Ténages, Tríopas e Cândalo. Eram todos experimentes astrólogos, que suplantavam nessa ciência todos os contemporâneos. Macareu, Cândalo, Áctis e Tríopas, invejosos do saber do irmão Ténages, assassinaram-no. Depois fugiram, respectivamente para Lesbos, Cós, Egipto e Cária. Óquimo e Cércafo permaneceram em Rodes. Óquimo, o mais velho, tomou o poder e reinou sobre a ilha. Casou com a ninfa Hegetória, de quem teve uma filha, Cidipe. Esta foi desposada pelo tio, Cércafo, que herdou do irmão e reinou após ele. Cércafo teve de Cidipe três filhos, Lindo, Iáliso e Camiro, que depois partilharam o país e fundaram cidades homónimas (v. *Cércafo*) (v. tb. *Tlepólemo*).

HELICÁON. (Ἑλικάων.) Helicáon é um dos filhos do troiano Antenor. Casara com Laódice, uma das filhas de Príamo. Foi salvo com os irmãos por Ulisses, aquando da tomada da cidade e seguiu Antenor e Polídamas para o Norte da Itália (v. *Antenor*). Mostrava-se em Delfos o punhal de Helicáon, conservado como *ex-voto* no santuário.

HÉLICE. (Ἑλίκη.) **1.** Uma heroína de nome Hélice é filha de Selino. Casou com Íon e deu-lhe uma filha, Bura (v. *Íon*).

2. Outra Hélice é uma das duas ninfas amas de Zeus. Como Crono as perseguia para as castigar de terem criado a criança, Zeus transformou-as em constelações, a Ursa Maior e a Ursa Menor. Por vezes, Hélice é identificada com a ninfa Calisto (v. a sua lenda), de quem se dizia também que se tornara, por graça de Zeus, a constelação da Ursa Maior.

HELIO. (Ἕλειος.) Helio é o filho mais novo de Perseu e Andrómeda (v. quadro 32, p. 370). Nasceu em Micenas. Acompanhou Anfitrião

---

Tr., II, 18; PAUSAN., I, 1, 1; II, 23, 6; V, 13, 4; D. CHRYSOST., I, 208 (ed. Dindorf).

Helíades: 1) AESCH., trag. perdida *Helíades*; HYG., *Fab.*, 152; 154; *praef.* (Rose); OV., *Met.*, II, 340 e s.; esc. *ad Od.*, XVII, 208; VIRG., *Buc.*, VI, 62; *Aen.*, X, 189 e s., e SERV., *ad loc.*; APOL. RH., *Arg.*, IV, 595 e s.; DIOD. SIC., V, 23. **2)** PIND., *Olymp.*, VII, 131 e s., e esc. *ad loc.*; DIOD. SIC., V, 56 e s.; STRAB., V, 2, 8.

Helicáon: *Il.*, III, 123; PAUSAN., X, 26, 8; SERV., *ad VIRG.*, *Aen.*, I, 241; MART., *Epigr.*, X, 93; ATHEN., VI, 232 c.

Hélice: 1) PAUSAN., VII, 1, 3; 25, 5. **2)** Esc. *ad Od.*, V, 272; *ad* APOL. RH., Arg., I, 936; SERV., *ad VIRG.*, *Georg.*, I, 67; 138; 246; HYG., *Astr. Poet.*, II, 1; 2; 13; *Fab.*, 177; esc. *ad* ARAT., *Phaen.*

Helio: APOLLOD., *Bibl.*, II, 4, 5; STRAB., VIII, 5, 2, p. 363; TZETZ., *ad Lyc.*, 838; esc. *ad Il.*, XIX, 116.

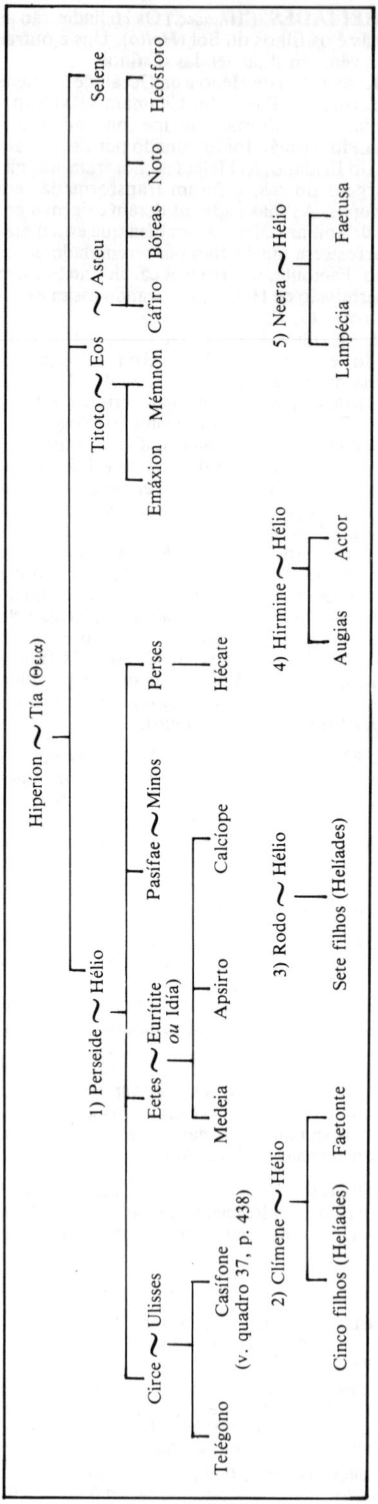

Quadro genealógico n.º 16

na expedição contra a ilha de Tafos e, depois da vitória, partilhou com Céfalo a soberania sobre a ilha.

Dizia-se que era o fundador da cidade de Helos, na Lacónia.

HÉLIO. (Ἥλιος.) Hélio, o Sol, é uma divindade ou, pelo menos, um génio dotado de existência e de personalidade próprias, que se distingue de outras divindades solares como Apolo. Pertence à geração dos Titãs e, por isso, é anterior aos Olímpicos. Passa por ser filho do titã Hiperíon e da titânide Tia. É irmão da Aurora (Eos) e da Lua (Selene) (v. quadro 38, p. 452). Descende de Úrano e de Geia (v. quadro 14, p. 182).

Hélio tem como mulher Perseide, uma das filhas de Oceano e Tétis. Ela deu-lhe vários filhos: Circe, a feiticeira, Eetes, o rei da Cólquida, Pasífae, que foi mulher de Minos, e um filho, Perses, que destronou seu irmão Eetes e foi morto pela sobrinha, Medeia.

Além disso, Hélio uniu-se a muitas outras mulheres: a ninfa Rodo, de quem teve sete filhos, os Helíades (v. este nome); Clímene, uma das irmãs de sua mulher Perseide, que lhe deu filhas, também chamadas Helíades (v. este nome); Leucótoe, filha de Órcamo e de Eurínome (v. tb. *Faetonte* e *Clítia*).

Hélio era representado como um jovem na força da idade e de grande beleza. A cabeça estava circundada por raios que formavam uma espécie de cabeleira de ouro. Percorria o céu num carro de fogo puxado por cavalos rapidíssimos, chamados Pírois, Eoo, Éton e Flégon, quatro nomes que evocam, todos eles, a ideia de chama, fogo ou luz. Todas as manhãs, precedido pelo carro da Aurora, Hélio parte do país dos Indianos, por um caminho estreito que atravessa o céu pelo meio. Caminha todo o dia e, ao anoitecer, chega ao Oceano onde os seus cavalos fatigados se banham. Quanto a ele, repousa num palácio de ouro, donde volta a partir no dia seguinte de manhã. O trajecto percorrido sob a Terra, ou então sobre o Oceano, que circunda o Mundo numa embarcação formada por uma grande taça vazia (v. artigo *Héracles*), entre o Ocidente e o Oriente, é muito mais curto do que o trajecto diurno que segue a abóbada celeste. Estas concepções correspondem a noções muito antigas sobre a forma do mundo. Foram pouco a pouco abandonadas à medida que a astronomia fazia progressos. E isso explica o carácter secundário de Hélio no Panteão helénico. Desde a época homérica, Hélio aparece como o servo dos deuses, espécie de funcionário adstrito exclusivamente ao seu serviço de luminária. Assim, não pôde vingar-se ele mesmo do

---

Hélio: *Od.*, III, 1; X, 138; XII, 260 e s.; v. especialmente v. 374 e s.; HES.; *Theog.*, 371 e s.; PIND., *Olymp.*, VII, 58; AESCH., *Pr. Lib.*, fragm. 186 (Nauck); APOLLOD., *Bibl.*, I, 2, 2; 4, 3; 6; 9, 1; 25; III, 1, 2; APOL. RH., *Arg.*, III, 209; IV, 591; 964 e s.; EUR., *Tr.*, 439; DIOD. SIC., V, 56; TZETZ., *ad Lyc.*, 174; OV., *Met.*, II, 119 e s.; IV, 167 e s.; ANT. LIB., *Transf.*, 41; HYG., *Fab.*, 154; 156; 183; SERV., *ad* VIRG., *Aen.*, VI, 14.

insulto que lhe fizeram os companheiros de Ulisses matando e comendo parte dos seus rebanhos na ilha de Trinácria (a Sicília). Pede reparação a Zeus e aos outros deuses, ameaçando retirar-se para debaixo da terra se lhe for recusado o castigo dos culpados.

Estes bois do Sol, que os companheiros de Ulisses comeram, eram animais de uma brancura imaculada e cornos dourados, que as filhas do Sol, as Helíades (v. este nome), tratavam.

Hélio é muitas vezes considerado como o olho do mundo. É ele quem vê tudo. Assim, curou a cegueira de Oríon (v. este nome). Sobre a briga entre Hélio e Posídon, v. *Posídon*.

HÉMERA. (Ἡμέρα.) Hémera é a personificação do Dia. Concebida como uma divindade feminina (em grego, a palavra «dia» é do género feminino), é filha da Noite e do Érebo e irmã de Éter (v. este nome e *Úrano*).

HEMÍCINES. (Ἡμίκυνες.) Os Hemícines, os Metade-Cães, são um povo lendário que se localizava na costa do Ponto Euxino, perto do país dos Masságetas e do país dos Hiperbóreos. Têm cabeça de cão e ladram como eles. Trata-se provavelmente de uma raça de macacos.

HEMÍTEA. (Ἡμιθέα.) **1.** Uma heroína com este nome era honrada em Castabo, em Quersoneso da Trácia. Passava por ser filha de Estáfilo e Crisótemis (v. *Estáfilo* e *Párteno*).

2. Outra heroína, a mais conhecida, era filha do rei da Tróade, Cicno, e irmã de Tenes, o herói epónimo de Ténedos. Com o irmão, aportou à ilha de Ténedos (v. *Cicno*, 2, e *Tenes*), onde se fixou. Quando os Gregos desembarcaram na ilha, durante a expedição contra Tróia, Aquiles perseguiu-a para a violentar. Mas ela foi engolida pela terra, que se abriu a seus pés, salvando-a assim do seu perseguidor.

HEMO. (Αἷμος.) **1.** Hemo é um dos filhos de Bóreas e de Orítia; é, por isso, irmão dos Boréadas, Cálais e Zetes (v. quadro 12, p. 144), se bem que o seu nome seja mencionado apenas nas tradições de origem recente. Casou com Ródope, filha do deus-rio Estrímon, e com ela reinou na Trácia. Tiveram um filho, chamado Ebro, epónimo do rio do mesmo nome. Hemo e Ródope tiveram a ousadia de fazer com que lhes fosse prestado um culto e tomaram respectivamente os nomes de Zeus e Hera. Como castigo desse sacrilégio, foram transformados em montanhas (*Hemo* e *Ródope*).

2. Segundo outra tradição, Hemo era um tirano da Trácia, que atacou a cidade de Bizâncio no tempo do seu fundador, Bizas. Este matou-o em duelo na montanha homónima (*Hemo*).

3. Hemo é também o nome de um dos companheiros de Télefo no cerco de Tróia. Tal como Télefo, era originário da Mísia; dizia-se que era filho de Ares.

HÉMON. (Αἵμων.) **1.** Hémon é o nome de um certo número de heróis, o mais conhecido dos quais é o filho do rei de Tebas, Creonte. Existem a seu respeito duas tradições diferentes: na primeira, Hémon, filho de Creonte, foi devorado pela Esfinge e terá sido para vingar essa morte que Creonte prometeu o seu reino a quem libertasse Tebas do monstro (v. *Creonte*); na segunda, Hémon estava noivo de Antígona, filha de Édipo, e matou-se quando Creonte condenou a jovem à morte, encarcerando-a no túmulo dos Labdácidas (v. *Antígona*). Esta segunda versão é a dos tragediógrafos, nomeadamente a que Sófocles segue na tragédia *Antígona*. Contava-se por vezes que Hémon e Antígona haviam tido um filho, Méon (v. este nome). Era esta a tradição seguida particularmente por Eurípides na tragédia perdida *Antígona*.

2. Hémon é também o nome do herói epónimo da Hemónia, antiga designação da Tessália. Este Hémon era filho de Pelasgo e pai de Téssalo, que deu ao país o seu novo nome. Em outra genealogia, Hémon figura entre os cinquenta filhos de Licáon que, por sua vez, era filho de Pelasgo; neste caso considera-se não como epónimo de Hemónia, mas como fundador da cidade arcádia do mesmo nome.

3. Uma tradição obscura menciona outro Hémon, neto de Cadmo e filho de Polidoro (v. quadro 3, p. 66). Este Hémon matara, por descuido, um dos seus companheiros, durante uma caçada, e tivera de fugir para Atenas. Os seus descendentes emigraram depois para Rodes, e daí para Agrigento, na Sicília. Era a eles que o tirano Téron pretendia fazer remontar as suas origens.

4. V. também o quadro 29, p. 298, no que respeita a Hémon filho de Toas, pai de Óxilo.

HEÓSFORO. (Ἑωσφόρος.) Heósforo ou Eósforo, o Archote da Aurora (Eos), é o nome da estrela da manhã. Filho da Aurora e de Astreu (v. quadro 16, p. 202), é pai de Telauge. Teve, de Cleobeia, uma filha chamada Filónis (v. *Filámon*).

Hémera: HES., *Theog.*, 124; 748 e s.; HYG., *Fab.*; *praef.*, 1; 2.

Hemícines: HES., *ap.*; STRAB., I, 2, 35, p. 43; VII, 3, 6, p. 229.

Hemítea: 1) DIOD. SIC., V, 62. **2)** PAUSAN., X, 14, 1; TZETZ., *ad Lyc.*, 232; CONON, *Narr.*, 28; SERV., *ad Virg.*, *Aen*, II, 21.

Hemo: 1) STEPH. BYZ., *s.u.*, Αἷμος; SERV., *ad Virg.*, *Aen.*, I, 317; OV., *Met.*, VI, 87 e s.; LUCIAN., *De salt.*, 57; *Fragm. Hist. gr.* (Müller), IV, 149. **2)** TZETZ., *Anteh.*, 273.

Hémon: 1) APOLLOD., *Bibl.*, III, 5, 8; esc. *ad* EUR., *Phoen.*, 1760; SOPH., *Ant.*, *passim* e *argumento*; EUR., *Phoen.*, 944; HYG., *Fab.*, 72; cf. *Il.*, IV, 394. **2)** STRAB., IX, 5, 23, pp. 433 e s.; esc. *ad* APOL. RH., *Arg.*, III, 1090; DION. HAL., I, 17; PLIN., *N. H.*, IV, 7, 44; APOLLOD., *Bibl.*, III, 8, 1; PAUSAN., VIII, 44, 1 e s. Cf. RHIAN. CRET., *ap.*, A. MEINEKE, *Analecta Alexandrina*, p. 186. **3)** Esc. *ad* PIND., *Olymp.*, II, 14 e 16.

Heósforo: *Il.*, XXIII, 226; esc. *ad Il.*, XI, 267; HES., *Theog.*, 381; PIND., *Isth.*, III, 42; CONON, *Narr.*, 17.

HERA. (῞Ηρα.) Hera é a maior de todas as deusas olímpicas. É filha de Crono e Reia e, por isso, irmã de Zeus. Como todos os seus irmãos e irmãs, excepto Zeus, foi engolida por Crono mas devolvida à vida pela artimanha de Métis e a força de Zeus (v. *Métis e Zeus*).

Dizia-se que Hera fora criada nos confins do mundo por Oceano e Tétis, a quem Reia a confiara durante a luta entre Zeus e os Titãs. Ela ficou-lhes sempre muito reconhecida e, mais tarde, quando Oceano e Tétis se zangaram, tentou reconciliá-los. Outras tradições atribuíram a educação de Hera às Horas (ver este nome) ou então ao herói Témeno ou ainda às filhas de Astérion.

Depois, Hera casou com Zeus em núpcias solenes. Hesíodo diz que era a terceira mulher que o deus tomava em «justas núpcias». A primeira fora Métis; depois viera Témis. Dizia-se no entanto que o amor de Zeus e Hera era muito antigo e que se tinham unido secretamente quando Crono ainda reinava sobre o Universo e antes da guerra contra os Titãs. Desta união nasceram quatro filhos: Hefesto (contudo, ver este nome), Ares, Ilitia e Hebe (v. quadro 38, p. 452). O lugar onde se celebrou este casamento varia consoante as tradições. A versão que parece mais antiga coloca-o no Jardim das Hespérides, que é o símbolo mítico da fecundidade, no meio de uma Primavera eterna. Por vezes, os mitógrafos dizem simplesmente que as maçãs de ouro das Hespérides foram um presente levado a Hera por Geia (a Terra), aquando do seu casamento com Zeus, e que a deusa as achou tão belas que as plantou no seu jardim, nas margens do Oceano (v. o artigo *Hespérides*).

A *Ilíada* conta que Zeus e Hera se uniram não no Jardim das Hespérides mas no cimo do Ida, na Frígia. Outras tradições situavam esse casamento místico na Eubeia, onde o deus e a deusa teriam aportado vindos de Creta. Um pouco por toda a parte, na Grécia, celebravam-se festas a «comemorar» o casamento de Zeus e Hera. Enfeitavam a estátua da deusa com os atavios de uma jovem noiva e levavam-na em procissão pela cidade até um santuário onde se preparara um «leito nupcial» (v. *Alalcómene* e *Citéron*).

Como mulher legítima do primeiro entre os deuses, Hera é a protectora das mulheres casadas. Representam-na ciumenta, violenta e vingativa. Zanga-se frequentemente com Zeus, cujas infidelidades são para ela outros tantos insultos. Persegue com o seu ódio não apenas as amantes de Zeus, mas também os filhos que ele lhes dá. Entre estes últimos, foi sobretudo Héracles quem teve de suportar a cólera de Hera, já que se atribui à deusa a ideia inicial dos «Doze Trabalhos» (v. *Héracles*). Além disso, perseguiu-o incessantemente até à apoteose final. Pagou o seu preço por isso, pois Zeus castigou-a por vezes cruelmente. Assim, quando Héracles vinha de regresso depois de ter tomado a cidade de Tróia, Hera provocou contra o navio do herói uma violenta tempestade. Descontente, Zeus pendurou então a deusa do Olimpo, depois de lhe ter amarrado uma bigorna a cada um dos pés. Foi ao tentar libertar a mãe desta incómoda posição que Hefesto atraiu sobre si a cólera de Zeus e foi lançado no vazio (v. *Hefesto*). Mais tarde, Hera reconciliou-se solenemente com Héracles (v. *Héracles*).

Hera participa num grande número de lendas: persegue Io e sugere aos Curetes que façam desaparecer Épafo, o filho da rival (v. *Io e Épafo*). Está na origem do destino trágico de Sémele (v. este nome). Acomete de loucura Átamas e Ino, para os castigar de terem criado o pequeno Dioniso, filho ilegítimo de Zeus e Sémele (v. *Átamas* e *Dioniso*). Aconselha Ártemis a matar Calisto, que Zeus seduzira (v. *Calisto*). Tenta impedir o trabalho de parto a Leto e o nascimento de Ártemis e Apolo (v. estes nomes), etc. Zeus é obrigado a contar com ela. Assim, tenta muitas vezes esconder os filhos para os subtrair à cólera de Hera. Por exemplo, encerra Elara sob a terra e é aí que ela põe no mundo Tício (v. *Tício*). Recorre também a outras artimanhas, transformando, por exemplo, Dioniso em cabrito.

A cólera de Hera e as suas vinganças têm por vezes outros motivos. Conta-se que, um dia, Hera discutia com Zeus para saber quem, do homem ou da mulher, sentia mais profundamente os prazeres do amor. Zeus dizia que as mulheres levavam vantagem, mas Hera garantia que os homens eram, de facto, os mais favorecidos. As duas divindades decidiram consultar Tirésias que tivera sucessivamente a experiência dos dois sexos (v. *Tirésias*). E Tirésias deu razão a Zeus, ao dizer que, se os prazeres do amor representavam dez unidades, o homem sentia uma e as noves restantes cabiam à mulher. Irritada por assim ser desmentida, Hera tirou a visão a Tirésias.

Hera participou no concurso de beleza que a opôs a Afrodite e Atena e no qual as três deusas tomaram Páris como juiz. Também a sua cólera pesou bastante na Guerra de Tróia. Tomou partido contra os Troianos para se vingar de Páris, que lhe recusara o prémio, apesar de ela lhe ter oferecido como recompensa, no caso de ele a escolher, o poder régio universal. A sua hostilidade fez-se logo sentir a partir do rapto de Helena: durante a viagem de regresso, quando os dois amantes vinham de Esparta para Tróia, Hera provocou uma tempestade que os atirou para Sídon, nas cos-

Hera: *Il.*, I, 399, e s.; V, 392 e s.; 721 e s.; 889 e s.; VIII, 400 e s.; XI, 270 e s.; XIV, 153-353; XV, 14 e s.; XVIII, 119 e s.; XIX, 96-133; *Hymn. hom. Apoll.*, 127; *Od.*, XI, 603 e s., e esc. *ad* X, 494; HES., *Theog.*, 921 e s.; ARISTOPH., *Av.*, 1731 e esc. *Pax*, 1126; SOPH., fragm. 401 (Nauck); EUR., *Hipp.*, 743 e s.; PAUSAN., II, 13, 3; 17, 4; 36, 2; VIII, 22, 2; APOL. RH., *Arg.*, 790-798; e esc. *ad* IV, 1396 (citando PHERECYD.); APOLLOD., *Bibl.*, I, 3, 1; 3, 5; 4, 1; 6, 2; 9, 25; III, 5, 11; 7, 1; III, 6, 7; 13, 5; *Ep.*, III, 2 e s.; 29; OV., *Fast.*, V, 229 e s.; SERV., *ad* VIRG., *Aen.*, I, 394; IX, 584; TZETZ., *ad Lyc.*, 683. Cf. A. KLINZ, Ἱερὸς γάμος, diss., Halle, 1933; U. PESTALOZZA, in *Athenaeum*, 1939, pp. 105-137; K. KERÉNYI, *Zeus and Hera. Archetypal image of father, husband and wife*, Princeton University

tas da Síria (v. *Helena*). Além disso, Hera era protectora natural de Aquiles, pois fora criada por Tétis (e é, diz-se, essa a razão que levara esta última a rejeitar as aproximações de Zeus, que desejava torná-la sua mulher) (v. *Tétis*). Mais tarde, Hera estendeu a sua protecção a Menelau, tornando-o imortal (v. *Menelau*).

Hera participou na luta contra os Gigantes. Foi atacada por Porfírion, que fora tomado de um violento desejo por ela. Enquanto o gigante rasgava o vestido da deusa, Zeus atingiu-o com um raio e Héracles matou-o com uma flecha. Mais tarde, Hera foi também atacada por Ixíon, que desejava unir-se-lhe. Mas Zeus modelou uma nuvem que enganou Ixíon e Hera salvou-se (v. *Ixíon* e *Centauros*).

Hera surge ainda como protectora da nau *Argo*, que ajudou a transpor as Rochas Ciâneas (v. *Argonautas*) e o estreito de Caríbdis e Cila.

O atributo vulgar de Hera é o pavão cuja plumagem se dizia ser a imagem dos olhos de Argos, o «vigilante» que a deusa colocara junto de Io (v. *Argos*). As suas plantas eram o helicriso, a romãzeira, o lírio.

Em Roma, foi identificada com Juno (v. este nome).

HÉRACLES. (Ἡρακλῆς.) Héracles, a quem os Latinos chamavam Hércules (v. *Hércules*), é o herói mais popular e o mais célebre de toda a mitologia clássica. As lendas em que figura constituem um ciclo inteiro em contínua evolução desde a época pré-helénica até ao fim da Antiguidade. Assim, não é muito cómodo expor estes diferentes episódios segundo uma ordem racional. Já os mitógrafos antigos se haviam apercebido de tais dificuldades e, tal como eles, adoptaremos uma classificação, aliás bastante artificial, que distingue três grandes categorias de lendas herácleas:

1) O ciclo dos Doze Trabalhos;

2) As façanhas independentes do ciclo precedente, e que incluem as expedições levadas a cabo pelo herói à frente de exércitos (ao passo que os Trabalhos são cumpridos, geralmente, por Héracles, sozinho ou ajudado pelo seu sobrinho Iolau);

3) As aventuras secundárias que lhe aconteceram no decorrer do cumprimento dos Trabalhos.

Antes de referirmos os Trabalhos, apresentamos as lendas que se relacionam com a infância do herói e com a sua educação. Juntamente com os episódios relativos à sua apoteose, são estes os únicos elementos do ciclo heracleo que se deixam integrar numa cronologia aproximativa.

I. — *O nome, as origens, a infância de Héracles.* — O próprio nome do herói não é, dizem os mitógrafos, o que ele teve inicialmente: trata-se dum nome místico que lhe foi imposto por Apolo, quer directamente quer por intermédio da Pítia, no momento em que ele se tornou o servidor de Hera, sujeito aos trabalhos que ela lhe impunha. Inicialmente, o filho de Anfitrião e Alcmena chamava-se Alcides (que é um patronímico, derivado do nome de seu avô, Alceu) (v. quadro 32, p. 370), ou mesmo Alceu, como seu avô. Este nome evoca, em grego, a ideia de força física (ἀλκή). Quando, após o assassínio dos filhos que Mégara lhe dera, o herói foi pedir a sua «penitência» à Pítia, esta, entre outras prescrições, ordenou-lhe expressamente que a partir daquela altura passasse a usar o nome de Héracles, que significava «a Glória de Hera», sem dúvida porque os trabalhos que ele ia empreender serviriam para a glorificação da deusa. Foi este o nome que lhe ficou e pelo qual é sempre designado pelos autores e nas inscrições dos monumentos.

Pelo lado de seu pai «mortal», Anfitrião, e de sua mãe, Alcmena, Héracles pertence à raça dos Perseides. Os seus dois avós, paterno e materno, Alceu e Eléctrion, eram ambos, com efeito, filhos de Perseu e Andrómeda (v. quadro acima citado). Ele é, pois, de raça argiva, e foi apenas acidentalmente que nasceu em Te-

Press, 1975; M. W. CORNOG, *Hierogamy, the city and the earth. A study of Theban mythology*, diss. Boston, 1978.

Héracles: Numerosos estudos. Citar-se-ão apenas: A. PUECH, «Héraclès dans la légende et la poésie grecques», *Rev. Cours et Conf.*, XXIV, p. 557-587; 709-721; XXV, 28 e s.; 117 e s.; 316 e s.; 522 e s.; etc., FRIEDLÄNDER, *Herakles, Phil. Unters.*; XIX, Berlin, 1907; B. SCHWITZER, *Herakles*, Tübingen, 1922; e sobretudo PRELLER-ROBERT, *op. cit.*, o nosso guia principal.

I. — O nome. — APOLLOD., *Bibl.*, II, 4, 12; SEXT. EMP., p. 398 3 s. (Bekker); escól. *ad* PIND., *Olymp.*, VI, 115; PROB., *ad VIRG.*, *Ecl.* VII, 61; DIOD. SIC., I, 24, 4; IV, 10, 1; escól. *ad Il.*, XI, 324; SERV., *ad* VIRG., *Aen.*, VI, 392; AEL., *VH*, II, 32; escól. *ad* PIND., *Isth.*, IV, 104.

Origens. — HES., *Scut.*, 1 e s.; 27 e s.; 79 e s.; EUR., *Herc. F.*, 16 e s.; 1079 e s.; 1258 e s.; PAUSAN., V, 18, 3; IX, 11, 1; ATHEN., XI, 474 F; 499 B; PLAUT., *Amp.*, 112 e s.; 760 e s.; LYC., *Alex.*, 33, e TZETZ., *ad loc.*; LUC., *Somn.*, 17; APOLLOD., *Bibl.*, II, 4, 8; STAT., *Theb.*, XII, 300 e s.; DIOD., IV, 9, 1 e s.; escól. *ad Il.*, XIV, 323; *ad Od.*, XI, 266; *ad* PIND., *Nem.*, X, 24; HYG., *Fab.*, 29; PLIN., *N. H.*, VII, 29; XXVIII, 59; MOSCH., IV, 84 e s.; cf. *Il.*, XIX, 98 e s.

A infância. — PAUSAN., IX, 25, 2; HYG., *Astr. Poet.*, II, 43; LYC., *Alex.*, 1328 e s.; DIOD. SIC., IV, 9, 6; cf. *Anthol. Pal.*, IX, 589; PIND., *Nem.*, I, 33 e s.; EUR., *Herc. F.*, 1266 e s.; THEOCR., *Id.*, XXIV; DIOD. SIC., IV, 10, 1; APOLLOD., *Bibl.*, II, 4, 8; HYG., *Fab.*, 30; VIRG., *Aen.*, VIII, 288 e s.; OV., *Her.*, IX, 21 e s.; *Met.*, IX, 67; SENEC., *Herc. F.*, 216 e s.; *Herc. Oe.*, 59; PAUSAN., I, 24, 2; PLAUT., *Amp.*, 1123 e s.; PHERECYD., *fr.* 28; ERATOSTH., *Cat.*, 44; APOLLOD., *Bibl.*, II, 4, 9; 4, 11; THEOCR., *Id.*, XXIV, 103 e s.; DIOD. SIC., III, 67, 2; PAUSAN., IX, 29, 9; TZETZ., *Chil.*, II, 213 e s.; *ad Lyc.*, 662; LYC., *Alex.*, 56; PLAUT., *Bac.*, 155; AEL., *VH*, III, 32; ATHEN., IV, 164 B; APOLLOD., *Bibl.*, II, 4, 9 e 10; escól. *ad* THEOCR., XIII, 6 b; STAT., *Theb.*, I, 484 e s.; TZETZ., *Chil.*, II, 213 e s.; DIOD. SIC., IV, 29, 2 e s.; PAUSAN., IX, 27, 6 e s.; ATHEN., IV, p. 556 F; TZETZ., *Chil.*, II, 221 e s.; SENEC., *Herc. F.*, 478: *Herc. Oe.*, 369 e s.; cf. PAUSAN., I, 41, 3 e s.; DIOD. SIC., IV, 10, 3 a 5; PAUSAN., IX, 37, 2 e s.; TZETZ., *Chil.*, II, 226 e s.; APOLLOD., *Bibl.*, II, 4, 11; ISOC., X, 10; STRAB., IX, p. 414; escól. a PIND., *Olymp.*, XIV, 2; EUR., *Herc. F.*, 220 e s.; *Od.*, XI, 269 e s.; e escól. *ad loc.*; PIND., *Isth.*, IV, 12 e s.; e escól. ao v. 104; PAUSAN., IX, 11, 2; DIOD. SIC., IV, 10, 6 e s.; IX, 11, 2; EUR., *Herc. F.*, *passim*; TZETZ., *Chil.*, II, 228; *ad Lyc.*, 38; 48;

bas. Considerará sempre o Peloponeso e, mais particularmente, a Argólida como sua verdadeira pátria. É para lá que tentará sempre regressar, apesar da vontade de Euristeu (v. mais abaixo), e será sobretudo para lá que os seus descendentes regressarão para aí se estabelecerem (v. o art. *Heraclidas*).

Héracles é filho de Alcmena e de Anfitrião, mas, na realidade, o seu verdadeiro pai é Zeus. Este aproveitara a ausência de Anfitrião, que saíra em expedição contra os Teléboas, para enganar Alcmena, assumindo a forma e o aspecto do seu marido e, no decurso de uma longa noite, por si prolongada, engendrou o herói. Anfitrião regressou pela manhã, deu-se a reconhecer e fez Alcmena conceber um segundo filho, Íficles, o irmão gémeo de Héracles, mais novo que ele uma noite (v. *Anfitrião* e *Alcmena*). Contava-se que, para se fazer reconhecer por Alcmena e retirar-lhe qualquer possibilidade de dúvida, Zeus lhe enviara como presente uma taça de ouro que fora de Ptérelas, o rei dos Teléboos. Contou-lhe, além disso, como se fossem suas, as façanhas cometidas pelo verdadeiro Anfitrião. Quando este regressou, ele interveio para reconciliar marido e esposa, e Anfitrião resignou-se, diz-se, a ser apenas o pai adoptivo do filho divino.

Logo antes de este nascer, a cólera de Hera, ciumenta de Alcmena, começa a manifestar-se. Zeus afirmara, imprudentemente, que a criança que ia nascer da raça dos Perseides reinaria sobre Argos. De pronto, Hera conseguiu da sua filha Ilítia, a deusa dos partos, que o nascimento de Héracles fosse retardado, e que o de Euristeu, seu primo, filho de Esténelo, fosse antecipado (v. *Alcmena* e *Euristeu*). Foi por esta razão que Euristeu nasceu com sete meses, enquanto Héracles permaneceu dez meses no seio materno (v. também *Galíntias*, a «doninha», cuja astúcia desfez os malefícios de Hera e permitiu a Alcmena, finalmente, dar à luz).

Existem diferentes lendas que contam como Héracles, ainda muito pequeno, mamou do seio de Hera, a sua maior inimiga. Seria essa a condição, diz-se, para que os heróis pudessem obter a imortalidade, e foi preciso usar de astúcia para que tal condição se cumprisse. Segundo certas tradições, foi Hermes quem colocou a criança sobre o seio da deusa adormecida. Quando esta despertou, repeliu a criança, mas já era demasiado tarde. O leite que escorreu do seu seio deixou um rasto no céu, a Via Láctea.

Uma outra tradição conta a aventura de modo diferente: Alcmena, receando os ciúmes de Hera, teria exposto a criança logo à nascença, nos arredores de Argos (e não de Tebas, como o pediria a verosimilhança, se esta lenda tivesse sido integrada no ciclo tebano do herói), num local que, por isso, se designou de «planície de Héracles». Atena e Hera passaram por lá. Atena, espantada com o vigor do recém-nascido e com a sua beleza, pediu a Hera que lhe desse o seio, o que esta fez. Héracles, porém, puxou com tanta violência que feriu a deusa. Hera repeliu-o então energicamente para longe de si. Atena pegou nele, levou-o a Alcmena e ordenou à jovem mulher que criasse sem receio o seu filho.

Quando Héracles completou oito meses (outros dizem que foi dez) Hera tentou matá-lo. Um dia à noite, Alcmena deitara os dois gémeos, Héracles e Íficles, no seu berço e fora dormir. Pela meia-noite, a deusa introduziu no quarto duas enormes serpentes que se enroscaram à volta das crianças. O pequeno Íficles pôs-se a chorar, mas Héracles segurou intrepidamente os monstros pela garganta, um em cada mão, e sufocou-os. Anfitrião acorreu aos gritos de Íficles, de espada em punho, mas não teve necessidade de intervir. Viu imediatamente que Héracles era filho dum deus.

Héracles recebeu uma educação igual à das crianças gregas da época clássica, semelhante, pois, à que Aquiles recebera do Centauro Quíron. O seu primeiro mestre terá sido o músico Lino, que lhe ensinou, dizem, os rudimentos das letras e da música. Ele seguiu as lições juntamente com Íficles. Mas enquanto Íficles se mostrava um aluno dócil e aplicado, Héracles era bastante indisciplinado, a tal ponto que Lino o tinha de chamar à ordem e tentou mesmo, um dia, castigá-lo. Héracles não quis, de modo algum, deixar-se castigar; encolerizou-se e, agarrando num banco (outros dizem que numa lira), acertou em cheio no mestre e matou-o. Héracles foi conduzido perante um tribunal e acusado de assassínio. Defendeu-se citando uma sentença de Radamante, segundo a qual se tinha o direito de matar o adversário em caso de legítima defesa. E assim foi absolvido. Mas Anfitrião, pouco sossegado e receando novos acessos de cólera do seu filho adoptivo, apressou-se a enviá-lo para o campo, encarregando-o da guarda dos rebanhos. Aí, segundo uma tradição, a sua educação foi continuada por um boieiro, um cita chamado Teutaro, que lhe ensinou a arte de atirar com o arco. Mas, mais geralmente, admitia-se que a sua formação fora dirigida por outros mestres: o próprio Anfitrião iniciou-o na condução dum carro; Êurito no tiro com arco (v. *Êurito*, 2); segundo uma variante, ele ficou a dever este último ensinamento também a Radamante que, como cretense, era bastante perito nesta arte. A arte das armas foi-lhe ensinada por Castor (que tanto se poderá identificar como um dos Dioscuros como com um refugiado de Argos, filho dum certo Hípalo). Após Lino, o seu infeliz mestre, recebeu ainda lições de Eumolpo, filho de Filámon e sobrinho de Autólico, que o aperfeiçoou na música.

Entretanto, Héracles crescia e atingia a extraordinária estatura de quatro côvados e um pé. Aos dezoito anos cumpriu a sua primeira façanha matando o leão do Citéron. Este leão era uma fera duma grandeza e ferocidade tais que causava razias consideráveis nos rebanhos de Anfitrião e do rei Téspio (que reinava num país vizinho de Tebas), sem que nenhum caçador ousasse atacá-lo. Héracles decidiu desembaraçar o país do animal. Para isso, foi instalar-se junto do rei Téspio e, todos os dias, partia em busca do animal, regressando ao palácio à noite para dormir. Ao fim de cinquenta dias conseguiu matar o leão. Mas, durante todo este tempo, o rei Téspio, que tivera cinquenta filhas da sua mulher Megamede, filha de Árneo, e que desejava possuir netos que fossem filhos do herói, dispôs tudo para que, cada noite, uma das suas filhas dormisse na cama dele. Héracles uniu-se a todas na obscuridade, e tão fatigado estava do seu dia de caça que supôs ter-se unido todas as noites à mesma. Delas teve cinquenta filhos, os Tespíades (v. *Téspio* e quadro 17, p. 219).

Alguns autores colocam esta primeira caça ao leão, prefiguração da do leão de Némea (v. mais abaixo), não sobre as encostas do Citéron mas sobre o Hélicon ou, ainda, perto de Teumesso. Pausânias recolheu mesmo uma lenda segundo a qual o leão do Citéron não foi morto por Héracles mas por Alcátoo (a quem, geralmente, se atribui a morte do leão de Mégara; v. *Alcátoo*). Finalmente, uma lenda local da ilha de Lesbos dizia que Héracles também aí tinha matado um leão.

Quando Héracles regressava da caça ao leão do Citéron, encontrou, ao aproximar-se de Tebas, os enviados do rei de Orcómeno, Ergino, que vinham reclamar o tributo que os Tebanos pagavam aos habitantes de Orcómeno (sobre as origens deste tributo, v. *Ergino*). Héracles insultou-os, cortou-lhes o nariz e as orelhas, que enfiou numa corda, que dependurou ao pescoço deles. Depois, disse-lhes que levassem ao seu soberano este tributo. Ergino, indignado, marchou sobre Tebas. Foi, porém, derrotado por Héracles que obrigou os Mínios de Orcómeno a um tributo duplo em relação ao que eles haviam imposto a Tebas. Nos combates, morreu Anfitrião, que se batera corajosamente ao lado de seu filho. Segundo outra tradição, Anfitrião só morreu mais tarde, após ter levado a bom termo, com Héracles, a expedição contra o rei da Eubeia, Calcodonte (v. *Calcodonte*, 1), e ter assistido ao assassínio dos seus netos (v. mais abaixo). Héracles teria combatido sozinho contra Ergino, tendo recebido armas da própria Atena. Para as outras variantes desta lenda, ver *Ergino*.

O rei de Tebas, Creonte, para recompensar dignamente Héracles pelos serviços prestados à cidade, deu-lhe em casamento a sua filha mais velha, Mégara, enquanto casava a sua filha mais nova com Íficles (v. *Íficles*). Mégara deu vários filhos ao herói: oito, segundo Píndaro; três, segundo Apolodoro, que os nomeia: Terímaco, Creonclades e Deicoonte. Outras tradições referem sete, ou cinco (Antímaco, Clímeno, Gleno, Terímaco e Creoncíades), ou ainda quatro (v. também *Creoncíades*). Mas não tardou muito que Héracles matasse os seus filhos e dois dos que tivera Íficles. Este assassínio é contado de forma diversa pelos autores e foi o tema duma tragédia de Eurípides e outra de Séneca.

Segundo uns (e isso parece constituir a tradição mais antiga), Héracles lançou os seus filhos ao fogo. Segundo outros, e designadamente Eurípides, matou-os disparando flechas sobre eles. Chegou mesmo a atacar o seu pai, Anfitrião, e estava prestes a matá-lo quando Atena lhe feriu o peito com uma pedra e o mergulhou num sono profundo. Considera-se geralmente que esta série de morticínios foi provocada por um acesso de loucura enviado por Hera. Segundo algumas tradições, ela queria obrigá-lo a colocar-se ao serviço de Euristeu, quer fazendo-o cometer um crime (o que o forçaria a submeter-se a uma expiação) quer porque, apesar do oráculo de Zeus (v. acima), Héracles hesitava em dirigir-se a Argos e em reconhecer Euristeu como seu senhor. Isto constituía uma advertência da deusa.

Após ter voltado a si, Héracles já não quis viver com Mégara. Deu-a ao seu sobrinho Iolau (apesar da considerável diferença de idade entre ambos, pois, segundo os cálculos dos mitógrafos, ela tinha trinta e três anos, enquanto ele não tinha mais do que dezasseis).

Eurípides uniu a lenda do morticínio dos filhos de Mégara com a história de um usurpador vindo de Eubeia, Lico, que mata o rei Creonte e toma o poder em Tebas, na ausência de Héracles, que descera aos Infernos. O herói regressa a tempo, mata Lico, mas no momento em que vai oferecer um sacrifício de acção de graças no altar de Zeus, Hera provoca-lhe um acesso de loucura. Julga que os seus próprios filhos são os de Euristeu e mata-os. Toma o seu próprio pai pelo de Euristeu, Esténelo, e está prestes a matá-lo quando Atena o atinge no peito e o adormece. Ao acordar, dá conta dos seus crimes e quer suicidar-se. Mas Teseu, chegado precisamente nesse momento, demove-o do seu intuito e leva-o para Atenas. Vê-se que Eurípides alterou a cronologia tradicional do episódio, ao colocá-lo após a descida aos Infernos, ou seja, intercalando-o entre os Trabalhos, em vez de fazer dele o primeiro acto da vida do herói. Além disso, ele faz intervir Teseu, o herói «filósofo» por excelência, símbolo da sabedoria reflectida da Ática face à violência dórica.

II. — *Os Doze Trabalhos.* — Os doze trabalhos são as façanhas que Héracles executou às ordens de seu primo Euristeu. As tradições apresentam explicações diferentes desta submissão do herói a alguém que estava longe de o merecer e por todos era unanimemente apontado como um ser desprezível e «incompleto» (v. *Euristeu*). A *Ilíada* narra o estratagema de Hera, que aproveitou a promessa de Zeus em proveito de Euristeu (v. *supra*). Mas não se conclui daqui que Héracles se tenha submetido pessoalmente ao seu primo, ou ainda que o atraso do seu próprio nascimento o tornasse, de uma forma muito geral, «súbdito» daquele. Segundo Eurípides, Héracles teria desejado regressar a Argos e Euristeu teria consentido nisso, mas com a condição de que ele lhe executasse primeiro alguns trabalhos, os principais dos quais tinham como fim libertar o mundo dum certo número de monstros. Mas conside-

663; PHERECYD., *fr.* 30; MOSCH., IV, 13 e s.; escól. *ad* STAT., *Theb.*, IV, 570; NICOL. DAM., *fr.* 20; APOLLOD., *Bibl.*, II, 4, 12; PLUT., *Amat.*, IX, p. 754D; SENEC., *Herc. F.*, *passim.*

II. — Os Doze Trabalhos. — PAUSAN., III, 17, 3; 18, 13; V, 10, 9; 25, 7; HYG., *Fab.*, 30; 31; SERV., *ad* VIRG., *Aen.*VIII, 299; *Il.*, VIII, 132 e s.; XIV, 639 e s.; XVIII, 117 e s.; XIX, 132 e s.; cf. escól. *ad* XIX,

ra-se, mais geralmente, esta escravatura como a expiação do assassínio dos filhos que tivera de Mégara (assassínio involuntário mas que, nem por isso, deixava de constituir uma falta). Após o morticínio, Héracles fora a Delfos consultar o oráculo de Apolo Píteo e este ordenara-lhe que se colocasse ao serviço do seu primo durante doze anos. Apolo (e Atena) acrescentaram que, em paga do seu esforço, obteria a imortalidade. Estas variantes provêm da reflexão do pensamento grego sobre o mito e respondem à necessidade de justificar moralmente os sofrimentos dum herói que era representado como o justo por excelência. Elas não são primitivas no mito (compare-se a escravatura de Apolo em casa de Admeto, como purificação pelo assassínio dos Ciclopes e, no próprio ciclo heráclеo, a escravatura em casa de Ônfale, como purificação pelo assassínio de Ífito; ver mais abaixo, p. 217). No pensamento místico, os trabalhos de Héracles vieram prefigurar «as provações da alma» que se liberta progressivamente da servidão do corpo e das suas paixões até à apoteose final.

Uma variante retomada por um poeta alexandrino, Diotimo, apresenta Héracles como amante de Euristeu. Teria sido por complacência amorosa que ele se teria submetido a todos os caprichos deste.

Os mitógrafos da época helenística tinham estabelecido um «cânone» dos Doze Trabalhos, classificando-os em duas séries de seis. Os seis primeiros tiveram o Peloponeso como palco; os outros seis repartiram-se pelo resto do mundo: em Creta, na Trácia, na Cítia, no Extremo Ocidente, no país das Hespérides e nos Infernos. É esta a ordem que aqui vamos seguir. Existiam, entretanto, numerosas variantes sobre a ordem dos trabalhos e mesmo sobre o seu número (Apolodoro, por exemplo, apenas reconhece dez).

As armas de Héracles. — A arma mais característica de Héracles, a sua clava, foi talhada por ele próprio no decurso do seu primeiro *trabalho*, a caça ao leão de Némea. Ora se admite que ele a talhou mesmo em Némea, ora que a fez no cimo do Hélicon, ou ainda na margem do golfo Sarónico, do tronco duma oliveira selvagem. As suas outras armas têm uma origem divina: a espada foi-lhe dada por Hermes, o arco e as flechas por Apolo; uma couraça dourada era um presente de Hefesto. Atena acrescentara um peplo. Mas é de notar que, segundo outras tradições, é ela quem lhe fornece todas as armas, excepto a clava. Os seus cavalos, finalmente, eram um presente de Posídon.

O Leão de Némea. — O leão de Némea é um monstro, filho de Ortro, que é, por seu lado, filho de Tífon. Sua mãe é Equidna (v. *Equidna* e quadro 33, p. 388). É irmão dum outro monstro, a Esfinge de Tebas. Foi Hera quem o criou (ou então a deusa da Lua, Selene, que o teria emprestado a Hera) e o colocou na região de Némea, onde devastava a região, devorando os habitantes e os seus rebanhos. Este leão habitava numa caverna com duas aberturas e era invulnerável. Héracles tentou primeiro atirar sobre ele com o arco, mas em vão. Então, ameaçando-o com a clava, forçou-o a entrar na caverna, bloqueando em seguida uma das aberturas. Depois, segurou-o com os braços e asfixiou-o. Quando o leão morreu, Héracles esfolou-o e revestiu-se com a sua pele. A cabeleira serviu-lhe de elmo. Teócrito narra que o herói ficou longo tempo perplexo diante desta pele que nem o ferro nem o fogo conseguiam cortar. Por fim, teve a ideia de a rasgar com as próprias garras do monstro e conseguiu-o.

É no decurso da caça ao leão de Némea que se situa o episódio de Molorco. Molorco era um humilde agricultor que vivia perto de Némea e cujo filho fora morto pelo leão. Ele acolheu hospitaleiramente Héracles quando este se apresentou em sua casa para combater o leão. Para honrar o seu hóspede, Molorco quis matar o único carneiro que possuía e que era toda a sua riqueza. Héracles demoveu-o desse propósito, pedindo-lhe que esperasse trinta dias: se ao fim desse tempo não o visse regressar, podia considerá-lo morto e sacrificar o carneiro em sua honra. Mas, se ele regressasse vitorioso antes dos trinta dias, o carneiro seria sacrificado a Zeus Salvador. Ora no trigésimo dia Héracles ainda não regressara. Molorco supô-lo morto e preparou-se para sacrificar o animal, como Héracles lhe pedira. Porém, antes que se consumasse o sacrifício, ele viu chegar Héracles revestido com a pele do leão. Ofereceu então o carneiro a Zeus Salvador e, no próprio local do sacrifício, Héracles instituiu jogos em honra de Zeus, os Jogos Nemeus, que deviam, mais tarde, ser renovados pelos Sete Chefes que marchavam contra Tebas (v. *Adrasto*).

Héracles levou o leão para Micenas e Euristeu ficou tão espantado com a valentia do herói, capaz de matar semelhante monstro, que o proibiu de entrar na cidade, e ordenou-lhe que, a partir de então, depositasse os seus despojos às portas da cidade. Quanto ao leão, diz-se que Zeus o incluiu

---

119 e XIV, 639; Theocr., XXIV, 82 e s.; Eur., *Herc. F.*, 15 e s.; Apollod., *Bibl.*, II, 4, 12; Soph., *Tr.*, 1091 e s.; Diod. Sic., IV, 10 e s.; Ov., *Met.*, IX, 182 e s.; Tzetz., *Chil.*, 229 e s.; Hyg., *Fab.*, 30; Athen., XIII, 603 d, e escól. *ad.*, *Il.*, XIV, 639; Virg., *Aen.*, VIII, 287 e s.; Quint. Sm., *Posth.*, VI, 208 e s.

As armas. — Apollod., *Bibl.*, II, 4, 11; Theocr., XXV, 209 e s; Pausan., II, 31, 10; *Il.*, V, 393 e s.; *Od.*, XL, 607 e s; Diod. Sic., IV, 13, 3.

O Leão de Némea. — Hes., *Theog.*, 326 e s.; Bacch., VIII, 6 e s.; Soph., *Tr.*, 1091 e s.; Theocr., XXV, 162 e s.; Diod. Sic., IV, 11, 3 e s.; Eratosth., *Cat.*, 12; Tzetz., *Chil.*, II, 232 e s.; Hyg., *Fab.*, 30; Apollod., *Bibl.*, II, 5, 1; Prob., *ad Virg.*, *Georg.*, III, 19; Stat., *Theb.*, IV, 159 e s.; Virg., *Georg.*, III, 19; Serv., *ad loc.*; Nonn., *Dion.*, XVII, 52 e s.; Hyg., *Astr. Poet.*, II, 24; Senec., *Herc. F.*, 944 e s.; escól. *ad* Stat., *Theb.*, II, 58; Tib., IV, 1, 12 e s.; Mart., *Epigr.*, IV, 64, 30; IX, 43, 13; Stat., *Silv.*, III, 1, 28.

entre as constelações, para perpetuar o feito de Héracles.

A Hidra de Lerna. — Tal como o leão de Némea, a Hidra de Lerna é um monstro, filha de Equidna, mas tem por pai Tífon (quadro 33, p. 388). Foi criada por Hera para pôr à prova Héracles. A deusa criou-a, diz-se, debaixo dum plátano, perto da nascente Amímone. Esta hidra é representada como uma serpente com várias cabeças. O seu número varia desde cinco ou seis até cem, conforme os autores. Por vezes eram consideradas como sendo cabeças humanas. O hálito que ela expelia das suas goelas era tão mortal que quem quer que dela se aproximasse, mesmo durante o seu sono, morria inevitavelmente. Provocava também devastações nas colheitas e nos rebanhos do país. Para a combater, Héracles recorreu a flechas inflamadas. Diz-se também que ele lhe cortou as cabeças com uma harpe (espécie de sabre recurvo). Foi ajudado nesta empresa pelo seu sobrinho Iolau. Esta ajuda era bem necessária, pois cada cabeça cortada voltava a crescer. Para as impedir de crescer de novo, Héracles pediu a Iolau que pegasse fogo à floresta vizinha e por meio de carvões fosse sucessivamente queimando as feridas, tornando assim as carnes incapazes de renascer. A cabeça do meio, dizia-se, era imortal. Héracles, entretanto, cortou-a e enterrou-a. Colocou-lhe depois em cima um enorme rochedo. Por fim, molhou as suas flechas no veneno da hidra (ou no seu sangue), envenenando-as assim (v. *Filoctetes*).

Na sua luta contra Héracles, Hera enviara à hidra um aliado, sob a forma dum caranguejo gigante, que mordeu o herói no calcanhar. Mas este esmagou-o (v. *Carcino*).

Segundo Apolodoro, Euristeu não aceitou incluir este trabalho entre os dez que ele devia impor a Héracles, porque este tinha sido ajudado por Iolau.

Os mitógrafos apresentaram uma interpretação evemerista do mito da Hidra de Lerna. Dizem eles que a hidra de cabeças renascentes é, na realidade, o pântano de Lerna secado por Héracles. As cabeças são as nascentes que conseguiam sempre irromper e tornavam assim inúteis os esforços do herói.

Uma outra interpretação pretende que Lerno era, na realidade, um rei do país, cuja cidade se chamava *Hidra*. Lerno estava rodeado de cinquenta archeiros. Quando um destes tombava, imediatamente outro o substituía. E terá sido isto que deu origem à lenda das cabeças renascentes.

O Javali de Erimanto. — O terceiro trabalho ordenado por Euristeu foi trazer vivo um javali enorme que vivia no cimo do Erimanto. Héracles, com os seus gritos, forçou o animal a abandonar o seu chiqueiro, empurrou-o pelo meio duma neve espessa que cobria a região, fatigou-o de tal forma que acabou por capturá-lo. Conduziu-o aos ombros para Micenas. Ao vê-lo, Euristeu, possuído de terror, escondeu-se dentro duma ânfora que arranjara para se refugiar em caso de perigo.

Em Cumas, na Campânia, eram exibidos, como ex-votos, os dentes caninos do javali de Erimanto.

Foi no decurso desta caçada que Héracles teve as suas aventuras com o Centauro Folo (v. *Folo*).

A Corça de Cerineia. — O quarto trabalho imposto por Euristeu foi a captura duma corça que vivia em Énoe. Eurípides refere apenas que se tratava de um animal de porte gigantesco que devastava as colheitas. Héracles matou-a e consagrou os seus chifres ao templo de Ártemis Enoátes. Mas esta versão surge não apenas isolada mas ainda em contradição com a lenda tal como ela é, em geral, contada. Ela tem por objectivo eliminar do ciclo o que aparecia como um traço de impiedade do herói.

Esta corça, segundo Calímaco, era uma das cinco que Ártemis encontrara outrora a pastar no cimo do monte Liceu. Todas elas possuíam chifres dourados e eram mais corpulentas do que os touros. A deusa recolheu quatro, que atrelou à sua quadriga. A quinta, por ordem de Hera, procurou refúgio no monte Cerínio, para dar azo, mais tarde, a uma das provas de Héracles. O animal fora consagrado a Ártemis; trazia ao pescoço, dizem, uma coleira com a inscrição «Taígeto dedicou-me a Ártemis» (v. *Taígeto*). Constituía, pois, uma impiedade matá-la ou mesmo tocar-lhe. Esta corça era muito veloz. Héracles perseguiu-a durante um ano sem a apanhar. Por fim, todavia, ela cansou-se e procurou refúgio no monte Artemísio. Como Héracles não parasse de a perseguir, ela pretendeu atravessar o rio Ládon, na Arcádia. Nessa altura, Héracles feriu-a ao de leve com uma flecha. Não teve então qualquer dificuldade em apanhá-la e carregá-la aos ombros. Mas, ao atravessar a Arcádia, encontrou Ártemis e Apolo. Estes quiseram tomar o animal que lhes pertencia. Acusaram-no, além disso, de a ter querido matar, o que constituía um sacrilégio. Héracles declinou a responsabilidade pelo acontecido, atribuindo-a a Euristeu, de tal forma que eles acabaram por

---

A *Hidra de Lerna.* — HES., *Theog.*, 313 e s.; EUR., *Herc. F.*, 419 e s.; *Ion.*, 194; escól. *ad Phoen.*, 1137; DIOD. SIC., IV, 11, 5 e s.; PAUSAN., II, 37, 4; V, 10, 9; 17, 11; QUINT. SM., *Posth.*, VI, 212 e s.; TZETZ., *Chil.*, II, 237 e s.; VIRG., *Aen.*, VI, 803; VIII, 299 e s.; SERV., *ad VIRG., Aen.*, VI, 287 e SERV., *ad loc.*; OV., *Met.*, IX, 69 e s.; APOLLOD., *Bibl.*, II, 5, 2; escól. *ad* HES., *Theog.*, 313; PALEPH., *Incr.*, 38: escól. *ad* STAT., *Theb.*, I, 384 e II, 377; HYG., *Astr. Poet.*, II, 11; ERATOSTH., *Cat.*, 11; SOPH., *Tr.*, 714 e s. Cf. J. SCHOO, *Der Kampf mit der Hydra*, *Mném.*, 1939, pp. 281-317; AMANDRY., in *Bull. Fac. Lettres Strasbourg*, 1952, pp. 243 e s.; Ch. PICARD, *R. A.*, 1934, 1, p. 248.

O Javali de Erimanto. — SOPH., *Tr.*, 1095 e s.; APOL. RH., *Arg.*, I, 127 e escól. *ad loc.*; DIOD. SIC., IV, 12, 1; APOLLOD., *Bibl.*, II, 5, 4; STAT., *Theb.*, IV, 290; TZETZ., *Chil.*, II, 268 e s.; HYG., *Fab.*, 30; PAUSAN., VIII, 24, 5. Cf. S. LUCE, in *A. J. A.*, 1924, pp. 296-325.

A Corça de Cerineia. — PIND., *Olymp.*, III, 29 e s.; e escól. aos v. 52 e 53; CALLIM., *a Art.*, 89 e s.; EUR., *Herc. F.*, 375 e s.; VIRG., *Aen.*, VI, 801; TZETZ., *Chil.*, II, 265 e s.

lhe entregar a corça, deixando-o prosseguir o seu caminho.

Píndaro apresenta uma versão mística da perseguição. Segundo ele, Héracles perseguiu a corça para o norte, através da Ístria, para o país dos Hiperbóreos e até aos Bem-Aventurados, onde Ártemis o acolheu com benevolência.

Os Pássaros do Lago Estínfalo. — Os pássaros que viviam numa espessa floresta nas margens do lago Estínfalo, na Arcádia, haviam outrora fugido perante uma invasão de lobos. Tinham-se multiplicado de forma prodigiosa, ao ponto de constituírem uma praga para a região circunvizinha. Devoravam todos os frutos nos campos e não poupavam nenhuma colheita. Por isso, Euristeu ordenou a Héracles que os matasse. A dificuldade maior era fazê-los sair da espessa floresta. Para isso, o herói recorreu a castanholas de bronze por ele mesmo fabricadas, ou então oferecidas por Atena e que eram obra de Hefesto. O barulho deste instrumento assustou-os, eles abandonaram a floresta e Héracles não teve quaisquer problemas em abatê-los com as suas flechas.

Outras tradições apresentam estes pássaros como aves de rapina, que devoravam, inclusivamente, os homens. Ou então dizia-se que as suas plumas eram de aço, muito aceradas, e que eles as lançavam como se fossem flechas sobre os seus inimigos.

Uma interpretação evemerista do mito considera que estes pássaros são as filhas dum herói Estínfalo, que Héracles matou por se terem recusado a acolhê-lo, enquanto davam hospitalidade aos inimigos dele, os Moliónidas.

As cavalariças do rei Augias. — Augias era um rei da Élide, no Peloponeso. Era filho do Sol (Hélio) (v. quadro 16, p. 202). Tinha a seu cuidado numerosos rebanhos de seu pai. Porém, desleixava-se com o estrume que se acumulava nos estábulos, privando assim a terra de adubo e votando o país à esterilidade (v. *Augias*). Por ordem de Euristeu, que pretendia humilhar o herói impondo-lhe um trabalho servil, Héracles teve de se ocupar destes estábulos. Mas antes de o fazer, acordou um salário com Augias. Segundo uns, o rei comprometia-se, caso ele conseguisse limpá-los num dia, a ceder-lhe uma parte do seu reino; segundo outros, ele ter-lhe-á prometido, nas mesmas condições, a décima parte dos seus rebanhos. Héracles ganhou esta aposta desviando para o pátio do estábulo a corrente de dois rios, o Alfeu e o Peneu. Mas Augias recusou o salário estipulado. Foi mesmo ao ponto de banir Héracles do seu reino. Este, mais tarde, haveria de fazer-lhe guerra (v. *Augias* e mais abaixo, p. 214).

Segundo Apolodoro, Euristeu não quis incluir este trabalho entre os dez a que o devia obrigar, argumentando que Héracles obtivera (ou pelo menos pedira) um salário para se ocupar destes estábulos e que, por conseguinte, tinha deixado de estar ao seu próprio serviço.

O Touro de Creta. — O touro de Creta é o animal que, segundo uns, raptara Europa, por conta de Zeus (segundo a versão que não admite a metamorfose do próprio deus em touro) e que, segundo outros, fora o amante de Pasífae. Uma terceira tradição, por fim, considera-o um touro miraculoso, saído do mar, no dia em que Minos prometera sacrificar a Posídon o que aparecesse à superfície das águas. Mas Minos, vendo a beleza do touro, misturou-o com os seus próprios rebanhos e sacrificou um outro a Posídon, de menor valor. O deus vingou-se, tornando o animal furioso. Foi este animal (do qual dizem alguns autores que lançava fogo pelas narinas) que Euristeu pediu a Héracles, encarregando este de lho apresentar vivo. Héracles dirigiu-se então a Creta, solicitou a ajuda de Minos, que se recusou a ajudá-lo, autorizando-o contudo a apanhar o touro sozinho, se fosse capaz. Héracles capturou o touro e regressou com ele à Grécia (talvez mesmo a nado, montado no dorso do animal, tal como na ocasião do rapto de Europa). Apresentou-o a Euristeu, que o quis consagrar a Hera. Mas a deusa não consentiu aceitar um presente da parte de Héracles e pôs o animal em liberdade, o qual percorreu a Argólida, atravessou o istmo de Corinto e alcançou a Ática (v. *Teseu* e a lenda do touro de Maratona).

As Éguas de Diomedes. — Diomedes era um rei da Trácia, possuidor de éguas que se alimentavam de carne humana. Elas eram em número de quatro e chamavam-se Podargo, Lampo, Xanto, Dino (v. *Diomedes*, 1). Das duas tradições que se referem a esta lenda, a mais antiga é aquela segundo a qual Héracles parte sozinho para a Trácia, por terra, e dá Diomedes a comer às suas próprias éguas; após isto, os animais, acalmados, deixaram-se conduzir docilmente. A outra, mais recente, relaciona a lenda com a fundação da cidade de Abdera (v. *Diomedes*, ibid.).

Os Pássaros do Lago Estínfalo. — PAUSAN., VIII., 22, 4; APOL. RH., *Arg.*, II, 382 e s.; 1036 e s.; escól. ao v. 1052 e 1054; DIOD. SIC., IV, 13, 2; EUR., *Fr.* 838; PLIN., *N. H.*, VI, 32; STRAB., VIII, 6, 8, p. 371; QUINT. SM., *Posth.*, VI, 227 e s.; TZETZ., *Chil.*, II, 291 e s.; HYG., *Fab.*, 20; 30; SERV., *ad Virg.*, *Aen.*, VIII, 300; APOLLOD., *Bibl.*, II, 5, 6.

As cavalariças de Augias. — PIND., *Olymp.*, X, 26 e s.; e escól. ao v. 32; APOL. RH., *Arg.*, I, 172, e escól. *ad loc.*; III, 362; APOLLOD., *Bibl.*, I, 9, 16; II, 5, 5; HYG., *Fab.*, 14; 30; PAUSAN., V, 1, 9 e s.; V, 3, 1 e 3; THEOCR., XXV, 7 e s.; DIOD. SIC., IV, 13, 3; TZETZ., *Chil.*, II, 278; escól. *ad Il.*, 629; XI, 300; SENEC., *Herc. F.*, 247 e s.

O Touro de Creta. — APOLLOD., *Bibl.*, II, 5, 7; DIOD. SIC., IV, 13, 4; PAUSAN., I, 27, 9 e s.; V, 10, 9; TZETZ., *Chil.*, II, 293 e s.; HYG., *Fab.*, 30; escól. *ad* STAT., *Theb.*, V, 431; VIRG., *Aen.*, VIII, 294 e s., e SERV., *ad loc.*

As Éguas de Diomedes. — DIOD. SIC., IV, 15, 3 e s.; QUINT., SM., *Posth.*, VI, 245 e s.; TZETZ., *Chil.*, II, 299 e s.; STRAB., VII, p. 331, fr., 44 e 47; HYG., *Fab.*, 30; APOLLOD., *Bibl.*, II, 5, 8; EUR., *Alc.*, 483; 492 e s., *Herc. F.*, 380 e s.; STEPH. BYZ., *s. u.* Ἄβδηρα; LUCR., V, 29; OV., *Met.*, XI, 194 e s.

O Cinto de Hipólita. — EUR., *Herc. F.*, 408 e s; APOL. RH., *Arg.*, II, 777 e s.; 966 e s.; escól. aos vv. 778 e 780; DIOD. SIC., IV, 16; PAUSAN., V, 10, 9; QUINT. SM., *Posth.*, VI, 240 e s; TZETZ., *Chil.*, II, 309 e s.; *ad Lyc.*, 1327; HIG., *Fab.*, 30. Cf. HELLAN., fr. 33, do escól. PIND., *Nem.*, III, 64; AOLLOD., *Bibl.*, II, 5, 9.

O Cinto da Rainha Hipólita. — Foi a pedido de Admete, filha de Euristeu (v. *Admete*), que Héracles partiu para o reino das Amazonas, à conquista do cinto da sua rainha, Hipólita. Este cinto, dizem, era o do próprio Ares, que o dera a Hipólita para simbolizar o poder que ela possuía sobre o seu povo. Héracles embarcou com alguns companheiros voluntários num só navio e, após numerosas aventuras (v. mais abaixo, p. 325), chegou ao porto de Temiscira, o do país das Amazonas. Aí, Hipólita acedeu de boa mente a dar-lhe o cinto, mas Hera, disfarçada de amazona, suscitou uma discussão entre os seguidores de Héracles e as Amazonas. Seguiu-se um combate entre os dois exércitos; Héracles pensa que foi traído e mata Hipólita.

Outras tradições referem, ao invés, que as hostilidades se iniciaram logo com o desembarque de Héracles e seus companheiros. Uma das amigas (ou a irmã) de Hipólita, Melanipe, foi feita prisioneira durante o combate e, para a libertar, Hipólita concluiu tréguas mediante as quais ela cedia o cinto em troca da liberdade de Melanipe.

No regresso, Héracles teve ainda outras aventuras, designadamente na costa troiana (v. mais abaixo, p. 213 e s.).

Os Bois de Gérion. — Gérion, filho de Crisaor (v. *Gérion*), possuía enormes rebanhos de bois, à guarda do seu pastor Eurítion, na ilha de Eriteia. Erítion era assistido pelo cão monstruoso Ortro, nascido de Tífon e Equidna (v. estes nomes). Não longe dali, Menetes, o pastor de Hades, apascentava os rebanhos deste deus.

A ilha de Eriteia situava-se no Extremo Ocidente. Foi para lá que Euristeu ordenou a Héracles que se dirigisse e trouxesse de volta os preciosos rebanhos. A primeira dificuldade era, à partida, atravessar o Oceano. Para a resolver, Héracles obteve, a título de empréstimo, a taça do Sol. Tratava-se de uma grande taça na qual o Sol embarcava, todas as tardes, sempre que atingia o Oceano, a fim de voltar de novo ao seu palácio no Oriente do mundo (v. *Hélio*). A verdade é que o Sol não lha deu espontaneamente. Enquanto o herói atravessava o deserto da Líbia, o Sol e a violência do calor haviam-no atormentado de tal modo que ele ameaçara o astro com as suas flechas. O Sol pedira-lhe que não atirasse, no que Héracles concordou, com a condição de que ele lhe emprestasse a sua «taça» para atravessar o Oceano até Eriteia. O Sol aceitou este acordo. Do mesmo modo, após ter embarcado em pleno Oceano, Héracles teve de ameaçar com as suas flechas o deus Oceano que, para o pôr à prova, o sacudia violentamente sobre as vagas. O Oceano teve medo e a travessia tornou-se mais calma. Foi assim que Héracles chegou a Eriteia. Aí, foi descoberto pelo cão Ortro, que se lançou sobre ele; mas Héracles matou-o com um golpe da sua clava. Fez o mesmo ao pastor Erítion, que veio em socorro do seu cão. Depois, partiu com os bois. Menetes, o pastor de Hades, que testemunhara a cena, apressou-se a prevenir Gérion, que acorreu e alcançou Héracles nas margens do rio Ântemo, onde o atacou. Não tardou também a ser abatido pelas flechas do herói. Então Héracles embarcou os seus animais na taça do Sol e passou à outra margem do Oceano, em Tartesso.

É durante o regresso de Héracles à Grécia com o rebanho que se situa a maioria das aventuras que lhe são atribuídas no Ocidente mediterrânico. Conta-se que na viagem de ida ele desembaraçara a Líbia de um grande número de monstros e que, em lembrança da sua passagem por Tartesso, erguera duas colunas, duma e doutra parte do estreito que separa a Líbia da Europa, as Colunas de Hércules (o Rochedo de Gibraltar e o de Ceuta). Durante a viagem de regresso, Héracles foi atacado por um grande número de bandidos que procuraram roubar-lhe o rebanho. Tendo partido pelo Sul e pela costa líbia, Héracles regressou pelo Norte, seguindo as costas de Espanha, depois da Gália, da Itália e da Sicília, antes de passar à Grécia. Este caminho, com efeito, estava assinalado com santuários de Héracles, aos quais se ligavam lendas locais que foram incluídas, bem ou mal, no episódio dos bois de Gérion.

Ele foi atacado primeiramente na Ligúria por um grande número de indígenas armados e de tal modo que, após ter feito um grande morticínio com as suas flechas, acabou por ficar desprovido de munições. A terra não tinha pedras e Héracles, nesta emergência, dirigiu uma prece a Zeus. Este fez cair do céu uma chuva de pedras. Imediatamente Héracles, apoderando-se destes projécteis, pôs o inimigo em fuga. Este feito situa-se na planície de Crau, entre Marselha e o vale do Ródano (v. *Lígis*).

Também na Ligúria dois bandidos, filhos de Posídon, Alébion e Dércino, quiseram capturar-lhe o espólio. Mas ele matou-os. Prosseguiu depois o seu caminho pela Tirrénia (a Etrúria). Ao atravessar o Lácio, no próprio local onde, mais tarde, se elevaria Roma, teve ainda de se bater contra Caco, para proteger os seus rebanhos (v. *Caco*) e recebeu a hospi-

---

Os Bois de Gérion. — Hes., *Theog.*, 287; 979 a 983; Aesch., *A.*, 870; Pind., *Fr.*, 169; Herod., IV, 8; Eur., *Herc. F.*, 423 e s.; Plat., *Grg.*, 484 b, e escól. ao *Timeu*, 24 e; Diod. Sic., IV, 17 e s; Pausan., III, 18, 13; IV, 36, 3; V, 19, 1; Athen., XI, 370e e s. (citando Pherec.); 468e; 469d e s.; 781d; Quint. Sm., *Posth.*, VI, 249 e s.; Tzetz., *Chil.*, II, 322 e s.; *ad Lyc.*, 652; Lucr., V, 28; Plin., *N. H.*, IV, 20; Hor., *O.*, II, 14, 7 e s.; Serv., *ad Virg.*, *Aen.*, VIII, 300; Virg., *Aen.*, VI, 289; Ov., *Met.*, IX, 184 e s.; Solin., XXIII, 12; Apollod., *Bibl.*, II, 5, 10; Macrob., *Sat.*, V, 21, 16 e 19; Hyg., *Fab.*, 30; 151. Cf. J. Schoo, *Herakles im fernen, Westen der alten Welt*, *Mnem.*, 1938, pp. 1-24.

O regresso do país de Gérion. — Aesch., *Prom. Libertado* (trag. perdida); cf. *Tr. Gr. Fragm.*, Nauck, 2.ª ed., p. 66 e s.; Strab., IV, 1, 7, p. 182 e s.; Dion. Hal., I, 34 e s.; Eust., de *Georg. Gr. min.*, ed Müller, II, p. 231; Hyg., *Astr. Poet.*, II, 6; Tzetz., *Chil.*, II, 340 e s.; Diod. Sic., IV, 20 a 22; Senec., *Apoc.*, 7. V. também os art. *Érice*, *Equidna*, *Galates*, *Pirene*, *Celto*. Cf. F. Benoit, in *Lettres d'Humanité*, VIII, pp. 104-148.

talidade de Evandro (v. *Evandro*). Mas estas lendas relacionam-se mais com o Hércules latino do que com o Héracles grego (v. *Hércules*).

Em Régio, na Calábria, um dos seus touros escapou-se e passou, a nado, o estreito que separa a Itália da Sicília. É a ele, diz-se, que a Itália deve o seu nome (segundo a palavra latina *uitulus*, que significa «o vitelo»). Este touro, assim escapado, chegou à planície de Érice, no país dos Élimos. Nesta altura, o rei dos Élimos era Érice, o epónimo da cidade. Érice quis apoderar-se do touro fugido, mas acabou por ser morto por Héracles (v. *Érice*), enquanto Hefesto era encarregado da guarda do resto do rebanho (v. também *Cróton* e *Lacínio*).

Chegado às margens helenas do mar Jónio, o rebanho foi atacado por moscardos, enviados por Hera, e os animais enfureceram-se, dispersando-se pelos contrafortes das montanhas da Trácia. Héracles perseguiu-os, mas não pôde senão reunir parte deles. O resto permaneceu no estado selvagem, e é esta a origem dos rebanhos que erram nas planícies da Cítia. Héracles, que fora incomodado na perseguição pelo rio Estrímon, amaldiçoou-o e encheu o seu curso de rochedos, de tal forma que o rio, até aí navegável, se tornou numa torrente impraticável.

Por fim, no termo desta viagem, Héracles conduziu o que restava dos animais a Euristeu, que os sacrificou a Hera.

Alguns episódios aberrantes desta lenda do regresso de Héracles foram referidos pelos autores: Héracles teria seguido um caminho ainda mais setentrional, e teria atravessado os países celtas, ou seja, a Grã-Bretanha (v. *Pirene*, *Celto*, que ele gerou com Celtine, *Gálates*, *Equidna*, o monstro da Cítia). Estas lendas desenvolveram-se à medida que, num mundo cada vez mais conhecido, os viajantes e os mercadores helenos encontravam heróis e deuses locais que eles assimilavam mais ou menos a Héracles.

O Cão Cérbero. — O décimo primeiro trabalho imposto por Euristeu a Héracles foi dirigir-se aos Infernos e trazer de lá o cão Cérbero (v. *Cérbero*). Nunca Héracles teria conseguido executar esta tarefa, apesar de todo o seu valor, se não tivesse sido ajudado, por ordem de Zeus, pelos deuses Hermes e Atena. Antes disso, ele fez-se iniciar nos Mistérios de Elêusis, que ensinavam precisamente aos fiéis os meios de chegar ao outro mundo com toda a segurança, após a morte.

Segundo a tradição mais comummente admitida, Héracles seguiu o caminho do Ténaro para descer aos Infernos. Mas os habitantes de Heracleia do Ponto pretendiam que o herói tinha ao mesmo tempo entrado e saído por uma Boca do Inferno situada perto da sua cidade. Ao vê-lo chegar ao seu reino, os Mortos tiveram medo de Héracles e fugiram. Apenas dois ficaram a aguardá-lo: a Górgone Medusa e o herói Meleagro. Héracles puxou da espada contra Medusa, mas Hermes, que o conduzia, avisou-o de que se tratava apenas duma sombra vã. Contra Meleagro, ele estendia o arco, quando este se aproximou e lhe contou o seu fim em termos tão emocionantes que Héracles se comoveu até às lágrimas (v. *Meleagro*). Perguntou-lhe se lhe restava uma irmã. Meleagro respondeu que Dejanira ainda vivia. Héracles prometeu então desposá-la.

Um pouco mais longe, encontrou Teseu e Pirítoo que, esses sim, estavam bem vivos, mas acorrentados por Hades, pois tinham ido para levar Perséfone (v. *Teseu* e *Pirítoo*). Héracles, com a permissão de Perséfone, libertou Teseu, mas Pirítoo teve de ficar nos Infernos, como castigo pela sua audácia. De seguida, Héracles libertou Ascálafo que, desde o seu crime (v. *Ascálafo*), ficara aprisionado sob um enorme rochedo. É verdade que, em seguida, Deméter transformou Ascálafo em coruja, mudando assim o seu suplício.

Para dar sangue aos Mortos, que podem, mediante libações sangrentas, reencontrar um pouco de vida, Héracles pensou matar alguns animais retirados dos rebanhos de Hades. Menetes, o pastor de Hades, ao presenciar isto, quis opor-se. Mas Héracles agarrou-lhe o corpo com os braços e partiu-lhe várias costelas. Tê-lo-ia matado se Perséfone não tivesse intercedido. Por fim, Héracles chegou diante de Hades e pediu-lhe para levar Cérbero. O deus consentiu, na condição de que ele dominasse o animal sem recorrer às suas armas habituais, apenas revestido da sua couraça e da sua pele de leão. De facto, o herói ataca Cérbero, agarra-lhe o pescoço com as mãos e, ainda que a cauda do cão, que terminava em forma de dardo, como o escorpião, lhe tenha dado várias picadas, não soltou a presa antes de Cérbero ter ficado domado. Regressou depois com ele, passando pela Boca do Inferno, em Trezena. Ao ver Cérbero, Euristeu teve tal medo que se escondeu dentro do vaso, o seu esconderijo habitual (v. acima, p. 210). Sem saber muito o que fazer do cão Cérbero, Héracles conduziu-o novamente ao seu dono, Hades. Uma lenda de Olímpia contava que Héracles tinha trazido dos Infernos o choupo branco, a única madeira de que havia autorização para utilizar nos sacrifícios oferecidos ao Zeus de Olímpia.

Existia uma interpretação evemerista da lenda de Cérbero. Cérbero teria sido, com Ortro, um dos cães que guardavam os rebanhos de Gérion. Héracles tinha morto Ortro, mas conduzira Cérbero consigo e dera-o a Euristeu. Mas um vizinho deste, chamado Molosso, roubara o cão e encerrara-o numa caverna da montanha, com cadelas, para que ele se reproduzisse. Euristeu pedira então a Héracles que lhe encontrasse o cão. Héracles tinha percorrido todo o Peloponeso e, finalmente, encontrado Cérbero, que entregou ao seu senhor.

Cérbero. — *Il.*, VIII, 366 e s., e escól. a V, 395; *Od.*, XI, 623 e s.; BACCH., V, 56 e s.; EUR., *Herc. F.*, 23 e s.; 1277 e s.; DIOD. SIC., IV, 25, 1; 26, 1; PAUSAN., II, 31, 2; 35, 10; III, 18, 13; 25, 5 e s.; V, 26, 7; IX, 34, 5; APOLLOD., *Bibl.*, II, 5, 12; TZETZ., *Chil.*, II, 388 e s.; OV., *Met.*, VII, 410 e s.; HYG., *Fab.*, 31; SENEC., *Ag.*, 859 e s.; *Herc. F.*, 50 e s.; XENOPH., *An.*, VI, 2, 2; PALAEPH., 39.

As maçãs das Hespérides. — HES., *Theog.*, 215 e s.; EUR., *Hipp.*, 741 e s.; *Herc. F.*, 394 e s.; APOL. RH.,

As Maçãs de Ouro das Hespérides. — Por ocasião do casamento de Hera com Zeus, a Terra, Geia, oferecera à deusa, como prenda de casamento, umas maçãs de ouro que Hera achara tão belas que as mandou plantar no seu jardim, perto do monte Atlas. E, como as filhas de Atlas costumavam vir pilhar este jardim, ela pusera as maçãs e a árvore maravilhosa que as produzia sob a vigilância dum guardião, um dragão imortal, de cem cabeças, nascido de Tífon e Equidna. Colocara também aí, para as guardar, três ninfas da Tarde, as Hespérides, cujos nomes eram Egle, Erítia e Hesperaretusa, ou seja, a «Brilhante», a «Vermelha», a «Aretusa do Poente», cujos nomes lembram as cores do céu quando o Sol desaparece no Ocidente (v. também *Hespérides*). São estas as maçãs de ouro que Euristeu incumbiu Héracles de lhe levar.

O Jardim das Hespérides situa-se ora a Ocidente da Líbia, ora junto do monte Atlas, ora ainda no país dos Hiperbóreos.

A primeira preocupação de Héracles foi informar-se do caminho que conduzia ao país das Hespérides. Para isso, partiu em direcção ao Norte, através da Macedónia. Encontrou-se no caminho, em primeiro lugar, com Cicno, o filho de Ares, que ele desafiou nas margens do Equedoro (v. *Cicno* e mais abaixo, p. 216). Depois alcançou a Ilíria, até às margens do Eridano, onde encontrou as ninfas do rio, filhas de Témis e Zeus, que habitavam numa caverna. Interrogou-as e elas revelaram-lhe que só o deus marinho Nereu o poderia informar sobre o país que ele procurava. Conduziram-no a Nereu durante o sono deste e, apesar de o deus ter tomado toda a espécie de formas, Héracles agarrou-o firmemente e não o libertou enquanto ele não o informou da localização do país das Hespérides. A partir deste momento, o itinerário de Héracles torna-se pouco inteligível. Apolodoro refere que das margens do Eridano o herói alcançou a Líbia (isto é, a África do Norte) onde lutou contra o gigante Anteu (v. *Anteu*); percorreu depois o Egipto, onde esteve prestes a ser sacrificado por Busíris (v. *Busíris*). Daí, passou à Ásia, depois à Arábia, onde matou Emátion, o filho de Titono, de seguida atravessou a Líbia até ao «Mar Exterior». Aí, embarcou na «taça do Sol» (v. acima, p. 211) e chegou ao Cáucaso, na outra margem. Tendo subido o Cáucaso, liberta Prometeu, a quem uma águia devorava o fígado, que renascia continuamente (v. *Prometeu*). Como agradecimento, o gigante informou-o de que não deveria colher as maçãs de ouro, mas fazê-las colher através de Atlas. Héracles continuou o seu caminho e chegou finalmente ao país dos Hiperbóreos. Foi então ter com o gigante Atlas, que sustentava o Céu sobre os ombros. Ofereceu-se para o aliviar do fardo enquanto o gigante fosse colher três maçãs de ouro no Jardim das Hespérides, ali próximo. Atlas acedeu de boa vontade; porém, quando regressou, declarou a Héracles que iria ele mesmo levar os frutos a Euristeu, enquanto Héracles continuaria a sustentar a abóbada celeste. O herói fingiu aceitar. Pediu apenas a Atlas que ocupasse por momentos a sua posição, apenas o tempo de estender um saco sobre os ombros. Sem desconfiar, Atlas aceitou. Uma vez livre, Héracles agarrou nas maçãs que Atlas colhera e foi-se embora.

Segundo outras tradições, Héracles não teve necessidade do auxílio de Atlas; ele matou o dragão das Hespérides, ou então adormeceu-o, e apoderou-se ele mesmo dos frutos dourados. Conta-se também que, desesperadas por terem perdido os frutos que estavam à sua guarda, as Hespérides foram transformadas em árvores: um ulmeiro, um choupo e um salgueiro, a cuja sombra, mais tarde, os Argonautas descansaram. O dragão foi transferido para o céu, onde se tornou na constelação da Serpente.

Seja como for, um vez de posse das maçãs de ouro, Héracles veio entregá-las fielmente a Euristeu. Mas este, quando as recebeu, não soube o que fazer delas e entregou-as ao herói, que as deu a Atena. A deusa repô-las no Jardim das Hespérides, pois a lei divina não permitia que estes frutos estivessem noutro sítio que não o jardim dos deuses.

III. — *As expedições de Héracles.* — Na ordem geralmente adoptada pelos mitógrafos, a primeira das grandes expedições empreendidas por Héracles é a que o conduziu a Tróia. As causas desta guerra são as seguintes: ao regressar do país das Amazonas (v. p. 211), Héracles passou por Tróia. Ora, nessa altura, a cidade estava de luto por causa dos efeitos da cólera de Apolo e Posídon. Estas duas divindades, com efeito, tinham construído fortificações ao redor da cidade com a ajuda de Éaco, e Laomedonte, o rei do país, recusara pagar-lhes o salário acordado (v. *Apolo*). Para castigar o rei pela sua perfídia, Apolo tinha enviado uma peste que devastava a cidade, e Posídon um monstro marinho que devorava os habitantes. Um oráculo revelara que estas calamidades poderiam ser afastadas se Hesíone, a filha do rei, fosse oferecida para ser devorada pelo monstro. Foi no momento em que Hesíone, acorrentada a um rochedo, ia ser devorada pelo monstro, que Héracles chegou a Tróia. Ofereceu-se de imediato a Laomedonte para lhe salvar a filha se, em paga, ele lhe desse as éguas com que Zeus outrora o presenteara, em paga de Ganimedes (v. *Ganimedes*). Laomedonte concordou e Héracles matou o monstro. Mas quando reclamou a recompensa prometida, o rei recusou-lha. Héracles abandonou Tróia, ameaçando regressar um dia e tomar a cidade (v. também *Hesíone*).

A ocasião de se executar a ameaça apresentou-se-lhe alguns anos depois, após ter termi-

---

Arg., IV, 1396 e s.; escól. ao v. 1396, citando PHEREC., (fr. 33 e 33a); APOLLOD., *Bibl.*, II, 5, 11; HYG., *Fab.*, 30; *Astr. Poet.*, II, 6; DIOD. SIC., IV, 26; PAUSAN., V, 11, 6; 18, 4; VI, 19, 8; OV., *Met.*, IV, 637 e s.; IX, 190; SENEC., *Herc. F.*, 530; LUC., *Phars.*, IX, 363; SERV., *ad Virg.*, *Aen.*, IV, 246; 484; ERATOSTH., Cat., 3; 4.

Expedição contra Tróia. — *Il.*, V, 640 e s.; 648 e s.; escól. *ad Il.*, XX, 146, e VIII, 284; PIND., *Isth.*, VI, 38 e s.; SOPH., *Aj.*, 1299 e s.; DIOD. SIC., IV, 32; 42; APOLLOD., *Bibl.*, II, 5, 9; 6, 4; TZETZ., *ad Lyc.*, 34; *Chil.*, II, 443 e s.; OV., *Met.*, XI, 211 e s.; XIII, 22 e s.; HYG., *Fab.*, 89.

nado os seus Doze Trabalhos e após, também, a servidão em casa de Ônfale. Logo que ficou livre, Héracles reuniu um exército de voluntários e dirigiu-se a Tróia com uma frota de dezoito barcos e cinquenta remadores. Chegou ao porto de Ílion e confiou os navios à guarda de Ecles. Ele mesmo, na companhia dos seus homens, atacou a cidade. Laomedonte, entretanto, armou uma emboscada aos barcos e matou Ecles. Mas os soldados de Héracles vieram em socorro da pequena guarnição que ficara nos barcos e Laomedonte foi obrigado a retirar-se. O cerco começou mas durou pouco. Rapidamente, Télamon, um dos mais devotados companheiros de Héracles, transpôs a muralha e entrou na cidade. Héracles foi o segundo a entrar. Irritado por se ver ultrapassado em valor, estava a ponto de matar Télamon quando este se baixou e apanhou umas pedras. Intrigado, Héracles perguntou-lhe o que fazia e Télamon respondeu que erguia um altar a Héracles Vencedor. Héracles agradeceu-lhe e, naturalmente, poupou-o. A cidade foi rapidamente conquistada. Com as suas flechas, Héracles matou Laomedonte e os seus filhos, excepto Podarces (o que viria a reinar com o nome de Príamo), concedeu a mão de Hesíone a Télamon e autorizou a jovem a escolher, de entre os prisioneiros, quem ela quisesse. Ela escolheu o seu irmão Podarces, e como Héracles lhe disse que ele deveria primeiro tornar-se escravo e ser depois por ela resgatado, ela retirou o véu e deu-o como resgate da criança, o que lhe originou o seu novo nome, Príamo (que lembra a raiz da palavra grega que significa «comprar»). Sobre os amores de Héracles com Auge, em Tróia, v. *Auge*.

No regresso, novas aventuras esperavam Héracles. Por instigação de Hera, o deus do sono, Hipno, adormecera profundamente Zeus, e Hera aproveitou este sono para suscitar uma tempestade que lançou o navio de Héracles de encontro às costas de Cós. Os habitantes da ilha, receando estarem a ser atacados por piratas, tentam afastá-los atirando-lhes pedras. Isso não impediu Héracles e os seus companheiros de desembarcarem e tomarem a cidade durante a noite. Mataram o rei da ilha, Eurípilo, um filho de Posídon e Astifaleia. De seguida, Héracles uniu-se à filha de Eurípilo, Calcíope, e deu-lhe um filho, Tessalo (v. *Tessalo*). Contudo, uma lenda, que não se harmoniza muito bem com a precedente, refere que, durante o combate, Héracles foi gravemente ferido por Calcodonte e apenas graças à intervenção de Zeus conseguiu salvar a vida. V. *Calcodonte*, 4.

O desembarque em Cós era contado ainda duma outra maneira: Héracles perdera todos os seus navios na tempestade, excepto aquele em que estava embarcado quando chegou à ilha. Aí, encontrou o filho do rei Eurípilo, Antágoras, que guardava um rebanho. Sentindo fome, Héracles pediu-lhe um carneiro. Mas Antágoras, em vez de lhe dar um carneiro, desafiou-o para a luta, devendo o carneiro ser atribuído ao vencedor. No decurso da luta, os habitantes da ilha acorreram em socorro de Antágoras, supondo que este estava a ser atacado. Rebentou um duro combate e Héracles ficou submergido pelo número dos agressores. Viu-se obrigado a fugir e refugiou-se na cabana duma mulher onde, para não ser descoberto, se revestiu de trajes femininos.

De Cós, Héracles dirigiu-se a Flegra, onde participou na luta dos deuses contra os Gigantes (v. *Alcioneu* e, mais abaixo, p. 217).

A guerra contra Augias. — Augias recusara a Héracles o salário acordado quando este lhe limpara os estábulos dos seus cavalos (v. *Augias* e, mais acima, p. 210 e s.), e, ainda por cima, o banira do reino, a Élide. Para se vingar, Héracles reuniu um exército de voluntários arcádios e marchou contra Élis. Mas Augias colocou à frente do exército os seus sobrinhos, os Moliónidas Êurito e Ctéato (v. *Moliónidas*). Estes aniquilam as gentes de Héracles e ferem mortalmente o seu irmão Íficles. Os mitógrafos explicam esta derrota de Héracles dizendo que este se encontrava doente e a sofrer, e que os Moliónidas se aproveitaram covardemente desta oportunidade. Mais tarde, por altura da celebração dos terceiros Jogos Ístmicos, como os habitantes de Élis tinham enviado os Moliónidas para os representar na festa, Héracles matou-os numa emboscada em Cléona. Preparou então uma segunda expedição contra Élis, tomou a cidade, matou o rei Augias e substituiu-o por Fileu, filho de Augias que outrora testemunhara a seu favor (v. *Augias*).

Após esta expedição, Héracles fundou os Jogos Olímpicos e consagrou em Olímpia o recinto sagrado, o Áltis, onde dedicou um santuário a Pélops.

Existia um certo número de tradições locais quanto à «retirada» de Héracles perante os Moliónidas. Héracles, dizia-se, por exemplo, fugira sem parar até Buprásio e, quando se apercebeu de que ninguém o perseguia, retomou o fôlego e deixou-se cair perto duma fonte cuja água lhe pareceu particularmente agradável e a que deu o nome de Badi (que, no dialecto da Élide, significa «agradável»).

A expedição contra Pilos. — Em Pilos, na Messénia, reinava o rei Neleu que tinha onze filhos, o mais velho dos quais era Periclímeno e o mais novo Nestor. Héracles estava descon-

A tomada de Cós. — *Il.*, XIV, 250 e s.; XV, 18 e s.; cf. I, 590 e s.; e o escól. *ad* II, 677 e XIV, 255; APOLLOD., *Bibl.*, II, 7, 1; PIND., *Pyth.*, X, 2 e s.; OV., *Met.*, VII, 363 e s.; TZETZ., *Chil.*, II, 445; PLUT., *Qu. Gr.*, 58, p. 304 *e* e s.; escól. *ad* THEOCR., VII, 5.

A guerra contra Augias. — PIND., *Olymp.*, X, 26 e s.; escól. ao v. 40; escól. *ad Il.*, XI, 700 (citando CALLIM., fr. 33), e 709; DIOD. SIC., IV, 33, 1; PAUSAN., V, 1, 9 e s.; 2, 1; 8, 3; VI, 20, 16; VIII, 14, 9; APOLLOD., *Bibl.*, II, 7, 2; ATHEN., II, 58a (citando Íbico).

Expedição contra Pilos. — *Il.*, V, 392 e s.; XI, 690; escól. *ad Il.*, II, 336; 396; XI, 692; HES., *Scut.*, 359 e s.; PAUSAN., II, 18, 7; III, 26, 8; V, 3, 1; VI, 22, 5; 25, 2 e s.; escól. *ad* APOL. RH., *Arg.*, I, 156; TZETZ., *Chil.*, II, 451; OV., *Met.*, XII, 549 e s.; HYG., *Fab.*, 10; APOLLOD., *Bibl.*, II, 6, 2; 7, 3; PLUT., *De vind. D.*, 563a; AEL., *VH*, IV, 5; CLEM. AL., *Protr.*, II, 36, 2.

tente com Neleu porque este recusara purificá-lo após a morte de Íficles (v. *Íficles*). Periclímeno mandara mesmo afastá-lo do país, enquanto Nestor fora o único dos filhos de Neleu a aconselhar, mas em vão, que se acedesse ao desejo do herói. Este decidiu vingar-se.

Conta-se também que, durante a guerra contra os Mínios de Orcómeno (v. acima, p. 207), Neleu combatera ao lado do rei de Orcómeno contra Héracles e os Tebanos, pois era genro do rei. Ou ainda, que Neleu tentara roubar ao herói uma parte dos rebanhos de Gérion. Seja como for, após ter derrotado Augias, Héracles virou-se contra Neleu. O principal episódio da guerra é o combate entre Héracles e Periclímeno. Este tinha como pai «divino» Posídon e dele recebera o dom de se transformar, à sua vontade, não importa em que animal. Ora se tornava uma serpente, ora uma águia, etc. Para atacar o herói, assumiu a forma duma abelha que foi pousar sobre o jugo dos seus cavalos. Mas Atena estava vigilante e fez saber a Héracles que o seu inimigo se encontrava muito perto dele e que era a abelha que ele estava a ver. Héracles matou-o com uma flecha. Ou ainda: esmagou-o entre os seus dedos.

Na mesma batalha, Héracles teria ferido várias divindades: Hera num seio, com uma flecha; Ares na coxa, com uma lança. Posídon e Apolo participaram na luta, na versão apresentada por Píndaro.

Pilos foi logo tomada após a morte de Periclímeno. Héracles matou Neleu e todos os seus filhos excepto Nestor, tendo poupado este, ou pela sua atitude benevolente para com ele ou porque o jovem estaria ausente de Pilos (v. *Nestor*). Segundo uma tradição conservada por Pausânias, Héracles confiou-lhe inclusivamente o reino, pedindo-lhe que o conservasse como um depósito, até que os Heraclidas lho viessem reclamar.

A guerra contra Esparta. — Em Esparta reinavam Hipocoonte e os seus vinte filhos, os Hipocoôntidas, que tinham afastado do trono os seus legítimos herdeiros, Icário e Tíndaro (v. *Icário*), de quem Hipocoonte era meio-irmão. É contra eles que Héracles lança uma expedição. Um dos motivos alegados era o desejo de entregar o reino a Tíndaro e a Icário. Um outro era o de vingar a morte de Eono, segundo sobrinho de Héracles e filho de Licímnio. Esta criança passeava em Esparta e, ao passar diante do palácio de Hipocoonte, saiu de lá um molosso que a quis morder. Eono agarrou numa pedra e atingiu com ela o cão. Imediatamente os Hipocoôntidas se lançaram sobre a criança, espancando-a até à morte. Conta-se também que os Hipocoôntidas tinham sido aliados de Neleu durante a guerra precedente.

Héracles reuniu o seu exército na Arcádia e pediu ajuda a Cefeu e aos seus vinte filhos. Estes, embora hesitando, consentiram em juntar-se-lhe (v. *Cefeu*, 1). Na batalha decisiva, Cefeu e os seus filhos morreram, bem como Íficles (v. mais acima, p. 214, a versão segundo a qual Íficles foi morto pelo Moliónidas na guerra contra Augias). Héracles, porém, massacrou Hipocoonte e os seus filhos e entregou o reino a Tíndaro (v. *Tíndaro*). No decorrer da luta, foi ferido numa das mãos e curado por Asclépio, no templo de Deméter Eleusino, no cimo do monte Taígeto. Para lembrar a vitória, erigiu dois templos em Esparta, um em honra de Atena, o outro em honra de Hera, agradecendo a esta o facto de nada ter feito que o embaraçasse nesta guerra.

A aliança com Egímio. — Enquanto as expedições precedentes se situavam todas no Peloponeso, as três guerras distintas empreendidas após a aliança de Héracles com o rei Egímio, «rei dos Dórios», levam-nos para a Tessália, no Norte da Grécia continental.

A primeira dirigiu-se contra os Lápitas, chefiados por Corono, o filho de Ceneu (v. *Ceneu*). Os Lápitas ameaçavam Egímio e pressionavam-no tanto que ele se viu forçado a apelar à aliança com Héracles prometendo-lhe um terço do seu reino, em caso de vitória. Héracles não teve dificuldade alguma em derrotar os Lápitas, mas recusou a recompensa, pedindo apenas a Egímio que a reservasse para os Heraclidas.

Após esta primeira vitória, Héracles reacendeu uma velha querela com um povo vizinho, os Dríopes, que viviam no maciço do Parnasso. Com efeito, quando Héracles e Dejanira foram expulsos de Cálidon (v. mais abaixo, p. 218), eles partiram com o seu filho primogénito, Hilo. Ao atravessar o país dos Dríopes, Hilo teve fome. Héracles viu então Teódamas, o rei do país, a preparar-se para trabalhar com uma parelha de bois e pediu-lhe comida para o filho. Teódamas recusou. Então Héracles desatrelou um dos bois, matou-o, fê-lo em pedaços e comeu-o com Dejanira e Hilo. Entretanto, Teódamas fugira em direcção à cidade e regressou com um bando armado. Travou-se um combate, inicialmente desfavorável ao herói, ao ponto de Dejanira ter de se armar e acabar por ser ferida no peito. Mas, por fim, Héracles levou a melhor e matou Teódamas.

Mais tarde, após a luta contra os Lápitas, como os Dríopes tinham apoiado estes, Héracles marchou contra eles e vingou-se matando-lhes o rei Laógaras (que se tornara culpado da profanação dum santuário de Apolo, ao banquetear-se no recinto sagrado), e apoderou-

---

Guerra contra Esparta. — Eur., *Hercl.*, 740 e s.; Pausan., II, 18, 7; III, 10, 6; 15; 15, 3-6; 19, 7; 20, 5; VIII, 53, 9; Diod. Sic., IV, 33, 5 e s.; Apollod., *Bibl.*, II, 7, 3; escól. *ad Il.*, 581; *ad* Eur., *Or.*, 457; cf. fragm. de Alcan (Diels., *Hermès*, XXXI, 1896, p. 339 e s.). Cf. M. Delcourt, «L'expédition d'Héraclès contre Sparte», *Rev. B. Phil.*, 1929, pp. 127-129.

Aliança com Egímio. — Pind., *Pyth.*, I, 63 e s.; V, 69 e s.; cf. *Isth.*, fr. I, v. 3 e s.; Herod., VIII, 3; cf. 73; Diod. Sic., IV, 37, 1 e s.; Strab., VIII, 6, 13, p. 372; IX, p. 427; Apollod., *Bibl.*, II, 7, 7; Serv., *ad Virg.*, *Aen.*, IV, 146; Pausan., IV, 34, 9; escól. *ad* Stat., *Theb.*, IV, 12, 2; *ad* Apol. Rh., *Arg.*, I, 1212; 1218; Tzetz., *Chil.*, II, 466; Nonn., in Westerm., p. 371.

-se do reino. Os habitantes dispersaram-se em três grupos. Uns dirigiram-se para Eubeia, onde fundaram a cidade de Caristo; outros para Chipre; um terceiro grupo, por fim, refugiou-se junto de Euristeu que, contra o ódio de Héracles, os acolheu e lhes permitiu que fundassem três cidades no seu território: Ásine, Hermíone e Éion.

A terceira expedição do mesmo ciclo é a que conduziu Héracles a tomar a cidade de Orménio, junto do monte Pélio. O rei desta cidade, Amintor, proibira o herói de atravessar território seu. Héracles preferiu ocupá-lo e matou o rei. Uma outra explicação é dada por Diodoro: Héracles tinha pedido a Amintor a mão de sua filha, Astidameia, apesar de já se encontrar casado com Dejanira. O rei recusou. Héracles tomou a cidade, levou Astidameia e deu-lhe um filho chamado Ctésipo.

IV. *As aventuras secundárias.* — A característica comum das aventuras incluídas nesta categoria é a de não pertencerem a ciclos como as precendentes, e a de não terem sido impostas ao herói como os doze grandes trabalhos. Elas apresentam-se como outros tantos episódios mais ou menos independentes, que os poetas e os mitógrafos introduziram, o mais das vezes, de forma muito artificial, na narração de um dos «trabalhos» ou no relato duma expedição empreendida por Héracles.

1. *Folo e os Centauros.* — As aventuras no país de Folo surgem ligadas, geralmente, à caça do javali de Erimanto (v. mais acima, p. 209). Foi na perseguição deste animal que Héracles foi levado a atravessar a região de Fóloe, onde habitava um Centauro, chamado Folo, epónimo do país. Dioniso presenteara-o com uma jarra de vinho selada, recomendando-lhe encarecidamente que não lhe tocasse, de modo nenhum, antes de Héracles lhe vir pedir hospitalidade. Segundo outra versão, esta jarra de vinho era propriedade comum de todos os Centauros, e eles não podiam beber dela a não ser todos em conjunto. Fosse como fosse, quando Héracles se apresentou em casa de Folo, este acolheu-o com hospitalidade, ofereceu-lhe carnes de toda a espécie, que mandou cozinhar para o seu hóspede, enquanto ele próprio as comia cruas. Após ter comido, Héracles sentiu sede e pediu vinho. Folo desculpou-se, alegando que não tinha o direito de tocar sozinho na jarra de vinho. Héracles disse-lhe que nada receasse e ambos se puseram, de imediato, a beber. Mas o odor do vinho não tardou a atrair os Centauros, que acorreram, furiosos, armados com archotes, com rochedos e árvores inteiras que tinham arrancado na montanha. Iniciou-se o combate. Os dois primeiros Centauros que atacaram foram Ânquio e Ágrio, que não demoraram a cair sob as flechas de Héracles. Os outros foram repelidos pelo herói até ao cabo Malíaco. Aí, o Centauro Élato, ferido no cotovelo por uma flecha, refugiou-se junto de Quíron. A flecha feriu igualmente este (v. *Quíron*).

A maioria dos Centauros encontrou asilo em Elêusis. A mãe deles, Néfele (a Nuvem) veio em seu socorro, derramando uma chuva abundante.

Na luta, Héracles matou dez Centauros: Dáfnis, Argeu, Anfíon, Hipótion, Ório, Isoples, Melanquetes, Tereu, Dupon, Frixo e Hómado, além de Ânquio e Ágrio, que tinham encontrado a morte no primeiro confronto. Folo foi igualmente morto, mas de forma acidental. Enquanto enterrava os seus congéneres, retirou uma flecha duma ferida, admirado de que um objecto tão diminuto pudesse causar tão grande mal. Ao manejar a flecha, deixou-a cair, desastradamente, sobre o pé e feriu-se mortalmente. Ao regressar a Fóloe, Héracles ficou desolado ao encontrar o seu hóspede morto e fez-lhe funerais magníficos.

2. *Eurítion.* — O combate contra o Centauro Eurítion relaciona-se, geralmente, com as aventuras junto de Augias. Expulso da Élide pelo rei, Héracles refugiou-se em Óleno, junto do rei Dexâmeno (v. *Dexâmeno*). Óleno era uma cidade da Acaia, mas existia uma cidade homónima na Etólia, e a lenda situa-se ora numa ora noutra destas cidades.

As versões diferem, mas todas têm como traço essencial uma tentativa de violação de que se tornou culpado o Centauro em relação à filha de Dexâmeno, chamada, conforme os autores, Hipólita ou Mnesímaque. Contava-se, por exemplo, que Dexâmeno casara a sua filha com o arcádio Ázan. Eurítion, convidado para o banquete de casamento, tentara raptar a jovem; mas Héracles chegou a tempo de o impedir e matou-o. Depois, entregou a jovem ao seu noivo.

Uma outra versão refere que o próprio Héracles seduzira a jovem, ao ir a casa de Augias, prometendo desposá-la quando regressasse. Na sua ausência, Eurítion cortejara a jovem e Dexâmeno, assustado, não ousara recusar-lha. Iam já realizar-se as bodas quando Héracles regressou, matou o Centauro e desposou a jovem. Nesta versão, ela tem o nome de Dejanira (v. *Dexâmeno* e mais abaixo, p. 218, um episódio análogo a propósito de Dejanira e Nesso).

3. *A ressurreição de Alceste.* — Esta lenda liga-se à passagem de Héracles pela Tessália, na altura em que, cumprindo ordens de Euristeu, ia buscar os cavalos do trácio Diomedes. Tal é, pelo menos, a versão seguida por Eurípides na sua tragédia *Alceste*. Mas Apolodoro faz deste episódio um dos que marcaram as aventuras de Héracles e Ífito (v. *Ífito* e, mais abaixo, p. 218). Por outro lado, é provável que a intervenção de Héracles neste mito seja um desenvolvimento tardio. No tema primitivo, é

Folo. — SOPH., *Tr.*, 1095 e s.; cf. EUR., *Heracl.*, 363 e s.; DIOD. SIC., IV, 12, 1 e s.; APOLLOD., *Bibl.*, III, 5, 4; TZETZ., *Chil.*, II, 268 e s.; THEOCR., VII, 149 e s.; SERV., *ad VIRG.*, *Aen.*, VIII, 294; HYG., *Fab.*, 30; escól. *ad* STAT., *Achil.*, 238.

Eurítion. — APOLLOD., *Bibl.*, II, 5, 5; DIOD. SIC., IV, 23, 1; PAUSAN. VII, 18, 1; BACCH., fr. 44 (do escól. *ad Od.*, XI, 295); HYG., *Fab.*, 33; escól. *ad* STAT., *Theb.*, V, 263. OV., *Ibis*, 404.

Alceste. — V. o art. *Alceste*; e *Admeto*.

Cicno. — V. o art. *Cicno*.

a própria Perséfone quem, sensibilizada pela dedicação da jovem esposa, a faz regressar à vida, e não o herói que força Tânato (a Morte) a entregar a sua presa (v. *Alceste*).

4. *Cicno*. — O combate contra Cicno e seu pai, Ares, é referido por Apolodoro, na viagem ao país das Hespérides (v. o relato no art. *Cicno*, 3).

5. *Busíris*. — As aventuras de Héracles com o rei do Egipto, Busíris, estão igualmente ligadas à busca das maçãs de ouro. Sobre a crueldade deste rei, filho de Posídon, que sacrificava os estrangeiros no altar do seu pai, e que acabou por ser morto por Héracles, v. *Busíris*.

6. *Anteu*. — A lenda de Anteu mantém estreitas relações com a de Busíris. Tal como esta, ela constitui um episódio da viagem de Héracles à Líbia à procura das maçãs de ouro. Como Busíris, Anteu passava por vezes por ser filho de Posídon e, como ele ainda, matava os viajantes para oferecer os despojos destes a seu pai. Mas, além disso, ele era filho da terra e, ao contrário de Busíris, possuía uma força considerável. Héracles matou-o, lutando com ele (v. *Anteu*). Após tê-lo morto, uniu-se à mulher da sua vítima, Ifínoe, e deu-lhe um filho, chamado Palémon.

Um episódio inesperado é a vingança que os Pigmeus, uma raça de homens muito pequenos que habitavam nos confins do Egipto e da Líbia, tentaram exercer sobre Héracles; com efeito, eles eram filhos da Terra, tal como Anteu, e choravam a morte do seu irmão. Atacando o herói enquanto este dormia, tentaram matá-lo. Héracles acordou, desatou a rir e, agarrando em todos os Pigmeus com uma das mãos, encerrou-os na sua pele de leão e levou-os a Euristeu.

7. *Emátion*. — Emátion era filho de Eos (a Aurora) e de Titono, por conseguinte irmão de Mémnon. Reinava sobre os Árabes, ou ainda sobre a Etiópia. Héracles encontrou-se com ele no decurso da sua viagem ao Jardim das Hespérides, enquanto subia o vale do Nilo. Emátion atacou o herói, mas foi vencido e morto. Uma tradição pretende que Emátion quisera impedir Héracles de roubar as maçãs de ouro. Mas o mais das vezes é durante o regresso que se coloca esta aventura, no momento em que Héracles estava prestes a embarcar na taça do Sol (v. acima, p. 211) para se dirigir para o Oriente, para a região do Cáucaso. Após tê-lo morto, Héracles confiou o seu reino a Mémnon.

Uma tradição inteiramente aberrante atribui a Emátion a paternidade de Romo, que seria então o fundador de Roma.

8. *A libertação de Prometeu*. — Foi quando atravessava o Cáucaso e se dirigia para o país das Hespérides (ou, mais frequentemente, na viagem de regresso) que Héracles matou com uma flecha a águia que devorava o fígado de Prometeu. Ele agiu, assim, de acordo com Zeus, que desejava que esta façanha aumentasse a glória de seu filho (v. *Prometeu*).

9. *O combate contra Licáon*. — Licáon era filho de Ares e de Pirene e, por conseguinte, irmão de Diomedes, o Trácio, e de Cicno. Reinava sobre um povo da Macedónia, os Crestónios, que viviam nas margens do Equédoro. Este país chamava-se «Europa», de Europo, o avô de Pirene. Quando Héracles, na procura das maçãs de ouro, atravessou um bosque sagrado de Pirene, Licáon interpelou-o e atacou-o. O herói matou-o.

10. *O combate contra Alcioneu*. — Quando Héracles regressou da Eriteia, reconduzindo os rebanhos de Gérion, foi atacado pelo gigante Alcioneu, que vivia no istmo de Corinto. Alcioneu atacou-o à pedrada, mas o herói abateu-o com a sua clava. Enormes pedregulhos, sobre o istmo, eram apontados como testemunhos desta luta.

Esta lenda, que situa a luta no plano «humano» das aventuras de Héracles, repete-se num outro combate, integrado na Gigantomaquia, onde Alcioneu é um monstro divino de quem Héracles triunfa com a ajuda de Atena. Este episódio situa-se após a expedição contra Tróia (v. acima, p. 213, e *Alcioneu*).

11. *A captura dos Cércopes*. — Foi para Ônfale, de quem era escravo na altura que, diz-se, Héracles capturou os Cércopes, dois bandidos que passavam o tempo espoliando e enganando de mil maneiras os viajantes. Este episódio, colocado primeiramente na Tessália, foi definitivamente situado na Ásia Menor, ao ligar-se ao «ciclo de Ônfale». A aventura dos Cércopes forneceu os temas das comédias burlescas, tal como grande número de outras façanhas «populares» de Héracles. V. *Cércopes*.

12. *Sileu*. — Tal como para a captura dos Cércopes, foi durante a servidão em casa de Ônfale que Héracles foi levado a servir em casa de Sileu, o vinhateiro que forçava os transeuntes a trabalhar na sua vinha (v. *Sileu*). Trata-se aqui dum conto folclórico utilizado por Eurípides como tema dum drama satírico em que Héracles intervém com a sua glutonaria habitual.

13. *Litierses*. — Héracles foi levado a combater Litierses, o «ceifeiro maldito», um irmão do rei Midas, enquanto servia em casa de Ônfale. A história de Litierses (v. o relato neste nome) é, como a de Sileu e a dos Cércopes, um

---

Busíris. — V. o art. *Busíris*.

Anteu. — V. este nome e acrescentar, para o episódio dos Pigmeus, AMM. MARC., XXII, 12; PHILOSTR., *Imag.*, II, 22.

Emátion. — PHEREC., citado pelo escól. a HES., *Theog.*, 985; cf. HES., *Th.*, 984 e s.; APOLLOD., *Bibl.*, II, 5, 11; TZETZ., *Chil.*, II, 369 e s.; DIOD. SIC., IV, 27, 3; escól. *ad Il.*, XI, 5; *ad* EUR., *Tr.*, 850; DION. HAL., I, 77; PLUT., *Rom.*, 2.

Prometeu. — V. este art.

Licáon. — EUR., *Alc.*, 499 e s.; *Etymol. Flor.*, citado e restituído por Höfer, *in* ROSCHER, *Lex.*, III, p. 3341 e s.

Alcioneu. — Escól. *ad* PIND., *Nem.*, IV, 43; APOLLOD., *Bibl.*, I, 6, 1; STRAB., VIII, 336; IX, 393; v. também *Alcioneu*.

Cércopes. — V. este nome.

Sileu. — V. este nome.

Litierses. — V. este nome.

Últimos anos. — V. os art. *Dejanira*; *Aqueloo*; *Êunomo*; *Nesso*; *Ceíce*; *Ífito*; para a luta com Apolo,

tema folclórico que serviu de tema a um drama satírico (de Sosíteo).

14. *Lendas diversas.* — Existia um certo número de outros relatos em que intervinha Héracles. Por exemplo, ele é nomeado entre os Argonautas, ainda que a sua presença aí não pareça pertencer à lenda primitiva. Contava-se, com efeito, que a nau *Argo*, que era dotada de fala, recusara o embarque do herói, receando não poder suportar o seu peso. As versões que o incluem no número dos Argonautas concordam todas em que ele abandonou a expedição antes da chegada à Cólquida (v. *Argonautas* e o episódio de *Hilas*). Na época em que a lenda de Héracles tinha tomado, pouco a pouco, a importância preponderante que lhe conhecemos, parecia que o herói deveria figurar em todas as lendas principais, designadamente quando se tratava de feitos maravilhosos. Quando a tradição primitiva excluía a intervenção de Héracles, tentava-se modificá-la de forma a fazê-lo figurar aí ou, pelo menos, explicar que ele não figurava aí de modo nenhum.

Contava-se, por exemplo, que Héracles matara os dois filhos de Bóreas, para se vingar de eles terem aconselhado os Argonautas a abandoná-lo na costa da Ásia Menor (v. o art. *Boréades*). Esta tradição, recente, foi imaginada para unir dois ciclos independentes na origem, o de Héracles e os mitos tessálicos de Bóreas.

Considerava-se igualmente que Héracles sepultara Ícaro na ilha de Dólique. Como recompensa, Dédalo esculpira uma estátua do herói, que ele tinha consagrado em Pisa, na Élide. Deste modo, achavam-se unidos dois ciclos, o de Dédalo e o de Héracles.

V. — *Últimos anos, morte e apoteose.* — Se forem postas de lado as lendas da infância e, em certa medida, o ciclo dos Doze Trabalhos, nenhuma outra parte das tradições herácleas apresenta um todo tão coerente como o relato, particularmente dramático, dos acontecimentos que conduziram o herói à sua apoteose final, no cimo do Eta. Esta organização das lendas resulta, sobretudo, do trabalho dos poetas trágicos e não é por acaso que as *Traquínias* de Sófocles são, para este fim do mito de Héracles, a fonte mais importante e a mais elaborada de que dispomos.

O «fio condutor» do drama é o amor de Dejanira. É ele que serve para ligar aventuras tão diversas como a luta contra Nesso, a morte de Ífito, a servidão em casa de Ônfale e, por fim, a catástrofe e a morte do herói.

O casamento com Dejanira tinha sido decidido quando Héracles se encontrou com Meleagro, nos Infernos (v. acima, p. 212). Héracles teve, contudo, alguma dificuldade em obter a mão da jovem. Ele teve de a conquistas ao deus-rio Aqueloo, no decurso duma luta encarniçada (v. *Aqueloo*). Durante algum tempo, Héracles permaneceu com Dejanira em Cálidon, junto de seu sogro Eneu. Mas logo depois, perseguido pela fatalidade, matou involuntariamente Êunomo, filho de Arquiteles, um parente de Eneu, que servia como pajem em casa deste (v. *Êunomo*). Ainda que Arquiteles tenha perdoado ao herói este homicídio, Héracles não quis permanecer mais tempo em Cálidon e partiu para o exílio com a sua mulher e o seu filho Hilo. Foi durante esta viagem que se viu forçado a lutar, pela terceira vez, contra um Centauro, Nesso.

Nesso habitava nas margens do rio Eveno, onde atravessava os viajantes. Quando Héracles se apresentou com Dejanira, Nesso passou-o em primeiro lugar e regressou depois à outra margem para transportar Dejanira. Mas durante o trajecto ele tentou violar a jovem mulher. Ela gritou por socorro. Héracles, com uma flecha, trespassou o coração do Centauro no instante em que este punha os pés na margem. No momento de morrer, Nesso chamou Dejanira e disse-lhe que, se algum dia Héracles já não a amasse, ela poderia provocar o amor dele com a ajuda dum filtro que ela prepararia com o sangue que corria da sua própria ferida. Dejanira, crédula, recolheu o sangue de Nesso e conservou-o. Quanto à composição deste pretenso filtro, as tradições variam: ora se trata apenas do sangue de Nesso, ora este sangue deveria ter-se misturado com o que corria das feridas da hidra de Lerna, ora, finalmente, Dejanira deveria ter-lhe juntado o sémen derramado por Nesso na altura da tentativa de violação.

Um segundo episódio da viagem é o encontro com Teódamas (v. acima, p. 215 e s.) e o combate contra os Dríopes. Mas Héracles, Dejanira e Hilo acabaram por chegar junto de Ceíce (v. *Ceíce*), que os acolheu favoravelmente e lhes concedeu hospitalidade. Foi em favor de Ceíce que Héracles empreendeu, e com êxito, várias expedições (v. acima, p. 213 e s.).

É nesta altura que se situa a morte de Ífito (v. *Ífito*), o filho de Êurito. Após esta morte, Héracles foi novamente atingido de loucura. Dirigiu-se então a Delfos e perguntou à Pitonisa de que forma se podia purificar. A Pitonisa, porém, recusou-se a responder-lhe. Héracles, descontente, ameaçou pilhar o santuário e começou por se apoderar do tripé profético, pretendendo estabelecer noutro local um oráculo que seria pertença sua.

Apolo veio em socorro da sacerdotisa e travou-se uma luta entre o herói e o deus seu irmão, de tal modo que Zeus enviou o seu raio

---

v. Apollod., *Bibl.*, II, 6, 2; Plut., *De vind. D.*, 12; Pausan., III, 21, 8; VIII, 37, 1; X, 13, 7 e s.; escól. *ad* Pind., *Olymp.*, IX, 43; Cic., *de nat. D.*, III, 16, 42; Serv., *ad Virg.*, *Aen.*, VIII, 300; Hyg., *Fab.*, 32; v. também os art. *Ônfale*; *Êurito*; *Íole*.

Morte e apoteose. — Soph., *Tr.*, 756 e s.; 1191 e s.; Diod. Sic., IV, 38, 1 e s.; Tzetz., *Chil.*, II, 272 e s.; *ad Lyc.*, 50; 51; Ov., *Met.*, IX, 136 e s.; *Her.*, IX; Hyg., *Fab.*, 36; Lucian., *Herm.*, 7; Senec., *Herc. Oe.*, 485 e s.; 1483 e s.; Serv., *ad Virg.*, *Aen.*, VIII, 300; Apollod., *Bibl.*, II, 7, 7; Nonn., *apud* Westermann, *App. Narr.*, XXVIII, 8. Cf. M. P. Nilsson, «Der Flammentod des Herakles auf den Oite», *A. R. W.*, 1922, pp. 310-316.

para os separar. Héracles renunciou à sua tentativa, mas a Pitonisa acabou por lhe dar o oráculo desejado: para se purificar definitivamente, Héracles deveria vender-se como escravo e servir alguém durante três anos (comparar, mais acima, p. 207, as condições em que tivera de se submeter a Euristeu). O dinheiro da venda seria dado a Êurito, o pai de Ífito, como «o preço do sangue». Héracles submeteu-se. Foi comprado por Ônfale, rainha da Lídia, pelo preço de três talentos. O dinheiro foi oferecido a Êurito, que recusou tal compensação.

Ao serviço de Ônfale, Héracles cumpriu diversos feitos: a captura dos Cércopes, os combates contra Sileu e Litierses (v. acima, p. 217 e s.). Os autores são pródigos em pormenores sobre os amores do herói e da rainha. Agradou-lhes representarem Héracles vestido à maneira da Lídia, com longos vestidos femininos, enquanto a rainha tomara os atributos dele: a clava e a pele de leão. Héracles, sentado a seus pés, aprendia a fiar. Há aí um tema folclórico (a troca de vestuário) que foi largamente explorado como «exemplo» pelos moralistas e filósofos.

Foi durante esta servidão em casa de Ônfale que os mitógrafos colocaram a caça do javali de Cálidon (v. *Meleagro*) e os feitos de Teseu contra os bandidos que infestavam o istmo de Corinto. Eles explicavam assim a ausência do herói durante estes acontecimentos (v. acima, p. 217).

Segundo Apolodoro, uma vez libertado da sua servidão, após os três anos prescritos pelo oráculo, o herói empreendeu a sua grande expedição contra Tróia (v. acima, p. 213). Segundo outros, esta expedição situa-se após a guerra contra as Amazonas, por conseguinte, inserida dentro dos Doze Trabalhos, após a busca do cinto de Hipólita.

Mais geralmente, atribui-se ao mesmo período a guerra contra Êurito e a tomada de Ecália. Sobre as causas desta guerra, v. *Êurito*, 2. Héracles pedira a mão de Íole, a filha de Êurito e, quando tomou a cidade de Ecália, fez de Íole sua concubina. Entretanto Dejanira, hospedada em casa de Ceíce, soube por Licas, um companheiro de Héracles, que Íole poderia fazer com que Héracles a esquecesse. Ela lembrou-se então do «filtro do amor» indicado por Nesso ao morrer e decidiu recorrer a ele.

Héracles, após a sua vitória sobre Êurito, quis consagrar um altar a Zeus, em acção de graças, e fora para esta cerimónia que ele enviara Licas a Tráquis, para pedir a Dejanira roupa nova. Dejanira embebeu uma túnica no sangue de Nesso e entregou-a a Licas.

Héracles, nada sabendo, vestiu a túnica e preparou-se para oferecer o sacrifício a Zeus. Mas, à medida que a túnica aquecia, em contacto com o seu corpo, o veneno que a impregnava desenvolveu toda a sua acção violenta e atacou-lhe a pele. A dor atingiu rapidamente tal intensidade que Héracles, fora de si, agarrou Licas por um pé e lançou-o ao mar. Ao mesmo tempo, tentava desembaraçar-se da veste fatal. Mas o tecido colara-se-lhe ao corpo e trazia consigo a carne em pedaços. Neste estado, ele foi transportado de barco a Tráquis. Quando compreendeu o que fizera, Dejanira suicidou-se. Héracles tomou então as suas últimas disposições. Confiou a Hilo a sua concubina, Íole, pedindo-lhe que a desposasse quando estivesse em idade disso. Depois, subiu ao monte Eta, não longe de Tráquis, levantou aí uma grande pira, subindo para cima dela. Quando estes preparativos estavam terminados, ordenou aos seus servidores que pegassem fogo à pira. Nenhum, porém, lhe quis obedecer. Apenas Filoctetes (ou ainda o seu pai, Peante) se resignou e obedeceu. Como recompensa, Héracles deu-lhe o seu arco e as suas flechas (v. *Filoctetes*). Enquanto a pira ardia, ouviu-se o ribombar dum trovão e o herói foi arrebatado para o céu, sobre uma nuvem.

Contava-se que antes de morrer Héracles obrigara Filoctetes, a única testemunha da sua morte, a prometer-lhe que não revelaria a ninguém o local da pira. Filoctetes, interrogado depois, recusou-se a dizer alguma coisa mas, tendo ido ao local da pira, ferira a terra com

Héracles {

- Cinquenta filhas de Téspio; cinquenta filhos; Antileonte, Hipeu, Trepsipas, Eumenes, Creonte, Astíanax, Íobes, Polilau, Arquémaco, Laomedonte, Eurícapo, Eurípilo, Antíades, Onésipo, Laomenes, Teles, Entélides, Hipódromo, Teleutágoras, Capilo, Olimpo, Nicódromo, Cleolau, Euritras, Homólipo, Átromo, Celeustanor, Ântifo, Alópio, Astíbies, Tígasis, Leucones, Arquédico, Dínastes, Mentor, Améstrio, Liceu, Halócrates, Fálias Estrobles, Euríopes, Buleu, Antímaco, Pátroclo, Nefo, Erasipo, Licurgo, Búcolo, Leucipo, Hipózigo.
- Mégara: Terímaco, Deicoonte, Creoncíades.
- Astíoque: Tlepólemo (+ Téssalo, V. mais baixo)
- Parténope: Everes.
- Epicaste: Téstalo.
- Calcíope: Téssalo (por vezes atribuído a *Astíoque*).
- Auge: Télefo.
- Dejanira: Hilo, Ctésipo, Gleno, Onites (ou Hodites), Macária.
- Ônfale: Aqueles (ou Agelau), Tirseno.
- Astidâmia: Ctésipo.
- Autónoe: Palémon.
- Hebe: Alexiares, Aniceto.
- Meda (filha de Filas); Antíoco.

Quadro genealógico n.º 17

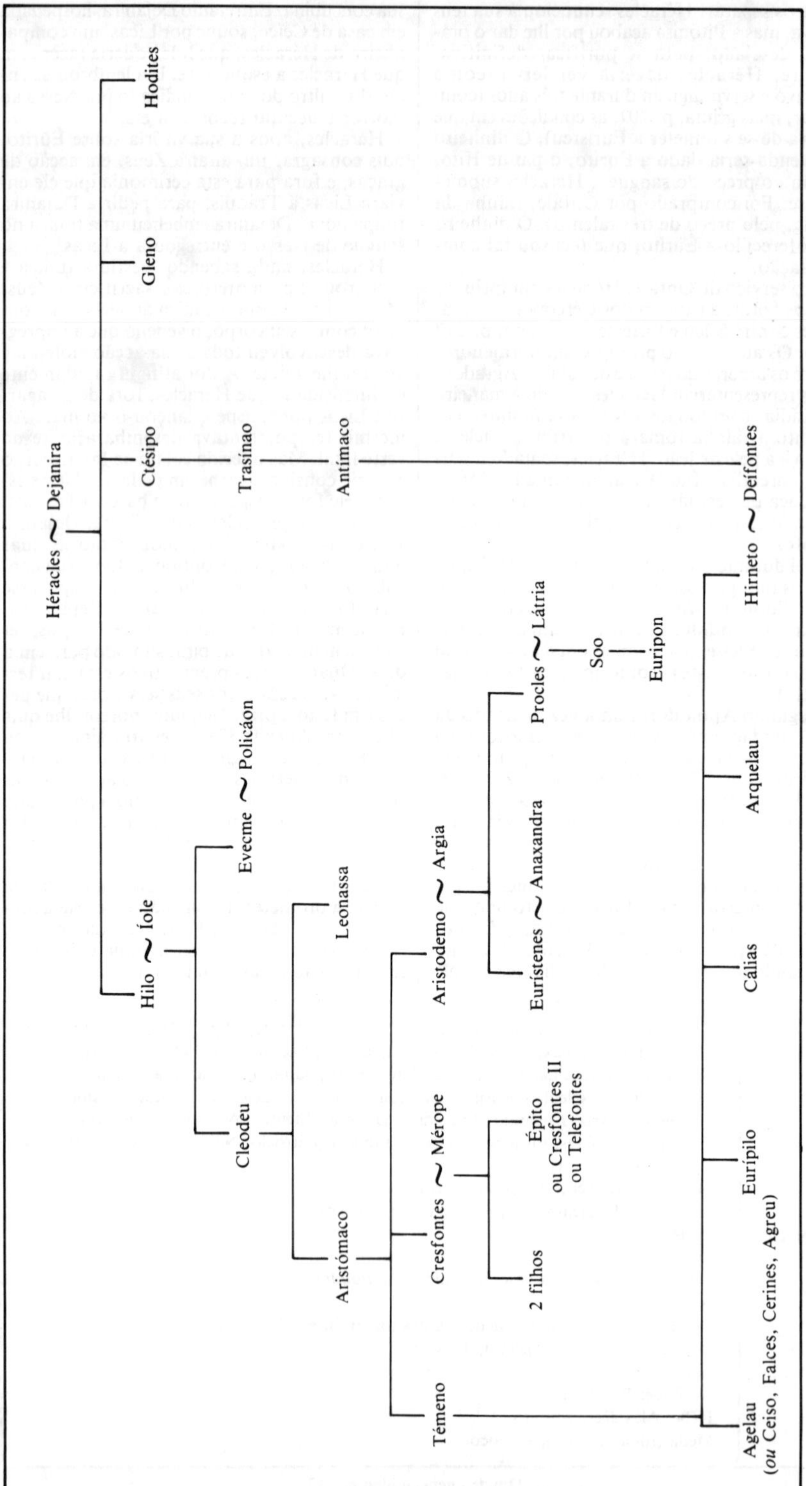

Quadro genealógico n.º 18

o pé, num gesto significativo, iludindo assim a proibição de Héracles. Mais tarde foi, por isto, punido com um cruel ferimento no mesmo pé (v. *Filoctetes*).

Existia uma variante sobre os últimos momentos de Héracles. Este não teria morrido sobre uma pira acesa por ordem sua. Torturado pela túnica impregnada do sangue de Nesso, ter-se-ia inflamado ao sol e ter-se-ia lançado a um rio vizinho de Tráquis, tentando apagar o fogo que o devorava. Teria, assim, morrido afogado. O rio onde se lançara teria ficado quente devido a este facto, e estaria aqui a origem das Termópilas, entre a Tessália e a Fócida, onde havia (e onde há sempre) uma fonte quente.

A morte de Héracles, numa e noutra versão, faz intervir o fogo: é por ele que Héracles se despoja dos elementos mortais derivados da sua mãe mortal, Alcmena. Deste modo tentou Tétis purificar Aquiles, expondo-o ao calor duma fogueira, para o tornar imortal.

Uma vez entre os deuses, Héracles reconciliou-se com Hera que, após uma cerimónia em que se simulou o nascimento do herói, como se ele saísse do seio da deusa, se tornou a sua mãe imortal. Desposou Hebe, a deusa da juventude e, a partir de então, foi um dos imortais, merecendo esta glória pelos seus trabalhos, pelo seu valor e, sobretudo, pelos seus sofrimentos.

A lenda atribuía a Héracles setenta filhos, quase todos rapazes (v. quadro 17, p. 219).

HERACLIDAS. (Ἡρακλειδαί.) Os Heraclidas são, na acepção mais lata do termo, não apenas os filhos de Héracles, mas todos os seus descendentes até à geração mais afastada. Na época helenística, muitas famílias reais pretendiam ainda fazer-se passar por «Heraclidas» e faziam recuar a sua estirpe até ao herói. Na lenda, chama-se mais concretamente Heraclidas aos descendentes imediatos de Héracles e Dejanira, que colonizaram o Peloponeso.

Logo após a apoteose de Héracles, os seus filhos, desprovidos de protecção e receando o ódio de Euristeu, refugiaram-se junto do rei de Tráquis, Ceíce, que sempre testemunhara sentimentos de benevolência para com Héracles. Mas Euristeu exigiu que Ceíce os expulsasse de Tráquis. Ceíce, receando Euristeu, mandou-os embora, alegando que não era suficientemente poderoso para os ter em segurança junto de si. Dirigiram-se então para Atenas, onde Teseu (segundo outros, os filhos dele) aceitou protegê-los contra Euristeu. Este declarou guerra aos Atenienses. Nos combates morreram os seus cinco filhos: Alexandre, Ifimedonte, Euríbio, Mentor e Perimedes. O próprio Euristeu fugiu mas foi perseguido por Hilo (ou ainda por Iolau) (v. *Iolau*) e morto junto às Rochas Cironianas (v. também *Alcmena*). A vitória fora assegurada aos Heraclidas e aos seus aliados mediante o sacrifício de uma das filhas de Héracles, Macária, que se ofereceu voluntariamente à morte, após o oráculo ter declarado que Atenas sairia vitoriosa caso fosse sacrificada uma jovem, de ascendência nobre.

Após a morte de Euristeu, os Heraclidas quiseram regressar ao Peloponeso, a terra natal de seu pai, aonde ele sempre tentara, em vão, voltar (v. *Héracles*). Conduzidos por Hilo, apoderaram-se com facilidade de todas as cidades do Peloponeso, e estabeleceram-se na região. Mas, ao fim de um ano, grassou aí uma peste e o oráculo revelou que tal se devia à cólera celeste, pois os Heraclidas tinham voltado antes do prazo fixado pelo Destino. Obedientes, os Heraclidas deixaram o Peloponeso e regressaram à Ática, à planície de Maratona. Entretanto, eles alimentavam sempre a esperança de regressar ao Sul. Para se manter protegido da cólera celeste, Hilo, em nome deles, foi consultar o oráculo de Delfos. A Pitonisa respondeu-lhe que eles poderiam cumprir o seu desejo «após a terceira ceifa». Hilo encontrava-se, nesta altura, casado com Íole, a concubina de seu pai (v. *Héracles*), que lhe pedira, antes de morrer, que recolhesse a jovem mulher. Ele era, pois, entre todos os seus irmãos, o herdeiro genuíno da tradição paterna. Fora ele também que vivera mais tempo na companhia de Héracles e que fora inutilmente educado por ele. Por todas estas razões, Hilo era considerado pelos Heraclitas como seu chefe, encarregado por eles de os conduzir para a «terra prometida».

Hilo, à frente dos seus irmãos, dirigiu se para o istmo de Corinto, mas deparou com os exércitos de Équemo, rei de Tégea, e tendo-o desafiado para um combate singular, foi morto por ele (v. *Équemo*).

O seu neto, Aristómaco, foi de novo interrogar o oráculo, que lhe respondeu: «Os deuses conceder-te-ão a vitória se atacares pelos estreitos.» Ou ainda: «pela via estreita», sendo a expressão do oráculo ambígua. Aristómaco pensou que se tratava de atacar pelo istmo, «a via estreita», e foi morto. Os Heraclidas foram vencidos ainda mais uma vez.

Quando os filhos de Aristómaco já eram crescidos, o mais velho, Témeno, foi consultar o oráculo e colocou-lhe de novo a mesma questão. O oráculo limitou-se a repetir as duas respostas dadas anteriormente. Perante isto,

---

Casamento com Hebe. — *Od.*, XI, 602; HES., *Th.*, 950 e s.; PIND., *Nem.*, I, 104 e s.; X, 30 e s; *Isth.*, IV, 100; EUR., *Hercl.*, 915 e s.; TZETZ., *ad Lyc.*, 1349; 1350; OV., *Met.*, IX, 400 e s.
Seus filhos. — APOLLOD., *Bibl.*, II, 7, 8.

Heraclidas: APOLLOD., *Bibl.*, II, 8, 1 e s.; escól. *ad* ARISTOPH., *Eq.*, 1151; EUR., *Hercl.*, *passim*; escól. *ad* PLAT., *Hi. Ma.*, 293a; ISOCR., *Paneg.*, 15 e s.; ANT. LIB., *Transf.*, 33; PAUSAN., I, 32, 6; DIOD. SIC., IV, 57, 6; STRAB., VIII, 6, 19, p. 337; escól. *ad* PIND., *Pyth.*, IX, 137, e PIND., *ibid.* Cf. G. VITALIS, *Die Entwickelung der Sage von der Rückkher der Herakliden...*, Diss. Greisswald, 1930.

O regresso. — HEROD., VI, 52; VII, 204; VIII, 131; IX, 36; PAUSAN., II, 6, 7; 7, 6; 18, 7; 19, 1; III, 1, 5, e s.; 2, 1; 7, 1; 15, 10; IV, 3, 3 a 5; 5, 1; VIII, 5, 6; 29, 5; X, 38, 10; escól. *ad* PIND., *Pyth.*, I, 121a; V, 101; STEPH. BYZ., *s. u.* Δυμᾶνες; STRAB., IX, 4, 10, p. 427; DIOD. SIC., IV, 58, 3; EUS., *Prep. Ev.*, V, 20; POLYAEN., I, 7.

Témeno fez-lhe notar que seu pai e seu avô tinham seguido os conselhos do deus e que estes mesmos conselhos lhes tinham causado a morte. O deus respondeu então que isso era culpa deles, que não tinham sabido interpretar o oráculo, e não sua. E acrescentou que por «terceira colheita» se deveria entender «terceira geração» e por «via estreita» a via do mar e os «estreitos» entre a costa da Grécia continental e a do Peloponeso. Témeno declarou-se satisfeito com esta interpretação. Com efeito, ele constituía, com os seus irmãos, a terceira geração após Hilo (v. quadro 18, p. 220); e, para obedecer à segunda resposta do oráculo, preparou-se para construir uma frota na costa da Lócrida, numa cidade que por isso recebeu o nome de Naupacto (de duas palavras gregas que significam «construir um navio»). Enquanto aí estava com o seu exército, o seu irmão mais novo, Aristodemo, morreu fulminado por um raio (v. *Aristodemo*), deixando dois filhos gémeos, Eurístenes e Procles.

Pouco tempo depois, abateu-se uma maldição sobre o exército e a frota. E a causa foi esta: eles viram, um dia, aproximar-se do campo um adivinho chamado Carno. Carno apenas vinha movido por intenções amigáveis para com os Heraclidas, mas estes pensaram tratar-se dum feiticeiro portador de má sorte que lhes teria sido enviado pelos seus inimigos, os Peloponésios. Um dos Heraclidas, Hípotes, filho de Filas e neto de Antíoco (v. *Hípotes* e quadro 32, p. 370), trespassou-o com um dardo. Levantou-se então uma tempestade que dispersou e destruiu a frota, enquanto uma fome se abatia sobre o exército e o enfraquecia. Témeno recorreu uma vez mais ao oráculo, que lhe revelou que estas calamidades se deviam à cólera divina, como castigo pela morte do adivinho, cujo espírito se vingava deste modo. O deus acrescentou que o homicida deveria ser banido por dez anos e que os Heraclidas deveriam ter como guia, na sua expedição, um ser com três olhos: Témeno obedeceu. Hípotes é expulso (v. *Aletes*). Depois, apresentou-se aos Heraclidas um ser de três olhos, sob a forma dum zarolho montado num cavalo. Este zarolho era Óxilo, rei da Élide, que fora expulso por um ano da sua cidade, na sequência dum homicídio voluntário. Óxilo aceitou conduzi-los e apenas pediu como recompensa que lhe fosse entregue o seu reino da Élide. Logo os Heraclidas conseguiram, finalmente, a vitória sobre os Peloponésios e mataram-lhes o rei durante o combate, Tisâmeno, filho de Orestes. Nesta acção morreram igualmente os dois filhos de Egímio, Pânfilo e Dimas, que eram aliados dos Heraclidas (v. *Egímio* e *Hilo*). Para agradecerem aos deuses esta vitória, os Heraclidas erigiram um altar a Zeus Paternal. Após isto, partilharam o Peloponeso. Sobre esta partilha, v. *Cresfontes*.

Conta-se que entre as diferentes províncias do Peloponeso apenas três foram objecto de partilha: Argos, Messénia e a Lacónia. A Élide foi reservada para Óxilo, como ficara combinado. Quanto à Arcádia, ela foi poupada pelos Heraclidas. Com efeito, um oráculo havia-lhes ordenado expressamente que, na sua conquista, poupassem «aquele com quem eles partilhariam uma refeição». Ora quando os Heraclidas se aproximaram das fronteiras da Arcádia, Cípselo, o rei deste país, enviou-lhes embaixadores com presentes. E aconteceu que estes embaixadores encontraram os soldados de Cresfontes na altura em que estes regressavam de comprar víveres aos lavradores das vizinhanças e tomavam a sua refeição. Convidaram os arcádios a partilhá-la. No decorrer da refeição estalou uma querela. Os arcádios chamaram a atenção para a inconveniência que havia em discutir com os seus hóspedes. Os Heraclidas lembraram-se dos termos do oráculo e firmaram um pacto com os Arcádios, prometendo poupar o país deles.

Uma outra versão da lenda defende que os Heraclidas se terão apoderado, pela força, das colheitas na fronteira da Arcádia. Quando os enviados de Cípselo se apresentaram, eles recusaram aceitar os presentes que eles traziam, pois o oráculo proibira-os de concluir qualquer aliança durante a sua expedição. Mas Cípselo fez notar que eles já tinham tido como presente as colheitas, de que se tinham apoderado, e que, por conseguinte, a sua aliança já se encontrava selada, quer eles o quisessem ou não, o que foi reconhecido pelos Heraclidas, que se afastaram da Arcádia.

Finalmente, contava-se ainda, mais simplesmente, que Cípselo conseguira que lhe poupassem o reino ao dar a sua filha em casamento a Cresfontes (v. *Mérope*).

HERCINA. (Ἑρκύνα.) Ninfa duma fonte, em Lebadeia, na Beócia. Contava-se que ela fora, em tempos, a companheira de Perséfone, antes do rapto desta, e que com ela, um dia, brincava nos arredores da cidade. As duas crianças tinham um ganso que se lhes escapou e se foi esconder numa gruta, debaixo duma pedra. Perséfone foi atrás dela e, para o apanhar, deslocou a pedra. Uma fonte jorrou então da terra: é a fonte Hercina, em cuja água se deviam banhar todos os devotos que queriam consultar o oráculo de Trofónio, não longe dali.

*** HÉRCULES.** (*Hercules.*) Ao nome de Hércules (forma latinizada, talvez por via etrusca, do grego Héracles) liga-se todo um conjunto de lendas romanas, sobretudo etiológicas e topográficas, que foram integradas no esquema geral do «regresso de casa de Gérion» (v. *Héracles*). Estas lendas estão longe de se apresentarem coerentes. O episódio mais

---

Hercina: PAUSAN., IX, 39, 2 e s.; LIV., XLV, 27; HESYCH., *s. u.* Ἑρκυνία; TZETZ., *ad Lyc.*, 153.

Hércules: DERCYLOS, *Fragm. Hist. gr.* (Müller), IV, p. 387, 6; LIV., I, 7; DION. HAL., I, 39-40; DIOD. SIC., IV, 21, 1-4; 22, 2; STRAB., V, 3, 3; 4, 6; VIRG., *Aen.*, VIII, 193 e s.; e SERV., *ad loc.*; PROP., I, 11, 2; III, 18, 4; IV, 9, 1 e s.; OV., *Fast.*, I, 543 e s. SIL. ITAL., XII, 118. V. J. G. WINTER, *The Myth of Hercules at Rome*, Univ. of Mich. Stud., IV (1910), p. 171 e s.; e sobretudo J. BAYET, *Les origines de l'Hercule romain*, Paris, 1926; v. também Fr. SBORDONE, *Il ciclo italico di Eracle*, *Athen.*, XIX (1941), p. 72 e s.; 149 e s.

conhecido, que corresponde a uma vulgata da época augustana, é a luta entre Hércules e Caco (v. *Caco*). Todavia, parece que este episódio (decalcado sobre modelos helénicos) não foi introduzido senão em época relativamente tardia. A primeira forma da lenda devia mostrar apenas o herói acolhido como hóspede pelo rei bárbaro Fauno. Este tinha por costume sacrificar aos deuses todos os estrangeiros que se apresentavam em sua casa, mas quando quis lançar a mão sobre Hércules, este matou-o. Depois, continuou o seu caminho em direcção à Magna Grécia.

Na tradição corrente, Evandro trata Hércules com benevolência e, a conselho de sua mãe, Carmenta, que lhe revela a identidade do hóspede, consagra-lhe um altar à saída do vale do Grande Circo, entre o Palatino e o Aventino. Esta personagem Evandro (v. *Evandro*) seria uma «helenização» de Fauno.

À lenda de Hércules liga-se igualmente o mito de *Bona Dea* (v. *Bona Dea*). Propércio conta como, sedento de água por causa da sua luta contra Caco, o herói pedira de beber a *Bona Dea* (ou Fauna), que celebrava na vizinhança mistérios sagrados. A deusa proibiu a Hércules o acesso à fonte sagrada, pois o rito era reservado somente a mulheres. Furioso, Héracles excluiu-as então do seu próprio santuário (v. também *Recarano*).

Atribuía-se a Hércules alguns grandes trabalhos e, designadamente, a construção de um dique e duma estrada de oito estádios de comprimento, separando o mar do lago Lucrino, na Campânia.

HERMAFRODITO. (Ἑρμαφρόδιτος.) Dá-se geralmente o nome de Hermafrodito a todos os seres cuja natureza é dupla, simultaneamente masculina e feminina. Mais particularmente, os mitógrafos referem, com este nome, um filho de Afrodite e Hermes de quem eles contam a seguinte lenda: Hermafrodito, cujo nome evocava simultaneamente os nomes de sua mãe e de seu pai, fora educado pelas Ninfas nas florestas do Ida, na Frígia. Era dotado de grande beleza e, quando fez quinze anos, começou a correr o mundo. Viajava pela Ásia Menor. Um dia, encontrando-se na Cária, chegou às margens dum lago maravilhosamente belo. A ninfa do lago, chamada Sálmacis, apaixonou-se logo por ele. Fez-lhe propostas, mas o jovem recusou. Fingiu-se então resignada, mas escondeu-se enquanto o jovem, seduzido pela limpidez das águas, se despia e se lançava ao lago. Assim que o viu nos seus domínios e à sua mercê, Sálmacis alcançou-o e abraçou-se-lhe. Hermafrodito tentou, em vão, afastá-la de si. Ela entretanto elevou uma prece aos deuses, pedindo-lhes que fizessem com que os dois corpos jamais se separassem. Os deuses escutaram-na e uniram-nos num novo ser, de natureza dupla. Mas, por seu lado, Hermafrodito obteve do céu que todo aquele que se banhasse nas águas do lago Sálmacis perderia a sua virilidade. No tempo de Estrabão, ainda se atribuía ao lago este efeito.

Muito frequentemente, pelo menos nos monumentos figurados, Hermafrodito é representado entre os companheiros de Dioniso.

HERMES. (Ἑρμῆς.) Hermes é o filho de Zeus e de Maia, a mais jovem das Plêiades. Nasceu numa caverna, no cimo do monte Cilene, no Sul da Arcádia. Maia concebera-o de Zeus em plena noite, enquanto os deuses e os homens dormiam. Foi no quarto dia do mês — dia que lhe ficou consagrado — que Hermes veio ao mundo. Na altura do seu nascimento, envolveram-no em pequenas faixas, como era costume fazer aos recém-nascidos, e depuseram-no num cesto, à maneira de berço. Mas logo no dia do seu nascimento ele deu provas duma precocidade extraordinária. De tanto se mexer, ele achou meio de se desligar e dirigiu-se à Tessália, onde o seu irmão Apolo era, na altura, pastor e guardava os rebanhos de Admeto. Enquanto Apolo, entretido no seu amor pelo filho de Magnes, Himeneu, se descuidava dos seus deveres de pastor, Hermes desviou-lhe uma parte dos animais, a saber, doze vacas, cem novilhas que não haviam ainda conhecido o jugo e um touro. Depois, atando um ramo à cauda de cada um dos animais (segundo outros, calçando-os com tamancos) conduziu-os através de toda a Grécia até uma caverna, em Pilos. Só fora visto por uma testemunha, um velho chamado Bato (v. *Bato*), cujo silêncio ele tentou comprar. Em Pilos, Hermes sacrificou dois dos animais roubados e cortou-os em doze pedaços, um para cada um dos doze deuses. Depois, após ter escondido o resto do rebanho, fugiu para a sua gruta de Cilene. Ao chegar aí, deparou com uma tartaruga à entrada da gruta. Agarrou nela, esvaziou-a, e sobre a cavidade aberta da concha esticou cordas fabricadas a partir dos intestinos dos bois que sacrificara; deste modo se construiu a primeira lira.

Entretanto, Apolo procurava por toda a parte o património que lhe fora confiado. Acabou por chegar a Pilos, onde Bato lhe revelou o esconderijo. Dizia-se também que Apolo soubera de toda a aventura através da sua arte divinatória, observando o voo dos pássaros. Dirigiu-se então para o monte Cilene e queixou-se a Maia dos roubos do filho. Mas Maia mostrou-lhe a criança sabiamente envolta nas suas faixas e perguntou-lhe como podia ele pro-

---

Hermafrodito: Ov., *Met.*, IV, 285 e s.; cf. Mart., *Epigr.*, XIV, 174; Strab., XIV, 2, 16; Phaest., *s. u. Salmacis.* V. G. Lafaye, *Les Métamorphoses d'Ovide et leurs modèles grecs*, Paris, 1904.

Hermes: Hes., *Theog.*, 938; Simon., fr. 18 (seg. Athen., XI, 490 f); Eur., *Ion*, 1 e s.; *Hymn. hom. Herm.*; Apollod., *Bibl.*, III, 10, 2; Ant. Lib., *Transf.*, 23; Ov., *Met.*, II, 679-707; Pausan., VII, 20, 4; Soph., *Ichn.* (Pearson, *Fr. de Soph.*, II, p. 258 e s.). V. os art. citados no texto. V. O. Brown, *Hermes the Thief*, Madison Univ. of Wisconsin Pr., 1947; P. Raingeard, *Hermès psychagogue*, Paris, 1935; K. Kerényi, *Hermes der Seelenführer*, Zurich, 1945; cf. CL. Ramnoux (*op. cit.* no art. *Nyx*); J. Duchemin (*op. cit.* no art. *Amphion*).

ferir tais acusações contra a criança. Apolo mandou então chamar Zeus, que ordenou à criança que restituísse os animais roubados, apesar das suas negações. Entretanto, na gruta de Cilene, Apolo vira a lira e ouvira os sons que Hermes retirava dela. Encantado, trocou os rebanhos pelo instrumento.

Algum tempo depois, enquanto guardava os rebanhos que deste modo havia adquirido, Hermes inventou a flauta (a siringe, ou flauta de Pã). Apolo quis comprar-lhe o novo instrumento musical, e para isso ofereceu-lhe o cajado de ouro de que se servia para guardar os rebanhos de Admeto. Hermes exigiu-lhe, além disso, lições de adivinhação. Apolo aceitou o negócio e é assim que a vara de ouro (o caduceu) figura entre os distintivos de Hermes. Além disso, este aprendeu a arte de adivinhar o futuro com a ajuda de pequenas pedras. Zeus, encantado com a habilidade do seu neto mais novo, fez dele o seu mensageiro, destinado particularmente ao seu serviço pessoal e ao dos deuses infernais Hades e Perséfone.

Estes mitos da infância são os únicos em que a personagem Hermes desempenha o principal papel. Geralmente, nas lendas Hermes surge como personagem secundária, agente da divindade, protector dos heróis, etc. Na Gigantomaquia, ele cobre-se com o elmo de Hades, que torna invisível quem o traz. Isso permite-lhe matar o gigante Hipólito. Durante a luta dos deuses contra os Alóadas, ele salva Ares, libertando-o do vaso de bronze onde os dois gigantes o tinham encerrado (v. *Alóadas*). Foi ele ainda quem, de forma análoga, salvou Zeus, no decurso da luta contra Tífon. Conseguiu subtrair ao monstro os tendões de Zeus que Tífon escondera numa pele de urso à guarda dum dragão, meio homem meio mulher, Delfine. Sem que o inimigo disso se apercebesse, ele conseguiu, com a ajuda de Pã, ligar os tendões ao corpo de Zeus, dando-lhe assim a possibilidade de retomar o combate. Em todas estas aventuras, é usando a sua habilidade que ele intervém.

Por outro lado, ele é apenas o intérprete da vontade divina. É ele quem vem, após o Dilúvio, pedir a Deucalião o que ele deseja. Foi dele que Néfele, a mãe de Frixo e de Hele, recebeu o carneiro com o velo de ouro que salvou os seus filhos (v. *Frixo* e *Átamas*); foi dele que Anfíon recebeu a sua lira, Héracles a sua espada, Perseu o elmo de Hades e as asas que o transportavam pelos ares. Intervém duas vezes para salvar Ulisses: uma vez transmitindo a Calipso a ordem de o libertar e de o ajudar a construir uma jangada capaz de o levar até Ítaca (v. *Ulisses*), outra vez, em casa de Circe, ao dar-lhe a conhecer o *moly*, a planta mágica que o protegerá dos encantamentos e o poupará à transformação degradante sofrida pelos seus companheiros (v. *Circe* e *Ulisses*). Exerce vigilância, nos Infernos, sobre Héracles e adverte-o do seu erro quando este se preparara para iniciar a luta contra o fantasma de Medusa (v. *Héracles*). É ele quem se encarrega de encontrar um comprador para o herói que deverá servir como escravo, para se purificar do assassínio de Ífito, e quem fecha o negócio com Ônfale (v. *ibid.*). A aventura mais conhecida em que intervém Hermes é a morte de Argos, que Hera tinha colocado como guardião de Io, transformada em vaca (v. *Io* e *Argos*). Explicava-se por esta morte o sobrenome obscuro usado pelo deus, Argifontes, que diziam significar «o matador de Argos». Da mesma maneira, é para servir Zeus e fazer fracassar as vinganças de Hera que ele conduz o pequeno Dioniso, de refúgio em refúgio, no cimo do monte Nisa, depois em casa de Átamas (v. *Dioniso*). Finalmente, foi encarregado de acompanhar as três deusas, Hera, Afrodite e Atena ao cimo do Ida, na Frígia, por ocasião da disputa do prémio da beleza. Ele conduziu-as perante Páris, que devia servir de juiz (v. *Páris*), desempenhando assim um papel decisivo na aventura que havia de provocar a Guerra de Tróia.

Hermes era considerado o deus do comércio e também do roubo. Ele guiava os viajantes pelos caminhos; a sua imagem erguia-se nas encruzilhadas, sob a forma dum pilar cuja parte superior, apenas, estava talhada em forma de busto humano, mas dotado de órgãos viris muito visíveis. Ele velava pelos pastores. Frequentemente representam-no com um cordeiro sobre os ombros: é o tipo chamado «Hermes Crióforo». Hermes era também particularmente encarregado de conduzir as almas dos defuntos aos Infernos, e por causa desta função ele tinha o nome de Psicopompo, o «Acompanhante das Almas».

A lenda atribui a Hermes a paternidade de vários filhos: Autólico, o avô de Ulisses que herdara de Hermes a arte de roubar com subtileza (v. *Autólico*); Êurito, um dos Argonautas; Abdero, o epónimo da cidade de Abdera e o favorito de Héracles, que foi devorado pelas éguas de Diomedes (v. *Héracles*); Céfalo, que ele tivera em Antenas de Herse; e, finalmente, segundo tradições obscuras, ele teria tido de Penélope, infiel a Ulisses, o deus Pã, gerado nas montanhas da Arcádia e, tal como seu pai, deus dos pastores.

Representavam Hermes calçado de sandálias aladas, a cabeça coberta com um chapéu de abas largas (o pétaso), segurando o caduceu, símbolo das suas funções de arauto divino.

HERMÍONE. (Ἑρμιόνη.) Hermíone é a filha única de Menelau e de Helena (v. quadro 15, p. 200). As lendas mais antigas, tais como apareceram na *Odisseia*, referem que Menelau, na sua ausência a casara com o filho de Aquiles, Neoptólemo. De regresso à Lacedemónia, ele celebrou este casamento. A versão seguida pelos trágicos é substancialmente diferente. Segundo eles, Hermíone teria inicialmente sido dada em casamento por Menelau a Orestes, antes da Guerra de Tróia (os mitógrafos dizem

---

Hermíone: *Od.*, IV, 4 e s. e escól. *ad loc.*; SOPH., trag. perdida de *Hermíone*; EUR., *Andr.*, 891 e s.; escól. *ad Or.*, 1649; VIRG., *Aen.*, III, 328 e s.; SERV. a 297; 303; PAUSAN., I, 11, 1; escól. *ad* PIND., *Nem.*, VII, 58; APOLLOD., *Ep*, III, 3; VI, 14; 28; OV., *Her.*, VIII, 31 e s.; X; HYG., *Fab.*, 123. Cf. A. KRAPPE, «Hermione», *Rh. Mus.*, 1935, pp. 276-288.

que na altura do rapto de Helena Hermíone tinha nove anos). Contudo, durante a guerra, Menelau voltara com a sua palavra atrás e prometera-a ao filho de Aquiles, cuja cooperação era necessária para que Tróia pudesse ser tomada (v. *Neoptólemo*). Após a guerra, Orestes foi obrigado a ceder Hermíone, sua noiva (ou, segundo alguns, sua mulher, pois ele tê-la-ia já desposado) a Neoptólemo, que lha reclamou. Para explicar que Hermíone, já casada com Orestes, tinha sido prometida a outro, contava-se que este primeiro casamento se efectuara às escondidas de Menelau. Ele tinha sido celebrado por instigação de Tíndaro, seu avô, enquanto Menelau se encontrava em Tróia. Seja como for, Hermíone tornou-se o troféu duma rivalidade entre Orestes e Neoptólemo.

O casamento de Neoptólemo e Hermíone permaneceu estéril. E foi na altura em que Neoptólemo fora a Delfos saber do oráculo as razões desta esterilidade que Orestes o matou, ou fez com que os Délficos o matassem no decurso de um motim (v. *Orestes*). De seguida, Orestes desposou Hermíone e deu-lhe um filho, Tisâmeno (v. *Tisâmeno*).

HERMO. (Ἕρμος.) Hermo é um nobre ateniense que acompanhava Teseu na expedição deste contra as Amazonas. Quando Teseu fundou, no regresso, a cidade de Pitópolis, na região de Niceia, deixou Hermo com dois dos seus companheiros para dar leis à nova cidade.

HERMÓCARES. (Ἑρμοχάρης.) Hermócares era um jovem ateniense que se apaixonou por uma jovem da ilha de Ceos, chamada Ctésila, filha de Alcidamante, ao vê-la dançar em redor do altar de Apolo Pítio. Escreveu numa maçã um juramento segundo o qual a jovem se comprometia, perante Ártemis, a não desposar mais ninguém a não ser ele (comparar o estratagema de Acôncio, v. *Acôncio*). Ctésila viu a maçã que ele lançara no templo de Ártemis, leu a fórmula em voz alta e, por tal razão, achou-se comprometida. Coberta de vergonha, atirou a maçã para longe. Mas Hermócares foi ter com o pai de Ctésila e pediu-a em casamento. Ela foi-lhe prometida e o pai comprometeu-se a dar-lha, tomando Apolo por testemunha e tocando no loureiro sagrado.

O tempo passou, e Alcidamente, pai de Ctésila, esqueceu o juramento solene que fizera e prometeu a filha em casamento a um outro. Um dia em que esta sacrificava a Ártemis por ocasião dos seus esponsais, Hermócares acorreu ao templo. A jovem viu-o, enamorou-se de Hermócares (assim o quis Ártemis) e, com a ajuda da sua ama, fugiu secretamente com ele, sem que Alcidamante o notasse. Alcançaram ambos Atenas, onde se casaram. Em breve, Ctésila teve um filho, mas a divindade quis que ela morresse durante o parto, fazendo-a assim expiar o perjúrio de que o pai se tornara culpado perante Apolo. Na altura do funeral, a assistência viu uma pomba sair voando do leito fúnebre. O corpo de Ctésila desaparecera. Hermócares e os habitantes de Ceos, tendo interrogado o oráculo, receberam a ordem de prestar culto a Afrodite Ctésila, o novo nome da jovem divinizada.

HERO. (Ἡρώ.) É a jovem amada por Leandro, por amor de quem ele atravessava, de noite e a nado, o estreito que separava Sesto e Abido (v. *Leandro*).

HERÓFILE. (Ἡροφίλη.) Herófile é, no tempo, a segunda das Sibilas (v. *Sibila*). Nasceu na Tróade, duma ninfa e dum pai mortal, um pastor do Ida, chamado Teodoro. A sua pátria era, mais precisamente, a cidade de Marpesso. Os seus primeiros oráculos foram para anunciar que a ruína de Tróia chegaria por intermédio de uma mulher nascida e criada em Esparta (com efeito ela nascera antes da Guerra de Tróia). Depois, viajara pelo mundo, por Claro, Samos, Delos, Delfos, onde profetizara sempre no cimo duma pedra que transportava consigo. Morreu na Troáde e mostravam o seu túmulo no bosque de Apolo Esminteu.

HERSE. (Ἕρση.) Herse é uma das três filhas de Cécrops e de Aglauro; pertence à família real de Atenas (v. quadro 4, p. 79). As suas duas irmãs são Aglauro e Pândroso. Foi a elas que Atena confiou o pequeno Erictónio (v. *Erictónio*). Tornou-se culpada de indiscrição, ao abrir, juntamente com suas irmãs, a cesta onde estava escondida a criança. Como castigo, Atena feriu-a de loucura e ela precipitou-se do alto dos rochedos da Acrópole. Existia, porém, uma outra tradição que atribuía a culpa apenas a Aglauro. Herse teria escapado ao castigo e, seduzida por Hermes, dele teria tido um filho chamado Céfalo (v. contudo o artigo dedicado a *Céfalo*, quanto a outras filiações do mesmo herói).

* **HERSÍLIA.** (*Hersilia*.) Hersília é uma heroína romana, do tempo de Rómulo. Era de origem sabina e, entre as mulheres desta nação que foram raptadas pelos Romanos de Rómulo, era uma das mais nobres. Segundo uma tradição referida por Plutarco, era a única que, entre as Sabinas raptadas, já era casada. Seu marido chamava-se Hostílio. Era este um sabino que foi morto durante a guerra que estalou na altura entre os dois povos. Contava-se também que ela foi desposada por um companheiro de Rómulo (chamado também Hostílio), a quem deu um filho, chamado Hosto Hostílio, que foi o pai do rei Tulo Hostílio. Durante a guerra entre Sabinos e Romanos, Hersília foi uma das mais activas mediadoras que se interpuseram entre os dois partidos e obtiveram a paz.

Hermo: PLUT., *Thes.*, 26.

Hermócares: ANT. LIB., *Transf.*, 1.

Hero: V. *Leandro.*

Herófile: PAUSAN., X, 12, 1 e s.; SUID., *s. u.* Ἡροφίλα.

Herse: EUR., *Ion*, 23 e s.; STEPH. BYZ., *s. u.* Ἀγραυλή; PAUSAN., I, 18, 2; cf. I, 2, 6; APOLLOD., *Bibl.*, III, 14, 3 e 6; OV., *Met.*, II, 559; 708 e s.

Hersília: PLUT., *Qu. Rom.*, 14; 18 e s.; DION. HAL., III, 1; MACROB., *Sat.*, I, 6, 16; A. GELL., XIII, 23, 13; OV., *Met.*, XIV, 829 e s.; LIV., I, 11, 2.

Segundo outra tradição, Hersília era a mulher de Rómulo a quem deu dois filhos: uma filha, Prima, e um filho, Aólio, que veio depois a chamar-se Avílio. Após a apoteose do seu marido, ela foi atingida pelo fogo celeste e arrebatada para o meio dos deuses, onde recebeu o nome de *Hora Quirini*, tendo-se associado assim ao culto de Rómulo (que após a morte foi identificado com o deus Quirino).

HESÍONE. (Ἡσιόνη.) Hesíone é o nome de três heroínas da lenda, todas elas relacionando-se com o mar.

1. A primeira é, segundo Ésquilo, uma das Oceânides e mulher de Prometeu. Não figura, contudo, na lista das filhas do Oceano, que nos é fornecida por Hesíodo.

2. A segunda é a mulher de Náuplio, o marinheiro, e mãe de Palamedes, de Éace e de Nausimedonte.

3. A mais conhecida é a filha do rei de Tróia, Laomedonte (v. quadro 7, p. 112). Desposou Télamon e deu-lhe um filho, Teucro. As circunstâncias do seu casamento foram singulares. Como Laomedonte recusara pagar a Posídon (e a Apolo) o salário que lhes prometera pela construção da muralha de Tróia, o deus, irritado, enviou contra o país um monstro marinho que devorava os habitantes. Consultado, o oráculo respondeu que para aplacar a cólera de Posídon seria necessário oferecer em sacrifício ao monstro a própria filha do rei. Hesíone foi então ligada a um rochedo, esperando que o monstro a devorasse. Héracles chegou à Troáde nessa ocasião e ofereceu-se a Laomedonte para matar o monstro, com a condição de que o rei lhe desse, em recompensa, os seus cavalos. Laomedonte aceitou, mas uma vez liberta a filha recusou o prémio combinado (v. *Héracles*). Para se vingar, Héracles organizou, uns anos depois, uma expedição no decurso da qual tomou Tróia. O primeiro a franquear a muralha foi Télamon. Como recompensa, Héracles concedeu-lhe a mão de Hesíone.

Entre os cativos, a jovem escolheu o irmão, Podarces, que mais tarde tomou o nome de Príamo, e que ela levou consigo para a Grécia após o ter resgatado a Héracles.

Contava-se também que Hesíone, estando grávida de Télamon, fugiu num barco e chegou a Mileto, onde foi acolhida pelo rei Aríon e onde deu à luz um filho chamado Trambelo (v. *Aríon* e *Trambelo*).

HESPÉRIDES. (Ἑσπερίδες.) As Hespérides são as «Ninfas do Poente». Na *Teogonia* hesiódica, elas são as filhas da Noite. Mais tarde, porém, designaram-nas sucessivamente filhas de Zeus e de Témis, de Fórcis e de Ceto, e, por fim, de Atlas. Também quanto ao seu número os autores não estão de acordo. Geralmente, eles nomeiam três: Egle, Erítia e Hesperaretusa. O nome desta, contudo, é por vezes dividido em dois e aplicado a duas Hespérides distintas: Hespéria e Aretusa (v. *Héracles*).

As Hespérides habitavam no Extremo Ocidente, não longe da Ilha dos Bem-Aventurados, nas margens do Oceano. À medida que o mundo ocidental foi sendo mais bem conhecido, precisou-se a localização do país das Hespérides: junto ao monte Atlas.

A sua função essencial era a de vigiar, com a ajuda dum dragão, filho de Fórcis e de Ceto (ou ainda de Tífon e de Equidna), o jardim dos Deuses onde cresciam as maçãs de ouro, presente dado outrora pela Terra a Hera, na altura das suas bodas com Zeus (v. art. *Héracles*). Elas cantam em coro, junto de nascentes sussurrantes que exalam ambrósia.

As Hespérides estão ligadas ao ciclo de Héracles (v. acima, *loc. cit.*): é junto delas que o herói vai buscar os frutos da imortalidade e a sua busca das maçãs de ouro é já a prefiguração da sua apoteose.

A interpretação evemerista do mito das Hespérides é a seguinte: as Hespérides eram sete donzelas, filhas de Atlas e de Hespéride, sua sobrinha. Elas possuíam grandes rebanhos de carneiros (mediante um jogo de palavras a respeito do termo grego μῆλα, que tanto pode significar «maçãs» como «carneiros»). O rei do Egipto, Busíris, seu vizinho, tinha enviado bandidos devastar-lhes os rebanhos e raptar as jovens. Quando Héracles chegou ao país, matou os bandidos, arrebatou-lhes os despojos, libertou as Hespérides e entregou-as a Atlas. Este, como recompensa, entregou ao herói «o que ele vinha buscar» (não se sabe se as maçãs ou os carneiros) e, além disso, ensinou-lhe a Astronomia (pois, na interpretação evemerista da lenda de Atlas, este é considerado o primeiro astrónomo) (v. *Atlas*).

HÉSPERO. (Ἕσπερος.) Héspero é o génio da Estrela da Tarde. Consideram-no filho, ou ainda irmão, de Atlas. Foi ele quem primeiro subiu ao cimo do Atlas, para daí observar as estrelas. Aí, foi arrebatado por uma tempestade que o fez desaparecer sem deixar rasto. Os homens, que o amavam pela sua bondade, imaginaram que ele se tinha transformado em estrela e chamaram Héspero ao astro benfazejo que, todas as tardes, traz o repouso da noite. Nesta interpretação evemerista das lendas de Atlas, Héspero é considerado o pai de Hespéride que, casada com Atlas, lhe deu como filhas as Hespérides (v. o artigo precedente).

Entre os autores helenísticos, Héspero é identificado como o astro Fósforo, que os Romanos designavam por Lúcifer.

Hesíone: **1)** Aesch., *Pr.*, 555; escól. *ad Od.*, X, 2. **2)** Apollod., II, 1, 5; Eur., *Or.*, 432. **3)** *Il.*, V, 649; Hyg., *Fab.*, 89; Apollod., *Bibl.*, II, 5, 9; III, 12, 3 e s.; Tzetz., *ad Lyc.*, 467; Athen., II, 42e. Névio escreveu uma tragédia intitulada *Hesíone*.

Hespérides: Hes., *Theog.*, 215 e s.; Eur., *Hipp.*, 742 e s.; e o escól. ao v. 742; *Herc. F.*, 394 e s.; Pherecyd., fr. 33, do escól. *ad* Apol. Rh., *Arg.*, 1396; 1399; Hyg., *Astr. Poet.*, II, 3; Eratosth., *Cat.*, 3; Aesch., *Pr.*, fr. 193; Pausan., V, 18, 4; Apollod., *Bibl.*, II, 5, 11; Serv., *ad Virg.*, *Aen.*, IV, 484; Diod. Sic., IV, 26 e s. Cf. B. Bonacelli, «Le Esperidi», *Cirenaica Illustrata*, 1933.

Héspero: *Il.*, XXII, 318 e escól.; Diod. Sic., III, 60; IV, 27; Tzetz., *ad Lyc.*, 879; Hyg., *Astr. Poet.*, II, 42; *Fab.*, 65.

HÉSTIA. (Ἑστιά.) Héstia, a deusa do Lar, de que é a personificação, é a primeira filha de Crono e de Reia, e a irmã de Zeus e de Hera. Apesar de ter sido cortejada por Apolo e Posídon, ela conseguiu, da parte de Zeus, guardar eternamente a sua virgindade. Além disso, Zeus concedeu-lhe honras excepcionais: prestar-lhe-iam culto em todas as casas dos mortais e nos templos de todos os deuses. Enquanto as outras divindades vagueiam pelo mundo, Héstia permanece imóvel no Olimpo. Tal como o lar doméstico é o centro religioso da casa, assim também Héstia é o centro religioso da mansão divina.

Esta imobilidade de Héstia faz com que ela não desempenhe qualquer papel nas lendas. Permanece mais como um princípio abstracto, a ideia do lar, do que como uma divindade pessoal.

HIACÍNTIDES. V. *Jacíntides.*

HIACINTO. V. *Jacinto.*

HÍADES. (Ὑάδες.) As Híades, que são um grupo de estrelas muito próximo das Plêiades, e cuja aparição coincidia com a estação das chuvas da Primavera (daí o seu nome, que faz lembrar ὕειν, que significa «chover»), eram consideradas como tendo sido primeiro umas ninfas, filhas e Atlas e de uma Oceânide, que se dizia, umas vezes, ter sido Etra, e outras Plêione. Por vezes considerava-se também como seu pai o rei de Creta, Melisseu, ou então Hias (v. *Hias*), e mesmo Erecteu ou Cadmo.

O seu número varia entre dois a sete. Os nomes que se lhes atribui são igualmente muito variados. Os mais habituais parecem ter sido: Ambrósia, Eudora, Esile (ou Fesile), Corónis, Díone, Polixo e Feo. Antes de haverem sido transformadas em estrelas, elas tinham sido as amas de Dioniso, sob a designação de «Ninfas do Nisa» (v. *Dioniso*). Mas, com receio de Hera, teriam confiado a sua alimentação a Ino e ter-se-iam refugiado junto de Tétis, sua avó. Aí, Zeus tê-las-ia transformado em constelação. Antes, porém, teriam sido rejuvenescidas por Medeia.

Contava-se ainda que as jovens, desoladas com a morte de seu irmão Hias (v. *Hias*), se teriam suicidado e sido transformadas em constelação.

HÍAMO. (Ὕαμος.) Híamo é filho de Licoro (ou Licoreu) (v. *Licoreu*). Desposou uma das filhas de Deucalião, chamada Melântia. Dela teve uma filha, Melénis (ou ainda Celeno), que gerou Delfos, o herói epónimo de Delfos (v. entretanto *Delfos*). Híamo terá fundado a cidade de Hia.

HIAS. (Ὕας.) Hias é o filho de Atlas e de Plêione e irmão das Plêiades e das Híades. Um dia em que caçava, na Líbia, foi morto por uma serpente, que o picou, ou por um leão ou um javali. Um certo número das suas irmãs (cinco, ou sete, consoante as tradições) morreram de desgosto (ou então suicidaram-se) e foram transformadas em estrelas (as *Híades*) (v. também *Plêiades*).

HÍBRIS. (Ὕβρις.) Híbris é uma abstracção, a personificação do Exagero e da Insolência. Consideraram-na a mãe de Coro (a Saciedade); a menos que Coro seja considerado como seu pai, segundo o jogo dos símbolos.

HIDNE. (Ὕδνη.) Hidne é a filha de Cílis, originária da região de Palene. Pai e filha eram hábeis mergulhadores. Quando a frota de Xerxes se apresentou para invadir a Grécia, eles cortaram os cabos das âncoras enquanto a frota permanecia estacionária e, deste modo, muitos barcos foram atirados contra a costa, despedaçando-se. Em recompensa, os Anfictiões levantaram em Delfos uma estátua de Cílis e outra de Hidne. Contava-se também que Hidne fora amada pelo deus marinho Glauco.

HIDRA DE LERNA. A hidra, ou serpente, de Lerna, nascida de Tífon e de Equidna, é o monstro que Héracles matou (quadro 33, p. 388) (v. a sua descrição e a sua lenda, bem como as diversas tradições e interpretações dos mitógrafos antigos, artigo *Héracles*); foi com o sangue da hidra que Héracles envenenou as suas flechas; o mesmo sangue entrou na composição do pretenso filtro de amor cujo segredo tinha sido dado por Nesso a Dejanira (v. *ibid.*). Este mesmo veneno tinha-se misturado na água do rio Anigro, na Élida, e dera-lhe um odor fétido. Também todos os peixes pescados neste rio eram impróprios para consumo: isto ficou a dever-se ao facto de Quíron, ou um outro Centauro, ferido pela flecha de Héracles, se ter banhado no Anigro e a flecha ter caído ao rio, envenenando-o deste modo para sempre.

HIERA. (Ἱέρα.) Híera é a mulher de Télefo. Na primeira expedição dos Gregos contra Tróia e no desembarque na Mísia (v. *Aquiles* e *Télefo*), ela combateu os invasores à frente das mulheres do país. Foi morta por Nireu.

Diz-se que Híera suplantava Helena em beleza. Teve de Télefo dois filhos, Tárcon e Tírseno.

Héstia: HES., *Theog.*, 454; *Hym. hom. Aphr.*, 22 e s.; PIND., *Nem.*, XI, 1 e s.; DIOD. SIC., V, 68.

Híades: *Il.*, XVIII, 486 e escól.; HESYCH., *s. u.*; *Etym. Magn.*, *s. u.*; APOLLOD., *Bibl.*, III, 4, 3; HYG., *Fab.*, 182; 192; *Astr. Poet.*, II, 21; ERATOSTH., *Cat.*, 14; VIRG., *Aen.*, I, 743 e SERV., *ad loc.*; III, 516; OV., *Fast.*, V, 166 e s.; *Met.*, VII, 297; TZETZ., *ad Lyc.*; escól. *ad* APOL. RH., *Arg.*, III, 226; ATHEN., XI, 12, p. 490.

Híamo: Escól. *ad* EUR., *Or.*, 1097; PAUSAN., X, 6, 2.

Hias: Escól. *ad Il.*, XVIII, 486; HYG., *Fab.*, 192; 248; *Astr. Poet.*, II, 21; OV., *Fast.*, V, 181.

Híbris: PIND., *Olymp.*, XIII, 10; HEROD., VIII, 77; CIC., *de leg.*, II, 11.

Hidne: PAUSAN., X, 19, 1 e s.; ATHEN., VII, 48, 269 c.

Hidra: V. as referências ao art. *Héracles*; acrescentar PAUSAN., V, 5; 7 e s.

Híera: PHILOSTR., *Her.*, II, 18, TZETZ., *ad Lyc.*, 1249; *Anteh.*, 275; *Posth.*, 558.

HÍERAX. (Ἱέραξ.) Híerax é o Falcão. Dois heróis com este nome desempenham um papel na lenda.

1. Um deles é um charlatão que impediu Hermes de roubar furtivamente Io em Argos, obrigando assim o deus a matá-lo. Ainda que as nossas fontes não o mencionem, o castigo de Hermes foi, sem dúvida, transformá-lo no pássaro do mesmo nome.

2. Um outro Híerax é um rico proprietário do país dos Mariandinos, na costa setentrional da Ásia Menor. Híerax honrava Deméter e a deusa recompensava-o fazendo prosperar os seus campos. Quando a cólera de Posídon trouxe a fome e a desolação à Tróade (v. *Laomedonte*), os Troianos pediram auxílio a Híerax. Este forneceu-lhe grandes quantidades de trigo e cevada, salvando-os assim da penúria. Mas Posídon castigou-o, transformando-o em falcão, pássaro amigo do homem mas detestado pelos outros pássaros.

HIETO. (Ὕηττος.) Hieto é o primeiro a vingar-se sangrentamente dum adultério, matando um amante que surpreendera com a sua mulher. Era originário de Argos e a sua vítima chamava-se Moluro, filho de Arisbas. Após este assassínio, exilou-se e achou refúgio junto de Orcómeno, filho de Mínias, em Orcómeno. Aí fundou a cidade que tinha o seu nome.

HÍGIA. (Ὑγίεια.) Hígia é a personificação da saúde. É muitas vezes considerada como uma das filhas de Asclépio. Não possui nenhum mito em particular, mas surge apenas no séquito de Asclépio.

HÍLARA. (Ἴλαρα.) Uma das Leucípides (v. *Leucípides*), irmã de Febe.

HILAS. (Ὕλαι.) Quando Héracles combatia os Dríopes, matara-lhes o rei Teódamas (v. *Héracles*) e raptara o filho deste, Hilas, um jovem de grande beleza, por quem ele se apaixonara. Hilas acompanhou-o na expedição dos Argonautas. Mas, durante uma escala na Mísia, enquanto Héracles fora cortar uma árvore para fazer um remo (pois aquele de que até então se servira havia-se quebrado), Hilas fora incumbido de ir buscar água a uma fonte, na floresta, ou então ao rio (ou lago) Ascânio. As Ninfas, achando-o tão belo, atraíram-no a si para lhe concederem a imortalidade. Polifemo, que desembarcara com Hilas e Héracles, foi o primeiro a dar pelo desaparecimento do jovem. Chamou-o durante muito tempo, mas em vão. Héracles juntou os seus gritos aos dele. Entretanto, os Argonautas tinham levantado âncora, sem esperar pelos seus companheiros (possivelmente a conselho dos Boréadas; v. *Boréadas*). Polifemo fundou neste lugar a cidade de Cio, que mais tarde se chamou Prusa. Héracles, pensando que os Mísios teriam raptado Hilas, impôs-lhes reféns e ordenou-lhes que procurassem o jovem, o que os Mísios ainda faziam solenemente no decurso duma festa anual: os sacerdotes marchavam em procissão até à montanha mais próxima e gritavam três vezes o nome de Hilas.

HILÉBIA. (Εἰλεβίη.) Quando um dos pretendentes de Io, Lirco, filho de Foroneu, recebeu de Ínaco a ordem de ir à procura da jovem, raptada por Zeus (v. *Io*), ele partiu e pôs-se a correr mundo. Não a encontrando e receando voltar a Argos sem ela, fixou-se em Cauno, na Cária, onde desposou Hilébia, a filha do rei do país. O casamento ficou estéril. Para saber qual a razão, Lirco foi consultar o oráculo, o que o levou a ser infiel à sua mulher (v. *Lirco*, 1). O sogro foi severo com ele e tentou expulsá-lo do país. Mas Hilébia permaneceu fiel ao seu marido e ajudou-o a triunfar.

HILEU. (Ὑλαῖος.) Hileu é um dos Centauros arcádios que procuravam raptar Atalanta (v. a sua lenda). Feriu gravemente Milânion, um dos pretendentes da jovem. Foi morto por uma flecha desta.

Uma tradição diferente advogava que Hileu teria participado na luta entre os Centauros e os Lápitas, e que teria sido morto, não por Atalanta mas por Teseu; ou ainda por Héracles, no combate de Folo (v. *Héracles*).

HILO. (Ὕλλος.) Hilo é filho de Héracles e de Dejanira, pelo menos na tradição geralmente mais aceite (v. quadro 17, p. 219, e 18, p. 220). Héracles ter-lhe-ia dado este nome por causa dum rio da Lídia, afluente do Hermo e que devia o seu nome a um gigante, filho da Terra, chamado Hilo, cujas ossadas tinham sido postas a descoberto por uma inundação. Héracles conhecera este rio no tempo da sua servidão junto de Ônfale. Mas poder-se-á observar que esta tradição não tem em conta a cronologia habitual, pois admite-se frequentemente que ele nascera muito antes do exílio de Héracles na Lídia (v. *Héracles*).

Certos mitógrafos apresentam Hilo como filho de Héracles e de Ônfale. Mas tratava-se duma versão aberrante. Igualmente aberrante e, segundo parece, tardia, é a lenda segundo

---

Híerax: 1) Apollod., *Bibl.*, II, 1, 3. 2) Ant. Lib., *Transf.*, 3 (segundo Boeos).

Hieto: Pausan., IX, 36, 6.

Hígia: Escól. *ad* Plut., 639; 707; Pausan., I, 23, 4; V, 20, 3.

Hilas: Apol. Rh., *Arg.*, I, 1207 e s.; escól. aos vv. I, 131; 1207; 1289; 1357; Val. Flac., *Arg.*, III, 521 e s.; *Arg. Orph.*, 634 e s.; Theocr., *Id.*, 13, e escól. ao v. 46; Apollod., *Bibl.*, I, 9, 10; Ant. Lib., *Transf.*, 26; Val. Flac., *Arg.*, III, 521 e s.; Prop., I, 20; Strab., XII, 4, 3, p. 564; Hyg., *Fab.*, 14.

Hilébia: Parth., *Erot.*, 1, segundo Apol. Rh., e Nicetor.

Hileu: Apollod., *Bibl.*, III, 9, 2; Callim., *Hymn. Art.*, 221; Prop., *El.*, I, 1, 13; Ov., *Am.*, II, 191; Virg., *Georg.*, II, 457; Serv., *ad Virg.*, *Aen.*, VIII, 294; Ael., *VH*, XIII, 1, 31 e s.

Hilo: Pausan., I, 35, 7 e s.; 32, 5; 41, 3; VIII, 5, 1; Lact., *ad Stat.*, *Theb.*, VIII, 507; Apol. Rh., *Arg.*, IV, 538 e s.; Steph. Byz., *s. u.* Ὑλῆων; Apollod., *Bibl.*, II, 7, 7; 8, 1 e s.; Herod., VIII, 131; IX, 27; Thuc., I, 9, 2; Diod. Sic., IV, 57; Eur., *Heracl.*, 859; Ant. Lib., *Transf.*, 33.

a qual Hilo teria nascido dos amores de Héracles e de Mélite, uma ninfa do país dos Feaces, a quem Héracles se unira na altura do seu exílio neste país, após o assassínio do seu filho (exílio que é ignorado pelos mitógrafos na versão tradicional). Este Hilo chefiara em seguida um grupo de feaces, fundando uma colónia na Ilíria. Aí fora morto no seguimento duma contenda com os habitantes da região, por causa duns rebanhos de bois. Hilo dera o seu nome aos Hileus do Epiro.

Geralmente admite-se que Hilo nasceu de Dejanira, em Cálidon, nos primeiros tempos do casamento. Era já crescido na altura do exílio junto de Céice (v. *Héracles*). Foi a ele que Héracles, ao morrer, pediu que desposasse Íole (v. *Héracles*), e, quando os Heraclidas tiveram de se refugiar na Ática, para escapar ao ódio de Euristeu, agruparam-se à volta de Hilo, que (pelo menos segundo alguns autores) matou Euristeu com as suas próprias mãos (v. *Heraclidas*). Estabeleceu-se depois em Tebas, junto da sua avó (v. *Alcmena*). Tentou de seguida promover «o regresso» dos filhos de Héracles ao Peloponeso. Porém, interpretando erradamente um oráculo (v. *Heraclidas*), morreu num combate singular às mãos de Équemo (v. *Équemo*). Após a morte de Héracles, Hilo fora adoptado por Egímio, rei dos Dórios (v. *Egímio*) e, a esse título, ele é o epónimo de uma das três tribos dórias.

HILÓNOME. (Ὑλονόμη.) Durante o combate entre os Lápitas e os Centauros, nas núpcias de Pirítoo, a Centaura Hilónome, casada com o Centauro Cílaro, matou-o com a mesma flecha que dera a morte ao seu marido, a quem ela não quis sobreviver.

HIMÁLIA. (Ἱμαλία.) Himália, a Moleira, é uma ninfa de Rodes a quem Zeus se uniu sob a forma duma chuva fecundante, após a sua vitória sobre os Titãs. Deu-lhe três filhos cujos nomes evocam três aspectos da vida do trigo: Espárteo (o «Semeador»), Crónio (o «Amadurecedor»), Cito (talvez o «Padeiro», literalmente a «Cavidade»: possivelmente o que encerra o grão no silo). Durante o dilúvio que recobriu a ilha de Rodes, os filhos de Imália e de Zeus salvaram-se refugiando-se nos píncaros da ilha.

HIMENEU. (Ὑμέναιος.) Himeneu é o deus que conduz o cortejo nupcial. Parece ter sido, originariamente, a personificação do canto do himeneu (comparar com o deus Íaco).

As tradições sobre as suas origens variam: tanto o consideram filho de uma Musa (Calíope, Clio ou Urânia) e de Apolo, como filho de Dioniso e de Afrodite. Por vezes, ainda, atribui-se-lhe como pai Magnes ou Piero.

Para explicar a invocação do nome de Himeneu na altura dos casamentos, vários mitos foram imaginados. Contava-se, por exemplo, que Himeneu era um jovem ateniense, dotado de grande beleza, tão belo que era considerado geralmente como sendo uma donzela. Sendo embora de condição modesta, ele amava uma jovem ateniense nobre e, desesperado por nunca a poder desposar, seguia-a por toda a parte, de longe. Era esta a única satisfação que podia ter a sua paixão. Ora, um dia em que as jovens filhas da nobreza se tinham dirigido a Elêusis, para sacrificar a Deméter, deu-se um ataque de piratas. Foram todas raptadas, incluindo Himeneu, considerado pelo piratas como uma mulher. Após uma longa travessia, os piratas abordaram a uma costa deserta e aí, fatigados, adormeceram. Durante o sono, Himeneu matou-os a todos e, deixando as jovens em segurança, dirigiu-se sozinho a Atenas, propondo entregar as donzelas raptadas com a condição de que lhe fosse concedida a mão da que ele amava. Chegou-se a acordo e as jovens foram entregues às suas famílias. Em recordação deste feito, o nome de Himeneu é invocado na altura de cada casamento, como sendo de bom augúrio.

Uma outra lenda explicava de forma diferente a intervenção de Himeneu no rito nupcial. Himeneu era o filho de Magnes e um músico muito hábil. Cantava nas bodas de Dioniso e Alteia quando morreu, no decorrer da cerimónia. Para perpetuar a sua memória, decidiu-se desde então invocá-lo em todos os casamentos.

Uma lenda próxima da precedente referia que Himeneu, dotado de enorme beleza, fora amado por Héspero (v. *Héspero*). Quando cantava nas bodas de Ariadne e Dioniso, ficou repentinamente sem voz. Em recordação, cada casamento tinha o seu «canto de Himeneu».

Outras vezes, ainda, Himeneu era um jovem muito belo que morrera no dia do seu casamento, ligando assim para sempre o seu nome à cerimónia nupcial. Asclépio tê-lo-ia, aliás, feito voltar à vida, pouco depois.

Todas estas lendas estão de acordo sobre a beleza do jovem que foi amado por Apolo, por Tâmiris ou por Héspero (é, com efeito, no momento em que surge a Estrela da Tarde que se vai consumar o *Hímen*).

Os distintivos habituais de Himeneu são as tochas (as tochas do Himeneu), uma coroa de flores, por vezes uma flauta (como aquelas cuja música acompanhava o cortejo nupcial).

HÍMERO. (Ἵμερος.) O génio Hímero é a personificação do Desejo amoroso. Acompanha Eros no cortejo de Afrodite e, no cimo do Olimpo, vive ao lado das Cárites e das Musas. É uma simples abstracção e não figura em nenhuma lenda.

Para Hímero, filho de Lacedémon, v. este nome.

Hilónome: Ov., *Met.*, 393 e s.

Himália: Diod. Sic., V, 55.

Himeneu: Escól. *ad* Pind., *Pyth.*, III, 96; IV, 313; Serv., *ad Virg.*, *Ecl.*, VIII, 30; *Aen.*, I, 651; IV, 99; 127; Nonn., *Dion.*, IV, 88 e s.; XXXVIII, 137; Tzetz., *Chil.*, XIII, 596; Senec., *Med.*, 110 e s.; Eust., *ad Il.*, XVIII, 493; escól. *ad* Eur., *Alc.*, 1; Apollod., *Bibl.*, III, 10, 3; Lact., *ad* Stat., *Theb.*, III, 283; Ant. Lib., *Transf.*, 23; Suid., *s. u.* Θάμυρις; Catul., LXII, 7 e 26; Athen., XIII, 603d.

Hímero: Hes., *Theog.*, 64; 201.

HIMNO. (Ὕμνος.) Himno era um pastor da Frígia que se apaixonou por Niceia, uma ninfa do séquito de Ártemis que não queria conhecer o amor. Ele ousou, por fim, declarar-lhe a sua paixão, mas ela, irritada, matou-o com uma flecha. A natureza inteira chorou Himno, inclusive Ártemis, que ignorava tudo do amor (v. *Niceia*).

HIPE. (Ἵππη.) A mais conhecida das heroínas com este nome é a filha do Centauro Quíron. Ela foi seduzida pelo filho de Hele, Éolo, e, tendo chegado ao fim do tempo, fugiu para o monte Pélio para dar à luz às escondidas do pai. Este perseguiu-a. Hipe pediu então aos deuses que lhe concedessem ter o seu filho em segredo. Os deuses transformaram-na em constelação, sob a forma dum cavalo (v. também *Melanipe*).

HIPERBÓREOS. (Ὑπερβόρειοι.) Os Hiperbóreos são um povo mítico situado no Extremo Norte «para lá do Vento Norte» (a região donde sopra o Bóreas). A sua lenda relaciona-se com a de Apolo.

Após o nascimento de Apolo, Zeus, seu pai, ordenou-lhe que fosse a Delfos, mas o deus, no seu carro puxado por cisnes, voou primeiro até ao país dos Hiperbóreos, onde permaneceu algum tempo, e só depois é que entrou solenemente em Delfos (v. *Apolo*). Todos os dezanove anos, após os astros terem efectuado uma revolução completa retornando à mesma posição inicial, ele regressa ao país dos Hiperbóreos e todas as noites, entre o equinócio da Primavera e o nascer das Plêiades, aí o ouvem cantar os seus próprios hinos, acompanhando-se à lira.

Após ter massacrado os Ciclopes, artífices do raio com que Zeus havia matado o seu filho Asclépio (v. *Asclépio* e *Apolo*), Apolo escondeu a flecha de que se servira para se vingar no grande templo redondo que possuía no centro da cidade principal dos Hiperbóreos. Dizem alguns que esta flecha, dum tamanho prodigioso, voara sozinha para lá, antes de formar no céu a constelação do Sagitário. Foi transportado nesta mesma flecha que um hiperbóreo de nome Abasis percorreu toda a terra sem comer. Era a flecha prodigiosa que lhe fornecia todo o alimento necessário.

A lenda fazia derivar dos fundadores hiperbóreos um certo número de práticas do culto apolíneo. Não apenas Leto teria nascido no país dos Hiperbóreos e vindo de seguida para dar à luz em Delos, mas também os «objectos sagrados» apolíneos venerados em Delfos, seriam originários de lá. A este respeito, existem duas tradições distintas, ambas referidas por Heródoto: num caso, estes «objectos sagrados» terão sido levados para Delos, metidos na palha de trigo por duas jovens, de nome Hipéroque e Laódice, acompanhadas nesta viagem por cinco homens que lhes serviam de escolta. Elas teriam morrido em Delos, onde se lhes prestavam honras divinas. No outro, os «objectos sagrados» haviam sido confiados pelos Hiperbóreos aos Citas, seus vizinhos, e, passados de mão em mão na direcção do ocidente, tinham chegado às muralhas do Adriático. De seguida, tinham-se dirigido para o Sul, sempre de cidade em cidade. Tinham entrado na Grécia pelo Epiro, em Dodona. Daí, atravessando a Grécia continental, tinham atingido a Eubeia, em Caristo, e sido transportados de ilha em ilha até Tenos e, por fim, até Delos, que constituía o termo da sua viagem.

Contava-se também que duas jovens hiperbóreas, Arge e Ópis, tinham vindo a Delos com as «divindades» (ou seja: Leto e Ilítia), na altura do nascimento de Apolo e Ártemis, trazendo oferendas a Ilítia, em ordem a conseguir um parto rápido e fácil para Leto.

Também em Delfos os Hiperbóreos gozavam de importância. Aí, o oráculo teria sido mesmo fundado por um hiperbóreo, de nome Olen, o primeiro profeta de Apolo, que teria concebido o uso do hexâmetro nos oráculos. Quando os Gálatas tentaram atacar Delfos, entre outras intervenções milagrosas que aterrorizavam os inimigos, apareceram dois fantasmas armados, que eram exactamente os dois heróis hiperbóreos Hiperoco e Laódoco (cujos nomes lembram os das jovens suas compatriotas, mencionadas acima, na lenda délia).

Os Hiperbóreos figuram ainda na lenda de Perseu, na de Héracles (pelo menos na versão que situa no extremo norte o Jardim das Hespérides) (v. *Héracles*). Mas a partir da época clássica, sobretudo, encontrou acolhimento a ideia de representar o seu país como uma região ideal, de clima bastante ameno, agradavelmente temperado, uma autêntica região de Utopia. Aí, a terra produz duas colheitas por ano; os habitantes possuem um carácter amável, vivem ao ar livre nos campos e nos bosques sagrados e o seu tempo de vida é muito extenso. Os velhos, após terem saboreado bastante a vida, precipitam-se no mar do alto duma falésia, radiantes, com a cabeça coroada de flores, e encontram uma morte feliz entre as ondas. Atribuía-se ainda aos Hiperbóreos o conhecimento da magia. Eles podiam deslocar-se no ar, encontrar tesouros, etc. Pitágoras foi considerado como sendo uma encarnação de Apolo Hiperbóreo.

Himno: NONN., *Dion.*, XV, 169 e s.

Hipe: HYG., *Astr. Poet.*, II, 18; ERATOSTH., *Cat.*, 18; *Trag. Gr. Fragm.*, NAUCK, p. 404.

Hiperbóreos: HEROD., IV, 32 e s.; PAUSAN., I, 4, 4; 18, 5; 31, 2; III, 13, 2; V, 7, 7 e s.; X, 5, 7 e s.; STEPH. BYZ., *s. u.*; CIC., *de nat. D.*, III, 23; APOL. RH., *Arg.*, IV, 611 e s.; ERATOSTH., *Cat.*, XXIX; HYG., *Astr. Poet.*, II, 15; PLUT., *De Mus.*, 14; STRAB., I, p. 107; PS. PLAT., *Axiochos*, p. 371 e s.; POMP. MELA, III, 5; PLIN., *N. H.*, IV, 12, 188 e s.; JAMB., *V. Pyih.*, 23 e s.; DIOD. SIC., II, 47. V. RHODE, *Psyché*. Cf. Ch. PICARD, «La Crète et les légendes hiperboréennes», *Rev. Arch.*, 1927, p. 358 e s.; ID. *C. R. A. I.* 1923, p. 328; *B. C. H.*, 1924, p. 247; T. SELTMAN, in *Cl. Quart.*, 1928, p. 155-160.

HIPERÍON. (Ὑπερίων.) Hiperíon é um dos Titãs, filho de Úrano e de Geia (v. quadro 6, p. 105, 14, p. 182, e 16, p. 202). Casado com a sua irmã, a Titânide Tia, gerou o Sol (Hélio), a Lua (Selene), e a Aurora (Eos).

Por vezes o nome de Hiperíon aplica-se também ao próprio Sol. Ele significa o que está por cima (da Terra).

HIPERMESTRA. (Ὑπερμήστρα.) **1.** De todas as Danaides, Hipermestra (ou Hipermnestra) é a única que deixou viver o seu marido, Linceu (v. *Danaides*). Por ter desobedecido, deste modo, às ordens de seu pai, Dánao, foi por este levada a julgamento mas, segundo parece, mandada em paz pelos Argivos. Abandonou o país na companhia do marido, de quem teve um filho, Abante. Ésquilo tratara, numa tragédia perdida, o julgamento de Hipermestra.

Esta Danaide Hipermestra deverá ser distinguida de duas outras heroínas homónimas.

2. Uma é filha de Téstio e de Eurítemis, irmã de Alteia e de Leda (quadro 26, p. 272).

3. A outra é filha de Téspio (ou Téstio, v. este nome) e mãe de Anfiarau (v. quadro 1, p. 8).

HIPÉROCO. (Ὑπέροχος.) Juntamente com Laódoco, é um dos defensores sobrenaturais de Delfos contra os Gálatas (v. *Hiperbóreos*). Possuía o mesmo nome, entre outros heróis, o pai de Enómao (v. *Enómao*).

HIPNO. (Ὕπνος.) Hipno é a personificação do sono. É filho da Noite e de Érebo (ou ainda, filho de Astreia) e irmão gémeo de Tânato (a Morte). Hipno quase não ultrapassou o estado da pura abstracção. Homero representa-o habitando em Lemnos. Mais tarde, fazem retroceder a sua morada: nos Infernos, segundo Virgílio, na região dos Cimérios, segundo Ovídio, que fornece uma abundante descrição do seu palácio encantado, onde tudo dorme. Representam-no, frequentemente, alado, percorrendo rapidamente a terra e o mar e pondo os seres em estado de sonolência. Apenas se lhe pode referir uma lenda: apaixonado por Endímion, ele ter-lhe-ia concedido o dom de dormir de olhos abertos, a fim de poder contemplar sem cessar os olhos do seu amante.

HIPO. (Ἱππώ.) Havia em Leuctros um homem chamado Escédaso que tinha duas filhas, Hipo e Mólpia. As duas jovens foram violadas por dois lacedemónios, Frurárquidas e Parténio. Com o desgosto da humilhação, Hipo e Mólpia enforcaram-se. Escédaso tentou que os Espartanos castigassem os culpados. Não o conseguindo, suicidou-se maldizendo Esparta. Foi esta uma das razões que, no tempo de Epaminondas, atraíram sobre a cidade a cólera celeste.

Sobre Hipo-Ocírroe, v. *Ocírroe.*

HIPOCOONTE. (Ἱπποκόων.) Hipocoonte é um filho ilegítimo de Ébalo e duma ninfa chamada Batia. É originário de Esparta e tem como meio irmãos Tíndaro e Icário (cf. quadro 21, p. 242). Mais velho que eles, após a morte de seu pai baniu-os e apoderou-se do trono. Ele próprio tinha doze filhos, os Hipocoôntidas, que o ajudaram a espoliar Tíndaro e Icário. Hipocoonte e os filhos eram homens violentos. Porém, suscitaram contra si a cólera de Héracles, que lhes moveu guerra e os matou (v. *Héracles*). Héracles restabeleceu Tíndaro no trono de Esparta. Segundo algumas tradições, Ícaro teria ajudado Hipocoonte a despojar Tíndaro do seu reino (v. *Icário*).

HIPOCRENE. (Ἱπποκρήνη.) O cavalo Pégaso, encontrando-se no cimo do Hélicon, não longe do bosque sagrado das Musas, feriu o rochedo com o seu casco e uma fonte jorrou do solo (v. *Pégaso*). Chamou-se-lhe Hipocrene, a Fonte do Cavalo. Era à volta da fonte de Hipocrene que se reuniam as Musas para cantar e dançar. Considerava-se que a sua água favorecia a inspiração poética.

Pausânias assinala igualmente em Trezena uma outra Fonte do Cavalo, que devia também a sua origem a Pégaso.

HIPODAMIA. (Ἱπποδάμεια.) **1.** Hipodamia é o nome de várias heroínas, a mais célebre das quais é a filha do rei de Pisa, em Élide, Enómao (quadro 2, p. 12). As tradições divergem quanto ao nome de sua mãe. Ora a conside-

---

Hiperíon: HES., *Theog.*, 134; 371; APOLLOD., *Bibl.*, I, 1, 3; 2, 2; PIND., *Isth.*, IV, 1, e o escól.; escól. *ad* APOL. RH., *Arg.*, IV, 54; CIC., *de nat. D.*, III, 54; *Od.*, I, 24; *Il.*, XIX, 398; OV., *Met.*, VIII, 565; XV, 406; *Fast.*, I, 385.

Hipermestra: 1) PIND., *Nem.*, X, 6; HYG., *Fab.*, 31; 34; NONN., *Dion.*, III, 308; escól. *ad Il.*, IV, 171; PAUSAN., II, 19, 6; 20, 5 e s.; 21, 1; 25, 4; OV., *Her.*, XIV; HOR., *O.*, III, 11, 33 e s.; escól. *ad* AESCH., *Or.*, 862. V. *Danaides* e Ed. MEYER, in *Philologus*, 1889, p. 185. S. ROBERTSON, «The end of the Supplices, trilogy of Aeschylus», *Cl. Rev.*, 1924, p. 51-53. **2)** APOLLOD., *Bibl.*, I, 7, 10. **3)** DIOD. SIC., IV, 68 e s.; PAUSAN., II, 21, 2.

Hipéroco: PAUSAN., I, 4. 4.

Hipno: *Il.*, XIV, 230 e s.; 270 e s.; XVI, 672; HES., *Theog.*, 211; 758; HYG., *Fab.*, *prel.*; SENEC., *Herc. F.*, 1073 e s.; CAT., LXIII, 42 e s.; PAUSAN., X, 35, 4; OV., *Met.*, XI, 592 e s.; VIRG., *Aen.*, VI, 278; 390; ATHEN., XIII, 564.

Hipo: PAUSAN., IX, 13, 5; cf. XENOPH., *Hell.*, VI, 4, 7; PLUT., *Pelop.*, 20; *Amat. Narr.*, 3, e s.

Hipocoonte: PAUSAN., II, 2, 3; III, 1, 4 e 5; esc. *ad.* EUR., *Or.*, 477; DIOD. SIC., IV, 33; esc. *ad Il.*, II, 580; EUST., *ad Il.*, p. 293, 10. V. o art. *Héracles.*

Hipocrene: HES., *Theog.*, 6; STRAB., VIII, 6, 21, p. 379; IX, 2, 25; p. 410; PAUSAN., IX, 31, 3; cf. II, 31, 9; OV., *Met.*, V, 256 e s.; ANT. LIB., *Transf.*, 9.

Hipodamia: 1) PIND., *Olymp.*, I, 67-90, e esc. *ad loc.*; SOPH., *El.*, 504 e s., e escól. a 504; EUR., *Or.*, 988 e s., e escól. a 982; 990; escól. *ad* APOL. RH., *Arg.*, I, 752; DIOD. SIC., IV, 73; PAUSAN., V, 10, 6 e s.; 14, 6; 17, 7; VI, 20, 17; 21, 6 a 11; VIII, 14, 10 e s.; escól. *ad Il.*, II, 104; APOLLOD., *Bibl.*, III, 10, 1; *Ep.*, II, 3 e s.; TZETZ., *ad Lyc.*, 149; 156; OV., *Her.*, VIII, 70; *Ib.*, 367 e s.; *Ars. am.*, II, 7-8; PROP., I, 1, 19-20; HYG., *Fab.*, 84; 253; PARTH., *Erot.*, 15; SERV., *ad VIRG.*, *Georg.*, III, 7; PLUT., *Parall. min.*, 33; SOPH., trag. perdida de *Enómao* (NAUCK, *Fr. Tr. Gr.*, p. 185); G. DEVEREUX, in *Studi e Materiali...* 1965, p. 3-25. **2)** V. *Pirítoo.*

ram filha da Plêiade Estérope, ora da Danaide Eurítoe, ou de Evarete, a irmã de Leucipo. Hipodamia era dotada de grande beleza, e muitos pretendentes a tinham pedido em casamento. Mas Enómao não queria casar a filha. Certas versões asseguram que um oráculo lhe havia anunciado que ele morreria às mãos do seu genro. Por isso, não queria, de modo nenhum, ter um genro. Mas outros autores afirmam que ele próprio se apaixonara por Hipodamia. Seja como for, imaginara o seguinte estratagema: para afastar os pretendentes, ele prometera a mão de sua filha como prémio duma corrida de carros. Cada pretendente devia colocar a jovem no seu próprio carro, enquanto ele, no seu, se esforçaria por alcançá-los. A meta era o altar de Posídon em Corinto. Dizem que ele fazia subir Hipodamia para o carro dos concorrentes para o tornar mais pesado, ou então para distrair a atenção do condutor. Enómao não tinha dificuldade alguma em alcançá-los, pois possuía cavalos extremamente rápidos (v. *Enómao*). Então, uma vez vencedor, cortava a cabeça do pretendente e pregava-a na porta de sua casa, a fim de assustar, dizia-se, os eventuais pretendentes.

Quando viu chegar Pélops, Hipodamia apaixonou-se pela beleza do jovem. Assegurou a ajuda de Mírtilo, o cocheiro de seu pai, que estava igualmente apaixonado por ela, e conseguiu que ele substituísse as cavilhas das rodas do carro de Enómao por cavilhas de cera que não tardaram a ceder, durante a corrida, e causaram um acidente fatal (v. *Pélops*). Dizia-se também que, para conseguir a colaboração de Mírtilo, Pélops lhe prometera uma noite com Hipodamia. Ou então, ainda, que tinha sido a própria Hipodamia a fazer esta promessa ao cocheiro.

Mais tarde, contava-se que Mírtilo tentara violentar Hipodamia, numa altura em que, viajando os três de carro, Pélops se afastara em busca de água potável. Quando regressou, Hipodamia queixou-se-lhe e ele lançou Mírtilo ao mar. Mas dizia-se também que fora Hipodamia quem tentara seduzir Mírtilo, na ausência de Pélops, e que, tendo Mírtilo recusado, ela o caluniara junto do marido. Este matara-o e, ao morrer, Mírtilo proferira maldições contra a casa de Pélops, uma das origens dos infortúnios que se abateram sobre os Pelópidas (v. *Atreu*, *Tieste*, *Agamémnon*, e quadro 2, p. 12).

Em honra de Hipodamia, Pélops instituiu em Olímpia uma festa de Hera, a deusa do casamento, celebrada de cinco em cinco anos.

As tradições diferem quanto aos filhos de Hipodamia e de Pélops. Umas vezes nomeiam-se seis filhos: Atreu, Tiestes, Piteu, Alcátoo, Plístenes e Crisipo; outras, são-lhes atribuídos: Atreu, Tiestes, Dias, Cinosuro, Corinto, Hipalmo, Hípaso, Cleón, Argeu, Alcátoo, Hélio, Piteu e Trezeno, bem como três filhas: Nicipe, Lisídice e Astidameia, que teriam todas três desposado filhos de Perseu (quadro 32, p. 370). Mas Crisipo é considerado, geralmente, um enteado de Hipodamia que ela mandou matar por intermédio de Atreu e de Tiestes (v. *Crisipo*). Para se vingar, Pélops tê-la-ia mandado matar.

A morte de Crisipo é também, por vezes, narrada da seguinte maneira: como Atreu e Tiestes se recusassem a matar Crisipo, Hipodamia resolveu ser ela própria a fazê-lo. Serviu-se para isso da espada de Laio, que estava hospedado nessa noite em casa de Pélops. Ela deixou a arma no corpo de Crisipo para fazer cair as suspeitas sobre Laio. Mas Crisipo, apesar de mortalmente ferido, teve tempo de revelar a verdade. Hipodamia foi expulsa por Pélops e banida de Élide. Ter-se-ia então refugiado em Mídea, na Argólida, onde teria morrido. Mais tarde, por ordem dum oráculo, Pélops teria reconduzido os seus restos mortais para Olímpia, onde Hipodamia tinha, com efeito, uma capela no recinto sagrado (o Altis).

2. Hipodamia é também o nome da filha de Adrasto (ou de Butes), mulher de Pirítoo, por causa de quem se deu o combate dos Centauros e dos Lápitas (v. *Pirítoo* e quadro 1, p. 8; 25, p. 268).

Ver também outras heroínas com este nome nos artigos *Briseide* (que se chamava realmente Hipodamia) e *Fénix*.

HIPÓLITA. (Ἱππολύτη.) Entre as heroínas com o nome de Hipólita, a mais célebre é a rainha das Amazonas, de cujo cinto Héracles partiu à conquista (v. *Héracles*). Como amazona, ela era filha de Ares. A sua mãe era Otrere. Atribui-se também a esta Hipólita, por vezes, a expedição contra Teseu (v. *Teseu*), e consideram-na mesmo a mãe de Hipólito (v. o artigo seguinte). Mas é mais comum admitir-se que ela foi morta por Héracles.

HIPÓLITO. (Ἱππόλυτος.) **1.** Da Amazona Melanipo, ou de Antíopa, ou ainda de Hipólita, teve Teseu um filho a quem chamou Hipólito. De sua mãe herdou Hipólito a paixão da caça e dos exercícios violentos. De entre todas as divindades, aquela a quem venerava duma forma especial era Ártemis. Quanto a Afrodite, desprezava-a. A deusa vingou-se cruelmente deste desprezo suscitando no coração de Fedra, a segunda mulher de Teseu, uma viva paixão pelo jovem. Fedra ofereceu-se-lhe, mas Hipólito rejeitou-a. Receando então que ele fosse traí-la junto de Teseu, Fedra rasgou os vestidos, arrombou a porta do quarto e fingiu que Hipólito a quisera violar. Teseu foi aco-

---

Hipólita: Escól. *ad Il.*, III, 189; Hyg., *Fab.*, 30; 163; 223; Apol. Rh., *Arg.*, II, 775; Diod. Sic., II, 46; IV, 16; Apollod., *Bibl.*, II, 5, 9; Pausan., I, 41, 7; Plut., *Thes.*, 27.

Hipólito: 1) Eur., *Hipp.*, *passim*; Diod. Sic., IV, 62; escól. *ad Od.*, XI, 321; Ov., *Her.*, IV; *Met.*, XV, 497 e s.; *Fast.*, VI, 737 e s.; Virg., *Aen.*, VII, 765 e s.; Serv., *ad Virg.*, *Aen.*, VI, 445; VII, 761; Senec., *Phaedr.*, e *Hip.*; Apollod., *Bibl.*, III, 10, 3; Tzetz., *ad Lyc.*, 1329; Pausan., I, 22, 1 e s.; II, 27, 4; II, 32, 3 e 10. Cf. S. Reinach, in *Cultes, Mythes et Relig.*, III, p. 54-67; K. Kerényi, *Hippolytos, Sziget*, II, 1936, p. 33-43; W. Fauth, *Hippolytos und Phaidra*..., Wiesbaden, 1959.

metido de violenta cólera e, não querendo ser ele mesmo a matar o seu filho, recorreu a Posídon, que lhe havia prometido realizar três votos que ele quisesse formular. A seu pedido, o deus enviou um monstro marinho que emergiu das ondas na altura em que Hipólito conduzia o seu carro à beira-mar, em Trezena, assustou os cavalos e provocou a morte do jovem; na verdade, Hipólito foi arrastado pelos cavalos, caiu do carro, prendeu os pés nas rédeas e foi arrastado por cima dos rochedos. Ao saber da desgraça por si provocada, Fedra enforcou-se.

Contava-se também que, a pedido de Ártemis, Asclépio fizera voltar à vida o jovem. A deusa tê-lo-ia de seguida levado para Itália, para o seu santuário de Arícia (nas margens do lago de Nemi) (v. *Diana*). Hipólito era identificado com o deus Vírbio, companheiro de Diana em Arícia.

2. Hipólito é também o nome dum gigante que, na Gigantomaquia, se opôs a Hermes e que este matou com a ajuda do elmo de Hades, que o tornava invisível.

HIPÓLOCO. (Ἱππόλοχος.) **1.** Um Hipóloco, filho de Belerofonte e de Filónoe (ou de Anticleia), teve um filho chamado Glauco, que combateu em Tróia, comandando os Lícios (quadro 36, p. 422).

2. Um outro Hipóloco é filho do Troiano Antenor e irmão de Glauco e de Ácamas. Após a tomada de Tróia, estabeleceu-se com eles em Cirene.

HIPOMEDONTE. (Ἱππομέδων.) Hipomedonte é um dos Sete Chefes que atacaram Tebas, ao lado de Adrasto (v. *Adrasto*). Segundo a tradição mais corrente, ele era sobrinho de Adrasto e filho de Aristómaco, um dos filhos de Tálao (v. quadro 1, p. 8). Possuidor duma gigantesca estatura, ele tombou no assalto à cidadc, morto por Ismário. Habitava em Lerna, num castelo cujas ruínas eram visíveis ainda no tempo de Pausânias. O seu filho Polidoro foi um dos Epígonos que tomaram Tebas, juntamente com Alcméon (v. *Alcméon*).

HIPÓMENES. (Ἱππομένης.) Conta-se de Hipómenes, filho de Megareu e de Mérope, uma história atribuída também a Melânion (v. *Melânion*). Ele quis desposar Atalanta. Ora Atalanta não queria casar-se. Ela obrigava os seus pretendentes a competir consigo em corrida e matava aqueles que ultrapassasse. Isto até ao dia em que Hipómenes, correndo à sua frente, lhe lançou três maçãs de ouro que Afrodite lhe dera, o que lhe assegurou a vitória (v. *Atalanta*). Tal como Melânion, e pela mesma razão, foi transformado em leão (v. *ibid.*). Cíbele compadeceu-se de Hipómenes e de Atalanta e, sob o aspecto de leões, atrelou-os ao seu carro.

HÍPOTES. (Ἱππότης.) **1.** Hípotes é um dos Heraclidas (v. *Heraclidas*). Descende de um filho de Héracles, Antíoco, que o herói tivera de Meda, a filha de Filas, o rei dos Dríopes (v. *Filas*). Antíoco tivera um filho chamado igualmente Filas, que era o pai de Hípotes. Pelo lado da mãe, este descende de Iolau (quadro 32, p. 370). Participava na expedição dos Heraclidas contra o Peloponeso, juntamente com Témeno (v. *Heraclidas*) quando, em Naupacto, matou por engano um adivinho que ele suspeitara ser um espião, o que excitou a cólera de Apolo contra o exército. Como castigo, Hípotes foi banido por dez anos.

Hípotes teve um filho, Aletes (v. *Aletes*).

2. Hípotes é também o nome do filho do rei de Corinto, Creonte, que acolheu Jasão e Medeia, banidos por Acasto. Quando Medeia matou Creonte e a filha deste (v. *Jasão*), Hípotes fê-la comparecer perante um tribunal ateniense, mas não a consideraram culpada (v. também *Medo*).

HIPÓTOE. (Ἱπποθόη.) Entre outras heroínas com este nome os mitógrafos citam a filha do filho de Perseu Mestor (v. quadro 32, p. 370), e de Lisídice, uma filha de Pélops. Ela foi raptada por Posídon e levada para as ilhas Equínades. Aí, deu-lhe um filho, Táfio, o pai de Ptérelas, rei dos Teléboos (v. *Anfitrião*).

HIPSICREONTE. (Ὑψικρέων.) Conta Teofrasto que um milésio, de nome Hipsicreonte, tinha como amigo um náxio chamado Promedonte. Ora um dia em que este estava em casa do seu amigo, Neera, a mulher do milésio, apaixonou-se por ele. Enquanto o marido esteve em casa, ela escondeu a sua paixão, mas tendo Promedonte vindo a Mileto num dia em que Hipsicreonte estava ausente, Neera aproveitou a ocasião para lhe declarar a sua paixão. Promedonte recusou escutá-la, invocando os sagrados deveres da hospitalidade. Então Neera fez com que as suas criadas a fechassem no quarto do hóspede, e seduziu-o de tal maneira que este consentiu em todos os seus desejos. No dia seguinte, aterrorizado com o que se passara, Promedonte partiu para Naxos e Neera seguiu-o. Hipsicreonte, quando soube da aventura, reclamou a sua mulher. Esta refugiou-se então junto do altar do Pritaneu, em Naxos, e recusou-se a seguir o seu marido. Os Náxios aconselharam este a persuadir a sua

---

Hipóloco: **1)** *Il.*, VI, 196 e s., e escól. *ad* 156; APOLLOD., *Bibl.*, II, 3, 2; TZETZ., *Hom.*, 123. **2)** Escól. *ad* PIND., *Pyth.*, V, 108; TZETZ., *ad Lyc.*, 874.

Hipomedonte: APOLLOD., *Bibl.*, III, 6, 3 e 6; DIOD. SIC., IV, 65; AESCH., *Th.*, *passim*; EUR., *Phoen.*, 125 e s.; escól. ao v. 126; PAUSAN., X, 10, 3; X, 38, 10; HYG., *Fab.*, 70.

Hipómenes: APOLLOD., *Bibl.*, III, 9, 2; EUST., *ad Hom.*, XXIII, 683; escól. *ad Il.*, II, 764; *ad* THEOCR., III, 40; VIRG., *Catalect.*, XI, 25; OV., *Met.*, X, 560 e s.; HYG., *Fab.*, 185; SERV., *ad VIRG.*, *Aen.*, III, 113; *Ecl.*, VI, 61; escól. *ad* EUR., *Phoen.*, 150.

Hípotes: **1)** APOLLOD., *Bibl.*, II, 8, 3; PAUSAN., III, 13, 3; DIOD. SIC., V, 9; CONON, *Narr.*, 26; escól. *ad* PIND., *Olymp.*, XIII, 17. **2)** Escól. *ad* EUR., *Med.*, 20; DIOD. SIC., IV, 55; HYG., *Fab.*, 27.

Hipótoe: APOLLOD., *Bibl.*, II, 4, 5; TZETZ., *ad Lyc.*, 932; escól. *ad* APOL. RH., *Arg.*, I, 747.

Hipsicreonte: PARTH., *Erot.*, 18; PLUT., *de mul. virt.*, 17.

mulher, mas proibiram-lhe qualquer violência para a arrancar do seu refúgio. Hipsicreonte considerou-se insultado pelos Náxios e convenceu as gentes de Mileto a declarar-lhes guerra.

HIPSÍPILE. ('Υψιπύλη.) Filha de Toas e de Mirina, Hipsípile é, pelo lado do pai, neta de Dioniso e de Ariadne (v. *Ariadne*, *Toas*). Pelo lado da mãe, descende de Creteu e, por consequência, de Éolo (v. quadro 8, p. 116). Toas reinava sobre a ilha de Lemnos na altura em que as Lémnias resolveram matar todos os homens. É que, tendo negligenciado o culto de Afrodite, as Lémnias tinham sido castigadas pela deusa que as havia atormentado com um odor insuportável. Os maridos deixavam-nas e procuravam escravas e estrangeiras. Para se vingarem, as mulheres da ilha mataram-nos a todos. Apenas Hipsípile não se conformou a matar o seu pai, na noite do massacre, escondendo-o num cofre (dizem também que ela o terá revestido com os ornamentos da estátua de Dioniso e o conduziu de manhã até ao mar, como se ele fosse o deus que ela ia purificar após o morticínio daquela noite. Ela lançou-o ao mar nesta embarcação improvisada e Toas conseguiu, finalmente, salvar-se (v. a sua lenda).

Como filha do antigo rei, Hipsípile foi designada pelas Lémnias como a sua rainha. Foi então que os Argonautas abordaram a Lemnos. Segundo os autores, eles terão sido, num caso, acolhidos hospitaleiramente pelas Lémnias, ou então estas terão começado por se opor, de armas na mão, ao seu desembarque. Contudo, ter-se-ão acalmado quando os heróis se comprometeram a unir-se a elas. Deste modo, Hipsípile tornou-se amante de Jasão. Ela promoveu então jogos fúnebres em honra de Toas (considerado oficialmente morto) e de todos os Lémnios em geral, que tinham sido massacrados.

Dos seus amores com Jasão teve Hipsípile dois filhos: Euneu, que é referido na *Ilíada* (v. *Euneu*), e um outro, chamado Nebrófono (ou Nefrónio), ou então Toas, como o seu avô (v. quadro 23, p. 258).

Mais tarde, após a partida dos Argonautas, as Lémnias tomaram conhecimento de que a sua rainha havia poupado a vida ao pai e quiseram dar-lhe a morte, por causa do que elas consideravam uma traição. Mas Hipsípile fugiu em segredo durante a noite e foi raptada por piratas que a venderam como escrava a Licurgo, o rei de Némea. Aí, ao serviço de Licurgo e de sua mulher Eurídice, foi incumbida de velar pelo filho deles, o pequeno Ofeltes. Porém, quando os Sete Chefes por ali passaram e lhe pediram que lhes indicasse a fonte onde se pudessem dessedentar, ela interrompeu por momentos a sua vigilância e a criança foi sufocada por uma serpente monstruosa (v. *Arquémoro* e *Anfiarau*). Encolerizados, Eurídice e Licurgo quiseram dar-lhe a morte. Porém, nesta altura, apareceram ali os dois filhos de Hipsípile, Euneu e Toas, o Jovem, em busca da mãe. Anfiarau, um dos chefes, provoca o reconhecimento entre mãe e filhos graças a um ramo de videira em ouro, que os jovens traziam, oferecido outrora por Dioniso ao seu avô Toas. Além disso, Anfiarau acalma Eurídice e consegue que deixe Hipsípile regressar a Lemnos, na companhia de seus filhos. Esta é a versão seguida por Eurípides na sua tragédia, em parte perdida, *Hipsípile*. Além disso, para explicar como Hipsípile se encontrava separada dos seus filhos, Eurípides imaginara que estes tinham embarcado na *Argo*, na altura da partida de seu pai, um ano após o seu nascimento (pois eles eram gémeos); de seguida, eles tinham sido levados para a Trácia por Orfeu, que os criara. Lá, encontraram o seu avô, Toas. Estas aventuras romanescas não pertencem, é claro, à lenda primitiva, mas são meras ficções literárias e arranjos secundários.

HIRIEU. ('Υριεύς.) Hirieu é o pai de Nicteu, de Lico e, segundo algumas tradições, de Oríon. Ele é filho de Posídon e da Plêiade Alcíone. Fundara a cidade de Íria, na Beócia, onde reinava (v. quadro 27, p. 280).

Lendas tardias consideravam Hirieu um velho agricultor que acolhera hospitaleiramente na sua choupana Zeus, Posídon e Hermes, os quais, agradecidos, lhe possibilitaram que formulasse um voto que eles cumpririam. Ele pediu-lhes um filho. Os deuses deram-lhe, então, um filho que eles engendraram urinando sobre a pele do boi que o velho lhes sacrificara. O filho chamou-se Oríon (v. *Oríon*).

Foi para Hireu que, segundo certas tradições, Trofónio e Agamedes construíram o célebre tesouro que causou a sua perda (v. *Agamedes*).

HIRNETO. ('Υρνηθώ.) Filha de Témeno e mulher de Deífontes (v. *Deífontes* e quadro 18, p. 220). Era a heroína da tragédia perdida de Eurípides, intitulada as *Teménides*.

*** HIRPOS SORANOS.** (*Hirpi Sorani.*) «Os Lobos do Soracte» eram sacerdotes que celebravam, no cimo do Soracte, uma montanha ao norte de Roma, certas cerimónias no decurso das quais dançavam descalços sobre carvões ardentes. Contava-se uma lenda curiosa sobre a origem desta confraria de «lobos». Enquanto os habitantes do Soracte ofereciam um

---

Hipsípile: *Il.*, VII, 468, e escól.; XXI, 41; XXIII, 747; APOL. RH., *Arg.*, I, 608 e s.; escól. aos v. 609; 615; 769; escól. *ad* PIND., *Olymp.*, IV, 32c; arg. de *Nem.*, II; PIND., *Pyth.*, IV, 253 e s.; APOLLOD., *Bibl.*, I, 9, 17; III, 6, 4; VAL. FLAC., *Arg.*, II, 242 e s.; HYG., *Fab.*, 15; 74; 254; AESCH., trag. perdida de *Hipsípile*; SOPH., *id.*, *As Lémnias*; EUR., *id.*, *Hipsípile* (fragmentos reencontrados no *Pap. de Oxirrinco*, VI, 852); HEROD., VI, 138; OV., *Her.*, VI; escól. *ad* STAT., *Theb.*, IV, 740; 770; V, 29; STAT., *Theb.*, V, 494 e s.; *Anthol. Pal.*, III, 19; PROP., I, 15, 17 e s. Cf. G. DUMEZIL, *Le Crime des Lemniennes...*, Paris, 1924.

Hirieu: APOLLOD., *Bibl.*, III, 10, 1; STEPH. BYZ., *s. u.*, 'Υρία; escól. *ad Il.*, XVIII, 486; *ad Od.*, V, 121; PART., *Erot.*, 20; HYG., *Fab.*, 157; 195; OV., *Fast.*, V, 495 e s.; NONN., *Dion.*, XIII, 96 e s.

Hirneto: V. *Deífontes*; cf. STRAB., VIII, 8, 5, p. 389, citando ÉFORO (fr. 16); NAUCK, *Trag. Gr. Fragm.*, p. 463.

Hirpos Soranos: SERV., *ad* VIRG., *Aen.*, XI, 785.

sacrifício a *Dis Pater*, apareceram uns lobos que tiraram do meio das chamas pedaços de carne das vítimas. Os oficiantes lançaram-se em sua perseguição e, após uma longa corrida, viram-nos desaparecer numa caverna donde saía um hálito pestilento. Este hálito era de tal modo nocivo à saúde que não só matou os perseguidores mas espalhou ainda uma epidemia em toda a região. Interrogado o oráculo, este respondeu que, para aplacar os deuses, os habitantes deveriam «tornar-se semelhantes a lobos», ou seja, viver de rapinas.

Comparar os ritos romanos das Lupercas (v. *Lupercas*).

HISTORIS. (Ἱστορίς.) Uma lenda local atribui por vezes a Historis, a filha do adivinho tebano Tirésias, o estratagema que permitiu a Galíntia (v. *Galíntia*) apressar o parto de Alcmena, quando esta se via impedida de dar à luz Héracles, por causa das conspirações de Hera e Ilítia. Como Ilítia se sentara na soleira da porta, de mãos cruzadas, impedindo, deste modo, Alcmena de se «desembaraçar», Historis saiu repentinamente da casa lançando gritos de alegria, dizendo que Alcmena acabara finalmente de dar à luz. A deusa acreditou e afastou-se, encolerizada, o que permitiu a Alcmena ver o fim dos seus tormentos e dar à luz Héracles e Íficles.

HOMOLOEU. (Ὁμολωεύς.) Homoloeu é um dos filhos de Níobe e Anfíon. Ajudou o pai a erguer as muralhas de Tebas, e tinha dado o seu nome a uma das portas da cidade.

HOMONOIA. (Ὁμόνοια.) Personificação, puramente abstracta, da Concórdia. Possuía um altar em Olímpia. Em Roma conheciam-na pelo nome de Concórdia, abstracção que reaparece frequentemente na ideologia oficial, designadamente nas moedas, onde a sua aparição marca a cessação de alguma rebelião ou o fim de uma guerra civil. Possuía um templo junto ao Capitólio que lhe fora dedicado por Camilo e que simbolizava o acordo finalmente conseguido entre patrícios e plebeus.

* **HONOR.** (*Honos.*) Honor é, em Roma, a personificação da virtude moral, tal como Virtus o é da coragem guerreira. Honor possuía vários templos, precisamente em Roma.

HONOS. V. *Honor.*

HOPLÁDAMO. (Ὁπλάδαμος.) Hopládamo é um dos gigantes que, segundo uma lenda arcádica, acompanharam Reia enquanto ela transportava no seu seio o pequeno Zeus, para o proteger de Crono caso este a atacasse.

* **HORÁCIO.** (*Horatius.*) As lendas romanas conhecem três Horácios, dos quais um é apenas mítico e os outros dois são apresentados como «históricos».

1. Por ocasião da guerra que opôs Romanos e Etruscos e cujo início ficou assinalado pela luta de Bruto e de Arrunte Tarquínio, os exércitos etruscos e romanos tinham ambos perdido um razoável número de homens e não se sabia qual deles ficara vitorioso. Os exércitos acamparam ambos no campo de batalha, perto da floresta de Ársia. Vinda do bosque, fez-se então ouvir uma voz divina que proclamou: «Os Etruscos perderam mais um homem; são os Romanos os vencedores!» Os Etruscos fugiram assustados. O herói venerado na Floresta de Ársia era Horácio e fora a sua voz que pusera o inimigo em fuga.

2. Um outro Horácio, Horácio-o-Zarolho (Horácio Cocles), defendeu sozinho, algum tempo depois, o único ponto que ligava Roma à margem direita do Tibre, contra os ataques dos Etruscos. Ficou coxo, em consequência dum ferimento na coxa recebido em combate. Erigiu-se-lhe uma estátua no Vulcanal, junto do Capitólio. Será provavelmente esta estátua dum homem zarolho e coxo (o próprio Vulcano?) que estará na origem da lenda.

3. Por fim, apesar de o combate dos três Horácios, campeões de Roma, contra os três Curiácios, campeões de Alba, ser geralmente considerado histórico, há boas razões para acreditar que este relato é a transposição dum mito de iniciação muito antigo, de que se encontra equivalente nas lendas célticas (v. obra de Dumézil, citada nas notas).

HORAS. (Ὧραι.) Diz-se *Horas* por causa duma tradução abusiva do seu nome latino «Horae», as divindades das Estações. Só tardiamente é que elas acabaram por personificar as horas do dia.

As Horas são filhas de Zeus e de Témis e irmãs das Moiras (os Destinos) (quadro 40, p. 471). São três: Eunómia, Dice e Irene, ou seja: Disciplina, Justiça e Paz. Os Gregos, contudo, designavam-nas: Talo, Auxo e Carpo, três nomes que evocam a ideia de nascer, crescer e frutificar. As Horas têm um duplo aspecto: como divindades da Natureza, elas presidem ao ciclo da vegetação; como divindades da ordem (filhas de Témis, a Justiça), asseguram a estabilidade social.

No Olimpo, elas desempenham diversas funções: exercem vigilância sobre as portas da mansão divina e pensa-se, por vezes, que foram elas que criaram Hera, a quem prestam serviço; são elas que desatrelam os cavalos do

---

Historis: PAUSAN., IX, 11, 3.

Homoloeu: Escól. *ad* EUR., *Phoen.*, 1119.

Homonoia: PAUSAN., V, 14, 9.

Honor: CIC., *de leg.*, II, 58 e s.

Hopládamo: PAUSAN., VIII, 36, 2.

Horácio: DION. HAL., V, 16; 882 e s. **2)** LIV., II, 10; PLUT., *Publ.*, 16; cf. G. DUMÉZIL, *Mitra, Varuna*, p. 120; G. DE SANCTIS, in *Riv. Fil. Istr. Cl.*, 1935, p. 289-301. **3)** LIV., I, 25 e s.; FLORUS., I, 3; DION. HAL., III, 5 a 22. V. G. DUMÉZIL, *Horace et les Curiaces*, Paris, *s. d.* (1942).

Horas: HES., *Theog.*, 901 e s.; *Il.*, V, 749; VIII, 393; PIND., *fr.* 30; *Ol.*, XIII, 6 e s.; OV., *Met.*, II, 118; PAUSAN., II, 20, 5; IX, 35, 2; HYG., *Fab.*, 183; APOLLOD., *Bibl.*, I, 3, 1; *Hym. orph.*, 10, 4; SERV., *ad* VIRG., *Ecl.*, V, 48.

seu carro e, por outro lado, encarregam-se do mesmo serviço junto do Sol. Pertencem também ao séquito de Afrodite, na mesma qualidade das Cárites e figuram no cortejo de Dioniso bem como entre as companheiras de jogo de Perséfone. Por fim, Pã, o deus dos bosques e dos rebanhos, compraz-se na sua companhia.

São representadas como três donzelas de porte gracioso, segurando nas mãos, muitas vezes, uma flor ou uma planta. Elas são, porém, consideradas como seres abstractos, de personalidade incerta, e quase não desempenham qualquer papel nas lendas. É somente numa alegoria tardia que se considera uma das Horas como a esposa de Zéfiro (o Vento de Oeste, o vento da Primavera por excelência), de quem ela teve um filho, Carpo (o Fruto).

* **HÓSTIO.** (*Hostius.*) Hóstio, também chamado Hosto Hostílio, é um latino originário da colónia de Medúlia, estabelecida pelos Albanos na região sabina. No reinado de Rómulo, ele tinha vindo habitar em Roma. Quando se deu o rapto das Sabinas, desposou Hersília (v. *Hersília*), de quem teve um filho, que foi o pai de Tulo Hostílio. No decurso do combate contra os Sabinos, na planície do Foro, Hóstio notabilizou-se na primeira linha do exército romano. Foi o primeiro a tombar e a sua morte lançou por momentos o pânico nas hostes romanas, até que a intervenção de Júpiter Estator restabeleceu a situação.

Hóstio mostrara-se já particularmente corajoso na tomada de Fidena, onde tinha sido recompensado com uma coroa de louros, a primeira a ser concedida em Roma.

Hóstio: DION. HAL., III, 1; LIV., I, 12, 2 e s.; 22, 1; AUR. VICTOR., *De Vir. Ill.*, II, 7; PLUT., *Qu. Rom.*, 14 e 15; PLIN., *N. H.*, XVI, 5, 11; MACROB., *Sat.*, I, 6, 16.

I

IACO. (Ἴακχος.) Iaco é o deus que dirige misticamente a procissão dos iniciados nos Mistérios de Elêusis. O seu nome parece não ser mais que o grito ritual «Iacche» emitido pelos fiéis. Esse grito tornou-se um nome sob o qual se criou um deus. As tradições variam quanto à personalidade de Iaco. Geralmente, porém, Iaco, cujo nome lembra um dos que é usado por Dioniso — Baco — pode considerar-se como o intermediário entre as deusas eleusinas e Dioniso.

Por vezes, diz-se que é filho de Deméter e que acompanhou a mãe na busca de Perséfone (v. *Deméter*). Foi ele quem, com o seu riso face aos gestos de Baubo, alegrou a deusa (v. *Baubo*).

Mais frequentemente, Iaco é considerado filho de Perséfone e não de Deméter. Nesse caso, não seria mais que a reencarnação de Zagreu (v. este nome), filho de Perséfone e Zeus. De facto, Hera, cheia de ciúmes provocados pelos amores do marido e não podendo vingar-se nele, levou os Titãs a atacarem o pequeno Zagreu, filho da rival, enquanto ele brincava. Zagreu tentou escapar-se e transformou-se de várias maneiras. Por fim, quando assumira a forma de um touro, foi apanhado pelos seus perseguidores, que o esquartejaram, lhe puseram os membros num caldeirão e começaram a cozê-lo. Zeus acorreu em socorro do filho, mas era tarde de mais. Fulminou os Titãs criminosos, encarregou Apolo de reunir no Parnaso os membros espalhados do filho e, quando Atena lhe trouxe o coração da criança que ainda palpitava, engoliu-o. Em seguida, regenerou Zagreu, que tomou o nome de Iaco.

Outras vezes, Iaco é considerado o marido de Deméter, ou então o filho que Dioniso teve da ninfa Aura (v. este nome), na Frígia. Aura tivera dois filhos gémeos de Dioniso mas, num acesso de loucura, devorara um. O segundo, o pequeno Iaco, foi salvo por outra ninfa que o deus amava e confiado às Bacantes de Elêusis, que o criaram. Diz-se que a própria Atena o amamentou, enquanto Aura se lançou ao rio Sangário (o mesmo que desempenha um papel na lenda de Agdístis e de Átis) e se tornava uma fonte.

Finalmente, Iaco é por vezes identificado com Baco e, nesse caso, afirma-se que essa dualidade é um mistério.

Representa-se Iaco como uma criança acabada de entrar na adolescência, que transporta um archote e guia a procissão de Elêusis dançando.

IÁLEMO. (Ἰάλεμος.) Iálemo é filho de Apolo e Calíope e irmão de Himeneu e Orfeu (numa versão da lenda deste último; v. *Orfeu*). Assim como Himeneu personifica o canto do casamento, Iálemo personifica o canto triste, o lamento pelos seres que morrem jovens.

Iaco: DIOD. SIC., III, 64, 1 e s.; LUCR., IV, 1160; ARNOB., *Adu. Pag.*, III, 10; V, 25; escól. *ad* ARISTOPH., *Ra.*, 324; *ad* EUR., *Tr.*, 1230; TZETZ., *ad Lyc.*, 355; PROCL., in *Ti.*, 200 d; PAUSAN., VIII, 37, 5; I, 37, 4; HESYCH., *s.u.* Σαβάζιος; NONN., *Dion.*, XLVIII, 870 e s.; XXXI, 66 e s.; EUST. *ad Hom.*, 629, 30; 962, 60; STRAB., X, 3, 10, p. 468; *Hymn. hom. Cer.*; SERV., *ad Virg.*, *Georg.*, I, 166; cf. HEROD., VIII, 65.

Iálemo: PIND., citado *in* escól. *ad* EUR., *Rh.*, 892; escól. *ad* EUR., *Or.*, 1375; *Supp.*, 281; escól. *ad* PIND., *Pyth.*, IV, 313; *ad* APOL. RH., IV, 1304.

É-lhe atribuída a criação desse género. Ou então identifica-se com Lino, que morreu jovem e sobre quem se cantou esse género de lamento.

IÁLISO. ('Ἰάλυσος.) Iáliso é o herói epónimo da cidade de Iáliso em Rodes. Pelo lado do pai, Cércafo, descendente do Sol (Hélio) e da ninfa Rode (v. *Cércafo*). Casou-se com Dótis e dela teve uma filha, Sime, epónimo da ilha homónima entre Rodes e Cnido.

IÁLMENO. ('Ἰάλμενος.) Iálmeno e seu irmão Ascálafo são filhos de Ares; sua mãe é Astíoque, filha de Actor (quadro 34, p. 392). Iálmeno e Ascálafo reinaram em Orcómeno, na Beócia; durante o seu reinado, os Mínias participaram na expedição contra Tróia com um contingente de trinta navios.

Depois da queda de Tróia, Iálmeno regressou com os seus navios mas, em vez de voltar para a sua pátria, estabeleceu-se na costa do Ponto Euxino onde fundou uma colónia aqueia a que, no tempo de Estrabão, se chamava ainda «os Aqueus do Ponto» e reivindicava Orcómeno como metrópole.

Iálmeno e seu irmão figuram também entre os Argonautas: Iálmeno conta-se entre os pretendentes de Helena e, respeitando o juramento colectivo, teve de participar na guerra com o objectivo de a reconquistar (v. *Helena*).

IAMBE. ('Ἰάμβη.) Iambe, filha de Pã e da ninfa Eco, servia em Elêusis em casa de Céleo e Metanira quando Deméter por lá passou em busca de Perséfone. Iambe recebeu-a e fê-la rir com os seus gracejos. Por vezes, este papel é atribuído não a Iambe mas a Baubo (v. este nome).

ÍAMO. ("Ιαμος.) Íamo é um herói de Olímpia, antepassado mítico da família sacerdotal dos Iâmidas. É a seguinte a sua ascendência divina: Pítane, filha do deus-rio Eurotas, teve de Posídon uma filha, Evadne, que foi criada por Épito, seu pai «humano» (v. *Épito*, 3, e *Evadne*, 1). Evadne foi amada por Apolo e dele concebeu um filho. Envergonhada por ter sido seduzida, Evadne expôs a criança; no entanto, duas serpentes vieram alimentá-la com mel. Deste modo, Evadne encontrou-o um dia milagrosamente salvo, deitado entre violetas em flor. Por isso, deu-lhe o nome de Íamo (o Menino das Violetas). Épito consultou então o oráculo de Delfos e o deus respondeu-lhe que o pequeno Íamo seria um adivinho célebre e o pai de uma longa linhagem de sacerdotes e adivinhos. Quando cresceu, Íamo foi uma noite à margem do Alfeu e invocou seu pai Apolo e seu avô Posídon. Apolo respondeu-lhe e mandou-o seguir a sua voz. Conduziu-o assim até ao sítio de Olímpia e disse-lhe que se estabelecesse ali, à espera de que Héracles fosse fundar os Jogos que mais tarde haveriam de se tornar célebres. Ensinou-lhe também a compreender a linguagem das aves e a interpretar os presságios fornecidos pelas vítimas.

IANISCO. ('Ἰάνισκος.) **1.** Em certas tradições, Ianisco é filho de Asclépio e, por isso, irmão de Macáon e Podalírio. É originario da Tessália, do país dos Perrebos.

2. Outro Ianisco é um descendente do ateniense Clítio, que deu sua filha, Feno, em casamento ao rei de Sícion, Lamedonte. Mais tarde, quando Adrasto, um dos sucessores de Lamedonte, deixou o trono de Sícion (v. *Adrasto*), Ianisco foi chamado a reinar e veio da Ática. Quando morreu, sucedeu-lhe Festo (v. este nome).

IANTE. ('Ἰνθη.) **1.** O nome de Iante (a Jovem das Violetas) é usado por uma Oceânide.

2. É também o nome de uma heroína cretense, mulher de Íris (v. este nome).

IÁPIGE. V. *Iápix*.

IÁPIX. ('Ἰάπυξ.) Iápix é o herói que deu nome aos Iapígios, na Itália meridional. A sua lenda varia consoante as fontes. Diz-se por vezes que é filho de Licáon e irmão de Dáunio (ou Dauno) e de Peucécio. Outros autores consideram-no natural de Creta, filho de Dédalo e de uma mulher cretense; dizem que foi para a Sicília e, em seguida, para a Itália meridional, no seguimento dos acontecimentos que acompanharam a morte de Minos (v. *Dédalo* e *Minos*). Iápix passava por ter sido o chefe dos Cretenses que haviam seguido Minos quando, após a morte deste, tentaram em vão voltar à pátria. Uma tempestade arrastou-os para a região de Tarento onde se fixaram. Uma variante desta tradição diz simplesmente que Iápix, um cretense, irmão de Icádio (v. este nome), foi para a Itália meridional enquanto seu irmão era levado por um delfim até junto do Parnaso, onde fundou Delfos.

IARBAS. (*Iarbas* ou *Hiarbas*.) Iarbas é um rei indígena africano, filho de Júpiter Ámon e de uma ninfa do país dos Garamantes. Era rei dos Getulos. Foi ele quem cedeu a Dido o território em que ela fundou Cartago (v. *Dido*). No entanto, apaixonado pela rainha e com ciú-

---

Iáliso: PIND., *Olymp.*, VII, 136; escól. *ad* DIOD. SIC., V, 57; TZETZ. *ad Lyc.*, 923.

Iálmeno: *Il.*, II, 511 e s. e EUST., *ad loc.*; PAUSAN., IX, 37, 7; HYG., *Fab.*, 97; 159; TZETZ., *Posth.*, 87; STRAB., IX, 2, 42 p. 416; APOLLOD., *Bibl.*, I, 9, 16; III, 10, 8.

Iambe: *Hymn. hom. Cer.*, 195 e s.; APOLLOD., *Bibl.*, I, 5, 1; DIOD. SIC., V, 4; *Etym. Magn. s.u.* 'Ἰάμβη.

Íamo: PAUSAN., VI, 2, 5; PIND., *Olymp.*, VI, 46 e s.; e escólios.

Ianisco: **1)** Escól. *ad* ARISTOPH., *Pl.*, 701. **2)** PAUSAN., II, 6, 6.

Iante: **1)** HES., *Theog.*, 349; PAUSAN., IV, 30, 4; HYG., *Fab.*, *pr.* 6 (Rose). **2)** OV., *Met.*, IX, 666 e s.

Iápix: ANT. LIB., *Transf.*, 31; STRAB., VI, 3, 2, p. 279; PLIN., *N. H.*, III, 11, 16; HEROD., VII, 170; SOLIN., II, 7; SERV., *ad* VIRG., *Aen.*, III, 332 (citando CORNIFICIUS LONGUS) e XI, 247. V. J. BÉRARD, *Colonisation*, p. 449 e s.

Iarbas: VIRG., *Aen.*, IV, 36; 196; 326; SERV., *ad* VIRG., *Aen.*, I, 367; IV, 36; OV., *Her.*, VII, 125; *Fast.*, III, 552; JUST., XVIII, 6.

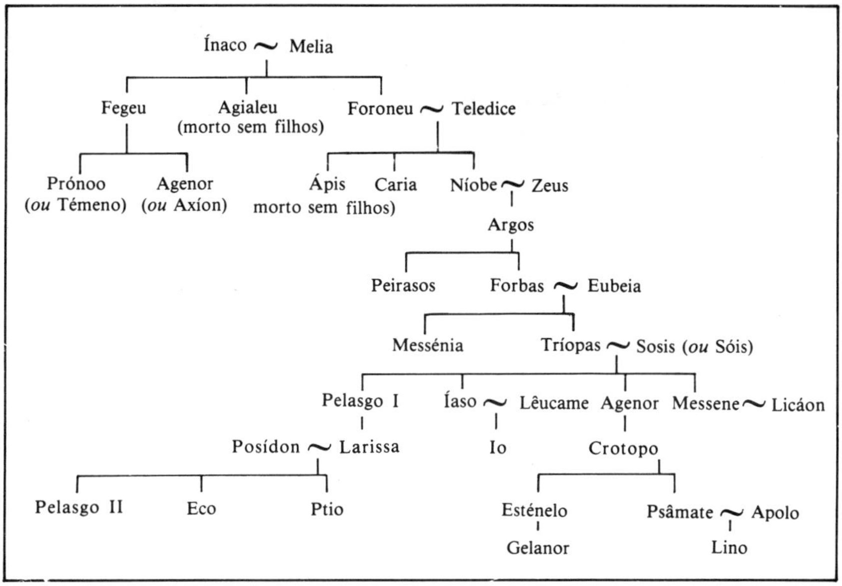

Quadro genealógico n.º 19 (segundo PAUSÂNIAS)

mes de Eneias, mais venturoso que ele, atacou a recém-criada cidade donde, após a morte de Dido, expulsou Ana (v. *Ana*).

IÁRDANO. (Ἰάρδανος.) Iárdano, ou Iárdanas, é um rei da Lídia, pai de Ônfale. Uma tradição dá-o como sendo um mago que, com os seus feitiços, levou o rei Camblites (ou Cambles), seu inimigo, a devorar a própria mulher, tal foi a fome insaciável que lhe despertou.

IÁSION. (Ἰασίων.) Iásion é um filho de Zeus e Electra (v. quadro 7, p. 112, e 27, p. 280). Pelo lado da mãe, descende de Atlas. Vivia com o irmão, Dárdano, na Samotrácia, se bem que, em certas lendas, se diga que é de origem cretense. Um aspecto comum a todas as tradições é o amor de Iásion por Deméter. Por vezes, porém, esse amor não é correspondido e Iásion tenta violentar a deusa (ou então um simulacro; cf. *Ixíon*), o que imediatamente atrai sobre ele a cólera de Zeus, que o fulmina. Mais frequentemente, os autores coincidem em dizer que esse amor foi correspondido e que Iásion se uniu a Deméter «sobre um alqueive três vezes renovado». Aí, teve da deusa um filho, Pluto (a Riqueza), que percorreu a Terra espalhando por toda a parte a abundância.

Diodoro conta que, na Samotrácia, Iásion era irmão não só de Dárdano, mas também de Harmonia. Foi iniciado por Zeus nos mistérios da ilha e iniciou ele próprio, por seu turno, muitos heróis. Aquando das bodas de sua irmã com Cadmo, encontrou Deméter que se apaixonou por ele e lhe ofereceu a semente do trigo. Mais tarde, Iásion casou com Cíbele, de quem teve um filho, chamado Coribante, epónimo dos Coribantes.

ÍASO. (Ἴασος.) Íaso, ou Iásio, é o nome de muitos heróis.

1. Um deles é rei de Argos; no entanto, as tradições não coincidem quanto ao nome de seu pai. Ora se diz que Íaso é um dos filhos de Tríopas (v. quadro 19, p. 239), ora que é filho de Argo e neto de Agenor (v. quadro 20, p. 240). Em ambas as tradições se considera que é pai de Io, a amante de Zeus.

Na tradição que o dá como filho de Tríopas, Íaso partilha com os irmãos o território do Peloponeso. Obteve para si a região oeste, enquanto Pelasgo recebia o território a este e fundava Larissa do Peloponeso. Quanto a Agenor, herdou a cavalaria de seu pai, com a qual não tardou a desapossar os seus dois irmãos.

2. Outro Íaso é um filho do rei Licurgo. Pertence à dinastia arcádia, visto que é neto de Árcade (v. quadro 28, p. 282). Sua filha é Atalante (v. este nome).

Iárdano: APOLLOD., *Bibl.*, II, 6, 3; NICOL. DAM., *in Fragm. Hist. gr.*, III, 372, 28 (Müller).

Iásion: *Od.*, V, 125 e s. e escól. *ad loc.*; OV., *Met.*, IX, 422; *Am.*, III, 10, 25; HES., *Theog.*, 969 e s.; escól. *ad* APOL. RH., *Arg.*, I, 916; STRAB., VII, fr. 50; APOLLOD., *Bibl.*, III, 12, 1; TZETZ., *ad Lyc.*, 29; VIRG., *Aen.*, III, 167, e SERV., *ad loc.*; DIOD. SIC., V, 48 e s.

Íaso: **1)** PAUSAN., II, 16, 1; escól. *ad* EUR., *Or.*, 920; escól. *ad Il.*, III, 75; APOLLOD., *Bibl.*, II, 1, 3. **2)** APOLLOD., *Bibl.*, III, 9, 2; HYG., *Fab.*, 70; 99; escól. *ad* EUR., *Phoen.*, 150. **3)** *Od.*, XI, 281 e s.; PAUSAN., IX, 36, 8; X, 29, 5.

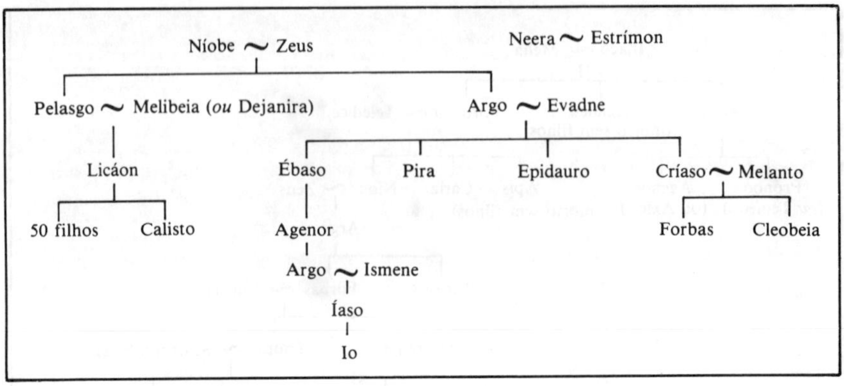

Quadro genealógico n.º 20 (segundo APOLODORO)

3. O mesmo nome é usado por um beócio, pai de Anfíon, rei de Orcómeno, e casado com Perséfone, filha de Mínias. Note-se que a mulher do Íaso precedente, Clímene, mãe de Atalante, era também filha de Mínias.

Finalmente, Íaso ou Iásio confunde-se frequentemente com o nome de Iásion (v. este nome.)

IASO. ('Ιασώ.) Iaso, a Cura, é considerada como filha de Asclépio, deus da Medicina, e irmã de Higia. Tinha um santuário em Oropo.

ICÁDIO. ('Ικάδιος.) Icádio é filho de Apolo e da ninfa Lícia. Nascido na Ásia, deu ao país em que nascera o nome de sua mãe (a Lícia) e nele fundou a cidade de Pátaros, bem como o oráculo de Apolo da referida cidade. Quis em seguida ir para Itália, mas naufragou e um delfim levou-o até junto do Parnaso, onde fundou uma cidade a que chamou Delfos, em memória do «delfim» (em grego δελφίς) que o salvara.

Conta-se também que este Icádio era um cretense, irmão de Iápix, epónimo dos Iapígios (v. *Iápix*).

ICÁRIO. ('Ικάριος.) **1.** O primeiro herói com este nome é um ateniense, pai de Erígone, de quem se diz que divulgou a videira na Grécia (v. *Erígone*), quando o rei Pandíon reinava em Atenas.

2. Outro Icário é filho de Perieres e, por isso, descendente do herói Lacedémon. As tradições variam quanto a seu pai. Diz-se frequentemente que é Ébalo (v. quadro 5, p. 90), em vez de Perieres. Nesta versão, Perieres é pai de Ébalo e filho de Éolo (v. quadro 8, p. 116, e *Perieres*).

Icário e Tíndaro, seu irmão, tinham um meio-irmão, Hipocoonte, que foi o pai tivera de uma ninfa chamada Bátia. Este Hipocoonte, com a ajuda do filho expulsou-os da Lacedemónia. Refugiaram-se então em Plêuron, junto de Téstio, onde ficaram até que Héracles matou Hipocoonte e os filhos (v. *Héracles* e *Cefeu*). Tíndaro voltou então para Esparta, onde retomou o poder, enquanto Icário permanecia na Acarnânia. Aí, casou com Policaste, filha de Ligeu, de quem teve três filhos: uma filha, Penélope, e dois filhos, Alizeu e Leucádio, epónimo da ilha de Lêucade. Outra tradição diz que Icário regressou à Lacedemónia com seu irmão e casou com uma Náiade chamada Peribeia, de quem teve cinco filhos (Toas, Damasipo, Imeusimo, Aletes, Perileu) e uma filha, Penélope (v. quadro 21, p. 242). Conta-se que Icário deu sua filha como prémio numa corrida em que participaram os pretendentes à mão da jovem. Ulisses saiu vencedor; mas diz-se também que foi o pai de Helena e tio de Penélope, Tíndaro, quem conseguiu esse casamento. Tíndaro obteve para Ulisses a mão da sobrinha, para o recompensar do bom conselho que ele lhe havia dado, sugerindo-lhe que vinculasse por um juramento os pretendentes à mão de Helena, na esperança de assim evitar toda e qualquer contestação quando ela tivesse escolhido marido. Depois do casamento, Icário pediu a Ulisses que se instalasse junto dele com a mulher. O herói recusou. E, como Icário insistisse, Ulisses disse à mulher que escolhesse entre o pai e o marido. Penélope nada respondeu, mas corou e, por pudor, cobriu o rosto com o véu. Icário compreendeu que a filha fizera a sua escolha, afastou-se e erigiu um santuário ao Pudor no local onde esta cena se desenrolara.

Uma tradição local lacedemónia dizia que Icário tomara partido contra seu irmão Tín-

---

Iaso: PAUSAN., I, 34, 3; ARISTOPH., *Pl.*, 701, e escól.; HESYCH., *s.u.*

Icádio: SERV., *ad VIRG.*, *Aen.*, III, 332. V. *Iápix*.

Icário: **1)** ATHEN., XIV, 10; AEL., *NA*, VII, 28; LUCIAN., *Salt.*, 40; HYG., *Astr. Poet.*, II, 4; *Fab.*, 130; APOLLOD., *Bibl.*, III, 14, 7; PAUSAN., I, 5, 2-4; escól. *ad Il.*, XXII, 29; SERV., *ad* VIRG., *Georg.*, I, 67; 218; II, 389; OV., *Met.*, VI, 126; X, 451. **2)** APOLLOD., *Bibl.*, I, 9, 5; III, 10, 3 e s.; TZETZ., *ad Lyc.*, 511; escól. *ad* EUR., *Or.*, 457; PAUSAN., III, 1, 4; 12, 1; 20, 10 e s.; VIII, 34, 4; STRAB., X, 2, 9, p. 452; 24, p. 461; *Od.*, II, 52; XV, 15, e escól. *ad loc.* ATHEN., XVIII, 597 e.

daro ao aliar-se a Hipocoonte, e que ajudara este a expulsá-lo da Lacedemónia fomentando uma revolução. Tíndaro ter-se-á então refugiado em Pelene (v. *Tíndaro*).

ÍCARO. (Ἴκαρος.) **1.** Ícaro é o filho de Dédalo e de uma escrava de Minos chamada Náucrate. Quando Dédalo ensinou a Ariadne a forma de Teseu encontrar o caminho no labirinto (v. *Ariadne*) e este matou o Minotauro, Minos, furioso, encarcerou Dédalo e o filho no labirinto. Dédalo, porém, a quem não faltavam recursos, fabricou para Ícaro e para si mesmo umas asas que colou com cera aos seus ombros e aos do filho. Em seguida, ambos levantaram voo. Antes de partir, Dédalo recomendara a Ícaro que não voasse nem muito baixo nem muito alto. Ícaro, porém, orgulhoso, não deu ouvidos aos conselhos do pai e elevou-se nos ares, aproximando-se tanto do Sol que a cera derreteu e o imprudente caiu no mar que, a partir desse momento, se chamou Mar Icário (o que circunda a ilha de Samos).

Outra versão contava que Dédalo fugira de Atenas depois de ter morto seu sobrinho e discípulo Talo (v. *Dédalo*). Quanto a Ícaro, foi banido e empreendeu a busca do pai. No entanto, naufragou junto de Samos e o mar tomou um nome derivado do seu (como na versão mais comum). O seu corpo foi atirado pelas vagas para a costa da ilha de Icária, onde Héracles o sepultou.

Dizia-se também que Ícaro e Dédalo haviam fugido de Creta cada um em seu barco à vela. Dédalo acabara de inventar o uso das velas. Ícaro, porém, não soube governar o seu barco e naufragou. Ou então, ao abordar a ilha de Icária, saltou desajeitadamente do barco e afogou-se. Todas estas variantes têm como objectivo atenuar o carácter maravilhoso da aventura, suprimindo o episódio das asas.

Mostrava-se o túmulo de Ícaro num cabo do mar Egeu. Contava-se também que Dédalo erigira nas ilhas do Âmbar duas colunas, uma em honra de seu filho e outra com o seu próprio nome, e ainda que gravara com as suas mãos, nas portas do templo de Cumas, o triste fim de seu filho.

Ícaro é por vezes considerado o inventor do trabalho em madeira.

2. A lenda conhece outro Ícaro, rei de Cária, que teve como amante Teónoe, filha de Testor e irmã de Calcas (v. *Teónoe*).

ICMÁLIO. (Ἰκμάλιος.) Icmálio é o artesão de Ítaca que fabricou o «divã» de Penélope e o enriqueceu com marfim e prata.

ICTIOCENTAUROS. (Ἰχθυοκένταυροι.) Os Ictiocentauros ou «Centauros-Peixes» são seres marinhos que parece não terem tido qualquer existência nos contos populares, mas que são um tema bastante divulgado na plástica helenística e romana. O corpo é de homem até à cintura, como nos Centauros. A parte de baixo é de peixe. Estes seres têm frequentemente as patas semelhantes às de um leão. Figuram no cortejo das divindades marinhas, ao lado dos hipocampos, dos cavalos marinhos, etc.

IDA. (Ἴδη.) **1.** Ida é o nome de uma das filhas de Melisseu que, com sua irmã Adrasteia, criou Zeus em Creta, quando o deus era criança. É também o nome de uma montanha cretense onde decorreu a infância do deus (v. *Zeus* e *Amalteia*).

2. Ida é também uma filha de Coribante, que casou com o rei de Creta, Licasto, e lhe deu um filho, Minos o Jovem.

IDADE DE OURO. Hesíodo, em *Os Trabalhos e os Dias*, refere um mito relativo às diferentes raças que se sucederam desde o começo da humanidade. Inicialmente, diz ele, havia uma «raça de ouro». Era no tempo em que Crono reinava ainda no céu. Os homens viviam então como os deuses, livres de preocupações e ao abrigo dos sofrimentos e da miséria. Não conheciam a velhice, mas passavam o tempo numa eterna juventude, em banquetes e festas. Quando chegava o momento de morrer, eles adormeciam serenamente. Não estavam sujeitos à lei do trabalho. Todas as riquezas lhes pertenciam espontaneamente. A terra produzia, por si própria, abundantes frutos e eles viviam em paz no meio dos campos. A partir do momento em que, com o reinado de Zeus, esta raça desapareceu da Terra, eles permanecem, todavia, como bons génios, guardiões dos mortais e dispensadores das riquezas. Tal é, na sua versão mais antiga, a lenda da Idade de Ouro.

Bem depressa, este mito tornou-se um lugar comum da moral que se comprazia em apresentar os primórdios da humanidade como o reino da Justiça e da Boa Fé. Em Roma, onde Crono era identificado com Saturno, colocava-se a Idade de Ouro no tempo em que este deus reinava sobre a Itália, que se chamava ainda Auxónia. Os deuses viviam na intimidade dos mortais. Ainda não tinham sido inventadas as portas porque o roubo não existia e os homens nada tinham a esconder. Estes alimentavam-se exclusivamente de legumes e de frutos, por-

---

Ícaro: **1)** *Il.*, II, 145 e escól. *ad loc.*; APOLLOD., *Ep.*, I, 12; STRAB., XIV, 1, 19, p. 639; LUCIANEN., *Gall.*, 23; ARR., *An.*, VII, 20, 5; X., *Mem.*, IV, 2, 33; DIOD. SIC., IV, 77, 9; TZETZ., *Chil.*, I, 498 e s.; SEVER., *Narr.*, 5 (in WESTERMANN, *Myth.*, p. 373); OV., *Met.*, VIII, 183 e s.; HYG., *Fab.*, 40; SERV., *ad VIRG.*, *Aen.*, VI, 14; PAUSAN., IX, 11, 4 e s.; STEPH. BYZ., *s.u.* Ἠλεκτρίδες νῆσοι; PLIN., *N. H.*, VII, 56, 168; SUET., *Ner.*, 12. **2)** HYG., *Fab.*, 190.

Icmálio: *Od.*, XIX, 57; EUST., 1855, 16 e s.

Ictiocentauros: TZETZ., *ad Lyc.*, 34; 886; CLAUD., *Fesc.*, 144 e s.

Ida: **1)** APOLLOD., *Bibl.*, I, 1, 6; PLUT., *Q. Symp.*, 3, 9, 2, 2. **2)** DIOD. SIC., IV, 60.

Idade de Ouro: HES., *Op.*, 106 e s.; CATUL., 64, 384 e s.; TIB., I, 33, 35; VIRG., *Ecl.*, IV, *passim*, e o comentário de SERV.; OV., *Fast.*, I, 193; *Met.*, I, 89-112; *Am.*, III, 8, 35-44; MACROB., *Sat.*, I, 7, 51; HOR., *Epod.*, XVI, v. 41 e s.; PAUSAN., V, 7, 6. Cf. J. CARCOPINO, *Virgile et le mystère de la IV Eclogue*, Paris, ed. rev., 1942; E. MEYER, in *Mel. C. Robert*, 1910, pp. 157-187; W. HARTMANN, diss. Fribourg (A11.), 1915; R. REITZENSTEIN, in *Stud. der Bibliothek Warburg*, VII (1926).

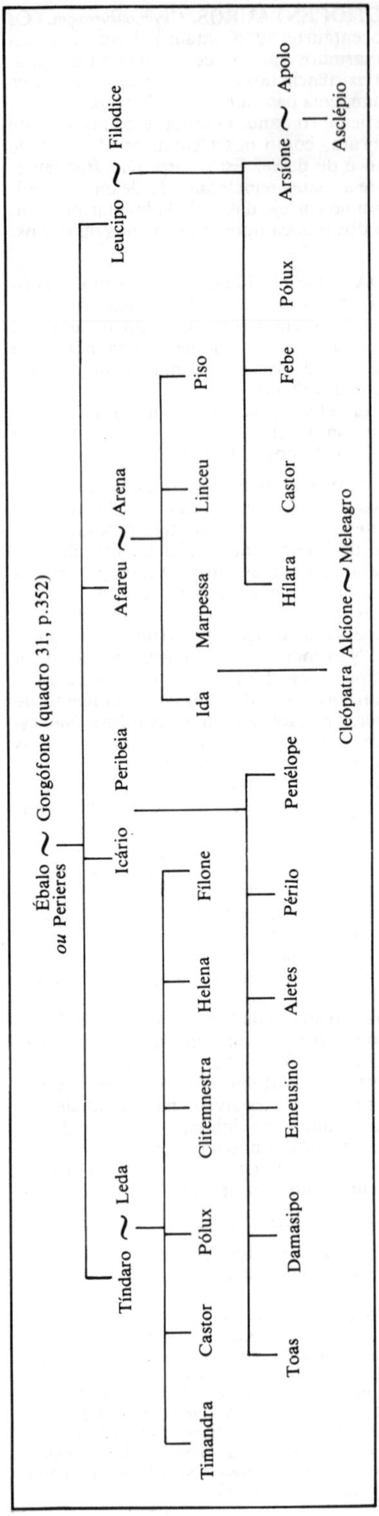

Quadro genealógico n.º 21

que ninguém pensava em matar. A civilização deu então os seus primeiros passos: Saturno introduziu o uso da foice (a foice figurava como um distintivo nas representações deste deus). Ele ensinou os homens a utilizarem melhor a fertilidade espontânea da terra. Contava-se em Roma que ele reinava no cimo do Capitólio, no local onde mais tarde se levantou o templo de Júpiter-Muito-Bom, Muito Grande. Ele fora acolhido no país pelo deus Jano, que aí reinava, e que consentiu em partilhar o seu reino com o recém-chegado.

Os poetas rivalizaram no tratamento deste tema. Eles mostravam a lã revestindo-se espontaneamente das cores mais vivas no dorso dos carneiros, os silvados produzindo deliciosos frutos, a terra gozando duma Primavera constante. O mito da Idade de Ouro figura também na mística neopitagórica.

IDAS. (Ἴδας.) Idas, o mais forte e ousado dos homens, segundo a *Ilíada*, pertence, pelo lado de seu pai Afareu, à família de Perieres. Sua mãe é Arene, filha de Ébalo. Tem dois irmãos, Linceu e Piso (v. quadro 21, p. 242). Idas é primo dos Dioscuros, bem como das Leucípides, Hilaíra e Febe, e de Penélope.

Idas e Linceu participaram na expedição dos Argonautas, ao lado de Jasão. Durante a viagem, Idas desempenhou por duas vezes um papel de relevo: no território dos Mariandinos, na corte do rei Lico, quando o adivinho Ídmon foi morto por um javali, Idas vingou o seu companheiro matando o animal. Em seguida tentou, em vão, apoderar-se do trono do rei da Mísia, Teutras. Foi vencido por Télefo (v. *Auge* e *Télefo*).

Idas e Linceu contam-se igualmente entre os caçadores do javali de Cálidon, o primeiro na sua qualidade de sogro de Meleagro (que casou com sua filha Cleópatra Alcíone).

Idas raptara Marpessa, filha de Eveno, filho de Ares, num carro alado presente de Posídon. Eveno perseguiu-o, mas não conseguiu apanhá-lo e matou-se (v. *Eveno*). Idas voltou tranquilamente para a Messénia, sua pátria. No entanto, Apolo amava Marpessa e quis roubá-la ao marido. Idas defendeu-se e ameaçou o deus. Zeus interveio, separou os dois oponentes e deu à jovem mulher liberdade de amar aquele que escolhesse. Marpessa escolheu Idas (v. *Apolo*). Uma tradição um pouco diferente diz que Apolo roubou Marpessa ao marido e a conservou durante algum tempo «sem que ela protestasse». No entanto, Idas acabou por reconquistá-la.

Na lenda, o rapto de Marpessa por Idas é por vezes substituído por uma corrida de carros em que a jovem era o prémio (compare-se

---

Idas: *Il.*, IX, 553-564 e escól.; Eust., p. 776, 12; Apollod., *Bibl.*, I, 8, 2; 9, 16; I, 7, 8 e s; III, 11, 2; Apol. Rh., *Arg.*, I, 151 e s.; II, 817 e s.; Hyg., *Fab.*, 14; 80; 100; Ov., *Met.*, VIII, 305; *Fast.*, V, 699-714; Prop., I, 2, 17; Pind., *Olymp.*, I, 109 e s.; *Nem.*, X, 60 e s. e escól.; Bacch., *Dith.*, XX; Simon., fr. 216; Pausan., III, 13, 1; IV, 2, 6 e s.; 3, 1; V, 18, 2 (inscrição do cisto de Cípselo); Theocr., XXII, 137-211; Clem. Al., *Protr.*, 9, 32.

com a lenda de Penélope e a de Hipodamia). Eveno matava os concorrentes que vencia.

Idas é também célebre por causa da luta com seus primos Castor e Pólux. Esta luta apresenta dois episódios distintos, que surgem ora isolados ora mais ou menos relacionados entre si. Castor e Pólux haviam organizado com Idas e Linceu uma incursão de pilhagem na Arcádia, donde trouxeram rebanhos. A partilha do saque foi confiada a Idas. Este matou um boi, dividiu-o em quatro quartos e decidiu que aquele que comesse a sua parte em primeiro lugar teria metade dos despojos; aquele que terminasse em segundo ficaria com o resto. Em seguida, devorou imediatamente a sua parte do boi e comeu, sem interrupção, a de seu irmão. Deste modo, apropriou-se de todo o produto do roubo. Descontentes, os Dioscuros atacaram a Messénia, o país dos primos, levaram os bois que eram objecto de disputa e outros ainda. Seguidamente prepararam uma emboscada a Idas e ao irmão. Este, porém, com o seu olhar penetrante, viu Castor escondido na cavidade de um velho carvalho. Mostrou-o a Idas, que o matou com um golpe de lança. Pólux perseguiu-os e matou Linceu, mas Idas atacou-o com uma enorme pedra arrancada, segundo se diz, do túmulo de seu pai Afareu e deixou-o caído sem dar acordo. Zeus veio então em socorro de seu filho, fulminou Idas e levou Pólux para o céu.

Outro episódio da luta liga-se ao rapto das Leucípides. Linceu e Idas estavam noivos das primas, Hilaíra e Febe, filhas de Leucipo. Castor e Pólux, porém, raptaram as jovens (v. *Dióscoros*). Idas e Linceu decidiram vingar-se e Castor foi morto por Linceu. Por seu turno, Pólux matou Linceu e Idas estava quase a matá-lo quando Zeus pôs fim ao combate como no episódio anterior. Outras versões contam de forma diversa o combate: Castor e Linceu decidiram resolver o diferendo através de um combate singular. Foi Castor quem venceu e matou o seu adversário. Idas quis vingar o irmão e, quando estava prestes a matar Castor, Zeus fulminou-o. Pólux não desempenha qualquer papel nesta versão.

Por seu turno, Higino conta que Linceu foi morto por Castor e que, quando Idas o quis enterrar, Castor tentou impedi-lo sob pretexto de que Linceu não mostrara coragem na luta e «morrera como uma mulher». Indignado, Idas agarrou na espada que Castor trazia à cintura e trespassou-lhe a virilha. Ou então esmagou-o debaixo da coluna que erigia sobre o túmulo de Linceu. Ele próprio não tardou, por sua vez, a ser morto por Pólux.

IDEIA. (Ἰδαία.) O nome Ideia, que significa «a que vem do Ida» ou «a que vive no Ida», pertence a várias heroínas:

1. Uma ninfa que, unindo-se ao deus-rio Escamandro, dele teve um filho, Teucro, que foi rei dos Teucros, na costa da Ásia frente à Samotrácia (v. quadro 7, p. 112).

2. Tinha também este nome uma das filhas de Dárdano e, por isso, uma bisneta da Ideia precedente. Casou com Fineu, rei da Trácia, de quem foi a segunda mulher. Foi ela a responsável das desgraças que se abateram sobre Fineu (v. a sua lenda), ao caluniar os filhos que ele tivera da primeira mulher, Cleópatra, filha de Bóreas (v. *Boréadas*).

IDEU. (Ἰδαῖος.) Ideu é o nome de vários heróis relacionados quer com o Ida de Creta quer com a da Tróade. Com esse nome conhece-se concretamente:

1. Um filho de Príamo.
2. Um filho de Páris e Helena.
3. Um condutor do carro de Príamo.
4. Um filho do herói troiano Dares.
5. Um Coribante.
6. Em uma versão obscura da lenda de Dárdano, este, casado com Crise, teve dois filhos, Dimas e Ideu. Este Ideu fixou-se na costa frígia, junto da montanha que, depois dele, se chamou Ida. Foi ele quem introduziu nessa região o culto da Mãe dos Deuses (Cíbele), enquanto Dárdano se estabelecia na Tróade.

IDIA. (Ἰδυῖα.) Idia é uma Oceânide que Eetes, rei da Cólquida, desposou em segundas núpcias e que é a mãe de Medeia. Na maior parte dos casos, não se considera a mãe de Apsirto, mas certas versões dão-na como primeira mulher de Eetes e, assim, como mãe dos seus dois filhos (v. *Eetes*).

ÍDMON. (Ἴδμων.) Ídmon é um dos Argonautas: é o adivinho encarregado de interpretar os presságios para a expedição. Consideram-no filho de Apolo, mas seu pai «humano» é Abante, filho de Melampo (quadro 1, p. 8). Sua mãe é Astéria, ou Cirene. Por vezes, Ídmon identifica-se com Testor, filho de Apolo e de Laótoe, e pai de Calcas. Assim, Ídmon seria apenas um epíteto relacionado com a raiz que significa «ver». De facto, Ídmon quer dizer «o Clarividente».

As suas aventuras com os Argonautas são contadas de diferentes formas. Ora se admite que chegou a Cólquida, ora se diz que foi morto por um javali aquando da escala no país dos Mariandinos. Ídmon previra a sua própria morte mas não hesitara em se juntar à expedição (v. *Argonautas*).

Ideia: **1)** Apollod., *Bibl.*, III, 12, 1; Diod. Sic., IV, 75; Tzetz., *ad Lyc.*, 29; Serv., *ad Virg.*, *Aen.*, III, 109. **2)** Escól. *ad* Apol. Rh., *Arg.*, II, 178 (citando Soph., na tragédia perdida *Fineu*; *Trag. Gr. Fragm.* Nauck, p. 226); Soph., *Ant.*, 980; Diod. Sic., IV, 43, Ov., *Rem.*, 454.

Ideu: **1)** Ptol. Heph., 5, p. 192 (West.). **2)** Tzetz., *ad Lyc.*, 851; *Hom.*, 166; 311. **3)** *Il.*, XXIV, 325; Virg., *Aen.*, VI, 485. **4)** *Il.*, V, 11. **5)** Nonn., *Dion.*, XIV, 34. **6)** Dion. Hal., I, 61.

Idia: Hes., *Theog.*, 352; 959; Apol. Rh., *Arg.*, III, 242 e escól. *ad loc.*; escól. *ad* IV, 323; Apollod., I, 9, 23; Hyg., *Fab.*, 25; Tzetz., *ad Lyc.*, 174; 798; 1024.

Ídmon: Apol. Rh., *Arg.*, I, 142 e s.; II, 315 e s.; 844 e s.; escól. *ad* 485; escól. *ad* I, 139; II, 815; III, 525; 1372; IV, 76; Hyg., *Fab.*, 14; 18; 248; Apollod., *Bibl.*, I, 9, 23; Ps-Ov., *Ibis*, 506.

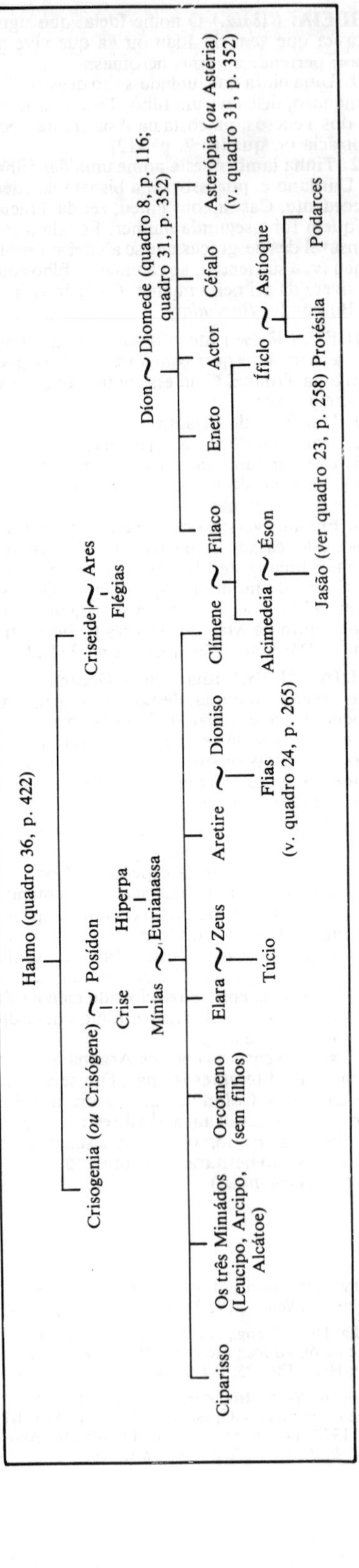

Quadro genealógico n.º 22

IDOMENEU. (Ἰδομενεύς.) Idomeneu é um rei de Creta, filho de Deucalião e neto de Minos (v. quadro 30, p. 312). É meio-irmão de Molo, filho de Deucalião e de uma concubina. Molo é o pai do seu companheiro de armas Meríones (v. este nome), de quem Idomeneu é, assim, tio.

Idomeneu figura entre os pretendentes de Helena. Vinculado pelo juramento comum, teve de participar na Guerra de Tróia, onde se distinguiu entre os heróis de primeiro plano. Comandava o contingente cretense, com oitenta navios, e representava seis cidades: Cnosso, Gortina, Licto, Mileto, Licasto, Festo, Rítio. Foi um dos nove chefes que se apresentaram para lutar em duelo contra Heitor, quando se julgou poder resolver desse modo a luta entre Troianos e Aqueus.

São inúmeras as vítimas que fez no campo de batalha; distinguiu-se igualmente na defesa dos barcos. O seu principal adversário foi Deífobo; em seguida, defrontou Eneias. Durante os combates em torno do corpo de Pátroclo, tinha a intenção de atacar Heitor, mas fugiu quando este, carregando sobre ele, matou o condutor do carro de Meríones, Cérano. Idomeneu procurou refúgio no acampamento.

Posteriormente aos acontecimentos narrados na *Ilíada*, Idomeneu conseguiu uma vitória no pugilato durante os jogos fúnebres em honra de Aquiles; foi um dos heróis que entraram na cidade dentro do cavalo de madeira e figura entre os juízes encarregados de atribuir as armas de Aquiles.

Segundo a *Odisseia*, o regresso de Idomeneu foi um dos mais felizes. No entanto, se bem que se mostrasse o seu túmulo em Creta, a lenda refere outros acontecimentos que marcaram dramaticamente o fim da sua vida.

Uma primeira versão conta como sua mulher, Meda, foi levada por Náuplio a ceder ao amor de Leuco, um filho de Talo que fora exposto ao nascer, mas que Idomeneu criara e a quem confiara a sua casa enquanto estava ausente. Contudo, Leuco matou depois Meda, bem como a filha desta e de Idomeneu, Clisitera; a ambas juntam-se, por vezes, dois filhos, Íficlo e Lico. Quando regressou, Idomeneu cegou Leuco e reapoderou-se do trono. Outros autores, porém, diziam que foi Leuco quem o expulsou e forçou a exilar-se.

Outras versões contam que, durante a viagem de Tróia para Creta, a frota de Idomeneu foi acometida por uma tempestade. Então, o rei prometeu sacrificar a Posídon o primeiro ser humano que encontrasse no seu reino, se

Idomeneu: *Il.*, II, 645 e s.; III, 230 e s.; IV, 263 e s.; VII, 161 e s.; XIII, 307 e s.; 445 e s.; 500 e s.; XVI, 345; XVII, 605 e s.; XXIII, 450 e s.; *Od.*, III, 191; XIII, 259 e s.; Lyc., *Alex.*, 431; Pausan., V, 25, 9; Apollod., *Bibl.*, III, 3, 1; *Ep.*, III, 13; VI, 10; Hyg., *Fab.*, 81; 97; 270; Quint. Sm., I, 247; IV, 284; V, 134 e s.; XII, 320; Tzetz., *ad Lyc.*, 384 e s.; Virg., *Aen.*, III, 121 e s.; 400 e s.; XI, 264 e s.; Serv., *ad Virg.*, *Aen.*, III, 121; XI, 264; *Myth. Vat.* (Bode), I, p. 59; 145 e s.; Diod. Sic., V, 79; Var., *ap.* Prob. *ad* Virg., *Ecl.*, VI, 51; Ptol. Heph., *Nov. hist.*, 5.

Idótea: **1)** Dion. Per., 259; *Od.*, IV, 365-440; Nonn., *Dion.*, I, 37; 43; 102; *Anth.*, IX, 474.

para lá voltasse são e salvo. Ora, o primeiro ser humano que viu ao abordar foi o próprio filho (ou a filha). Respeitando a promessa, Idomeneu sacrificou-o. Alguns autores afirmam que apenas simulou esse sacrifício. Seja como for, não tardou a grassar uma peste, que assolou Creta; para apaziguar os deuses, Idomeneu, cujo acto cruel provocara a cólera divina, foi banido. Dirigiu-se então à Itália meridional e fixou-se em Salento, onde erigiu um templo a Atena.

Também a propósito de Idomeneu, conta-se o seguinte episódio: Tétis e Medeia discutiam entre si qual era mais bela e escolheram Idomeneu como árbitro. Este pronunciou-se a favor de Tétis. Encolerizada, Medeia declarou que «todos os cretenses eram mentirosos» e amaldiçoou a raça de Idomeneu, condenando-a a jamais dizer a verdade. É essa a origem de um provérbio que diz que todos os cretenses são mentirosos.

IDÓTEA. (Εἰδοθέα.) Várias heroínas têm o nome de Idótea.

1. Uma é a filha de Proteu. Foi ela quem aconselhou Menelau a consultar seu pai, no Egipto (v. *Menelau* e *Helena*).

2. Outra é a filha de Êurito, rei de Cária, e mulher de Mileto, fundador da cidade de Mileto. Foi mãe de Cauno e Bíblis (v. *Cauno*).

3. Finalmente, Idótea é o nome da segunda mulher do rei cego Fineu. Era irmã de Cadmo. Sobre o ódio que sentia pelos enteados e o seu castigo, v. *Fineu*. Por vezes, a segunda mulher de Fineu tem o nome de Eurítia ou de Ideia, em vez de Idótea.

IERA. (Ἴαιρα.) Iera é o nome de uma Nereide. Em Virgílio é também o nome de uma Dríade do Ida da Frígia, que teve de Alcanor dois gémeos, Pândaro e Bícias, que se contavam entre os companheiros de Eneias.

IEUD. (Ἰεούδ.) Em uma lenda fenícia, Ieud é o filho mais velho ou, então, o filho único de Crono. Sua mãe é uma ninfa chamada Anobret. Durante uma guerra que assolava o país, Crono sacrificou o filho, revestido dos ornamentos reais, como oferenda para a salvação do Estado.

IFIANASSA. (Ἰφιάνασσα.) Ifianassa é o nome de várias heroínas:

1. Uma filha do rei de Argos, Preto, enlouquecida juntamente com a irmã e curada por Melampo (v. *Prétides* e quadro 1, p. 8).

2. Uma das filhas de Agamémnon, na forma mais antiga da lenda (v. *Agamémnon* e quadro 2, p. 12). Inicialmente distinta de Ifigénia, acabou por se confundir com ela.

3. Ifianassa é também o nome da mulher de Endímion e mãe de Etolo.

ÍFICLES. (Ἰφικλῆς.) Íficles é filho de Anfitrião e Alcmena (quadro 32, p. 370). A sua ascendência é puramente humana. Seu irmão gémeo, Héracles, é que é filho de Zeus e Alcmena. Esta diferença revelou-se aquando da primeira prova que Héracles teve de enfrentar. Duas serpentes, enviadas por Hera, introduziram-se no quarto onde repousavam as duas crianças ainda de tenra idade. Ao ver os animais, Íficles encheu-se de medo e pôs-se a gritar. Héracles, por seu lado, agarrou nas duas serpentes e sufocou-as ao mesmo tempo. Mais tarde, Íficles acompanhou Héracles em alguns dos seus trabalhos. Lutou a seu lado contra os habitantes de Orcómeno, o que lhe valeu como recompensa, por parte do rei Creonte, casar-se com a filha mais nova deste, enquanto Héracles desposava a mais velha, Mégara. Para contrair este casamento teve de abandonar a primeira mulher, Automedusa, que lhe dera um filho, Iolau (v. este nome). Num ataque de loucura, Héracles matou não só os filhos que tivera de Mégara mas também dois dos filhos de Íficles. Este conseguiu salvar do massacre o filho mais velho, Iolau, bem como Mégara.

Euristeu, que tratava cruelmente Héracles, mostrava-se benevolente com Íficles, que também estava obrigado a servi-lo (v. *Euristeu*). Um passo de Hesíodo dá mesmo a entender que Íficles se pôs voluntariamente do lado de Euristeu e abandonou Héracles, enquanto Iolau se manteve fiel ao tio.

Íficles estava junto de Héracles na expedição contra Tróia; figura igualmente na lista dos caçadores de Cálidon. Morreu na guerra contra os filhos de Hipocoonte, ao lado de seu irmão. Conta-se também que pereceu em consequência de um ferimento sofrido durante a luta contra os Moliónidas (v. esta lenda; v. também *Búfago*). Mostrava-se o seu túmulo em Fémeo, na Arcádia, para onde o haviam transportado depois de ser ferido e onde morrera.

ÍFICLO. (Ἴφικλος.) **1.** Íficlo é o filho de Fílaco, rei de Filacas, na Tessália. Pelo lado do avô paterno, Díon, pertence à raça de

---

2) Ant. Lib., *Transf.*, 30. **3)** Escól. *ad* Soph., *Ant.*, 972; *ad* Apol. Rh., *Arg.*, II, 178; Diod. Sic., IV, 43; Apollod., *Bibl.*, III, 15, 3; escól. *ad Od.*, XII, 70.

Iera: Hyg., *Fab.*, *Pr.*, 8 (Rose); *Il.*, XVIII, 42; Virg., *Aen.*, IX, 673.

Ieud: Eus., *Prep. Ev.*, I, 10, 30; IV, 16, 11 (citando Ph. Bybl.).

Ifianassa: **1)** Apollod., *Bibl.*, II, 2, 2; escól. *ad Od.*, XV, 225. **2)** *Il.*, IX, 145; 287; Soph., *El.*, 157 e escól.; Lucr., *De Nat. Rer.*, I, 85. **3)** Apollod., *Bibl.*, I, 7, 6.

Íficles: Apollod., *Bibl.*, II, 4, 8 e s.; II, 7, 3; I, 8, 2; escól. *ad Od.*, XI, 266; 269; *ad Il.*, XIV, 323; Tzetz., *ad Lyc.*, 33; 38; 839; Hes., *Scut.*, 48 e s.; 87 e s.; Theocr., *Idyl.*, 24; Nicol. Dam., fr. 20; Diod. Sic.,V, 33 e s.; 48, Pausan., VIII, 14, 9 e 10.

Íficlo: **1)** Apollod., *Bibl.*, I, 9, 12; III, 10, 8; *Ep.*, III, 13; *Od.*, XI, 287 e s.; escól. *ad loc.*, e 292; Eust. *ad Hom.*, p. 1685. Apol. Rh., *Arg.*, I, 45 e s. e escól. *ad loc*; Hyg., *Fab.*, 14; 103; 251; Pausan., IV, 36, 2 e s.; V, 17, 10; X, 31, 10. Cf. Mannhardt, *Antike Wald-und Feldkulte*, p. 30 e s. **2)** Apol. Rh., *Arg.*, I, 190 e s. e escól. *ad* I, 201; Apollod., *Bibl.*, I, 9, 16; Hyg., *Fab.*, 14. **3)** Tzetz., *ad Lyc.*, 1218. **4)** Athen., VIII, 360 (citando Ergias de Rodes).

Deucalião e de Éolo (v. quadro 22, p. 244 e quadro 8, p. 112);

É o herói de um episódio curioso: quando era jovem, sofria de impotência; seu pai consultou o adivinho Melampo, seu primo, que se encontrava em seu poder (v. *Melampo* e *Bias*), sobre o remédio a dar a tal enfermidade. Melampo sacrificou dois touros, que cortou em pedaços e expôs às aves de rapina. Em seguida, ficou no local a escutar as conversas dos abutres que devoravam os cadáveres. Estes diziam que outrora, enquanto castrava um carneiro, Fílaco pousara o cutelo ensanguentado junto de Íficlo e que a criança, atemorizada, se apoderara da arma e a cravara num carvalho sagrado. A casca crescera em torno da lâmina e escondera-a completamente. Os abutres acrescentaram que, se se encontrasse o cutelo e se preparasse uma bebida com a ferrugem que o cobria, Íficlo ficaria curado se a tomasse dez dias a fio. Teria então um filho. Melampo encontrou o cutelo, preparou a bebida prescrita e Íficlo teve um filho que se chamou Podarces.

Íficlo era famoso pela sua rapidez; conseguia correr sobre uma seara de trigo sem dobrar as espigas. Assim, ganhou o prémio da corrida nos jogos fúnebres dados em honra de Pélias.

Tomou parte na expedição dos Argonautas com seu sobrinho Jasão (v. quadro 22, p. 244). Talvez tenha sido confundido com:

2. Outro Íficlo, filho de Téstio e irmão de Alteia (v. quadro 26, p. 272) que participou na caçada de Cálidon e na expedição dos Argonautas.

3. Íficlo é também um filho de Idomeneu, rei de Creta. Na ausência deste, foi morto por Leuco (v. *Idomeneu*).

4. O mesmo nome aparece igualmente numa lenda ródia, referido a um chefe dos invasores dórios que pôs fim ao domínio fenício da seguinte forma: os Fenícios haviam perdido quase toda a ilha e restava apenas uma guarnição na cidadela de Iáliso, sob as ordens do príncipe fenício Falanto. Um oráculo garantira a este último que não seria obrigado a retirar da sua posição enquanto os corvos fossem negros e não houvesse peixes na água da cisterna donde bebiam os sitiados. Íficlo soube desse oráculo e decidiu abalar a confiança dos inimigos. Subornou um servo de Falanto (em outras versões diz-se que a filha deste, Dórcia, se prestou a fazê-lo por amor a Íficlo) e mandou largar sobre a fortaleza corvos a que embranquecera as asas com gesso; em seguida, mandou secretamente introduzir peixes na cisterna. Ao ver tudo isto, Falanto perdeu a coragem e capitulou. Foi esse o fim da hegemonia fenícia na ilha de Rodes.

IFIDAMANTE. V. *Ifídamas.*

IFÍDAMAS. (Ἰφιδάμας.) **1.** Ifídamas é um dos filhos do Troiano Antenor (v. este nome) e de Teano, filha de Cisseu, rei da Trácia. Foi criado por este e casou com uma de suas filhas que era, por isso, sua tia. Pouco depois do casamento, partiu para Tróia com doze navios. Foi morto por Agamémnon e seu irmão mais velho, Crono, tentou vingá-lo, mas não conseguiu mais que ferir o rei que se afastou momentaneamente da luta. E também ele acabou por ser morto sobre o cadáver do irmão.

2. Ifídamas é também o nome de um filho do rei Busíris, que Héracles matou juntamente com o pai sobre o altar de Zeus (v. *Busíris*).

IFIGÉNIA. (Ἰφιγένεια.) Ifigénia é uma das filhas de Agamémnon e Clitemnestra (v. quadro 2, p. 12), mas não aparece, pelo menos com esse nome, na epopeia homérica (v. *Agamémnon*). É apenas com as epopeias cíclicas que a sua lenda se desenvolve e sobretudo com os tragediógrafos que lhe dedicaram numerosas obras. Agamémnon provocara a cólera de Ártemis e a armada aqueia estava retida em Áulis por uma prolongada calmaria. Consultou-se o adivinho Calcas e este respondeu que a cólera da deusa só podia ser aplacada se Agamémnon consentisse em lhe sacrificar sua filha Ifigénia que, na altura, se encontrava com a mãe em Micenas. Primeiramente, Agamémnon recusou, mas, pressionado pela opinião geral e sobretudo por Menelau e Ulisses, teve de ceder. Mandou vir a filha sob pretexto de a casar com Aquiles e ordenou a Calcas que a oferecesse em sacrifício no altar de Ártemis. No derradeiro momento, porém, a deusa apiedou-se da jovem e colocou em seu lugar, como vítima, uma corça. Levou-a para Táurica (na península da actual Crimeia) onde a tornou sua sacerdotisa. É esta a lenda na sua forma mais simples e mais conhecida. Um grande número de variantes vieram, todavia, sobrepor-se-lhe e, por vezes, alterar-lhe o sentido.

O local do sacrifício mudou: não seria Áulis, mas um lugar chamado Bráuron, na Ática, e seria um urso e não uma corça a vítima que a deusa substituiu. A própria Ifigénia, no momento do sacrifício, se teria transformado em touro, ou em vitela, ou em ursa, ou então numa velha mulher e sob essa forma desaparecera. Explica-se este desaparecimento pelo facto de todos os que assistiam ao sacrifício terem desviado os olhos porque não queriam ver consumar-se um crime tão horrível. Uma versão «racionalista» diz que o sacrifício foi interrompido pelo súbito aparecimento de um

---

Ifídamas: **1)** Pausan., IV, 36, 4; V, 19, 4; *Il.*, XI, 221 e s.; Eust. *ad Hom.*, p. 840, 1. **2)** Apollod., *Bibl.*, II, 3, 11; escól. *ad* Apol. Rh., *Arg.*, IV, 1396.

Ifigénia: Apollod., *Ep.*, II, 21 e s.; Procl. *ap. Ep. Gr. Fragm.* (Kinkel), p. 19 (*Cantos Cíprios*): Eur., *Iph. Aul.*; *Iph. T.*; Tzetz., *ad Lyc.*, 103; 143; 183; 194; 1374; *Anteh.*, 191; escól. *ad Il.*, I, 108; XIII, 626; Hyg., *Fab.*, 98; 120 e s.; 238; 261; Ov., *Met.*, XII, 24-38; Dict. Cr., *Bell. Tr.*, I, 19-22; Pausan., I, 33, 1; 43, 1; II, 22, 7; 35, 1; III, 16, 7; VII, 26, 5; IX, 19, 6; Ant. Lib., *Transf.*, 27; Serv., *ad Virg.*, *Aen.*, I, 116; XI, 267; Lucr., I, 85 e s.; Cic., *Off.*, III, 25; Aesch., tragédia perdida *Ifigénia*, Nauck, *Trag. Gr. Fragm.*, p. 229; Steph. Byz., *s.u.* Χρυσόπολις *Etym. Magn.*, *s.u.* Ἶφις Diod. Sic., IV, 44; Herod., IV, 104. Cf. P.E. Arias, «I monumenti dell'Ifigenia in Aulide»: *Boll. dell'Ist. naz. del Dramma antico* (1930), pp. 89-96; S. Fazio, *Ifigenia nella poesia...*, Palermo, 1932; L. Sechan, in *R. E. G.* (1931) 368-426; P. Clement, in *A.C.* (1934) 393-409; A. Baschmakoff, in *B. A. G. B.* (1939), 3-21.

animal, touro, vitela, corça, etc., ou então de uma velha mulher; face a tal presságio, o sacerdote declarou que o sacrifício não era necessário e que os deuses não o aceitariam. Ifigénia foi assim salva.

Na Táurica, Ifigénia permaneceu longos anos ao serviço da deusa. A sua função era sacrificar todos os estrangeiros que aportavam ao país em consequência de naufrágios. Isso aconteceu até ao dia em que reconheceu, em dois estrangeiros que lhe traziam para serem sacrificados, seu irmão Orestes e Pílades, que o oráculo de Delfos enviara a Táurica em busca da estátua de Ártemis de quem ela era a sacerdotisa. Abandonou então o seu sacerdócio, entregou-lhes a estátua e fugiu com eles para a Grécia.

Na viagem de regresso situa-se um episódio desenvolvido por Sófocles na sua tragédia *Crises*, hoje perdida. Ifigénia e o irmão, juntamente com Pílades, abordaram a cidade de Esminte, na costa da Tróade, onde Crises era sacerdote de Apolo. Crises tinha consigo um filho de sua filha Criseida e de Agamémnon, nascido enquanto a mãe estava cativa no acampamento dos Gregos (v. *Crises* e *Criseida*). Esse filho tinha o mesmo nome que o avô e recebera o direito de sucessão como sumo pontífice. Dizia-se que era filho de Apolo. Quando os fugitivos chegaram, perseguidos por Toas, rei da Táurica, Crises prendeu-os e preparava-se para os entregar a Toas quando o avô lhe revelou o segredo do seu nascimento. Então, Crises matou Toas e seguiu os irmãos até Micenas. Outra versão chega mesmo a referir Ifigénia como filha de Criseida e não de Clitemnestra. Teria sido raptada por piratas citas, durante a viagem de regresso, quando Agamémnon voltava à Grécia após a tomada de Tróia. O jovem Crises terá morrido na Bitínia, em Crisópolis, cidade assim denominada em sua memória.

Outra variante extremamente aberrante faz de Ifigénia a filha que Teseu teve de Helena quando a raptou (v. *Teseu* e *Helena*) antes do seu casamento. Salva pelos Dióscoros seus irmãos, Helena jurou-lhes que continuava virgem. Na realidade, porém, dera clandestinamente à luz uma menina, Ifigénia, que confiou a sua irmã Clitemnestra. E esta criou-a como se fosse sua filha.

Ora se dizia que Ifigénia morreu em Mégara, onde tinha um santuário, ora que Ártemis a tornara imortal, identificando-se com a deusa Hécate, ou ainda que vivia uma vida misteriosa, casada com Aquiles, na Ilha Branca (v. *Aquiles*), na foz do Danúbio. Assim se encontrava consumada a união de Ifigénia e Aquiles, projectada por Agamémnon, primeiramente como pretexto, mas depois desejada por Aquiles e talvez mesmo pela jovem, que o sacrifício, porém, viera impedir.

IFIMEDIA. (Ἰφιμέδεια.) É filha de Tríopas, da raça de Cânace (v. quadro 11, p. 142). Casou com seu tio Aloeu e dele teve três filhos: dois filhos chamados Alóadas, Efialtes e Oto (v. estes nomes) e uma filha, Pâncratis. Ifimedia estava enamorada de Posídon e ia frequentemente junto ao mar onde derramava água no seio, até que, por fim, Posídon a satisfez e lhe deu os dois filhos cujo pai «humano» era Aloeu. Segundo outros autores, os Alóadas haviam de facto nascido da Terra, como a maioria dos gigantes, e Ifimedia fora apenas sua ama.

Um dia em que Ifimedia e sua filha Pâncratis celebravam as festas de Dioniso no monte Drios, na Acaia, foram raptadas por dois piratas da ilha de Naxos (na altura denominada Estrôngile), de origem trácia, chamados Escelis e Cassameno, ou então Sícelo e Hegétoro (v. *Pâncratis*). Por amor às duas mulheres, bateram-se e mataram-se um ao outro. O rei de Naxos, Agassámeno, deu Ifimedia a um dos seus amigos e ficou com Pâncratis para si. Aloeu enviou seus dois filhos à procura da sua filha e da mulher. Os dois gigantes atacaram a ilha de Naxos, expulsaram os Trácios que lá se haviam estabelecido e reinaram na ilha. Mostrava-se o túmulo de Ifimedia em Antédon.

ÍFIS I. (Ἶφις.) **1.** Ífis é o nome de um herói argivo, filho de Alector; era pai de Etéocles (quadro 13, p. 152), um dos Sete Chefes que atacaram Tebas, e de Evdane, mulher de Capaneu. Segundo outra tradição referida por Pausânias, Ífis era filho de Alector e irmão de Capaneu. Os seus dois filhos, assim como Capaneu, tiveram um fim trágico: Etéocles morreu diante de Tebas; Evadne lançou-se à pira fúnebre de seu marido, que um raio atingira no momento em que tomava de assalto a muralha (v. *Capaneu*). Através de seus filhos, Ífis foi assim castigado porque outrora aconselhara Polinices a corromper Erifile, mulher de Anfiarau, dando-lhe o colar de Harmonia (v. *Erifile*). Como não tinha outros filhos, ao morrer, legou o reino ao filho de Capaneu, Esténelo.

2. Ífis é também o nome de outro argivo, filho de outro Esténelo, filho de Perseu (quadro 32, p. 370) e irmão de Euristeu, que participou na expedição dos Argonautas.

3. Ífis é também o nome do amante de Anaxárete, a jovem de Salamina de Chipre que Afrodite transformou em pedra (v. a sua lenda).

ÍFIS II. (Ἶφις.) **1.** Como nome feminino, Ífis refere-se a uma das filhas de Téspio que se uniu a Héracles (v. este nome).

2. É também o nome de uma cativa de Ciros que Pátroclo amou.

Ifimedia: *Od.*, XI, 305 e s.; Pind., *Pyth.*, IV, 156; escól. *ad* Apol. Rh., *Arg.*, I, 482; *ad Il.*, V, 385; Hyg., *Fab.*, 28; Diod. Sic., V, 50 e s.; Parth., *Erot.*, 19.

Ífis I: **1)** Pausan., II, 18, 5; X, 10, 3; Apollod., *Bibl.*, III, 6, 3; Aesch., *Th.*, 458 e s. **2)** Escól. *ad* Apol. Rh., *Arg.*, IV, 223, 228; Diod. Sic., IV, 28; Val. Flac., *Arg.*, I, 441; VII, 423. **3)** V. *Anaxárete*.

Ífis II: **1)** Apollod., *Bibl.*, II, 7, 8. **2)** *Il.*, IX, 667; Pausan., X, 25, 4. **3)** Ov., *Met.*, IX, 666 e s. V. *Iante*.

3. Finalmente, Ífis era a filha de Ligdo e Teletusa, dois cretenses de Festo. Antes de o filho nascer, Ligdo ordenara a Teletusa que o expusesse se fosse uma menina. Quando estava prestes a dar à luz, ela teve uma visão em que Ísis lhe apareceu e a mandou criar o filho, qualquer que fosse o seu sexo. Assim, quando nasceu uma menina, ela decidiu fazê-la passar por um rapaz. Chamou-lhe Ífis, que é um nome ambíguo, e vestiu-a como se fosse um rapaz. Mas depressa se apaixonou por Ífis uma jovem chamada Iante, que partilhava do erro comum e pensava que se tratava de um jovem. As duas donzelas foram prometidas em casamento uma à outra. A mãe de Ífis estava bastante embaraçada; fez adiar o casamento sob diversos pretextos, mas acabou por não poder retardá-lo mais. Pediu então a Ísis que a livrasse de apuros. A deusa apiedou-se dela e transformou Ífis em rapaz; e o casamento realizou-se (v. também *Galateia*, 2).

ÍFITO (Ἴφιτος.) **1.** O primeiro herói com este nome é filho de Náubolo, príncipe da Fócida. É pai de Esquédio e Epístrofo, chefes do contingente focense no cerco de Tróia. Participou com Jasão na expedição dos Argonautas.

2. O herói mais conhecido com o nome de Ífito é o filho de Êurito. Pertence ao ciclo de Héracles; a sua lenda é complexa e formada por diferentes estratos. Por vezes figura entre os Argonautas, com Clítio (v. este nome). Como filho de Êurito, rei de Ecália, é um archeiro célebre (v. *Êurito*). Conta a *Odisseia* que, depois da morte de seu pai, herdou o arco divino, presente de Apolo de que seu pai se servia, e ofereceu-o a Ulisses. Foi um penhor de hospitalidade que os dois heróis trocaram em Messene, onde se haviam encontrado, em casa de Orsíloco. Por seu lado, Ulisses deu a Ífito uma espada e uma lança. Foi com esse arco que Ulisses, no seu regresso de Tróia, matou os pretendentes de Penélope.

Nesta versão da lenda, Êurito morreu antes de seu filho, morto por Apolo, com quem quisera rivalizar em destreza no manejo do arco. Por vezes atribui-se a morte de Êurito a Héracles, aquando da tomada de Ecália (v. *Íole*); Héracles teria morto ao mesmo tempo Êurito e seus quatro filhos, entre os quais se contava Ífito. No entanto, conta-se também que Ífito foi o único dos irmãos que tomou o partido de Héracles e foi de opinião que se lhe desse a mão de Íole, que o herói ganhara no concurso de tiro ao arco. Este comportamento explica que tenha escapado ao massacre quando a cidade foi tomada. No entanto, nem por isso deixou de morrer às mãos de Héracles. Quando Ulisses o encontrou, em Messene, Ífito andava em busca das éguas (ou então dos bois) que Héracles roubara, ou que Autólico roubara e confiara a Héracles. Este recusou-se a devolver os animais e matou Ífito. Outra versão conta que Héracles era apenas suspeito do roubo e que Ífito veio pedir-lhe ajuda para recuperar o seu património. Héracles prometeu, mas ficou louco, como já lhe acontecera anteriormente, e atirou o jovem do alto dos muros de Tirinto. Para expiar este assassínio, Héracles teve de ser vendido como escravo (v. *Ônfale*).

3. Outro Ífito é a vítima morta por Copreu, arauto de Euristeu (v. *Copreu*).

4. No limite entre os tempos mitológicos e os tempos históricos, conhece-se outro Ífito, rei de Élide, contemporâneo de Licurgo, o legislador de Esparta, que reorganizou os Jogos Olímpicos caídos em desuso depois da sua criação por Héracles e da morte do rei Óxilo (v. este nome). Ífito, que fora pedir ao oráculo de Delfos um remédio contra os diversos flagelos, epidemias e divisões políticas que na altura assolavam a Grécia, recebeu como conselho que restaurasse os jogos de Olímpia. Ao mesmo tempo, persuadiu as populações de Élide a prestarem um culto a Héracles, que sempre haviam considerado como inimigo. Estabelecendo um acordo com Licurgo, de Esparta, Ífito levou a cabo um começo de união pan-helénica aquando das paregírias de Olímpia, o que constituía um primeiro remédio contra a divisão política de que a Grécia sempre sofreu.

IINGE. V. *Íinx*.

ÍINX. (Ἴυγξ.) Íinx é a filha de Pã e da ninfa Eco. Diz-se que foi ela quem provocou o amor de Zeus por Io, dando a beber ao deus um filtro de amor. Como castigo, Hera transformou-a ou em estátua de pedra ou numa ave chamada «íinx» que era utilizada nos sortilégios amorosos.

***ILHA TIBERINA.** (*Insula Tiberina.*) Em Roma, contava-se que, quando os Tarquínios foram expulsos, a parte dos seus domínios que ficava a norte da cidade foi consagrada a Marte e tornou-se o Campo de Marte. No entanto, como se estava na altura da ceifa e essa planície se encontrava coberta de trigo maduro, decidiu-se atirar ao rio esse trigo que, consagrado ao deus, não podia ser consumido sem incorrer em sacrilégio. O nível das águas estava baixo e os molhos do cereal ficaram presos em bancos de areia, dando origem à Ilha Tiberina, junto ao Palatino.

Segundo outra versão, o Campo de Marte não pertencia aos Tarquínios, mas fora voluntariamente consagrado pela sua proprietária, a Vestal Tarquínia.

Ífito: **1)** APOLLOD., I, 9, 16; *Il.*, II, 518, e escól. *ad* v. 517; XVII, 306; APOL. RH., *Arg.*, I, 207 e s.; IV, 529 e s.; 1547 e s.; PAUSAN., X, 4, 2; 36, 10; HYG., *Fab.*, 14; 97. **2)** APOLLOD., *Bibl.*, II, 6, 1 e s.; APOL. RH., *Arg.*, I, 86 e s.; II, 114; HYG., *Fab.*, 14; *Od.*, VIII, 226 e s.; XXI, 11 e s.; escól. *ad* v. 22; SOPH., *Tr.*, 270-273; TZETZ., *Hom.*, II, 417-423; escól. *ad* EUR., *Hipp.*, 545; *ad* SOPH., *Tr.*, 266; DIOD. SIC., IV, 31; escól. *ad Il.*, II, 336; V, 392; PAUSAN. X, 13, 8. **3)** APOLLOD., II, 5, 1. **4)** PAUSAN., V, 4, 4 e s.; cf. PLUT., *Lyc.*, 1; 23 e s.; EUS., *Cron.* cf. I, p. 192 f.

Íinx: SUID., *s.u.* ἴυγξ; escól. *ad* THEOCR., II, 17; *ad* PIND., *Nem.*, IV, 56.

Ilha Tiberina: LIV., II, 5; PLUT., *Popl.*, 8.

***ÍLIA.** ('Ιλία.) Ília é o nome com que se designa frequentemente Reia Sílvia, mãe de Rómulo e Remo. Certos mitógrafos antigos esforçaram-se por distinguir, nas versões da lenda da fundação de Roma, aquelas em que a mãe de Rómulo se chamava Reia e as outras em que se denominava Ília (o que quer dizer «a Troiana», «a mulher de Ílio»). Segundo esses mitógrafos, o nome de Ília estaria reservado às lendas em que a mãe de Rómulo é a filha de Eneias e Lavínia. No entanto, a lenda é a mesma qualquer que seja a filiação. Reia-Ília é sempre amada por Marte, que lhe dá gémeos, e Amúlio, rei de Alba, que a condenara a ser Vestal por medo dos filhos que ela poderia ter se casasse, ou a mantém prisioneira, ou a manda lançar ao Tibre. Conta-se que o deus do rio conseguiu a sua divinização e a desposou (v. *Reia*).

ILÍONA. V. *Ilíone.*

ILÍONE. ('Ιλιόνη.) Ilíone é a filha mais velha de Príamo e de Hécuba e mulher de Polimestor (v. *Deípilo* e *Polimestor*).

ILIONEU. ('Ιλιονεύς). Ilioneu é o nome usado: **1.** pelo filho mais novo de Níobe e Anfíon; **2.** pelo filho do Troiano Forbas; **3.** por um companheiro de Eneias; **4.** finalmente, por um velho troiano massacrado por Diomedes durante o saque da cidade.

ILÍRIO. ('Ιλλύριος.) Ilírio é o filho mais novo de Cadmo e Harmonia, que estes tiveram aquando da expedição contra os Ilírios. Foi ele quem deu o nome a essa região (v. também *Galateia*).

ILITIA. (Εἰλείθυια.) Ilitia é o génio feminino que preside ao parto. É filha de Zeus e Hera, e irmã de Hebe, Ares e Hefesto. Fiel servidora de sua mãe, é também instrumento dos seus ódios. Tenta, por exemplo, impedir o parto de Leto (v. este nome) e o de Alcmena (v. *Galíntias*).

Por vezes, os poetas falam de Ilitias, concebidas neste caso como uma pluralidade de génios.

ILO. ("Ιλος.) O nome de Ilo surge por duas vezes na família real de Tróia.

1. O primeiro herói assim chamado é um dos quatro filhos de Dárdano (v. quadro 7, p. 112). Morreu sem descendência.

2. O nome reaparece duas gerações mais tarde, referindo um dos quatro filhos de Trós e Calírroe (v. o mesmo quadro): Cleópatra, Ilo, Assáraco e Ganimedes. Casado com Eurídice, que Apolodoro diz filha de Adrasto, teve um filho, Laomedonte, que por sua vez teve cinco filhos, entre os quais se contava Podarces, chamado Príamo, e três filhas, sendo uma delas Hesíone. Além de Laomedonte, Ilo teve uma filha, Temiste, que casou com Cápis (filho de Assáraco) e, por isso, foi a avó de Eneias. Este Ilo é o antepassado comum entre o ramo de Príamo e o de Eneias, aos quais pertenceu sucessivamente o poder real em Tróia.

Ilo fundou a cidade de Tróia (Ílio), nas seguintes circunstâncias: oriundo da Tróade, foram à Frígia participar em jogos organizados por um rei desse país. Aí, conquistou o prémio constituído por cinquenta jovens escravos de ambos os sexos. Por indicação de um oráculo, o rei acrescentou a este prémio uma vaca malhada e aconselhou-o a que se estabelecesse no sítio onde ela parasse e aí fundasse uma cidade. A vaca dirigiu-se para norte e parou numa colina da Frígia chamada a colina de Ate. Aí caíra Ate (o Erro), lançado do céu por Zeus (v. *Ate*). Ilo construiu no local uma cidade a que chamou Ílio (a futura Tróia) e que se erguia na planície do Escamandro, perto de Dárdano, a cidade do monte Ida fundada por Dárdano (v. *Dárdano*).

Algum tempo depois da fundação de Ílio, Zeus, a pedido de Ilo, enviou-lhe um sinal para lhe testemunhar o seu favor e confirmar a sua escolha do local. Uma manhã encontrou defronte da sua tenda uma estátua que descera milagrosamente do céu, o Paládio, que tinha três côvados de altura e cujos pés estavam juntos; na mão direita segurava uma lança, na esquerda uma roca e um fuso (v. *Paládio*). Representava a imagem da deusa Atena, Palas. Ilo construiu um templo para receber a estátua que foi o grande templo de Atenas em Tróia. Em outras tradições, a estátua caiu pelo tecto do templo quando este não estava ainda concluído e tomou ela própria o lugar ritual. Outra versão conta ainda que, durante o incêndio que atingiu o templo, Ilo salvou a estátua retirando-a das chamas; mas cegou, pois não lher era permitido ver essa imagem divina. No entanto, Atena deixou-se mover pelas suas orações e devolveu-lhe a vista, já que o sacrilégio cometido tinha justificação.

Segundo alguns autores, Ilo combateu contra Tântalo e Pélops, responsáveis pelo rapto de seu filho Ganimedes, e baniu-os.

Ília: VIRG., *Aen.*, I, 274; VII, 659; SERV., *ad Virg.*, *Aen.*, I, 273; III, 333; VI, 778; HYG., *Fab.*, 252; FESTUS, p. 267 M; PLUT., *Qu. Rom.*, 3; CONON, *Narr.*, 48; AEL., *VH*, VI, p. 510 e s.; DION. HAL., *Ant. Rom.*, I, 73; CIC., I, 20, 40; PORPH., *ad* HOR., *O.*, I, 2; OV., *Fast.*, II, 598; cf. os artigos *Rómulo* e *Reia Sílvia.*

Ilíone: VIRG., *Aen.*, I, 653; SERV., *ad Virg.*, *Aen.*, III, 15; 49; I, 653; HYG., *Fab.*, 90; 109; 240; 243; 254; HOR., *S.*, II, 3, 61, e escól.

Ilioneu: **1)** OV., *Met.*, VI, 261. **2)** *Il.*, XIV, 489 e s. **3)** VIRG., *Aen.*, I, 120; 521; IX, 501. **4)** QUINT. SM., XIII, 181.

Ilírio: APOLLOD., *Bibl.*, III, 5, 4; STEPH. BYZ., *s.u.* 'Ιλλύρια; cf. STRAB., VIII, 7, 8, p. 326.

Ilitia: *Il.*, XI, 271; XIX, 119; HES., *Theog.*, 922; PIND., *Nem.*, VII, 2; APOLLOD., *Bibl.*, I, 3, 1; DIOD. SIC., V, 72; OV., *Met.*, IX, 285 e s.; ANT. LIB., *Transf.*, 29; *Hymn. Hom.*, Del., 98 e s.

Ilo: 1) APOLLOD., *Bibl.*, III, 12, 2. **2)** APOLLOD., *ibid.*; *Il.*, XX, 215 e s.; 232 e s.; STEPH. BYZ., *s.u.* 'Ατιόλοφος e "Ιλιον; LYC., *Alex.*, 29; TZETZ., *ad loc.*; DIOD. SIC., IV, 74 e s.; PLUT., *Parall. min.*, 17; PAUSAN., II, 22, 3. **3)** *Od.*, I, 259; II, 328; e EUST., sobre ambos os passos; cf. STRAB., VIII, 3, 5, p. 338 (sobre a cidade de Éfira).

3. Um terceiro herói de nome Ilo é citado na *Odisseia* como pertencendo à raça de Jasão. É geralmente referido como filho de Mérmero e neto de Feres II, filho de Jasão e Medeia. Nesta versão da lenda, Mérmero e Feres não são os dois filhos de Medeia mortos pela mãe (ou pelos Coríntios), aquando do assassínio de Glauce (v. *Medeia* e *Jasão*, e quadro 23, p. 258).

Este Ilo reinava em Éfira de Élide e herdara da sua antepassada Medeia o segredo de venenos infalíveis. Antes de partir para Tróia, o próprio Ulisses lhe foi pedir um veneno para impregnar as suas flechas, com o objectivo de as tornar mais certeiramente mortais. Ilo, porém, por temor das leis divinas, recusou-lho.

ÍMBRASO. (Ἴμβρασος.) **1.** Ímbraso é um rio da ilha de Samos, cujo deus, homónimo, é filho de Apolo e da ninfa Ocírroe. **2.** É também o nome de um chefe trácio cujo filho, Píroo, intervém na *Ilíada*.

ÍNACO. (Ἴναχος.) Ínaco é um deus-rio da Argólida. Diz-se que reinava outrora em Argos e que teve de Mélia, filha de Oceano, dois filhos: Foroneu e Egialeu (v. quadro 19, p. 239). É filho de Oceano e de Tétis; diziam os Argivos que vivia desde antes da criação da raça humana e que seu filho Foroneu fora o primeiro homem. Em outras versões da lenda, era contemporâneo de Erictónio e de Eumolpo (v. estes nomes) que viviam em Atenas e Elêusis. Ou então, terá reunido os homens depois do Dilúvio de Deucalião e estabeleceu-os na planície do rio homónimo, a que foi dado o seu nome em memória desse benefício. Quando Hera e Posídon disputaram entre si a soberania do país, Ínaco foi escolhido como árbitro do diferendo, juntamente com Cefiso e Astérion. Tomou o partido da deusa e Posídon, enfurecido, amaldiçoou-o; por isso, o leito de Ínaco mantém-se seco durante todo Verão e só se enche na altura das chuvas. Ínaco (ou seu filho Foroneu) foi o primeiro a erigir um templo a Hera Argiva.

Além de Foroneu e Egialeu, atribui-se-lhe uma filha, Micena, epónimo da cidade de Micenas e, por vezes, outros dois filhos, Argos e Pelasgo (v. quadro 19, p. 239, que dá a filiação mais corrente de ambos), bem como Caso (v. *Âmice*). Mais frequentemente (e é essa a versão preferida pelos tragediógrafos), atribui-se-lhe a paternidade de Io, considerada também como filha de Íaso (v. *Io*). As aventuras da filha causaram-lhe grande tristeza. Diz-se mesmo que tentou perseguir Zeus, que a raptara. O deus enviou contra ele uma Erínia, Tisífone, que o atormentou a tal ponto que ele se atirou a um rio até aí chamado Haliácmon e que, a partir dessa altura, tomou o nome de Ínaco. Ou então, Zeus fulminou-o, o que fez com que o leito de Ínaco secasse.

***ÍNCUBOS.** (*Incubi.*) Os Íncubos são génios do folclore romano; dizia-se que vinham, de noite, pousar sobre o peito das pessoas que dormiam, a quem causavam pesadelos. Por vezes, uniam-se às mulheres adormecidas. Representam-se estes demónios com um barrete de forma cónica na cabeça, que, de vez em quando, perdiam nos seus folguedos. Quem encontrasse um desses barretes adquiria imediatamente o poder de descobrir tesouros escondidos.

***INDÍGETES.** (*Indigetes.*) Em Roma, os «deuses indígetes» são uma categoria de divindades extremamente numerosas, que compreende todas aquelas cuja função se limita à realização de um determinado acto e que, geralmente, não têm existência para além desse acto. São, por exemplo, os «poderes» que acompanham o ser humano desde o seu nascimento (e mesmo desde a concepção) até à morte, de *Conseuius* (o deus da concepção) a *Nenia* (a deusa do lamento fúnebre). Há uma divindade que ensina a criança a andar, *Abeona*, que lhe guia os primeiros passos longe da casa da família e *Adeona* que a traz de volta. *Potina* é a deusa que a faz beber, etc. Existe igualmente toda uma série de «deuses rústicos» que presidem às diferentes fases da cultura e da vegetação: *Segetia* (de *segetes*, ceifa), *Lacturnus*, que faz subir o «leite» na espiga em formação, etc. Algumas dessas divindades, como *Flora* e *Proserpina*, adquiriram pouco a pouco uma personalidade mais marcada, particularmente sob influência da mitologia helénica (v. *Flora* e *Prosérpina-Perséfone*). Outras divindades «indígetes» estão relacionadas com lugares: *Ianus* com as portas, *Cliuicola* com as ruas em declive; *Cardea* com os gonzos (*cardines*) das portas. Havia deuses desta espécie em todos os lugares: nas cozinhas, nas prisões e em outros sítios. Outras encarregavam-se de guiar o viajante, impedindo-o de tomar um caminho errado. No dizer dos Padres da Igreja, que sobretudo nos conservaram a memória dos deuses «indígetes», tratava-se de uma «poeira de deuses», de uma multidão inumerável que eles consideravam aviltante para a majestade divina. Com os deuses indígetes está-se ainda muito perto da «mentalidade mágica» que exige a presença de um princípio sobrenatural eficaz em cada acto que se realiza. Na época clássica, isso constitui apenas uma sobrevivência no direito essencialmente conservador dos Pontífices e objecto de interesse para os historiadores como Varrão, cujas obras são fonte dos autores cris-

---

Ímbraso: **1)** ATHEN., VII, 283 e. **2)** *Il.*, IV, 520.

Ínaco: APOLLOD., *Bibl.*, II, 1, 1 e s.; PAUSAN., II, 15, 4 e s.; TZETZ., *ad Lyc.*, 178; HYG., *Fab.*, 124; 143; 145; 155; 235; 274; OV., *Met.*, I, 583; AESCH., *Pr.*, 590; 636; 663; 705; SOPH., drama satírico perdido, v. NAUCK, *Trag. Gr. Fragm.*, p. 149 e s. e referências; PLUT., *De Fluv.*, XVIII, p. 1032. V. também *Io* e *Foroneu.*

Íncubos: HOR., *Ep.*, V, 95 e s.; TERT., *Anim.*, 44; MACROB., *Somn.*, I, 3, 7; PETRON., *Sat.*, 38; PLIN., *N. H.*, XXV, 4, 29; XXX, 10, 84; AUGUST., *Civ. D.*, XV, 23.

Indígetes: AUGUST., *Civ. D.*, IV, 8; VI, 1 e s.; TERT., *Nat.*, II, 1 e s.; CENS., *De Civ.D. nat.*, II, 2 e s.; SERV., *ad* VIRG., *Georg.*, I, 21, etc.

tãos. O seu estudo releva mais da história das religiões que da mitologia.

INDO. ('Ινδός.) **1.** Indo é o herói epónimo da Índia; filho da Terra, foi morto por Zeus; trata-se, porém, de uma lenda tardia e artificial. É também uma construção recente a lenda segundo a qual a mesma personagem, marido da ninfa Caláuria, era o pai do rio Ganges (v. *Egipto* e *Nilo*).

2. Outro Indo é um jovem indiano de grande beleza que violou a filha do rei Oxialces e, em seguida, fugiu ao castigo lançando-se ao rio Mausolo que, a partir de então, se chamou Indo.

3. Higino atribui a um rei da Cítia chamado Indo a invenção do dinheiro, cujo uso teria sido introduzido na Grécia por Erecteu.

INO. ('Ινώ). V. *Leucótea.*

IO. ('Ιώ.) Io é uma jovem de Argos, sacerdotisa de Hera Argiva e que Zeus amou. As tradições diferem quanto a seu pai, mas coincidem todas em dá-la como princesa da estirpe real de Argos e descendente do filho de Oceano, Ínaco. Seu pai ora era Íaso (v. quadro 19, p. 239) ora é o próprio Ínaco, o deus-rio (v. a sua lenda) — esta é a versão preferida pelos tragediógrafos. Finalmente, seu pai pode também ser Píren (provavelmente o irmão de Belerofonte; neste caso, Io perteceria à casa real de Corinto). Quando se diz ser filha de Ínaco, sua mãe é Mélia; como filha de Iaso, tem por mãe Lêucane.

O amor de Zeus por Io deve-se quer à beleza da jovem quer aos feitiços de Iinx, filha de Eco (v. a sua lenda). Contava-se que um sonho levara Io a dirigir-se às margens do lago de Lerna e a entregar-se aí aos abraços de Zeus. Io contou o seu sonho ao pai, que consultou os oráculos de Dodona e Delfos. Ambos lhe disseram que obedecesse se não queria ser fulminado com toda a sua família. Zeus uniu-se à jovem e, pouco depois, Hera desconfiou da aventura. Então, para salvar Io dos ciúmes da mulher, Zeus transformou-a numa vitela maravilhosamente branca. E jurou a Hera que jamais amara esse animal. Hera exigiu que lho oferecessem e Io achou-se assim consagrada a sua rival que a confiou à guarda de Argo dos Cem Olhos (v. *Argo*), parente da jovem.

Começaram então as provas de Io. Vagueou pelos arredores de Micenas e depois por Eubeia. E por onde quer que passasse a terra fazia nascer plantas novas para ela. Zeus compadeceu-se da sua amante (a quem, diz-se, se juntava por vezes sob a forma de um touro) e encarregou Hermes de a arrebatar ao seu guarda. Com um toque da sua varinha mágica, Hermes adormeceu cinquenta olhos de Argo, enquanto os outros cinquenta dormiam de um sono natural. Em seguida, matou-o com a sua faca. Todavia, a morte de Argo não libertou Io, a quem Hera enviou um moscardo para a atormentar. O insecto agarrou-se-lhe aos flancos e enfureceu-a. Então, Io lançou-se por toda a Grécia. Começou por percorrer as costas do golfo que, por sua causa, recebeu o nome de golfo Jónico; atravessou o mar no estreito que separa a costa da Europa e a da Ásia e deu-lhe o nome de Bósforo, «Passagem da Vaca». Na Ásia vagueou também longamente e acabou por chegar ao Egipto onde foi bem recebida e deu à luz o filho que concebera de Zeus, o pequeno Épafo (v. este nome e quadro 3, p. 66) que deu origem a uma raça numerosa a que pertencem as Danaides. Retomou a sua primitiva forma e, depois de uma última prova para reencontrar o filho, raptado pelos Curetes a mando de Hera, voltou para reinar no Egipto onde foi adorada sob o nome de Ísis.

Na Antiguidade, os historiadores procuraram interpretar historicamente a lenda e explicaram que Io era filha do rei Ínaco e tinha sido raptada por piratas fenícios e levada para o Egipto; ou então era a amante do capitão do barco fenício e fugiu de livre vontade. Dizia-se também que Io, raptada por piratas e levada para o Egipto, tinha sido comprada pelo rei do país que como compensação, enviara ao pai da jovem, Ínaco, um touro, conduzido por embaixadores. Quando estes chegaram à Grécia, Ínaco morrera. Não sabendo o que haviam de fazer ao touro, os embaixadores mostraram-no a troco de dinheiro à população do país, que nunca vira tal animal. Depois da sua vida terrena, Io foi transformada em constelação. Na origem das narrativas concernentes a Io e à sua descendência, encontrava-se uma epopeia hoje perdida, a *Danaide.*

IÓBATES. ('Ιοβάτης.) Ióbates é um rei da Lícia, que desempenha um importante papel na lenda de Acrísio e na de Belerofonte. Acrísio expulsara seu irmão gémeo, Preto, do reino de Argos (v. *Acrísio*). Preto refugiu-se na Lícia, na corte de Ióbates, que acabou por lhe dar em casamento sua filha Anteia, também chamada Estenebeia (v. este nome) e por organizar com ele uma expedição com o fim de lhe devolver o reino. Assim, Acrísio reinou em Argos e Preto em Tirinto. Entretanto, Preto julgou que Belerofonte quisera seduzir-lhe a mulher e enviou-o a Ióbates, pedindo-lhe secretamente que o matasse. No entanto, Belerofonte triunfou facilmente das provas a que

---

Indo: **1)** NONN., *Dion.*, XVIII, 21; PLUT., *De Fluv.*, 4. **2)** PLUT., *ibid.*, 25. **3)** HYG., *Fab.*, 274.

Io: APOLLOD., *Bibl.*, II, 1, 3 e s.; PAUSAN., II, 16, 1; III, 18, 13; cf. I, 25, 1; LUCIAN., *D. Deor.*, III; OV., *Met.*, I, 583 e s.; HYG., *Fab.*, 145; 149; 155; AESCH., *Supp.*, 41 e s.; 291 e s.; 556 e s.; *Pr.*, 589 e s.; 640 e s.; SUID., *s.u.* 'Ιώ e "Ισις; escól. *ad* APOL. RH., *Arg.*, II, 168; escól. *ad Od.*, II, 120; PLIN., *N. H.*, XVI, 239; HES., f. 47; DIOD. SIC., I, 13, 5; I, 25; III, 74; V, 60; PARTH., *Erot.*, 1; MART., *Epigr.*, XI, 47, 4; HEROD., I, 1; II, 41; HYG., *Astr. Poet.*, II, 21. Cf. A. SEVERYNS, «Le cycle épique et l'épisode d'Io»: *Mus. Belge* (1926), 131 e s.; Ch. JOSSERAND, in *Ant. Class.* (1937), p. 259; U.PESTALOZZA, *art. cit.* no art. *Hera*; cf. J.BERARD, in *Syria*, 1952.

Ióbates: APOLLOD., *Bibl.*, II, 2, 1 e s.; *Il.*, VI, 169, e escól. *ad* v. 155; DIOD. SIC., VI, 7, 8; HYG., *Fab.*, 57; SOPH., tragédia perdida com esse nome (Nauck, frags. 275 e s.).

o rei o submeteu (v. *Belerofonte*) e casou com a segunda filha de Ióbates, chamada Filónoe, ou Cassandra, ou Alcímene ou ainda Anticleia. Ao morrer, Ióbates legou o seu reino a Belerofonte.

ÍOBES. ('Ióβης). Íobes é um dos filhos que Héracles teve de uma filha de Téspio, de nome *Certe*.

IOCASTO. V. *Jocasto*.

IODAMA. ('Ιοδάμα). Iodama é filha de Itono e, por isso, neta de Anfíction, da raça de Deucalião (v. quadro 8, p. 116). Era sacerdotisa de Atena Itónia, na região de Coroneia, na Beócia. A deusa apareceu-lhe uma noite, revestida com a égide, e foi transformada em pedra. Tinha um altar no templo e, ainda no tempo de Pausânias, todos os dias uma mulher repetia três vezes, reavivando o fogo ritual: «Iodama está viva e pede fogo.»

Iodama foi amada por Zeus, que lhe deu uma filha chamada Tebe (v. este nome); Zeus deu a filha em casamento a Ógigo.

Uma lenda curiosa transmitida por Tzetzes faz de Iodama a irmã de Atena. A deusa, de carácter belicoso, matou acidentalmente essa irmã, quando se exercitava no manejo das armas (compare-se com a lenda de *Palas*).

IOLAU. ('Ιόλαος.) Iolau é sobrinho de Héracles. É filho de Íficles, meio-irmão do herói, e de Automedusa, filha de Alcátoo (v. quadro 32, p. 370). Acompanhou durante toda a vida o tio nos seus trabalhos e conduzia-lhe o carro. Interveio, por exemplo, no combate contra a hidra de Lerna e, em seguida, na luta contra Cicno, filho de Ares. Ajudou Héracles a despojar Cicno das suas armas. Acompanhou-o na expedição destinada a apoderarem-se dos bois de Gérion, no ataque contra Tróia e, de um modo geral, mesmo quando os testemunhos literários não referem a sua presença em qualquer dos episódios do ciclo de Héracles, os monumentos representativos não deixam de o mostrar ao lado de Héracles (por exemplo, no país das Hespérides, na luta com Anteu, na busca de Cérbero, nos Infernos, etc.). Estava também com ele entre os Argonautas e é referido entre os caçadores de Cálidon. Por fim, obteve o prémio da corrida de carros com o tiro do herói, nos primeiros Jogos Olímpicos, quando Héracles os instituiu, bem como nos jogos fúnebres celebrados em honra de Pélias (v. *Glauco*, 3).

Quando Héracles quis casar com Íole, cedeu sua esposa Mégara ao sobrinho, que a desposou e lhe deu uma filha chamada Leipéfile («Amor da Abandonada»), assim denominada sem dúvida em memória do divórcio da mãe.

Iolau, companheiro das vitórias, é também companheiro no exílio imposto a Héracles por Euristeu e com ele deixou a cidade de Tirinto para se refugiar na Arcádia (v. *Héracles*). Seguiu-o também quando Héracles subiu ao Eta, para o sacrifício final e a apoteose.

Depois da morte de Héracles, ajudou os Heraclidas e esforçou-se por lhes encontrar um local onde se estabelecessem. Levou muitos deles para a Sardenha, particularmente a maior parte dos netos do rei Téspio (v. *Heraclidas* e *Téspio*) e também atenienses. Fundou várias cidades, nomeadamente Ólbia. Mandou vir Dédalo, que construiu grandes edifícios que subsistiam ainda no tempo de Diodoro. Ora se diz que morreu na Sardenha ora que voltou a fixar-se na Sicília, onde fundou um grande número de santuários em honra de Héracles divinizado. Ele próprio recebeu culto na Sardenha e em outros locais e as populações que estabelecera na ilha receberam o nome de Ioleus.

Na sua velhice (ou mesmo depois da sua morte, pois ressuscitou com o propósito expresso de realizar esse feito), castigou Euristeu, que perseguia com o seu ódio os Heraclidas; diz-se inclusivamente que o matou. A seu pedido, Zeus e Hebe haviam-lhe devolvido por um dia a força e a juventude.

ÍOLE. ('Ιόλη.) Íole é a filha do rei de Ecália, Êurito. Seu pai oferecera-a como prémio de um concurso de tiro ao arco, que foi ganho por Héracles (v. *Êurito* e *Héracles*); no entanto, não a concedeu ao herói, porque temia que ele enlouquecesse, como já lhe acontecera, e matasse os filhos que pudesse ter de sua filha. Héracles teve de tomar pela força a cidade de Ecália e apoderar-se da jovem, que levou prisioneira. Ao sabê-lo, Dejanira enviou a Héracles a túnica fatal (v. *Dejanira*) e, deste modo, Íole foi indirectamente a causa da morte do herói. Na pira fúnebre, Héracles confiou-a a seu filho Hilo.

Certas versões apresentam Íole resistindo ao amor de Héracles vitorioso e preferindo vê-lo massacrar seus pais sob os seus próprios olhos a ceder-lhe. Noutras versões, tenta suicidar-se durante a tomada da cidade, atirando-se do alto da muralha. Os seus amplos vestidos, porém, sustêm-na e ela cai sem lhe acontecer qualquer mal. Héracles envia-a então a Dejanira, como cativa, mas esta, ao ver uma jovem tão bela, sente o ciúme despertar e prepara o filtro mortal.

ÍON. ("Ιων.) Íon é o herói que deu o nome aos Iónios. Pertence à estirpe de Deucalião e

---

Íobes: APOLLOD., *Bibl.*, II, 7, 8.

Iodama: PAUSAN., IX, 34, 1 e s.; TZETZ., *ad Lyc.*, 355; 1206; STEPH. BYZ., *s.u.* 'Ιτώνις. V. *Itono*.

Iolau: APOLLOD., *Bibl.*, II, 4, 11; 5, 2; 6, 1; PAUSAN., I, 19, 3; 29, 5; 44, 10; V, 8, 3 e s.; 17, 11; VII, 2, 2; VIII, 14, 9; 45, 6; IX, 23, 1; 40, 6; X, 17, 5; HES., *Scut.*, 74 e s.; *Theog.*, 317; TZETZ., *ad Lyc.*, 830; DIOD. SIC., IV, 24; 29; 30; 31; 33; 38; V, 15; PIND., *Nem.*, III, 36; *I.*, I, 14; HYG., *Fab.*, 14; 173; 273; STRAB., V, 2, 7, p. 225; EUR., *Hercl.*, 843 e s.; escól. *ad* PIND., *Pyth.*, IX, 137; cf. J. BÉRARD, *Colonisation*, p. 434 e s.; G.PICARD, *Hannibal*, Paris, 1967, p. 32 e s.

Íole: APOLLOD., *Bibl.*, II, 6, 1; 7, 7; HYG., *Fab.*, 31; 35; 36; SOPH., *Tr.*, *passim*, e escól.; DIOD. SIC., IV, 31; ATHEN., XIII, 560 c; PLUT., *Parall. min.*, 308.

Íon: HEROD., VII, 94; IX, 44; APOLLOD., *Bibl.*, I, 7, 3; escól. *ad Il.*, I, 2; STRAB., VIII, 7, 1, p. 383; IX, 1, 18, p. 397; PAUSAN., I, 31, 3; II, 14, 2; 26, 1; VII, 1, 2 a 2, 3; 4, 2; 25, 8; EUR., *Ion*, *passim*; escól. *ad* ARISTOPH., *Nu.*, 1468; *Av.*, 1527; SOPH., tragédia perdida *Creúsa*, *Trag. Gr. Fragm.* (Nauck), p. 164.

é sobrinho de Doro e de Éolo e filho de Xuto e Creúsa, filha de Erecteu (v. quadro 8, p. 116 e 12, p. 144).

Xuto, pai de Íon, fora expulso da Tessália por seus dois irmãos, Éolo e Doro. Fixara-se na Ática, em Atenas, e aí casou com Creúsa. Quando morreu o sogro, Erecteu, foi expulso da Ática e estabeleceu-se na costa norte do Peloponeso (no país de Egíalo, que mais tarde se tornou a Acaia) (v. *infra*). Depois da sua morte, seus dois filhos, Aqueu e Íon, separaram-se. Aqueu regressou à Tessália, enquanto Íon se preparava para atacar os Egialeus. Ora, o rei desse país, Selino, deu-lhe em casamento sua filha única, Hélice, e designou-o como seu sucessor. Quando Selino morreu, Íon tomou o poder e fundou uma cidade a que chamou Hélice, por causa do nome da mulher, e baptizou como «Iónios» os habitantes do seu reino. Entretanto, os Atenienses, que estavam em guerra com as populações de Elêusis, pediram ajuda a Íon e nomearam-no seu chefe. Íon respondeu ao apelo, mas morreu na Ática. Os seus descendentes conservaram o poder em Egíalo, até ao dia em que os descendentes de Aqueu, regressados da Tessália, de lá os expulsaram e deram ao país o nome de Acaia. Essa é a versão referida por Pausânias. Estrabão transmitiu-nos uma versão ligeiramente diferente, que explica igualmente as diversas migrações das raças helénicas. Depois do seu casamento com a filha de Erecteu, Xuto fundou na Ática a Tetrápole, composta pelos quatro burgos de Énoe, Maratona, Probalinto e Tricorinto. Um dos seus filhos, Aqueu, cometeu involuntariamente um assassínio e fugiu para a Lacedemónia: deu aos povos dessa região o nome de Aqueus, enquanto Íon submetia os Trácios que combatiam sob as ordens de Eumolpo (v. este nome). Tal feito valeu-lhe uma reputação que levou os Atenienses a fazerem-no seu rei. Íon dividiu a Ática em quatro tribos e organizou politicamente o país que, quando ele morreu, tomou o seu nome. Mais tarde, os Atenienses enviaram uma colónia para Egíalo e impuseram a esse país o nome de Iónia. No tempo dos Heraclidas, porém, foram expulsos do território pelos Aqueus que lhe chamaram Acaia.

Eurípides escreveu uma tragédia sobre Íon que romanceia estes dados lendários: Íon não é filho de Xuto mas sim de Apolo e Creúsa, filha mais nova de Erecteu. Uniram-se em uma gruta da Acrópole e foi também lá que o filho nasceu. Creúsa, porém, não quis criá-lo. Mas nasceu, expuseram-no num cesto no meio das rochas, pensando que Apolo saberia tomar conta dele. E foi precisamente isso que aconteceu. Hermes levou a criança para Delfos e confiou-a à sacerdotisa do templo.

Mais tarde, Creúsa casou com Xuto, para lhe agradecer a ajuda que dera à sua família na guerra contras os descendentes de Calcodonte. Esta união, porém, era estéril; por isso, Xuto e Creúsa foram a Delfos pedir conselho ao oráculo. Este disse a Xuto que adoptasse como filho a primeira criança que visse ao entrar no templo. Essa criança era o filho de Creúsa. Obedecendo ao deus, Xuto adoptou-o, mas Creúsa não quis receber aquela criança que lhe era estranha e que não reconheceu. Pensou mesmo em envenená-lo; finalmente, graças ao cesto em que haviam encontrado o menino e a sacerdotisa conservara, Creúsa acabou por reconhecer o filho em quem revivia o sangue dos Erectidas.

IÓNIO. ('Ιόνιος.) **1.** Iónio é o epónimo do mar Jónio (cujo nome é mais frequentemente atribuído à passagem de Io, particularmente por Ésquilo; anteriormente, o golfo jónio chamar-se-ia «mar de Crono e de Reia»). Iónio é filho de Adrias, rei da Ilíria, que deu nome ao mar Adriático.

2. Diz-se também que Iónio era filho de Dírraco, epónimo da cidade de Dirráquio (hoje em dia Durazzo). Dírraco sofria o ataque de seus irmãos quando Héracles passou no país e o socorreu. No combate, porém, o herói matou acidentalmente o filho do seu aliado. O cadáver foi atirado ao mar, que tomou então o nome de mar Jónio.

ÍOPE. ('Ιόπη.) **1.** Conhece-se uma Íope, referida como filha de Íficles, irmão gémeo de Héracles, e que foi mulher de Teseu. Ignora-se, porém, a sua lenda. Trata-se talvez de uma tentativa de relacionar os dois heróis matadores de monstros através de um qualquer laço de parentesco.

2. Numa forma obscura da lenda, Íope é também o nome de uma filha de Éolo, casada com Cefeu, pai de Andrómeda. A maior parte das vezes, a mãe de Andrómeda chama-se Cassiopeia. Neste caso, porém, Cefeu é rei da Fenícia e não da Etiópia (v. *Andrómeda*). Íope é o epónimo da cidade de Íope.

IOXO. ("Ιωξος.) Ioxo é um neto de Teseu e filho de Melanipo e Perigune, a filha do bandido Sínis. Os descendentes de Ioxo consideravam a pimpinela e o aipo como plantas sagradas dado que, outrora, no momento em que Teseu matou Sínis, Perigune fugiu e escondeu-se em moitas dessas plantas e prometeu-lhes que, se a escondessem bem, jamais lhes faria mal.

ÍRIS. (Ἶρις.) Íris é filha de Taumas e Electra; pertence à raça de Oceano simultaneamente pelo lado paterno e pelo materno. Por isso, é irmã das Harpias (v. quadro 33, p. 388). Simboliza o arco-íris e, de um modo geral, a união entre a Terra e o Céu, entre os deuses e os homens, que o arco-íris torna visível. A maior parte das vezes, representa-se alada

Iónio: **1)** Escól. *ad* Apol. Rh., *Arg.*, IV, 308; Tzetz., *ad Lyc.*, 630; escól. *ad* Pind., *Pyth.*, III, 120; Serv., *ad Virg.*, *Aen.*, III, 211. **2)** Appian., *Bell. Cin.*, II, 39.

Íope: **1)** Plut., *Thes.*, 29. **2)** Steph. Byz., *s.u.* 'Ιόπη; D. P., fr. 910; Conon, *Narr.*, 40.

Ioxo: Plut., *Thes.*, 8.

Íris: Hes., *Theog.*, 266; 780; 784; Alc., fr. 13 B (Bergk); *Il.*, III, 121; VIII, 397 e s.; XVIII, 166; XXIV, 77 e s.; XV, 143 e s.; *Hymn. hom. Apoll.*, 102; Virg., *Aen.*, IV, 694 e s.; IX, 5-20; Eur., *Herc. F.*, 822 e s.; Callim., *Del.*, 22 e s.; Theocr., XVII, 134.

e revestida de um véu ligeiro que, ao sol, adquire as cores do arco-íris. Por vezes, diz-se que é mulher de Zéfiro e mãe de Eros.

Como Hermes, Íris tem a incumbência de levar as mensagens, ordens ou conselhos dos deuses. Está mais estreitamente ao serviço de Zeus e, sobretudo, de Hera, de quem surge quase como uma serva. Outras divindades recorrem por vezes aos seus serviços.

IRO. (Ἶρος.) **1.** Iro é filho de Actor, rei de Opunte, e pai dos argonautas Eurídamas e Eurícion (v. também *Eurícion* filho de Actor). Quando Peleu matou acidentalmente Eurícion, com cuja filha casara, ofereceu carneiros e bois a Iro para o compensar. Iro, porém, não aceitou. Um oráculo aconselhou então Peleu a deixar esses rebanhos em liberdade. Um lobo atacou-os e devorou-os. Por intervenção divina, esse lobo foi transformado em pedra e esta estátua mostrava-se na fronteira entre a Lócrida e a Fócida.

2. Iro é também o mendigo desavergonhado referido na *Odisseia* e contra quem Ulisses teve de lutar para divertimento dos pretendentes (v. *Ulisses*).

ÍSIS. (Ἶσις.) Se bem que Ísis, deusa egípcia, não pertença à mitologia helénica nem à mitologia romana, o seu culto e os seus mitos espalharam-se de tal modo no mundo greco-romano desde o começo da nossa era que se torna impossível não a mencionar.

No panteão egípcio, Ísis é a mulher de Osíris e mãe do deus-sol Horo. Set, deus da Sombra, mata Osíris e, no dia seguinte, Horo vinga-o. Durante a noite, têm lugar a busca de Osíris por Ísis (v. *Némanus*) e as suas lamentações até conseguir a vingança. Como mãe dos deuses, como vencedora dos poderes da noite, Ísis depressa possuiu mistérios e foi sob este aspecto que se prestou a diversas identificações na religião helénica. Liga-se ao seu mito (o da procura de Osíris) e à sua iconografia (Ísis era frequentemente representada sob a forma de uma vaca, segurando o símbolo da Lua), a história de Io (v. este nome). Foi assimilada a Deméter que igualmente procurara sua filha raptada por Hades, o deus dos Infernos e do mundo da Noite. Essa assimilação deu-se ainda mais facilmente porque Deméter também é uma Mãe e possui mistérios. Tal como surge, por exemplo, no tempo de Apuleio, Ísis é um princípio feminino universal: reina sobre o mar, sobre os frutos da terra, sobre os mortos; deusa da magia, preside às transformações das coisas e dos seres, aos elementos, etc. É em torno de Ísis que se formou o sincretismo religioso do século II d. C., pelo menos no que concerne às divindades femininas.

ISMENA. V. *Ismene.*

ISMENE. (Ἰσμήνη.) **1.** Uma primeira Ismene é a mãe de Íaso, na genealogia que o faz filho de Argo (v. quadro 20, p. 240). É filha de Asopo.

2. Outra Ismene é a irmã de Antígona, também ela filha de Édipo e Jocasta (quadro 9, p. 128). Segundo uma tradição obscura, Ismene era amada por Teoclímeno, um jovem tebano; durante um encontro entre ambos, foi morta por Tideu, instigado por Atena (v. *Tideu*).

ISMENO. (Ἰσμηνός.) **1.** Ismeno é o deus do rio homónimo, na Beócia. Como todos os rios, é filho de Oceano e de Tétis. Por vezes, diz-se que é filho de Asopo e Metope.

2. A lenda refere outro Ismeno (ou Isménio), igualmente tebano, filho de Apolo e da ninfa Mélia (v. este nome). Teve dois filhos, Dirce e Estrófia, duas fontes de Tebas.

3. Ismeno é, finalmente, o nome do filho mais velho de Níobe e Anfíon. Foi morto juntamente com os Nióbidas pelas flechas de Apolo. Ao morrer, lançou-se ao rio que tomou o nome do jovem.

ÍSQUENO (Ἴσχενος.) Ísqueno é um habitante de Olímpia, filho de gigante que era, por seu turno, filho de Hermes e Híerea. Durante um período de fome, o oráculo indicou como remédio o sacrifício de um nobre do país. Ísqueno ofereceu-se voluntariamente como vítima, o que lhe valeu grandes honras. Enterraram-no na colina de Crono, perto do estádio de jogos. Em sua honra celebraram-se jogos fúnebres.

Após a sua morte, a população de Olímpia deu-lhe o cognome de *Taraxipo*, «*Excita-cavalos*», pois era sempre perto do seu túmulo que, nas corridas, os cavalos se enfureciam. Atribuía-se tal facto à sua influência oculta, ou ainda à sombra de um loureiro que o acaso aí fizera nascer e que, agitando-se no solo, assustava os animais (v. também *Taraxipo*).

ÍSQUIS. (Ἴσχυς.) Ísquis é um arcádio neto de Árcade, pelo lado de seu pai, Élato (v. também *Lápitas*). Casou com Corónis, filha do rei Flégias, quando ela já estava grávida de Asclépio, filho de Apolo (v. *Asclépio*). Por causa desse delito, Ísquis foi morto pelo deus, assim como a mulher. Por vezes, o amante de Corónis chama-se Alcioneu e não Ísquis.

ISSA. (Ἴσσα.) **1.** Issa é uma jovem de Lesbos, cujo pai se chamava Macareu. Deu o

---

Iro: **1)** APOL. RH., *Arg.*, I, 72 e escól.; TZETZ., *ad Lyc.*, 175; escól. *ad Il.*, XXIII, 88; ANT. LIB., 38. **2)** *Od.*, XVIII, 1 e s.; HYG., *Fab.*, 126.

Ísis: V. PLUT., *de I. et O.*, *passim*; APUL., *Met.*, XI, Cf. Fr. CUMONT, *Le symbolisme funéraire...*, ind., *s.u.*

Ismene: **1)** APOLLOD., *Bibl.*, II, 1, 3. **2)** SOPH., *Ant.*, *passim*; APOLLOD., *Bibl.*, III, 5, 8; SOPH., *Arg. Ant.*

Ismeno: **1)** HYG., *Fab.*, pr.; APOLLOD., *Bibl.*, III, 12, 6; DIOD. SIC., IV, 72. **2)** PAUSAN., IX, 10, 5; CALLIM., *Del.*, 76. **3)** APOLLOD., *Bibl.*, III, 5, 6; OV., *Met.*, VI, 224; HYG., *Fab.*, 11; PLUT., *De Fluv.*, 2.

Ísqueno: TZETZ., *ad Lyc.*, 38; 42-43; PAUSAN., VI, 20, 8.

Ísquis: PIND., *Pyth.*, III, 8 e s.; e escól. *ad* 14 e s.; 60; OV., *Met.*, II, 542 e s.; ANT. LIB., *Transf.*, 20; v. *Asclépio*. Cf. CIC., *Nat.*, III, 22.

Issa: **1)** STEPH. BYZ., *s.u.*; TZETZ., *ad Lyc.*, 219; OV., *Met.*, VI, 124. **2)** PTOL. HEPH., *Nov. hist.*, 1 (WESTERMANN, p. 183).

nome à cidade de Issa, na sua pátria. Foi amada por um deus, ou por Hermes, ou por Apolo, ou talvez mesmo por ambos. Atribui-se a Hermes a paternidade de seu filho Prílis, um adivinho de Lesbos (v. *Prílis*).

2. Isso é igualmente o nome de Aquiles entre as filhas do rei Licomedes, em Siros (v. a sua lenda). Durante esse período da sua existência, em vez de Issa, chamava-se-lhe por vezes Pirra, ou ainda Cercísera.

ISTMÍADES. (Ἰσθμιάδης.) Istmíades é o marido de Pelarge, filha de Potneu. Como o culto dos Cabiros se desorganizara por causa da expedição dos Sete Chefes contra Tebas, foi ele quem, juntamente com a mulher, o restaurou na Beócia. Quando Pelarge morreu, um oráculo de Dodona ordenou que lhe concedessem honras divinas por causa do seu zelo para com os deuses.

ISTRO. (Ἴστρος.) Istro é a personificação do rio com o mesmo nome (hoje em dia, o Danúbio). Como todos os rios, é filho de Oceano e Tétis. Dois dos seus filhos, chamados Héloro e Acteu, combateram na Mísia, ao lado de Télefo aquando do desembarque grego.

ÍTACO. (Ἴθακος.) Ítaco é o herói epónimo da ilha de Ítaca. É filho de Ptérelas e de Anfimede e pertence à raça de Zeus. Tem dois irmãos, Nérito e Polictor, que com ele emigraram de Corfu e fundaram a cidade de Ítaca, na ilha do mesmo nome. Devia-se-lhe em particular, a ele e aos irmãos, a instalação e consagração da fonte a que os habitantes de Ítaca iam buscar água.

ÍTALO. (Ἰταλός.) Ítalo é o herói epónimo de Itália. As tradições diferem quanto às suas origens e à sua pátria. Por vezes, considera-se que é o rei de um território situado no extremo meridional do *Brutium* (Abruzos). Nesta versão, Ítalo era de origem enótria. Reinou no pais com tanta justiça e sensatez, dando ao seu povo leis e civilização, que, em sinal de reconhecimento, deram ao reino o nome de *Italia*. Este nome alastrou depois progressivamente a todo a zona meridional da Península (até então chamada Ausónia) e, a breve prazo, à totalidade da península.

Segundo outros autores, o bom rei Ítalo era de origem sícula, ou então da Lucânia, ou da Ligúria, ou de Corcira, ou, finalmente, era neto de Minos, filho de sua filha Satíria (v. este nome). A confusão destas lendas é enorme. Ítalo relaciona-se também com o ciclo de Ulisses e Circe: seria um filho de Penélope e Telégono (v. *Circe*, *Ulisses* e *Leucária*).

ÍTILO. (Ἴτυλος.) Na lenda do rouxinol (v. *Aédon*) segundo a versão tebana, Ítilo é o filho de Aédon e do Tebano Zeto. Foi morto por sua mãe que julgava matar Amaleu, filho mais velho de sua cunhada Níobe, de quem tinha ciúmes porque tinha muitos filhos enquanto ela tinha apenas dois, Ítilo e Neide.

ÍTIS. (Ἴτυς.) Ítis é o nome do filho de Procne na fase mais recente da lenda do rouxinol, tal como surge sobretudo nos tragediógrafos. Seu pai não é Zeto, como na versão precedente (v. *Ítilo*), mas Tereu, rei da Trácia, que casara com Procne, filha de Pandíon, rei de Atenas. Com ele, a lenda deixa de ser tebana e torna-se ática (v. *Tereu*). Depois de morto e de a sua carne ter sido servida como repasto a Tereu, Ítis foi transformado em ave (um faisão?).

Finalmente, há uma lenda milésia muito semelhante, cuja heroína é Aédon (v. este nome). Nesta versão, Aédon transforma-se em rouxinol, mas seu filho, Ítis, parece que não teve idêntica sorte.

ITOME. (Ἰθώμη.) Itome é uma ninfa da montanha do mesmo nome, na Messénia. Segundo uma lenda local, fora encarregada de criar Zeus na sua infância, juntamente com outra ninfa chamada Neda; ambas tinham o costume de o banhar na fonte Clepsidra, que ficava perto. Havia um santuário de Zeus Itomas, a que se levava todos os dias água da fonte Clepsidra, em recordação desse costume. Zeus Itomas formulava oráculos.

ITONO. (Ἴτωνος.) Itono é um filho de Anfíction (v. quadro 8, p. 116) e, por isso, pertence à raça de Deucalião. Da ninfa Melanipe teve três filhos: Beoto, Crómia e Iodama. Atribui-se-lhe, por vezes, a criação do culto de Atena Itónia (v. *Iodama*).

*** IULO.** (*Iulus.*) Iulo (em latim *Iulus*) é outro nome do filho de Eneias, Ascânio (v. este nome). É a ele que se vai buscar a origem do nome da família dos *Iulii*, à qual pertenciam César e, por adopção, Augusto. Iulo fundou no Lácio a cidade de Alba, a metrópole de Roma.

Istmíades: Pausan., IX, 25, 7 e s.

Istro: Hes., *Theog.*, 339; Tzetz., *Anteh.*, 274.

Ítaco: *Od.*, XVII, 207 e s.; escól. *ad loc.*; Eust., *ad Hom.*, 1817, 43.

Ítalo: Dion. Hall., I, 12; 35; 73; Strab., VI, 1, 4, p. 254; Thuc., VI, 44, 2; Arist., *Pol.*, VII, 9, 2; Tzetz., *ad Lyc.*, 1232; Serv., *ad Virg.*, *Aen.*, I, 2; 533; Hyg., *Fab.*, 127.

Ítilo: *Od.*, XIX, 518 e s.; escól. *ad loc.*; Eust., p. 1875, 15; Pausan., IX, 5, 9; X, 32, 11; Hes., *Op.*, 568 e s.; Ael., *VH*, XII, 20.

Ítis: Aesch., *Supp.*, 57 e s.; *A.*, 141 e s.; Hyg., *Fab.*, 45; 239; 246; Soph., tragédia perdida de *Tereu*, v. Nauck, *Trag. Greg. Fragm.*, fr. 519 e s.; Ov., *Met.*, VI, 411 e s.; Apollod., *Bibl.*, III, 14, 8; Conon, *Narr.*, 31; escól. *ad* Virg., *Ecl.*, VI, 78; *Myth Vat.*, ed. Bode, I, 4, 2; p. 217.

Itome: Pausan., III, 26, 6; IV, 12, 7 e s.; 33, 2 e s.

Itono: Pausan., IX, 1, 1; 34, 1; V, 1, 4.

Iúlo: Virg., *Aen.*, I, 288; IV, 274; VI, 364; 789; Serv., *ad* Virg., *Georg.*, III, 35; Suet., *Caes.*, 81; Juv., *Sat.*, XII, 70; Dion. Hal., I, 70, 4 e s.; Phaest., p. 340, art. *Silvi*; Eus., *Chron.*, I, p. 389; *De orig. gent. rom.*, p. 155; cf. Ribezzo, *Riv. I. G. I.*, 1930, p. 74.

Explica-se assim a origem deste nome: durante os combates que se seguiram ao desaparecimento de Eneias, Ascânio tomou o comando do exército confederado do povo latino (formado por aborígenes e por soldados troianos) e garantiu a vitória sobre os Rútulos e seus aliados etruscos (v. *Mezêncio*). Como recompensa, foi-lhe concedido o cognome de *Iobum* (talvez se deva ler *Iolum* ou *Iovlom*), diminutivo de Júpiter. Ascânio ter-se-ia, pois, tornado «o Pequeno Júpiter». Esta etimologia é referida já por Catão na sua obra *Origines*. Note-se que se dizia que o rei Latino, depois de morrer, se identificara com o deus da confederação latina, Júpiter Lacial (v. *Latino*).

Por vezes, distingue-se Iúlo de Ascânio e diz-se que é neto e não filho de Eneias, sendo, nesse caso, filho do próprio Ascânio. Depois da morte de seu pai, terá sido afastado do trono de Alba por Sílvio, seu tio, filho de Eneias e Lavínia, que o fez sacerdote.

IXIÃO. V. *Ixíon*.

IXÍON. (Ἰξίων.) Os autores divergem grandemente quanto à genealogia de Ixíon. Na maior parte dos casos, dizem-no filho de Flégias e, por isso, irmão de Corónis (v. este nome). Por vezes, diz-se que é filho de Ares, ou de Eton, ou de Ântio, ou de Pision. Sua mãe é Perimele (v. quadro 25, p. 268).

Ixíon é um tessálio, rei dos Lápitas. Casou com Dia, filha do rei Dioneu. Quando pediu a este a mão da jovem, fez-lhe grandes promessas. No entanto, quando, depois do casamento, o sogro reclamou os presentes combinados, Ixíon atirou-o traiçoeiramente para um fosso cheio de brasas. Desse modo, tornou-se culpado não apenas de perjúrio, mas também de assassínio na pessoa de um membro da sua família; antes dele, ninguém ousara cometer tal crime, pois um assassínio desse tipo é um duplo sacrilégio: de facto, os membros de uma mesma família estão unidos por um vínculo religioso e oferecem sacrifícios às mesmas divindades protectoras. O horror provocado por esse crime foi tal, que ninguém consentiu em purificar Ixíon conforme era costume. De todos os deuses, apenas Zeus teve piedade dele e o purificou, libertando-o assim da loucura que o acometera após o seu crime. Ixíon, porém, mostrou-se de uma extrema ingratidão para com o seu benfeitor. Ousou enamorar-se de Hera e tentou violentá-la. Zeus (ou mesmo Hera) moldou uma nuvem semelhante à deusa. Ixíon uniu-se a esse fantasma e com ele gerou um filho, Centauro, pai dos Centauros, ou então os próprios Centauros. Face a este novo sacrilégio, Zeus decidiu castigar Ixíon. Amarrou-o a uma roda em chamas que girava sem cessar e atirou-o pelos ares. E, uma vez que Zeus, quando o purificara, o fizera provar ambrósia, que torna os homens imortais, Ixíon teve de suportar o seu castigo sem esperança de que alguma vez tivesse fim. A sua ingratidão transformou desse modo a bondade do seu benfeitor em pena agravada.

Muitas vezes, o castigo de Ixíon localiza-se nos Infernos, no Tártaro, junto dos grandes criminosos.

Ixíon é o pai de Pirítoo, amigo de Teseu.

Ixíon: Apollod., *Ep.*, I, 20; Pind., *Pyth.*, II, 39 e s.; e escól.; Aesch., *Eu.*, 440; 718; tragédia perdida de *Ixíon* (Nauck, *TGF*, p. 22); Soph., *Phil.*, 679 e s.; escól. *ad Il.*, I, 268; Eur., tragédia perdida *Ixíon*, Nauck, *ibid.*, p. 389 e s.; escól. *ad* Eur., *Phoen.*, 1185; Apol. Rh., *Arg.*, III, 62 e escól.; Virg., *Georg.*, IV, 484; Strab., IX, 5, 19, p. 439. V. também *Centauros* e G. Dumézil, *op. cit.*, ad loc.; J. L. Boyle., *Ixion Origins and meaning of a myth*, Diss. Chapel Hill, 1974.

J

JACÍNTIDES. (Ὑακινθίδες.) Chamava-se Jacíntides, em Atenas, às jovens que tinham sido oferecidas em sacrifício para assegurar a salvação da pátria. Existem duas tradições a seu respeito:

A primeira diz que elas eram filhas do Lacedemónio Jacinto (v. *Jacinto*), que se estabelecera em Atenas, e eram quatro: Anteíde, Egleite, Lítea e Órtia. Durante a guerra sustentada por Minos contra a Ática, uma peste e uma fome assolaram a região (v. *Minos* e *Androgeu*). De acordo com um antigo oráculo, os Atenienses sacrificaram as jovens. Mas isso não deu qualquer resultado e os Atenienses viram-se obrigados a aceitar as condições de Minos (v. *Teseu*).

Outros mitógrafos identificavam as Jacíntides com as filhas de Erecteu, Protogenia e Pandora, que se tinham oferecido como vítimas expiatórias quando o exército dos Eleusinos, comandados por Eumolpo, se aproximava de Atenas (v. *Erecteu*, *Eumolpo*). Chamava-se-lhes Jacíntides porque o sacrifício efectuava-se sobre uma colina chamada Jacinto.

JACINTO. (Ὑάκινθος.) Jacinto é geralmente considerado como filho de Amiclas e de Diómede e neto paterno de Lacedémon e de Esparta (v. quadro 5, p. 90). Nesta genealogia ele é tio de Ébalo (ou de Perieres, conforme os autores) (v. *Perieres* e *Ébalo*). Mas os poetas consideraram-no, por vezes, como filho de Ébalo. Uma tradição isolada, referida por Atenódoro, considera Jacinto filho da Musa Clio e de Píero, sendo este filho de Magnes. Foi por amor dele que Tâmiris, filho de Filâmon e duma ninfa chamada Argíope, teria inventada a pederastia.

Jacinto era dotado de grande beleza e Apolo apaixonou-se por ele. Um dia em que todos os deuses lançaram o disco, o vento desviou-o, ou então o disco bateu contra um rochedo e ressaltou de tal forma que atingiu Jacinto na cabeça, matando-o imediatamante. Apolo sofreu um grande desgosto e, para imortalizar o nome do seu amigo, transformou o sangue que correra da ferida numa nova flor, o «jacinto» (talvez o lírio martagão) cujas pétalas apresentavam marcas evocando quer o grito de lamentação do deus (AI), quer a inicial do nome do adolescente (Y).

Segundo alguns autores, o verdadeiro responsável do triste acontecimento seria Zéfiro, rival infeliz de Apolo junto de Jacinto. Ele teria desviado propositadamente o disco para se vingar de ambos. Este acto é também atribuído a Bóreas que, diz-se, estaria apaixonado pelo belo Jacinto.

Jacinto, o lacedemónio, pai das Jacíntides, de que fala Apolodoro, não deverá ser identificado com o herói amado por Apolo. Ele é, aliás, desconhecido.

Jacíntides: APOLLOD., *Bibl.*, III, 15, 8; DIOD. SIC., XVII, 15, 2; HYG., *Fab.*, 238; HARPOCR., *Lex.*, *s. u.*; DEMOSTH., LX, 27, p. 1397; SUID., *s. u.* Παρθένοι.

Jacinto: APOLLOD., *Bibl.*, I, 3, 3; III; 10, 3 e s.; PAUSAN., III, 1, 3; 19, 4 e s.; TZETZ., *ad Lyc.*, *Chil.*, I, 239 e s.; OV., *Met.*, X, 162 a 219; HYG., *Fab.*, 271; SERV., *ad VIRG.*, *Ecl.*, III, 13; *Aen.*, XI, 18; PALEPH., 47; NONN., *Dion.*, III, 155 e s.; NIC., *Ther.*, 901 e s.; e escól. a 902; LUCIAN., *D. Deor.* 14. Cf. M. J. MELLINCK, *Hyakinthos*, Utrecht, 1943.

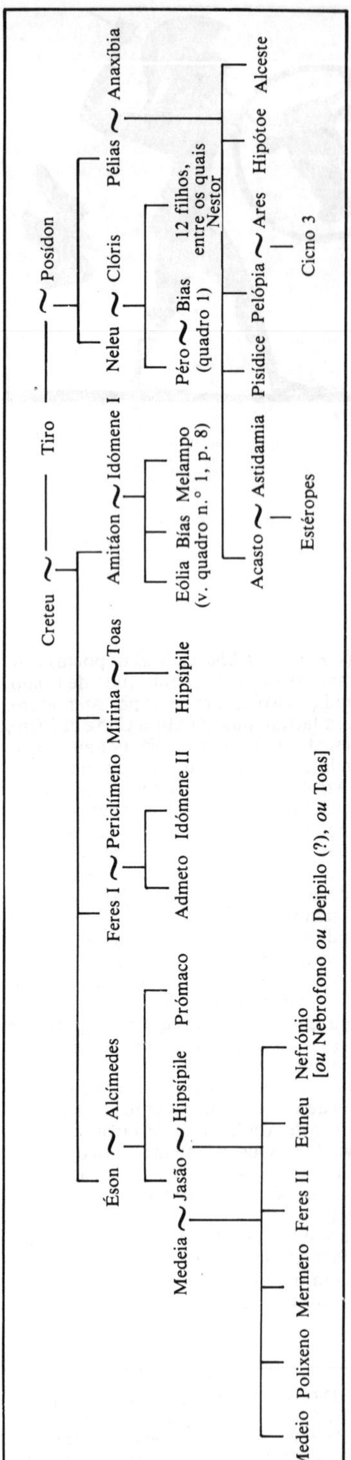

Quadro genealógico n.º 23
(v. também o quadro n.º 1, p. 8)

* **JANO.** (*Ianus.*) Jano é um dos mais antigos deuses do panteão romano. É representado com dois rostos que se opõem, um olhando para a frente, outro para trás. As lendas sobre Jano são unicamente romanas e ligadas às das origens da cidade.

Segundo alguns mitógrafos, Jano era indígena de Roma, onde teria outrora reinado com Câmeses, um rei mítico de quem nada se sabe além do nome. Segundo outros, Jano era um estrangeiro, originário da Tessália e exilado em Roma, onde teria sido recebido favoravelmente por esse Câmeses, que teria partilhado o seu reino com ele. Jano teria então construído uma cidade sobre a colina, que teria tomado o nome de Janículo, com base no nome do deus. Tendo vindo para Itália com a mulher, de nome Camise, ou Camasena, teria tido filhos, em particular *Tiber*, o epónimo do Tibre. Mais tarde, depois da morte de Câmeses, reinou sozinho no Lácio e foi ele quem acolheu Saturno, expulso da Grécia por seu filho Júpiter (v. *Crono* e *Zeus*). Enquanto Jano reinava no Janículo, Saturno governava Satúrnia, uma povoação situada no cimo do Capitólio.

Atribuem-se ao reinado de Jano as habituais características da Idade de Ouro: completa honestidade dos homens, abundância, paz profunda, etc. Teria sido Jano quem inventou o uso dos barcos, para ir da Tessália para Itália; também teria sido ele o inventor do dinheiro. Com efeito, as mais antigas moedas romanas em bronze tinham numa das faces a efígie de Jano e o reverso representava a proa de um barco. Teria sido Jano quem (benefício atribuído também a Saturno) teria civilizado os primeiros habitantes do Lácio, os Aborígenes. Estes levavam, antes de Jano, uma vida indigna e não conheciam nem as cidades, nem as leis, nem o cultivo do solo. Jano ensinou-lhes tudo isso.

Depois de morrer, Jano foi divinizado e à sua personalidade divina agregam-se outras lendas, aparentemente sem relação com as anteriores. Atribui-se-lhe particularmente um milagre que salvou Roma da conquista sabina. No tempo em que Rómulo e os seus companheiros tinham raptado as mulheres sabinas, Tito Tácio e os Sabinos atacaram a nova cidade. Ora, uma noite, Tarpeia, filha do guarda do Capitólio (v. *Tarpeia*), entregou a cidadela aos Sabinos. Estes escalaram o Capitólio e estavam prestes a cercar os defensores quando Jano fez brotar diante dos assaltantes uma nascente de água quente que os atemorizou e pôs em fuga. Para comemorar esse milagre, decidiu-se deixar sempre aberta, em tempo de guerra, a porta do templo de Jano, para que o deus pudesse, em qualquer momento, vir em

---

Jano: VAR., *LL*, V, 156; VII, 27; MACROB., *Sat.*, I, 9, 17; OV., *Met.*, XIV, 778 e s., *Fast.*, I, 259 e s.; VIRG., *Aen.*, VIII, 319 ss., e 358; PLUT., *Qu. Gr.*, 41; SERV., *ad VIRG.*, Aen., VIII, 319; AUGUST., *Civ. D.*, VII, 4; SOLIN., II, 5 e s.; LYD., *De Mens.*, 2. Cf. P. GRIMAL, *Le dieu Janus et les Origines de Rome, Lettres d'Humanité*, IV; L. A. HOLLAND, *Janus and the bridge*, Am. Acad. in Rome, 1961.

socorro dos Romanos. Essa porta só era fechada se a paz reinava nos domínios de Roma.

Jano passava também por ter casado com a ninfa Juturna, cujo santuário e fonte não ficavam longe do seu próprio templo, no Forum romano. Teria tido dela um filho, o deus *Fons* ou *Fontus* (v. *Fonte*), deus das fontes.

No seu poema burlesco sobre a transformação do imperador Cláudio em abóbora (a *Apocolocynthosis*), Séneca conta que Jano, hábil orador, como frequentador do Forum e mestre na arte de ver para a frente e para trás (isto é, examinar as questões em todos os seus aspectos), tinha intercedido em favor de Cláudio. Mas trata-se evidentemente de uma fantasia literária e irónica sobre a personalidade de um deus e que já não é tomada a sério.

JÁPETO. ('Ιαπετός.) Jápeto é um dos Titãs, filho de Úrano (o Céu) e de Geia (a Terra) (v. quadro 6, p. 105). Pertence, pois, à primeira geração divina e é um dos irmãos mais velhos de Crono. Segundo Hesíodo, casou com Clímene, uma das filhas de Oceano e de Tétis, de quem teve quatro filhos: Atlas, Menécio, Prometeu e Epimeteu. É, pois, a ele, por intermédio de Prometeu, que se liga Deucalião, o pai da raça humana, depois do dilúvio universal (v. quadros 6, p. 105, 14, p. 182; 38, p. 452). Segundo outras versões, a sua mulher é Ásia, outra das filhas de Oceano. É referida também Asópide, filha de Asopo e neta de Oceano, ou mesmo Líbia.

Juntamente com os outros Titãs, Jápeto foi lançado por Zeus no Tártaro.

JÁPIGE. V. *Iápix.*

JÁPIX. V. *Iápix.*

JARBAS. V. *Iarbas.*

JASÃO. ('Ιασων.) Jasão é o filho de Éson (v. este nome). É originário de Iolco e pertence aos descendentes de Éolo (v. quadro 23, p. 258 e quadro 1, p. 8). As versões variam quanto ao nome da mãe: a maior parte das vezes é designada Alcímede, filha de Fílaco, ou ainda Polimedes, filha de Autólico e, portanto, tia de Ulisses. Em Iolco, segundo a lenda geralmente aceite, Éson, a quem pertencia legitimamente o poder, teria sido expulso por seu meio-irmão Pélias, filho de Tiro e Posídon. Ou, noutra versão, conta-se que Éson teria confiado o poder a Pélias até que seu filho atingisse a maioridade. Ele foi criado pelo Centauro Quíron que lhe ensinou a ciência da medicina, como fazia a todos os seus pupilos. Quando chegou à idade adulta, Jasão deixou o Pélion, onde morava o Centauro, e regressou a Iolco. O seu vestuário era estranho: cobria-se com uma pele de pantera, empunhava uma lança em cada mão e, sobretudo, o pé esquerdo estava descalço. Foi com este trajo que chegou à praça pública de Iolco, no momento em que seu tio Pélias se preparava para celebrar um sacrifício. Vendo-o, e embora não o reconhecesse, Pélias sentiu medo, pois um oráculo aconselhara-o a «desconfiar do homem que tivesse apenas um pé calçado». Jasão permaneceu cinco dias e cinco noites em casa do pai. No sexto dia apresentou-se a Pélias e reclamou o poder, que lhe pertencia legitimamente. Pélias pediu-lhe então que trouxesse o velo do carneiro que tinha levado Frixo pelos ares. Era um velo de ouro, consagrado por Eeta, o rei da Cólquida, a Ares, e que estava guardado por um dragão. Pélias pensava que Jasão nunca regressaria de tal expedição. Segundo outra versão, foi o próprio Jasão quem se decidiu a enfrentar essa prova. Com efeito, quando se apresentou a Pélias, este, apercebendo-se de que apenas um dos pés de Jasão estava calçado, compreendeu que o perigo anunciado pelo oráculo estava iminente. Mandou que Jasão se aproximasse e perguntou-lhe que castigo imporia a alguém que conspirasse contra o seu rei. Jasão respondeu que o enviaria à conquista do velo de ouro. Resposta que se virou contra ele, pois Pélias apressou-se a ordenar que o fizesse. Os poetas pretendem que a ideia de tal prova teria sido sugerida a Jasão por Hera, que desejaria encontrar uma maneira de fazer vir Medeia da Cólquida, para que ela matasse Pélias, com quem estava descontente, pois ele não lhe rendia as homenagens a que ela julgava ter direito.

Assim enviado à conquista do velo de ouro, Jasão pediu a ajuda de Argo, o filho de Frixo e, a conselho de Atena, Argo construiu o navio *Argo*, que conduziria Jasão e os seus companheiros à Cólquida.

Regressado da Cólquida, com o velo de ouro e casado com Medeia (v. *Argonautas* e *Medeia*), Jasão entregou o velo a Pélias e, a partir desse momento, as versões diferem. Umas vezes ele reina no lugar de Pélias, outras vive tranquilamente em Iolco, dando a Medeia um filho, chamado Medeio; outras vezes ainda, Medeia, com os seus encantamentos, provoca a morte de Pélias, persuadindo as filhas deste a fazê-lo ferver num caldeirão, sob o pretexto de o rejuvenescer (v. *Medeia* e *Pelíades*). Todas as filhas de Pélias, excepto Alceste, a mais nova, participaram nessa morte. A morte de Pélias é apresentada como a vingança de Jasão, seja devido à usurpação de que fora vítima, seja pela morte de Éson, de que Pélias fora o causador (com efeito, tinha-o obrigado a suicidar-se; v. *Éson*). Depois da morte de Pélias, Medeia e Jasão foram expulsos de Iolco

---

Jápeto: *Il.*, VIII, 479; HES, *Theog.*, 18; 134; 507; HYG., *Fab.*, *Praef.*, 4 e 11 (Rose); APOLLOD., *Bibl.*, I, 2, 3; escól. *ad* LYC., *Alex.*, 1283; PROCL. *ad HES.*, *Op.*, 48; STEPH. BYZ., *s. u.* 'Αγχιάλη; TZETZ., *ad Lyc.*, 1283.

Jasão: HES., *Theog.*, 992 e s.; PIND., *Pyth.*, IV, *passim* e escól., APOL. RH., *Arg.*, de I, 5 ao fim; VAL. FLAC., *Arg.*, *passim*; APOLLOD., *Bibl.*, I, 8, 2; I, 9, 16; 18; 9, 23; 24 ss.; III, 13, 7 ss.; DIOD. SIC., IV, 40 e s.; PAUS., II, 3, 8 e s.; V, 17, 9 e 10; LYC., *Alex.*, 1310; TZETZ., *ad Lyc.*, 175; HYG., *Fab.*, 12 e 13; OV., *Her.*, VI; XII; SERV., *ad* VIRG., *Ecl.*, IV, 34; STAT., *Theb.*, III, 516; v. também as referências dos artigos *Argonautas*, *Medeia*. Cf. W. DEONNA, in *Rev. Hist. Rel.*, 1935, pp. 50-72; G. DUMÉZIL, *op. cit.*, no artigo *Hipsípile.*

e constrangidos a refugiar-se em Corinto. Lá, viveram felizes e tranquilos durante dez anos. Mas Jasão cansou-se de Medeia. Ficou noivo de Glauce (ou Creúsa), a filha do rei Creonte. Medeia tomou como testemunhas os deuses em nome de quem Jasão lhe tinha outrora jurado fidelidade, e enviou como presente a Glauce um vestido nupcial que lhe espalhou nas veias um violento fogo. Creonte foi igualmente atingido pelo mal e todo o palácio real ardeu, enquanto Medeia matava os dois filhos que tinha tido de Jasão e fugia num carro maravilhoso, presente do Sol, que a levou pelos ares.

Entretanto, Jasão queria voltar a Iolco, onde reinava Acasto, o filho de Pélias. Para isso, estabeleceu aliança com Peleu, que tinha razões de queixa de Acasto (v. *Peleu*) e, com a ajuda dos Dioscuros, assolou a cidade. Em seguida, Jasão, ou então seu filho Téssalo, reinou em Iolco.

Considera-se também Jasão entre os caçadores que participaram na caça de Cálidon (v. *Meleagro*).

JOCASTA (Ἰοκάστη.) Jocasta é o nome que, nos trágicos, se dá à mulher de Édipo. A tradição homérica dá-lhe o nome de Epicasta. É a filha do Tebano Meneceu e irmã de Hipónome e de Creonte. Tinha casado em primeiras núpcias com Laio, de quem tivera Édipo (v. este nome). Mais tarde, sem reconhecer o filho e sem que este a reconhecesse, casou com Édipo, a quem deu vários filhos (v. quadro 3, p. 66). Logo que tomou conhecimento do seu incesto, enforcou-se.

Outra versão conta que Jocasta teve de Édipo dois filhos, Frastor e Laonito, que foram mortos na guerra contra Orcómeno e os descendentes de Mínias. Depois da morte de Jocasta, Édipo teria casado com Euriganeia (v. este nome).

JOCASTO. (Ἰόκαστος). Jocasto é um filho de Éolo, quer este seja o senhor dos Ventos quer o filho de Arne (*Éolo*, 2 e 3), que reinava em Itália. Jocasto passa por ter fundado a cidade de Régio, na Calábria. No entanto, outra tradição refere que a cidade foi fundada por um grupo de calcidenses, expulsos do seu país por um período de fome, e que se estabeleceram «junto do túmulo de Jocasto», mais precisamente num local onde, como o oráculo lhes indicara, haviam visto «uma fêmea abraçando um macho», isto é, uma videira enroscando-se numa azinheira Jocasto morreu mordido por uma serpente.

JÓNIO. V. *Iónio.*

JOPE. V. *Íope.*

* **JÚLIA LUPERCA.** (*Iulia Luperca.*) Tzetzes conta, a propósito do sacrifício de Ifigénia, que houve em Roma um milagre análogo ao que, no último minuto, salvou a jovem. Júlia Luperca é a heroína deste episódio. Era uma jovem romana que estava para ser sacrificada como vítima expiatória, num sacrifício oficial. No momento em que o sacrificador levantava o cutelo sobre ela, uma águia precipitou-se sobre o sacerdote, arrancou-lhe o cutelo e deixou-o cair sobre uma vitela que pastava perto do templo. Sacrificou-se imediatamente a vitela e respeitou-se Júlia Luperca, que foi salva.

JULO. V. *Iúlo.*

* **JUNO.** (*Iuno.*) Juno é a deusa romana assimilada a Hera. Na origem, e na tradição romana, ela personifica o ciclo lunar e figura na Tríade inicialmente honrada no Quirinal, depois no Capitólio, e que englobava Júpiter, Juno e Minerva. Mas, para além disso, a deusa tinha outros santuários; particularmente com o epíteto de *Moneta*, isto é, a «deusa que adverte», ou «aquela que faz lembrar», recebia culto na cidadela, a *Arx* (o cume nordeste do Capitólio). É a Juno Moneta que se atribui a salvação de Roma aquando da invasão gaulesa, em 390 a. C. Foram os gansos que se criavam no recinto do seu santuário que deram o alerta, e permitiram a Mânlio Capitolino salvar a colina e repelir a tempo o invasor.

Juno era venerada também sob outros epítetos: como *Lucina*, preside ao nascimento das crianças; nesse aspecto, lembra mais a Ártemis grega que Hera (v. no entanto, na lenda de Héracles, uma conspiração de Hera para retardar o parto de Alcmena). Não se devia assistir às oferendas feitas a Juno Lucina a não ser com todos os nós desatados, pois a presença de um laço, cinto, nó, etc., no corpo das participantes, podia impedir o bom sucesso do parto da mulher em favor de quem se oferecia o sacrifício.

Juno era, de uma forma geral, a protectora das mulheres e, mais particularmente, daquelas que tinham um estatuto jurídico reconhecido na cidade, as mulheres legitimamente casadas. Celebrava-se em sua honra uma festa, as *Matronalia*, no dia das Calendas de Março (dia 1 de Março). A data dessa festa explicava-se de diversas formas. Ora se considerava como o aniversário de Marte, o deus da Guerra (o Ares grego, filho de Hera), filho de Juno, ora como o aniversário do restabelecimento da paz entre Romanos e Sabinos. Esta ocasião recordava, com efeito, o papel desempenhado pelas mulheres sabinas, lançando-se entre seus

---

Jocasta: *Od.*, XI, 271-280 e escól.; APOLLOD., *Bibl.*, III, 5, 7-9; SOPH., *O. T.*, *passim* e escól.; EUR., *Phoen.*, 1-62; escól. vv. 53; 1760; DIOD. SIC., IV, 64; PAUSAN., IX, 2, 4; 5, 10 e s.; X, 5, 3 e s.; HYG., *Fab.*, 66 e 67.

Jocasto: TZETZ., *ad Lyc.*, 45; 738 (citando CALLIM.); HERACLID. LEMB., *De re pub.* 25 (*Fragm. Hist. gr.*, II, p. 219); DIOD. SIC., V, 8; escól. *ad Od.*, II, 2 e 6.

Júlia Luperca: TZETZ., *ad Lyc.*, 183 (fim).

Juno: VAR., *LL*, V, 158; OV., *Fast.*, III, 177 e s.; VI, 183; MACROB., *Sat.*, I, 12, 30; LIV., VII, 28, 7; SERV., *ad VIRG.*, *Aen.*, VIII, 638; 652; IV, 518; CIC. *de nat. D.*, II, 27, 69; PROP., *Eleg.*, V, 8, 3 e s. (Juno de Lanuuium). cf. AEL., *Hist. An.*, XI, 16; PLIN., *N. H.*, II, 16; SENEC., *ad Luc.*, 110; *C. I. L.*, VI, VI, 2099. Cf. BASANOFF, «Junon falisque et ses cultes à Rome», *R. H. R.*, 1941, pp. 110-141.

pais e seus novos maridos, e restabelecendo a concórdia entre os dois povos.

Enquanto cada homem tinha o seu *Genius*, cada mulher tinha a sua *Iuno*, verdadeiro «duplo» divino que personificava a sua feminilidade e a protegia. As próprias deusas tinham a sua Juno: há inscrições que citam uma *Iuno Deae Diae*, uma Juno da deusa *Virtus*, etc.

Finalmente, Juno desempenha um papel na lenda dos Horácios. Foi a ela, enquanto *Iuno Sororia*, protectora da irmã de Horácio, que este ofereceu um sacrifício de purificação depois do assassínio (v. *Horácio*).

* **JÚPITER.** (*Iuppiter.*) Júpiter é o deus romano assimilado a Zeus. É por excelência o grande deus do panteão romano. Surge como a divindade do céu, da luz divina, das condições climatéricas, e também do raio e do trovão. Em Roma, reina sobre o Capitólio, que lhe é especialmente consagrado, e mais particularmente sobre o seu cume sudeste (o *Capitolium* propriamente dito). Virgílio conta como, outrora, esse lugar estava coberto de carvalhos (árvore especialmente consagrada a Júpiter) e como os pastores sentiam confusamente uma presença divina nesses rochedos. Antes do predomínio de Roma, todavia, o culto principal da confederação latina era dirigido a Júpiter «Latial», cujo santuário não estava em Roma, mas no cume do actual monte Cavo, uma montanha arborizada que domina o sistema de lagos albanos (lago de Nemi e lago de Albano). Júpiter Capitolino é, em larga medida, o herdeiro deste Júpiter mais antigo, deus supremo da confederação das cidades latinas (v. também *Latino*).

No Capitólio romano, Júpiter tinha vários cultos: o mais célebre, aquele que acabou por fazer desaparecer os outros, o culto de Júpiter *Optimus Maximus*, não é o mais antigo. Foi transportado, em data relativamente tardia, do Quirinal para o Capitólio, simultaneamente com as duas outras divindades da Tríade, Juno e Minerva. Anteriormente, havia no Capitólio um santuário de Júpiter Ferétrio, atribuído a Rómulo e onde se consagravam os despojos «opimos», as armas de cada chefe inimigo morto em combate pelo chefe romano. O templo de Júpiter Ferétrio era tido como um dos mais antigos, se não mesmo o mais antigo de Roma. Dizia-se que tinha sido Rómulo quem nele consagrou os primeiros despojos opimos: os do rei Ácron; guardou-se depois a lembrança de uma segunda consagração, a que Aulo Cornélio Cosso fez, em 426 a. C., dos despojos do rei de Veios, Tolúmnio.

Atribui-se também a Rómulo a fundação de outro santuário de Júpiter, no qual o deus era invocado sob o epíteto de *Stator*. Explicava-se esse nome através de uma lenda de forma histórica. Durante a batalha que pôs em confronto os Romanos de Rómulo e os Sabinos, cujas mulheres tinham sido raptadas, os Sabinos estavam em vantagem e repeliam os Romanos do Forum. Então Rómulo, levantando as armas em direcção ao céu, prometeu a Júpiter erigir-lhe um templo no exacto local em que se encontrava, se conseguisse suster o inimigo. Este começou imediatamente a recuar e foi expulso. Rómulo cumpriu a sua promessa. O templo de Júpiter *Stator* (*qui sistit*, que pára) elevava-se no sopé do Palatino, no local onde, mais tarde, se havia de construir o Arco de Tito. Uma lenda análoga é divulgada em data posterior: teria sido Marco Atílio Régulo quem teria feito uma promessa semelhante à que se atribui a Rómulo, durante um combate contra os Samnitas (em 294 a. C.).

Como deus do raio, Júpiter é invocado sob o epíteto de *Elicius* (do verbo *elicere*, atrair). É ele quem *atrai* o raio do céu e, sobretudo, quem permite ao feiticeiro fazê-lo descer. É a Numa, o rei mágico, que se atribui a introdução deste culto.

Com o desenvolvimento e fortalecimento das estruturas políticas da cidade romana, Júpiter ocupou um lugar cada vez mais importante na religião romana. Ele surge como o poder supremo, o «presidente» do Concílio dos Deuses (os *Dii Consentes*), aquele de quem emana toda a autoridade. É possível que esta concepção, que deve muito à sua assimilação com Zeus, tenha sido influenciada, na sua origem, pelas ideias religiosas etruscas. Esta proeminência de Júpiter tem o seu correlativo na categoria reconhecida ao seu sacerdote, o flâmine *Dialis*, cuja mulher é a *flaminica* de Juno. O casamento do flâmine e de sua mulher simboliza a união do casal divino; deve ser celebrado segundo os ritos mais solenes e não pode ser dissolvido pelo divórcio. Coberto de honras, o flâmine *Dialis* está limitado por toda uma série de interdições muito complexas que provam a antiguidade da sua função.

Deus do Capitólio, Júpiter é, durante a República, a divindade a quem o cônsul, quando entra em funções, oferece antes do mais as suas orações. É a ele que os triunfadores trazem em procissão solene a sua coroa triunfal, é a ele que consagram as vítimas rituais (touros brancos). Júpiter é o garante da fidelidade aos tratados; ele preside às relações internacionais por intermédio do Colégio dos *Feciales* (Feciais). Na concepção que se fazia dele, cada vez se tornam menos sensíveis as suas antiquíssimas atribuições «meteorológicas», cuja recordação se conserva apenas em algumas expressões como *sub dio*, «ao ar livre», etc.

Com o Império, os imperadores colocam-se de bom grado sob a protecção de Júpiter, e alguns querem mesmo passar por ser uma incarnação do deus. Augusto, por exemplo, o primeiro imperador, pretendia ter sonhos enviados directamente pelo deus e contava de boa vontade como tinha sido milagrosamente protegido da queda de um raio, aquando da guerra que mantinha em Espanha contra os

---

Júpiter: VARR., *LL*, V, 52; FEST., p. 189; LIV., I, 10, 4 e s.; 12, 3; IV, 20; X, 37, 14; XLI, 16 e s.; OV., *Fast.*, III, 283 ss.; VI, 793 ss.; PLUT., *Num.*, 15; PLIN., *N. H.*, III, 69; DION. HAL., II, 50; VIRG., *Aen.*, III, 679; VIII, 346 ss.; SERV. *ad VIRG.*, *Aen.*, XII, 135; VI, 855; a *Georg.*, III, 332; SUET., *Aug.*,

Cântabros: o pequeno escravo que caminhava à frente da sua liteira, com um archote na mão, tinha morrido, enquanto ele próprio, no interior da liteira, tinha sido poupado. Como agradecimento, Augusto tinha mandado erigir no Capitólio um templo a Júpiter Tonante. Mais tarde, Calígula arrogou-se o direito aos dois sobrenomes de Júpiter Capitolino, *Optimus Maximus*, o Melhor e o Maior, e ligou, através de uma passagem directa, o seu palácio do Palatino ao santuário capitolino do deus.

Em cada cidade de província, o primeiro cuidado dos arquitectos romanos era erigir um Capitólio semelhante ao de Roma, onde instalavam a Tríade, no centro da qual imperava Júpiter. Assim, o deus representava o laço político entre a cidade-mãe, Roma, e as cidades-filhas, que eram a sua imagem em ponto pequeno.

*** JUSTIÇA.** (*Iustitia.*) Era, em Roma, a personificação da Justiça. Todavia, não é o equivalente da Témis grega (v. este nome), mas sim de Dice e também de Astreia, que desempenha um papel na lenda da Idade de Ouro (v. esta lenda). Quando os crimes da humanidade puseram Justiça em fuga e a obrigaram a abandonar a terra, onde vivia familiarmente com os mortais, ela refugiou-se no céu, e tornou-se a constelação da Virgem.

*** JUTURNA.** (*Iuturna.*) Juturna, cujo nome, em época recuada, tinha a forma *Diuturna* em vez de *Iuturna*, é uma ninfa das fontes que, na origem, era venerada na margem do Numício, não longe de Lavínio. Depois, o seu culto transitou para Roma, com a hegemonia da cidade e a decadência da liga latina, e deu-se o nome de «Lago de Juturna» a uma fonte situada no Forum romano, não muito longe do templo de Vesta e perto do templo de Castor e Pólux, de quem ela seria irmã. Juturna era tida por uma divindade que curava, como a maior parte das deusas das fontes. Tinha sido erigido em sua honra um templo no Campo de Marte, numa região pantanosa e impregnada de água, antes de os trabalhos de Agripa, no tempo de Augusto, a terem secado.

Os poetas da época imperial fazem de Juturna a filha do rei mítico Dauno e a irmã de Turno, o inimigo de Eneias. Virgílio mostra-a participando na luta ao lado do irmão. Outrora amada por Júpiter, recebeu como recompensa o dom da imortalidade e reina sobre as fontes e cursos de água do Lácio

Ovídio faz alusão à mesma lenda dos amores de Júpiter e Juturna, a propósito da história de Lara e dos Lares (v. *Lara*). O poeta conta como a ninfa se dissimulava de mil maneiras para escapar ao amor do deus. De tal maneira que, por fim, Júpiter reuniu todas as ninfas do Lácio e pediu-lhes que o ajudassem a apanhar a fugitiva.

Enfim, Juturna passa, numa lenda obscura, por ter sido mulher do deus Jano e mãe de Fonte, o deus das fontes (v. *Jano* e *Fonte*).

*** JUVENTUDE.** (*Iuuentus.*) Juventude é a deusa da juventude e, mais particularmente, a protectora dos adolescentes, no momento em que, tomando a toga viril, deixam de ser crianças para se tornarem homens. Juventude tinha uma capela na *cella* de Minerva, no tempo da Tríade capitolina. Essa capela, anterior à introdução da Tríade no Capitólio, mostra a antiguidade do culto de Juventude em Roma. Mais tarde, Juventude assimilou-se mais ou menos rigorosamente a Hebe (v. este nome), mas conservou sempre as características propriamente romanas. Sob o Império, o culto de Juventude serviu para formar associações de jovens, os «colégios de jovens», formações pré-militares nas quais se apoiava a política imperial.

Quando um jovem tomava a toga viril, oferecia uma moeda à deusa.

29. Cf. C. Koch, *Der römische Juppiter,* Francoforte, 1937; G. Dumézil, *Juppiter, Mars, Quirinus,* Paris, 1941.

Justiça: Ov., *Fast.*, I, 249 e s; *Met.*, I, 150; Virg., *Georg.*, II, 474; Hyg., *Fab.*, 130; *Astr. Poet.*, II, 25.

Juturna: Cic., *Pro Cluent.*, 101; Serv. *ad Virg.*, *Aen.*, XII, 139; Ov., *Fast.*, I, 463 e s.; II, 583 e s.; Var., *LL*, V, 71; Virg., *Aen.*, XII, 134 e s.; 222 e s.; 446 e s.; 843 e s.; Arnob., *Adu. Gent.*, 3, 29.

Juventude: Dion. Hal., III, 69; Liv., V, 54, 7; Flor., Im 1; August., *Civ. D.*, IV, 23 e s.; VI, 1; Cic., *de nat. D..*, I, 112; Ov., *Pont.*, I, 10, 12; cf. *Fast.*, VI, 65 ss. (assimilação a *Heabe*).

L

LÁBDACO. (Λάβδακος.) Lábdaco, filho de Polidoro e neto de Cadmo (v. quadro 3, p. 66, e 9, p. 128) é, pelo lado da mãe, Nicteide, neto de Ctónio, um dos homens nascidos dos dentes do dragão morto por Cadmo (v. este nome e o artigo *Espartos*). Como seu pai, Polidoro, tinha morrido deixando-o apenas com um ano, a regência foi assegurada por seu avô, Nicteu. Quando este morreu, a regência passou para o irmão de Nicteu, Luco, e, por fim, o poder veio para as mãos de seu filho Laio, pai de Édipo (v., todavia, *Laio*).

O reinado de Lábdaco foi marcado por uma guerra contra o rei de Atenas, Pandíon, por uma questão de fronteiras. Foi durante essa guerra que Tereu, rei da Trácia, foi em socorro de Pandíon (v. a sua lenda). Segundo uma tradição referida apenas por Apolodoro, Lábdaco pereceu como Penteu, despedaçado pelas Bacantes, e, como ele, por ter combatido o culto de Dioniso.

LABRANDO. (Λάβρανδος.) Labrando é um dos Curetes. Acompanhado pelos seus camaradas Panamoro e Palasco foi para Cária e, aí, passou a primeira noite na margem do rio que se chamou, por isso, Hendono (do verbo εὕδειν, que significa «dormir»).

LACEDÉMON. (Λακεδαίμων.) Filho de Taígete e de Zeus (v. quadro 5, p. 90, e 27, p. 280), Lacedémon casou com Esparta, a filha do rei Eurotas. Este morreu sem filhos varões e deixou-lhe o reino. Lacedémon deu o seu nome ao povo dos «Lacedemónios» e o da mulher à cidade de Esparta, sua capital.

Foram seus filhos Amiclas, que reinou depois dele em Esparta, e Eurídice, mulher de Acrísio. Acrescentam-se a estes, por vezes, Ásine e Hímero. Este teria violado a irmã e, com o remorso, ter-se-ia lançado ao rio Máraton que tomou então o nome de Hímero, antes de se chamar Eurotas.

LACESTADES. (Λακεστάδης.) Quando Falces, filho de Témeno, se apoderou de Sícion, o rei desta cidade, Lacestades, que até então era, como tinha sido seu pai, Hipólito, vassalo de Argos, reinou conjuntamente com ele (v. *Témeno* e *Heraclidas*).

LACÍNIO. (Λακίνιος.) Lacínio é o herói epónimo do cabo Lacínio, no território da colónia grega de Crotona, na Itália meridional. Umas vezes passa por ser um rei da região, vindo de Córcira, que tinha acolhido Cróton quando este vagueava, exilado; outras vezes, por ser um malfeitor, filho da ninfa Cirene, que havia tentado roubar bois a Héracles, quando o herói regressava de Eritia com os rebanhos de Gérion (v. *Héracles*). Depois da morte de

---

Lábdaco: SOPH., *Oed. Col.*, 221; *Ant.*, 594; HEROD., V, 59; PAUSAN., II, 6, 2; IX, 5, 4 e s.; EUR., *Phoen.*, 8; HYG., *Fab.*, 76; APOLLOD., *Bibl.*, III, 5, 5.

Labrando: *Etym. Magn.*, p. 390, 1.

Lacedémon: Escól. *ad Il.*, XVIII, 486; a *Od.*, VI, 103; a EUR., *Or.*, 615; a PIND., *Pyth.*, III, 14; a APOL. RH., *Arg.*, IV, 1901; PAUSAN., III, 1, 2 e 3; 13, 8; 18, 6; 20, 2; VII, 18, 5; IX, 35, 1; APOLLOD., *Bibl.*, II, 2, 2; III, 10, 3; STEPH. BYZ., *s.u.* Ἀσίνη e Λακεδαίμων; HYG., *Fab.*, 155; TZETZ., *ad Lyc.*, 219; NONN., *Dion.*, XXXII, 66; PS.-PLUT., *de flor.*, 17.

Lacestades: PAUSAN., II, 6, 7.

Lacínio: STEPH., BYZ., *s.u.*; TZETZ. *ad Lyc.*, 856; 1106; SERV., *ad VIRG.*, *Aen.*, III, 552; *Etym. Magn.*, 555, 17; escól. *ad* THEOCR., IV, 33; DIOD. SIC., IV, 24. Cf. J. BÉRARD, *Colonisation...*, p. 428.

Lacínio, vítima do herói, este fundou um templo em honra de Hera, o templo de Hera Lacínia, no promontório homónimo. Diz-se, por vezes, também que o templo foi erigido pelo próprio Lacínio, com a intenção de insultar Héracles, honrando a inimiga do herói.

LÁCIO. (Λάκιος.) Lácio e seu irmão Antifemo tinham recebido do oráculo de Delfos ordem de partirem, um em direcção ao levante, outro em direcção ao ocidente, e fundarem uma cidade. Antifemo fundou Gela, na Sicília; Lácio fundou Fasélis, na fronteira da Lícia e da Panfília. Comprou o terreno necessário para a sua cidade com peixe salgado (v. *Cilabras*).

LÁCON. (Λάκων.) Aqueu e seu irmão Lácon eram filhos do rei Lápato, que, ao morrer, dividiu o reino por ambos. Uma das partes recebeu o nome de Lacónia, outra de Acaia. Lácon teve como descendente, algumas gerações mais tarde, o rei Téspio (v. este nome).

LÁDON. (Λάδων.) **1.** Ládon é o deus do rio homónimo, na Arcádia. Como a maior parte dos rios, é filho de Oceano e de Tétis. Casado com Estinfálide, teve duas filhas, Dafne (v. a sua lenda) e Métope, a mulher do deus-rio Asopo (v. este nome). Diz-se também que Dafne não é filha de Estinfálide, mas de Geia (a Terra).

2. Ládon é também o nome do dragão, filho de Fórcis e de Ceto, que guardava as maçãs de ouro das Hespérides. Segundo outras tradições, este dragão era filho de Tífon e de Equidna, ou ainda da Terra. Tinha cem cabeças. Depois de ter sido morto por Héracles, Hera incluiu-o no número das constelações.

LAERTES. (Λαέρτης.) Laertes é célebre sobretudo porque era o pai de Ulisses. É filho de Arcísio e de Calcomedusa (v. quadro 39, p. 460) e pertence, por isso, à raça de Deucalião, por intermédio do seu antepassado Déion. A sua família é originária de Cefalénia; seu avô é Céfalo, o epónimo da ilha (v. *Céfalo*). Laertes casou com Anticleia, filha de Autólico (v. *Anticleia*), embora esta se tenha unido anteriormente a Sísifo, o que permite por vezes considerar Ulisses como filho deste último e não de Laertes (v. *Ulisses*).

Durante a ausência de Ulisses, Laertes, desesperado, teve uma velhice triste. Retirado no campo, na sua propriedade, não intervém nos acontecimentos que têm lugar junto de Penélope. Acompanham-no apenas uma velha criada, o marido desta, chamado Dólio, e os filhos de ambos. É lá que Ulisses o foi encontrar quando regressou. Atena rejuvenesceu Laertes, por meio de um banho mágico, e deu-lhe força para ajudar o filho a rechaçar os parentes dos pretendentes mortos. É ele quem mata com um dardo Eupites, o pai de Antínoo.

Do casamento de Laertes e Anticleia nasceu, além de Ulisses, uma filha, de nome Ctímene (v. este nome), ainda que, por vezes, Ulisses seja referido como «filho único» de Laertes.

LAETUSA. Na versão transmitida por Higino do mito de Tereu e de Procne, Laetusa é a mulher do rei da Trácia, Linceu, a quem Tereu confiara Filomela, sua cunhada. Laetusa, amiga de Procne, revelou-lhe o crime do marido e esteve na origem da vingança de Procne (v. *Tereu* e *Procne*).

LAIO. (Λάιος.) Filho de Lábdaco, rei de Tebas, e bisneto de Cadmo, Laio é o pai de Édipo (v. quadro 3, p. 66, e 9, p. 128). Uma vez que Lábdaco tinha morrido quando Laio era ainda jovem, foi Lico, irmão de Nicteu, quem se encarregou da regência (v. também *Lábdaco*). Mais tarde, Lico foi morto por Zeto e Anfíon que vingavam sua mãe Antíope (v. *Antíope* e *Anfíon*) e se apoderaram do reino de Tebas. Laio fugiu e procurou refúgio junto de Pélops. Aí, apaixonou-se pelo jovem Crisipo, filho de Pélops, inventando assim (pelo menos na opinião de alguns) os amores contranaturais. Raptou o jovem e Pélops amaldiçoou-o. Conta-se também que Édipo e ele amaram ambos Crisipo e o disputaram entre si. Teria sido no decurso dessa rivalidade que Édipo matou Laio (v. *infra*), primeira manifestação da maldição de Pélops, ou consequência da cólera de Hera perante esses amores criminosos.

Quando Anfíon e Zeto desapareceram por seu turno, Anfíon depois da catástrofe dos Nióbides, Zeto de desgosto pela morte de seu filho, Laio foi chamado de novo a ocupar o trono dos Tebanos.

Segundo a tradição, atribui-se a Laio, como mulher, a filha de Meneceu, Jocasta (ou Epicasta), ou a filha de Ecfante, Euricleia, que seria a mãe de Édipo. Nesta última versão, ele teria casado com Jocasta em segundas núpcias

---

Lácio: Steph. Byz., *s.u.* Γέλα; *Etym. Magn.*, p. 225; Athen., VII, 297 e s.

Lácon: João de Antioquia, *ap.* Müller, *Fragm. Hist. gr.*, IV, p. 549.

Ládon: 1) Hes., *Theog.*, 344; Apollod., *Bibl.*, III, 12, 6; Diod. Sic., IV, 72; Pausan., VIII, 20, 1; X, 7, 8; escól. a Pind., *Ol.*, VI, 140; 143 e s.; Serv. *ad Virg.*, *Aen.*, II, 513; III, 91; *Ecl.*, III, 63; Tzetz., *ad Lyc.*, 6 escól. *ad Il.*, 1, 14. **2)** Hes., *Theog.*, 333 e s.; escól. *ad* Apol. Rh., *Arg.*, IV, 1396; Apollod., *Bibl.*, II, 5, 11; Hyg., *Fab.*, 30; *Astr. Poet.*, II, 3.

Laertes: *Il.*, II, 173; III, 200 (nos dois passos surge apenas o patronímico de Ulisses: Laercíada); *Od.*, I, 189 e s.; XI, 187 e s.; XVI, 138 e s.; XXIII, 359 e s. e XXIV, 205 e s.; Diod. Sic., IV, 48; Cic., *Cato m.*, XV, 54; Ov. *Her.*, I, 98; 113; Hyg., *Fab.*, 173; escól. *ad Od.*, XVI, 118; XXIV, 270; Eust., p. 1796, 34.

Laetusa: Hyg., *Fab.*, 45 (Rose corrige para Latusa).

Laio: Herod., V, 59 e s.; Eur., *Phoen.*, *passim*; escól. aos vv. 13, 26, 39, 66, 1760, etc.; Aesch., trilogia parcialmente perdida de *Laio*, *Édipo*, *Sept*, drama satírico. *A Esfinge* (v. Nauck, *Trag. Gr. Fragm.*, p. 28); Soph., *O. T.*, *passim*; Hyg., *Fab.*, 9; 66; 76; Apollod., *Bibl.*, III, 5, 5; 7 e s.; Pausan., IV, 8, 8; IX, 2, 4; 5; 6-12; 15; 26, 3-4; X, 5, 3-4; IX, 5, 2; 3; 5; 6; Nicol. Dam., fr. 14 e 15 (Müller, *F. H. G.*, III, p. 365 e s.; cf. IV, p. 545); Athen., XIII, 603 a; Plut., *Parall. min.*, 33; Stat., *Theb.*, VII, 354 e s.

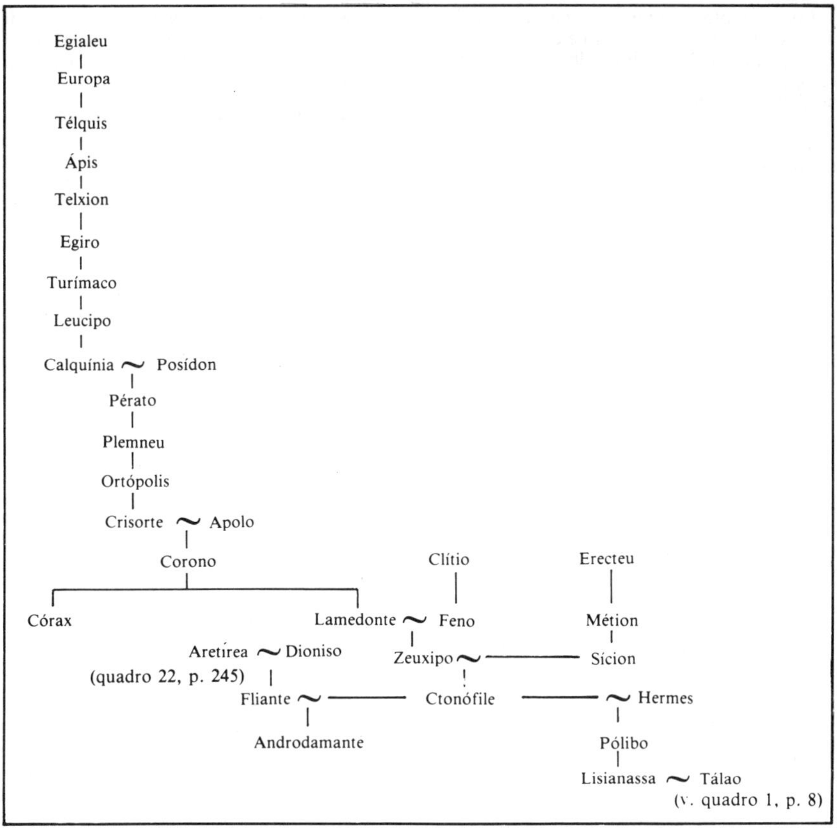

Quadro genealógico n.º 24 segundo a tradição de Sícion (PAUSÂNIAS, II, 5,6)

e, assim, Édipo teria casado com a madrasta e não com a sua verdadeira mãe (v. *Édipo*). Como mãe de Édipo e mulher de Laio, referem-se ainda Euriganeia, filha de Hiperfante, Eurianassa, igualmente filha de Hiperfante, e finalmente Astimedusa, filha de Esténelo (v. *Euriganeia*, *Astimedusa*, *Epicasta*, *Euricleia*).

Sobre as condições da concepção e do nascimento de Édipo, v. este nome. Laio não pôde escapar ao oráculo que predizia que seria morto por seu filho. Laio foi morto por Édipo não longe de Delfos, na encruzilhada entre o caminho de Dáulis e o caminho de Tebas.

A tradição refere que Laio foi consultar o oráculo de Delfos e que estava acompanhado por seu amigo Náubolo quando foi morto por Édipo, o mesmo tendo acontecido a Náubolo.

LAMEDONTE. (Λαμέδων.) Lamedonte é um rei de Sícion, descendente de Egialeu (v. quadro 24, p. 265). É filho de Corono e irmão de Córax. Córax tinha morrido sem filhos e o Tessálio Epopeu sucedera-lhe no trono de Sícion. Mas Epopeu tinha sido mortalmente ferido no combate que sustentara contra Nicteu, por causa de Antíope (v. este nome). Quando morreu, foi o irmão de Córax, Lamedonte, quem lhe sucedeu. Com Lamedonte termina a linha directa de Egialeu em Sícion. Ele deu em casamento a filha Zeuxipe a Sícion, que havia chamado para o socorrer contra os Aqueus (v. *Sícion*). Ele próprio tinha casado com Feno, uma ateniense, filha de Clítio, e isso explica que, mais tarde, o Ateniense Ianisco, descendente de Clítio, tenha reinado em Sícion (v. *Ianisco*).

LÂMIA. (Λαμία.) **1.** Lâmia, filha de Posídon, teve de Zeus a Sibila Líbia (v. *Sibila*).

2. Designava-se também por Lâmia um monstro feminino que se dizia que roubava crianças e servia às amas de «papão». Contavam-se diversas lendas a seu respeito.

Lamedonte: PAUSAN., II, 5, 8; 6, 3 e s.

Lâmia: 1) PAUSAN., X, 12, 1; PLUT., *de Pyth. r.*, 9. **2)** Escól. *ad* APOL. RH., *Arg.*, IV, 828; *ad* ARISTOPH., *Pax*, 758; *V.*, 1035; *Eq.*, 693; DIOD. SIC., XX, 41; STRAB., I, 2, 8, p. 19; PHILOSTR., *V. Apoll.*, IV, 25; ANT. LIB., *Transf.*, 8; escól. *ad* THEOCR., XV, 40; SUID. e HESYCH., *s.u.*

Por exemplo, Lâmia era uma jovem originária da Líbia, filha de Belo e de Líbia. Zeus enamorara-se dela e unira-se-lhe. Mas, de cada vez que ela dava à luz uma criança, Hera, cheia de ciúmes, arranjava forma de a fazer perecer. Por fim, Lâmia foi esconder-se numa caverna isolada e, de desespero, tornou-se um monstro invejoso das mães mais felizes que ela, a quem tirava e devorava os filhos. Hera, para mais a perseguir, privara-a do sono até ao momento em que Zeus, apiedando-se dela, lhe concedeu o dom de tirar os olhos e de os voltar a pôr quando quisesse. Havia, por isso, momentos (particularmente quando tinha bebido muito vinho) em que Lâmia dormia, tendo colocado os olhos num recipiente perto dela. Então, nada havia a temer da sua parte; mas, outras vezes, ela vagueava noite e dia sem dormir e espreitava as crianças para as devorar.

Chamavam-se também Lâmias uns espíritos femininos que se agarravam aos jovens e lhes sugavam o sangue.

A lenda de Alcioneu (v. este nome) refere um monsto chamado Lâmia que vivia nas montanhas vizinhas de Delfos. Além disso Lâmia é também o nome do monstro Gelo (v. este nome).

LAMO. (Λάμος.) **1.** Lamo é um rei dos Lestrígones (v. este nome), o povo antropófago que, segundo a *Odisseia*, habitava a costa de Itália, nos arredores de Fórmias. A família dos Aelii Lamia, em Roma, pretendia que a sua nobreza remontasse a este rei.

2. Lamo é também o nome de um filho de Héracles e de Ônfale, epónimo da cidade grega de Lâmia.

LAMPÉCIA. (Λαμπετίη.) **1.** Hélio tinha tido da ninfa Neera duas filhas, Lampécia e Faetusa (v. quadro 16, p. 202). As duas jovens guardavam os rebanhos do pai na ilha de Trinácia (a Sicília). Foram elas que revelaram ao Sol (Hélio) que os companheiros de Ulisses lhe tinham morto e comido os bois (v. *Ulisses*).

2. Uma tradição isolada fazia de Lampécia a mulher de Asclépio e a mãe de Macáon, Podalírio, Iaso, Panaceia e Egle.

3. Finalmente, Lampécia é também o nome de uma das Helíades, segundo algumas versões (v. *Helíades*).

LÂMPETO. (Λάμπετος.) Lâmpeto é um herói de Lesbos, filho de Iro. Foi morto, por Aquiles, juntamente com Hicetáon e Hipsípilo, os filhos de Lepetimno, aquando da tomada de Metimna.

LAMPO. (Λάμπος.) Lampo é um filho do Troiano Laomedonte e é o pai de Dólops. É o herói epónimo da cidade de Lampónia, na Tróade.

LÂMPSACE. (Λαμψάκη.) Lâmpsace é a filha do rei dos Bébrices, Mândron, que reinava na cidade então chamada Pitiúsas. Na ausência do rei, colonos focenses que ele aí recebera quase foram massacrados pelos habitantes, que tinham organizado contra eles uma conspiração. Mas Lâmpsace conseguiu preveni-los a tempo, em segredo, de tal modo que os colonos mataram todos os indígenas e apoderaram-se da cidade. Entretanto, Lâmpsace morreu. Os colonos concederam-lhe honras divinas e deram o seu nome à cidade que, depois disso, se passou a chamar Lâmpsaco.

LAOCOONTE. (Λαοκόων.) **1.** Laocoonte, filho de Cápis (segundo uma conjectura pouco verosímil), ou então de Antenor (segundo o testemunho de Tzetzes), é o sacerdote de Apolo Tímbrio, em Tróia. Tem por esposa Antíope. Esta deu-lhe dois filhos, Etrón e Melanto, ou então Antifante e Timbreu. Laocoonte atraiu sobre si a cólera do seu deus, ao unir-se à mulher diante da estátua consagrada, o que constituía um sacrilégio.

Aquando do desembarque dos Gregos em Tróia, os Troianos tinham lapidado o sacerdote de Posídon, sob pretexto de que ele não tinha sabido assegurar a protecção do deus por meio de sacrifícios e, assim, impedir a chegada da armada inimiga. Quando os Gregos simularam o reembarque, deixando um cavalo de madeira na costa, os Troianos encarregaram Laocoonte de oferecer um sacrifício a Posídon, pedindo-lhe que multiplicasse as tempestades na viagem de regresso da armada inimiga. Mas, quando o sacerdote se preparava para imolar um enorme touro em honra de Posídon, duas grandes serpentes saíram do mar e envolveram os seus dois filhos. Laocoonte foi em seu socorro, mas os três pereceram, asfixiados pelos animais, que, em seguida, se foram enrolar no pedestal da estátua de Atena, no templo da cidadela. Perante este prodígio, os Troianos lembraram-se de que Laocoonte se tinha oposto à entrada na cidade do cavalo deixado pelos Gregos, tinha aconselhado que ele fosse queimado e tinha mesmo lançado contra ele um dardo, que fizera ressoar o ventre da estátua e revelara que era oco. Supuseram então que Laocoonte havia sido atacado em castigo dessa acção sacrílega (enquanto, na verdade —

Lamo: **1)** *Od.*, X, 81; e escól. *ad loc.*; Eust., 1649, 10; Ov., *Met.*, XIV, 233; Hor., *O.*, III, 17; escól. *ad* Aristoph., *Pax*, 758; Hesych. e Suid., *s.u.* **2)** Ov., *Her.*, IX, 54; Steph. Byz., *s.u.* Λαμία.

Lampécia: **1)** *Od.*, XII, 132; 375; Eust. *ad Hom.*, 1717, 27 e 34; Tzetz. *ad Lyc.*, 740; escól. *ad* Aristoph., *Pl.*, 701; Nonn., *Dion.*, XXVII, 198; XXXVIII, 170. **2)** Hyg., *Fab.*, 154; 156; Ov., *Met.*, II, 349; escól. *ad Od.*, XVII, 208.

Lâmpeto: Parth., *Erot.*, 21.

Lampo: *Il*, XV, 256; XX, 238; Eust., *ad Hom.*, 1030, 22; cf. Müller, *Fragm. Hist. gr.*, I, 14, 210.

Lâmpsace: Steph. Byz., *s.u.* Λάμψακος; Plut., *de mult. virt.* p. 255a e s.; Muller, *Fragm. Hist. gr.*, I, 33, 6.

Laocoonte: **1)** Actin. (fr. 49 *ap.* Kinkel, *EGF*) Dion. Hal. I, 48, 2; Quint. Sm., *Posth.*, XII, 449 e s.; Apollod., *Ep.*, 4, 17 e s.; Tzetz., *ad Lyc.*, 347; Virg., *Aen.*, II, 199 e s. e Serv., *ad* v. 201; Hyg., *Fab.*, 135; cf. Macrob., *Sat.*, V, 2, 4; Petron., *Sat.*, 89; cf. E. Bickel in *Rh. Mus.*, 1942, p. 19-27. **2)** Hyg., *Fab.*, 14; escól. a Apoll. Rh., *Arg.*, I, 191.

mas não podiam sabê-lo — era Apolo quem vingava um outro sacrilégio, a profanação do seu templo). Os Troianos não hesitaram mais em consagrar o cavalo à divindade e essa foi, como se sabe, a causa da ruína da cidade.

A tradição conservou o nome das duas serpentes: chamar-se-iam Porce e Caribeia.

2. Existia outro Laocoonte, irmão de Eneu de Cálidon, filho de Portáon e de uma criada. Acompanhou Meleagro na expedição dos Argonautas (quadro 29 p. 298, e 26, p. 272).

LAODAMANTE. V. *Laódamas*.

LAÓDAMAS. (Λαοδάμας.) Laódamas, filho de Etéocles, pertence à geração dos Epígonos (quadro 37, p. 428). Depois da regência de Creonte, tornou-se rei de Tebas e foi ele quem susteve o ataque da segunda expedição contra a cidade (v. *Alcméon*). Uma tradição conta que pereceu na batalha de Glissas, depois de ter morto Egialeu, filho de Adrasto. Outra versão refere que fugiu da batalha durante a noite, com parte do exército tebano, e se refugiou na Ilíria.

LAODAMIA. (Λαοδάμεια.) Várias heroínas tinham o nome de Laodamia.

1. Uma delas é filha de Belerofonte. Teve de Zeus um filho, Sarpédon — pelo menos na tradição homérica (quadro 36, p. 422), pois, geralmente, Sarpédon é tido como filho de Zeus e de Europa (v. quadro 30, p. 312, e *Sarpédon*). Morreu jovem, atingida por uma flecha de Ártemis, indignada com ela.

2. Outra Laodamia, filha de Acasto, é a mulher de Protesilau (v. este nome), o primeiro herói grego a perecer diante de Tróia. Tinha acabado de se casar quando o marido partiu, e tinha por ele um profundo amor. Ao receber a notícia da sua morte, pediu aos deuses que lho restituíssem por apenas três horas. Por seu turno, Protesilau havia expressado o mesmo desejo. Quando Protesilau, devolvido à vida pelo tempo estabelecido, teve de partir de novo para o Hades, Laodamia suicidou-se nos seus braços.

Conta-se também que Laodamia tinha feito um boneco de cera retratando o morto e que costumava abraçá-lo secretamente. Mas seu pai apercebeu-se disso e atirou o boneco para o fogo. Laodamia seguiu-o e morreu queimada viva. Eurípides tratou, numa tragédia que se perdeu, o «romance» de Laodamia e Protesilau.

3. Laodamia é também o nome de uma filha de Alcméon.

LAÓDICE. (Λαοδίκη.) **1.** Entre as diferentes Laódices referidas nas lendas, uma é a mulher de Élato (v. este nome) e filha do rei de Chipre, Cíniras.

2. Outra Laódice está igualmente ligada à ilha de Chipre. É a filha do Arcádio Agapenor, que fundara a cidade de Pafo, em Chipre, para onde tinha sido atirado na sequência de um naufrágio, no regresso de Tróia. Laódice havia enviado um vestido, de Chipre para Tégea, sua cidade natal, como oferenda para Atena. Em Tégea, ela fundou também um templo de Afrodite Páfia.

3. Entre as filhas de Agamémnon e Clitemnestra, figura uma Laódice, que, nos tragediógrafos e nas versões mais recentes da lenda, é substituída por Electra (v. este nome e quadro 2, p. 12).

4. Laódice é igualmente o nome da «mais bela das filhas de Príamo e Hécuba». É casada com Helicáon. Os autores posteriores a Homero contam que, sendo ainda donzela, apaixonou-se por Ácamas, um dos filhos de Teseu, quando ele veio em embaixada a Tróia, reclamar uma primeira vez Helena (v. *Ácamas*). Ela teve um filho, Múnito. Mais tarde, depois da tomada de Tróia, Laódice, fugindo diante dos vencedores, foi engolida pela terra.

LAÓDOCO. (Λαόδοχος.) Entre outros heróis com este nome, o mais célebre é um dos três filhos de Apolo e Ptía, irmão de Doro e de Polipetes. Reinava com eles no país dos Curetes, a norte do golfo de Corinto. Os três irmãos acolheram Etolo, que havia sido expulso de Élide, mas, mal recompensados da sua hospitalidade, foram todos mortos por Etolo, que se apoderou do reino.

LAOMEDONTE. (Λαομέδων.) Laomedonte, um dos primeiros reis de Tróia, é filho de Ilo e de Eurídice (v. quadro 7, p. 112). Teve vários filhos, entre os quais Príamo, primeiramente chamado Podarces, e Hesíone (v. este nome). As versões variam quanto ao nome de sua mulher: Estrimo (ou Estrimón), Reo, Placia, Toosa, Leucipe, Zeuxipe. Sucedeu a seu pai Ilo no trono de Tróia. Foi ele quem mandou construir as muralhas da cidadela e, para isso, recorreu a duas divindades, Apolo e Posídon, que foram ajudados, segundo se diz, por

---

Laódamas: Apollod., *Bibl.*, III, 7, 3; Pausan., I, 39, 2; IX, 5, 13; 8, 6; 9, 5; 10, 3; cf. Herod., V, 61.

Laodamia: 1) *Il.*, VI, 197 e s. e escól.; Apollod., *Bibl.*, III, 1, 1; Serv., *ad Virg.*, *Aen.*, 1, 100; Nonn., *Dion.*, VII, 127; Diod. Sic., V, 79 (com uma variante quanto ao nome). **2)** *Il.*, 698 e s. e Eust., p. 325; Ov., *Her.*, XIII; *Ars am.*, III, 17; *Trist.*, I, 6, 20; *Pont.*, III, 1, 110; *Rem.*, 723; Hyg., *Fab.*, 103; 104; 243; 251; 256; Tzetz., *Anteh.*, 227; 246; *Chil.*, II, 52; Serv., *ad Virg.*, *Aen.*, VI, 447; Apollod., *Ep.*, III, 30; Lucian., *D. Mort.*, 23; tragédia perdida de Eur., cf. Nauck, *Trag. Gr. Fragm.*, 2.ª ed., p. 563 e s.; escól. Aristid., p. 671 e s. **3)** Escól. *ad Il.*, XVI, 175.

Laódice: 1) Apollod., *Bibl.*, III, 9, 1. **2)** Pausan., VIII, 5, 3; 53, 7. **3)** *Il.*, IX, 145, e escól. *ad loc.*; 287. **4)** *Il.*, III, 124; VI, 252; Hyg., *Fab.*, 90; 101; Apollod., *Bibl.*, III, 12, 5; *Ep.*, V, 23; Parth., *Erot.*, 16; Tzetz., *ad Lyc.*, 314; 447; 495; *Posth.*, 736; Plut., *Thes.*, 34; *Cim.*, 4; Pausan., X, 26, 3; Quint. Sm., *Posth.*, XIII, 544 e s.

Laódoco: Apollod., *Bibl.*, I, 7, 6.

Laomedonte: *Il.*, VI, 23; XX, 237; XXI, 441-447; Pind., *Olymp.*, VIII, 41, e escól. *ad loc.*; Diod. Sic., IV, 35 e sobretudo 49; Apollod., *Bibl.*, II, 6, 4; III, 12, 3 e 8; Serv., *ad Virg.*, *Aen.*, II, 241; Ov., *Met.*, XI, 696; Strab., XIII, I, 32, p. 596; escól. *ad* Eur., *Tr.*, 822; *Or.*, 1391; Tzetz., *ad Lyc.*, 34; 523; 1341; Soph., *Aj.*, 1302.

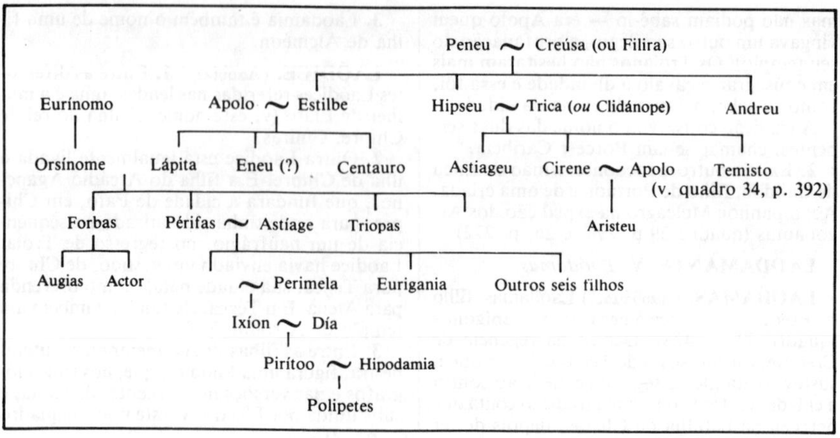

Quadro genealógico n.º 25

um mortal, Éaco (v. a lenda que se lhe refere e *Apolo*).

A lenda de Laomedonte é a história dos seus perjúrios. Recusou pagar a quantia estabelecida às divindades a quem tinha recorrido. Isso atraiu sobre o seu país todo o género de calamidades (v. *Hesíone*). Em seguida, como Héracles tinha morto o monstro marinho enviado como castigo por Posídon, e assim havia libertado Hesíone, Laomedonte recusou dar-lhe como pagamento os cavalos divinos que possuía e que lhe tinha prometido. Héracles regressou à frente de um exército, tomou Tróia, com a ajuda de Télamon, e matou não apenas Laomedonte, mas também todos os seus filhos, excepto Príamo (v. *Héracles*).

Uma versão mais recente, referida por Diodoro Sículo, conta que Héracles tinha enviado Télamon e Íficlo como embaixadores a Laomedonte, para lhe pedir Hesíone e os cavalos prometidos. Mas Laomedonte encarcerou os enviados de Héracles e tentou fazer perecer os Argonautas, entre os quais se encontrava então Héracles. Todos os seus filhos entraram nesta conjura, excepto Príamo (Podarces), que se opôs a este projecto e declarou que era necessário mostrarem-se equitativos para com os hóspedes. Mas ninguém seguiu esta opinião. Então, Príamo enviou duas espadas para a prisão onde se encontravam Télamon e Íficlo e pô-los ao corrente dos projectos de Laomedonte. Assim armados, os dois prisioneiros degolaram os guardas e reuniram-se aos Argonautas. Estes atacaram Tróia e Héracles assegurou a vitória com prodígios valorosos. Matou Laomedonte, tomou a cidade, matou os seus inmigos e colocou no trono o jovem Príamo. Depois retomou, com os seus companheiros, a procura do velo de ouro. Esta versão é aberrante, já que, geralmente, os autores localizam a tomada de Tróia numa expedição independente da dos Argonautas (v. *Héracles*).

O túmulo de Laomedonte encontrava-se em Tróia, diante da Porta Escea, e um oráculo dizia que a cidade não podia ser tomada enquanto o túmulo se conservasse intacto.

Considerava-se, por vezes, Laomedonte como pai de Ganimedes. Teria sido para o compensar do rapto do filho que Zeus lhe dera um pé de vinha em ouro, ou cavalos divinos — precisamente aqueles que tinha oferecido em recompensa a Héracles (v. *Ganimedes*).

LAÓNITO. (Λαόνυτος.) Alguns mitógrafos atribuem a Édipo e Jocasta dois filhos, chamados Laónito e Frastor. Ambos pereceram na luta entre os Tebanos e os Mínias e seu rei Ergino (v. este nome). Nesta versão, Édipo teria tido uma segunda mulher, Euriganeia, que lhe teria dado Etéocles e Polinices, Antígona e Ismene. Teria depois tido ainda uma terceira mulher, Astimedusa.

LAÓNOME. (Λαονόμη.) **1.** Numa versão obscura da lenda de Héracles, o herói tinha uma irmã, de nome Laónome, filha de Alcmena e Anfitrião. Casou com um Argonauta, umas vezes chamado Eufemo, outras Polifemo.

2. Por vezes, dá-se ainda o nome de Laónome à mãe de Anfitrião. Seria a filha de Guneu.

LÁPITAS. (Λαπίθαι.) Os Lápitas são um povo da Tessália que pertence simultaneamente à história e à mitologia. Na origem, habitavam

Laónito: Escól. *ad* EUR., *Phoen.*, 53, citando PHEREC.

Laónome: 1) Escól. *ad* PIND., *Pyth.*, IV, 76; TZETZ., *ad Lyc.*, 8, 86; escól. *ad* APOLLOD. RH., *Arg.*, I, 1241. **2)** PAUSAN., VIII, 14, 2; APOLLOD., *Bibl.*, II, 4, 5; escól. *ad Il.*, XIX, 116.

Lápitas: *Il.*, II, 738 e s.; XII, 128 e s.; XXIII, 836 e s.; PIND., *Pyth.*, IX, 25 e escól.; APOLLOD., *Bibl.*, I, 8, 2; escól. *ad Il.*, I, 266; OV., *Met.*, VIII, 303 e s.; XII, 250 e s.; HYG., *Fab.*, 173; fonte principal: DIOD. SIC., IV, 69 e s.; V, 81. V. também os artigos citados no texto.

os maciços de Pindo, do Pélion e de Ossa, de onde expulsaram os Pelasgos, que eram os primitivos habitantes. Os Lápitas encontram-se ainda referidos em Óleno e em Élis, em Rodes e em Cnido.

Os Lápitas, ou pelo menos a mais importante família de entre eles, passam por ter como antepassados o deus-rio da Tessália, Peneu, e a ninfa Creúsa (ou Fílira). Peneu havia tido dois filhos, Hipseu e Andreu, e uma filha que, unindo-se a Apolo, dera à luz Lápita, o epónimo dos Lápitas. Ele, por seu turno, tinha gerado Forbas, Périfas, Tríopas e Lesbo (se a lenda que diz respeito a este último, tal como é transmitida por Diodoro Sículo, não foi alterada). Seria de Périfas que descendia Ixíon (v. este nome). Mas, mais frequentemente, Ixíon liga-se a uma outra família lápita, a de Flégias.

Pertencem igualmente aos Lápitas Ceneu (v. este nome) e seu filho Corono. Ceneu tinha um irmão, Ísquis, tal como ele filho de Élaco (quadro 10, p. 132). Estes nomes encontram-se nas lendas arcádias (v. *Ísquis* e *Corono*).

Os Lápitas intervêm num certo número de lendas; a principal de entre elas conta a luta que sustentaram contra os Centauros (v. este nome). Héracles combateu-os igualmente, por conta de Egímio, inimigo daqueles (v. *Héracles*). Os mitógrafos referem lápitas entre os caçadores de Cálidon (v. *Meleagro*) e entre os Argonautas (particularmente Ceneu, Corono, Mopso, Pirítoo — o amigo de Teseu —, Astérion, Polifemo, Leonteu, Polipetes e Falero).

***LARA.** (*Lara.*) Lara é, segundo Ovídio, uma ninfa do Lácio que, diz o poeta, se chamava na realidade Lala, isto é, «a Tagarela». Como Júpiter amava Juturna e esta procurava por todos os meios fugir-lhe, o deus reuniu todas as ninfas da região e pediu-lhes que o ajudassem nos seus amores. Elas deveriam reter a irmã e impedi-la de mergulhar na água quando ele a perseguisse. Todas deram o seu assentimento, mas Lara divulgou por toda a parte as intenções de Júpiter, preveniu Juturna e contou tudo à própria Juno. Encolerizado, Júpiter arrancou-lhe a língua e confiou-a a Mercúrio, para que este a conduzisse aos Infernos, onde seria ninfa das águas do reino dos mortos. No caminho, Mercúrio violou-a e deu-lhe dois gémeos, que são os deuses Lares (v. este nome).

***LARÊNCIA.** (*Larentia.*) V. *Aca Larência.*

***LARES.** (*Lares.*) Como deuses romanos (sem dúvida de origem etrusca) encarregados de velar pelas encruzilhadas e pelos recintos domésticos, os Lares não possuem mitologia propriamente dita. A lenda do seu nascimento, tal como é transmitida por Ovídio (v. *Lara*), que os dá como filhos de Mercúrio, significa simplesmente que os Lares têm funções análogas às de Mercúrio-Hermes, deus das encruzilhadas, deus, também, da prosperidade. Dizia-se também que o *Lar Familiaris* (protector de todos os habitantes de cada casa) era o pai do rei Sérvio Túlio. Um dia em que uma escrava de Tanaquil, a mulher de Tarquínio, estava junto ao fogo, um falo formado de cinza levantou-se da lareira. Da sua união com a escrava nasceu aquele que, mais tarde, seria o rei Sérvio (v. *Sérvio*).

Os Lares eram representados sob a forma de adolescentes, tendo na mão um corno de abundância e rodopiando sobre a ponta do pé. O seu vestuário é curto, como convém a deuses ágeis.

LARINO. (Λάρινος.) Larino é um pastor do Epiro que, quando Héracles passou pela região com os bois de Gérion, recebeu do herói, como presente, um certo número desses bois (ou então terá conseguido roubar-lhos). Depois, terá conservado essa raça, que era ainda famosa na época clássica.

LARISSA. (Λάρισσα.) Larissa é uma heroína que é tida tanto como argiva como por tessália. O seu nome destina-se a explicar a homonímia das cidades da Tessália denominadas Larissa e da cidadela de Argos. Por vezes, é considerada como mãe de Pelasgo, fruto da sua união com Zeus, ou com Posídon. Outras vezes, é tida como filha de Pelasgo (quadro 19, p. 239). No primeiro caso, teve como filhos, além de Pelasgo, Aqueu e Ftio, que emigraram da Argólida para a Tessália (v. também *Píaso*).

LÁS. (Λᾶς.) Lás é um herói local muito antigo da península de Taígeto, no Peloponeso. Os habitantes contavam que ele tinha sido morto por Aquiles (ou por Pátroclo), quando este tinha vindo ao país pedir a Tíndaro a mão de sua filha Helena (mas, na versão mais divulgada, Aquiles não figura no número de pretendentes de Helena).

***LATINO.** (*Latinus.*) Na tradição romana, Latino, rei dos Aborígenes (a mais antiga população da Itália), é o herói epónimo dos La-

---

Lara: Ov., *Fast.*, II, 583 e s.; Lact., *Div. Inst.*, I, 20, 35.

Lares: Plin., *N. H.*, XXXVI, 204; Var., *LL*, V, 61; Arnob., *Adv. Gent.*, V, 18; cf. Liv., I, 39. Cf. E. Tabeling, *Mater Larum*, Frankfurt, 1932; R. Vallois, in *Rev. Arch.*, 1924, pp. 21-36.

Larino: Athen., IX, 376b e s.; escól. *ad* Pind., *Nem.*, IV, 82; *ad* Aristoph., *Pax*, 925; *Av.*, 465; Tzetz., *Hom.*, VIII, 270; Suid. e Phot., *s.u.* Λαρινοί Βόες.

Larissa: Pausan., II, 24; escól. *ad* Apol. Rh., *Arg.*, I, 40 (citando Hellanicus); Serv., *ad Virg.*, *Aen.*, II, 192; Steph. Byz., *s.u.* Φθία; D. H., I, 17.

Lás: Pausan., III, 24, 10.

Latino: Hes., *Theog.*, 1011 e s. (passo interpolado); escól. *ad* Apol. Rh., *Arg.*, III, 200; Steph. Byz., *s.u.* Πραίνεστος; Dion. hal. I, 43 e s.; 57 e s.; 72; Phaest., p. 194; 209; 220. *s.u. Qu. Roman, Palatium*; Hyg., *Fab.*, 127; Plut., *Qu. Rom.*, 2; Liv., I, 1, 6 e s.; Virg., *Aen.*, VII e s., *passim*; Serv., *ad Virg.*, *Aen.*, I, 2; 6; 84; 267; 273; III, 148; IV, 620; VI, 760; VII, 58; 659; 678; X, 76; XI, 743; 316; XII, 164; Tzetz., *ad Lyc.*, 1232; 1254; Var., *LL*, V, 144; Solin., II, 14; August., *Civ. D.*, XVIII, 16; escól. Bob. in Cic., *Pro Planc.*, p. 256. V. a discussão sobre as fontes *in* J. Perret, *Légende troyenne*, p. 526 e s.

tinos. A sua lenda foi desde muito cedo helenizada e ligada ao ciclo troiano, aquando da constituição do mito romano de Eneias (v. este nome). Todavia, certos mitógrafos, e sobretudo Virgílio, esforçaram-se por lhe conservar o seu carácter autóctone. Estão, por isso, atestadas duas tradições distintas sobre a origem de Latino: a tradição «helenizante» dá-o como filho de Circe e de Ulisses, ou então neto de Ulisses (seu pai, neste caso, é Telémaco e a mãe Circe) (v. *Telémaco*). A tradição latina, pelo contrário, dá-o como filho do velho deus indígena Fauno e da deusa de Minturnas, Marica. Finalmente, com o desenvolvimento da lenda de Hércules, uma outra genealogia veio ainda sobrepor-se às outras duas: quando Hércules vinha de junto de Gérion, trouxe consigo uma jovem hiperbórea, que recebera do pai como refém. Ao passar pela Itália, deu-a em casamento ao rei Fauno, que governava os Aborígenes. A jovem chamava-se Palanto. É, evidentemente, considerada como o epónimo do Palatino, ou de Palanteu (a primitiva Roma, a aldeia palatina fundada, segundo se diz, por Evandro). Quando casou com Fauno, Palanto estava grávida de Hércules. Teve um filho, que foi o rei Latino. Há variantes que apresentam Hércules gerando Latino com a mulher do rei Fauno, ou então com a filha deste.

A tradição não é menos complexa no que diz respeito às aventuras de Latino. Há dois sistemas lendários que se encontram em confronto. Num, Latino acolhe Eneias com hospitalidade, quando este desembarca na costa do Lácio; noutro, combate-o. Contava-se, por exemplo, que ele fizera espontaneamente uma doação de terras aos imigrantes (de 680 hectares, a fazer fé num fragmento de Catão conservado por Sérvio no seu comentário à *Eneida*). Para além disso, concedera a Eneias a mão de sua filha Lavínia. Mas os Troianos teriam feito razias no território circundante e, assim, Latino teve de os combater. Para esse efeito, ter-se-ia aliado ao rei dos Rútulos, Turno. No decurso de uma batalha decisiva, Turno e Latino teriam ambos perecido, a capital dos Aborígenes, denominada nesta versão Laurolavínio, teria sido tomada, e Eneias tornou-se rei. Os dois povos, Aborígenes e imigrantes troianos, unem-se num só, tomando o nome de Latino, em memória do rei.

No segundo sistema, Eneias abordava a costa latina dois anos depois da tomada de Tróia e assumia imediatamente o dever de construir uma cidade. O rei da região, Latino, que já estava em guerra com os Rútulos, tomou a peito a obrigação de impedir a instalação da colónia troiana no seu território. De noite, chegou junto do acampamento troiano. Vendo os companheiros de Eneias armados à maneira grega e preparados para a batalha, decidiu adiar o confronto para o dia seguinte. Mas, durante a noite, vê em sonhos uma divindade indígena que o avisa de que seria de seu interesse aliar-se aos estrangeiros. Por seu turno, Eneias é convidado pelos seus próprios Penates a fazer um tratado com Latino. Assim, de manhã, a aliança fica decidida. Os Aborígenes concedem um território aos Troianos. Em troca, eles comprometem-se a ajudá-los contra os Rútulos. Eneias casa com Lavínia e dá à sua nova cidade o nome de Lavínio. Mas este casamento provoca uma guerra contra Turno que, nesta versão, não é um rútulo mas, segundo parece, um tirreno, sobrinho da rainha Amata, mulher de Latino. No decurso da luta que se seguiu, Latino é morto, bem como Turno, e Eneias, como marido de Lavínia, torna-se rei dos Aborígenes. O novo povo toma, como na versão precedente, o nome de Latino.

Na *Eneida*, Virgílio apresenta uma versão que combina as duas variantes. Nela, Eneias é bem recebido por Latino, a quem os adivinhos aconselharam que desse sua filha em casamento a um herói estrangeiro. Quando os enviados de Eneias chegam à capital, o rei compreende que o oráculo tem de se cumprir e oferece espontaneamente a mão de Lavínia ao estrangeiro. Mas, antes de a aliança entre Latino e os Troianos poder ser solenemente firmada, ocorre um incidente. No decurso de uma caçada, Ascânio, o filho de Eneias, mata um veado domesticado, acontecimento que provoca um combate entre os troianos que acompanham o jovem e os pastores aborígenes indignados com essa morte. Amata, que queria dar a mão de Lavínia a Turno, rei dos Rútulos, bem como o próprio Turno, incitam Latino à guerra contra os Troianos. Latino recusa e fecha-se nos fundos do seu palácio, enquanto a própria Juno abre as portas do templo da guerra (o templo de Jano que, em Roma, se conservava fechado em tempo de paz e se abria apenas com o início das hostilidades — Virgílio transpõe assim para a cidade de Latino um uso romano) e Turno, subindo à cidadela, iça o estandarte que chama o povo às armas. Durante a guerra que se segue, Latino mantém-se afastado, limitando-se a mandar pedir aos Troianos tréguas para enterrar os mortos, e tentando demover Turno da sua intenção de desafiar Eneias para um combate singular. Depois da morte de Turno, Latino firma a paz com os Troianos.

Dois testemunhos fazem-nos conhecer uma lenda segundo a qual o rei Latino desapareceu durante um combate contra Mezêncio, o rei de Cere, e se tornou o deus Júpiter Latino, cujo culto era, na época histórica, celebrado pela confederação latina na montanha que domina o lago de Nemi.

***LATINO SÍLVIO.** (*Latinus Siluius.*) Na dinastia dos reis de Alba, Latino Sílvio é o quarto rei depois de Ascânio. Tem como pai Eneias Sílvio, como avô Póstumo Sílvio e como bisavô Ascânio. Latino Sílvio reinou durante cinquenta anos e fundou um determinado número de cidades que figuravam na confederação latina.

Latino Sílvio: Ov., *Met.*, XIV, 611; *Fast.*, IV, 41 e s.; Dion. Hal., I, 71; Diod. Sic., VII, 17; Tzetz., *ad Lyc.*, 1232; Serv., *ad Virg.*, *Aen.*, VI, 767.

* **LAUSO.** (*Lausus.*) Lauso é filho de Mezêncio (o rei de Cere) que combateu ao lado de Turno contra Eneias. Foi morto por este último (v., no entanto, *Mezêncio*). O nome encontra-se na crónica dos reis de Alba. Foi usado por um filho de Numitor, que matou Amúlio.

* **LAVÍNIA.** (*Lauinia.*) Lavínia é a filha do rei Latino e de Amata. Estava noiva de Turno antes da vinda de Eneias para o Lácio. Foi então dada ao Troiano por seu pai (v. *Latino* e *Eneias*). Em sua honra, Eneias deu o nome de Lavínio à cidade que fundou. Do seu casamento com Eneias nasceu Ascânio, segundo uma das versões. Mas, na *Eneida*, Ascânio é seu enteado, já grande aquando da vinda de Eneias. A *Eneida* não refere nenhum filho de Lavínia e Eneias, mas os mitógrafos contam que, depois da morte do herói, Lavínia deu à luz um filho de ambos, Sílvio (v. *Ascânio*), junto do pastor Tirro ou Tirreno. Ascânio cedeu então a cidade de Lavínio a seu meio-irmão e partiu para fundar Alba. Porém, como Ascânio morreu sem filhos, chamou Sílvio para lhe suceder.

A versão «abreviada» da fundação de Roma (que suprime os reinados intermédios entre Eneias e Rómulo) faz de Lavínia a mãe de uma *Aemilia* que teve de Marte um filho, Rómulo.

Finalmente, uma lenda de inspiração puramente grega conta que Lavínia era filha do sacerdote Ânio (v. a sua lenda), que seguira Eneias como profetisa na sua viagem para o ocidente e tinha morrido no local onde o herói fundou a cidade de Lavínio. [Esta lenda assenta sem dúvida num jogo de palavras, associando o nome de *Lauinia* a *uinum* (vinho) e relacionando-o com o nome de *Oeno*, no qual se encontra a raiz grega com o mesmo significado. As três filhas de Ânio chamavam-se, como se sabe, as *Enotrofoi*, as Vinhateiras.] (V. o art. cit.)

LEAGRO. (Λεάγρος.) Leagro é um aliado do Heraclida Témeno. Ajudado por seu amigo Ergieu, descendente de Diomedes, e instigado por Témeno, roubou o Paládio que se conservava em Argos. Em seguida, tendo brigado com Témeno, foi oferecer a estátua aos reis de Lacedémon, que aceitaram de bom grado a relíquia, cuja posse garantia a segurança da cidade em que se encontrava. Colocaram-na perto da cidade, na vizinhança do santuário dos Leucípedes. Como o oráculo de Delfos lhes havia aconselhado que dessem ao Paládio, como guarda, um daqueles que o tinham roubado, erigiram a seu lado um templo a Ulisses, que para eles era quase um herói nacional, por causa das origens de Penépole (v. *Penépole* e *Paládio*).

LEANDRO. (Λέανδρος.) Leandro era um jovem de Abido, amante de uma sacerdotisa de Afrodite, de nome Hero, que vivia em Sesto, a cidade situada do outro lado do Helesponto, em frente de Abido. Todas as noites, atravessava a nado o estreito, guiado por uma luz que Hero acendia no alto da torre, na casa em que vivia. Mas, numa noite de tempestade, a chama apagou-se e Leandro não conseguiu encontrar a costa no meio das trevas. No dia seguinte, o mar devolveu o seu cadáver junto da torre de Hero. Esta precipitou-se no vazio, não querendo sobreviver ao seu amante.

LEARCO. (Λέαρχος.) Learco e Melicertes são os dois filhos de Ino e de Átamas. Quando Hera enlouqueceu Átamas, querendo desse modo puni-lo por ter criado em segredo o pequeno Dioniso, ele matou Learco com uma flecha, tomando-o por um veado. Ou, então, tomou-o por um leão jovem e lançou-o de um rochedo. Uma outra versão diz que Átamas soube do crime de Ino contra os filhos que ele tinha tido de Néfele, Frixo e Hele, e que, querendo matá-la, matou por engano Learco (v. *Átamas*, quadro 3, p. 66, e 34, p. 392). Eurípides escreveu uma tragédia sobre este tema.

LEBÉADO. (Λεβέαδος.) De todos os filhos de Licáon, apenas Eleutério e Lebéado não participaram na impiedade do pai, que deu a comer a Zeus a carne de uma criança, para pôr à prova a sua clarividência. Depois da catástrofe, fugiram para a Beócia, onde fundaram as cidades de Lebadeia e de Elêuteras. Foi a origem da antiga aliança existente entre os Arcádios e os habitantes destas duas cidades.

LEDA. (Λήδα.) Segundo a tradição mais corrente, Leda é filha do rei da Etólia, Téstio, e de Eurítemis. Descende, portanto, de Etolo e, pelo lado paterno, de Cálice, uma das filhas de Éolo. Pertence à raça de Deucalião (v. quadros 2, p. 12; 15, p. 200; 21, p. 242; 26, p. 272). Suas irmãs são Alteia, mãe de Meleagro, e Hipermestra. Outras versões atribuem-lhe como irmãs Clitia e Melanipe. Contava-se também

---

Lauso: VIRG. *Aen.*, VII, 649; X, 426; 790 e s.; DION. HAL., I, 65 (cf. MÜLLER, *Fragm. Hist. gr.*, III, p. 174); OV., *Fast.*, IV, 54.

Lavínia: TIT. LIV., I, 1, 3; DION. HAL., *Ant. Rom.*, I, 59; 60; 70; VIRG. *Aen.*, VI, 764; VII, 52 e s.; XII, 194; OV., *Met.*, XIV, 449; 570, TZETZ., *ad Lyc.*, 1232; SERV., *ad VIRG.*, *Aen.*, I, 2; 259; 270; VI, 760; VII, 51; 484; PLUT., *Rom.*, 2; AEL., *NA*, XI, 16; STRAB., V, p. 229.

Leagro: PLUT., *Qu. Gr.*, 48.

Leandro: OV., *Her.*, XVIII; XIX; MUSEU, *Hero.*, ed. Ronge, Munique, 1939; *Anth.*, V, 231; 263; IX, 215; 387; VIRG., *Georg.*, III, 258.

Learco: APOLLOD., *Bibl.*, I, 9, 1 e s.; III, 4, 3; PAUSAN., I, 44, 7; IX, 34, 7; TZETZ., *ad Lyc.*, 21; 229; escól. *ad* APOL. RH., *Arg.*, II, 1144; HYG., *Fab.*, 1 e 2; OV., *Met.*, IV, 512 s.; *Fast.*, VI, 489 e s.; SERV., *ad VIRG.*, *Aen.*, V, 241; LACT., *ad* STAT., *Theb.*, I, 12.

Lebéado: PLUT., *Qu. Gr.*, 39.

Leda: APOLLOD., *Bibl.*, I, 7, 10; III, 10, 5 e s.; PAUSAN., III, 1, 4; 13, 8; 16, 1; 21, 2; SERV., *ad VIRG.*, *Aen.*, VIII, 130; escól. *ad* APOL. RH., *Arg.*, I, 146; a EUR., *Or.*, 447; STRAB., X, p. 461; HYG., *Fab.*, 77; *Od.*, XI, 298 e s.; PROP., I, 13, 30; João de Antioquia, fr. 20; TZETZ., *ad Lyc.*, 88; 511; EUR., *Iph. Aul.*, 49 e s.; *Melanipp.*, 17 e s.; 214; 257; 1149; *Or.*, 1387; escól. *ad* PIND., *Nem.*, X, 150. Cf. M. DELLA CORTE, «Leda e Latona», *A.A.N.* XIII (1933-1934), p. 325-337; G. CATINELLA, *Il mito di Leda...*, Bari, 1937.

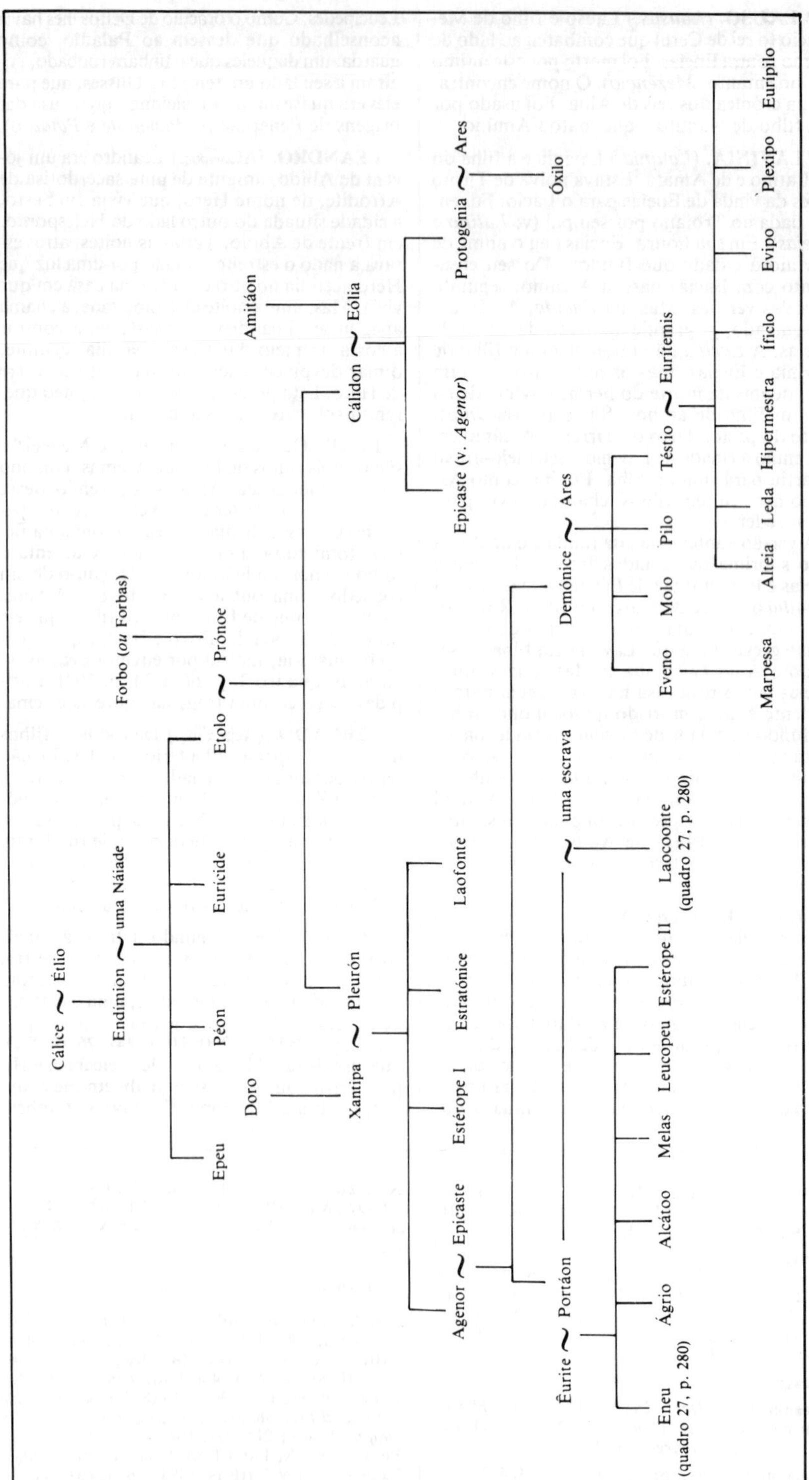

Quadro genealógico n.º 26

que Glauco, filho de Sísifo, passou por Lacedémon, procurando os cavalos que perdera. Aí, uniu-se a Pantidía, que em seguida casou com Téstilo e lhe deu uma filha, Leda, que se julgou ser filha de Téstio (a relacionar com a lenda do nascimento de Ulisses, que seria fruto dos amores furtivos de Sísifo) (v. *Ulisses*).

Quando Tíndaro, expulso de Lacedémon por Hipocoonte e seus filhos (v. a sua lenda), se refugiou na Etólia, na corte de Téstio, este acolheu-o e deu-lhe a mão de sua filha Leda. Mais tarde, ela acompanhou o marido no regresso a Lacedémon, quando Héracles repôs Tíndaro no trono (v. *Héracles*).

Leda teve muitos filhos de Tíndaro: Timandra, que casou com Équemo (v. a sua lenda); Clitemnestra, mulher de Agamémnon (v. *Clitemnestra*); Helena e os Dioscuros (v. estes nomes). Alguns destes filhos (aos quais os tragediógrafos acrescentam Febe), foram gerados por Zeus, que tomara a forma de um cisne para se unir a ela. Mas contava-se também que Helena era, na realidade, filha de Zeus e Némesis. A deusa tentara fugir ao amor do pai dos deuses e tinha-se transformado em gansa para lhe escapar. Imediatamente Zeus se transformou em cisne e uniu-se a ela. Némesis pôs em seguida um ovo que abandonou. Um pastor encontrou-o e levou-o a Leda, que o guardou preciosamente num cofre. Quando Helena saiu dele, ela fê-la passar por sua filha, pois era uma menina muito bela.

Mais frequentemente, e sobretudo a partir de Eurípides, admitia-se que era a própria Leda quem, dos seus amores com Zeus, tinha posto um ovo (ou então dois), donde tinham saído os dois casais: Pólux e Clitemnestra, Helena e Castor (v. *Dioscuros*). Em Esparta, no templo dos Leucípides (v. este artigo), mostravam-se as cascas de um ovo gigante, que passava por ser o ovo posto por Leda.

LEIPÉFILE. (Λειπεφίλη.) V. quadro 32, p. 370, que mostra como Leipéfile é filha de Iolau, sobrinho de Héracles e como, pelo seu casamento com Filas, filho de Antíoco, por sua vez filho de Héracles, uniu na pessoa de seu filho, Hípotes, uma dupla ascendência heracleia (v. *Hípotes* e *Aletes*).

LEITO. (Λήϊτος.) Leito é um chefe tebano, filho de Aléctrion (ou de Alector), que comandava um destacamento de tropas no cerco de Tróia. A *Ilíada* mostra-o matando o Troiano Fílaco e sendo ele próprio ferido por Heitor. Foi ele quem trouxe de Tróia as cinzas de Arcesilau. Figura igualmente entre os Argonautas.

LÉLEGE. V. *Lélex*.

LÉLEX. (Λέλεξ.) Lélex, ou Lélege, é o herói epónimo de Léleges. Foi o primeiro rei de Lacónia e tinha «nascido do solo». Teve dois filhos, Miles e Policáon. O filho mais velho, Miles, sucedeu-lhe no trono de Lacónia, que legou em seguida ao seu próprio filho, Eurotas (o deus-rio com esse nome). Policáon, o mais novo, casou com Messene, filha do rei de Argos, Tríopas, e obteve o reino de Messénia, que assim denominou com base no nome de sua mulher (v. *Messene*).

Outra tradição faz de Lélex o pai e não o avô de Eurotas.

Lélex é também considerado como um herói de Lêucade, avô de Teléboas (o epónimo dos Teléboas) (v. *Anfitrião*).

O mesmo nome aparece igualmente nas lendas de Mégara, nas quais Lélex é considerado como filho de Posídon e de Líbia, vindo do Egipto para reinar em Mégara. Teve um filho, Cléson, cujas filhas, Cléso e Tauropolis, recolheram o corpo de Ino quando o mar o trouxe para junto de Mégara, após o suicídio da jovem (v. *Palémon*).

Lélex teve também outro filho, Bias, que foi morto por Pilas (v. este nome).

*** LÉMURES.** (*Lemures*.) Os Lémures são, em Roma, os fantasmas dos mortos, que se esconjuram na festa dos *Lemuria*, celebrada todos os anos em 9 de Maio e nos dois dias ímpares seguintes (11 e 13). Esta festa celebrava-se de noite: descalço, o chefe de família saía de casa, lavava as mãos em água de uma fonte e, voltando a cabeça, lançava feijões (ou favas) para a noite, dizendo: «Com estas favas eu me resgato, a mim e aos meus.» Pronunciava esta fórmula nove vezes, sem olhar para trás, enquanto os Lémures, segundo se cria, apanhavam os grãos. Então, o celebrante purificava uma vez mais as mãos e batia em bronze, gritando: «Sombras dos meus antepassados, ide-vos embora.» Podia então olhar para trás: os Lémures, satisfeitos, tinham partido por mais um ano.

Sobre a origem do nome *Lemuria*, Ovídio conta que a festa se chamava inicialmente «Remuria» e era celebrada em honra dos Manes de Remo, morto por Rómulo. Mas é, evidentemente, uma hipótese com fundamento num trocadilho etimológico.

LEONASSA. (Λεώνασσα.) Leonassa, a Leoa, é a neta de Hilo, numa tradição obscura. Teria casado com Neoptólemo e ter-lhe-ia dado vários filhos: Argo, Pérgamo, Pândaro, Dorieu, Génoo, Euríloco e Dánae, todos heróis e heroína que têm, geralmente, outras ascendências (v. quadro 18, p. 220).

LEONTEU. (Λεοντεύς.) Leonteu é um chefe lápita, filho de Corono e neto de Ceneu (quadro 10, p. 132). Acompanhou um outro lápita,

---

Leipéfile: Hes., fr. 54, *ap.* Pausan., IX, 40, 6.

Leito: *Il.*, II, 494; VI, 35-36; XVII, 601-604; Eur., *Iph. Aul.*, 259 e s.; Hyg., *Fab.*, 97; 113; Pausan., IX, 39, 3; Apollod., *Bibl.*, I, 9, 16.

Lélex: Pausan., I, 39, 6; 42, 7; 44, 3; III, 1, 1; 12, 5; IV, 1, 2; Steph. Byz., *s.u.* Λακεδαίμην; escól. *ad* Eur., *Or.*, 615; Apollod., *Bibl.*, III, 10, 3; Strab., VII, p. 322.

Lémures: Ov., *Fast.*, V, 419 e s.; Serv., *ad Aen.*, I, 271; 292; Pers., *Sat.*, V, 185 e escól. Cf. E. Jobbé-Duval, *Les morts malfaisants...*, Paris, 1924.

Leonassa: Escól. *ad* Eur., *Andr.*, 24; cf. 32.

Leonteu: *Il.*, II, 738 e s.; XII, 130 e s.; XXIII, 837 e s.; Hyg., *Fab.*, 81; 97; 114; Q. S., VII, 487; XII, 323; Tzetz., *Posth.*, 646; *ad Lyc.*, 427; 980; 1047; Apollod., *Bibl.*, III, 10, 8; *Ep.*, VI, 2; Diod. Sic., IV, 53; Steph. Byz., *s.u.* Φιλαΐδαι.

Polipetes, filho de Pirítoo, à Guerra de Tróia. Por essa razão, é nomeado várias vezes na *Ilíada*. Figura entre os guerreiros que tomaram lugar no cavalo de madeira. Os mitógrafos incluem-no também na lista dos pretendentes de Helena.

Depois da tomada de Tróia, acompanhou Calcas no caminho por terra (v. *Calcas*). Quando Calcas foi morto, voltou a Tróia e, de lá, regressou à sua pátria.

Os mitógrafos citam um irmão de Leonteu, Andrémon, que casara com uma das filhas de Pélias, de nome Anfínome, e ainda uma irmã, Líside.

LEÔNTICO. (Λεόντιχος.) Leôntico e Rádine são os heróis de uma história de amor contada por Estesícoro. Rádine era uma jovem de Samos de Trifília, que estava noiva de um tirano de Corinto. Mas ela amava um jovem da sua terra, chamado Leôntico. Quando partiu por mar, para casar com o noivo, Leôntico seguiu--a por terra. Mas o tirano matou os dois e mandou de volta, num carro, os cadáveres. Todavia, arrependeu-se da sua crueldade e enterrou-os num recinto que lhes consagrou. Os amantes desiludidos iam lá, ainda na época de Estrabão, pedir felicidade para os seus amores.

LEONTÓFONO. (Λεοντοφόνος.) Depois do massacre dos pretendentes, em Ítaca, contava--se que Ulisses, acusado pelos parentes dos mortos, tinha submetido o caso ao arbítrio de Neoptólemo, e que este o condenara ao exílio. Ulisses retirou-se, então, para a Etólia, para junto de Toas, filho de Andrémon, cuja filha desposou. Deste casamento nasceu Leontófono, o Matador de Leões, um herói sobre quem não possuímos nenhuma outra informação. Uma outra lenda refere um filho de Ulisses, Leôntofron, que o herói havia tido de Evipe (quadro 39, p. 460).

LEOS. (Λέως.) Leos é um dos heróis epónimos das tribos áticas (o seu nome corresponde ao da tribo Leôntica). Era filho de Orfeu e tinha ele próprio um filho, Clianto, e três filhas, Pasítea, Téope, e Eubule. Num momento em que uma grande fome grassava, deu espontaneamente as suas três filhas, ainda virgens, como vítimas expiatórias, pois o oráculo de Delfos tinha ordenado que se imolassem vítimas humanas para fazer voltar a abundância. Os Atenienses erigiram um santuário no Cerâmico, em honra das três jovens filhas de Leos.

LÉPREO. (Λέπρεος.) A lenda de Lépreo está ligada ao ciclo de Héracles e, mais particularmente, à aventura do herói junto de Augias. Lépreo é filho de Cáucon e de Astidameia (ela própria filha de Forbas e, consequentemente, irmã de Augias) (v. quadro 34, p. 392). Ele tinha aconselhado Augias a que não pagasse a Héracles o salário convencionado pela limpeza dos estábulos do rei (v. *Héracles*); acrescentou que ele deveria carregar o herói de correntes e prendê-lo. Assim, quando Héracles regressou para se vingar de Augias, apresentou-se junto de Cáucon para também punir Lépreo. Mas deixou-se vergar pelos rogos de Astidameia, e contentou-se em organizar um concurso entre Lépreo e ele (concurso de comida, de bebida, de lançamento do disco). Lépreo foi completamente batido. Então, encolerizado, empunhou as armas e ambos se bateram até que Lépreo morreu.

LESBO. (Λέσβος.) Lesbo é o filho de Lápita (v. quadro 25, p. 268). Por ordem de um oráculo, exilou-se na ilha de Lesbos, onde casou com Metimna, filha do rei da região, Macareu (ou Mácar) (v. este nome). Foi ele quem deu o nome à ilha.

LESTRÍGONES. (Λαιστρυγόνες.) Seis dias depois de ter sido repelido por Éolo, o deus dos ventos, Ulisses aportou no país dos Lestrígones. Este povo era formado por gigantes antropófagos que devoravam os estrangeiros. Habitavam uma cidade que se dizia ter sido fundada por um certo Lamo. Ulisses, ao chegar, entrou com os seus navios num porto amplo e seguro, onde a armada ancorou. Ulisses foi a terra, e enviou dois companheiros a fazer o reconhecimento da região. Pouco depois, os dois marinheiros encontraram, às portas de uma cidade, uma jovem que tirava água. Perguntaram-lhe quem era o rei do país. A jovem conduziu-os à sua própria casa e chamou o pai, Antífates, que acorreu vindo da praça, onde se encontrava, e matou imediatamente um dos dois marinheiros. Depois, gritou a todos os seus companheiros que viessem. Estes acorreram ao porto e puseram-se a lançar enormes rochedos sobre os navios, que ficaram todos esmagados, excepto o que levava Ulisses, que conseguiu pôr-se em fuga.

É verosímil que o país dos Lestrígones se possa identificar com a região de Fórmias, a sul do Lácio, no limite da Campânia.

LETE. (Λήθη.) Lete, o Esquecimento, é filha de Éris (a Discórdia) e, segundo uma tradição, mãe das Cáritas (as Graças). Deu o seu

---

Leôntico: STRAB., VIII, 3, 20, p. 347 (STESICHORUS, fr. 44); PAUSAN., VII, 5, 13.

Leontófono: APOLLOD., *Ep.*, VII, 40; EUST., p. 1796, 51.

Leos: PAUSAN., I, 5, 1 e 2; X, 10; 1; SUID. e PHOT., *s.u.* ἐπώνυμοι e Λεωκόριον e HESYCH., neste último vocábulo; escól. *ad* THUC., I, 20; AEL., *VH*, XII, 28; DIOD. SIC., XVII, 15; ARISTID., *Or.*, XIII, p. 191 e escól., p. 111 e s.; CIC., *de nat. D.*, III, 19, 50.

Lépreo: Escól. *ad* CALLIM., *Hymn. Z.*, 39; ATHENODOR., X, 411 C e s.; AEL., *VH*, I, 24; cf. PAUSAN., V, 5, 4.

Lesbo: DIOD. SIC., V, 81.

Lestrígones: *Od.*, X, 81-132; 199; XXIII, 318 e s. e escól. *ad* X, 81, 82, 86, etc.; HESYCH., *s.u.* Λάμος; A. GEL., *N. A.*, XV, 21; LYC., *Alex.*, 662 e TZETZ., *ad loc.*; OV., *Met.*, XIV, 233 e s.; HYG., *Fab.*, 125.

Lete: HES., *Theog.*, 227 e s.; escól. *ad Il.*, XIV, 276; *ad Od.*, XI, 51; ANTH. PAL., VII, 25; PLAT., *Rep.*, X, 621; VIRG., *Aen.*, VI, 705; 715; OV., *Pont.*, II, 4, 23; PAUSAN., IX, 39, 8. Cf. M. P. NILSSON, «Die Quellen der Lethe», *Eranos*, 1943, pp. 1-7; cf. G. NARDUCCI, in *Cirenaica illustrata*, 1932, p. 6-7.

nome a uma fonte, a Fonte do Esquecimento, situada nos Infernos, de que os mortos bebiam para esquecer a sua vida terrena. De igual modo, na concepção dos filósofos, de que Platão se fez eco, antes de regressar à vida e de retomar um corpo, as almas bebiam desse líquido, que lhes tirava a memória do que tinham visto no mundo subterrâneo.

Perto do oráculo de Trofónio, em Lebadeia, na Beócia, existiam duas nascentes, donde deviam beber os que o consultavam: a Fonte do Esquecimento (Lete) e a Fonte da Memória (Mnemósine).

Lete transformou-se numa alegoria, o Esquecimento, irmã da Morte e do Sono. É a esse título que ela é frequentemente mencionada pelos poetas.

LETEIA. (Ληθαία.) Segundo uma referência de Ovídio, parece que Leteia foi, numa fábula hoje perdida, a mulher de Óleno. Ela pretendera rivalizar em beleza com uma deusa, e seu marido tentou livrá-la do castigo, chamando a si a responsabilidade da falta. Mas ambos foram transformados em estátuas de pedra.

LETO. (Λητώ.) Leto, mãe de Apolo e Ártemis, que concebeu de Zeus, pertence à primeira geração divina. É, com efeito, filha do Titã Ceu e da Titânide Febe. Tem como irmãos Astéria e Ortígia (v. quadro 38, p. 452).

Contava-se que, quando Leto estava grávida dos dois gémeos divinos, Hera, enciumada, proibira todos os lugares da Terra de lhe darem guarida para que ela pudesse dar à luz os seus filhos. Assim, Leto vagueava sem nunca poder parar. Por fim, Delos, que era até então uma ilha errante, estéril e que nada tinha a temer da cólera de Hera, consentiu em acolhê-la. Como recompensa, a ilha ficou fixa no fundo do mar por meio de quatro colunas, que a mantiveram solidamente. Mudou também de nome (pois chamava-se primeiramente Ortígia, nome que tinha entre os Imortais) e, uma vez que o deus da luz tinha visto o dia no seu solo, foi denominada Delos, a Brilhante.

Segundo outra lenda, Hera havia jurado que Leto não poderia dar à luz em nenhum local sobre o qual brilhassem os raios do Sol. Por ordem de Zeus, Bóreas levou então a jovem a Posídon, que, levantando as ondas do mar, fez uma espécie de abóbada líquida sobre a ilha. Assim abrigada do sol, Leto pôde pôr no mundo os seus filhos, apesar do juramento da sua inimiga.

As dores do parto duraram nove dias e nove noites. Todas as deusas tinham vindo dar assistência a Leto. Todas, menos Hera e Ilitia, a deusa dos nascimentos, que tinha ficado no Olimpo; era a sua ausência que impedia que o parto se realizasse. Por fim, Íris foi enviada pelas deusas como mensageira e, prometendo a Ilitia um colar de ouro e de âmbar com o comprimento de nove côvados, convenceu-a a vir assistir à infeliz. Assim puderam nascer as duas crianças divinas.

Contava-se também que, para escapar a Hera, Leto havia tomado a forma de uma loba e tinha fugido de junto dos Hiperbóreos, povo com quem costumava viver. Isso explicava o epíteto bizarro de «Licógenes», Nascido do Lobo, aplicado por vezes a Apolo.

É na Lícia, o «país dos Lobos», que igualmente se localiza um outro episódio relativo ao mesmo nascimento. Com os seus dois recém-nascidos, Leto teria ido para a Lícia e, lá, parou junto de uma nascente, ou de um lago, para lavar as crianças. Mas os pastores da vizinhança impediram-na de se aproximar da água. A deusa, então, transformou-os em rãs.

Leto, mais tarde, foi uma mãe muito amada por seus filhos, que se esforçaram por defendê-la por todos os meios. Foi por ela que eles massacraram os filhos e as filhas de Níobe (v. este nome). Mataram o gigante Tício, que tinha tentado violá-la (v. *Tício*). Finalmente, foi porque a serpente Píton a ameaçara que Apolo, pouco depois de nascer, a matou, em Delfos (v. *Apolo*).

LEUCÁDIO. (Λευκάδιος.) Segundo uma tradição transmitida por Estrabão, Leucádio, Alizeu e Penélope eram todos filhos de Icário e de Policaste (v. outra versão no quadro 21, p. 242, e no artigo *Penélope*). Icário tinha sido expulso por Hipocoonte de Lacedémon, onde reinava com seu irmão Tíndaro (v. *Icário*). Mas quando Héracles reconduziu este último no poder sobre Lacedémon, Icário permaneceu na Acarnânia, onde tinha constituído um pequeno Estado. Seu filho Leucádio deu o nome do pai à cidade de Lêucade e Alizeu o seu à de Alízia.

LEUCÁRIA. (Λευκαρία.) Leucária é a mulher do rei Ítalo, e mãe de Áuson, o epónimo da Ausónia (antigo nome de Itália). Em outras versões considera-se que é a mãe de Romo, o epónimo de Roma. Seria a filha do rei Latino e teria casado com Eneias (é, consequentemente, indêntica a Lavínia; v. este nome).

LEUCÁSPIS. (Λεύκασπις.) Leucáspis é um príncipe sícano que travou combate com Héracles, quando este atravessou a Sicília vindo da terra de Gérion. Foi morto, bem como grande número de outros nobres seus compatriotas, na luta contra o herói. Foram-lhe prestadas honras divinas.

LEUCATAS. (Λευκάτας.) Jovem amado por Apolo e que, para escapar à perseguição do deus, se lançou ao mar do alto de uma falé-

---

Leteia: LACT. PLAC., *Fab.*, X, 1; cf. OV., *Met.*, X, 68 e s.

Leto: HES., *Theog.*, 404 e s.; *Hymn. hom.*, I, 62; APOLLOD., *Bibl.*, I, 2, 2; escól. *ad* APOL. RH., *Arg.*, I, 308; CALL., *Del.*, *passim*; PIND., fr. 87; HYG., *Fab.*, 40; LIB., *Narr.*, XIX; ANT. LIB., *Transf.*, 25; OV., *Met.*, VI, 313 e s. Cf. U. PESTALOZZA, *Pagine di religione mediterranea*, Milano, 1942.

Leucádio: STRAB., X, 452; 461.

Leucária: TZETZ. *ad Lyc.*, 702; PLUT., *Qu. Rom.*, 2; DION. HAL., I, 72.

Leucáspis: DIOD. SIC., IV, 23.

Leucatas: SERV., *ad* VIRG., *Aen.*, III, 271.

sia, na ilha de Lêucade, e deu o seu nome à região.

LEUCE. (Λεύκη.) **1.** Leuce, a Branca, é uma ninfa, filha de Oceano e de Tétis. Foi amada por Hades, que a raptou e levou para os Infernos. Mas Leuce não era imortal. Na data fixada, morreu, e Hades, para a imortalizar, transformou-a num choupo branco, que se erguia nos Campos Elísios. Foi dessa árvore que Héracles colheu a coroa com que cingiu a cabeça quando regressou dos Infernos.

2. Leuce é também o nome da Ilha Branca, no Ponto Euxino, na embocadura do Danúbio. Era lá que Aquiles, rodeado de uns tantos heróis, levava, com Helena (ou Ifigénia, ou Medeia), uma vida de festas e combates (v. *Aquiles*).

LEUCIPE. (Λευκίππη.) Leucipe é o nome de várias heroínas, entre as quais se podem referir quatro:

1. Em certas tradições, é a mulher de Laomedonte, e a mãe de Príamo (v., por outro lado, quadro 7, p. 112). **2.** Outras vezes, é a mulher do rei Téstio e a mãe de Íficlo (v. este nome). **3.** É igualmente a filha de Testor e irmã de Calcas e de Teónoe (v. este nome). **4.** É, finalmente, a mãe de Euristeu.

LEUCÍPIDES. (Λευκίππιδαι.) As Leucípides são as filhas de Leucipo, irmão de Tíndaro, de Icário e de Afareu (v. quadro 21, p. 242). Na verdade, Leucipo tinha três filhas, Hilaíra, Febe e Arsínoe, mas dá-se o nome de Leucípides apenas às duas primeiras, que casaram, respectivamente, com Castor e Pólux, seus primos direitos (visto serem filhos de Tíndaro) (v. *Dioscuros*).

Toda a história das Leucípides se resume à luta que, por sua causa, opôs os Dioscuros a dois dos filhos de Afareu, Idas e Linceu. Esta lenda apresenta formas muito variadas, parecendo ser mais antiga a seguinte: aquando do festim oferecido em Esparta pelos Dioscuros a Eneias e Páris, que tinham vindo visitar Menelau (com o objectivo secreto de raptar Helena), os filhos de Afareu, excitados pelo vinho, censuraram seus primos Castor e Pólux por terem casado com suas mulheres sem antes terem pago o dote a Afareu. Castor e Pólux, assim insultados, responderam, e a discussão degenerou em briga. Um dos Dioscuros foi morto; mas Idas e Linceu pereceram também. Sobre os pormenores do combate, no decurso do qual os Dioscuros se esconderam na concavidade de um carvalho, v. *Dioscuros* e sobretudo *Idas*.

Nas versões mais recentes da lenda, as Leucípides estavam noivas dos dois filhos de Afareu, e teriam sido raptadas pelos Dioscuros. Esta versão é mais favorável a Castor e Pólux do que uma outra segundo a qual teria sido no decurso do casamento de seus primos com as Leucípides que eles as raptaram, violando assim as leis da hospitalidade.

Uma tradição local, referida por Pausânias, fazia das Leucípides filhas de Apolo. Leucipo não seria, então, mais que o seu pai «humano». Note-se que a outra irmã, Arsínoe, teve como amante o próprio deus e que Idas, um dos filhos de Afareu, entrou em rivalidade com ele por causa de Marpessa (v. *Apolo* e *Idas*).

As Leucípides possuíam um santuário em Esparta.

LEUCIPO. (Λεύκιππος.) **1.** Este nome é usado por grande número de personagens míticas, sendo a mais célebre o pai das Leucípides, Hilaíra e Febe (v. art. precedente e quadro 21, p. 242). É filho de Perieres (ou de Ébalo, consoante as versões) e de Gorgófone, uma das filhas de Perseu (v. quadro 32, p. 370). Tem por mulher Filódice, uma filha de Ínaco. Além de Hilaíra e Febe, tem como filha Arsínoe que, segundo uma tradição, foi amante de Apolo, a quem deu Asclépio (v. *Corónis*). Leucipo reinava em Messénia.

2. Um outro Leucipo é um filho do rei de Pisa, Enómao. Enamorado de Dafne, disfarçou-se de rapariga, mas o ardil causou a sua desgraça (v. *Dafne*).

3. Um terceiro Leucipo é filho do rei de Sícion, Turímaco. Teve uma filha, chamada Calquínia, a quem Posídon deu um filho, Pérato, que Leucipo adoptou, pois não tinha filhos, e que fez seu sucessor no trono de Sícion.

4. Leucipo é também o nome de um filho do herói Naxo, epónimo da ilha de Naxo. Teve como filho Esmérdio, que era rei quando Teseu abandonou Ariadne (v. *Ariadne* e *Teseu*).

5. Finalmente, um outro Leucipo é o herói de uma história de amor referida por Partênio, segundo Hermesíanax. Este Leucipo era filho de Xântio, um descendente de Belerofonte. Era muito vigoroso e um excelente guerreiro, e a sua fama tinha-se espalhado por toda a Lícia. Mas a cólera de Afrodite abateu-se sobre ele e ele apaixonou-se pela irmã. Durante algum tempo, conteve a sua paixão, mas em breve se apercebeu de que não a podia vencer. Foi então procurar sua mãe, e pediu-lhe que tivesse piedade dele e o ajudasse a satisfazer o seu desejo; de outro modo, lançar-se-ia sobre a sua espada. A mãe consentiu e em breve Leucipo

---

Leuce: 1) SERV., *ad VIRG.*, *Ecl.*, VII, 61. **2)** PIND., *Nem.*, IV, 79; STRAB., II, 125; VII, 306; escól. *ad* EUR., *Iph. T.*, 436; STEPH. BYZ., *s. u.* Ἀχίλλειος δρόμος; TZETZ., *ad Lyc.*, 186; 188; ANT. LIB., *Transf.*, 27; CONON, *Narr.*, 18; POMP. MELA, II, 7.

Leucipe: 1) APOLLOD., *Bibl.*, III, 12, 3; TZETZ., *ad Lyc.*, 18. **2)** HYG., *Fab.*, 4. **3)** HYG., *Fab.*, 190. **4)** Escól. *ad Il.*, XIX, 116.

Leucípides: PIND., *Nem.*, X, 55 e s.; escól. ao v. 114; LYC., *Alex.*, 549; 562 e s. e escól. ao v. 535; APOLLOD., *Bibl.*, III, 11, 2; THEOCR., XXII, 137 e s.; TZETZ., *Chil.*, II, 48; PAUSAN., III, 16, 1; OV., *Fast.*, V, 699 e s.; PROP., I, 2, 15 e s.; HYG., *Fab.*, 80.

Leucipo: 1) APOLLOD., *Bibl.*, I, 9, 5; III, 10, 3 e s.; TZETZ., *ad Lyc.*, 511; PAUSAN., I, 18, 1; III, 12, 8; 17, 3; 18, 11; 26, 4; IV, 2, 4; 3, 2; 31, 6; 9; 12; HYG., *Fab.*, 80; OV., *Fast.*, V, 702; THEOCR., *Id.*, XXII, 137 e s.; escól. *ad Il.*, III, 243. **2)** PAUSAN., VIII, 20, 2; PARTH., *Erot.*, 15. **3)** PAUSAN., II, 5, 5; PIND., *Olymp.*, VI, 46 e s. e escól.; cf. HYG., *Fab.*, 157. **4)** DIOD. SIC., V, 52. **5)** PARTH., *Erot.*, 5. Cf. HERN, *Die Gründungsgeschichte von Magnesia am Mainandros*, Berlin, 1894.

se tornou amante da irmã. Estes amores duraram até ao dia em que alguém os denunciou ao noivo da jovem. Este dirigiu-se então a Xântio, acompanhado pelo próprio pai e por homens ilustres do seu país, e revelou-lhe que a filha tinha um amante, sem todavia especificar que esse amante era Leucipo. Xântio deixou-se tomar por uma violenta cólera e jurou que castigaria o amante da filha se o conseguisse surpreender em flagrante. Responderam-lhe que nada era mais fácil e conduziram-no ao quarto da jovem. Esta, vendo-o entrar, escondeu-se, de tal modo que Xântio julgou tratar-se do culpado e feriu-a com a sua espada, sem a reconhecer. Com a dor a jovem deu um grito. Leucipo precipitou-se e, não reconhecendo também no agressor o seu próprio pai, matou-o. Na sequência deste assassínio, Leucipo teve de abandonar o país e, à cabeça de uma colónia tessália, foi instalar-se em Creta. Mais tarde, expulso pelos seus companheiros, regressou à Ásia Menor, onde fundou a cidade de Cretineu, na região de Mileto.

Dizia-se que foi por amor por este Leucipo que Leucófrina, a filha de Mandrólito, traiu a sua própria cidade, Magnésia de Meandro, em favor dos inimigos que eram comandados por Leucipo.

LEUCO. (Λεῦχος.) Leuco é um cretense, filho de Talo, que, ao nascer, foi exposto pelo pai. Idomeneu recolheu-o e criou-o como filho. Quando Idomeneu partiu para a Guerra de Tróia, confiou o reino e a sua família a Leuco, prometendo-lhe a mão de sua filha Clisitera. Mas Leuco deu ouvidos a Náuplio, que procurava vingar-se de todos os chefes gregos por causa da morte de seu filho Palamedes (v. *Náuplio*) e seduziu a mulher de Idomeneu, Meda, que em seguida matou, bem como todos os filhos de Idomeneu. Depois usurpou-lhe o lugar no trono da ilha. Quando Idomeneu regressou, Leuco expulsou-o e forçou-o a exilar-se (v. *Idomeneu*).

LEUCÓFANES. (Λευχοφάνης.) Leucófanes é filho do Argonauta Eufemo e, por isso, antepassado dos Batíadas de Cirene (v. *Eufemo*).

LÊUCON. (Λεύχων.) Lêucon é um dos filhos que Átamas teve do seu terceiro casamento com Temisto, filha de Hipseu (v. *Átamas*). Eram seus irmãos Erítrio, Esqueneu e Ptoo. Ele próprio teve um filho, de nome Éritras, que fundou a cidade homónima, na Beócia, e duas filhas, Evipe, mulher de Andreu, e Pisídice, a mãe de Argino (v. quadro 34, p. 392).

LEUCÓSIA. (Λευχόσια.) Leucósia é uma das Sirenes que deu o seu nome a uma ilha situada em frente do golfo de Pesto.

LEUCÓTEA. (Λευχοθέα.) Leucótea é o nome de Ino, a filha de Cadmo, depois da sua transformação em deusa marinha (v. quadro 3, p. 66). Estava casada com Átamas, de quem era a segunda mulher. Átamas tinha, com efeito, casado em primeiras núpcias com Néfele. Sobre o ciúme de Ino em relação aos dois filhos de Néfele, Frixo e Hele, e as suas aventuras com Temisto, a terceira mulher de Átamas, v. *Átamas*.

Mais tarde, depois da morte de Sémele, sua irmã (v. *Dioniso*), Ino convenceu Átamas a recolher o pequeno Dioniso, e a educá-lo juntamente com os filhos de ambos, Learco e Melicertes. Mas Hera, encolerizada, e para os castigar por terem recolhido um filho dos amores adúlteros de Zeus, enlouqueceu Átamas e Ino. Esta lançou o filho mais novo, Melicertes, para dentro de um caldeirão com água a ferver, enquanto Átamas matou Learco com um venábulo, tomando-o por um veado. Ino lançou-se ao mar com o cadáver de Melicertes. As divindades marinhas apiedaram-se dela e transformaram-na numa Nereide, enquanto a criança se tornava o pequeno deus Palémon. Ino, tornada Leucótea, a Deusa Branca, a deusa da bruma, e seu filho Palémon são benéficos para os marinheiros, que guiam na tempestade. Sísifo instituiu os Jogos Ístmicos em honra de Melicertes (v. também *Melicertes* e *Palémon*).

Em Roma, Leucótea foi identificada com *Mater Matuta*, cujo templo se encontrava no *Forum Boarium*, não muito longe do porto de Roma. Palémon foi identificado com o deus Portuno, o deus dos portos, que tinha o seu santuário no mesmo bairro.

Existia uma outra Leucótea, igualmente deusa marinha, de origem ródia (v. *Hália*).

LEUCÓTOE. (Λευχοθόη.) Leucótoe é por vezes o nome dado a Leucótea (v. artigo anterior). É também o nome da rival de Clítia, a amante do Sol. Foi transformada em heliotrópio (v. *Clítia*).

*** LIBERDADE.** (*Libertas.*) Liberdade é, em Roma, a personificação da Liberdade. Pura abstracção política, não possui qualquer mito.

Leuco: TZETZ., *ad Lyc.*, 384; 431; 1093; 1218; 1222; escól. *ad Il.*, II, 649, *ad Od.*, XIX, 174, EUST. p. 1860, 39.

Leucófanes: Escól. *ad* PIND., *Pyth.*, IV, 455; TZETZ., *ad Lyc.*, 886.

Lêucon: APOLLOD., *Bibl.*, I, 9, 2; escól. *ad* APOL. RH., *Arg.*, II, 1144; NONN., *Dion.*, IX, 312 e s.; PAUSAN., VI, 21, 11; IX, 34, 5.

Leucósia: STRAB., VI, 252; 258; TZETZ., *ad Lyc.*, 722.

Leucótea: *Od.*, V, 333 e s., e escól. ao v. 334; escól. *ad Il.*, VIII, 86; HYG., *Fab.*, 2; 4; 5; OV., *Met.*, IV, 539 e s.; *Fast.*, VI, 480; HES., *Theog.*, 976; PIND., *Pyth.*, XI, 3; *O*, II, 28; escól. *ad* EUR., *Med.*, 1282 e s.; EUR., tragédia perdida *Ino*; DIOD. SIC., IV, 2; TZETZ., *ad Lyc.*, 107; 229-231; PAUSAN., I, 44, 7; II, 1, 3; IX, 5, 2; SERV., *ad* VIRG., *Aen.*, V, 241. Cf. TH. ZIELINSKI, «Flebilis Ino», *Eos*, XXXII (1929), p. 121 e s.; G. MEAUTIS, «Sappho et Leucothéa», *R. E. A.*, XXXII (1930), p. 333-338.

Leucótoe: V. *Clítia*.

Liberdade: CIC., *de nat. D.*, II, 61; OV., *Fast.*, IV, 623 e s.

* **LÍBERO.** (*Liber.*) Líbero é o Dioniso itálico, com quem se identificou em tempos recuados. O seu nome, que significa «livre» em latim, foi efectivamente relacionado com um dos epítetos habituais de Dioniso: Lieu, o libertador, ou «aquele que desata». Celebravam-se em sua honra as *Liberalia*. Como a maior parte das divindades rústicas latinas muito antigas, Líbero não tem mitologia que lhe seja específica. Nos poetas, surge simplesmente como um equivalente de Dioniso.

Líbero tinha um paredro, Líbera, frequentemente associada a Ceres. Os mitógrafos latinos identificavam-na com Ariadne divinizada (v. *Ariadne*).

LÍBIA. (Λιβύη.) Líbia é a ninfa epónima da África do Norte (abrangendo a Cirenaica). Liga-se geralmente a Io, de quem seria neta. É, com efeito, filha de Épafo, por sua vez filho de Io e de Zeus (v. *Io* e quadro 3, p. 66). Unindo-se a Posídon, teve como filhos Agenor e Belo, os dois heróis míticos da Fenícia e do Egipto. É a ela, por intermédio de Agenor, que se liga Cadmo (v. o mesmo quadro).

Existem algumas variantes introduzidas nesta genealogia: por vezes, fazem-na filha, e não neta, de Io. Com Posídon, teria gerado, para além de Belo e Agenor, Eniálio (que não é mais que um epíteto de Ares), Busíris, o tirano egípcio (v. a sua lenda), Lélex e Fénix (geralmente considerado como seu neto, filho de Agenor), e mesmo Atlas (o gigante com esse nome que sustentava o céu sobre os seus ombros) (v. *Atlas*). Uma tradição recente de carácter racionalista faz de Líbia filha de Oceano e irmã de Ásia, Europa e Trace.

* **LIBITINA.** (*Libitina.*) é a deusa romana encarregada de vigiar as homenagens que se prestavam aos mortos. Tinha o seu santuário num bosque sagrado, situado muito provavelmente a sul de Roma, na região do Aventino. Era aí que se reuniam os organizadores dos funerais (*libitinarii*). Por uma falsa etimologia, relacionando Libitina com *Libido* (a Paixão), esta deusa muito antiga foi assimilada a Vénus, e o nome de Libitina tornou-se um simples epíteto desta deusa. Não possui qualquer lenda.

LICÁON. (Λυκάων.) **1.** Licáon é um dos filhos de Príamo, que ele teve de Laótoe (quadro 35, p. 394). Primeiramente, foi feito prisioneiro por Aquiles, numa noite em que cortava ramos de árvores no pomar de Príamo. Aquiles vendeu-o então em Lemnos. Mas Eécion de Imbros resgatou-o e fê-lo regressar secretamente a Tróia. Doze dias depois do seu regresso, encontrou Aquiles no campo de batalha, na margem do Escamandro. Em vão suplicou ao herói que aceitasse um resgate. Aquiles matou-o sem piedade.

2. Um outro Licáon, mais célebre que o anterior, é um herói arcádio, filho de Pelasgo. Sua mãe é uma Oceânide, Melibeia, ou, segundo outros, a ninfa Cilene (v. quadro 19, p. 239, e 20, p. 240). Licáon sucedera a seu pai no trono da Arcádia. Teve, de um grande número de mulheres, cinquenta filhos. Os mitógrafos não estão de acordo quanto aos nomes e o exacto número desses filhos. Pausânias e Apolodoro fornecem listas sensivelmente diferentes. Por exemplo, segundo Pausânias, Níctimo é o mais velho; para Apolodoro, é o mais novo. O mais velho é, neste caso, Ménalo.

Eis a lista dada por Apolodoro: Ménalo, Tesproto, Hélice, Níctimo, Peucécio, Cáucon, Mecisteu, Hopleu, Macareu, Mácedon, Horo, Pólico, Aconteu, Evémon, Ancion, Arquébates, Cartéron, Egéon, Palas, Coreto, Prótoo, Lino, Coréton, Teléboas, Físio, Faso, Ftio, Lício, Halífero, Genetor, Bucolion, Socleu, Fineu, Eumetes, Harpaleu, Porteu, Platon, Hémon, Cineto, Leonte, Harpálico, Hereeu, Titanas, Martinoo, Clitor, Estínfalo, Orcómeno.

Vê-se que, a maior parte das vezes, os filhos de Licáon são os heróis epónimos de um grande número de cidades do Peloponeso. Pausânias refere: Ménalo, Helison, Níctimo, Macareu, Palas, Lício, Aúfero, Hereeu, Mantineu, Orcómeno, Oresteu, Fígalo, Trapezunte, Daséatas, Ácaco, Tocno, Hipsas, Tegeates, Cromo, Carísio, Tricolono, Péretos, Aséatos, Sumateu, Enotro.

Dionísio de Halicarnasso cita ainda Peucécio que, com seu irmão Enotro, passou em Itália, onde deram o seu nome aos dois povos de nome Enótrios e Peucécios. Dionísio de Halicarnasso distingue, aliás, dois heróis de nome Licáon, um deles filho de Écio e pai da Dejanira. Esta Dejanira teria casado com Pelasgo e tido o segundo Licáon, pai dos cinquenta rapazes que lhe teria dado a ninfa Cilene. Como todas as lendas genealógicas, esta é muito complexa e parece ter variado conforme as épocas e as cidades, segundo a necessidade de explicações e os dados locais.

Licáon era, na opinião de alguns, um rei de grande piedade, como seu pai Pelasgo, e era frequentemente visitado pelos deuses. Mas os seus filhos quiseram saber se os estrangeiros

Líbero: Cic., *de nat. D.*, II, 62; Paulus, p. 115; Var., citado por August., *Civ. D.*, VII, 21; Cic., *Verr.*, V, 187; Ov., *Fast.*, V, 187; Hyg., *Fab.*, 224.

Líbia: Aesch., *Supp.*, 319; Herod., IV, 45; Apollod., *Bibl.*, II, 1, 4; Pind., *Pyth.*, IV, 25; escól. aos vv. 24 e 25; escól. *ad Il.*, I, 42; Eust., *ad Od.*, 1485 7; Hyg., *Fab.*, 149; 157; 160; Pausan., IV, 23, 10; escól. *ad* Eur., *Phoen.*, 5; 158; Tzetz., *Chil.*, VII, 350; *ad Lyc.*, 894. 1283; Plin., *N. H.*, VII, 56.

Libitina: Plut., *Num.*, 12.

Licáon: 1) *Il.*, III, 333; XX, 81; XXI, 34 e s.; XXII, 46 e s.; XXIII, 746 e s.; Apollod., *Bibl.*, III, 12, 5; Kinkell, *Ep. Gr. Fragm.*, p. 20. **2)** Hes., fr. 71; Strab., V, p. 221; Apollod., *Bibl.*, III, 8, 1 e s.; escól. *ad* Eur., *Or.*, 1642; 1648; Pausan., VIII, 2, 1 e s.; Dion. Hal., I, 11, 13; Hyg., *Fab.*, 176; 225; *Astr. Poet.*, II, 4; Ov., *Met.*, I, 196 e s.; Tzetz., *ad Lyc.*, 482; Nic. Dam., fr. 43; Suid., *s. u.*; Nonn., *D.*, XVIII, 20 e s.; Eratosth., *Cat.*, 8. Cf. J: Bérard, *Colonisation...*, p. 459 e s.; Kretschmer, in *Glotta* XXI, p. 241 e s.; G. Picca Luga, *Lykaon. Un tema mitico*, Roma, 1968.

que viam junto do pai eram realmente deuses. Mataram uma criança e misturaram-lhe a carne com a da vítima preparada para o banquete. Horrorizados, os deuses enviaram uma tempestade que fulminou os culpados. Mas, com maior frequência, Licáon e seus filhos são apresentados como ímpios. Zeus desejou um dia assegurar-se ele próprio do alcance dessa impiedade e, sob a forma de um camponês, veio pedir hospitalidade ao rei. Este recebeu-o mas, querendo saber se o seu hóspede era realmente um deus, serviu-lhe a carne de uma criança, ou a carne de um refém que tinha na sua corte, ou mesmo a de um dos seus filhos, Níctimo, ou do seu neto, Árcade, filho de Calisto e de Zeus (v. *Calisto*). Zeus, indignado com uma tal refeição, derrubou a mesa, exprimindo a sua cólera, e fulminou Licáon e os filhos, um após outro. Geia (a Terra) interveio a tempo de salvar o mais novo, Níctimo. Foi ele quem sucedeu ao pai no reino. Ainda segundo outras lendas, Licáon foi transformado em lobo.

Esta última versão deve relacionar-se com o costume dos sacrifícios humanos celebrados em honra de Zeus Lício, na Arcádia. Aí, com efeito, imolava-se uma vítima humana e os assistentes «comungavam» devorando-lhe as entranhas. Transformavam-se então em lobos e conservavam essa forma durante oito anos, após o que retomavam a forma humana se, durante todo esse tempo, não tivessem comido carne humana.

3. Existia ainda um outro Licáon, filho de Ares e de Pirene, que foi morto por Héracles (v. *Héracles*).

LICAS. (Λίχας.) Licas é o companheiro de Héracles que o acompanhou até à morte, no Eta. Tinha-lhe servido de arauto durante a guerra contra Ecália (v. *Héracles*) e Héracles encarregara-o de ir ao encontro de Dejanira, depois da vitória, para lhe pedir uma túnica nova com que pudesse oferecer dignamente um sacrifício a Zeus. Ao mesmo tempo, segundo certas versões, Licas levava Íole, a cativa, a Dejanira, ou, então, contava-lhe que o marido estava apaixonado por Íole. Foi a ele que Dejanira deu a túnica embebida no sangue de Nesso. Quando Héracles vestiu esta túnica envenenada, virou-se primeiramente contra Licas e, agarrando-o por um pé, lançou-o pelos ares. Licas foi transformado em pedra, e tornou-se as Ilhas Lícades (isto é, as Ilhas das Conchas), de que é, além disso, o epónimo.

LICASTO. (Λύκαστος.) **1.** Licasto é um herói cretense, numa tradição transmitida particularmente por Diodoro. É o pai de Minos II (v., sobre esta distinção entre os dois Minos, um, filho de Zeus e de Europa, outro, filho de Licasto, o artigo *Minos*, em nota), que teve de Ida, filha de Coribante. Ele próprio é, nesta tradição, filho de Minos I e de Itoré, filha de Lictio.

2. Um outro Licasto é filho de Ares e de Filónome. Esta, filha de Níctimo, tivera-o secretamente, ao mesmo tempo que a um outro filho, Parrásio, e tinha exposto as duas crianças no monte Erimanto, porque tinha medo de seu pai. Eles foram criados por pastores e, mais tarde, reinaram na Arcádia.

3. Quanto a um outro herói com o mesmo nome, v. *Eulímene*.

LICÍMNIO. (Λικύμνιος.) Licímnio é filho de Eléctrion (um dos filhos de Perseu) e de uma escrava frígia, de nome Média (v. quadro 32, p. 370). É, por conseguinte, meio-irmão de Alcmena, e tio de Héracles. A sua lenda pertence ao ciclo de Héracles.

Licímnio passou a infância em Micenas, junto do pai. Aquando da guerra movida pelos Táfios contra Eléctrion, Licímnio, que era ainda pequeno, foi o único dos filhos que escapou ao massacre. Com a morte de Eléctrion, morto acidentalmente por Anfitrião (v. este nome), Licímnio acompanhou este último no seu exílio, em Tebas, bem como a irmã, Alcmena. Aí, casou com Perimede, irmã de Anfitrião. Teve muitos filhos: Eono [que foi, mais tarde, morto pelos filhos de Hipocoonte, em Esparta, e foi, pela sua morte, a causa da expedição empreendida por Héracles contra esta cidade (v. *Héracles*)], Argeu e Melas, que acompanharam Héracles contra Ecália (v. *ibid.*) e caíram em combate. Héracles, que jurara a Licímnio que lhe traria de volta o filho, cremou o cadáver de Argeu e, para respeitar o seu juramento, trouxe-lhe a urna que continha as cinzas.

Depois da morte de Héracles, Licímnio partilhou da sorte dos outros Heraclidas. Refugiou-se em Tráquis e participou na batalha contra Euristeu (v. *Heraclidas*). Mais tarde, juntou-se a Hilo, aquando da primeira e desastrosa expedição contra o Peloponeso. Mas os habitantes de Argos convidaram-no, bem como a Tleptólemo, um dos filhos de Héracles, a vir morar na sua cidade. Aí, numa disputa, Licímnio foi morto por uma paulada de Tleptólemo. Ou então, foi morto acidentalmente quando Tleptólemo ia bater num escravo (ou num boi) com um ramo de oliveira. Compare-se com a morte de Eléctrion, morto da mesma maneira por Anfitrião (v. *supra*).

LÍCIO. (Λύκιος.) Lício (cujo nome é um epíteto de Apolo) é o filho do Babilónio Clínis, que foi transformado em corvo por ter, contra a vontade de Apolo, sacrificado um burro no seu altar, como era costume dos Hiperbóreos. A princípio, o corvo era branco, mas tornou-se negro por causa da sua indiscrição (v. *Clínis* e *Corónis*).

Licas: Soph., *Tr.*, *passim*; escól. *ad* Apol. Rh., *Arg.*, I, 1213; Apollod., *Bibl.*, II, 7, 7; Diod. Sic., IV, 38; Strab., IX, 426; Ov., *Met.*, IX, 211 e s.; Hyg., *Fab.*, 36; Senec., *Herc. Oe.*, 817 e s.

Licasto: 1) Steph. Byz., *s. u.* Eust., *ad Hom.*, p. 313; Diod. Sic.,V, 60. **2)** Plut., *Parall. min.*, 36.

Licímnio: *Il.*, II, 662 e s.; escól. *ad loc.*; Pind., *Olymp.*, VII, 27 e s. e escól. aos vv. 46, 49; Diod. Sic., IV, 38; 57; 58; Apollod., *Bibl.*, II, 4, 5 e s.; 7, 3 e 7; 8, 2; Eust., p. 316, 1; Strab., XIV, 2, 6, p. 653; Tzetz., *ad Il.*, p. 103.

Lício: Ant. Lib., *Transf.*, 20.

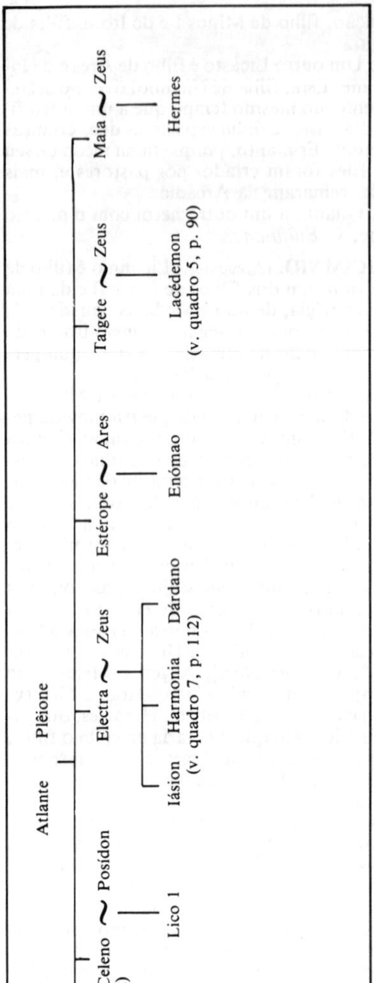

Quadro genealógico n.º 27

LICO. (Λύκος.) Existem vários heróis com este nome. Três de entre eles pertencem à raça de Atlas e das Plêiades (v. quadro 27, p. 280).

1. O primeiro é filho de Celeno e de Posídon. Foi levado por seu pai para a Ilha dos Bem-Aventurados.

2. O segundo é, numa outra tradição, filho da mesma Celeno e de Prometeu, e irmão de Quinereu (v. este nome e quadro 38, p. 452). Foi ao levar uma oferenda ao túmulo de Quinereu e de Lico que Menelau se tornou hóspede de Páris.

3. O herói mais célebre de todos os que têm o nome de Lico foi um neto da Plêiade Alcíone e de Posídon (v. quadro 27, p. 280). É filho de Hirieu e da ninfa Clónia e, pelo menos na versão mais corrente, tio de Antíope. Uma versão diferente fazia de Nicteu e de Lico filhos de Ctónio, um dos Espartos, isto é, dos guerreiros nascidos dos dentes do dragão morto por Cadmo (v. este nome). Finalmente, Antíope é por vezes considerada como filha de Lico e não como sua sobrinha. Terá sido para vingar o rapto de Antíope que Lico tomou a cidade de Sícion. Todavia, a mesma expedição é mais frequentemente explicada de forma diferente: Lico tê-la-ia empreendido para vingar a morte de seu irmão (v. *Antíope*).

Apolodoro conta que Nicteu e Lico tiveram de fugir de Eubeia, sua terra, porque tinham morto o filho de Ares e Dotis, Flégias. Refugiaram-se em Híria, na Beócia, e de lá foram para Tebas, onde o rei Penteu os acolheu. Penteu confiou mesmo a Lico o cargo de polemarco, isto é, de chefe do exército. Quando Penteu morreu, Lico terá tomado o poder. Outra tradição contava que Lico tinha assegurado a regência aquando da morte de Lábdaco, porque o filho deste, Laio, era ainda muito novo para reinar (v. *Laio*).

Há finalmente uma lenda, referida por Higino, recolhida num poeta trágico recente (talvez numa tragédia latina), que faz de Lico o marido de Antíope. Lico tinha-a repudiado porque ela se tornara amante de Épafo e, depois, tinha sido amada por Zeus. Por seu lado, Lico casara com Dirce (como na tradição mais vulgar), que teve ciúmes de Antíope, desconfiando que ela não rompera todas as relações com o primeiro marido. Mandou-a então encarcerar. Mas, por ordem de Zeus, Antíope foi milagrosamente libertada das suas amarras e fugiu para o Citéron, onde deu à luz dois filhos, Anfíon e Zeto. Mais tarde, ambos castigaram Dirce e Lico.

Aquando dessa vingança de Anfíon e Zeto, conta-se quer que os dois jovens mataram Lico

---

Lico: 1) Escól. *ad Il.*, XVIII, 486; ERATOSTH., *Cat.*, 23; APOLLOD., *Bibl.*, III, 10, 1; HYG., *Astr.*, II, 21. **2)** LYC., *Alex.*, 132, e TZETZ., *ad loc.*; escól. *ad Il.*, V, 64; EUST., *ad Hom.*, p. 521, 27. **3)** APOLLOD., *Bibl.*, III, 5, 5; 10, 1; cf. HYG., *Fab.*, 157; *Astr.*, II, 21; escól. *ad* APOL. RH., *Arg.*, IV, 1090; HYG., *Fab.*, 7 e 8; EUR., tragédia perdida *Antiop.*; PROP., IV, 15, 12; escól. *ad* STAT., *Theb.*, IV, 750; PAUSAN., II, 6, 1-3; IX, 5, 4-8; 16, 7; cf. o art. *Lamedonte*. **4)** EUR., *Herc. F.*, e SENEC., *Herc. F.*; SERV., *ad* VIRG., *Aen.*, VIII, 300. **5)** DIOD.SIC., V, 56; HESYCH., *s. u.*;

quer que, por ordem de Hermes, se contentaram em privá-lo do seu reino.

4. No *Héracles Furioso*, de Eurípides, o poeta introduz uma personagem igualmente chamada Lico que, durante a ausência de Héracles, se apoderara do reino de Tebas, donde se preparava para expulsar Mégara quando o herói regressou. Esse usurpador tinha vindo de Eubeia, e era descendente do filho de Nicteu, seu homónimo. É provável que Eurípides tenha imaginado inteiramente esta personagem tomando como modelo Lico, tio de Antíope.

5. Um outro Lico é um dos Telquines, os primeiros habitantes da ilha de Rodes. Tendo o pressentimento da ameaça do Dilúvio (no tempo de Deucalião), Lico fugiu com os irmãos. Aportou na Lícia, onde introduziu o culto de Apolo Lício, no vale do Xanto.

6. Lico é ainda o nome de um dos quatro filhos de Pandíon. É irmão de Egeu. Aquando do regresso a Atenas dos filhos de Pandíon, Lico obteve uma parte da Ática, mas em breve foi expulso por Egeu e refugiou-se em Messénia. Era um sacerdote e um adivinho afamado. Atribui-se-lhe a criação do culto de Apolo Lício. Iniciou Afareu nos mistérios dos Grandes Deuses. Segundo outra versão, emigrou para a Lícia e a ele deveria esse país o nome.

7. Lico era também um rei dos Mariandinos, na costa ocidental da Ásia Menor. Acolheu hospitaleiramente os Argonautas, aquando da sua passagem. Era filho de Dáscilo e, por isso, neto de Tântalo, o que explica a sua simpatia pelos Gregos. Concedeu funerais magníficos a dois Argonautas que tinham acabado de morrer, Tífis e Ídmon. E, para guiar o navio *Argo*, deu-lhes o seu próprio filho Dáscilo. Lico, que tinha tido muitos problemas com os seus vizinhos Bébrices, estava agradecido aos Argonautas por estes terem morto Âmico, rei desse povo (v. *Argonautas*), e tanto mais que Âmico lhe havia morto o irmão, Otreu, e ele próprio estava empenhado numa expedição de represália quando os Argonautas o desembaraçaram do inimigo.

Para além disso, Héracles, regressando da expedição que o havia levado ao país das Amazonas (v. *Héracles*), apoiou Lico numa guerra contra os Bébrices, matou o irmão de Âmico, Mígdon, e deu a Lico uma parte do país dos Bébrices.

8. A lenda conhece finalmente um Lico, filho de Ares, rei da Líbia, que tinha o costume de sacrificar os estrangeiros a seu pai. Diomedes, no regresso de Tróia, foi lançado à costa por um naufrágio. Lico fê-lo prisioneiro e estava prestes a sacrificá-lo quando sua filha, Calírroe, se apiedou do prisioneiro e o libertou. Mas Diomedes não correspondeu ao amor da jovem. Fugiu, e ela, abandonada, enforcou-se.

LICO. (Λυκώ.) Era uma das duas irmãs de Cária, filha do rei Díon da Lacedemónia. Tal como as irmãs, tinha recebido de Apolo o dom da profecia. Mas tentou contrariar os amores de Cária e Dioniso e, por isso, foi transformada em rochedo (v. *Díon*).

LÍCOFRON. (Λυκόφρων.) Filho de Mestor. Após cometer um assassínio, teve de deixar Citera, sua pátria, e, como companheiro de Ájax, filho de Télamon, seguiu para a Guerra de Tróia. Foi morto por Heitor.

LICOMEDES. (Λυκομήδης.) Licomedes era o rei dos Dólopes, na ilha de Ciros. Reinava na época da Guerra de Tróia, e foi junto dele que Tétis escondeu Aquiles para o arrancar ao seu destino, já que ela sabia que, se ele partisse para a guerra contra Ílion, aí morreria. Licomedes escondeu-o no seu harém, entre as suas filhas, depois de o ter vestido com roupas de mulher. Aquiles apaixonou-se por uma das filhas do rei, Deidamia, e deu-lhe um filho, Neoptólemo, chamado Pirro (v. *Neoptólemo*). Entre as mulheres, Aquiles era conhecido pelo nome de Pirra, Issa ou então Cercisera. Sobre a embaixada de Diomedes e Ulisses para descobrir Aquiles na corte de Licomedes, v. *Aquiles*.

Licomedes desempenha igualmente um papel na lenda de Teseu. Quando Teseu se refugiou no seu reino, depois do assassínio dos Palântidas — ou depois da morte de Hipólito, ou ainda por outras razões, consoante os autores — Licomedes teve medo de que o recém-chegado conquistasse a afeição e a admiração dos seus súbditos e, desse modo, lhe roubasse o reino. Ou então, não terá querido devolver-lhe bens que tinha à sua guarda. Sob um pretexto de amizade, levou-o consigo até ao alto de uma falésia e de lá o atirou (v. *Teseu*).

LICOPEU (Λυκωπεύς.) Licopeu é um dos filhos de Ágrio. É o irmão de Tersites, Onquesto, Prótoo, Celeutor e Melanipo (quadro 26, p. 272; 29, p. 298). Participou com eles na expedição contra Eneu, a quem arrebataram o reino de Cálidon. Mais tarde, foi morto por Diomedes, vindo de Argos para ajudar Eneu (v. *Diomedes*).

Segundo uma outra tradição, Licopeu foi morto ao mesmo tempo que Alcátoo, seu tio, por Tideu que, em consequência desse assassínio, teve de fugir da Etólia para Argos.

TZETZ., *Hom.*, VII, 124; XII, 836. **6)** STRAB., IX, 392; SOPH., fr. 872; APOLLOD., *Bibl.*, III, 15, 5 e s.; escól. *ad* ARISTOPH., V., 1223; *ad Lyc.*, 58; HEROD., I, 173; VII, 92; STEPH. BYZ., *s. u.* Λυκία; PAUSAN., I, 19, 3; IV, 1, 6-9; 2, 6; 20, 4; X, 12, 11. **7)** APOLLOD., *Bibl.*, I, 9, 23; II, 5, 9; APOLL. RH., *Arg.*, II, 720 e s., e escól. aos vv. 758; 780; 789; VAL. FLAC., *Arg.*, IV., 733 e s.; HYG., *Fab.*, 14; 18; TZETZ., *Hom.*, III, 806 e s. **8)** JUBA, *ap. Fragm. Hist. gr.*, III, 472, 23 = PLUT., *Paral. min.*, 23.

Lico: SERV. *ad* VIRG., *Ecl.*, VIII, 29.

Lícofron: *Il.*, XV, 429 e s.

Licomedes: APOLLOD., *Bibl.*, III, 13, 8; PTOL. HEPH., *Nov. hist.*, 1; SOPH., *Phil.*, 243; PLUT., *Thes.*, 35; PAUSAN., I, 17, 6; TZETZ., *ad Lyc.*, 1324.

Licopeu: APOLLOD., *Bibl.*, I, 8, 6; HYG., *Fab.*, 175; DIOD. SIC., IV, 65; EUST., *ad Hom.*, 971, 7.

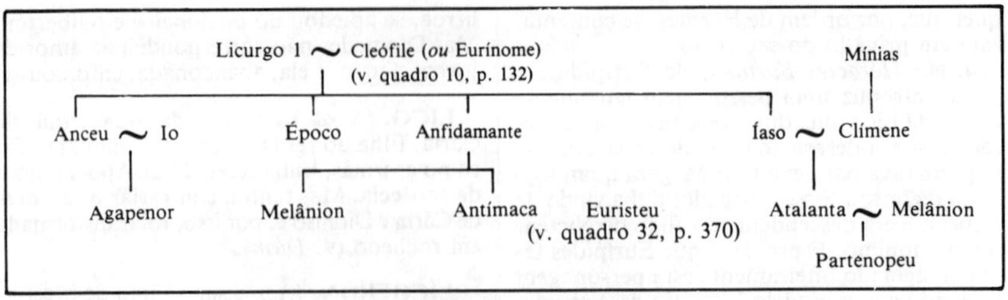

Quadro genealógico n.º 28

LICOREU. (Λυκωρεύς.) Licoreu é filho de Apolo e da ninfa Corícia (a que tinha dado o seu nome a uma gruta situada no Parnaso, acima de Delfos). Licoreu era rei de uma cidade chamada Licoreia, situada no cume do Parnaso, e de que era fundador.

Teve um filho, Íamo, cuja filha, Celeno, deu a Apolo um filho chamado Delfo (v. *Íamo* e *Delfo*).

LICURGO. (Λυκοῦργος.) **1.** Entre os heróis de nome Licurgo, um era descendente de Árcade. Era filho de Áleo e de Neera (v. quadro 10, p. 132). Quando o pai morreu, sucedeu-lhe no trono da Arcádia e viveu até avançada idade. Através de seu filho Iaso, é avô de Atalante, pelo menos numa das versões da sua lenda, e de Melânion, que conseguiu casar com a jovem (v. quadro 28, p. 282).

2. Um homónimo do anterior é um rei da Trácia, que intervém na lenda de Dioniso. A *Ilíada* dá-o já como exemplo dos castigos que recaem sobre quem desafia os deuses. Licurgo, rei da Trácia, expulsou Dioniso que viera para o seu país, na companhia das amas. Causou um medo tão grande ao deus que este atirou-se ao mar, onde Tétis o recolheu. Mas os deuses castigaram-no. Zeus cegou-o. Nesta versão, Dioniso é ainda uma criança tímida, rapidamente aterrorizada pela violência de Licurgo.

Nos tragediógrafos, e desde Ésquilo, na sua tetralogia consagrada a Licurgo hoje perdida, Dioniso aparece já adulto. Vemos Dioniso encarregar-se ele próprio da sua vingança, ao mesmo tempo que se torna mais precisa a personalidade de Licurgo que, rei dos Edonos, na Trácia, é dado como filho de Drias. Quando Dioniso quis atravessar a Trácia para atacar os Indos, Licurgo negou-lhe a passagem. Capturou as Bacantes que acompanhavam o deus, bem como os Sátiros do seu cortejo. O próprio Dioniso teve de se refugiar no mar, junto de Tétis, filha de Nereu. Mas as Bacantes foram milagrosamente libertadas das suas amarras e Licurgo foi acometido de loucura. Julgando que seu filo Drias era um pé de videira, Licurgo atingiu-o com um machado e matou-o. Consumado o assassínio, recuperou a razão. Mas a terra ficou estéril e um oráculo revelou aos habitantes do país que o único meio de lhe restituir a fecundidade era esquartejar Licurgo. Isso mesmo se fez no monte Pangeu, onde os seus súbditos o amarraram a quatro cavalos, que o despedaçaram.

A lenda referida por Higino diverge substancialmente da versão anterior: Licurgo tinha expulsado Dioniso do seu reino, contestando a sua divindade. Em seguida, tendo bebido vinho, tentou, embriagado, violar a própria mãe. Para impedir a repetição de tais acções vergonhosas, tentou arrancar todas as videiras, mas Dioniso acometeu-o de loucura e matou-lhe a mulher e o filho. Depois, Dioniso expô-lo às panteras no monte Ródope e (mas Higino não o diz) foi provavelmente esfacelado pelas feras.

Diodoro conhece uma versão evemerista da lenda. Para ele, Licurgo é o rei da parte da Trácia que confina com o Helesponto. Como Dioniso tinha o projecto de passar com o seu exército da Ásia para a Europa, fizera um tratado de aliança com Licurgo. Ao abrigo desse tratado, as Bacantes atravessaram o estreito e entraram na Trácia. Mas, de noite, Licurgo ordenou aos seus soldados que matassem as Bacantes e o próprio Dioniso. Um certo Cárops (v. este nome) revelou ao deus o que se preparava. Este, assustado, decidiu manter o grosso das tropas na costa asiática e voltou a atravessar o estreito. Na sua ausência, Licurgo atacou as Bacantes e matou-as. Mas Dioniso regressou em força e derrotou o exército trácio. Aprisionou Licurgo, vazou-lhe os olhos e fê-lo morrer na cruz depois de o ter torturado de mil maneiras. Diodoro acrescenta que este episódio é por vezes situado não na Trácia, mas em Nisa, na Arábia (sobre este país, v. *Dioniso*).

Nono, nas suas *Dionisíacas*, desenvolveu excessivamente o episódio de Licurgo, a contas com as Bacantes e particularmente com uma, Ambrósia, que se transformou em videira para o enlaçar e asfixiar. Hera teve de o libertar, brandindo sobre as Bacantes a espada de Ares.

Licoreu: PAUSAN., X, 6, 2; escól. *ad* APOL. RH., *Arg.*, II, 711; EUR., *Ba.*, 559; STEPH. BYZ., *s. u.* Λυκώρεια; *Etym. Magn.*, p. 571, 47, HYG., *Fab.*, 161.

Licurgo: 1) *Il.*, VII, 142 e s. e escól. *ad* II, 209 e VII, 8; PAUSAN., VIII, 4, 10. **2)** *Il.*, VI, 129 e s. e escól.; APOLLOD., *Bibl.*, III, 5, 1; TZETZ., *ad Lyc.*, 273; HYG., *Fab.*, 132; SOPH., *Ant.*, 955 e s.; SERV. *ad* VIRG., *Aen.*, III, 14; AESCH., tetralogia perdida intitulada *Lícurgia*; v. NAUCK, fr. 56 e s.; HYG., *Fab.*, 132; OV., *Met.*, IV, 22; DIOD. SIC., I, 20; III, 65; NONN., *Dion.*, XXI, 1 e s. **3)** HYG., *Fab.*, 15; 74; 273; APOLLOD., *Bibl.*, I, 9, 14; III, 6, 4; PAUSAN., II, 15, 3; III, 18, 12; STAT., *Theb.*, V, 660.

3. Outro Licurgo, também chamado por vezes Lico, era rei de Némea. Era filho de Feres (ou então de Prónax, v. este nome) e tinha tido de Anfítea, ou de Eurídice, um filho chamado Ofeltes. Este, que estava à guarda da ama, Hipsípile (v. este nome), foi estrangulado por uma serpente, perto de uma nascente (v. *Anfiarau*). Mostrava-se o túmulo deste Licurgo em Némea, no bosque sagrado de Zeus.

4. Licurgo, o legislador de Esparta, não pertence ao domínio da lenda, mas ao da história.

LIDO. (Λυδός.) Lido é o epónimo dos Lídios, na Ásia Menor. Passava por ser filho de Átis, que era, por sua vez, filho de Manes. É esta a versão seguida por Heródoto. Dionísio de Halicarnasso atribui-lhe uma genealogia mais complicada: de Zeus e Geia teria nascido Manes. Este, unindo-se à Oceânide Calírroe, teve um filho, Cótis, que casou com Halia, filha do autóctone Tulo. Este Cótis teve dois filhos, Adies e Átis. Átis casou com Calítea, de quem teve Lido e Tirreno.

Lido reinava no país antes da chegada dos Heraclidas. Tinha como irmão Tirreno, o herói epónimo dos Tirrenos (ou Etruscos) (v. *Tirreno*).

Em certas versões, Lido pertencia à dinastia dos Heraclidas, isto é, dos descendentes de Héracles e de uma criada de Ônfale, que tomaram o poder depois da dinastia de Manes.

LÍGIS. (Λίγυς.) Lígis é o herói epónimo dos Lígures. É o irmão de Alébion. Quando Héracles, regressado da ilha de Gérion, atravessou o Sul da Gália, Lígis tentou apoderar-se do rebanho que o herói levava consigo. Lígis e os Lígures, seus companheiros, atacaram Héracles. As flechas acabaram por faltar ao herói. Prestes a ser vencido pelos adversários, dirigiu uma prece a seu pai, que lhe enviou uma chuva de pedras, com as quais Héracles não teve qualquer dificuldade em rechaçar os inimigos. A planície de *la Crau* documenta, ainda hoje, este acontecimento na quantidade de rochedos e pedras que tem implantadas (v. *Héracles*).

LILEU. (Λίλαιος.) Lileu é um pastor do Indo. De todas as divindades, apenas reconhecia Selene (a Lua). As outras, irritadas com ele, atiçaram dois leões que o devoraram. Mas Selene transformou-o em montanha, o monte Lileu.

LIMO. (Λίμος.) Limo é a personificação da fome. Passava por ser filha de Éris. Simples abstracção, não possui nenhuma lenda.

LÍMON. (Λειμών.) Quando Apolo e Ártemis quiseram vingar as recusas recebidas por sua mãe Leto, quando ainda estava grávida deles e ninguém no mundo a queria receber, vieram para o Peloponeso, para o reino de Tegeates. Aí, foram acolhidos por um dos filhos do rei, Escefro, que falou em privado ao deus. Foi visto por um dos seus irmãos, Límon, que pensou que o irmão o caluniava junto do deus. Encolerizado, matou-o. Mas Ártemis trespassou-o com uma flecha. Quando souberam que as divindades estavam entre eles, Tegeates e Mera, sua mulher, ofereceram-lhes sacrifícios. Mas Apolo e Ártemis não se demoveram. Afastaram-se, atingindo o país com a fome. Interrogado o oráculo de Delfos, este respondeu que era preciso prestar honras fúnebres a Escefro. Instituiu-se então, em Tégea, uma festa anual em sua honra, no decurso da qual se mimava a perseguição de Límon pela sacerdotisa de Ártemis.

LIMONE. (Λειμώνη.) Limone é a heroína duma lenda ateniense obscura. Era filha de Hipómenes, um ateniense nobre, talvez mesmo o rei da cidade. Como seu pai se tivesse apercebido de que ela não havia guardado a virgindade, e tinha um amante antes de se casar, encarcerou-a, sem comida e em companhia de um cavalo, numa sala isolada. Lá, o cavalo enfureceu-se e, levado pela fome, devorou a jovem.

LINCEU. (Λυγκεύς.) Há dois heróis com este nome: o primeiro é um dos filhos de Egipto, o outro é filho de Afareu.

1. Linceu, filho de Egipto, casou com Hipermestra, uma das Danaides, e é o único dos filhos de Egipto que foi poupado ao massacre pela noiva (v. *Danaides* e *Hipermestra* e quadro 32, p. 370).

As tradições variam quanto à razão dessa clemência: ou Hipermestra teve repugnância pelo assassínio, ou estava apaixonada por Linceu, ou estava-lhe reconhecida por ele ter respeitado a sua virgindade. Como consequência da sua desobediência, Hipermestra foi levada à justiça por Dánao mas, graças à ajuda de Afrodite, foi ilibada. Em sinal de reconhecimento, consagrou uma estátua à deusa. Mostrava-se também, perto de Argos, uma colina na qual Linceu se teria refugiado depois de ter sido poupado pela noiva, enquanto esperava por saber se poderia voltar em segurança para a cidade. Hipermestra deu-lhe o sinal de regresso com um archote. Em memória desse facto, os Argivos celebravam uma festa dos archotes nessa colina, chamada Lirceia (do nome de Lirco, o filho de Linceu; v. também *Lirco*, 2).

Mais tarde, Linceu reconciliou-se com o sogro e manteve-se casado com Hipermestra. Sucedeu a Dánao no trono de Argos. Teve de Hipermestra um filho, Abas, pai de Acrísio e de Preto (v. *Acrísio*).

Lido: HEROD., I, 7 e 94; DION. HAL., I, 27 e s.; STRAB., V, 219; TZETZ., *ad Lyc.*, 1351.

Lígis: EUST., *ad Dion. Perieg.*, 76.

Lileu: PS-PLUT., *Fluv.*, XXIV, 4.

Limo: HES., *Theog.*, 227; OV., *Met.*, VIII, 790 e s.

Límon: PAUSAN., VIII, 48, 4; 53, 1 e s.

Limone: AESCHIN., *in Tim.*, i82 e escól,; CALL., fr. 457.

Linceu: **1)** APOLLOD., *Bibl.*, II, 1, 5; PIND., *Nem.*, X, 6, escól. ao v. 10; AESCH., *Pr.*, 865 e s.; OV., *Her.*, XIV, 49; 129 e s.; SERV., *ad VIRG.*, *Aen.*, X, 498; PAUSAN., II, 16, 1; 19, 6; 20, 7; 21, 1; 25; 4; AESCH., trilogia perdida, cf. NAUCK, p. 11 e s.; es-

Numa outra tradição, Linceu mata o sogro. Linceu tinha o seu túmulo em Argos.

2. O outro Linceu, irmão de Idas, é filho de Afareu (v. quadro 21, p. 242). Pelo lado de sua avó, Gorgófone, pertence à raça dos Perseidas.

Linceu partiu para a caça de Cálidon (v. *Meleagro*), na expedição dos Argonautas, onde se tornou útil pela sua vista penetrante (via, por exemplo, através de uma prancha de carvalho) (cf. *Argonautas*). Os seus feitos mais célebres relacionam-se com a luta contra os Dioscuros, por causa das Leucípides (v. *Dioscuros, Leucípides, Idas*).

Os mitógrafos imaginaram uma interpretação evemerista da lenda de Linceu: ele teria sido o primeiro mineiro: escavara o solo e, com a ajuda de uma lanterna, seguiu os filões do metal. Em seguida, trouxe o mineral para a luz do dia e isso ter-lhe-ia valido a fama de ver mesmo debaixo da terra.

LINCO. (Λύγκος.) Linco é um rei da Cítia. Triptólemo, enviado por Deméter para espalhar por toda a parte a cultura do trigo, parou em sua casa. Durante a noite, Linco, invejoso, tentou matá-lo. Mas Deméter transformou o rei em lince e salvou Triptólemo.

LINDO. (Λίνδος.) Herói epónimo da cidade de Lindo, em Rodes (v. *Cércafo*).

***LINFAS.** (*Lymphae.*) As Linfas são divindades das nascentes, na mitologia popular latina. Cedo foram identificadas com as Ninfas (v. este nome). Pensava-se que estas divindades acometiam de loucura todo aquele que as visse. Daí resultou a expressão latina *lymphatus*, significando «louco».

LINO. (Λίνος.) Há várias lendas relacionadas com Lino, tendo todas elas como traço comum o facto de fazerem do herói um cantor ou o objecto de uma canção célebre.

1. A primeira lenda conta que Psâmate, filha de Crotopo, rei de Argos, tinha tido um filho de Apolo (quadro 19, p. 239). Essa criança, de nome Lino, fora exposta logo que nasceu e, depois, criada por pastores. Mas, ou Crotopo tinha sabido do sucedido e tinha feito com que a criança fosse devorada por cães, ou então os cães dos pastores haviam-na morto acidentalmente. Seja como for, Psâmate foi morta por seu pai, e Apolo, irritado, enviou um monstro, Poine, assolar o país (v. *Crotopo* e *Corebo*). A conselho do oráculo, foi criado um culto em honra de Psâmate e Lino, e instituiu-se o costume de cantar um lamento (um treno), celebrando a triste história de Psâmate e Lino. No decurso desta festa, sacrificavam-se os cães que se encontravam na rua ou na praça.

2. Uma outra lenda, tebana, referia um segundo Lino, filho de Anfímaro e de uma Musa (geralmente Urânia, por vezes Calíope ou Terpsícore), que era um músico notável (tinha, por exemplo, imaginado substituir as cordas de linho, utilizadas até então nas liras, por cordas de tripa). Mas pretendeu rivalizar com o próprio Apolo na arte de cantar. Apolo, indignado, matou-o.

Atribuía-se a este Lino a invenção do ritmo e também da melodia. Por vezes, dizia-se ainda que ele tinha aprendido com Cadmo o alfabeto fenício, mas que tinha dado a cada letra o seu nome e traçado definitivos.

Uma tradição fazia deste Lino (ou ainda de um outro com o mesmo nome) o mestre de Héracles, a quem tinha por missão ensinar música. Mas Héracles era pouco sensível, e o seu espírito só muito dificilmente se habituava à música. Assim, Lino batia frequentemente no seu aluno, até ao dia em que ele, cansado dos castigos, agarrou numa grande pedra e matou o mestre. Dizia-se também que o tinha morto com o plectro (o instrumento que servia para percutir as cordas da lira) (v. *Héracles*).

Na época clássica, citavam-se os «escritos de Lino», diversos tratados filosóficos e místicos que corriam sob o seu nome.

À medida que a personalidade de Lino evoluía, modificava-se a sua genealogia. Fizeram-no, por exemplo, filho de Hermes (porque Hermes é o deus da ciência, particularmente da ciência da linguagem), ou ainda filho de Eagro, o que lhe dava como irmão Orfeu, com quem tendia cada vez mais a identificar-se.

LÍPARO. (Λίπαρος.) Líparo é um dos filhos de Áuson, o rei mítico da Itália. Expulso do seu país pelos irmãos, fugiu com alguns guerreiros e desembarcou na ilha a que deu o nome de Lípara, ao largo da Sicília. Fundou aí uma colónia que prosperou. Mais tarde, acolheu Éolo, quando este veio para a sua ilha; deu-lhe em casamento sua filha Cíane. Em troca, Éolo proporcionou-lhe os meios para regressar a Itália, que ele desejava vivamente rever. Líparo aportou na costa de Sorrento, onde foi acolhido como rei pelos habitantes. Quando morreu, os seus novos súbditos concederam-lhe honras divinas.

LIRCO. (Λύρκος.) **1.** Lirco é o herói de uma aventura referida por Parténio, segundo Nicéneto e Apolónio de Rodes. Era um filho de Foroneu e, com outros jovens, foi enviado por

---

cól. *ad* EUR., *Hec.*, 886; HYG., *Fab.*, 168. **2)** PIND., *Nem.*, X, 62, e s. e escól. ao v. 112; APOL. RH., *Arg.*, I, 53 e s.; APOLLOD., *Bibl.*, III, 10, 3; HYG., *Fab.*, 14; TZETZ., *ad Lyc.*, 553; PALEPH., *Incr.*, 10.

Linco: OV., *Met.*, V, 650 e s.; SERV., *ad Virg.*, *Aen.*, I, 323; cf. HYG., *Fab.*, 259.

Lindo: PIND., *Olymp.*, VII, 137; DIOD. SIC., V, 57; STEPH. BYZ., *s. u.*

Linfas: VAR., *LL*, V, 71; VII, 87; *RR*, I, 1, 6.

Lino: 1) PAUSAN., I, 43, 7; *Il.*, XVIII, 570, e escól. ao v. 569; PS.-OV., *Ibis*, 478; *Anth. Pal.*, VII, 154; CONON, *Narr.*, 19 (= CALL., fr. 11); AEL., *VH*, XII, 34; STAT., *Theb.* I, 562 e s.; SERV., *ad Virg.*, *Ecl.*, IV, 56. **2)** PAUSAN., VIII, 18, 1; IX, 29, 6 e s.; HES., fr. 97; escól. *ad* EUR., *Rh.*, 347; HYG., *Fab.*, 161; APOLLOD., *Bibl.*, I, 3, 2: DIOD. SIC., III, 67; THEOCR., *Id.*, XXIV, 103; AEL., *VH*, III, 32; TAC., *Ann.*, XI, 14.

Líparo: DIOD. SIC.,V, 8; STEPH. BYZ., *s. u.* Λιπάρα; PLIN., *N. H.*, III, 14, 93.

Lirco: 1) PARTH., *Erot.*, I. **2)** PAUSAN., II, 25, 5; HESYCH., *s. u.* Λυρκείουδημος.

Ínaco em busca de Io, quando ela foi raptada por Zeus. Como não a encontrou e não se atrevia a regressar a Argos, fixou-se em Cauno, onde o rei Egíalo lhe deu a mão da filha, Hilébia, e uma parte do reino. Hilébia, que o tinha visto, apaixonara-se e pedira ao pai que a unisse a ele. Lirco ficou em Cauno durante muito tempo, com a mulher, mas o casamento era estéril. Finalmente, foi procurar o oráculo de Dodona e perguntou-lhe que devia fazer para assegurar a sua descendência. O oráculo respondeu-lhe que a primeira mulher a quem ele se unisse lhe daria um filho. Feliz, Lirco partiu, pensando que a predição se referia à mulher. Mas, na viagem, fez escala em Bibasto, na corte do rei Estáfilo, filho de Dioniso. Aí, embriagou-se no banquete de boas vindas e, de noite, o rei Estáfilo pôs junto dele uma das suas filhas, Hemítea, pois soubera da história do oráculo e desejava ardentemente assegurar uma descendência masculina. A lenda conta que Reo e Hemítea, as duas filhas de Estáfilo, tinham discutido sobre qual das duas passaria a noite com o hóspede, a tal ponto Lirco era belo e lhes havia agradado a ambas. Mas foi Hemítea quem ganhou. No outro dia de manhã, Lirco apercebeu-se do que tinha feito e censurou duramente Estáfilo, acusando-o de o ter enganado. Finalmente, deu o seu cinto a Hemítea, para que ela o confiasse ao filho que lhe nascesse, como sinal para um futuro reconhecimento. Em seguida, partiu para Cauno. Aí, o rei Egíalo levou muito a mal a aventura e exilou Lircos. Daí resultou uma guerra civil entre os partidários de um e de outro. Hilébia tomou partido contra o pai e a favor do marido, e ajudou grandemente Lirco a obter a vitória final. Muito mais tarde, o filho de Hemítea e de Lirco, que se chamava Básilo, veio ao encontro do pai em Cauno e sucedeu-lhe no poder.

2. Lirco era também o nome de um filho de Linceu (filho de Egipto), que se fixou junto do pai na localidade de Lirceia (v. *Linceu*, 1). Em certas tradições, este Lirco era não o filho de Linceu, mas um bastardo do rei Abas.

LISÍDICE. (Λυσιδίκη.) Lisídice é a filha de Pélops. Casada com Mestor, deu-lhe Hipótoe. Outra tradição fá-la mulher de Alceu e mãe de Anfitrião (mais vulgarmente, a mulher de Alceu chama-se Astidameia, ou Laónome; v. quadro 32, p. 370). Outra versão fá-la ainda mãe de Alcmena e, por conseguinte mulher de Eléctrion.

LISIPE. (Λυσίππη.) Lisipe é uma das Prétides, as filhas de Preto que foram acometidas de loucura pela divindade. Tal como as irmãs, foi curada por Melampo (v. este nome.)

É também este o nome da mulher com quem casou Céfalo, em Cefalénia (v. *Céfalo*).

LITIERSES. (Λιτυέρσης.) Litierses é um filho do rei Midas. É o Ceifeiro por excelência. Acolhia os estrangeiros que atravessavam os seus domínios e convidava-os a ceifar com ele. Se eles recusavam, matava-os, ou então obrigava-os, à pancada, a trabalhar para ele. Depois, à noite, quando eles tinham terminado o seu trabalho, cortava-lhes a cabeça e escondia o corpo num feixe de cereal. Ou então, forçava-os a competir com ele, para ver quem ceifava mais depressa. Saía sempre vencedor e cortava a cabeça do adversário. Héracles, quando estava ao serviço de Ônfale, passou nos domínios de Litierses, aceitou o desafio do malfeitor e, tendo-o adormecido com um canto, cortou-lhe a cabeça. Conta-se que Héracles tinha decidido, deste modo, livrar o mundo de Litierses, porque este tinha com ele, como escravo, o belo pastor Dáfnis, que para ali tinha ido quando corria o mundo em busca da amante, Pimpleia, que os piratas tinham raptado (v. *Dáfnis*).

Os ceifeiros da Frígia (o país de Litierses) tinham o costume de cantar, enquanto trabalhavam, um canto consagrado à história de Litierses, no qual gabavam a sua perícia a ceifar. Este canto tinha o nome de *Litierse*.

LOCRO. (Λοκρός). **1.** Locro é o nome de dois heróis lendários. Um é o filho de Zeus e Mera, ela própria filha do rei de Argos, Preto, e de Anteia. Mera era uma das companheiras de Ártemis. Após os seus amores com Zeus, foi morta com uma flecha pela deusa irritada. Locro construiu Tebas em companhia de Anfíon e de Zeto (v. a lenda de ambos).

2. O outro Locro é o epónimo dos Locros. A sua genealogia é diversamente referida pelos autores. Por vezes, fazem dele filho de Fisco e, por conseguinte, neto de Etolo e bisneto de Anfíction. Outras vezes, é considerado filho do próprio Anfíction e, por isso, neto de Deucalião (v. quadro 8, p. 116). Era o rei dos Léleges e tinha-lhes dado o nome de Locros.

Sobre a mulher de Locro, as tradições não são menos variadas. Conta-se, por exemplo, que Opunte, um rei da Élida, tinha uma filha de admirável beleza, de nome Cabia. Zeus raptou-a e uniu-se a ela, no monte Ménalo. Quando ela ficou grávida, Zeus levou-a para junto de Locro, que não tinha filhos, e deu-lha como mulher. Locro criou o filho que então nasceu e a quem chamou Opunte, como seu avô. Frequentemente atribui-se a Locro, como mulher, Protogenia, a filha de Deucalião. Protogenia gerou de Zeus o herói Étlio, de quem Locro era o pai «mortal».

Lisídice: APOLLOD., *Bibl.*, II, 4, 5; TZETZ., *ad Lyc.*, 932; PAUSAN., VIII, 14, 2; PLUT., *Thes.*, 7; escól. *ad* PIND., *Olymp.*, VII, 49.

Lisipe: APOLLOD., *Bibl.*, II, 2, 2; escól. *ad Od.*, XV, 225; SERV., *ad* VIRG., *Ecl.*, VI, 48.

Litierses: POLL., *Onom.*, IV, 54; ATHEN., X, p. 415; TZETZ., *Hom.*, II, 595; WESTERMANN, p. 346, 5; SERV., *ad* VIRG., *Ecl.*, VIII, 68 escól. *ad* THEOCR., X, 41; HESYCH., *s. u.* Λιτυέρση.

Locro: 1) Escól. *ad Od.*, XI, 325; EUST., p. 1688, 64. **2)** HES., *ap.* STRAB., VII, 322; PIND., *Olymp.*, IX, 68 e s., e escól. *ad* APOL. RH., *Arg.*, IV, 1780; EUST., *ad Il.*, II, p. 277, 17; PLUT., *Qu. Gr.*, 15; STEPH. BYZ., *s. u.* Φύσχος.

Locro entrou em conflito com seu filho Opunte, e decidiu deixar-lhe o poder, indo ele próprio, com alguns dos seus súbditos, fixar-se noutras paragens. Perguntou ao oráculo para onde devia ir, e o oráculo respondeu-lhe que parasse no sítio «onde fosse mordido por uma cadela de madeira». Quando chegou às encostas do lado oeste do Parnaso, pisou por descuido um espinho de roseira brava (em grego «espinha de cão») e teve de deixar de andar durante vários dias. Compreendeu que o oráculo se cumprira e fixou-se nessa região, que tomou o nome de Lócrida. Esta lenda destinava-se a explicar, entre outras coisas, a existência de duas Lócridas, uma a este e outra a oeste do Parnaso.

LÓTIS. (Λωτίς.). Lótis é uma ninfa amada por Priapo. Ela recusava obstinadamente o amor do deus e, mais de uma vez, ele quase a conseguira agarrar; mas Lótis conseguira sempre fugir. Uma noite, dormia ela entre as Ménades, companheiras de Dioniso, e Priapo, que pertencia ao mesmo grupo, tentou aproximar-se dela e apanhá-la de surpresa. Mas, quando já lhe tocava, o burro de Sileno pôs-se a zurrar tão alto que todos acordaram; Lótis escapou-se, deixando Priapo completamente confundido, enquanto todos os que assistiram riam do seu infortúnio.

Mais tarde, Lótis desejou ser transformada em planta, e tornou-se um arbusto (a jujubeira?), de flores encarnadas, chamado *lótus* (v. também *Dríope*).

LOTÓFAGOS. (Λωτοφάγοι). Os Lotófagos são um povo a cuja terra Ulisses acostou, depois de ter sido desviado da sua rota por um violento vento do Norte, que o levou até ao Sul da ilha de Chipre. Acolheram hospitaleiramente o herói, e deram-lhe a comer um fruto que eles próprios consumiam: o fruto do lótus, que fazia perder a memória. Em breve os companheiros de Ulisses perderam o desejo de regressar a Ítaca, e Ulisses teve de os obrigar a retomar o mar.

É possível que o país dos Lotófagos deva ser procurado na costa da Cirenaica.

*** LUA.** (*Lua*.) Lua é uma divindade romana muito antiga, que é associada a Saturno numa fórmula de «devotio» dos despojos inimigos. Parece ser uma divindade da «peste» ou, de forma mais geral, uma «nódoa» mágica com que se desejava ver atingidos os inimigos.

*** LUA.** (*Luna*.) Lua é a deusa romana da Lua. Tinha um templo em Roma, no Aventino, mas parece nunca ter sido considerada mais do que uma divindade secundária. Cedo foi assimilada a Diana, cujo santuário ficava próximo. Não possui qualquer lenda. Onde quer que o seu nome apareça, em especial nos poetas, traduz simplesmente Selene (v. este nome).

*** LÚCIFER.** (*Lucifer*.) Nome latino de Fósforo (v. este nome).

*** LUPERCOS.** (*Luperci*.) Os Lupercos são uma confraria de sacerdotes que celebravam, em Roma, o culto de Fauno Luperco, aquando das festas chamadas *Lupercalia*: era uma procissão, que tinha lugar todos os anos em 15 de Fevereiro, e no decurso da qual os Lupercos, nus, davam a volta ao Palatino, flagelando, com correias cortadas da pele de uma cabra que tinham acabado de imolar, as mulheres que encontravam no caminho. Pensavam, desse modo, torná-las fecundas. Antes da procissão, o sacerdote, depois de ter imolado a cabra, tocava na testa dos Lupercos com a sua faca ensanguentada e a marca deixada era então limpa com um floco de lã embebido em leite. Os Lupercos deviam, nesse momento, fazer ouvir uma gargalhada ritual. O sacrifício compreendia também a imolação de um cão.

O santuário de Fauno Luperco era a gruta do Lupercal, situada nas encostas a noroeste do Palatino. Era lá que, segundo a tradição, a loba tinha amamentado Rómulo e Remo. Essa gruta sagrada, berço de Roma, estava à sombra de uma figueira, a Figueira Ruminal (v. no entanto *Rómulo*), e dela brotava uma nascente. Foi «restaurada» por Augusto, ao mesmo tempo que o culto dos Lupercos era reorganizado (v. também *Hirpos Soranos*).

Lótis: Ov., *Met.*, IX, 340 e s.; *Fast.*, I, 415 e s.; SERV. *ad* VIRG., *Georg.*, II, 84.

Lotófagos: *Od.*, IX, 82-104; HYG., *Fab.*, 125; PLIN., *N. H.*, V, 28; HEROD., IV, 177. Cf. V. BÉRARD, *Navigations d' Ulisse*, IV, p. 93 e s.

Lua: LIV., XLV, 33, 1; SERV., *ad* VIRG., *Aen.*, III, 139. Cf. G. DUMÉZIL, *op. cit s. u. Mater Matuta.*

Lua: VAR., *LL*, V, 74; AUGUST., *Civ D.*, IV, 23; DION. HAL., II, 50; CIC., *de nat. D.*, II, 27.

Lupercos: Ov., *Fast.*, II, 381-421; DION. HAL., I, 22, 4; VIRG., *Aen.*, VIII, 343 e SERV., aos vv. 90 e 343; SUET., *Aug.*, 31; PLUT., *Qu. Rom.*, 21; *Res Gestae Diui Aug.*, 19, 1; cf. A. M. FRANKLIN, *The Lupercalia*, New-York, 1921; J. CARCOPINO, *La Louve du Capitole*, Paris, 1924; G. DUMÉZIL, *Mitra-Varuna*, p. 13, H: J. ROSE, in *Mnem.*, LX, p. 385-402.

M

MACÁON. (Μαχάων.) Macáon é o filho de Asclépio e o irmão de Podalírio. Geralmente, sua mãe é denominada Epíone, filha de Mérops. Mas as tradições referem também: Arsínoe, Xante, Lampécia, a filha de Hélio, ou mesmo Corónis. Macáon figura entre os pretendentes de Helena e, a esse título, participou na Guerra de Tróia. Com seu irmão Podalírio, reinou sobre três cidades tessálicas: Trica, Itome e Ecália. Comandava trinta navios. Em Tróia, com Podalírio, consagrou-se à medicina, dom que recebera de seu pai. Tornou-se tão útil aos combatentes que cedo foi dispensado de toda a actividade militar. Mantinham-no na retaguarda, pois a sua vida era demasiado preciosa para ser exposta a perigos. Entre outras curas, atribui-se-lhe a da ferida de Télefo (v. este nome) e a de Menelau, atingido por uma seta de Pândaro. Ele próprio foi ferido por uma flecha de Páris e levado para uma tenda de Nestor, onde foi tratado por Hecamede, a cativa anteriomente obtida por Aquiles, em Ténedo, e depois atribuída a Nestor. Mas a cura mais célebre foi a de Filoctetes (v. este nome), sarando-o de uma chaga causada por uma flecha de Héracles.

Macáon figura na lista dos guerreiros que se esconderam no cavalo de madeira. Conta-se que Macáon foi morto ou pela Amazona Pentesileia, ou por Eurípilo, filho de Télefo (v. *Eurípilo*). Nestor levou as suas cinzas para Gerénio. Tinha, com seu irmão Podalírio, um cenotáfio em Trica.

Macáon era casado com Anticleia, filha de Díocles. Teve dois filhos, Nicómaco e Górgaso. Conhecem-se ainda como filhos de Macáon: Alexanor, Polemócrates, Ésfiro, Álcon.

A tradição apresenta Macáon sobretudo como um cirurgião, enquanto Podalírio seria o médico. Mesmo o seu nome, talvez relacionado com o da faca (em grego μάχαιρα), explica esta opinião.

MÁCAR. (Μάκαρ.) Mácar é, na *Ilíada*, um rei da ilha de Lesbos. As tradições divergem sobre a sua figura: umas vezes é considerado como um dos filhos de Hélio e de Rodo (v. *Helíades*), que fugiu de Rodes depois do assassínio de seu irmão Ténages e se refugiou em Lesbos. Alguns autores dão-lhe o nome de Macareu em vez de Mácar. Outras vezes, considera-se filho de Crínaco, filho de Zeus, e diz-se que era originário de Óleno, na Acaia. Depois do Dilúvio de Deucalião, foi para a ilha de Lesbos, comandando um grupo de iónios e de outros colonos de diversas regiões. A colónia de Mácar prosperou e, pouco a pouco, submeteu ao seu poder as ilhas vizinhas, que eram desertas nessa época. Na mesma altura, chegou a Lesbos o filho de Lapites, Lesbo (v. este nome), que, para obedecer a um oráculo da Pítia, foi, com alguns companheiros, fixar-

Macáon: *Il.*, II, 729 s.; IV, 193 e s. e escól. ao v. 195; XI, 506 e s.; XIV, 2 e s.; escól. *ad* Pind., *Pyth.*; III, 14; I, 109; Hyg., *Fab.*, 81; 97; 108; 113; escól. *ad* Aristoph., *Pl.*, 701. Diod. Sic., IV, 71; Soph., *Phil.*; Pausan., II, 11, 5; 23, 4; 38, 6; III, 26, 9 e s.; IV, 30, 3; cf. Westermann, *Myth.*, p. 128; Quint. Sm., VI, 406 e s.; Dictys, II, 6 e s.; Serv., *ad Virg.*, *Aen.*, II, 263; Apollod., *Bibl.*, II, 10, 8; *Ep.*, V, 1; Tzetz., *ad Lyc.*, 911; *Posth.*, 520 e s.; Prop., *El.*, II, 1, 59.

Mácar: Escól. *ad* Pind., *Olymp.*, VII, 135; Diod. Sic., V, 56 e s.; 81 e s.; Nonn., *Dion.*, XIV, 44. *Il.*, XXIV, 544, e escól.; Strab., VIII, 356; Pausan., X, 38, 4; Dion. Hal., I, 18.

-se na ilha de que Mácar era o rei. Aí, casou com a filha deste, Metimna, e os dois povos, o que viera com o Tessálio Lesbo e os Iónios de Mácar, habitaram em conjunto a ilha, a que Lesbo deu depois o seu nome.

Mácar teve, além de Metimna, uma outra filha, Mitilene. Ambas deram nome a cidades de Lesbos.

Outra tradição fazia de Mácar um filho de Éolo (v. *Macareu*). Uma das suas filhas, de nome Anfissa, era o epónimo da cidade de Anfissa, na Lócrida. Foi amada por Apolo.

MACAREU. (Μακαρεύς) **1.** Macareu é o filho de Éolo que se uniu, num amor incestuoso, a sua irmã Cânace (v. este nome). Quando se soube da sua paixão, suicidou-se. Este Macareu, filho de Éolo, foi por vezes confundido com Mácar (ou Macareu), rei de Lesbos (v. *Mácar*).

2. Macareu é também o nome de um sacerdote de Dioniso, em Mitilene, que foi atingido por uma série de catástrofes, como castigo de um sacrilégio. Um estrangeiro confiara o seu ouro ao deus e depositara-o no templo; mas Macareu apoderou-se do tesouro. Como o estrangeiro reclamasse os seus bens, ele matou-o no próprio templo. Ora, aconteceu que, pouco depois da celebração da festa das Trietérides, os dois filhos de Macareu brincavam e divertiam-se imitando o sacrifício que o pai acabara de oferecer. O mais velho pegou no punhal sagrado e trespassou o pescoço do irmão; depois, apesar dos seus gritos, queimou-o no altar ainda quente. Encolerizada, a mãe matou-o à pancada. Macareu matou a mulher com um golpe de tirso, completando assim a série de assassínios desejados pela divindade.

MACÁRIA. (Μακαρία.) Macária, a Bem-Aventurada, é a única filha que nasceu de Héracles (v., no entanto, *Mirto*). Sua mãe é Dejanira. Foi ela quem extinguiu a pira de seu pai no Eta. Mais tarde, foi refugiar-se com os irmãos em Tráquis, e depois em Atenas; como o oráculo decretara que a vitória sobre Euristeu só seria possível pagando o preço de uma vítima humana, Macária ofereceu-se voluntariamente para o sacrifício, assegurando assim a vitória (v. *Heraclidas*). Em sua memória, havia, perto de Maratona, na Ática, uma fonte chamada Macária.

MÁCEDON. (Μακέδων.) Mácedon é o herói epónimo da Macedónia. A sua genealogia é transmitida pelos mitógrafos de formas muito diferentes. Por vezes, dão-no como autóctone, outras vezes como irmão de Magnes, filho de Zeus e de Tia, ou como um dos dez filhos de Éolo, ou como filho de Licáon, ou ainda como companheiro do deus Osíris, que foi feito rei da Macedónia por seu pai, quando Osíris conquistou o mundo. Nesta última tradição, transmitida por Diodoro, Mácedon é o irmão de Anúbis; está revestido de uma pele de lobo e tem sobre o rosto, como uma máscara, a cabeça desse animal.

MACELO. (Μακελλώ.) Macelo é a heroína de uma lenda obscura, provavelmente ródia. Ela e outra mulher (sua mãe, ou mais provavelmente sua irmã Dexítea) tinham recebido à sua mesa Apolo, Zeus e, segundo parece, também Posídon. Quando este deus (ou então Zeus) destruiu os Telquines (se é realmente deles que se trata nesta história), por terem envenenado a semente do trigo com a água do Estige, poupou as duas mulheres e não as atingiu com o seu tridente. Talvez não se trate dos Telquines, mas dos Flégias, de que Sérvio fala no seu comentário a Virgílio, e que teriam tido uma sorte semelhante.

Macelo e Dexítea eram, diz-se, filhas de um certo Dámon. Dexítea casou com Minos e deu-lhe um filho, Euxantio, que fundou, no local onde Macelo e a irmã tinham recebido os deuses, a cidade de Coreso, a «Cidade das Jovens».

MACISTO. (Μάκιστος.) Macisto é o irmão de Frixo, tal como ele filho de Átamas. Fundou a cidade de Macisto, em Élide da Trifília.

MÁCRIS. (Μάκρις.) Mácris é uma filha de Aristeu. Juntamente com seu pai, educou, em Eubeia, o pequeno Dioniso, que lhes fora confiado por Hermes. Quando Hera, que era rainha da ilha, expulsou o deus, este refugiou-se na ilha de Corcira (Corfu), que se chamava então «Mácris», e aí viveu numa gruta de duas entradas, precisamente aquela em que, mais tarde, Jasão e Medeia consumaram a sua união (v. *Jasão* e *Alcínoo*).

MAGNES. (Μάγνης.) Magnes é um herói tessálio, epónimo de Magnésia, cuja genealogia difere consoante os autores. Na maior parte das vezes, é dado como filho de Éolo e Enáreta (v. quadro 8, p. 116). Unindo-se a uma Náiade, teve dois filhos, Polidectes e Díctis, que intervieram na lenda de Perseu (v. *Dánae* e *Perseu*). Diversas tradições atribuem-lhe outros filhos: Eioneu, Alector, Eurínomo, Píero.

Outros mitógrafos dão-no como filho de Zeus e Tia, e irmão de Mácedon (v. este nome).

Macareu: **1)** APOLLOD., *Bibl.*, I, 7, 3; SERV. *ad Virg.*, *Aen.*, I, 75; HYG., *Fab.*, 238; 243; EUR., fr. trag. perdida *Éolo* (NAUCK, fr. 14 a 42); OV., *Her.*, XI; PLUT., *Parall. min.*, 28); STOB., LXIV, 35. **2)** AEL., *VH*, 13, 2.

Macária: Escól. *ad* PLAT., *Hi. Ma.*, 293 a; PAUSAN., I, 32, 6; EUR., *Hercl.*, 474 e s.; ARISTOPH., *Eq.*, 1151 e escól.; EUST., *ad Hom.*, 1405, 36.

Mácedon: STRAB., VII, 329, fr. 11; HES., fr. 29 (LEHRS); STEPH. BYZ., *s.u.* Μακεδονία; escól. *ad Il.*, XIV, 226; EUST., *ad* DION. PERIEG., 427; DIOD. SIC., I, 18; AEL., *NA*, X, 48.

Macelo: BACCH., I (JEBB, ed. 1905, p. 443 s.); NONN., *Dion.*, XVIII, 35 e s.; escól. *ad* OV., *Ibis*, 475; SERV., *ad Virg.*, *Aen.*, VI, 618. V. art. *Telquines*.

Macisto: STEPH. BYZ., *s. u.*

Mácris: APOL. RH., *Arg.*, IV, 1131, e escól. aos vv. 1131; 1138.

Magnes: APOLLOD., *Bibl.*, I, 7, 3; 9, 6; HYG., *Astr. Poet.*, II, 2; PAUSAN., VI, 21, 11; EUST., *ad Hom.*, p. 338, 21; escól. *ad* EUR., *Phoen.*, 1760; STEPH. BYZ., *s.u.* Μακεδονία; ANT. LIB., *Transf.*, 23; TZETZ., *ad Lyc.*, 831.

Hesíodo, segundo diz Antonino Liberal, (*Antoninus Liberalis*), considera-o filho de Argo e Perimele, uma das filhas de Admeto (quadro 34, p. 392). Seria, nesse caso, o pai de Himeneu. Finalmente, afirmava-se por vezes que Magnes teve como filho não Himeneu, mas o pai deste, Píero.

MAGNETE. V. *Magnes.*

MAIA. (Μαῖα.) **1.** Maia é uma filha de Atlas e mãe de Hermes (v. quadro 27, p. 280) — sendo a sua mãe Plêione, e figura entre as Plêiades. Mas existe uma tradição segundo a qual sua mãe é Estérope.

Maia era uma ninfa do monte Cilene, na Arcádia, e foi lá que se uniu a Zeus para gerar Hermes. A sua lenda é extremamente pobre. A não ser na genealogia de Hermes, intervém apenas como ama de Árcade, depois da morte de Calisto (v. *Árcade*).

***2.** Existia, em Roma, em tempos muito antigos, uma deusa Maia que, sem dúvida, não teve na origem qualquer relação com a Maia grega. Aparece por vezes como paredro de Vulcano, o deus do fogo. O mês de Maio era-lhe especificamente consagrado. Após a introdução do helenismo, foi identificada com a sua homónima, e tornou-se a mãe de Mercúrio.

MALCANDRO. (Μάλκανδρος.) Malcandro é um rei de Biblo de quem Ísis foi escrava. Com efeito, foi ama ao serviço da rainha de Biblo, de nome Astarte, Saosis, ou então Nemanuo, durante a procura do corpo de Osíris.

***MAMERCO.** (*Mamercus.*) Mamerco é um nome latino, no qual se encontra o nome itálico de Marte: Mamerte (cf. *Mavorte*). Há duas lendas em que intervém um herói com este nome.

1. A primeira conta que Mamerco era um filho de Pitágoras. Deram-lhe o sobrenome de *Aemilius* (isto é, o Afável), por causa da delicadeza dos seus modos. Este Mamerco Emílio seria o antepassado da *Gens Aemilia*. Uma variante dá-o não como filho de Pitágoras, mas do rei Numa, de quem se conhecem as relações com Pitágoras e o pitagorismo (v. *Numa*).

2. A segunda lenda é transmitida por Plutarco e inspira-se visivelmente no mito de Meleagro. Marte, sob a forma de um pastor, fez engravidar Sílvia, mulher de Septímio Marcelo, e deu-lhe uma lança à qual estava ligado o destino da criança que ia nascer. Quando este filho veio ao mundo, recebeu o nome de Mamerte Mamerco. Apaixonou-se pela filha de um certo Tuscino, que foi depois morto pelo seu pai «humano», Septímio. Como, numa caçada, Mamerte Mamerco abatera um javali monstruoso enviado por Ceres, deu à sua amada as presas e a cabeça do animal. Mas os dois irmãos de sua mãe, Escímbrates e Mutias, indignados, tomaram esses troféus. Em face disso, Mamerco matou os tios. Para o castigar, Sílvia queimou a lança e Mamerco pereceu.

***MAMÚRIO.** (*Mamurius.*) Quando o Céu, como penhor de vitória da cidade de Roma, enviou um escudo sagrado ao rei Numa, este, para impedir qualquer tentativa de roubo, mandou fabricar onze escudos semelhantes, que confiou aos Sálios. O artesão encarregado desse trabalho foi um osco de nome Mamúrio, que apenas pediu, como salário, que o nomeassem no canto que os Sálios entoavam durante a procissão solene dos escudos (os «ancis»). E Numa concedeu-lho.

Havia em Roma uma festa durante a qual se batia com varinhas brancas num velho, que, para a ocasião, se baptizava com o nome de Mamúrio e se expulsava da cidade: eram as *Mamuralia*, que se celebravam a 14 de Março.

***MAMÚRRIO.** V. *Mamúrio.*

MÂNDILAS. (Μανδύλας.) Mândilas é um pastor de Dodona que roubara o mais belo dos carneiros pertencentes a um dos pastores da vizinhança e o escondera num estábulo. A vítima, que procurara o carneiro por toda a parte, não o encontrou, e acabou por consultar o deus (Zeus, o deus de Dodona). O carvalho sagrado fez, pela primeira vez, ouvir uma voz para lhe responder, e disse-lhe que o culpado era o mais jovem dos pastores da região. Assim, Mândila, que era, de facto, o mais jovem dos pastores, foi descoberto. Teve de devolver o carneiro mas, indignado com o oráculo, dirigiu o machado contra o carvalho sagrado. Todavia, uma pomba saiu da árvore e demoveu-o do seu intento.

MANES. (Μάνης.) Manes é um rei lendário da Frígia, filho, segundo certas tradições, de Zeus e de Geia (a Terra). Unindo-se a Calírroe, gerou Átis, Cótis e Ácmon (v. *Lido* e *Tirreno*).

***MANES.** (*Manes.*) Os Manes são, nas crenças romanas, as almas dos mortos. Designam-se por antífrase (como as Erínias), uma vez

---

Maia: **1)** *Od.*, XIV, 435; HES., *Theog.*, 948; SERV., *ad VIRG.*, *Aen.*, VIII, 130; escól. *ad* PIND., *Nem.*, II, 16; AESCH., *Ch.*, 813; DIOD. SIC., III, 60; APOLLOD., *Bibl.*, III, 10, 1 e 2. Cf. L. RADERMACHER, *Nordische und hellenische Sage, F. und F.*, 1938, p. 39. **2)** A. GEL., *N.A.*, XIII, 23, 1 e s.; CENS., *de d. nat.*, XXII, 12; MACROB., *Sat.*, I, 12, 19; LYD., *De Mens.*, IV, 52.

Malcandro: PLUT., *de I. et O.*, 15 e s.

Mamerco: **1)** PLUT., *Aen.*, 2; PAUL., p. 23, *s.u. Aemiliam*; DION. HAL., II, 76. **2)** PLUT., *Parall. min.*, 26.

Mamúrio: PLUT., *Num.*, 13; FESTUS-PAULUS, p. 131, 11; OV., *Fast.*, III, 389; VAR., *LL*, VI, 45; DION. HAL., II, 71; LYD., *de Mens.*, IV, 3, 6; SERV., *ad VIRG.*, *Aen.*, VII, 188; G. DUMÉZIL, *Tarpéia*, Paris, 1947; J. LOICQ, «Mamurius Veturius...», in *Hommages à Jean Bayet*, p. 401-426.

Mândilas: Escól. *ad Od.*, XIV, 327.

Manes: HEROD., I, 94; IV, 45; STEPH. BYZ., *s.u.* Αχμονία; DION. HAL., I, 27.

Manes: VAR., *LL*, VI, 2; IX, 61; MACROB., *Sat.*, I, 3, 13; 7, 34 e s.; SERV., *ad VIRG.*, *Aen.*, I, 139; II, 268; III, 63; OV., *Fast.*, II, 523 e s.; CIC., *in Pis.*, VI, 16; *in Vat.*, 14. Cf. J. P. JACOBSEN, *Les Manes*, trad. francesa, Paris, 1924.

que *manes* era um antigo vocábulo latino que significava os «Benevolentes». Assim, tornavam-nos favoráveis apenas pelo facto de os nomearem, numa inocente lisonja.

Os Manes eram objecto de um culto. Ofereciam-lhes vinho, mel, leite, etc., e flores. Eram sobretudo duas as festas que lhes estavam consagradas: as *rosaria* (ou *violaria*), em que se enfeitavam os túmulos com rosas ou violetas, e as *parentalia*, celebradas de 18 a 21 de Fevereiro. Considerava-se que o costume das *parentalia* tinha sido introduzido em Itália por Eneias, que o tinha instituído em honra de seu pai, Anquises. Contava-se também que, em dado ano, em Roma, se deixara de celebrar essa festa dos mortos. Estes vingaram-se, invadindo a cidade. Abandonaram os túmulos e espalharam-se por toda a parte, só se acalmando com a celebração dos ritos.

Por vezes, atribuía-se aos Manes uma antepassada comum, a deusa Mânia, ou Mãe dos Manes. Esta divindade, muito imprecisa, pertencia à categoria dos génios populares. Prestava-se-lhe culto nas *Compitalia*, aquando da festa dos Lares das encruzilhadas.

MANIA. (Μανία.) Mania é a personificação da loucura. É análoga às Erínias e a todos os génios infernais, em parte divindades, em parte simples abstracções (como Ate, o Erro, etc.), que são os agentes da cólera divina. É, por exemplo, enviada àqueles que não respeitam os ritos e perturba-lhes o espírito. É ela que os conduz às catástrofes, aos assassínios, e nisso o homem sensato vê a mão da divindade (v., por exemplo, *Orestes*, *Héracles*, etc).

MANTO. (Μαντώ.) Manto, cujo nome evoca a ideia de adivinhação, é a filha de Tirésias. Tem, como seu pai, o dom da profecia. A lenda mostra-a guiando o pai, cego, pelos caminhos da Beócia, depois da tomada de Tebas pelos Epígonos. Mas Tirésias morreu em Haliarto, antes de chegar a Delfos, para onde ia Manto. De facto, os Argivos vitoriosos tinham votado a Apolo, antes de tomarem a cidade, «o que houvesse de mais belo entre os despojos», e Manto foi escolhida como oferenda ao deus. Ficou durante muito tempo em Delfos, aperfeiçoando-se na arte da adivinhação e desempenhando o papel de Sibila, até ao dia em que o deus a enviou para a Ásia Menor, onde fundou a cidade de Claro. Aí, casou com o Cretense Racio. Teve um filho (que alguns mitógrafos dizem que era filho de Apolo), o adivinho Mopso, célebre pela sua rivalidade com Calcas (v. *Calcas* e *Mopso*).

Uma tradição diferente apresenta Manto unida a Alcméon e dando-lhe um filho, Anfíloco, o Jovem (com o mesmo nome que seu tio; v. quadro 1, p. 8, e *Anfíloco*). Mas Manto, mulher de Alcméon, não seria a filha de Tirésias. Seria uma outra Manto, filha de Políido.

Finalmente, Vírgilio refere uma outra Manto, epónimo da cidade italiana de Mântua (v. *Aucno* e *Bianor*).

MAQUEREU. (Μαχαιρεύς.) Maquereu, o «Homem da Faca», é um sacerdote de Delfos, filho de Daitas, que matou Neoptólemo, porque este protestara contra o costume dos sacerdotes de Delfos de tomarem a carne das vítimas que se sacrificavam a Apolo (v. *Neoptólemo* e *Orestes*).

MÁRATO. (Μάραθος.) Um herói de nome Márato era um arcádio que acompanhou Equedemo na expedição dos Dioscuros contra a Ática (v. *Dioscuros*). Márato sacrificou-se voluntariamente porque um oráculo exigira uma vítima humana para assegurar a vitória aos assaltantes. O seu nome foi dado ao demo de Maratona.

MÁRATON. (Μαραθῶν.) Máraton é o filho de Epopeu (v. quadro 11, p. 142), rei de Sícion. Em vida de seu pai, deixou Sícion, expulso pela injustiça e violência de Epopeu. Refugiou-se na Ática, onde instituiu as primeiras leis. Quando seu pai morreu (v. *Epopeu*), voltou para a pátria. Reuniu sob o seu poder os territórios de Sícion e Corinto. Teve dois filhos, epónimos destas duas cidades, Sícion e Corinto.

Máraton é o herói do demo ático de Maratona. V. também *Márato*.

MARIANDINO. (Μαριανδυνός.) Mariandino é o rei e o herói epónimo dos Mariandinos, povo que habitava a Bitínia. Era de origem eólica. Reinou também sobre parte da Paflagónia, e anexou o país dos Bébrices. Dão-no como filho de Fineu (v. este nome, 3), sendo, assim, um trácio. Sua mãe seria Idesa. Mas também o diziam filho de Cimério, ou de Frixo, ou simplesmente filho de Zeus.

***MARICA.** (*Marica*.) Marica é uma ninfa de Minturnas, no Lácio, onde tinha um bosque sagrado. Virgílio fá-la mãe do rei Latino e mulher do deus Fauno.

Marica parece não ter sido mais que Circe divinizada.

Mania: *Il.*, XXII, 460; QUINT. SM. V, 451 e s.; PAUSAN., VIII, 34, 1; PLAT., *Phdr.*, 265 a.

Manto: Escól. *ad* APOL. RH., *Arg.*, I, 308; EUR., *Phoen.*, 834; 953; PAUSAN., VII, 3, 1 e s.; IX, 10, 3; 33, 2; VIRG., *Aen.*, X, 199; OV., *Met.*, VI, 157; IX, 285 e s.; HYG., *Fab.*, 128; APOLLOD., *Bibl.*, III, 7, 4 e 7; *Ep.*, VI, 3; DIOD. SIC., IV, 66 (que lhe chama *Dafne*); CONON, *Narr.*, VI. Cf. Ch. PICARD, *Ephèse et Claros*; A. MOMOGLIANO, «Manto e l'oroculo di Apollo Clario», R.F.I.C., 1934, p. 313-321.

Maquereu: PIND., *Nem.*, VII, 62 e escól. *ad loc*; escól. *ad* EUR., *Or.*, 1654; STRAB., IX, 421; APOLLOD., *Ep.*, VI, 14.

Márato: PLUT., *Thes.*, 32; SUID., *s.u.* Μαραθών.

Máraton: PAUSAN., I, 15, 3; 32, 4; II, 1, 1; 6, 5.

Mariandino: STEPH. BYZ., *s.u.* Μαριανδυνία; EUST., *ad Dion. Per.*, p. 787, 791; STRAB., XII, 545; escól. *ad* APOL. RH., *Arg.*, II, 181; 140; I, 1126; II, 723; 780; escól., *ad* AESCH., *Pers.*, 941.

Marica: SERV., *ad VIRG.*, *Aen.*, VII, 47; XII, 164; LACT., *Div. Inst.*, I, 21; 23. Cf. W. BORGEAUD, «Marica», *R. E. L.*, 1947, p. 85 e s.

MÁRMAX. (Μάρμαξ.) Mármax é um dos pretendentes de Hipodamia. Foi morto por Enómao (v. *Hipodamia*) e enterrado com os seus dois cavalos, Parténios e Erifas.

MÁRON. (Μάρων.) Na *Odisseia*, Máron, filho de Evantes, é um sacerdote de Apolo da cidade trácia de Ísmaro. Uma vez que Ulisses o protegera do saque, bem como à sua família, deu-lhe de presente um vinho doce extremamente forte e precioso. E foi com esse vinho que Ulisses conseguiu embriagar o Ciclope Polifemo e, por fim, escapar-se-lhe (v. *Polifemo* e *Ulisses*).

Máron, filho de Evantes, era, pelo lado do pai, neto de Dioniso. Eurípides dá-o mesmo como filho do deus e companheiro de Sileno. Em Nono, a assimilação ao ciclo dionisíaco é ainda mais completa: é filho de Sileno e companheiro de Dioniso na expedição contra o Indo. Aparece no poema como um velho de membros trémulos, que apenas recupera o vigor para beber e cantar louvores a Dioniso e canções báquicas.

Máron, o tipo acabado do beberrão, figurava numa fonte, em Roma, no pórtico de Pompeio.

MARPESSA. (Μαρπήσσα.) Marpessa é filha de Eveno e neta de Ares. Sua mãe é Demonice. Diz-se, por vezes, que é filha de Enómao e Alcipe. Quando estava noiva de Idas, foi raptada por Apolo; mas Idas atacou o deus e os dois adversários só se separaram por intervenção de Zeus (v. *Apolo* e *Idas*). Marpessa teve a possibilidade de escolher qual dos dois pretendentes preferia. Escolheu Idas, porque teve medo de ser abandonada por Apolo, quando envelhecesse (cf. *Corónis*, 1).

Idas e Marpessa tiveram uma filha, Cleópatra, a quem deram o nome de Alcíone, em memória do rapto de Marpessa (v. quadro 21, p. 242, e *Meleagro*).

MÁRSIAS. (Μαρσύας.) Mársias é um sileno cuja lenda se situa na Frígia. É geralmente considerado o inventor da flauta de dois tubos (por oposição à siringe, a flauta de Pã). A esse título é, por vezes, contado entre os seguidores de Cíbele que tocavam também flauta e tamboril.

Os pais de Mársias são Hiágnis e Olimpo (ou então Eagro). Em Atenas, contava-se que, na verdade, a flauta tinha sido inventada pela deusa Atena, mas que esta, ao ver num riacho como ficavam deformadas as suas faces quando tocava, atirou-a para bem longe de si. Uma variante da lenda dizia que a deusa fabricara a primeira flauta com ossos de veado, durante um banquete dos deuses. Mas Hera e Afrodite, vendo-a soprar, troçaram do aspecto que esse gesto lhe dava ao rosto, levando Atena a ir imediatamente para a Frígia, para se olhar num rio. Aí, apercebeu-se de que as duas deusas tinham razão, e atirou para longe a flauta, ameaçando com os maiores castigos quem quer que a apanhasse. Ora, Mársias apanhou-a e o castigo foi-lhe infligido por Apolo.

Orgulhoso da sua descoberta, e achando que a música da flauta era a mais bela do mundo, Mársias desafiou Apolo a que, com a sua lira, criasse uma música semelhante. Apolo aceitou o repto, com a condição de que o vencedor tivesse liberdade de infligir ao vencido o tratamento que desejasse. Uma primeira tentativa não teve qualquer resultado. Mas Apolo desafiou o adversário a tocar o seu instrumento ao contrário, como fazia com a sua lira. Perante esta perfeição da lira, Mársias foi declarado vencido, e Apolo, pendurando-o de um pinheiro (de um plátano, diz Plínio), esfolou-o. Em seguida, porém, arrependeu-se da sua cólera e quebrou a lira. Terá ainda transformado Mársias em rio.

O suplício de Mársias é um tema frequente da arte helenística.

No que concerne a um irmão de Mársias, v. *Bábis*.

* **MARTE.** (*Mars.*) Marte é o deus romano identificado ao Ares helénico. Mas é muito antigo nas religiões itálicas, e já existia antes da introdução de Ares. Naturalmente, a maior parte das lendas em que intervém, na literatura clássica, não são mais que transposições dos mitos gregos. Os amores de Marte e Vénus por exemplo, por Lucrécio no princípio do seu poema *De natura rerum*, derivam da aventura amorosa de Afrodite e Ares, tal como é contada por Homero (v. *Afrodite*). O mesmo se passa quanto à lenda que faz de Marte filho de Juno, tal como Ares o é de Hera. Uma tradição curiosa, transmitida por Ovídio, faz com que Juno tenha concebido Marte sem o concurso de Júpiter, mas sim graças a uma flor mágica, de virtudes fecundantes, que Flora lhe dera (v. *Flora*).

É difícil reconhecer vestígios de lendas propriamente itálicas. A sua aventura com Ana Perena (v. este nome) está, talvez, em relação com a lenda de Mamúrio Vetúrio, personifi-

---

Mármax: Pausan., VI, 21, 7 e 10; escól. *ad* Pind., *Ol.*, I, 114.

Máron: *Od.*, IX, 197 e s.; escól. *ad* v. 197; Eust., *ad Hom.*, IX, 30; Strab., VII, fr. 44 e 44 a; Eur., *Cyc.*, 141 e s; Nonn., *Dion.*, XV, 141 e s.; XIX, 167 e s.; 293 e s.; XXIII, 209 e s.; XXXVI, 290 e s.; XLIII, 75; Athen., I, 26 a, 33 d; Hyg., *Fab.*, 116; 125; Diod. Sic., 18 e 20.

Marpessa: Apollod., *Bibl.*, I, 7, 7 e s.; Plut., *Parall. min.*, 40; *Il.*, IX, 557 e s.; Pausan., IV 2, 7.

Mársias: Herod., VII, 26; Diod. Sic., III, 58 e s.; Pausan., I, 24, 1; II, 7, 9; 22, 9; X, 30, 9; Plut., *De Mus.*, 5 e 7; *Alcib.*, 2; Ov., *Met.*, VI, 383 e s.; *Fast.*, VI, 696 e s.; Paleph., *Incr.*, 48; Hyg., *Fab.*, 165; escól. *ad* Aesch., *Pers.*, 917; Tzetz., *Hom.*, I, 15; Apollod., *Bibl.*, I, 4, 2. Cf. S. Reinach, in *Cultes, Mythes et Religions*, IV, p. 29-44.

Marte: Ov., *Fast.*, III, 525 e s.; V, 251 e s.; *Trist.*, II, 296; A. Gel., *N.A.*, XIII, 23; Diod. Hal., I, 16; 31; Fest., p. 379; Strab., V, 4, 12, p. 250; Virg., *Aen.*, IX, 516 e Serv., *ad loc.* Cf. J. Carcopino, *Louve du Capitole*; Althein, *Terra Mater* e *Die Gr. Götter*; G. Hermansen, *Studien über den Italischen und der Römischen Mars*, Copenhaga, 1940.

cação do ano «velho», o que se vai embora quando o ano novo começa (no mês de Março, no antigo calendário romano). Tratar-se-ia, assim, de uma simbolização de crenças e ritos propriamente itálicos.

Na época clássica, Marte surge em Roma como o deus da Guerra. Mas essa não é a sua única atribuição. As festas, geralmente concentradas no mês que lhe está consagrado, apresentam traços evidentemente agrários, o que levou um determinado número de mitógrafos a supor que, primitivamente, Marte era um deus da vegetação. Essa tese, por mais engenhosa que seja, está todavia longe de ser aceite de forma unânime. Marte, deus guerreiro, é também o deus da Primavera, porque a época da guerra começa com o fim do Inverno. É o deus da Juventude, porque a guerra é actividade da juventude. É ele quem guia, aquando das «Primaveras sagradas», os jovens que emigram das cidades sabinas, para fundar novas cidades e encontrar novos locais para se estabelecerem. De facto, havia entre os Sabinos o costume de consagrar a Marte uma «classe» da juventude. Os jovens assim designados emigravam, como um enxame deixando um velho cortiço, e iam procurar a sorte em um outro local: chamava-se a esse costume «*ver sacrum*», a Primavera sagrada. Frequentemente, estes emigrantes eram guiados no seu caminho por um animal: o picanço, ou o lobo, por exemplo, dois animais consagrados a Marte. É talvez essa a explicação do papel desempenhado pela loba, animal de Marte, no mito da primitiva Roma (v. *Rómulo*). Teria sido com esses dados que os mitógrafos antigos construíram a história dos dois gémeos, Rómulo e Remo, que o deus teve da sua união com Reia (v. este nome). As duas crianças, expostas de imediato na montanha (neste caso, o monte Palatino), como acontece tantas vezes nas lendas gregas, foram alimentadas por uma loba, o animal sagrado enviado por seu pai (v., por exemplo, Télefo alimentado por uma corça, etc.) e recolhidas por pastores. Assim se explicava que à «juventude romúlida» se pudesse chamar «filhos da Loba» ou «filhos de Marte». Demonstrou-se que estas lendas se desenvolveram em torno de uma estátua muito antiga, representando a Loba, debaixo da qual se encontrava a imagem de dois pequenos homens, simbolizando, consoante as épocas, ora a raça sabina e a raça latina (os dois elementos étnicos combinados na Roma primitiva, segundo os historiadores romanos) ora o povo romano e o povo campano, depois da aliança de Roma e de Cápua contra as populações itálicas do interior.

Além dos Romanos, outros povos tinham o deus como seu «antepassado»: os Marsos (população sabélica contra a qual Roma teve de lutar durante muito tempo), os Marrucinos, os Mamertinos, etc., cujos nomes indicam os laços que os unem ao deus.

*** MATER MATUTA.** (*Mater Matuta.*) Mater Matuta, a deusa da manhã, ou da aurora, era objecto de culto em Roma. A sua festa celebrava-se em 11 de Junho, o dia das *Matralia*. Neste culto eram admitidas as mulheres casadas uma única vez e que tivessem o marido ainda vivo. As mulheres escravas estavam severamente excluídas.

O templo de Mater Matuta encontrava-se no *Forum Boarium*, junto do porto de Roma, e a lenda sugeria que a deusa não era outra senão Ino-Leucótea (v. este nome), que arribara a Roma depois do seu suicídio e transformação em deusa marinha. Ovídio conta que, à sua chegada, Mater Matuta encontrou Bacantes que celebravam os ritos dionisíacos no bosque sagrado de Estímula (identificada com Sémele). Mas, instigadas por Juno (Hera era inimiga de Ino, que fora ama de Dioniso, em criança, v. *Ino*), as Bacantes lançaram-se sobre ela e tentaram fazer-lhe mal. Alertado pelos gritos, Héracles, que se encontrava justamente na vizinhança, acorreu e libertou-a. Em seguida, confiou-a a Carmenta, mãe de Evandro, que lhe anunciou que receberia culto em Roma, bem como seu filho, que seria honrado sob o nome de Portuno.

MEANDRO. (Μαίανδρος.) Meandro é o deus do rio homónimo, na Ásia Menor. Como todos os rios, é filho de Oceano e Tétis. Atribuem-se-lhe várias filhas: Sâmia, epónimo da ilha de Samos, que se encontrava não muito longe da sua foz, Ciânee, mãe de Cauno e de Bíblis, e Calírroe; e filhos, entre os quais figuram por vezes Mársias e seu irmão Bábis.

MECISTEU. (Μηκιστεύς.) Mecisteu (v. quadro 1, p. 8) é um dos filhos de Tálao e Lisímaque. Por isso, é irmão de Adrasto. Seu filho é Euríalo (v. este nome). Figura por vezes entre os Sete, enquanto seu filho é um dos Epígonos. Mecisteu foi morto por Melanipo, em Tebas.

MÉCON. (Μήκων.) Mécon é um ateniense amado por Deméter, que o transformou numa dormideira (sabe-se que a dormideira estava consagrada a Deméter).

MEDEIA. (Μήδεια.) Medeia é a filha do rei Eetes (v. este nome), da Cólquida. É, por isso, neta do Sol (Hélio), e sobrinha da feiticeira

---

Mater Matuta: PRISCILL., II, 53; PAUL., p. 122; 125; PHAEST., 158; 161; PLUT; *Qu. Rom.* 16; 17; OV., *Fast.*, 473 e s.; CIC., *Tusc.*, I, 28; *de nat. D.*, III, 48; SERV., *ad VIRG.*, *Aen.*, V, 241; *ad Georg.*, I, 437; AUGUST., *Civ. D.*, 18, 14; LACT., *Div. Inst.*, I, 21; 23; HYG., *Fab.*, 2; 125; 224. Cf. HALBERSTADT, *Mater Matuta*, Francoforte, 1934; L. CURTIUS, *in Röm. Mitt.*, 1925, p. 479-489; H. J. ROSE, in *Cl. Qu.*, 1934, p. 156-158; M. MARCONI, *Riflessi mediterranei...*, Co. R. Univ. Milão, 1939; G. DUMÉZIL, *Déesses latines et mythes védiques*, Bruxelas, 1956.

Meandro: HES., *Th.*, 339; PAUSAN., VII, 4, 1; OV., *Met.*, IX, 450; STEPH. BYZ., *s.u.* Ἀλάβανδα.

Mecisteu: APOLLOD., *Bibl.*, I, 9, 13 e 16; III, 7, 2; *Il.*, II, 565-566; XXIII, 677-678; PAUSAN., I, 28, 1; HEROD., I, 67.

Mécon: SERV., *ad* VIRG., *Georg.*, I, 212.

Medeia: HES., *Theog.*, 956 e s.; PIND., *Pyth.*, IV, 15 e s.; escól. *ad* PIND., *Olymp.*, XIII, 74; HEROD., VIII, 62; EUR., *Med.*, *passim* e escól.; cf. SENEC.,

Circe. Sua mãe é a Oceânide Idia, mas, por vezes, atribui-se-lhe como mãe a deusa Hécate, patrona de todas as feiticeiras. A tradição seguida por Diodoro faz de Hécate mulher de Eetes, e de Medeia irmã de Circe.

Na literatura alexandrina e em Roma, Medeia tornou-se o protótipo da feiticeira. É um papel que desempenha já na tragédia ática e na lenda dos Argonautas.

Sem Medeia, Jasão não teria podido conquistar o velo de ouro: é ela quem lhe dá o unguento destinado a protegê-lo das queimaduras dos touros de Hefesto (v. *Argonautas*) e adormece o dragão com os seus encantamentos. Uma tradição tardia, referida por Diodoro, diz-nos que Medeia era, de facto, uma princesa cheia de humanidade, que se opunha frontalmente à política do pai, que consistia em matar todos os estrangeiros que chegassem ao país. Irritado com esta surda oposição, Eetes encarcerou-a numa prisão, da qual ela não teve qualquer dificuldade em fugir. Isso aconteceu precisamente no dia em que os Argonautas desembarcaram na costa de Colcos. Medeia uniu imediatamente o seu destino ao deles, fazendo Jasão prometer que a desposaria se ela lhe garantisse o sucesso da sua empresa e o tornasse senhor do velo de ouro, que viera procurar tão longe. Jasão prometeu e, aproveitando o seu conhecimento da região, ela fez com que lhe abrissem o templo onde se conservava a preciosa pele, enquanto os Argonautas atacavam os soldados e os punham em fuga. Esta tradição, de inspiração evemerista, não é mais que a interpretação «racional» dos diferentes episódios da lenda: os touros soprando fogo tornam-se soldados originários da Táurica, etc. A pele do carneiro é o despojo de um certo Carneiro, preceptor do jovem Frixo, filho de Átamas, que errara até aquele local.

Seja como for, uma vez conquistado o velo de ouro, Medeia fugiu com Jasão e os Argonautas. Todas as lendas coincidem neste ponto. Ele prometera-lhe casamento, e todos os crimes posteriores de Medeia são desculpados ou, pelo menos, explicados pelo perjúrio de Jasão. Para o seguir e lhe dar a vitória, Medeia não só traiu e abandonou seu pai, como tomou como refém o seu próprio irmão, Apsirto, que não hesitou em matar e despedaçar para atrasar a perseguição de Eetes (v. *Argonautas*).

O casamento de Jasão e Medeia não foi imediatamente celebrado na Cólquida. Foi adiado até fazerem escala no país de Alcínoo e, de certo modo, imposto a Jasão e Medeia por Arete, a mulher do rei dos Feaces: Alcínoo decidira efectivamente entregar Medeia aos enviados de Eetes, que a reclamavam para a castigar do seu crime, mas apenas se ela ainda fosse virgem. Arete preveniu secretamente Medeia da decisão do rei, e Jasão uniu-se-lhe, para a salvar (v. *Alcínoo* e *Argonautas*), na gruta de Mácris.

Há uma tradição muito tardia, segundo a qual Jasão se teria casado na Cólquida, onde teria permanecido durante quatro anos, antes de realizar os feitos por que tinha vindo para o país. Medeia, sacerdotista (como Ifigénia na Táurica) de Ártemis-Hécate, teria sido encarregada de matar todos os estrangeiros que abordassem a Cólquida. Mas, ao ver Jasão, foi tomada de um amor súbito (inspirado directamente por Afrodite), e a cena do sacrifício terminou num casamento. Esta versão, inspirada, como é óbvio, pela história de Ifigénia e Orestes, não parece primitiva.

Hesíodo refere um filho de Jasão e Medeia, Medeio (v. este nome). Outros autores referem uma filha, Eriopis. Mais tarde, na tradição trágica, atribuem-se-lhes dois filhos, Feres e Mérmero. Finalmente, Diodoro nomeia Téssalo, Alcímenes, Tisandro.

Regressando a Iolo, com Jasão, Medeia começou por se vingar de Pélias, que tentara fazer perecer Jasão, impodo-lhe a procura do velo de ouro (v. *Pélias* e *Jasão*). Persuadiu as filhas do rei de que, se quisesse, era capaz de rejuvenescer qualquer ser vivo, fazendo-o ferver num preparado mágico de que possuía o segredo. Sob os olhos das jovens, fez em pedaços um velho carneiro, deitou os bocados num grande caldeirão que pusera sobre o fogo e, no instante seguinte, tirou dele um cordeiro bem vivo e satisfeito. Convencidas, por esta demonstração da sua arte, as filhas de Pélias despedaçaram o pai e deitaram os bocados num caldeirão fornecido por Medeia; mas Pélias nunca voltou a sair de lá. Na sequência deste assassínio, Acasto, filho de Pélias, baniu Jasão e Medeia do seu reino. Uma variante da mesma lenda (destinada a explicar que o regresso de Jasão, que Pélias jugava ter enviado para uma morte certa, não tenha levantado desconfianças), refere que Medeia deixou sozinha a nau *Argo* e foi para Iolco, disfarçada de sacerdotisa de Ártemis. Depois de consumado o crime e de as Polídades se terem posto em fuga, horrorizadas com o que haviam feito, Medeia fez regressar Jasão. Este deu o reino a Acasto, filho de Pélias, que, contra vontade do pai, o acompanhara na procura do velo de ouro. Em seguida, e tal como na versão anterior, Jasão e Medeia vão viver para Corinto.

Corinto era o país de origem de Eetes (v. este nome). Aí existia um culto dos «filhos de Medeia» que pode ter dado lugar ao episódio seguinte da lenda. Jasão e Medeia viveram algum tempo em Corinto, até que o rei Creonte quis dar a sua filha em casamento ao herói. Baniu Medeia, mas ela conseguiu adiar a partida por um dia, que aproveitou para preparar a sua vingança. Embebendo em veneno uma túnica, adornos e jóias, fê-los chegar às mãos da feliz

---

Med.; APOL. RH., *Arg.*, *passim*; escól. *ad* I, 1289; III, 342; IV, 223; 814; PLUT., *Thes.*, 12; DIOD. SIC., IV, 45 e s.; TZETZ., *ad Lyc.*, 175; 1315; 1318; HYG., *Fab.*, 25; 26; 27; 239; STEPH. BYZ., *s. u.* τομεύς; OV., *Met.*, VII; 1 e s.; *Her.*, XII, APOLLOD., *Bibl.*, I, 9, 16; 23 e s.; *Ep.*, V, 5; PAUSAN., II, 3, 6-11; 12, 1; V, 18, 3; VIII, 11, 2; DRACONTIUS, in *Poet. lat.* (Baehrens), V, 192 e s.; L. SECHAN, «La légende de Medée»: *R. E. G.*, XL (1927), p. 234 e s.; R. JEFFERS, *Medea*, Nova Iorque, 1946.

rival, por intermédio dos filhos. Mal ela os pôs, foi envolvida por um fogo misterioso, o mesmo acontecendo a seu pai, que viera socorrê-la. Também o palácio foi invadido pelo fogo. Entretanto, Medeia matou os próprios filhos no templo de Hera, e voou para Atenas num carro com cavalos alados, presente do seu antepassado Sol (v. *Creonte*). Diz-se que foi Eurípides o primeiro a fazer com que os filhos de Medeia tenham sido mortos pela mãe. Na versão anterior, eram lapidados pelos Coríntios, que os castigavam por terem levado a túnica e as jóias a Creúsa (v. também *Mérmero*).

Dizia-se que Medeia fugira para Atenas porque tinha garantido a ajuda de Egeu, antes de cometer o crime contra seus filhos. Afirmara-lhe que seria capaz de lhe dar filhos, se ele casasse com ela (v. *Egeu*). Tentou, em vão, fazer perecer Teseu, quando ele se deu a conhecer a seu pai. Foi então banida de Atenas. Voltou para a Ásia, acompanhada por seu filho Medo, que tivera de Egeu, e que é o epónimo dos Medos. Em seguida, regressou à Cólquida, onde Perses destronara Eetes, e fez com que o matassem para devolver o reino ao pai.

Havia uma tradição segundo a qual Medeia não morreu, mas foi levada para os Campos Elísios, onde se uniu a Aquiles (tal como, de resto, Ifigénia, Helena e Políxena).

MEDEIO. (Μήδειος.) Medeio, filho de Jasão e Medeia, foi criado por Quíron. Não sabemos mais nada sobre a sua lenda.

MEDO. (Μῆδος.) Medo é um filho de Medeia. Segundo a tradição mais divulgada, seu pai era Egeu (v. *Medeia*). Mas, por vezes, é dado como filho de um rei do interior da Ásia, com quem Medeia teria casado quando foi expulsa de Atenas, após o regresso de Teseu. Em ambas as versões, Medo é um epónimo dos Medos.

Os tragediógrafos áticos complicaram a lenda de Medo. Adoptando a tradição que o fazia filho de Egeu, supuseram que Medo fugira de Atenas com a mãe, mas ficara para trás por causa de uma tempestade e fora atirado para a costa do reino de seu tio-avô Perses. Este fora avisado por um oráculo de que devia desconfiar dos descendentes de Eetes. Sabedor deste pormenor, Medo escondeu de Perses a sua verdadeira identidade, quando foi conduzido junto dele pelos soldados que o prenderam. Disse ao rei que era Hípotes, filho do rei de Tebas, Creonte, e que procurava Medeia para a castigar da morte de Creonte e Creúsa. Perses não acreditou na sua palavra e, esperando uma investigação complementar, encarregou-o. Entretanto, a penúria abateu-se sobre o país. E Medeia, chegando junto de Perses com o seu carro puxado por dragões, fez crer ao tio que era uma sacerdotisa de Ártemis e que viera libertar o país da escassez que o atormentava. O rei, sem desconfiar, revelou-lhe que tinha preso Hípotes, filho do rei de Tebas. Medeia pediu-lhe que lho entregasse e, quando o viu, reconheceu o seu próprio filho. Então, chamou-o à parte e deu-lhe uma arma, com que Medo matou Perses. Em seguida, reinou em seu lugar.

Para *Medo*, filho da ninfa Alfesibeia, v. este nome.

MEDONTE. (Μέδων.) **1.** Medonte é o filho natural de Oileu e Rene. Natural de Ftiótide, teve de se exilar depois do assassínio de um dos pais de sua madrasta, Eriópis. Quando Filoctetes foi abandonado, doente, na ilha de Lemnos, foi ele quem tomou o comando do contingente de Metone, Taumácia, Melibeia e Olízon. Foi morto por Eneias, em Tróia.

2. Um outro Medonte era o arauto dos pretendentes em Ítaca. Quando estes decidiram preparar uma armadilha a Telémaco, para o momento em que ele regressasse de procurar Ulisses, Medonte revelou o plano a Penélope. Por isso, Ulisses poupou-o aquando do massacre dos pretendentes. Ovídio e Apolodoro citam-no entre os próprios pretendentes. As duas versões, de resto, não são incompatíveis.

3. Medonte era também um filho de Pílades e Electra, irmão de Estrófio (v. quadro 31, p. 352).

***MEFÍTIS.** (*Mephitis.*) Mefítis é, em Roma e em certas cidades da Itália, a divindade feminina que preside às emanações sulfurosas, tão abundantes em Itália. Julgava-se que estas emanações causavam pestes e outras epidemias, de modo que Mefítis é considerada por vezes como a deusa da peste. Tinha um templo em Roma, no Esquilino.

MÉGACLO. (Μεγακλώ.) Mégaclo é uma das filhas do rei Mácar, de Lesbos. Como ele, violento e carrancudo, maltratava frequentemente a mulher, Mégaclo tomou como criadas as Sete Musas de Lesbos (as Sete Virgens de Lesbos), a quem ensinou a cantar com acompanhamento de lira. Depois de ensinadas, as jovens deram concertos para Mácar, que viu o seu carácter tornar-se doce e acabou por tratar a mulher humanamente.

MEGAPENTES. (Μεγαπένθης.) **1.** Megapentes (cujo nome significa: o Grande Desgosto) é um filho natural de Menelau, que ele teve de

---

Medeio: HES., *Th.*, 1000 e s.; PAUSAN., II, 3, 9.

Medo: APOLLOD., *Bibl.*, I, 9, 28; DIOD. SIC., IV, 55 e 56; STRAB., XI, 13, 10, p. 526; PAUSAN., II, 3, 8; EUST., *ad Dion. Per.*, 1017; HYG., *Fab.*, 27; 244; STEPH. BYZ., *s. u.* Μηδία.

Medonte: 1) *Il.*, II, 716 e s.; XIII, 693 e s.; XV, 332 e s.; XVII, 216 e s.; EUST., *ad Hom.*, 328, 28. **2)** *Od.*, IV, 677 e s.; XXII, 357 e s.; cf. OV., *Her.*, I, 91; APOLLOD., *Ep.*, 27. **3)** PAUSAN., II, 16, 7.

Mefítis: VAR., *LL*, V, 49; PHAEST., p. 451; SERV., *ad VIRG.*, *Aen.*, VII, 84; PLIN., *N. H.*, II, 208.

Mégaclo: CLEM. AL., *Protr.*, XI, 24.

Megapentes: 1) *Od.*, IV, 10-12; XV, 100 e s.; EUST., *ad Hom.*, 99, 13; 1480; 1; APOLLOD., *Bibl.*, III, 11, 1; ATHEN., I, 18 b; IV, 180 c; PAUSAN., II, 18, 6; III, 18, 13; 19, 9. **2)** APOLLOD., *Bibl.*, II, 2, 2 e 4; EUST., *ad Hom.*, 1481, 4; DIOD. SIC., IV, 68; PAUSAN., II, 16, 3; 18, 4; TZETZ., *ad Lyc.*, 838; escól. *ad* EUR., *Phoen.*, 180.

uma escrava chamada Piéris, segundo uns, ou Terídae, na opinião de outros (v. quadro 15, p. 200). Durante a ausência de Helena, Menelau casou-o ao mesmo tempo que Hermíone. Deu-lhe por esposa a filha de Alector, de Esparta.

Por ser bastardo, Megapentes foi excluído pelos Lacedemónios dos direitos de sucessão de Menelau. Esse direito coube a Orestes. Em outra tradição, depois da morte de Menelau e quando Orestes ainda vagueava, perturbado pelas Erínias (v. *Orestes*), Megapentes e seu meio-irmão Nicóstrato (o filho de Menelau e Helena; v., todavia, *Menelau*) expulsaram Helena, que se refugiou em Rodes, junto de Polixo (v. *Helena*).

2. Megapentes é também o nome do filho de Preto, que o teve durante a loucura das filhas. Segundo as tradições, era pai de Anaxágoras e de Ifianira. Reinou primeiramente sobre Tirinte, sucedendo a seu pai, Preto; mas Perseu, depois da morte de Acrísio, trocou o reino de Argos pelo de Tirinte (v. *Perseu*, cf. quadro 13, p. 152).

MÉGARA. (Μέγαρα.) **1.** A mais célebre heroína com este nome é a filha de Creonte, rei de Tebas, que o pai casou com Héracles para o recompensar da vitória sobre os Mínias de Orcómeno (v. *Héracles*). Mas esse casamento acabou de forma trágica, já que Héracles, acometido de loucura por intervenção de Hera, matou os filhos que tivera de Mégara. A versão de Eurípides sobre este assassínio (tratada no *Héracles Furioso* e retomada por Séneca sob o mesmo título) tornou-se clássica. Eurípides conta que, durante a ausência de Héracles, que fora aos Infernos procurar Cérbero a mando de Euristeu, um certo Lico veio de Eubeia para destronar Creonte e matou-o. Preparava-se também para matar Mégara e seus filhos, quando Héracles voltou. O herói começou por matar Lico, mas Hera enlouqueceu-o e ele trespassou os próprios filhos, bem como Mégara, com as suas flechas. Quando ia dar o mesmo destino a Anfitrião, Atena interpôs-se e mergulhou-o num sono profundo.

Esta versão não é, todavia, a única conhecida pelos mitógrafos. A maior parte deles não admite que Mégara tenha sido morta no massacre. Dizem que Héracles quis romper o casamento, que manchara com sangue, e que casou Mégara com Iolau, seu sobrinho (v. *Héracles*); ou então que, depois do massacre, Héracles fugiu de Tebas para um exílio que durou um ano. Ao fim desse ano, foi mandado voltar por Íficles e Licímnio, mas não o quis fazer. Então, Íficles e Licímnio partiram a procurá-lo, acompanhados por Mégara. Acabaram todos por se encontrar em Tirinte.

Totalmente aberrante é a versão segundo a qual os filhos de Héracles e de Mégara foram mortos por Lico, que seria, nesse caso, o pai de Mégara, e que Hera enlouquecera para o punir de ter dado a filha em casamento ao herói.

Em Tebas, mostrava-se o túmulo dos filhos de Mégara, e prestava-se-lhes culto. Consoante os autores, o seu número varia entre três e oito. Os nomes diferem igualmente: Terímaco, Deicoonte, Greontíades (v. quadro 17, p. 219), ou ainda Onites, Oxeu, Aristodemo, Clímeno, Gleno, Polidoro, Aniceto, Mecistófono, Pátrocles, Tóxóclito, Menebrontes, Quersíbio — estando estes diferentes nomes diversamente agrupados consoante as tradições.

2. Uma lenda isolada e tardia refere uma outra Mégara, mãe de Ixíon, que foi morta por Forbas e Polimelo, porque repelia os seus avanços. Ixíon, mais tarde, vingou a sua morte.

MEGAREU. (Μεγαρεύς.) Megareu, epónimo da cidade de Mégara, era filho de Posídon e Enope, filha de Epopeu (v. quadro 11, p. 142). Era natural da cidade de Onquesto, na Beócia. Por vezes, consideravam-no filho de Apolo, ou então de Egeu.

Tinha vários filhos: o mais velho, Timalco, foi morto por Teseu durante a expedição dos Dioscuros contra a Ática: o mais novo, Evipo, foi morto pelo leão de Citéron e, para o vingar, Megareu ofereceu a mão de sua filha Evecme, bem como o direito de lhe suceder, ao herói que vencesse o monstro. Alcátoo (v. este nome) apresentou-se e matou o leão.

Alguns autores atribuem-lhe como mulher Mérope, e um terceiro filho, Hipómenes, o vencedor de Atalante (v. *Hipómenes*).

Quando Minos pôs cerco ao rei Niso, na sua cidade, que se chamava na altura Nisa, este pediu auxílio a Megareu, que morreu na batalha, combatendo pelo seu aliado. Mais tarde, quando o seu sucessor, Alcátoo, reconstruiu a cidadela de Nisa, deu-lhe o nome de Mégara, em homenagem ao sogro.

Uma outra tradição, de origem megarense, referia que a cidade jamais fora tomada. Megareu teria sucedido a Niso porque casara com Ifínoe, sua filha. E Alcátoo sucedera naturalmente a Megareu, de quem era também genro.

MEGES. (Μέγηα.) Meges é o filho de Fileu e de Ctímene, filha de Laertes e, por isso, irmão de Ulisses. Pelo lado do pai, descende de Augias (v. *Fileu*). Outros autores atribuem-lhe como mãe Timandra, uma irmã de Helena e de Clitemnestra, filha de Tíndaro (v. quadro 21, p. 242). Figura entre os pretendentes à mão de Helena e participou, a esse título, na Guerra de Tróia. Comandava o contingente de Dulíquio e das Equínades. Em Tróia, matou Pe-

---

Mégara: 1) *Od.*, XI, 269 e s.; escól. *ad loc.*; EUST., *ad Hom.*, p. 1683, 38; PIND., *Ist.*, IV, 61 e s.; escól. *ad* IV, 104; PAUSAN., I, 41, 1; IX, 11, 1, 1-2; X, 29, 7; EUR., *Herc. F.*, *passim*; SENEC., *Herc. F.*, *passim*; APOLLOD., *Bibl.*, II, 4, 11 e s.; II, 6, 11; DIOD. SIC., IV, 10 e s.; 31; escól., *ad* STAT., *Theb.*, IV, 570; X, 986; HYG., *Fab.*, 31; 32; 72; 241; TZETZ., *ad Lyc.*, 3, 38; SERV., *ad VIRG.*, *Aen.*, VIII, 299; NICOL. DAM., fr. 20; MOSCH., *Id.*, IV. **2)** *Anthol Pal.*, III, 12.

Megareu: PAUSAN., I, 39, 5 e 6; 41, 3; 42, 1; HYG., *Fab.*, 157; 185; STEPH. BYZ., *s.u.* Νισαία e Μέγαρα; OV., *Met.*, X, 605 e s.; PLUT., *Qu. Gr.*, 16.

Meges: *Il.*, II, 625 e s.; V, 69; X, 110; XIII, 691 e s.; XV, 519 e s.; XVI, 313; EUST., *ad Hom.*, p. 305, 15; HESCH., *s.u.*; HYG., *Fab.*, 97; APOLLOD., *Bibl.*, III, 10, 8; DICT. CR., III, 10.

deu, Cresmo, Ânficlo. Ele próprio terá sido morto em Tróia, mas a *Ilíada* não fala da sua morte. A tradição seguida por Polignoto, no grande fresco de Delfos, coloca-o entre os gregos que regressam de Tróia; mas admitia-se que fora ferido e morrera talvez durante a viagem.

MEGETE. V. *Meges*.

MELÂMPIGO. (Μελάμπυγος.) Melâmpigo, o «Homem do Rabo Negro», é o nome de um homem misterioso contra quem a mãe dos Cercopes os tinha posto de sobreaviso. Acontece que este homem não era outro senão Héracles (v. *Cercopes*).

MELAMPO. (Μελάμπους.) Melampo, o Homem dos Pés Negros (porque, diz-se, mal acabou de nascer, a mãe pô-lo à sombra, mas, inadvertidamente, deixou-lhe os pés expostos ao sol), é filho de Amitáon e de Idómene. Pertence à raça de Creteu e de Tiro (v. quadro 23, p. 258; 1, p. 8). Casou com uma das filhas de Preto (v. *infra*) e teve filhos: Mântio, Antífates, Abas; e filhas: Prónoe e Manto. Diodoro afirma que, na realidade, ele casou com Ifiamira, filha de Megapentes, filho do rei Preto (v. *Megapentes*, 2).

Na infância, Melampo adquirira do seguinte modo o dom da adivinhação: encontrando uma serpente morta, fez-lhe funerais numa pira. Os filhos do animal (que era uma fêmea), reconhecidos, e também porque ele os criara, *purificaram-lhe* as orelhas com a língua, de modo que, a partir de então, ouviu a linguagem dos pássaros e de todos os animais em geral (v. *Polífates*). Melampo era não só um adivinho, mas também um médico, ou antes, um sacerdote capaz de purificar os doentes e de assim lhes devolver a saúde. Conhecia igualmente as ervas mágicas e medicinais.

Melampo e seu irmão Bias deixaram a pátria, a Tessália, e foram para junto de Neleu, seu tio, em Pilo, em Messénia. Aí, Bias quis casar com Péro, filha de Neleu. Mas este consentiu em dar-lha apenas se ele trouxesse como presente de casamento os rebanhos de Fílaco (segundo outras versões, de Íficlo, mas este é filho de Fílaco e tem um papel distinto na lenda; v. *infra* e também *Íficlo*). Estes rebanhos encontravam-se em Fílace, na Tessália, e estavam ferozmente guardados por um cão de que nem os homens nem os animais se podiam aproximar. Não podendo roubar ele próprio os rebanhos, Bias pediu a Melampo que o ajudasse. Este concordou, predisse que o conseguiria fazer, mas que seria apanhado e só obteria o rebanho depois de ter estado preso durante um ano. Em seguida, dirigiu-se a Fílace e, como previra, foi apanhado em flagrante e aprisionado numa cabana. Passara quase um ano quando ouviu os vermes que roíam a madeira perguntarem-se, numa viga do tecto, quanto tempo aguentaria ainda a viga antes de desabar. E um deles respondeu que a madeira estava tão fina que não tardaria a ceder. Melampo pediu imediatamente que o pusessem em outra prisão e, de facto, pouco depois de ter partido, o tecto da cabana desabou. Assim, Fílaco reconheceu que tinha, na pessoa do seu prisioneiro, um notável vidente, e recorreu a ele para curar a impotência de seu filho Íficlo; em recompensa, deu-lhe os rebanhos que ele desejava e que Melampo conduziu até Pilo, onde Neleu deu a Bias a mão de Péro. Outra tradição, conhecida apenas através de Propércio, faz com que Melampo tenha ele próprio amado Péro.

Mais tarde, Melampo foi chamado pelo rei de Argos, Preto, para sarar suas filhas, atingidas por uma loucura colectiva (v. *Prétides*). Elas vagueavam por todo o Peloponeso e julgavam-se transformadas em vacas. Melampo prometeu ao pai que as curaria se ele lhe desse em pagamento um terço do seu reino. Preto recusou, e a doença agravou-se. Preto teve de pedir ajuda a Melampo, pela segunda vez. Mas, desta vez, ele pediu um terço do reino para si e outro terço para o seu irmão. Preto aceitou estas condições. Então, Melampo expulsou as raparigas da montanha, com a ajuda de jovens que dançavam e gritavam, e forçou-as a voltarem para Sícion. Aí, purificou-as com ritos mágicos. Todas se curaram. Apenas a mais velha, Ifínoe, morreu, de cansaço. Preto deu em casamento as suas outras duas filhas, Ifianassa e Lisipe, a Bias e Melampo, e prometeu, a cada um, um terço do seu reino. E foi assim que os descendentes de Amitáon acabaram por reinar na Argólida. Quanto às consequências desta partilha do reino, v. *Adrasto*.

MELANCRERA. (Μελάγχραιρα.) «Cabeça Negra» (Melancrera) é o epíteto da Sibila de Cumas. Explicava-se este epíteto de diversos modos: ou se tratava de uma alusão às revelações obscuras da Sibila, ou à sua melancolia, ou traduzia uma característica física: cabelos negros, ou pele escura e enrugada pela velhice, etc.

MELANEU. (Μελανεύς.) Melaneu é um archeiro célebre, filho de Apolo. Teve de Ecália um filho, Êurito (v. este nome). Fundou a cidade de Ecália, em Messénia, num terreno concedido por Perieres.

Havia também uma lenda eubeia de Melaneu, que o dava como filho de Arcesilau e fundador da cidade de Erétria, que primeiramente se terá chamado, por sua causa, Melaneia.

Antonino Liberal refere que um certo Melaneu, filho de Apolo e pai de Êurito e Am-

---

Melâmpigo: HEROD., VII, 216; TZETZ., *ad Lyc.*, 91.

Melampo: *Od.*, XI, 287 e s.; XV, 225 e s.; escól. *ad Il.*, XIII, 663; *ad Od.*, XI, 290; XV, 225, *ad* AESCH., *Th.*, 569; *ad* PIND., *Nem.*, IX, 30; *ad* APOL. RH., *Arg.*, I, 118; 121; 143; SERV., *ad* VIRG., *Ecl.*, VI, 48; APOLLOD., *Bibl.*, I, 9, 11; II, 2, 2; DIOD. SIC., IV, 68; STAT., *Theb.*, VIII, 277; escól. *ad* THEOCR., *Id.*, III, 43; THEOPHR., *Hp*, IX, 10, 4; PLIN., *N. H.*, XXV, 5, 21; PAUSAN., IV, 36, 3; ATHEN., XI, 498; HEROD., IX, 34; PROP., *El.*, II, 3, 51-54.

Melancrera: PS. ARIST., *De mir. ausc.*, 95; LYC., *Alex.*, 1278-1280, e TZETZ., *ad* v. 1464.

Melaneu: PAUSAN., IV, 2, 2; 33, 5; escól. *ad* SOPH., *Tr.*, 354; STEPH. BYZ., *s.u.* Ερετρία; STRAB., X, 447 e s.; ANT. LIB., *Transf.*, 4.

brácia (epónimo da cidade de Ambrácia), era rei dos Dríopes e se apoderara do Epiro, onde reinava.

MELANIPE. (Μελανίππη.) **1.** Numa tradição, Melanipe é o nome da filha do primeiro Éolo, filho de Hélen (v. quadro 8, p. 116, no qual, todavia, Melanipe não figura entre os filhos de Éolo mas, em conformidade com a tradição citada por Pausânias, como nora de Anfíction; v. *infra*).

Teve dois filhos de Posídon, Beoto e Éolo II, e é a heroína de duas tragédias perdidas de Eurípides (v. *Éolo*): *Melanipe Acorrentada* e *Melanipe Filósofa*.

Outra tradição mencionada por Pausânias faz de Melanipe uma ninfa, que casou com Itono, filho de Anfictíon. Deu-lhe um filho, Beoto.

A mãe de Melanipe é Hipe, filha de Quíron, que foi seduzida por Éolo no monte Pélion (v. *Hipe*).

2. Na lenda existe outra Melanipe, filha de Ares e irmã da rainha das Amazonas, Hipólita. Foi capturada por Héracles, mas Hipólita libertou-a, aceitando as condições do vencedor (v. *Héracles*). Todavia, no combate que se seguiu à ruptura do armistício, enquanto Hipólita era morta por Héracles, Melanipe tombou sob os golpes de Télamon, companheiro do herói.

MELANIPO. (Μελάνιππος.) **1.** O primeiro herói com este nome é filho de Ares e da deusa Triteia, filha do deus Tritão. Fundou a cidade de Triteia, na Acaia, a que deu o nome de sua mãe.

2. Outro é um tebano, filho de Ástaco, um dos guerreiros nascidos dos dentes do dragão de Cadmo (v. este nome). Combatia ao lado dos Tebanos na guerra dos Sete Chefes. Matou Mecisteu, irmão de Adrasto, e feriu mortalmente Tideu antes de ser morto por Anfiarau. Este cortou a cabeça ao cadáver e levou-o a Tideu moribundo, que abriu o crânio do seu inimigo e devorou o cérebro. Com tal gesto, Atena, que tinha pensado conceder a imortalidade a Tideu, ficou horrorizada e renunciou ao seu projecto. Anfiarau previra o que se ia passar e, por isso, levara a cabeça de Melanipo a Tideu, conhecedor que era da sua crueldade. Anfiarau era hostil a Tideu porque este o levara a empreender aquela expedição, que ele sabia que ia ser desastrosa (v. *Anfiarau*).

Mostrava-se em Tebas o túmulo de Melanipo mas, na época histórica, o tirano de Sícion, Clístenes, transportou as cinzas de Melanipo de Tebas para Sícion, onde foram colocadas no lugar das de Adrasto.

3. Outro Melanipo figura entre os filhos de Ágrio, que destronaram Eneu, em Cálidon (v. *Diomedes*).

4. Melanipo é também o nome de um filho que Teseu teve de Perigune, filha de Sínis (v. este nome). Conta-se entre os vencedores dos Jogos Nemeus, no tempo dos Epígonos.

5. Finalmente, vários troianos de nome Melanipo caíram em combate pela cidade.

6. V. também *Cometo*, 2.

MELÂNTIO. (Μελάνθιος.) Melântio é um cabreiro de Ítaca, filho de Dólio e irmão da criada Melântio (v. *Melanto*, 2). Como sua irmã, traiu os interesses dos seus verdadeiros patrões, Penélope e Ulisses. Quando Ulisses chega a Ítaca, disfarçado de mendigo, encontra Melântio, que se mostra insolente para com ele e toma o partido dos pretendentes. Durante o massacre, tenta trazer armas aos pretendentes, mas em vão. Foi fechado na dependência onde se encontravam as armas e, uma vez enforcadas as criadas, foi levado para o pátio, onde lhe cortaram o nariz e as orelhas, que foram dadas a comer aos cães; em seguida, cortaram-lhe as mãos e os pés e deixaram-no morrer.

MELANTO. (Μέλανθος.) O herói Melanto é, por parte de seu pai Andropompo, um descendente de Neleu, rei de Messénia. Foi expulso de Pilo, sua terra natal, pela vinda dos Heraclidas e, a conselho do oráculo, fixou-se na Ática, onde foi acolhido como cidadão e participou nas magistraturas. Na altura, reinava na Ática um descendente de Teseu, de nome Timetes, e os Atenienses estavam em guerra com os Beócios, com quem disputavam a posse da cidade de Énoe. Como a contenda parecia não se resolver, foi decidido pôr termo ao diferendo através de um combate singular entre os reis das duas regiões. O rei de Atenas, porém, teve medo de defrontar Xanto, o rei de Tebas. Fez então saber que estava disposto a abdicar do seu poder real em favor de quem conseguisse vencer o rei de Tebas em combate singular. Melanto aceitou a proposta e o combate teve lugar. Quando estava prestes a começar, por detrás de Xanto apareceu a figura de um guerreiro armado com uma égide negra. Era Dioniso Melanégida, mas Melanto tomou-o por um combatente. Então, acusou Xanto de violar as condições de duelo e de ter recor-

---

Melanipe: 1) Diod. Sic., XIX, 53; IV, 67; Eratosth., *Cat.*, 18; Hyg., *Fab.*, 157; 186; 252; *Astr. Poet.*, II, 18; Nonn., *Dion.*, VIII, 236; escól. *ad* Ar., *Lys.*, 139; Pausan., IX, 1, 1; Greg. Cor., *Trop.*, VII, p. 1313; Dion. Hal., *Rh.*, IX, 11 (vol. V., p. 355). **2)** Apol. Rh., *Arg.*, II, 966; Just., II, 4, 23-25; Diod. Sic., IV, 16; Tzetz. *ad Lyc.*, 1329 escól. *ad Il.*, III, 189.

Melanipo: 1) Pausan., VII, 22, 8. **2)** Apollod., *Bibl.*, I, 8, 6; III, 6, 8; Aesch., *Th.*, 388 e s.; Pind., *Nem.*, XI, 47 e s. e escól. *ad loc.*; escól. *ad Il.*, V, 126; XVII, 40; Tzetz *ad Lyc.*, 1066; Pausan., IX, 18, 1; Stat., *Theb.*, VIII, 717 e s.; Ov., *Ibis*, 427 e s.; 515 e s.; **3)** Apollod., *Bibl.*, I, 8, 6. **4)** Plut., *Thes.*, 8; Pausan., X, 25, 3. **5)** Cf., *Il.*, XV, 546-581; VIII, 276; XVI, 695; Tzetz., *Posth.*, 554.

Melântio: *Od.*, XVII, 216 e s.; XVIII, 321 e s.; XX, 173 e s.; XXII, 135 e s.; 182 e s.; 474 e s.; Athen., XII, 549 a; Hyg., *Fab.*, 126; Tzetz., *ad Lyc.*, 776; escól. *ad* Aristoph., *Pl.*, 312; *ad* Theocr., *Idyl.*, V, 150; Ov., *Her.*, I, 95.

Melanto: Pausan., VII, 1, 9; VIII, 18, 7 escól., *ad* Plat., p. 376; Hellan., fr. 10; Herod., V, 65; Strab., VIII, 359; IX, 393; Conon, *Narr.*, 39; escól. *ad* Aristoph., *Ach.*, 146; *ad Pax*, 890; Athen., III, 96 e s.

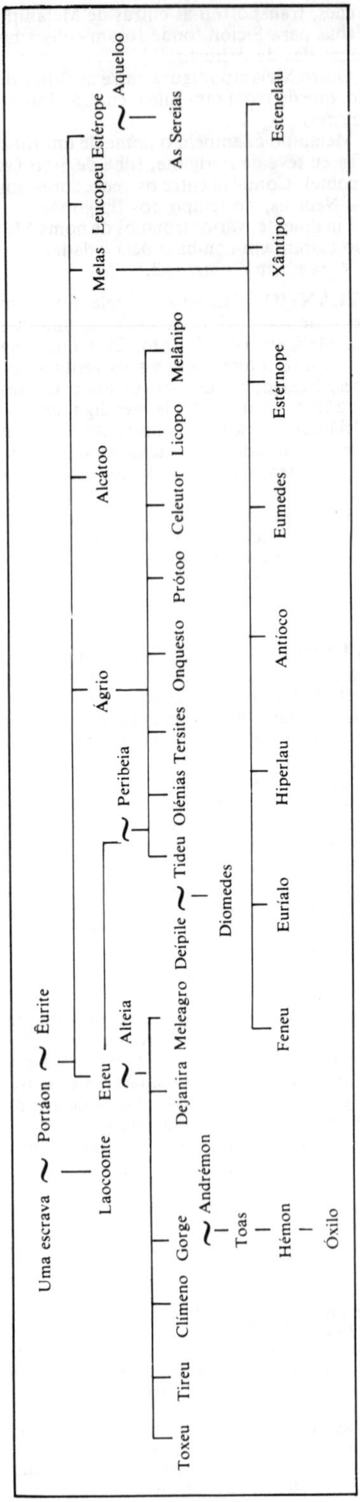

Quadro genealógico n.º 29
(v. também o quadro 24, p. 265)

rido a uma ajuda exterior. Surpreendido, Xanto voltou-se para ver quem vinha em seu socorro, e Melanto aproveitou o momento para o trespassar com um golpe de lança. Tendo assim assegurado a vitória aos Atenienses, tornou-se rei. Os Atenienses erigiram um santuário a Dioniso, cuja ajuda tão eficaz fora.

Existe uma outra tradição, que conhecemos através de Ateneu: Melanto, expulso de Pilo, recebera da Pítia o conselho de se estabelecer no local onde lhe oferecessem uma cabeça e uns pés para comer. Ao chegar a Elêusis, os sacerdotes ofereceram-lhe tudo quanto restava da vítima do sacrifício que acabavam de celebrar: a cabeça e os pés. Melanto compreendeu então que o oráculo se cumprira e fixou-se em Elêusis.

Melanto é também o epónimo de um demo ático e o irmão de Codro (v. este nome).

MELANTO. (Μελανθώ.) **1.** Em uma tradição, Melanto é o nome de uma filha de Deucalião. De Posídon, que a ela se uniu sob a forma de um delfim, concebeu o herói epónimo de Delfos, Delfo. Outras tradições dão à filha de Deucalião o nome de Melântia, e não Melanto, e fazem dela a avó de Delfo e não sua mãe. Nesse caso, teria concebido, do deus-rio Cefiso, ou de Híamo (v. este nome), uma filha chamada Melena, ou Melénis, ou ainda Celeno, que seria a mãe de Delfo (v. *Delfo* e quadro 8, p. 116).

2. Melanto é também a criada que Penélope acarinhou na infância, mas que tomou o partido dos pretendentes. Foi amante de Eurímaco. Como as outras criadas, foi enforcada depois do massacre dos pretendentes. Era irmã do cabreiro Melântio (v. *Melântio*).

3. Outra Melanto é a mulher de Críaso e mãe de Forbas e Cleobea (v. quadro 20, p. 240).

MELAS. (Μήλας.) **1.** Melas, filho de Héracles e de Ônfale, é um duplo de Hegéleo. Tal como ele, diz-se que introduziu o uso da trombeta de guerra, aquando da expedição dos Heraclidas contra o Peloponeso, sob o comando de Témeno (v. *Hegéleo*).

2. Um outro Melas (Μέλας) é filho de Frixo e de Calcíope.

MELEÁGRIDES. (Μελεαγρίδες.) As Meleágrides são jovens mulheres transformadas em pintadas. Na maior parte dos casos, são consideradas como irmãs de Meleagro, denominadas Gorge, Eurímede, Dejanira, Melanipe. Choraram tanto a morte do irmão (v. *Meleagro*) que Ártemis, compadecida, as transformou em aves. A pedido de Dioniso, duas delas, Gorge e Dejanira, conservaram a forma

---

Melanto: 1) TZETZ., *ad Lyc.*, 208; OV., *Met.*, VI, 120; escól., *ad* AESCH., *Eu.*, 2. **2)** *Od.*, XVIII, 321 e s.; XIX, 65; DIOG. LAERT., II, 8, 4, 79; PAUSAN., X, 25, 1. **3)** escól. *ad* EUR., *Or.*, 932.

Melas: Escól. *ad Il.*, XVIII, 219.

Meleágrides: ANT. LIB., *Transf.*, 2; SOPH., *ap.* PLIN., *N. H.*, XXXVII, 40 e s.; AEL., *NA*, IV, 42; V, 27; OV., *Met.*, VIII, 532 e s.; HYG., *Fab.*, 174;

humana; ou, então, Dioniso devolveu-a às duas jovens depois da metamorfose. Ártemis transportou as novas aves para a ilha de Leros.

Os mitógrafos aumentaram o número das Meleágrides. Além das quatro já referidas, citam, por exemplo, Febe, Eurídice, Menescte, Érato, Antíope, Hipodamia.

Sobre a origem das Meleágrides, existia outra tradição, de que se conservaram apenas vestígios: segundo uma informação de Suídas, parece que uma lenda de Leros considerava as pintadas como companheiras de Iocális, uma divindade local, análoga a Ártemis. Em qualquer dos casos, as pintadas eram criadas, como aves sagradas, em volta do templo de Ártemis em Leros.

Pensava-se que as lágrimas das Meleágrides, como as das Helíades, formavam gotas de âmbar.

MELEAGRO. (Μελέαγρος.) Meleagro é o filho de Eneu, rei dos Etólios de Cálidon, e de Alteia, uma irmã de Leda (v. quadro 26, p. 272 e quadro 29, p. 298). É o herói do episódio conhecido pelo nome de «Caça de Cálidon». Este episódio já está na *Ilíada*, onde Fénix, para comover Aquiles e o fazer reconsiderar a sua decisão de não participar no combate, conta a triste aventura de Meleagro, que se mostrara igualmente obstinado: o rei de Cálidon, Eneu, oferecera depois da colheita um sacrifício a todas as divindades, excepto a Ártemis. Então, a deusa enviou contra Cálidon um javali de prodigioso tamanho que assolou os campos. Para o vencer, Meleagro, filho do rei, reuniu vários caçadores vindos de todas as cidades da vizinhança. O animal matou muitos deles, até cair sob os golpes do jovem. Mas Ártemis, cuja cólera não se acalmara ainda, provocou uma disputa entre Etólios e Curetes (pois os caçadores que haviam participado na caçada pertenciam a ambos os povos), por causa da pele e da cabeça do javali. Enquanto Meleagro combateu ao lado dos seus compatriotas Etólios, estes levaram vantagem. Porém, na batalha, Meleagro matou os irmãos da mãe, que o amaldiçoou, invocando contra ele a cólera dos deuses infernais, com as mais violentas imprecações. Então, Meleagro, temendo as consequências da maldição da mãe, e receando que as Erínias o atingissem se continuasse a combater, retirou-se em sua casa e recusou-se a apoiar os seus. Imediatamente a vitória pendeu para o lado dos Curetes. Os Etólios foram obrigados a recuar para dentro dos muros de Cálidon, e cercados de pronto. Os Etólios mais idosos vieram então suplicar a Meleagro que voltasse à luta, mas em vão. Ele resistiu sucessivamente aos pedidos dos mais importantes sacerdotes da cidade, do seu próprio pai e da mãe, que se lhe lançaram aos pés, das suas irmãs em lágrimas, e, finalmente, dos amigos mais queridos. A situação arrastou-se até a cidade começar a arder e o inimigo se preparar para lhe pilhar a casa. Sua mulher, Cleópatra Alcíone, filha de Idas e Marpessa, procurou refúgio junto dele, e fez-lhe ver qual seria a sorte dos sitiados se os inimigos conseguissem a vitória. Face ao quadro triste que ela lhe apresentou, Meleagro comoveu-se finalmente e revestiu a armadura. Não teve qualquer dificuldade em virar de novo a situação a seu favor, mas, segundo parece, morreu em combate.

Mais tarde, esta lenda evoluiu e complicou-se com incidentes dramáticos. A guerra contra os Curetes passou para segundo plano e foi a caçada que se tornou o episódio principal. Dizia-se que Meleagro era filho, não de Eneu, mas sim do deus Ares. Quando tinha sete dias, as Meras apresentaram-se junto de sua mãe, Alteia, e predisseram que a sorte da criança estava ligada à do tição que ardia na lareira. Se o tição se consumisse inteiramente, Meleagro morreria. Alteia apressou-se a tirar o tição e a apagá-lo; em seguida, conservou-o num cofre cuidadosamente escondido (v. *Alteia*).

Mais tarde, quando cresceu, Meleagro sentiu-se no dever de livrar o país do monstruoso javali enviado por Ártemis. Para o conseguir, reuniu grande número de heróis, cuja lista de nomes os mitógrafos conservaram. São: Drias, filho de Ares, Idas e Linceu, os dois filhos de Afareu, vindos de Messene; Castor e Pólux, os Dióscuros, de Esparta (que são primos de Meleagro); Teseu, de Atenas; Admeto, de Feras, na Tessália; Anceu e Cefeu, filhos do Arcádio Licurgo; Jasão, de Iolco; Íficles, o irmão gémeo de Héracles, vindo de Tebas; Pirítoo, filho de Ixíon e amigo de Teseu, vindo de Larissa, na Tessália; Télamon, filho de Éaco, de Salamina; Peleu, seu irmão, vindo de Ftia, que, durante a caçada, matou o sogro, Eurítion, filho de Actor; Anfiarau, filho de Ecles, vindo de Argos, bem como os filhos de Téstio, os tios de Meleagro (v. quadro 26, p. 272). Havia também uma caçadora, Atalante, filha de Esqueneu, vinda da Arcádia. Em casa de Eneu, durante nove dias, todos os caçadores se entregaram a festejos. No décimo dia, partiram ao encontro do javali, embora alguns oferecessem resistência, pois rejeitavam a presença de uma mulher entre eles. Mas Meleagro conseguiu convencê-los, pois estava apaixonado por Atalante, de quem desejava ter um filho, embora fosse casado com Cleópatra (v. *supra*).

Quando o animal se sentiu acossado, matou Hileu e Anceu, e Peleu atingiu acidentalmente Eurítion com um dardo, matando-o. Foi Atalante quem primeiro atingiu o javali, ferindo-

---

STAT., *Theb.*, IV, 103, e LACT., *ad loc.*; SUID. e PHOT., *s.u.*; EUST., *ad Hom.*, X, 544; cf., anónimo *ap.* WESTERMANN, p. 345, 12 e s.; ATHEN., XIV, 655 c; STRAB., V, 215.

Meleagro: *Il.*, IX, 529 e s.; HYG., *Fab.*, 173; cf. 14; BACCH., *Epinic.*, V, 93 e s.; DIOD. SIC., IV, 34; 48; OV., *Met.*, VIII, 270; PAUSAN., VIII, 45, 6; X, 31, 3; CALL., *Dian.*, 260 e s.; ANT. LIB., *Transf.*, 2; APOLLOD., *Bibl.*, I, 8, 1 e s.; LACT., *ad* STAT., *Theb.*, II, 481; EUR. e SOPH., tragédias perdidas, cf. NAUCK, *Trag. Gr. Fragm.*, 2.ª ed., p. 219 e 525 e s.; ATHEN., III, 95 d; IV, 172 e; IX, 402 c; SENEC., *Med.*, 645 e s.; 779 e s. Cf. J. TH. KAKRIDIS, Μελαργεια, *Phil.*, 1935 pp. 1-25; E. HOWALD, in *Rh. Mus.*, LXXIII,. pp. 402-425.

-o com uma flecha. Em seguida, Anfiarau espetou-lhe outra flecha num olho. Por fim, Meleagro acabou de o matar com um golpe de adaga no flanco e, por isso, teve direito aos despojos do animal. Imediatamente os deu a Atalante, em preito de homenagem. Mas os filhos de Téstio, tios de Meleagro, ficaram indignados com tal gesto. Diziam que, se Meleagro não estava interessado nos despojos, estes deviam reverter a seu favor, já que, de todos os caçadores, eram os parentes mais próximos. Enfurecido, Meleagro matou os tios, e assegurou assim a posse dos despojos reclamados a Atalante. Indignada com este assassínio, Alteia, a mãe de Meleagro, atirou imediatamente para o fogo o tição mágico, e Melagro morreu. Mas, quando caiu em si e se apercebeu do que fizera num momento de cólera, Alteia enforcou-se, o mesmo fazendo Cleópatra, mulher do herói.

Contava-se também que Meleagro era invulnerável e que tinha sido morto por uma flecha do próprio Apolo. Esta versão liga-se à de Homero. Apolo teria efectivamente combatido ao lado dos Curetes e, por isso, teve de matar o campeão dos Etólios.

Entre outras façanhas atribuídas a Meleagro, refere-se uma vitória nos jogos fúnebres celebrados em honra de Pélias; na versão seguida por Diodoro, luta ao lado dos Argonautas, na Cólquida, e mata Eetes.

Sobre o encontro de Meleagro e Héracles nos Infernos, V. *Héracles* e *Dejanira*.

MELES. (Μέλης.) Meles era um jovem ateniense amado por um estrangeiro chamado Timágoras e que vivia em Atenas. Porém, Meles, correspondia a essa paixão com o desprezo. Obrigava-o a suportar-lhe todos os caprichos e, por fim, desafiou-o a atirar-se do alto dos rochedos da Acrópole. Sem hesitar, Timágoras saltou e matou-se. Desesperado com o que fizera, Meles lançou-se também do alto do rochedo e Timágoras foi vingado. Erigiu-se um altar a Ânteros (o Amor Partilhado), para recordar o episódio. Os estrangeiros domiciliados em Atenas celebravam no local um culto que lhes era específico.

Numa outra versão referida por Suídas, Timágoras é o amado e Melito (em vez de Meles) o amante repelido pelo objecto do seu amor. Desesperado, Melito lançou-se do cimo de um rochedo. Timágoras seguiu-o e suicidou-se sobre o seu corpo.

MELETE. Ver *Meles*.

MÉLIA. (Μελία.) A lenda refere várias heroínas de nome Mélia.

1. Uma delas é filha de Oceano e irmã de Ismeno. Unindo-se a Apolo, concebeu Isménio e Téraro. Recebia culto no templo de Apolo Isménio, perto de Tebas. Em Tebas, havia uma fonte com o seu nome.

2. Havia outra filha de Oceano, chamada Mélia, que casou com Ínaco, a quem deu três filhos: Egialeu, Fegeu e Foroneu (v. quadro 19, p. 239).

MELÍADES. (Μελίαδες.) As Méliades, ou ninfas dos freixos, nasceram das gotas de sangue derramadas por Úrano, quando foi mutilado por Crono (v. quadro 14, p. 182). Em memória do seu nascimento sangrento, a madeira das lanças assassinas provém das árvores que habitam, os freixos. Foi igualmente dos freixos que nasceu a raça de bronze, a terceira que povoou a Terra, raça aguerrida e cruel.

MELIBEIA. (Μελίβοια.) **1.** Melibeia é o nome de uma filha de Oceano, que casou com Pelasgo, de quem concebeu Licáon (v. quadro 20, p. 240).

2. Uma outra Melibeia conta-se entre os filhos de Níobe. Com seu irmão Amiclas, escapou ao massacre dos Nióbides (v. *Níobe*), a pedido de Leto, e refugiou-se em Argos. Amiclas e ela construíram um templo em honra de Leto. Mas como, durante o massacre, Melibeia empalidecera de terror, tomou o nome de Clóris (a Verde), que conservou durante toda a vida.

3. Uma terceira Melibeia é a heroína de uma história de amor. Tratava-se de uma rapariga que prometera casamento a um jovem que amava e que lhe correspondia, chamado Aléxis. Todavia, os pais prometeram-na a outro noivo e, desesperado, Aléxis exilou-se. No dia do casamento, Melibeia lançou-se do telhado de sua casa. Queria suicidar-se, mas nada sofreu, e fugiu imediatamente para o porto. Aí, tomou um barco cujas velas se desfraldaram sozinhas e que logo se fez ao largo. O barco levou-a até um local onde encontrou o seu amado, que preparava um banquete com amigos. Casaram-se e, cheios de reconhecimento para com os deuses, erigiram em Éfeso um santuário em honra de Ártemis, sob os nomes de Autómata e de Epidiaita, porque o barco se pusera sozinho em marcha (Autómate), e porque ela chegara no momento de se sentar à mesa (significado do nome Epidiaita).

MELIBEU. (Μελίβοιος.) Melibeu é o nome de um pastor que encontrou o pequeno Édipo exposto na montanha e o criou (v. *Édipo*).

MELICERTA. V. *Melicertes*.

MELICERTES. (Μελικέρτης.) Melicertes é o filho mais novo de Ino, precisamente aquele que ela arrastou consigo ao atirar-se ao mar. Enquanto ela se tornava a deusa Leucótea, Me-

---

Meles: PAUSAN., I, 30, 1; SUID., *s.u.* Μέλιτος.

Mélia: 1) PAUSAN., IX, 10, 5; 26, 1; escól. *ad* PIND., *Pyth.*, XI, 5; TZETZ., *ad Lyc.*, 1211; STRAB., IX, 413; CALL., *Del.*, 80. **2)** Escól. *ad Od.*, II, 120; APOLLOD., *Bibl.*, II, 1, 1; escól. *ad Il.*, I, 22; *ad* EUR., *Or.*, 920; 1239; TZETZ. *ad Lyc.*, 177.

Melíades: HES., *Theog.*, 176 e s.; e escól. ao v. 187; *Scut.*, 420; *Op.*, 145; *Il.*, XVI, 143, escól. ao v. XXII, 127; cf. PALEPH., *Incr.*, 36; EUST., *ad Hom.*, XIX, 321.

Melibeia: 1) APOLLOD., *Bibl.*, III, 8, 1; TZETZ., *ad Lyc.*, 481. **2)** APOLLOD., *Bibl.*, III, 5, 6; PAUSAN., II, 21, 10. **3)** SERV. *ad* VIRG., *Aen.*, I, 720.

Melibeu: SUID., *s.u.* Οἰδίπους.

Melicertes:; APOLLOD., *Bibl.*, I, 9, 1 e s.; III, 4, 3; *Argum.*, *ad* PIND., *Isth.*, IV; PAUSAN., I, 44, 7; EUST., *ad Hom.*, p. 1543, 20 e s.; OV., *Met.*, IV, 506-542; *Fast.*, VI, 485; HYG., *Fab.*, 2; 4; TZETZ., *ad Lyc.*, 21; 107; 229; escól. *ad Od.*, V, 334; SERV., *ad*

licertes transformou-se no deus Palémon (v. *Leucótea*, quadro 3, p. 66; 34, p. 392).

Havia várias versões sobre a morte de Melicertes e da sua divinização. Ora se contava que seu pai, Átamas, o tinha atirado para dentro de um caldeirão com água fervente, donde a mãe o retirou antes de se suicidar com ele, ora se dizia que a própria Ino o metera no caldeirão, lançando-se em seguida ao mar com o cadáver nos braços. Contava-se ainda que ela fugira com a criança viva e se afogara juntamente com ela. Os Jogos Ístmicos celebravam-se em honra de Palémon-Melicertes.

A este respeito, contava-se que, no local onde Ino se lançara à água, entre Mégara e Corinto, o corpo de Melicertes foi trazido por um delfim, que o pendurou num pinheiro. Sísifo, irmão de Átamas, que ao tempo era rei de Corinto, encontrou o cadáver e enterrou-o. Por ordem de uma Nereide, fez com que lhe prestassem culto sob o nome de Palémon, e instituíu os Jogos Ístmicos como jogos fúnebres em sua honra (v. também *Palémon*).

MELISSA. (Μελισσα.) Existiam várias heroínas com o nome de Melissa (a Abelha).

1. Uma é, por exemplo, a irmã de Amalteia, que alimentou o pequeno Zeus, no Ida de Creta (v. *Melisseu*).

2. Outra era uma velha sacerdotisa de Deméter, que a deusa iniciara nos seus mistérios. As vizinhas quiseram fazê-la revelar o que vira durante a sua iniciação; mas Melissa nada disse, e as outras mulheres despedaçaram-lhe o corpo. Deméter então enviou uma peste e fez nascer abelhas do corpo da morta.

MELISSEU. (Μελισσεύς.) **1.** Melisseu é um rei de Creta, que reinava na altura em que Zeus nasceu. Tinha duas filhas, Amalteia e Melissa, a quem Reia confiou a missão de criar o pequeno deus, que havia escondido numa caverna do monte Ida. Melisseu foi o primeiro homem que ofereceu sacrifícios aos deuses. Fez de sua filha Melissa a primeira sacerdotiza de Reia.

2. Melisseu é também o nome de um dos Curetes (os génios que rodearam o berço do pequeno Zeus).

3. Finalmente, Melisseu é o nome de um rei de Quersoneso, na Cária, que acolheu Tríopas, filho de Hélio, e o purificou do assassínio de seu irmão Ténages.

MELISSO. (Μελισσος.) Melisso é um argivo que fugiu para Corinto por causa da tirania do rei de Argos, Fídon. Melisso tinha um filho, Actéon, que um Heraclida de nome Árquias quis raptar à força. Mas Actéon morreu durante o incidente, e Melisso suicidou-se, invocando a protecção dos deuses e amaldiçoando o assassino do filho. A miséria e várias epidemias abateram-se então sobre Corinto. Árquias, comandando uma delegação, foi indagar as causas a um oráculo, que lhe revelou que os deuses castigavam desse modo a cidade pelo assassínio do jovem Actéon. Árquias, para purificar a cidade da mácula com que a atingira, exilou-se voluntariamente e fundou a cidade de Siracusa.

MÉLITA. V. *Mélite*.

MÉLITE. (Μελίτη.) Entre outras heroínas com este nome, tem-se conhecimento de uma ninfa de Corcira, que se uniu a Héracles quando o herói aí se encontrava exilado, depois de ter assassinado os filhos. Deu-lhe um filho chamado Hilo (v. este nome).

MELITEU. (Μελιτεύς.) Meliteu é o filho da ninfa Ótris e de Zeus. Com medo da cólera de Hera, sua mãe abandonou-o nos bosques logo que nasceu. Mas Zeus fez com que fosse alimentado por abelhas e, por intermédio de um oráculo, ordenou a um pastor, de nome Fagro, filho da mesma ninfa e de Apolo, que criasse a criança que ia encontrar e que viria ser alimentada por abelhas. Fagro obedeceu; recolheu o bebé, criou-o, e ele tornou-se um herói vigoroso, que submeteu os povos em volta e fundou a cidade de Mélita, na Tessália (v. a continuação da sua lenda no artigo *Áspalis*).

MELO. (Μῆλος.) Melo era um jovem de Delos, que deixou a pátria para ir para a ilha de Chipre, no tempo em que aí reinava o rei Cíniras, pai de Adónis (v. este nome). Cíniras deu Melo como companheiro a Adónis e, porque o jovem lhe parecia dotado de uma bondade natural, casou-o com uma parente sua, de nome Pélia. Desse casamento nasceu uma criança a quem deram o nome de Melo, como seu pai. Afrodite, que amava Adónis, mostrou-se benevolente para a criança e tomou-a sob a sua protecção, fazendo com que a criassem no templo. Mas Adónis foi ferido pelo focinho de um javali e morreu. Desesperado, Melo, o pai, enforcou-se numa árvore, que tomou o nome de «mélos» (macieira, em grego). Pélia enforcou-se na mesma árvore. Afrodite, apiedando-se deles, transformou Melo no fruto homónimo (a maçã), e Pélia, sua mulher, em pomba (o seu pássaro sagrado). Quando a deusa viu que Melo, o filho, se tornara um homem e era o único sobrevivente da raça de Cíniras, ordenou-lhe que voltasse para Delos. Aí, Melo apoderou-se do poder e fundou a cidade de Melos. Foi ele o primeiro que ensinou a tosquiar a lã dos carneiros e a dela fazer roupa. Por isso, os carneiros tomaram o nome de

---

VIRG., *Aen.*, V, 241; PLUT., *Qu. Rom.*, 16; PAUSAN., I, 44, 11; escól., *ad* APOL. RH., *Arg.*, III, 1320; *ad* EUR., *Med.*, 1274.

Melissa: 1) LACT., *Div. Inst.*, I, 22. **2)** SERV., *ad* VIRG., *Aen.*, I, 430.

Melisseu: 1) Cf. Ch. PICARD, *Mél. Radet*, 1940, p. 270-284; APOLLOD., *Bibl.*, I, 1, 6; LACT., *Div. Inst.*, I, 22; HYG., *Astr.*, II, 13; DIOD. SIC., XVII, 7. **2)** NONN., *Dion.*, XIII, 145 e s; etc. **3)** DIOD. SIC., V, 61.

Melisso: PLUT., *Narra. am.*, II, p. 772; DIOD. SIC., VIII, 10; escól. *ad* APOL. RH., *Arg.*, IV, 1212.

Mélite: APOL. RH., *Arg.*, IV, 538; escól. *ad* v. IV, 524; 1125; 1149; escól. *ad* SOPH., *Tr.*, 53; STEPH. BYZ., *s. u.* Ὑλλεῖς.

Meliteu: ANT. LIB., *Transf.*, 13.

Melo: SERV., *ad* VIRG., *Ecl.*, VIII, 37.

«*méla*» (que é o nome que têm em grego). Assim, com uma única história, explicavam-se três etimologias.

MELPÓMENE. (Μελπομένη.) É uma das Musas (v. este nome).

MEMBLÍARO. (Μεμβλίαρος.) Memblíaro é o nome de um fenício que acompanhou Cadmo na busca de sua irmã Europa. Cadmo deixou-o na ilha de Tera (que se chamava então Caliste, a Muito Bela), dando-lhe a chefia de uma colónia que aí fundou. A ilha de Ânafe, vizinha de Tera, é por vezes referida pelo nome de Memblíaro, que, diz-se, recebeu do herói.

MÉMNON. (Μέμνων.) Mémnon é o filho de Eos (a Aurora) e de Titono, um dos filhos de Laomedonte e irmão de Príamo (v. quadro 16, p. 202 e 7, p. 112). Aquando da Guerra de Tróia, Mémnon veio socorrer o tio. Criado pelas Hespérides, era rei dos Etiópios.

As suas façanhas, em Tróia, e a sua morte, eram contadas nas *Ilias Parua* e no poema *Etiopida*. Mémnon lutara com Ájax, mas, tal como no combate entre este e Heitor, a sorte do combate não se decidiu. No campo de batalha, defrontou Antíloco, filho de Nestor, quando este, ameaçado por Mémnon, chamou o filho em seu socorro. Morrendo, Antíloco salvou a vida de Nestor. Mas Aquiles acorreu a vingar a morte do amigo (v. *Antíloco*). O combate trava-se entre Mémnon e Aquiles, o filho da Aurora e o filho de Tétis. As duas deusas, preocupadas com a sorte dos respectivos filhos, dirigiram-se rapidamente a Zeus. O deus pesa então os destinos dos dois heróis, e é o de Mémnon que pesa mais na balança divina (v. também uma «pesagem de almas» semelhante no artigo *Heitor*). Aquiles não tardou a obter a vitória, mas Aurora conseguiu de Zeus a imortalidade de seu filho, e voou para lhe recolher o cadáver e o transportar para a Etiópia. As lágrimas que Aurora chorou são as gotas de orvalho que se vêem de manhã nos campos.

Outra tradição situa o túmulo de Mémnon na foz do rio Esopo, nas margens do Helesponto. Aí se reuniam todos os anos pássaros que choravam a morte do herói: esses pássaros, denominados memnónides, eram considerados como companheiros de Mémnon, transformados após a sua morte, ou mesmo como as suas cinzas, que desse modo haviam ganho a imortalidade. Todos os anos esses pássaros se dividiam em dois grupos, que lutavam entre si, e a luta só terminava quando metade deles perecia.

As tradições divergem quanto à pátria de Mémnon. Por vezes, refere-se a Síria, outras vezes a região de Susa e a Bactriana, na Ásia interior, outras vezes ainda o Egipto ou Tebas. Esta última localização levou a dar o nome de «colosso de Mémnon» a uma das estátuas colossais erigidas por Aménotep III e acreditava-se que, quando os raios da Aurora tocavam essa estátua, ela emitia uma música melodiosa, como que saudando a luz de sua mãe (v. também *Têutamo*).

MÉNADES. (Μαινάδες.) As Ménades (isto é, as «Mulheres Possuídas») são as Bacantes divinas, seguidoras de Dioniso. Representam-se nuas, ou vestidas com véus ligeiros que mal lhes dissimulam a nudez; estão coroadas de hera, trazem na mão um tirso, por vezes um cântaro, ou então tocam flauta de dois tubos, ou percutem um tamboril, entregando-se a uma dança violenta.

As Ménades personificam os espíritos orgiásticos da Natureza. Na lenda, as primeiras Ménades foram as ninfas que alimentaram o deus (v. *Dioniso*). Possuídas pelo deus, que lhes inspira uma loucura mística, erram pelos campos, bebendo das nascentes e julgando que delas recebem leite e mel. São os seus jogos que as Bacantes humanas, as mulheres que se entregam ao culto de Dioniso, imitam. Têm poder sobre as feras: por vezes, vêem-se levadas por panteras, com pequenos lobos nos braços, etc.

As Ménades intervêm em um determinado número de lendas: as de Licurgo, de Orfeu, de Penteu, das Miníades, etc. (v. estes artigos).

MÉNALO. (Μαίναλος.) Ménalo, o herói epónimo da montanha da Arcádia com o mesmo nome e da cidade de Ménalo, é o filho mais velho de Licáon (v. *Licáon*). Segundo a tradição, foi ele quem aconselhou seu pai a oferecer a Zeus os membros de uma criança preparados como carne vulgar, para pôr o deus à prova. Foi fulminado juntamente com o pai.

Outra tradição referia Ménalo não como filho de Licáon, mas de Árcade, rei da Arcádia, e irmão de Atalante (v. este nome).

MENECEU. (Μενοικεύς.) **1.** Um primeiro herói com este nome é, pelo lado de seu pai, Óclaso, neto de Penteu. É o pai de Creonte e de Jocasta (v. *Édipo* e quadro 9, p. 128).

Memblíaro: Herod., IV, 147; Pausan., III, 1, 7; escól. *ad* Pind., *Pyth.*, IV, 88; Steph. Byz., *s.u.* Μεμβλίαρος e Ανάφη.

Mémnon: *Od.*, IV, 187 e s.; XI, 522; Hes., *Theog.*, 984 e s.; *Ep. Gr. Fragm.* ed. Kinkel, p. 33 e s.; Alcid., fr. 68; Pind., *Olymp.*, II, 38; *P.*, VI, 28 e s.; *Isth.*, V, 41; VIII, 58 e s.; *Nem.*, III, 62 e s.; VI, 48 e s.; Apollod., *Bibl.*, III, 13, 3; *Ep.*, V, 3; Quint. Sm., *Posth.*, II, 100 e s.; 235 e s.; 452 e s.; 652 e s.; Tzetz., *Posth.*, 234; Diet. Cr., IV, 6; Pausan., III, 18, 12; V, 19, 1; escól. *ad Il.*, VIII, 70; Lact., *Arg. Fab.*, XIII, 3; Ov., *Met.*, XIII; 576 e s.; Serv. *ad Virg.*, *Aen.*, I, 489; 751; Strab., XV, 728; Plut., *De aud. poet.*, XVII a (citando uma tragédia perdida de Ésquilo intitulada *Mémnon*); Soph., tragédia perdida *Mémnon*; Tac., *Ann.*, II, 61; Plin., *NH*, X, 74; XXXVI, 58; Mosch., 41 e s.; Dion., Chrys., XI, 117.

Ménades: Eur., *Ba.*, *passim*; Soph., *Ant.*, 1150; Athen., v. p. 198; Diod. Sic., II, 64; IV, 3; Nonn., *Dion.*, *passim*; etc.

Ménalo: Apollod., *Bibl.*, III, 8, 1; Pausan., VIII, 3, 1; escól. *ad* Apol. Rh., *Arg.*, I, 168; 769; *ad* Theoc., *Id.*, 1, 129; Tzetz. *ad Lyc.*, 481.

Meneceu: 1) Escól. *ad* Eur., *Phoen.*, 942; Soph., *Ant.*, 156; 211; 1098; Apollod., *Bibl.*, III, 6, 8; Diod. Sic., IV, 67. **2)** Eur., *Phoen.*, 769; 911 e s.; 1090 e s.; Pausan., IX, 25, 1; Apollod., *Bibl.*, III, 6, 7; Plut., *Pelop.*, 21; Cic., *Tusc.*, I, 48, 116; Juv., *Sat.*, XIV, 240; Stat., *Theb.*, X, 774 e s.; cf. Westermann, *Myth.*, p. 377, 48; escól. *ad* Eur., *Phoen.*, 1010; Lucian., *Salt.*, 43.

2. Outro Meneceu, mais célebre que o anterior, é o seu neto e filho de Creonte. Aquando da expedição dos Sete Chefes contra Tebas, Tirésias anunciou que a vitória só caberia a Tebas se Meneceu, filho do rei, fosse sacrificado. Creonte, dividido entre o amor paternal e o dever para com a pátria, aconselhou o filho a fugir, sem lhe revelar o motivo desse conselho. Mas Meneceu descobriu por que razão o pai queria afastá-lo, e ofereceu-se espontaneamente para o sacrifício. Essa é, pelo menos, a versão «trágica», tal como surge em *As Fenícias* de Eurípides. Noutras tradições, Meneceu foi devorado pela Esfinge, ou então o próprio Creonte o sacrificou. Foi perto do seu túmulo que Etéocles e Polinices se defrontaram no duelo fatal. Sobre o túmulo de Meneceu nasceu uma romãzeira, cujos frutos têm a cor do sangue.

MENÉCIO. (Μενοίτιος.) **1.** Existia um gigante de nome Menécio, filho de Jápeto e da Oceânide Clímene e que era, por isso, irmão de Atlas, Prometeu e Epimeteu (quadro 38, p. 452). Por causa do seu orgulho e da sua brutalidade, foi fulminado por Zeus e afundado no Tártaro.

Em outra tradição, este Menécio não era filho de Clímene, mas de Ásia.

2. O herói mais conhecido com o nome de Menécio é o pai de Pátroclo. É filho de Actor e de Egina (v. estes dois nomes e quadro 31, p. 352). Egina casou com Actor depois de ter dado a Zeus seu filho Éaco, antepassado de Aquiles, o que estabelece um parentesco entre Pátroclo e o seu amigo Aquiles.

Menécio vivia em Opunte, e enviara seu filho para junto de Peleu quando Pátroclo, durante um jogo de dados, matou acidentalmente um dos seus camaradas, de nome Clitónimo.

A mãe de Pátroclo e mulher de Menécio é Esténele, filha de Acasto. Por vezes, não é Esténele quem é referida como sua mãe, mas Periópis, filha de Feres, ou ainda Polimele, filha de Peleu (o que tornava Aquiles e Pátroclo primos direitos).

Menécio figura na lista dos Argonautas, mas não desempenha qualquer papel na lenda. Conta-se também que, em Opunte, foi ele o primeiro a prestar honras divinas a Héracles. Dizia-se ainda que uma filha de Menécio, chamada Mirto, deu a Héracles uma filha, Eucleia, que era venerada pelos Beócios e pelos Locros sob o nome de Ártemis Eucleia.

MENELAU. (Μενέλαος.) Menelau é o irmão de Agamémnon e marido de Helena. Na versão mais corrente (a que é seguida na *Ilíada*), Menelau é filho de Atreu, rei de Micenas, e pertence à raça de Pélops (v. quadro 2, p. 12). Sua mãe é a Cretense Aérope (v. este nome), filha de Catreu, levada por Náuplio para Micenas, quando o pai a expulsou porque se entregara a um escravo.

Uma tradição mais recente não fazia de Atreu pai de Agamémnon e Menelau, mas sim Plístenes, filho de Atreu (v. *Atreu* e *Plístenes*). Porém, mesmo os autores que referem Plístenes como seu pai concordam em dizer que este morreu jovem e que Menelau e o irmão foram criados por Atreu.

Na juventude, Agamémnon e Menelau foram mandados por Atreu em busca de Tiestes. Encontraram-no em Delfos e trouxeram-no para Micenas. Atreu encarcerou-o e quis fazer com que Egisto o matasse; mas este reconheceu a tempo o pai, e foi Atreu quem ele matou (v. *Egisto*). Então, Agamémnon e Menelau tiveram de deixar Micenas, expulsos por Egisto, e refugiaram-se em Esparta, junto de Tíndaro. Aí, casaram com as duas filhas de Tíndaro: Agamémnon com Clitemnestra, e Menelau com Helena. Sobre as condições em que se realizou este último casamento, v. *Helena*. Menelau foi escolhido entre os pretendentes, ou por Tíndaro, ou pela própria Helena. Todos os pretendentes se comprometeram sob juramento a socorrer aquele que fosse escolhido de entre eles, se alguém lhes disputasse a posse de Helena. Finalmente, depois da morte dos Dióscoros, Tíndaro legou o seu reino a Menelau. É essa a razão pela qual, no momento em que começa a Guerra de Tróia, Menelau era rei de Esparta, onde Páris foi raptar Helena.

Do casamento de Helena e Menelau nasceram Hermíone (que a *Ilíada* e a *Odisseia* referem como filha única) e um filho, Nicóstrato (v. quadro 15, p. 200). Os autores tardios referem ainda outros filhos: Etiolau, Trónio, Morráfio, Plístenes, o Jovem, e uma filha, Mélite. De todos estes filhos, Nicóstrato e Etiolau recebiam culto em Lacedémon na época histórica. Durante a ausência de Helena, Menelau teve um filho, Megapentes (v. este nome), de uma escrava, a quem deu esse nome devido ao seu «grande desgosto» por ter sido abandonado pela mulher. Finalmente, de uma

---

Menécio: 1) HES., *Theog.*, 510; APOLLOD., *Bibl.*, I, 2, 3. **2)** *Il.*, I, 307, etc.; XI, 765; XII, 1; e escól.; XVI, 13 e s.; e escól. *ad loc.*; XVIII, 326; XXIII, 84 e s.; e escól. *ad* 86 e 87; OV., *Fast.*, II, 39; PIND., *Olymp.*, IX, 67 e s. e escól. *ad* v. 104; 109; APOLLOD., *Bibl.*, I, 9, 4; III, 13, 1; 8; HYG., *Fab.*, 97; APOL. RH., *Arg.*, I, 69 e s.; escól. *ad* v. 72; VAL. FLAC., *Arg.*, I, 407; VI, 343; DIOD. SIC., IV, 39; PLUT., *Arist.*, 20; PAUSAN., IX, 17, 1.

Menelau: *Il.*, II, 581 e s.; III, 21-120; 203 e s.; 310--382; IV, 7 e s.; 93-187; V, 49 e s.; 561-579; VI, 37--65; VII, 94-122; X, 25 e s.; XI, 459 e s.; XIII, 581 e s.; XIV, 516-519; XV, 540-545; XVI, 311 e s.; XVII, 1-60; 89-122; 246-255; 553-581; 656-699; 700 e s.; XXIII, 262-652; *Od.*, III, 286 e s.; IV, 271 e s.; 351 e s.; SOPH., *Aj.*, 1295; EUR., *Or.*, 16; *Hel.*, *passim*; APOLLOD., *Bibl.*, III, 10, 8 e s.; 11, 2; *Ep.*, II, 15 e s.; V, 21 e s.; VI, 29; escól. *ad Il.*, I, 7; II, 249; III, 175; IX, 150; *ad Od.*, IV, 11; 12; III, 267; HYG., *Fab.*, 78; 88; 95; 97; 108; TZETZ. *ad Lyc.*, 103; 132; 136; 149; 202; 851; *Anteh.*, 154 e s.; *Posth.*, 729 ss.; argum., *ad* THEOCR., *Il.*, XVIII e escól. *ad* v. 51; escól. *ad* SOPH., *El.*, 539; VIRG., *Aen.*, VI, 494 e s.; SERV. *ad VIRG.*, *Aen.*, I, 651; ATHEN., VI, 232 e s.; EUR., *Tr.*, 864 e s.; PAUSAN., I, 33, 8; II, 13, 3; 17, 3; 18, 6; 22, 6; III, 1, 5; 12, 6; 14, 6; 18, 13; 16; 19, 9; 22, 2; 10, IV, 1, 4; V, 8, 3; 18, 3; 22, 2; VI, 25, 3; VII, 21, 8; VIII, 23, 4; 53, 5; X, 16, 4; 25, 2 e s.; 26, 3; 7; 8; 33, 2; OV., *Met.*, XIII, 198 e s.; QUINT. SM., XIII, 293; DICT. CR., I, 4; 6-11; II, 20; 26; HEROD., II, 112-120; escól *ad* ARISTOPH., *V.*, 714.

escrava chamada Cnóssia (sem dúvida uma cretense, cujo nome evoca a cidade de origem, Cnosso), teve um outro filho, Xenodamo. Alguns autores não consideram Nicóstrato filho de Helena, mas um bastardo, como Megapentes e Xenodamo. É provavelmente a esta tradição que se liga a lenda do banimento de Helena por Nicóstrato e Megapentes depois da morte de Menelau (v. *Megapentes* e *Helena*).

Durante vários anos (pelo menos nove, ou mesmo mais, já que, segundo se diz, Hermíone tinha nove anos quando Helena foi raptada), Menelau e Helena viveram tranquilamente em Esparta, entre as riquezas de uma corte hospitaleira. Esta felicidade foi destruída pela chegada de Páris, durante a ausência de Menelau em Creta, para assistir aos funerais de seu avô Catreu (v. *Catreu*). Uma tradição fazia com que o próprio Menelau tivesse atraído a desgraça sobre a sua casa. De facto, uma epidemia e a esterilidade da terra haviam atingido Esparta; a conselho do oráculo, Menelau foi a Tróia oferecer um sacrifício sobre o túmulo dos dois filhos de Prometeu, Lico e Quimereu (v. *Lico*). Aí, foi hóspede de Páris. Mais tarde, por causa de um homicídio involuntário, Páris teve de deixar Tróia e procurar refúgio na corte de Menelau, que o purificou e lhe retribuiu a hospitalidade. E foi durante a ausência do rei que Páris fugiu com Helena. Sobre outras versões deste rapto, v. *Helena*.

Menelau foi avisado por Íris da sua desgraça, e apressou-se a deixar Creta e a voltar a Esparta. Seguidamente, convocou todos os chefes que tinham feito o juramento de Tíndaro. Pediu a ajuda do irmão, de Nestor, de Palamedes, de Ulisses (v. *Ulisses*, sobre as condições em que ele concedeu essa ajuda). Foram procurar Aquiles, que Diomedes e Ulisses descobriram no harém do rei Licomedes, em Siro (v. *Licomedes*). Em seguida, Menelau e Ulisses foram a Delfos interrogar o oráculo sobre a oportunidade de empreenderem uma expedição contra Tróia. O oráculo ordenou-lhes que oferecessem primeiramente a Atena Proneia um colar que Afrodite dera a Helena; então, Hera tomou o partido de Menelau e não se poupou a esforços para reunir todos os gregos contra Páris, seu inimigo pessoal.

Menelau participou na expedição com sessenta navios. No entanto, não foi ele quem obteve o comando supremo. Essa honra coube ao irmão (sobre as condições em que Agamémnon foi escolhido pelos Gregos reunidos em Áulis, v. *Agamémnon*). Menelau era tímido, menos dado a honrarias que Agamémnon; embora fosse um guerreiro valente e capaz de resistir às mais duras provas, ficava sempre em segundo plano. Era também menos violento que muitos dos heróis que se aliaram contra Tróia e os inimigos troçavam frequentemente dele, censurando-lhe que levasse a brandura até à moleza. Essa bonomia de Menelau está patente no perdão que acaba por conceder a Helena, depois de a ter querido matar (v. *infra*); o amor que lhe tinha foi mais forte e ele não pôde resistir quando a viu, quando a encontrou depois de tantos anos de ausência.

Assim que os Gregos desembarcaram, ou, segundo outras versões, aquando da escala em Ténedo, Menelau e Ulisses deslocaram-se como embaixadores a Tróia, para reclamar Helena e os tesouros levados por Páris, e tentar resolver pacificamente o diferendo. Aí, foram recebidos por Antenor, que os conduziu à Assembleia do povo de Tróia. Mas Páris e os seus companheiros fizeram com que qualquer hipótese de entendimento fosse rejeitado; Antímaco, um dos amigos de Páris, por ele subornado, provocou mesmo o povo para que matasse Menelau. No entanto, Antenor conseguiu salvá-lo e fazê-lo sair da cidade. Todavia, a partir de então, a guerra era inevitável.

Logo no começo da *Ilíada*, tem lugar um duelo entre Páris e Menelau. Este fere o seu inimigo e Afrodite, para salvar Páris, cobre-o com uma nuvem e leva-o para junto de si. Agamémnon faz ver aos Troianos, espectadores do combate, que a vitória pertence, sem sombra de dúvidas, a seu irmão, e pede-lhes que cumpram as condições estabelecidas antes do duelo, segundo as quais Helena pertenceria ao vencedor. Mas, como os Troianos hesitavam, Pândaro lançou uma flecha contra Menelau e feriu-o ligeiramente. Então, a luta generaliza-se. Pouco depois, Menelau matou Escamândrio e defrontou Eneias, embora sem resultado. À noite, Heitor desafia para o combate qualquer um dos Gregos. Menelau avança e vai aceitar, quando é impedido por Agamémnon e pelos outros chefes.

Durante o combate junto dos barcos, Menelau fere Heleno e mata Pisandro, Hiperenor, Dólops e, finalmente, Toas. Após a morte de Pátroclo, Menelau é o primeiro a vir combater pela posse do seu cadáver. Mata então Euforbo e Podes. É ele quem manda Antíloco dar a Aquiles a notícia da morte do seu amigo, e leva o cadáver de Pátroclo para longe do campo de batalha. Depois, quase não volta a intervir nos últimos cantos da *Ilíada*, em que só participa nos jogos fúnebres em honra de Pátroclo, ao disputar a corrida de carros.

Nos acontecimentos posteriores à *Ilíada*, volta a encontrar-se Menelau. Quando Páris foi morto por uma flecha de Filoctetes, Menelau ultrajou o cadáver. Por fim, figura entre os guerreiros que se esconderam dentro do cavalo de madeira. Quando a cidade foi tomada, Menelau precipitou-se para a casa de Deífobo, onde sabia que Helena se encontrava (de facto, após a morte de Páris, ela casara com Deífobo — v. *Deífobo* e *Helena*). Aí, teve ainda de enfrentar um violento combate, mas acabou por matar Deífobo e entrar dentro de casa. Sobre o encontro de Menelau e Helena existem várias versões. Segundo Virgílio, por exemplo, foi a própria Helena quem chamou Menelau e Ulisses para dentro de casa; escondeu todas as armas, abriu a porta e, desse modo, garantiu a vitória ao primeiro marido. Mas também se dizia que, depois de ter morto Deífobo, Menelau entrou precipitadamente dentro de casa, agarrou Helena pelos cabelos e arrastou-a como prisioneira para os barcos. Ulisses, porém, interpôs-se e Helena foi salva. Uma versão ainda mais dramática dizia que Helena se refugiara junto do altar doméstico e que Menelau avançou contra ela brandindo a espada. Todavia, ao ver-lhe o seio, descoberto entre a desordem do vestuário, de novo foi tomado pelo amor e fez as pazes com a mulher (v. *Helena*).

Depois da vitória, Menelau apressou-se a regressar à pátria, enquanto o irmão permanecia em Tróia, para oferecer um sacrifício a Atena, de quem temia a cólera, por causa do episódio de Cassandra (v. este nome). Menelau dirigiu-se a Ténedo, depois a Lesbos; em seguida, atravessou o mar até Eubeia, e navegou em direcção ao cabo Súnio. Morreu então o seu piloto, Frôntis, e Menelau voltou atrás para lhe realizar os funerais, enquanto Nestor e Diomedes, que o haviam acompanhado, seguiam viagem. Quando Menelau retomou o mar e chegou junto do cabo Maleia, foi surpreendido por uma tempestade que o arrastou para Creta, onde a maior parte dos barcos encalhou. Ele continuou o seu caminho até ao Egipto onde, segundo reza a *Odisseia*, ficou cinco anos e conquistou grandes riquezas.

Ao deixar o Egipto, Menelau ficou retido na ilha de Faros, na foz do Nilo, por uma calmaria que o impediu de prosseguir viagem e durou vinte dias. Passado esse lapso de tempo, a fome começou a tornar-se uma ameaça. Então, a divindade marinha Idótea (v. este nome), filha do deus marinho Proteu, apareceu-lhe e aconselhou-o a ir consultar seu pai sobre a maneira de voltar a Esparta. Proteu ordenou-lhe que voltasse ao Egipto e aí oferecesse sacrifícios aos deuses. Menelau fez o que Proteu lhe disse e regressou finalmente a Esparta, com Helena, oito anos depois de ter deixado Tróia e, por isso, dezoito anos após o início da guerra.

Outra versão dizia que, no Egipto, Menelau reencontrou a verdadeira Helena, guardada por Proteu (que, neste caso, é um rei e não uma divindade marinha), desde a altura em que ela abandonara o país na companhia de Páris (v. *Helena*). Páris levara para Tróia apenas um fantasma, uma Helena feita de nuvens e, por isso, Helena não era culpada. Toda a Guerra de Tróia se travara, tanto sangue fora derramado, apenas pela posse de uma nuvem. Mas Zeus quisera esta guerra para exaltar a raça dos semideuses, os heróis nascidos de deuses e homens, ou de deuses e mortais: Helena, sua própria filha; Páris, que também pertencia à sua raça; Aquiles, filho de Tétis, etc. Esta versão parece provir de Estesícoro. Foi retomada, com algumas modificações, por Eurípides, na sua tragédia *Helena*, onde é Hera quem engana Páris ao dar-lhe uma falsa Helena. A verdadeira Helena é raptada por Hermes, a mando de Zeus, e levada para o Egipto, para junto de Proteu, que fica encarregado de a guardar. Quando Menelau chegou ao Egipto, levando consigo a falsa Helena, esta desvaneceu-se nos ares e ele reencontrou a sua verdadeira mulher.

No fim da vida, depois de longos anos passados junto de Helena, Menelau foi levado para os Campos Elísios, sem ter morrido, honra que Zeus lhe concedeu por ter sido seu genro.

Uma lenda tardia e completamente inventada contava que Menelau e Helena tinham ido procurar Orestes a Táurica, onde foram sacrificados por Ifigénia no altar de Ártemis.

No tempo de Pausânias, mostrava-se ainda, em Esparta, a casa onde outrora vivera Menelau. Prestava-se-lhe culto como a um deus. Os homens vinham pedir-lhe vigor na guerra, enquanto as mulheres se dirigiam a Helena para obter beleza e graça.

MENESTEU. (Μενεσθεύς.) Menesteu pertence à família dos Erectidas. De facto, seu pai, Péteo, é neto do rei Erecteu. Estava exilado aquando da expedição dos Dióscoros contra a Ática, enquanto Teseu se encontrava nos Infernos com Pirítoo (v. *Teseu*). Os Dióscoros trouxeram-no de volta e deram-lhe o trono de Atenas. Depois do regresso de Teseu, Menesteu retirou-se para Siro.

Havia ainda outras tradições: o «Catálogo das Naus», na *Ilíada*, dá-o como chefe do contingente ateniense. Contava-se entre os guerreiros que se esconderam no cavalo de madeira. Depois da queda de Tróia, foi para Melo, onde foi rei, após a morte do rei Polianacte. Atribui-se-lhe também a fundação de Cilécio, entre Crotona e Caulónia, na costa do Brútio. Na costa da Bética, perto de Gades, Estrabão cita igualmente um «Porto de Menesteu».

MENÉSTIO. (Μενέσθιος.) Menéstio é um dos chefes que, em Tróia, combatiam sob as ordens directas de Aquiles, de quem era sobrinho, pois era filho de Polidora, filha de Peleu, e do deus-rio Esperquio. Outra tradição referia Polidora não como filha de Peleu mas como sua mulher; neste caso, Peleu era o pai «humano» de Menéstio, enquanto seu pai «divino» era Esperquio. Em outra versão, o pai humano de Menéstio era Boro, um filho de Perieres.

MENETES. (Μενοίτης.) Menetes é o nome de um certo número de heróis da epopeia troiana, e também o do pastor encarregado de guardar os rebanhos de Hades na ilha de Eritia (v. *Gérion*). Foi ele quem anunciou a Gérion o roubo de que Héracles estava prestes a tornar-se culpado (v. *Héracles*).

Este mesmo pastor encontrou Héracles, uma segunda vez, quando o herói desceu aos Infernos para trazer o cão Cérbero. Tentou impedir Héracles de lhe roubar um boi, mas não o conseguiu; no incidente, ficou com as costelas partidas, e teria tido uma sorte ainda mais terrível se Perséfone não tivesse intervindo e pedido a Héracles que o deixasse ir-se embora.

MÊNFIS. (Μέμφις.) Mênfis é a filha de Nilo, o deus do rio homónimo. Casada com Épafo, deu-lhe uma filha, Líbia (v. este nome e qua-

---

Menesteu: *Il.*, II, 546 e s.; IV, 327 e s.; XII, 331 e s.; XIII, 690; Tzetz., *Posth.*, 88; *ad Lyc.*, 911; Diod. Sic., I, 28; Hyg., *Fab.*, 97; Pausan., I, 1, 2; 3, 3; 17, 5 e s.; 23, 8; II, 25, 6; III, 18, 5; Plut., *Thes.*, 32 e s.; Strab., III, 140; VI, 261; Dict. Cr., VI, 2 e s.; Apollod., *Bibl.*, III, 10, 8; *Ep.*, I, 24; III, 11; VI, 15 b.

Menéstio: *Il.*, XVI, 173 e escól. *ad loc*; Apollod., *Bibl.*, III, 13, 4.

Menetes: Apollod., *Bibl.*, II, 5, 10 e 12.

Mênfis: Apollod., *Bibl.*, II, 1, 4; Tzetz., *ad Lyc.*, 894.

dro 3, p. 66). É, portanto, antepassada da família de Cadmo. A cidade de Mênfis recebeu esse nome em sua honra.

MENTE. (Μένθη.) Mente era uma ninfa dos Infernos, amada por Hades. Por ciúmes, Perséfone maltratou-a, e o deus transformou-a numa planta, a menta. Esta transformação teve lugar no monte Trifilo, na Bitínia.

MENTOR. (Μέντωρ.) Mentor é o filho de um habitante de Ítaca denominado Álcimo. Era um amigo fiel de Ulisses e este, ao partir para Tróia, confiou-lhe a missão de velar pelos seus interesses. Assim, ele fala a favor de Ulisses na assembleia. São os traços de Mentor, velho amigo da casa, que a deusa Atena assume diversas vezes, nomeadamente quando acompanha Telémaco, quando socorre Ulisses durante o combate contra os pretendentes, etc.

MÉON. (Μαίων.) **1.** Méon é um tebano, filho de Hémon, que combateu contra os Sete Chefes. Comandava, com Licofantes, a emboscada desastrosa preparada contra Tideu (v. este nome). De todo o grupo que participou na emboscada, apenas Méon não foi morto. Tideu poupou-o. Quando este morreu, diante de Tebas, Méon enterrou-o.

Uma tradição representada por Eurípides dá Méon como filho de Hémon e de Antígona (v. *Antígona*). Geralmente, Hémon é apenas seu noivo, mas, por vezes, admite-se que o casamento se realizou.

2. Um outro Méon é o epónimo da família à qual pertence Homero, frequentemente designado, em poesia, pelo epíteto de *Meónida*. As suas relações com o poeta variam consoante os autores: por vezes é seu pai, casado com Criteis, e irmão de Dio, pai de Hesíodo. Outras vezes, não é o marido, mas o tutor de Criteis; ou, ainda, é o pai adoptivo do poeta, que seria filho de um demónio (v. *Criteis*).

MERA. (Μαῖρα.) **1.** Mera é o nome da mãe de Locro (v. este nome).

2. É também o nome de uma heroína arcádia, filha de Atlas e mulher do rei Tegeates, um dos filhos de Licáon, epónimo da cidade de Tégea. Tinha o seu túmulo, tal como o marido, na ágora da cidade. Mera, mulher de Tegeates, era mãe de Límon e Escefro, bem como de Cídon, Arquedio e Gortis (v. *Límon*).

3. Por último, Mera é o nome do cão (ou cadela) do herói Icário, o introdutor da vinha na Ática, que foi despedaçado pelos camponeses que se embriagaram (v. *Icário* e *Erígone*). Mera, com os seus latidos, conduziu Erígone, a filha de Icário, ao túmulo de seu pai; depois do suicídio de Erígone, ficou sobre a sua sepultura e morreu de desespero, ou então suicidou-se, atirando-se à nascente Onigro. Dioniso transformou este cão fiel numa constelação: o Cão. Por vezes, dizia-se que esta Mera fora um cão de Oríon (v. *Oríon*).

MERAS. (Μοῖραι.) As Meras são a personificação do destino de cada ser humano, do quinhão que lhe cabe neste mundo. Na origem, cada um tem a sua «mera», o que significa a sua *parte* (de vida, de felicidade, de desgraça, etc.) Depois, essa abstracção tornou-se rapidamente uma divindade e tendeu a assemelhar-se à Cere, sem nunca se tornar, todavia, um génio violento e sanguinário (v. *Ceres*). Impessoal, a Mera é tão inflexível como o destino: encarna uma lei que os próprios deuses não podem transgredir sem pôr em perigo a ordem do mundo. É a Mera que impede esta ou aquela divindade de levar ajuda a determinado herói, no campo de batalha, quando a sua «hora» chegou.

A pouco e pouco, parece ter-se desenvolvido a ideia de uma Mera universal que dominava o destino de todos os seres humanos e, sobretudo depois das epopeias homéricas, de três Meras, as três irmãs, Átropo, Cloto e Láquesis, que, para cada um dos mortais, regulavam a duração da vida desde o nascimento até à morte, com a ajuda de um fio que a primeira fiava, a segunda enrolava e a terceira cortava, quando a vida correspondente acabava. Estas três fiandeiras são filhas de Zeus e Témis, e irmãs das Horas (v. este nome). Segundo outra genealogia, eram filhas da Noite, como as Ceres; por isso, pertencem à primeira geração divina, a das forças elementares do mundo. Por vezes, tendem a formar grupo com Ilitia que, como elas, é uma divindade do nascimento. Encontram-se igualmente referidas juntamente com Tique (o Destino, a Fortuna), que encarna uma noção análoga.

As Meras não têm lenda propriamente dita. Não são mais que a simbolização de uma concepção do mundo semifilosófica, semi-religiosa (v. também *Parcas*).

***MERCÚRIO.** (*Mercurius.*) Mercúrio, o deus romano *Mercurius*, identifica-se com o Hermes grego. Como Hermes, protege os comerciantes (de resto, no seu nome encontra-se a raiz do vocábulo *merx*, que significa «mercadoria») e os viajantes. Depois da sua helenização, é representado como o mensageiro de Júpiter e mesmo, prazenteiramente, como seu servidor nas aventuras amorosas (por

---

Mente: Strab., VIII, 344; Phot., *s.u.* Μίνθα; Ov., *Met.*, X, 729.

Mentor: *Od.*, II, 225 e s.; III, 22 e s.; 240 e s.; XXII, 235; XXIV, 450 e s.

Méon: **1)** *Il.*, IV, 394; Apollod., *Bibl.*, III, 6, 5; Stat., *Theb.*, II, 693; Pausan., IX, 18, 2; Eur., tragédia perdida *Antígona* (Nauck, p. 322); Hyg., *Fab.*, 72; Diod. Sic., IV, 65. **2)** V. art. *Criteis*; cf. ainda Müller, *Fragm. Hist. gr.*, I, 46 e 277; Suid., *s.u.* Ὅμηρος.

Mera: **1)** V. *Locro*. **2)** Pausan., VIII, 48, 6; 53, 2 e s. **3)** Apollod., *Bibl.*, III, 14, 7; Hyg., *Fab.*, 130; *Astr. Poet.*, II, 4; Ov., *Fast.*, IV, 939 e s.

Meras: *Il.*, IV, 517; V, 83; 613; XII, 116; XVI, 433 e s.; 849 e s.; XIX, 87; XX, 128; XXIV, 132; 209; *Od.*,III, 269; XI, 292; Hes., *Th.*, 217; 901 e s.; *Hymn. orph.*, 59; 43, 7; cf. Stob., *Ecl.*, I, 5, 12; Pi., *O.*, X, 52; *P.*, IV, 145; Aesch., *Eu.*, 956 e s.; *Pr.*, 511 e s.; Eur., *Alc.*, 12; 52; Aristoph., *Av.*, 1734 e s.; *Ra.*, 453. Cf. E. Leitzke, *Moira und Göttheit im alten Griech. Epos.*, Diss., Göttingen, 1930.

exemplo no *Anfitrião*, de Plauto, peça em que não se distingue de Hermes).

Como seria de esperar, o primeiro templo de Mercúrio em Roma foi construído no vale do Circo Máximo, nas encostas do Aventino, perto do porto de Roma, que era o centro do tráfico. A data tradicionalmente atribuída à fundação desse templo é de 496 a. C. O templo de Mercúrio é três anos anterior ao templo de Ceres, erigido nas proximidades. Estes dois santuários foram construídos fora do Pomério, o que leva a atribuir uma origem estrangeira ao deus ou, pelo menos, ao seu culto.

À semelhança de Hermes, Mercúrio tem como atributos o caduceu, o chapéu de abas largas, as sandálias aladas e, finalmente, uma bolsa, símbolo dos lucros que o comércio lhe traz.

Como a maior parte dos deuses romanos, Mercúrio não tem mito propriamente dito. Onde quer que intervenha uma lenda, é como «tradução» de Hermes: é o caso das tradições que o dão como pai de Evandro (v. este nome). É também considerado pai dos Lares (v. *Lara*). Esta lenda explica-se talvez porque os Lares, como Mercúrio-Hermes, são os deuses das encruzilhadas.

MERÍONES. (Μηριόνης.) Meríones é o filho de Molo, um cretense filho bastardo de Deucalião o Cretense (v. *Deucalião*). Em Tróia, é o mais fiel companheiro de Idomeneu, com quem partilha o comando do contingente cretense. É mencionado na lista dos pretendentes de Helena e é a esse título que participa na guerra.

Em Tróia, realiza várias façanhas. Assiste ao conselho de guerra nocturno, fere Deífobo, mata Ádamas e Ácamas, Harpálion, Móris, Hipótion, Laógono, e escapa aos golpes de Eneias. Intervém nos combates junto ao corpo de Pátroclo, e encarrega-se de fazer reunir a lenha para a sua pira. Participa em três provas nos jogos fúnebres dados por Aquiles: corrida de carros, tiro com arco, lançamento de dardo. Sendo cretense, é o vencedor no tiro com arco, já que Creta era o país dos archeiros.

Depois da queda de Tróia, Meríones acompanha Idomeneu e regressa em bem a Cnosso. A lenda posterior diz que partiu para a Sicília, onde foi recebido pelos colonos cretenses estabelecidos em Heracleia Minoa e em Êngion, localidades onde, na época histórica, lhe era prestado culto. Atribui-se-lhe também a fundação de Cressa, na Paflagónia.

Dizia-se que Meríones era um dançarino exímio.

MÉRMERO. (Μέρμερος.) Mérmero é um dos dois filhos de Medeia e Jasão. Foi morto por Medeia em Corinto, juntamente com seu irmão Feres, para castigar Jasão da sua infidelidade (v. *Jasão* e *Medeia*) (v. quadro 23, p. 258).

Em outra tradição, Mérmero e Feres foram lapidados pelos habitantes de Corinto, por terem levado à filha do rei Creonte os presentes envenenados que lhe causaram a morte, bem como ao rei.

Finalmente, contava-se também que Mérmero, o filho mais velho de Jasão e Medeia, morrera de outro modo; tendo acompanhado seu pai a Corcira, para onde fora exilado após o assassínio de Pélias (v. *Medeia*), foi morto por uma leoa durante uma caçada, no Epiro.

MÉROPE. (Μερόπη.) A lenda refere várias heroínas de nome Mérope.

1. Uma delas é uma Plêiade, filha de Atlas e de Plêione, que casou com o mortal Sísifo (v. quadro 27, p. 280), rei de Corinto, e de quem teve um filho, Glauco (v. *Glauco*). De todas as Plêiades, Mérope foi a única que casou com um mortal; por isso, a estrela em que se metamorfoseou brilha, na constelação, com um esplendor menor que o dos astros que representam suas irmãs.

2. Mais célebre é a filha do rei da Arcádia, Cípselo, que casou com o Heraclida Cresfontes (v. quadro 18, p. 220). Cípselo deu-a em casamento a Cresfontes para garantir a aliança com os Heraclidas e conservar o seu reino (v. *Heraclidas*).

Na partilha do Peloponeso entre os Heraclidas, Cresfontes obteve a Messénia (v. *Cresfontes*). Mérope foi protagonista de um episódio de que Eurípides fez uma tragédia, hoje perdida, mas de que é possível reconstituir a intriga. Cresfontes que, em outras tradições, fora morto numa revolta dos seus súbditos, é assassinado, nesta tragédia, por Polifontes, um dos Heraclidas. Polifontes matou também os dois filhos mais velhos de Cresfontes, e casou com a viúva, Mérope, contra vontade dela. Mérope conseguiu salvar o filho mais novo, Épito, enviando-o para a Etólia, para casa de amigos, que o hospedaram. Mantinha contacto com ele através de um velho e fiel servidor que fazia em segredo a viagem. Ora, Polifontes sabia que o jovem Épito não tinha morrido: tal facto inquietava-o e fazia com que o procurassem para evitar que ele se apresentasse um dia como vingador e lhe pedisse contas. Oferecia mesmo uma enorme recompensa a quem matasse Épito.

No entanto, Épito crescera e acalentava o desejo de vingar o pai e os irmãos. Tomando o nome de Telefontes, veio ao encontro do rei

---

Mercúrio: Plaut., *Amp.*, *passim*; Plut., *Parall. min.*, 38; Serv. *ad Virg.*, *Aen.*, I, 170; VIII, 130; Ov., *Fast.*, II, 607 e s.

Meríones: *Il.*, II, 645 e s.; IV, 253 e s.; V, 59; IX, 83; X, 196; 260 e s.; XIII, 159 e s.; 246 e s.; 528; 567; 643-659; XIV, 514; XVI, 342 e s.; 603; 608; XVII, 620; 700 e s.; XXIII, 112 e s.; 262 e s.; 850 e s.; 884--897; Diod. Sic., V, 59; 79; Apollod., *Bibl.*, III, 3, 1; Hyg., *Fab.*, 81; 97; Pausan., V, 25, 9; Plut., *Marc.*, 20; Steph., Byz., *s.u.* Κρῆσσα: Plin., *N. H.*, V, 29.

Mérmero: Eur., *Med.*, *passim* e escól. *ad* 10; 276; Apollod., *Bibl.*, I, 9, 28; Hyg., *Fab.*, 25; 239; Tzetz., *ad Lyc.*, 175; 1318; Pausan., II, 3, 6 e s.

Mérope: **1)** Apollod., *Bibl.*, I, 9, 3; III, 10, 1; Ov., *Fast.*, IV, 175; escól. *ad Il.*, VI, 153; XVIII, 486; Diod. Sic., III, 60; Serv., *ad* Virg., *Georg.*, I, 138; escól. *ad* Plin., *N. H.*, II, 16. **2)** Eur., tragédia perdida de *Cresfontes*, resumida in Hyg., *Fab.*, 137; 184; Apollod., *Bibl.*, II, 8, 5; Pausan., IV, 3, 3; 8, 54.

e reclamou a recompensa, pois garantia que tinha conseguido matar Épito. O rei não acreditou no que ele dizia, mas pediu-lhe que permanecesse algum tempo hospedado em sua casa, enquanto ele procedia a investigações. Ora, durante esse tempo, Mérope recebeu a visita do servidor que fazia de intermediário entre ela e o filho; o velho avisou-a de que não sabia onde estava Épito, que desaparecera misteriosamente alguns dias antes. Mérope não duvidou mais de que o estrangeiro que o rei recebera era realmente, como dizia, o assassino de seu filho. De noite, penetrou no quarto onde dormia o pseudo-Telefontes, disposta a matá-lo. Quando já erguia sobre ele o punhal, surgiu o velho servidor que lhe susteve o braço, ao reconhecer no pretenso assassino o filho de Mérope, o verdadeiro Épito. Então, ele combinou com a mãe o meio de se vingarem e de matarem Polifontes. Mérope pôs luto pesado, tão ostensivamente quanto podia, e Polifontes deixou de duvidar que o filho dela não tivesse efectivamente morrido. Além disso, Mérope que, até então, se mostrara hostil para com Polifontes, aproximou-se dele, como se tivesse perdido todas as esperanças e se resignasse com a sua sorte. Exultante, o rei sentiu-se no dever de celebrar um sacrifício de acção de graças, para o qual convidou o pseudo-Telefontes como hóspede de honra, pedindo-lhe que imolasse ele próprio a vítima. Mas, no altar, em vez de matar a vítima, o jovem atingiu Polifontes e vingou, de uma só vez, seu pai, seus irmãos e a prolongada violência exercida sobre sua mãe. Em seguida, não teve qualquer dificuldade em fazer-se reconhecer como rei.

MESOPOTÂMIA. (Μεσοποταμία.) Mesopotâmia é a personificação feminina do país com esse nome. Conta-se que era filha de uma sacerdotisa de Afrodite, e irmã de Tigre e Eufrates. Quando nasceu, Afrodite dotou-a de grande beleza. Três jovens pretendiam a sua mão; para escolher entre eles, Mesopotâmia confiou a decisão a um árbitro, Bocoro, afamado pela sua equidade e justiça. Mesopotâmia oferecera presentes aos jovens. A um, dera uma taça; a outro, a coroa da sua cabeça. Ao terceiro, beijou-o. Tal acto pareceu a Bocoro a prova de amor mais séria, e resolveu-se a favor do terceiro. Mas os jovens rivais não acataram essa decisão: bateram-se, morreram todos três, e Mesopotâmia ficou solteira.

MESSAPO. (Μέσσαπος.) Messapo é um herói beócio, que deu o seu nome à montanha Messápio, na costa da Beócia, na direcção de Eubeia. Foi para a Itália meridional, onde também deu o seu nome ao país dos Messápios.

Existia igualmente um herói ilírio, chamado Messapo ou Pessápio, que, segundo outra tradição, era o verdadeiro epónimo do país messápio.

MESSENE. (Μησσήνη.) Messene é a filha de Tríopas, rei de Argos. É neta de Forbas (segundo outra tradição, é sua filha; v. quadro 19, p. 239). Casou com Policáon, o filho mais novo de Lélex, rei da Lacedemónia. Uma vez que Miles, o filho mais velho de Lélex, herdara o reino, Messene instigou o marido a conquistar para si um outro reino em outro lugar. Com a ajuda dos soldados lacedemónios e argivos, Policáon conquistou a região a que chamou Messénia, por causa do nome de sua mulher. A capital do país foi estabelecida em Andânia, onde Policáon instituiu o culto de Deméter e de Perséfone, vindo de Elêusis, de onde Cáucon o trouxera. Policáon e Messene tiveram direito a honras divinas na Messénia.

MESTRA. (Μήστρα.) Mestra é a filha de Erisícton (v. este nome). A fim de conseguir recursos para seu pai, que Deméter atingira com uma fome insaciável, Mestra vendia-se como escrava. Mas, como recebera do seu amante Posídon o dom de se transformar como bem quisesse, todas as vezes se escapava facilmente de casa do amo e voltava a sua casa, para logo recomeçar. Foi dada uma interpretação «racionalista» deste mito. Mestra, jovem de grande beleza, oferecia-se ao primeiro que aparecesse para dar o dinheiro ao pai, um preguiçoso, que se arruinava na pândega. Nesses tempos remotos, não se usava o dinheiro; assim, Mestra fazia-se pagar em géneros: davam-lhe bois, carneiros, criação, etc. Nasceu deste modo o hábito de dizer que Mestra se «tornava» carneiro, boi, ave de capoeira, etc. E assim se criou a lenda das metamorfoses proveitosas da jovem.

META. (Μήτα.) Meta é o nome da primeira mulher de Egeu, de quem ele não conseguiu ter filhos. Era filha de Hoples, um dos filhos de Íon, e epónimo de uma das tribos áticas.

MÉTABO. (Μέταβος.) Na *Eneida*, Métabo é um rei dos Volscos, de origem etrusca, que governava a cidade de Priverno. Era o pai de Camila e com ela foi exilado pelos seus súbditos (v. *Camila*).

Sérvio relaciona o nome deste rei bárbaro com o do epónimo da cidade de Metaponto, na Magna Grécia. Segundo a lenda grega, este Métabo era o filho de Alibante (v. *Metaponto*).

Mesopotâmia: Cf. HERSCHER, *Erot. script.*, I, 224.

Messapo: STRAB., IX, 405; STEPH., BYZ., *s.u.* Μεσσάπιον; SERV., *ad VIRG.*, *Aen.*, VIII, 9; NIC., fr. 55, 1. Cf. F. ALTHEIM, in *A.R.W.*, 1931, p. 22-32; cf. *Ph. Woch.*, 1932, p. 430-432.

Messene: PAUSAN., IV, 1, 1-2, 1; 6; 3, 9; 26, 8; 27, 6; 31, 11; escól. *ad* EUR., *Or.*, 932.

Mestra: TZETZ. *ad Lyc.*, 1393; OV., *Met.*, VIII, 739 e s.; ANT. LIB., *Transf.*, 17; PALEPH., *Incred.*, 24.

Meta: APOLLOD., *Bibl.*, III, 15, 6; ATHEN., XIII, 556 f; TZETZ., *ad Lyc.*, 494; HEROD., V, 66; EUR., *Ion*, 1575 e s.

Métabo: STRAB., VI, 265; STEPH. BYZ., *s.u.* Μεταπόντιον; SERV. *ad VIRG.*, *Aen.*, XI, 540; cf. VIRG., *Aen.*, XI. 540; 564; HYG., *Fab.*, 252 (v. o artigo *Camila*); EUST., *ad Dion. Perieg.*, 368; *Etym. Magn.*, p. 579, 29.

METANIRA. (Μετάνειρα) Metanira é a mulher de Céleo, rei de Elêusis. Recebeu Deméter quando a deusa procurava sua filha, e tomou-a ao seu serviço como criada (v. *Céleo*, *Deméter*, *Demofonte*, *Triptólemo*).

Por vezes, Metanira é referida como mulher de Hipotoonte, que era um herói ático, filho de Posídon e Álope, epónimo da tribo ateniense dos Hipotoontidas.

METAPONTO. (Μετάποντος.) Metaponto é o herói epónimo da cidade de Metaponto, na Magna Grécia. Na forma bárbara, este nome é Métabo (v. este nome), e a cidade teria tido outrora o nome de Métabon, antes de se chamar Metaponto.

Por vezes, considerava-se Metaponto filho de Sísifo e neto de Éolo; mas, mais frequentemente, dizia-se que era pai adoptivo de Éolo, *o Jovem*, e de Beoto. Foi ele quem acolheu Arne, filha do primeiro Éolo, quando estava grávida e seu pai a exilou. Por causa dela, Metaponto repudiou a primeira mulher, Síris, que exilou na cidade de Síris, vizinha de Metaponto. Depois, Éolo, *o Jovem*, e seu irmão, filhos de Arne, a conselho da própria mãe, mataram Síris e fugiram, um para a Beócia (a que deu o seu nome), o outro para as ilhas Eólias (v. outras versões sobre a mesma lenda, retomada por Eurípides na sua tragédia perdida *Melanipe Cativa*, no artigo Éolo, 2).

METIMNA. (Μηθύμνα.) Metimna é o epónimo da cidade desse nome, na ilha de Lesbos. É filha de Mácar, mulher de Lepetimno, e mãe de Hicetáon e Helicáon, que foram mortos por Aquiles ao tomar Lesbos.

METÍOCO. (Μητίοχος.) Metíoco é um jovem originário da Frígia. Amava uma rapariga, Parténope, que fizera voto de castidade. Parténope amou-o também, mas não quis quebrar o seu voto. Cortou os cabelos e exilou-se. Abordou a Campânia e, aí, consagrou-se a Dioniso. É a ela que Nápoles deve o seu nome grego de Parténope.

METÍON. (Μητίων.) Metíon é um herói ático, cuja genealogia apresenta diversas variantes. Geralmente, figura entre os filhos de Erecteu e de Praxítea (v. quadro 12, p. 144). Os filhos que teve de Alcipe expulsaram do trono de Atenas Pandíon II, o filho de Cécrops, o Jovem (por conseguinte, o sobrinho de Metíon; v. o mesmo quadro), e reinaram em seu lugar. Métion é, nesta tradição, o pai de Eupálamo e avô de Dédalo (v. este nome).

Em outra lenda, Metíon não era o pai, mas o filho de Eupálamo, e também não era o filho, mas o neto de Erecteu. Casado com Ifínoe, Dédalo era seu filho. Por vezes, é-lhe atribuída a paternidade de Museu.

Finalmente, Metíon desempenha um papel secundário na tradição de Sícion. Seria, com efeito, o pai do herói Sícion, que foi chamado por Lamedonte a suceder-lhe no trono da cidade (v. quadro 24, p. 265, e *Sícion*).

MÉTIS. (Μῆτις.) Métis (cujo nome significa Prudência, ou, em sentido pejorativo, Perfídia), é uma divindade da primeira geração. É filha de Oceano e Tétis. Diz-se que foi a primeira mulher (ou a primeira amante) de Zeus. Foi ela quem lhe deu a droga que fez com que Crono vomitasse todos os filhos que tinha engolido (v. *Crono*). Em seguida, quando Métis estava grávida, Geia e Úrano revelaram a Zeus que, depois de lhe dar uma filha, ela lhe daria um filho que, mais tarde, o destronaria, tal como ele destronara Crono. Então, a conselho de Geia (ou da própria Métis), engoliu Métis e foi assim que deu à luz Atena (v. este nome).

***MEZÊNCIO.** (*Mezentius*.) Na lenda das origens de Roma, Mezêncio é um rei etrusco que reinava em Cere e lutou contra Eneias. As formas da sua lenda variam. Na tradição mais antiga, e cujo primeiro testemunho, hoje perdido, é o tratado *Origines*, escrito por Catão no século II a. C., Mezêncio é chamado por Turno depois de este sofrer uma primeira derrota face a Eneias e Latino (v. *Latino*). Para decidir Mezêncio a socorrê-lo, Turno prometeu-lhe metade de toda a produção do vinho do país latino, bem como o seu próprio território. Por seu lado, Eneias fez o mesmo juramento a Júpiter. O juramento feito ao deus foi mais eficaz que a promessa de Turno, e Mezêncio foi morto, tal como Turno. Nesta batalha, Eneias desapareceu misteriosamente, chamado para junto dos deuses, e foi seu filho Ascânio quem lhe sucedeu. A promessa feita a Júpiter foi cumprida e assim se explicava a origem da festa das *Vinalia*, celebrada todos os anos, e no decurso da qual se ofereciam a Júpiter as primícias da colheita de vinho.

A versão transmitida por Dionísio de Halicarnasso é sensivelmente diferente. Depois do seu casamento com Lavínia e da fundação de Lavínio, Eneias e Latino tiveram de rechaçar os ataques dos Rútulos, conduzidos por Turno, sobrinho de Amata. Numa primeira batalha,

---

Metanira: *Hymn. hom. Dem.*, 101; 185 e s.; PAUSAN., I, 39, 1 e 2; APOLLOD., *Bibl.*, I, 5, 1; NONN., *Dion.*, XIX, 80 e s.; OV., *Fast.*, IV, 539.

Metaponto: V. as referências nos artigos *Métabo* e Éolo; J. BÉRARD, *Colonisation*, p. 344 e s.

Metimna: PARTH., *Erot.*, 21; STEPH. BYZ., *s.u.*; DIOD. SIC.,V, 81.

Metíoco: EUST. *ad Dion. Perieg.*, 358.

Métion: APOLLOD., *Bibl.*, III, 15, 5 e 8; PAUSAN., I, 5, 3; 4; II, 6, 3; DIOD. SIC., IV, 76; PLAT., *Ion*, 533a; escól. *ad* SOPH., *Oed. Col.*, 468; *ad* DION. TR., *in* BEKKER, *Anecd.*, 783, 12.

Métis: HES., *Theog.*, 358; 886 e s.; APOLLOD., *Bibl.*, I, 2, 1; 3, 6.

Mezêncio: SERV., *ad* VIRG., *Aen.*, I, 259, 267; IV, 620; VI, 760; IX, 742; MACROB., *Sat.*, III, 5, 10; PLIN., *N. H.*, XIV, 88; OV., *Fast.*, IV, 877 e s.; LIV., I, 1-3; DION. HAL., I, 64 e s.; II, 5; VIRG., *Aen.*, 647-817; VIII, 470 e s.; IX, 586 e s.; X, 768; XI, 1 e s.; JUST., XLIII, 1, 10; DIOD. CASS., fr. 4, 1 b; PLUT., *Qu. Rom.*, 45.

Turno e Latino são mortos. Os Rútulos chamam então em seu socorro Mezêncio e os Etruscos, que temem o estabelecimento de um Estado poderoso tão perto das suas fronteiras, na foz do Tibre. Trava-se uma batalha sangrenta; ao cair da noite, ainda não havia nenhum resultado decisivo. Apercebem-se, porém, então de que Eneias desapareceu. Ascânio assume o comando, mas os Troianos e os Latinos estão em dificuldades. Ascânio pede que sejam estabelecidas as condições de um armistício. Mezêncio reclama toda a produção de vinho do país latino. Então, Ascânio consagra a Júpiter o vinho da região e, a coberto de uma noite sem luar, ataca com pleno êxito. Lauso, filho de Mezêncio, é morto. O exército etrusco recua em desordem e Mezêncio toma simultaneamente conhecimento da sua derrota e da morte do filho. É então ele quem pede tréguas. Ascânio concedeu-lhe passagem livre com o resto do seu exército e, a partir dessa altura, Mezêncio tornou-se aliado dos Latinos.

Em Virgílio, a figura de Mezêncio é mais definida, mas a lenda propriamente dita surge simplificada. Mezêncio continua a ser rei de Cere, mas, por causa da sua tirania, foi expulso do reino pelos seus súbditos; encontrou refúgio na corte de Turno, ao lado de quem combate, bem como seu filho Lauso. Ambos são mortos por Eneias. Em momento algum Virgílio alude à promessa de consagrar o vinho do país latino, nem a Mezêncio, nem a Júpiter. Na narrativa virgiliana, como se vê, apenas Mezêncio é inimigo de Eneias; os Etruscos estão do lado dos Troianos e, por isso, também de Roma. Não se trata de um acaso, se se pensar na ascendência etrusca de Mecenas, cujos antepassados haviam reinado nas cidades etruscas e que era, na altura, um dos mais íntimos amigos de Augusto.

MICENEU. (Μυχηνεύς.) Miceneu é o herói que fundou a cidade de Micenas e lhe deu o nome. Em certas tradições (expressamente postas em dúvida por Pausânias), dizia-se que era neto de Foroneu e filho de Esparton.

MIDAS. (Μίδας.) Midas é um rei da Frígia, herói de várias histórias populares. Contava-se, nomeadamente, que, um dia, encontrou Sileno, sozinho e adormecido, depois de copiosas libações. Quando o deus acordou, Midas pediu-lhe que lhe falasse e lhe ensinasse a sabedoria. Sileno contou então a história de duas cidades situadas fora do mundo e chamadas Êusebes, a Cidade Piedosa, e Maquimo, a Cidade Guerreira. Na primeira, os habitantes estavam sempre felizes, e acabavam a vida com uma gargalhada. Os habitantes da cidade guerreira passavam a existência em lutas; nasciam armados da cabeça aos pés. Ambos os povos reinavam sobre grandes domínios e eram muito ricos. Possuíam tanto ouro e tanta prata que esses metais preciosos eram para eles a mesma coisa que o ferro para nós. Um dia, os dois povos decidiram visitar o nosso mundo. Atravessaram o Oceano e chegaram ao país dos Hiperbóreos, que são, como todos sabem, os mortais mais afortunados (v. *Hiperbóreos*).

Mas, ao verem a triste condição desse povo e ao saberem também que era o mais feliz de todo o nosso mundo, não quiseram ir mais longe e voltaram para a sua terra.

Foi essa a parábola decepcionante que Sileno contou a Midas.

Havia outra versão do encontro entre o rei e Sileno. É Ovídio quem a transmite, nas *Metamorfoses*. Sileno, perdido, adormecera longe do cortejo de Dioniso, nas montanhas da Frígia. Foi encontrado por camponeses que não o reconheceram e o levaram acorrentado à presença do seu rei. Midas, que outrora fora iniciado nos Mistérios, viu imediatamente de quem se tratava. Soltou-o, recebeu-o com grandes honras e partiu em sua companhia para se reunir a Dioniso. Este agradeceu amavelmente ao rei e, para o recompensar, concedeu-lhe a realização do desejo que formulasse. Midas pediu imediatamente que tudo aquilo em que tocasse se transformasse em ouro. Em seguida, como o deus lhe concedeu o que queria, voltou para casa, contente, e resolveu experimentar o dom recém-adquirido. Tudo correu bem até à hora do almoço. Quando Midas quis levar um pedaço de pão à boca, apenas encontrou um bocado de ouro. E também o vinho se transformou em metal. Esfomeado, a morrer de sede, Midas implorou a Dioniso que lhe retirasse esse dom pernicioso. Dioniso acedeu e disse-lhe que lavasse a cabeça e as mãos na nascente do Pactolo. Midas fê-lo, e imediatamente o dom o abandonou. Mas as águas do Pactolo ficaram carregadas de laminazinhas de ouro.

Uma outra história, muito semelhante, é contada por Plutarco. Midas fora visitar uma província longínqua do seu reino, e viu-se perdido no meio de um deserto, sem uma gota de água para matar a sede nem para dar de beber aos seus acompanhantes. Compadecida, a Terra fez brotar uma nascente. Mas acontece que, dessa nascente, jorrava ouro em vez de água. O remédio fora em vão. Então, Midas implorou a Dioniso que tranformasse a nascente de ouro numa fonte de água que recebeu o nome de «Nascente de Midas».

Midas desempenha também um papel na lenda de Pã (ou Mársias) e de Apolo. Vagueava pelos bosques e foi parar ao monte Tmolo, no momento em que o deus da montanha se preparava para julgar o diferendo entre Mársias (ou Pã) e Apolo. Tmolo acabava de pronunciar a sua sentença e de declarar Apolo vence-

---

Miceneu: Pausan., II, 16, 4; Eust. *ad Hom.*, *Il.*, II, 569; escól. *ad* Eur., *Or.*, 1239; Steph. Byz., *s. u.* Μυχῆναι.

Midas: Herod., VIII, 138; Ael., *VH*, III, 18; Ov., *Met.*, XI, 85 e s.; Serv. *ad* Virg., *Ecl.*, VI, 13; *Aen.*, X, 142; Hyg., *Fab.*, 191; 274; e escól. *ad* Aristoph., *Pl.*, 287; Diod. Sic., III, 59; Ps.-Plut., *Fluv.*, 10; X., *An.*, I, 2, 13; Plin., *N. H.*, VII, 57; Cic., *Tusc.*, I, 114. Cf. R. Lehmann-Nitsche, «König Midas hat Eselohren»; *Z. E.*, 1936, pp. 281-303; cf. *Anthropos*, 1938, p. 288.

dor. Sem que ninguém lho tivesse pedido, Midas declarou que a sentença era injusta. Em face disso, Apolo, encolerizado, fez-lhe nascer de um lado e doutro da cabeça um par de orelhas de burro. Em outra versão, Midas foi escolhido como juiz juntamente com outros. E apenas ele se decidiu a favor de Mársias. Outras vezes, atribuía-se também ao próprio Midas a invenção da flauta denominada de «Pã».

Seja como for, Midas dissimulou o melhor que podia as embaraçantes orelhas debaixo de uma tiara e somente o seu cabeleireiro sabia do segredo, embora estivesse proibido, sob pena de morte, de o revelar fosse a quem fosse. O pobre homem, esmagado pelo peso de um tal segredo, não conseguiu conter-se e, fazendo um buraco no chão, confiou à Terra que o rei Midas tinha umas orelhas monstruosas. Então, as canas que cresciam na região puseram-se a repetir o segredo do rei e, com o vento que as abanava, murmuravam: «Midas, o rei Midas, tem orelhas de burro...»

MÍDIAS. (Μειδίας.) Mídias era um tessálio cujo filho, Eurídamas, matara Trasilo. O irmão deste, Símon, matou Eurídamas e arrastou o seu cadáver em volta do túmulo do irmão. Dizia-se que assim nascera o costume tessálio de arrastar o corpo do assassino em volta da sepultura da sua vítima. Foi isso que Aquiles fez, ao arrastar o corpo de Heitor em volta do túmulo de Pátroclo. Esse cuidado era geralmente deixado ao melhor amigo da vítima, ou ao seu parente mais próximo.

MIENO. (Μύηνος.) Mieno é o epónimo da montanha com o mesmo nome. É filho de Telestor e Alfesibeia. A madrasta denunciou-o ao pai, dizendo que ele concebera por ela uma paixão culpada. Mieno retirou-se para a montanha e, como o pai o perseguisse com um grupo de servos, atirou-se do cimo de uma falésia.

MÍGDON. (Μύγδων.) **1.** A *Ilíada* refere um Mígdon, que reinava numa parte da Frígia, nas margens do rio Sangário. Durante um ataque das Amazonas, Mígdon foi socorrido por Príamo. Em sinal de reconhecimento, veio defender Tróia quando os Gregos atacaram a cidade. É o pai do herói Corebo (v. este nome, 2). **2.** Outro Mígdon é o irmão de Âmico (v. este nome), tal como ele rei dos Bébrices. Venceu-o Héracles, aliado de Lico, com quem estava em guerra. Foi no seu reino, conquistado pelo herói, que Héracles fundou a cidade de Heracleia do Ponto.

MILANTE. V. *Milas.*

MILAS. (Μύλας.) Milas é o nome de um dos Telquines (v. este nome), que se diz ter inventado o moinho de trigo. Deu também o nome a uma montanha da ilha de Rodes.

MILES. (Μύλης.) Miles é um herói lacónio, inventor do moinho (v. também o artigo *Milas*). Na tradição lacónia, é o filho do rei Lélex, de Lacedémon, e de Perídia. É irmão de Policáon, Bumolco e Terapne. Era pai de Eurotas. Outras tradições omitem-no e fazem de Eurotas directamente filho de Lélex (v. quadro 5, p. 90).

MILETE. V. *Miles.*

MILETO. (Μίλητος.) Mileto é o herói epónimo e o fundador da cidade de Mileto, na Ásia Menor. As tradições divergem quanto à sua genealogia.

Segundo Ovídio, é filho de Apolo e de Dione, e foi expulso por Minos. Exilou-se na Ásia Menor, onde fundou a cidade de Mileto e casou com Cíane, filha do deus do Meandro, de quem teve dois filhos, Cauno e Bíblis (v. a lenda de ambos).

Outra tradição dava-o como filho de Acacális (v. este nome) e neto de Minos (quadro 30, p. 312). Filho de Apolo, a mãe expô-lo logo que nasceu, com medo de Minos. Nos bosques, foi alimentado por uma loba e, em seguida, foi recolhido por pastores. Mais tarde, Minos, que não sabia quem ele era, impressionado com a sua beleza, tentou violentá-lo. A conselho de Sarpédon, Mileto fugiu durante a noite e chegou a Cária, onde fundou Mileto. Aí, casou com a filha do rei Êurito, Idótea, de quem teve Cauno e Bíblis.

Finalmente, em outras versões, Mileto era considerado filho de Aria, filha de Cléoco. Seu pai era Apolo. Quando nasceu, foi exposto por sua mãe e depois recolhido por Cléoco, que o criou. Tornou-se muito belo e Minos quis possuí-lo. Mileto fugiu para Samos, onde fundou uma primeira cidade chamada Mileto; de lá, partiu para Cária, onde fundou uma segunda cidade com o mesmo nome.

MIMANTE. V. *Mimas.*

MIMAS. (Μίμας.) Mimas é um dos Gigantes que combateram contra os deuses. Foi fulminado por Zeus, ou então morto por Hefesto, que lançou contra ele projécteis de metal em brasa.

***MINERVA.** (*Minerua.*) Minerva é a deusa romana identificada com a Atena helénica. Parece não pertencer às divindades mais antigas

---

Mídias: Escól. *ad Il.*, XXII, 397.

Mieno: PS-PLUT., *Fluv.*, 8, 3.

Mígdon: 1) *Il.*, III, 185 e s., e escól. *ad loc.*; EUST. *ad Hom.*, X, 552; EUR., *Rh.*, 539; SERV. *ad VIRG.*, *Aen.*, II, 341; PAUSAN., X, 27, 1; PS-PLUT., *Fluv.*, 12, 1. **2)** APOLLOD., *Bibl.*, II, 5, 9; escól. *ad* APOL. RH., *Arg.*, II, 786.

Milas: STEPH. BYZ., *s.u.* Μυλαντία ἄκρα; HESCH., *s.v.*

Miles: PAUSAN., III, 1,1; IV, 1, 1; III, 20, 2; escól. *ad* EUR., *Or.*, 615.

Mileto: OV., *Met.*, IX, 443 e s.; NONN., *Dion.*, XIII, 546; PARTH., *Erot.*, 11; CONON, *Nan.*, 2; ANT. LIB., *Transf.*, 30; escól. *ad* THEOCR., VII, 115; HYG., *Fab.*, 243; escól. *ad* APOL. RH., *Arg.*, I, 185; APOLLOD., *Bibl.*, III, 1, 2; PAUS., VII, 2, 5.

Mimas: EUR., *Ion*, 215; APOL. RH., *Arg.*, III, 1227 e escól. *ad loc.*; HOR., *Od.*, III, 4, 53; APOLLOD., *Bibl.*, I, 6, 2.

Minerva: VARR., *LL*, V, 74; SERV., *ad* VIRG., *Aen.*, I, 42; XI, 259; OV., *Fast.*, III, 835 e s.; JUV., *Sat.*, X, 115 e s.

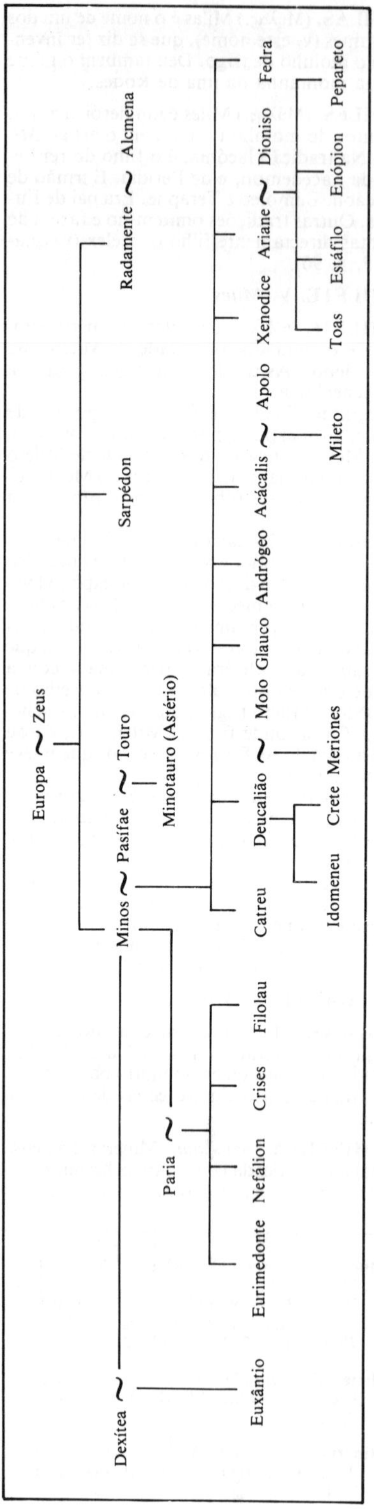

Quadro genealógico n.º 30

do panteão latino; aparece primeiramente na Etrúria e foi incluída na tríade dita «capitolina», em que figurava juntamente com Júpiter e Juno. Um dos seus mais antigos templos erguia-se no monte Célio, a colina onde se dizia que outrora se fixara o contingente etrusco vindo em ajuda de Rómulo, sob as ordens de *Caele Vibenna*. Esse templo tinha o nome de *Minerua Capta*: a Minerva Cativa; de facto, talvez tivesse sido construído para albergar uma Minerva tomada em Falérios, aquando da conquista da cidade pelos Romanos.

A tradição referia Minerva como uma das divindades introduzidas em Roma por Numa.

A festa de Minerva celebrava-se a 19 de Março, nos Quinquátrias. Nesse dia, as escolas faziam feriado. Os atributos da deusa eram análogos aos da Palas Atena grega. Preside à actividade intelectual, sobretudo escolar. No Esquilino, havia uma capela dedicada a Minerva Curadora, *Minerua Medica*, onde foram encontrados ex-votos que provam que esse culto permanecia vivo durante o Império. Minerva não intervém em nenhuma lenda especificamente romana (v., todavia, *Nério* e *Ana Perena*).

MINÍADES. (Μινυάδες.) As Miníades são as três filhas do rei Mínias, que reinava em Orcómeno. Chamavam-se Leucipe, Arsipe e Alcítoe (ou Alcátoe). São as heroínas de uma lenda destinada a ilustrar o castigo de Dioniso a quem quer que se recuse a participar no seu culto. Existiam diversas versões desta lenda. Todas têm em comum o facto de as três irmãs, durante uma festa em honra de Dioniso, terem ficado em casa a fiar e a bordar, enquanto as mulheres de Orcómeno (ou de Tebas, consoante as versões) percorriam a montanha como Bacantes. Mas a natureza do castigo varia.

Por vezes, conta-se que heras e videiras começaram a crescer em volta dos tambores em que estavam sentadas, e que leite e vinho começaram a escorrer do tecto. Luzes misteriosas apareceram nas salas e por toda a parte ressoavam gritos de animais selvagens, sons de flautas e tamboris. Aterrorizadas, as Miníades foram tomadas de uma loucura mística e apoderaram-se do pequeno Hípaso, filho de uma delas, Leucipe, e despedaçaram-no, tomando-o por um jovem corço. Em seguida, coroadas de hera, juntaram-se às outras mulheres na montanha. Ou então transformaram-se em morcegos.

Outra versão apresenta apectos sensivelmente diferentes: antes de as castigar, o próprio Dioniso veio ao seu encontro, sob a forma de um jovem, e censurou-lhes a indiferença. Elas troçaram dele. Então, Dioniso transformou-se, perante os olhos delas, em touro, em pantera e em leão. Simultaneamente, corria leite e vinho dos tambores em que estavam sentadas. Como na versão anterior, as Miníades são possuídas por um delírio que as leva a despedaçar o pequeno Hípaso.

Miníades: Ant. Lib., *Transf.*, 10; Plut., *Qu. Gr.*, 38; Ael., *VH*, III, 42; Ov., *Met.*, IV, 1 e s.

MÍNIAS. (Μινύας.) Mínias, de Orcómeno, na Beócia, é o epónimo dos Mínias, nome usado pelos habitantes de Orcómeno na época homérica. Ora se diz que Mínias era filho de Posídon, ora seu neto. No segundo caso, seu pai é Crises, que é, por seu turno, filho do deus e de Crisogenia, filha do Halmo (quadro 22, p. 244). Mínias era muito rico e diz-se que foi o primeiro de entre os gregos a ter necessidade de possuir um «tesouro».

Da filha de Hiperfas, Eurianassa, teve muitos filhos; todos têm o seu papel na lenda. Além de seu filho e sucessor no trono de Orcómeno, Orcómeno (v. *Clímeno*, 2), teve Ciparisso, Leucipe, Arripe e Alcátoe, as três «Miníades» que Dioniso acometeu de loucura (v. o artigo *Miníades*), Elara, mãe de Tício (v. este nome), Aretírea, mãe de Flias, concebido de Dioniso (quadro 24, p. 265), e, finalmente, Clímene, que foi mulher de Fílaco e avó de Jasão (quadro 22, p. 244).

MINOS. (Μίνως.) Minos é um rei de Creta que se dizia ter vivido três gerações antes da Guerra de Tróia. Geralmente, é dado como filho de Europa e de Zeus, criado pelo rei de Creta Astérion ou Astério (v. *Europa*). Por vezes, é todavia referido como filho de Astérion. Seus irmãos eram Sarpédon e Radamante (v. quadro 3, p. 66; 30, p. 312).

Depois da morte de Astérion, Minos reinou sozinho em Creta. Conta-se que, quando manifestou a intenção de tomar o poder só para si, os irmãos puseram obstáculos. Minos respondeu que os deuses lhe haviam destinado o reino e, para o provar, afirmou que tudo o que pedisse ao céu lhe seria concedido. Oferecendo um sacrifício a Posídon, pediu ao deus que fizesse sair do mar um touro, prometendo em troca sacrificar-lhe o animal. Posídon enviou o touro, o que valeu a Minos o poder sem qualquer contestação; mas o rei não sacrificou o touro, pois achava que se tratava de um belo animal e desejava conservar-lhe a raça. Então, incorporou-o nas suas manadas. Mas Posídon vingou-se, enfurecendo o touro de tal modo que, mais tarde, Héracles teve de o matar a pedido de Minos (ou então por ordem de Euristeu; v. *Héracles*). Foi exactamente por esse touro que Pasífae, a mulher de Minos, concebeu mais tarde uma paixão criminosa (v. *infra*, *Minotauro* e *Tauro*).

Minos casou com Pasífae, filha do Sol (Hélio) e de Perseide (v. quadro 16, p. 202). Outra tradição refere que casou com Crete, uma filha de Astérion. Seus filhos legítimos foram: Catreu, Deucalião, Glauco, Andrógeo, também chamado Eurígies, Ácale, igualmente denominada Acacális, Xenódice, Ariadne e Fedra. Mas também teve filhos ilegítimos: de uma ninfa chamada Paria (ou talvez originária da ilha de Paros), teve Eurimedonte, Crises, Nefálion, e Filolau (v., sobre todos eles, *Eurimedonte*). De uma ninfa chamada Dexítea teve um outro filho, Euxântio. Finalmente, em diversas tradições aberrantes, referem-se outros filhos.

Atribuía-se a Minos um grande número de aventuras amorosas e também, por vezes, a invenção da pederastia. Havia uma tradição segundo a qual foi Minos, e não Zeus, quem raptou Ganimedes. Teria sido igualmente amante de Teseu; reconciliou-se com ele depois do rapto de Ariadne e deu-lhe Fedra, sua segunda filha, em casamento (v. também *Mileto*).

Entre os seus amores femininos, cita-se Britomártis, que preferiu lançar-se ao mar a entregar-se-lhe (v. *Britomártis*); em seguida, Peribeia, uma das jovens do primeiro tributo que trouxe de Atenas após a morte de Andrógeo (v. este nome). As suas amantes foram tantas que Pasífae, sua mulher, se indignou; lançou-lhe um «mau olhado» que fez com que todas as mulheres que possuía morressem, devoradas por escorpiões e serpentes que saíam do seu corpo. Foi libertado dessa maldição por Prócris que acedeu a partilhar o seu leito em troca de um cão e de um dardo mágicos que ele possuía (v. *Prócris*). De facto, Prócris conhecia uma erva, a «raiz de Circe», que quebrou o encantamento.

Diz-se que Minos foi o primeiro a civilizar os Cretenses, a governá-los com justiça e brandura e a dar-lhes leis excelentes, tão notáveis que se consideravam inspiradas directamente por Zeus: Minos, de nove em nove anos, consultava o deus na caverna do Ida de Creta onde Zeus crescera, e onde recebia as suas directrizes. Nestas funções de legislador, Minos é frequentemente posto em paralelo com seu irmão Radamante, que expulsara levado pela inveja, e de que não seria mais do que um imitador. Nos Infernos, ambos tinham assento para julgar as almas dos mortos. Ajudava-os nessa tarefa Éaco (v. este nome).

Sob o nome de Minos surge personificada na lenda a «talassocracia» cretense, que, desde o segundo milénio antes da nossa era, fez prevalecer o seu poder sobre todo o mar Egeu. Por isso, não é de admirar que os mitógrafos lhe atribuam o domínio sobre grande número de ilhas situadas em torno de Creta e mesmo até

Mínias: PAUSAN., IX, 36, 4-6; X, 29, 6; escól. *ad Il.*, II, 511; XX, 227; *ad* PIND., *Isth.*, I, 79; IV, 122; *ad* APOL. RH., *Arg.*, I, 45; 230; *ad Od.*, XI, 326; TZETZ. *ad Lyc.*, 874. Cf. F. VIAN, «La triade des rois d'Orchomène» in *Mél. Dumézil*, Bruxelas, 1960, pp. 215-224.

Minos: *Il.*, XIII, 448 e s.; XIV, 322 e s.; escól. *ad* XII, 292; *Od.*, XI, 568 e s.; EUST. *ad Od.*, XVII, 523; XI, 568; XIX, 178; *Il.*, 321; HEROD., I, 171 e s.; VII, 170 e s.; APOL. RH., *Arg.*, II, 516; IV, 1564, e escól. escól. *ad* III, 1087; IV, 433; PAUSAN., I, 1, 2; 4; 17, 3; 19, 4; 22, 5; 24, 1; 27, 9 e s.; 39, 5; II, 30, 3; 31, 3; 34, 7; III, 2, 4; 18, 11; 16; V, 25, 9; VII, 2, 5; 3, 7; 4, 5 e s.; VIII, 53, 4; 8; IX, 11, 4; 16, 4; HYG., *Fab.*, 41; STRAB., VI, 3, 6, p. 282; X, 4, 9, p. 477; XII, 8, 5, p. 573; DIOD. SIC., IV, 60 e s (que distingue dois Minos: um, filho de Zeus; outro, neto do primeiro, herói das lendas habitualmente referidas a Minos); V, 78 e s.; PLAT., *Min.*, p. 318 e s.; *Grg.*, 523 e s.; LACT. PLAC . *ad* STAT., *Theb.*, IV, 530; V, 441; VII, 187; escól. *ad* CALLIM., *Himn. Zeus*, 8; TZETZ., *Chil.*, I, 473; 546; II, 293 e s.; *ad* LYC., 1301; ANT. LIB., *Transf.*, 41; APOLLOD., *Bibl.*, III, 1, 2 e s.; 15, 1; II, 5, 7; CONON, *Narr.*, 25; escól. *ad* EUR., *Or.*, 1643; ATHEN., XIII, 601 e s.;

Cária, no continente asiático. Dizem que Minos chefiou diversas expedições militares, nomeadamente contra Atenas, para vingar a morte de Andrógeo. Durante essa guerra, tomou a cidade de Mégara (v. *Niso* e *Cila*). Então, como obtivera a vitória em resultado de uma peste que pusera os Atenienses à sua mercê, exigiu deles um tributo anual de sete jovens e sete donzelas, destinadas a serem dados a comer ao Minotauro. Mais tarde, Minos foi à Sicília, chefiando um exército, para procurar Dédalo, que encontrou na corte do rei Cócalo (v. *Dédalo* e *Cócalo*). Mas foi aí que morreu, morto no banho pelas filhas do rei, instigadas por Dédalo. Os soldados cretenses que o acompanhavam fundaram na Sicília a cidade de Heracleia Minoa. Mais tarde, os Cretenses organizaram uma expedição punitiva contra a Sicília, mas foram obrigados a retomar o mar. Uma tempestade atirou-os para o país dos Iapígios, e foi aí que se fixaram. Mais tarde, parte deles foi obrigada a exilar-se, na sequência de discórdias internas, e dirigiu-se à Macedónia. O oráculo ordenara-lhes que se fixassem onde lhes oferecessem terra e água para comer. Ora, quando chegaram a Botia, que é uma região da Macedónia, encontraram crianças que brincavam fazendo bolos de lama. Muito sérias, as crianças ofereceram-lhes esses bolos para comer. Então, os imigrantes reconheceram que o oráculo se cumpria e pediram ao rei do país uma concessão, que lhes foi outorgada.

Existia em Heracleia Minoa um «túmulo de Minos» que se dizia ser o que os companheiros de Minos haviam erguido ao seu rei. Num compartimento interior, estavam as cinzas de Minos; uma segunda sala era um santuário em honra de Afrodite. Esse túmulo foi arrasado aquando da fundação de Agrigento. As cinzas de Minos foram então transportadas para Creta (v. também *Minotauro*, *Pasífae*, *Teseu*).

MINOTAURO. (Μινώταυρος.) Dá-se o nome de Minotauro a um monstro que tinha corpo de homem e cabeça de touro. Na realidade, chamava-se Astério ou Astérion, e era filho de Pasífae, mulher de Minos, e de um touro enviado por Posídon a este rei (v. *Minos*). Minos, aterrorizado e envergonhado com o nascimento do monstro, fruto dos amores contranaturais de Pasífae, ordenou ao artista ateniense Dédalo, que nessa altura se encontrava na sua corte, que contruísse um imenso palácio (o Labirinto), composto de um tal emaranhado de salas e corredores que ninguém, a não ser Dédalo, conseguisse encontrar o caminho para dele sair. Foi lá que encarcerou o monstro. E, todos os anos (outros dizem que de três em três anos, ou mesmo de nove em nove), dava-lhes a devorar sete jovens e sete donzelas, tributo que impusera à cidade de Atenas. Teseu ofereceu-se voluntariamente para fazer parte do grupo de jovens e, mercê da ajuda de Ariadne, conseguiu não só matar o animal, como também encontrar o caminho para voltar à luz do dia (v. *Ariadne*, *Teseu* e uma interpretação evemerista no artigo *Tauro*).

Esta lenda conserva vestígios da civilização «minóica», que parece ter tido o culto do touro e dos enormes palácios, como os que as escavações de Evans encontraram em Cnosso e outros locais. O Labirinto é, de facto, o «palácio do machado de dois gumes» (em grego λάβρυς), símbolo que se encontrou gravado um pouco por toda a parte nos monumentos minóicos e que tem talvez um significado «solar».

MÍRICE. (Μυρίκη.) Mírice, Tâmaris, é filha do rei de Chipre, Cíniras, e transformou-se num arbusto, a tamargueira. Esta lenda pode relacionar-se com a de Mirra, ou Esmirna, também filha de Cíniras.

MIRINA. (Μύρινα.) Mirina é uma amazona que, chefiando a sua nação, obteve grandes vitórias. Declarou guerra aos Atlantes, que habitavam um país situado na costa do Oceano onde se dizia que os deuses haviam nascido. Com a ajuda de um exército de três mil amazonas que combatiam apeadas, e de vinte mil a cavalo, conquistou primeiramente o território de uma cidade atlante, chamada Cerne. Em seguida, tomou a própria cidade, passou a fio de espada todos os homens válidos e levou como cativas as crianças e as mulheres. Depois, a cidade foi completamente arrasada. Aterrorizados, os outros atlantes capitularam imediatamente. Então, Mirina tratou-os generosamente, estabeleceu com eles um tratado de aliança, construiu uma cidade, a que chamou Mirina, no mesmo local da que destruíra, e deu-a aos prisioneiros e a todos os que quiseram vir habitá-la. Os Atlantes pediram então a Mirina que os ajudasse na luta contra as Górgones (v. *Górgones*). Num primeiro e duríssimo recontro, Mirina alcançou a vitória, mas muitas Górgones escaparam. Depois, uma noite, as Górgones que estavam priosioneiras no campo das Amazonas apoderaram-se das armas das suas sentinelas e mataram um grande número destas. Rapidamente as Amazonas se recompuseram e massacraram as rebeldes. Mirina concedeu grandes honras às suas súbditas que pereceram neste combate e erigiu-lhes um túmulo composto de três cabeços de igual altura que, na época histórica, ainda eram conhecidos pelo nome de *Túmulos das Amazonas*. Apesar da derrota, as Górgones conseguiram restabelecer o seu poderio e, mais tarde, diz-se que Perseu e depois Héracles tiveram de as combater.

Os feitos atribuídos a Mirina não se confinam a estas duas guerras. Mais tarde, depois

---

Suid., *s.u.* V. G. Glotz, *La Civilisation egéenne* 2.ª ed., Paris, 1937, e a bibliografia citada.

Minotauro: Apollod., *Bibl.*, III, 1, 4; 15, 8; Diod. Sic., I, 61; IV, 61; 77; Plut., *Thes.*, 15 e s.; 19; 21; Pausan., I, 22, 5; 24, 1; 27, 10; III, 18, 11; 16; Virg., *Aen.*, V, 588 e Serv. *ad loc.*; escól. *ad Virg.*, *Aen.*, VI, 21; Hyg., *Fab.*, 40; 41; 42; cf. *Il.*, XVIII, 590 e s.; Ov., *Met.*, VIII, 167; *Her.*, IV, 115 e s.; Call., *Del.*, 310 e s.; Plat., *Phdr.*, 58 a; Strab., X, 4, 8, p. 477.

Mírice: Hesch., *s.u.*

Mirina: *Il.*, II, 814, e escól. *ad loc.*; Tzetz. *ad Lyc.*, 243; Strab., XIII, 3, 6, p. 623; Diod. Sic., III, 54 e s.

de ter conquistado a maior parte da Líbia, entrou no Egipto, na época em que aí reinava Horo, filho de Ísis. Com ele firmou um tratado de amizade. Em seguida, organizou uma expedição contra os Árabes; assolou a Síria e, subindo em direcção ao Norte, encontrou uma delegação dos Cilícios, que voluntariamente se lhe submeteram. Transpôs, forçando a passagem de armas na mão, o maciço do Tauro, atravessou a Frígia e atingiu a região do Caíco, termo da sua expedição.

Por fim, Mirina foi morta pelo rei Mopso, um trácio expulso da sua pátria pelo rei Licurgo.

Esta lenda é uma construção «histórica» e não constitui propriamente um mito, mas uma interpretação de elementos míticos combinados de modo a formar uma narrativa mais ou menos coerente (v. também *Górgones*) em que, a par dos mitos, se adivinha o trabalho «racionalista» dos mitógrafos evemeristas.

Mirina, rainha das Amazonas, é referida na *Ilíada*; no entanto, Mirina é o seu nome «entre os deuses», enquanto o seu nome humano é Batiea. Dizia-se que fora casada com o rei Dárdano (v. quadro 7, p. 112); seria, nesse caso, filha de Teucro. Reina a maior confusão nas tradições relativas a esta heroína, a maior parte das quais atestadas tardiamente.

MIRMECE. V. *Mírmex*.

MÍRMEX. (Μύρμηξ.) Mírmex era uma jovem ateniense que, pelos seus bons costumes e a sua habilidade manual, merecera a estima e a afeição da deusa Atena. Mas Mírmex fez-se passar por ter inventado o arado, invenção que, na realidade, pertencia a Atena. Assim, para a castigar, a deusa transformou-a em formiga, laboriosa, mas prejudicial às colheitas. Mais tarde, Zeus metamorfoseou-a de novo em ser humano, bem como todo o povo das formigas (v. *Éaco*).

MÍRMIDON. (Μυρμιδών.) Mírmidon, antepassado e herói epónimo dos Mirmídones (o povo tessálio de que Aquiles era rei), é filho de Zeus e de Eurimedusa. É o pai de Actor (v. este nome) e de Ântifo, filhos que teve de Pisídice, uma das filhas de Éolo (v. quadro 8, p. 116). Por intermédio de sua filha Eupolemia, é avô do Argonauta Etálides.

Outra tradição dava-o como filho de Diopletes e neto de Perieres. Por sua mulher, Polidora, era genro de Peleu.

MIRRA. (Μυρρα.) Sobre a lenda de Mirra, filha do rei de Chipre, Cíniras, os seus amores culpados e a sua metamorfose em planta da mirra, v. *Adónis*. Por vezes, é também chamada Esmirna (v. este nome).

MIRSO. (Μύρσος.) Mirso é o herói de uma lenda referida apenas por Nono, nas *Dionisíacas*. Era um dos filhos de Areto, que, contra sua vontade, marchou contra Dioniso. Mirso tinha como irmãos Lico, Glauco e Périfas, além de Melaneu. Eram todos mudos. No casamento de Areto, no momento em que a noiva, Laóbia, se preparava para, segundo o rito, oferecer um sacrifício a Afrodite, uma porca pariu, com um guincho, uma ninhada de peixes e não de bácoros. Um adivinho, consultado secretamente, revelou que o facto pressagiava para Areto e Laóbia um número igual de filhos mudos, o que efectivamente aconteceu. Mas Dioniso, quando se tornou vencedor, concedeu aos filhos de Areto a faculdade de falar.

MÍRTILO. (Μυρτίλος.) Nas versões dramáticas da lenda de Pélops, Mírtilo é o cocheiro de Enómao, que traiu o seu amo tirando-lhe o aro da roda do carro e substituindo-a por outra, de cera. Desse modo, deu azo a que Pélops saísse vitorioso de Enómao, cujos cavalos divinos não poderiam ter sido vencidos de outra maneira (v. *Pélops* e *Hipodamia*).

Mírtilo é filho de Hermes e Faetusa, uma das filhas de Dánao, ou então de Clímene. As causas dadas para a sua traição são múltiplas: ou estaria apaixonado por Hipodamia, ou ela o conquistou para a sua causa, ou foi subornado por Pélops. Depois da vitória deste, e do rapto de Hipodamia, Mírtilo foi morto por Pélops, que o atirou ao mar; em algumas versões, Mírtilo é o epónimo do mar de Mirto, que banha as costas meridionais da Ática.

Ao morrer, Mírtilo amaldiçoou Pélops e a sua raça, e estaria aí a origem das desgraças que atingiram os seus descendentes (v. *Pélops* e quadro 2, p. 12). Existem duas versões principais da sua morte: ou, no caminho, tentou violar Hipodamia, ou Pélops o matou para não ter de lhe dar o preço acordado pela sua traição (v. *Hipodamia*).

Após a morte, Hermes transformou seu filho Mírtilo numa constelação, o Auriga.

MIRTO. (Μυρτώ.) Entre outras heroínas, Mirto é o nome de uma filha de Menécio. Por isso, é irmã de Pátroclo. De Héracles, teve uma filha, Eucleia (v., no entanto, *Macária*). Eucleia morreu virgem e foi muitas vezes associada a Ártemis em vários santuários da Beócia e da Lócrida.

MÍSCELO. (Μύσκελος.) Míscelo é o fundador da cidade de Crotona, na Itália. Existem várias lendas a seu respeito. Na tradição mais antiga, Míscelo é um aqueu, originário de Ripes, que quis fundar uma colónia na Magna

---

Mírmex: Serv. *ad Virg.*, *Aen.*, IV, 402.

Mírmidon: Serv. *ad Virg.*, *Aen.*, II, 7; escól. *ad Il.*, XVI, 177.

Mirra: V. o artigo *Adónis*.

Mirso: Nonn., *Dion.*, XXVI, 250 e s.

Mírtilo: Escól. *ad Il.*, II, 104; *ad* Soph., *El.*, 505; *ad* Apol. Rh., *Arg.*, I, 752; Soph., tragédia perdida de *Enómao*; *El.*, 508 e s.; Eur., *Or.*, 988 e s.; escól. *ad* v. 990; 998; Hyg., *Fab.*, 84; *Astr. Poet.*, II, 13; Diod. Sic., IV, 73; Ps.-Ov., *Ibis*, 369 e s.; Apollod., *Ep.*, II, 6 e s.; Pausan., VIII, 14, 10 e s.; Serv., *ad* Virg., *Georg.*, III, 7.

Mirto: Plut., *Arist.*, 20.

Míscelo: *Fragm. Hist. gr.*, II, p. 14, fr. 4 (Hippys de Rhégium); Strab., VI, 1, 12, p. 262; Diod. Sic., fr. VIII, 17; Ov., *Met.*, XV, 12 e s.; cf. J. Bérard, *Colonisation*, p. 164 ss.

Grécia. Por intermédio do oráculo de Delfos, Apolo ordenou-lhe que fundasse Crotona. No entanto, ao chegar à região, Míscelo viu a cidade de Síbaris, que já existia, e voltou atrás para perguntar ao deus se era realmente preciso fundar uma nova cidade na mesma zona. O oráculo respondeu-lhe: «Míscelo de espádua curta [pois ele era ligeiramente corcunda], ao agires contra a vontade do deus, colherás lágrimas; aceita o presente que te é feito.» E Míscelo acabou por obedecer.

Outra tradição, transmitida por Ovídio, refere que Crotona foi fundada graças à intervenção de Héracles que, em tempos, fora recebido pelo herói Cróton, quando regressou da ilha de Gérion. Como agradecimento pela sua hospitalidade, Héracles prometeu-lhe que, mais tarde, se havia de construir uma cidade que teria o seu nome. Por isso, avisou em sonhos Míscelo, um argivo, de que devia fundar uma colónia na Magna Grécia. Nesse tempo, porém, as leis de Argos proibiam a emigração. A princípio, Míscelo não deu qualquer importância ao sonho. Héracles voltou, e ameaçou-o com terríveis castigos. Míscelo resignou-se então a violar as leis. Mas foi levado a juízo, e todos os sufrágios dos juízes lhe foram desfavoráveis. Todos colocaram na urna seixos negros que o condenavam à morte. Então, Míscelo implorou a Héracles que o salvasse da difícil situação em que o pusera. Milagrosamente, todos os seixos negros se tornaram de imediato brancos, e Míscelo foi ilibado. Permitiram-lhe então que partisse e fundasse a sua colónia; foi assim que se estabeleceu no local de Crotona.

MISENO. (Μισηνός.) Miseno é um companheiro de Ulisses que deu o seu nome ao cabo Miseno, na Campânia. Segundo outra versão, era um companheiro de Heitor que, depois da morte deste, se juntou a Eneias e o acompanhou nas suas errâncias. Era o trombeteiro do exército. Um dia em que a frota estava ancorada na Campânia, Miseno desafiou todos os deuses, pretendendo que tocava trombeta melhor do que qualquer imortal. Tritão, o deus marinho que tocava búzio, surpreendeu-o e atirou-o ao mar, onde se afogou. Enterraram-no na costa, no local que tomou o seu nome.

MNÉMON. (Μνήμων.) Ao deixar Aquiles partir para a Guerra de Tróia, sua mãe deu-lhe um servidor de nome Mnémon («aquele que se recorda» — ou «que faz recordar»), encarregado de o precaver contra um acidente para o qual um oráculo a prevenira: se Aquiles matasse um filho de Apolo, teria de morrer em Tróia. Mas não se sabia quem era esse filho de Apolo. Mnémon tinha o encargo de lembrar incessantemente a Aquiles que tinha de estar atento, antes de matar quem quer que fosse, e de se assegurar que a sua vítima não descendia de Apolo. Ora, em Ténedo, Aquiles matou o herói Tenes (v. *Aquiles*), que era filho de Apolo; a partir de então, não pôde escapar ao seu destino. Para castigar Mnémon, matou-o com um golpe de lança.

MNEMÓSINA. V. *Mnemósine.*

MNEMÓSINE. (Μνημοσύνη.) Mnemósine é a personificação de Memória. É filha de Úrano e Geia, e pertence ao grupo das Titânides (v. quadro 6, p. 105, e 14, p. 182). Zeus uniu-se-lhe, em Piéria, durante nove noites seguidas, e, um ano depois, ela deu-lhe nove filhas, as Musas.

Havia uma fonte «de Memória» (Mnemósine), diante do oráculo de Trofónio (v. *Lete*).

***MNESTEU.** (Μνησθεύς.) Mnesteu é um dos companheiros de Eneias que participou nos jogos náuticos dados pelo herói. Ganhou o segundo prémio. Virgílio fá-lo epónimo da *gens* romana dos *Memmii*, através de um jogo etimológico: os dois nomes, um em grego, outro em latim, sugerem a raiz que significa «lembrar-se».

***MÓDIO FABÍDIO.** (*Modius Fabidius.*) Durante uma festa em honra do deus sabino Quirino, na região de Reate (hoje em dia Rieti), no tempo em que os Aborígenes ainda a habitavam, uma jovem de raça nobre dançava com outras em honra do deus. A dado passo, inspirada por este, entrou no santuário e dele saiu grávida do deus. Deu à luz um filho que cresceu rapidamente e ficou com uma estatura fora do comum. Este jovem, de nome Módio Fabídio, distinguiu-se pelos seus feitos guerreiros. Por fim, quis fundar uma cidade e conquistar um reino. Reuniu um grupo de companheiros, partiu e deteve-se no local onde se elevaria Cures. Aí fundou a cidade, à qual deu o nome de Cures, fosse em virtude do nome de seu pai, Quirino, fosse por causa do nome da lança, em língua sabina: «curis» (v. *Quirino*).

MOIRAS. V. *Meras.*

MOLIÓNIDAS. (Μολιονίδαι.) Os Moliónidas são dois irmãos gémeos, Êurito e Ctéato, cujo pai «humano» é Actor, o irmão de Augias, rei da Élida (v. quadro 25, p. 268) e cujo pai divino é Posídon. Sua mãe chama-se Molíone, e é filha de um herói, Molo, nome a partir do qual se formou o patronímico com que geralmente são referidos. Nasceram de um ovo de prata, semelhante àquele de que saíram os filhos de

---

Miseno: STRAB., I, 2, 18, p. 26; VIRG., *Aen.*, VI, 163 e s.; SERV., *ad* v. III, 239. Cf. J. HUBAUX, in *Ant. Class.*, 1933, p. 153-164.

Mnémon: LYC., *Alex.*, 241 e s., e TZETZ. *ad* v. 232; cf. PLUT., *Qu. Gr.*, 28.

Mnemósine: HES., *Theog.*, 54 e s.; 135; 915 e s.

Mnesteu: VIRG., *Aen.*, V, 116 e s.; XII, 127; SERV. *ad* v. V, 117.

Módio Fabídio: DION. HAL., II, 48.

Moliónidas: *Il.*, II, 621; XI, 709-752; XXIII, 638 e s.; escól. *ad* vv. XX, 709; XXIII, 638 e 699; EUST. *ad Il.*, XI, 749; PAUSAN., V, 1, 10 e s.; 2, 1 e s.; 5; 3, 3; VIII, 14, 9; ATHEN., II, 57 e s.; APOLLOD., *Bibl.*, II, 7, 2; PI., *O.*, X, 26 e s.; cf. VAN DER KOLF, *s.u. Molione, R.E.*, XVI-1, 3-7; A. H. KRAPPE, «The Molionides», *Mél. H. G. Wood*, Londres, 1933, p. 133-146; R. CANTIENI, *op. cit.* (no artigo *Nestor*).

Leda (v. este nome). Por vezes, diz-se que formam um único ser monstruoso, com duas cabeças num só corpo; na *Ilíada*, onde se citam os seus primeiros feitos, surgem como dois homens distintos, de tamanho e força consideráveis, mas humanos.

Na juventude, Nestor combateu contra ambos, durante as lutas entre Neleu e os Epeus da Élida, seu vizinhos. Quase os matou, e Posídon teve de os salvar escondendo-os dentro de uma nuvem.

Foram estes heróis, seus sobrinhos, que Augias chamou em seu socorro quando foi atacado por Héracles (v. *Héracles*). No que concerne à luta entre Héracles e os Moliónidas, a vitória destes e, em seguida, a sua morte, v. *Héracles*.

Os Moliónidas casaram com duas filhas de Dexâmeno, Teronice e Teréfone, de quem tiveram dois filhos, Anfímaco e Tálpio, que, em Tróia, comandavam o contingente dos Epeus.

MOLO. (Μόλος.) Molo é um cretense, filho bastardo de Deucalião (v. quadro 30, p. 312) e pai de Meríones, amigo e companheiro de Idomeneu. Durante uma festa que se celebrava em Creta no tempo de Plutarco, exibia-se um boneco sem cabeça a que se dava o nome de Molo; dizia-se que se tratava do pai de Meríones, que quisera violar uma ninfa. Pouco tempo depois, encontrara-se o seu corpo decapitado e era esse episódio que o rito comemorava.

Acerca de Molo, avô dos Moliónidas, v. este nome. É provável que este Molo, inteiramente do domínio da imaginação, tenha sido inventado apenas para explicar o patronímico «Moliónidas», cujo significado permanece obscuro.

MOLORCO. (Μόλορχος.) Molorco é o pastor, vizinho de Némea, que deu hospitalidade a Héracles quando este veio para matar o leão que assolava a região. Foi o primeiro a prestar-lhe honras divinas (v. *Héracles*).

MOLOSSO. (Μολοσσός.) Molosso, ou Moloto, é filho de Neoptólemo (Pirro) e, por isso, neto de Aquiles. Sua mãe é Andrómaca, mulher de Heitor, que Neoptólemo recebeu na partilha das cativas troianas. Eurípides pôs em cena a lenda de Molosso na tragédia *Andrómaca*. A criança, nascida em Ftia, para onde Neoptólemo regressara depois da queda de Tróia, foi exposta secretamente por sua mãe. Todavia, não morreu, e Neoptólemo recolheu-o e reconheceu-o aquando de uma viagem a Delfos (v. *Neoptólemo*). Mas Hermíone, que Neoptólemo desposara e que não podia ter filhos, com ciúmes da criança, resolveu perseguir Andrómaca e Molosso. Durante algum tempo, Andrómaca conseguiu esconder o filho no templo de Tétis, mas Hermíone descobriu o segredo e preparava-se para matar Andrómaca e o filho quando a intervenção de Peleu os salvou a ambos. Em seguida, quando Neoptólemo foi morto por Orestes, Tétis, que via na criança o único descendente da raça de Éaco, ordenou a Andrómaca que com ele se fixasse no Epiro. Aí, Andrómaca casou com Heleno, a quem Molosso sucedeu no trono do Epiro, dando o seu nome aos habitantes do país, os Molossos.

Uma tradição referia dois irmãos de Molosso, nascidos igualmente de Andrómaca e Pirro: Píelo e Pérgamo.

MOLPADIA. (Μολπαδία.) Molpadia é uma das amazonas que atacaram a Ática. Com uma flecha, matou Antíope, a amazona que casara com Teseu, mas foi morta pelo próprio Teseu.

Quanto a outra Molpadia, filha de Estáfilo, v. o artigo *Párteno*.

MÓLPIS. (Μόλπις.) Mólpis é um nobre da Élida que, numa altura em que a fome grassava no seu país, se sacrificou voluntariamente por ordem de um oráculo, para aplacar a cólera dos deuses. Foram-lhe concedidas honras divinas.

MOLPO. (Μόλπος.) Molpo é um tocador de flauta da ilha de Ténedos, que prestou um falso testemunho contra Tenes, cuja madrasta acusara de a ter querido violar. Em Ténedos, os flautistas não podiam entrar no templo que fora consagrado a Tenes (v. *Cicno* e *Tenes*).

MOMO. (Μῶμος.) Momo é a personificação do Sarcasmo. Na *Teogonia* hesiódica, é filha da Noite e irmã das Hespérides. Quando a Terra, por causa do excesso de peso que suportava porque os homens se multiplicavam demasiado depressa, pediu a Zeus que diminuísse o número desses homens, Zeus enviou uma guerra à humanidade: foi a Guerra de Tebas. Porém, como essa via se mostrou insuficiente, pensou em fulminar os homens ou em afogá-los em massa. Então, Momo recomendou-lhe um processo mais eficaz: dar Tétis em casamento a um mortal, e conceber uma filha (Helena), que lançasse a discórdia entre a Ásia e a Europa. Assim se explicava, por vezes, a origem da Guerra de Tróia.

***MONETA.** (*Moneta*.) Moneta, a Avisadora, é o epíteto da deusa Juno venerada no cimo norte do Capitólio, em Roma. Recebera esse nome porque, aquando da invasão dos Gauleses, em 390 a. C., os gansos sagrados que se criavam em volta do santuário da deusa deram o alarme com os seus gritos, enquanto o inimigo tentava tomar de surpresa a colina num ataque nocturno. O templo de Juno Moneta

---

Molo: *Il.*, X, 269; DIOD. SIC., V, 79; PLUT., *de def.*, 14; APOLLOD., *Bibl.*, III, 3, 1.

Molorco: SERV. *ad* VIRG., *Georg.*, III, 19; PROB., *ad loc.*; APOLLOD., *Bibl.*, II, 5, 1; CALL., *Aet.*, I, 9.

Molosso: EUR., *Andr.*, *passim*; escól. *ad Od.*, III, 188; SERV. *ad* VIRG., *Aen.*, III, 297; PAUSAN., I, 11, 1 e s.

Molpadia: PAUSAN., I, 2, 1.

Mólpis: TZETZ., *ad Lyc.*, 159.

Molpo: PLUT., *Qu. Gr.*, 28; TZETZ., *ad Lyc.*, 232; 234; STEPH. BYZ., *s.u.* Τένεδος; EUR., tragédia perdida de *Tenes*; DIOD. SIC., V, 83.

Momo: HES., *Theog.*, 214; escól. *ad Il.*, I, 5 e s.

Moneta: LIV., IV, 7; VI, 20; VII, 28; PLUT., *Qu. Rom.*, 20; OV., *Fast.*, VI, 183 e s.; MACROB., *Sat.*, I, 12, 30; SUID., *s.u.* Μονήτα.

erguia-se no local onde ficava a casa de Mâncio Capitolino, que fora destruída depois da condenação à morte do seu proprietário, suspeito de aspirar à monarquia.

Era nesse templo que se cunhava a moeda. Contava-se que, durante a guerra contra Pirro, temendo que o dinheiro lhes viesse a faltar, os Romanos pediram conselho a Juno. A deusa respondeu-lhes que jamais teriam falta de dinheiro se orientassem as suas guerras com justiça. Como agradecimento por esse conselho, decidiu-se que a cunhagem da moeda se faria sob os auspícios da deusa.

MOPSO. (Μόψος.) Entre outros heróis com este nome, são particularmente célebres dois, ambos adivinhos.

1. O primeiro é um lápita, filho de Âmpix e de Clóris. Participou na expedição dos Argonautas, em que foi, depois de Ídmon, o adivinho oficial. Figurara entre os concorrentes de Cálidon. Morreu durante a expedição dos Argonautas, na Líbia, mordido por uma serpente. É o herói epónimo da cidade de Mópsio, na Tessália. Os mitógrafos confundem-no por vezes com o seu homónimo.

2. O outro Mopso, filho de Manto, é neto de Tirésias (v. *Manto*).

As tradições diferem muito quanto à identidade de seu pai. Frequentemente, diz-se que é filho de Apolo (mas essa é a solução comum para a maior parte dos adivinhos). Por vezes, seu pai humano é o Argivo Rácio, que Manto encontrou ao sair do templo de Delfos e que assim foi designado pelo deus como seu marido. Com este Racio, Manto partiu para Claro. Outra tradição referia que, por ordem de Apolo, Manto partira sozinha para Claro; no caminho, foi raptada por piratas cretenses que a levaram ao chefe, Racio. Dessa união terá nascido Mopso.

Atribui-se a Mopso a fundação da cidade de Cólofon. Era o adivinho do oráculo de Apolo de Claro e foi a esse título que entrou na competição com o outro grande adivinho do seu tempo (depois de seu avô Tirésias), Calcas, que na altura estava de regresso da Guerra de Tróia (v. *Calcas*). Mopso sagrou-se facilmente vencedor, e Calcas matou-se de despeito. Depois da morte de Calcas, Mopso juntou-se a Anfíloco, que o acompanhava, enquanto os seus companheiros se espalhavam pela Panfília, a Cilícia e a Síria. Mopso e Anfíloco fundaram a cidade de Malo (sobre as suas relações e a morte de ambos, em duelo, v. *Anfíloco*).

MORFEU. (Μορφεύς.) Morfeu é um dos mil filhos do Sono (Hipno). O seu nome (derivado do vocábulo grego que significa «a forma») indica a sua função: está encarregado de tomar a forma de seres humanos e de se mostrar aos homens adormecidos durante os sonhos. Como a maior parte das divindades do sono e dos sonhos, Morfeu é alado. Tem grandes asas rápidas, que bate sem fazer barulho, e o levam num ápice aos confins da Terra.

MORGES. (Μόργης.) Quando o rei Ítalo envelheceu, sucedeu-lhe um certo Morges, que reinou na região entre Tarento e Pesto, que na altura se chamava «Itália». No seu reinado, o povo tomou o nome de Morgetes. Um dia, veio junto dele um homem, exilado de Roma, que se chamava Sícelo. Morges recebeu-o, deu-lhe uma parte do seu reino e, nessa zona, os habitantes adoptaram o nome de Sículos.

Morges tinha uma filha, Síris, que casou com Métabo (também chamado Metaponto; v. este nome). Foi o fundador da cidade de Morgâncio, e de muitas outras cidades.

MORGETE. V. *Morges*.

MÓRIA. (Μορία.) Mória é uma mulher lídia, heroína de um episódio maravilhoso que lembra a ressurreição de Glauco, filho de Minos (v. *Glauco*). Um dia, seu irmão Tilo, que passeava nas margens do Hermo, tocou inadvertidamente numa serpente. O animal mordeu-o no rosto e Tilo morreu imediatamente. Mória, que vira de longe a horrível sorte do irmão, chamou em seu socorro Damasen, um gigante filho da Terra (v. *Damasen*). Damasen agarrou numa árvore, que arrancou de um só golpe, e esmagou a serpente. Então a fêmea do monstro precipitou-se para um bosque vizinho e voltou trazendo nas goelas uma erva que pôs nas narinas do cadáver. Imediatamente, o animal recobrou ânimo e, mal voltou à vida, fugiu.

Mória, esclarecida pelo exemplo da serpente, agarrou na erva e, do mesmo modo, trouxe Tilo de volta à vida.

Essa erva parece que tinha o nome de «balis».

MORMO. (Μορμώ.) Mormo é um génio feminino com que se ameaçavam as crianças. Acusavam-na de morder não só as crianças más como todas as outras e de as tornar coxas. Por vezes, identificava-se com Gelo (v. este nome), ou ainda com Lâmia (v. *Lâmia* e também o artigo seguinte).

MORMÓLICE. (Μορμολύκη.) A Loba-Mormo, Mormólice, é, tal como Mormo, um génio aterrorizador com o qual se metia medo às crianças. Dizia-se que era a ama de Aqueronte. Isso indica que, nas crenças populares,

---

Mopso: 1) Hes., *Scut.*, 181; Ov., *Met.*, VIII, 316; XII 456; Apol. Rh., *Arg.*, I, 65 e escól. *ad loc.*; 80; IV, 1518 e s.; Hyg., *Fab.*, 14; 173; Pausan., V, 17, 10; Strab., IX, p. 44; Lyc., *Alex.*, 881 e s.; **2)** Strab., IX, p. 675; XVI, 642 e s.; 668; 675 e s.; Conon, *Narr.*, 6; Cic., *de div.*, I, 40, 88; escól. *ad* Apol. Rh., *Arg.*, I, 308; Pausan., VII, 3, 2; IX, 33, 1; Serv. *ad* Virg., *Ecl.*, IV, 72; Apollod., *Epit.*, VI, 2; 4; 19.

Morfeu: Ov., *Met.*, XI, 635 e s.

Morges: Dion. Hal., I, 12, 3; 73, 4 e 5; Strab., VI, 257; *Etym. Magn.*, p. 714, 21; cf. J. Bérard, *Colonisation*, p. 467 e s.

Mória: Nonn., *Dion.*, XXV, 451 e s.; cf. Plin., *N. H.*, XXV, 14.

Mormo: Xenoph., *Hell.*, IV, 4, 17; Theocr., XV, 40 e escól.

Mormólice: Strab., I, p. 19; cf. *Fragm. Hist. gr.* (Müller), I, 430.

estava relacionada com o mundo dos mortos e dos fantasmas.

***MORTE.** (*Mors.*) Enquanto, na Grécia, a Morte está personificada num génio masculino, Tânato (v. este nome), em Roma é considerada uma deusa, *Mors*, ou então uma pura abstracção personificada. Não tem qualquer lenda específica.

MOTONE. (Μοθώνη.) Motone é a filha de Eneu, numa lenda local da Messénia. Foi ela quem deu o nome à cidade de Motone que, na epopeia homérica, se chama Pédaso. Quando, após a Guerra de Tróia, Diomedes levou Eneu, seu avô, para Messénia, Eneu teve Motone de uma mulher da região e, em honra de sua filha, mudou o nome da cidade de Pédaso.

***MÚCIO CÉVOLA.** (*Mucius Scaeuola.*) Quando, depois da expulsão dos Tarquínios, Roma estava sitiada pelo rei etrusco Porsena, um certo Múcio decidiu matá-lo. Para o conseguir, introduziu-se no campo inimigo, mas, como não conhecia o rei, enganou-se e apunhalou outro adversário que julgava ser ele. Foi imediatamente preso e levado à presença de Porsena. Ora, aconteceu que nesse mesmo momento traziam uma braseira cheia de carvões incandescentes destinados à celebração de um sacrifício. Estendendo a mão direita, Múcio colocou-a sobre o lume e deixou voluntariamente que o fogo a consumisse. Cheio de admiração, Porsena mandou levar a braseira e ele próprio devolveu ao seu inimigo a espada que lhe haviam tirado. Então, Múcio revelou-lhe — o que era inteiramente mentira — que trezentos romanos como ele esperavam a ocasião de conseguir realizar aquilo em que ele falhara, e que ele apenas fora escolhido pela sorte para uma primeira tentativa. Aterrorizado, Porsena estabeleceu imediatamente um armistício com Roma.

Múcio, que ficara maneta em consequência do seu sacrifício, tomou o nome de *Scaeuola* (o Canhoto).

MÚNICO. (Μούνιχος.) **1.** Em Atenas, Múnico era o herói epónimo do porto de Muníquia, um dos portos militares do Pireu. Dizia-se que era um rei da Ática, filho de Panteucles. Acolheu os Mínias quando foram expulsos da sua pátria por uma invasão trácia, e proporcionou-lhes asilo nos arredores do porto, a que os Mínias, reconhecidos, deram o nome do seu benfeitor.

2. Outro Múnico é o herói de uma lenda ilíria. Era filho de Drias e sucedeu ao pai como rei dos Molossos (v. *Molosso*). Era um adivinho excelente e um homem justo. De sua mulher, Lelante, teve vários filhos: Alcandro, que era um adivinho ainda melhor que o pai, Megaletor, Fileu, e uma filha, Hiperipe. Eram todos bons e virtuosos, e os deuses amavam-nos pela sua devoção. Uma noite, malfeitores assaltaram-lhes a cidade e, como Múnico e os seus não podiam resistir, atiraram toda a família do cimo das torres e incendiaram a casa. Zeus não podia permitir que morressem assim, sendo tão piedosos, e transformou-os em pássaros. Hiperipe, que teve medo das chamas e se atirou à água, tornou-se um mergulhão (ou uma gaivota); Múnico transformou-se num falcão, Alcandro em carricinha, Megaletor e Fileu, que fugiram através de uma parede e se esconderam na areia, metamorfosearam-se em dois pardais; a mãe, Lelante, transformou-se numa espécie de cotovia (ou de picanço).

MÚNITO. (Μούνιτος.) Múnito é o filho nascido dos amores clandestinos de Láodice, a «mais bela das filhas de Príamo», e de Ácamas, um dos filhos de Teseu que, antes da guerra, viera a Tróia, como embaixador, reclamar Helena (v. *Ácamas* e *Laódice*). Foi confiado pela mãe a Etra, que era avó da criança, e, após a queda de Tróia, Etra entregou-a ao pai. Mas Múnito morreu durante uma caçada, na Tessália, mordido por uma serpente.

MUSAS. (Μοῦσαι.) As Musas são filhas de Mnemósine e de Zeus (v. *Mnemósine*) e são nove irmãs, fruto de nove noites de amor. Outras tradições dão-nas como filhas de Harmonia, ou então de Úrano e Geia (a Terra e o Céu). Todas estas genealogias são evidentemente simbólicas e ligam-se, de forma mais ou menos directa, a concepções filosóficas sobre o primado da Música no Universo. De facto, as Musas não são somente as Cantoras divinas, cujos coros e hinos alegram Zeus e todos os deuses; presidem também ao Pensamento em todas as suas formas: eloquência, persuasão, sabedoria, história, matemáticas, astronomia. Hesíodo louva-lhes os benefícios: são elas que acompanham os reis e lhes ditam palavras persuasivas, que lhes são necessárias para sanar querelas e restabelecer a paz entre os homens. Concedem-lhes ainda o dom da bondade, que os torna queridos de seus súbditos. E, diz ainda Hesíodo, basta que um cantor, isto é, um servo das Musas, celebre os feitos dos homens do passado ou os deuses, para que quem tem preocupações ou desgostos os esqueça imediatamente.

O canto mais antigo das Musas é o que elas entoaram depois da vitória dos Olímpicos sobre os Titãs, para celebrar o surgimento de uma nova ordem.

Morte: Cic., *de nat. D.*, III, 17, 44; Serv. *ad Virg.*, *Aen.*, XI, 197.

Motone: Pausan., IV, 35, 1 e s.

Múcio Cévola: Plut., *Publ.*, 27 e s.; Liv., II, 12 e s.

Múnico: 1) Eur., *Hipp.*, 761; cf. escól. *ad* Dem., *De gr.*, p. 73 c (= *Fragm. Hist. gr.*, IV, 657 a). **2)** Ant. Lib., *Transf.*, 14; cf. Ov., *Met.*, XIII, 717.

Múnito: Tzetz., *ad Lyc.*, 495 e s.; cf. Pausan., X, 26, 8; Parth., *Erot.*, 16.

Musas: *Il.*, I, 406; *Od.*, XXIV, 60; Hes., *Theog.*, 35 e s.; 915; *Hymn. hom. Herm.*, 429; *Apoll.*, 189 e s.; Pind., *Pyth.*, III, 88 e s.; escól. *ad Nem.*, III, 16; Pausan., I, 2, 5; IX, 29, 2 e s.; Eur., *Med.*, 834; Diod. Sic., IV, 7; Plut., *Q. Conv.*, VIII, 716 F; Serv. *ad* Virg., *Ecl.*, VII, 21. Cf. P. Boyancé, *Le culte des Muses*, Paris, 1936.

Havia dois grupos principais de Musas: as da Trácia, de «Piéria», e as da Beócia, que se situavam nas encostas do Hélicon. As primeiras, vizinhas do Olimpo, recebem frequentemente na poesia o nome de Piérides. Relacionam-se com o mito de Orfeu (v. este nome) e o culto de Dioniso, que assumira especial importância na Trácia. As Musas do Hélicon estão em dependência mais directa de Apolo. É ele quem lhes dirige os cantos, em torno da fonte de Hipocrene (v. este nome).

Havia ainda outros grupos de Musas em outras regiões. Por vezes, são apenas três, como as Cárites, nomeadamente em Delfos e em Sícion. Em Lesbos, existia um culto prestado a Sete Musas.

Na época clássica, impôs-se o número nove e é geralmente admitida a seguinte lista: Calíope, a primeira de todas em dignidade, Clio, Polímnia (ou Poliímnia), Euterpe, Terpsícore, Érato, Melpómene, Talia, Urânia. Foi a pouco e pouco que cada uma delas recebeu uma função determinada, aliás variável consoante os autores. Geralmente, porém, atribui-se a Calíope a poesia; a Clio, a história; a Polímnia, a pantomima; a Euterpe, a flauta; a Terpsícore, a poesia ligeira e a dança; a Érato, a lírica coral; a Melpómene, a tragédia; a Talia, a comédia: a Urânia, a astronomia.

As Musas não têm um ciclo lendário específico. Intervêm como «cantoras» em todas as grandes festas dos deuses. Estão presentes nas núpcias de Tétis e Peleu, nas de Harmonia e Cadmo, etc. E a cada uma é atribuída uma aventura amorosa: Calíope é a mãe de Orfeu, etc. (v. o *Índice*; cf., no entanto, o artigo *Piérides*).

MUSEU. (Μουσαῖος.) Consoante as tradições, Museu é o amigo, o discípulo, o mestre, o filho, ou simplesmente um contemporâneo de Orfeu, de que parece não ser mais que um «duplo» na lenda ática. Seu pai é Antifemo, ou então Eumolpo, nomes que indicam cantores (Antifemo, a avaliar pelo nome, seria o inventor do «canto de várias partes»), tal como ele é, essencialmente, o protótipo do músico. Sua mãe era Selene; foi criado pelas Ninfas.

Museu é considerado um grande Músico, capaz de, com a sua música, curar os doentes; é também adivinho, e atribui-se-lhe por vezes a introdução dos mistérios de Elêusis na Ática. Há quem faça recuar até ele a invenção do verso dactílico. Foi discípulo de Lino, ou então de Orfeu (v. estes nomes). Atribuíam-se-lhe desde a Antiguidade poemas de inspiração mística.

Museu: PAUSAN., I, 14, 3; 22, 7; 25, 8; IV, 1, 5; X, 5, 6; 7, 2; 9, 11; 12, 11; STRAB., X, 3, 17, p. 471; DIOD. SIC., IV, 25; SERV. *ad VIRG.*, *Aen.*, VI, 667; ATHEN., XIII, 597 c; SUID., *s.u.*; HARPOCR., *s.u.*; escól. *ad* ARISTOPH., *Ra.*, 1033; PLAT., *Ap.*, 41 a; HEROD., II, 53.

N

NÁIADES. (Ναιάδες.) As Náiades são as ninfas do elemento líquido. Como ninfas, são seres femininos dotados de uma grande longevidade, mas mortais (v. *Hamadríades* e *Ninfas*). Tal como as Hamadríades personificam a vida misteriosa da árvore à qual estão ligadas, as Náiades encarnam a divindade da nascente ou do curso de água que habitam. Por vezes, existe apenas uma, que é *a* ninfa da nascente; outras vezes, a mesma nascente tem várias Náiades, consideradas como irmãs e iguais entre si.

A sua genealogia é variável consoante os mitógrafos e as lendas. Homero chama-lhes «filhas de Zeus». Em outros autores, são associadas à raça de Oceano. Mais frequentemente, são simplesmente filhas do deus do rio que habitam; assim, as filhas de Asopo são Náiades. Todas as nascentes célebres têm a sua Náiade, que tem um nome e uma lenda particulares. Assim, por exemplo, a ninfa Aretusa, em Siracusa, de quem se contava que era um ninfa da Acaia, companheira de Ártemis, que, tal como a sua protectora, desdenhava do amor. Um dia em que se entregara com maior ardor que de costume ao prazer da caça, encontrou um rio de águas claras e frescas e desejou banhar-se nele. Quando nadava, sem que ninguém estivesse a vê-la, uma voz saiu da água. Era Alfeu, o deus do rio, que se sentia tomado de desejo pela bela jovem. Assustada, Aretusa fugiu, tal como estava. O deus perseguiu-a; a corrida durou muito tempo, até ao momento em que Aretusa, sem forças, suplicou a Ártemis que a salvasse. A deusa, com medo, envolveu-a numa nuvem (pois Alfeu recusava-se a abandonar o local onde vira desaparecer aquela que amava). Aretusa transformou-se numa nascente. Então, a terra entreabriu-se, para evitar que o deus misturasse as suas águas com as da nascente em que Aretusa se transformara e para que não conseguisse unir-se a ela sob esta nova forma. Guiada por Ártemis, Aretusa percorreu os caminhos subterrâneos e chegou a Siracusa, na ilha de Ortígia, que estava votada a Ártemis.

É evidente o carácter recente desta lenda, invenção dos poetas alexandrinos. Destina-se a explicar a homonímia das duas nascentes: uma, situada em Élide, e outra na Sicília. Formou-se segundo o esquema habitual da perseguição apaixonada e da metamorfose. Todavia, tais invenções só eram possíveis porque as Náiades eram personagens familiares à imaginação helénica e porque cada nascente, cada curso de água, possuía a sua Náiade.

Frequentemente considerava-se que as Náiades tinham o poder de curar: os doentes bebiam a água das nascentes que lhes estavam consagradas, ou então, embora mais raramente, banhavam-se nelas. Por vezes, o banho era considerado como sacrilégio e quem a ele se arriscava incorria na cólera e na vingança das deusas, que se manifestavam através de

---

Náiades: HESYCH., *s.u.;* escól. *ad Il* ., XX, 8. EUST., *ad Hom.*, I, 14; *ad Il.*, VI, 420; PS. SERV., *ad* VIRG., *Ecl.*, X, 62; PAUSAN., III, 25, 2; VIIII, 4, 2; X, 33, 4; CALL., *Dian.*, 13 e s.; OV., *Met.*, II, 441; V, 576 e s.; PORPH., *Antr.*, 10; 13; LACT. *ad* STAT., *Theb.*, IV, 684; escól. *ad* THEOCR., XIII, 44; PHAEST. PAUL., p. 120; *Anthol. Pal.*, VI, 203; HYG., *Fab.*, 182; OV., *Fab.*, IV, 761; TAC., *Ann.*, XIV, 22; APOLLOD., *Bibl.*, I, 7, 5; 9, 6; III, 10, 3; 4; 9; 14, 6; *Ep.*, II, 13.

qualquer doença misteriosa. Mesmo em Roma, tendo-se Nero banhado na nascente de Márcia (um dos mais apreciados aquedutos da cidade), foi acometido de uma espécie de paralisia e de uma febre que só o abandonaram ao fim de alguns dias. Atribuíram-se esses incómodos ao descontentamento das Náiades, protectoras da água santa. Um outro risco corrido por aqueles que descontentavam as Náiades era a loucura; quem, por exemplo, as visse, era por elas «possuído» e atingido pela loucura (cf. *Linfas*).

Muitas genealogias apresentam na origem uma Náiade. É o caso da esposa de Endímion, mãe de Etolo, ou das esposas de Magnes, de Lélex, de Ébalo, de Icário, de Erictónio, de Tiestes, etc. Desempenham, assim, um papel importante nas lendas locais, e a sua intervenção permite ligar directamente este ou aquele herói ao solo da cidade ou da região. As Náiades são particularmente numerosas nas tradições peloponésias.

***NANA.** (*Nana.*) Nana é, na lenda frígia de Átis, a filha do deus-rio Sangário, que recolheu no seu seio o fruto mágico que a tornou fecunda (v. *Agdístis* e *Átis*).

NÂNACO. (Νάνναχος.) Nânaco era um rei da Frígia que viveu em tempos muito antigos, antes do Dilúvio de Deucalião. Tinha previsto o Dilúvio e organizou preces públicas para afastar tal catástrofe. Essas preces eram acompanhadas com lágrimas e lamentações, de tal modo que a expressão «lágrimas de Nânaco» ficou proverbial.

Uma outra lenda ligada a este nome contava que Nânaco viveu durante trezentos anos, e que um oráculo predissera que, quando ele morresse, todo o seu povo pereceria. Assim, quando morreu, os seus súbditos lamentaram-se ruidosamente. Em breve chegou o Dilúvio, e o oráculo cumpriu-se.

NANAS. (Νάνας.) Nanas é o filho de Teutâmides, um rei dos Pelasgos da Tessália. Descende de Pelasgo, através de Frastor e Amintor, respectivamente seu bisavô e seu avô. Durante o seu reinado, antes da Guerra de Tróia, os Pelasgos foram expulsos da Tessália pelas invasões gregas e atravessaram o Adriático. Aí, tomaram a cidade de Cortona e estabeleceram-se na Itália. Mudando de nome, chamaram-se a partir de então Tirrenos. Todavia, Heródoto distingue estes Pelasgos imigrados em Itália dos Tirrenos originários, em sua opinião, da Ásia Menor.

NANO. (Νάνος.) **1.** Nano é o rei indígena de Marsela, cuja filha casou com Êuxeno, o chefe dos imigrantes focenses.

2. Nano é, igualmente, segundo Tzetzes, o nome «tirreno» de Ulisses e que, nessa língua, significaria o Errante. Sobre as aventuras de Ulisses em Itália e os seus contactos lendários com o mundo tirreno, v. *Ulisses*.

NARCISO. (Νάρκισσος.) Narciso era um jovem muito belo, que desprezava o amor. A sua lenda é transmitida de modos diferentes, consoante os autores. A versão mais conhecida é a de Ovídio, nas *Metamorfoses*. Nela, Narciso é o filho do deus do Cefiso e da ninfa Liríope. Quando nasceu, os seus pais consultaram o adivinho Tirésias, que lhes disse que a criança «viveria até ser velho, se não olhasse para si mesmo». Chegado à idade adulta, Narciso foi objecto da paixão de grande número de raparigas e de ninfas. Mas ele ficava insensível. Finalmente, a ninfa Eco apaixonou-se por ele; mas não conseguiu mais do que as outras. Desesperada, Eco retirou-se na sua solidão, emagreceu e de si mesma em breve não restou mais que uma voz gemente. As jovens desprezadas por Narciso pediram vingança aos céus. Némesis ouviu-as e fez com que, num dia de grande calor, depois de uma caçada, Narciso se debruçasse sobre uma fonte, para se dessedentar. Nela viu o seu rosto, tão belo, e imediatamente ficou apaixonado. A partir de então, torna-se insensível a tudo o que o rodeia, debruça-se sobre a sua imagem e deixa-se morrer. No Estige, procura ainda distinguir os traços amados. No lugar onde morreu, brotou uma flor à qual foi dado o seu nome, o narciso.

A versão beótica da lenda era sensivelmente diferente. Nela, dizia-se que Narciso era um habitante da cidade de Téspias, não muito longe do Hélicon. Era jovem, muito belo, mas desprezava as alegrias do amor. Amava-o um jovem, de nome Amínias, mas ele não o amava. Repelia-o sem cessar, e acabou mesmo por lhe enviar de presente uma espada. Obedientemente, Amínias suicidou-se com essa espada, diante da porta de Narciso. Ao morrer, Amínias invocou contra o cruel Narciso a maldição dos deuses. Um dia em que o jovem se viu numa fonte, apaixonou-se por si mesmo. Desesperado com a sua paixão, suicidou-se. Os Téspios prestavam culto ao Amor de que esta história manifestava o poder. No local onde Narciso se suicidou, e onde a erva ficara impregnada do seu sangue, nasceu uma flor, o narciso.

Pausânias refere que Narciso tinha uma irmã gémea, com quem era imensamente parecido. Os dois jovens eram muito belos. A rapariga morreu; Narciso, que a amava muito, sentiu uma dor enorme e, num dia em que se viu numa fonte, julgou a princípio ver a irmã, e isso consolou-o do seu desgosto. Embora sou-

---

Nana: Arnob., *Adv. Gent.*, V, 6 e s.; cf. Pausan., VII, 17, 10 e os artigos *Átis* e *Agdístis*.

Nânaco: Suid., *s.u.*; Herondas, III, 10 Steph., Byz., *s.u* 'Αννακός.

Nanas: Dion. Hal., I, 28; cf. Herod., I, 57.

Nano: **1)** Athen., XIII, 576 a. **2)** Lyc., *Alex.*, 1242 e s.; e Tzetz *ad* v. 1244. V. também *Ulisses*.

Narciso: Pausan., IX, 31, 6 e s.; cf. Westermann, *Myth. gr.*, p. 378 (Apêndice, 50); Ov., *Met.*, III, 339-510; Conon, *Narr.*, 24; *Myth. Vat*, II, 180; Nonn., *Dion.*, LXVIII, 582 e s.; Tzetz., *Hom.*, I, 9; 11; *ad Il.*, p. 139; Prob. *ad* Virg., *Ecl.*, II, 48; Strab., IX, 10, p. 404. Cf. A. Wesselski, «Narkissos oder das Spiegelbild»: *Archiv. Orientalni*, 1935, p. 37-63; 328-350.

besse perfeitamente que não era a irmã quem via, ganhou o hábito de se olhar nas fontes, para se consolar da sua perda. Segundo Pausânias, teria sido essa a origem da lenda tal como era geralmente contada. Esta versão é uma tentativa de interpretação racionalista do mito preexistente.

Havia por fim uma tradição obscura, segundo a qual Narciso era originário de Erétria, em Eubeia. Teria sido morto por um certo Épope (ou Eupo) e, do seu sangue, teria nascido a flor homónima.

NAU. (Ναός.) Nau passa por ser um bisneto do rei de Elêusis, Eumolpo (v. este nome). Por ordem do oráculo de Delfos, teria introduzido na Arcádia os mistérios de Deméter. Mas as tradições arcádicas apontavam para que esses mistérios tivessem sido introduzidos pela própria Deméter.

NÁUPLIO. (Ναύπλιος.) A tradição conhece dois heróis com este nome, que se confundem frequentemente.

1. O primeiro, antepassado do segundo, é o filho que Posídon deu a uma das filhas de Dánao, Amimone (v. este nome). O primeiro Náuplio era considerado o fundador da cidade de Náuplia. Teve como filhos Damastor, avô de Díctis e de Polidectes, e Preto, avô de Náubolo e, por isso, bisavô do segundo Náuplio.

2. Náuplio II, ou Náuplio, o Jovem, é o herói mais conhecido com esse nome (quadro 2, p. 12). Ligavam-no a Náuplio I pela seguinte linha de descendência: Náuplio I, Preto, Lerno, Náubolo, Clitoneu, Náuplio II. Participou na expedição dos Argonautas, de que se tornou o piloto, após a morte de Tífis (v. este nome e *Argonautas*). É ele quem os mitógrafos (pelo menos alguns deles) designam como pai de Palamedes. Mas há outros, nomeadamente Apolodoro, que identificam o pai de Palamedes como Náuplio I. Mas, com essa hipótese, enredam-se em grandes dificuldades cronológicas, já que as aventuras de Palamedes, e por consequência os crimes de seu pai (v. *infra*) se localizam nos tempos da Guerra de Tróia, e se estendem desde a época em que nasceu Agamémnon até ao regresso dos Gregos. São, pois, obrigados a admitir que Náuplio viveu durante muito tempo, e mesmo a atribuir à sua existência uma duração inverosímil. Se, para além disso, fazem desse mesmo Náuplio um neto de Dánao, isso obriga-os a prolongar ainda mais a sua vida. E foi provavelmente para evitar essas incongruências que distinguiram duas personagens homónimas, separadas por cinco gerações.

Este Náuplio (quer seja ou não distinto do anterior) apresenta como traço essencial da sua lenda o ser pai de Palamedes (v. este nome). Sua mulher é designada tanto por Fílira como por Hesíone ou Clímene (neste caso, trata-se da filha de Catreu; v. este nome e *infra*). Os seus outros filhos, além de Palamedes, são Éax e Nausimedonte.

Náuplio é o herói viajante por excelência. É um navegador notável, e os reis recorreram muitas vezes aos seus serviços para acompanhar ao exílio um determinado membro da sua família que tinha deixado de lhes ser grato. É assim que encontramos duas lendas semelhantes, nas quais desempenha o mesmo papel. A primeira é a lenda de Télefo. Áleo, pai de Auge, confiou-lhe a jovem, que fora seduzida por Héracles, com a missão de a afogar. Enquanto a levava para Náuplia, Auge deu à luz o pequeno Télefo. Náuplio apiedou-se dela e em vez de a afogar, deu-a a mercadores que a levaram para a Mísia (v. *Auge* e *Télefo*).

Catreu confiou-lhe igualmente duas das suas filhas, Aérope e Clímene, ou porque elas se haviam unido a escravos, ou porque um oráculo lhe anunciara que seria morto por um dos seus filhos. Catreu ordenou-lhe que as afogasse. Mas Náuplio salvou-as. Deu Aérope a Atreu (ou Plístenes, consoante as tradições) (v. *Aérope*) e ele próprio casou com Clímene.

Mais tarde, seu filho Palamedes juntou-se ao exército grego na luta contra Tróia. Mas em breve foi lapidado (v. *Palamedes*). Daí em diante, Náuplio consagrou a sua vida à vingança. Começou por enganar uma a uma todas as mulheres dos heróis ausentes e por levá-las a terem amantes. Conseguiu-o nomeadamente com Clitemnestra, mulher de Agamémnon, com Meda, mulher de Idomeneu, e com Egíale, mulher de Diomedes. Mais tarde, tentou o mesmo com Penélope, mas em vão. Entretanto, conseguira uma outra vingança, ainda mais horrível, sobre um grande número de chefes gregos. Quando o grosso do exército grego, no regresso de Tróia, chegou próximo de Giras (as Rochas Redondas, na vizinhança do cabo Cafareu, a sul da Eubeia), Náuplio ateou um enorme fogo nos recifes, durante a noite. Os Gregos, pensando que estavam perto de um porto, fizeram rumo em direcção ao local onde brilhava a luz e os navios despedaçaram-se. Foi neste naufrágio que pereceu Ájax, filho de Oileu.

A morte de Náuplio, segundo Apolodoro, teria sido provocada por uma traição semelhante àquela que cometera para com o exército grego. Ignoramos, no entanto, os pormenores desse episódio. Contava-se também que, aquando da sua tentativa de lançar Penélope nos braços dos pretendentes, foi enganado por Anticleia, a mãe de Ulisses, que lhe anunciou a morte de um dos seus filhos; com a dor, Náuplio ter-se-á suicidado.

Nau: PAUSAN., VIII, 15, 1 e 3.

Náuplio: 1. e 2. PAUSAN., I, 22, 6; II, 38, 2; IV, 35, 2; VIII, 48, 7; escól. *ad* APOL. RH., *Arg.*, IV, 1901; APOLLOD., *Bibl.*, II, 1, 5; 7, 4; III, 2, 2; *Ep.*, VI, 7-11; HYG., *Fab.*, 116; 117; 169; 249; 277; STRAB., VIII, 6, 2, p. 368; APOL. RH., *Arg.*, I, 134 e s.; II, 826 e s.; escól. *Veron. ad* VIRG., *Aen.*, II, 88; EUR., *Iph. Aul.*, 198; DIOD. SIC.,V, 33; SOPH., *Aj.*, 1295 e s.; Tragédia perdida de AESCH., *Palamedes*; cf. SOPH., *Nauplios* Πυρκάως (Nauck, 2.ª ed., p. 223); EUR., *Hel.*, 767 e s.; 1126 e s.; escól. *ad Or.*, 432; LYC., *Alex.*, 381 e s.; 1093 e s.; TZETZ., *ad Lyc.*, 386; 992; 1093; SERV. *ad* VIRG., *Aen.*, XI, 260; OV., *Met.*, XIV, 472 e s.; *Trist.*, I, 1, 83; V, 7, 35 e s.; PLUT., *Qu. Gr.*, 33; escól. *ad Od.*, IV, 797.

NAUSÍCAA. (Ναυσικάα.) Nausícaa é a heroína de uma das mais célebres lendas contadas na *Odisseia*. É a filha do rei dos Feaces, Alcínoo, e de Arete (v. estes nomes). É dela que Atena se serve para conseguir que os Feaces proporcionem a Ulisses os meios para regressar a Ítaca. Ulisses, com efeito, foi vítima de um naufrágio, depois de ter deixado a ilha de Calipso. Muito magoado, e depois de ter nadado durante muito tempo, foi lançado para uma ilha que não conhecia. Adormeceu num bosque, na margem de um rio. Durante esse sono, Atena enviou um sonho a Nausícaa. A jovem sonhou que uma das suas amigas lhe censurava a negligência e a convidava a ir o mais depressa possível lavar no rio a roupa de toda a família. De manhã, Nausícaa pede a seus pais licença para ir lavar. Os pais dão-lha de boa vontade, e ela parte, por todo o dia, com as criadas, num carro puxado por mulas. As jovens começam a lavar a roupa e, enquanto ela seca, põem-se a jogar à bola, junto à margem. De repente, a bola escapa-se-lhes e rola para a água. Elas dão um grande grito que acorda Ulisses. O herói, que estava nu, cobre-se rapidamente com ramos de árvore e aparece às jovens. As criadas fogem, assustadas. Apenas Nausícaa fica onde está. É a ela que Ulisses se dirige, com hábeis palavras. Finge tomá-la por uma divindade ou uma ninfa do rio. Nausícaa responde-lhe e promete-lhe a sua ajuda. Dá-lhe de comer, empresta-lhe vestuário, ralha com as criadas e envergonha-as por terem tido medo em vez de acolherem um hóspede enviado pelos deuses. Quando a noite cai, Nausícaa pensa em regressar à cidade. Indica a Ulisses o caminho do palácio e volta no carro com as criadas. O seu papel acabou. Mas, no fundo do coração, ela ficou impressionada com o infortúnio e, sobretudo, com a beleza do herói. Confessa expressamente a si própria que gostaria muito de o ter por marido, e Alcínoo está disposto a dar-lho em casamento. Mas Ulisses está casado em Ítaca; tem de voltar a partir, não é possível pensar em tal. Assim acaba o episódio.

Os mitógrafos imaginaram que, mais tarde, Telémaco casou com Nausícaa, que teria tido desse casamento um filho chamado Persépolis (v. também este nome).

NAUSÍTOO. (Ναυσίθοος.) Nausítoo é o nome de vários heróis cuja lenda se liga ao mar.

1. O primeiro é filho de Posídon e de Peribeia, filha do rei Eurimedonte, que reinava sobre um povo de Gigantes (v. *Eurimedonte*). Nausítoo reinava sobre os Feaces quando esse povo não habitava ainda Corfu, mas Hiperia. Expulsos pelos Ciclopes, os Feaces vieram, conduzidos por ele, estabelecer-se em Esquéria (Corfu). Nausítoo é pai de Alcínoo e de Rexenor e, através deste, avô de Arete, mulher de Alcínoo.

2. Um outro Nausítoo é o piloto de Teseu. Pilotava o barco que conduziu o herói a Creta, contra o Minotauro. Teseu erigiu-lhe uma capela.

3. Finalmente, Nausítoo é o nome de um dos filhos de Ulisses e Calipso. Tem um irmão, Nausínoo. Uma tradição fá-lo filho de Ulisses e Circe, e irmão de Telégono (v. *Ulisses*).

NAUTES. (Ναύτης.) Nautes é um velho troiano que acompanhou Eneias na sua migração. Estava junto dele na Sicília e aconselhou-o a que não ficasse na ilha e se dirigisse ao Lácio. Uma tradição independente da *Eneida* conta que foi ele quem recebeu de Diomedes o Paládio, quando o oráculo ordenou a Diomedes que devolvesse a estátua milagrosa aos Troianos de Eneias. A família romana «Nautii» passava por ser formada pelos seus descendentes.

NAXO. (Νάξος.) Naxo é o herói epónimo da ilha homónima. Sobre a sua identidade havia pelo menos três tradições distintas: segundo uma, era um cário, filho de Pólemon, que, duas gerações antes de Teseu, se tinha fixado na ilha à frente de uma colónia cária. A ilha chamava-se então Dia, e foi Naxo quem lhe deu o nome.

Um outra lenda dava-o como filho de Endímion e Selene. Por fim, numa terceira versão, era filho de Apolo e Acacális; esta lenda representa a versão «cretense» (v. *Acacális*).

NECESSIDADE. (᾿Ανάγκη.) A Necessidade, personificação da obrigação absoluta e da força constrangedora das cadeias do destino, é uma divindade «sábia». Na Grécia, apenas figura, sob o nome de *Ananke*, na teogonia órfica, em que, com sua filha Adrasteia, é a ama do jovem Zeus. Ela própria é filha de Crono, tal como a Justiça (Dice). Tem como filhos Éter, Caos e Érebo.

A Necessidade intervém nas construções cosmogónicas e metafísicas dos filósofos. No mito platónico da *República*, por exemplo, *Ananke* é a mãe das Meras (v. este nome). Pouco a pouco, e sobretudo no espírito popular, *Ananke* tornou-se uma divindade da morte: a Necessidade de morrer. Mas, nos poetas, particularmente nos trágicos, continuou a ser a encarnação da Força suprema, a quem os próprios deuses deviam obedecer.

Em Roma, *Ananke* tornou-se *Necessitas*, alegoria poética que não parece ter tido existência específica fora das alusões puramente literárias.

Nausícaa: *Od.*, VI, *passim*; VII, 1 e s.; VIII, 461 e s.; EUST., *ad Hom.*, XVI, 18, citando HELÂNICO e ARISTÓTELES; DICT. CR., VI, 6.

Nausítoo: 1) *Od.*, VI, 7 e s.; VII, 56 e s.; VIII, 565; escól. *ad Od.*, VII, 56; APOL. RH., *Arg.*, IV, 539 e s.; e escól. **2)** PLUT., *Thes.*, 17. **3)** HES., *Theog.*, 1017; cf. HYG., *Fab.*, 125.

Nautes: VIRG., *Aen.*, V, 704 e s.; SERV. *ad VIRG.*, *Aen.*, II, 166; III, 407; V, 704; DION. HAL., VI, 69; PHAEST., p. 166; *Myth. Vat.*, I, 142.

Naxo: DIOD. SIC., V, 51; STEPH. BYZ., *s.u.*, e *s.u.* Κυδωνία.

Necessidade: *Orph.*, fr. (Abel); *Argon. Orph.*, 12 e s.; STOB., *Ecl.*, I, 49; 4, 4 e s.; PLAT., *Rep.*, X, 617

NEDA. (Νέδα.) Quando Reia deu à luz Zeus, nas montanhas da Arcádia, quis purificar-se e banhar seu filho. Mas na Arcádia não corria então nenhum curso de água. Os leitos dos rios estavam secos e nem uma nascente corria. Na sua aflição, Reia bateu no solo com o seu ceptro, implorando a Geia (a Terra). Imediatamente brotou uma abundante nascente, perto do local onde mais tarde se ergueria a cidade de Lépreo. Reia deu-lhe o nome de Neda, em honra da ninfa filha de Oceano, a mais velha depois de Estige e Fílira.

Uma tradição transmitida por Cícero faz da ninfa arcádia Neda a mãe das quatro Musas mais antigas: Texínoe, Aede, Arque e Melete, que ela teria tido de Zeus.

NEFÁLION. (Νηφαλίων.) Nefálion é um dos filhos de Minos e da ninfa Paria (v. quadro 30, p. 312). Vivia em Paros com os irmãos, Eurimedonte, Crises e Filolau, e com os sobrinhos, Alceu e Esténelo, os dois filhos de Androgeu, quando Héracles partiu para o país das Amazonas, para procurar o cinto da rainha Hipólita (v. *Héracles*). Héracles fez escala na ilha, mas os filhos de Minos mataram dois dos seus companheiros. Indignado, Héracles matou imediatamente os filhos de Minos e os restantes habitantes da ilha enviaram uma delegação propondo-lhe como compensação que levasse consigo dois deles, à sua escolha, para substituir os dois mortos. Héracles aceitou e levou Alceu e Esténelo. Retomou então o seu caminho.

NÉFELE. (Νεφέλη.) **1.** O nome de Néfele, que significa «nuvem», é usado por várias heroínas, a mais célebre das quais foi a mulher de Átamas e mãe de Frixo e Hele. Átamas abandonou-a para casar com Ino (v. *Átamas*).

2. Néfele é, por vezes, também tomada no sentido próprio, e designa então a «nuvem» mágica feita por Zeus à semelhança de Hera, para defraudar os desejos criminosos de Ixíon. Unindo-se a este, a Nuvem gerou os Centauros (v. *Ixíon* e *Centauros*).

3. As Nuvens desempenham um determinado papel na mitologia. Aristófanes fá-las personagens de uma das suas comédias e dotou-as de uma genealogia: são filhas de Oceano (como todas as divindades da água); habitam ou os cimos do Olimpo ou os jardins do Oceano, no país das Hespérides, ou as longínquas nascentes do Nilo, no país dos Etíopes. Em Aristófanes há talvez referência a crenças órficas; mais provavelmente, trata-se da criação pessoal de um mito poético forjado sobre dados folclóricos bastante vagos.

Na lenda de Céfalo (v. este nome), em vez da Brisa, é a Nuvem (Néfele) quem, por vezes, é invocada pelo caçador, e é sobre esse nome que Prócris se engana.

NELEU. (Νηλεύς.) **1.** Neleu é filho de Tiro e de Posídon (v. quadro 23, p. 258). Pelo lado da mãe, descende de Salmoneu e, consequentemente, de Éolo (v. *Salmoneu* e quadro 8, p. 116). É o irmão gémeo de Pélias, e meio-irmão dos filhos de Tiro e Creteu, Éson, Feres e Amitáon.

Quando nasceram, Neleu e Pélias foram expostos pela mãe e alimentados por uma égua que Posídon enviou para tomar conta deles. Outra tradição fazia com que uma das crianças tivesse sido marcada no rosto por um coice da égua e recolhida por comerciantes de cavalos. Teriam chamado a Pélias «a criança que tinha a cicatriz» (do vocábulo grego *pélion*, que significa «lívido»). Ao irmão deram o nome de Neleu. Quando cresceram, reencontraram a mãe, que era maltratada pela sogra, de nome Sidero. Pélias e Neleu atacaram Sidero, mas não conseguiram logo matá-la, porque ela se refugiou num templo de Hera. Todavia, Pélias violou o santuário e matou Sidero sobre o altar. Mais tarde, os dois irmãos disputaram o poder. Neleu foi exilado pelo irmão e partiu para Messénia, onde fundou a cidade de Pilo. Casou com Clóris, uma filha de Anfíon (filho de Íaso, de Orcómeno), de quem teve uma filha, Péro, e doze filhos: Tauro, Astério, Piláon, Deímaco, Euríbio, Epilao, Frásio, Eurímenes, Evágoras, Alastor, Nestor e Periclímeno.

Neleu desempenha um papel no ciclo de Héracles: Héracles dirigiu contra ele uma expedição, sob o pretexto de que Neleu recusara purificá-lo do assassínio de Ífito (v. *Héracles*). Nesta guerra pereceram onze dos filhos de Neleu; apenas Nestor escapou ao massacre, porque estava ausente (v. *Nestor*). Conforme as tradições, acrescenta-se Neleu ao número das vítimas de Héracles ou conta-se que sobreviveu à morte de seus filhos. Nesta segunda versão, diz-se que morreu de doença em Corinto, onde foi enterrado.

Sobre as outras guerras mantidas por Neleu, nomeadamente contra os Epeus, v. *Nestor* e *Moliónidas*.

2. Existe um outro Neleu, descendente do anterior, e filho do rei de Atenas, Codro. Atribui-se-lhe a fundação de Mileto, encabeçando uma colónia de iónios, vindos da Ática, aos quais se haviam unido messénios, expulsos do seu país pela invasão dos Heraclidas (v. *Codro*).

NÉMANUS. (Νεμανοῦς.) Némanus é, na lenda de Ísis, a mulher do rei de Biblo que acolheu a deusa quando procurava o caixão que continha o corpo de Osíris. Com efeito,

---

e s.; Aesch., *Pr.*, 517; Eur., *Hel.*, 513; Hor., *O.*, I, 35, 17 e s.

Neda: Call., *Jov.*, 15 e s.; Pausan., IV, 33, 1; VIII, 31, 4; 38, 3; 47, 3; Cic., *de nat. D.*, III, 54 (texto incerto).

Nefalíon: Apollod., *Bibl.*, II, 5, 9; III, 1, 2.

Néfele: 1) V. *Átamas*. **2)** V. o art. *Ixíon*; *Centauros*. **3)** Eust., *ad Hom.*, XI, 320, Aristoph., *Nu.*, *passim*.

Neleu: 1) *Il.*, XI, 671 e s.; *Od.*, XI, 235 e s.; XV, 229 e s.; Apollod., *Bibl.*, I, 9, 5 e s.; 8 e s.; II, 6, 2; 7, 3; Pind., *Pyth.*, IV, 136; cf. Hyg., *Fab.*, 10; Diod. Sic., IV, 31; 68; escól. *ad Il.*, X, 334; Pausan., II, 2, 2; IV, 2, 5; 3, 1 e s.; 15, 8; 36, 1 e s.; V, 8, 2; IX, 36, 8; X, 10, 1; 29, 5; 31, 10; Hes., *Fr.*, 33; escól. *ad* Pind., *Olymp.*, IX, 3; Ov., *Met.*, XII; 530 e s. **2)** Pausan., VII, 2, 1 e s.; X, 10, 1; Strab., p. 632 e s.

Némanus: Plut., *de I. et O.*, 15 e s.

Ísis soubera que o caixão fora lançado à costa de Biblo pelo mar e colocado sobre uma árvore que crescera e o levantara acima do nível da terra. Esta árvore fora cortada pelo rei de Biblo, Malcandro, e utilizada como coluna para sustentar o tecto do palácio. Assim, o caixão encontrava-se, sem ninguém saber, dissimulado à altura do tecto, no palácio do rei de Biblo. Ísis veio a Biblo e, para se introduzir em casa do rei, começou por estabelecer relações com as criadas do palácio. Disfarçou-se de pobre mulher e deu às criadas um perfume que lhes impregnou os cabelos com um odor tão suave (o odor divino da ambrósia) que a rainha quis conhecer a mulher que era capaz de dar ao cabelo um encanto tão poderoso. Tomou Ísis ao seu serviço, como ama de seus filhos. De noite, a deusa punha sobre o fogo a criança de quem cuidava, para lhe tirar do corpo a parte mortal e o tornar imortal. Para além disso, alimentava-o metendo-lhe o dedo na boca; e, durante a noite, enquanto a criança estava sobre o fogo, ela própria, sob a forma de uma andorinha, andava em volta da coluna que continha o caixão de Osíris, soltando gritos plangentes. Durante uma dessas estranhas cenas, chegou Némanus, que deu um grito de angústia ao ver o filho entre as chamas. Ísis deu-se imediatamente a conhecer, mas preveniu a mãe de que o filho jamais seria imortal. Revelou a razão da sua presença em Biblo, e logo lhe foi devolvido o corpo de Osíris. Ao abrir o caixão, soltou gritos tão violentos que o filho mais novo de Némanus morreu. Em seguida partiu, com o caixão, e levou com ela o filho mais velho de Némanus que, de resto, não tardou a morrer, por ter visto, por indiscrição, a deusa que se lamentava sobre o corpo do marido.

NÉMESIS. (Νέμεσιος.) Némesis é simultaneamente uma divindade e uma abstracção. Como divindade, atribui-se-lhe um mito: amada por Zeus, Némesis, que é uma das filhas de *Nix* (a Noite), procura evitar a união com o deus. Por isso, toma mil variadas formas e acaba por se transformar em gansa. Mas Zeus torna-se cisne e une-se-lhe. Némesis pôs um ovo, que uns pastores apanharam e deram a Leda. Foi desse ovo que saíram Helena e os Dioscuros (v. *Leda* e *Helena*). Esta lenda relaciona-se com o valor simbólico de Némesis: ela personifica, efectivamente, a «Vingança divina»; é, por vezes, a divindade que, como as Erínias, castiga o crime, mas representa, com maior frequência, a força encarregada de abater toda a «desmesura», por exemplo o excesso de felicidade de um mortal, ou o orgulho dos reis, etc. Essa é uma concepção fundamental do espírito helénico: tudo o que se eleva acima da sua condição, no bem como no mal, expõe-se a represálias dos deuses. Tende, com efeito, a subverter a ordem do mundo, a pôr em perigo o equilíbrio universal e, por isso, tem de ser castigado, se se pretende que o Universo se mantenha como é. É assim que Creso, demasiado feliz com as suas riquezas e o seu poder, é levado por Némesis a empreender a expedição contra Ciro, que acabou por lhe trazer a desgraça.

Em Ramnunte, uma pequena cidade da Ática situada não muito longe de Maratona, na costa do estreito que separa a Ática da Eubeia, Némesis tinha um santuário célebre. A estátua da deusa fora esculpida por Fídias num bloco de mármore de Paros trazido pelos Persas e destinado a fazer um troféu após a tomada de Atenas. Os Persas tinham-se mostrado demasiado seguros da vitória (sinal de desmesura), e nunca tomaram Atenas. A Némesis de Ramnunte encorajara o exército ateniense de Maratona.

NEOPTÓLEMO. (Νεοπτόλεμος.) Neoptólemo, o Jovem Guerreiro, é o filho de Aquiles e de Deidamia, filha de Licomedes, rei de Siros. Foi concebido quando a mãe de Aquiles o escondeu no harém de Licomedes (v. *Aquiles*). Como o herói usava então o sobrenome de Pirra (a Ruiva, pois estava disfarçado de rapariga), o nome de Pirro, o Ruivo, ficou ligado ao filho. A lenda conhece-o igualmente sob as duas designações de Pirro e Neoptólemo.

Nascido após a partida do pai para a Guerra de Tróia, Neoptólemo foi criado pelo avô, Licomedes. Depois da morte de Aquiles e da captura do adivinho Heleno (v. *Heleno*), os Gregos souberam, por este, que a cidade nunca poderia ser tomada se Neoptólemo não combatesse junto deles. Outra condição era, por outro lado, a posse do arco e das flechas de Héracles. Os Gregos mandaram então uma primeira embaixada buscar Neoptólemo a Siros. Ulisses, Fénix e Diomedes foram encarregados de o trazer. Licomedes opôs-se à partida do jovem, mas este, fiel à tradição paterna, seguiu os embaixadores gregos. A caminho de Tróia, acompanhou-os a Lemnos, onde se encontrava Filoctetes, doente, incapaz de se libertar, sozinho, da triste situação em que outrora Agamémnon o deixara, a conselho de Ulisses (v. *Filoctetes*). Mas Filoctetes possuía as armas de Héracles e Neoptólemo empenhou-se, bem como Ulisses e Fénix, em persuadi-lo e levá-lo para Tróia. E, por fim, conseguiu-o.

Némesis: *Il.*, III, 156; VI, 335, etc.; *Od.*, I, 350; II, 136; XXIII, 40, etc.; HES., *Theog.*, 223; *Op.*, 200; ATHEN., VIII, 334 b e s.; CLEM. AL., *Protr.*, II, 26; APOLLOD., *Bibl.*, III, 10, 7; TZETZ. *ad Lyc.*, 88; AESCH., *Th.*, 233 e s.; SOPH., *Phil.*, 601 e s.; *El.*, 792 e s.; PAUSAN., I, 33, 2 e s.; HEROD., I, 34. Cf. K. KERENYI, *art. cit.* (s.u. *Helena).*

Neoptólemo: *Il.*, XIX, 326 e s.; *Od.*, IV, 5 e s. e escól. *ad loc.*; III, 188 e s.; XI, 503 e s.; PIND., *Nem.*, VII, 58 e escól.; APOLLOD., *Bibl.*, III, 13, 8; *Epit.*, V, 10 e s.; VI, 5; 12 e s.; VII, 40 e s.; EUST. *ad Hom.*, p. 1463, 36; SOPH., *Phil.*, *passim*; EUR., *Or.*, *passim*; *Andr.*, *passim* e escól.; *Tr.*, 1125 e s.; PAUSAN., I, 11, 1; 13, 9; 33, 8; II, 5, 5; 23, 6; 29, 9; III, 20, 8; 25, 1; 26, 7; IV, 17, 4; X, 7, 1; 16, 4; 23, 2; 24, 4; 6; 25, 9; 26, 4; 27, 1 e s.; HYG., *Fab.*, 97; 108; 112; 113; 114; 122; 123; 193; VIRG., *Aen.*, II, 500 e s.; III, 333; SERV. *ad VIRG.*, *Aen.*, II, 166; III, 297 e s.; DICT. CR., VI, 7 e s. V. o artigo *Hermíone*. Cf. TH. ZIELINSKI, «De Sophoclis fabula ignota»: *Eos*, 1924, p. 59-73; J. FONTENROSE, «The cult and myth of Pyrrhos at Delphi», in *Univ. of California Publ. in Class. Archaeol.*, IV, 3 (1960), p. 191-266. V. também *Pirro*.

Diante de Tróia, todo o exército grego encontrou em Neoptólemo um novo Aquiles. Conseguiu diversas façanhas: matou nomeadamente Eurípilo, o filho de Télefo, e, dando largas à sua alegria, inventou uma dança guerreira que tem o seu nome, a pírrica. Figura entre os heróis que entraram para o cavalo de madeira e tomaram a cidade. Durante os combates decisivos, mata Élaso e Astínoo, fere Corebo e Agenor, depois lança o pequeno Astíanax do alto de uma torre: deste modo, Heitor fora morto por Aquiles, e seu filho foi-o por Neoptólemo. Na partilha dos despojos de guerra, Neoptólemo obteve Andrómaca, viúva de Heitor (v. *Andrómaca*). Para honrar a memória do pai, ofereceu-lhe em sacrifício Políxena, que imola sobre o seu túmulo.

Esta parte da lenda é referida de forma mais ou menos semelhante por todas as fontes. Mas, a partir do regresso de Tróia, as versões começam a ser muito diferentes. A tradição homérica é simples: Neoptólemo teve, como Menelau, um regresso feliz: Menelau deu-lhe em casamento a filha, Hermíone, e ambos foram viver para Ftiótide, no país de Peleu e Aquiles. Os «Regressos» contavam que Neoptólemo escapara ao destino comum aos Gregos graças à intervenção de Tétis, que o aconselhara a ficar mais alguns dias em Tróia e a regressar por terra. Foi por isso que Neoptólemo atravessou a Trácia, onde encontrou Ulisses e, de lá, dirigiu-se ao Epiro, ao país que, mais tarde, tomou o nome de país dos Molossos (v. *Molossos*).

Em outra tradição, transmitida por Sérvio no seu comentário à *Eneida*, esse conselho é dado a Neoptólemo, não por Tétis, mas pelo adivinho Heleno, que o acompanhava voluntariamente. Teria sido essa a origem da amizade que os uniu a ambos, e que fez com que Neoptólemo, ao morrer, lhe confiasse Andrómaca, pedindo-lhe que a desposasse (v. *infra*).

Para explicar a razão pela qual Neoptólemo não se fixou em Ftiótide, no reino de seu pai, imaginou-se que, durante a ausência de Aquiles, Peleu perdera o seu reino, arrebatado por Acasto (v. *Peleu* e *Acasto*). Neoptólemo foi então directamente para o Epiro. Mas, também aí, as lendas variam. Contava-se, por exemplo, que, no Epiro, raptou uma neta de Héracles, de nome Leonassa, e lhe deu oito filhos que, fixando-se no país, se tornaram os antepassados dos Epirotas. Dizia-se também que, depois de ter desembarcado na Tessália, no regresso de Tróia, queimou os seus navios, a conselho de Tétis, e fixou-se em seguida no Epiro, porque nessa região encontrara a realização de um oráculo de Heleno: o adivinho, com efeito, aconselhara-o a instalar-se no país em que as casas tivessem os alicerces em ferro, as paredes de madeira e o tecto de pano. Ora, no Epiro, os indígenas viviam em tendas cujas estacas estavam enfeitadas com uma ponta de ferro, os lados guarnecidos de madeira e eram cobertas por pano.

Na maior parte das versões precedentes, Neoptólemo está casado com Hermíone. Mas o casamento é estéril, enquanto da sua união com Andrómaca nascem três filhos, Molosso, Píelo e Pérgamo. Invejosa da fecundidade de uma concubina, Hermíone chama o antigo noivo, Orestes, para que a vingue. Na tradição mais simples, Orestes mata Neoptólemo em Ftia, ou então no Epiro. Mas, na versão adoptada pelos trágicos, a lenda complicou-se. Foi em Delfos que Orestes executou a sua vingança, cujo motivo era duplo. Matando Neoptólemo, não apenas vingava Hermíone mas castigava também o seu próprio rival, que lhe roubara a noiva (v. *Hermíone* e *Orestes*). Neoptólemo fora a Delfos consultar o oráculo e perguntar-lhe por que razão o seu casamento com Hermíone era estéril. Ou então terá ido com o fim de consagrar ao deus uma parte dos despojos trazidos de Tróia. Ou, ainda, terá ido saber de Apolo a razão da hostilidade do deus contra seu pai — hostilidade que lhe havia causado a morte, já que a flecha de Páris que lhe provocara a morte fora guiada pelo deus (v. *Aquiles*). Orestes provocou um motim, no decurso do qual Neoptólemo foi morto. Mas havia uma outra lenda, na qual Orestes não tinha qualquer papel. Em Delfos, o costume determinava que os sacerdotes tomassem a maior parte da carne das vítimas oferecidas em sacrifício, não deixando quase nada para quem oferecia o sacrifício. Neoptólemo enfureceu-se contra este costume e quis impedir que os sacerdotes lhe tomassem a vítima que sacrificara. Um deles, de nome Macareu (v. este nome), matou-o com um golpe de cutelo, para fazer respeitar os privilégios da casta sacerdotal. Finalmente, dizia-se também que os Delfos tinham morto Neoptólemo por ordem da própria Pítia: Apolo continuava a atingir com a sua cólera mesmo a descendência de Aquiles. Neoptólemo foi enterrado sob o limiar do templo de Delfos, e foram-lhe concedidas honras divinas.

*** NEPTUNO.** (*Neptunus.*) Neptuno é o deus romano identificado com Posídon. O seu nome, de etimologia obscura, parece ser muito antigo na língua. Deus do elemento húmido, não possui qualquer lenda que lhe seja própria antes da sua assimilação a Posídon (v. este nome). A sua festa celebra-se no pino do Verão, em 23 de Julho, durante a época de maior seca. Possuía um santuário no vale de *Circus Maximus*, entre o Palatino e o Aventino, que em tempos idos era atravessado por um ribeiro relativamente importante, no percurso do qual se encontrava precisamente a capela do deus.

Na tradição romana, Neptuno passava por ter um paredro, uma vezes de nome Salácia, outras Venília.

NEREIDAS. V. *Nereides.*

NEREIDES. (Νηρεΐδες.) As Nereides são divindades marítimas, filhas de Nereu e de Dóris e netas de Oceano (v. quadro 33, p. 328).

Neptuno: VAR., *LL*, V, 72; VI, 19; CIC., *Nat.*, II, 66; SERV. *ad VIRG.*, *Aen.*, VIII, 285. Cf. L. DELATTE, in *Ant. Class.*, 1935 pp. 45-47.

Nereides: HEROD., II, 50; *Il.*, XXVIII, 31 e s.; *Od.*, XXIV, 47; HYG., *Fab.*, *praef.*, 8 (Rose); cf. 59; 64; 96; 106; APOLLOD., *Bibl.*, I, 2, 7; cf. VIRG.,

Personificavam, talvez, as inúmeras vagas do mar. O seu número é, geralmente, de cinquenta, mas, por vezes, era elevado até cem. Possuímos quatro listas de Nereides, que se completam entre si. Eis, por ordem alfabética, a relação que resulta da comparação das nossas fontes:

Acteea, Ágave, Amatea, Anfínome, Anfítoe, Anfitrite, Apseudes, Autónoe, Calianassa, Calinira, Calipso, Ceto, Cimatolege, Cimo, Cimódoce, Cimótoe, Clímene, Cranto, Dero, Dexámene, Dinamene, Dione, Dóris, Doto, Éione, Erato, Espeu, Êucrate, Eudora, Eulímene, Eumolpe, Euníce, Eupompe, Evágora, Evarne, Ferusa, Galateia, Galene, Glauce, Glaucónome, Halimede, Hálio, Hipónoe, Hipótoe, Ianassa, Íera, Íone, Janira, Laomedeia, Liágora, Limnoreia, Lisianassa, Mélite, Menipe, Mera, Nausítoe, Nemertes, Neomerís, Neseia, Neso, Orítea, Pánope, Pasítea, Plexaura, Polínoe, Pontomedusa, Pontoporeia, Prónoe, Proto (Πρόμος e Πρωτώ.), Protomedeia, Psâmate, Sao, Talía, Temisto, Tétis, Toe. Esta lista global, que contém setenta e sete nomes, mostra a diversidade das tradições, dependentes do capricho individual dos mitógrafos e dos poetas. As pinturas dos vasos referem ainda outras Nereides, como, por exemplo, Nao, Pontomeda, Cálice, Coro, Irésia, Cimatoteia, Eudia, etc.

Estas Nereides não representam, de um modo geral, um papel individual nas lendas; algumas, contudo, têm uma personalidade mais acentuada que as suas irmãs. É o caso de Tétis, a mãe de Aquiles (v. *Tétis* e *Peleu*), de Anfitrite, a esposa de Posídon, de Galateia (v. este nome), de Orítia, que é geralmente considerada como filha do rei de Atenas, Erecteu.

Dizia-se que as Nereides viviam no fundo do mar, no palácio do seu pai, sentadas em tronos de ouro. Passavam o tempo a fiar, a tecer e a cantar. Os poetas imaginavam-nas, também, a brincar nas ondas, com os cabelos flutuando nas águas, nadando entre tritões e golfinhos.

Na maior parte dos casos, intervinham nas lendas como espectadoras, raras vezes como actrizes. Com a sua irmã Tétis, choram a morte de Aquiles e a de Pátroclo; indicam a Héracles o modo de obter de Nereu as informações necessárias sobre o caminho para o país das Hespérides (v. *Héracles*). Estão presentes na libertação de Andrómeda por Perseu, etc. (v. também *Cassiopeia*).

NEREU. (Νηρεύς.) Nereu é um dos «Velhos do Mar» — por vezes, o «Velho do Mar» por excelência. É filho de Ponto (a «Onda Marinha») e de Geia (a Terra) e é, por isso, irmão de Taumas, de Fórcis, de Ceto e de Euríbio (v. quadro 33, p. 392). Casou com Dóris, outra filha de Oceano, e, com ela, gerou as Nereides (v. *Nereides*). A lenda atribui-lhe ainda um filho, Nerites (v. este nome).

Nereu é uma das figuras que intervém com mais frequência no folclore marinho da Grécia. Mais antigo que Posídon, que pertence à geração dos deuses olímpicos, Nereu conta-se entre os deuses das forças elementares do mundo. Como a maior parte das divindades marinhas, Nereu possui o poder de se metamorfosear em todos em todos os tipos de animais e seres diferentes. Este poder serviu-lhe nomeadamente quando tentou escapar às perguntas que Héracles lhe fazia, tentando saber como chegar ao país das Hespérides (v. *Héracles*).

Geralmente, Nereu é considerado um deus benfeitor e benevolente para os marinheiros. É representado com barbas, frequentemente brancas, cavalgando um tritão e armado do tridente.

NÉRIA. V. *Nério*.

* **NÉRIO.** (*Nerio*.) Nério, ou Néria, é, na tradição romana (e sem dúvida itálica), a mulher de Marte. Personifica a Valentia (é esse o significado do seu nome, onde se encontra uma velha raiz indo-europeia). Por vezes, consagravam-se-lhe os despojos tomados ao inimigo, tal como se fazia com Marte ou Vulcano. Em certas tradições, parece ter sido identificada com Minerva que é, também, uma deusa guerreira, à semelhança da Palas grega. Sobre as aventuras amorosas de Marte e Minerva-Nério, v. *Marte* e *Ana Perena*.

NERITES. (Νηρίτης.) Nerites é filho de Nereu e Dóris. É o herói de lendas de marinheiros. Contava-se que era um jovem de grande beleza, que provocara o amor de Afrodite, no tempo em que ela vivia ainda no mar. Mas, quando a deusa voou para o Olimpo, Nerites recusou segui-la, embora ela lhe tenha dado asas. Cheia de cólera e indignação, Afrodite transformou-o em concha, incapaz de se mover, presa a um rochedo, e deu asas a Eros, que aceitou ser seu companheiro.

Uma outra versão da lenda de Nerites é a seguinte: amado por Posídon, seguia o seu amigo com a maior rapidez e retribuía-lhe o amor. Mas Hélio (o Sol), invejoso da sua rapidez ao movimentar-se sobre as ondas, transformou-o em concha.

NESSO. (Νέσσος.) Nesso é um Centauro, filho, como todos os Centauros, de Ixíon e Néfele. Participou na luta contra Folo e Héracles (v. *Héracles*) e, expulso pelo herói, estabeleceu-

---

Georg., IV, 336; Hes., *Theog.*, 243 e s.; Prop., *El.*, IV, 7, 68; cf. Fr. Imhoof-Blumer, ap. *Revue Suisse de Numismatique*, 1924, pp. 173-421; Fr. Fischer, *Nereiden und Okeaniden in Hesiods Theogonie*, Diss., Halle, 1934; Ch. Picard, *art. cit.* (*s. u. Sirenes*).

Nereu: *Il.*, XVIII, 35; 49; 141; Hes., *Theog.*, 233 e s.; Apollod., *Bibl.*, I, 2, 6; II, 5, 11; Hyg., *Fab.*, pref., 8 (Rose); 157; Ael., *NA*, XIV, 28; *Arg. Or.*, 336; Pind., *Isth.*, VI, 8; Aesch., *Fr.*, 174.

Nério: A. Gel., *N. A.*, XIII, 23, 2; Lyd., *de Mens.*, IV, 42; cf. Ov., *Fast.*, III, 846 e s.; Plaut., *Truc.*, 515; Liv., LXV, 32; Porph., *ad* Hor., *Ep.*, II, 2, 209.

Nerites: Ael., *NA*, XIV, 28; *Etym. Magn.*, *s.u.*

Nesso: Hyg., *Fab.*, 34; Apollod., *Bibl.*, II, 5, 4; 7, 6; Soph., *Tr.*, 580 e s.; Senec., *Herc. Oe.*, 491 e s.; Serv., *ad* Virg., VIII, 300; escól. *ad* Stat., *Theb.*, XI, 235; Ov., *Met.*, IX, 101 e s.; *Her.*, IX, 141 e s.; escól. *ad* Apol. Rh., *Arg.*, I, 1212. Cf. Ch. Dugas, in *R. E. A.*, 1943, pp. 18-26.

-se na margem do rio Eveno, onde exercia a função de barqueiro. Foi lá que encontrou Héracles, pela segunda vez, quando este se apresentou, acompanhado de Dejanira, para passar o rio. Héracles atravessou-o a nado, mas confiou Dejanira ao barqueiro. Durante a travessia, Nesso tentou violá-la. Ela pediu socorro e Héracles trespassou o Centauro com uma flecha. Ao morrer, para se vingar de Héracles, de quem já fora vítima por duas vezes, confiou a Dejanira um pretenso segredo, assegurando-lhe que, se alguma vez o amor do marido lhe viesse a faltar, não teria mais do que embeber uma peça do vestuário no liquído que lhe deu (e que era feito de uma mistura do seu próprio sangue e do sémen que derramara durante a tentativa de violação), e fazer com que Héracles a vestisse. Afirmou-lhe que essa peça de vestuário agiria como um filtro e devolveria a Héracles a fidelidade. É essa a explicação da morte do herói: o líquido dado por Nesso era, na realidade, um violento veneno. Quando Héracles vestiu a túnica embebida nesse veneno, ela colou-se-lhe ao corpo: de cada vez que tentava tirá-la, arrancava ao mesmo tempo pedaços de carne e acabou, cheio de dor, por se queimar vivo (v. *Héracles* e *Dejanira*).

NESTOR. (Νέστωρ.) Nestor é o filho mais novo de Neleu e Clóris (v. quadro 23, p. 258). É também o único dos filhos de Neleu que sobreviveu ao massacre perpetrado por Héracles (v. *Neleu*). Viveu até uma idade muito avançada (mais de três gerações), por mercê de Apolo. Com efeito, sua mãe, Clóris, era uma das Nióbides, filhas de Anfíon e Níobe. Seus irmãos e irmãs tinham sido mortos por Apolo e Ártemis, e Apolo, para de algum modo se resgatar dessas mortes, concedeu a Nestor a possibilidade de viver o número de anos de que privara seus tios e tias.

Tal como surge na *Ilíada*, e também na *Odisseia*, Nestor é o tipo de ancião sensato, ainda corajoso no campo de batalha, mas excelente sobretudo na capacidade de aconselhar. Reinava em Pilo.

As tradições diferem na explicação do facto de Nestor não ter sido morto por Héracles na juventude: ora se diz que ele estava a ser criado em Gerénia, longe dos irmãos, em Messénia, ora se pretende que Neleu e os seus outros onze filhos haviam tentado apoderar-se dos bois de Gérion, que Héracles conduzia com grande dificuldade. Apenas Nestor se absteve de participar na empresa. Como recompensa, o herói tê-lo-á poupado e ter-lhe-á dado o reino de Messénia.

Depois disso, Nestor teve um papel de primeiro plano nos combates que opunham os seus compatriotas, os Pílios, e os seus vizinhos Epeus. Atacou-os frequentemente, para os punir das razias que faziam no seu território. No decurso de um desses combates, quase matou os Moliónidas, e tê-lo-ia feito se Posídon, para os salvar, não os tivesse envolvido numa nuvem (v. *Moliónidas*). Atribuía-se-lhe também a morte do gigante Ereutálion, que derrotou em combate singular, na Arcádia. Tomou igualmente parte no combate dos Lápitas contra os Centauros, bem como na caça de Cálidon e, em certas versões tardias, na expedição dos Argonautas. Todavia, a sua extraordinária longevidade permitiu-lhe sobretudo desempenhar um importante papel na Guerra de Tróia. Foi a ele que Menelau pediu conselho, logo após a partida de Helena; Nestor acompanhou-o por toda a Grécia, quando reunia os heróis. Ele próprio forneceu um contingente de noventa navios e partiu, acompanhado por seus dois filhos, Antíloco e Trasimedes.

Antes dos acontecimentos narrados na *Ilíada*, sabemos que participou na tomada de Ténedo por Aquiles. A sua parte nos despojos foi a filha de Arsínoo, Hecamede. Aquando da disputa entre Aquiles e Agamémnon, intervém e, até ao fim, esforça-se por trazer de novo a concórdia ao campo dos Gregos.

Mais tarde, os poemas épicos contavam como fora atacado por Mémnon e defendido por seu filho Antíloco, que sacrificou a vida para o salvar. Foi Aquiles quem acabou por matar Mémnon e vingar Antíloco (v. *Antíloco* e *Mémnon*).

Depois da tomada de Tróia, Nestor voltou são e salvo a Pilo, sendo um dos raros heróis que teve um regresso feliz. Sua mulher (Eurídice, filha de Clímeno, v. quadro 34, p. 392, segundo a *Odisseia*; Anaxíbia, filha de Cratieu, segundo Apolodoro) estava ainda viva. Telémaco veio pedir-lhe conselho, preocupado com a sorte de seu pai. Nenhuma tradição relativa à sua morte chegou até nós. Mostrava-se o seu túmulo em Pilo. Os filhos de Nestor chamavam-se: Perseu, Estrátilo, Areto, Équefron, Pisístrato, Antíloco, Trasimedes; as filhas denominavam-se Pisídice e Policaste.

NICE. (Νίκη.) Nice é a personificação da Vitória. Representa-se com asas e voando com grande rapidez. Hesíodo dá-a como filha do Titã Palas e de Estige. Pertence, por conseguinte, à primeira raça divina, e é anterior aos deuses olímpicos. Mas algumas tradições mais recentes dão-na como companheira de brincadeiras de Palas Atena. Teria sido criada por Palante (nesta tradição, o herói epónimo do Palatino) (v. *Palante*), que lhe teria consagrado um templo no cimo da sua colina, o Palatino, em Roma (era o templo que, na época histórica, estava

---

Nestor: *Il.*, I, 247; II, 76 e s.; 336-338; 432-440; 591 e s.; IV, 293 e s.; VI, 66 e s.; 323 e s.; VIII, 80-159; IX, 52 e s.; 92 e s.; 162-181; X, 73-176; 180-271; 531-553; XI, 516-520; 618-642; 645-804; XIV, 1 e s.; XV, 367-378; 659 e s.; XXIII, 304 e s.; 615-652; *Od.*, III, 165 e s.; 452 e s.; HYG., *Fab.*, 10; APOLLOD., *Bibl.*, I, 9, 9; II, 7, 3; *Ep.*, VI, 1; PAUSAN., II, 2, 2; 18, 7 e s.; III, 26, 8 e 10; IV, 3, 1-7; 31, 11; 36, 2-5; V, 25, 8; X, 25, 2; 11; 26, 1; 4; 29, 10; OV., *Met.*, VIII, 313; XIII, 210 e s.; KINKEL, *Ep. Gr. Fragm.*, p. 18; QUINT. SM., II, 243 e s.; VAL. FLAC., *Arg.*, I, 380; III, 143 e s.; VI, 569 e s. Cf. R. CANTIENI, *Die Nestorerzählung in XI. Gesang der Ilias*, Diss. Zurich, 1942.

Nice: HES., *Theog.*, 383; SERV., *ad VIRG.*, *Aen.*, VI, 134; APOLLOD., *Bibl.*, 1, 2, 4; DION. HAL. I, 33.

à beira do *Cliuus Victoriae*, a Subida da Vitória, não muito longe da Igreja de São Teodoro). Esta lenda nasceu da relação que, em Atenas, liga a deusa Atena e Nice, bem como da homonimia entre dois Palas, o Titã, e a deusa (ou o seu «duplo») (v. *Palas*). De facto, em Atenas, Nice é apenas um epíteto de Atena.

NICEIA. (Νικαῖα.) Niceia é uma Náiade, filha do rei Sangário e da deusa Cíbele. Rebelde face ao amor, apenas amava a caça. Por isso, quando um pastor da Frígia, Himno, a cortejou, apenas recebeu desdém. E, como Himno não se conformava com a derrota, ela matou-o com uma flecha. Então, Eros, indignado como todos os deuses com este acto violento, inspirou uma paixão por Niceia a Dioniso, que a vira nua quando se banhava. Mas Niceia também não cedeu ao deus, a quem ameaçou com a mesma sorte que Himno se ele não a deixasse em paz. Dioniso transformou em vinho a água da nascente em que ela bebia e, quando ficou embriagada, não teve qualquer dificuldade em possuí-la. Da união de ambos nasceu uma filha, Telete. Primeiramente, Niceia quis suicidar-se, mas acabou por fazer as pazes com Dioniso e tiveram outros filhos, um dos quais de nome Sátiro. Quando voltou do Indo, Dioniso construiu em sua honra a cidade de Niceia.

NICÓMACO. (Νικόμαχος.) Nicómaco é um neto de Asclépio, pelo lado de seu pai Macáon. Sua mãe é Anticleia, filha de Díocles. Depois da morte deste, Nicómaco e seu irmão, Górgaso, alcançaram o poder na cidade de Feras, na Messénia. Mais tarde, Ístmio, filho de Glauco, erigiu-lhes um santuário, por serem dois heróis com a faculdade de curar.

NICÓSTRATE. (Νικοστράτη.) Nicóstrate é um dos nomes usados, na Grécia, pela mãe de Evandro, que em Roma se chamava Carmenta (v. este nome e *Evandro*). Nicóstrate ora é a mãe de Evandro, que concebeu de Hermes, ora sua mulher, e filha de Hermes.

NICÓSTRATO. (Νικόστρατος.) Nicóstrato é o filho de Helena e Menelau. Como os *Poemas Homéricos* afirmam várias vezes que Hermíone era filha única, admite-se geralmente que Nicóstrato nasceu depois do regresso de Tróia. Por vezes, procura-se igualmente resolver essa dificuldade fazendo-o filho de Menealu e de uma escrava: seria então irmão de Megapentes (v. *Helena*, *Megapentes*, *Menelau*, e quadro 15, p. 200).

NICTEU. (Νυκτεύς.) Nicteu é o nome de vários heróis, o mais célebre dos quais é o pai de Antíope (v. *Antíope*). É geralmente considerado como irmão de Lico (v. este nome) e filho de Hirieu e Clónia (v. quadro 27, p. 280). É, por isso, descendente de Posídon e das Plêiades. Mas os mitógrafos, confundindo os dois Licos — um, filho de Posídon e Celeno, o outro, filho de Hirieu e neto de Posídon e Alcíone (v. quadro referido) — fizeram, por vezes, de Nicteu filho de Celeno e Posídon. Existem, todavia, outras versões aparentemente inconciliáveis com a anterior: Lico e Nicteu são, por exemplo, filhos de Ctónio, um dos homens nascidos dos dentes do dragão morto por Cadmo (v. este nome). Nesta versão, fugiram de Eubeia (sem dúvida uma povoação beótica com esse nome), porque haviam morto Flégias (v. este nome). Instalaram-se em Tebas e, aí, tornaram-se amigos do rei Penteu, tendo mesmo exercido a regência durante um certo tempo (v. *Laio* e *Antíope*). Uma variante da mesma tradição, transmitida por Pausânias, refere que Nicteu foi morto no campo de batalha, numa expedição contra Sícion, com o objectivo de castigar o rei da cidade, Epopeu, que raptara Antíope. Epopeu foi igualmente ferido nesse combate e não tardou a morrer.

NICTÍMENE. (Νυκτιμένη.) Nictímene é a filha do rei de Lesbos, Epopeu — ou então de um rei da Etiópia, de nome Nicteu. Foi possuída pelo pai, ou porque retribuía um amor incestuoso, ou porque a isso foi por ele obrigada. Envergonhada, fugiu para os bosques, onde Atena se apiedou dela e a transformou em coruja. É por isso que essa ave foge da luz e dos olhares e não se mostra senão de noite.

NÍCTIMO. (Νύκτιμος.) Níctimo é, de entre os filhos de Licáon, aquele que os rogos de Geia salvaram da vingança de Zeus (v. *Licáon*). Sucedeu a seu pai no trono da Arcádia. Foi durante o seu reinado que aconteceu o Dilúvio de Deucalião. Teve como sucessor Árcade (v. este nome).

NILEU. (Νειλεύς.) Na tradição evemerista seguida por Diodoro Sículo, o rei Nileu é um soberano que reinou no Egipto. Deu o seu nome ao rio Nilo que, anteriormente, se chamava Egipto. Essa honra foi-lhe concedida pelo seu povo, em reconhecimento dos numerosos trabalhos de irrigação levados a cabo por Nileu, visando aumentar a fertilidade do solo.

NILO. (Νεῖλος.) Nas tradições helénicas, Nilo é o deus do Nilo, o rio egípcio. Como todos os rios, é filho de Oceano. Mas depressa surgiu uma lenda mais precisa que ligou o rio

---

Niceia: NONN., *Dion.*, XV, 169-XVI, 405.

Nicómaco: PAUSAN., IV, 3, 10; 30, 3.

Nicóstrate: PLUT., *Rom.*, 21; *Q. Rom.*, 56; AUR. VICTOR, *de orig. gent.*, 5; SERV. *ad* VIRG., *Aen.*, VII, 51; 181; SOL., I, 10 e s.; STRAB., V, 230. V. *Evandro* e *Carmenta*.

Nicóstrato: HYG., *Fr.*, 122 (Rz); escól. *ad Il.*, III, 175; EUST., *ad Hom.*, p. 400, 32; escól. *ad* SOPH., *El.*, 539; PAUSAN., II, 18, 6; III, 18, 13; 19, 9.

Nicteu: APOLLOD., *Bibl.*, III, 5, 5; 10, 1; STRAB., IX, 404; HYG., *Astr.*, II, 11; *Fab.*, 14; 157; PAUSAN., II, 6, 1 e s.; IX, 5, 5.

Nictímene: HES., *Fab.*, 204; 253; OV., *Met.*, II, 590 e s.; SERV., *ad* VIRG., *Georg.*, I, 403; WEST., p. 348.

Níctimo: APOLLOD., *Bibl.*, III, 8, 1 e s.; TZETZ. *ad Lyc.*, 481; PAUSAN., VIII, 3, 1.

Nileu: DIOD. SIC., I, 19; 63; escól. *ad* THEOCR., VII, 114.

Nilo: HES., *Theog.*, 338; escól. *ad* LYC., *Alex.*, 119 e 576, e TZETZ., *ad loc.*; escól. *ad* APOL. RH., *Arg.*, IV, 276; APOLLOD., *Bibl.*, II, 1, 4.

ao ciclo de Io. Épafo, filho de Io, casou com Mênfis, filha de Nilo, e dessa união nasceu Líbia, mãe da raça de Agenor e Belo (v. quadro 3, p. 66). Os Gregos imaginavam Nilo como um rei que tinha fertilizado o Egipto, canalizando o rio, construindo diques, etc. (v. *Nileu*).

NINFAS. (Νύμφαι.) As Ninfas são «jovens mulheres» que povoam o campo, os bosques e as águas. São os espíritos dos campos e da natureza em geral, de que personificam a fecundidade e a graça. Na época homérica, passam por filhas de Zeus. São consideradas como divindades secundárias, a quem se dirigem orações e que podem ser temíveis. Habitam grutas onde passam a vida a fiar e a cantar. São frequentemente as acompanhantes de uma grande divindade (designadamente Ártemis) ou de uma de entre elas, de nível superior. É o caso das ninfas aias de Calipso ou de Circe.

Entre as Ninfas existem várias categorias, que se distinguem consoante o seu *habitat*: as ninfas dos freixos (as *Melíades*, v. este nome) parecem ser as mais antigas; são filhas de Úrano e não de Zeus. Há depois as Náiades (v. este nome), que vivem nas fontes e cursos de água. As Nereides são geralmente consideradas ninfas do mar calmo. As Náiades de um rio passam muitas vezes por ser filhas desse mesmo rio. É o caso das filhas do Asopo, etc. Nas montanhas vivem ninfas específicas, de nome Oréades. Nas matas vivem ninfas chamadas Alseides (do grego ἄλσος: bosque sagrado). Outras ninfas estão ligadas a um lugar determinado, como por exemplo a uma dada árvore, como as Hamadríades (v. este nome).

As Ninfas desempenham um importante papel nas lendas. Divindades familiares à imaginação popular, intervêm, como as nossas fadas, em muitas histórias do folclore. Muitas vezes, encontramo-las como mulheres de um herói epónimo de uma cidade ou de um país (v. por exemplo a lenda de Egina e Éaco, a da ninfa Taígete, etc.; v. o *Índice*, art. *Ninfas*). Intervêm também frequentemente nos mitos do amor (v. as histórias de Dafne, de Eco, de Calisto, etc.). Os seus amantes mais vulgares são os espíritos masculinos da natureza: Pã, os Sátiros, Priapo, etc. Frequentes vezes, os grandes deuses não desdenham dos seus favores: unem-se então a Zeus, a Apolo, a Hermes, a Dioniso, etc. De vez em quando, são elas próprias que se apaixonam e raptam jovens, como aconteceu com Hilas.

NINO. (Νίνος.) Nino é o fundador mítico da cidade de Nínive e do Império Babilónico. É considerado como filho de Belo, ou então de Crono (Belo, o deus Bel, identifica-se, de facto, com o deus helénico Crono). Pensa-se que foi o primeiro a criar a arte militar e a reunir grandes exércitos. Aliou-se ao rei da Arábia, de nome Arieu, e, com ele, conquistou toda a Ásia, excepto a Índia. A Bactriana resistiu-lhe durante mais tempo, mas, finalmente, conseguiu conquistá-la, graças à artimanha da mulher de um dos seus vizires. Essa mulher era Semíramis, com quem se casou (v. *Semíramis*). Depois da morte de Nino, foi ela quem lhe sucedeu.

Hérodoto refere uma outra genealogia do rei Nino. Na sua versão, ele descendia de Héracles, pois era neto de Alceu, filho de Héracles e de Ônfale. Mas esta genealogia, que torna o rei Nino mais jovem várias gerações, é uma interpretação «histórica» das lendas anteriores.

NÍOBE. (Νιόβη.) Níobe é o nome de duas heróinas distintas que as tradições tendem a confundir.

1. Uma delas é uma argiva, filha de Foroneu e da ninfa Teledice (ou então Cerdo ou Pito). É a primeira mortal a quem Zeus se uniu. Dele concebeu Argo e (segundo Acusilau) também Pelasgo (v. quadro 19, p. 239, e quadro 20, p. 240). Níobe, filha do primeiro homem (v. *Foroneu*), é a primeira mulher mortal, a «mãe dos seres vivos».

2. A outra Níobe é filha de Tântalo e, por isso, irmã de Pélops. Casou com Anfíon e deu-lhe (dizem a maior parte dos mitógrafos) sete filhos e sete filhas. Os sete filhos chamavam-se Sípilo, Eupínito, Ismeno, Damasícton, Agenor, Fédimo, Tântalo; as filhas denominavam-se Étodea (ou Neera), Cleodoxa, Astíoque, Ptia, Pelópia, Asticracia e Ogígia. Este número varia consoante os autores. Na tradição homérica, fala-se de doze filhos, seis filhos e seis filhas; finalmente, Herodoro de Heracleia considera apenas cinco: dois filhos e três filhas. Pelo seu casamento, Níobe figura entre as heroínas tebanas.

Feliz e orgulhosa com os seus filhos, Níobe declarou um dia que era superior a Leto, que tivera apenas um filho e uma filha. A deusa ouviu-a, sentiu-se ofendida e pediu a Apolo e Ártemis que a vingassem. As duas divindades fizeram-no, matando os jovens com as suas flechas. Ártemis matou as raparigas e Apolo os rapazes. Segundo se diz, apenas se salvaram dois, um rapaz e uma rapariga. Esta, com o terror que lhe causara a morte dos irmãos e irmãs, ficou pálida e tomou o nome de Clóris. Casou mais tarde com Neleu. Na versão da lenda presente na *Ilíada*, os filhos de Níobe ficaram sem sepultura durante dez dias; no dé-

---

Ninfas: *Il.*, XX, 8 e s.; XXIV, 615, etc.; *Od.*, X, 348 e s.; XVII, 240; etc.; escól. *ad Il.*, XX, 8; PORPH., *Antr.*, *passim*; *Myth. Vat.*, II, 50; III, 5, 3; v. também as lendas específicas (no *Índice*).

Nino: HEROD., I, 7; ALEX. POLYH., fr. 3; DIOD. SIC., II, 1 e s.; 20 e s.; STEPH. BYZ., *s.u.*; CONON, *Narr.*, 9.

Níobe: 1) APOLLOD., *Bibl.*, II, 1, 1; TZETZ. *ad Lyc.*, 111; escól. *ad* EUR., *Or.*, 932; PAUSAN., II, 21, 2; HYG., *Fab.*, 145; DIOD. SIC., IV, 14; DION. HAL., I, 11; cf. PLIN., *N. H.*, IV, 17 (a nascente *Níobe* de Argo). **2)** *Il.*, XXIV, 599 e s.; escól. a 604; APOLLOD., *Bibl.*, III, 5, 6; AEL., *VH*, XII, 36; DIOD. SIC., IV, 74; PAUSAN., I, 21, 3; II, 21, 9; V, 11, 2; 16, 4; VIII, 2, 5 e 7; OV., *Met.*,, VI, 146 e s.; PLAC. *ad* STAT., *Theb.*, III, 191; EUR., *Phoen.*, 159; escól. *ad loc.*; SOPH., *Ant.*, 822 e s.; *El.*, 150 e s.; tragédia perdida de Ésquilo, *Níobe* (cf. Nauck, *TGF*, 2 ed., p. 50 e s. e p. 228 e s.); TZETZ., *ad Lyc.*, 111; escól. *ad* PLAT., *Ti.*, 22a; PARTH., *Erot.*, 33. Cf. E. LIENARD, «Les Niobides», *Latomus*, 1938, pp. 20-29; W. SCHADEWALDT, *Die Niobe des Aischylos*, Heidelberga, 1934.

cimo primeiro, os próprios deuses os enterraram. Na versão mais recente, Níobe, cheia de dor, fugiu para junto de seu pai Tântalo, em Sípilo (ou para o monte Sípilo, na Ásia Menor), onde os deuses a transformaram em rocha. Mas os seus olhos continuaram a chorar e mostrava-se a rocha que outrora fora Níobe, e donde brotava uma nascente.

Existia uma outra lenda de Níobe, que explica diferentemente a morte de seus filhos. Nessa lenda, Níobe era a filha de Assáon, que a tinha casado com um assírio de nome Filoto; este foi morto durante uma caçada, e Assáon apaixonou-se pela filha. Níobe recusou entregar-se-lhe; então, Assáon convidou os netos (em número de vinte) e, durante a refeição, lançou fogo ao palácio. Todos pereceram queimados. Assáon, cheio de remorsos, suicidou-se. Níobe ou foi transformada em pedra ou lançou-se do alto de um rochedo.

NIREU. (Νιρεύς.) **1.** Nireu figura entre os pretendentes de Helena. Era de grande beleza, mas de nascimento humilde. Filho de Cáropo e da ninfa Aglaia, reinava na ilha de Sime. Figura no «Catálogo das Naus» à cabeça de um contingente de apenas três navios. Aquando da luta entre Aquiles e Télefo, na Mísia (na altura da primeira expedição e do desembarque mal sucedido) (v. *Aquiles*), Nireu matou a mulher de Télefo, Híera, que combatia ao lado do marido. Diante de Tróia, Nireu foi morto pelo filho de Télefo, Eurípilo. Mostrava-se o seu túmulo na Tróade. Mas outra tradição fá-lo participar nas viagens de Toas depois da queda de Tróia.

2. Outro Nireu é um habitante de Cátana que, desesperado com um desgosto de amor, se atirou do alto do rochedo de Lêucade. Mas foi retirado da água por pescadores, e milagrosamente salvo. Os pescadores trouxeram na rede, para além dele, um cofre cheio de ouro. Nireu reclamou esse ouro; mas Apolo apareceu-lhe em sonhos, e aconselhou-o a contentar-se com a sua vida, sem reivindicar um tesouro que não lhe pertencia.

NISA. (Νῦσα.) Nisa é uma das ninfas que, no monte Nisa, criou Dioniso, em criança. É, por vezes, considerada como filha de Aristeu. Tal como as outras amas do deus foi, a pedido dele, rejuvenescida por Medeia.

NISO. (Νῖσος.) **1.** Niso é um dos quatro filhos do rei de Atenas, o segundo Pandíon (v. quadro 12, p. 144). Nascera em Mégara, durante o exílio do pai, que fora expulso de Atenas pelos filhos de Metíon. Sua mãe é Pília, filha do rei de Mégara. Depois da morte do pai, regressou com os irmãos para conquistar a Ática. Obteve para si a cidade de Mégara (v. também *Círon*).

Embora algumas tradições atribuam a Niso uma filha, de nome Ifínoe, que casou com Megareu, filho de Posídon, na maior parte das vezes — e é essa a versão mais célebre da lenda — a filha de Niso é Cila, que traiu o pai por amor de Minos (v. *Cila*). Nesta lenda, Niso foi transformado em águia marinha.

2. Niso (em latim *Nisus*) é o nome de um companheiro de Eneias, célebre pela sua amizade por Euríalo. A sua lenda parece remontar a Virgílio. No decurso dos jogos fúnebres celebrados em honra de Anquises, assegurou a vitória do seu amigo. Aquando da guerra contra os Rútulos, Niso e Euríalo foram, durante a noite, em missão de reconhecimento ao campo do adversário. Mataram Ramnes mas, no regresso, foram perseguidos por um grupo de cavaleiros. Procuraram um refúgio nos bosques; mas foram separados um do outro. Sentindo o amigo ameaçado, Niso abandonou o seu esconderijo e morreu ao tentar vingar a morte de Euríalo.

NISO. (Νῦσος.) Niso é, em certas tradições, aparentemente tardias, o marido da ama de leite de Dioniso, que dele conservará o nome. Durante a sua expedição contra o Indo, o deus confiara a Niso a cidade de Tebas. Quando voltou, Niso recusou-se a devolver-lhe Tebas. O deus não quis entrar em conflito com ele, mas esperou uma ocasião favorável, que se apresentou ao fim de três anos. Aparentemente, Dioniso reconciliara-se com Niso e pediu-lhe autorização para celebrar na cidade a festa trianual que outrora instituíra. Niso consentiu. Então, Dioniso disfarçou os seus soldados de Bacantes e introduziu-os na cidade. Com a ajuda desses soldados, não teve qualquer dificuldade em se apoderar de Niso e em retomar o poder.

*** NIXOS.** (*Nixi.*) Os Nixos são três divindades masculinas, cujas estátuas, ajoelhadas, se encontravam em Roma, no Capitólio, defronte da *cella* de Minerva Capitolina. Representavam, na mente popular, os «esforços» das mulheres no momento em que estavam a dar à luz uma criança. [Embora no original francês estas divindades sejam referidas como femininas (*Nixas*), em latim (cf. bibliografia, *infra*) e em português (cf. Francisco Rebelo Gonçalves, *op. cit.*, p. 710) são, enquanto representantes dos *esforços* do parto, divindades masculinas.]

NOITE. (Νύξ.) Noite é a personificação e a deusa da Noite. É filha de Caos, na *Teogonia*

Nireu: 1) *Il.*, II, 671 e s.; HYG., *Fab.*, 81; 97; DIOD. SIC., V, 53; EUR., *Iph. Aul.*, 204; TZETZ. *Anteh.*, 278; *ad Lyc.*, 1011; QUINT. SM., VI, 372 e s.; VII, 11 e s. **2)** PTOL. HEPH., VII, *ap* WESTERMANN, *Myth. gr.*, p. 159, 13 e s.

Nisa: HYG., *Fab.*, 183; SERV., *ad* VIRG., *Ecl.*, VI, 15; DIOD. SIC., III, 70.

Niso: STRAB., IX, 392; HYG., *Fab.*, 198; 242; APOLLOD., *Bibl.*, III, 15, 5 e s.; PLUT., *Qu. Gr.*, 16; PAUSAN., I, 39, 4; 19, 4; II, 34, 7; SUID., *s.u.*; APOLLOD., *Bibl.*, III, 15, 5 e s.; TZETZ. *ad Lyc.*, 650; AESCH., *Ch.*, 612 e s.; *Ciris*, 378 e s.; VIRG., *Georg.*, I, 404 e s. **2)** VIRG., *Aen.*, V, 294 e s.; IX, 176 e s.; HYG., *Fab.*, 257., OV., *Tr.*, I, 5, 25; 9, 33 e s.; V, 4, 26.

Niso: HYG., *Fab.*, 131; 167; 179.

Nixos: PHAEST., p. 174; 177; OV., *Met.*, IX, 294.

Noite: *Il.*, XIV, 259; VIII, 488; HES., *Theog.*, 123 e s.; 211 e s.; 744 e s.; 757; *Op.*, 17; EUR., *Andr.*, fr. 114; *Ion*, 1150 e s.; CLÉMENCE RAMNOUX, *La Nuit et les enfants de la Nuit*, Paris, s. d. (1959).

hesiódica. Ela própria concebe dois elementos, o Éter e o Dia, e toda uma série de abstracções: Moro (a Sorte), as Ceres, Hipno (o Sono), os Sonhos, Momo (o Sarcasmo), a Angústia, as Meras, Némesis, Apaté (o Engano), Filotes (a Ternura), Geras (a Velhice), Éris (a Discórdia) e, finalmente, as Hespérides, que são as filhas do Entardecer (v. *Hespérides*). A Noite tem a sua morada no Extremo Oeste, para lá do país de Atlas. É a irmã de Érebo, que personifica as trevas subterrâneas.

NOTO. (Νότος.) Noto é o deus do vento do Sul, vento quente e carregado de humidade. É o filho de Eos (a Aurora) e de Cetreu (v. quadro 16, p. 202). Não intervém como personagem em nenhum mito, ao contrário de Bóreas e Zéfiro, seus irmãos (v. estes nomes).

*** NUMA POMPÍLIO.** (*Numa Pompilius.*) Numa, de origem sabina, é o segundo rei de Roma nas lendas da fundação da cidade. Nasceu no dia em que Roma foi fundada por Rómulo, e casou com Tácia, filha de Tito Tácio. Representa o rei religioso por excelência; atribui-se-lhe a criação da maior parte dos cultos e das instituições sagradas. Começou por conceder honras divinas a Rómulo, sob o nome de Quirino (v. *Rómulo*). Em seguida, criou o colégio dos Flâmines, o dos Áugures, o das Vestais, o dos Sálios, o dos Feciais, o dos Pontífices, e introduziu grande número de divindades, por exemplo o culto de Júpiter Término, de Júpiter Elício, de Fides, de *Dius Fidius*, e dos deuses sabinos. Supunha-se que seguia o pitagorismo ou então que a sua política religiosa era inspirada pela ninfa Egéria; esta vinha, de noite, dar-lhe conselhos, na gruta das Camenas, junto de uma fonte sagrada (v. *Egéria*). Ligam-se ao seu nome todas as reformas culturais e religiosas, como a instituição de um calendário baseado no ciclo da Lua, com a distinção de dias fastos e nefastos.

Numa possuía poderes mágicos. Por exemplo, no decurso de um banquete a que presidia, as mesas encheram-se de repente de iguarias requintadas e de vinhos deliciosos que ninguém tinha trazido. Dizia-se também que aprisionara Pico e Fauno, no Aventino, misturando mel e vinho na água da fonte em que bebiam. Quando os teve em seu poder, forçou-os a falar, embora eles tomassem os mais variados aspectos de seres aterradores. Todavia, por fim eles confessaram-se vencidos e fizeram-lhe revelações, ensinando-lhe, por exemplo, encantamentos contra o raio. Atribui-se-lhe igualmente uma conversa com Júpiter sobre esta matéria, no decurso da qual convenceu o deus a contentar-se com cabeças de cebola para desviar o raio, em vez de cabeças de homens, de cabelos e pequenos peixes.

Atribuem-se a Numa vários filhos, Pompo, Pino, Calpo e Mamerco, todos antepassados de uma *gens* romana. Tinha também uma filha, Pompília, nascida de Tácia, filha do rei Tito Tácio, ou de Lucrécia, com quem casou após ter subido ao trono. Pompília casou com um certo Márcio, um Sabino, que acompanhou Numa a Roma, onde entrou no Senado. O rei Anco Márcio é, por seu intermédio, seu neto. Diz-se que nasceu cinco anos antes da morte de Numa.

Numa morreu extremamente velho e foi enterrado na margem direita do Tibre, no Janículo; ao mesmo tempo, puseram-se junto dele, num caixão diferente, os livros sagrados que escrevera com a sua própria mão. Cerca de quatrocentos anos mais tarde, no consulado de Públio Cornélio e Marco Bébio, uma violenta chuvada desenterrou os dois caixões. Um deles, o de Numa, estava vazio; o outro continha os manuscritos, que foram queimados no *Comitium* (diante da Cúria).

*** NUMITOR.** (*Numitor.*) Filho mais velho de Procas, rei de Alba, é o décimo sexto rei da dinastia dos Eneades. O seu irmão mais novo, Amúlio, apoderou-se do poder quando o pai morreu (v. *Amúlio*) e expulsou Numitor. Em seguida, para ter a certeza de que ninguém vingaria esse crime, matou o filho de Numitor e consagrou a sobrinha, Reia Sílvia, ao serviço de Vesta, o que a obrigava a um celibato suficientemente longo para que não pudesse ter filhos. Mas Reia foi amada pelo deus Marte e deu à luz dois gémeos, Rómulo e Remo. Por ordem de Amúlio, as duas crianças foram expostas na margem do Tibre. Mas não morreram. O rio, que transbordou do leito, depôs o cesto que os continha no sopé do Gérmalo (o cume noroeste do Palatino). As crianças foram recolhidas pelo pastor Fáustulo (v. este nome) e criados no Palatino. Quando cresceram, levaram a vida de pastores e, de vez em quando, entregavam-se mesmo a actos próprios de salteadores. Um dia, durante uma rixa que os opunha aos pastores de Numitor, que apascentavam os seus rebanhos no Aventino, Remo foi feito prisioneiro e levado para Alba. Conduzido junto do rei, deu mostras de uma tal altivez que Numitor ficou intrigado. Mas Remo, que desconhecia a sua verdadeira origem, não pôde satisfazer-lhe a curiosidade. Entretanto, Rómulo, posto ao corrente por Fáustulo do segredo do seu nascimento, veio com um grupo de camponeses em socorro do irmão. Matou o tio-avô, apoderou-se do palácio e reconduziu no trono o avô, Numitor.

Uma outra versão atribui a Numitor um papel mais importante na salvação e educação dos gémeos. Numitor estaria ao corrente da gravidez de sua filha Reia, e teria arranjado duas crianças que substituíram os da filha. Os dois filhos de Reia foram por ele enviados ao pastor Fáustulo, no Palatino (v. *Fáustulo*). Foram alimentados pela mulher de Fáustulo, de nome Larência, que, outrora, fizera comércio dos

Noto: *Il.*, III, 10; XI, 306; XXI, 334; Hes., *Theog.*, 380; 870; Virg., *Aen.*, II, 416 e s.; Ov., *Met.*, I, 262 e s.

Numa Pompílio: Plut., *Num.*, *passim*; Liv., I, 18 e s.; Dion. Hal., II, 62 e s. Cf. G. Dumézil, *Mitra-Varuna*, Paris, 1940, pp. 27 e s.

Numitor: Dion. Hal., I, 76 e s.; Liv., I, 3 e s.; Strab., V, 3, 2, p. 229; Plut., *Rom.*, 3 e s.; *De orig. gent.*, 20, 1 e s.; Tzetz. *ad Lyc.*, 1232; Conon, *Narr.*, 48.

seus encantos e merecera, por isso, o nome de «loba» (chamavam-se «lobas» as mulheres de pouca virtude). Uma vez desmamadas, as crianças foram enviadas para Gábios, para aí serem educadas nas letras gregas. Quando regressaram ao Palatino, para junto daquele que julgavam seu pai, Numitor arranjou maneira de os envolver numa luta com os seus pastores, e depois queixou-se a Amúlio da insolência daqueles jovens que, com os camponeses da vizinhança, assolavam os seus rebanhos. Amúlio, sem desconfiar, convocou todos para Alba, para julgar o processo. Numitor, com a ajuda dessa multidão de jovens, não teve qualquer dificuldade em derrubar o irmão e em se restabelecer no trono. Em seguida, deu aos netos um território, para que aí fundassem uma cidade, precisamente no local onde tinham sido criados por Fáustulo.

Há um certo número de variantes da lenda de Amúlio e Numitor. Por exemplo, ambos seriam filhos do herói Aventino, ou então seus netos (sendo Procas filho deste último). A herança de seu pai teria sido dividida: um teria tomado o poder (Amúlio), o outro escolhido os tesouros (Numitor). Ou então, Procas tê-los-ia aconselhado a que governassem à maneira dos cônsules romanos, formando um colégio de dois reis iguais. Mas Amúlio apoderou-se sozinho do poder.

O

OAXES. (Ὀάξης.) Oaxes é um herói cretense, filho de Anquíalo e epónimo da cidade de Oaxo, em Creta. É mencionado por Virgílio na primeira écloga, mas o estabelecimento do texto oferece dúvidas e é possível que o nome desta personagem tenha sido confundido com o do rio Oxo.

OAXO. (Ὄαξος.) Filho de Acacális, segundo certas tradições, e fundador da cidade de Oaxo em Creta, esta figura identificar-se-á provavelmente com a anterior.

OCEANO. (Ὠκεανός.) O Oceano é a personificação da água que, segundo as concepções helénicas primitivas, cerca o Mundo. É representado como um rio que corre à volta de um disco plano que é a Terra. Estende-se, por conseguinte, tanto a ocidente como a oriente, a sul e a norte da superfície terrestre, delimitando-lhe as fronteiras mais longínquas. Assim se explicam, por exemplo, a topografia da lenda de Héracles e das Hespérides ou a das suas aventuras nos domínios de Gérion (v. *Héracles*). À medida que o conhecimento da Terra se foi tornando mais preciso, as concepções variaram e o nome de Oceano ficou circunscrito ao Atlântico, considerado o extremo ocidental do mundo antigo.

Como divindade, o Oceano é o pai de todos os rios, alguns dos quais mencionados por Hesíodo na *Teogonia*: o Nilo, o Alfeu, o Erídano, o Estrímon, o Meandro, o Istro, o Fásis, o Reso, o Aqueloo, o Nesso, o Ródio, o Haliácmon, o Heptáporo, o Granico, o Esepo, o Simoente, o Peneu, o Hermo, o Caíco, o Sangário, o Ládon, o Parténio, o Eveno, o Ardesco e o Escamandro. Mas o próprio Hesíodo adverte que esta lista não é exaustiva. Necessário seria acrescentar-lhe pelo menos três mil nomes, se se pretendesse fazer referência a todos os rios que Oceano concebeu com Tétis.

Dela teve ainda outras tantas filhas, as Oceânides, que se uniram a inúmeros deuses e, por vezes, até a mortais, dando à luz uma numerosa descendência. As Oceânides personificam os riachos, as fontes e outros cursos de água. Hesíodo alude a quarenta e uma: a mais velha é Estígia, seguindo-se-lhe Pito, Admeto, Iante, Electra, Dóris, Primno, Urânia, Hipo, Clímene, Rode, Calírroe, Zeuxo, Clície, Idia, Pasítoe, Plexaure, Galaxaure, Dione, Melóbosis, Toe, Polidora, Cerceide, Pluto, Perseide, Janira, Axaste, Xante, Petrea, Menesto, Europa, Métis, Eurínome, Telesto, Criseide, Ásia, Calipso, Eudora, Tique, Ânfiro, Ocírroe. A esta lista, certos autores acrescentam ainda outros nomes: Fílira, mãe do Centauro Quíron, Camarina, Aretusa, etc. Tais catálogos eram susceptíveis de toda a espécie de alterações, ao sabor da imaginação e da fantasia.

O Oceano é o mais velho dos Titãs, filhos de Úrano e Geia (v. quadro 6, p. 105, e 14, p. 182). É casado com Tétis, sua irmã, que representa o poder fecundo (feminino) do mar.

Oaxes: Serv., *ad* Virg., *Ecl.*, I, 66.

Oaxo: Steph. Byz., *s.u.*

Oceano: Hes., *Theog.*, 133 e s.; 337 e s.; Apollod., *Bibl.*, I, 1, 3; 2, 2 e s.; Diod. Sic., V, 66; *Il.*, XIV, 201, 246; 302; XXIII, 205; *Od.*, XI, 13; 639; XII, 1; *Hym. Dem.*, 418 e s.; Apol. Rh., *Arg.*, II, 1235; Pind., *Olymp.*, V, 2; *Pyth.*, IX, 14; Aesch., *Pr.*, 136 e s.; 793 e s. Cf. Fr. Fischer, *op. cit.* (s.u. *Nereides*).

OCÍRROE. ('Ωκιρρόη.) Nome de diversas ninfas ou divindades relacionadas com a água e as fontes.

1. Uma das filhas de Oceano tinha este nome. Contava-se que esta Oceânide se unira ao Sol (*Hélio*), de quem deu à luz um filho chamado Fásis. Este surpreendeu-a um dia com um amante e matou-a. Cheio de remorsos, precipitou-se depois no rio Arcturo, que desde então se passou a chamar Fásis (o Faso).

2. Ocírroe era também o nome de uma ninfa de Samos, filha da ninfa Quésia e do rio Ímbraso. Apolo apaixonou-se por ela e quis raptá-la, num dia em que se deslocou a Mileto. Mas Ocírroe pediu a um amigo de seu pai, um marinheiro chamado Pompilo, que a levasse consigo. Ele assim fez, mas, quando chegaram a Samos, julgando ter escapado a Apolo, o deus apareceu-lhes, apoderou-se da jovem, transformou em rochedo o barco de Pompilo e metamorfoseou este em peixe.

3. Há ainda uma outra Ocírroe, filha de Quíron e da ninfa Cariclo. O seu nome deriva do local onde nasceu: a mãe deu-a à luz à beira de um regato de águas rápidas (ὠκύς, rápido; ῥοή, corrente). Recebeu, ao nascer, o dom da adivinhação, de que se serviu levianamente, revelando ao seu pai e ao jovem Asclépio, contra as ordens dos deuses, a história secreta das divindades. Sofreu como punição uma metamorfose: os deuses transformaram-na em cavalo e tomou a partir de então o nome de Hipo.

OCNO. ("Οκνος.) Ocno, o cordoeiro, é uma personagem simbólica. É representado nos Infernos, fabricando uma corda, que é devorada por uma burra, à medida que é entrançada. Interpretava-se geralmente esta alegoria dizendo que Ocno era o protótipo do trabalhador incansável, mas casado com uma mulher excessivamente gastadora. Contudo, o verdadeiro sentido da lenda escapa ao nosso entendimento.

*** OCNO.** (*Ocnus.*) É um herói etrusco, ligado à lenda de Bolonha. É filho de Fauno, ou então do deus Tibre. Sua mãe é Manto, filha de Tirésias, ou de Héracles. Originário de Perúsia, abandonou a cidade para não incomodar o seu irmão Aulestes, que a tinha fundado, atravessou o Apenino e foi fundar Félsina, a cidade etrusca que mais tarde se tornou Bolonha. Os seus companheiros fundaram também outras cidades na planície do Pó, designadamente a de Mântua.

*** OCRÍSIA.** (*Ocrisia.*) Ocrísia é a mãe do rei Sérvio Túlio. Filha do soberano de Cornículo, foi levada como escrava para Roma, depois da tomada da sua pátria, e condenada a servir no palácio de Tarquínio, o Antigo. Aí, deu à luz um filho, em condições misteriosas. Segundo a tradição mais célebre, teria visto aparecer um órgão sexual masculino nas cinzas da lareira, quando levava as oferendas rituais ao deus Lar. Assustada, revelou esta visão à sua ama, Tanaquil, que a aconselhou a envergar o trajo nupcial e a fechar-se no quarto em que ocorreria a manifestação da divindade. Ocrísia assim procedeu. Ne noite, o seu divino noivo foi ao seu encontro e da união de ambos nasceu Sérvio Túlio.

Segundo outra versão, Ocrísia teria chegado já grávida a Roma. Não seria a filha, mas a mulher do rei de Cornículo. Uma das faces assumidas pela lenda afirmava simplesmente que ela tivera em Roma um amante, não um deus, mas um «cliente» da casa real.

OFELTES. ('Οφέλτης.) V. *Arquémoro.*

OFÍON. ('Οφίων.) **1.** Numa tradição possivelmente órfica, Ofíon e a sua companheira Eurínome, filha de Oceano, reinavam sobre os Titãs, antes do tempo de Crono e de Reia. Estes últimos assenhorearam-se do poder e lançaram ao Tártaro Ofíon e Eurínome.

2. Existe outro Ofíon, um dos Gigantes que combateram Zeus. Este esmagou-o sobre uma montanha denominada Ofiónia.

ÓGIGO. ("Ωγυγος.) **1.** Na tradição beócia, Ógigo é um «autóctone» que reinou na região em épocas muito remotas. Outros autores apresentam-no como filho do herói Beoto, que deu nome à Beócia; outros, ainda, como filho de Posídon e de Alistra. Era rei dos Ecténios, que foram os primeiros habitantes da região, antes do Dilúvio de Deucalião. O nome de uma das portas de Tebas deriva do seu. Atribuem-lhe vários descendentes, principalmente filhas, epónimos de povoações tebanas: Alalcómene, Áulis, Telxínoe. Diz-se que no seu reinado se deu o primeiro dilúvio, que cobriu a Beócia. Uma das tradições identifica este Ógigo tebano com o pai de Cadmo e de Fénix.

2. Houve outro Ógigo, na tradição de Elêusis, pai do herói epónimo (Elêusis).

3. Ógigo era também o nome dado por tradições obscuras ao rei dos Titãs, que foi vencido por Zeus, juntamente com os seus súbditos.

Ocírroe: 1) HES., *Theog.*, 360; PLUT., *De fluu.*, V, 1. **2)** ATHEN., VII, 283 e; AEL., *N. A.*, XV, 23. **3)** OV., *Met.*, II, 635 e s.

Ocno: PLUT., *De Tr. An.*, XIV, 473 c; CRATINUS, fr. 348 (Kock); ARISTOPH., *Ra.*, 186; PAUSAN., X, 29, 2; PROP., *El.*, V, 3, 19; DIOD. SIC., I, 97; Cf. S. REINACH, *art. cit.* (s.u. *Sísifo*).

Ocno: SIL. ITAL., V, 7; VI, 109; VIRG., *Aen.*, X, 198 e s., e SERV., *ad loc.*, e *ad Buc.*, IX, 60; V. GRENIER, *Bologne villanovienne et étrusque*, Paris, 1912, p. 65.

Ocrísia: DION. HAL., IV, 2; OV., *Fast.*, VI, 627 e s.; PLIN., *N. H.*, XXXVI, 204; AEL., *VH*, XIV, 36; LIV., I, 39, 5 e s.; PLUT., *De fort. Rom.*, X; CLAUDIUS (imperador), *Disc. de Leão.*

Ofíon: 1) APOL., RH., *Arg.*, I, 503; TZETZ., *ad Lyc.*, 1192; escól. *ad* ARISTOPH., *Nu.*, 247; **2)** Escól. *ad Il.*, VIII, 479.

Ógigo: 1) PAUSAN., I, 38, 7; IX, 5, 1; 19, 6; 33, 5; PHOT., *s. u.* 'Ωγύγιον; EUST., *ad Hom.*, p. 1393, 31; TZETZ., *ad* LYC., 1206; 1209. **2)** VAR., *RR*, III, 1, 2; escol. a APOLL. RH., *Arg.*, III, 1178. **3)** TZETZ., *ad* HES., *Theog.*, 806; NONN., *Dion.*, III, 204 e s.; SUID., *s.u.* ὠγύγια κακά.

OILEU. (Οἰλεύς.) Oileu, rei dos Locros de Opunte, é sobretudo célebre por ter sido o pai do «pequeno» Ájax. Participou na expedição dos Argonautas e conta-se que foi ferido no ombro por uma pena das aves do lago Estínfalo.

Além de Ájax, seu filho e de Eríope, Oileu teve um filho ilegítimo, Médon, de uma mulher chamada Rene. Atribui-se-lhe por vezes uma terceira esposa, Alcímaca, irmã de Télamon.

Oileu é filho de Hodédoco, neto de Cino e bisneto de Opunte. A mãe é Laónome.

OLIMBRO. (Ὄλυμβρος.) Olimbro é, numa tradição isolada, um dos filhos de Geia e Úrano, irmão de Ádano, Óstaso, Sando, Crono, Jápeto e Reia. Trata-se de uma tradição independente da *Teogonia* hesiódica e provavelmente de origem oriental.

OLIMPO. (Ὄλυμπος.) Havia no mundo grego um grande número de montes com este nome: um na Mísia, outro na Cilícia, outro na Élida, outro na Arcádia e, finalmente, o mais célebre, que se erguia nos confins da Macedónia e da Tessália. Desde os *Poemas Homéricos*, o Olimpo é considerado a morada dos deuses e, em particular, de Zeus. É dele, por exemplo, que o deus pesa os destinos de Aquiles e Heitor; é dele que ele precipita Hefesto, quando este pretende intervir a favor de Hera, etc. Pouco a pouco, no entanto, a morada dos deuses vai-se distinguindo da montanha tessálica e o termo «Olimpo» passa a designar, de modo geral, as «moradas celestes» onde reside a divindade.

OLIMPO. (Ὄλυμπος.) Vários heróis tiveram este nome:

1. Um deles era o filho de Crete (ou Grés), herói epónimo de Creta. Zeus ter-lhe-ia sido confiado por Crono e foi ele quem o criou. Mas, um dia, Olimpo sugeriu aos Gigantes que destronassem Zeus e este, irado, fulminou-o. Contudo, depois de o matar, arrependeu-se e deu o seu próprio nome ao túmulo de Olimpo, em Creta.

2. Olimpo é também, segundo Diodoro, o nome do primeiro marido de Cíbele, que foi desposada por Jasão em segundas núpcias. Trata-se, sem dúvida, de uma interpretação evemerista da lenda de Cíbele, proveniente do monte Olimpo da Mísia.

3. Também se chamou Olimpo um célebre tocador de flauta, que ora passa por pai de Mársias, ou (mais frequentemente) por seu filho, ora por seu aluno. Quando Mársias foi morto por Apolo, Olimpo enterrou-o e chorou a sua perda.

OLINTO. (Ὄλυνθος.) Há duas lendas relativas a Olinto, herói epónimo da cidade macedónica de Olinto. Era filho do rei Estrímon e irmão de Brangas e Reso. Durante uma caçada, foi morto por um leão e enterrado por Brangas no local onde sucumbira. Segundo outra tradição, Olinto é filho de Héracles e da ninfa Bolbe.

*** OLO.** (*Olus*.) Olo é um gigante mítico de que apenas se conhece o nome: foi revelado, segundo se diz, por um adivinho etrusco, quando os trabalhadores que escavavam o cimo do Capitólio, em Roma, para implantarem as fundações do templo de Júpiter *Optimus* e *Maximus*, encontraram na terra um crânio de dimensões prodigiosas. Este foi atribuído a um certo gigante Olo, de que derivou o nome do Capitólio — *Caput-Oli*, por corrupção *Capitolium*. Este achado foi interpretado como sinal da grandeza futura de Roma, que devia tornar-se a Cabeça do Mundo. De facto, fundem-se nesta lenda dois elementos: a cabeça, enterrada como presságio, e um jogo etimológico com o nome da colina.

ÔNFALE. (Ὀμφάλη.) Na versão mais conhecida da lenda de Héracles e de Ônfale, esta é uma rainha da Lídia, filha do rei Iárdano (ou Iárdanes), em cuja casa Héracles serviu como escravo (sobre as circunstâncias da escravidão e as suas causas, v. *Héracles*). Na origem, o mito de Ônfale parece ter estado ligado ao Epiro, onde Ônfale aparece como epónimo da cidade de Onfálion. Mas cedo o mito foi levado para a Lídia, onde adquiriu todo um pitoresco oriental, largamente explorado pelos poetas helenísticos e pelos artistas. Além da filiação acima indicada, segundo certos autores, Ônfale seria filha ou viúva do rei Tmolo, que lhe legara o trono. Ela impôs ao seu novo escravo um certo número de tarefas, pedindo-lhe que libertasse o seu reino de bandidos e de monstros. Foi assim que ele lutou contra os Cercopes e contra Sileu e declarou guerra aos Itoneus, que devastavam as terras de Ônfale. Apoderou-se da cidade onde se acoitavam, destruiu-a e reduziu à escravatura os seus habitantes. Ônfale, admirando os feitos do servo, e ao saber quem eram os seus pais, deu-lhe a liberdade e desposou-o. Tiveram um filho chamado Lamo. Esta é a versão «historicizada» transmitida por Diodoro. Na tradição «romanesca», Ônfale enamorou-se de Héracles mal o viu e ele passou tranquilamente todo o período de cativeiro. A rainha, vestida com a pele de leão do herói, brandia a sua clava, enquanto

---

Oileu: *Il.*, II, 727-728; escól. v. 527; a XIII, 694; EUST., *ad Hom.*, v. II, 531; HYG., *Fab.*, 14; STRAB., IX, 425; HES., fr. 137 (Kinkel); APOL. RH., *Arg.*, I, 74 s.; II, 1030 s.

Olimbro: STEPH. BYZ., *s.u.* Ἄδανα.

Olimpo: V. *Il.*, *Od.*, *Hym. Hom.*, etc., *passim*. V. também escól. a APOL. RH., *Arg.*, I, 598.

Olimpo: **1)** PTOL. HEPH., *Nov. hist.*, 2. **2)** DIOD. SIC., V, 49. **3)** APOLLOD., *Bibl.*, I, 4, 2; PLAT., *Smp.*, 215b e s.; OV., *Met.*, VI, 393; HYG., *Fab.*, 273.

Olinto: CONON, *Narr.*, IV; ATHEN., VIII, 334 e.

Olo: ARNOB., *Adv. Nat.*, VI, 7; SERV., *ad VIRG.*, *Aen.*, VIII, 345.

Ônfale: APOLLOD., *Bibl.*, II, 6, 3; 7, 8; DIOD. SIC., IV, 31; OV., *Her.*, IX, 55 s.; SOPH., *Tr.*, 247 s.; LUCIAN., *D. Deor.*, XIII, 2; PLUT., *Qu. Gr.*, 45; escól. *ad Od.*, XXI, 22; HYG., *Fab.*, 32.

Héracles, envergando uma longa túnica lídia, fiava o linho aos pés da soberana. Acabado o tempo previsto, Héracles deixou a Lídia e voltou para a Grécia, onde teve ainda de cumprir vários trabalhos antes da sua morte.

ONIRO. ("Ονειρος.) Oniro (o Sonho) é o espírito dos Sonhos, enviado por Zeus a Agaménnon para o enganar. Geralmente, os Sonhos não costumam ser personificados e constituem, segundo a fantasia dos poetas, uma multidão de divindades particulares (v. também *Morfeu*).

* **OPS.** (*Ops*.) Ops (ou *Ope*), deusa romana da Abundância, é companheira de Saturno e por isso muitas vezes identificada pelos Romanos com Reia, mulher de Crono, ele próprio frequentemente associado a Saturno. Ops passava por uma das divindades sabinas introduzidas em Roma por Tito Tácio — o que está de acordo com a tradição relativa às divindades agrárias. Tinha um templo no Capitólio.

OPUNTE. ('Οποῦς.) Opunte é o herói epónimo dos Locros de Opunte. Ora passa por ser filho de Locro e de Protogenia, filha de Deucalião e Pirra (v. quadro 8, p. 116), ora por filho de Zeus e da filha de outro Opunte, rei de Élide, que teria dado ao seu descendente o mesmo nome. Nesta segunda versão, o pequeno Opunte foi confiado por Zeus a Locro, que não tinha filhos e o educou como pai (v. também *Locro*).

ÓQUIMO. ("Οχιμος.) Óquimo é um dos sete filhos de Hélio e da ninfa Rodo (v. *Helíadas* e quadro 16, p. 202). Enquanto os seus irmãos Mácar, Acte, Cândalo e Tríopas se punham em fuga, depois de terem assassinado o mais novo, Tenages, Óquimo ficou em Rodes com Cércafo, apoderando-se do trono, por ser mais velho do que este último. Desposou uma ninfa dessas paragens chamada Hegetória, de quem teve uma filha, Cidipe, que viria a casar com seu tio Cércafo (v. lenda de *Cércafo*).

Outra tradição conta que Óquimo prometeu a filha em casamento a um certo Ocrídion, mas, quando este enviou um arauto para a ir buscar ao reino do pai, Cércafo, apaixonado pela sobrinha, arrebatou-a ao arauto e fugiu com ela para longe. Regressou mais tarde, era Óquimo já velho. Justificava-se com esta lenda o costume que vigorava entre os Ródios e segundo o qual era interdito aos arautos entrar no santuário de Ocrídion.

* **ORCO.** (*Orcus*.) Nas crenças populares romanas, Orco é o espírito da morte, que dificilmente se distingue dos Infernos, morada dos mortos. Aparece nas pinturas funerárias dos túmulos etruscos sob a forma de um gigante barbudo e hirsuto. Pouco a pouco, este espírito foi-se aproximando dos deuses helenizados e Orco passou a ser apenas um dos nomes de Plutão ou de *Dis Pater*. Mas Orco permaneceu vivo na língua familiar, enquanto as duas outras divindades pertenciam à mitologia erudita.

ORESTES. ('Ορέστης.) Orestes é filho de Agaménnon e de Clitemnestra (v. quadro 2, p. 12). A sua lenda evoluiu e foi-se revestindo de novos episódios, a par da de Ifigénia, sua irmã. Contudo, os traços gerais encontram-se fixados desde as epopeias homéricas, em que Orestes aparece já como o vingador de seu pai (embora o poeta pareça ter desconhecido o assassínio de Clitemnestra pelo filho). É com os trágicos, e sobretudo com Ésquilo, que Orestes surge como uma figura de primeiro plano. O episódio inicial da sua vida situa-se na lenda troiana, depois da primeira expedição, que termina na Mísia, no reino de Télefo (v. *Agaménnon* e *Aquiles*). Télefo foi ferido por Aquiles e só a lança do herói lhe poderia sarar a ferida. Dirigiu-se então à Áulis, onde o exército grego se encontrava reunido, pela segunda vez. Foi preso pelos soldados e acusado de espionagem. Para se salvar, apoderou-se do pequeno Orestes, que era o mais novo dos filhos de Agaménnon, e ameaçou matá-lo se ele próprio fosse maltratado. Conseguiu assim fazer-se entender e obter a desejada cura (v. *Télefo*).

Os trágicos, e sobretudo Eurípides, gostavam de apresentar o pequeno Orestes em Áulis, para onde tinha ido com Clitemnestra e Ifigénia, na altura em que esta fora oferecida em sacrifício a Ártemis.

Quando Agaménnon regressou de Tróia e foi assassinado por Egisto e Clitemnestra, Orestes escapou ao massacre graças a Electra, sua irmã, que o levou em segredo para a Fócida, para junto de Estrófio, que o criou com seu filho, Pílades. Assim se gerou a amizade lendária que unia os dois jovens.

Há outras versões acerca do modo como Orestes teria sido salvo. Numas, o mérito cabe à ama; noutras, a um perceptor ou, mais geralmente, a um velho criado da família. Estrófio era tio da criança por afinidade, dado que

---

Oniro: *Il.*, II, 26 s.; PAUSAN., II, 10, 2.

Ops: VAR., *LL*, V, 64; 74; AUGUST., *Civ. D.*, IV, 23; LIV., XXXIX, 22, 4; MACROB., *Sat.*, I, 10, 19; FEST., p. 186.

Opunte: PIND., *Olymp.*, IX, 86 e escól. *ad loc.*; EUST., *ad Hom.*, 277, 20.

Óquimo: DIOD. SIC., V, 56 ss.; escól. PIND., *Olymp.*, VII, 131 ss.; PLUT., *Qu. Gr.*, 27.

Orco: LUCR., I, 115; VI, 763 s.; VAR., *ad* AUGUST., *Civ. D.*, VII, 16; SERV., *ad* VIRG., *Georg.*, I, 277; PAUL., p. 128; PROP., III, 19, 27; PETRON., *Sat.*, 34; 45; 62; *Epit.* de VAL. MAX., 8, 5.

Orestes: *Il.*, IX, 142 (cf. *Od.*, XI, 452 s.); escól. *ad Il.*, I, 7; *Od.*, I, 40 s.; III, 193; 306 s.; IV, 546 s. e escól.; *Epic. Gr. Fragm.* (Kinkel), p. 53; AESCH., *Ch.*; *Eum.*; SOPH., *El.*; EUR., *Or.*; *Iph. T.*; *El.*; PIND., *Pyth.*, XI, 52 s. e escól.; HYG., *Fab.*, 101; 117; 119; 120; 129; HEROD., IV, 103; OV., *Pont.*, III, 2, 43 e s.; *Her.*, V; APOLLOD., *Ep.*, VI, 23 s.; escól. *ad* ARISTOPH., *Ach.*, 332; escól. *ad* APOL. RH., *Arg.*, IV, 703 e s.; TZETZ., *ad Lyc.*, 1374; PAUSAN., I, 22, 6; 28, 5; 33, 8; 41, 2; II, 16, 7; 18, 5 s.; 29, 9; 31, 4; 8, 9; III, 1, 5-6; 3, 6-7; 19, 9; 22, 1; V, 4, 3; VII, 1, 7; 6, 2; VIII, 5, 1; 4; 34, 1-4; IX, 16, 4; SERV., *ad* VIRG., *Aen.*, II, 116. Cf. V. KRIEG, *De Euripidis Oreste*, Diss. Halle, 1934; P. AMANDRY, in *Rev. Arch.*, 1938, p. 19-27; W. FERRARI, in *Athenaeum*, 1938, p. 1-37.

tinha desposado a irmã de Agamémnon, Anaxíbia. Vivia na cidade de Cirra, perto de Delfos.

Ao atingir a idade adulta, Orestes recebeu de Apolo a ordem de vingar a morte do pai, matando Egisto e Clitemnestra. Mas em Sófocles é Electra quem, mantendo sempre o contacto com o irmão, lhe pede que vingue Agamémnon. Antes de satisfazer tal pedido, o jovem recorreu aos conselhos de Apolo. O deus respondeu-lhe, então, que essa vingança lhe era permitida. Acompanhado por Pílades, dirigiu-se a Argos, ao túmulo de Agamémnon, consagrando-lhe uma madeixa dos seus cabelos. Pouco depois, Electra foi visitar o sepulcro e reconhece a madeixa, adivinhando a presença de irmão. Este processo de reconhecimento, que figura na versão seguida por Ésquilo, parece inverosímil a Eurípides, que o suprime, pondo em cena um velho, e a Sófocles, que utiliza para o efeito um anel que pertencia a Agamémnon e que Orestes mostra à irmã. Para se vingar, o jovem apresenta-se como um viajante vindo da Fócida que vai para Argos, encarregado por Estrófio de anunciar a morte de Orestes e de perguntar se as cinzas do morto deverão ser levadas para Argos ou ficar em Cirra. Livre do receio de ver punidos os seus crimes, Clitemnestra rejubila e manda chamar Egisto, que se encontra ausente. Ao chegar ao palácio, ele sucumbe aos golpes desferidos por Orestes. Ouvindo os gritos da vítima ao morrer, Clitemnestra acorre e vê o filho empunhando a espada. Suplica-lhe que a poupe, mostra-lhe o seio que o aleitou, e ele está prestes a ceder, quando Pílades lhe relembra a ordem de Apolo e o carácter sagrado daquela vingança. Orestes mata então a mãe. Em Eurípides, Egisto é abatido no momento em que oferece, no jardim, um sacrifício às Ninfas. Após o homicídio, o filho de Agamémnon dá-se a conhecer aos guardas da vítima, que em vão o tentam punir.

Tal como a maior parte dos assassinos, Orestes não tardou a ser acometido de loucura. O matricídio granjeou-lhe ainda a perseguição pelas Erínias, desde o dia dos funerais de Clitemnestra. Ésquilo conta que, por ordem de Apolo, o jovem procurou refúgio em Delfos, no Ônfalo (a pequena elevação que marcava o «centro do mundo», no santuário do deus) e foi purificado pelo próprio Apolo. Mas muitos outros centros religiosos da Grécia se vangloriavam de possuir o sítio em que Orestes tinha sido purificado, a pedra em que ele se sentara — é o caso do santuário de Megalópolis, na Arcádia. Tal purificação não o livrou, contudo, das Erínias, o que só seria possível após um julgamento efectuado em Atenas, no local onde mais tarde seria instalado o Areópago (cuja primeira sentença foi simbolicamente este julgamento). Quanto ao responsável pela acusação, as tradições divergem: ora são as próprias Erínias que levam Orestes ao tribunal ateniense, ora é Tíndaro, pai de Clitemnestra, ora Erígone, sua filha e de Egisto (v. *Erígone*, 2). Em vez de Tíndaro que, segundo alguns, já teria morrido nesta altura, os mitógrafos antigos mencionavam por vezes Perileu, um primo de Clitemnestra (filho de Icário, irmão de Tíndaro, v. quadro 21, p. 242). Os juízes repartiram igualmente os seus sufrágios entre a condenação e a absolvição. Consequentemente, Orestes foi absolvido, pois Atena, que presidia ao tribunal, aliou a sua voz às do segundo grupo de juízes. Como prova do seu reconhecimento, o jovem ergueu em honra da deusa um altar, na colina do Areópago.

É à passagem de Orestes por Atenas que se atribui a origem do «dia das ânforas», durante a festa das Antestérias. O rei Demifonte (ou, segundo outros, Pandíon), que reinava então em Atenas, descontente por ver chegar o matricida, em virtude da mácula que este contraíra pelo seu crime, não o quis deixar participar na festa nem entrar no templo. Mas, como não era sua intenção tratá-lo de modo insultuoso, decidiu mandar fechar o templo e servir no exterior, em mesas separadas, um jarro de vinho a cada um dos participantes: assim nasceu a festa das ânforas.

Existia uma outra tradição, puramente argiva, que não situava o julgamento de Orestes em Atenas, mas na Argólida. Ele teria sido levado por Éace e Tíndaro à presença do povo de Argos, que o condenou à morte, permitindo-lhe no entanto escolher a forma de findar os seus dias; paralelamente, a população de Mecenas apenas lhe infligiu como pena o exílio. Mas a versão de Ésquilo é de longe a mais divulgada.

Depois da absolvição, Orestes perguntou a Apolo o que deveria fazer. A Pítia respondeu-lhe que ficaria definitivamente livre da loucura se fosse a Táuris procurar a estátua de Ártemis. Aqui se encaixa um novo episódio da lenda de Orestes: as suas aventuras com Pílades e o regresso de Ifigénia. O mito foi tratado por Eurípides na sua *Ifigénia em Táuris*. Ao chegar a esta região, os dois amigos foram feitos prisioneiros pelos habitantes, que costumavam prender todos os estrangeiros para os oferecerem em sacrifício à sua deusa. Conduzidos à presença do rei Toas, foram depois levados a Ifigénia, sacerdotisa de Ártemis (v. *Ifigénia*). Libertando-os dos grilhões, ela interrogou-os acerca da sua pátria e logo os reconheceu. Então, Orestes explicou-lhe a razão da sua vinda a Táuris e a ordem que recebera de Apolo. Ifigénia resolve ajudá-lo a apoderar-se da estátua de Artémis (que está sob a sua custódia) e fugir com ele. Para tal, ela convence o rei Toas de que não pode sacrificar o estrangeiro que teve de abandonar a pátria como matricida antes de ter purificado a vítima e a estátua na água do mar. Toas deixa-se persuadir e Ifigénia dirige-se para a margem com Orestes e Pílades, aproximando-se da nau que os trouxera. Afastando os guardas citas, sob pretexto de conservar secretos os ritos de purificação, embarca com o irmão e com Pílades, levando consigo a estátua. Mas Posídon atira a nau para a costa e Toas está prestes a apoderar-se dela, quando uma aparição de Atena lhe ordena que cesse a perseguição. Os fugitivos aportam na Ática, onde erguem um templo a Ártemis. Acerca de outro episódio ocorrido durante a viagem de regresso, v. *Crises*, 2.

O último vestígio da lenda de Orestes relaciona-se com o seu estabelecimento na Argólida e com o seu casamento. Quando era ainda criança, o pai destinou-lhe por noiva Hermíone, sua prima, filha de Helena e Menelau. Mas, em Tróia, este último esqueceu o compromisso assumido e deu a mão de sua filha a Neoptólemo (v. *Hermíone* e *Neoptólemo*). Ao regressar de Táuris, Orestes vai ter com Hermíone, enquanto o marido se encontra em Delfos (onde tinha ido consultar o oráculo), e rapta-a. Conta-se também que ele matou Neoptólemo em Delfos, a conselho de Hermíone, e teria para isso suscitado um motim, durante o qual o seu rival encontraria a morte.

Sabe-se ainda que Orestes teve de Hermíone um filho chamado Tisâmeno e reinou em Argos, sucedendo a Cilárabes, que morreu sem deixar descendentes (v. *Anaxágoras*), e também em Esparta, como sucessor de Menelau. Pouco tempo antes da sua morte, uma peste assolou-lhe o reino. O oráculo revelou que o flagelo terminaria se fossem reconstruídas as cidades arrasadas durante a Guerra de Tróia e se aos deuses de tais cidades fossem prestadas as honras de que tinham sido privados. Orestes enviou, pois, destacamentos à Ásia Menor, para reerguer as cidades destruídas. Morreu velho, com noventa anos, segundo reza a lenda, depois de setenta anos de reinado. Os habitantes de Tégea orgulhavam-se de mostrar o seu túmulo e prestavam-lhe honras divinas.

Contava-se ainda, em Roma, que Orestes morrera em Arícia (um dos locais onde se pretendia reencontrar o culto de Ártemis) e que os seus ossos tinham sido levados para Roma, onde estariam enterrados no templo de Saturno.

ORESTEU. ('Ορεσθεύς.) Oresteu, rei da Etólia, era um dos filhos de Deucalião, irmão de Prónoo e de Maratónio. Uma das suas cadelas deu à luz um pedaço de madeira, que ele mandou enterrar, mas desse cepo brotou uma vinha magnífica, com uvas gradas: perante tal milagre, Oresteu deu ao filho o nome de Fítio (derivado do verbo grego que significa «crescer» — φύω). Seria este Fítio o pai do rei Eneu (v. *Eneu*).

ORFEU. ('Ορφεύς.) O mito de Orfeu é um dos mais obscuros e carregados de simbolismo que a mitologia helénica conhece. Atestado desde tempos remotos, desenvolveu-se até se tornar uma verdadeira teologia, em torno da qual existia uma abundante literatura, em larga medida esotérica. Trata-se de um mito que não deixou de exercer influência determinante na formação do cristianismo primitivo, estando atestado na iconografia cristã.

Orfeu é unanimemente reconhecido como filho de Eagro (v. *Eagro*). As tradições divergem no que respeita ao nome da mãe: passa, mais vulgarmente, por filho de Calíope, que detém a mais alta dignidade entre as Musas; mas por vezes, em vez desta é referida Menipe, filha de Tâmiris. Orfeu é de origem trácia. Como as Musas, habita perto do Olimpo, onde é geralmente representado, cantando, vestido com os trajos dos Trácios. Os mitógrafos fazem dele o rei desta região: dos Bístones, dos Odrísios e dos Macedónios, etc. Orfeu é o Cantor por excelência, o músico e o poeta. Toca lira e «cítara», instrumento cuja invenção lhe é atribuída. Quando esta honra lhe é negada, admite-se que foi ele que aumentou o número de cordas do instrumento, que não seriam inicialmente mais do que sete e passaram a ser nove, «tantas quantas as Musas». Seja como for, Orfeu sabia cantar melodias tão suaves que até as feras o seguiam, as árvores e as plantas se inclinavam na sua direcção e os homens mais rudes se acalmavam.

Orfeu participou na expedição dos Argonautas. Mais fraco do que os outros heróis, não figura entre os remadores, tendo antes a seu cargo imprimir-lhes a cadência. Durante uma tempestade, acalma os tripulantes e amaina as ondas com o seu canto. Único iniciado nos mistérios da Samotrácia, suplica aos Cabiros (deuses destes mistérios) em nome dos seus companheiros, por ele convidados à iniciação. Fundamentalmente, o seu papel consistiu em cantar durante o tempo em que as Sereias tentaram seduzir os Argonautas, tendo ele conseguido retê-los mercê da sua música, que ultrapassava em doçura a daquelas feiticeiras. No poema *Argonáuticas Órficas*, eram-lhe ainda atribuídos outros feitos, como o de conjurar os perigos por práticas mágicas. Numa palavra: Orfeu foi o sacerdote dos Argonautas.

O mais célebre mito protagonizado por esta personagem é o da descida aos Infernos por amor da esposa, Eurídice. Parece ter-se desenvolvido sobretudo como tema literário na época alexandrina, e é o quarto livro das *Geórgicas* de Virgílio que nos dá a versão mais rica e acabada. Eurídice é uma ninfa (uma Dríade), ou uma filha de Apolo. Um dia, quando passeava na margem de uma ribeira da Trácia, foi

---

Oresteu: ATHEN., II, 35 b. PAUSAN., X, 38, 1.

Orfeu: V. os testemunhos reunidos por DIELS, *Vorsokratiker*, 3.ª ed., II, p. 163 s.; PIND., *Pyth.*, IV, 177; SIMON., fr. 40; AESCH., *A.*, 1630; EUR., *Ba.*, 562 s.; *Iph. Aul.*, 1211 s.; *Alc.*, 357 s.; escól. *Rh.*, 892; DIOD. SIC., I, 96; III, 65; IV, 25; V, 77; CONON, *Narr.*, 45; HYG., *Fab.*, 14; 164; *Astr. Poet.*, II, 6 s.; ERATOSTH., *Cat.*, 24; APOLLOD., *Bibl.*, I, 3, 2; 9, 16; 25; II, 4, 9; PAUSAN., I, 14, 3; II, 30, 2; III, 13, 2; 14, 5; 20, 5; V, 26, 3; VI, 20, 18; IX, 17, 7; 27, 2; 30, 4-12; X, 7, 2; 30, 6-8; OV., *Met.*, X, 8 e s.; XI, 1 e s.; VIRG., *Georg.*, IV, 453 s. e SERV. *ad* v. 524; STOB., *Flor.*, LXIV, 14; STRAB., VIII, 330, fr. 18; TZETZ., *ad Lyc.*, 831; APOL. RH., *Arg.*, I, 23 s. e escól. *ad loc.*; *Myth. Vat.*, II, 44; escól. ARAT., 269; *Arg. Orph.* Cf. E. NORDEN, «Orpheus und Eurydike», *S. P. A. W.*, XXII, p. 626-683; W. DEONNA, in *R. E. G.*, 1925, p. 44-69; A. BOULANGER, *Orphée*, Paris, 1925; J. HEURGON, in *Mél. Ec.*, fr., 1932, p. 6-60; S. REINACH, «La mort d'Orphée», in *Cultes, Mythes et Rel.*, II, p. 85-122; W. K. C. GUTHRIE, *Orpheus and Greek Religion*, London, 1935; M. P. NILSSON, «Early Orphism», *Harv. Theol. Rev.*, 1935, p. 181-230; G. V. CALLEGARI, «La leggenda d'Orpheus...», in *Mél. C. Adami*, Verona, 1941.

perseguida por Aristeu, que a pretendia violentar. Na fuga, pisou uma serpente escondida na erva, que a mordeu causando-lhe a morte. Orfeu, inconsolável, desceu aos Infernos, a fim de procurá-la. Com a sua lira, encanta os monstros e os deuses que aí habitam. Os poetas rivalizam em imaginação para descrever os efeitos da sua música divina: a roda de Ixíon deixa de girar, a pedra de Sísifo equilibra-se por si própria imobilizando-se, Tântalo esquece a fome e a sede, as Danaides já não tentam encher de água o tonel perfurado. Hades e Perséfone consentem em devolver Eurídice a um esposo que dá uma tal prova de amor. Mas impõem uma condição: Orfeu atingirá de novo a luz do dia, seguido da mulher, sem se voltar para trás para a ver, antes de ter deixado o reino das trevas. Orfeu aceita e põe-se a caminho. Estava quase a ver a luz do dia, quando uma dúvida terrível lhe veio ao espírito: Perséfone não o teria enganado? Lògo se volta para trás, vendo Eurídice desaparecer e morrer pela segunda vez. Em vão tenta voltar aos Infernos para a procurar, mas Caronte está agora inflexível e é-lhe recusada a entrada no mundo subterrâneo. É então obrigado a voltar para junto dos humanos, desconsolado.

A morte de Orfeu deu origem a um grande número de tradições. Conta-se geralmente que foi morto pelas mulheres da Trácia. Mas os motivos pelos quais teria incorrido na sua ira variam: ora se diz que elas o odiavam pela sua fidelidade à memória de Euridíce, que interpretavam como um insulto que lhes era dirigido; ora se diz que Orfeu passou a menosprezar o sexo feminino e a preferir a companhia de mancebos, inventando a pederastia — o filho de Bóreas, Cálais, teria sido o seu amigo dilecto. Conta-se ainda que, ao regressar dos Infernos, Orfeu instituiu uns mistérios, fundados nas suas experiências no outro mundo, aos quais era interdita a presença de mulheres. Os homens reuniam-se com ele numa casa fechada, deixando as armas à porta. Numa dessas noites, as mulheres apoderaram-se das armas, aguardaram o momento da saída, e mataram Orfeu e os seus fiéis. Outra explicação para a sua morte está relacionada com uma maldição de Afrodite. De facto, na altura da querela desta última com Perséfone, a respeito de Adónis, a deusa do amor foi forçada por ordem de Zeus a submeter-se ao arbítrio de Calíope. Esta decidiu que ambas ficariam com Adónis, tendo-o cada uma delas consigo durante metade do ano (v. *Adónis*). Afrodite ficou revoltada com tal sentença e, não podendo vingar-se directamente de Calíope, inspirou às mulheres da Trácia um forte amor por Orfeu. Mas como nenhuma delas queria cedê-lo às demais, acabaram por fazê-lo em bocados.

Segundo uma tradição completamente diferente, Orfeu foi morto por Zeus, que o fulminou, irado pelas revelações místicas que ele fizera aos iniciados nos seus mistérios.

Quando as mulheres da Trácia (segundo a versão mais comum da morte de Orfeu) despedaçaram o cadáver, lançaram os fragmentos ao rio, que os levou até ao mar. A cabeça e a lira do poeta chegaram assim a Lesbos. Os habitantes prestaram-lhe honras fúnebres e ergueram-lhe um túmulo. Dizia-se que deste sepulcro saía, por vezes, o som de uma lira. É por isso que a ilha de Lesbos foi, por excelência, a terra da poesia lírica.

O túmulo de Orfeu foi também localizado noutras regiões, como por exemplo na Ásia Menor, na embocadura do rio Meles. Contava-se a este respeito que, após o homicídio, uma peste deflagrara na Trácia. O oráculo respondera que era um castigo pela morte do poeta e que para libertar a região de tal praga seria preciso encontrar a cabeça de Orfeu e prestar-lhe honras fúnebres. Depois de múltiplas buscas, uns pescadores acabaram por descobri-la, enterrada na areia, na embocadura do rio Meles, sangrando ainda, e cantando como em vida.

Existia na Tessália uma curiosa lenda acerca do túmulo de Orfeu. Dizia-se que este tinha estado em tempos em Libetro, e um oráculo de Dioniso Trácio predissera que, se as cinzas de Orfeu vissem o sol, a cidade seria devastada por um porco. Os habitantes troçaram deste oráculo, julgando impossível que um porco destruísse a cidade. Ora acontece que, num dia de Verão, à hora da sesta, um pastor adormeceu sobre o túmulo do poeta. Penetrado pelo espírito do morto, o pastor pôs-se, durante o sono, a cantar com voz melodiosa hinos órficos. Ouvindo a música, os que trabalhavam nos campos largaram tudo e uma densa multidão acorreu ao local, rodeando o túmulo. Seguiu-se uma tal desordem que as colunas do monumento se quebraram e puseram a descoberto o interior que continha as cinzas do herói. Na noite seguinte, desencadeou-se uma violenta tempestade que engrossou as águas da ribeira *Sys* (que em grego significa «porco»), nas margens da qual a cidade estava construída, e a inundação destruiu os principais monumentos. Assim se cumpria o oráculo misterioso.

Depois da morte de Orfeu, a sua lira foi levada para o céu, onde se transformou numa constelação. A alma do poeta passou a habitar os Campos Elísios, onde, envergando uma longa túnica branca, continua a alegrar com os seus cantos os Bem-Aventurados.

Foi em torno deste mito que se formou a teologia órfica. Da descida aos Infernos em busca de Eurídice, acreditava-se que ele tinha trazido indicações sobre o modo de penetrar no país dos Bem-Aventurados, evitando os obstáculos e armadilhas que esperam a alma depois da morte. Existe toda uma literatura de poemas apócrifos atribuídos a Orfeu, poemas que vão desde fórmulas populares, inscritas em placas enterradas com os mortos, até a alguns *Hinos*, uma *Teogonia* e um longo poema épico —*Argonautica*—, a que já se aludiu.

Orfeu passava, por vezes, por colaborador de Dioniso na fundação dos mistérios de Elêusis.

Há notícia de uma tradição, completamente diferente das anteriores, que apresentava Orfeu como um antepassado de Homero e de Hesíodo.

ORÍON. ('Ωρίων.) Oríon é um gigante caçador, filho de Euríale e de Posídon, ou de Hirieu (v. *Hirieu*). Dizia-se também que tinha nascido da Terra, como quase todos os Gigantes. Recebeu de seu pai, Posídon, o poder de andar sobre o mar. Tinha uma grande beleza e uma força prodigiosa. Desposou em primeiras núpcias Side, tão bela e tão orgulhosa da sua formosura, que ousou rivalizar com Hera — o que levou a deusa a precipitá-la no Tártaro. Privado da esposa, Oríon foi para Quios, chamado provavelmente por Enópion, que lhe pediu que o livrasse dos animais selvagens que devastavam a ilha. Aí, Oríon apaixonou-se por Mérope, filha de Enópion. Mas este não consentiu em tal casamento e, neste ponto, as versões diferem: segundo umas, Oríon, embriagado, quis violentar Mérope; segundo outros, foi o próprio Enópion que o fez ficar ébrio. De qualquer modo, o rei cegou-o, enquanto ele dormia na margem. Oríon dirigiu-se então à forja de Hefesto, onde encontrou um menino chamado Cedálion, que sentou às cavalitas, pedindo-lhe que o levasse até ao Sol nascente. Recuperou imediatamente a vista, preparando-se para se vingar de Enópion. Não conseguiu, no entanto, alcançá-lo, pois Hefesto tinha construído para ele uma câmara subterrânea que lhe servia de refúgio.

Por essa altura, Aurora apaixonou-se por Oríon e levou-o consigo para Delos. Mas Ártemis matou-o, ou por ele ter ousado desafiá-la para um concurso de lançamento de dardo, ou por ter tentado violar uma das servas da deusa — a virgem hiperbórea Ópis. No entanto, a versão mais difundida da sua morte é a seguinte: Oríon teria procurado violentar a própria Ártemis, que, por isso, lhe enviou um escorpião que o mordeu no calcanhar. Por ter prestado tal serviço à deusa, o escorpião foi transformado em constelação, tendo Oríon tido a mesma sorte. Desde então, a constelação de Oríon sempre fugiu das estrelas do Escorpião (v. também *Corónides*).

ORITIA. ('Ορείθυια.) **1.** Oritia é uma das filhas de Erecteu, rei de Atenas. Foi raptada por Bóreas (v. quadro 12, p. 144, e *Bóreas*).

2. Existe, noutra tradição, uma Oritia, filha de Cécrops e mulher de Mácedon, que teve um filho chamado Europo, epónimo da cidade macedónica do mesmo nome.

ÓRNITO. ("Ορνυτος.) **1.** Órnito, também chamado Têutis, é um herói arcádio que conduziu um contingente de arcádios da cidade de Têutis contra Tróia. Como em Áulis os ventos fossem desfavoráveis, Órnito quis voltar para trás. A deusa Atena apareceu-lhe então, sob a forma de Melas, filho de Ops, e pediu-lhe que ficasse. Mas ele encolerizou-se, ferindo a deusa na coxa. Voltou, em seguida, para a sua cidade. Aí, Atena apareceu-lhe em sonho, com a coxa ferida: uma doença prolongada atingiu-o, fazendo-o perder as forças, e a fome abateu-se sobre a cidade. O oráculo de Dodona revelou que o remédio consistia em dedicar a Atena uma estátua representando a deusa com uma ligadura de púrpura na coxa, cobrindo o ferimento que Órnito lhe provocara.

2. Outro herói com o mesmo nome é um filho de Sísifo, que lutou ao lado dos Locros de Opunte pela posse de Dafnunte. Confiando o reino a Foco, um dos seus filhos, epónimo dos Fócios, Órnito partiu com o outro, Toas, para Corinto.

ORONTES. ('Ορόντης.) O nome de Orontes é comum a duas personagens, que representam duas lendas distintas do rio Orontes, na Síria.

1. Uma dessas figuras é um herói hindu, filho de Dídnaso. Comandava um exército ao serviço do rei hindu Deríades, na altura da expedição de Dioniso contra os Indos. Era um gigante com vinte côvados de altura e um temível guerreiro. Ferido por Dioniso, suicidou-se. O seu corpo foi arrastado pelas águas do Orontes, assim chamado em virtude do nome do herói. No tempo dos Romanos, o curso deste rio foi desviado, a fim de o antigo leito ser canalizado. Ora, durante estes trabalhos, foi encontrado um grande sarcófago de gesso, contendo um esqueleto humano de prodigiosas dimensões. Foi consultado o oráculo de Claro, que declarou ser o corpo do herói Orontes.

2. Orontes é também o nome do deus do referido rio, filho, como todos os deuses-rios, de Oceano e de Tétis. Apaixonou-se pela ninfa Melibeia, uma das Oceânides, e transbordou, inundando os campos, até ao momento em que foi dominado por Héracles.

ORTÓPOLIS. ('Ορθόπολις.) Ortópolis era o filho do rei de Sícion, Plemneu. Nenhum dos filhos deste infeliz soberano conseguiam sobreviver: mal pronunciavam o primeiro vagido, morriam. A desgraça era tal que Deméter teve piedade daquele pai e, disfarçada de estrangeira, dirigiu-se à corte, para aí criar o filho de Plemneu que acabava de nascer. Conseguiu desviar a maldição que pesava sobre a criança e fê-la viver sã e salva até à idade adulta.

Ortópolis, que tão miraculosamente foi salvo, teve uma filha, Crisorte, que deu a Apolo um filho chamado Corono.

ORTRO. ("Ορθρος.) Ortro é o cão de Gérion, que Héracles matou quando roubou os rebanhos do seu amo. Era filho de Tífon e de

---

Oríon: *Il.*, XVIII, 486 ss.; escól. v. 486; *Od.*, V, 121 s. e escól. *ad loc.*; XI, 572 s.; HOR., *O.*, III, 4, 70 s.; HYG., *Astr. Poet.*, II, 34; ERATOSTH., *Cat.* 7; 32; APOLLOD., *Bibl.*, I, 4; 2 s.; VIRG., *Aen.*, X, 763 s. e SERV., *ad loc.*; *Ep. Gr. Fragm.* (Kinkel), 89. PARTH., *Erot.*, 20.

Oritia: **1)** V. *s.u.* Bóreas; APOL. RH., *Arg.*, I, 213 s.; escól. v. 211; HYG., *Fab.*, 14; HEROD., VII, 189; VIRG., *Georg.*, IV, 463 s. **2)** STEPH BYZ., *s.u.* Εὔρωπος.

Órnito: **1)** PAUSAN., VIII, 28, 4 s. **2)** Escól. EUR., *Or.*, 1084.

Orontes: NONN., *Dion.*, XVII, 196-289; 314; XXVI, 79; XXXIV, 179; XXXV, 80; XLIV, 251; PAUSAN., VIII, 29, 3; STEPH. BYZ., *s.u.* Βλέμνες. **2)** HYG., *Pr.*; TZETZ., *ad Lyc.*, 697.

Ortópolis: PAUSAN., II, 5, 8; cf. 11, 2.

Equidna e, por conseguinte, irmão de Cérbero. Possuindo a própria mãe, gerou a Esfinge de Tebas. As descrições de Ortro variam: ora é representado com várias cabeças, ora com corpo de serpente, etc.

***OSÍNIO.** (*Osinius.*) Osínio é, na *Eneida*, um príncipe de Clúsio, na Itália, que fazia parte do contingente enviado a Eneias por Tárcon, o rei etrusco, como aliado contra Turno.

OTO. (῏Ωτος.) V. *Alóadas.*

OTREU. (Ὀτρεύς.) Otreu é um dos filhos de Dimante. Era rei da Frígia. Prestou auxílio a Príamo, no combate contra as Amazonas. Afrodite fez-se passar por sua filha, quando se entregou a Anquises, dizendo ter sido raptada por Hermes.

ÓXILO. (῞Οξυλος.) Óxilo é o nome de vários heróis, dois dos quais pertencem à lenda etólica.

1. De um deles, nada mais sabemos a não ser que é filho de Ares e de Protogenia, sendo por linha materna neto de Cálidon e, por conseguinte, bisneto do herói Etolo, epónimo dos Etólios (v. quadro 26, p. 272).

2. O outro Óxilo é geralmente identificado como filho de Hémon e neto de Toas, tendo também como antepassado Etolo, na décima (ou nona) geração. Apolodoro apresenta-o como filho de Andrémon e de Gorge, irmã de Dejanira (v. quadro 29, p. 298). Está, pois, ligado à família dos Heraclidas, sendo primo de Hilo, filho de Dejanira. É muito provável que os dois Óxilos, o filho de Ares e Protogenia e o descendente de Andrémon, sejam afinal um só. Ambos pertencem à estirpe de Etolo e, através deste, à de Endímion.

A Óxilo está ligada a lenda do «regresso» dos descendentes de Etolo à Élida. Conhecemos a razão que levou Etolo, oriundo da Élida, no Peloponeso, ao exílio e sabemos como ele conquistou um reino a norte do golfo de Corinto, na região dos Curetas, denominada Etólia devido ao nome do seu colonizador. Por ter causado acidentalmente a morte de seu irmão Térmio, durante uma prova de lançamento do disco, Óxilo foi obrigado a deixar a sua pátria. Refugiou-se, então, na Élida, durante o tempo fixado para o exílio, um ano, findo o qual retomou o caminho de regresso à terra natal. Ora acontece que, por essa altura, os Heraclidas andavam na esperança de encontrar, de acordo com um oráculo, um guia «de três olhos» que os levasse ao Peloponeso. Óxilo, que segundo alguns era cego de um olho (em consequência de um ferimento causado por uma flecha), ou que montava um cavalo (ou uma mula) zarolho, chegou junto deles. Ao vê-lo, logo compreenderam que o oráculo se cumprira, dado que o homem que tinham à sua frente e a montada que o transportava não tinham, ao todo, mais do que três olhos. Pediram-lhe então que os conduzisse ao Peloponeso, a sua «terra prometida» (v. *Heraclidas*), e Óxilo acedeu. Deu-lhes a vitória, mas reclamou como recompensa o reino da Élida, que outrora pertencera aos seus antepassados. Temendo contudo que, se os Heraclidas vissem a beleza de tal terra, se mostrassem depois pouco dispostos a cedê-la, conduziu-os através da Arcádia. Quando eles partilhavam entre si os territórios conquistados, Óxilo apresentou-se nas fronteiras da Élida acompanhado dos seus Etólios. Aí deparou com um obstáculo — o rei Eleu. Como as forças em confronto eram idênticas, decidiu-se resolver o diferendo por meio de um combate singular: os Eleus escolheram para a contenda um arqueiro chamado Dégmeno; os Etólios, um fundibulário de nome Pirecmes, a quem coube a vitória. Foi assim que Óxilo retomou, na Élida, o trono do seu antepassado Endímion. Permitiu que os habitantes permanecessem nas terras que ocupavam, mas instalou também nos seus domínios colonos etólios, que com eles se juntaram. Manteve igualmente os antigos cultos da região, distinguindo-se por uma sábia administração. Embelezou particularmente a cidade de Élis. Uma das suas leis proibia o empréstimo a juro, em toda a extensão do seu território. Foi o protector dos Aqueus, maltratados pelos invasores dóricos (os Heraclidas). Os Jogos Olímpicos, fundados por Héracles, tinham já caído em desuso, quando ele os restaurou — o seu nome ficou-lhes desse modo associado, embora passe por vezes, por seu fundador.

Óxilo desposou Piéria, da qual teve dois filhos: Etolo, o Jovem, e Laias. O primeiro morreu era ainda criança e foi enterrado sob uma das portas da cidade de Élis, por onde passava a via sacra: o local foi escolhido em conformidade com um oráculo que ordenara que a criança não fosse inumada nem dentro nem fora da cidade. Laias subiu, então, ao trono, após a morte do pai.

3. Um terceiro Óxilo, filho de Orio, desposou a própria irmã, Hamadríade, que lhe deu várias filhas, todas elas ninfas de árvores: Cária, Bálano, Crania, Mória, Egiro, Ptélea, Âmpelo, Sice, cujos nomes evocam diversas árvores, da nogueira à amoreira, da vinha à figueira.

OXÍNIO. (Ὀξύνιος.) Numa lenda obscura, transmitida por Cónon, Oxínio e Escamandro são dois filhos de Heitor, que Príamo pôs em segurança na Lídia, no momento da conquista de Tróia. Destruída a cidade, Eneias, que se

---

Ortro: HES., *Theog.*, 309; APOLLOD., *Bibl.*, II, 5, 10; escól. APOL. RH., *Arg.*, IV, 1399; TZETZ., *ad Lyc.*, 653.

Osínio: VIRG., *Aen.*, X, 166 s.; 655; e SERV. *ad loc.*

Otreu: *Il.*, III, 186 e escól. v. 189; HESYCH., *s.u.*; *Hym. hom. Aphr.*, 111.

Óxilo: 1) APOLLOD., *Bibl.*, I, 7, 7. **2)** PAUSAN., V, 3, 6 a V, 4, 4; 8, 5; 9, 4; 16, 1; 18, 6; VI, 23, 8; 9; 24, 9; escól. PIND., *Pyth.*, III, 19; 22; escól. *Olymp.*, III, 19; STRAB., VIII, 357; 454; X, 463; APOLLOD., *Bibl.*, II, 8, 3; POLYAEN., *Strat.*, V, 48; ARIST., *Pol.*, VI, 2, 5. **3)** ATHEN., III, 78 b.

Oxínio: CONON, *Narr.*, 46.

tinha refugiado no denso arvoredo do Ida, ainda reinou algum tempo na região. Mas não tardou muito que Oxínio e Escamandro voltassem para recuperar os domínios que outrora haviam pertencido ao seu avô. Foi então que Eneias iniciou a migração para Ocidente.

OXINTES. ('Οξύντης.) Oxintes é um rei de Atenas, filho de Demofonte e, por isso, pertencente à raça dos Tesidas (v. *Demofonte*). Teve dois filhos: Afidas e Timetes. Afidas, o primogénito, sucedeu ao pai no trono, mas foi destituído do poder pelo irmão, que o matou.

Oxintes: PAUSAN., II, 18, 9; ATHEN., III, 96 d; NICOL. DAM., fr. 50; TZETZ., *Chil.*, I, 182.

P

PÃ. (Πάν.) Pã é um deus dos pastores e dos rebanhos, oriundo provavelmente da Arcádia, embora o seu culto se tenha expandido por toda a Grécia e generalizado até mesmo fora do mundo helénico. É representado como uma divindade semi-humana, semianimal. O rosto barbudo e enrugado, de queixo saliente, tem uma expressão animalesca de manha, a testa é ornamentada por dois cornos. O corpo é peludo, os membros inferiores são de bode, os pés apresentam um casco fendido, a pata é magra e nervosa. É dotado de prodigiosa agilidade; rápido na corrida, trepa facilmente aos rochedos; sabe ainda dissimular-se nas moitas, onde se esconde para espiar as Ninfas, ou para dormir, quando ao meio-dia o sol abrasa, altura em que é perigoso incomodá-lo. Aprecia a frescura das fontes e a sombra dos bosques, encarnando assim o gosto dos pastores e dos seus rebanhos. Pã é também uma divindade com uma considerável actividade sexual: persegue ninfas e mancebos com igual paixão. Dizia-se ainda que, sempre que a sua incursão amorosa era infrutífera, procurava sozinho um meio de se satisfazer.

Os atributos tradicionais de Pã são uma siringe, um cajado de pastor, uma coroa de pinheiro, ou um ramo de pinheiro na mão. Raros são os seus mitos e as lendas em que figura são geralmente tardias, fruto da imaginação dos poetas alexandrinos, que muitas vezes evocaram esta divindade pitoresca, familiar do idílio rústico. As lendas aparentemente mais antigas são as que se referem ao seu nascimento, nelas se registando inúmeras divergências.

Pã não é mencionado nos *Poemas Homéricos*. Um hino dito «homérico» celebra-o, contudo, e conta que ele é filho do Hermes do monte Cilene e da filha de Dríope. Quando ele nasceu, a mãe teve medo do filho monstruoso que acabava de trazer ao mundo. Mas Hermes envolveu o recém-nascido numa pele de lebre e levou-o para o Olimpo. Colocou-o junto de Zeus e mostrou-o aos outros deuses. Todos se alegraram ao vê-lo, sobretudo Dioniso (em cujo cortejo figurou de bom grado Pã, tão semelhante a Sileno e aos Sátiros). As divindades do Olimpo deram-lhe o nome de Pã, por ter trazido alegria ao coração de *todos* (etimologia popular de Pã, nome relacionado com o grego πᾶν, «tudo», ideia retomada pelos mitógrafos e pelos filósofos que veriam no deus a incarnação do Universo, o Todo).

Outras filiações foram atribuídas a Pã. Uma das mais curiosas relaciona-o com o ciclo de Ulisses. Houve quem aventasse a hipótese de Penélope não ter permanecido fiel ao seu marido, tendo, durante a longa ausência deste, desfrutado da companhia de vários amantes. Segundo uma das versões, foi Antínoo, o mais célebre dos pretendentes, quem mereceu os seus favores e por isso Ulisses teria, ao regressar, mandado a mulher para casa de Icário. Daí, ela partiria para Mantineia, onde se uniu a Her-

---

Pã: *Hym. hom. Pan.*; escól. a EUR., *Rh.*, 36; PAUSAN., VIII, 36, 8; 38, 11; 42, 3; OV., *Fast.*, II, 267 e s.; IV, 762; *Myth. Vat.*, I, 89; HEROD., VI, 105; APOLLOD., *Bibl.*, I, 4, 3; *Ep.*, VII., 38 e s.; TZETZ., *ad Lyc.*, 772; THEOCR., *Idyl.*, I, 15 e s.; escól. ao v. 203; VI, 3 e s.; DION. CHRYS., VI, 203 f; MACROB., *Sat.*, V, 22, 9 e s.; VIRG., *Georg.*, III, 392 e SERV., *ad loc.*, e *ad* I, 16; *Aen.*, II, 44; CIC., *de nat. D.*, III, 22, 56; AEL., *NA*, VI, 42; PLUT., *de def.*, 419 b; CF. C. FRIES, in *Ph. W.*, 1935, p. 1295-6; E. HARRISSON, *Cl. Rev.*, 1926, p. 6-8; S. REINACH, in *Cultes, Mythes et Rel.*, III, p. 1-15; G. HERMANSEN, in *C. et. M.*, II, 1939, p. 221-246.

mes, dando à luz Pã. De acordo com outras tradições, *todos* os pretendentes teriam visto chegar a sua vez de se tornarem amantes de Penélope, sendo Pã o fruto dessas múltiplas uniões, nascido durante a ausência de Ulisses. Pouco depois de regressar, este voltaria a partir, desolado com a infidelidade da esposa, a fim de procurar novas aventuras (v. *Ulisses*).

Pã passava também por filho de Zeus e de Híbris, ou ainda de Zeus e de Calisto. Segundo esta última versão, era o irmão gémeo de Árcade, herói epónimo da Arcádia. Por vezes, surge igualmente identificado como filho de Éter e da ninfa Énoe, de Crono e de Reia, de Úrano e de Geia, ou simplesmente de um pastor chamado Crátis e de uma cabra.

Pã amou a ninfa Eco. Foi também amante da deusa Selene, cujos favores conquistou, oferencendo-lhe uma manada de bois brancos.

Em Roma, Pã é identificado ora com o deus Fauno, nas lendas palatinas (v. *Fauno*), ora com a divindade dos bosques, Silvano (v. *Silvano*).

Segundo uma lenda narrada por Plutarco, um navegador teria, no tempo de Augusto, ouvido no mar vozes misteriosas anunciando «a morte do Grande Pã».

PACTOLO. (Πακτωλός.) Deus do rio homónimo, na Ásia Menor, identificado como filho de Zeus e Leucótea. Era pai de Eurianassa e consequentemente, segundo uma das tradições, avô de Pélops. Durante a celebração dos mistérios de Afrodite, desflorou, sem o saber, a sua própria irmã. Quando de tal se apercebeu, lançou-se para as águas de uma ribeira denominada Crisórroas (isto é, «a corrente de ouro», pois arrastava consigo pepitas de ouro), que, após o suicídio, tomou o nome de Pactolo (v. também *Midas*).

PAFO. (Πάφος.) **1.** Segundo certas tradições, Pafo é uma ninfa da cidade homónima, que teve de Apolo um filho — Cíniras (v. *Cíniras*; v. também *Pigmalião*).

2. Mas Pafo é também um nome masculino: assim se chamava o filho de Céfalo e de Aurora (Eos), fundador da cidade de Pafo em Chipre. Era o pai de Cíniras.

PALÁDIO. (Παλλάδιον.) O Paládio é uma estátua divina, dotada de propriedades mágicas, que se supunha representar a deusa Palas. A sua lenda, muito complexa, foi assimilando elementos diversos, desde as epopeias cíclicas, onde surge relacionada com a história de Tróia. Não é mencionada nos *Poemas Homéricos*. Na *Ilíada*, é evidente que a estátua cultual de Atena venerada em Tróia era uma representação da deusa sentada, enquanto o Paládio é, pelo contrário, uma imagem da divindade em pé, denotando a rigidez característica dos velhos *xoana* (ídolos de madeira da época arcaica). Mas, pouco a pouco, a lenda foi-se complicando e acabou por se integrar na história das origens de Roma. O Paládio tinha a virtude de garantir a integridade da cidade que o possuísse e lhe prestasse culto. Durante dez anos, assegurou a preservação de Tróia. Várias outras cidades simularam por conseguinte a posse de tal estátua, o que lhes conferia à partida um precioso direito de inviolabilidade. Seguiu-se o facto de as estátuas miraculosas de Palas se multiplicarem e de as lendas se irem complicando progressivamente.

Sobre a origem da estátua, as tradições divergem. Todas são, no entanto, unânimes em lhe reconhecer uma origem divina, mas os pormenores diferem. Lemos, por exemplo, em Apolodoro, que a deusa Atena foi criada, na sua infância, pelo deus Tritão, que tinha uma filha chamada Palas (v. *Palas*). As duas jovens cultivavam em conjunto a arte da guerra, mas um dia desentenderam-se e lutaram uma contra a outra. No momento em que Palas estava prestes a atingir Atena, Zeus receou pela filha e interveio: colocou a sua égide à frente de Palas, que se assustou, não conseguindo defender-se a tempo do ataque que entretanto Atena empreendera contra ela. Palas caiu por terra, ferida de morte. Para se redimir honrosamente do seu acto, Atena modelou uma estátua à imagem e semelhança da sua companheira, revestiu-a com a égide (que a tinha assustado, tornando-se assim a causa indirecta da sua morte) e colocou-a junto de Zeus, prestando-lhe honras divinas. Essa estátua permaneceu no Olimpo durante um certo tempo, até ao dia em que Zeus tentou violentar Electra (v. *Electra*). Esta refugiou-se junto da imagem da deusa, como num asilo inviolável. Então Zeus precipitou a estátua do alto do Olimpo e o Paládio caiu na colina em que outrora caíra Ate na Tróade (v. *Ate* e *Ilo*). Naquele momento, Ilo fundava a cidade que se viria a chamar Tróia e que, nessa altura, detinha ainda o nome de Ílion (derivado do nome próprio do seu fundador). A estátua, caída miraculosamente do céu, foi considerada um sinal de que os deuses aprovavam a fundação da cidade. Segundo uns, a imagem caiu diante da tenda de Ilo; segundo outros, penetrou no templo de Atena ainda inacabado, cujo telhado não havia ainda sido colocado. Sem interferência humana, a estátua viera do céu, ocupando de imediato o local ritual destinado à estátua do culto. O Paládio teria três côvados de altura; os pés estavam ligados um ao outro (como vemos nas

---

Pactolo: TZETZ., *ad Lyc.*, *Alex.*, 52; PS.-PLUT., *de flor.*, VII, 1. Cf. NONN., *Dion.*, XII, 127; XXIV, 52; XLIII, 411.

Pafo: 1) Escól. *ad* PIND., *Pyth.*, II, 57. **2)** Escól. a DION. PER., 509; HYG., *Fab.*, 242; 270; 275.

Paládio: APOLLOD., *Bibl.*, III, 12, 3; *Ep.*, V, 10 e s.; DION. HAL., I, 68 e s., citando ARCTINO; *Ep. Gr. Fragm.* (ed. Kinkel), p. 37 e s.; 49 e s.; CLEM. AL., *Protr.*, IV, 47; CONON, *Narr.*, 34: escól. a *Il.*, VI, 311; SUID., *s.u.* Διομήδειος; HESYCH., *ibid.*; VIRG., *Aen.*, II, 162 e s. e SERV. com. ao v. 166; SOPH., *ap.* Nauck, *Tr. Gr. Fragm.*, 2.ª ed., p. 210 e s.; EUR., *Rh.*, 501 e s.; OV., *Met.*, XIII, 1 e s.; TZETZ., *Posth.*, 509 e s. 602 e s.; POLYAEN., *Strat.*, I, 5; J. MALAL., V, 108 e s.; PAUSAN., I, 28, 8 e s.; II, 23, 5; DICT. CR., *Bell. Tr.*, V, 5, e 8; SIL. ITAL., *Punic.*, XIII, 30 e s.

estátuas arcaicas); na mão direita, a imagem trazia erguida uma lança, com a esquerda segurava uma roca e um fuso.

Segundo outras tradições, o Paládio era feito de osso; fora esculpido no osso do ombro de Pélops (v. *Pélops*) e teria sido levado de Esparta por Páris na altura do rapto de Helena. Finalmente, uma lenda tardiamente atestada contava que Trós, antepassado da raça troiana, recebera a estátua miraculosa das mãos de um feiticeiro chamado Ásio, em honra do qual todo o continente viria a ser denominado Ásia.

Sobre as aventuras da estátua, as versões não são menos divergentes. Uma delas refere que Dárdano a teria levado consigo para Samotrácia, depois de a ter obtido possivelmente na Arcádia. Ofereceu-a então a Teucro, seu sogro (v. *Dárdano*). Dizia-se também que os Troianos tinham mandado esculpir um segundo Paládio, em tudo semelhante ao verdadeiro, a fim de enganar os ladrões que tentassem levar da cidade a estátua que lhes garantia a segurança. Colocaram o falso Paládio no santuário, conservando o verdadeiro no tesouro do templo. Sobre este tema da pluralidade das estátuas, diversas lendas se formaram. Desde as epopeias cíclicas se contava, de facto, que o adivinho Heleno, feito prisioneiro por Ulisses no Ida (v. *Heleno*), tinha afirmado que, de acordo com os Destinos, Tróia não poderia ser tomada senão quando, entre outras condições, o Paládio fosse roubado e levado para fora da cidade. Ulisses tomou a seu cargo a realização desta profecia e com o auxílio de Diomedes entrou de noite na cidadela. Mas também neste ponto os testemunhos divergem. Segundo uns, Ulisses disfarça-se de mendigo e introduz-se deste modo em Tróia, enquanto Diomedes fica de guarda. Apesar das precauções o falso mendigo é reconhecido por Helena e consegue, com a ajuda desta, levar o Paládio, depois de semear a morte entre os guardas que se lhe depararam no caminho de regresso. É esta a versão seguida por Apolodoro (na *Epítome*). Mas é mais frequente a tradição segundo a qual Diomedes desempenhou o papel principal na emboscada. Depois de escalar a muralha da cidade (ou do templo), subindo aos ombros do seu companheiro, Diomedes recusou-se por sua vez a içá-lo.

Apoderando-se sozinho da estátua mágica, volta para junto de Ulisses, retomando ambos o caminho de regresso ao acampamento. Durante o percurso, Ulisses tenta roubar o Paládio ao seu companheiro, a fim de voltar sozinho para junto dos Gregos, reivindicando para si todo o mérito da operação. Caminhando atrás de Diomedes, levantou o braço, disposto a matá-lo, quando a sombra projectada no solo pela sua espada (era uma noite de lua cheia) advertiu a vítima daquele plano pérfido. Diomedes volta-se para trás, desembainha a espada e desafia Ulisses. Este recusa-se a combater, e Diomedes ameaça-o com a arma, forçando-o a caminhar à sua frente até ao acampamento.

Segundo outra versão, os dois heróis teriam entrado na cidade por um esgoto. Outra variante conta que Teano, mulher de Antenor, entregou o Paládio aos Gregos, obedecendo às ordens do marido, que apoiava os Helenos (v. *Antenor*).

Outras lendas afirmam que o verdadeiro Paládio ficou em Tróia e que Eneias, durante a noite fatal, conseguiu retirá-lo a tempo do santuário de Atena, levando-o consigo para o Ida e mais tarde para a Itália. Foi aí deposto em Roma, no templo de Vesta, onde as Vestais lhe prestavam culto. Em Roma, tal como em Tróia, acreditava-se que a segurança da cidade dependia da conservação da imagem divina.

O Paládio intervém ainda na lenda de Cassandra. A jovem ter-se-ia abraçado à estátua, quando o Locro Ájax (v. *Ájax*, filho de Oileu) a quis levar consigo. Ájax agarrou Cassandra e ao tentar arrastá-la fez cair a estátua, em que só as sacerdotisas de mãos puras podiam tocar. Agravou, pois, deste modo o sacrilégio que consistia em violentar um suplicante. Tal facto atraiu sobre ele a cólera de Atena. Segundo a mesma versão, o verdadeiro Paládio permaneceu em Tróia até ao fim; aparentemente, Diomedes e Ulisses não levaram senão uma falsa imagem. Cassandra e a estátua, arrebatadas por Ájax, foram parar às mãos de Agamémnon.

Quanto ao destino da estátua (nas versões em que não é Eneias o seu possuidor), ora se conta que a imagem coube a Diomedes ora a Agamémnon. No primeiro caso, Diomedes levou-a consigo para a Itália meridional e entregou-a mais tarde a Eneias, quando este se estabeleceu no Lácio. Na segunda hipótese, Agamémnon teria levado o Paládio para Argos (é, pelo menos, o que se supõe a partir da leitura de Pausânias, que refere que os Argivos pretendiam possuir a estátua divina; v. também, acerca deste Paládio argivo, o artigo *Leagro*).

Existe, por último, uma tradição ateniense, destinada a provar que o verdadeiro Paládio se encontrava na cidade de Atenas. Os Atenienses contavam que Demofonte, que participara na Guerra de Tróia, tinha recebido de Diomedes a estátua como penhor ou recompensa. Sabendo que Agamémnon a cobiçava, apressou-se a confiá-la a Búziges, que a levou para Atenas. Mas, a fim de enganar Agamémnon, Demofonte fabricou em segredo uma réplica exacta da estátua colocando-a na sua tenda. Quando Agamémnon, após a tomada da cidade, veio, à cabeça de um numeroso exército, reclamar o Paládio, Demofonte recusou-se a entregá-lo e armou um vigoroso conflito, de modo a fazer Agamémnon acreditar que ele possuía realmente o talismã. Por fim, simulou capitular e entregou ao rei a estátua sem valor, a cópia que tinha mandado fabricar.

Segundo outra versão, durante a viagem de regresso, Diomedes teria abordado de noite às margens da Ática, em Faleros. Mas não sabendo exactamente onde se encontrava, cometeu, com os seus argivos, alguns actos de violência e hostilidade. Demofonte, que reinava então na Ática, veio em auxílio dos seus súbditos e, ignorando com quem estava a lidar, matou muitos dos homens de Diomedes e roubou-lhe o Paládio. Mas, ao regressar, o seu cavalo derrubou um ateniense, pondo-lhe fim à vida. Por este crime involuntário, Demofonte foi levado a um tribunal especial denominado «Tribunal do Paládio», onde mais tarde se julgaram casos do mesmo género.

PALAMEDES. (Παλαμήδης.) Palamedes é um dos três filhos de Náuplio e de Clímene, a filha de Catreu (v. *Náuplio*). Os seus dois irmãos são Éax e Nausimedonte. A lenda de Palamedes desenvolveu-se à margem dos *Poemas Homéricos*. O herói figura entre os discípulos do Centauro Quíron, ao lado de Aquiles, Ájax e Héracles, e participa nos preparativos para a Guerra de Tróia. Na altura do rapto de Helena, consola Menelau e tenta acalmá-lo (por linha materna, Palamedes é primo-irmão de Menelau; v. quadro 2, p. 12). Depois, segundo alguns autores, integrou com Ulisses e Menelau uma embaixada a Tróia para tentar solucionar pacificamente a questão. Teria mesmo levado uma carta pessoal de Clitemnestra a Helena a fim de convencer esta última a regressar ao lar conjugal. Por ocasião da segunda embaixada, enviada de Ténedo, Palamedes figura nela em companhia de Menelau, Ulisses, Diomedes e Ácamas. Mas o seu zelo e dedicação à causa de Menelau causar-lhe-iam, pouco tempo depois, a morte.

No momento em que os antigos pretendentes de Helena se preparavam para ir a Tróia reconquistar a bela jovem, Ulisses, sem esquecer o juramento prestado a Tíndaro, tentou, no entanto, eximir-se a essa obrigação e, quando Menelau e Palamedes foram ter com ele, simulou estar louco. Prendera à charrua um burro e um boi e estava a semear sal. Mas Palamedes não se deixou enganar por este estratagema e, para forçar Ulisses a revelar que não estava louco, colocou o pequeno Telémaco à frente da charrua com que o herói lavrava. Este não resistiu à prova e deteve-se a tempo de evitar a morte do filho, pondo deste modo fim à simulação de inconsciência. Segundo outra variante, Palamedes teria ameaçado o jovem Telémaco com a espada, perante os olhos de Ulisses, que logo acorreu em seu auxílio. De qualquer modo, foi Palamedes quem desmascarou a astúcia do filho de Laertes, obrigando-o por conseguinte a participar na expedição de Menelau e Agamémnon. Ulisses jamais lhe perdoou.

Dizia-se também que Palamedes tinha ido em busca de Aquiles, que se refugiara em Ciro, na corte de Licurgo (v. *Aquiles*). Teria ainda sido enviado como arauto por Menelau junto de Enópion e de Cíniras. Desmascarou igualmente uma mulher, Epípole de Caristo, filha de Tráquion, que se disfarçara de homem para poder seguir o exército grego, acto que lhe valeu ser lapidada.

Durante os primeiros tempos da expedição, Palamedes prestou múltiplos serviços às tropas, elevando o ânimo dos soldados inquietados por presságios e nomeadamente por um eclipse. Tentou desviar a peste (que acaba por se abater sobre o exército), prevendo-a no momento em que um lobo (animal de Apolo) entrou no acampamento, saído das florestas do Ida. Preveniu os malefícios da fome, mandando vir para Tróia as «Vinhateiras», as três filhas de Enópion (v. *Enópion*).

Mas Ulisses consegue finalmente vingar-se dele. As versões relativas a esta vingança divergem, mas todas testemunham a perfídia de que Palamedes foi vítima. Conta-se que Ulisses, tendo aprisionado um troiano, obrigou-o sob ameaça a escrever uma carta supostamente enviada por Príamo, da qual se depreendia que Palamedes prometera ao rei de Tróia trair os Gregos. Depois, Ulisses subornou um escravo de Palamedes, levando-o a esconder ouro sob o leito do amo. Finalmente, faz chegar a carta ao acampamento: Agamémnon encontra-a, manda prender Palamedes e entrega-o aos Gregos. Palamedes foi lapidado.

Segundo outra versão, Ulisses e Diomedes teriam convencido Palamedes a descer a um poço, lançando sobre ele pedras e terra, sob cujo peso ele sucumbiu, esmagado.

A morte de Palamedes tornou-se proverbial, como a morte injusta por excelência, resultante das intrigas de homens malévolos contra alguém que lhes é superior.

A tradição atribui a Palamedes múltiplas invenções, de entre as quais se destaca a criação de um ou mais caracteres do alfabeto, ou a determinação da ordem das letras do alfabeto grego, inventadas por Cadmo. Mais frequentemente, conta-se que Palamedes teve a ideia de criar a letra *Y* ao contemplar o voo dos grous. Atribui-se-lhe também, por vezes, a invenção dos números — glória que partilha com Museu ou Prometeu. Diz-se que estabeleceu o uso da moeda, o cálculo da duração dos meses segundo o curso dos astros, o jogo das damas (que ele terá imaginado durante uma época de fome, a fim de impedir que se pensasse demasiado na necessidade de comer), o jogo de dados, ou o dos ossinhos.

A morte de Palamedes foi cruelmente vingada por Náuplio. Acerca desta lenda, v. *Náuplio*.

* **PALANTE.** (*Palans.*) Palante é um herói «romano», um dos múltiplos epónimos do Palatino. A sua lenda é narrada por Dionísio de Halicarnasso: Palante teria sido filho de Hércules e de Dina, filha de Evandro. Teria morrido ainda jovem e o avô tê-lo-ia enterrado na colina a que deu o seu nome (v. também *Palas*, 3).

Palamedes: APOLLOD., *Bibl.*, I, 1, 5; III, 2, 2; *Ep.*, III, 7, 8; VI, 8 e s.; DICT. CR., *Bel. Tr.*, I, 4, e s.; II, 15; 20; TZETZ., *Proleg. ad Alleg. Il*, 405; *Anteh.*, 155; 177; 264 e s.; 316 e s.; *ad Il.*, p. 155 (Hermann); *ad* LYC., 580; 818; CIC., *Off.*, III, 26, 98; OV., *Met.*, XIII, 36 e s.; LACT. PLAC., *ad* STAT., *Achil.*, I, 93; AEL., *VH*, XIII, 12; HYG., *Fab.*, 95; 105; 277; LUC., *De domo*, 30; SERV., *ad VIRG.*, *Aen*, II, 81; escól. a EUR., *Or.*, 432; PTOL. HEPH., *Nov. hist*, V, p. 192, 25 (Westermann); SOPH., fr. de uma tragédia perdida sobre Palamedes; PAUSAN., X, 31, 1-3; TAC., *Ann.*, XI, 14; DION. CHRYS., XIII, 12. CF. L. PARMENTIER, «Une trilogie d' Euripide...», *Bull. de l' Acad. Belge*, V, XII, p. 266 e s.; M. SZARMACH, «Le mythe de Palamedes avant la Tragédie grecque», *Eos*, LXII, 1974, p. 35-47.

Palante: DION. HAL., I, 32 e s.

PALÂNTIDAS. (Παλλάντιδαι.) Os Palântidas são os cinquenta filhos de Palas (v. quadro 12, p. 144). São por conseguinte netos do rei de Atenas Pandíon, sobrinhos de Egeu e primos-irmãos de Teseu. Julgando eles, durante muito tempo, que Egeu não tinha filhos (desconheciam Teseu, criado longe de Atenas; v. *Teseu*), esperavam tornar-se seus herdeiros e partilhar o poder em Atenas depois da sua morte. Mas Teseu voltou de Trezena e foi reconhecido pelo pai. Os Palântidas opuseram-se a tal reconhecimento, contestando a legitimidade do seu primo, e depois de Teseu ter sido declarado rei declararam-lhe guerra aberta. Foram contudo vencidos e mortos. Para se purificar da sua morte, Teseu e sua mulher Fedra impuseram a si próprios um exílio de um ano em Trezena. Conta-se também que Teseu foi julgado por um tribunal ateniense que o absolveu.

PALANTO. (*Palanto.*) Filha de um hiperbóreo, Palanto foi amada por Hércules, a quem deu um filho — o futuro rei Latino. Assim reza, pelo menos, uma tradição obscura, transmitida por Varrão e destinada a explicar o nome do Palatino.

PALAS. (Πάλλας.) I. Palas é geralmente um epíteto ritual de Atena, deusa muitas vezes denominada Palas Atena. Uma lenda tardiamente atestada conta a história de uma Palas, figura distinta da deusa, que era filha do deus Tritão (o génio do lago Tritono) (v. *Tritão*). Atena teria crescido na sua companhia, e ter-lhe-ia roubado acidentalmente a vida, fabricando então em sua honra o Paládio (v. *Paládio*).

II. Como nome masculino, Palas é comum a vários heróis, entre os quais se contam:

1. O Titã Palas, filho de Crio e de Euríbia, irmão de Perses e de Astreu (v. quadro 33, p. 388; 38, p. 452). Da sua união com a filha mais velha de Oceano, Estígia, nasceram, segundo a *Teogonia* hesiódica, Zelo e Vitória (Nice), e depois o Poder e a Força. Segundo outras tradições, ele é pai de Aurora (*Eos*), que é geralmente considerada filha dos Titãs «solares» Hiperíon e Tia (v. *Eos*).

2. Um dos filhos de Licáon (v. *Licáon*), o rei da Arcádia, também se chamava Palas. É o epónimo a cidade arcádica de Palâncio e desempenha um papel remoto na lenda das origens de Roma. É de facto considerado por vezes o avô de Evandro. Segundo Dionísio de Halicarnasso, este Palas tinha uma filha chamada Crise, que ele deu em casamento a Dárdano, o fundador da dinastia real troiana. Paralelamente, Palas deu ao seu genro diversas divindades arcádicas, entre as quais o Paládio, que desempenharia tão grande papel na lenda troiana. Foi assim que os mitógrafos estabeleceram o primeiro elo de ligação entre Roma e Tróia, antes da migração de Eneias e da fundação da cidade, dado que o epónimo do Palatino (v. *Palas*, 3) era o sobrinho da primeira rainha de Tróia (v. ainda *Dárdano*).

3. Virgílio faz intervir na *Eneida* um outro Palas, filho de Evandro e epónimo do Palatino. Este Palas, companheiro de Eneias na guerra contra Turno, teria sido morto por este último. Existia de facto, antes de Virgílio, uma tradição segundo a qual Palas teria enterrado Evandro no Palatino e não teria morrido senão depois da morte de seu pai, contrariamente à versão virgiliana. Podemos aproximar desta personagem um outro Palas (ou Palante, v. *Palante*), filho de Héracles e de uma filha de Evandro (Dina ou Launa?), que morreu jovem, e deu o seu nome à colina do Palatino.

4. Dois outros Palas estão relacionados não com a lenda arcado-romana, mas com a lenda ática. O primeiro é um gigante, pai, segundo alguns autores, da deusa Atena, que tentou violentar a própria filha. Atena matou-o e esfolou-o, cobrindo-se depois com a sua pele. Como este Palas era um ser alado, a deusa tomou-lhe também as asas, prendendo-as aos seus pés.

5. O último Palas é o filho mais novo de Pandíon (v. quadro 12, p. 144). Com os seus cinquenta filhos, os Palântidas, revoltou-se contra Teseu, que considerava um usurpador do poder. Foi morto por Teseu em combate, juntamente com a sua prole (v. *Palântidas*).

PALÉMON. (Παλαίμων.) **1.** Palémon, «o lutador», é o nome de um dos filhos de Héracles (v. quadro 17, p. 219), assim chamado em memória de uma luta travada por seu pai.

2. Este é também o nome de um dos Argonautas, na lista apresentada por Apolodoro. Este Palémon é filho de Etolo (ou, segundo outra versão, de Hefesto). Tal como o descendente de Héracles, o herói deve o seu nome próprio aos dotes pugilísticos de seu pai.

3. Mas a mais célebre personagem com este nome é o filho de Ino-Leucótea. Durante a sua infância humana, este Palémon chamou-se Melicertes; o seu pai era Átamas. Mas, após o suicídio da mãe, Ino, que o arrastou consigo para a morte, Melicertes transformou-se no deus marinho Palémon, enquanto Ino se tornava a deusa Leucótea (v. *Leucótea*). Por linha materna, Palémon é primo-irmão de Dioniso

---

Palântidas: Apollod., *Ep.*, I, 11; Plut., *Thes.*, 3; 13; Pausan., I, 22, 2; 28, 10; escólios a Eur., *Hipp.*, 35.

Palanto: Var., *LL*, V, 53; Solin., I, 15. Cf. Jean Bayer, *Hercule Romain*, p. 201.

Palas: (I) Tzetz., *ad Lyc.*, 355; Apollod., *Bibl.*, III, 12, 3. (II) **1)** Hes., *Theog.*, 376 e s.; Apollod., *Bibl.*, I, 2,2; Ov., *Met.*, IX, 421; XV, 191; *Fast.*, IV, 373. **2)** Dion. Hal., I, 68 e s.; Apollod., *Bibl.*, III, 8, 1; Pausan., VIII, 3, 1; 44, 5; Serv., *ad Virg.*, *Aen.*, VIII, 51; 54. **3)** Virg., *Aen.*, VIII, 104 e s.; X, 480; Serv., *Aen.*, VIII, 51; Eust., *ad Dion. Per.*, 347 e escól. a 348. **4)** Apollod., *Bibl.*, I, 6, 2; Tzetz., *ad Lyc.*, 355; Clem. Alex., *Protr.*, II, 28; Cic., *de nat. D.*, III, 23, 59. **5)** Apollod., *Bibl.*, III, 15, 5; Strab., IX, 392; escól. *ad* Eur., *Hipp.*, 35; 1200; Hyg., *Fab.*, 244; Plut., *Thes.*, 13.

Palémon: **1)** Apollod., *Bibl.*, II, 7, 8; Tzetz., *ad Lyc.*, 662. **2)** Apollod., *Bibl.*, I, 9, 16; cf. Apol. Rh., *Arg.* I, 202. **3)** Eur., *Med.*, 1284 e s.; Pausan., I, 44, 8; II, 1, 8.

(dado que Ino é filha de Cadmo e irmã de Sémele, que é, por sua vez mãe de Dioniso; v. quadro 3, p. 66). A fim de pôr termo à vida, Ino atirou-se do alto de umas falésias próximas de Mégara, e os habitantes desta região contavam que, enquanto o corpo da mãe deu à costa perto da sua cidade, tendo aí sido enterrado pelas filhas de Cléson, filho do egípcio Lélex, o cadáver de Palémon foi levado por um golfinho até ao istmo de Corinto, onde foi recolhido por Sísifo, que o inumou e lhe erigiu um altar junto de um pinheiro, concedendo-lhe honras divinas, sob o nome de Palémon, designação que nasceu do facto de o ter feito protector dos jogos ístmicos (v. também *Melicertes*).

Em Roma, Palémon é identificado com o deus Portuno.

PALENE. (Παλλήνη.) **1.** Palene era filha do rei de Quersoneso da Trácia, Síton, e de Anquírroe (ou Anquínoe), filha de Nilo, ou da ninfa Mendeida. O próprio Síton ora passa por filho de Ares ora de Posídon. Tinha, além de Palene, uma outra filha chamada Récia.

Palene era uma jovem de grande beleza. Síton não queria, contudo, dá-la em casamento a nenhum dos numerosos pretendentes que lhe vinham pedir a sua mão. Forçava-os a lutar contra ele, matando-os. Porém, no declínio das suas forças, compreendeu que tinha de se resignar a dar a filha em casamento. Decidiu, por isso que ela seria o prémio atribuído ao vencedor do combate singular travado entre dois pretendentes que na altura se apresentaram — Drias e Clito. Palene enamorou-se deste último e, sem ousar confessar a sua paixão, não conseguiu reter as lágrimas, pelo que o seu velho pedagogo se apercebeu da mágoa que a atormentava, levando-a a revelar a causa de tão grande dor. Este resolveu, então, subornar o cocheiro de Drias, que, na altura da contenda, retirou a cavilha que sustinha a roda do carro. Drias morreu. Mas Síton teve conhecimento do ardil a que a filha recorrera e decidiu puni-la com a morte. Fê-la subir a uma enorme pira que mandara erguer para incinerar o corpo de Drias. Deu-se então um prodígio: ou foi Afrodite que veio impedir a morte de Palene, ou uma chuva providencial extinguiu as chamas, não as deixando consumir a pira. Reconhecendo a vontade divina, os habitantes da cidade obtiveram o perdão da jovem, que desposou finalmente Clito. A princesa deu o seu nome à península de Palene, no Quersoneso da Trácia (v. também *Síton*).

2. Palene é também o nome de uma das filhas de Alcioneu, transformada em ave com as suas irmãs (v. *Alcioneu*).

*** PALES.** (*Pales.*) Pales é um génio protector dos rebanhos, a que em Roma se prestava culto. Ora é apresentado como uma divindade masculina ora como uma deusa. Celebrava-se em sua honra a festa dos *Parilia*, no dia 21 de Abril, durante a qual os pastores acendiam fogueiras de restolho e de espinhos, sobre as quais saltavam. Uma etimologia popular relacionava o nome da festa com o da divindade, tendo os *Parilia* outrora recebido a designação de *Palilia*. Mas trata-se mais provavelmente de um mero jogo de palavras. O dia dos Parílias assinalava, segundo se supunha, a data da fundação de Roma por Rómulo. Relacionava-se também o nome de Pales com o Palatino, sem haver para tal uma razão válida. Simples *numen* da vida pastoril, esta divindade não deu azo a nenhuma lenda.

PALESTRA. (Παλαίστρα.) Palestra, personificação da Luta, terá sido, segundo a tradição, uma jovem por quem Hermes se apaixonou. Ora é identificada como a filha de Córico, rei da Arcádia (v. *Córico*), ora passa por ser a filha do Cefalene Pândoco. Este último (cujo nome significa «o que acolhe») vivia numa encruzilhada e atraía a sua casa os transeuntes, matando-os em seguida. Um dia, Hermes passou por aqueles sítios e Pândoco convidou-o a entrar. Mas Palestra apaixonou-se pelo jovem deus e exortou-o a matar o anfitrião antes que este tivesse tempo de lhe pôr fim à vida.

PALICOS. (Παλικοί.) Os Palicos são deuses gémeos, naturais da Sicília. Eram geralmente considerados filhos de Zeus e de Talia, a filha de Hefesto, ou então nascidos deste deus e de Etna. Quando trazia os gémeos no ventre, Talia, receando os ciúmes de Hera, desejou esconder-se no interior da Terra. A sua vontade cumpriu-se e, no final do tempo de gestação, os dois filhos brotaram da Terra. Esta particularidade explica o seu nome «os que regressam [do mundo das sombras]» (do grego πάλιν, «de novo»). O seu culto localizava-se junto do lago de Naftia, perto de Leontinos, onde ocorriam diversos fenómenos vulcânicos: do lago brotava um jacto de água quente em forma de abóbada, que caía na concavidade sem que nenhuma gota se perdesse. Um forte cheiro a enxofre pairava sobre o lago. Acreditava-se até que as aves que sobre ele voavam morriam de imediato e que os homens que dele se aproximavam imprudentemente sucumbiam passados três dias. É este o domínio dos Palicos, divindades temíveis, em nome dos quais os Sicilianos proferiam juramentos solenes. Quando alguém pretendia afirmar algo sob juramento, escrevia-o numa tabuinha e lançava-a às águas do lago. Se a tabuinha flutuasse, o juramento era verdadeiro; se se afundasse, era sinal de perjúrio. Dizia-se ainda que os Palicos puniam com a cegueira os mentirosos que os invocassem em vão, prestando falsos juramentos.

Palene: **1)** CONON, *Narr.*, 10; PARTH., *Erot.*, 6; TZETZ., *ad Lyc.*, 1161; STEPH. BYZ., *s.u.*; NONN., *Dion.*, XLVIII, 90-237. **2)** V. *Alcioneu.*

Pales: VAR., *LL*, VI 15; *RR*, II, 1, 9; SERV., *ad* VIRG., *Georg.*, III, 1; PROB., *ad loc.*; OV., *Fast.*, IV, 776; PROPR., IV, 1, 19 e s.; ARNOB., *Adv. Gent.*, III, 40; CIC., *de div.*, II, 98; PLUT., *Rom.*, 12.

Palestra: PS.-SERV., *ad* VIRG., *Aen.*, VIII, 138; *Etym. Magn.*, s.u. Παλή.

Palicos: MACROB., *Sat.*, V, 19, 15 e s.; STEPH. BYZ., *s.u.* Παλίκη; DIOD. SIC., XI, 89; SERV., *ad* VIRG., *Aen.*, IX, 584; STRAB., VI, 2, 9, p. 275; AESCH., *Aetn.* (tragédia perdida).

PALINURO. (Παλίνουρος.) Palinuro é o timoneiro de Eneias. Quando a frota parte da Sicília rumo à Itália, Vénus promete ao seu filho uma viagem feliz; apenas um homem pereceria, resgatando com a sua vida a dos demais. Esse homem foi Palinuro. Virgílio conta como, durante a noite, o deus do sono se abateu sobre o timoneiro, que estava ao leme, inspirando-lhe um sono invencível. Em vão, o infeliz tenta manter os olhos abertos fixando as estrelas e agarrando-se ao leme. Mas um brusco movimento da nau atira Palinuro ao mar. Toda a tripulação dorme e ninguém ouve o grito emitido pelo timoneiro ao cair. Quando Eneias acorda, apercebe-se de que ele desapareceu e chora. Mas em breve voltaria a vê-lo.

Ao chegar aos Infernos, conduzido pela Sibila de Cumas, Eneias contempla, nas margens do Estige, a multidão dos mortos que ficaram insepultos, os quais Caronte se recusa impiedosamente a deixar passar. Entre eles encontra-se Palinuro, que conta a Eneias o que lhe aconteceu depois de ter caído ao mar. Durante três dias e três noites, nadara sem parar, tendo chegado enfim às costas da Itália. Mas, mal pisara terra firme, fora massacrado pelos bárbaros habitantes daquele local, que deixaram o seu corpo à beira-mar. Pede então a Eneias que, quando regressar à Terra, se dirija a Vélia (na costa da Lucânia, ao sul do golfo de Pesto), para lhe prestar as devidas honras fúnebres. A Sibila promete a Palinuro que prodígios terríveis hão-de devastar a Lucânia (referia-se sem dúvida à peste), e que os habitantes da região recolherão o seu cadáver concedendo-lhe honras divinas, e darão o seu nome ao cabo Palinuro.

PANACEIA. (Πανάκεια.) Panaceia é uma deusa que simboliza a cura universal, graças às plantas. Passa por uma das filhas de Asclépio e de Lampécia (filha de Hélio, o Sol). Tem duas irmãs, Iaso (a curandeira) e Hígia, e dois irmãos, Macáon e Podalírio.

PÂNCRATIS. (Παγκράτις.) Pâncratis é a filha de Aloeu e de Ifimedia, sendo por conseguinte irmã dos Alóadas (v. quadro 11, p. 142). Quando celebrava os rituais em honra de Dioniso, foi, juntamente com sua mãe, raptada, na altura de uma das incursões dos Trácios estabelecidos em Naxos (então chamada a «ilha redonda», *Strongyle*), onde a população feminina era escassa. Os dois principais chefes trácios, Sícelo e Hegetoro, bateram-se em duelo a fim de decidir quem ficaria com Pâncratis, que a Natureza dotara de impressionante beleza. Ambos morreram e a jovem foi entregue ao rei dos Trácios de Naxos, Agassámeno.

Algum tempo depois, os Alóadas organizaram uma expedição contra Naxos, para se vingarem do agravo recebido. Mas Pâncratis morreria pouco depois de ter sido salva pelos irmãos.

Segundo Parténio, os dois raptores da jovem chamavam-se Célis e Cassámeno (v. *Ifimedia*).

PANDÁREO. (Πανδάρεος.) Relacionam-se com o nome de Pandáreo alguns mitos obscuros que parecem provir de Creta e da Ásia Menor e cujo mais antigo testemunho é uma história contada na *Odisseia*.

O primeiro episódio é conhecido graças a Antonino Liberal e aos escólios à *Odisseia*: Quando Reia, receando que Crono devorasse o pequeno Zeus, o escondeu numa gruta de Creta, deu-lhe como ama uma cabra e como guarda um cão mágico de ouro. Assim que Crono foi destronado, a cabra foi transformada em constelação e o cão foi consagrado à guarda do santuário de Zeus em Creta. Mas Pandáreo, filho de Mérope, ousou roubar este cão e levou-o para o monte Sípilo, na Lídia, onde o confiou a Tântalo, partindo pouco depois. Ao regressar, reclamou o seu cão a Tântalo, que negou, sob juramento, tê-lo recebido. Zeus então interveio: transformou Pandáreo em rochedo, punindo-o assim do seu latrocínio, e fez Tântalo descer às profundezas da Terra sob o monte Sípilo, para o castigar pelo seu perjúrio. Uma outra variante narra o seguinte: o cão foi confiado a Tântalo, mas foi Hermes que veio reclamá-lo em nome de Zeus, tendo-lhe Tântalo jurado que jamais vira o animal. Hermes, no entanto, conseguiu descobrir o cão e Zeus puniu o perjuro, como na versão precedente. Quanto a Pandáreo, conta-se que ele se assustou, ao saber da sorte de Tântalo, fugindo assim com sua mulher Harmótoe e com as filhas. Partiu para Atenas e daí para a Sicília, sem contudo escapar à ira de Zeus, que o matou a ele e à mulher. As filhas foram raptadas pelas Harpias.

É a propósito das filhas de Pandáreo que a *Odisseia* alude a este mito. Penélope, num dia de desespero, deseja uma morte rápida, semelhante à que se abateu sobre as filhas de Pandáreo. Estas, após a morte dos pais, ficaram sem ninguém no mundo, e os deuses, movidos pela piedade, decidiram tomá-las sob a sua protecção. Afrodite levou-lhes de comer, Hera deu-lhes beleza e sabedoria, Ártemis dotou-as de elegância, Atena conferiu-lhes destreza de mãos. Quando as deusas estavam prestes a concluir o processo de educação das jovens, Afrodite subiu, durante alguns instantes, ao Olimpo, a fim de pedir a Zeus que encontrasse maridos dignos das suas protegidas. Durante esse curto espaço de tempo, as Harpias precipitaram-se sobre as donzelas e raptaram-nas, entregando-as como escravas às Erínias, nos Infernos.

Palinuro: VIRG., *Aen.*, III, 202; 562; V, 12 e s.; 814 e s.; VI, 337 e s.; SERV., *ad Virg.*, *Aen.*, VI, 378; 379. Cf. J. HUBAUX, «Palinure et Thespésios», *Rev. Bel. Philol.* 1933, p. 872; R. MANDRA, in *LEC*, 1938, pp. 168-182; E. DE SAINT-DENIS, *ib.*, pp. 472-491.

Panaceia: PLIN., *N. H.*, XXV, 30; GAL., XIV, 42; SUID., *s.u.* Ἠπιόνη; PAUSAN., I, 34, 3.

Pâncratis: DIOD. SIC., V, 50 e s.; PARTH., *Erot.*, 19.

Pandáreo: *Od.*, XX, 66 e s. e escól.; XIX, 518 e escól. a EUST., *ad loc.*; PAUSAN., X, 30, 1 e s.; ANT. LIB., *Transf.*, 36; cf. 11; escól. a PIND., *Olymp.*, I, 90 e 97.

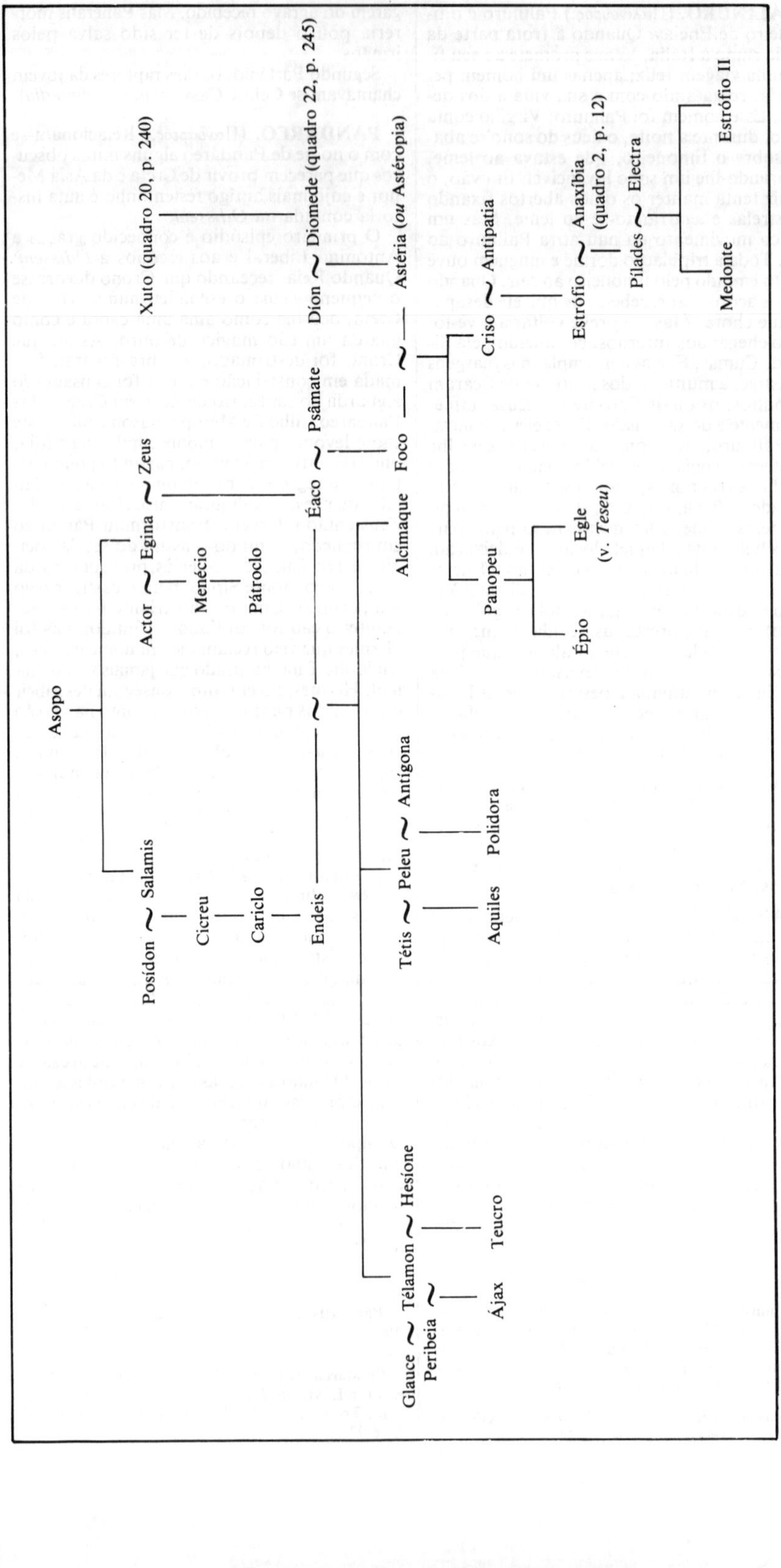

Quadro genealógico n.º 31

As tradições divergem no que diz respeito ao número e ao nome das filhas de Pandáreo: ora se diz que são duas, Camiro e Clície, ou Cleotera e Mérope, ora se afirma que são três — Cleotera, Mérope e Édon.

Este último nome relaciona o mito de Pandáreo com a história milésia da andorinha e do rouxinol, em que Édon e Quélidon (que têm os nomes das duas aves mencionadas) são igualmente filhas de um certo Pandáreo (v., em relação a esta lenda, *Édon*). Este Pandáreo recebera de Deméter o dom de jamais sofrer do estômago, qualquer que fosse a quantidade de alimentos que ingerisse.

PÂNDARO. (Πάνδαρος.) Pândaro é o chefe de um contingente que os Lícios da Tróada enviaram a Príamo para lhe prestar auxílio militar. É natural da cidade de Zelia e filho de um velho chamado Licáon (v. *Cárcabo*). Apolo ensinou-lhe a arte de usar o arco e a flecha. Apesar dos conselhos do pai, foi para Tróia como soldado de infantaria, recusando (por avareza) levar um carro e cavalos. Na altura das tréguas entre Gregos e Troianos, no momento do combate singular entre Páris e Menelau, a deusa Atena, na figura do troiano Laódoco, incita Pândaro a disparar uma flecha contra Menelau. Rompidas deste modo as tréguas, a guerra recomeça.

Pândaro combate em seguida contra Diomedes, sendo morto pelo adversário. O facto foi visto como uma justa punição pelo acto perjuro de traição que pusera fim às tréguas.

Virgílio apresenta como irmão deste herói um outro arqueiro de nome Eurícion.

PANDÍON. (Πανδίων.) Pandíon é o nome de dois reis da dinastia de Erictónio, em Atenas.

1. O primeiro é filho de Erictónio e de Praxítea (v. quadro 12, p. 144), uma Náiade. De Zeuxipe, sua tia materna, teve dois filhos e duas filhas: Erecteu e Butes e Procne e Filomena. Atribuía-se-lhe também um bastardo chamado Eneu (não confundir com o herói de Cálidon, v. *Eneu*), epónimo da tribo ática homónima.

Pandíon figura na lenda de Procne e Filomela (v. *Filomela*). É ele quem celebra o casamento de Procne com o rei da Trácia, Tereu, em troca de um tratado segundo o qual este se comprometia a ajudar Pandíon na sua luta contra os Tebanos de Lábdaco. Diz-se que morreu de desgosto ao saber da desgraça das filhas. A lenda situa no seu reinado a vinda de Deméter e Dioniso à Ática.

Após a sua morte, o poder foi repartido por Erecteu e Butes. O primeiro recebeu o trono, o segundo o sacerdócio (v. *Erecteu* e *Butes*).

2. O segundo rei de Atenas chamado Pandíon é bisneto do precedente (v. quadro 12, p. 144). O seu pai era Cécrops II, filho de Erecteu e de Praxítea; sua mãe, Metiadusa, era filha de Eupálamo. Sucedeu a seu pai e foi o oitavo rei da Ática. Sob o seu reinado se situa a vinda de Orestes, purificado do matricídio (v. *Orestes*). Com a sua chegada se relacionava a festa das ânforas, instituída por Pandíon durante as Antestérias (episódio também por vezes situado no reinado de Demofonte, o que se insere melhor na cronologia tradicional, pois este rei, filho de Teseu, pertence à geração da Guerra de Tróia, sendo mais novo do que Agamémnon e mais velho do que Orestes; v. *Demofonte*). Na mesma época, Zeus teria raptado Europa, e Cadmo teria vindo para a Europa à sua procura.

Contava-se que Pandíon II tinha sido destronado por uma revolta operada pelos seus primos, filhos de Metíon. Ele refugiara-se então em Mégara, junto do rei Pílades, que lhe teria dado em casamento a sua filha Pília. Quando Pílades foi obrigado a deixar Mégara (v. *Pílades*), o trono foi entregue a Pandíon. O casamento com Pília é por vezes situado antes da revolta de Metíon e de seus filhos.

Pandíon teve de Pília quatro filhos: Egeu, Palas, Niso e Lico.

3. Um outro Pandíon é um dos filhos de Fineu e de Cleópatra. Com o seu irmão Plexipo, foi caluniado pela sogra e o pai cegou-o (v. *Cleópatra* e *Fineu*).

PÂNDOCO. (Πάνδοκος.) Pândoco, «o que acolhe», é o pai de Palestra. Foi morto por Hermes (v. *Palestra*).

PANDORA. (Πανδώρα.) Pandora é, num mito hesiódico, a primeira mulher. Foi criada por Hefesto e por Atena, com o auxílio de todos os outros deuses, por ordem de Zeus. Cada um deles lhe atribuiu um dom: recebeu assim a beleza, a graça, a destreza manual, a capacidade de persuadir e outras qualidades. Mas Hermes colocou no seu coração a mentira e a astúcia. Hefesto fê-la à imagem das deusas imortais, e Zeus destinou-a à punição da raça humana, à qual Prometeu tinha acabado de dar o fogo divino. Foi esse o presente que to-

---

Pândaro: *Il.*, II, 824 e s.; IV, 86-147; V, 95-120; 166-296; APOLLOD., *Ep.*, III, 34; IV, 1; HYG., *Fab.*, 112; DICT. CR., *Bel. Tr.*, II, 35 e s.; VIRG., *Aen.*, V, 495 e s.

Pandíon: 1) APOLLOD., *Bibl.*, III, 14, 7 e s.; PAUS., I, 5, 3 e s.; IV, 1, 6-8; TZETZ., *Chil.*, I, 174 e s.; V, 671 e s.; HYG., *Fab.*, 48; CONON, *Narr.*, 21; escól. *ad* ARISTOPH., *Av.*, 212; 368; OV., *Met.*, VI, 426 e s.; SERV., *ad* VIRG., *Ecl.*, VI, 78. **2)** APOLLOD., *Bibl.*, III, 15, 5; PAUS., I, 5, 3; IV, 1, 6 e s.; 2, 6; STRAB., IX, 392; XII, 573; XIV, 667; DIOD. SIC., IV, 55; escól. *ad* ARISTOPH., *Ach.*, 961; SUID., *s.u.* Χόες; EUSEB., *Chron.*, I, 186. **3)** APOLLOD., III, 15, 1; escól. a SOPH., *Ant.*, 980.

Pândoco: *Etym. Magn.*, 647, 56.

Pandora: HES., *Theog.*, 571 e s.; *Op.*, 60 e s.; HYG., *Fab.*, 142; APOLLOD., *Bibl.*, I, 7, 2; *Etym. Magn.*, *s.u.*; BABRIOS, *Fab. Aesop.*, p. 122, 13 (ed. Schn.); PAUSAN., I, 24, 7; PLIN., *N. H.*, XXXVI, 19; *Anthol. gr.*, III, p. 92; cf. M. GUARDUCCI, «Il Mito di Pandora», *S. M. S. R.*, 1927, p. 14 e s.; A. H. SMITH, in *Journ. Hell. St.*, XI, p. 278 e s.; J. E. HARRISSON, *ibid.*, XIX, p. 205; XX, p. 99; Ch. PICARD, «Le péché de Pandora», *Acr.*, 1932, p. 39-57; H. TURCK, *Pandora und Eva*, Weimar, 1931; L. SÉCHAN, «Pandora, l' Eve grecque», *B. A. G. B.*, 1929, n.º 23, p. 3-36.

dos os deuses ofereceram então aos homens, para lhes causar a desgraça.

No poema *Os Trabalhos e os Dias*, Hesíodo conta que Zeus enviou Pandora a Epimeteu. Seduzido pela sua beleza, este tomou-a por esposa, esquecendo os conselhos de seu irmão Prometeu, que o advertira no sentido de jamais aceitar um presente de Zeus (v. *Epimeteu*). Ora havia um vaso (Hesíodo não nos diz que vaso era este) que continha todos os males. Estava coberto por uma tampa, que impedia o contéudo de se extravasar. Mal chegou à Terra, Pandora, movida por uma imensa curiosidade, levantou a tampa do recipiente, e todos os males se espalharam sobre a humanidade. Apenas a esperança, que estava no fundo, ficou, por não conseguir sair antes de Pandora voltar a colocar a tampa no vaso. Segundo outra versão, este vaso conteria não os males, mas tudo o que de bom existe, e Pandora tê-lo-ia levado a Epimeteu como presente de núpcias, a mando de Zeus. Abrindo imponderadamente o recipiente, ela deixou escapar os bens, que voltaram para a morada dos deuses em vez de permanecerem entre os mortais. Os homens foram assim condenados a sofrer toda a casta de males; só a esperança, pobre consolação, lhes restava.

Sobre Pandora, filha de Erecteu, v. *Jacíntides* (ou *Hiacíntides*).

PANDORO. (Πάνδωρος.) Pandoro é um dos filhos de Erecteu e de Praxítea (v. quadro 12, p. 144). Era considerado o fundador da cidade de Cálcis, na Eubeia.

PÂNDROSO. (Πάνδροσος.) Pândroso é uma das três filhas de Cécrops e de Aglauro (a filha do primeiro epónimo da Ática, Acteu, v. quadro 4, p. 79). As suas duas irmãs são Aglauro (ou Agraulo) II e Herse. Com a cumplicidade destas, cometeu Pândroso o crime de abrir o cesto em que Atena havia escondido o pequeno Erictónio (v. *Erictónio*). Foi por isso punida com a morte.

Acrescenta-se, por vezes, ao número das irmãs, uma quarta, chamada Fenice.

Pândroso foi, segundo a lenda, a primeira mulher a usar a roca e o fuso. Era-lhe prestado culto na Acrópole e teria havido, segundo a tradição, uns mistérios celebrados em seu nome.

PANFILO. (Πάμφυλος.) Panfilo é um dos filhos de Egímio, e um dos epónimos das tribos dóricas — a dos Panfílios (v. *Egímio*). Lutou com os Heraclidas contra Tisâmeno (v. *Heraclidas*). Desposou Orsobia, filha de Deifontes.

PANFO. (Πάμφως.) Segundo Pausânias, Panfo é um poeta muito antigo que, em tempos míticos, compôs hinos religiosos para os Atenienses. A mesma fonte cita, entre outros, os hinos a Deméter, a Ártemis, a Posídon, a Eros e às Graças.

PANGEU. (Παγγαῖος.) Pangeu era um herói da Trácia, filho de Ares e de Critobulo. Por ter involuntariamente violentado a própria filha, trespassou-se com a espada, no monte que em sua memória tomou o nome de Pangeu.

PANIDES. (Πανίδης.) Panides era um rei de Cálcis, na Eubeia. Era irmão do rei Anfidamante e, segundo a lenda, foi nos jogos fúnebres em honra deste que se defrontaram em concurso os poetas Homero e Hesíodo. Panides quis atribuir o prémio a Hesíodo por considerar mais útil o seu canto, consagrado aos trabalhos agrícolas, do que os versos homéricos, que tinham por tema a guerra e os combates. Mas o público não aceitou o julgamento do rei e o prémio foi concedido a Homero. Era costume chamar-se a um juízo alheio ao bom gosto «julgamento de Panides».

PANOPEU. (Πανοπεύς.) Panopeu é o herói epónimo da cidade da Fócida oriental chamada Pânope. Pertence, como filho de Foco, à raça de Éaco (v. *Éaco*) e descende, por linha materna (sua mãe é Astéria), da raça de Deucalião, por intermédio de Xuto (v. quadro 8, p. 116; 31, p. 352). Tem um irmão gémeo, Criso, contra o qual nutre um ódio desenfreado e inclemente. Conta-se que as duas crianças brigavam já no ventre materno (v. *Criso*). Panopeu acompanhou Anfitrião na expedição contra os Táfios e jurou por Atena e por Ares nada extorquir do saque. Mas faltou ao juramento, o que lhe valeu a punição divina: embora corajoso na luta, o seu filho Epeu foi sempre um mau guerreiro. Participou na Guerra de Tróia, tendo construído o cavalo de madeira (v. *Epeu*).

Panopeu figura na *Electra* de Sófocles (onde tem o nome de Fanoteu): apoia Egisto, enquanto Pílades, seu sobrinho, defende Orestes. Assim se manifesta, mesmo entre os descendentes, o velho ódio de Panopeu e Criso.

PÂNTOO. (Πάνθοος.) Pântoo figura na *Ilíada* como um dos mais velhos troianos companheiros de Príamo. Tem três filhos: Hipenor, Euforbo e Polidamante. A sua mulher é Frôntis. Contava-se que este Pântoo era natural de Delfos e estava consagrado ao culto de Apolo. Quando Héracles tomou pela pri-

---

Pandoro: Apollod., *Bibl.*, III, 15, 1; Eust., *ad Hom.*, *Il.*, 281, 38.

Pândroso: Apollod., *Bibl.*, III, 14, 2 e s.; Pausan., I, 2, 6; 18, 2; Ov., *Met.*, II, 558 e s.; escól. *ad Il.*, I, 334; Poll., VIII, 103; Suid., *s.u.* Φοινικήια γράμματα; Athenagoras, *Leg. pro Christo*, 1.

Panfilo: Pind., *Pyth.*, I, 121; Steph. Byz., *s.u.* Δυμᾶνες; Pausan., II, 28, 6; Apollod., *Bibl.*, II, 8, 3.

Panfo: Pausan., I, 29, 2; 38, 3; 39, 1; VII, 21, 9; VIII, 35, 8; 37, 9; IX, 27, 2; 29, 8; 31, 9; 35, 4.

Pangeu: Ps.-Plut., *de flor.*, III, 2.

Panides: Tzetz., *Prol. ad Op. Hes.*, VI, 15, p. 14 e s.; *Cert. Hom. et Hes.*, III, 14.

Panopeu: Pausan., II, 29, 2 e s.; Steph,. Byz., *s.u.* Πανόπη; Tzetz., *ad Lyc.*, 53; 930 e s.; 939; Apollod., *Bibl.*, II, 4, 7; escól. *ad* Eur., *Or.*, 33; *ad Il.*, II., 520; Plut., *Thes.*, 20; Plat., *Ion*, 533 a; *Il.*, XXIII, 665; Ov., *Met.*, VIII, 312; Soph., *El.*, 45 e s.; 670 e s.

Pântoo: *Il.*, III, 146; XIV, 450; XVI, 808; XVII, 40, escól. a XII, 211; 511; XV, 522; Luc., *Gall.*, 17; Serv., *ad Virg.*, *Aen.*, II, 318; Virg., *Aen.*, II, 319; 430.

meira vez Tróia, Príamo enviou uma embaixada para consultar o oráculo de Delfos. Os emissários regressaram, levando consigo Pântoo, a fim de conservarem duradouras as relações com o santuário. Segundo outra versão, o embaixador de Príamo, um dos filhos de Antenor, apaixonou-se por Pântoo, um sacerdote de Apolo em Delfos, e levou-o à força para Tróia. Para reparar a ofensa cometida contra Pântoo, Príamo fê-lo sacerdote de Apolo em Tróia. Viria a ser morto por ocasião da tomada da cidade.

PÁRALO. (Πάραλος.) Páralo é um herói ateniense que inventou, segundo a tradição, as naus de guerra. Em sua honra, à trirreme oficial de Atenas foi dado o nome de «Páralo».

*** PARCAS.** (*Parcae.*) As Parcas são, em Roma, as divindades do Destino, identificadas com as Meras (*Moirai*) gregas (v. *Meras*), de cujos atributos se foram revestindo a pouco e pouco. Na sua origem, as Parcas parecem ter sido, na religião romana, os espíritos do nascimento. Mas este traço inicial cedo se desvaneceu, perante a atracção das Meras. São representadas como fiandeiras, medindo a seu bel-prazer a vida dos homens. São, como as Meras, três irmãs: uma preside ao nascimento, a outra ao casamento e a terceira à morte. As três Parcas figuravam no Foro em três estátuas, vulgarmente denominadas «as três fadas» (*tria Fata*, os três Destinos).

PARÉBIO. (Παραίβιος.) Parébio era um habitante da região do Bósforo da Trácia, não muito distante do reino de Fineu. O seu pai cometera um acto sacrílego, ao abater um pinheiro consagrado às Hamadríades, embora estas lhe tivessem suplicado que poupasse a sua árvore. As Ninfas puniram-no com a pobreza, atingindo deste modo também Parébio. Mas Fineu ensinou-lhe como deveria agir para vencer a maldição: era necessário erigir um altar e oferecer sacrifícios expiatórios às Ninfas. Ele assim fez e a maldição terminou, Parébio, reconhecido, tornou-se um dos mais fiéis servidores de Fineu.

PÁRIS. (Πάρις.) Páris, também chamado Alexandre (v. *infra*), é o filho mais novo de Príamo e de Hécuba. Um prodígio precedeu o seu nascimento: já no termo da gravidez, a mãe sonhou que dava à luz uma tocha que punha fogo à cidadela de Tróia. Príamo pediu a explicação deste sonho a seu filho Ésaco (nascido de uma mulher chamada Arisbe), que afirmou que a criança que ia nascer causaria a ruína de Tróia e aconselhou-o a eliminá-la à nascença. (Sobre outra tradição, v. *Hécuba.*) Mas em vez de matar o menino, Hécuba mandou expô-lo no Ida. Páris foi criado por pastores, que o recolheram e lhe deram o nome de Alexandre (o «homem que protege», ou o «homem protegido»), porque não morrera na montanha por ter sido recolhido e «protegido». Segundo outra variante, Páris foi exposto por um servo de Príamo, Agelau, por ordem do rei. Durante cinco dias, uma ursa veio alimentar a criança na montanha. Como ao fim desse tempo Agelau foi encontrar vivo o recém-nascido abandonado, decidiu recolhê-lo e educá-lo. Páris cresceu, tornando-se um jovem de grande beleza e valentia. Protegia os rebanhos do ataque dos ladrões, o que lhe valeu o sobrenome de Alexandre (v. *supra*).

Outra lenda contava que Príamo, iludido por um oráculo, mandou imolar, em vez do seu filho, o de Cila, Munipo, julgando que era este o homem fatal à cidade a que se referia o sonho de Hécuba (v. *Cila*).

Mas Páris voltou a Tróia, revelando a sua identidade. Um dia, alguns criados de Príamo foram buscar, ao rebanho que Páris guardava, um touro pelo qual o pastor sentia particular afeição. Sabendo que o animal estava destinado a ser o prémio dos jogos fúnebres instituídos em memória do filho de Príamo que todos supunham ter morrido de tenra idade, e apercebendo-se de que esse filho não era outro senão ele próprio, Páris seguiu os servos, decidido a participar nesses jogos e a conquistar assim o seu animal preferido. E triunfou de facto em todas as provas, travadas contra os seus próprios irmãos, que não sabiam quem ele era. Irado, um deles, Deífobo, puxou da espada, decidido a matá-lo. Páris procurou então refúgio no altar de Zeus. Cassandra, sua irmã, profetisa do templo, reconheceu-o, e Príamo, feliz por reencontrar o filho que julgara morto, acolheu-o, dando-lhe o lugar que lhe pertencia por direito na casa real. Segundo outra versão, não é Cassandra quem reconhece o jovem; é este quem comprova facilmente a sua identidade, trazendo consigo as vestes que o cobriam no momento em que fora exposto.

O segundo episódio da lenda de Páris é o julgamento que daria origem à Guerra de Tróia. Quando os deuses se encontravam reunidos para celebrar as núpcias de Tétis e de Peleu, Éris (a Discórdia) lançou para o meio deles uma maçã de ouro, dizendo que ela deveria ser dada à «mais bela» das três deusas: Atena, Hera e Afrodite. Gerou-se a confusão; ninguém queria encarregar-se de escolher entre as três divindades, e Zeus ordenou a Hermes que conduzisse Hera, Atena e Afrodite ao monte Ida, onde Páris julgaria a questão. Ao ver as deusas aproximarem-se, o jovem teve medo e quis fugir. Mas Hermes persuadiu-o de que nada tinha a recear, e explicou-lhe a situação,

---

Páralo: Escól. *ad* Demosth., VIII, 29; XXI, 570; Harpocr., *s.u.*; Plin., *N. H.*, VII, 57; XXXV, 101; Cic., *Verr.*, IV, 60. 135.

Parcas: A. Gel., *N. A.*, III, 16, 10.

Parébio: Apol. Rh., *Arg.*, II, 456 e s. e escól. *ad loc.*

Páris: Apollod., *Bibl.*, III, 12, 5 e s.; escól. *Il.*, III, 325; Tzetz., *ad Lyc.*, 86; Cic., *de div.*, I, 21, 42; Hyg., *Fab.*, 91; 92; 107; 110; 113; Virg., *Aen.*, VII, 319 e s.; Soph., *Alexandros*, trag. perdida (cf. Nauck, *Trag. Gr. Fragm.*, 2.ª ed., p. 150); Eur., *id.*, (*ibid.*, p. 373 e s.); *Andr.*, 284 e escól. ao v. 293; *Iph. Aul.*, 573 e s.; 1284 e s.; *Hel.*, 676 e s.; *Tr.*, 924 e s.; *Il.*, III, 15 e s.; 310 e s.; VI, 312 e s.; 503 e s.;

ordenando-lhe que desempenhasse as funções de juiz, em nome da vontade de Zeus. Então, uma após outra, as três deusas advogaram perante ele a sua própria causa. Cada uma lhe prometeu a sua protecção e alguns dons especiais, se ele decidisse a seu favor. Hera assegurar-lhe-ia o domínio de toda a Ásia; Atena prometeu-lhe a sabedoria e a vitória em todos os combates; Afrodite limitou-se a oferecer o amor de Helena de Esparta. Páris decidiu então que era Afrodite a mais bela.

Os poetas glosaram a seu bel-prazer este tema, que inspirou ainda escultores e pintores. Páris era representado como um pastor, num cenário silvestre, perto de uma fonte. Alguns mitógrafos cépticos afirmaram, por vezes, que toda essa questão não passou de um plano urdido por três moças de vila desejosas de comprovar a sua beleza, que não hesitaram em ludibriar Páris. Outros aventam a hipótese de ele ter visto em sonhos o julgamento, quando apascentava sozinho nos montes os seus rebanhos.

Até ao aparecimento das deusas e ao julgamento, Páris amou uma ninfa do Ida chamada Enone (v. *Enone*). Mas assim que Afrodite lhe prometeu o amor de Helena — a mais bela das mulheres —, abandonou a ninfa e partiu para Esparta. Segundo uma das tradições, ele teria sido acompanhado nesta viagem por Eneias, que teria recebido tal ordem da própria Afrodite. Heleno e Cassandra bem predisseram o desfecho de tal aventura, mas ninguém quis acreditar nas suas palavras. Ao chegar ao Peloponeso, Eneias e Páris foram recebidos pelos irmãos de Helena, os Dioscuros, que os conduziram à presença de Menelau. Este acolheu-os hospitaleiramente e apresentou-os a Helena. Pouco depois, o anfitrião foi forçado a ausentar-se por algum tempo, a fim de participar em Creta nos funerais de Catreu (v. *Menelau*), e confiou por isso à esposa o bem-estar dos hóspedes, recomendando-lhe que os deixasse ficar em Esparta durante o tempo que lhes aprouvesse. Não tardou muito que Páris a seduzisse, prodigalizando presentes para conquistar o seu amor. Os seus intentos foram facilitados pelo fasto oriental que o envolvia e pela sua beleza, que a vontade de Afrodite, sua protectora, tornava ainda mais resplandecente. Abandonando sua filha Hermíone (então com nove anos), Helena não hesitou em fugir com Páris, aproveitando a escuridão da noite, levando consigo todos os tesouros que pôde.

Sobre as peripécias da viagem desde Esparta à Ásia Menor, e acerca das versões múltiplas da lenda, v. *Helena*.

Ao regressar a Tróia, Páris foi bem recebido por Príamo e por toda a casa real, apesar das profecias sombrias de Cassandra.

Durante a Guerra de Tróia, o papel desempenhado por Páris não é de modo algum brilhante. No início da *Ilíada*, quando Gregos e Troianos concordaram em resolver o diferendo por um combate singular entre Menelau e Páris, este foi derrotado e não se salvaria sem a protecção de Afrodite, que o envolveu numa espessa nuvem, subtraindo-o assim aos olhos do inimigo. Pouco depois, a peleja recomeçaria.

Mas tarde, considerando que Páris estava há muito ausente das fileiras do combate, Heitor vai procurar o irmão junto de Helena, ordenando-lhe que se prepare para voltar ao campo de batalha. Páris obedece, mata Menéstio, fere Diomedes, Macáon, Eurípilo, e participa no ataque ao acampamento grego. Mata Euquenor e, em seguida, Déjoco.

A *Ilíada* retrata por vezes Páris combatendo munido de couraça, escudo, lança e espada. Mas ele é geralmente apresentado como um arqueiro e é nessa qualidade que intervém na morte de Aquiles.

A morte de Aquiles é precisamente o último grande episódio da lenda de Páris, antes da sua própria morte. Heitor prediz, ao sucumbir, o fim de Aquiles. Quando o filho de Peleu, depois de matar Mémnon, força os Troianos a recuar até aos muros da cidade, Páris detém-no com uma flecha que o atinge na única zona vulnerável do seu corpo — o calcanhar. Mas se a seta foi disparada por Páris, foi guiada no seu trajecto pelo próprio Apolo. Segundo uma outra versão, o arqueiro foi o deus Apolo, disfarçado sob a aparência de Páris. Mais tarde, quando se desenvolveu o episódio dos amores de Aquiles e Políxena, divulgou-se uma versão segundo a qual o herói grego, disposto a trair os seus compatriotas por amor da jovem, e decidido a combater ao lado dos Troianos, teria sido atraído a uma emboscada e morto por Páris, no templo de Apolo Tímbrio. Páris ter-se-ia então escondido atrás da estátua do deus. Assim se justificava a profecia de Heitor ao morrer, segundo a qual o seu inimigo seria morto por Páris e por Apolo.

Páris morreu atingido por uma flecha de Filoctetes que lhe trespassou a região inferior do abdómen. Ferido de morte, foi levado para fora do campo de batalha. Mandou então pedir a Enone, que tinha artes de curandeira, um antídoto contra o veneno de que estavam impregnadas as flechas de Filoctetes (v. *Filoctetes*). Mas Enone recusou-se a salvar aquele que a tinha abandonado e, quando por fim sentiu piedade, era já tarde de mais. (v. *Enone*).

PARNASO. (Παρνασσός.) Parnaso (ou Parnasso) é o herói epónimo da montanha do Parnaso, consagrada a Apolo. É, segundo a lenda, filho de uma ninfa chamada Cleodora e de Posídon. Mas atribuía-se-lhe também um pai «mortal» — Cleopompo. Parnaso teria fundado o velho oráculo de Pito, que foi depois ocupado por Apolo. Teria ainda inventado a arte da adivinhação pelas aves.

VII, 1 e s.; 354 e s.; VIII, 80 e s.; XII, 93; XIII, 660 e s.; 765 e s.; XV, 341 e s.; XXII, 359-360; trag. perdida de ENNIVS; OV., *Her.*, XVI; *Met.*, XII, 598 e s.; LUCIAN., *D. Deor.*, 20; DICT. CR., *Bell. Tr.*, I, *passim*; TZETZ., *Posth.*, 385 e s.; SERV., *ad VIRG.*, *Aen.*, V, 370; VI, 57; LACT. PLAC., *ad* STAT., *Achil.*, I, 134. V. *Aquiles*; *Helena*. Cf. K. REINHARDT, *Das Parisurteit*, Francoforte, 1938.

Parnaso: PAUSAN., X, 6, 1.

PARRÁSIO. (Παρράσιος.) Parrásio é um herói arcádio, filho de Licáon (v. *Licáon*) ou de Zeus, e pai de Arcas, o epónimo da região da Arcádia. Atribuía-se-lhe a fundação da cidade arcádica de Parrásia.

Conta Plutarco que a ninfa Filónome, filha de Níctimo e de Arcádia, teve de Ares dois gémeos. Receando a ira do pai, expôs as crianças no monte Erimanto, mas uma loba amamentou-as até serem recolhidas pelo pastor Tilifo. Este deu-lhes os nomes de Licasto e Parrásio, educando-os como seus filhos. Anos mais tarde, os dois gémeos assenhorearam-se do poder na Arcádia. O paralelismo desta lenda, sem dúvida tardia, com a história de Rómulo e Remo é evidente.

PARSONDES. (Παρσώνδης.) Parsondes, ou Parsondas, é um persa, herói de uma aventura singular. Valente guerreiro, caçador intrépido, era o favorito do rei dos Medos, Arteu. Diversas vezes pedira ao soberano que lhe concedesse o cargo de sátrapa da Babilónia, depondo o homem efeminado que o ocupava — Nánaro —, mas Arteu recusara sempre satisfazer tal pedido. Até que Nánaro, informado das intenções de Parsondes, decidiu vingar-se, e prometeu uma recompensa a quem lhe entregasse o seu rival. Ora um dia Parsondes perdeu-se enquanto caçava, nas imediações da Babilónia, e encontrou uns homens da corte de Nánaro, que logo o fizeram beber até ficar ébrio, convencendo-o a passar a noite em sua companhia. Assim que o viram adormecido, acorrentaram-no, entregando-o ao rei, seu inimigo. Este confiou-o aos seus eunucos para que lhe cortassem a barba, e o obrigassem a levar no harém uma vida de mulher. Em pouco tempo, Parsondes aprendeu a tocar cítara, a dançar e a enfeitar-se, tornando-se uma das mulheres do sátrapa. Viveu assim durante sete anos. Findo este tempo, conseguiu, com a ajuda de um eunuco, enviar uma mensagem ao rei Arteu, que o julgava morto. Ao saber que o seu favorito estava afinal vivo, o rei dos Medos enviou um embaixador a Nánaro reclamando a liberdade de Parsondes. O sátrapa respondeu que não sabia do seu paradeiro, mas, ameaçado de morte por Arteu, acabou por entregar Parsondes, que estava tão efeminado que o enviado do rei dificilmente conseguiu reconhecê-lo no meio das cinquenta mulheres de Nánaro.

Quando Parsondes voltou à corte de Arteu, exigiu vingança, pois, segundo dizia, só a esperança de um dia se vingar o fizera suportar o seu longo e humilhante cativeiro. Arteu prometeu punir o sátrapa, mas este enviou-lhe presentes, conseguindo suborná-lo a ponto de ele recusar fazer justiça a Parsondes.

Este, então, deixou a corte, e à frente de três mil homens, partiu para a terra dos Cadúsios, onde vivia a irmã, casada com um dos principais senhores da região. A guerra eclodiu, e habilmente Parsondes conquistou a vitória. Os Cadúsios escolheram-no como seu rei e desde então jamais cessou o conflito entre Medos e Cadúsios. Quando Parsondes morreu, o seu sucessor, que lhe jurou prolongar sem tréguas tal guerra, prosseguiu a mesma política. E a situação durou até ao momento em que Ciro submeteu os Cadúsios forçando-os a cumprir as sua ordens.

PÁRTENO. (Παρθένος.) Párteno, «a virgem», é o nome de várias heróinas.

1. Uma delas é filha de Estáfilo e de Crisótemis, e tem duas irmãs — Reo (v. *Reo*) e Molpadia.

Estáfilo encarregara Molpadia e Párteno de lhe guardarem o vinho (cuja descoberta era ainda recente entre os homens). Mas as duas jovens adormeceram, não se apercebendo de que os porcos, que estavam também confiados à sua guarda, entraram no celeiro onde se encontrava o vinho, quebrando as ânforas que o continham. Ao acordarem, as duas irmãs mediram a catástrofe e, temendo a cólera de seu pai que sabiam ser impiedoso, correram em direcção ao mar, lançando-se às águas, do alto dos rochedos. Apolo teve pena delas, salvou-as da queda fatal e levou-as para as cidades do Quersoneso. Instalou Párteno em Bubástis, onde recebeu honras divinas, e Molpadia em Castabo, onde foi venerada sob o nome de Hemítea.

2. Párteno é também o nome da heroína que deu origem à constelação da Virgem. Sobre a sua identidade, as tradições divergem. Uma versão apresenta-a como filha de Apolo e de Crisótemis. Terá morrido jovem e o seu pai transformou-a em constelação. Outra variante faz dela a filha de Zeus e de Témis, identificando-a com Dice, a Justiça, que viveu na Terra durante a Idade de Ouro. Esta tradição é transmitida principalmente por Virgílio que, na quarta écloga, vê no regresso da constelação da Virgem o presságio de uma época de justiça. Dizia-se ainda que ela era filha de Astreu e de Hémera, ou de Icário (identificando-se, neste caso, com Erígone) (v. *Icário* e *Erígone*), ou então de Deméter ou Téspia, uma das filhas do deus-rio Asopo, epónimo de Téspias, na Beócia.

PARTÉNOPE. (Παρθενόπη.) Parténope era uma das Sereias, cujo túmulo a tradição situava em Nápoles. Com as irmãs (v. *Sereias*), ela lançou-se ao mar, e as ondas atiraram o seu corpo para as margens de Nápoles, onde lhe foi erigido um monumento.

Parrásio: STEPH. BYZ., *s.u.*; SERV., *ad VIRG.*, *Aen.*, XI, 31; PLUT., *Parall. min.*, XXXVI, 2, 378.

Parsondes: NICOL. DAM., fr. 10; DIOD. SIC., II, 33.

Párteno: 1) DIOD. SIC., V, 12. 2) HYG., *Astr. Poet.*, II, 25; ERATOSTH., *Cat.*, 9; ARAT., *Phaen.*, 96; e escól. ao v. 97; VIRG., *Buc.*, IV; escól. a *Il.*, XXII, 29.

Parténope: STEPH. BYZ., *s.u.* Σειρηνοῦσαι e Νέαπολις; EUST., *ad Hom.*, XII, 167, p. 1079; *ad* DION. PER., 385; LYC., *Alex.*, 717 e s.; TZETZ., *ad loc.*; SERV., *ad* VIRG., *Georg.*, IV, 563.

Segundo outra versão da lenda, Parténope teria sido uma bela jovem natural da Frígia, que se apaixonou por Mecíoco, sem querer contudo quebrar por ele o voto de castidade que havia formulado. Pretendendo infligir a si própria uma pena para castigar a paixão que sentia, ela cortou os cabelos e exilou-se de livre vontade partindo para a Campânia, onde se consagrou a Dioniso. Irada com tal procedimento, Afrodite transformou-a em sereia.

PARTENOPEU. (Παρθενοπαῖος.) Partenopeu é um dos Sete Chefes que marcharam contra Tebas. Segundo uma das versões, é natural da Arcádia, filho de Atalanta, divergindo as tradições a respeito da identidade do pai: ora se diz que é filho ilegítimo de Meleagro, ora que é filho legítimo de Melânion. Na variante que o apresenta como argivo, é irmão de Adrasto, e filho de Tálao e Lisímaca (v. quadro 28, p. 282).

Segundo a tradição, foi exposto nos montes com Télefo, que acompanhou este último à Mísia e que mais tarde tomou parte na expedição contra Idas (lenda apenas transmitida por Higino). Na Mísia, desposou a ninfa Clímene, da qual teve um filho — Tlesímenes.

O nome do herói (que evoca «parthenos», virgem) adveio, segundo a primeira versão, do facto de sua mãe ter conservado a virgindade durante um extenso período (v. *Atalanta*). Na segunda versão, o nome é uma consequência de haver sido, durante a infância, exposto no monte Parténio.

De grande beleza e inegável coragem, Partenopeu participou na expedição dos Sete, apesar dos conselhos de sua mãe, Atalanta, que lhe previa uma morte violenta. Nos jogos fundados em Némea em honra de Arquémoro-Ofeltes (v. *Arquémoro-Ofeltes*), saiu vencedor na prova de tiro ao arco. Foi morto à entrada de Tebas por Periclímeno, filho de Posídon, ou, segundo outros, por Asfídico ou Anfídico. Estácio reproduz uma variante, segundo a qual foi Drias, neto de Oríon, quem feriu de morte Partenopeu.

Sabe-se ainda que este herói teve um filho, Prómaco (ou Estratolau ou Tlesímenes; v. *supra*), que integrou a expedição dos Epígonos.

PASÍFAE. (Πασιφάη.) Pasífae (ou Pasífaa), mulher de Minos (v. quadro 30, p. 312), é filha de Hélio e de Perseide (v. quadro 16, p. 202). Perses e Eetes, rei da Cólquida, são seus irmãos, e a feiticeira Circe sua irmã.

A lenda mais célebre a respeito de Pasífae tem por cenário Creta, e por assunto os amores monstruosos da rainha com um touro. Dizia-se que Minos, na altura em que reclamou o trono de Creta, pediu aos deuses um sinal que confirmasse o seu direito ao Poder (v. *Minos*). Ao oferecer um sacrifício a Posídon, suplicou ao deus que fizesse sair do mar um touro, prometendo em troca sacrificar o animal. Mas quando a divindade acedeu à sua prece, o rei recusou-se a cumprir a promessa. Para o castigar, Posídon embraveceu o touro e mais tarde inspirou em Pasífae um desenfreado amor pelo animal. Outras versões afirmam que esta foi a pena infligida a Pasífae por Afrodite, em virtude de a rainha ter desprezado o culto da deusa. Diz-se ainda que esta pretendeu vingar-se da ofensa que recebera de Hélio (que ousara revelar a Hefesto os amores clandestinos da deusa com Ares), castigando Pasífae, filha de quem cometera o agravo (v. *Afrodite*).

Sem saber como havia de saciar a sua paixão, a rainha de Creta pediu conselho ao engenhoso Dédalo, que fabricou uma vaca tão perfeita, tão semelhante a um animal de carne e osso, que o touro se deixou enganar. Pasífae introduziu-se nas ocas entranhas do simulacro construído por Dédalo, efectuando-se deste modo a cópula. Destes monstruosos amores nasceu um ser híbrido, misto de homem e de touro, o Minotauro (v. *Minotauro*). Minos, ao saber de tal aventura, revoltou-se contra Dédalo e proibiu-o de sair de Creta. Mas reza a tradição que ele conseguiu escapar com a cumplicidade de Pasífae (acerca da versão mais divulgada da lenda de Dédalo, prisioneiro no Labirinto, após a vitória de Teseu, v. *Dédalo*).

A tradição atribuiu a Pasífae um ciúme doentio e hábeis dotes de feiticeira, semelhantes aos talentos evidenciados por sua irmã Circe e por Medeia, sua sobrinha, filha de Eetes. Para impedir que Minos possuísse outras mulheres, Pasífae teria lançado sobre ele tão poderosa maldição, que todas as suas amantes morriam devoradas pelas serpentes que lhe brotavam de todas as partes do corpo (v. *Minos*). Foi salvo deste suplício por Prócris (v. *Prócris*).

Existia na Lacónia um oráculo de Pasífae, mas contava-se que esta Pasífae era ou a Troiana Cassandra, ou Dafne, ou uma filha de Atlas que teria tido de Zeus um filho — Ámon, o deus de Cirene, adorado sob o nome de Zeus-Ámon.

PÁTROCLO. (Πάτροκλος.) Pátroclo é o amigo dilecto de Aquiles, na *Ilíada*. Filho de Menécio (filho de Egina e Actor), ele está ligado à família de Aquiles, sendo este, por parte do seu pai Peleu e do avô, Éace, bisneto de Egina, mãe de Menécio, o pai de Pátroclo (v. quadro 31, p. 352). Acerca do nome da mãe, v. *Menécio*.

Pátroclo é, por linha paterna, um locro, natural de Opunte, mas viveu desde criança na

---

Partenopeu: Escól. *ad* SOPH., *Oed. Col.*, 1320 e SOPH., *ibid.*, 1320 e s.; APOLLOD., *Bibl.*, I, 9, 13; III, 6, 3 e s.; 9, 2 e s.; PAUSAN., III, 12, 9; IX, 18, 6; EUR., *Phoen.*, 150; 1153 e s.; escól. ao v. 150; HYG., *Fab.*, 70; 71; 99; 100; 270; SERV., *ad VIRG.*, *Aen.*, VI, 480; AESCH., *Th.*, 534 e s.; STAT., *Silv.*, II, 6, 40 e s.; *Theb.*, IV, 246 e s.; VI, 556 e s.; IX, 831 e s.

Pasífae: ANT., LIB., *Tr.*, 41; APOLLOD., *Bibl.*, I, 9, 1; III, 1, 2; 15, 1; TZETZ., *ad Lyc.*, 174; DIOD. SIC., IV, 60 e s.; 77; APOL. RH., *Arg.*, III, 999; HYG., *Fab.*, 40; escól. a EUR., *Hipp.*, 47; 887; VIRG., *Buc.*, VI, 46 e s., e SERV., com. ao v. 57; OV., *Ars.*, I, 289 e s.; PLUT., *Agis*, 9; EUR., *Cret.*, trag. perdida.

Pátroclo: *Il.*, I, 337 e s.; IX, 190 e s.; 558 e s.; XI, 596 e s.; 642 e s.; 804 e s.; XV, 390 e s.; XVI,

Tessália, na corte de Peleu. Conta-se geralmente que ele matou, num acesso de fúria, durante uma partida de astrágalos, um rapazinho com quem costumava brincar chamado Clitónimo (ou Clisónimo), filho de Anfidamante. Foi então forçado ao exílio e recolhido por Peleu, que o deu como companheiro ao seu próprio filho, Aquiles. Cresceram, pois, juntos, aprendendo ambos a arte da medicina. Segundo uma das versões, Pátroclo terá sido um dos pretendentes de Helena; mas não seria necessário que estivesse vinculado a um juramento prestado a Tíndaro (v. *Helena*), para que ele fosse com Aquiles para Tróia.

A amizade de Pátroclo e Aquiles tornou-se proverbial. Diz-se mesmo que os laços que os uniam eram ainda mais fortes. Na altura do desembarque na Mísia (v. *Aquiles*), Pátroclo estava ao lado do seu amigo para combater Télefo; com o auxílio de Diomedes, salvou o cadáver de Tersandro. Foi ferido por uma flecha, mas Aquiles tratou dele, conseguindo curá-lo.

São numerosos os seus feitos na Guerra de Tróia. Figura nas epopeias cíclicas e não apenas na *Ilíada*. Foi ele, por exemplo, segundo uma tradição, quem vendeu em Lemnos Licáon, o filho de Príamo que Aquiles fez prisioneiro (v. *Licáon*). Participou igualmente na tomada de Lirnesso e no ataque à ilha de Ciro. Na *Ilíada*, figura em diversos episódios: entrega Briseida aos arautos de Agamémnon; no momento da embaixada a Aquiles, apoia o seu amigo. Mais tarde, quando os Gregos estão em dificuldades, Aquiles envia-o junto de Nestor para saber notícias. Aí, ele trata de Eurípilo que acaba de ser ferido, e ao voltar para a tenda de Aquiles expõe-lhe a situação crítica que ameaça a facção aqueia. Tenta persuadi-lo a voltar ao campo de batalha e suplica-lhe que ao menos o deixe chefiar os Mirmídones, fazendo-os voltar a pegar em armas. Aquiles autoriza-o a envergar a sua própria armadura e a participar na peleja. Em pouco tempo, faz uma grande matança entre os Troianos. Mata sucessivamente: Pirecmes, Aréiloco, Prónoo, Testor, Erilau, Érimas, Anfótero, Epaltes, Tlepólemo, Equio, Píris, Ifeu, Evipo, Polimelo, Sarpédon, Trasidemo, Esténelo, Adrasto, Autónoo, Efeclo, Périmo, Epistor, Melânipo, Elas, Mulio, Pilartes. No momento em que os Troianos batem já em retirada, Apolo opõe-se a Pátroclo, impedindo-o de perseguir o inimigo. O herói consegue ainda matar Cébrion, que conduz o carro de Heitor. Mas, com o auxílio de Apolo, Heitor mata-o. O combate reacende-se então entre Gregos e Troianos pela posse do cadáver de Pátroclo, a quem o inimigo logo despoja das suas armas (a armadura divina de Aquiles). Trava-se uma luta encarniçada, durante a qual Menelau se distingue particularmente. Antíloco, filho de Nestor, anuncia a Aquiles a morte do seu amigo. Vencido pela dor, o herói avança sem armas para o local onde a contenda mais se agiganta. Solta um grito e logo os Troianos fogem, ao ouvir aquela voz temível, abandonando o cadáver.

Esquecendo o seu rancor contra Agamémnon, Aquiles já não pensa senão em vingar Pátroclo. Os funerais deste e a morte de Heitor preenchem toda a parte final da *Ilíada*. As cerimónias fúnebres foram assinaladas pelo sacrifício de doze jovens troianos feitos prisioneiros por Aquiles nas margens do Escamandro e pelos jogos em que participaram todos os chefes gregos. Aquiles erigiu um túmulo, no local onde se ergueu a pira fúnebre.

Mais tarde, depois da morte de Aquiles, as suas cinzas foram guardadas junto das do amigo. Segundo uma das tradições, Pátroclo teria continuado a viver, na companhia de Aquiles, de Helena, de Ájax, filho de Télamon, e de Antíloco, na Ilha Branca, na embocadura do Danúbio.

PÁTRON. (Πάτρων.) **1.** Um herói chamado Pátron figura na *Eneida*, como participante nos jogos fúnebres em honra de Anquises. Sabemos por outras fontes que ele era um acarnano que encontrou Eneias durante a sua viagem, tendo-o acompanhado durante algum tempo, até se fixar na Sicília, onde fundou a cidade de Alôncio.

2. Outro herói com o mesmo nome é um companheiro de Evandro em Roma. Como este Pátron acolhia de bom grado os humildes, o seu nome deu origem à designação da instituição romana do Patronato.

*** PAX.** (*Pax.*) *Pax*, a Paz, é uma abstracção divinizada, em Roma. Frequentemente invocada no primeiro século antes da nossa era, durante as guerras civis, ela foi venerada por Augusto, que lhe mandou erigir um altar em Roma, para celebrar o restabelecimento definitivo da ordem. Mais tarde, Vespasiano e depois Domiciano, consagraram-lhe um templo, no Foro que eles construíram e ao qual deram o nome de Foro da Paz.

PÉAN. (Παιάν.) Geralmente, nos cultos da época clássica, Péan é apenas o epíteto ritual de Apolo, «o deus que cura». Contudo, desde os *Poemas Homéricos*, vemos intervir um deus curandeiro independente, chamado Péan, ou Péon: é ele quem trata de Hades quando este se fere. O deus sara os enfermos usando os poderes curativos de certas plantas medicinais. Pouco a pouco, foi-se assimilando a Apolo, sendo, por outro lado, suplantado por Asclépio (v. *Asclépio*).

PEANTE. V. *Peias*.

---

1 e s; 130 e s.; 278 e s.; canto XVI, *passim*; XVII, 1 e s.; 262 e s.; 543 e s.; XVIII, 1 e s.; 151 e s; 314 e s.; XIX, 276 e s.; XXIII, *passim*; *Od.*, XXIV, 79; Ov., *Pont.*, I, 3, 73; Hellan., fr. 57; Strab., 425; 584 e s.; 596; Apollod., *Bibl.*, III, 10, 8; 13, 8; *Ep.*, IV, 6 e s.: Athen., XIII, 601 a; Pind., *Olymp.*, IX, 70; *Ep. Gr. Fragm.* (Kinkel), p. 20; Pausan., III, 19, 13; IX, 5, 14.

Pátron: 1) Dion. Hal., I, 51; Virg., *Aen.*, V, 298. **2)** Plut., *Rom.*, 13.

Pax: Tib., I, 10, 45 e s.; Hor., *Carm. Saec.*, 57 e s.; Petron., *Sat.*, 124, v. 249 e s.; Dion. Cass., LXVI, 15, 1; Suet., V., 9.

Péan: *Il.*, V, 401; 900, e escól. ao v. 898; cf. *Od.*, IV, 232 e escól. ao v. 231; Hes., fragm., 139; Solon, fr. 3.

PÉGASO. (Πήγασος.) Pégaso é um cavalo alado que figura em várias lendas, nomeadamente na de Perseu e sobretudo na de Belerofonte. Relacionava-se etimologicamente o seu nome com o termo grego que significa «fonte» (πηγή) e contava-se que ele tinha nascido «nas fontes do Oceano», isto é, no Extremo Ocidente, quando Perseu matou a Górgona. A lenda ora afirma que este cavalo divino brotou do pescoço da Górgona (e nesse caso ele era, tal como Crisaor, simultaneamente filho de Posídon e da Górgona) ora admite que nasceu da terra, fecundada pelo sangue da Górgona. Mal nasceu, Pégaso levantou voo em direcção ao Olimpo, onde ficou a servir Zeus, levando-lhe o raio.

Acerca do encontro de Belerofonte e Pégaso, as tradições divergem. Segundo uma das versões, a deusa Atena teria levado a Belerofonte o cavalo, já domado; noutra variante, é Posídon que o oferece ao herói; noutra, é Belerofonte quem encontra o cavalo a beber na fonte Pirene.

Graças ao cavalo alado, Belerofonte pôde matar a Quimera e vencer sozinho as Amazonas (v. *Belerofonte*). Após a morte do herói, Pégaso regressou para junto dos deuses. Quando as filhas de Píero (v. *Piérides*) e as Musas se defrontaram num concurso de canto, o Hélicon, com o prazer, inchou, ameaçando tocar o céu. Por ordem de Posídon, Pégaso bateu com o casco na montanha, intimando-a a retomar as dimensões normais. O Hélicon obedeceu, mas do sítio onde o cavalo desferira a patada, brotou uma fonte — Hipocrene, «a fonte do cavalo». Dizia-se ainda que uma outra fonte, em Trezena, nascera também de um coice de Pégaso.

Pégaso foi transformado em constelação. Uma das suas plumas teria caído perto de Tarso, dando o seu nome à cidade.

PEIAS. (Ποίας.) Peias é o filho de Táumaco ou de Fílaco. Teve de Metone um filho que o tornou célebre — Filoctetes. Figura entre os Argonautas, mas tem na expedição um papel apagado. Uma das variantes da lenda atribui-lhe contudo um feito geralmente imputado às artes de Medeia — a derrota de Talo (v. *Talo* e *Argonautas*). Peias era um arqueiro, que assistiu aos últimos momentos de Héracles e, segundo certos mitógrafos, fora ele quem incendiara a pira fúnebre do herói, tarefa que todos os amigos presentes recusaram. Em recompensa, o próprio Héracles lhe legara as suas flechas e o seu arco (embora a tradição apresente geralmente Filoctetes como herdeiro das armas, atribuindo-lhe o papel confiado a Peias, na versão anterior — v. *Filoctetes*).

PELASGO. (Πελασγός.) Pelasgo é o nome de vários heróis, epónimos do povo «mítico» dos Pelasgos. O facto de se supor que os Pelasgos ocuparam o Peloponeso e a Tessália levou à existência de diversos heróis com esse nome nas referidas regiões.

1. Na lenda arcádica, havia duas filiações distintas de Pelasgo. Uma delas apresentava-o como filho de Níobe e de Zeus (v. quadro 20, p. 240). Teria tido da Oceânide Melibeia, da ninfa Cilene ou de Dejanira, um filho chamado Licáon, que seria por sua vez o pai de cinquenta filhos (v. *Licáon*), epónimos da maioria das cidades arcádicas, e de uma filha, Calisto, que teve de Zeus o herói Árcade, epónimo da Arcádia. Uma lenda arcádica fazia de Pelasgo, pai de Licáon, o primeiro habitante da Arcádia. Teria «nascido da terra». Foi ele o primeiro rei da região, tendo ainda instaurado o uso da habitação e distinguido as plantas úteis das nocivas.

2. A segunda genealogia de Pelasgo é transmitida por Pausânias (v. quadro 19, p. 239). É filho de Tríopas e de Sósis (ou Sóis), e irmão de Iaso e de Agenor; é bisneto de Níobe e de Zeus e trineto de Foroneu. Este Pelasgo é essencialmente argivo; já não é arcádico. Recebeu em sua casa a deusa Deméter, enquanto esta procurava a sua filha. Erigiu em honra dela o templo de Deméter Pelásguia. Este herói teve uma filha, Larissa, que deu o seu nome à cidadela de Argos (v. *Larissa*).

3. Havia ainda na lenda tessálica um outro Pelasgo, não pai mas filho de Larissa, nascido de Posídon (v. quadro 19, p. 239). Tinha dois irmãos, Aqueu e Ftio. Deixou com eles o Peloponeso, sua terra natal, indo colonizar a Tessália que tinha então o nome de Hemónia. Expulsaram os selvagens que aí habitavam e dividiram o território em três partes, tomando cada uma delas o nome de um dos três irmãos. Cada um deles passou a administrar uma parte, formando-se assim a Acaia, a Ftiótida e a Pelasguiótida. Mais tarde, cinco gerações após estes acontecimentos, os descendentes dos conquistadores foram por sua vez expulsos pelos Curetes e pelos Léleges. Depois de outras vicissitudes, uma parte destes «Pelasgos» emigrou para a Itália.

PELEU. (Πηλεύς.) Peleu, rei de Ftia, na Tessália, é célebre principalmente por ter sido o pai de Aquiles. É filho de Éaco e de Endeis,

---

Pégaso: HES., *Theog.*, 276 e s.; 325; PIND., *Olymp.*, XIII, 60 e s.; *Isth.*, VI, 44; APOLLOD., *Bibl.*, II, 3, 2; IV, 2 e s.; STRAB., VIII, 6, 21, p. 379; PAUSAN., II, 3, 5; 4, 1; 31, 9; IX, 31, 3; escól. a *Il.*, VI, 155; EUR., *Ion*, 988 e s.; OV., *Met.*, IV, 784 e s.; V, 256 e s.; ANT. LIB., *Transf.*, 9; TZETZ., *ad. Lyc.*, 835 e s.; HYG., *Fab.*, 151; ARAT., *Phaen.*, 205 e s.; HYG., *Astr. Poet.*, II, 18; DION. PER., 869 e s.; AVIEN., 1033; Cf. JUV., *Sat.*, III, 118.

Peias: *Od.*, III, 190; APOLLOD., *Bibl.*, I, 9, 16; 26; II, 7, 7; STEPH., BYZ., *s. u.* Θαυμαχία; EUST., *ad Hom.*, 323, 43; HYG., *Fab.*, 14; FLAC., I, 391 e s.; TZETZ., a Lyc., 50.

Pelasgo: 1) APOLLOD., *Bibl.*, II, 1, 1; III, 8, 1; STRAB., V, 221; DION. HAL., I, 11 e s.; escól. *ad* EUR., *Or.*, 1642; PAUSAN., VIII, 1, 4. **2)** Escól. a EUR., *Or.*, 920; HYG., *Fab.*, 145; PAUSAN., I, 14, 2; II, 24, 1; STRAB., 370. **3)** DION. HAL., I, 17; escól. *ad* APOL. RH., *Arg.*, I, 580.

Peleu: APOLLOD., *Bibl.*, III, 12, 6 e s.; 13, 1 e s.; *Il.*, XVIII, 83 e s.; 432 e s.; PIND., *Pyth.*, III, 167; VIII, 140 e s.; *Nem.*, IV, 88 e s.; V, 46 e s.; escól. a *Nem.*, IV, 88; V, 25; EUR., *Iph. Aul.*, 701 e s.; 1036 e s.; *Andr.*, 1128 e s.; escól. a *Tr.*, 1128; trag. perdida *Peleu*; escól. a ARISTOPH., *Nu.*, 1063; APOL.

filha de Círon. É irmão de Télamon e meio-irmão de Foco, filho de Éaco e da Nereide Psâmate (v. quadro 31, p. 352). Os mitógrafos salientaram contudo, desde a Antiguidade, que Télamon não era unanimemente considerado irmão de Peleu, sendo geralmente apresentado com seu amigo, filho de Acteu e de Glauce (v. *Télamon*).

Télamon e Peleu, invejando a destreza de Foco na execução de todo o tipo de exercícios físicos, decidiram matá-lo. Sortearam entre si a tarefa, tendo o destino confiado o assassínio a Télamon, que matou Foco, lançando o disco de modo a atingi-lo na cabeça. Certas variantes consideram acidental a morte de Foco; outras apresentam Peleu como o principal responsável pela ocorrência. Fosse como fosse, a verdade é que Éaco descobriu o crime, expulsando os dois filhos para bem longe de Egina. Enquanto Télamon se encaminhou para Salamina, Peleu dirigiu-se para a corte de Eurícion, filho de Actor, em Ftia, na Tessália, onde o rei o purificou do seu crime, dando-lhe ainda a mão de sua filha Antígona e um terço do seu reino. De Antígona, teve Peleu uma filha, Polidora, desposada por Boro, filho de Perieres.

Contudo, mesmo em Ftia, Peleu era perseguido pela ira de Psâmate, mãe de Foco. Esta enviou-lhe um lobo, que lhe devastava os rebanhos, e só a pedido de Tétis consentiu em transformar, espontaneamente, o animal numa estátua de pedra.

Peleu participou com Eurícion na caçada ao javali de Cálidon, matando acidentamente o sogro, facto que o condenou de novo ao exílio. Refugiou-se, desta vez, em Iolco, na corte de Acasto, filho de Pélias, que o purificou. Viveu aí uma aventura que por pouco lhe não custou a vida. Astidameia, mulher de Acasto, apaixonou-se por ele, pedindo-lhe que comparecesse a um encontro. Peleu recusou-se a satisfazer tal desejo. Então, para se vingar, a rainha enviou a Antígona, mulher de Peleu, uma mensagem, informando-a de que este estava prestes a desposar Estérope, filha de Acasto. Supondo ser verdade o que mais não era do que uma mentira, Antígona enforcou-se, desesperada. Em seguida, Astidameia declarou a Acasto que Peleu a quisera violentar. Não ousando matar o hóspede, que havia purificado de um crime e ao qual estava, por conseguinte, ligado por laços religiosos, Acasto levou Peleu ao monte Pélion para caçar com ele. Durante a caçada, Peleu limitou-se a cortar a língua dos animais que ia matando, enquanto todos os outros iam recolhendo as presas que abatiam. No final da expedição, riram-se dele, supondo que não acertara em nenhum animal, enquanto todos os outros se tinham esmerado, abatendo toda a caça com que regressavam à cidade. Então, Peleu mostrou-lhes as línguas dos animais que matara, provando assim a sua destreza e valentia. Mas, ao cair da noite, quando o herói, fatigado, adormeceu na montanha, Acasto partiu sem ele, deixando-o só naquelas paragens, depois de lhe esconder a espada, enterrando-a num monturo. Quando ele acordou desarmado, viu-se rodeado de Centauros, que o teriam matado, se um deles, Quíron, o «bom Centauro», não lhe tivesse restituído a arma, retirando-a do seu esconderijo. Segundo outra versão, esta espada ter-lhe-ia sido enviada por Hefesto, no momento crítico.

Mais tarde, Peleu vingou-se cruelmente de Acasto e de Astidameia. Com a ajuda de Jasão e dos Dioscuros, tomou a cidade de Iolco, matou Acasto e despedaçou o corpo de Astidameia, espalhando os pedaços por toda a cidade, quando nela entrou.

Algum tempo depois, Peleu desposou Tétis, filha de Nereu. A origem desta união é a seguinte: Zeus e Posídon disputavam a mão de Tétis, mas Témis (ou Prometeu) predisse que o filho de Tétis seria, graças aos Destinos, mais poderoso do que o seu pai. Logo os dois deuses abdicaram dos seus intentos, decidindo casá-la com um mortal, para o qual o cumprimento da profecia não representaria inconveniente algum. Existem versões ligeiramente diferentes, segundo as quais teria sido Prometeu quem teria anunciado a Zeus que, se Tétis lhe desse um filho, este destroná-lo-ia, tornando-se senhor dos céus. Conta-se também que Tétis recusara unir-se a Zeus, por consideração para com Hera, que a criara (v. *Hera*). Encolerizado e desejoso de a punir, Zeus terá então decidido casá-la com um mortal, quer ela consentisse quer não. Os deuses resolveram dar-lhe Peleu por esposo, mas ela recusou-se a acatar tal ordem. Como deusa marinha, possuía o dom de tomar todas as formas que desejasse. Servindo-se de tal faculdade, metamorfoseou-se sucessivamente, a fim de escapar aos abraços de Peleu, transformando-se em fogo, em água, em vento, em árvore, em pássaro, em tigre, em leão, em serpente e finalmente em siba (molusco). Peleu, seguindo os conselhos do Centauro Quíron, agarrou-a com toda a sua força até que, por fim, ela retomou a sua figura de deusa e de mulher. A cerimónia nupcial decorreu no monte Pélion. Os deuses vieram assistir; as Musas cantaram o epitalâmio, e cada uma das divindades trouxe um presente para os recém-casados. Entre as ofertas mais célebres, figuram uma lança de freixo, dada por Quíron, e dois cavalos imortais, Bálio e Xanto, presente de Posídon. Estes cavalos puxariam mais tarde o carro de Aquiles.

O casamento não foi feliz. Tétis deu, de facto, filhos a Peleu, mas matava-os sucessivamente, tentando torná-los imortais (v. *Aquiles*). Quando, para salvar Aquiles, o filho mais novo, Peleu o arrancou das mãos da mãe, no momento em que esta o mergulhava nas chamas, Tétis fugiu, recusando-se a viver doravante com o marido (v. *Aquiles*).

Na velhice, enquanto Aquiles se encontrava em Tróia, Peleu foi atacado pelos filhos de

RH., *Arg.*, I, 90 e s.; escól. a I, 224; 528; DIOD. SIC., IV, 27; 72; PAUSAN., II, 29, 9; V, 18, 5; HYG., *Fab.*, 14; OV., *Met.*, VII, 476 e s.; XI, 235 e s.; TZETZ., *ad Lyc.*, 175; 901; ANT. LIB., *Transf.*, 38; CATUL., 64, *passim*; DICT. CR., *Bell. Tr.*, VI, 7 e s.; Cf. R. K. DAVIS, *Peleus and Thetis*, Oxford, 1924.

Acasto, Arcandro e Arquíteles, quando a Guerra de Tróia estava já no fim. Expulso de Ftia, refugiou-se na ilha de Cós, onde encontrou o seu neto, Neoptólemo. Aí, foi recolhido por um descendente de Abas, chamado Mólon, morrendo pouco depois. Uma outra versão, transmitida pela *Andrómaca* de Eurípides, dizia que Peleu tinha sobrevivido a Neoptólemo, intercedendo a favor de Andrómaca contra a vontade de Hermíone (v. *Molosso*). Com esta tradição se relaciona provavelmente o episódio, apresentado por Díctis de Creta, em que Neoptólemo liberta Peleu, prisioneiro dos filhos de Acasto, devolvendo-lhe o reino, pouco antes de ele próprio ter sido morto por Orestes, em Delfos.

Peleu desempenha ainda um papel, embora secundário, em ciclos lendários como as aventuras dos Argonautas, a caçada de Cálidon (v. *supra*), a expedição de Héracles contra Tróia (em que acompanha o irmão, Télamon) e a guerra contra as Amazonas, relacionada com a aventura precedente. Figura ainda entre os concorrentes aos jogos fúnebres celebrados em honra de Pélias, tendo sido vencido, na prova da luta, por Atalanta (v. *Atalanta*).

PÉLIAS. (Πελιάς.) Pélias é irmão gémeo de Neleu e filho de Tiro e de Posídon (ou do deus-rio Enipeu, cuja figura Posídon teria adoptado) (v. *Tiro*). O seu pai «humano» é Creteu. Tem por meios-irmãos Éson, pai de Jasão, Feres e Amitáon (v. quadro 23, p. 258). Tiro manteve em segredo o nascimento dos dois filhos que tivera do deus, e expô-los. Uma récua de cavalos conduzida por mercadores passou por aquelas paragens e um dos animais atingiu com um coice uma das duas crianças, deixando-lhe no rosto uma marca lívida (em grego, «pélion»). Os mercadores recolheram os gémeos, dando àquele que fora atingido pelo casco o nome de Pélias; ao outro, chamaram Neleu (v. *Neleu*).

Segundo outras versões da lenda, os dois recém-nascidos foram alimentados por uma égua (o cavalo é o animal sagrado de Posídon). É esta a tradição seguida por Sófocles, numa tragédia perdida intitulada *Tiro*. Os dois gémeos teriam sido recolhidos por um pastor e, mais tarde, reconhecidos por Tiro, graças ao cofre de madeira onde haviam sido abandonados. Libertaram então Tiro das mãos de Sidero, sua madrasta, que a maltratava (v. *Tiro*). Como Sidero se refugiou no altar de Hera, Pélias perseguiu-a até ao recinto sagrado, onde a matou, menosprezando assim a divindade da deusa, que doravante ele não deixaria de tratar com impiedade, o que lhe granjeou, no fim da sua longa vida, a perdição (v. *infra*).

Pélias e Neleu disputaram entre si o poder e Neleu foi expulso pelo irmão. Retirou-se então para a Messénia, para Pilo (v. *Neleu*). Pélias entretanto ficou na Tessália, em Iolco, onde desposou Anaxíbia, filha de Bias (ou, segundo outros, Filómaca, filha de Anfíon). Teve dela um filho, Acasto, e quatro filhas: Pisídice, Pelopeia, Hipótoe e Alceste.

Um dia, Pélias decidiu oferecer, junto ao mar, um sacrifício a Posídon, convidando para a cerimónia grande número de súbditos, entre os quais o seu sobrinho Jasão. Este vivia no campo e, ao saber da proclamação do rei, apressou-se a comparecer à festa, perdendo, na travessia de uma ribeira, uma das sandálias — chegou por isso ao local da celebração com um pé descalço. Ora, algum tempo antes, o rei Pélias tinha consultado o oráculo de Delfos, que lhe respondera que deveria desconfiar de um homem que viesse à sua presença apenas com um pé descalço. Quando Pélias viu Jasão assim apresentado, lembrou-se do oráculo e, acercando-se dele, perguntou-lhe o que faria, se fosse rei, a um homem que soubesse estar destinado a destroná-lo. Jasão respondeu que o mandaria partir à conquista do «velo de ouro». Talvez esta resposta lhe tenha sido ditada por Hera, que pretendia assim conduzir até Iolco a feiticeira Medeia, tornando desse modo possível a morte de Pélias. Fosse como fosse, Pélias desafiou Jasão e mandou-o conquistar o velo de ouro (v. *Argonautas* e *Jasão*).

Pensando ter-se definitivamente visto livre do sobrinho, e julgando por conseguinte ter assegurado para si o poder, Pélias decidiu matar o seu meio-irmão Éson. Este suplicou-lhe que o deixasse escolher a forma de morrer, e envenenou-se bebendo sangue de touro. Alcímede, mãe de Jasão, amaldiçoou Pélias, enforcando-se, desesperada. Deixou um filho de tenra idade, Prómaco, que Pélias não hesitou em eliminar também. Entretanto, quatro meses decorridos após a partida, Jasão regressa. Embora tenha desde logo sentido o desejo de vingar a morte dos pais e do irmão, dissimulou os seus intentos, dirigindo-se a Corinto, onde deliberou com Medeia acerca da punição a infligir a Pélias.

É então que Medeia se dirige sozinha à corte de Iolco, conseguindo persuadir as filhas de Pélias de que era capaz de lhes rejuvenescer o pai, que começava a sentir os efeitos da velhice. Para comprovar as suas artes de feiticeira, ela cortou em bocados um carneiro velho e colocou-os num caldeirão com água a ferver, adicionando umas ervas mágicas. Ao fim de algum tempo, saiu do recipiente um cordeiro de tenra idade. Sem hesitar, as filhas de Pélias cortaram em bocados o corpo do pai e puseram a cozer as diversas partes, seguindo as indicações de Medeia. Mas Pélias não ressuscitou. Horrorizadas com o seu crime, as filhas condenaram-se voluntariamente ao degredo. Refugiaram-se na Arcádia, havendo ainda no tempo de Pausânias quem situasse o seu túmulo junto do templo de Posídon, em Manti-

Pélias: *Od.*, XI, 235 e s.; APOLLOD., *Bibl.*, I, 9, 8 e s.; 27; III, 9, 2; HES., *Theog.*, 993 e s.; DIOD. SIC., IV, 50 e s.; HYG., *Fab.*, 12; 13; 24; 273; PAUSAN., II, 3, 9; IV, 2, 5; V, 8, 2; 17, 9 e s.; VIII, 11, 1 e s.; X, 30, 8; WESTERMANN, *Myth.*, p. 385; MEN., *Epitrepontes*, 108 e s.; escól. a *Il.*, X, 334; EUST., *ad Hom.*, XI, 253, p. 1681; AEL., *V. H.*, XII, 42; ARIST., *Poet.*, XVI, 1454 b 25 (cit. da trag. *Tiro*, obra perdida de Sófocles); TZETZ., *ad Lyc.*, 175; PIND., *Pyth.*, IV, 129 e s.; escól. *ad loc*; APOL. RH., *Arg.*, I, 5 e s.; e escól. *ad loc*; SERV., *ad* VIRG., *Ecl.*, IV, 34; OV., *Met.*, VII, 297 e s.; PALEPH., *Incred.*, 41; EUR., *Med.*, 502 e s.

neia. Segundo outra versão, elas ter-se-iam casado, não sendo consideradas culpadas do parricídio, por mais não terem sido do que os instrumentos de Medeia.

Alceste foi, segundo os autores que aludem ao episódio, a única das princesas que recusou participar na operação mágica para rejuvenescer Pélias. A sua piedade filial impediu-a de agir como as irmãs (v. *Alceste*).

Acasto, filho de Pélias, recolheu os restos mortais do pai e celebrou em sua honra cerimónias fúnebres solenes, no decurso das quais se realizaram jogos que ficaram famosos. Higino conservou a lista dos vencedores, entre os quais figuram: Cálais e Zetes, os Boréadas; Castor e Pólux, os Dioscuros; Télamon e Peleu, os filhos de Éaco; Héracles; Meleagro, que triunfou na prova do dardo; Cicno, o filho de Ares; Belerofonte, que venceu a corrida de cavalos; na quadriga, Iolau, filho de Íficles, venceu Glauco, filho de Sísifo; Êurito, filho de Hermes, triunfou na prova de tiro ao arco; Céfalo, filho de Déion, foi o vencedor da prova da funda; Olimpo, o discípulo de Mársias, foi o mais hábil tocador de flauta e Orfeu o melhor na lira; Lino, filho de Apolo, venceu a prova de canto; Eumolpo, filho de Posídon, recebeu a máxima distinção no canto acompanhado (Olimpo foi o seu acompanhante). Há ainda quem acrescente Atalanta, que teria obtido o prémio da luta contra Peleu.

Em virtude do crime que lhe causou a morte do pai, Acasto expulsou do reino de Iolco Medeia e Jasão (v. *Medeia* e *Jasão*).

PÉLIO. V. *Pélias*.

PÉLOPE. V. *Pélops*.

PELOPEIA. (Πελόπεια.) **1.** Pelopeia é o nome da mãe de Egisto, que o concebeu involuntariamente de uma união incestuosa com o seu próprio pai, Tiestes. Ela vivia em Sícion, na corte do rei Tesproto. Grávida de Egisto, foi desposada por Atreu. Foi por seu intermédio que se cumpriu a vingança de Tiestes (v. *Egisto*, *Atreu* e *Tiestes*, e quadro 2, p. 12). **2.** Pelopeia é também o nome de uma das filhas de Pélias e Anaxíbia (v. quadro 23, p. 258). Teria tido do deus Ares um filho chamado Cicno.

PÉLOPS. (Πέλοψ.) (V. quadro 2, p. 12.) Pélops é filho de Tântalo. Sua mãe (chamada Clície, Eurianassa, Euristanassa, Euristemiste, etc.) é geralmente considerada filha de um deus-rio asiático — o Pactolo ou o Xanto (o rio da Tróade). Filho de Tântalo, é oriundo da Ásia Menor, emigrando para a Europa, após a guerra movida por Ilo contra Tântalo. Chegou à Grécia, trazendo consigo tesouros e implantando na região, até aí pobre, um pouco do luxo oriental. Na sua deslocação, foi, segundo se diz, acompanhado por emigrantes frígios, cujos túmulos eram, na época histórica, ainda situados na Lacónia.

Contava-se que, na sua juventude, Pélops havia sido vítima de um crime perpetrado pelo pai, Tântalo; este teria matado o filho, tê-lo-ia cortado em pedaços, e preparado com a sua carne um guisado. Este prato foi servido aos deuses. Alguns mitógrafos afirmam que Tântalo agiu deste modo por piedade, por respeito pelos deuses, numa altura em que a fome grassava no seu reino e não havia nenhuma outra vítima para oferecer às divindades. Mas admite-se mais geralmente que ele quis pôr à prova a clarividência divina. Todos os deuses reconheceram a carne que lhes era servida e nenhum deles a comeu, salvo Deméter que, esfomeada, devorou ainda um ombro, antes de se aperceber do que se passava. Segundo outras variantes, terá sido Ares, ou ainda Tétis, quem cometeu tal acto. Mas os deuses reconstituíram o corpo de Pélops, devolvendo-lhe a vida, e, no lugar do ombro que havia sido comido, colocaram um feito de marfim — relíquia que mais tarde seria exibida em Élis.

Após a ressurreição, Pélops foi amado por Posídon, que o levou para os céus, onde se tornou escanção dos deuses. Seria, contudo, pouco depois, devolvido à terra, em virtude de o seu pai se servir dele para roubar néctar e ambrósia aos imortais, a fim de dar aos homens tais substâncias. Posídon ficou, porém, como seu protector, dando-lhe de presente dois cavalos alados. Ajudou-o ainda na sua luta contra Enómao pela posse de Hipodamia. Acerca desta parte da lenda, v. *Enómao*, *Hipodamia* e *Mírtilo*.

Do casamento com Hipodamia teve Pélops um grande número de filhos a respeito de cujos nomes as diversas fontes não são unânimes. Atreu, Tiestes e Plístenes são mencionados por todos os autores; acrescentam-se por vezes os nomes de Crisipo, que é também apresentado como filho de Pélops e de uma ninfa chamada Axíoque (v. *Crisipo*), e Piteu. Entre as filhas, figuram Astidameia, por vezes identificada como mãe de Anfitrião, Hipótoe, mãe de Táfio, o herói epónimo da ilha de Tafo, filho do deus Posídon.

Pelopeia: 1) Hyg., *Fab.*, 88; 253; Ov., *Ibis*, 359; escól. a Eur., *Or.*, 14; Ael., *V. H.*, XII, 42. **2)** Apollod., *Bibl.*, I, 9, 10; Hyg., *Fab.*, 24.

Pélops: *Il.*, II, 104 e s.; escól. a I, 38; *Cypr.*, fr. 9, 4; Pind., *Olymp.*, I, 40 e s.; escól. *ad loc.*; Eur., *Iph. T.*, 387 e s.; escól. ao v. 1; a *Or.*, 11; Hyg., *Fab.*, 82; 83; Nic. Dam., fr. 17; Diod. Sic., IV, 74; Westermann, *Myth.*, p. 580; Pausan., I, 41, 5; II, 5, 7; 6, 5; 14, 4; 15, 1; 18, 2; 22, 3; 26, 2; 30, 8; 33, 1; V, 1, 6 e s.; 8, 2; 10, 6 e s.; 13, 1 e s.; 14, 10; 16, 4; 17, 7; 24, 7; 25, 10; 27, 1; VI, 19, 6; 20, 7; 20, 17 e s.: 21, 6; 21, 9; 21, 11; 22, 1; 22, 8; VIII, 14, 2; 14, 11 e s.; IX, 40, 11; X, 18, 2; Thuc., I, 9; Athen., XIV, 625 e Steph. Byz., *s.u.* Πελοπόννησος; Lyc., *Alex.*, 152 e s.; Tzetz., *ad loc*; *Posth.*, 571-579; *Chil.*, VI, 508-515; Serv. *ad* Virg., *Georg.*, III, 7; Sext. Emp., *adu. Mathem.*, I, 12; Plin., *N. H.*, XXVIII, 34; Apollod., *Bibl.*, II, 4, 5 e s.; Dion. Hal., V, 17. Cf. H.W. Parke, «The bones of Pelops...», *Hermathena*, 1931, p. 153-162; O. Borgers, «La légende de Pélops»... (v. *Rev. Bel. Phil.*, 1936, p. 769); A. Lesky, «Die griech. Pelopidendramen und Seneca's Thyestes», *W. S.*, XLIII, pp. 172--198. R. Vallois, «Les Origines des Jeux Olympiques», II, *R. E. A.*, XXXI (1929), pp. 113-133. V. também art. *Hipodamia I*.

O nome de Pélops está relacionado com a fundação dos Jogos Olímpicos. Terá sido ele o primeiro a instituí-los; depois, tais jogos teriam caído em desuso, sendo mais tarde renovados por Héracles, em memória e honra de Pélops. Estes jogos eram também, por vezes, considerados como jogos fúnebres dedicados à memória de Enómao.

Por ocasião da Guerra de Tróia, o adivinho Heleno revelou, entre outras condições, que a cidade não poderia ser tomada se os ossos de Pélops (ou um dos seus ombros) não fossem trazidos para Tróia. Foi esta a razão pela qual os ossos do herói foram levados para a Tróada. Durante a viagem de regresso, desapareceram num naufrágio, mas um pescador encontrou-os.

Acerca de um outro Pélops, filho de Agamémnon e de Cassandra, v. *Cassandra.*

PEMANDRO. (Ποίμανδρος.) Pemandro é um herói beócio, filho de Queresilau e de Estratonice. Era casado com Tânagra, que, segundo a lenda, era filha de Éolo ou do deus-rio Asopo. Foi o fundador da cidade de Pemândria, que tomou mais tarde o nome de Tânagra. Contava-se que os habitantes desta cidade se tinham recusado a participar na Guerra de Tróia, tendo por isso sido atacados por Aquiles, que raptou Estratonice, mãe de Pemandro, matando ainda o único neto do soberano. Este conseguiu escapar ileso, fortificando a cidade de Pemândria, até então desprovida de muralhas. Durante os trabalhos, o pedreiro Polícrito insultou o rei. Este arremessou uma pedra contra o ofensor, mas falhou o alvo, matando o seu próprio filho — Leucipo. Em consequência de tal crime, Pemandro viu-se obrigado a deixar a Beócia. Porém, como a região estava cercada pelos inimigos, teve de requerer um salvo-conduto. Aquiles satisfez o pedido do rei vencido e enviou Pemandro a Elefenor que vivia em Cálcis e que purificou o assassino. Em sinal de reconhecimento, Pemandro erigiu a Aquiles um santuário à entrada da cidade.

PENA. (Ποινή.) Pena (lat. *Poena*) é a personificação da vingança ou do castigo. É por vezes identificada com as Erínias, suas companheiras. Na mitologia romana tardia, *Poena* é a mãe das Fúrias (as Erínias) e figura entre as divindades infernais. Mas trata-se de uma concepção poética, alegórica, alheia à mitologia propriamente dita.

Contava-se uma lenda a respeito de Pena, que a apresentava como um monstro enviado por Apolo para vingar a morte de Psâmate (v. *Crotopo* e *Corebo*).

*** PENATES.** (*Penates.*) Os deuses Penates são divindades romanas que protegem o larário da casa. São por isso frequentemente associados a Vesta, embora sempre tenham permanecido distintos dos Lares. Enquanto estes eram representados por estátuas de culto, os Penates foram, durante muito tempo, considerados «forças» invisíveis, simples abstracções. Tal como cada casa tinha os seus penates, também o Estado romano possuía os seus, trazidos por Eneias para a Itália. Estes Penates, representados escultoricamente sob a figura de dois jovens sentados, tinham em Roma um templo, na zona de Vélia. Não existe, propriamente dito, um mito relacionado com estas divindades.

PENELEU. (Πηνέλεως.) Peneleu, herói beócio, figura entre os pretendentes de Helena. É filho de Hipálcimo ou Hipalmo. É por vezes incluído na lista dos Argonautas, mas a sua celebridade deve-se particularmente à *Ilíada*, onde figura como comandante de um contingente beócio com doze naus. Mata Ilioneu e Lícon, sendo ferido por Polidamante. A sua morte não é mencionada na *Ilíada.* Poemas posteriores contavam que morrera às mãos de Eurípilo, filho de Télefo (v. também *Tisâmeno*). Chorado pelos Gregos, recebeu honras fúnebres e um túmulo particular, quando a maior parte dos heróis mortos em combate não tinha senão uma sepultura comum.

Uma tradição dificilmente conciliável com a precedente (v. *Eurípilo*) apresenta Peneleu como um dos chefes que participaram na tomada de Tróia estrategicamente escondidos no cavalo de madeira.

PENÉLOPE. (Πηνελόπη.) Penélope é a esposa de Ulisses, cuja fidelidade conjugal lhe granjeou a fama e a tornou universalmente célebre na lenda e na literatura antigas. Durante os vinte anos em que o marido esteve ausente em virtude da Guerra de Tróia, ela conservou-se fiel aos votos matrimoniais, sendo, de entre as mulheres dos heróis que participaram em tal guerra, praticamente a única que não sucumbiu aos «demónios da ausência». A sua lenda é narrada sobretudo na *Odisseia*, embora haja algumas tradições locais ou posteriores notoriamente divergentes da vulgata homérica.

Pemandro: PLUT., *Qu. Gr.*, 37; EUST., *ad Hom.*, 266, 20; e escól. *ad Il.*, II, 498.

Pena: AESCH., *Ch.*, 929 e s.; cf. STRAB., III, 5, 11; LUC., *Men.*, 9; 11; CIC., *in Pis.*, 37; 91; VAL. FLAC., *Arg.*, I, 796; HOR., *O.*, III, 2, 31 e s.; PAUSAN., I, 43, 7.

Penates: PLAUT., *Merc.*, 834 e s.; CIC., *de nat. D.*, II, 68; FIRM. MAT., *De err. pr. rel.*, 14, 1; SERV., *ad Virg.*, *Aen.*, III, 12; II, 325; XI, 211; SOLIN., I, 22; DION. HAL., I, 68.

Peneleu: *Il.*, II, 494; XIV, 487 e s.; XVI, 335 e s.; XVII, 597 e s.; DIOD. SIC.,V, 67; HYG., *Fab.*, 97; APOLLOD., *Bibl.*, I, 9, 16; III, 10, 8; PAUSAN., IX, 5, 15 e s.; QUINT. SM., VII, 104 e s.; DICT. CR., *Bell. Tr.*, IV, 17; TZETZ., *Posth.*, 648; PLUT., *Qu. Gr.*, 37.

Penélope: *Od.*, *passim*; APOLLOD., *Bibl.*, III, 10, 6; 8; *Ep.*, III, 7; VII, 26 e s.; PAUSAN., III, 1, 4; 12, 1 e s.; 20, 10 e s; VIII, 12, 5 e s.; SERV., *ad Virg.*, *Aen.*, II, 44; TZETZ., *ad Lyc.*, 772; 792; escól. a PIND., *Olymp.*, IX, 85; EUST., *ad Od.*, I, 344, p. 1472, 7 e s.; escól. a EUR., *Or.*, 457; PHERECYD., *in* escól. a *Od.*, XV, 16; OV., *Her.*, I; PLUT., *Qu. Gr.*, 48; ARIST., *Poet.*, 25; M. M. MACTOUX, *Pénélope, légende et mythe*, Paris, 1975.

Pénelope é filha de Icário e, por conseguinte, sobrinha de Tíndaro, de Leucipo e de Afareu (v. quadro 21, p. 242); a sua mãe é Peribeia, uma Náiade. Por parte do pai, Penélope é natural de Esparta ou de Amiclas. Mas Icário, depois de ter sido expulso pelo seu meio-irmão Hipocoonte, refugiou-se na Etólia, junto do rei Téstio. Aí desposou Peribeia, da qual teve vários filhos, entre os quais Penélope (v. *Icário*).

Acerca das circunstâncias do casamento de Ulisses com Penélope, duas versões principais foram divulgadas pelos mitógrafos: segundo uns, foi por intermédio de Tíndaro (que desejaria retribuir de algum modo a Ulisses um bom conselho que este lhe dera) que Icário consentiu em dar a mão de sua filha ao herói; segundo outros, Penélope terá sido o prémio de uma corrida em que Ulisses obteve o primeiro lugar (v. *Icário*, *ibid.*). Uma tradiçào obscura, atestada apenas por uma alusão de Aristóteles, explica que o pai de Penélope não era Icário, mas um homem natural de Corfu, chamado Icádio, que teria sido confundido com Icário. Trata-se, neste caso, de uma tradição local, contrariada pelo facto de Ulisses ter em Esparta um santuário, que lhe foi erigido em memória das origens espartanas de sua esposa (sabe-se que Esparta era, na época clássica, considerada a terra natal por excelência das mulheres virtuosas). Contava-se também que, apesar de o pai a ter instado a ficar consigo em Esparta, em vez de partir para Ítaca com o marido, Penélope deu a primazia a este último, dando pela primeira vez testemunho do seu amor conjugal (v. *Icário*).

Quanto à identidade da mãe da heroína, embora a tradição mais generalizada lhe atribua o nome de Peribeia, outras versões mencionam os nomes de Doródoque ou Asterodeia. A mesma disparidade se verifica em relação aos nomes e ao número dos irmãos e irmãs de Penélope (v. por exemplo *Leucádio*).

Sabe-se que, quando Menelau visitou as diferentes cidades da Grécia a fim de relembrar aos antigos pretendentes de Helena o juramento que os obrigava a vingá-lo, Ulisses tentou passar por louco. O motivo pelo qual hesitava em participar na guerra contra Tróia não era a falta de valentia mas o amor que nutria pela esposa, que acabara de dar à luz um filho — Telémaco. Não obstante, o herói foi forçado a partir, graças à astúcia de Palamedes (v. *Ulisses* e *Palamedes*). Confiou então a casa e a esposa ao seu velho amigo Mentor (v. *Mentor*). Só Penélope era senhora de todos os bens de Ulisses: já idosa, Anticleia, mãe do herói, morreu pouco depois de saber que o filho partira para longe; quanto a Laertes, vivia no campo. Não tardou muito que Penélope fosse considerada um bom partido e requestada por todos os jovens das redondezas. Todos os pretendentes a quem ela recusava a sua mão se iam instalando no palácio de Ulisses, vivendo continuamente em clima de festa, delapidando aos poucos a fortuna de Penélope, na contínua esperança de a verem ceder ao seu assédio. Por ver que de nada serviam as constantes e veementes censuras que dirigia aos pretendentes, Penélope arquitectou um plano astucioso: disse-lhes que escolheria um deles para marido assim que acabasse de tecer a mortalha de Laertes. Esse dia demoraria a chegar, porquanto ela desmanchava de noite o trabalho executado durante o dia. Ao fim de três anos, contudo, uma escrava pôs a descoberto o seu segredo, invalidando assim o plano urdido por Penélope para ganhar tempo.

Ao regressar, Ulisses prefere que a esposa ignore a sua presença, não se dando a conhecer. Durante a luta contra os pretendentes (v. *Ulisses*), ela dorme profundamente nos seus aposentos. Só depois Ulisses se identifica, proferindo o seu nome. Penélope hesita, mas reconhece finalmente o marido. A deusa Atena tem então o cuidado de prolongar a noite, a fim de que cada um dos esposos tenha tempo de contar ao outro as suas aventuras.

A tradição conservou ainda um episódio alheio à *Odisseia*: Para vingar a morte de Palamedes, Náuplio teria espalhado o boato da morte de Ulisses em Tróia — tal notícia terá levado Anticleia ao suicídio; Penélope ter-se-ia lançado ao mar, sendo salva por umas aves (gaivotas?) que a teriam amparado e trazido sã e salva para a margem.

Ao mesmo ciclo pós-homérico pertencem as tradições relativas aos amores adúlteros de Penélope e às suas aventuras após o regresso de Ulisses. Entre as histórias dos amores ilícitos da heroína, figura nomeadamente a lenda segundo a qual ela teria ido cedendo sucessivamente aos cento e vinte e nove pretendentes e teria concebido o deus Pã, como fruto de tais amores (v. *Pã*). Conta-se ainda que Ulisses, ao regressar, se apercebera da infidelidade de Penélope e tê la ia repudiado. Ela fora então para Esparta, donde partira depois rumo a Mantineia, onde viria a morrer e a ser sepultada. Segundo outra versão, Ulisses ter-lhe-ia roubado a vida, para assim a punir pelos seus amores ilícitos com Anfínomo, um dos pretendentes

Entre os episódios posteriores ao regresso de Ulisses, contava-se ainda que o herói tinha tido um segundo filho de Penélope — Ptoliporto. Partira, em seguida, para a região dos Tesprotos. Ao voltar para Ítaca, teria sido morto pelo seu próprio filho, Telégono, que não o reconheceu (v. *Telégono* e *Ulisses*). Então, Telégono levou Penélope para junto de Circe, sua mãe, e aí veio a desposar aquela que tinha sido a primeira mulher do seu pai. Circe levou-os a ambos para o reino dos Bem-Aventurados.

PENEU. (Πηνειός.) O Peneu, deus-rio da Tessália, é considerado filho de Oceano e de Tétis, descendente da raça tessálica dos Lápitas. Desposou Creúsa (ou Fílira) da qual teve três filhos: Estilbeu, Hipseu e Andreu (v. quadro 25, p. 268). Diz-se ainda que era o pai de Ífis (que de Zeus concebeu Salmoneu) e de Menipe, mulher de Pelasgo. Mais célebres são

---

Peneu: HES., *Theog.*, 337 e s.; DIOD. SIC., IV, 69; HYG., *Fab.*, 161; VIRG., *Georg.*, IV, 355; PAUSAN. IX, 34, 6; DION. HAL., I, 28; escól. a PLAT., *Smp.*, 208.

duas outras filhas (que lhe são pelo menos atribuídas por tradições tardias): Dafne e Cirene, mãe de Aristeu (v. *Dafne*, *Cirene* e *Aristeu*).

PÉNIA. (Πενία.) Pénia, a personificação da Pobreza, não figura senão num mito, a que Sócrates alude, segundo as palavras de Diotima, a sacerdotisa de Mantineia, no *Banquete*, de Platão. Após um festim, celebrado no seio dos deuses, Pénia ter-se-ia unido a Poro (v. *Poro*), concebendo Eros, o Amor (v. *Eros*).

PENTESILEIA. (Πενθεσίλεια.) Pentesileia é uma amazona, filha de Ares e de Otrera. Sabe-se que teve um filho chamado Caístro (epónimo de Caístro, na Ásia Menor) e um neto, Éfeso (v. *Caístro*).

Após a morte de Heitor, Pentesileia correu em auxílio de Príamo, à cabeça de um contingente de amazonas. Contava-se também que fora obrigada a abandonar a pátria em virtude de um homicídio involuntariamente cometido. Em Tróia, distinguiu-se pela sua coragem e pelos feitos valorosos que praticou. Morreu às mãos de Aquiles, que a feriu no seio direito; mas ao ver cair ferida de morte uma jovem tão bela, o herói apaixonou-se pela sua vítima. Tersites parodiou tal situação, rindo-se de Aquiles, suscitando assim a cólera deste, que, sem hesitar, o matou (v. *Aquiles* e *Tersites*).

PENTEU. (Πενθεύς.) Penteu é um herói tebano, descendente directo de Cadmo. É filho de Equíon, um dos Espartos (os homens nascidos dos dentes do dragão; v. *Cadmo*), e de Agave, uma das filhas de Cadmo (v. quadro 3, p. 66). A tradição mais divugada apresenta-o como herdeiro directo de Cadmo (acerca das condições desta sucessão, v. *Cadmo*); segundo outra versão, entre Cadmo e Penteu teria reinado um tio deste, filho de Cadmo, chamado Polidoro, que Penteu teria destronado. De acordo com outra variante, Penteu nunca reinou em Tebas.

A história de Penteu está relacionada com o ciclo dionísiaco. Dioniso é, como se sabe, um deus de origem tebana, filho de Sémele e, por conseguinte, primo de Penteu. Após ter conquistado a Ásia, decidiu regressar a Tebas, sua pátria, para aí implantar o seu culto e punir as irmãs da mãe, nomeadamente Agave, pelas calúnias que elas haviam proferido outrora contra Sémele. Passando pela Trácia, Dioniso chega a Tebas, onde põe as mulheres em estado de delírio. Vestidas de Bacantes, elas sobem até aos montes para aí celebrarem os mistérios báquicos. Mas Penteu, apesar das advertências de Cadmo e de Tirésias, decide opor-se à propagação deste culto violento. Acusa Dioniso de charlatão e de impostor. Apesar de ser testemunha de vários milagres, tenta agrilhoar o deus, mas este liberta-se das amarras que o prendem e faz arder o palácio real. Dioniso sugere então a Penteu que se dirija ao monte Citéron (em Tebas) a fim de ver com os seus próprios olhos as mulheres em delírio, podendo assim espiar e ser testemunha dos excessos a que se entregam. O rei dá ouvidos a tais palavras e dirige-se ao local indicado, escondendo-se num pinheiro. Mas as mulheres apercebem-se da sua presença, arrancam a árvore pela raiz e apoderam-se do intruso, rasgando o seu corpo em pedaços. Ágave, é a primeira a agredi-lo, cortando-lhe a cabeça e cravando-a na extremidade de um tirso. É esse o troféu com que ela se encaminha para Tebas, exibindo orgulhosa aquilo que supõe ser a cabeça de um leão. Ao chegar à cidade, Cadmo desilude-a; o delírio finda e Ágave apercebe-se de que aquele ser que matara não era um animal selvagem mas o seu próprio filho (v. também *Ágave*).

Este mito, levado à cena por Eurípides e também por Ésquilo, foi célebre na Antiguidade, servindo, vezes sem conta, de tema à literatura e à arte. Atribuía-se-lhe uma dimensão religiosa: Penteu era o símbolo do homem ímpio cujo orgulho traz consigo a punição.

PÊNTILO. (Πένθιλος.) Pêntilo é um filho ilegítimo de Orestes e de Erígone, filha de Egisto. Teve dois filhos, Damásio e Equelau, que fundaram colónias em Lesbos e na costa da Ásia Menor. Atribui-se-lhe nomeadamente a fundação da cidade lésbica de Pêntile.

PENTO. (Πένθος.) Pento é o génio que personifica o Desgosto. Contava-se que, quando Zeus repartiu pelos diversos génios as suas atribuições, Pento não assistira ao início da distribuição, tendo sido o último a chegar. Como todas as tarefas haviam já sido repartidas, Zeus nada mais tinha a confiar-lhe do que o cuidado de presidir às honras fúnebres, ao luto e às lágrimas.

Pénia: Plat., *Smp.*, 203 d e s.

Pentesileia: Escól. a *Il.*, III, 189; II, 220; Hyg., *Fab.*, 112; Tzetz., *Posth.*, 7 e s.; 199 e s.; Serv., *ad Virg.*, *Aen.*, I, 491; VIII, 803; Diod. Sic., II, 46. Cf. F. Missonnier, in *Mél. Ec. fr.*, 1932, pp. 111-131; A. Severyns, «La patrie de Penthésilée», *Mus. Belg.*, 1926, pp. 5-17.

Penteu: Eur., *Ba.*, *passim*; Aesch., trag. perdida *Pentheus* (Nauck, *Fr.*, 2.ª ed., p. 60 e s.); Apollod., *Bibl.*, III, 5, 2; Hyg., *Fab.*, 76; 124; 239; Serv., *ad Virg.*, *Aen.*, IV, 469; Pausan., I, 20, 3; II, 2, 7; IX, 2, 4; 5, 4; Nonn., *Dion.*, V, 210; Ov., *Met.*, III, 511 e s.; Theocr., *Id.*, 21; Pacuv., trag. perdida (Serv., *loc. cit.*). Cf. W. Nestle, in *A. R. W.*, 1936, pp. 248 e s.

Pêntilo: Pausan., II, 18, 6; III, 2, 1; V, 4, 3; VII, 6, 2; Tzetz., *ad Lyc.*, 1374; Strab., IX, 402; X, 447; XIII, 582; escól. a Eur., *Rh.*, 251; Steph. Byz., *s.u.*

Pento: Plut., *Consol ad Apoll.*, 19; III, 997.

Desde então, do mesmo modo que os outros génios protegem e favorecem os homens que lhes prestam as honras que lhes são devidas, assim Pento favorece aqueles que choram os mortos, carpindo um pesado luto. Envia-lhes desgostos sem fim, em virtude de tão bem saberem chorar. Por isso, o melhor modo de manter Pento afastado é não exacerbar a aflição perante os males inevitáveis.

PÉON. (Παίων.) Existem vários heróis com este nome (além do «curandeiro» Péon ou Péan, v. *Péan*).

1. Um deles é o epónimo da raça dos Peónios. Na tradição divulgada por Pausânias, é um dos filhos de Endímion e, por conseguinte, um dos irmãos de Etolo, Epio e Eurícide (v. quadro 26, p. 272). Outra versão, conservada por Higino, faz dele um dos filhos de Posídon e de Hele (v. *Hele*).

2. Outro herói com o mesmo nome é um filho de Antíloco, neto de Nestor. Os seus filhos foram expulsos de Messénia, juntamente com os descendentes de Neleu, na altura do regresso dos Heraclidas. Estabeleceu-se, com os primos, em Atenas, e deles descende a família ateniense dos Peónidas.

PEPARETO. (Πεπάρηθος.) Pepareto é um dos quatro filhos de Dioniso e Ariadne, irmão de Toas, Estáfilo e Enópion (v. *Ariadne*). É o epónimo da ilha de Pepareto.

PÉRATO. (Πέρατος.) Na linha dinástica da casa real de Sícion, Pérato é o sucessor de Leucipo. Este não tinha nenhum filho varão, mas apenas uma filha chamada Calquínia, razão pela qual entregou o reino a Pérato, seu neto, filho de Calquínia e de Posídon. Pérato foi o pai de Plemneu (v. *Plemneu*).

PERDIZ. (Πέρδιξ.) Este nome (que também designa uma ave — a perdiz) é comum a duas personagens relacionadas com a lenda ática.

1. Perdiz é uma irmã de Dédalo, tal como ele filha de Eupálamo. É ela a mãe da outra personagem homónima (v. *infra*). Ao saber da morte do seu filho Perdiz, enforcou-se, desesperada. Os Atenienses prestaram-lhe honras divinas.

2. Mais célebre é, sem dúvida, o filho da heroína mencionada. Sobrinho de Dédalo, passou algum tempo como seu aprendiz e ultrapassava-o já em habilidade e em espírito inventivo, quando o tio, movido pela inveja, o precipitou do alto da Acrópole. Após o crime, o assassino enterrou secretamente o corpo da vítima, mas o homicídio foi descoberto e Dédalo foi levado a tribunal, comparecendo perante a Areópago (v. *Dédalo*).

Atribui-se a Perdiz, entre outras invenções, a criação da serra (para a qual se teria inspirado nos dentes da serpente) e a da roda de oleiro.

Por vezes, este jovem herói é chamado Talo ou Calo (v. *Talo*). O nome de Perdiz deriva do facto de Atena o ter transformado em perdiz, para o salvar, no momento em que o tio o atirou do alto da Acrópole. A referida ave teria assistido com alegria aos funerais de Ícaro, filho de Dédalo, cuja morte foi também provocada por uma queda (v. *Ícaro*).

PÉRGAMO. (Πέργαμος.) Pérgamo é o herói epónimo da cidade asiática de Pérgamo. É geralmente identificado como o mais novo dos filhos de Neoptólemo e Andrómaca. Segundo tal versão da lenda, teria chegado à Ásia em companhia da mãe, matando em duelo o rei da cidade de Teutrânia, Ario. Após o regicídio, ter-se-ia instalado no trono, dando à cidade o seu nome. Segundo outra versão, teria ido para a Ásia em auxílio de Girno (filho de Eurípilo e neto de Télefo), atacado pelos povos vizinhos. Em troca dos seus serviços, o rei dera a uma das suas cidades o nome de Pérgamo.

Pérgamo é também o nome da cidadela de Tróia. Mas as lendas anteriormente mencionadas não pretendem explicar a designação desta fortaleza, mas o nome da cidade helenística de Pérgamo, capital do reino dos Atálidas.

PERIBEIA. (Περίβοια.) Peribeia é o nome de grande número de heroínas, entre as quais se destacam:

1. A Náiade Peribeia mãe dos filhos de Icário (entre os quais figura Penélope — v. quadro 21, p. 242);

2. A filha mais nova do rei Eurimedonte, que deu a Posídon um filho — Nausítoo, o primeiro soberano dos Feaces;

3. Quando, pela primeira vez, os Locros enviaram, a fim de apaziguar a ira de Atena (motivada pelo sacrilégio de Ájax — v. *Ájax*, filho de Oileu), duas jovens da sua região para servirem a deusa como escravas em

---

Péon: 1) PAUSAN., V, 1, 4 e s.; HYG., *Astr. Poet.*, II, 20; ERATOSTH., *Cat.*, p. 252, 9 (Westerm.). 2) PAUSAN., II, 18, 8.

Pepareto: APOLLOD., *Ep.*, I, 9; escól. a APOL. RH., *Arg.*, III, 997.

Pérato: PAUSAN., II, 5, 7.

Perdiz: 1) PHOT., 413, 11 e s.; SUID., *s.u.* 2) ATHEN., IX, 388 f; OV., *Met.*, VIII, 243 e s.; HYG., *Fab.*, 39; 274; SERV., *ad* VIRG., *Georg.*, I, 143; *ad Aen.*, VI, 14; APOLLOD., *Bibl.*, III, 15, 9; DIOD. SIC., IV, 76; SOPH., *Camicoi*, tragédia perdida.

Pérgamo: PAUSAN., I, 11, 1 e s.; SERV., *ad* VIRG., *El.*, VI, 72; escól. a EUR., *Andr.*, 24.

Peribeia: 1) APOLLOD., *Bibl.*, III, 10, 6. 2) *Od.*, VII, 56 e s. 3) APOLLOD., *Ep.*, VI, 20 e s. 4) APOLLOD., *Bibl.*, III, 5, 7. 5) APOLLOD., *Bibl.*, III, 12, 7; PAUSAN., I, 42, 2 e s.; PLUT., *Thes.*, 29. 6) Escól. a EUR., *Phoen.*, 133; HYG., *Fab.*, 69; 70; APOLLOD., *Bibl.*, I, 8, 4, e s.; DIOD. SIC., V, 35 e s.

Ílion, uma das donzelas escolhidas pelo destino chamava-se Peribeia e a outra Cleópatra. Esta oferenda humana durou mil anos. As jovens assim confiadas ao serviço da deusa não se aproximavam desta, limitando-se a varrer o santuário, a lavá-lo, etc. Usavam apenas uma túnica e andavam descalças. Se fossem encontradas fora do santuário, podiam ser condenadas à morte;

4. Peribeia é ainda o nome da mulher de Pólibo, o rei de Corinto que acolheu Édipo e o criou (v. *Édipo*);

5. Outra heroína homónima era a mãe de Ájax, mulher de Télamon (v. *Télamon*) e filha de Alcátoo, o rei de Mégara (v. quadro 2, p. 12). Segundo uma das versões da lenda, antes de desposar Télamon, integrou, juntamente com Teseu, o grupo de jovens enviados por Egeu a Minos como tributo (v. *Teseu*). Minos ter-se-ia apaixonado por ela, o que encolerizou Teseu, que, por isso, impedira que a união se consumasse (acerca deste episódio, v. *Teseu*);

6. No ciclo tebano figura uma heroína com o nome de Peribeia. É filha de Hipónoo e mulher de Eneu, sendo por conseguinte mãe de Tideu (v. quadro 29, p. 298). A respeito do casamento de Peribeia e Eneu, existem várias tradições: ora se diz que ela foi parte do quinhão que coube a Eneu após o saque de Óleno; ora se conta que Hipóstrato, filho de Amarinceu, a seduziu, razão pela qual o seu pai a enviou a Eneu para que a matasse. Em vez de cumprir a ordem recebida, Eneu tomou-a por esposa. Segundo outra variante, o sedutor da jovem teria sido o próprio Eneu, que Hipónoo, depois, forçara a casar com a filha (v. também *Tideu* e *Eneu*).

PERICLÍMENO. (Περικλύμενος.) Há dois heróis particularmente célebres com este nome.

1. Um deles pertence ao ciclo tebano. É filho de Posídon e de Clóris, filha de Tirésias. Na altura do ataque dos Sete Chefes contra Tebas, defende a cidade e é ele quem mata Partenopeu, lançando-lhe, do alto das muralhas, sobre a cabeça, um enorme bloco de pedra. Mais tarde, durante a perseguição do inimigo em fuga, cortou a Anfiarau a retirada e por certo o mataria, se Zeus com um raio não tivesse aberto na terra uma fenda, fazendo assim desaparecer Anfiarau e o seu carro.

2. O segundo herói com o mesmo nome é um filho de Neleu que participou na expedição dos Argonautas. Recebera do seu avô Posídon, pai de Neleu (v. quadro 23, p. 258), o dom da metamorfose (comum a inúmeras divindades marinhas). Por ocasião da invasão de Héracles contra Pilos, sua pátria, Periclímeno transformou-se em abelha para atacar o herói, mas este, avisado por Atena, reconheceu-o a tempo e matou-o (v. *Héracles*). Dizia-se também que Periclímeno se transformara em águia, tendo sido trespassado por uma flecha arremessada por Héracles.

PERIERES. (Περιήρης.) **1.** Perieres é um herói relacionado com o ciclo das lendas da Messénia, embora a sua genealogia seja traçada pelos diversos autores, com inúmeras divergências. Geralmente, Perieres é apresentado como filho de Éolo, pertencente à raça de Deucalião (v. quadro 8, p. 116). Assim sendo, ele é o herói do qual descendem os Eólios da Messénia. Reinou em Andânia, onde desposou a filha de Perseu, Gorgófone (v. quadro 32, p. 370), da qual teria tido vários filhos: Afareu e Leucipo, e ainda Tíndaro e Icário (v. quadro 21, p. 242). Segundo esta tradição, Perieres é, assim, o antepassado comum dos Tindáridas (os Dioscuros, Helena e Clitemnestra), das Leucípides (Febe e Hilaíra), de Penélope, de Linceu e de Idas (v. estes nomes).

Segundo outra variante da lenda, Perieres é o filho de Cinortas, pertencente não à raça de Deucalião mas à de Lacedémon e, através deste, à de Zeus e Taígete (v. quadro 5, p. 90). Esta tradição satisfaz o interesse particular dos espartanos.

Em vez de Perieres, figura, em certas genealogias, o nome de Ébalo (v. *Ébalo* e *Gorgófone*, para uma tentativa de reconciliação das duas genealogias).

2. Perieres é também o nome do tebano que conduzia o carro de Meneceu. Em Onquesto, matou o rei dos Mínias, Clímeno, o que originou uma guerra entre Tebanos e Mínias. Acerca do desfecho deste conflito, v. *Héracles*.

PERIERGO. (Περίεργος.) Periergo é filho de Tríopas e irmão de Forbas (v. *Forbas*). Após a morte do pai, partiu com os seus companheiros para a ilha de Rodes.

PÉRIFAS. (Περίφας.) Périfas é o nome de vários heróis, nomeadamente o de um lápita casado com Astiagia, pai de oito filhos (v. quadro 25, p. 268) e avô de Ixíon.

Houve ainda um outro Périfas, um antigo rei da Ática, conhecido pela sua justiça e piedade. Prestava um culto particular a Apolo. Os homens obedeciam-lhe como a um deus e ergueram-lhe um templo sob o nome de Zeus. Este encolerizou-se e logo pensou em reduzir a cinzas Périfas e o seu palácio, atingindo-os com um raio. Mas, ao ouvir as súplicas de Apolo, refreou os seus ímpetos de cólera e limitou-se a descer à Terra, a fim de visitar Périfas. Transformou-o em águia, dando à rai-

---

Periclímeno: 1) Eur., *Phoen.*, 1156 e s. e escól. *ad loc*; Hyg., *Fab.*, 157; escól. a Pind., *Nem.*, IX, 57 e s.; e Pind., *ibid.*; Pausan., IX, 18, 6. **2)** *Od.*, XI, 281 e s.; Diod. Sic., IV, 68; Apollod., *Bibl.*, I, 9, 9; 16; Hyg., *Fab.*, 14; Apol. Rh., *Arg.*, I, 388 e s. e escól. *ad loc.*; Ov., *Met.*, XII, 536 e s.; escól. a *Il.*, II, 336; Nonn., *Dion.*, XLIII, 247 e s.

Perieres: 1) Apollod., *Bibl.*, I, 7, 3; 9, 5; II, 4, 5; III, 10, 3; 4; 13, 1; 4; Tzetz., *ad Lyc.*, 284 (citando Hes.); escól. a Pind., *Pyth.*, IV, 252; Pausan., II, 21, 7; III, 1, 4; 11, 11; 26, 4; IV, 2 2 e s.; 3, 7; V, 17, 9; VI, 22, 2. **2)** Apollod., *Bibl.*, II, 4, 11.

Periergo: Diod. Sic.,V, 61; Athen., VI, 262 e.

Périfas: Diod. Sic., IV, 69; Ov., *Met.*, VII, 399 e s.; Ant. Lib., *Transf.*, 6.

nha sua esposa o aspecto de um falcão. Para o recompensar, contudo, pela sua piedade, Zeus deu-lhe o poder de reinar sobre todas as aves, encarregando-o de levar o seu próprio ceptro, ao mesmo tempo que o associava ao seu culto.

PERIFETES. (Περιφήτης.) Perifetes é um dos bandidos mortos por Teseu. É filho de Hefesto e de Anticleia. Vivia em Epidauro. Tinha as pernas fracas e caminhava por isso apoiado a uma muleta (ou a uma clava) de bronze. Era esta a arma com que afugentava os viajantes que com ele se cruzavam. Teseu encontrou-o durante a viagem de regresso à Ática (v. *Teseu*) e matou-o, levando consigo a clava da vítima.

PERIGUNE. (Περιγούνη.) Perigune é a filha de Sínis, um salteador morto por Teseu. Foi amada por este, de quem teve um filho — Melanipo. Mais tarde, Teseu deu-a em casamento a Dejoneu, filho de Êurito (v. também *Sínis*).

PERIMELE. (Περιμήλη.) **1.** Perimele é uma filha de Admeto e de Alceste, irmã de Eumelo. Com Argos, filho de Frixo, concebeu Magnes (v. *Magnes* e quadro 34, p. 392).

2. Outra heroína com o mesmo nome é filha de Amitáon e mãe de Ixíon (v. quadro 25, p. 268).

3. Perimele é ainda, numa das histórias das *Metamorfoses* de Ovídio, o nome de uma jovem amada pelo deus-rio Aqueloo, e filha de Hipodamente. Em virtude de o deus a ter tomado como amante, o pai de Perimele, indignado, decidiu lançar a filha ao mar. Mas Aqueloo obteve de Posídon a graça de a ver transformada em ilha, tornando-se assim imortal.

PERÍSTERA. (Περιστερά.) Perístera, nome da pomba em grego, é também o nome próprio de uma ninfa ligada a Afrodite. Um dia, Afrodite e Eros divertiam-se a apanhar flores para ver qual deles conseguiria colher mais. A deusa foi-se afastando cada vez mais do seu rival, sendo a dada altura vista por Perístera. Esta decidiu ajudá-la a alcançar a vitória, o que suscitou a cólera de Eros, que logo transformou a ninfa em pomba. Mas Afrodite quis recompensá-la, adoptando essa ave como seu atributo.

PÉRO. (Πηρώ.) Péro é a filha de Neleu e de Clóris (v. quadro 23, p. 258). Senhora de grande beleza, muitos foram os que a pediram em casamento, mas Neleu, não querendo separar-se dela, resolveu exigir aos pretendentes como dote os rebanhos de Íficlo. Graças à ajuda de Melampo, seu irmão, Bias (que era, por parte do pai, Amitáon, primo-irmão de Péro), conseguiu satisfazer a condição imposta, desposando assim a jovem (v. *Bias* e *Melampo*).

Bias e Péro tiveram vários filhos: Perialces, Ario e Alfesibeia; ou (segundo outros) Tálao, Ario e Leódoco (v. quadro 1, p. 8). Péro foi mais tarde abandonada por Bias, quando este decidiu casar com uma das filhas de Preto, rei de Argos.

PERSE. (Πέρση.) Perse, cujo nome alterna com o de Perseide, é uma das filhas de Oceano e de Tétis. Mulher do Sol, teve deste deus quatro filhos: Eetes, rei da Cólquida, Perses, Circe e Pasífae (v. quadro 16, p. 202).

PERSÉFONE. (Περσεφόνη.) Perséfone é a deusa dos Infernos, companheira de Hades. É filha de Zeus e de Deméter, segundo a versão mais divulgada da lenda (v. quadro 38, p. 452). Outra variante apresenta-a como filha de Zeus e de Estígia, a ninfa do rio infernal.

A principal lenda de Perséfone é a história do seu rapto por Hades, seu tio (era irmão de Zeus). Este apaixonou-se pela jovem e raptou-a, aproveitando para isso um instante em que ela colhia tranquilamente flores em companhia das Ninfas, na planície de Ena, na Sicília (local geralmente indicado pela lenda como cenário do rapto). Hades agiu com a conivência de Zeus, durante a ausência de Deméter. É, pois, nesse momento, que se situam as viagens da deusa pela Grécia em busca de sua filha (v. *Deméter*).

Quando Zeus, por fim, ordenou a Hades que devolvesse Perséfone a sua mãe, tal já não era possível, em virtude de a jovem ter quebrado o jejum enquanto se encontrava nos Infernos. Por inadvertência (ou tentada a isso por Hades), ela tinha ingerido uma semente de romã, o bastante para ficar indissociavelmente ligada aos Infernos (v. *Ascálafo*). Para amenizar o seu sofrimento, Zeus decidiu que Perséfone repartiria o seu tempo entre o mundo subterrâneo e o mundo dos vivos, numa proporção que varia segundo os autores: ora se diz que permaneceria um terço do ano sobre a Terra, ora que aí ficaria durante seis meses.

Perséfone desempenha o papel de esposa de Hades na lenda de Héracles, na de Orfeu e na de Teseu e Pirítoo (v. *Héracles*, *Orfeu*, *Teseu*

Perifetes: PAUSAN., II, 1, 4; APOLLOD., *Bibl.*, III, 16, 1; PLUT., *Thes.*, 8; OV., *Met.*, VII, 436 e s.; DIOD. SIC., IV, 59; HYG., *Fab.*, 38.

Perigune: PLUT., *Thes.*, 8.

Perimele: **1)** ANT. LIB., *Transf.*, 23; escól. a EUR., *Alc.*, 269; TZETZ., *Chil.*, II, 787. **2)** DIOD. SIC., IV, 69. **3)** OV., *Met.*, VIII, 590 e s.

Perístera: *Myth. Vat.*, I, 175; II, 33.

Péro: *Od.*, X, 136 e s.; APOL. RH., *Arg.*, IV, 488 e s.; HES., *Theog.*, 356; 956 e s.; TZETZ., *ad Lyc.*, 174; APOLLOD., *Bibl.*, I, 9, 1; III, 1, 2; *Ep.*, VII, 14.

Perséfone: *Hymn. hom. Dem.*, 1 e s.; *Il.*, XIV, 326; *Od.*, V, 125 e s.; HES., *Theog.*, 912 e s.; PAUSAN., VIII, 37, 9; DIOD. SIC.,V, 2 e s.; HYG., *Fab.*, 146; escól. a THEOCR., I, 63; OV., *Fast.*, IV, 417 e s.; *Met.*, V, 393 e s.; APOLLOD., *Bibl.*, I, 3, 1; 5, 1 e s.; II, 5, 2; III, 14, 4; SERV., *ad* VIRG., *Georg.*, I, 39; a *Aen.*, IV, 462; Cf. A. LIPARI, *Il De Rapto Proserpinae...*, Trapani, 1936; H. J. ROSE, «The bride of Hades», *Cl. Phil.*, 1925, pp. 38-243, G. ZUNTZ, *Persephone. Three essays on religion and thought in Magna Grecia*, Oxford, 1971, 17, H. ANTON., *Der Raub vou Proserpina...*, Heidelberga, 1967.

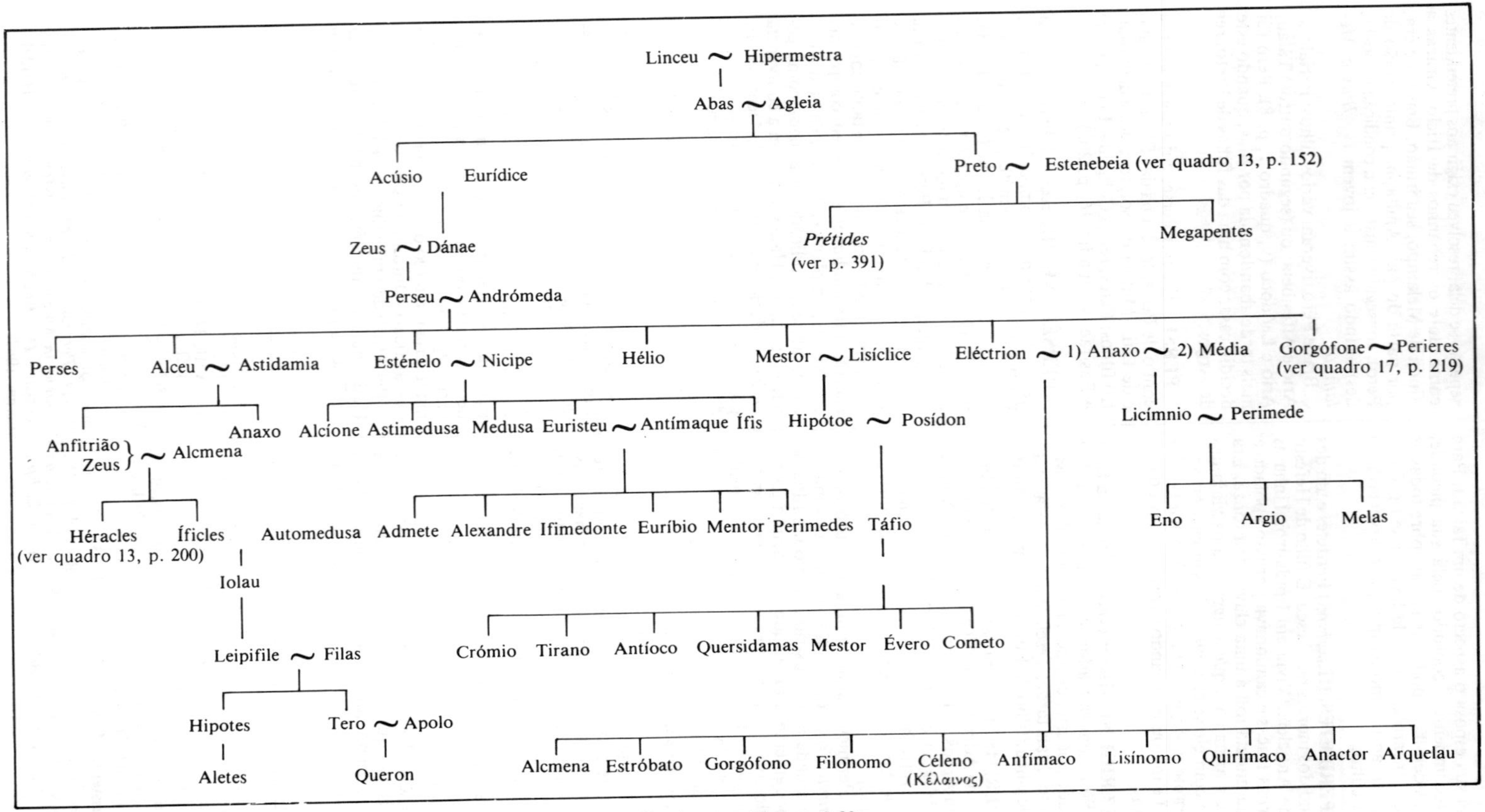

Quadro genealógico n.º 32

e *Pirítoo*). Dizia-se também que ela se apaixonara pelo belo Adónis que, por sua vez, fora obrigado a repartir o seu tempo entre a Terra e os Infernos (v. *Adónis*).

Perséfone figura com Deméter nos Mistérios de Elêusis. Em Roma, foi identificada com Prosérpina (v. *Prosérpina*).

PERSÉPOLIS. (Περσέπολις.) Persépolis é, segundo certas tradições, um filho de Ulisses e Nausícaa; segundo outras, é filho de Telémaco e Policaste, uma das filhas de Nestor (v. *Ulisses* e *Telémaco*).

PERSES. (Πέρσης.) Perses é filho do Titã Crio e de Euríbia, sendo irmão de Palas e de Astreu. Desposou Astéria, filha de dois Titãs: Febe e Ceu. Teve vários filhos, entre os quais a deusa Hécate (v. *Hécate*).

Outra variante da lenda apresenta Perses como um filho de Hélio (o Sol) e de Perseide. É, neste caso, irmão de Eetes, rei da Cólquida, da feiticeira Circe e de Pasífae (v. quadro 16, p. 202). Conta-se que reinava na Táurica, antes de ter usurpado ao irmão o reino da Cólquida. Seria por isso morto por Medo, um dos filhos de Medeia, por instigação desta, que desejaria restituir a Eetes o seu reino (v. *Eetes*).

Segundo outra versão da lenda, Perses seria irmão de Eetes e simultaneamente pai de Hécate (filha de Perses e de uma concubina). Hécate ter-se-ia casado com o tio, Eetes, sendo eles os pais de Circe e de Medeia (v. *Medeia*).

PERSEU. (Περσεύς.) Perseu é um herói de origem argiva que figura entre os antepassados directos de Héracles (v. quadro 32, p. 370). É filho de Zeus e descende, por parte da mãe, de Linceu e de Hipermestra, e, por conseguinte, de Dánao e de Egisto (v. *Linceu*).

Acrísio, avô de Perseu, perguntara um dia ao oráculo como poderia vir a ter filhos. O deus respondeu-lhe que sua filha Dánae teria um filho que o mataria. Assustado, querendo a todo o custo impedir que o oráculo se cumprisse, Acrísio mandou construir uma câmara de bronze subterrânea, encerrando nela a filha. No entanto, apesar de todas as precauções, Dánae concebeu um filho. Segundo uns, seria Preto, irmão de Acrísio, o pai da criança, estando o facto na origem do conflito que opôs os dois irmãos. Mas conta-se geralmente que foi o próprio Zeus que seduziu a jovem, entrando na câmara subterrânea através de uma fenda, transformado em chuva de ouro. Esta versão do mito foi frequentemente invocada como símbolo do poder absoluto do ouro sobre os corações humanos, e como símbolo da capacidade que o ouro tem de abrir as portas mais aferrolhadas.

Dánae fora encerrada na prisão em companhia da sua ama e pôde assim dar à luz o filho em segredo e criá-lo durante alguns meses. Mas um dia, ao brincar, a criança deu um grito. Acrísio ouviu-o. Recusando-se a acreditar que Zeus tivesse seduzido a filha, começou por matar a ama, como cúmplice, e decidiu expor a filha e o neto aos perigos do mar, numa urna de madeira. Esta vogou assim rumo à aventura, levando mãe e filho, até que foi parar às margens da ilha de Serifo. Os dois náufragos foram recolhidos por um pescador chamado Díctis, que era, segundo se conta, o irmão do tirano da ilha, Polidectes. O pescador levou-os para sua casa e criou o menino, que em breve se tornou um jovem de grande beleza e valentia. O rei Polidectes apaixonara-se entretanto por Dánae, sem contudo poder satisfazer a sua paixão, dado que Perseu vigiava cuidadosamente a mãe, não ousando o rei recorrer à violência. Um dia, Polidectes organizou um jantar, convidando todos os seus amigos e entre eles Perseu. Durante o festim, perguntou-lhes que presente gostariam de lhe oferecer. Todos consideraram que um cavalo seria a prenda mais adequada a um rei, enquanto Perseu respondeu que lhe traria, se necessário fosse, a cabeça da Górgona. No dia seguinte, todos os príncipes trouxeram um cavalo, excepto Perseu que nada levou ao rei. Polidectes instou-o então a ir buscar-lhe a cabeça da Górgona — se acaso esta condição não fosse cumprida, ele apoderar-se-ia pela força de Dánae. Segundo outra versão, Polidectes destinava todos estes presentes a Hipodamia, filha de Enómao, que pretenderia desposar.

Na execução de tão difícil tarefa, Perseu foi coadjuvado por Hermes e Atena, que lhe forneceram os meios necessários para cumprir a sua imprudente promessa. Seguindo os conselhos das duas divindades, ele foi primeiro procurar as filhas de Fórcis, Énio, Pefredo e Dino (v. *Fórcis*), as três Greias (v. *Greias*), que apenas tinham um olho e um dente. Perseu apoderou-se desse olho e desse dente, recusando-se a devolvê-lo, enquanto elas lhe não indicassem o caminho que o conduziria até às Ninfas. Estas possuíam um par de sandálias aladas, um alforge (chamado *kibisis*), e ainda o elmo de Hades, que tinha o condão de tornar invisível quem quer que cobrisse a cabeça com ele. As Ninfas entregaram-lhe todos estes objectos, e Hermes armou-o com uma foice

---

Persépolis: Hes., *ap.* Eust., *ad loc.*, 1716, 39; escól. a *Od.*, XVI, 118.

Perses: Hes., *Theog.*, 375 e s.; 409 e s.; Apollod., *Bibl.*, I, 2, 2; 9, 1 e s.; Hyg., *Fab.*, 26; 27; 264; escól. a Apol. Rh., *Arg.*, III, 200.

Perseu: *Il.*, XIV, 319, e escól. *ad loc.*; XIX, 116; 123; Hes., *Theog.*, 276 e s.; *Scut.*, 222 e s.; Pind., *Pyth.*, XII, 17 e s.; escól. a Apol. Rh., *Arg.*, IV, 1091; 1515; Apollod., *Bibl.*, II, 4, 1 e s.; Herod., VII, 61; Tzetz., *ad Lyc.*, 838; trag. perdidas de Soph. (Frag. 63 e s.), de Aesch. (v. Nauck, 2.ª ed., n.º 45); Eur., *Andr.*; Eratosth., *Cat.*, 16 e s.; 22; 36; Ov., *Met.*, IV, 617 e s.; Hyg., *Fab.*, 63; 151; Nonn., *Dion.*, XLVII; Clem. Al., *Strom.*, I, 21, 105 (1, 67, St.); Serv., *ad Virg.*, *Aen.*, VII, 372; 410; VIII, 345; Plin., *N. H.*, III, 56; Sil. Ital., I, 660 e s.; Cf. L. Bieler, «Die Sage von Perseus...», *W. S.*, 1931, pp. 119-128; J. M. Woodward, *Perseus*, Cambridge, 1937; A. H. Krappe, «La légende de Persée», *Neuphil. Mitt.*, 1933, pp. 225-238; K. Ziegler, «Das Spiegelmotiv in Gorgomythus», *A. R. W.*, XXIV, pp. 1-19.

de aço, de lâmina forte e afiada. Perseu encaminhou-se então em direcção às Górgonas, Esteno, Euríale e Medusa, que encontrou adormecidas. Só Medusa era mortal, razão pela qual o herói podia ter esperanças de conseguir levar a sua cabeça ao rei. As Górgonas eram monstros com um pescoço protegido por escamas de dragão, e dentes semelhantes aos do javali; as suas mãos eram de bronze e possuíam asas de ouro, graças às quais podiam voar. O seu olhar era tão forte que transformava em pedra todos aqueles em que se fixasse. Por tudo isto, eram temíveis e só com a protecção dos deuses alguém poderia pensar em vencê-las. Perseu elevou-se nos ares graças às sandálias aladas e, enquanto Atena segurava acima da cabeça de Medusa um escudo de bronze polido que servia de espelho, o herói decapitou o monstro. Do golpe jorrou sangue, donde brotaram um cavalo alado, Pégaso, e um gigante, Crisaor (v. *Pégaso* e *Crisaor*). Depois, Perseu pôs a cabeça de Medusa dentro do alforge e pôs-se a caminho. As duas irmãs da vítima perseguiram-no, mas em vão, pois o elmo de Hades tornava-o invisível.

No caminho de regresso, Perseu passou pela Etiópia, onde encontrou Andrómeda. Presa a um rochedo, expiava as palavras imprudentes que sua mãe, Cassiopeia, pronunciara (v. *Andrómeda* e *Cassiopeia*). Ao ver em tão perigosa situação a bela jovem, o herói apaixonou-se por ela. Prometeu, então, ao pai de Andrómeda que a libertaria, se ele em troca lha desse em casamento. Concluiu-se o pacto. Perseu, com as armas mágicas que possuía, não teve dificuldade em matar o monstro marinho que deveria devorar a jovem, e conseguiu assim levá-la sã e salva para junto dos pais. Mas o casamento suscitou algumas contrariedades. Andrómeda tinha um tio, Fineu, com o qual deveria casar-se. Descontente com o facto de Perseu ter desposado a sobrinha, Fineu urdiu um plano contra o herói. Mas este descobriu-o a tempo e, mostrando a cabeça da Górgona a Cefeu e aos seus cúmplices, transformou-os em estátuas de pedra.

Acompanhado por Andrómeda, Perseu regressou então a Serifo. Aí deparou com uma situação algo diferente da que deixara ao partir. Polidectes recorrera à violência durante a ausência do herói e quisera apoderar-se de Dánae pela força. Díctis e a mãe de Perseu refugiaram-se junto dos altares, como num asilo inviolável. Ao regressar, deparando com tal situação, o jovem decidiu vingar-se de Polidectes. Entrou na sala onde o tirano estava reunido com os seus amigos e transformou-os a todos em estátuas de pedra, confiando o trono ao seu pai adoptivo, Díctis. Após tais aventuras, Perseu devolveu as sandálias, o alforge e o elmo de Hades a Hermes, que os restituiu às Ninfas, suas legítimas proprietárias. Quanto à cabeça da Górgona, Atena colocou-a no meio do seu escudo.

Perseu deixou, em seguida, a ilha de Serifo e partiu para Argos, sua terra natal, levando consigo Andrómeda. Desejava voltar a ver Acrísio, seu avô, mas este, temendo o oráculo que predissera que ele morreria às mãos de um filho de Dánae, fugiu para a região dos Pelasgos. O rei de Larissa, Teutâmides, organizara aí jogos fúnebres em honra de seu pai, nos quais Perseu quis participar. Acrísio foi assistir aos jogos. Ao lançar o disco, Perseu atingiu Acrísio num pé e matou-o. Atormentado pela dor ao conhecer a identidade da vítima, o herói prestou-lhe honras fúnebres e enterrou-o fora da cidade de Larissa. Não ousando voltar a Argos para reclamar o trono daquele que acabara de matar, Perseu trocou Argos por Tirinte, onde reinava o seu primo Megapentes, filho de Preto (v. quadro 32, p. 370). Foi assim que Megapentes se tornou rei de Argos e Perseu rei de Tirinte. Atribui-se-lhe a fortificação de Mídea e de Micenas.

Acerca dos filhos de Perseu e Andrómeda, v. quadro 32, p. 370.

Uma lenda obscura de Perseu apresentava-o como opositor de Dioniso. Ele ter-se-ia vitoriosamente imposto contra a introdução do culto dionisíaco em Argos, tendo mesmo, no decurso de uma luta corpo a corpo com o deus, afogado este no lago de Lerna. Dioniso teria assim terminado a sua vida terrestre e retomado o seu lugar no Olimpo, reconciliando-se com Hera. Dizia-se que, na mesma luta, Perseu matara Ariadne. Outra versão apresenta, aliás, a jovem como única vítima do herói no confronto com Dioniso. Perseu ter-se-ia depois reconciliado com este deus, por intercessão de Hermes.

Os mitógrafos da época romana contavam que Perseu e Dánae, lançados ao mar por Acrísio, não tinham chegado às margens de Serifo, mas à costa do Lácio. Aí, uns pescadores tê-los-iam apanhado nas suas redes e conduzido ao rei Pilumno. Este desposara Dánae, fundando com ela a cidade de Árdea. Turno, rei dos Rútulos, seria seu descendente. Contava-se ainda que Dánae tivera de Fineu dois filhos, Argo e Arge, com os quais teria ido para a Itália, estabelecendo-se no local onde se situaria Roma. Argo teria sido morto pelos Aborígenes (os selvagens indígenas que habitavam as colinas de Roma) e o local da sua morte foi, por isso, denominado *Argileto* (palavra composta por *Argi* e *letum,* que significa «a morte de Argos»).

PEUCÉCIO. (Πευκέτιος.) Peucécio é um dos filhos de Licáon (v. *Licáon*). Emigrou da Arcádia com o seu irmão Enotro, indo para o Sul da Itália, onde se estabeleceu. Seria ele o antepassado mais remoto do povo dos Peucécios. Os dois irmãos nasceram dezassete gerações antes da Guerra de Tróia (v. *Enotro*).

PÍASO. (Πίασος.) Píaso é um rei da Tessália, pai de Larissa, que ousou violar a própria

---

Peucécio: DION. HAL., I, 13; ANT. LIB., *Transf.*, 31; PLIN., *N. H.*, III, 16, 99; SERV., *ad VIRG.*, *Aen.*, VIII, 9. Cf. J. BÉRARD, *Colonisation*..., pp. 459 e s.; M. LENCHANTIN, in *Athen.*, 1935, pp. 101-112.

Píaso: Escól. *ad* APOL. RH., *Arg.*, I, 1063; EUST., *ad Il.*, 357, 43 e s.; cf. PARTH., *Erot.*, 28.

filha. Esta, para se vingar, afogou-o num tonel de vinho, empurrando-o numa altura em que ele se inclinara para beber.

* **PICO.** (*Picus.*) *Picus* é um antigo rei do Lácio. Reinava sobre os Aborígenes, a primeira população da região. A lenda apresenta-o como pai de Fauno e avô de Latino. Dizia-se que era descendente de um certo Esterces ou Estérculo, cujo nome evoca a ideia de esterco, tendo, no entanto, sido identificado pelos mitógrafos com Saturno «para lhe ser conferida maior dignidade». Pico teria sido um magnífico adivinho, cujos poderes divinatórios seriam coadjuvados por um picanço, ave profética por excelência. Houve mitógrafos que afirmaram até que esse picanço não era mais do que o rei Pico metamorfoseado por Circe. Teria sido este o castigo infligido pela feiticeira em virtude de ele ter repudiado o seu amor em nome da paixão consagrada a Pomona (ou Canente), sua esposa, uma ninfa filha de Jano (v. *Canente*).

O picanço desempenhava um papel na religião romana, não só como ave profética mas também como pássaro consagrado a Marte. Teria aparecido junto dos gémeos Rómulo e Remo, ajudando a loba a salvá-los (v. *Rómulo*).

PICÓLOO. (Πικόλοος.) Picóloo é, segundo uma lenda tardiamente atestada, um dos Gigantes. Na altura da luta por estes travada contra os deuses, refugiou-se na ilha de Circe, donde tentou expulsar a feiticeira. Mas o Sol (Hélio), pai de Circe, apercebeu-se do facto e matou Picóloo. Do seu sangue nasceu uma planta de raízes negras e flores brancas com propriedades mágicas, que recebeu em grego a designação de μῶλυ (*moly*). As pétalas eram brancas por ser essa a cor do Sol; a raiz era negra, da cor do sangue do gigante. Acerca desta erva, v. *Ulisses*.

* **PIEDADE.** (*Pietas.*) Piedade (*Pietas*) é a personificação do sentimento que se deve nutrir em relação aos deuses e aos homens (pais, filhos,...). Simples abstracção, *Pietas* não é personagem de nenhum mito, nenhuma história se conta a seu respeito. O seu templo, situado junto do Capitólio, entre a colina e o Tibre, data do início do segundo século antes de Cristo. Durante o Império, tornou-se frequente a representação da *Pietas* nas moedas, como símbolo das virtudes morais do imperador regente.

PIÉRIDES. (Πιερίδες.) «Piérides» é um epíteto local geralmente aplicado às Musas, sobretudo pelos poetas latinos. O nome deriva do topónimo «Piéria», que designa uma região da Trácia. Segundo a lenda, as Piérides foram nove donzelas que quiseram rivalizar com as Musas. Eram filhas de Píero, natural de Péla, e de Evipe, e cantavam divinamente. Subiram por isso ao Hélicon, a montanha sagrada das Musas, e desafiaram-nas para um concurso de canto. As Musas venceram-nas, punindo-as pela sua presunção: as Piérides foram transformadas em pássaros. Ovídio afirma que todas elas foram convertidas em pegas; Nicandro, seguindo outra versão, conta que foram transformadas em nove espécies diferentes de aves, reproduzindo os seus nomes: Columba (pomba), Iinge (alvéola), Cencreis (gavião), Cissa (pega), Clóris (papa-figo), Acalântis (pintassilgo), Nessa (pato), Pipo (pombinho), Dracontida (pombo-dragão).

Pausânias acrescenta que as Piérides tinham os mesmos nomes que as Musas, o que levou a tradição a atribuir a estas últimas, deusas virgens, os filhos das suas homónimas, entre os quais se encontra Orfeu.

PÍERO. (Πίερος.) Há dois heróis lendários com este nome.

1. Um deles é o epónimo da Piéria, frequentemente considerado como pai das Piérides (v. *Piérides*). É filho de Mácedon e irmão de Amato e introduziu o culto das Musas na sua região. Certas versões da lenda apresentam-no como pai de Lino ou de Eagro, sendo neste caso avô de Orfeu.

2. Píero é também o nome de um filho de Magnes e de Melibeia. A musa Clio sentiu por ele um amor intenso inspirado por Afrodite, que, assim, a castigou pelo facto de ela ter um dia ridicularizado a paixão da deusa pelo belo Adónis. Da união de Píero e Clio, teria nascido Jacinto, acerca de cuja filiação a tradição conhece múltiplas variantes (v. *Jacinto*).

PIGMALIÃO. (Πυγμαλίων.) Há duas personagens lendárias com este nome, ambas de origem semita.

1. Chamava-se Pigmalião um dos reis de Tiro, filho de Muto e irmão de Elisa (Dido) (v. *Dido*).

2. A outra figura homónima é um rei de Chipre, que se apaixonou por uma estátua de marfim representando uma bela mulher, que ele próprio teria esculpido, segundo uma das versões da lenda. Abrasado de paixão, pediu a Afrodite que lhe enviasse uma mulher semelhante à estátua. As súplicas dirigidas à deusa numa das festas em sua honra foram ouvidas: ao chegar a casa, Pigmalião apercebeu-se de que a figura de marfim ganhara vida. Desposou-a e dela teve uma filha chamada Pafo, mãe de Cíniras.

Pico: VIRG., *Aen.*, VII, 47; 189; SERV., *ad VIRG.*, *Aen.*, VII, 190; X, 76; DION. HAL., I, 31; ARNOB., II, 71; AUGUST., *Civ. D.*, IV, 23; V, 10; XVIII, 15; OV., *Met.*, XIV, 312 e s.; PAUL., p. 212; STRAB., V, 4, 2, p. 200; PLUT., *De Fort. Rom.*, VIII, p. 320 d; *Qu. Rom.*, 21; cf. G. PANSA, «Picus Martius», *Folkl. Ital.*, 1931, pp. 181-199.

Picóloo: EUST., *ad Hom.*, 1658, 48.

Piedade: CIC., *de leg.*, II, 11; 28; LIV., XL, 34, 4 e s.

Piérides: ANT. LIB., *Transf.*, 9; OV., *Met.*, V, 669 e s.; cf. PAUSAN., IX, 29, 4.

Píero: **1)** Escól. *ad Il.*, XIV, 225; ANT. LIB., *Transf.*, 9; OV., *Met.*, V, 302; PLUT., *de Mus.*, 3; PAUSAN., IX, 29, 3; SERV., *ad* VIRG., *Buc.*, VII. 21. **2)** APOLLOD., *Bibl.*, I, 3, 3.

Pigmalião: **1)** VIRG., *Aen.*, I, 343 e s.; JUST., XVIII, 4, 3; APOLLOD., *Lybic.*, 1. **2)** CLEM. AL., *Protr.*, p. 17, 31 e s.; *Fragm. Hist. gr.*, III, p. 31; ARNOB., *Adv. Nat.*, VI, 22; OV., *Met.*, X, 243 e s.

PIGMEUS. (Πυγμαῖοι.) Os Pigmeus são um povo de pequena estatura, já mencionado na *Ilíada*. Supunha-se que habitavam no Sul do Egipto, ou na região da Índia. O mais célebre episódio da história dos Pigmeus relaciona-se com as lutas por eles travadas contra as cegonhas ou os grous. A origem deste conflito é objecto de diversas lendas. Segundo uma das versões, teria nascido entre os Pigmeus uma jovem de grande beleza, chamada Énoe, que com natural altivez desprezava os deuses, repudiando particularmente a veneração devida a Ártemis e Hera. Énoe casou-se com um pigmeu de nome Nicódamas, de quem teve um filho chamado Mopso. Para festejar o nascimento, todos os pigmeus ofereceram presentes ao afortunado casal. Mas Hera, nutrindo um profundo ódio contra a jovem que lhe não prestava o culto a que tinha direito, transformou-a numa cegonha. Metamorfoseada em pássaro, Énoe tentou reaver o filho, que ficara entre os Pigmeus, e estes expulsaram-na com grandes gritos e recorrendo às armas. Nasceu assim a ira das cegonhas contra os Pigmeus e o receio neles infundido em relação a tais aves (v. também *Gerana*).

Este povo de pequena estatura inspirou a arte de feição egípcia. Figuravam em mosaicos e frescos, num cenário de fauna típica das regiões do Nilo, lutando contra aves e animais diversos, atacando crocodilos, ou entregando-se a actividades humanas a que a sua extrema fealdade e falta de destreza conferem um matiz de paródia. Nas representações a que aludimos, este homúnculos são caracterizados nomeadamente pelas descomunais dimensões dos orgãos genitais.

Embora figure nas obras dos geógrafos antigos como uma raça pertencente ao domínio da fábula e da fantasia, os Pigmeus são definidos por traços distintivos de populações reais da África Central.

PÍLADES. (Πυλάδης.) Pílades é o companheiro dilecto de Orestes, como Acates em relação a Eneias. Filho de Estrófio e de Anaxíbia, irmã de Agamémnon (v. quadro 2, p. 12), Pílades é primo-irmão de Orestes. Por linha paterna descende de Foco, de Éaco e de Zeus (v. quadro 31, p. 352). Os dois primos cresceram juntos no palácio de Estrófio, para onde Orestes foi enviado para estar a salvo, enquanto Clitemnestra vivia com Egisto na ausência de Agamémnon (v. *Orestes*).

Foi sobretudo graças aos trágicos que a personagem de Pílades se desenvolveu. É ele quem aconselha o seu amigo durante o plano de vingança. Conta ainda a lenda que ele lutou contra os filhos de Náuplio que vieram em auxílio de Egisto. Mas foi na viagem de Orestes à Táurica que Pílades mais o ajudou (v. *Orestes*). O herói viria a desposar Electra, irmã mais velha de Orestes, da qual teve dois filhos: Medonte e Estrófio II.

PILAS. (Πύλας.) Pilas é um rei de Mégara, filho de Cléson e neto de Lélex. Deu a mão de sua filha Pília a Pandíon (v. *Pandíon*), o sucessor de Cécrops, em Atenas, que havia sido expulso na sequência de uma sedição provocada pelos filhos de Metíon. Mais tarde, Pilas matou Bias, irmão do seu pai, e foi forçado ao exílio. Confiou então o seu reino a Pandíon e partiu para o Peloponeso com um exército de léleges, fundando a cidade de Pilo na Messénia (v. *Lélex*). Expulso por Neleu, deixou a região, a fim de fundar a cidade de Pilo na Élida.

PILÉMENES. (Πυλαιμένης.) Pilémenes, filho de Bisaltes (?), é um paflagónio aliado dos Troianos. É o pai de Harpálion, que também combatia nas hostes troianas e foi morto por Mérion. Pilémenes sucumbiu às mãos de Menelau ou de Aquiles. Embora a sua morte seja mencionada no canto V da *Ilíada*, vêmo-lo participar, no canto XIII, no cortejo fúnebre do seu filho.

PILENOR. (Πυλήνωρ.) Pilenor é um Centauro que foi ferido por Héracles durante a luta travada na gruta de Folo. A chaga infectou devido ao sangue da hidra de Lerna, no qual haviam sido mergulhadas as flechas de Héracles. O Centauro foi então lavar o ferimento nas águas do Anigro, riacho a que desde esse dia a lenda atribuiu propriedades maléficas e um odor pestilento.

PILEU. (Πυλαῖος.) Pileu é o filho de Leto. Com Hipótoo, seu irmão, comandou um contingente de pelasgos vindos de Larissa, para engrossar as hostes gregas em Tróia.

PÍLIA. (Πυλία.) Pília era a mulher de Pandíon I, filha de Pilas, rei de Mégara (v. *Pilas* e quadro 12, p. 144).

PÍLIO. (Πύλιος.) Uma tradição obscura alude a um Pílio, filho de Hefesto, que em Lemnos curou as feridas de Filoctetes, aprendendo em troca, com o herói, a arte de manejar o arco e as flechas (v. *Filoctetes*).

Pigmeus: *Il.*, III, 3 e s., e EUST., *ad loc.*; cf. VIRG., *Aen.*, X, 264 e s.; *Fragm. Hist. gr.*, I, 18; 266; HEROD., II, 32; PLIN., *N. H.*, VII, 26 e s.; ANT. LIB., *Transf.*, 16; OV., *Met.*, VI, 90 e s.; ATHEN., IX, 393 e s. V. também *Gerana*; cf. R. DANGEL, *in S. M. S. R.*, VII (1931), pp. 128 e s.; K. PRAECHTER, *in Rh. Mus.*, 1933, pp. 162-164; DANIEL, in *A. J. A.*, 1932, pp. 260 e s.

Pílades: EUR., *Or.*, 764, e escól. *ad loc.*; 1155 e s.; HES., fr. 121; PIND., *Pyth.*, XI, 23; AESCH., *Ch.*, 900; SOPH., *El.*; EUR., *El.*; *Iph. T.*; *Or.*; PAUSAN., I, 22, 6; II, 16, 7; 29, 9; HYG., *Fab.*, 121, 122.

Pilas: APOLLOD., *Bibl.*, III, 15, 5; PAUSAN., I, 5, 3; 39, 4 e s.; IV, 36, 1; VI, 22, 5.

Pilémenes: APOLLOD., *Ep.*, III, 35; *Il.*, II, 851; V, 576 e s.; XIII, 658 e s.; HYG., *Fab.*, 113.

Pilenor: PAUSAN., V, 5, 10; OV., *Met.*, XV, 282 e s.; cf. STRAB., VIII, 346.

Pileu: *Il.*, II, 840 e s.; STRAB., XIII, 3, 2, p. 620 e s.; DICT. CR., II, 35.

Pília: APOLLOD., *Bibl.*, III, 15, 5.

Pílio: PTOL. HEPH., ed. WESTERMANN, *Mythogr.*, p. 197, 2.

*** PILUMNO.** (*Pilumnus.*) Divindade romana obscura, Pilumno era o espírito que nas casas protegia as crianças recém-nascidas do ataque e das influências nefastas de Silvano (v. *Silvano*). Partilhava tais funções com duas «deusas» igualmente obscuras: Intercidona e Deverra, cujos nomes são curiosos — a designação da primeira advinha das «machadadas» simbólicas que se dava na ombreira da porta sempre que nascia uma criança; o nome da segunda está relacionado com a vassoura com que se varria a soleira após o nascimento. O nome de Pilumno evocaria igualmente o pilão com que se batia na porta após um parto. O machado, o pilão e a vassoura simbolizavam o cultivo: o machado abate as árvores, o pilão esmaga o cereal, a vassoura varre a eira. Estes três símbolos bastavam para afugentar Silvano, divindade selvagem.

Pilumno aparece também ao lado do deus Picumno, igualmente enigmático, cujo nome se relaciona com o de Pico, outra divindade (v. *Pico*). É possível que Pilumno não seja o «deus do pilão», mas o «deus da lança».

Virgílio apresenta Pilumno como o pai de Dauno e o avô de Turno.

Dever-se-á ainda acrescentar que, segundo uma glosa de Festo, o vocábulo *pilumnoe* figurava no canto dos Sálios e era geralmente interpretado como um adjectivo com o sentido de «armado com uma lança».

PINDO. (Πίνδος.) Pindo é um filho de Mácedon, segundo a tradição que o apresenta como um dos filhos de Licáon. Contava-se que um dia fora à caça e encontrara uma serpente monstruosa. O réptil não o atacou, contudo, e Pindo, reconhecido, oferecia-lhe, de tempos a tempos, parte do produto da sua caça, pelo que o animal se lhe foi afeiçoando. Quando o jovem foi morto pelos seus três irmãos invejosos, a serpente vingou-o, matando os assassinos e ficando a guardar o cadáver até ao momento em que os pais de Pindo chegaram para lhe prestar honras fúnebres.

PÍRAMO. (Πύραμος.) Píramo e a sua amiga Tisbe são os heróis de uma aventura amorosa de que existem duas versões independentes. Segundo uma delas (provavelmente a mais antiga), Píramo e Tisbe amavam-se mutuamente e dessa irresistível paixão resultou a gravidez da jovem antes do matrimónio. Desesperada, ela suicidou-se. Ao saber que a sua amada pusera termo à vida, Píramo seguiu-a na morte. Tendo piedade deles, os deuses metamorfosearam-nos em cursos de água: Píramo ficou transformado no rio siliciano homónimo, e Tisbe numa fonte cuja água brotava para o leito desse rio.

A outra versão da lenda, muito mais dramática, é transmitida por Ovídio e supõe uma elaboração literária complexa. Píramo e Tisbe eram dois jovens da Babilónia, que se amavam mas não podiam casar-se em virtude de os pais se oporem ao seu enlace. Encontravam-se em segredo, vendo-se através de uma fenda existente no muro que separava as casas das duas famílias. Marcaram um dia um encontro junto do túmulo de Nino, fora da cidade. Havia aí uma amoreira, que crescera perto de uma fonte. Tisbe foi a primeira a chegar. Mas algo inesperado aconteceu: eis que uma leoa se aproximou da fonte para beber. A jovem foge, mas deixa cair o véu que lhe cobria a cabeça. A leoa apanhou-o e, com a boca ainda ensanguentada do repasto, despedaçou-o e foi-se embora. Entretanto chega Píramo, que, ao ver os pedaços do véu manchados de sangue, logo imagina que Tisbe foi morta por um animal selvagem. Num ímpeto de desespero, trespassa o coração com a espada. Quando, pouco depois, a sua amada aparece e o vê morto, arranca a espada do seu cadáver e suicida-se. E os frutos da amoreira, que até então eram brancos, tomavam a cor vermelha do sangue derramado. As cinzas dos dois amantes foram depositadas na mesma urna, como unidas na morte.

PIRECMES. (Πυραίχμης.) **1.** Na *Ilíada*, Pirecmes é um dos dois chefes do contingente peónio que lutou em Tróia ao lado das hostes de Príamo. Matou Eudoro, «conselheiro» ou escudeiro de Pátroclo durante a batalha. Morreu às mãos de Pátroclo ou de Diomedes e foi sepultado em Tróia.

O segundo chefe dos Peónios era Asteropeu, filho do deus-rio Áxio.

2. Pirecmes é também o nome do fundibulário que assegurou a Óxilo a vitória sobre os Eleus (v. *Óxilo*).

3. Outro herói homónimo era um rei da Eubeia, que atacou a Beócia mas foi vencido por Héracles, quando este era ainda jovem. Pirecmes sucumbiu esquartejado por cavalos. O facto ocorreu à beira de um regato denominado Heracleu, «o regato de Héracles». Sempre que um cavalo bebia água na sua corrente, saía do leito um relincho.

PÍREN. (Πειρήν.) **1.** Um dos heróis com este nome era filho de Glauco, rei de Corinto, e irmão de Belerofonte. Um dia, este causou-lhe involuntariamente a morte, sendo por isso condenado ao exílio (v. *Belerofonte*).

2. Segundo algumas tradições, Píren é também o nome do pai de Io, uma das mortais amadas por Zeus. Seria filho de Argo e de Evadne. Por vezes, atribui-se-lhe o nome de Piras

---

Pilumno: AUGUST., *Civ. D.*, VI, 9; VIRG., *Aen.*, X, 75 e s.; 619; SERV., *ad Virg.*, *Aen.*, IX, 3; X, 76; PHAEST., p. 244, 4.

Pindo: AEL., *Hist. An.*, X, 40; TZETZ., *Chil.*, IV, 338, e escól. *ad* 333.

Píramo: *Appendix Narr.*, WESTERMANN, *Mythogr.*, p. 384, n.º 68; OV., *Met.*, IV, 55 e s.; cf. SERV., com. *ad* VIRG., *Buc.*, VI, 22; HYG., *Fab.*, 242; 243; V. RHODE, *Gr. Roman*, 2.ª ed., pp. 153 e s.

Pirecmes: **1)** *Il.*, II, 848; XVI, 287; APOLLOD., *Ep.*, III, 34; EUST., *ad Hom.*, 359, 33 e s.; 1697, 57; DICT. CR., III, 4; PORPH., *Quaest. ad Il.*, ed. Schr., p. 50. **2)** PAUSAN., V, 4, 2; EUST., *ad Hom.*, 311, 21. V. *Óxilo*. **3)** PLUT., *Parall. min.*, 7.

Píren: **1)** APOLLOD., *Bibl.*, II, 3, 1; TZETZ., *ad Lyc.*, 17. **2)** APOLLOD., *Bibl.*, II, 1, 3.

e a versão mais generalizada da lenda apresenta-o como tio de Io, filha do seu irmão Écbaso (v. quadro 20, p. 240).

PIRENE. (Πειρήνη.) Pirene é a heróina que deu nome à fonte homónima, em Corinto. Era filha do deus-rio Asopo. Teve de Posídon dois filhos, Leques e Cêncrias, os dois heróis epónimos das duas portas de Corinto. Quando Ártemis causou acidentalmente a morte de Cêncrias, Pirene verteu tantas lágrimas que se converteu em fonte.

Segundo outra versão da lenda, Pirene era a filha de Ébalo. A variante evemerista da história de Asopo apresenta-a como uma das doze filhas que este teve, em Fliunte, de Métope, filha do rei Ládon (v. *Ládon* e *Asopo*).

Existia ainda uma lenda de Pirene substancialmente diferente das anteriores, segundo a qual a fonte teria sido dada a Sísifo pelo deus-rio Asopo, em troca do serviço que ele lhe prestara revelando-lhe o nome do raptor de sua filha Egina (v. *Egina*).

Foi junto da fonte de Pirene que, segundo certos autores, Belerofonte encontrou o cavalo alado Pégaso (v. *Pégaso*).

PIRENE. (Πυρήνη.) **1.** Pirene é a filha do rei Bébrix, que governava, no tempo de Héracles, as populações indígenas da região de Narbona. Héracles atravessou os seus domínios quando se preparava para capturar os bois de Gérion. Na corte de Bébrix, o herói embriagou-se e violou Pirene, que deu à luz uma serpente. Assustada, a jovem fugiu para as montanhas, onde foi morta por animais ferozes. Ao voltar da sua expedição, Héracles encontrou o cadáver da princesa e prestou-lhe honras fúnebres. Em sua memória, deu o herói o nome de Pirenéus à cadeia de montanhas onde o seu corpo foi descoberto.

2. Pirene é também o nome da mãe de Cicno, o adversário de Héracles (v. *Héracles* e *Cicno*) e do rei trácio Diomedes.

PIRENEU. (Πυρηνεύς.) Pireneu é um rei de Dáulis que, durante uma tempestade, convidou as Musas, que atravessavam a região rumo ao Hélicon, a entrar no seu palácio, para aí se abrigarem da intempérie. Quando as jovens aí se instalaram, o rei tentou seduzi-las. As deusas levantaram voo. Pireneu quis persegui-las pelos ares, mas caiu sobre uns rochedos, encontrando assim a morte.

PIRGO. (Πυργώ.) **1.** Pirgo é o nome da mulher de Alcátoo, rei de Mégara, por ele abandonada para desposar em segundas núpcias Evecme, filha de Megareu (v. *Alcátoo*). A lenda situa o seu túmulo em Mégara, perto do de Alcátoo e de Ifínoe, a filha do rei.

2. Pirgo é também o nome da ama dos filhos de Príamo. Embora de avançada idade, ela acompanha Eneias na sua viagem. É ela quem, instigada por Íris, aconselha as mulheres troianas a deitar fogo às naus. Talvez se deva relacionar o nome desta personagem com o da cidade etrusca de Cere (próxima de Civitàvecchia), *Pyrgi*, topónimo que significa «as Torres».

PÍRIA. (Πυρίας.) Píria é um barqueiro de Ítaca que um dia sentiu pena de um velho que havia sido capturado por um bando de piratas. O ancião trazia consigo umas ânforas que à primeira vista pareciam estar cheias de pez. Mais tarde, elas tornaram-se propriedade de Píria e este apercebeu-se de que sob o pez estavam camufladas jóias e tesouros. Reconhecido, o barqueiro sacrificou um boi ao seu benfeitor desconhecido. Daí deriva o provérbio: «Píria foi o único homem a sacrificar um boi ao seu benfeitor.»

PIRÍTOO. (Πειρίθοος.) Pirítoo é um herói natural da Tessália, que foi progressivamente integrado no ciclo de Teseu. Figura na *Ilíada* como um dos filhos de Zeus e de Día, embora seja geralmente apresentado como filho de Día e de Ixíon (v. quadro 25, p. 268). Descende por linha paterna da raça dos Lápitas. A sua lenda é composta por diversos episódios que dificilmente se coadunam entre si, sendo os principais: a participação na caçada de Cálidon, ao lado de Meleagro: o casamento com Hipodamia e o combate contra os Centauros; o encontro com Teseu; o rapto de Helena; a descida aos Infernos.

Na caçada ao javali de Cálidon, Pirítoo figura simplesmente no número dos caçadores, não desempenhando um papel activo. Mas já desde a *Ilíada* que a tradição o apresenta como o vencedor dos Centauros, episódio que foi mais tarde associado à história do seu casamento com Hipodamia. Esta é geralmente considerada filha de Butes (filho de Bóreas — v. *Butes*), embora por vezes passe por filha de Adrasto e de Anfítea (v. quadro 1, p. 8). Segundo uma das tradições, Hipodamia seria parente dos Centauros, razão pela qual Pirítoo os teria convidado para assistirem à boda. Como filho de Ixíon, o herói é meio-irmão desses monstros (v. *Centauros*), o que justificaria por si só a presença deles no casamento. Excitados pelo vinho, os Centauros tentaram, durante a boda, violar Hipodamia e raptar as mulheres presentes na cerimónia. Teve, então, lugar uma luta violenta entre os Centauros e os Lápitas (companheiros de Pirítoo), durante a qual muitos daqueles foram mortos. Teseu participou nesse combate memorável,

---

Pirene: Pausan., II, 2, 3; 3, 2 e s.; 5, 1; 24, 7; Diod. Sic., IV, 72; Steph. Byz., *s.u.* Κέγχριαι.

Pirene: 1) Sil. Ital., III, 420 e s.; Plin., *N. H.*, III, 3, 8. **2)** Apollod., *Bibl.*, II, 5, 11.

Pireneu: Ov., *Met.*, V, 274 e s.

Pirgo: 1) Pausan., I, 43, 4. V. *Alcátoo*. **2)** Virg., *Aen.*, V, 645.

Píria: Heraclid. Pont., 37, 2; Plut., *Qu. Gr.*, 34.

Pirítoo: *Il.*, I, 262 e s.; *Od.*, XI, 631, e escól. a XXI, 295; Eur., *Herc. F.*, 619; Diod. Sic., IV, 70; Apollod., *Bibl.*, I, 8, 2; II, 5, 12; III, 10, 8; *Ep.*, I, 16 e s.; 21 e s.; 23 e s.; Pausan., I, 2, 1; 17, 4; 18, 4; 30, 4; 41, 5; II, 22, 6; III, 18, 15; 24, 11; V, 10, 8; 11, 5; VIII, 45, 7; IX, 31, 5; X, 26, 2; 28, 2; 29, 9 e s.; Apol. Rh., *Arg.*, I, 101 e s.; e escól. ao v. 107; III, 62; Hyg., *Fab.*, 33; Serv., *ad Virg.*, *Aen.*, VII, 304; Plut., *Thes.*, 30 e s.; cf. S. Reinach, *art. cit.* (*s.u. Sísifo*); W. Deonna, in *R. E. G.*, 1931, pp. 361-367.

tornando-se desde então amigo de Pirítoo. Do casamento deste com Hipodamia, nasceu Polipetes (v. *Polipetes* e quadro 25, p. 268).

Para explicar a amizade que unia Teseu a Pirítoo, contava-se que este, ao ouvir falar dos feitos daquele herói, decidiu pô-lo à prova e começou a furtar cabeças de gado dos rebanhos de Teseu, na região de Maratona. Os dois jovens viram-se um dia frente a frente e cada um deles se deixou seduzir pela beleza do outro. Quando tudo pareceria indicar que se iria desencadear uma luta, Pirítoo resolveu espontaneamente reparar a ofensa cometida, prometendo restituir os bens roubados e declarando-se escravo de Teseu. Querendo superar em honestidade e sensatez o jovem forasteiro, Teseu recusou tal proposta e declarou estar disposto a esquecer o passado. Selaram então com um juramento a amizade que assim nascia, e a partir desse momento os dois heróis viveram juntos todas as suas aventuras.

Cada um deles jurou dar ao outro por esposa uma filha de Zeus. Foi por isso que Pirítoo auxiliou Teseu no rapto de Helena (v. *Teseu* e *Helena*), recebendo em troca a ajuda do amigo, que o acompanhou aos Infernos a fim de raptar Perséfone, esposa de Hades, filha de Zeus e de Deméter. Os dois jovens conseguiram entrar no mundo dos mortos, mas não puderam sair: ambos ficaram prisioneiros até à chegada de Héracles. Este ainda conseguiu salvar Teseu, trazendo-o para a superfície, mas, quando tentou libertar Pirítoo, a terra tremeu — o herói percebeu então que os deuses não queriam soltar o culpado e desistiu de tentar salvá-lo. Foi assim que o companheiro de Teseu ficou preso para todo o sempre nos Infernos.

Segundo uma versão evemerista conservada por Pausânias, Teseu e Pirítoo teriam ido de facto para o Epiro, para a corte de um certo rei Hedoneu (cujo nome teria sido confundido com o de Hades), casado com uma mulher chamada Perséfone, de quem teria tido uma filha com o nome de Core. Nos seus domínios haveria, além disso, um cão aterrador chamado Cérbero. Teseu e Pirítoo disseram ao rei que tinham vindo pedir-lhe a mão de Core, mas na realidade tinham planeado raptar mãe e filha. A mão da princesa havia sido prometida ao herói que conseguisse vencer o cão Cérbero. Mas Hedoneu, apercebendo-se das verdadeiras intenções dos dois jovens, mandou-os prender. Pirítoo, sobre quem recaía a maior parte da culpa, foi posto à mercê do cão Cérbero, que o engoliu de um trago. Teseu ficou na prisão, até ao dia em que um amigo do rei, Héracles, advogou a causa do prisioneiro conseguindo obter o beneplácito real. Teseu recuperou assim a liberdade.

PIRRA. (Πύρρα.) Pirra, «a Ruiva», é o nome da filha de Epimeteu e de Pandora, que desposou Deucalião, filho de Prometeu, tornando-se assim a mãe da espécie humana (v. quadro 8, p. 116). Deucalião e Pirra viviam na Ftiótida. Após o Dilúvio que os levou até ao cimo do Parnasso, ambos criaram a raça dos homens lançando pedras para trás das costas (v. *Deucalião*). Enquanto Pirra criava as mulheres, Deucalião ia criando os homens.

Pirra foi também o nome falso que Aquiles usou enquanto viveu em Ciro disfarçado de mulher (v. *Aquiles*). Daí adveio o cognome aplicado a seu filho Neoptólemo, chamado por vezes «o Ruivo».

PÍRRICO. (Πύρριχος.) Pírrico é o nome da personagem que inventou a «pírrica», uma dança guerreira executada com as armas, a lança, o escudo e archotes. Acerca da sua identidade, as tradições divergem. Ora é apresentado como um Curete de Creta, sendo assim identificado como um dos que vigiaram e cuidaram de Zeus durante a sua infância; ora se diz que era um lacónio. Por vezes, o nome da dança a que aludimos é relacionado com o de Pirro (v. *Pirro*).

PIRRO. (Πύρρος.) Pirro, «o Ruivo», é o cognome do filho de Aquiles, Neoptólemo. Várias justificações se apresentam para este facto: ora se diz que ele era ruivo, ora que corava facilmente, ora que o seu pai, de cabelos muito louros, usara entre as filhas de Licomedes, em Ciro, o nome de Pirra. V. *Neoptólemo*.

Pirro era considerado o epónimo da cidade de Pírrico, na Lacónia, e ainda o inventor da dança guerreira denominada «pírrica» (v. *Pírrico*).

PISEU. (Πισαῖος.) Piseu, cujo nome deriva do da sua terra natal, Pisa, na Toscana, era um herói etrusco, a quem se atribuía a invenção da trombeta e dos esporões das naus.

PISÍDICE. (Πεισιδίκη.) Pisídice é o nome de diversas heroínas.

1. Uma delas era filha do rei da cidade de Metimna, em Lesbos. Quando Aquiles cercou a cidade, Pisídice avistou-o do alto das muralhas e apaixonou-se por ele. Obedecendo aos impulsos do seu coração, mandou em segredo dizer ao herói que estava disposta a mandar abrir as portas da cidade, se ele em troca prometesse desposá-la. Aquiles aceitou a proposta, mas, após a vitória, não cumpriu a promessa, mandando lapidar a princesa traidora.

2. Uma lenda análoga se conta a respeito de uma outra Pisídice, natural da Tróada, da cidade de Monénia. Quando Aquiles estava prestes a atacar a cidade assediada, a princesa enviou ao herói uma mensagem, revelando que

---

Pirra: Hes., fr. 24 e 25 (Rz.); Pind., *Pyth.*, IX, 64 e s.; Apollod., *Bibl.*, I, 7, 2; Conon, *Narr.*, 27; Hyg., *Fab.*, 153; M. Delcourt, *Pyrrhos et Pyrrha...*, Liège, 1965.

Pírrico: Pausan., III, 25, 2; Strab., X, 4, 16, p. 480; Athen., XIV, 630 e; Pollux, IV, 99; 104.

Pirro: Serv., *ad Virg.*, *Aen.*, II, 469; Pausan., I, 4, 4; III, 25, 2. V. *Neoptólemo*, v. *Pirra*.

Piseu: Plin., *N. H.*, VII, 57; Phot., *Lex.*, *s.u.* Δηστοσαλπίγκτας.

Pisídice: **1)** Parth., *Erot.*, 21; cf. escól. a *Il.*, VI, 35. **2)** Apollod., *Bibl.*, I, 9, 10; Hyg., *Fab.*, 24. **3)** Apollod., *Bibl.*, I, 7, 3; I, 9, 9.

os habitantes seriam forçados a render-se por falta de água. Aquiles pôde assim, sem custo, tomar a cidade de Monénia. A lenda não conta o que aconteceu a Pisídice.

3. Outras heroínas com o mesmo nome figuram em determinadas genealogias: uma delas é filha de Éolo e de Enárete (v. quadro 8, p. 116); outra é uma das filhas de Nestor e Anaxíbia (v. *Nestor*), mãe de Argeno. Mas muitas outras existem ainda.

PISÍSTRATO. (Πεισίστρατος.) Pisístrato é o mais novo dos filhos de Nestor (v. *Nestor*). Era da idade de Telémaco e acompanhou-o na viagem de Pilo a Esparta. O tirano homónimo de Atenas teria sido um dos seus descendentes.

PISO. (Πῖσος.) **1.** Um primeiro herói com este nome é um dos filhos de Perieres, que desposou a arcádia Olímpia e deu o nome à cidade de Pisa, na Élida.

2. Segundo certas tradições, a cidade de Pisa na Itália orgulhava-se de descender de um epónimo chamado Piso, rei dos Celtas, filho de Apolo Hiperbóreo.

3. Também se chamava Piso (Πεῖσος) um dos filhos de Afareu (v. quadro 21, p. 242).

* **PISTOR.** (*Pistor.*) Contava-se que, enquanto o Capitólio esteve cercado pelos Gauleses, o trigo escasseava na cidadela e a fome estava iminente. Júpiter, então, apareceu, de noite, em sonhos, aos defensores da colina e aconselhou-os a arremessar aos inimigos o que tivessem de mais precioso. Os Romanos amassaram logo alguns pães com a pouca farinha que lhes restava e atiraram-nos aos escudos e aos elmos dos adversários. Os Gauleses perderam a esperança de ver render-se a cidade pela fome e, crendo que o inimigo possuía abundantes reservas de mantimentos, levantaram o cerco. Em sinal de reconhecimento, os Romanos ergueram um altar a Júpiter *Pistor* (Júpiter «Padeiro»).

PÍTANE. (Πιτάνη.) **1.** Pítane é uma filha do deus-rio Eurotas, que teve de Posídon uma filha chamada Evadne. Exposta à nascença, esta teria sido recolhida por Épito. Segundo outra versão, Pítane teria mandado entregar secretamente a filha a Épito, para que este a criasse. A cidade de Pítane, na Lacónia, deve-lhe o nome.

2. Outra heroína homónima é uma amazona, que teria fundado as cidades de Pítane, na Mísia, e as de Cime e de Priene.

PITEU. (Πιτθεύς.) Piteu é um filho de Pélops e de Hipodamia (v. quadro 2, p. 12), irmão de Tiestes e de Atreu. Sucedeu a Trézen no trono da cidade de Trezena (v. *Trézen*). Atribuía-se-lhe nessa cidade a criação do mais antigo templo grego, o de Apolo Teário. Piteu ficou célebre pela sua sabedoria e eloquência e ganhou fama de ser um excelente adivinho. Graças aos poderes divinatórios, interpretou, antes de Egeu, o oráculo que a este prometia um filho valoroso. Embriagando Egeu, fê-lo passar a noite com sua filha Etra, tornando-se assim avô de Teseu, que seria entregue aos seus cuidados (v. *Teseu*). Foi de Piteu que o herói herdou o direito de ocupar o trono de Trezena.

Piteu foi também incumbido da educação de Hipólito, filho de Teseu e da amazona (v. *Hipólito*).

PITEU. (Πυθαεύς.) Piteu é um filho de Apolo que viajou de Delfos para Argos, onde fundou um templo em honra de Apolo «Pítio».

PITIREU. (Πιτυρεύς.) Pitireu é um descendente de Íon que reinava em Epidauro, no Peloponeso, aquando do regresso dos Heraclidas. Cedeu sem luta o seu reino ao Heraclida Deifontes, retirando-se, com os seus súbditos, para Atenas. Procles, filho de Pitireu, chefiou a delegação de Epidauro que fundou a colónia jónica de Samos.

PÍTIS. (Πίτυς.) Pítis foi uma ninfa amada por Pã. Um dia, o deus perseguiu-a e ela fugiu dos seus braços, sendo transformada em pinheiro («pitys» significa pinheiro, em grego). Assim se explicava que Pã gostasse de ornar a fronte com coroas de pinho.

Segundo outra variante da lenda, Pítis teria sido amada por Pã e por Bóreas. Vendo-a entregar-se ao seu rival, Bóreas, cheio de ciúme, tê-la-ia precipitado do alto de um rochedo. A Terra apiedou-se dela e transformou o seu corpo numa árvore, um pinheiro. A alma de Pítis geme desde então sempre que Bóreas roça a rama dos pinheiros, enquanto estes, pelo contrário, oferecem de bom grado coroas ao deus Pã.

PITO. (Πειθώ.) **1.** Pito é a «Persuasão» divinizada. Figura geralmente no cortejo das divindades secundárias que acompanham Afrodite. É por vezes considerada como filha de Ate (o Engano). Mas outros mitos, nascidos de uma reflexão sobre o valor da persuasão na Cidade, apresentam-na como irmã de Tique e de Eunómia (a Fortuna e a Ordem) e filha de Prometeu.

2. Hesíodo atribui também o nome de Pito a uma das filhas de Oceano e de Tétis, que te-

---

Pisístrato: *Od.*, III, 36; 400; 415; 482; XV, 4 e s.; APOLLOD., *Bibl.*, I, 9, 9; PAUSAN., IV, 3, 1; HEROD., V, 65.

Piso: 1) PAUSAN., V, 17, 9; VI, 22, 2. **2)** SERV., *ad VIRG.*, *Aen.*, X, 179. **3)** APOLLOD., *Bibl.*, III, 10, 3.

Pistor: OV., *Fast.*, VI, 350 e s.; LACT., I, 20, 33.

Pítane: 1) PIND., *Olymp.*, VI, 46 e s.; e escól. aos vv. 46, 48, 51, 52, 95. **2)** DIOD. SIC., III, 55.

Piteu: *Il.*, III, 144; escól. *ad* PIND., *Olymp.*, I, 144; EUR., *Med.*, 680 e s.; *Herc.*, 207 e s.; escól. a *Or.*, 5; PAUSAN., I, 22, 2; II, 30, 8; 31, 6; STRAB., VIII, p. 374; DIOD. SIC.,V, 59; PLUT., *Thes.*, 4; 34; HYG., *Fab.*, 4; 37; APOLLOD., *Bibl.*, III, 15, 7; *Ep.*, II, 10.

Piteu: PAUSAN., II, 24, 1; 35, 2.

Pitireu: PAUSAN., II, 26, 1; VII, 4, 2.

Pítis: NONN., *Dion.*, II, 108; 118; XLII, 259; LUCIAN., *D. Deor.*, 22, 4; *Geopon.*, XI, 10.

Pito: 1) PAUSAN., I, 22, 3; AESCH., *A.*, 385 e s.; ALCMAN, *apud* PLUT., *De fort. Rom.*, IV, 318 b. **2)** HES., *Theog.*, 349; escól. a EUR., *Phoen.*, 1123.

ria desposado o primeiro Argo (v. *Argo*). Uma outra personagem com o mesmo nome figura ainda no ciclo arcádico: trata-se da mulher de Foroneu, mãe de Egialeu e de Ápis (v. *Foroneu*, para mais informações a respeito de outras variantes da lenda).

PÍTON. (Πύθων.) Quando Apolo decidiu fundar um santuário no sopé do Parnasso, não muito longe de Delfos, encontrou, perto de uma fonte, um dragão que massacrava homens e animais. A serpente chamava-se Píton. Apolo matou-a com as suas flechas. Fora a esse monstro que Hera confiara a guarda de Tífon. Como a maior parte dos seres monstruosos, Píton era considerado um filho da Terra, tendo assim o dom de proferir oráculos. Foi esse o motivo que levou Apolo a exterminar o seu rival, antes de estabelecer um oráculo em Delfos.

Higino transmitiu-nos uma lenda segundo a qual um oráculo havia declarado que a serpente Píton morreria às mãos de um filho de Latona. Sabendo que esta esperava um filho de Zeus, Hera declarou que ela não podia dar à luz num local iluminado pelo Sol. Píton tentou por seu lado matar Latona, mas Posídon, a pedido de Zeus, acolheu-a, escondendo-a na ilha de Ortígia que era então coberta pelas vagas. Aí ela deu à luz, sob uma abóbada de ondas, ao abrigo do sol, conforme a vontade de Hera. Três dias após o nascimento, Apolo matou Píton, encerrou as suas cinzas num sarcófago e fundou em sua honra os Jogos Píticos.

Diz a lenda que a serpente foi enterrada sob o *omphalos* do templo do Delfos (v. também *Delfine*).

PLÁTANO. (Πλάτανος.) Plátano é uma irmã dos Alóadas (v. *Alóadas*). Após a morte dos dois irmãos, foi transformada em plátano.

PLÊIADES. (Πληίαδες.) As Plêiades são sete irmãs que foram divinizadas e convertidas nas sete estrelas da constelação homónima. Eram filhas do gigante Atlas e de Plêione (v. quadro 27, p. 280), chamavam-se Taígete, Electra, Alcíone, Astérope, Celeno, Maia e Mérope. Existia outra tradição (seguida por Calímaco, num poema de que resta apenas um fragmento), segundo a qual as Plêiades eram filhas de uma rainha das Amazonas e haviam sido as iniciadoras dos coros de danças e das festas nocturnas. Os seus nomes seriam, segundo esta versão: Cocimo, Gláucia, Prótis, Parténia, Maia, Estoníquia e Lâmpado. Calipso e Dione eram também, por vezes, inseridas no número das Plêiades.

Todas as Plêiades se uniram a deuses, excepto Mérope, que desposou Sísifo, facto de que se envergonhou; por isso, a sua estrela é a menos brilhante da constelação (v. quadro 27, p. 280). À tradição sintetizada neste quadro e apresentada por Apolodoro, acrescentaram-se algumas variantes: Híperes e Antas, os dois fundadores da cidade que teria mais tarde o nome de Trezena, foram considerados filhos de Posídon e de Alcíone; Nicteu, por exemplo, passava por um dos filhos de Posídon e de Celeno (acerca das diferentes origens atribuídas pela tradição a Nicteu, v. *Nicteu* e o quadro 27, p. 280).

Contava-se que as Plêiades estavam um dia na Beócia em companhia de Plêione e encontraram o terrível caçador Oríon, que por elas se apaixonou. Durante cinco anos perseguiu-as sem cessar, até que as sete irmãs foram convertidas em pombas. Zeus teve piedade delas e transformou-as em estrelas. Segundo outra versão, a metamorfose teria sido causada pelo profundo desgosto sentido pelas Plêiades quando Atlas, seu pai, foi condenado por Zeus a suportar sobre os ombros o peso do Céu. Uma outra tradição considerava que elas e as suas cinco irmãs, as Híades (v. *Híades*), tinham sido transformadas em estrelas após a morte do irmão, Hias, mordido por uma serpente.

Quando os Gregos tomaram Tróia, a Plêiade Electra, descendente da raça dos reis troianos, desesperada, abandonou as suas irmãs e foi transformada em cometa.

PLÊIONE. (Πληιόνη.) Plêione, filha de Tétis e Oceano, é a mãe das Plêiades, das Híades e de Hias (v. *Plêiades*, *Híades*, *Hias*). Oríon apaixonou-se por ela e pelas filhas e perseguiu-as, durante cinco anos, através da Beócia, até que todas elas foram transformadas em estrelas (v. quadro 5, p. 90; 7, p. 112; 27, p. 280).

PLEMNEU. (Πλημναῖος.) Plemneu é um dos reis de Sícion, segundo a tradição transmitida por Pausânias. É filho de Pérato e pai de Ortópolis. Acerca da sua lenda, v. *Ortópolis*. Atribui-se-lhe a introdução do culto de Deméter em Sícion e a construção de um templo em honra da deusa.

PLÊURON. (Πλευρών.) Plêuron é irmão de Cálidon e filho de Etolo e de Prónoe (v. quadro 26, p. 272). Epónimo da cidade etólica de Plêuron, desposou Xantipa, filha do herói Doro, estabelecendo assim laços de parentesco entre os Etólios e os Dórios. Do seu casamento,

---

Píton: *Hymn. hom. Apoll.*, 282 e s.; CALLIM., *ad Apoll.*, 100 e s.; HYG., *Fab.*, 140; OV., *Met.*, I, 483 e s.; EUR., *Iph. T.*, 1245 e s.; PAUSAN., X, 6, 5; AEL., *VH*, III, 1; VAR., *LL*, VII, 17; J. E. FONTENROSE, *Python, A Study of Delphic myth and its origin*, Berkeley, 1959.

Plátano: WESTERMANN, *Myth.*, p. 381, n.º 61.

Plêiades: Escól. a *Il.*, XVIII, 486; EUST., *ad Hom.*, p. 1155; HES., *Op.*, 383; AESCH., fr. 312 (ed. NAUCK, *Trag. Gr. Fragm.*, 2.ª ed.); HYG., *Fab.*, 192; ERATOSTH., *Cat.*, 23; escól. a APOL. RH., *Arg.*, III, 225; APOLLOD., *Bibl.*, III, 10, 1; OV., *Fast.*, IV, 172; V, 83 e s.; ARAT., *Phaen.*, 262 e s.; escól. *ad* THEOCR., XIII, 25 (cit. um frag. de Calímaco); PAUSAN., II, 30, 8.

Plêione: APOLLOD., *Bibl.*, III, 10, 1; escól. a *Il.*, XVIII, 486; a *Od.*, V, 272; a HES., *Op.*, 382; HYG., *Fab.*, 192; 248; *Astr. Poet.*, II, 21; TZETZ., *ad Lyc.*, 149; 219; OV., *Fast.*, V, 83; *Met.*, II, 743.

Plemneu: PAUSAN., II, 5, 8; 11, 2.

Plêuron: Escól. a APOL. RH., *Arg.*, I, 146; APOLLOD., *Bibl.*, I, 7, 7; escól. a *Il.*, XIII, 218; PAUSAN., III, 13, 8.

nasceram quatro filhos: Agenor, Estérope, Estratonice e Laofonte. Outra tradição atribui-lhe contudo apenas dois descendentes: Cures e Cálidon.

Plêuron é o bisavô de Leda (v. quadro 26, p. 272), razão pela qual possuía um santuário em Esparta.

PLEXIPO. (Πλήξιππος.) **1.** Um dos heróis com este nome foi um dos tios de Meleagro. Irmão de Alteia (v. quadro 26, p. 272), foi morto pelo sobrinho, por ocasião da caçada ao javali de Cálidon (v. *Meleagro*).
2. Plexipo era também o nome de um dos dois filhos de Fineu e Cleópatra. O pai cegou-o (v. *Fineu* e quadro 12, p. 144).
3. Outro herói homónimo é um dos filhos de Córico (v. *Córico*).

PLÍSTENES. (Πλεισθένης). Plístenes figura na genalogia dos Atridas e dos Pelópidas, mas as tradições atribuem-lhe papéis diversos. É geralmente identificado com um dos filhos de Pélops e de Hipodamia, sendo por conseguinte irmão de Tiestes e de Atreu (v. quadro 2, p. 12). Outra versão apresenta-o como filho de Pélops e de outra mulher. Passa ainda, por vezes, por filho de Atreu e de Cléola, filha de Dias, desposada por Atreu quando este se estabeleceu em Trifília, embora outros mitógrafos afirmem que a sua mãe era Aérope, que outros apresentam como sua esposa (v. *Aérope* e *Dias*).

Embora Agamémnon e Menelau sejam geralmente considerados filhos de Atreu, houve uma tradição que fazia de Plístenes seu pai, genealogia que parece ter-se desenvolvido sobretudo com os trágicos. Para conciliar ambas as tradições, supôs-se que Plístenes seria filho de Atreu e pai dos dois heróis. Morrera jovem e por isso confiara os dois filhos (e ainda uma filha, Anaxíbia, segundo certas variantes) ao avô, que os criou — daí adviria o patronímico Atridas, usualmente aplicado a Menelau e Agamémnon.

Uma fábula resumida por Higino faz de Plístenes um filho de Tiestes e um irmão de Tântalo. Este e Plístenes teriam sido mortos por Atreu para se vingar de Tiestes, seu irmão. Esta lenda é tardia e baseia-se decerto numa confusão (v. *Tântalo* e *Tiestes*).

Outra fábula transmitida nas mesma condições afirmava que Plístenes era o filho de Atreu, que tinha sido educado por Tiestes, que sempre supusera que ele era seu filho. Um dia, querendo vingar-se de Atreu, Tiestes mandou Plístenes ir ter com ele para o matar. Mas foi Atreu quem matou o jovem, apercebendo-se depois de que matara o próprio filho. A origem desta lenda (muito provavelmente uma tragédia) não é fácil de localizar com precisão (cf. *Egisto*).

PLUTÃO. (Πλούτων.) Plutão, *o Possuidor de riquezas*, é um sobrenome ritual do deus dos Infernos, Hades. Foi assimilado ao deus latino *Dis Pater* (que é como ele, originariamente, uma divindade agrária), porque é do solo que advém toda a riqueza (v. os laços que uniam à partida Pluto e Deméter — *s.u. Pluto*) (v. *Hades*).

PLUTO. (Πλοῦτος.) Pluto, a Riqueza, é, na *Teogonia* hesiódica, apresentado como o filho de Deméter e de Iásion. Natural de Creta, figura no cortejo de Deméter e de Perséfone sob a aparência de um jovem ou de uma criança, levando nas mãos uma cornucópia, símbolo da abundância. Mais tarde, com o desenvolvimento da riqueza mobiliária, Pluto desligou-se do cortejo de Deméter e passou a ser a personificação da riqueza em geral. É nesta qualidade que intervém na comédia de Aristófanes que tem o seu nome. Pluto é representado pelos poetas cómicos (e pela visão popular) pela figura de um homem cego, porque favorece indiferentemente os bons e os maus. Aristófanes afirma que fora o próprio Zeus que cegara Pluto para assim o impedir de recompensar os homens de bem e forçá-lo a favorecer também os maus. Tais alusões mais não são, contudo, do que símbolos, não constituindo propriamente mitos.

PODALÍRIO. (Ποδαλείριος.) Podalírio, irmão de Macáon, é filho do deus Asclépio, patrono da Medicina, e de Epíone ou Lampécia. Os dois irmãos figuram entre os pretendentes de Helena, participando por isso na Guerra de Tróia. Ambos desempenham um importante papel, não só como guerreiros mas também como médicos (v. *Macáon*). Macáon era um exímio cirurgião; Podalírio era sobretudo o médico. Atribuía-se-lhe um grande número de curas: teria tratado dos ferimentos graves sofridos por Acamante e Epeu durante uma prova de pugilismo integrada nos jogos fúnebres em honra de Pátroclo; teria também curado Filoctetes.

Podalírio sobreviveu ao irmão, vingando a sua morte. Após a vitória dos Gregos, partiu de Tróia com Calcas, Anfíloco, Leonteu e Polipetes e seguiu por terra até Cólofon. Depois da morte de Calcas nesta cidade, Podalírio foi para a Grécia e consultou o oráculo de Delfos, a fim de saber onde deveria estabelecer-se. Apolo respondeu-lhe que escolhesse uma região tal que não oferecesse perigo mesmo que um

---

Plexipo: 1) APOLLOD., *Bibl.*, I, 7, 10; 8, 2; OV., *Met.*, VIII, 305; 434 e s.; escól. a PS.-OV., *Ibis*, 601; a *Il.*, IX, 567; HYG., *Fab.*, 173; 174; 244; DIOD. SIC., IV, 34. 2) APOLLOD., *Bibl.*, III, 15, 3; escól. a SOPH., *Ant.*, 980. 3) SERV., *ad* VIRG., *Aen.*, VIII, 138.

Plístenes: Escól. a PIND., *Olymp.*, I, 44; a EUR., *Or.*, 4; a SOPH., *Aj.*, 1297; APOLLOD., *Bibl.*, III, 2, 2; EUR., *Plisthenes*, trag. perdida (NAUCK, fr. 2.ª ed., p. 556 e s.); SENEC., *Th.*, 726; HYG., *Fab.*, 86; 88.

Pluto: HES., *Theog.*, 969 e s.; DIOD. SIC., V, 49; *Hymn. hom. Dem.*, 486; ARISTOPH., *Pl.*, *passim*.

Podalírio: *Il.*, II, 729 II e s.; XI, 833 e s.; DIOD. SIC., IV, 71; escól. *ad* ARISTOPH., *Pl.*, 701; a *Il.*, XI, 263; APOLLOD., *Bibl.*, III, 10, 8; *Ep.*, V, 1; 8; VI, 2; 18; VIRG., *Aen.*, II, 263; DICT. CR., *Bell. Tr.*, I, 14; II, 6; III, 19, etc.; QUINT. SM., IV, 396 e s.; 538 e s.; VI, 455 e s.; VII, 22 e s.; PAUSAN., III, 26, 10; STEPH. BYZ., *s.u.* Σύρνα; STRAB., VI, p. 284; XIV, 654 e; LYC., *Alex.*, 1047 e s., e TZETZ., *ad loc.*

dia o céu caísse. A terra que satisfazia tais requisitos era o Quersoneso da Cária, uma zona cercada de montanhas por todos os lados. Foi aí que Podalírio se instalou. Mas a propósito da sua chegada à Cária contava-se, ainda, outra lenda: uma tempestade tê-lo-ia impelido para as margens da Cária, onde um cabreiro lhe salvara a vida, levando-o à presença do rei Dameto. Ora acontece que a filha do soberano, chamada Sirna, caíra do telhado e o pai aceitou, reconhecido, o auxílio que Podalírio lhe oferecia propondo-se tratar dos seus ferimentos. Curou a princesa, desposou-a e recebeu como recompensa a península da Cária, onde fundou a cidade de Sirno.

Existia na Itália, no sopé do monte Dríon, um santuário consagrado a Podalírio; no cume da mesma elevação, erguia-se outro dedicado a Calcas, cuja fundação lhe era atribuída. Todo aquele que sacrificasse a qualquer um dos dois irmãos um carneiro negro e dormisse envolvido na pele do animal teria sonhos proféticos.

PODARCES. (Ποδάρκης.) **1.** Podarces era o nome por que Príamo era conhecido durante a juventude (v. *Héracles*, *Príamo* e quadro 7, p. 112).

2. Podarces é também o nome de um dos filhos de Íficlo. Foi para Tróia com Protesilau, seu irmão, e, após a morte deste, sucedeu-lhe no comando das tropas tessálicas de Fílace. Matou a Amazona Clónia e foi morto por Pentesileia. Os Gregos prestaram-lhe honras particulares e ergueram um túmulo só para ele (v. quadro 22, p. 244).

PODARGE. (Ποδάργη.) Podarge é uma das Harpias. Fecundada pelo deus do vento Zéfiro, deu à luz dois cavalos: Xanto e Bálio, os cavalos de Aquiles. Passava também por mãe de Flógio e de Hárpago, os dois cavalos de Diomedes (ou dos Dioscuros).

PODES. (Ποδῆς.) Podes é um troiano, amigo íntimo de Heitor. Foi morto por Menelau durante a disputa pelo cadáver de Pátroclo.

PÓLIBO. (Πόλυβος.) **1.** Pólibo é o nome do rei de Tebas, no Egipto, que acolheu Helena e Menelau (v. *Helena* e *Menelau*). É também o nome de diversos heróis que dificilmente se distinguem e figuram nas genealogias reais da Grécia:

2. Um deles é o rei de Sícion, filho de Hermes e de Ctonófile (filha de Zeuxipa e de Sícion). Nele se cruza o sangue dos reais argivos e dos Erectidas de Atenas (v. quadro 24, p. 265). Pólibo teve uma filha chamada Lisianassa (ou Lisímaca, segundo outros autores), que ele deu em casamento a Tálao, rei de Argos, e que dele teve vários filhos, entre os quais se encontram Adrasto e Prónax (v. quadro 1, p. 8). É junto de Pólibo que se refugia Adrasto (v. *Adrasto*), a quem, por não deixar ao morrer filho varão, legou o seu reino.

3. Necessário será provavelmente distinguir do anterior o rei Pólibo que em Corinto acolheu e educou Édipo. Dever-se-á notar, contudo, que a lenda de Édipo tanto situava a exposição do recém-nascido em Corinto como em Sícion (v. *Édipo*).

POLIBOTES. (Πολυβώτης.) Polibotes é um dos Gigantes que lutaram contra os deuses. Foi perseguido por Posídon até à ilha de Cós, onde morreu esmagado por um pedaço de terra arrancado à ilha pelo deus do mar, formando, assim, o ilhéu de Nisiro.

POLICÁON. (Πολυκάων.) Policáon, esposo de Messene, é o filho mais novo de Lélex e de Perídia. Como não podia estar à espera de receber uma parte do reino de seu pai, decidiu, seguindo os conselhos da mulher, conquistar um território para governar. Levando consigo gente de Argos e de Lacedémon, fundou a cidade de Andânia e colonizou a região do Peloponeso a que se deu o nome de Messénia (v. também *Messene*).

Dever-se-á distinguir este Policáon do herói homónimo que desposou Evecme filha de Hilo e de Íole (v. quadro 18, p. 220).

POLICASTE. (Πολυκάστη.) **1.** Policaste é uma das filhas de Nestor que na *Odisseia* prepara um banho para Telémaco, quando este se dirige a Pilo para saber notícias do pai. Em formas posteriores da lenda, Policaste era apresentada como a mulher de Telémaco, que lhe teria dado um filho chamado Persépolis.

2. Policaste é também o nome da mulher de Icário, mãe de Penélope, por vezes substituída por Peribeia (v. quadro 21, p. 242). Era filha de Ligeu, um acarnano (v. também *Icário*).

POLÍCRITE. (Πολυκρίτη.) Polícrite é o nome de uma heroína de Naxos a quem se prestava culto. Contava-se a seu respeito a seguinte história: durante uma guerra entre Naxos e Mileto, foi capturada por Diogneto, chefe dos Eritreus, aliados de Mileto. Diogneto apaixonou-se pela cativa e desde logo esta sentiu que o dominava e poderia levá-lo a agir consoante a sua vontade. Acontece que Polícrite era irmã do chefe dos Náxios, Pólicles. Dissimulando uma tabuinha na massa de um bolo, ela arran-

---

Podarces: **1)** APOLLOD., *Bibl.*, II, 6, 4; III, 12, 3; HYG., *Fab.*, 89; TZETZ., *ad Lyc.*, 34. **2)** *Il.*, II, 704; XIII, 693; HYG., *Fab.*, 97; APOLLOD., *Bibl.*, I, 9, 12; escól. *ad Hom.*, XI, 287; EUST., *ad Hom.*, 1685, 45; QUINT. SM., I, 233 e s.; 815 e s.

Podarge: *Il.*, XVI, 150; e escól. *ad loc.*; EUST., *ad Hom.*, 1050, 60; SERV., *ad VIRG.*, *Aen.*, III, 241; STESICH., fr. 1 (BERGK).

Podes: *Il.*, XVII, 575 e s.; cf. ATHEN., VI, 236 c.

Pólibo: **1)** *Od.*, IV, 124 e s.; cf. ATHEN., V, 191 b. **2)** NIC. DAM., fr. 15; escól. *ad* PLAT., *Rep.*, 590 a, p. 359; PIND., *Nem.*, IX, 30 e s.; e escól. *ad loc.*; PAUSAN., II, 572; SERV., *ad VIRG.*, *Aen.*, VI, 480. **3)** Escól. *ad Od.*, XI, 271; APOLLOD., *Bibl.*, III, 5, 7.

Polibotes: APOLLOD., *Bibl.*, I, 6, 2; STRAB., X, 489; PAUSAN., I, 2, 4.

Policáon: PAUSAN., III, 1, 1; EUR., *Or.*, 626.

Policaste: **1)** *Od.*, III, 454 e s.; EUST., *ad Hom.*, 1796, 39; cf. APOLLOD., *Bibl.*, I, 9, 9. **2)** STRAB., X, 452; 461.

Polícrite: PLUT., *de mul. virt.*, XVII.

jou, assim, maneira de avisar o irmão do estratagema que urdira para o ajudar. Conseguiu convencer Diogneto, seu amante, a entregar durante a noite aos Náxios o acampamento que estava sob a sua alçada. O estratagema surtiu efeito: os Náxios, prevenidos, penetraram no acampamento e semearam o massacre entre os inimigos, com quem acabaram por concluir um vantajoso tratado de paz. Polícrite foi louvada e homenageada. Mas ao regressar à pátria recebeu tantos presentes, colocaram-lhe na cabeça tantas coroas que acabou por morrer sufocada às portas da cidade. O seu cadáver doi enterrado no local em que sucumbiu. Diogneto conseguiu escapar incólume do ataque ao acampamento, em virtude de Polícrite ter suplicado que lhe poupassem a vida, mas, segundo outra versão da lenda, ele teria sucumbido no confronto, sendo sepultado ao lado da sua amada.

POLÍCRITO. (Πολύκριτος.) Polícrito é um etólio que foi eleito chefe da confederação. Após ter sido investido em tal cargo, desposou uma jovem de Locros, com quem não viveu mais de três dias. Antes da quarta noite, pereceu. Ao fim de nove meses, a viúva deu à luz um filho hermafrodita. Assustada, levou-o para a praça pública da cidade, onde o povo se encontrava reunido. Foi unânime o veredicto: tratava-se de uma maldição e dever-se-ia levar aquele monstruoso ser e a sua progenitora para fora dos muros da cidade, para aí serem queimados. Foi então que Polícrito apareceu, vestido de negro, reclamando o seu filho. Acrescentou que era imperioso que lho entregassem o mais depressa possível, pois os deuses infernais apenas lhe tinham concedido breves instantes de liberdade. Como o povo, assustado, hesitasse em aceder às suas súplicas, renovou-as; mas, perante a indecisão geral, ele próprio pegou na criança, desfez o seu corpo em bocados e ali mesmo os devorou, deixando apenas a cabeça. Feito isto, desapareceu. Os Etólios pensaram, então, enviar uma embaixada a Delfos para perguntar ao deus Apolo de que modo poderiam impedir os malefícios de tal prodígio. Nesse momento, a cabeça da criança, caída por terra, começou a profetizar. Proibiu os habitantes da cidade de enviarem a Delfos uma embaixada e previu uma guerra. Pediu por fim que não a enterrassem, e que a pusessem num local em que os raios do Sol a pudessem iluminar.

POLICTOR. (Πολύκτωρ.) Polictor, Ítaco e Nérito são três heróis de Ítaca que construíram a fonte onde os habitantes da ilha iam buscar água. Eram filhos de Ptérelas e de Anfímede e descendiam, por conseguinte, de Zeus (v. *Ptérelas*). Naturais de Cefalénia, tinham daí partido para colonizar Ítaca.

POLIDAMANTE. (Πολυδάμας.) Polidamante é um herói troiano, filho de Pântoo (v. *Pântoo*) e de Frôntis (ou Prónome), filha de Clício. Nasceu na mesma noite que Heitor e igualava o valor que este demonstrava na batalha com a sua capacidade de tomar decisões. Foi ele quem concebeu o plano de ataque à paliçada do acampamento aqueu; foi ele quem sugeriu a Heitor que reunisse os chefes troianos; é ele quem aconselha os Troianos a refugiarem-se em Ílion após a derrota; depois da morte de Heitor, explica aos concidadãos que mais vale entregar Helena do que planear revoltas persistindo obstinadamente em lutar pela sua posse.

Polidamante praticou ainda valorosos feitos no campo de batalha: matou Mecisteu, Oto e feriu Peneleu.

Atribui-se-lhe, ainda, um filho, chamado Leócrito.

POLIDAMNA. (Πολύδαμνα.) Segundo uma das versões da lenda, Polidamna é a esposa do rei egípcio Ton. Para proteger Helena do assédio apaixonado do rei, Polidamna levou-a para a ilha de Faros, para a embocadura do Nilo e ensinou-a a usar diversas plantas para prevenir a mordedura das inúmeras espécies de serpentes que povoavam a ilha (v. *Helena*).

POLIDECTES. (Πολυδέκτης.) Polidectes é um filho de Magnes, descendente de Éolo (v. quadro 8, p. 116) e de uma Náiade. Segundo outros, seria filho de Perístenes (neto de Náuplio e filho de Damastor). Nesta segunda versão, a mãe é Andrótea, filha de Pericastor. É irmão de Díctis, com quem se estabelece na ilha de Serifo. É junto de Díctis — ou, segundo outras tradições, do próprio Polidectes — que Dánae se refugia, quando as vagas a empurram para as margens da ilha (v. *Perseu* e *Dánae*). Polidectes apaixonou-se por ela e para afastar Perseu, que, entretanto, atingira a idade adulta, mandou-o ir buscar a cabeça de Medusa, sob pretexto de a querer dar como presente de núpcias a Hipodamia, filha de Enómao. Durante a ausência do jovem, Polidectes tentou violar Dánae, que se refugiou com Díctis junto dos altares. Mas Perseu chegou entretanto e, com o auxílio da cabeça de Medusa, transformou o rei numa estátua de pedra.

Uma versão aberrante da lenda, transmitida por Higino, conta que foi durante os jogos fúnebres celebrados por Perseu em honra de Polidectes que Acrísio foi acidentalmente morto: fora o seu próprio neto, Perseu, que lhe cau-

---

Polícrito: *Paradoxographi*, ed. WESTERMANN, p. 121 e s.; cf. PROCL., *ad* PLAT., *Rep.*, II, p. 115 (Kroll).

Polictor: *Od.*, XVII, 207 e escól.; EUST., p. 1815, 44.

Polidamante: *Il.*, XII, 60 e s.; 195 e s.; XIII, 723 e s.; XIV, 449 e s.; XV, 339; 453 e s.; 518 e s.; XVII, 597 e s.; XVIII, 251 e s.; PLIN., *N. H.*, VII, 165; AEL., *VH*, VIII, 5; XII, 25; PAUSAN., X, 27, 1.

Polidamna: *Od.*, IV, 228 e escól.; EUST., *ad Hom.*, 1493, 60; HEROD., II, 116; STRAB., XVII, 801; DIOD. SIC., I, 97; AEL., *Hist. An.*, IX, 2.

Polidectes: APOLLOD., *Bibl.*, I, 9, 6; II, 4, 2; escól. *ad* APOL. RH., *Arg.*, IV, 1091; 1515; STRAB., X, 487; HYG., *Fab.*, 63; 64; PIND., *Pyth.*, X, 72; e escól. *ad* XII, 25; SERV., *ad* VIRG., *Aen.*, VI, 289; OV., *Met.*, V, 242; TZETZ., *ad Lyc.*, 838.

sara involuntariamente a morte. Acerca da versão mais corrente, v. *Acrísio* e *Perseu*.

POLIDORA. (Πολυδώρα.) Polidora é o nome de diversas heroínas, das quais convirá destacar a filha de Peleu (v. quadro 31, p. 352) e de Antígona (filha de Eurícion) (v. *Peleu*). Polidora teve do deus-rio Esperqueu um filho chamado Menéstio; casou-se, depois, com Boro, filho de Perieres, por vezes identificado como «pai humano» de Menéstio.

Dizia-se por vezes que Polidora não era filha de Antígona mas de Polimele, filha de Actor. Outra tradição apresentava-a como esposa de Peleu (v. também *Dríope*).

POLIDORO. (Πολύδωρος.) **1.** Um dos heróis com este nome pertence à raça de Cadmo (v. quadro 3, p. 66) e é filho deste e de Harmonia. Desposou Nicteide, filha de Nicteu, de quem teve um filho — Lábdaco, avô de Édipo. Acerca do seu papel na transmissão do poder de Cadmo a Édipo, as tradições variam. Ora se diz que Cadmo lhe deixou o trono de Tebas, ao partir para a Ilíria (v. *Cadmo*) — e de facto, nessa altura, Polidoro era o seu único filho varão — ora se afirma que Cadmo legou o poder a Penteu, seu neto, filho de Ágave. Segundo esta hipótese, Polidoro teria ido com o pai para a Ilíria. Uma tradição intermediária conta que Penteu despojou Polidoro, seu legítimo herdeiro, após a partida de Cadmo.

2. Polidoro era também o nome de um dos filhos de Príamo. Várias tradições correram a seu respeito. Uma delas apresentava-o como filho de Príamo e de Laótoe. Por ser ainda muito jovem na altura da Guerra de Tróia, o pai quis mantê-lo afastado do campo de batalha, mas Polidoro, fiando-se na agilidade dos seus pés, atacou Aquiles e recebeu em troca a morte. O jovem envergava na altura uma couraça de prata de que o Pelida o despojou depois de o matar. Mais tarde, após a morte do filho, Tétis ofereceu esse troféu a Agamémnon. Esta é a versão homérica. Posteriormente, sobretudo com os trágicos e com os poetas alexandrinos e romanos, cria-se uma tradição segundo a qual Polidoro é filho de Príamo e de Hécuba. O pai confiara-o, ainda de tenra idade, a Polimestor, seu genro, rei da Trácia. Entregou-lhe ao mesmo tempo um valioso tesouro, para que o guardasse. Tais riquezas permitiram a Polidoro viver em conformidade com as suas origens, mesmo que um dia os Troianos perdessem a guerra contra os Gregos. Mas Polimestor, cobiçando os tesouros ou cedendo às instâncias dos Gregos vencedores, matou Polidoro, lançando ao mar o seu cadáver. As ondas arremessaram-no para a costa da Tróada, no momento em que uma escrava de Hécuba (ou a própria Hécuba) ia buscar água para prestar honras fúnebres a Políxena, sacrificada sobre o túmulo de Aquiles. A rainha reconheceu o filho e obteve de Agamémnon permissão para o sepultar ao lado de Políxena. Acerca do episódio da vingança de Hécuba contra Polimestor, v. *Hécuba*.

Na tradição seguida por Virgílio, Polimestor enterra Polidoro na costa da Trácia. Quando Eneias fez escala naquelas paragens e cortou os ramos das árvores enraizadas sobre o túmulo do herói, a fim de com eles ornar o altar onde iria oferecer sacrifícios, brotaram algumas gotas de sangue dos ramos. Uma voz revelou então a Eneias que era aquele o local onde fora sepultado Polidoro e que as árvores que ali via tinham nascido das lanças que o haviam trespassado. Contou-lhe ainda como Polimestor tinha ousado matar a criança que lhe havia sido confiada, para assim se apoderar do seu ouro. A mesma voz aconselhou Eneias a abandonar a ideia de fundar uma cidade naquele lugar amaldiçoado. O herói prestou, então, honras fúnebres à criança barbaramente assassinada, deixando depois a região.

Outra versão da lenda contava que Polimestor tinha entregado Polidoro a Ájax, filho de Télamon, que lhe havia saqueado o reino. Ájax e os Gregos resolveram servir-se dele como penhor, afirmando que só o entregariam em troca de Helena, mas os Troianos recusaram tal proposta. Polidoro foi, então, lapidado junto das muralhas da cidade e o cadáver foi entregue a Hécuba, sua mãe.

Segundo uma última versão, criada pelos trágicos, Polidoro não teria sido morto por Polimestor; este teria por lapso condenado à morte, em vez dele, o seu próprio filho, Dípilo. Mais tarde, Polidoro vingar-se-ia do rei perjuro (v. *Dípilo*).

POLÍFATES. (Πολυφάτης.) O rei Polífates figura na lenda de Melampo. Quando este era seu hóspede, uma serpente foi morta pelos escravos do rei, durante um sacrifício, perto do altar. Polífates ordenou a Melampo, que era ainda um jovem, que enterrasse o animal. Ele assim fez, mas a serpente era uma fêmea e deixou crias, que Melampo ajudou a sobreviver e a crescer. Ao atingirem a idade adulta, as serpentes, reconhecidas, «purificaram» os ouvidos do seu benfeitor, conferindo-lhe assim o dom da profecia (v. *Melampo*).

Polidora: *Il.*, XVI, 175 e s.; e escól. *ad loc.*; TZETZ., *Alleg. Il.*, XVI, 152 e s.; APOLLOD., *Bibl.*, III, 13, 1; HES., fr. 83 (Rz); EUST., *ad Hom.*, 321, 5.

Polidoro: **1)** HES., *Theog.*, 978; APOLLOD., *Bibl.*, III, 4, 2; DIOD. SIC., IV, 2; XIX, 53; EUR., *Phoen.*, 8 e escól.; escól. ao v. 158; 291; *Bac.*, 43; 213; HYG., *Fab.*, 179; APOLLOD., *Bibl.*, III, 5, 5; HEROD., V, 59; LACT. PLAC., *ad* STAT., *Theb.*, III, 286; PAUSAN., II, 6, 2; IX, 5, 3 e s.; NONN., *Dion.*, V, 210 e s.; XLVI, 259. **2)** *Il.*, XX, 407 e s.; XXI, 88 e s.; XXII, 46 e s.; EUST., *ad Hom.*, 1214, 65 e s.; QUINT. SM., IV, 154; 586; EUR., *Hec.*, 3; 25; 31; 679 e s.; 896 e s.; 1133 e s.; APOLLOD, *Bibl.*, III, 12, 5; HYG., *Fab.*, 109; VIRG., *Aen.*, III, 40 e s.; SERV., *com.* v. 6; 15; 47; OV., *Met.*, XIII, 434 e s.; PS.-OV., *Ibis*, 267; 579; PLIN., *N. H.*, IV, 43; DICT. CR., XVIII, 20 e s.

Polífates: Escól. *ad* APOL. RH., *Arg.*, I, 118.

POLIFEMO. (Πολύφημος.) Polifemo é o nome de duas personagens distintas.

1. Houve um lápita chamado Polifemo, filho de Élato e de Hipe, cujo pai «divino» era Posídon. Irmão de Ceneu (v. *Ceneu*), desposou Laónome que, numa tradição obscura, era considerada irmã de Héracles. Participou na luta travada entre os Centauros e os Lápitas e na expedição dos Argonautas. Não acompanhou, no entanto, Jasão até ao final do percurso: ficou na Mísia, onde fundou a cidade de Cio. Morreu na guerra contra os Cálibes.

2. Polifemo é também o nome do célebre Ciclope da *Odisseia*. É filho de Posídon e da ninfa Toosa, filha de Fórcis. A epopeia homérica apresenta-o como um gigante horrível e o mais selvagem de todos os Ciclopes. Vive da pastorícia e habita numa caverna. Embora conheça o uso do fogo, devora a carne crua; sabe o que é o vinho, mas raramente o bebe e não se preocupa com os efeitos da embriaguez. Não é, contudo, insociável, pois, no auge da aflição, chama em seu auxílio os outros Ciclopes, a quem não consegue no entanto explicar o mal que o atormenta.

É célebre a aventura de Ulisses na ilha dos Ciclopes. Capturado por Polifemo, juntamente com doze dos seus companheiros, o herói ficou prisioneiro na caverna do monstro. Este começou por devorar alguns dos seus reféns e prometeu a Ulisses que o tragaria em último lugar, para assim lhe agradecer o delicioso vinho que ele lhe oferecera. Durante a noite, quando o Ciclope dormia profundamente sob a acção do álcool ingerido, Ulisses e os seus companheiros aguçaram a extremidade de uma enorme estaca, aproximaram-na da chama para a endurecer e cravaram-na depois no único olho do gigante. Quando, ao romper do dia, o rebanho de Polifemo saiu para a pastagem, os Gregos conseguiram escapar da caverna, agarrados ao ventre dos carneiros: de nada desconfiou então o Ciclope cego, embora fosse tacteando, à saída do antro, todos os animais que por ali passavam. Já em liberdade, quando a nau se fez à vela, Ulisses gritou a Polifemo o seu nome, escarnecendo dele. Ora um oráculo predissera outrora ao Ciclope que um dia Ulisses o cegaria. Enraivecido por se ter deixado ludibriar, o monstro lançou contra a nau enormes rochedos — mas em vão. Nesse momento nasceu a cólera de Posídon, pai de Polifemo, contra Ulisses.

Após os *Poemas Homéricos*, Polifemo transformou-se, de modo assaz estranho, no herói de uma aventura amorosa com a Nereide Galateia. Num dos *Idílios* de Teócrito se conservou o quadro mais célebre do Ciclope galante, apaixonado por uma ninfa bela e sofisticada que o considera demasiado rústico. O mesmo tema foi glosado por Ovídio (v. *Ácis*). Existiu também uma tradição segundo a qual Galateia se teria enamorado de Polifemo, a quem teria dado alguns filhos (v. *Galateia*).

POLIFIDES. (Πολυφείδης.) **1.** Polifides é um adivinho, filho de Mâncio, segundo certas tradições, e por conseguinte descendente de Melampo (v. quadro 1, p. 8). Recebeu de Apolo o dom da profecia. Cortando relações com o pai, partiu para a Acaia, estabelecendo-se em Hiperásia. Teve um filho chamado Teoclímeno e uma filha com o nome de Harmónide.

2. Outro herói com o mesmo nome é o vigésimo quarto rei de Sícion. O seu reinado abrangeu a década da Guerra de Tróia, segundo a tradição transmitida por Eusébio na sua *Crónica*. Diz a lenda que foi para junto dele que a ama de Menelau e Agamémnon levou as duas crianças a fim de as salvar da ira de Tiestes. Polifides confiou, então, os pequenos Atridas ao rei Eneu da Etólia (v. *Agamémnon*). Ora, se Polifides reinava ainda na altura da Guerra de Tróia, como afirma Eusébio, forçoso será atribuir-lhe uma extraordinária longevidade.

POLIFONTE. (Πολυφόντη.) Hipónoo, herói trácio, desposou Trassa, filha de Ares e de Terina (filha do deus-rio Estrímon). Deste casamento nasceu Polifonte. Desdenhando os dons de Afrodite, a jovem decidiu ser uma das companheiras de Ártemis. Encolerizada, a deusa do amor inspirou em Polifonte uma desenfreada paixão por um urso. Para punir a perda da virgindade em tão monstruosos amores, Ártemis soltou atrás da jovem todos os animais da montanha. Apavorada, Polifonte refugiou-se em casa do pai, onde deu à luz dois filhos: Ágrio, o «Selvagem», e Orio, o «Montanhês». Os dois cresceram, senhores de uma força prodigiosa e não temiam homens nem deuses. Quando se cruzavam com um estrangeiro, levavam-no para a sua casa e devoravam-no. Zeus acabou por ficar horrorizado e enviou-lhes Hermes, o seu mensageiro, para os punir. Hermes pensou logo cortar-lhes os pés e as mãos, mas Ares, que era avô dos dois jovens, decidiu salvá-los de tal castigo e metamorfoseou-os. Polifonte foi transformada numa ave nocturna, Orio numa ave de rapina, Ágrio num abutre — todos três se converteram em animais de sinistros presságios. A criada que então os servia e que foi metamorfoseada juntamente com os amos, embora estivesse isenta de culpa, suplicou por isso aos deuses que a transformassem numa ave favorável aos homens. As suas preces foram ouvidas e ela foi convertida em picanço, pássaro de bom augúrio para os caçadores.

Polifemo: 1) *Il.*, I, 264; APOL. RH., *Arg.*, I, 41; IV, 1470 e s.; escól. *ad.*, I, 40; I, 1241; HYG., *Fab.*, 14; APOLLOD., *Bibl.*, I, 9, 16; 19. **2)** *Od.*, I, 71 e s.; IX, 187 e s.; EUR., *Cyc.*, *passim*; ARISTIAS, *Trag. Gr. Fragm.* (ed. NAUCK), fr. 4; cf. VIRG., *Aen.*, III, 628 e s.; *Ecl.*, IX, 39 e s.; APOLLOD., *Ep.*, VII, 4 e s.; HYG., *Fab.*, 125; cf. *Poet. Lyr. fr.*, ed. BERCK, fr. 4 e 5; cf. 6 e s.; ARIST., *Poet.*, 2; THEOCR., *Idyll.*, XI; OV., *Met.*, XIII, 759 e s.; APPIAN., *Illyr.*, 2; *Etym. Magn.*, *s.u.* Γαλατεία.

Polifides: 1) *Od.*, XV, 249 e s.; escól. ao v. 223. **2)** APOLLOD., *Ep.*, II, 15: EUS., *Chron.*, I, 175, 176 (SCHOENE).

Polifonte: ANT. LIB., *Transf.*, 21.

POLIFONTES. (Πολυφόντης.) **1.** Um dos heróis com este nome é um filho de Autófono, que comandou os cinquenta tebanos encarregados de armar uma emboscada a Tideu, na altura da expedição dos Sete Chefes contra Tebas. Tideu massacrou-os a todos.

2. Polifontes é também o nome de um Heraclida que matou Cresfontes para se apoderar do seu reino e da sua mulher, Mérope. Foi morto pelo filho do rei (v. *Épito* e *Mérope*).

POLÍGONO. (Πολύγονος.) Polígono e Telégono eram dois bandidos, filhos de Proteu e de Torone, que foram mortos por Héracles. Desafiavam os transeuntes a lutar com eles e matavam-nos. Héracles correspondeu ao desafio e venceu-os, castigando assim todos os seus crimes (v. *Proteu*).

POLÍIDO. (Πολύειδος.) **1.** Políido é um adivinho coríntio célebre, pertencente à estirpe de Melampo, que teve, entre outros, um filho chamado Mâncio, do qual nasceu Clito (v. *Clito*), pai de Cérano, que teve, por sua vez, um filho chamado Políido. Este desposou uma neta de Augias, filha de Fileu, Eurídame, e dela teve dois filhos, Euquenor e Clito, que participaram na expedição dos Epígonos e avançaram com Agamémnon contra Tróia. Políido predisse a Euquenor que lhe seria possível escolher entre dois destinos: morrer de doença em sua casa ou sucumbir no campo de batalha, em Tróia. Ele optou pela segunda hipótese, morrendo às mãos de Páris.

Uma tradição local de Mégara contava que ele tinha chegado a essa cidade e tinha aí purificado Alcátoo, que matara o seu filho Calípolis (v. *Alcátoo*), erguendo também um templo a Dioniso. Segundo esta versão, Políido é filho de Cérano e descendente de Melampo, mas o seu avô é Abas (v. quadro 1, p. 8).

Parece que Políido, que aconselhara Belerofonte a ir à fonte de Pirene e a apoderar-se de Pégaso, advertiu também Ífito, filho de Êurito, de que deveria dirigir-se a Tirinte, para aí se encontrar com Héracles. Salvou ainda da loucura o rei da Mísia, Teutras. Mas a história mais célebre em que intervém é a ressurreição de Glauco, filho de Minos (v. *Glauco*, 5).

2. Políido é também o nome de um troiano, filho do adivinho Euridamante, que foi morto por Diomedes, tal como Abas, seu irmão.

POLIMEDE. (Πολυμήδη.) Polimede, filha de Autólico, é a mulher de Éson e a mãe de Jasão (v. quadro 23, p. 258). Quando o marido foi condenado à morte por Pélias, ela amaldiçoou o rei e enforcou-se desesperada. Deixou um filho de tenra idade, chamado Prómaco, que Pélias matou a fim de aniquilar a estirpe de Éson.

Os mitógrafos dão também à esposa de Éson o nome de Alcímede.

POLIMELA. (Πολυμήλα.) **1.** Uma das heroínas com este nome é a filha de Fila, que teve de Hermes um filho chamado Eudoro (v. *Eudoro*). Mais tarde, desposou Equecles, descendente de Actor.

2. Polimela é também o nome da filha de Éolo, senhor dos Ventos, que durante a permanência de Ulisses na corte de seu pai foi amante do herói. Quando este partiu, deixou transparecer o seu desgosto de tal modo que o rei se apercebeu dos sentimentos que a invadiam, decidindo-se, então, a puni-la, mas Diores, seu filho, apaixonado pela própria irmã, conseguiu acalmar a ira paterna, obtendo permissão para desposar Polimela (eram habituais os casamentos entre os filhos de Éolo).

3. Outra heroína homónima era a filha de Actor que, segundo certas tradições, teria sido esposa de Peleu antes de este se ter casado com Tétis (v. *Polidora*). É por vezes apresentada como filha de Peleu.

POLIMESTOR. (Πολυμήστωρ.) Polimestor, rei da Trácia, casado com Ilíone, filha de Príamo, figura na lenda de Polidoro e na Hécuba. Acerca das diferentes versões da lenda, v. *Deípilo*, *Hécuba* e *Polidoro*.

POLÍMNIA. (Πολύμνια.) Polímnia é uma das nove Musas, filhas de Zeus e de Mnemósine. A tradição atribui-lhe a invenção da lira e a descoberta da agricultura. Passava por mãe de Triptólemo, cujo pai seria um filho de Ares chamado Céleo ou Quimárroo. A suas funções, como as de todas as Musas, eram variáveis: ora era considerada patrona e inspiradora da música, ora Musa da geometria ou da história. Uma tradição isolada apresentava-a como mãe de Orfeu, fruto dos seus amores com Eagro (embora a lenda mais geralmente difundida identifique o poeta como filho de Calíope e de Eagro). Platão menciona uma versão da lenda segundo a qual Polímnia seria a mãe de Eros (o Amor).

POLIMNO. (Πόλυμνος.) Quando Dioniso desceu aos Infernos, perguntou a um pastor qual o caminho que deveria seguir. O pastor,

---

Polifontes: **1)** *Il.*, IV, 395; cf. AESCH., *Th.*, 430. **2)** APOLLOD., *Bibl.*, II, 85; HYG., *Fab.*, 137.

Polígono: APOLLOD., *Bibl.*, II, 5, 9; PHILARG., *ad* VIRG., *Georg.*, IV, 391.

Políido: **1)** *Il.*, XIII, 663 e s.; HYG., *Fab.*, 128; 136; 251; escól. *ad. Il.*, V, 148; PAUSAN., I, 43, 5; PIND., *Olymp.*, XIII, 75; escól. *ad Od.*, XXI, 22; PLUT., *De fl.*, XXI, 4; APOLLOD., *Bibl.*, III, 3, 1; PLIN., *N. H.*, XXV, 2; PALEPH., *Incr.*, 27. **2)** *Il.*, V, 148 e s.

Polimede: APOLLOD., *Bibl.*, I, 9, 16; 27; TZETZ., *ad Lyc.*, 175; 872; DIOD. SIC., IV, 50.

Polimela: **1)** *Il.*, XVI, 180 e s.; TZETZ., *Alleg. Il.*, XVI, 156 e s. **2)** PARTH., *Erot.*, 2. **3)** TZETZ., *ad.* LYC., 175; EUST., *ad. Hom.*, 321; APOLLOD., *Bibl.*, III, 13, 8.

Polimestor: V. os artigos *Deípilo, Hécuba, Polidoro.*

Polímnia: HES., *Theog.*, 78 e TZETZ., *ad* HES., p. 24 (Gaiss.); APOLLOD., *Bibl.*, I, 3, 1; DIOD. SIC., IV, 7; escól. *ad* APOL. RH., *Arg.*, III, 1; escól. *ad. Il.*, X, 425; PLAT., *Smp.*, 187 d.

Polimno: PAUSAN., II, 37, 5: *Mythographi*, ed. WESTERMANN, p. 348; 368; TZETZ., *ad Lyc.*, 212; CLEM. ALEX., *Protr.*, II, 34; ARNOB., *Adv. Nat.*, V, 28.

chamado Polimno ou Prosimno (v. *Dioniso*), deu-lhe todos os esclarecimentos necessários, mas exigiu em troca os favores do deus. Dioniso prometeu satisfazer a sua vontade ao regressar dos Infernos, mas, quando voltou, já Polimno tinha morrido. Para cumprir a promessa que havia feito, o deus esculpiu num ramo de figueira a forma de um falo e simulou sobre o túmulo do pastor gestos destinados a satisfazer a sombra do morto.

Esta lenda obscena pretende explicar o papel desempenhado pelo falo na religião de Dioniso.

POLINICES. (Πολυνείκης.) Polinices, um dos filhos de Édipo, é irmão de Etéocles. Relativamente à identidade da mãe, as tradições divergem: ora se diz que é filho de Euriganeia, segunda mulher de Édipo, ora de Jocasta, conforme a versão seguida pelos trágicos. Etéocles é, por vezes, apresentado como o primogénito; outras vezes, é considerado o irmão mais novo de Polinices. A sua rivalidade nasceu do facto de ambos pretenderem ascender ao trono de Tebas. A disputa desencadeou a guerra dos Sete Chefes e a expedição de Adrasto contra a cidade. Contava-se ainda que esta inimizade entre os dois irmãos adviera de uma tripla maldição do pai. Quando Édipo infligiu a si próprio a pena da cegueira após ter descoberto que cometera parricídio e incesto, os filhos, em vez de se compadecerem dele, insultaram-no. Polinices, apesar de tal lhe ter sido expressamente proibido, pôs em honra do pai a mesa de prata de Cadmo, com a sua taça de ouro — o que era um meio de o ridicularizar e de lhe lembrar a sua origem e o seu crime. Apercebendo-se disso, Édipo amaldiçoou-os, predizendo-lhes que jamais poderiam viver em paz, nem na terra nem após a morte. Mais tarde, durante um sacrifício, os dois irmãos enviaram ao pai, em vez de um bom pedaço de carne, os ossos da coxa da vítima imolada. Édipo, encolerizado, lançou os ossos por terra e proferiu uma segunda maldição. Predisse que cada um deles mataria o outro. A terceira imprecação foi pronunciada por Édipo, quando os filhos o fecharam numa masmorra escura para o fazerem cair no esquecimento e lhe recusaram as honras que lhe eram devidas. Predisse-lhes então que partilhariam a herança, de armas na mão. Dizia-se ainda que amaldiçoara os filhos por estes se terem simplesmente recusado a tentar defendê-lo quando Creonte o baniu de Tebas (v. *Édipo*).

Senhores da cidade, Etéocles e Polinices decidiram partilhar o poder. Começaram por reinar alternadamente: cada um durante um ano. Etéocles foi o primeiro a ocupar o trono (ou o segundo, de acordo com a versão que o apresenta como o mais novo dos dois irmãos, recebendo ele, neste caso, o poder das mãos de Polinices, segundo o pacto entre eles celebrado), mas, ao fim de um ano, recusou-se a ceder o trono ao irmão. Expulso da cidade, Polinices foi para Argos, levando consigo a túnica e o colar de Harmonia. Adrasto era então o rei de Argos. Polinices dirigiu-se ao seu palácio numa noite de tempestade, ao mesmo tempo que Tideu, filho de Eneu, que fugira de Cálidon. Os dois heróis digladiaram-se no átrio do palácio e o barulho fez acorrer Adrasto, que os apartou, acolhendo-os na sua corte e dando-lhes as suas duas filhas em casamento (v. *Adrasto* e quadro 1, p. 8). Foi assim que Polinices desposou Argia e Adrasto lhe prometeu que o ajudaria a recuperar o reino perdido. Nestes factos reside a origem da Guerra dos Sete Chefes contra Tebas.

Entretanto, Anfiarau, o célebre adivinho, prevendo o fim que aguardava a expedição, tentou desviar Adrasto dos seus propósitos. Para superar tal dificuldade, Polinices foi ter com Ífis, filho de Alector (v. *Ífis*), e perguntou-lhe como seria possível convencer Anfiarau a aliar-se à expedição. Ífis revelou-lhe então que o adivinho tinha jurado acatar todas as decisões de Erifile, sua esposa (v. *Erifile*). Polinices ofereceu a esta o colar de Harmonia, pedindo-lhe em troca que convencesse o marido. Organizou-se assim a expedição. De caminho, em Némea, Polinices venceu a prova de luta nos jogos fúnebres em honra de Arquémoro (os futuros Jogos Nemeus). Durante o combate às portas de Tebas, foi morto pelo irmão, a quem feriu também de morte, pouco antes de cair inanimado. A maldição de Édipo cumpria-se. Acerca das condições em que Polinices foi sepultado, v. *Antígona*.

POLIPETES. (Πολυποίτης.) **1.** Um dos heróis com este nome é um filho de Apolo e de Ftia. Foi morto por Etolo, que roubou também a vida aos seus dois irmãos, Doro e Laódoco (v. *Etolo*).

2. Também se chamava Polipetes um dos gregos que participaram na Guerra de Tróia. Filho de Pirítoo e de Hipodamia (v. quadro 25, p. 268), nasceu precisamente no dia em que o pai expulsou os Centauros do monte Pélion. A mãe morreu pouco tempo depois do seu nascimento e o pai foi para Atenas ao encontro de Teseu. Ao atingir a idade adulta, Polipetes sucedeu a Pirítoo no trono. Com o seu amigo Leonteu, figura entre os pretendentes à mão de Helena, razão pela qual participou na Guerra de Tróia, para vingar a honra de Menelau. Polipetes comandava um contingente de quarenta naus. Atribui-se-lhe a morte de vários guerreiros troianos no campo de batalha: Dâmaso e Dreseu são dois deles. Participou nos jogos fúnebres em honra de Pátroclo. Figura também entre os heróis que entraram em Tróia dissimulados nas entranhas do cavalo de ma-

Polinices: *Il.*, IV, 377; PAUSAN., IX 5, 10 e s.; HES., *Op.*, 162; EUR., *Phoen.*, *passim*; escól aos vv. 13, 53, 1760; SOPH., *Oed. Col.*, passim (sobretudo v. 374 e s.; 1422 e s. e escól. ao v. 1375); PIND., *Nem.*, IX, 18 e s.; APOLLOD., *Bibl.*, III, 5, 8 e s.; 6, 1 e s.; *Ep.*, III, 17; DIOD. SIC., IV, 65; ATHEN., XI, 465f; HYG. *Fab.*, 67; 68; 69-71; 72; 76; 243; 254; STAT., *Theb.*, *passim*.

Polipetes: 1) APOLLOD., *Bibl.*, I, 7,7. **2)** *Il.*, II, 738 e s.; VI, 29; XII, 127-194; XXIII, 826 e s.; DIOD. SIC., IV, 63; EUST., *ad Hom.*, 334, 27 e s.; APOLLOD., *Bibl.*, III, 10, 8; *Aen.*, III, 14; VI, 2; HYG., *Fab.*, 81; 97; QUINT. SM., XII, 318.n **3)** CLEM. AL., *Strom.*, VI, 25; APOLLOD., *Ep.*, VII, 34.

deira. Após a queda de Tróia, acompanhou, tal como Leonteu, o adivinho Calcas, que regressou por terra a Cólofon (v. *Calcas*).

3. Outro herói homónimo é o filho de Ulisses e da rainha dos Tesprotos, Calídice (v. quadro 39, p. 460). Após a morte desta, Polipetes sucedeu-lhe no trono, enquanto Ulisses regressava a Ítaca.

POLIPORTES. (Πολιπόρθης.) Poliportes, ou Ptoliportes (os dois nomes são equivalentes), é um filho de Ulisses e Penélope, gerado após o regresso do herói a Ítaca. Nasceu enquanto Ulisses reinava no país dos Tesprotos (v. *Ulisses* e quadro 39, p. 460).

POLITES. (Πολίτης.) **1.** Polites é um dos filhos de Príamo e de Hécuba, mencionado em diversos episódios da *Ilíada*. É ele, por exemplo, quem corre em auxílio de Troilo, quando Aquiles o ataca; participa na peleja junto das naus, salvando o seu irmão Deífobo, ferido por Mérion.

Polites sobreviveu a todos os seus irmãos à excepção de Heleno. Foi morto por Neoptólemo junto do altar do palácio de Príamo, à vista do pai.

Virgílio alude a um filho de Polites chamado Príamo, um dos participantes nos jogos fúnebres de Anquises, a quem teria sido atribuída a fundação da cidade de Politório, no Lácio.

2. Também se chamava Polites um dos companheiros de Ulisses metamorfoseado por Circe. Acerca da lenda relativa a este Polites, v. *Eutimo*.

POLÍXENA. (Πολυξένη.) Políxena é uma das filhas de Príamo e de Hécuba. É geralmente considerada a mais nova das princesas de Tróia. O seu nome não é mencionado na *Ilíada*, aparecendo somente nas epopeias posteriores, onde surge relacionado com a lenda de Aquiles. Acerca do seu encontro com o herói, existem várias versões. Conta-se que Políxena foi à fonte, encontrando aí Troilo, que dava de beber ao seu cavalo. Apareceu entretanto Aquiles que perseguiu o herói, matando-o. Políxena conseguiu escapar, despertando no entanto uma enorme paixão no coração de Aquiles. Por vezes (mas essa versão da lenda parece ter-se desenvolvido sobretudo na época helenística), conta-se que a jovem acompanhara Andrómaca e Príamo quando estes reclamaram a Aquiles o cadáver de Heitor. O herói permaneceu insensível às preces do pai e da viúva do inimigo; Políxena prometeu ficar a servi-lo como escrava, convencendo deste modo o filho de Peleu. É com esta versão da lenda que se relaciona a história da «traição» de Aquiles: para obter a mão de Políxena, o herói teria prometido a Príamo abandonar os Gregos e regressar à pátria, ou até trair os seus e combater a favor das hostes troianas. O pacto devia concluir-se no templo de Apolo Timbreu. Mas Páris, escondido atrás da estátua do deus, matou Aquiles com uma flecha (v. *Aquiles* e *Páris*).

Independentemente dos amores de Aquiles e Políxena, e talvez anterior ao desenvolvimento desta versão, havia a lenda da morte da jovem princesa troiana sacrificada sobre o túmulo de Aquiles. Nos *Cantos Cíprios*, Políxena sucumbe às feridas infligidas por Diomedes e Ulisses, durante a tomada de Tróia, sendo enterrada por Neoptólemo. Mas mais tarde surgiu outra versão, segundo a qual a princesa teria sido sacrificada sobre o túmulo de Aquiles por Neoptólemo ou pelos chefes gregos instigados por Ulisses. É esta a variante seguida pelos poetas trágicos e sobretudo por Eurípides. Este sacrifício teria por fim garantir uma feliz viagem de regresso aos heróis gregos (sendo, neste caso, semelhante ao sacrifício de Ifigénia, destinado a tornar os ventos favoráveis à frota de Agamémnon) ou apaziguar a sombra de Aquiles, que teria aparecido em sonhos ao seu filho, para reclamar tal oferenda.

POLÍXENO. (Πολύξενος.) **1.** Políxeno é um dos netos de Augias. Filho de Agástenes, figura entre os pretendentes de Helena e comandou em Tróia um batalhão de epeus. Após a guerra, regressou à pátria e teve um filho, ao qual deu o nome de Anfímaco, em honra do seu companheiro, filho de Ctéato, que morrera nos campos de Tróia. A lenda situava o túmulo de Políxeno em Élis.

Conta-se que, depois do massacre dos pretendentes, Ulisses se instalou durante algum tempo no palácio de Políxeno. Entre outros presentes, este ter-lhe-ia dado uma cratera na qual havia sido gravada a história de Trofónio, Agamedes e Augias (v. *Agamedes*).

2. Políxeno é também o nome de um dos filhos de Jasão e de Medeia (v. quadro 23, p. 258).

3. Os dois heróis a que aludimos não deverão confundir-se com o rei da Élida, Políxeno, em cujo palácio os Táfios esconderam os rebanhos roubados a Eléctrion. Anfitrião resagatou-os (v. *Anfitrião*).

POLIXO. (Πολυξώ.) **1.** Uma das figuras com este nome é a mulher de Nicteu, mãe de Antíopa (v. quadro 27, p. 280).

2. Outra heroína homónima, bastante mais célebre, é a esposa do Ródio Tlepólemo, filho

---

Poliportes: Apollod., *Ep.*, VII, 35; Pausan., VIII, 12, 6.

Polites: **1)** *Il.*, II, 786 e s.; XIII, 533; XV, 339; XXIV, 250; Apollod., *Bibl.*, III, 12, 5; Hyg., *Fab.*, 90; Quint. Sm., VIII, 402 e s.; XI, 338 e s.; XIII, 214 e s.; Virg., *Aen.*, II, 581 e s.; V, 564 e s.; Cato, *Orig.*, 2, fr. 54; Dict., II, 43. **2)** *Od.*, X, 224 e s.; cf. artigo *Eutimo*.

Políxena: Apollod., *Bibl.*, III, 12, 5; *Ep.*, V, 23; Eur., *Tr.*, 622 e s.; *Hec.*, 3 e s.; 107 e s.; 218 e s.; escól. ao v. 41; 388; Hyg., *Fab.*, 110; *Ep. Gr. Fragm.* (ed. Kinkel), p. 50; Quint. Sm., *Posth.*, XIV, 210 e s.; Tzetz., *ad Lyc.*, 269; 323; Ov., *Met.*, XIII, 439 e s.; Dict. Cr., III, 2 e s.; V, 13; Serv., *ad Virg.*, *Aen.*, III, 322; VI, 57; Philostr., *Her.* XX, 18.

Políxeno: **1)** *Il.*, II, 623; Hyg., *Fab.*, 81; 97; Apollod., *Bibl.*, III, 10, 8; Pausan., V, 3, 4. **2)** Pausan., II, 3, 8. **3)** Apollod., *Bibl.*, II, 4, 6; Tzetz., *ad Lyc.*, 932.

Polixo: **1)** Apollod., *Bibl.*, III, 10, 1. **2)** Tzetz., *ad Lyc.*, 911; Pausan., III, 19, 9 e s.; Polyen., I, 13. **3)** Apol., Rh., *Arg.* I, 668 e s.; Hyg., *Fab.*, 15; cf. Val. Flac., *Arg.* II, 316 e s.

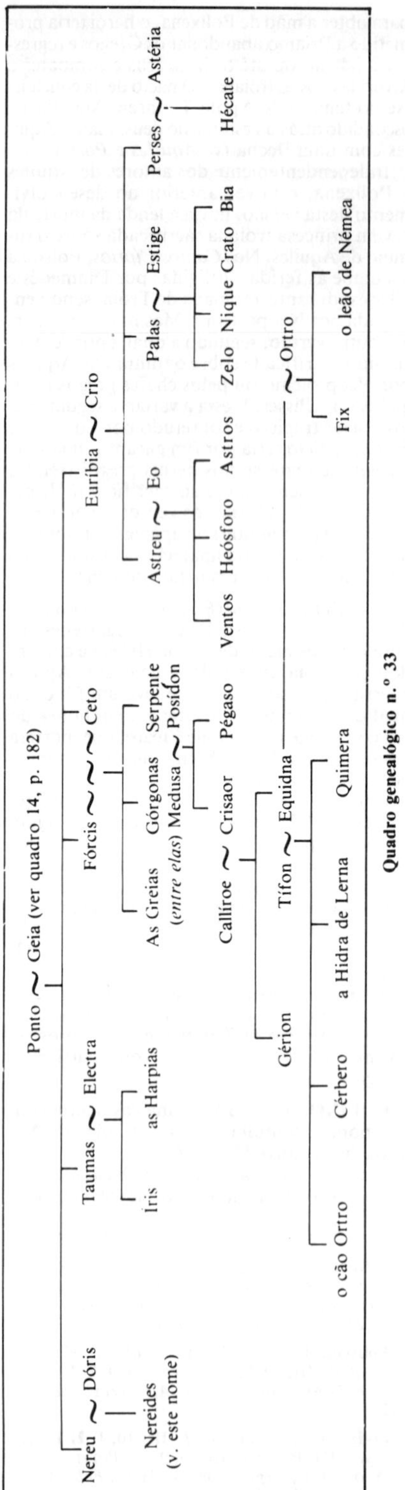

Quadro genealógico n.º 33

de Héracles, que morreu na Guerra de Tróia (v. *Tlepólemo*). Para honrar a memória do marido, Polixo organizou jogos fúnebres destinados a jovens adolescentes. O vencedor recebia como prémio uma coroa de álamo branco.

Conta a lenda que ela encontrou maneira de vingar a morte do marido e de punir Helena como responsável pela Guerra de Tróia. Diferentes versões existem acerca da hostilidade para com Helena e da vingança perpetrada. Contava-se, por exemplo, que, ao regressar do Egipto com Helena, Menelau passara pela ilha de Rodes, onde tencionava fazer escala. Ao saber de tais intenções, Polixo reuniu na margem todos os ródios, armados de tochas e pedras. Menelau ainda pensou afastar-se da ilha, mas um forte vento impossibilitou a concretização de tais planos, obrigando-o a aportar naquelas margens inóspitas. Escondeu, então, a esposa no interior da nau e vestiu com os seus trajos a mais bela das escravas que a acompanhava. Ao chegar à ilha, deixou que os Ródios massacrassem a falsa Helena. Cumprida a vingança, deixaram Menelau partir em paz. Foi assim que Helena se salvou da ira de Polixo. Mas a versão mais divulgada da lenda é menos favorável à heroína lacónia: após a morte de Menelau, quando Orestes ainda andava errante pelo mundo, perseguido pelas Erínias, os dois genros de Helena, Nicóstrato e Megapentes, expulsaram-na de Esparta. Ela refugiou-se então junto de Polixo, sua compatriota, que considerava amiga. Polixo fingiu recebê-la bem, mas planeou vingar-se: quando Helena estava no banho, a rainha disfarçou as suas escravas de Erínias e ordenou-lhes que atacassem a viúva de Menelau. Aterrada, enlouquecida pelos tormentos que as escravas lhe infligiam, Helena enforcou-se (v. *Helena*).

3. Polixo é também o nome da ama de Hipsípile de Lemmos, que a aconselhou a acolher hospitaleiramente os Argonautas (v. *Hipsípile.*)

PÓLTIS. (Πόλτυς.) Póltis é um filho de Posídon. Irmão de Sarpédon (não confundir com o irmão de Minos) (v. *Sarpédon*), reina em Eno na Trácia. Acolhe hospitaleiramente Héracles, quando este passa pela Tróada, ao regressar da região das Amazonas. Sarpédon foi morto por Héracles numa ribeira.

Contava-se que durante a Guerra de Tróia os Troianos enviaram uma embaixada a Póltis para lhe oferecer presentes e pedir auxílio. Mas ele exigiu que Páris lhe entregasse Helena, dispondo-se a dar-lhe em troca duas belas mulheres. Tal estratégia foi, evidentemente, em vão.

PÓLUX. (Πολυδεύκης.) Pólux é um dos Dioscuros, irmão de Castor (v. *Dioscuros* e quadro 21, p. 242).

*** POMONA.** (*Pomona*). Pomona é a ninfa romana que preside ao crescimento dos frutos.

Póltis: APOLLOD., *Bibl.*, II, 5, 9; escól. *ad* APOL. RH., Arg., I, 216; STRAB., VII, 319; STEPH., BYZ., *s.u.* Αἶνος; Μεσημβρία; PLUT., *Apont. reg.*, 174 c.

Pomona: PLIN., *N. H.*, XXIII, 2; VAR., *LL*, VII, 45; FEST., p. 154; SERV., *ad VIRG.*, *Aen.*, VIII, 190; OV., *Met.*, XIV, 623 e s.

Era-lhe consagrado um bosque, o Pomonal, situado na estrada que liga Roma a Óstia. O seu culto estava confiado a um flâmine. Os netos atribuem-lhe diversas aventuras amorosas. Apresentam-na, por exemplo, como esposa do lendário rei Pico (v. *Pico*). Este teria, por amor dela, repudiado Circe, cuja ira lhe valera a metamorfose em picanço. Ovídio faz de Pomona mulher de Vertumno, que é como ela uma divindade relacionada com o ciclo das estações e com a fecundidade da terra.

* **POMPO.** (Πόμπων.) Segundo uma lenda latina helenizada, Pompo é uma das filhas do rei Numa Pompílio e teria dado origem à *gens Pomponia*. Existe, alías, uma tradição que atribui ao pai de Numa o nome de *Pompilius Pompo*.

PONTO. (Πόντος.) Ponto, «a vaga», é a personificação masculina do Mar. Não se conta a seu respeito nenhuma lenda particular e apenas figura nas genealogias teogónicas e cosmogónicas. Passa geralmente por filho da Terra (Geia) e do Éter. Da sua união com a própria mãe, nasceram Nereu, Taumas, Fórcis, Ceto e Euríbia (v. quadro 14, p. 182). Atribui-se-lhe também, por vezes, a paternidade de Briareu e dos quatro Telquines, Acteu, Megalésio, Órmeno e Lico. A respeito da descendência de Ponto, v. quadro 33, p. 388.

PORFÍRION. (Πορφυρίων.) Porfírion é um dos Gigantes que combateram contra os deuses. Morreu, tal como Tífon, alvejado pelas flechas de Apolo, segundo uma das lendas que se contam a seu respeito. De acordo com outra tradição, ele teria tentado violar Hera, tendo por isso sido morto por Zeus e Héracles.

PORO. (Πόρος.) Poro, «o Expediente», é o filho de Métis. Da sua união com Pénia, a Pobreza, nasceu o Amor. Além deste mito simbólico, contado por Platão, Poro não figura em nenhuma outra lenda (v. *Eros*).

PORTÁON. (Πορθάων.) Portáon é um filho de Agenor e de Epicaste, sendo por conseguinte neto de Plêuron (v. quadro 26, p. 272). Reinou em Plêuron e Cálidon. Desposou Êurite, de quem teve vários filhos: Eneu, Ágrio, Alcátoo, Melas, Leucopeu, Estérope. É um antepassado de Meleagro. O seu nome ocorre por vezes sob as formas *Partáon* ou *Porteu*.

PORTEU. (Πορθεύς.) **1.** Porteu é uma das formas do nome de Portáon (v. *Portáon*).

2. Porteu é o nome do pai de Equíon, o primeiro dos heróis gregos que saiu do cavalo de madeira: sucumbiu contudo ao saltar do cavalo, não resistindo à queda.

* **PORTUNO.** (*Portunus*.) Portuno é uma divindade romana muito antiga, que parece ter sido originariamente um «deus das passagens», mas que na época histórica é considerado um deus marinho a quem compete vigiar os portos. Tinha um flâmine ao seu serviço e celebrava-se no dia 17 de Agosto, em sua honra, uma festa especial — os *Portunalia* (as Portunais). O seu templo ficava situado no *Forum Boarium*, nas proximidades do porto de Roma. Portuno foi assimilado ao deus Palémon (v. *Palémon*) e passava, por conseguinte, por filho de *Mater Matuta*, identificada com Ino-Leucótea (v. estes nomes).

POSÍDON. (Ποσειδῶν.) Posídon, o deus que reina nos mares, é uma das divindades olímpicas, filho de Crono e de Reia. Ora é considerado mais velho ora mais novo do que o seu irmão Zeus. Segundo a mais antiga lenda, ao chegar à idade adulta, Zeus forçou seu pai, Crono, a devolver à vida os filhos que havia engolido — isso implica que Zeus seja o mais novo dos descendentes de Crono (tal como este fora o mais novo dos filhos de Úrano, que ousara contudo destronar o pai). Mas pouco a pouco, com o desenvolvimento do direito e com a ideia da transmissão dos bens paternos ao primogénito, Zeus passou a ser considerado o mais velho dos filhos de Crono, soberano dos deuses. Por isso, nas lendas da época clássica, Posídon é geralmente apresentado como o irmão mais novo de Zeus.

Posídon passava por ter sido educado pelos Telquines (v. *Telquines*) e pela filha do Oceano, Cefira. Quando atingiu a idade adulta, apaixonou-se por Hália, irmã dos Telquines, da qual teve seis filhos varões e uma filha chamada Rodo. Tudo isso aconteceu na ilha de Rodes, cujo nome deriva do da filha de Posídon (v. *Hália*).

Desde os tempos da *Ilíada*, a Posídon coube em partilhas o poder sobre o Mar; a Hades foram confiados os Infernos e a Zeus o domínio do Céu e da Terra. Acerca de tal partilha, v. *Zeus*. O deus do mar pode dominar as vagas, provocar tempestades; faz estremecer os rochedos das margens, tocando-lhes apenas com o seu tridente; pode fazer jorrar fontes. O seu poder parece estender-se não só ao mar mas também aos rios e aos lagos (não obstante os rios terem as suas divindades próprias).

As suas relações com Zeus nem sempre são amistosas. Participou com Hera e Atena na

---

Pompo: PLUT., *Num.*, 21; DION. HAL., II, 58.

Ponto: HES., *Theog.*, 135; 233 e s.; HYG., *Fab.*, pr. 3, 5, 7 (ROSE); APOLLOD., *Bibl.*, I, 2, 6; escól. *ad* APOL. RH., *Arg.*, I, 1165.

Porfírion: PIND., *Pyth.*, VIII, 12 e s.; APOLLOD., *Bibl.*, I, 6, 1.

Poro: PLAT., *Smp.*, 203 b e s.; PORPH., *De antro nympharum*, 16.

Portáon: *Il.*, XIV, 115 e s.; APOLLOD., *Bibl.*, I, 7, 7; 10; PAUSAN., IV, 35, 1; VI, 20, 17; 21, 10; HYG., *Fab.*, 175; escól. *ad Od.*, XII, 39.

Porteu: **1)** V. *Portáon*. **2)** APOLLOD., *Ep.*, V, 20.

Portuno: PHAEST., p. 227; PAUL., p. 56; 263; HYG., *Fab.*, 2; VIRG., *Aen.*, V, 241; SERV., *ad* VIRG., *Georg.*, I, 437; *Aen.*, V, 241.

Posídon: *Il.*, I, 400; VII, 442 e s.; VIII, 198 e s.; 440; XII, 1 e s.; XIII, 1 e s.; 43 e s.; 89 e s.; 206 e s.; XIV, 135 e s.; 351 e s.; XV, 168 e s.; 187 e s.; XX, 13 e s.; 33 e s.; 132 e s.; 290 e s.; XXI, 284 e s.; 435 e s.; escól. *ad* XXIII, 346; *Od.*, IV, 506; V, 291; XI, 235 e s.; XIII, 151 e s.; HES., *Theog.*, 15; 453 e s.; 732; cf. 883 e s.; HEROD., VIII, 55; DIOD. SIC., V,

conjuração divina que teve por fim agrilhoar Zeus, mas recuou diante das ameaças de Briareu (v. *Egéon*).

Posídon participou, durante um ano, com o deus Apolo e o mortal Éaco, na construção das muralhas de Tróia. Laomedonte recusou-lhe a recompensa prometida em troca do seu trabalho. Posídon fez então erguer do mar um monstro, que semeou o massacre entre as populações troianas (v. *Laomedonte*). Essa foi a origem do rancor de Posídon contra os Troianos e por isso o vemos intervir a favor dos Aqueus durante a Guerra de Tróia. Contudo, quando no início da *Ilíada*, a conselho de Nestor, os Aqueus decidem fortificar o seu acampamento, rodeando de muralhas as naus, Posídon protesta na assembleia dos deuses contra esta decisão, que considera susceptível de diminuir a glória por ele alcançada ao erguer os muros de Tróia. São necessárias as palavras conciliadoras de Zeus para o acalmar, embora ele prometa a si próprio destruir a muralha elevada pelos Aqueus. Durante algum tempo, Posídon decide manter-se afastado da contenda, mas em breve regressa ao campo de batalha em auxílio dos Aqueus, em desvantagem. Sob a figura de Calcas, encoraja Ájax Telamónio, e o seu homónimo filho de Oileu exorta Teucro, Idomeneu, até ao momento em que, por ordem de Zeus, se vê forçado a abandonar o combate. Mas quando Aquiles está quase a matar Eneias, é Posídon quem salva o troiano. Perturba a visão de Aquiles com um denso nevoeiro, arranca do escudo de Eneias a lança que aí estava cravada e leva o herói para longe, pondo-o em segurança. O motivo que o impele a salvar assim um troiano é saber que o destino não quer a morte de Eneias. Não será também alheio o facto de o herói não pertencer à descendência imediata de Laomedonte: Eneias descende directamente de Trós, por intermédio de Anquises, Cápis e Assácaro (v. quadro 7, p. 112). Posídon, que persegue como todos os deuses a destruição dos Priâmides, poupa e protege, tal como eles, os descendentes de Anquises.

Quando os mortais decidiram organizar-se e viver em cidades, cada um dos deuses elegeu uma ou mais de entre elas para aí ser honrado de modo particular. Ora, por vezes, dois ou três deuses escolhiam a mesma cidade, o que desencadeava conflitos que eram depois submetidos à apreciação das outras divindades ou até de simples mortais. Estes julgamentos foram geralmente desfavoráveis a Posídon. Quando ele disputou a cidade de Corinto tendo por adversário Hélio (o Sol), o gigante Briareu, tomado por juiz, resolveu a questão a favor do Sol. Quando Posídon desejou reinar em Egina, foi suplantado por Zeus. Em Naxos, foi Dioniso quem levou a melhor; em Delfos, Apolo; em Trezena, Atena. Mas as duas querelas mais célebres foram a propósito de Atenas e de Argos. Posídon voltou-se para Atenas e foi o primeiro a tomar posse da cidade fazendo brotar com o seu tridente um «mar» na Acrópole (este «mar», segundo Pausânias, era um poço de água salgada situado no recinto do Erecteu). Atena teve pouco depois idênticas intenções: convocou Cécrops e tomou-o por testemunha do seu acto de posse — plantou uma oliveira no solo de Atenas, que se dizia existir ainda no século II da nossa era na região do Pandrósio. Depois a deusa reivindicou a posse da cidade. A questão foi apresentada ao julgamento de Zeus, que decidiu eleger árbitros que a avaliassem. Segundo uma das versões da lenda, os eleitos teriam sido Cécrops e Cránao; segundo outra variante, Zeus teria delegado a responsabilidade em todos os deuses do Olimpo. Seja como for, o tribunal decidiu a favor de Atena, porque Cécrops testemunhou a favor da deusa afirmando que ela fora a primeira a plantar uma oliveira no rochedo da Acrópole. Posídon, irado, inundou a planície de Elêusis.

Em relação à cidade de Argos, foi Foroneu o juiz designado para julgar a contenda que opunha Posídon a Hera. Também neste caso foi a deusa a vencedora. Encolerizado, o deus do Mar lançou sobre a Argólida uma maldição e secou todas as fontes da região. Pouco depois, Dánao e as suas cinquenta filhas chegaram à Argólida e não encontraram água para matar a sede. Graças a Amimone, uma das Danaides, de quem Posídon se enamorou, a maldição terminou e das fontes voltou a brotar água (v. *Amimone*). Segundo outra variante, o deus teria inundado a Argólida de água salgada, levado pela cólera contra Ínaco e Foroneu. Mas Hera tê-lo-ia obrigado a libertar a região e a repor o mar nos seus limites.

Posídon possuía contudo uma ilha maravilhosa — a Atlântida (v. *Atlântida*).

Atribuem-se ao deus numerosas paixões, cumuladas por uma descendência numerosa. Mas enquanto os filhos de Zeus eram heróis favoráveis à humanidade, benfeitores, os descendentes de Posídon, tal como os de Ares, eram geralmente gigantes violentos e perigosos. Da sua união com Toosa, por exemplo, nasceu Polifemo, o Ciclope; de Medusa, teve o gigante Crisaor e o cavalo alado Pégaso; da sua relação com Amimone, nasceu Náuplio, que tanto mal causou aos Aqueus (v. *Náuplio*); de Ifi-

---

55; A. Gell., *N. A.*, XV, 21; Ov., *Met.*, VI, 70 e s.; Apollod., *Bibl.*, I, 7, 3 e s.; II, 1, 4; III, 14, 1; Pausan., I, 14, 3; 24, 3 e s.; 26, 5 e s.; II, 1, 3 e s.; 2, 1; 3, 4 e s.; 12, 2 e s.; 30, 5 e s.; 22, 4; 33, 1 e s.; 34, 10; 38, 1 e s.; III, 14, 2; 15, 7; 18, 10; 20, 2; 21, 5; V, 1, 8; 15, 5; 22, 6; 26, 2; VI, 25, 3; VII, 4, 1; 8; 21, 7-10; 24, 2-12; 25, 3; 8; 12; VIII, 10, 2-11, 1; 25, 5-8; 37, 9-10; 42, 1 e s.; 44, 4; IX, 20, 1; 22, 5; 29, 1; 6; 31, 6; X, 9, 4; 7; 10, 8; escól. a V, 8, 8; Hyg., *Fab.*, pr. 13, 18, 10 (Rose); 3; 10; 12; 14; 17; 28; 31; 32; 37; 38; 46; 47; 56; 64; 76; 89; 125; 136; 139; 140; 151; 157; 161; 164; 166; 169; 173; 186; 187; 188; 195; 238; 242; 252; 273; 274; Serv., *ad* Virg., *Georg.*, I, 12; Var., *ap* August., *Civ. D.*, XVIII, 9; Plut., *Qu. Conu.*, IX, 6; *De amic. frat.*, XI; Fr. Schachermeyr, *Poséidon*, Berna, 1950; Pugliese Carratelli, in *Parola del Pass.*, 1957, fasc. 53, pp. 81 e s.; 56, e p. 352 e s.; C. Gallavotti, *ibid.*, 55, pp. 241 e s.; F. Adrados, in *Minos*, V (1957), pp. 53 e s.; J. Chadwick, *ibid.*, pp. 117 e s.

media, teve os Alóadas. Também Cércion, o bandido Círon, que foi morto por Teseu, o rei dos Lestrigões Lamo, o caçador maldito Oríon, todos eles eram seus filhos. Os filhos que de Hália (v. *Hália*) lhe nasceram, cometeram tantos excessos que Posídon teve de escondê-los debaixo da terra para sobre eles não recair o castigo devido às suas acções.

Posídon está na origem de múltiplas genealogias míticas (v., por exemplo, quadro 3, p. 66; 11, p. 142; 12, p. 144; 14, p 182; 23, p. 258; 24, p. 265; 27, p. 280) (cf. também o *Índice s.u.* Posídon). Convém salientar particularmente os amores de Posídon e Deméter, de que nasceu uma filha cujo nome era interdito proferir, e o cavalo Aríon (v. *Aríon*), montado por Adrasto durante a expedição dos Sete contra Tebas.

A esposa «legítima» do deus do Mar é a deusa Anfitrite (v. *Anfitrite*), uma Nereide de quem não teve descendentes.

Posídon é representado com o seu tridente (a arma por excelência dos pescadores de atum), deslocando-se num carro puxado por animais monstruosos, híbridos de cavalo e de serpente. Em redor do carro, vagueia uma multidão de peixes, golfinhos, criaturas marinhas de todas as espécies, Nereides e génios diversos, como Proteu e Glauco, entre outros.

POTO. (Πόθος.) Poto é a personificação do desejo amoroso. Figura no cortejo de Afrodite ao lado de Eros e de Hímero, de que não difere substancialmente. É geralmente considerado filho de Afrodite. Na mitologia síria, influenciada pelas crenças semíticas, Poto passava por filho de Crono e de Astarte (Afrodite). Simples abstracção, nenhuma lenda se conta a seu respeito.

PRAX. (Πράξ.) Prax é o descendente, na terceira geração, do filho de Neoptólemo, Pérgamo. Partiu da Ilíria para o Peloponeso e deu o seu nome à região doravante chamada *Prakiai*. Em honra de Aquiles, seu antepassado, Prax ergueu um santuário na estrada que liga Esparta à Arcádia.

PRAXÍTEA. (Πραξιθέα.) Praxítea é o nome de diversas heroínas da lenda ática, que por vezes se confundem.

1. Uma delas é a esposa de Erecteu (v. quadro 12, p. 144). Ora é apresentada como filha do deus-rio Cefiso ora como filha de Diogeneia (filha de Cefiso) e de Frásimo. Praxítea passava por modelo de patriotismo, pois consentiu em sacrificar as filhas em virtude de um oráculo haver vaticinado que era essa a condição que asseguraria a vitória aos Atenienses (v. *Erecteu*).

2. Praxítea é também o nome de uma ninfa que desposou Erictónio e teve dele um filho chamado Pandíon.

3. Metanira, mulher de Céleo e mãe de Demofonte e de Triptólemo, é também por vezes designada pelo nome de Praxítea. Uma das versões da lenda faz dela a ama de Demofonte.

PRÉSBON. (Πρέσβων.) Présbon é um dos filhos de Frixo e de Iofassa, filha de Eetes, rei da Cólquida (acerca de outras tradições relativas ao casamento de Frixo, v. *Frixo*). Présbon desposou Búzige, filha de Lico, de quem teve um filho, Clímeno (v. quadro 34, p. 392). Após a morte de Frixo, Présbon voltou a Orcómeno, para reclamar o reino de seu pai Atamante. Ao morrer, este confiara-o aos netos de Sísifo, seus sobrinhos-netos, porque julgava estar extinta a sua descendência por linha masculina. Os dois netos de Sísifo, Haliarto e Corono, ao saber que Présbon regressara, apressaram-se a acolhê-lo e a devolver-lhe o reino. Fundaram as cidades de Haliarto e Corone. Présbon é o avô de Ergino, o último dos descendentes de Atamante que reinou em Orcómeno (v. *Ergino*).

PRÉTIDES. (Προιτίδες.) As Prétides são as filhas do rei Preto, de Tirinte (ou de Argos) (v. *Preto*), e de Estenebeia (v. quadro 32, p. 370). Acerca do seu número, as tradições variam. Segundo uns, são duas: Lisipe e Ifianassa; segundo outros, haveria ainda uma terceira, chamada Ifínoe. Quando chegaram à idade de casar, as jovens foram enlouquecidas por Hera. A causa de tal maldição diverge, segundo a tradição que seguirmos: diz-se, por vezes, que elas ousaram julgar-se mais belas do que a deusa, despertando deste modo a sua cólera; conta-se outras vezes que troçaram do templo de Hera, porque, segundo diziam, o palácio do seu pai encerrava maiores riquezas; conta-se ainda que as jovens teriam roubado ouro das vestes da deusa, para o usarem em seu próprio benefício. Seja como for, elas julgaram estar transformadas em vacas e fugiram para os campos, errando sem destino certo e recusando-se a regressar a casa. Desta conduta, semelhante à das Bacantes, nasceu a lenda segundo a qual teria sido Dioniso que as teria acometido de loucura, em virtude de elas terem recusado prestar-lhe culto. O adivinho Melampo propôs ao rei Preto curar as princesas suas filhas, em troca de um terço do reino de Argos. O monarca não aceitou a proposta, por achar o preço demasiado elevado. A loucura das Prétides agravou-se então e elas recomeçaram a percorrer a Argólida em todas as direcções. Preto pediu auxílio a Melampo. Mas

---

Poto: AESCH., *Supp.*, 1040; PLAT., *Smp.*, 197 d; *Cra.*, 420; EUS., *Pr. Eu.*, I, 10, 8.

Prax: PAUSAN., III, 20, 8; STEPH., BYZ., *s.u.* Πραχαι χαί Πράχες.

Praxítea: 1) EUR., trag. perdida *Erecteu*; LYCURGUS, *In Leocr.*, 98 e s.; APOLLOD., *Bibl.*, III, 15, 1. **2)** APOLLOD., *Bibl.*, III, 14, 6. **3)** APOLLOD., *Bibl.*, I, 5, 1-2.

Présbon: Escól. *ad* APOL. RH., *Arg.*, I, 185; II, 1122; PAUSAN., IX, 34, 8; 37, 1 e s.

Prétides: BACH., X, 40-112; APOLLOD., *Bibl.*, II, 2, 2; escól. *ad Od.*, XV, 225; *ad* PIND., *Pyth.*, III, 96; *Nem.*, IX, 30; HEROD., IX, 34; DIOD. SIC., IV, 68; STRAB., VIII, 3, 19, p. 346; PAUSAN., II, 7, 8; 9, 8; 16, 2-5; 18, 4; 25, 7 e s.; V, 5, 10; VIII, 18, 7 e s.; HES., fr. 41 e 42; VIRG., *Buc.*, VI, 48 e s.; SERV., *ad loc.*; OV., *Met.*, XV, 322.

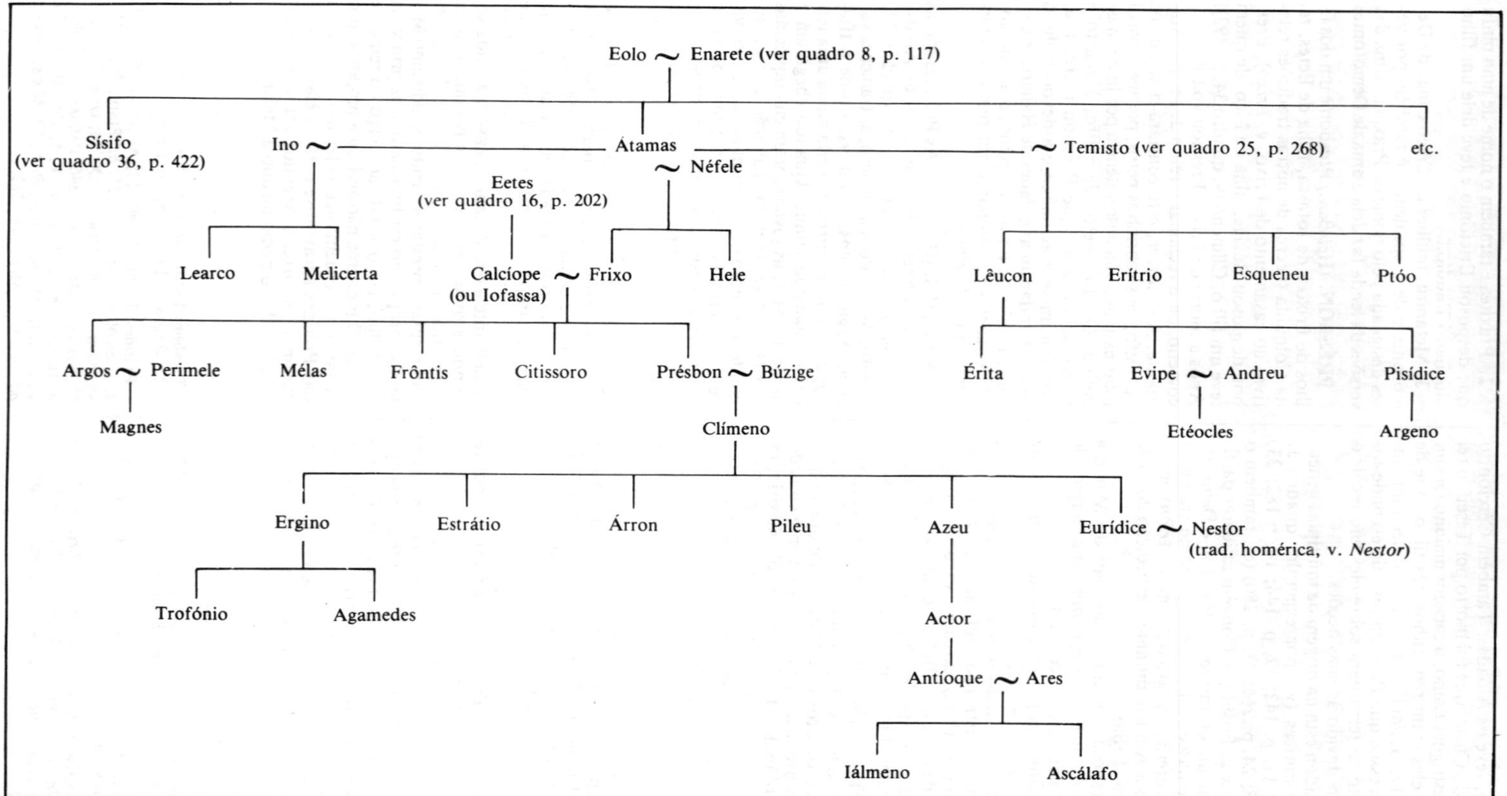

Quadro genealógico n.º 34

este reclamou, além do terço do reino que reivindicara para si próprio, um outro terço para o seu irmão Bias. Temendo que, não aceitando tais condições, elas viessem a tornar-se mais rigorosas, o rei consentiu em pagar o preço exigido. Então, Melampo, levando consigo os mais vigorosos jovens de Argos, perseguiu as princesas pelas montanhas, no meio de grande alarido e danças violentas. Durante a perseguição, a mais velha das irmãs, Ifínoe, sucumbiu de cansaço. Mas as outras duas foram purificadas, graças às ervas que Melampo adicionou à água de uma fonte onde elas iam beber. O adivinho e seu irmão Bias desposaram então as duas princesas.

Uma tradição divergente situa a loucura das mulheres de Argos numa época posterior às Prétides, durante o reinado do seu sobrinho Anaxágoras (v. *Anaxágoras*).

PRETO. (Προῖτος.) Preto é um rei de Tirinte, filho de Abante e irmão gémeo de Acrísio (v. quadro 32, p. 370). Descende de Linceu e de Hipermestra e por conseguinte de Dánao e de Egipto. Já no ventre de sua mãe Aglaia, filha de Mantineu, Preto nutria um profundo ódio contra seu irmão Acrísio. As duas crianças lutavam já, mesmo antes do seu nascimento. Quando atingiram a idade adulta, dividiram entre si o território da Argólida em que Abante reinava: Acrísio obteve o domínio de Argos; Preto tornou-se rei de Tirinte. Mas esta decisão não foi alcançada senão à custa de sangrentos combates entre os partidários dos dois príncipes, que de pouco adiantaram, em abono da verdade. Contava-se também, para explicar o ódio dos dois irmãos, que Preto seduzira a sua sobrinha Dánae, filha de Acrísio, e que era assim o pai de Perseu, infligindo deste modo ao irmão uma injúria mortal (v. *Acrísio* e *Dánae*).

Mal tomou posse de Tirinte, Preto fortificou a cidadela, atribuindo-se-lhe a construção dos muros «ciclópicos» que ainda existem. Teria sido auxiliado nesta empresa pelos próprios Ciclopes, segundo se afirma (v. *Ciclopes*).

Existe ainda outra versão acerca do desfecho do conflito entre Preto e Acrísio. Este teria saído vitorioso expulsando por isso Preto, que se teria então refugiado na Ásia Menor, junto do rei da Lícia, Ióbates ou Anfíanax, cuja filha, Estenebeia, teria desposado. Ióbates concedeu-lhe um exército, à frente do qual ele reconquistou o seu reino. Foi só então que os dois irmãos repartiram entre si o poder (v. *Acrísio*).

Preto estabeleceu-se em Tirinte e aí casou. Passado algum tempo, Belerofonte dirigiu-se ao seu palácio pedindo que o purificasse do crime que involuntariamente cometera e o condenara ao exílio (v. *Belerofonte*). Estenebeia apaixonou-se pelo herói, mas este não correspondeu ao seus sentimentos; despeitada, a rainha caluniou-o, levantando contra ele falsos testemunhos e queixando-se a Preto da sua conduta. O rei enviou então Belerofonte para junto do pai de Estenebeia, Ióbates, a fim de que este o condenasse à morte (v. *Belerofonte*).

De Estenebeia, teve Preto duas ou três filhas, as Prétides (v. *Prétides*), enlouquecidas por Hera (ou por Dioniso) e curadas da demência por Melampo. Em troca dos serviços prestados por este adivinho, o soberano viu-se obrigado a repartir o seu reino em três partes: conservou uma delas, dando outra a Melampo e outra a Bias, irmão do adivinho (acerca das consequências desta partilha, v. *Adrasto*).

Durante a loucura das filhas, Preto teve outro filho de Estenebeia — um varão, chamado Megapentes (o que significa «o grande desgosto» — nome inspirado no profundo pesar que o rei sofria, em virtude da demência das filhas). Mais tarde, Megapentes sucedeu a Preto no trono de Tirinte. Viria, no entanto, a entregar a Perseu o seu reino, em troca de Argos, região de que Perseu não queria ser soberano por lhe ter cabido em sorte, em consequência de um crime involuntário (Perseu matara acidentalmente seu avô Acrísio) (v. *Perseu*). Assim se explica que, na altura da expedição dos Sete contra Tebas, Adrasto reinasse em Argos, embora o seu antepassado Bias tivesse recebido originalmente uma parte do reino de Tirinte (v. *Anaxágoras* e a tradição segundo a qual a partilha teria ocorrido após o reinado de Megapentes e a troca de reinos entre este e Perseu).

Ovídio conservou uma tradição aberrante da lenda de Preto: este teria atacado Acrísio e tê-lo-ia cercado na cidadela de Argos, quando Perseu veio em auxílio do avô, transformando Preto numa estátua de pedra. É provável que se trate de uma invenção recente, formada a partir de alguns episódios célebres da lenda de Perseu.

PRÊUGENES. (Πρευγένης.) Prêugenes é um aqueu oriundo do vale do Eurotas, no Peloponeso. Era filho de Agenor. Teve dois filhos — Patreu e Atérion. Depois da chegada dos Dórios, retirou-se com a família para a Acaia, onde fundou uma cidade a que deu o nome de Patras. A ele e aos filhos foram mais tarde prestadas as honras devidas aos heróis.

PRÍAMO. (Πρίαμος.) Príamo é o mais novo dos filhos de Laomedonte (v. quadro 7, p. 112). A sua celebridade deve-se particularmente ao facto de ter sido no seu reinado, quando o soberano atingira já uma idade avançada, que se travou a Guerra de Tróia. Não

---

Preto: APOLLOD., *Bibl.*, II, 2, 1 e s.; 3, 1 e s.; 4, 1 e s.; PAUSAN., II, 25, 7; escól. *ad* EUR., *Or.*, 965; OV., *Met.*, V, 236 e s.; escól. *ad* PIND., *Nem.*, IX, 30. V. também *Prétides*.

Prêugenes: PAUSAN., III, 2, 1; VII, 6, 2; 18, 5; 20, 7 e s.; cf. HERBILLON, *Les cultes de Patras*, Paris, 1929.

Príamo: *Il.*, III, 146 e s.; VII, 365 e s.; XX, 237; XXI, 84 e s.; 526 e s.; XXII, 21 e s.; 405 e s.; XXIV, 143 e s.; XXIV, 188 e s.; 322 e s.; 440 e s.; 677 e s.; APOLLOD., *Bibl.*, II, 6, 4; III, 12, 3 e s.; HYG., *Fab.*, 89; 90; 91; 93; 101; 105; 106; 108; 109; 111; 113; 128; 240; 243; 244; 256; 270; 273; PAUSAN., II, 24, 3; IV, 17, 4; X, 27, 2; APOLLOD., *Ep.*, V, 21; EUR., *Hec.*, 23 e s.; *Tr.*, 16 e s.; 481 e s.; SERV., *ad* VIRG., *Aen.*, II, 557.

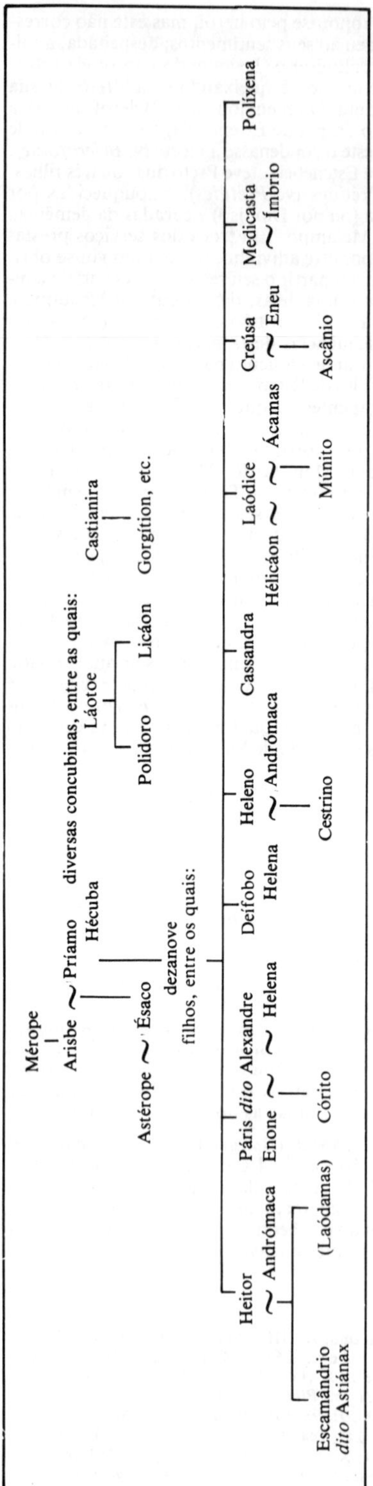

Quadro genealógico n.º 35

se sabe ao certo o nome da sua mãe: a *Ilíada* não o menciona; a tradição posterior apresenta-a geralmente como a filha do deus-rio Escamandro, dando-lhe o nome de Estrimo; outras versões contudo atribuem-lhe o nome de Plácia ou Leucipe.

A *Ilíada* não faculta muitos dados sobre a vida de Príamo antes do cerco de Tróia. O poema apenas nos informa que ele combateu outrora contra as Amazonas, como aliado do Frígio Otreu, nas margens do Sangário. Foram os mitógrafos que conservaram o episódio mais importante da sua infância — a tomada de Tróia por Héracles. Príamo, que era então ainda uma criança, foi feito prisioneiro pelo herói, juntamente com sua irmã Hesíone. Héracles deu a jovem em casamento ao seu amigo Télamon e prometeu oferecer-lhe o presente de núpcias que mais lhe aprouvesse. Ela reclamou então o seu irmão, que tinha nessa altura o nome de Podarces. Héracles consentiu em entregar-lho, mediante uma venda simbólica. Podarces tomou então o nome de Príamo, que significa «o que foi vendido» (v. *Hesíone*). Sendo ele o único sobrevivente dos filhos de Laomedonte, Héracles confiou-lhe todo o território de Tróia. Pouco a pouco, Príamo estendeu o seu poder a toda a região e às ilhas da costa asiática.

Príamo desposou Arisbe, filha de Mérope, em primeiras núpcias, e teve dela um filho chamado Ésaco (v. *Ésaco*). Mas abandonou depois a consorte, entregando-a a Hirteu, a fim de desposar em segundas núpcias Hécuba. Dela nasceu a maior parte da sua descendência, os seus mais célebres filhos (v. quadro 35, ao lado). O primogénito foi Heitor, o segundo Páris; seguiram-se as filhas: Creúsa, Laódice, Políxena e Cassandra. Finalmente, nasceram-lhe ainda alguns filhos varões: Deífobo, Heleno, Pámon, Polites, Ântifo, Hipónoo, Polidoro e Troilo, que passava também por filho de Apolo.

Das suas relações com diversas concubinas, Príamo teve outros filhos: Melanipo, Gorgítion, Filémon, Hipótoo, Glauco, Ágaton, Quersidamante, Evágoras, Hipodamante, Mestor, Atas, Dóriclo, Licáon, Dríope, Bias, Crómio, Astígono, Telestes, Evandro, Cébrion, Milio, Arquémaco, Laódoco, Équefron, Idomeneu, Hiperíon, Ascânio, Democoonte, Areto, Delopite, Clónio, Equémon, Hipéroco, Egéono, Lisítoo, Polimedonte; teve ainda quatro filhas: Medusa, Medesicaste, Lisímaca e Aristodemo. A tradição atribui a Príamo cinquenta filhos, número que não corresponde com exactidão às listas apresentadas pelos diversos autores. A lista de Apolodoro, que acima reproduzimos, é a mais completa, integrando quarenta e sete nomes. Se lhe acrescentarmos os nomes de Antifonte e Dio (mencionados na *Ilíada*) e o de Áxion, citado por Pausânias, de acordo com a *Pequena Ilíada*, obteremos um total de cinquenta, conforme a tradição.

O papel de Príamo na *Ilíada* é muito limitado. A sua avançada idade não lhe permitia participar no combate; limitava-se a presidir aos conselhos, mas nem sempre era a sua opinião que prevalecia, sobrepondo-se-lhe geralmente a de Heitor. Príamo não parece ter-se oposto às intenções e actos de Páris, nem ao rapto de Helena: encara-a com benevolência e aceita o destino. O traço essencial do seu carácter é a piedade, o que o torna merecedor dos favores de Zeus. Mero espectador, o soberano domina os acontecimentos, nos quais se vê envolvido contra sua vontade. Vê perecer os filhos um a um, assiste à morte de Heitor, o mais bravo defensor do seu reino. Quando Aquiles mata Heitor e o leva para o acampamento dos Gregos, Príamo humilha-se a ponto de ir ter com o vencedor oferecendo-lhe um valioso resgate em troca do cadáver do filho.

As epopeias posteriores à *Ilíada* descrevem pormenorizadamente a morte de Príamo. Quando o velho rei se apercebeu de que o inimigo entrava no seu palácio, quis pegar em armas e defender os seus. Mas Hécuba impediu-o e levou-o para o interior do palácio, para junto de um altar, coroado de loureiro, a fim de suplicarem ambos a protecção dos deuses. Aí, o velho soberano vê Neoptólemo matar à sua frente o jovem Polites, que também se encaminhava para o altar tentando salvar a vida. Em seguida, Neoptólemo voltou-se para Príamo, agarrou-o pelos cabelos, afastou-o dos altares e degolou-o. O cadáver ficou insepulto. Segundo outra variante, o assassino teria arrastado a sua vítima até ao túmulo de Aquiles, fora da cidade, roubando-lhe aí a vida.

PRIAPO. (Πρίαπος.) Priapo, o grande deus da cidade asiática de Lâmpsaco, é geralmente identificado como filho de Afrodite e de Dioniso. Era representado sob a forma de uma figura de falo erecto, considerado o guardião dos jardins e das vinhas e em particular o protector dos pomares. O seu atributo essencial tinha a virtude de desviar o mau olhado e de tornar vãos os malefícios dos invejosos que procuravam prejudicar as colheitas. Além disso, símbolo de fecundidade, a figura de Priapo «servia de exemplo» às plantas do recinto em que se encontrava. Como deus asiático e da fecundidade, ele foi incluído no cortejo de Dioniso, facto a que não deverá ter sido alheia a sua semelhança com Sileno e com os Sátiros. Tal como Sileno, Priapo era muitas vezes representado ao lado de um burro, contando-se mesmo a este propósito uma lenda. Durante uma festa dionisíaca, o deus teria encontrado a ninfa Lótis, por quem se apaixonou. De noite, tentou surpreendê-la, mas no momento em que estava prestes a realizar os seus intentos, o burro de Sileno pôs-se a zurrar acordando Lótis e todas as Bacantes. Priapo, assustado, teve de renunciar aos seus objectivos. Em memória desta aventura, o deus era representado ao lado de um burro. Uma variante desta lenda foi divulgada em Roma, sendo Lótis substituída pela deusa Vesta. No momento em Priapo se preparava para a violar, um asno começou a zurrar, despertando a deusa e alertando-a para o perigo que corria. Desde então, era costume sacrificar um burro a Priapo, e nas festas em honra de Vesta enfeitava-se com grinaldas as cabeças dos jumentos.

Outras lendas se formaram a propósito de Priapo. Uma tradição que o apresentava como filho de Afrodite e de Dioniso não foi unanimemente aceite. Segundo alguns mitógrafos, a disformidade física de Priapo era devida aos malefícios de Hera. Quando Afrodite, após o nascimento, partiu da terra dos Etíopes rumo ao Olimpo, a sua beleza surpreendeu todos os deuses. Zeus enamorou-se dela e possuiu-a. Estando ela prestes a dar à luz um filho, Hera, temendo que a criança viesse a ter a beleza da mãe e a força e poder do pai, tornando-se assim um perigo para todas as divindades olímpicas, resolveu actuar: irada com os amores adúlteros do marido e cega de ciúme, Hera tocou no ventre de Afrodite de modo que o filho aí gerado nascesse disforme. Priapo veio ao mundo com um falo enorme, desproporcionado. Ao vê-lo, a mãe teve receio que ambos se tornassem alvo da chacota dos deuses, e abandonou-o por isso nas montanhas. O recém-nascido foi descoberto por pastores que o criaram e prestaram culto à sua virilidade. Assim se explicava que Priapo tivesse sido um deus rústico.

Um tradição similar fazia de Priapo o filho de Afrodite e de Adónis, atribuindo igualmente aos malefícios de Hera a sua disformidade. Na interpretação evemerista da lenda deste deus, ele era identificado como um habitante da cidade de Lâmpsaco que dela fora banido devido à sua monstruosidade. Os deuses tê-lo-iam recolhido e ter-lhe-ia sido atribuída a guarda e protecção dos jardins.

Segundo Diodoro, Priapo estava relacionado com o mito de Osíris: ele seria o resultado da deificação da virilidade de Osíris a que Íris prestara culto. Diodoro assimila ainda Priapo e Hermafrodito.

PRÍLIS. (Πρύλις.) Prílis é um adivinho de Lesbos, filho de Hermes e da ninfa Issa. Quando os Gregos por ali passaram rumo a Tróia, Prílis, subornado pelos presentes de Palamedes, revelou a Agamémnon que a cidade de Príamo não poderia ser tomada senão por um cavalo de madeira.

PROCLES. (Προκλῆς.) Procles é o filho do Heraclida Aristomedo e de Argia, sendo, por conseguinte, irmão gémeo de Eurístenes (v. quadro 18, p. 220). Procles e Eurístenes desposaram Latria e Anaxandra, as duas filhas do Heraclida Tersandro, rei de Cleonas. Procles teve um filho chamado Soo, que foi o pai de Êurito e um antepassado de Licurgo, o legislador de Esparta.

Priapo: PAUSAN., IX, 31, 2; STEPH. BYZ., *s.u.* Λάμψαχος; Ἄβαρνος; *Ov.*, *Fast.*, I, 391 e s.; VI, 319 e s.; *Met.*, IX, 347 e s.; SERV., *ad* VIRG., *Georg.*, II, 84; IV, 111; escól. *ad* THEOCR., I, 81; TZETZ., *ad Lyc.*, 831; escól. *ad* APOL. RH., *Arg.*, I, 392; DIOD. SIC.,V, 6; WESTERMANN, *Mythog.*, *Appendix Narrat.*, LXIII, p. 382. Cf. H. HERTER, *De Priapo*, Giessen, 1932.

Prílis: LYC., *Alex.*, 219 e s.; TZETZ., *ad loc.*, e 222; EUST., *ad Hom.*, 601, 4; 893, 40.

Procles: PAUSAN., III, 7, 1; PLUT., *Lyc.*, 4 e s.

PROCNE. (Πρόκνη.) Procne é uma das filhas de Pandíon, rei de Atenas, irmã de Filomela. Acerca da sua lenda e da história da metamorfose em rouxinol, v. *Filomela* e quadro 12, p. 144.

PRÓCRIS. (Πρόκρις.) Prócris é uma das filhas do rei de Atenas, Erecteu (v. quadro 12, p. 144), embora uma das variantes da lenda a apresente como filha de Cécrops. A tradição é muito complexa e engloba elementos sobrepostos. Prócris é a esposa de Céfalo, filho de Déjon. Trai o marido, apaixonando-se por Pteleonte, que conquista os seus favores oferecendo-lhe uma coroa de ouro. Céfalo apercebe-se de tudo e ela refugia-se junto de Minos. Este apaixona-se por Prócris e tenta seduzi-la. Acontece porém que sobre Minos pendia a maldição de Pasífae, sua esposa: sempre que o rei se unisse a uma mulher, do seu corpo nasciam serpentes e escorpiões que imediatamente matavam a sua amante. Prócris, para o libertar de tal encantamento, deu-lhe uma erva que obtivera das mãos de Circe. Depois, exigiu em troca dos seus favores dois presentes: o cão que jamais deixava escapar a presa e a flecha que jamais falhava o alvo. Mais tarde, temendo o ciúme de Pasífae, ela voltou a Atenas e reconciliou-se com Céfalo. Contudo, não duraram muito os seus amores com o marido. De novo ele tentou conquistá-la, com presentes, mas ela não cedeu. Algum tempo depois, o ciúme atingiu-a, causando-lhe a morte (acerca deste episódio da sua lenda, v. *Céfalo*).

PROCRUSTES. (Προκρούστης.) Procrustes é o sobrenome de um bandido, também chamado Damastes e Polipémon, que vivia na estrada que ligava Mégara a Atenas. Procrustes tinha duas camas — uma pequena e outra grande. Oferecia guarida aos transeuntes que por ali passavam e obrigava-os a deitar-se numa das camas: os grandes, no leito pequeno (cortando-lhe os pés para que coubessem); os pequenos, no grande (esticando-os com toda a força, para ocuparem melhor todo o espaço). O bandido foi morto por Teseu (v. *Teseu*).

* **PRÓCULO.** (*Proculus.*) Júlio Próculo é o nome do nobre albano, a quem Rómulo apareceu após a sua apoteose, manifestando a vontade de ser venerado sob o nome de Quirino e de ter um templo no Quirinal.

PRÓMACO. (Πρόμαχος.) **1.** Prómaco e Leucocamante, dois jovens cretenses de Cnossos, são os heróis de uma aventura amorosa. Prómaco amava o belo Leucocamante, que o tratava cruelmente e lhe impunha mil e uma provas. Prómaco cumpria de bom grado todas as tarefas, na esperança de merecer o amor do mancebo. Nada conseguia, porém. Um dia, depois de efectuar uma prova particularmente difícil que consistia em procurar determinado elmo, entregou o objecto encontrado a outro jovem mais solícito. Despeitado, Leucocamante trespassou-se com a espada.

2. Houve ainda outro herói com o mesmo nome, filho de Éson e Alcímede (ou Perimede), que foi morto por Pélias, quando era ainda de tenra idade (v. quadro 23, p. 258).

PROMETEU. (Προμηθεύς.) Prometeu é um «primo» de Zeus. É filho de um Titã, Jápeto (tal como Zeus é filho de outro Titã — Crono. V. quadro 38, p. 452). As tradições divergem a respeito do nome da mãe: ora se menciona Ásia, filha do Oceano, ora se fala em Clímene, outra Oceânide (v. quadro 38, p. 452) (v. também *Eurimedonte*, 1). Prometeu tem vários irmãos: Epimeteu (que com ele contrasta por ser o «inábil», o «desastrado» por excelência) (v. *Epimeteu*), Atlas, Menécio. Era casado com Celeno ou com Clímene (o nome da consorte varia consoante os autores). Dessa união nasceram Deucalião, Lico e Quimereu, a que se acrescenta, por vezes, Etneu, Hélen e Tebe (v. *Hélen* e *Tebe*).

Prometeu é considerado como o criador dos primeiros homens, que moldou em barro. Mas esta lenda não figura na *Teogonia*, onde Prometeu é simplesmente o benfeitor da humanidade e não o seu criador. Foi por amor aos homens que Prometeu enganou Zeus. Primeiro em Mecone, durante um sacrifício solene, dividiu em duas partes um boi: pôs para um lado a carne e as entranhas do animal, cobrindo-as com a pele; aos ossos, despojados da carne, cobriu-os com gordura, tingindo-os assim de branco. Disse depois a Zeus que escolhesse a sua parte, deixando o resto aos homens. O deus optou pelo esqueleto coberto de banha e, quando descobriu que nesse quinhão só havia ossos, ficou revoltado contra Prometeu e contra os mortais, que a sua astúcia tinha favorecido. Para os punir, decidiu deixar de lhes enviar o fogo. Então, Prometeu auxiliou-os uma vez mais: roubou algu-

---

Procne: V. *Filomela*.

Prócris: APOLLOD., *Bibl.*, III, 15, 1; escól. *ad Od.*, XI, 321; EUST., *ad Hom.*, p. 1688; ANT. LIB., *Transf.*, 41; TZETZ., *Chil.*, I, 542 e s.; HYG., *Fab.*, 189; OV., *Met.*,VII, 670 e s.; SERV., *ad VIRG.*, *Aen.*, VI, 445; PAUSAN., X, 29, 6; trag. perdida de SOPH. *Procris*; escól. *ad* APOL. RH., *Arg.*, I, 211.

Procrustes: APOLLOD., *Ep.*, I, 4; BACH., XVII, 27 e s.; DIOD. SIC., IV, 59; PLUT., *Thes.*, 11; PAUSAN., I, 38, 5; escól. *ad* EUR., *Hipp.*, 977; OV., *Met.*, VII, 438; *Her.*, II, 69; PS.-OV., *Ibis*, 407; HYG., *Fab.*, 38.

Próculo: CIC., *de leg.*, I, 1, 3; *de rep.*, II, 10, 20; LIV., I, 16, 5 e s.; DION. HAL., II, 63, 3; OV., *Fast.*, II, 499 e s.; PLUT., *Rom.*, 28.

Prómaco: **1)** CONON, *Narr.*, 16. **2)** APOLLOD., *Bibl.*, I, 9, 2-7.

Prometeu: Escól. *ad Il.*, I, 126; AESCH., *Pr.*, *passim*; escól. *ad* v. 347; HES., *Theog.*, 508 e s.; 571 e s.; *Op.*, 50 e s.; HYG., *Fab.*, 142; 114; 144; *Astr. Poet.*, II, 15; SERV., *ad VIRG.*, *Aen.*, I, 741; *Buc.*, VI, 42; APOLLOD., *Bibl.*, I, 2, 2 e s.; 7, 1 e s.; II, 5, 11; APOL. RH., *Arg.*, III, 845; 1084 e s.; escól. *ad* v. 1086; VAL. FLAC., *Arg.*, VII, 355 e s.; escól. *ad* PIND., *Olymp.*, IX, 68; TZETZ., *ad Lyc.*, 1283; 132; 219; STOB., *Flor.*, II, 27; PLAT., *Prt.*, 321; PAUSAN., IX, 25, 6; X, 4, 4; DIOD. SIC., V, 67; LACT., *ad* OV., *Met.*, I, 34; LUCIAN., *D. Deor.*, I, 1; LIBAN., *Orat.*, XXV, 31 (II, p. 552, Foerster); OV., *Met.*, I, 82 e s.; SENEC., *Med.*, 709; JUV., *Sat.*, XIV, 35; PLUT., *De fl.*, V, 4; cf.

mas sementes de fogo «à roda do Sol» e levou-as para a Terra, escondidas num caule de férula. Outra tradição conta que ele tirou o fogo da forja de Hefesto. Zeus puniu os mortais e o seu benfeitor. Aos primeiros, enviou-lhes uma criatura por ele expressamente forjada para o efeito — Pandora (v. *Pandora*). Quanto a Prometeu, prendeu-o com grilhões de aço no cimo do Cáucaso e determinou que uma águia, filha de Equidna e de Tífon, lhe fosse comendo o fígado, que se ia renovando incessantemente. Jurou ainda pelo Estige que jamais libertaria o traidor. Contudo, Héracles passou pela região do Cáucaso e trespassou com uma flecha a águia de Prometeu, terminando assim o seu cativeiro. Zeus, orgulhoso do feito de seu filho que ampliaria ainda mais a sua glória, não protestou, mas para que o seu juramento não fosse vão, obrigou Prometeu a usar um anel feito do aço dos seus grilhões, com um pedaço da rocha a que estivera preso: assim, um elo de aço continuaria a unir o Titã ao seu rochedo. Foi nessa altura que o Centauro Quíron, ferido por uma das flechas de Héracles, desejou morrer, não conseguindo suportar a dor dos ferimentos. Como ele era imortal, teria de encontrar alguém que aceitasse a sua imortalidade em troca da condição de mortal. Prometeu prestou-lhe esse serviço, tornando-se imortal em vez dele. Zeus aceitou a troca e a imortalidade do Titã de bom grado, na medida em que ele lhe prestara um grande serviço, revelando-lhe um antigo oráculo segundo o qual o filho que nascesse de Zeus e de Tétis seria mais poderoso do que o seu progenitor e destroná-lo-ia (v. *Tétis*).

Prometeu possuía dons de adivinho. Foi ele quem indicou a Héracles a maneira de se apoderar das maçãs de ouro, ensinando-lhe que só Atlas poderia colhê-las do jardim das Hespérides. O dom da profecia era comum às antigas divindades descendentes da Terra, que é a Profetisa por excelência. Foi também Prometeu que ensinou a Deucalião, seu filho, o modo de se salvar do Dilúvio projectado por Zeus para aniquilar a raça humana, catástrofe que ele fora capaz de prever.

PROMETO. (Πρόμηθος.) Prometo é um filho de Codro, que reinava em Cólofon, com seu irmão Damasícton. Um dia matou-o acidentalmente e fugiu para Naxos, onde veio a morrer. As suas cinzas foram levadas para Cólofon graças à solicitude dos sobrinhos, filhos de Damasícton.

PROMNE. (Πρόμνη.) Promne é a esposa do Arcádio Búfago, que acolheu e tratou, em Féneo, Íficles, irmão de Héracles, que havia sido ferido pelos Moliónidas (v. *Héracles*).

PRÓNAX. (Πρῶναξ.) Prónax é um dos filhos de Tálao (filho de Bias) (v. quadro 1, p. 8). É irmão de Adrasto e de Erífile. Teve uma filha chamada Anfítea, que desposou Adrasto, e atribui-se-lhe também um filho chamado Licurgo (v. *Licurgo*), pai de Ofeltes. Segundo uma das tradições, Prónax foi morto durante uma sedição em Argos pelo seu primo Anfiarau (v. *Adrasto*).

Dizia-se ainda que os jogos de Némea estavam na origem dos jogos fúnebres em sua honra (v. *Arquémoro*).

PRONO. (Πρῶνος.) Prono é o nome do pai de um tirano de Cefalénia, que exigia que todas as jovens da região lhe fossem levadas antes do casamento. Tal prática vigorou até ao dia em que Antenor, disfarçado de mulher, se deixou conduzir ao leito do tirano para aí o matar, cravando-lhe um punhal no peito. Após o atentado, Antenor subiu ao trono.

PROPÉTIDES. (Προποιτίδες.) As Propétides são jovens oriundas da cidade de Amatunte que ousaram negar a divindade de Afrodite. A deusa puniu-as, inspirando-lhes tão ardente desejo que elas eram incapazes de o saciar. Foram assim, segundo a lenda, as primeiras meretrizes. Acabaram por ser convertidas em estátuas de pedra.

PRÓPODAS. (Προπόδας.) Própodas é um rei de Corinto, filho de Damofonte e descendente de Sísifo. Foi durante o reinado dos seus dois filhos, Dóridas e Hiântidas, que os Dórios, conduzidos por Eetes, invadiram a região.

PRÓQUITE. (Προχύτη.) Próquite era uma mulher troiana, pertencente à família de Eneias, que morreu perto da costa de Nápoles e foi sepultada na ilha de Próscida (outrora Próquite), à qual deu o seu nome.

*** PROSÉRPINA.** (*Proserpina.*) Prosérpina é em Roma a deusa dos Infernos, assimilada desde cedo à Perséfone grega. É aliás, segundo parece, a esta assimilação que ela deve o seu carácter infernal. Originariamente, foi, sem dúvida, uma deusa agrária que presidia à germinação das plantas. O seu culto foi oficialmente implantado juntamente com o de *Dis Pater* (assimilado a Hades), em 249 a. C. Celebraram-se, então, em sua honra os «Jogos Tarentinos», assim chamados não tanto por estarem relacionados com a cidade de Tarento mas essencialmente a partir do nome de um local si-

---

S. Reinach, in *Cultes, mythes et rel.*, III, p. 68-91; L. Roussel, in *R. E. A.*, 1934, pp. 229-232; A. H. Krappe, in *R. H. R.*, 1939, pp. 172-181; J. D. Beazley, *in A. J. A.*, 1939, p. 618-639; K., Kerenyi, *Prometheus*, Zurich, 1946; L. Sechan, *Le mythe de Prométhée*, Paris, 1951; J. Duchemin, «Prométhée satyrique et Prométhée comique. Aspects folkloriques d'un dieu», *Sileno*, II, 1976, pp. 5-34; J. Duchemin, *Prométhée. Histoire du mythe*, Paris, 1974.

Prometo: Pausan., VII, 3, 3; cf. Strab., XIV, 634.

Promne: Pausan., VIII, 14, 9.

Prónax: Apollod., *Bibl.*, I, 9, 13; escól. *ad* Pind., *Nem.*, IX, 30; Pausan., III, 18, 12.

Prono: Heraclid. Pont., fr. 32 (ed. Müller, *Fr. Hist. gr.*, II, 222).

Propétides: Ov., *Met.*, X, 221; 238 e s.; Lact. Plac., X, 7 e s.

Própodas: Pausan., II, 4, 3.

Próquite: Naev., fr. 19 (Müller); Serv., *ad Virg.*, *Aen.*, IX, 715; Dion. Hal., I, 53; Plin., *N. H.*, III, 16, 12.

Prosérpina: August., *Civ. D.*, IV, 8; Var., *ap.* Cens., *de d. nat.*, XVII, 8; Val. Max., II, 4, 5.

tuado no Campo de Marte designado por *Tarentum*. Contava-se, a propósito deste sítio, a seguinte lenda: durante uma epidemia, os filhos de um certo Valério adoeceram. O pai pediu aos deuses que lhe ensinassem um modo de os salvar da morte. As divindades responderam que ele deveria descer o curso do Tibre com os filhos, até ao *Tarentum*, onde lhes daria a beber a água do altar de Dis e de Prosérpina. Valério compreendeu que o oráculo o mandava ir de Roma a Tarento, e bem contrafeito empreendeu tal viagem. Pôs-se a caminho e após um dia de jornada, ao entardecer, acampou na embocadura do Tibre. No dia seguinte, de manhã, perguntou aos habitantes da região como se chamava aquele local. «Tarentum» — responderam. Entendendo então o sentido do oráculo, Valério deu aos filhos água do Tibre, eles beberam-na e ficaram curados. Em sinal de reconhecimento, o pai quis erguer no local um altar em honra de Dis e Prosérpina. Mas ao escavar a terra para nela assentar as bases da construção, descobriu uma pedra com uma inscrição em louvor das duas divindades: era o altar de que falara o oráculo. Este altar do *Tarentum* desempenhava um papel de particular importância na celebração dos Jogos Seculares.

PROSIMNA. (Πρόσυμνα.) Prosimna é uma das filhas de Astérion, rio da Argólida. Tinha duas irmãs, Acreia e Eubeia, e todas três foram amas de Hera. Prosimna é a heroína de cujo nome deriva o da cidade de Prosimna.

PROTESILAU. (Πρωτεσίλαος.) Protesilau é um herói tessálio, o filho mais velho de Íficlo e de Astíoque. Descende de Mínias, rei de Orcómeno, sendo por conseguinte descendente de Posídon (v. quadro 22, p. 244). Irmão de Podarces, é natural da cidade tessálica de Fílace. Uma tradição obscura faz de Protesilau o filho de Actor, e não de Íficlo, de quem seria então primo (v. quadro 22, p. 244).

Protesilau figura entre os pretendentes de Helena. Participou na Guerra de Tróia, à cabeça de um contingente de quarenta naus. Foi o primeiro a morrer às mãos dos Troianos, ao saltar da sua nau, mal aportou na Ásia. Foi Heitor quem desferiu o golpe mortal.

Contava-se também que Protesilau desempenhara um papel particularmente importante na primeira expedição, que culminara no desembarque na Mísia. Teria sido ele quem teria arrancado o escudo de Télefo, permitindo assim a Aquiles feri-lo (v. *Aquiles* e *Télefo*).

Quando partiu para Tróia, Protesilau acabara de desposar Laodamia (v. *Laodamia*). Contudo, o casamento não fora completamente celebrado, por não terem sido realizados todos os sacrifícios rituais. Foi em punição de tal sacrilégio que Laodamia enviuvou. Acerca do amor de Laodamia e de Protesilau, e da ressurreição deste, v. *Laodamia*.

PROTEU. (Πρωτεύς.) Proteu é apresentado na *Odisseia* como um deus do mar a quem fora confiada a tarefa de apascentar as focas e os outros animais marinhos pertencentes a Posídon. Passava a maior parte do tempo na ilha de Faro, não muito longe da embocadura do Nilo. Possuía o dom da metamorfose, podendo converter-se em tudo o que desejasse: não apenas num animal, mas até num elemento como a água ou o fogo. Esta faculdade era-lhe particularmente útil, quando queria furtar-se às questões daqueles que o consultavam, pois possuía também o dom da profecia, mas recusava-se contudo a informar os mortais que o interrogavam. A conselho da deusa marinha Idótea, filha de Proteu, Menelau foi consultar o deus (v. *Menelau*). E embora este se tenha transformado sucessivamente em leão, em serpente, em pantera, num enorme javali, em água e numa árvore, Menelau não o deixou escapar, de tal modo, que por fim, vencido, o velho falou.

É esta também a versão seguida por Virgílio, no episódio de Aristeu, no quarto livro das *Geórgicas*, embora a cena seja transferida de Faro para Palene. Desde Heródoto, Proteu é identificado como um rei do Egipto, contemporâneo de Menelau, e não como uma divindade marinha. Este soberano reinava em Mênfis, no tempo em que Helena e Páris foram arrastados por uma tempestade para a costa do Egipto. Foram levados à presença do rei, que decidiu mandar o raptor de volta para a Tróada e conservar junto de si Helena e os tesouros que esta levara de Esparta. Entretanto, os Gregos atacavam Tróia e enviavam uma embaixada a Príamo para reclamar Helena. O rei mandou responder que ela não se encontrava ali mas no Egipto, no palácio de Proteu. Os Gregos não acreditaram e prosseguiram a guerra. Depois de tomarem a cidade, aperceberam-se de que Helena não estava de facto lá; foram então procurá-la ao reino de Proteu, que a entregou ao marido sã e salva (v. *Helena*).

Esta lenda foi retomada e modificada por Eurípides na tragédia *Helena*, em que Proteu já não é o rei de Mênfis mas o soberano da ilha de Faro. A sua mulher chamava-se Psâmate e é filha de Nereu (v. *Psâmate*). Tem dois filhos, Teoclímeno e Idótea. Enquanto Páris leva para Tróia um fantasma de Helena modelado por Hera, a verdadeira mulher de Menelau é confiada por Hermes ao rei Proteu. Dizia-se tam-

---

Prosimna: PAUSAN., II, 17, 1.

Protesilau: *Il.*, II, 695 e s.; XIII, 681; XV, 705; EUST., *ad Hom.*, II, 695 e s.; STRAB., IX, 432 e s.; APOLLOD., *Bibl.*, III, 10, 8; *Ep.*, III, 14; 30 e s.; PAUSAN., IV, 2, 5; HYG., *Fab.*, 103; 104; HES., *Catal.* (fr. publicado *Sitz. Preuss. Akad.*, 1900, p. 844); TZETZ., *ad Lyc.*, 245; cf. 530; *Chil.*, II, 759; *Anteh.*, 221 e s.; OV., *Her.*, XIII; PROP., I, 9, 7; PHILOSTRAT., *Her.*, II, 15-18; CATO, 68, 74 e s.; V. *Laodamia*. Cf. G. HERZOG-HAUSER, in *Mél. Boisacq* (*A. I. Ph. Or.*, V. 1937), pp. 471-478; L. SECHAN, *Lettres d' Hum.*, XII (1953), pp. 3-27.

Proteu: *Od.*, IV, 349 e s.; APOLLOD., *Bibl.*, II, 5, 9; EUR., *Hel.*, 6 e s.; e *passim*; HEROD., II, 110 e s.; DIOD. SIC., I, 62; CONON, *Narr.*, 8; 32; TZETZ., *ad Lyc.*, 113; SERV., *ad VIRG.*, *Aen.*, I, 651; VIRG., *Georg.*, IV, 387 e s.; OV., *Met.*, XI, 224 e s.

bém que fora este que por artes mágicas fizera uma réplica de Helena e a dera a Páris.

Uma lenda transmitida por Cónon conta que Proteu, um egípcio, deixou o seu país devido à tirania de Busíris (v. *Busíris*). Teria seguido os filhos de Fénix na sua expedição rumo à Europa e ter-se-ia estabelecido em Palene, na Calcídica, onde desposou Crisónole, filha do rei da região, chamado Clito. Com a ajuda deste, apoderou-se do país dos Bisaltes, que eram um povo bárbaro habitante das regiões vizinhas de Palene. Aí reinou e aí teve filhos que em nada se lhe assemelhavam: eram homens violentos e condenavam à morte todos os estrangeiros que abordavam àquelas paragens. Assim sucedeu até ao dia em que eles próprios foram mortos por Héracles. Os dois homens chamavam-se Polígono e Telégono.

PROTOGENIA. (Πρωτογένεια.) **1.** Protogenia, cujo nome significa «a primogénita», é uma das filhas de Deucalião e Pirra (v. quadro 8, p. 116). Teve de Zeus dois filhos: Etlio e Opunte.

2. Protogenia é também o nome de uma das Jacíntides (v. *Jacíntides*).

3. V. ainda o quadro 26, p. 272, onde figura uma Protogenia, filha de Cálidon e de Eólia, e mãe de Óxilo (cujo pai é Ares).

PRÓTOO. (Πρόθοος.) Prótoo é o nome de diversos heróis:

1. Refira-se entre eles um dos filhos de Ágrio (v. quadro 29, p. 298).

2. O mais célebre é, sem dúvida, o chefe das tropas que os Magnetes enviaram para Tróia. Era filho de Tentrédon e natural da Tessália. Quando os Gregos deixaram a cidade de Príamo rumo à pátria, Prótoo morreu no naufrágio do cabo Cafareu, enquanto a maior parte dos seus compatriotas chegava a Creta, de onde partiria a fim de se estabelecer na Magnésia do Meandro, na Ásia Menor.

PSÂMATE. (Ψαμάθη.) **1.** Chamava-se Psâmate a Nereide que se uniu a Éaco e deu à luz Foco (v. quadro 31, p. 372). Para tentar escapar à perseguição apaixonada de Éaco, ela tomou várias formas, metamorfoseando-se inclusivamente numa foca. Mas tal não impediu o herói de conseguir concretizar os seus intentos. Quando Foco foi morto pelos dois filhos de Éaco, Télamon e Peleu, Psâmate enviou contra os rebanhos deste último um lobo monstruoso (v. *Peleu*). Mais tarde, ela abandonou Éaco e casou-se com Proteu, rei do Egipto (v. *Proteu*).

2. Outra heroína com o mesmo nome é uma argiva, filha de Crotopo, pertencente à estirpe de Forbas e de Triopas (v. quadro 19, p. 239). Teve de Apolo um filho, Lino, que ela própria expôs à nascença com receio da cólera paterna (v. *Crotopo*). Mais tarde, Crotopo soube da existência desse neto e mandou matar a filha (ou enterrá-la viva, segundo outros autores). Foi para punir tal morte que Apolo enviou contra a Argólida um monstro chamado Pena (v. *Corebo*).

PSILO. (Ψύλλος.) Psilo é o rei de um povo da Cirenaica, os Psilos, encantadores de serpentes que granjearam fama na antiguidade. Psilo passava por filho de Anfítemis e de uma ninfa, e seria o pai de Catégono. Chefiando uma frota líbia, teria desejado vingar-se do Vento do Sul, cuja rajada lhe havia destruído as colheitas. Mas, ao aproximar-se da ilha de Éolo, uma tempestade violenta desfez as suas naus. Segundo a tradição, o herói teria sido sepultado perto da Grande Sirte.

PSIQUE. (Ψυχή.) Psique é o nome que em grego designa «a alma». Assim se chamava também a heroína de um conto que nos foi transmitido por Apuleio, nas suas *Metamorfoses*. Psique, filha de um rei, tinha duas irmãs. Todas três eram de uma grande beleza, mas ela possuía uma graciosidade capaz de suplantar a de qualquer mortal. Havia mesmo quem viesse de longe só para a admirar. Mas enquanto as suas irmãs depressa arranjaram marido, a bela Psique continuava solteira: ninguém queria desposá-la, tal era o receio que a sua beleza inspirava aos candidatos. Prestes a perder a esperança de a ver um dia casada, o pai interrogou o oráculo, que respondeu que ele deveria preparar a filha como se fosse celebrar uma cerimónia nupcial, abandonando-a em seguida num rochedo, onde um monstro horrível viria buscá-la. Os pais ficaram desesperados. Vestiram contudo à filha os trajes nupciais e conduziram-na com um cortejo fúnebre até ao cimo da montanha indicada pelo oráculo. Aí a deixaram sozinha, regressando ao palácio. Psique lamentava o seu destino, quando de repente começou a sentir que um vento a içava e a fazia voar pelos ares. A ra-

---

Protogenia: 1) APOLLOD., *Bibl.*, I, 7, 2; escól. *ad* PIND., *Olymp.*, IX, 84 e s.; cf. PIND., *Olymp.*, IX, 41 e s. **2)** V. *Jacíntides*. **3)** APOLLOD., *Bibl.*, I, 7, 7.

Prótoo: 1) APOLLOD., *Bibl.*, I, 8, 6. **2)** *Il.*, II, 756 e s.; APOLLOD., *Ep.*, III, 14; VI, 15a; HYG., *Fab.*, 97; EUST., *ad Hom.*, p. 338, 24; SENEC., *Tr.*, 829; CONON, *Narr.*, 29.

Psâmate: 1) HES., *Theog.*, 260; 1004; APOLLOD., *Bibl.*, I, 2, 7; III, 12, 6; PIND., *Nem.*, V, 24 e escól.; ANT. LIB., *Transf.*, 38; TZETZ., *ad Lyc.*, 53; 175; escól. *ad.* EUR., *Andr.*, 687; OV., *Met.*, XI, 366 e s.; EUR., *Hel.*, 6 e s. **2)** SERV., *ad* VIRG., *Buc.*, IV, 56; PAUSAN., I, 43, 7; II, 19, 8; LACT. PLAC., *ad* STAT., *Theb.*, I, 570; VI, 64; STAT., *Theb.*, I, 570 e s.; CONON, *Narr.*, 19; PS.-OV., *Ibis*, 573 e escól. *ad loc.*; PLIN., *N. H.*, IV, 9, 17.

Psilo: STEPH. BYZ., *s.u.* MÜLLER, *Fragm. Hist. gr.*, IV, p. 294, fr. 1; PLIN., *N. H.*, VII, 2; NONN., *Dion.*, XIII, 381 e s.

Psique: APUL., *Met.*, IV, 28-VI, 24; cf. R. REITZENSTEIN, in *A. R. W.*, XVIII (1930) pp. 42-87; I. M. BOBERG, *The tale of Cupid and Psyche, C. and M.*, I, 1938, p. 177-216; SWAHN, *Cupid and Psyche*, Lund, 1954; R. HELM, art. «Psyche», *in R. E.*, XLVI (1959), pp. 1431-1438; P. GRIMAL, *Le conte d'Amour et Psyché* (ed. e com.), Paris, 1963; T. MANTERO, *Amore e Psiche, Strutura di una «fiaba di magia»*, Génes, 1973.

jada que a impeliu susteve-a docemente e depô-la no fundo de um vale, sobre uma relva macia e verdejante. Exausta pelas emoções vividas, Psique adormeceu profundamente. Quando acordou, viu à sua frente um magnífico palácio de ouro e mármore. Quis entrar e pareceu-lhe que todas as portas se abriam diante dela. Foi entrando nos diversos aposentos e ouvia vozes que a guiavam e se lhe apresentavam como escravas que ali estavam para a servir. O dia passou-se assim, de espanto em espanto, de maravilha em maravilha. Ao anoitecer, a jovem sentiu junto de si a presença de alguém: era o marido de que falara o oráculo, que ela não podia ver, mas que não lhe parecia contudo tão temível e monstruoso quanto receara. Ele não lhe disse quem era e preveniu-a de que jamais o poderia ver, sob pena de o perder para sempre, se alguma vez o tentasse observar. Assim viveu a jovem durante algumas semanas: de dia, estava sozinha no palácio, ouvindo apenas as vozes que o enchiam; de noite, tinha a companhia do esposo. Sentia-se feliz. Mas um dia vieram as saudades da família e a ânsia de voltar a ver o pai e a mãe, que certamente a julgariam morta. Pediu então ao marido que a deixasse voltar algum tempo para junto deles. Depois de muitas súplicas, conseguiu convencê-lo, embora ele lhe tivesse mostrado as consequências nefastas que poderiam advir da sua ausência. O Vento transportou-a de novo até ao cimo do rochedo onde havia sido exposta e não lhe foi difícil regressar ao palácio do seu pai. Fez-se uma grande festa em sua honra e as irmãs vieram de longe para a ver. Quando elas souberam que Psique era feliz, quando viram a riqueza dos presentes que ela lhes tinha trazido, sentiram uma grande inveja. Conseguiram semear a dúvida no espírito da irmã e fazê-la confessar que jamais houvera visto o esposo. Convenceram-na finalmente a esconder uma lucerna no quarto, a fim de com ela iluminar o rosto do marido misterioso quando ele estivesse a dormir — ficaria assim a conhecer aquele que a amava.

Psique voltou para o seu palácio e seguiu o conselho das irmãs. Descobriu então, adormecido no seu leito, um belo adolescente. Enternecida, comovida com a surpresa, deixou inadvertidamente cair sobre ele uma gota de azeite a ferver, de tal modo a mão lhe tremia ao erguer sobre o seu rosto a lucerna. Sentindo a queimadura provocada pelo azeite, o Amor (pois era ele o Monstro cruel de que falara o oráculo) acordou e, cumprindo as ameaças que fizera a Psique, fugiu para não mais voltar.

Abandonada pelo Amor, a pobre Psique começou a errar pelo mundo, perseguida pela cólera de Afrodite, indignada pela sua beleza. Todas as divindades se recusavam a acolhê-la. A jovem fugiu até que finalmente a deusa a alcançou: levou-a então como prisioneira para o seu palácio, atormentou-a de mil maneiras, impôs-lhe múltiplas tarefas — escolher cereal, tosquiar carneiros selvagens e até descer aos Infernos. Aí deveria, por ordem de Afrodite, pedir a Perséfone um frasco cheio de água da fonte da juventude, mas não deveria abri-lo. Infelizmente, no caminho de regresso, Psique abriu o frasco e adormeceu de um sono profundo.

Entretanto, o Amor estava desesperado; não conseguia esquecer Psique. Quando a viu adormecida por acção do sono mágico, despertou-a com a ponta de uma das suas flechas e, regressando ao Olimpo, pediu a Zeus permissão para desposar aquela mortal. O deus consentiu de bom grado e a jovem reconciliou-se com Afrodite.

Os frescos de Pompeios popularizaram a figura de Psique como uma frágil donzela alada, semelhante a uma borboleta (a alma é muitas vezes concebida pelas crenças populares como uma borboleta que se afasta do corpo após a morte), brincando com Amores alados como ela.

PSÓFIS. (Ψῶφις.) Psófis é o nome do herói (ou da heroína) epónimo da cidade de Psófis, na Arcádia.

1. Ora se diz que é filho de Licáon;

2. Ora se afirma que é um descendente de Níctimo, pertencente à sétima geração.

3. Outros autores declaram que Psófis é a filha de Xanto (filho de Erimanto).

4. O nome é também por vezes aplicado à filha de Érix, rei dos Sicanos. Ao passar pela Sicília, Héracles desposou-a, confiando-a em seguida a Licortas, que vivia em Fegeia e a quem o prendiam laços de hospitalidade. Ela deu aí à luz duas crianças, Équefron e Prómaco, filhos de Héracles, que fundaram em honra de sua mãe a cidade de Psófis.

PTÉRELAS. (Πτερέλαος.) Ptérelas pertence à estirpe dos descendentes de Perseu. De acordo com a genealogia traçada, ele seria o neto de Hipótoe e de Posídon, e o filho de Táfio (v. quadro 32, p. 370). Existia outra tradição segundo a qual Ptérelas seria filho de Hipótoe e de Posídon e teria tido dois filhos, Táfio e Telèboas (v. *Táfio* e *Teléboas*). Outra variante apresenta Ptérelas como filho de Teléboas.

A celebridade de Ptérelas deve-se particularmente à guerra que travou contra Anfitrião e à traição contra ele cometida por sua filha Cometo (v. *Cometo*). A origem do conflito pode resumir-se em poucas palavras. Eléctrion era rei de Micenas e os filhos de Ptérelas vieram reclamar-lhe o reino, que pertencera outrora ao seu bisavô Mestor (um irmão de Eléctrion, v. quadro 32, p. 370). Como o rei não consentiu em entregar-lhes os seus domínios, os jovens resolveram vingar-se, roubando os rebanhos reais. Os filhos de Eléctrion desafiaram-nos para um combate, que terminou com a morte de todos os contendores. Das duas famílias, sobreviveram apenas Licímnio, filho de

---

Psófis: 1) STEPH. BYZ., *s.u.* **2)** PAUSAN., VIII, 24, 1. **3)** Id. *ibid.* e s.; STEPH. BYZ., *s.u.*

Ptérelas: APOLLOD., *Bibl.*, II, 4, 5 e s.; cf. escól. *ad* APOL. RH., *Arg.*, I, 747; TZETZ., *ad Lyc.*, 932; 934.

Ptoliporto: DICT. CR., VI, 6.

Eléctrion, e Everes, descendente de Ptérelas. Eléctrion decidiu declarar guerra a Ptérelas, mas a morte surpreendeu-o antes de concretizar o seu projecto. Foi Anfitrião quem, por amor de Alcmena, organizou a expedição militar (v. *Anfitrião*). Mas havia um oráculo segundo o qual, enquanto Ptérelas vivesse, ninguém poderia apossar-se de Tafo, sua pátria. Ora Ptérelas era imortal — a sua imortalidade dependia de um cabelo de ouro que Posídon lhe implantara na cabeça. O rei estava assim certo da vitória e teria derrotado o adversário se a filha, Cometo, se não se tivesse apaixonado por Anfitrião e não houvesse arrancado o cabelo mágico da cabeça do seu progenitor, causando-lhe a morte e por conseguinte a ruína da sua pátria.

PTOLIPORTO. (Πτολίπορθος.) Ptoliporto, «o destruidor de cidades», é um filho de Telémaco e de Nausícaa, assim baptizado por Ulisses, seu avô. Dever-se-á notar que o epíteto é também atribuído ao próprio Ulisses nos *Poemas Homéricos*, em diversas sequências.

Q

QUÉLIDON. (Χελιδών.) Na lenda milésia, Quélidon é irmã do rouxinol Aédon (v. *Aédon*).

QUELONE. (Χελώνη.) Quelone é a tartaruga. Outrora, era uma donzela que vivia numa casa junto de um rio. Aquando das núpcias de Hera com Zeus, Hermes fora convidar não apenas os deuses como também todos os seres humanos e até os animais para assistirem à boda. Só Quelone, por sobranceria, ficara em casa. Hermes deu conta da sua ausência, voltou à terra, pegou na casa com a rapariga lá dentro, e atirou-a à água. Quelone foi transformada em tartaruga, inseparável, como ela, da sua casa.

QUIMERA. (Χίμαιρα.) **1.** A Quimera é um animal fabuloso, um misto de cabra e de leão. Ora se considera que tem a parte posterior de serpente e cabeça de leão implantada num corpo de cabra, ora que tem várias cabeças, uma de cabra e outra de leão. Deita chamas pela boca. É o produto da união de Tífon e da víbora Equidna. Foi criada por Amisodores, rei da Cária, e vive em Pátera. Ióbates, rei da Lícia, ordenou a Belerofonte que a matasse, porque ela se entregava à pilhagem no seu território (v. *Belerofonte*). Belerofonte conseguiu matá-la com a ajuda do cavalo alado Pégaso. Conta-se que tinha guarnecido a ponta da lança com um pedaço de chumbo. O calor das chamas lançadas pela Quimera fundiu o chumbo e foi assim que o animal morreu.

2. Quimera era também o nome de uma ninfa da Sicília que se enamorou do belo Dáfnis.

QUIMEREU. (Χιμαιρεύς.) Um dos dois filhos do gigante Prometeu e de Celeno, filha de Atlas. Era irmão de Lico (quadro 38, p. 452). Os dois irmãos estavam enterrados em Tróia. Tendo-se declarado uma peste na Lacedemónia, foi consultado o oráculo de Apolo que respondeu que a peste não cessaria enquanto um nobre lacedemónio não oferecesse um sacrifício no túmulo dos filhos de Prometeu. Isto passava-se antes da Guerra de Tróia. Menelau pôs-se imediatamente a caminho e ofereceu o sacrifício prescrito. Em Tróia foi hóspede de Páris, facto que está na origem da relação de ambos.

QUÍONE. (Χιόνη.) Há várias heroínas com este nome.

1. Uma delas é filha de Bóreas, deus do vento, e de Oritia (v. quadro 12, p. 144). Com Posídon teve um filho, Eumolpo, que ela atirou ao mar, mas que foi salvo pelo pai (v. *Eumolpo*).

Quélidon: ANT. LIB., *Transf.*, 11.

Quelone: SERV., *ad VIRG.*, *Aen.*, I, 505.

Quimera: **1)** *Il.*, VI, 179 e s. e escól. a 181; XVI, 327 e s.; HES., *Teog.*, 319 e s.; APOLLOD., *Bibl.*, I, 9, 3; II, 3, 1; OV., *Met.*, IX, 647; TZETZ., *ad Lyc.*, 17; HIG., *Fab.*, 57. Cf. AMANDRY, *Mél. Picard*, I, p. 1 e s. **2)** SERV., *ad* VIRG., *Ecl.*, VIII, 68; *App. Narr.* (West.), 82, p. 388.

Quimereu: TZETZ., *ad Lyc.*, 132; 136; 219; FAVORINUS, *s. u.* Ἄτλας; EUST., *ad Hom.*, 521, 30.

Quíone: **1)** APOLLOD., *Bibl.*, III, 15, 2; HIG., *Fab.*, 157; *Od.*, XIV, 475; XENOPH, *An.*, V, 5, 3, e s.; PAUSAN., I, 38, 2. **2)** SERV., *ad VIRG.*, *Aen.*, IV, 250. **3)** HIG., *Fab.*, 200; OV., *Met.*, XI, 291 e s. **4)** Escól. a TEOCR., I, 21.

2. Outra Quíone é filha de uma Oceânide, Calírroe, e do rio Nilo. Durante a sua existência terrestre teve de suportar as brutalidades de um camponês. Mas, por ordem de Zeus, Hermes raptou-a e colocou-a entre as nuvens. É isto que explica que a Neve seja inimiga dos agricultores (com efeito, Quíone faz lembrar a palavra grega Χιών que significa neve).

3. A lenda conhece ainda outra Quíone, filha do rei Dedálion, que foi amada ao mesmo tempo por Apolo e por Hermes, e gerou Autólico e Filámon (v. *Dedálion*).

4. Finalmente, Quíone é também o nome da mãe do deus Priapo.

* **QUIRINO.** (*Quirinus*.) Quirino é um dos mais antigos deuses romanos, uma das três divindades arcaicas cujo culto constitui o fundo «indo-europeu» da religião romana. Por ordem hierárquica, ocupa o último lugar na tríada constituída por Júpiter, Marte e ele próprio. Sobre a sua natureza e as suas funções, os testemunhos antigos são quase unânimes em fazer dele um deus guerreiro de origem sabina, quer derivem o seu nome do da cidade sabina de Cures, quer o relacionem com o nome sabino da lança, *curis*. É, aparentemente, o deus da colina do Quirinal, onde, tradicionalmente, se situa um povoado sabino.

Apoiando-se na existência de uma tríada análoga à de Júpiter, Marte e Quirino noutras religiões do domínio indo-europeu, nas quais cada um destes deuses corresponde a uma classe social — Júpiter, ou o seu equivalente, à dos sacerdotes; o equivalente de Marte, à dos guerreiros; o terceiro deus, à dos cultivadores —, G. Dumézil formulou a hipótese segundo a qual Quirino, na origem, longe de ser um deus guerreiro, seria essencialmente o protector dos agricultores. Hipótese sedutora que, para o domínio romano, encontrou um princípio de prova no testemunho conservado por Sérvio segundo o qual Quirino é um «Marte tranquilo», um Marte da paz, interior à cidade. Para mais, segundo observação de G. Dumézil, os *Quirites*, cujo nome está evidentemente relacionado com o do deus, são essencialmente os cidadãos *ciuiles* — e sabe-se que este nome aplicado a soldados constituía um insulto terrível. É significativo, por fim, que certas funções assumidas pelo flâmine de Quirino tenham por objecto o culto de divindades agrárias (nomeadamente Conso).

Os mitos de Quirino são raros. Um deles refere a fundação da cidade de Cures por *Modius Fabidius*, um filho do deus (v. *Módio Fabídio*). O principal diz respeito à assimilação de Rómulo a Quirino. É em consequência do aparecimento de Rómulo a *Iulius Proculus* (v. este nome) que os Romanos edificaram um templo a Rómulo sob o nome de Quirino (v. *Rómulo*). Ao mesmo tempo, Hersília, a sua esposa, adoptava o nome de *Hora Quirini* (v. *Hersília*).

QUÍRON. (Χείρων.) Quíron é o mais célebre, o mais sensato e o mais sábio dos Centauros. É filho do deus Crono e de Fílira, uma filha de Oceano. Pertence, por conseguinte, à mesma geração divina que Zeus e os deuses olímpicos. Para o gerar, Crono uniu-se a Fílira sob a aparência de cavalo, o que explica a sua dupla natureza. Quíron nascera imortal. Vivia numa gruta do monte Pélion, na Tessália. Era muito amigo dos homens, sensato e benfazejo. Protegeu, muito especialmente, Peleu, aquando das suas aventuras na corte de Acasto (v. *Acasto* e *Peleu*), defendendo-o contra a brutalidade dos outros Centauros. Foi também ele que deu a Peleu o conselho de casar com Tétis e lhe ensinou a maneira de a forçar ao casamento, impedindo-a de se metamorfosear. Depois, no dia do casamento, deu-lhe de presente uma lança de freixo. Foi a ele que Peleu confiou o seu filho Aquiles, depois de se separar da mulher (v. *Aquiles*). Além de Aquiles, educou Jasão, Asclépio, etc. O próprio Apolo terá recebido lições de Quíron. O seu ensino constava de música, arte marcial, caça, moral e medicina. Pois Quíron era um médico afamado e até praticava a cirurgia. Quando Aquiles, ainda criança, ficou com o tornozelo queimado devido às operações de magia nele praticadas pela mãe, foi Quíron que substituiu o osso que faltava por um osso tirado a um esqueleto de um gigante (v. *Aquiles*).

Aquando do massacre dos Centauros, levado a cabo por Héracles, Quíron, embora estando do lado do herói, foi por ele ferido sem querer. Uma flecha provocou-lhe um grave ferimento. Quíron tentou aplicar-lhe um unguento, mas as feridas feitas pelas flechas de Héracles eram incuráveis (v. *Filoctetes*). Quíron afastou-se, então, para a sua gruta e sentiu vontade de morrer, mas não podia, porque era imortal. Por fim Prometeu, que tinha nascido mortal, cedeu-lhe o seu direito à morte. E foi assim que Quíron pôde encontrar repouso.

Quirino: Ov. *Fast.*, II, 477 e s.; IV, 910; Var., *LL*, V, 51; Fest., p. 185; 254; Paul., p. 49; Macrob., *Sat.*, I, 9-16; Serv., *ad Virg.*, *Aen.*, I, 292; *C. I. L.*, I, 2.ª ed.; p. 259; Plut., *Romul.*, 29; *Qu. Rom.*, 87; Dion. Hal., II, 48 e s.; Lucil., vv. 19-22 (Marx); Tert., *De Spect.*, 5; Liv., V, 40, 7 e s.; Cic., *de leg.*, I, 3; *de rep.*, II, 20. V. G. Dumézil, *Jupiter, Mars, Quirinus*, Paris, 1941.

Quíron: *Il.*, XI, 832; Ov., *Fast.*, V, 384; 413; Pind., *Pith.*, III, 5; IX, 64; Apollod., *Bibl.*, I, 2, 4; III, 13, 5; Plin., *N. H.*, VII, 196; Xenoph., *Cyn.*, I, 1 e s.; escól. a Apol. Rh., *Arg.*, I, 554 e 558; Apol. Rh., *ibid.*, 1231; Eratosth., *Cat.*, 40. Cf. Dumézil, *Le Probl. des Centaures*, p. 182 e s.; J. D. Gilruth, «Chiron and his pupil Asclepios», *Ann. of Medical Hist.*, I (1939), p. 158-176; Ch. Picard, *R. E. A.*, LIII (1951), p. 5 e s.

R

RÁCIO. (Ῥάκιος.) Rácio é um cretense, filho de Lebes, que desposou Manto (v. este nome), a quem gerou um filho, o adivinho Mopso. Emigrou de Creta para Cólofon, na Ásia Menor, e foi aí que encontrou Manto, que, por ordem de Apolo, tinha abandonado Tebas após a conquista desta cidade pelos Epígonos. Além de Mopso, é-lhe ainda atribuída uma filha, Panfília, a heroína que ligou o seu nome à região homónima.

RADAMANTE. (Ῥαδάμανθυς.) Radamante é um herói cretense, geralmente considerado como um dos três filhos de Zeus e de Europa, e irmão de Minos e Sarpédon (v. quadro 30, p. 312). Fora adoptado, como os seus dois irmãos, pelo rei Cretense Astérion, a quem Zeus dera Europa. Mas existia também uma tradição local que fazia de Radamante um filho de Hefesto, ele próprio filho de Talo, que era filho de Crés, o epónimo de Creta.

Radamante gozava de grande renome pela sua prudência e pela sua sabedoria. Era-lhe atribuída a organização do código cretense, que servira de modelo a várias cidades gregas. Era a tal ponto considerado que, após a sua morte, dizia-se, fora chamado aos Infernos para julgar os mortos, ao lado do irmão Minos e de um outro filho de Zeus, Éaco.

Uma tradição pretendia que, no fim da vida, Radamante fugira de Creta, fixando-se na Beócia, onde desposou Alcmena (v. *Alcmena*).

Na *Odisseia*, é referido um episódio da lenda de Radamante que permanece obscuro: a viagem que efectuou, em navios dos Feaces, a Eubeia em busca do gigante Tício.

Atribuía-se-lhe um filho: Górtis, o herói epónimo da cidade cretense de Górtina, ou Éritro, o fundador de Éritras, na Beócia.

*** RAMNES.** (*Ramnes.*) Figura um Ramnes na *Eneida* como augure do exército rútulo que se encontrava sob o comando de Turno. Foi morto por Niso quando dormia. Uma das três tribos primitivas de Roma tem o nome de Ramnes.

RARO. (Ῥᾶρος.) Raro é, segundo certos autores, filho de Cránao e pai de Triptólemo, que nasceu da sua união com uma filha de Anfictíon — aquela que, precisamente, foi também mãe do bandido Cércion (v. este nome). Segundo outros autores, Raro é o avô de Triptólemo e não do seu pai. É apontado como pai de Céleo, que é mais geralmente considerado como filho de Elêusis. É Raro quem, segundo esta tradição, acolhe Deméter quando esta procurava a filha. Como recompensa desta hospitalidade, a deusa teria ensinado a Triptólemo a arte de cultivar o trigo. Raro teria dado o seu nome à planície de Raro (Ῥάριον πεδίον), próximo de Elêusis, no local onde se teria cultivado pela primeira vez o trigo.

Rácio: Escól. *ad* APOL. RH., *Arg.*, I, 308; PAUSAN., VII, 3, 1.

Radamante: *Od.*, VII, 323 e s.; PAUSAN., VII, 3, 7; VIII, 53, 4 e s.; *Il.*, XIV, 322; EUST., *ad Hom.*, 989, 35; DIOD. SIC., IV, 60; PIND., *Pyth.*, II, 74; *Olymp.*, II, 75; ANT. LIB., *Transf.*, 33; APOLLOD., *Bibl.*, III, 1, 2; cf. M. MAYER, art. cit. (*s.u Elpenor*); C. GALLAVOTTI, art. cit. (s.u. *Reso*); SP. MARINATOS, «Lég. royales de la Crète minoenne», *Rev. Arch.*, 1949, II, pp. 5 e s.

Ramnes: VIRG., *Aen.*, IX, 325 e s.; 359; PS-OV., *Ibis*, 629; escól. *ad loc.*

Raro: STEPH. BYZ., *s.u.*; SUID., *s.u.*; Ῥαρίας; PHOT., *Bibl.*, p. 483, 12.

* **RATUMENA.** (*Ratumena.*) Ratumena é um etrusco, herói de uma lenda romana. Antes da sua expulsão, Tarquínio *o Soberbo* tinha encomendado a modeladores de Veios um carro de terracota destinado a coroar o templo de Júpiter Capitolino, ainda em construção. Colocado no forno, o carro de argila, em vez de secar, como acontece normalmente durante a cozedura, cresceu de um modo tão extraordinário que foi necessário demolir o forno para o retirar. Os adivinhos declararam que este prodígio prometia a prosperidade e o poder ao povo que possuísse o carro. Em consequência disto, os habitantes de Veios não o entregaram aos Romanos, alegando que Tarquínio, que tinha feito a encomenda, já não era rei e que o carro pertencia aos Tarquínios e não aos Romanos. Mas o Céu encontrou um meio de fazer respeitar a sua vontade. Alguns dias depois deste acontecimento, durante uns jogos que se celebravam em Veios, Ratumena, que conduzia um carro, venceu a prova de corrida. Quando foi coroado, os seus cavalos partiram num galope imparável e conduziram-no irresistivelmente até Roma, onde penetraram pela porta mais tarde denominada *Porta Ratumena*. Nesse lugar, o condutor foi lançado para fora do carro e morreu. Os cavalos, entretanto, lançaram-se em direcção ao Capitólio e apenas pararam defronte da estátua de Júpiter Tonante, a quem pareceram oferecer a sua vitória. Aterrorizados, os habitantes de Veios entregaram eles próprios o carro de argila, obra dos seus artistas e garantia da grandeza de Roma.

* **RECARANO.** (*Recaranus.*) Recarano, designado também, nalguns textos, por *Caranus* ou *Garanus*, é um herói que substitui Hércules no episódio de Caco (v. este nome). É ele quem atravessa o local da futura Roma, no tempo de Evandro, com um rebanho de bois e é a ele que o assaltante Caco rouba os animais. Consideravam que Recarano era de origem grega e era dotado de uma força extraordinária.

Numa versão próxima da lenda, Caco é um escravo do rei Evandro, grande ladrão e mau carácter. Recarano, desesperando de encontrar os seus bois, teria abandonado as suas buscas se Evandro não tivesse tomado o assunto por sua conta e obrigado o escravo a devolvê-los. Recarano, com a alegria, teria então fundado, no sopé do Aventino, um altar a Júpiter Descobridor: seria a *Ara Maxima*, geralmente atribuída a Hércules. Teria então sacrificado, em honra de Júpiter, a décima parte dos seus animais — e este acto seria a origem do *dízimo* que se oferecia a Hércules de todas as vítimas sacrificadas na *Ara Maxima*.

RECO. (Ῥοῖκος.) **1.** Reco é o nome do herói de uma aventura amorosa que faz recordar, ao mesmo tempo, a de Árcade e de Crisopeleia (v. *Crisopeleia*) e a de Dafne. Existia um carvalho tão velho que estava prestes a cair. Reco ordenou aos seus servidores que o escorassem e assim salvou a vida às Hamadríades, cuja existência estava vinculada à da árvore. Como recompensa, as divindades decidiram oferecer-lhe aquilo que ele quisesse. Reco pediu os seus favores e as divindades concederam-lhos, mas preveniram-no contra qualquer infidelidade que pudesse cometer, acrescentando que uma abelha seria a sua mensageira. Um dia, a abelha foi procurá-lo com a aparente missão de lhe entregar uma mensagem das Ninfas; mas Reco, que jogava xadrez, acolheu mal o insecto. A abelha picou-o nos olhos e deixou-o cego.

Segundo certas alusões a esta lenda, parece que Reco se tornara culpado de infidelidade para com as deusas e teria sido este o verdadeiro motivo do seu castigo. O episódio é por vezes localizado na Assíria, em Nino (Nínive).

2. Reco é também um dos Centauros morto por Atalante (v. este vocábulo).

REIA. (Ῥεία.) Reia é uma das Titânides, filhas de Geia e de Úrano (v. quadros 6, p. 105, 14, p. 182, 38, p. 452). Desposou Crono, com o qual partilhou a soberania do mundo. Desta união nasceram, segundo a *Teogonia* de Hesíodo, seis filhos: Héstia, Deméter, Hera, Hades, Posídon e Zeus, o mais jovem. Mas, instruído por um oráculo de Úrano e de Geia, Crono devorou todos os filhos à medida que iam nascendo, porque sabia que um deles o iria destronar. Foi este o motivo por que Reia, desejando salvar um deles, escondeu o jovem Zeus e deu, em seu lugar, uma pedra enrolada em faixas para o marido devorar (v. *Zeus*). Existia uma tradição semelhante respeitante a Posídon, que teria sido salvo pela mãe com uma artimanha semelhante.

Na época romana, Reia, uma muito antiga divindade da Terra, tinha sido assimilada a Cíbele, a Mãe dos Deuses (v. *Cíbele*).

* **REIA SÍLVIA.** (*Rhea Siluia.*) **1.** Reia Sílvia é a mãe de Rómulo e de Remo, por vezes também chamada Ília (v. este nome). Existem duas tradições principais sobre as suas origens: umas vezes é considerada como filha de Eneias e outras como sua descendente mais afastada, pois é filha do rei de Alba Numitor (v. este nome). Nas duas versões teve amores clandes-

---

Ratumena: PLUT., *Publ.*, 13; PLIN., *N. H.*, VIII, 54, 161; PHAEST., p. 274.

Recarano: AUR. VICTOR, *De orig. gent.*, 6; 8; SERV., *ad VIRG.*, *Aen.*, VIII, 203; cf. J. BAYET, *Hercule romain*, pp. 145 e s.

Reco: 1) Escól. *ad* APOL. RH., *Arg.*, II, 477; escól. *ad* THEOCR., III, 13; cf. PIND., frg. 252 (Christ); PLUT., *Qu. Nat.*, 36. **2)** V. *Atalante*.

Reia: *Il.*, XV, 187; HES., *Theog.*, 453 e s.; APOLLOD., *Bibl.*, I, 1, 3; DIOD. SIC.,V, 66 e s.; PAUSAN., VIII, 8, 2; LUCR., *De Nat. Rer.*, II, 629; VIRG., *Aen.*, IX, 83.

Reia Sílvia: 1) DION. HAL., I, 72 e s.; VAR., *LL*, V, 44; AUGUST., *Civ. D.*, XVIII, 21; OV., *Fast.*, II, 303; III, 20 e s.; *Am.*, II, 6, 45 e s.; SERV., *ad VIRG.*, *Aen.*, I, 273; VI, 777; CIC., *de div.*, I, 20, 40; STRAB., V, 229; LIV., I, 3 e s.; PLUT., *Rom.*, 3; AUR. VICTOR, *De orig. gent.*, 20; JUST., 43; HOR., *O.*, IV, 8, 22. **2)** VIRG., *Aen.*, VII, 659, e SERV., *ad loc.*

tinos — admite-se geralmente que foi possuída pelo deus Marte, embora alguns autores atribuam a paternidade dos gémeos a um amante ocasional ou ao tio de Reia, Amúlio, que destronou Numitor. Quando se tornou evidente que ia ser mãe, Amúlio aprisionou-a. Escapou à morte imediata graças à intervenção da prima, Anto, filha de Amúlio. Depois, ou foi morta imediatamente após o parto ou morreu com os maus tratos que lhe foram infligidos ou, finalmente, foi libertada pelos próprios filhos quando estes se vingaram de Amúlio, tal como Antíope foi salva por Zeto e Anfíon (v. estes nomes).

Considera-se, por vezes, que Reia recebeu honras de apoteose: na versão em que é morta por Amúlio, este ordena que a lancem ao Tibre, mas viu-se, então, o deus do rio elevar-se acima das águas e recebê-la para fazer dela sua esposa. Dizia-se também que tinha sido o deus do Ânio (o afluente do Tibre a montante de Roma) que a tinha tomado por esposa (v. *Rómulo*).

2. Existe uma outra Reia, uma sacerdotisa que foi possuída por Hércules quando este passou por Roma, no regresso da expedição dos bois de Gérion. Deu-lhe um filho, Aventino, o epónimo da colina.

* **REMO.** (*Remus.*) Remo é, na lenda da fundação de Roma, o irmão gémeo de Rómulo. Segundo uma explicação isolada, e evidentemente tardia, fora dado à criança o nome de Remo porque ela era «lenta» em tudo — o que explicaria que fosse suplantado por Rómulo. Remo, na lenda, é apresentado como o «duplo» infeliz do seu irmão. Mas, enquanto nas lendas gregas em que intervêm gémeos em disputa do poder a hostilidade entre os dois irmãos remonta à infância, a de Rómulo e Remo, pelo contrário, mostra-os, de princípio, unidos por uma afeição fraterna. Sobre os seus primeiros anos, v. *Rómulo*. Remo só começa a desempenhar um papel destacado quando os dois irmãos, atingida já a idade adulta, se opõem aos pastores de Numitor. Remo foi feito prisioneiro e é levado à presença do rei de Alba; é para o libertar que Rómulo, aconselhado por Fáustulo (v. este nome), organiza um expedição contra a cidade. Situa-se imediatamente após o episódio do reconhecimento dos gémeos por Numitor e a morte de Amúlio. Rómulo e Remo confiam o trono de Alba ao seu avô, Numitor, que é o legítimo herdeiro. Em seguida, partem os dois para fundarem uma cidade. Estão de acordo quanto ao princípio: desejam fundar a sua cidade no local onde foram salvos, isto é, no sítio da futura Roma. Mas o local exacto ainda não está determinado no seu espírito e é para conhecê-lo que decidem (a conselho de Numitor) interrogar os presságios. Para isso, Rómulo instala-se no Palatino e Remo no Aventino. A cidade será erigida no local onde os presságios forem favoráveis. Remo viu seis abutres, enquanto que Rómulo viu doze. Tendo o céu decidido deste modo a favor do Palatino (e, por consequência, de Rómulo), Rómulo começou a demarcar o limite da sua cidade. Esta primeira demarcação é um fosso cavado por uma charrua puxada por dois bois. Remo, decepcionado por não ter sido favorecido pelo céu, zomba desta protecção tão facilmente superável e, de um salto, penetra no interior do perímetro que o irmão acabara de consagrar. Este, irritado pelo sacrilégio, desembainha a espada e mata Remo. Parece que, na mais antiga forma da lenda, o assassínio teve como único móbil o sacrilégio de Remo. Rómulo ficou desesperado pelo crime que cometera e, diz-se, chegou a pensar em suicidar-se. Remo foi enterrado no Aventino, no local que, em consequência deste acontecimento, recebeu o nome de *Remoria*. É pela lenda de Remo que se explicava o facto de, até ao tempo do imperador Cláudio (ano 49 d. C.), o Aventino não ter sido integrado no *pomoerium*, o recinto religioso de Roma. Relacionava-se também com a morte de Remo a festa funerária das *Lemuria* (v. *Lémures*).

Existia uma outra versão da lenda na qual Rómulo não matava o irmão e em que os dois reinavam em conjunto, partilhando o poder como, mais tarde, farão os cônsules. Finalmente, segundo certos historiadores, nomeadamente Dionísio de Cálcis, Remo teria sido o fundador de Roma. Neste caso, Remo não seria o filho de Rea, mas, sim, de Ascânio ou, ainda, de Ítalo. A sua mãe é Electra, a filha do rei Latino. Para as outras genealogias de Remo, v. *Rómulo*.

REO. (Ῥοίω.) Reo é filha de Estáfilo (v. este nome), e irmã de Hemítea. Quando da visita de Lirco, apaixona-se pelo hóspede e disputa com a irmã a honra de se tornar sua amante (v. *Lirco*). Mais tarde, foi possuída por Zeus e ficou grávida. Estáfilo, pensando que não era um deus mas um simples mortal que era responsável pela aventura, encerrou a filha num cofre e lançou-o ao mar. O cofre abordou na Eubeia (ou, então, em Delos), onde Reo deu à luz um filho, chamado Ânio (v. este nome). Em seguida, Reo desposou um mortal denominado Zárex, filho de Caristo, de quem teve cinco filhos (segundo outros, dois). Sobre a descendência de Ânio, v. este nome.

Uma tradição isolada e aberrante apresenta Reo como mãe de Jasão e amante de Éson.

RESO. (Ῥῆσος.) Reso é um herói trácio que combateu do lado troiano durantre a Guerra de Tróia e foi morto por Ulisses e Diomedes. As tradições variam sobre o nome dos seus

---

Remo: PLUT., *Rom.*, 7 e s.; CIC., *de div.*, I, 48, 107 e s.; *de rep.*, II, 2 4; PAUL., p. 276; FEST., p. 298; DION. HAL., I, 72 e s.; STRAB., V, 3, 2; OV., *Fast*, III, 59 e s.; V, 479; CONON, *Narr.*, 48; AUR. VICTOR, *De orig. gent.*, 21 e s.; SERV., *ad VIRG.*, *Aen.*, I, 273; 276; VI, 777; LIV., I, 5 e s. V. *Rómulo*. Cf. MOMMSEN, in *Hermes*, XVI (1881), pp. 1 e s.; J. CARCOPINO, *La louve du Capitole*, Paris, 1924; J. HUBAUX, *Les Grands Mythes de Rome*, Paris, 1945, pp. 1 e s.

Reo: PARTH., *Erot.*, 1; DIOD. SIC., V, 62; TZETZ., *Chil.*, VI, 979 e s.; escól. *ad Lyc.*, 570; 580.

Reso: *Il.*, X, 434 e s.; escól. v. 435; EUST., *ad Hom.*, 817, 26; cf. SERV., *ad VIRG.*, *Aen.*, II, 13; I,

pais: em Homero, o pai é denominado Eioneu, mas nos autores posteriores é apresentado como filho do deus-rio Estrímon e da Musa Clio (ou de Terpsícore ou de Euterpe ou, ainda, de Calíope).

Reso era célebre pelos seus cavalos, cavalos brancos como a neve e rápidos como o vento. Partira em socorro dos troianos no décimo ano da guerra e apenas tinha combatido um dia — mas nesse dia fizera uma grande carnificina entre os Gregos — quando Diomedes e Ulisses, durante a noite, penetraram no acampamento troiano, surpreenderam Reso a dormir e mataram-no, levando os seus cavalos.

Esta narrativa, tal como aparece na *Ilíada*, foi dramatizada. Supunha-se que um oráculo avisara Reso que, se conseguisse beber água do Escamandro, seria invencível e tomaria de assalto o campo grego. É para evitar que este destino se concretize que Hera e Atena sugeriram a Ulisses e a Diomedes que levassem a cabo a expedição nessa noite e que matassem Reso antes de se tornar incencível, com os seus cavalos.

Segundo uma tradição representada por Conon, Reso era irmão de Bragas e de Olinto (v. estes nomes).

RETO. ('Ροῖτος.) **1.** Reto é o nome de um dos Gigantes que participaram no combate contra os deuses. Foi morto por Dioniso.

2. Reto é também o nome de um Centauro que participou no combate entre os Lápitas e os Centauros, durante as bodas de Pirítoo. Virgílio conta que foi morto por Dioniso (talvez por confusão com o gigante homónimo) (v. acima). Apolodoro refere também um Centauro denominado *Reco*.

3. Um dos companheiros de Fineu (v. este nome), no episódio das bodas de Perseu e de Andrómeda, também tem o nome de Reto. Foi morto pelo herói.

4. Sobre Reto, pai de Anquémolo, v. este nome.

RITIA. ('Ρυτία.) Na tradição seguida pelo mitógrafo Ferécides, Ritia é a mãe dos nove Coribantes de Samotrácia, de quem Apolo é pai. Sobre as genealogias extremamente diversas dos Curetes e dos Coribantes, v. estes nomes.

* **ROBIGO.** (*Robigo.*) *Robigo* e *Robigus* — a primeira feminina e o segundo masculino — são dois génios que presidem à cultura do trigo e que provocam a doença na planta. Em Roma, celebrava-se em sua honra, todos os anos, uma festa no dia 25 de Abril. Era-lhes consagrado um bosque sagrado na 5.ª milha da *Vila Clodia*, a norte de Roma, depois da ponte Mílvio.

RODE. ('Ρόδη.) Segundo certas tradições, Rode é o nome de uma filha de Posídon e de Anfitrite, que foi desposada por Hélio (o Sol) (v. quadro 38, p. 452). É irmã de Tritão. Segundo outras tradições, é uma das filhas do deus-rio Asopo e esposa de Hélio (v. *Rodo*).

RODO. ('Ρόδος.) Rodo, que os mitógrafos distinguem com dificuldade de Rode (v. este nome), é a esposa do Sol e a epónima da ilha de Rodes. Tanto é apresentada como filha de Afrodite e de um pai que não é nomeado, como é filha de Posídon e de Hália (v. *Hália*). Teve sete filhos do Sol, os *Halíades* (v. esta palavra), de quem um, Cércafo, reinou em Rodes depois do irmão, Óquimo, e teve filhos que partilharam o governo da ilha (v. quadro 16, p. 202).

RÓDOPE. ('Ροδόπη.) Ródope é a heroína de uma lenda de Éfeso. É uma jovem que tinha jurado a Ártemis conservar a sua virgindade e que a deusa tinha escolhido como companheira de caça. Irritada, Afrodite fez com que ela se apaixonasse por um jovem caçador também rústico, chamado Eutínico. Os dois encontraram-se na montanha e sucumbiram ao seu amor. Ártemis, então, puniu Ródope, transformando-a numa fonte, chamada Estíge, que brotava na própria gruta em que ela tinha perdido a sua virgindade. Esta fonte servia de prova para as jovens que tinham jurado permanecer virgens. Escreviam o seu juramento numa placa, que prendiam ao pescoço, e entravam na fonte. A água era, normalmente, pouco profunda e chegava-lhes aos joelhos; mas se já não eram o que pretendiam ser, a água subia até ao pescoço, para cobrir a placa que continha o seu perjúrio.

Para uma outra Ródope, v. *Cícones* e *Hémo*.

RODÓPIS. ('Ροδῶπις.) Rodópis era uma jovem egípcia de grande beleza. Um dia, quando se banhava, uma águia levou uma das suas sandálias e deixou-a cair aos pés do rei Psamético, que reinava em Mênfis. Psamético, maravilhado com a delicadeza desta sandália, mandou procurar por todo o Egipto a jovem a quem ela pertencia e, quando a encontrou, desposou-a.

Afirmava-se, por vezes, que Rodópis se chamava na realidade Dórica e que era uma grega, vinda da Trácia para o Egipto, juntamente com Caraxo, o irmão da poetisa Safo.

469; CONON, *Narr.*, 4; EUR., trag. *Rhesos*, *passim*, e escól v. 347; VIRG., *Aen.*, I, 469 e s., e SERV. *ad loc.*; APOLLOD., *Bibl.*, I, 3, 4; *Ep.*, IV, 4; HYG., *Fab.*, 113; cf. R. GOOSSENS in *Bull. Ass. G. Budé*, XLI, pp. 11--33; G. GALLAVOTTI, in *R. F. I. C.*, 1933, pp. 177-188.

Reto: **1)** HOR., *O.*, II, 19, 23; III, 4, 55. **2)** VIRG., *Georg.*, II, 456; OV., *Met.*, XII, 271; VAL. FLAC., I, 141; cf. APOLLOD., *Bibl.*, III, 9, 2. **3)** OV., *Met.*, V, 38; APOLLOD., *Bibl.*, III, 4, 3. **4)** VIRG., *Aen.*, X, 388, e SERV., *ad loc.*

Ritia: STRAB., X, 472.

Robigo: VAR., *RR*, I, 1, 6; *C. I. L.*, I, 2.ª ed., p. 316 (Fastos de Preneste); cf. OV., *Fast.*, IV, 905 e s.

Rode: APOLLOD., *Bibl.*, I, 4, 6; escól. *Od.*, XVII, 208; TZETZ., *ad Lyc.*, 923.

Rodo: PIND., *Olymp.*, VII, 25 e s.; e escól.; DIOD. SIC., V, 55, TZETZ., *Chil.*, IV, 360; EUST., *ad Hom.*, 315, 27; OV., *Met.*, IV, 204, e LACT. PLAC., *Arg. Met.*, IV.

Ródope: NIC., 3, 263 e s.; ACHILL. TAT., VII, 12.

Rodópis: STRAB., XVII, 808; AEL., *VH*, XIII, 33.

* **ROMA.** (*Roma.*) Roma, ou *Rhome* (ortografada deste modo de acordo com o vocábulo grego que significa «a Força»), é, nas narrativas de alguns mitógrafos, o nome de uma heroína que teria sido epónima da cidade de Roma. As tradições diferem sobre a sua identidade. A mais antiga apresenta-a como uma cativa que acompanhava Ulisses e Eneias quando estes dois heróis chegaram juntos às margens do Tibre, vindos do país dos Molossos (a Ilíria). Os seus navios foram atirados para esta região por uma tempestade e as cativas estavam já cansadas de errar assim pelos mares. Roma não teve qualquer dificuldade em persuadi-las a deitarem fogo aos navios. Os imigrantes estabeleceram-se no Palatino, onde a sua cidade prosperou tanto que, para provarem o seu reconhecimento, quiseram honrar a memória da heroína.

Uma outra tradição faz de Roma a filha de Ascânio e, por consequência, neta de Eneias. Quando os imigrantes troianos conquistaram a região da futura Roma, *Rhome* fundou um templo dedicado a *Fides* no Palatino, no local da futura Roma. É este o motivo por que a cidade que será construída sobre esta colina terá, em recordação da jovem, o nome de *Roma*. Uma variante desta tradição pretendia que *Rhome* era o nome, não da filha, mas, sim, da mulher de Ascânio. É, também, por vezes, mencionada como esposa de Eneias, filha de Télefo, e, por conseguinte, neta de Héracles (v. *Télefo*). Era ainda, por fim, referida como filha de Telémaco e irmã de Latino. Uma tradição independente da lenda troiana conhecia uma Roma, filha do rei Evandro ou, então, filha do rei Ítalo e de Leucária. Alguns autores, finalmente, asseguravam que Roma era o nome de uma adivinha que aconselhara Evandro a escolher este local para aí fundar a cidade de Palanteu, primeiro núcleo de Roma.

RÓMIS. (Ῥῶμις.) Segundo Plutarco, é um muito antigo rei dos Latinos, que expulsou do Lácio os imigrantes etruscos, vindos da Tessália através da Lídia, e que fundou a cidade de Roma.

* **ROMO.** (*Romus.*) Romo é, nalgumas versões da lenda, o fundador e epónimo da cidade de Roma. Era considerado como filho de Imátion, enviado de Tróia por Diomedes (v. *Héracles*), ou, ainda, como filho de Eneias (v. este nome). Outras tradições fazem dele neto de Eneias e filho de Ascânio (cf. *Roma*). É, por vezes, considerado como um dos filhos de Ulisses e de Circe. Tinha dois irmãos, Ântia e Árdeas, os dois heróis epónimos de Árdea e Ântio. Uma última lenda, por fim, fazia de Romo filho de Roma, que era esposa de Latino. Nesta lenda, era irmão de Rómulo e de Telégono.

* **RÓMULO.** (*Romulus.*) Rómulo é, na versão mais conhecida da lenda, o fundador e epónimo da cidade de Roma. Passa, frequentemente, por um descendente de Eneias, por intermédio dos reis de Alba. É, com o seu irmão gémeo Remo, o filho de Reia Sílvia (ou Ilía) (v. estes nomes) e neto de Numitor (v. *Numitor*).

Mas esta vulgata da lenda admite, a par, muitas variantes. Suprimia-se, por exemplo, a série dos reis Albanos e apresentava-se Reia Sílvia como filha de Eneias (v. *Reia*). Alguns autores consideravam que Rómulo e Remo eram os filhos de Eneias e de Dexítea, filha de Forbas. Nesta versão, as crianças teriam sido levadas para Itália quando eram ainda de tenra idade. De toda a frota, apenas o navio que as transportava foi poupado pela tempestade e abordou suavemente o local da futura Roma. Outras tradições consideram Rómulo filho de Roma (v. este nome) e de Latino, que, nesta versão, é filho de Telémaco. A sua mãe é por vezes denominada *Aemilia* e é apresentada como filha de Eneias e de Lavínia (v. ainda uma outra lenda no artigo *Tarquécio*).

Segundo a versão mais corrente, o pai de Rómulo e de Remo era o deus Marte, que seduziu Reia no bosque sagrado onde ela fora buscar água para o sacrifício (pois era Vestal) ou, então, que a tinha violentado enquanto a jovem dormia. Amúlio, o tio de Reia, apercebeu-se de que ela estava grávida e encarcerou-a (v. *Reia*). Quando as crianças nasceram, o rei ordenou que fossem expostas nas margens do Tibre, junto ao Palatino (porque o local da futura Roma fazia parte dos seus domínios, como terreno atravessado pelos rebanhos reais). Contava-se também que o servidor de Amúlio tinha depositado as crianças num cesto, que lançara ao rio. Mas o rio, engrossado pelas chuvas, tinha refluído e, em vez de levar o cesto para o mar, tinha-o depositado em seco um pouco mais acima, nas primeiras encostas do Germalo (o cume noroeste do Palatino). Mais precisamente, o cesto depositou as crianças à sombra de uma figueira, a figueira Ruminal, que, mais tarde, foi objecto de culto (note-se que uma tradição situava esta figueira no *Comitium*, entre o Capitólio e o Foro, mas dizia-se que fora transportada para lá pela magia do augure *Attius Naeuius*). Aí, Rómulo e Remo foram recolhidos por uma loba que acabara de ter as suas crias e que se apiedou das duas crianças. Ao amamentá-las, impediu que morressem de fome. Sabe-se que a loba é um

Roma: DION. HAL., I, 72 e s.; PLUT., *Romul.*, I, PHAEST., p. 266 e s.; SOLIN., I, 1 e s.; SERV., *ad Virg.*, *Aen.*, I, 273; Cf. J. PERRET, *La formation de la légende troyenne...*

Rómis: PLUT., *Rom.*, 2.

Romo: PHAEST., p. 266; 269; DION. HAL., I, 72; cf. PLUT., *Romul.*, II.

Rómulo: LIV., I, 1 e s.; DION. HAL., I, 76 e s.; PLUT., *Romul.*, *passim*; *De Fort. Rom.*, 8 e s.; CIC., *de div.*, I, 20, 40; 48, 107 e s.; STRAB., V, 3, 2; CIC., *de rep.*, II, 2, 4; 7, 12; OV., *Fast.*, II, 381 e s.; III, 11 e s.; 179 e s.; 431 e s.; TZETZ., *ad Lyc.*, 1232; SERV., *ad Virg.*, *Aen.*, I, 273; 275; VI, 778; VIII, 635; AUR. VICTOR, *De orig. gent.*, 21 e s.; PLIN., *N. H.*, XV, 20, 77 e s.; TERT., *Apolog.*, 25; *Ad Nat.*, II, 10; LACT., *Div. Inst.*, I, 20; II, 6; J. HUBAUX, *Les Grands Mythes de Rome*, Paris, 1945; G. DUMÉZIL, *Mitra-Varuna*, Paris, 1940, pp. 27 e s.; M. DELCOURT, «Romulus et Mettius Fufetius», in *Hommages à G. Dumézil*, Bruxelas, 1960, pp. 77-82.

animal consagrado ao deus itálico Marte e considera-se como certo que esta loba foi enviada pelo deus para cuidar das crianças. Para mais, um pica-pau (que é o pássaro de Marte) ajudou a loba a alimentá-los. Em seguida, surge o pastor *Faustulus* que encontrou as crianças alimentadas deste modo prodigioso, apiedou-se delas e entregou-as à própria mulher, *Acca Larentia*, que os criou. Cépticos, alguns mitógrafos, seguidos sobretudo pelos Padres da Igreja, pretenderam que a *Loba* que tomara conta dos dois gémeos não era outra senão *Acca Larentia* cuja má conduta lhe merecera o sobrenome de loba (*lupa*, em latim, «a loba», é efectivamente o termo com que se designavam as prostitutas) (v. *Aca Larência* e *Fáustulo*).

Fáustulo enviou os dois jovens para estudarem em Gábio, que era então, diz-se, o grande centro cultural do Lácio. Em seguida, Rómulo e Remo regressaram ao aldeamento do Palatino, onde se entregaram ao banditismo. Um dia, Remo, com um grupo de jovens vizinhos, atacou os pastores de Amúlio, que guardavam os rebanhos do rei no monte Aventino. Os pastores defenderam-se; Remo foi feito prisioneiro, conduzido à presença do rei de Alba e interrogado. Entretanto, Rómulo, que estivera ausente no momento da aventura, regressou ao Palatino. Fáustulo pô-lo ao corrente do segredo do seu nascimento e pediu-lhe que salvasse o irmão. À cabeça de um grupo de jovens, seus amigos, Rómulo precipitou-se em direcção a Alba, invadiu o palácio de Amúlio, deu-se a conhecer, matou o rei e libertou o irmão. Em seguida, entregou o trono ao avô, Numitor.

Os dois gémeos decidem então fundar uma cidade (sobre a escolha do local e os preliminares da fundação, cf. a lenda de Remo). Rómulo acaba por assassinar Remo, depois de ter traçado o sulco delimitador da cidade palatina. A cidade foi fundada a 21 de Abril, dia da festa das *Parilia* (festa em honra de Pales). Segundo as cronologias, o ano seria o de 754, de 752 ou mesmo o de 772 a. C.

As várias tradições não estão de acordo quanto à extensão desta cidade de Rómulo. O mais corrente é admitir que compreendia apenas o pomério palatino, isto é, a própria colina. Mas vários episódios da lenda de Rómulo implicam que a cidade devia também compreender o Capitólio, nomeadamente o «asilo», na depressão que marca o cume da colina e a cidade baixa do Foro. Sobre este assunto, as nossas fontes manifestam grandes dúvidas, revelando numerosas alterações e estados da lenda que correspondiam aos diversos estados do desenvolvimento de Roma. Plutarco situa mesmo o desenvolvimento do ritual da fundação e da consagração do *mundus* (que é o centro augural da nova cidade) no *Comitium*, isto é, junto da *Arx*, a norte do Foro.

O próprio reinado de Rómulo, muito tempo considerado como histórico, é hoje encarado como mosaico de lendas, de que se apresentam as principais.

Quando a cidade foi fundada, Rómulo preocupou-se com o povoá-la. Como os recursos locais eram insuficientes, decidiu criar no Capitólio um local de asilo, entre dois bosques sagrados, o da *Arx* (a Cidadela) e o do Capitólio propriamente dito o (cume sul da colina). Aí se poderiam refugiar todos os fora-da-lei de Itália, os banidos, os devedores insolventes, os assassinos e até os escravos fugidos. Este foi o núcleo da primeira população de Roma. Deste modo, Roma não tinha falta de homens. Mas não tinha mulheres. Foi então que Rómulo decidiu raptar as dos seus vizinhos, os Sabinos. Para isso, organizou grandes corridas de cavalos durante as festas de *Consus*, a 21 de Agosto (o altar encontrava-se no vale do Grande Circo, entre o Palatino e o Aventino). As populações dos arredores acorreram, com as mulheres e as crianças. A um sinal combinado, os homens de Rómulo raptaram todas as jovens, em número de 30 ou de 527 ou, até, de 683. Apenas uma, Hersília, era casada.

As populações a quem tinham assim raptado as filhas não se mostraram satisfeitas e agruparam-se sob o comando do rei dos Sabinos, *Titus Tatius*. Em pouco tempo, foi organizado um exército, que marchou contra Roma. Foi então que Tácio conseguiu entrar de surpresa na Cidadela capitolina graças à traição de Tarpeia (v. este nome). Uma parte do exército sabino tentou, então, atacar pela retaguarda as tropas romanas, que defendiam a posição junto ao Capitólio, na vertente norte. Teriam atingido o seu objectivo sem a intervenção do deus Jano, que fez brotar à sua frente uma fonte de água fervente e os impediu de avançar. Apesar disto, as tropas sabinas continuaram a sua pressão e forçaram os Romanos a recuar. Quando estes recuaram até junto do Palatino, e ante a ameaça de o combate se transformar num desastre, Rómulo dirigiu uma oração a Júpiter e prometeu que lhe edificaria um templo no exacto local em que o combate mudasse de feição. Júpiter escutou-o. Os Romanos interromperam a retirada, fizeram frente ao inimigo e puseram-no em fuga. Isto aconteceu entre o Palatino e a Vélia, no extremo este do Foro. O templo prometido por Rómulo foi construído: foi o templo de *Iupiter Stator* (isto é, «o Júpiter que detém»), edificado no local onde mais tarde foi erigido o arco de Tito, na Via Sacra.

Romanos e Sabinos assinaram então um tratado de aliança que unia os dois povos. Dizia-se que as mulheres sabinas raptadas pelos Romanos se lançaram entre os combatentes e imploraram aos seus pais, aos seus irmãos e aos seus novos esposos que cessassem o combate sacrílego. Este episódio deu-se, parece, no Foro, no local da *Regia*. Foi deste modo que Tito Tácio, o rei dos Sabinos, foi associado ao poder de Rómulo e que se deu a fusão dos dois povos. Mas Tácio morreu pouco tempo depois e Rómulo ficou sozinho à frente dos dois povos.

Não é este o local para entrar em detalhes sobre as guerras que se atribuem a Rómulo nem sobre as instituições, civis e religiosas, que se considera que deu à cidade. Rómulo habitava no Palatino, no cume dos Degraus de Caco, que permitiam a comunicação entre a colina e o vale do Grande Circo. Aí se mostrava um enorme corniso, que se afirmava ser um dardo lançado do Aventino por Rómulo e que se cravara tão profundamente na terra que não fora possível arrancá-lo. O dardo criara raízes. A árvore era sagrada e sempre que se via que estava a murchar era dado o alarme na cidade e todos acorriam para a regar. Esta árvore foi destruída pelos trabalhos executados pelo imperador Calígula. Mostrava-se, igualmente, no cimo dos *Scalae Caci* («Degraus de Caco»), uma choupana, fielmente restaurada todas as vezes que era danificada por um incêndio, e que se pensava que fora a casa de Rómulo.

O reinado de Rómulo durou trinta e três anos e foi marcado pelo progresso da jovem Roma de um modo tal que o povo concedeu ao rei o título de Pai da Pátria. Mas Rómulo estava destinado a terminar a sua vida terrena, com a idade de 54 anos, de uma forma bastante curiosa. No dia das Nonas de Julho, quando passava revista ao exército no Campo de Marte, no Pântano da Cabra (*Palus Caprae*), rebentou uma tempestade terrível, acompanhada por um eclipse do Sol. Tudo desapareceu sob a tromba-de-água. E, quando a tempestade terminou e todos saíram dos locais onde se tinham abrigado, foi em vão que procuraram o rei. Rómulo tinha desaparecido do número dos vivos. Um romano, chamado *Iulius Proculus*, pretendia que Rómulo lhe aparecera em sonhos e lhe revelara que fora levado pelos deuses e que se convertera no deus Quirino (v. *Quirino*). Pediu que lhe erigissem um santuário no monte Quirinal, o que foi feito. Os historiadores da época posterior, cépticos, afirmaram que, na realidade, os senadores mandaram assassinar um rei demasiado popular e imaginaram esta história para acalmar o povo. Esta interpretação tinha algum fundamento, porque, na época clássica era conhecido um «túmulo de Rómulo», situado no *Comitium*, sob a Pedra Negra.

Sobre a festa das Nonas Caprotinas, que comemoravam o desaparecimento de Rómulo, v. *Fílotis*.

RÓPALO. (Ῥόπαλος.) Na série dos reis de Sícion, Rópalo, filho de Festo, que era, por seu lado, filho de Héracles, reinou depois de Zeuxipo, que sucedeu a Festo, quando este, por ordem de um oráculo, foi obrigado a exilar-se em Creta (v. *Festo*). O seu filho e sucessor foi Hipólito. Hipólito foi vencido por um exército comandado por Agamémnon, que atacou Sícion, e foi obrigado a entregar a cidade aos Micénios.

Existia ainda uma tradição segundo a qual Rópalo era considerado filho de Héracles e pai de Festo. O nome de Rópalo, que significa «maça», evoca uma das armas favoritas de Héracles.

ROXANE. (Ῥωξάνη.) Roxane era, segundo a tradição, filha de Cordias. Foi violada por Medo, filho do rei persa Artaxerxes. Medo, com medo do castigo, atirou-se ao rio que até então se chamava Xarandas e que tomou nesse momento o nome de Medo, antes de de se chamar, definitivamente, Eufrates.

*** RÚTULOS.** (*Rutuli*.) Os Rútulos são um povo da Itália central, cuja capital era a pequena cidade de Árdea, no Lácio. Considerava-se que se tinham oposto à imigração de Eneias e que tinham pegado em armas contra ele, instigados pelo seu rei, Turno (v. *Eneias* e *Turno*).

Ropálo: Pausan., II, 6, 7; 10, 1; Ptol. Heph., III (Westermann, *Myth.*, p. 186, 25.

Roxane: Ps.-Plut., *de flor.*, XX, 1.

Rútulos: Virg., *Aen.*, VII e s.; v. *Eneias*, *Turno*; Liv., I, 3, 57; Dion. Hal., I, 57; 59; 64; Strab., V, p. 228 e s.; Cic., *de rep.*, II, 3, 5.

S

SABÁZIO. (Σαβάζιος.) Sabázio é um deus frígio cujo culto tem um carácter orgiástico. É muitas vezes assimilado a Dioniso no mundo grego e é considerado como um Dioniso mais antigo, filho de Zeus e de Perséfone. Era-lhe atribuída a ideia de domesticar os bois e de os submeter ao jugo. Assim se explicavam as imagens que o representavam com cornos na fronte.

Contava-se que Zeus se unira a Perséfone sob a forma de uma serpente para engendrar Sabázio. A serpente era, com efeito, o animal sagrado do deus e desempenhava um papel nos seus mistérios. Dizia-se, por exemplo, que também ele se unira sob a forma de serpente a uma das suas sacerdotisas, na Ásia Menor, união da qual nasceram filhos.

Sabázio não pertence ao panteão helénico propriamente dito. É importado e não possui um ciclo mítico pessoal, pelo menos mito exotérico. Talvez a lenda fosse mais rica nos mistérios que se celebravam em sua honra.

SABE. (Σάββη.) Segundo o testemunho de Pausânias, Sabe é o nome da Sibila da Babilónia. É de origem hebraica e filha de Beroso e de Erimante.

*** SABO.** (*Sabus*.) Sabo é, segundo uma tradição, o filho do deus romano Sanco (v. este nome) e herói epónimo dos Sabinos. Segundo outras, que faziam descender os Sabinos dos Lacedemónios, Sabo seria um dos Lacedemónios (talvez de origem persa) estabelecido na região de *Reate* (hoje Rieti).

SÁGARIS. (Σάγαρις.) **1.** Segundo uma tradição apenas representada por Solino, Ságaris é o filho de Ájax, o Lócrio, e o fundador da cidade de Síbaris, na Itália meridional (v. também *Síbaris*).

2. Ságaris (ou Sangaris) é também o nome de um filho de Midas que deu o nome ao rio asiático Sangário. Dizia-se que este Ságaris era, na realidade, um filho de Mígdon e de Alexírroe. Como não venerava a Grande Deusa, Cíbele, esta atacou-o de loucura e precipitou-o num rio que se chamava Xeróbates e que, a partir daquele evento, se passou a chamar Sangário.

SAGARÍTIS. (Σαγαρῖτις.) Sagarítis é o nome de uma Hamadríade, na versão da lenda de Átis transmitida por Ovídio. Átis prometera à deusa Cíbele que se manteria casto, mas uniu-se à ninfa Sagarítis. Encolerizada, a deusa matou a ninfa abatendo a árvore a cuja vida estava ligada a da divindade e enlouqueceu Átis de tal maneira que ele se castrou (v. também para outras versões a lenda de *Átis*).

Sábázio: DIOD. SIC. IV, 4, 1; cf. LYD., *De Mens.*, IV, 51; CIC., *de nat. D.*, III, 23, 58; AEL., *NA*, XII, 39; STRAB., X, 3, 15 e 18; esc. *ad* ARISTOPH., *Av.*, 874; MACROB., *Sat.*, I, 18, 11; CLEM. AL., *Adu. gent.*, p. 13; cf. DEMOST., *De cor.*, 259 e s. (mistérios de Sabázio).

Sabe: PAUSAN., X, 12, 9.

Sabo: DION. HAL., II, 49; SERV., *ad VIRG.*, *Aen.*, VIII, 638.

Ságaris: **1)** SOLIN., II, 10. **2)** STEPH. MAGN., 707, 18; PLUT., *De Fl.*, 12, 1.

Sagarítis: OV., *Fast*, IV, 229 e s.

* **SALÁCIA.** (*Salacia.*) Divindade romana do mar, associada a Neptuno, personificação da «água salgada», afim de Venília, divindade da água que toca a margem, mas distinta dela.

SALAMBO. (Σαλαμβώ.) Salambo é o nome babilónio de Afrodite (Astarte), quando chora a morte de Adónis (v. *Adónis*).

SALAMINA. V. *Sálamis.*

SÁLAMIS. (Σαλαμίς.) Segundo a versão mais divulgada da sua lenda, Sálamis é uma das numerosas filhas do rio Asopo (v. este nome). Sálamis foi raptada pelo deus Posídon, de quem teve um filho, Cicreu (v. este nome), numa ilha que, em consequência do nascimento, tomou o nome de Salamina (na costa da Ática). V. quadro 31, p. 352.

* **SÁLIO.** (Σάλιος.) Sálio é um companheiro de Eneias. É considerado tanto como originário de Samotrácia como de Mantineia, na Arcádia, como, ainda, de Tegeia. Atribui-se-lhe a dança guerreira dos *Sálios*, colégio sacerdotal romano (v. também *Cateto*).

SALMONEU. (Σαλμωνεύς.) Salmoneu é dos filhos de Éoloe de Enarete e, por consequência, o descendente de Deucalião e de Pirra (v. quadro 8, p. 116). Passou a sua juventude na Tessália, de onde era originário, mas cedo emigrou para a Élide com um grupo de compatriotas, tendo aí fundado uma cidade a que chamou Salmone. Desposou em primeiras núpcias Alcídice, a filha de Áleo, que lhe deu uma filha, Tiro. Em seguida, após a morte da mulher, desposou Sidero (v. este nome), que se mostrou uma madrasta cruel para a nora (v. *Tiro*).

Salmoneu, homem extremamente orgulhoso, decidiu imitar Zeus. Construiu uma estrada com pavimento de bronze e lançou-se sobre ela com um carro com rodas de cobre ou de ferro, arrastando correntes atrás dele. Pretendia assim imitar o trovão. Ao mesmo tempo, lançava à esquerda e à direita tochas a arder, que representavam os relâmpagos. Irritado com esta impiedade, Zeus fulminou-o e suprimiu simultaneamente o rei, o povo e a cidade de Salmone. Dizia-se que Salmoneu não era popular e que os seus súbditos se lamentavam de ter de receber as tochas incendiadas lançadas pelo seu rei.

* **SALO.** (*Salus.*) *Salus* é em Roma a personificação da Saúde e, também, da «conservação» em geral. Tinha um templo no Quirinal. Como simples abstracção, *Salus* não possui uma lenda. Na época clássica foi, pouco a pouco, assimilada a Hígia, a deusa helénica da Saúde, filha de Asclépio.

SÁMON. (Σάμων.) Em certas tradições, Sámon é o herói epónimo da ilha de Samotrácia. É filho de Hermes e de uma ninfa chamada Rene. Emigrou da Arcádia para a Samotrácia, com Dárdano, mas, enquanto este seguiu depois para a Tróade (v. *Dárdano*), Sámon permaneceu na ilha.

Quanto a outro Sámon, de origem cretense, v. *Dada.*

SÁNAPE. (Σανάπη.) Sánape é o epónimo da cidade de Sínope, no Mar Negro. Era uma amazona que escapou ao massacre havido durante a expedição de Héracles (v. este nome) e fugiu para a Paflagónia, onde casou com um rei da região. Aí, revelou um apetite imoderado pelo vinho, o que lhe valeu o nome de Sánape, que significa «bêbada» no dialecto local. Este nome, corrompido em Sínope, passou a ser o da cidade em que reinava o seu marido.

* **SANCO.** (*Sancus.*) Sanco é uma divindade da primitiva religião romana e o seu nome completo era Semo Sanco. Os antigos identificavam-no, também, com *Dius Fidus.* Dizia-se que o seu culto tinha sido introduzido pelos Sabinos. Por vezes, era considerado como o pai do herói Sabo, epónimo do povo Sabino (v. *Sabo*).

Este deus, muito obscuro, não possui mito próprio e, aparentemente, presidia ao cumprimento dos juramentos.

SANGÁRIO. (Σαγγάριος.) Sangário é o deus do rio com o mesmo nome, na Ásia Menor. Como todos os rios, dizia-se que era filho de Oceano e de Tétis; por vezes, é também referido como pai de Hécuba, que teria nascido da união ou com Métope, ou com a ninfa Êunoe, ou, ainda, com a Náiade Evágora. É também pai de Alfeu, um frígio que teria aprendido em Atenas a arte de tocar a flauta, mas, como tentasse violentar um aluno, Zeus fulminou-o. Mas a lenda mais célebre em que Sangário representa um papel é a de sua filha Nana e do nascimento de Átis (v. *Agdístis*, *Átis*, *Nana*).

Salácia: A. Gell., *N. A.*, XIII, 23; August., *Civ. D.*, IV, 10; VII, 22; Serv., *ad* Virg., *Georg.*, I, 31; *Aen.*, I, 44; x, 76.

Salambo: Steph. Byz., 747, 48; *Hist. Aug.*, *Elagabal*, 7.

Sálamis: Pausan., I, 35, 2; Diod. Sic., IV, 72, esc. *ad* Pind., *Olymp.*, VI, 144; Tzetz., *ad. Lyc.*, 110; 175; 451; Apollod., *Bibl.*, III, 12, 7.

Sálio: Plut., *Num.*, 13; Phaest., p. 329, *s.u.*; Serv., *ad Virg.*, *Aen.*, VIII, 258; cf. Virg., *Aen.*, V, 298 e s.

Salmoneu: Apollod., *Bibl.*, I, 9, 7 e s.; esc. *ad. Od.*, XI, 236; Diod. Sic., IV, 68, 1 e s.; Hyg., *Fab.*, 61; 250; Virg., *Aen.*, VI, 585 e s.; Serv., *ad loc.*; Strab., VII, 3, 31 e s., p. 356; Steph. Byz., *s.u.*, Σαλμώνη. Cf. W. Nestle, in *A. R. W.*, 1936, pp. 248 e s.

Salo: Cic., *de leg.*

Sámon: Dion. Hal., I, 61.

Sánape: Escól. *ad* Apol. Rh., *Arg.*, II, 946; *Etym. Magn.*, p. 739, 67, *s. u.* Σινίοπη.

Sanco: Ov., *Fast.*, VI, 213 e s.; Lact., *Inst. Div.*, I, 15, 8; August., *Civ. D.*, 18, 19; Dion. Hal., II, 49.

Sangário: Hes., *Theog.*, 344; Arnob., *Adv. Nat.*, 5, 6; Pausan., VII, 17, 11; Apollod., *Bibl.*, III, 12, 5; esc. *ad Il.*, XVI, 718; Westermann, *Mythogr.*, p. 347, 15.

SÁON. (Σάων.) Sáon é um beócio que foi consultar o oráculo de Delfos aquando de uma seca que assolava o seu país. A Pítia ordenou-lhe que fosse a Lebadeia interrogar o oráculo de Trofónio. Mas, ao chegar à cidade, verificou que ninguém conhecia o oráculo. Viu, contudo, umas abelhas e, seguindo-as, penetrou numa gruta, onde o herói Trofónio deu todas as instruções necessárias para a fundação de um culto em sua honra e de um oráculo.

SARDO. (Σάρδος.) Sardo é o nome do filho de Macéris (nome que os Egípcios e os Líbios davam a Héracles, que, à frente de uma expedição de líbios, desembarcou na ilha então chamada Ienusa, que recebeu então o nome de Sardenha.

SARDO. (Σαρδώ.) **1.** Sardo é o nome da mulher de Tirreno, que emigrou da Ásia Menor para Itália. Tinha dado a seu nome à cidade lídia de Sardes e deu-o também à ilha da Sardenha.

2. Sardo é também o nome de uma filha de Esténelo, epónima da cidade de Sardes.

SÁRON. (Σάρων.) Sáron é um rei lendário de Trezena, sucessor de Altepo. Construiu, à beira-mar, um templo a Ártemis com uma tal magnificência que se designava o golfo de Trezena por «Golfo de Febe». Sáron era um grande caçador e, um dia em que perseguia uma corça, o animal saltou para o mar. Sáron lançou-se atrás dela e nadou tanto tempo para a agarrar que as suas forças o abandonaram e afogou-se. O seu corpo deu à costa próximo do templo que erigira. O golfo tomou então o nome de Golfo Sarónico.

SARPÉDON. (Σαρπηδών.) **1.** Sarpédon é um herói do ciclo cretense, embora este nome surja isolado como o de um gigante, filho de Posídon, morto por Héracles na Trácia (v. *Póltis*).

2. Com maior frequência, Sarpédon é considerado como um dos filhos de Europa e Zeus (v. quadro 3, p. 66, e quadro 30, p. 312). Foi criado por Astério, que desposou Europa, comos seus dois irmãos, Minos e Radamante. Mais tarde, discutiu com Minos, quer por saber que obteria o trono de Creta, quer porque estavam os dois apaixonados pelo mesmo jovem, denominado Mileto. Qualquer que tenha sido a razão, Sarpédon deixou então Creta, talvez em companhia de Europa, e dirigiu-se para a Ásia Menor. Estabeleceu-se na região de Mileto, na Lícia. Chegou a rei dessa região e atribui-se-lhe, por vezes, a fundação de Mileto (igualmente atribuída ao jovem Mileto, que fugira com ele).

3. A *Ilíada* conhecia um Sarpédon, chefe de um contingente lício, que combate do lado troiano. Este Sarpédon, que por vezes se identifica com o irmão de Minos, é considerado como filho de Zeus e Laodamia, filha de Belerofonte. Este Sarpédon desempenhou um papel importante no ataque ao campo aqueu e no assalto à muralha. Acaba por ser morto por Pátroclo e trava-se um renhido combate junto ao seu corpo.

A dificuldade cronológica criada pela identificação do Sarpédon cretense e do Sarpédon que participou na Guerra de Tróia levou os mitógrafos a distinguirem as duas personagens. Diodoro estabelece assim a sua genealogia: Sarpédon, filho de Europa, passou pela Lícia; teve um filho chamado Evandro, que desposou a filha de Belerofonte, Deidamia (ou Laodamia). Deste casamento nasceu o segundo Sarpédon, neto do primeiro, e que participou na Guerra de Tróia.

SATÍRIA. (Σατυρία.) Satíria é filha de Minos, o rei de Creta. Amada por Posídon, deu-lhe um filho, Taras, o herói epónimo da cidade de Tarento. Ela própria dera o seu nome a um cabo vizinho desta cidade, o cabo Satírion. Afirma-se, por vezes, que era também mãe de Ítalo (v. este nome).

SÁTIROS. (Σάτυροι.) Os Sátiros, também chamados «Silenos», são génios da natureza que foram incorporados no cortejo de Dioniso. Eram representados de diferentes maneiras: umas vezes, a parte inferior do corpo era a de um cavalo, e a superior, a partir da cintura, a de um homem; outras vezes, a sua parte animal era a de um bode. Num e noutro caso, eram dotados de uma grande cauda, abundante, semelhante à de um cavalo, e de um membro viril sempre erecto e de proporções sobre-humanas. Eram imaginados a dançar no campo, bebendo com Dioniso, perseguindo as Ménades e as Ninfas, vítimas mais ou menos relutantes da sua lubricidade. Pouco a pouco, vai-se atenuando, nas representações, o carácter bestial do seu aspecto. Os seus membros inferiores tornam-se humanos; têm pés em vez de cascos. Como testemunho da sua antiga forma, apenas permanece a cauda.

Os Sátiros, companheiros dos deuses, desempenharam raramente um papel nas lendas. Mársias era um sátiro (v. também *Sileno*).

Sáon: PAUSAN., IX, 40, 2.

Sardo: PAUSAN., X, 17, 2; SOLIN., X, 4, 1.

Sardo: **1)** Esc. *ad* PLAT., *Ti.*, 25 b. **2)** HYG., *Fab.*, 275.

Sáron: PAUSAN., II, 30, 7; *Etym. Magn.*, *s.u.* Σαρωνίς, p. 708, 51; esc. *ad* EUR., *Hipp.*, 1200.

Sarpédon: **1)** APOLLOD., *Bibl.*, II, 5, 9. **2)** HES., fr. 30, Rzach.; BACCH., fr. 56 Be; HEROD., I, 173; cf. IV, 45; EUR., *Rh.*, 29; DIOD. SIC., IV, 60; V, 79; APOLLOD., *Bibl.*, III, 1, 1 e s.; HYG., *Fab.*, 155; 178; PAUSAN., VII, 3, 7; *ad* APOL. RH., *Arg.*, I, 185; STRAB., XII, 573. **3)** *Il.*, II, 876 e s.; V, 471 e s.; 627 e s.; VI, 198 e s.; XII, 101 e s.; 290 e s.; 392 e s.; XVI, 419 e s.; 569 e s. Cf. S. MARINATOS, «Les légendes royales de la Crète minoenne», *Rev. Arch.*, 1949, II, pp. e s.

Satíria: Esc. Bern. *ad* VIRG., *Georg.*, II, 197, e PROB., *ad loc.*; SERV., *ad* VIRG., *Aen.*, I, 533; cf. PAUSAN., X, 10, 8;. V. J. BÉRARD, *Colonisation*, p. 187.

Sátiros: *Hymn. hom. Aphrod.*, 262; HES., *ap.* STRAB., X, 471; cf. PAUSAN., I, 23, 5 e 6; cf. F. BROMMER, *Satyroi*, Wurzbourg, 1937.

* **SATURNO.** (*Saturnus.*) Saturno é um deus itálico muito antigo, que foi identificado com Crono (v. este nome). Passava por ter ido da Grécia para a Itália, em tempos muito recuados, quando Júpiter (entenda-se Zeus) o destronou e o lançou do cimo do Olimpo. Instalou-se, então, no Capitólio, no local da futura Roma, e aí fundou uma povoação fortificada, que, segundo a tradição, se chamava *Saturnia*. Dizia-se, também, que tinha sido acolhido nesse lugar por um deus ainda mais antigo do que ele, igualmente imigrado da Grécia, o deus Jano (v. este nome). O reinado de Saturno no *Latium* (assim designado porque o deus aí se tinha escondido, *latuerat*) foi extraordinariamente próspero. Foi o período da Idade de Ouro (v. esta expressão). Saturno prosseguiu a obra civilizadora iniciada por Jano e ensinou aos homens, nomeadamente, a cultura da terra. Nesse momento, a população itálica era formada por aborígenes (v. este nome), que lhe devem as suas primeiras leis. Saturno era representado armado com uma foice pequena ou uma serpe. Relacionava-se, por isso, o seu nome com a invenção, ou pelo menos com a divulgação, do cultivo e da poda da vinha.

Os dias consagrados a Saturno eram os *Saturnales*. Com eles terminava o mês de Dezembro e o ano. Esses dias eram ocupados com festas mais ou menos licenciosas, durante as quais se subvertiam as classes sociais: os escravos mandavam nos seus senhores e estes serviam à mesa.

Na época imperial, com o desenvolvimento da romanização em África, Saturno incarnou não apenas Crono, mas, também, nos países púnicos, o grande deus cartaginês Baal.

SAURO. (Σαῦρος.) Sauro era um bandido da Élide, que exterminava os viajantes. Foi morto por Héracles. O seu nome permaneceu ligado a um determinado local, onde se mostrava o seu túmulo, bem como um santuário de Héracles.

SELENE. (Σελήνη.) Selene é a personificação da Lua. Tanto é considerada como filha de Hipérion e de Tia (v. quadro 16, p. 202), como por filha do Titã Palas, ou, ainda, de Hélio. Era representada como uma mulher jovem e bela, que percorria o céu num carro de prata puxado por dois cavalos. É célebre pelos seus amores: de Zeus, teve uma filha, chamada Pândia. Na Arcádia, o seu amante foi o deus Pã, que lhe deu, como presente, uma manada de bois brancos. O mais corrente, contudo, é apresentá-la como amante do belo pastor Endímion, de quem teria tido cinquenta filhas (v. *Endímion*). Atribui-se, por vezes, aos seus amores o nascimento do herói Naxo (v. este nome).

SELINO. (Σέλινος.) Selino é o nome de um filho de Posídon que foi rei de Egialia (antigo nome da Acaia). Como Íon ameaçasse declarar-lhe guerra, Selino deu-lhe em casamento a sua filha única, Hélice. Ion sucedeu-lhe no trono (v. *Íon*).

SÉMACO. (Σήμαχος.) Sémaco é o antepassado da família ateniente dos Semáquidas. As suas filhas acolheram Dioniso com hospitalidade e, como recompensa, o deus concedeu-lhes o sacerdócio do seu culto, a elas a às suas filhas.

SÉMELE. (Σεμέλη.) Sémele é, na tradição tebana, a filha de Cadmo e de Harmonia. Foi amada por Zeus e dele concebeu Dioniso (v. quadro 3, p. 66). Hera, ciumenta, sugeriu-lhe que pedisse ao seu amante divino que lhe aparecesse em toda a sua glória. Zeus, que, imprudentemente, prometera a Sémele conceder-lhe tudo quanto ela lhe pedisse, teve de se aproximar dela com os seus raios. Sémele, carbonizada, morreu instantaneamente. As suas irmãs divulgaram o rumor de que Sémele tivera um amante vulgar, mas que se vangloriava de ter obtido os favores de Zeus, que, para a castigar, a fulminara. Esta calúnia teve consequências nefastas para as culpadas, pois os seus descendentes também foram castigados (v. *Actéon*, *Ino*, *Penteu*).

Mais tarde, quando, pelas suas façanhas, mereceu ser divinizado, Dioniso desceu aos Infernos para procurar a mãe (v. *Dioniso*). Ressuscitada deste modo, Sémele foi chamado ao céu, onde ficou com o nome de Tíone.

Uma das variantes lacónicas do nascimento de Dioniso é a seguinte: Dioniso nasceu, normalmente, de Sémele, em Tebas, mas Cadmo expusera a criança e a mãe num cofre, no mar. O cofre foi lançado pelas vagas para a costa da Lacónia, onde Sémele, que estava morta, foi sepultada. Segundo esta tradição, o deus foi ali criado.

SEMÍRAMIS. (Σεμίραμις.) A lenda de Semíramis, rainha da Babilónia, é-nos narrada por Diodoro Sículo. O Autor diz-nos que, na Síria, em Ascalão, se venerava uma deusa que se pensava que vivia no lado próximo da cidade. Essa deusa, chamada Dérseto, tinha cabeça de mulher, mas o resto do corpo era de

---

Saturno: DION. HAL., I, 34; VIRG., *Georg.*, II, 538; IV, 792; VIII, 319 e s.; 357 e s.; cf. SERV., *ad loc.*, OV., *Fast.*, I, 235 e s.; PLUT., *Qu. Rom.*, 34.

Sauro: PAUSAN., VI, 21, 3.

Selene: *Hymn. hom. Herm.*, 100; EUR., *Phoen.*, 175 e esc.; NONN., *Dion.*, XLIV, 191; VIRG., *Georg.*, III, 391, e SERV., *ad loc.*; esc. *ad* APOL. RH., *Arg.*, IV, 57; *ad* THEOCR., III, *49*.

Selino: STEPH. BYZ., *s.u.* Ἑλίκη; PAUSAN., VII, 24, 5.

Sémaco: STEPH. BYZ., *s.u.* Σημαχίδαι; EUS., *Chron.*, 30.

Sémele: APOLLOD., *Bibl.*, III, 4, 2 e s.; 5, 3; *Hymn. hom.*, 34, 21; HES., *Theog.*, 940 e s.; *Bacch.*, 1 e s.; 242 es.; 286 e s.; DIOD. SIC., IV, 2, 2 e s.; 25, 4; V, 52, 2; PAUSAN., II, 31, 2; III, 24, 3; IX, 5, 2; esc. *ad. Il.*, XIV, 325; *ad* PIND., *Olymp.*, II, 44; LUCIAN., *D. Deor.*, 9; OV., *Met.*, III, 259 e s.; HYG., *Fab.*, 167; 179; LACT. PLAC., *ad* STAT., *Theb.*, I, 12.

Semíramis: DIOD. SIC., II, 4 e s.; 13 e s.; HEROD., I, 184; III, 155; HESYCH., *s. u.*; LUCIAN., *D. Syr.*, 14.

peixe. Afrodite, que tinha razões de queixa dela, havia-lhe inspirado uma violenta paixão por um jovem sírio chamado Caístro (v. este nome), de quem teve uma filha. No entanto, após o nascimento da criança, envergonhada, Dérseto expôs a filha e matou-lhe o pai. Quanto a ela, escondeu-se no fundo do lago. Umas pombas criaram milagrosamente a criança, roubando aos pastores da região o leite e depois o queijo necessários para a alimentar. Por fim, os pastores descobriram a menina, que era de extraordinária beleza, e levaram-na ao chefe, que lhe deu nome de Semíramis, o que, em língua síria, quer dizer «a que vem das pombas».

Semíramis era uma jovem, quando um conselheiro do rei, Honetes, foi por ele encarregado de inspeccionar os currais. Viu Semíramis em casa do chefe dos pastores e apaixonou-se. Dela teve dois filhos: Hiadete e Hidaspes. Semíramis, que era muito inteligente, aconselhava o marido tão habilmente que este tinha êxito em todos os seus negócios. Ora, por essa altura, o rei Nino, que reinava na Babilónia, empreendeu uma expedição contra a Bactriana. Sabendo porém que se tratava de uma conquista difícil, reuniu um exército bastante poderoso. O primeiro recontro foi-lhe adverso. No entanto, apesar da derrota inicial, conseguiu ocupar o país dada a quantidade das suas tropas e somente a cidade de Báctria, capital do país, lhe resistiu durante muito tempo. Honetes, o marido de Semíramis, que fazia parte do exército e tinha saudades da mulher, mandou-a ir. Semíramis fez algumas observações sobre a forma como o cerco era conduzido. Viu que os ataques eram dirigidos à planície, mas que tanto os assaltantes como os defensores negligenciavam a cidadela. Ela própria comandou um grupo de soldados da montanha e, escalando as falésias que defendiam a praça forte, surpreendeu as defesas inimigas pela retaguarda. Os sitiados foram tomados de terror e renderam-se. Nino ficou cheio de admiração pela coragem e habilidade de Semíramis; e logo a sua grande beleza lhe inspirou o desejo de a ter por mulher. Ofereceu a Honetes a hipótese de lhe dar em troca a própria filha, Sosana. Honetes recusou. Nino ameaçou mandar arrancar-lhe os olhos e Honetes, desesperado, enforcou-se. Nino casou então com Semíramis sem qualquer dificuldade e deu-lhe um filho, Nínias. Quando morreu, sucedeu-lhe.

A rainha começou por mandar erigir em honra de Nino um esplêndido mausoléu na planície do Eufrates, precisamente em Nínive. Em seguida, decidiu fazer construir para si mesma uma cidade na planície da Babilónia. A nova cidade foi traçada de um lado e do outro do rio. O perímetro das muralhas media sessenta e seis quilómetros e, sobre os muros, podiam passar de frente seis carros atrelados. As muralhas tinham cerca de cem metros de altura, mas alguns historiadores atribuíam-lhes uma dimensão muito menor. Havia duzentas e cinquenta torres para defender o conjunto. O Eufrates foi atravessado por uma ponte de novecentos metros de comprimento e ladeado por grandes cais ao longo de trinta quilómetros. Em cada extremidade da ponte erigiram-se castelos fortificados, residências da rainha. E esta fê-los ligar por um túnel subterrâneo, que passava sob o rio, cujo curso foi para isso desviado. Foi na cidadela de um desses castelos, o do ocidente, que a rainha mandou construir os seus famosos jardins suspensos, se bem que outra tradição conte de forma diversa a construção desses célebres jardins da Babilónia. Teria sido uma rainha da Assíria, posterior a Semíramis e originária da Pérsia, que pediu ao marido que lhe desse a imagem dos «paraísos», os grandes parques da sua pátria. Diodoro dá-nos a descrição desses jardins, formados pela sobreposição de terraços quadrados, à maneira dos degraus de um anfiteatro. Cada um desses terraços assentava em galerias abobadadas, em pedra de talha, cobertas por uma espessa capa de chumbo, sobre a qual se colocava a terra vegetal. No interior dessas galerias, como pórticos dando para um terraço, construíram-se apartamentos régios. Um sistema de máquinas hidráulicas bombeava a água do rio para assegurar a rega do conjunto.

Semíramis mandou também construir muitas cidades nas margens do Eufrates e do Tigre. Em seguida, partiu comandando um considerável exército, em direcção a Media. De passagem, mandou fazer um grande parque em frente do monte Bagistão, e depois um outro parque, junto de um rochedo de forma curiosa, um pouco mais longe. Continuou o seu caminho, assinalando com trabalhos artísticos de toda a espécie, nomeadamente em Ecbatana, que muniu de fontes. Atribuíam-se aos seus trabalhos todos os montículos de terra, todas as estradas antigas de que já não se conhecia a origem. Percorreu assim toda a Ásia e depois dirigiu-se ao Egipto para interrogar o oráculo de Ámon. O oráculo, a quem ela perguntou quando morreria, respondeu-lhe que seria tirada ao número dos vivos quando o filho, Nínias, conspirasse contra a mãe. Então ela conquistou a Etiópia e, cansada, regressou a casa, a Bactria, testemunho das suas primeiras façanhas. Todavia, acalentou o desejo de conquistar a Índia. Durante muitos anos fez extraordinários preparativos. Conseguiu passar o Indo, mas logo foi obrigada a retirar, ferida, e teve de fugir sem que o inimigo ousasse persegui-la para lá do rio. Pouco tempo depois, Nínias conspirou contra ela, juntamente com os eunucos do palácio. Semíramis, lembrada do oráculo de Ámon, entregou o império ao jovem e desapareceu. Diz-se que se transformou em pomba e foi levada para o céu onde foi divinizada.

SEREIAS. V. *Sirenes*.

Cf. R. Dussaud, *Mel. Radet.*, 1940, pp. 131-136, R. Holland, «Konon über Semiramis», *Ph. Woch.*, 1924, pp. 496-498; W. Eilers, *Semiramis Entstehlumg und Nachhall eines altorientalishen Sage*, Österreich, Akad. d. Wisq. Phil. Hist. Kl. 5B, CCLXXIV, 2, Vienne, 1971.

*** SERESTO.** (*Serestus.*) Seresto é um dos companheiros de Eneias, comandante de um navio troiano. Foi separado de Eneias durante uma tempestade, mas volta a reunir-se-lhe em Cartago. Leva em segredo a frota, por ordem de Eneias, quando este quer abandonar Dido. Na ausência de Eneias, guarda o acampamento na desembocadura do Tibre, e combate a seu lado quando, mais tarde, é necessário defender o campo atacado por Turno.

*** SERGESTO.** (*Sergestus.*) Troiano, companheiro de Eneias e comandante de um navio. Separado de Eneias durante a tempestade, reune-se-lhe em Cartago. Durante as regatas organizadas em honra de Anquises, comanda o Centauro. Participa no ataque final contra Turno.

*** SÉRVIO.** (*Seruius.*) O rei *Seruius Tullius* é o sexto rei de Roma. A história do seu reinado é suficientemente impregnada de lendas para poder figurar na mitologia. O seu nascimento é misterioso. Contava-se que era filho do Lar da casa, que se unira a uma escrava na residência de Tarquínio, *o Antigo*, sob a forma de um falo de cinza (v. *Lares*). Uma outra versão pretendia que fosse o filho póstumo de Sérvio Túlio, que reinava em *Curniculum*, quando a cidade foi tomada por Tarquínio e pelos Romanos. A sua mãe ainda o transportava no ventre quando o pai foi morto e foi em Roma, onde era cativa de Tarquínio, que ela teria dado à luz o filho. Um dia, quando o pequeno Sérvio dormia, a sua cabeça foi rodeada de chamas. A rainha Tanaquil impediu que acordassem a criança e que apagassem o fogo. Quando o pequeno acordou, a chama extinguiu-se por si própria. Tanaquil interpretou o fenómeno como um presságio de glória e desde esse momento tanto ela como o seu marido educaram com o maior cuidado o filho da sua escrava. Quando atingiu a idade adulta, Tarquínio casou-o com a própria filha e, ostensivamente, designou-o como seu sucessor. Quando Tarquínio foi assassinado pelos filhos de Anco, Tanaquil tomou as disposições necessárias para que Sérvio pudesse assumir o poder sem dificuldades. Posteriormente, Sérvio faz ratificar a sua subida ao poder por uma verdadeira eleição popular.

SETEA. (Σεταία.) Segundo Licófron, Setea é uma das cativas troianas, que, durante a viagem que as devia conduzir à Grécia, foram atiradas, com os navios dos seus amos, contra as costas da Itália meridional, nas proximidades do local onde, mais tarde, se construiria a cidade de Síbaris. Setea persuadiu as companheiras a queimarem os navios para que nunca pudessem alcançar a Grécia, onde receavam ficar submetidas às esposas legítimas dos seus vencedores. Assim o fizeram. Como punição, os Gregos crucificaram Setea, no lugar que tomou o nome de *Séteon* (v. *Etila* e *Roma*).

Contava-se a mesma lenda acerca de outras duas troianas, filhas de Laomedonte, Astíoque e Medesicaste.

SEVÉCORO. (Σευήχορος.) Sevécoro é um rei lendário de Babilónia. Um oráculo predissera-lhe que seria despojado do trono por um filho da sua filha. Em consequência, mandou encarcerar esta numa torre. Mas isso não a impediu de conceber um filho. Os guardas da torre, temendo pela própria vida, no caso de o rei vir a descobrir a aventura, precipitaram a criança, ao nascer, do alto da torre. Uma águia recolheu a criança durante a queda, antes de ela atingir o solo, e levou-a para um jardim, cujo guarda a recolheu e criou, dando-lhe o nome de Gilgamo. Este Gilgamo, o herói Gilgamés, reinou mais tarde em Babilónia.

SÍBARIS. (Σύβαρις.) **1.** Síbaris é o um monstro feminino da Fócida, também chamado Lâmia (v. *Alcioneu*). No local em que o monstro foi morto brotou do rochedo uma fonte, que tomou o nome de Síbaris. Foi este o nome que os colonos da Lócrida deram à cidade que fundaram na Itália meridional.

2. Síbaris é, também, o nome de um troiano, companheiro de Eneias, que foi morto por Turno.

3. O mesmo nome reaparece numa lenda frígia, segundo a qual Síbaris era o pai de um jovem chamado Alia, que se uniu a um monstro num bosque sagrado da deusa Ártemis. Desta união nasceu a estirpe dos Ofiógenes, os «Filhos da Serpente», que habitavam na região de Pário, no Helesponto. Este povo curava as mordeduras das serpentes com encantações. Contava-se, também, que o antepassado dos Ofiógenes era uma serpente metamorfoseada em homem.

SIBILA. (Σιβύλλη.) Sibila é, essencialmente, o nome de uma sacerdotisa encarregada de dar a conhecer os oráculos de Apolo. Existe um grande número de lendas respeitantes *à* ou *às* Sibilas. Em certas tradições, a primeira Sibila

---

Seresto: VIRG., *Aen.*, I, 611; IV, 288; V, 487; IX; 171; 779; X, 541; XII, 549; 561; SERV., *ad VIRG.*, *Aen.*, X, 54.

Sergesto: VIRG., *Aen.*, I, 510; IV, 288; V, 122; 155 e s.; 282 e s.; XII, 561.

Sérvio: LIV., I, 39 e s.; VAR., *LL*, V, 61; ARNOB., *Adu. Gent.*, V, 18, p. 107 b; DION. HAL., IV, 1 e s.; V. G. DUMÉZIL, *Servius et la Fortune*, Paris, 1942.

Setea: LYC., *Alex.*, 1075; TZETZ., *ad loc.*, e 921; STEPH. BYZ., *s.u.*

Sevécoro: AEL., *VH*, XII, 21.

Síbaris: 1) ANT. LIB., *Transf.*, 8. V. *Alcioneu.* **2)** VIRG., *Aen.*, XII, 363. **3)** AEL., *NA*; cf. STRAB., XIII, 588.

Sibila: *Fragm. Hist. gr.*, p. 598, 64; CLEM. AL., *Strom.*, I, 108; VAR., *ad* LACT., *Div. Inst.*, I, 6; PAUSAN., X, 12, 1 e s.; SUID., *s. u.*; HERMIAS, *ad* PLAT., *Phdr.*, 244 b; EUS., *Or. ad sanct.*, 18; PS.-ARIST., *De Mirab.*, 1158; SERV., *ad VIRG.*, *Aen.*, III, 441 e s.; PETRON., *Sat.*, 48; AMPELIUS, VIII, 16; DION. HAL., IV, 62; OV., *Met.*, XIV, 130 e s.; cf. S. REINACH, in *Cultes, Myth. et Rel.*, pp. 311-321; W. HOFFMANN, *Wandel und Herkunft der Sibyll. Bucher in Rom*, diss., Leipzig, 1933; C. BONNER, in Mél. K. Lake, London, 1937, pp. 1-8.

era uma jovem com esse nome, filha do troiano Dárdano e de Neso, filha de Teucro. Possuidora do dom da profecia, conquistara grande fama de adivinha e o nome de Sibila fora dado a todas as profetisas em geral.

Outra tradição dizia que a primeira em data de todas as Sibilas não era troiana, mas uma filha de Zeus e de Lâmia (a filha de Posídon) que os Líbios chamaram Sibila e proferia oráculos no seu templo. A segunda Sibila foi Herófile (v. este nome). Era originária de Marpesso, na Tróade, e filha de uma ninfa e de pai mortal. Viera ao mundo antes da Guerra de Tróia e predissera que a Tróade seria assolada por culpa de uma mulher nascida em Esparta (Helena). Em Delos, havia um hino que ela compusera em honra de Apolo e no qual se dizia a «mulher legítima» do deus e também a sua «filha». Esta Sibila passou a maior parte da sua vida em Samos, mas esteve também em Claro, Delos e Delfos. Levava consigo uma pedra para a qual subia para profetizar. Morreu na Tróade mas a pedra encontrava-se em Delfos, onde era mostrada no tempo de Pausânias.

A mais célebre das Sibilas helénicas é a de Éritras, na Líbia. Seu pai chamava-se Teodoro e a mãe era uma ninfa. Dizia-se que nascera numa gruta do monte Córico. Mal nasceu, cresceu de repente e pôs-se a profetizar em verso. Ainda muito jovem, foi consagrada pelos pais, contra sua vontade, ao tempo de Apolo. Predissera que seria morta por uma flecha do seu deus. Diz-se que viveu nove vidas humanas, cada uma com cento e dez anos.

Uma tradição identificava esta Sibila de Éritras com a Sibila de Cumas, na Campânia, que desempenhou um importante papel nas lendas romanas. Esta Sibila itálica chamava-se Amalteia ou Demófile ou então Erófile. Proferia oráculos numa gruta. Apolo concedera-lhe que vivesse tantos anos quantos os grãos de areia que sua mão pudesse conter, mas com a condição de que não mais voltasse a Éritras. Por essa razão, instalara-se em Cumas. Mas, tendo os Eritreus mandado, por descuido, uma carta cujo selo era em terra do seu país, morreu. Contava-se também que, tendo pedido uma longa vida a Apolo, que a amava e prometera satisfazer-lhe o primeiro desejo que formulasse, se esquecera de pedir também a juventude. O deus ofereceu-lha em troca da sua virgindade, mas ela recusou. Assim, à medida que envelhecia, tornava-se cada vez mais pequena e ressequida, de tal modo que, por fim, parecia uma cigarra e penduraram-na numa gaiola, como um pássaro, no templo de Apolo em Cumas. As crianças perguntavam-lhe: «Sibila, que queres tu?» E ela respondia, cansada de viver: «Quero morrer.»

Dizia-se que a Sibila de Cumas fora para Roma no reinado de Tarquínio, *o Soberbo,* para aí levando recolhas de oráculos, em número de nove. Ofereceu ao rei a possibilidade de lhos comprar, mas Tarquínio achou o preço muito elevado. A cada recusa, a Sibila queimava três. Tarquínio comprou as três últimas e depositou-as no templo de Júpiter Capitolino. Terminada a sua missão, a Sibila desapareceu. Durante a República e até ao tempo de Augusto, os «livros sibilinos» exerceram grande influência na religião romana. Consultavam-se em caso de desgraça, prodígio ou acontecimento extraordinário. Encontravam-se então prescrições religiosas: introdução de um novo culto, sacrifício expiratório, etc., destinados a fazer face à situação imprevista. Magistrados especiais estavam encarregados da conservação e consulta desses livros.

Na *Eneida*, Virgílio dá a Sibila de Cumas como guia de Eneias, na sua descida aos Infernos.

Existia outra Sibila de menor fama, em Samos. Chamava-se Fito. Sobre a Sibila hebraica, ver *Sabe.*

SICANO. (Σικανός.) Sicano é o epónimo da população siciliana dos Sicanos. Passava por ser filho de Briareu e irmão de Etna. Teria tido três filhos: Ciclope, Antífates e Polifemo.

SÍCELO. (Σίκελός.) Sícelo é o rei epónimo dos Sícelos, a população que passou da Itália para a Sicília, onde escorraçou os Sicanos para as partes ocidentais da ilha. Segundo Dioniso de Halicarnasso, Sícelo era originário de Roma, de onde tinha sido expulso. Refugiou-se junto do rei Morges (v. este nome), que sucedera ao rei Ítalo. Sícelo recebeu de Morges uma parte do seu reino, tendo, então, os habitantes recebido o nome de Sículos. Este Sícelo é, por vezes, considerado como um filho de Ítalo, ou, ainda, de Posídon.

SICEU. (Συκεύς.) Segundo uma tradição local e provavelmente tardia, Siceu é um dos Titãs que salvaram a mãe, Geia, perseguida por Zeus, fazendo brotar uma figueira, onde se abrigou (acreditava-se, com efeito, que a figueira desviava os raios).

SICINO. (Σίκιννος.) Sicino é o nome de um cretense, ou de um bárbaro, que teria inventado a dança própria dos Sátiros, chamada *Sicinis.* Esta invenção era também por vezes atribuída a uma ninfa frígia chamada Sicinis, do séquito de Cíbele.

SÍCION. (Σικυών.) Sícion é o segundo fundador e epónimo da cidade de Sícion, no Peloponeso. Esta cidade fora fundada por Egialeu, um rei «autóctone», cujos descendentes se mantiveram no poder em linha directa até Lamedonte (v. quadro 24, p. 265). Existiam várias tradições a respeito da genealogia de Sícion. Tanto era considerado como filho de Máraton e irmão de Corinto (v. *Máraton*)

Sicano: SOLIN., V, 7; ISID., *Or.*, 14, 6, 32; STEPH. BYZ., *s.u.*; esc. *ad* THEOCR., I, 65.

Sícelo: DION. HAL., I, 22; ISID., *Or.*, XIV, 6, 32; SOLIN., V, 7, p. 49; SERV., *ad VIRG.*, *Aen.*, VIII, 328; V. J. BÉRARD, *Colonisation*, p. 467.

Siceu: ATHEN., III, 78 b; STEPH. BYZ., *s.u.*; EUST., *ad Hom.*, XXIV, p. 1964.

Sicino: DION. HAL., VII, 72; ATHEN., XIV, 630 b; cf. EUST., *ad Hom.*, 1078, 22.

Sícion: PAUSAN., II, 1, 1; 6, 5 e 6; cf. 7, 1; VII, 1, 1.

como, na maior parte dos casos, era considerado como filho de Métion e neto de Erecteu, rei de Atenas. É, nesse caso, irmão de Dédalo. O rei Laomedonte aliou-se a ele contra os seus inimigos argivos, Arcandro e Arquíteles. Deu-lhe em casamento a sua filha Zeuxipe, de quem Sícion teve uma filha: Ctonofíle.

SIDE. (Σίδη.) Side, que é em grego o nome da granada, é também o de várias heroínas:

1. A mulher de Belo e, por consequência, a mãe de Egipto e de Dánao, segundo uma tradição (normalmente, a mulher de Belo é denominada Arquínoe; v. quadro 3, p. 66); esta Side teria dado o seu nome à cidade de Sídon, na Fenícia.

2. Também é o nome de uma das filhas de Dánao, epónima da pequena cidade de Side, ao norte do cabo Maleia.

3. Uma outra Side é uma heroína asiática, filha do herói Tauro, mulher de Cimolo, epónima da cidade panfílica de Side.

4. Segundo uma lenda referida por Apolodoro, Oríon desposou uma mulher de nome Side, que foi precipitada nos Infernos por Hera, porque ousara rivalizar em beleza com a deusa.

5. Conhece-se, por fim, uma última Side que, para fugir à perseguição do seu pai, se suicidou sobre o túmulo da própria mãe. Os deuses fizeram nascer uma romanzeira do seu sangue. O seu pai foi transformado em milhafre, pássaro que, segundo se diz, nunca pousa numa romãzeira.

SIDERO. (Σιδηρώ.) Sidero é a segunda mulher de Salmoneu e madrasta de Tiro. Era uma mulher dura e irascível, que maltratou bastante a enteada. Mais tarde, foi morta por Pélias, um dos dois filhos de Tiro, no santuário de Hera.

SILACEU. (Σκυλακεύς.) Silaceu é um lício, companheiro de Glauco, que juntamente com ele combateu ao lado dos Troianos durante a Guerra de Tróia. Foi morto por Ájax, «o Locro». Foi o único lício que regressou à pátria. Quando chegou, todas as mulheres lhe pediram notícias dos respectivos maridos. Silaceu teve de confessar que todos haviam perecido. Encolerizadas, as mulheres lapidaram-no perto do santuário de Belerofonte. Mais tarde, por ordem de Apolo, prestaram-se honras divinas a Silaceu.

SILENO. (Σιληνός.) Sileno é um nome genérico dos sátiros envelhecidos, mas é também o nome de uma personagem que se dizia ter criado Dioniso. As tradições sobre a sua genealogia variam muito. Era considerado filho de Pã, ou de Hermes, e de uma ninfa, ou então dizia-se que nascera das gotas do sangue de Úrano mutilado por Crono (v. *Úrano*). Este Sileno tinha uma grande sabedoria, que não consentia revelar aos homens a não ser à força. Assim, uma vez, foi capturado pelo rei Midas (v. este nome) a quem deu sábios conselhos. Do mesmo modo, na VI Écloga, Virgílio imagina que uns pastores obrigam Sileno a cantar.

Atribuía-se a Sileno a paternidade do Centauro Folo, que teria tido de uma ninfa dos freixos. Outras lendas diziam-no ainda pai de Apolo Nómio, o Apolo pastor da Arcádia.

Sileno era muito feio, o nariz adunco, os lábios grossos, o olhar taurino. Tinha um ventre enorme e representavam-no habitualmente montado num burro, no dorso do qual, muitas vezes, se aguentava com grande dificuldade, de tal modo estava embriagado.

SILEU. (Συλεύς.) Sileu é uma personagem do ciclo de Héracles. Durante o cativeiro de Héracles na corte de Ônfale, o herói empreendeu diversos trabalhos, entre os quais o castigo de Sileu, um vinhateiro que detinha os viajantes e os obrigava a trabalhar na sua vinha antes de os matar. Héracles entrou ao seu serviço e, no lugar de cuidar da vinha, arrancou-a e praticou toda a espécie de excessos. Em seguida, matou Sileu com uma pancada de enxada. Segundo uma tradição, Sileu tinha um irmão chamado Diceu («o Justo»), cujo carácter correspondia ao nome e contrastava com o do seu irmão. Eram ambos filhos de Posídon e viviam na Tessália, no maciço do monte Pélion. Depois de ter morto Sileu, Héracles recebeu a hospitalidade de Diceu e conheceu a filha de Sileu, que estava a ser educada em casa do tio. Héracles apaixonou-se por ela e tomou-a como esposa; ausentou-se, porém, durante algum tempo e a jovem, não podento suportar a ausência do amado, morreu. Quando voltou, como prometera, Héracles, desesperado, quis lançar-se na pira fúnebre da esposa. Foi com grande dificuldade que o impediram de o fazer.

Quanto à região onde habitava Sileu, umas vezes diz-se que é a Lídia; outras, a região de Âulis, ou a das Termópilas ou, ainda, a do Pélion, na Tessália (v. *Héracles*).

Existia uma tradição segundo a qual Héracles fora vendido como escravo a Sileu, e não a Ônfale, para pagar o preço do sangue de Ífito (v. *Héracles*).

SILO. (Σίλλος.) Silo é um neto de Nestor, pelo lado de seu pai, Trasimedes. Teve um filho, Alcméon. Quando os Heraclidas invadiram o Peloponeso, fugiu para a Ática, onde o filho fundou a nobre família ateniense dos Alcmeónidas. Deve distinguir-se este Alcméon de outro Alcméon, mais célebre, filho de Anfiarau.

Side: **1)** *Fragm. Hist. gr.*, IV, 544. **2)** PAUSAN., III, 22, 11. **3)** STEPH. BYZ., , *s.u.* **4)** APOLLOD., *Bibl.*, I, 4, 3. **5)** *Poet. Buc. et Didact.* (Didot), p. 109.

Sidero: APOLLOD., *Bibl.*, I, 9, 8; cf. TZETZ., *ad Lyc.*, 175, DIOD. SIC., IV, 68; EUST., *ad Hom.*, 158, 24; 1940, 57.

Silaceu: QUINT. SM., x, 147 e s.

Sileno: APOLLOD., *Bibl.*, II, 5, 4; HEROD., VIII, 138; VIRG., *Ecl.* VI; e SERV., *ad loc.*, V, 13; CLEM. AL., *Protr.*, 24, v. *Midas*.

Sileu: APOLLOD., *Bibl.*, II, 6, 3; DIOD. SIC., IV, 31; PHILON, *Quod omnis probus liber sit*, 101; TZETZ., *Chil.*, II, 429 e s.; CONON, *Narr.*, 17; EUR., drama satírico perdido, v. NAUCK, *Trag. Gr. Fragm.*, 2.ª ed., p. 575.

Silo: PAUSAN., II, 18, 8.

* **SILVANO.** (*Siluanus.*) Silvano é uma divindade romana que preside aos bosques (*siluae*). Distingue-se bastante mal de Fauno e, no panteão romano helenizado, identificou-se rapidamente com Pã. Representavam-no com os traços de um velho, mas, na realidade, era dotado de toda a força de um homem novo. O seu culto está ligado ao de Hércules e também ao dos Lares domésticos. Sendo simplesmente um *numen*, Silvano não possui mitos bem caracterizados. Vivia geralmente em bosques sagrados, perto das cidades ou em pleno campo.

Atribui-se-lhe um prodígio ocorrido aquando da expulsão dos Tarquínios. Os exércitos etrusco e romano tinham acabado de se defrontar numa batalha e o massacre fora tão grande de ambos o lados que o resultado não se apresentava definido. À noite, ouviu-se uma voz divina proclamar que os Romanos eram os vencedores, pois haviam perdido menos homens que os adversários. Os Etruscos, desencorajados, bateram em retirada e abandonaram o acampamento aos Romanos. Feita a contagem dos mortos, verificou-se que a voz misteriosa — a de Silvano — tinha dito a verdade (v. uma lenda análoga *s. u. Aio Locúcio*).

* **SÍLVIO.** (*Siluius.*) Sílvio, cujo nome lembra o do bosque (em latim *silua*), é filho de Eneias e Lavínia e meio-irmão de Ascânio. Sobre as circunstâncias do seu nascimento, ver *Lavínia*. Este Sílvio deu o seu nome a todos os reis que reinaram em Alba. Primeiramente, Ascânio cedera-lhe o lugar em Lavínio e, para não deixar qualquer dúvida, partira para fundar Alba. Quando morreu, após trinta e oito anos de reinado, Ascânio deixou o poder sobre Alba a Sílvio e este reinou durante vinte e nove anos, cedendo o reino, quando morreu, a seu filho, chamado Eneias como seu avô.

Os reis da sua dinastia, que reinaram, de pai para filho, depois deste segundo Eneias, são os seguintes: Latino, Alba, Cápeto, Cápis, Cálpeto, Tiberino, Agripa, Alades, Aventino, Procas, Amulio e Numitor, em cujo reinado se fundou Roma.

Outras tradições, em vez de fazerem de Sílvio o filho póstumo de Eneias e Lavínia, diziam-no filho de Ascânio, que era, neste caso, o filho de Eneias e Lavínia. Finalmente, consideravam-no por vezes filho de Eneias e Sílvia, a mulher de Latino, com quem Eneias se casara depois da morte dele.

SIME. (Σύμη.) Filha de Iáliso (v. este nome) e de Cótis, Sime foi raptada por Glauco, o filho de Antédon e de Alcíone. Quando Glauco se apoderou da ilha de Sime (hoje denominada Simi), situada entre Rodes e a quase ilha de Cnido, deu-lhe o nome da esposa. Outrora, a ilha denominou-se, sucessivamente, Metaponto e Egle. Sime teve um filho de Posídon, denominado Ctónio.

SIMOENTE. (Σιμόεις.) O Simoente é um rio da planície troiana. Como todos os rios, Hesíodo refere-se-lhe como filho de Oceano e Tétis. Intervém na *Ilíada*, onde o deus-rio Escamandro o chama em sua ajuda para rechaçar Aquiles e suster o massacre dos Troianos (v. *Aquiles* e *Escamandro*).

O Simoente teve duas filhas: Astíoque e Hieromneme. A primeira é a mulher de Erictónio e mãe de Trós; a segunda é a mulher de Assáraco e mãe de Cápis (v. quadro 7. p. 112).

SÍNIS. (Σίνις.) Sínis é um dos malfeitores mortos por Teseu ao largo do istmo de Corinto, quando ia para Atenas (v. *Teseu*). Passava por filho de Posídon e era um gigante dotado de uma força prodigiosa. Tinha o epíteto de *o Dobrador de Pinheiros*, porque costumava dobrar pinheiros entre os quais amarrava um homem: em seguida, largava as árvores que, endireitando-se violentamente, rasgavam o desgraçado. Em outra tradição, forçava os viajantes que conseguia capturar a dobrarem com ele um pinheiro; depois, largava a árvore que erguia brutalmente o homem e o projectava para longe, despedaçando-se contra o solo.

Por vezes, afirmava-se que Teseu não castigara este malfeitor quando fora para Atenas, mas muito tempo depois, quando subiu ao trono de Atenas. E teria sido em honra de Sínis que fundara os Jogos Ístmicos, considerados os jogos fúnebres de Sínis (v. uma versão análoga respeitante a *Círon*).

Sínis tinha uma filha, Perigune. Enquanto Teseu lhe matava o pai, escondera-se numa plantação de espargos. Em seguida, uniu-se ao herói e deu-lhe um filho, Melanipo (v. este nome). Por sua vez, Melanipo teve um filho, Ioxo, cujos descendentes tinham uma devoção especial pelos espargos, porque a sua antepassada devera a vida a essa planta.

SÍNON. (Σίνων.) Sínon é o espião que os Gregos deixaram em Tróia quando, com toda a armada, fingiram partir e levantar o cerco.

Silvano: Cato, *De agr. Cult.*, 83; Virg., *Ecl.*, II, 24 e s.; *Georg.*, I, 20; *Aen.*, VIII, 597 e s.; Ov., *Met.*, XIV, 639 e s.; Plut., *Publ.*, 9; Liv., II, 7.

Sílvio: Dion. Hal., I, 70; Virg., *Aen.*, VI, 760 e s., e Serv., *ad loc.*; Ov., *Fast.*, IV, 41; *Met.*, XIV, 610; *De orig. gent. rom.*, XVI, 17, 4 e s.; A. Gell., *N. A.*, II, 16, 3; Liv., I, 3, 6 e s.: Dion. Cass., fr. 3, 7 e s.

Sime: Athen., VII, 297 b e s.; Eust., *ad Il.*, pp. 518 e s. 671; Steph. Byz., *s.u.*; Diod. Sic., V, 53.

Simoente: *Il.*, V, 777; XVI, 19 e s.; XXI, 305 e s.; Hes., *Theog.*, 342 e s.; Virg., *Aen.*, I, 100 e s.; Apollod., *Bibl.*, III, 132; Tzetz., *ad Lyc.*, 29.

Sínis: Plut., *Thes.*, 8, 2; cf. 25, 4; Bacch., XVII, 19 e s.; Diod. Sic., IV, 59; Apollod., *Bibl.*, III, 16, 2; Pausan., II, 1, 4; Ov., *Met.*, VII, 440 e s.; Ps.-Ov., *Ibis*, 403 e s.; Hyg., *Fab.*, 38; *Chron. Paros*, 35 e s.; escól. *ad* Pind., *Isth.*, arg., p. 514 (Boeckh).

Sínon: Apollod., *Ep.*, V, 15; 19; Tzetz., *Posth.*, 720 e s.; Arist., *Poet.*, 23; 1459 b, 7; Plaut., *Bac.*, 937 e s.; Virg., *Aen.*, II, 57 e s.; Serv., *ad* v. 79; Hyg., *Fab.*, 108; Quint. Sm., XII, 243 e s.; Lyc., *Alex.*, 344 e escól. *ad loc.*

Sínon devia avisá-los do momento em que os Troianos tivessem introduzido o cavalo de madeira na cidade.

A genealogia de Sínon aparenta-o com Ulisses. É filho de Ésimo, irmão de Anticleia, mãe de Ulisses. Assim, Ulisses e Sínon são primos direitos. Têm como avô comum o velhaco Autólico (quadro 39, p. 460). A artimanha de Sínon é contada pormenorizadamente por Virgílio no Livro II da *Eneida*. Desistindo de tomar Tróia pela força, os Gregos pensaram em construir um enorme cavalo de madeira, suficientemente grande para conter um número considerável de heróis armados. Havia que persuadir os Troianos a introduzir este cavalo na cidade. Para o conseguir, a armada levantou âncora e foi esconder-se secretamente por detrás da ilha de Ténedo. Entretanto, Sínon ficou em terra e não tardou a ser feito prisioneiro por pastores troianos. Amarrado, levam-no ao rei Príamo. A multidão é-lhe hostil e reclama a sua morte. No entanto, Príamo interroga-o e Sínon conta-lhe que é alvo da perseguição de Ulisses e fugiu para não ser oferecido aos deuses como vítima. Diz-se parente de Palamedes, privado de apoio desde que o ódio de Ulisses o fez condenar à morte (v. *Palamedes*) e destinado a sofrer o mesmo destino. Conivente com Ulisses, Calcas declarou que os deuses, irritados contra os Gregos, exigiam uma vítima humana e designou Sínon. O sacrifício estava prestes a ser consumado quando Sínon conseguiu escapar-se e, escondendo-se num pântano, esperou que a armada zarpasse. Foi assim que, acrescentou, caiu nas mãos dos Troianos. Estes perguntaram-lhe então por que razão os Gregos, antes de embarcar, tinham deixado em terra um cavalo de madeira tão grande. Sínon respondeu-lhes que se tratava de uma oferenda a Palas Atena, como expiação do sacrilégio cometido por Ulisses quando roubou o Paládio da cidadela de Tróia (v. *Paládio*). Diversos prodígios haviam aterrorizado os Gregos e Calcas revelou-lhes que a deusa exigia, como reparação, que lhe prestassem culto sob a forma de um cavalo destinado a substituir a estátua roubada. Ora, em vez de construírem um cavalo de dimensões vulgares, os Gregos imaginaram fazer um tão grande que os Troianos não o pudessem introduzir na cidade sem serem obrigados a destruir uma parte das muralhas. E faziam-no porque a vontade dos deuses, interpretada por Calcas, assegurava aos Troianos a supremacia sobre a Grécia se eles prestassem culto a esse cavalo, na sua cidade. Estas falsas revelações de Sínon decidem os Troianos. Pouco depois, o presságio que interpretam na morte de Laocoonte (v. este nome) confirma a decisão. Libertam Sínon das amarras e abrem uma brecha nas muralhas por onde o cavalo é arrastado para dentro da cidade. Quando anoitece, Sínon abre os flancos do cavalo permitindo aos guerreiros que aí estão escondidos saírem e massacrarem os Troianos adormecidos ou indefesos. Simultaneamente, dá sinal aos barcos gregos, acendendo uma luz no ponto mais alto da cidade.

Havia variantes desta lenda que têm origem nos embelezamentos literários feitos por autores vários. Assim, Quinto de Esmirna conta que Sínon, levado diante de Príamo, se recusou durante muito tempo a falar e só revelou o seu pretenso segredo quando lhe cortaram o nariz e as orelhas. Em vez do consumado traidor que Virgílio apresenta, Sínon transforma-se assim no protótipo do herói mártir para servir a pátria.

SINOPE. (Σινώπη.) Sinope é a heroína epónima da cidade de Sinope, na costa asiática do Ponto Euxino. É uma das filhas do deus-rio Asopo. Foi raptada por Apolo, que a levou para a Ásia Menor, onde lhe deu um filho, chamado Siro, epónimo dos Sírios. Outra tradição dava-a como filha de Ares e Egina.

Contava-se também uma curiosa lenda acerca de Sinope: Zeus apaixonara-se por ela e prometera conceder-lhe o que ela pedisse. A jovem pediu-lhe que lhe respeitasse a virgindade. Zeus, preso pelo seu juramento, respeitou-a e deu-lhe como residência a região de Sinope. Mais tarde, enganou do mesmo modo Apolo e o deus-rio Hális. E não permitiu que nenhum mortal conseguisse o que os deuses não haviam podido obter.

SIPRETES. (Σιπροίτης.) Sipretes era um cretense que, durante uma caçada, viu Ártemis banhando-se numa fonte, completamente nua. A deusa transformou-o em mulher.

SIQUEU. (Συγχαῖος ou Συχαῖος.) Na tradição mais antiga, o marido da rainha Dido tem o nome de Sicarbas (v. *Dido*), mas, a partir da *Eneida*, o nome de Sicarbas é substituído pelo de Siqueu. Siqueu é um príncipe fenício, condenado à morte por Pigmalião, irmão de Dido e rei de Tiro, que desejava apoderar-se dos seus tesouros. O crime teve lugar, segundo a tradição, durante uma caçada ou durante um sacrifício. Pigmalião deixou o cadáver insepulto e, durante algum tempo, Dido não teve conhecimento do que acontecera. Mas Siqueu apareceu em sonhos à mulher e revelou-lhe a intriga, aconselhando-a a fugir. Para isso, revelou-lhe o local onde enterrara uma parte do ouro. Sobre a fuga de Dido, v. este nome.

Em Cartago, Dido consagrara um altar a Siqueu no interior do palácio e respeitava fielmente a sua memória. Apenas Eneias, graças à vontade de Vénus, conseguiu obter os seus favores. Foi com remorsos da infidelidade à memória de Siqueu que Dido se suicidou, após

---

Sinope: DIOD. SIC., IV, 72; APOL. RH., *Arg.*, II, 940, e escól. *ad loc.*

Sipretes: ANT. LIB., *Transf.*, 17.

Siqueu: VIRG., *Aen.*, I, 343 e s.; IV, 457 e s.; VI, 474 e s.; OV., *Her.*, VII, 97; SIL. ITAL., I, 81; VIII, 123; APPIAN., *Punica*, 1; MALAL., *Chronogr.*, VI, 68; EUST., *ad* DION. PERIEG., e esc., *Georg. gr. min.*, ed. Müller, II, pp. 193 e 195.

a partida de Eneias. Nos Infernos, reencontrou o marido.

Uma outra tradição, independente da *Eneida*, faz de Siqueu, não o marido de Dido, mas o da irmã, Ana.

SIRENES. (Σειρῆνες.) As Sirenes são génios marinhos, metade mulheres, metade pássaros. Umas vezes passam por filhas da Musa Melpómene e do deus-rio Aqueloo, outras por filhas de Aqueloo e Estérope, a filha de Portáon e Êurite (v. quadro 29, p. 298). Atribuíam-se-lhes também como pais Aqueloo e a Musa Terpsícore, ou então o deus marinho Fórcis. Libânio conta que nasceram do sangue de Aqueloo quando Héracles o feriu (v. *Aqueloo*).

As Sirenes são mencionadas pela primeira vez na *Odisseia*, onde são duas. Tradições posteriores referem quatro: Teles, Redne, Molpe e Telxíope, ou ainda três: Pisínoe, Agláope, Telxíope — também chamadas Parténope, Leucósia e Lígia. Os mitógrafos sabem tradicionalmente que são músicas notáveis e conhecem mesmo a parte que lhes cabe no terceto ou no quarteto. Segundo Apolodoro, uma tocava lira, outra cantava e a terceira tocava flauta.

Na lenda mais antiga, as Sirenes viviam numa ilha do Mediterrâneo e, com a sua música, atraíam os marinheiros que passavam nas redondezas. Os barcos aproximavam-se perigosamente da costa rochosa da ilha, despedaçavam-se e as Sirenes devoravam os imprudentes. Conta-se que os Argonautas passaram perto das Sirenes, mas Orfeu cantou tão melodiosamente enquanto o navio *Argo* esteve ao alcance da sua música que os heróis não sentiram qualquer tentação de abordar a ilha — excepto Butes que se atirou ao mar para ir ao seu encontro mas foi salvo por Afrodite (v. *Butes* e *Érix*). Quando por lá passou, Ulisses, prudente e curioso ao mesmo tempo, ordenou a todos os marinheiros que tapassem os ouvidos com cera e o amarrassem ao mastro, proibindo aos seus homens que o soltassem quaisquer que fossem os pedidos que ele lhes fizesse. Procedia assim a conselho de Circe que lhe revelara o perigo que corria. Mal começou a ouvir a voz das Sereias, Ulisses sentiu um desejo incontrolável de ir ao seu encontro mas os companheiros impediram-no. Diz-se que as Sereias, por não terem sido bem sucedidas, se atiraram ao mar e pereceram.

Desde a Antiguidade, os mitógrafos especularam sobre a origem e a dupla forma das Sereias. Ovídio diz que nem sempre haviam tido asas. Em tempos idos, eram jovens vulgares, companheiras de Perséfone. Porém, quando esta foi raptada por Plutão, pediram aos deuses que lhes dessem asas para poderem procurar a sua companheira, tanto no mar como na terra. Outros autores afirmavam, pelo contrário, que esta transformação era um castigo que Deméter lhes infligira por elas não se terem oposto ao rapto de sua filha. Ou então dizia-se que Afrodite lhes tirara a beleza porque desprezavam os prazeres do amor. Finalmente contava-se que, depois da metamorfose, pretenderam rivalizar com as Musas e estas, irritadas, depenaram-nas e coroaram-se com os despojos.

Tradicionalmente, a ilha das Sereias situa-se frente à costa da Itália meridional, sem dúvida ao largo da península de Sorrento (v. também a lenda de *Parténope*, epónimo de Nápoles, cujo nome mais antigo é Parténope).

Nas especulações escatológicas posteriores à epopeia, as Sereiras foram consideradas como divindades do Além, que cantavam para os Bem-Aventurados nas Ilhas Afortunadas. Acabaram por representar as harmonias celestes e é a este título que são frequentemente representadas nos sarcófagos.

SIRINGE. (Σύριγξ.) Siringe é uma Hamadríade arcádia, que foi amada por Pã. O deus perseguiu-a e, no momento em que a ia alcançar, nas margens do rio Ládon, ela transformou-se numa corça. Como o vento, com o seu sopro, fizesse gemer o canavial, Pã teve a ideia de unir com cera canas de tamanho vário. Construiu, assim, um instrumento musical a que deu o nome de siringe, em recordação da ninfa.

Contava-se também que, próximo de Éfeso, se encontrava uma gruta na qual Pã tinha depositado a primeira siringe. Esta gruta servia para pôr à prova as jovens que afirmavam ser virgens. Eram encerradas na gruta e, se eram de facto puras, ouvia-se sair da gruta os sons melodiosos de uma siringe. Logo a seguir a porta abria-se sozinha e a jovem reaparecia coroada com pinheiro. Caso contrário, ouviam-se gritos fúnebres no interior e quando, ao fim de alguns dias, se abria a gruta, a jovem desaparecera.

SÍRINX. V. *Siringe.*

SÍRIS. (Σῖρις.) Síris é o epónimo da cidade do mesmo nome no golfo de Tarento. Tão depressa se diz ser filha do velho rei itálico Morges (v. este nome), como primeira mulher do rei Metaponto (e, neste caso, considera-se

---

Sirenes: *Od.*, XII, 1, 200; escól. *ad* 39; EUST., *ad Hom.*, p. 1709; escól *ad* LIC., 653; PAUSAN., IX, 34, 3; X, 5, 12; 6, 5; TZETZ., *ad Lyc.*, 712; HYG., *Fab.*, 125; APOLLOD., *Bibl.*, I, 3, 4; 7, 10; 9, 25; *Ep.*, VII, 18; SOPH., trag. perdida (fragm., ed. Pearson, 2.ª ed., III, p. 66, fragm. 861); PLAT., *Rep.*, 617 b; cf. *Crt.*, 403 e; OV., *Met.*, V, 512-562; LIB., *Narr.*, I, 31; PLUT., *Conv.*; IX, 14, 6; APOL. RH., *Arg.*, IV, 895; cf. V. BÉRARD, *Navigations d'Ulysse*, IV pp. 197 e s.; F. CUMONT, *Symbolisme funéraire*, pp. 325 e s.; CH. PICARD, *Néreides et Sirénes...*, *A. E. H. E. G.*, 1938, pp. 125-153.

Siringe: OV., *Met.*, I, 689 e s.; THEOCR., poema figurado «*a Siringe*»; WESTERMANN, *Mythogr.*, p. 347, 89 e s.; SERV., *ad* VIRG., *Ecl.*, II, 31; X, 26; ACHILL. TAT., VIII, 6.

Síris: STRAB., VI, 264; ATHEN., XII, 523; escól. *ad* DION. PER., 461; *Etym. Magn.*, 714, 12; cf. DIOD. SIC., IV, 67; J. BÉRARD, *Colonisation*, pp. 344 e s.

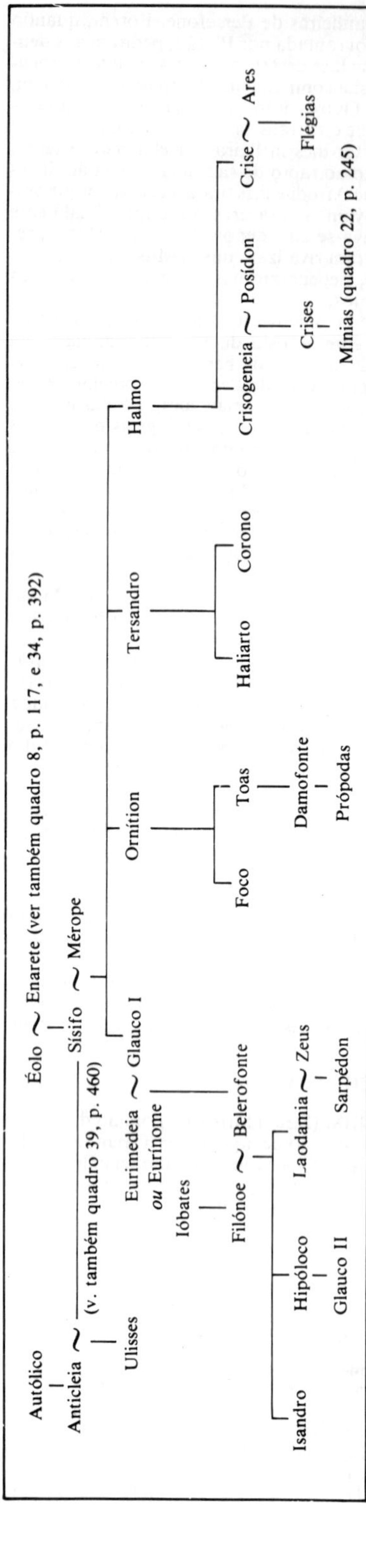

Quadro genealógico n.º 36

como uma das Nereides) (v. *Metaponto*). Metaponto tê-la-á repudiado para casar com Arne, filha de Éolo, e esta fez com que seus dois filhos, Beoto e Éolo II, a matassem.

SIRNA. (Σύρνα.) Sirna é a epónima da cidade de Sirna e filha do rei da Cária, Dameto. Caíra de um telhado e encontrava-se em perigo de morte quando surgiu Podalírio (v. este nome), que lhe sangrou os braços e a curou. Como recompensa, Dameto casou Sirna com o seu salvador.

SIRO. (Σύρος.) Siro é o epónimo dos Sírios, mas os dados da sua lenda são obscuros e contraditórios. Segundo uns, é filho de Sínope, a filha de Asopo, e de Apolo (v. Sínope); segundo outros, Siro figura entre os filhos de Agenor e de Telefaassa, sendo, portanto, irmão de Cadmo, Fénix e Cílix. Era-lhe atribuída a invenção da aritmética e a introdução da doutrina da metempsicose.

SÍSIFO. (Σίσυφος.) Sísifo é o mais astuto dos mortais e também o menos escrupuloso. Era filho de Éolo (v. quadro 8, p. 116) e pertence à raça de Deucalião. Fundador de Corinto, que então se chamava Éfira, é por vezes considerado também como sucessor de Corinto nessa cidade (v. *Corinto*) e seu vingador, ou ainda como sucessor de Medeia de quem recebeu o poder quando ela teve de abandonar precipitadamente a cidade (v. *Medeia*). A lenda de Sísifo abrange vários episódios, cada um dos quais é a história de uma astúcia.

Autólico roubara-lhe os rebanhos. Sísifo foi recuperá-los e fez valer os seus títulos ao mostrar o seu nome que, por precaução, gravara no casco de todos os animais. Esse dia era precisamente a véspera do casamento de Anticleia, filha de Autólico, com Laertes. Durante a noite, Sísifo arranjou maneira de se tornar amante da jovem, que dele concebeu um filho, Ulisses. Segundo certos mitógrafos, Autólico deu espontaneamente a filha a Sísifo, pois desejava ter um neto tão astuto como ele.

Quando Zeus raptou Egina, filha do Asopo, ao levá-la de Fliunte para Enone, passou por Corinto e Sísifo viu-o. Assim, quando Asopo, procurando a filha por toda a parte, se apresentou junto dele, prometeu revelar-lhe o nome do raptor se Asopo fizesse brotar uma nascente na cidadela de Corinto. Asopo concordou e Sísifo disse-lhe que o culpado era Zeus. Foi esse facto que atraiu sobre ele a cólera do senhor

---

Sirna: STEPH. BYZ., *s.u.*

Siro: **1)** Escól. *ad* APOL. RH., *Arg.*, II, 946; DIOD. SIC., IV, 72. **2)** EUST., *ad* DION. PER., 899.

Sísifo: *Il.*, VI, 152; escól. *ad* I, 180; VI, 153; *Od.*, XI, 593-600; APOLLOD., *Bibl.*, 7, 3; 9, 3; III, 4, 3; 10, 1; 12, 6; PAUSAN., II, 1, 3; 3, 11; 5, 1; IX, 34, 7; cf. X, 30, 5; PIND., *Olymp.*, XIII, 72; escól. *ad* APOL. RH., *Arg.*, III, 1240; TZETZ., *ad Lyc.*, 107; 176; 229; 284; 344; AESCH., SOPH., EUR., trag. ou drama satírico *Sísifo*; cf. *Trag. Gr. Fragm.* (NAUCK), 2.ª ed.,

dos deuses. Uma versão diz que Zeus o fulminou de imediato e o precipitou nos Infernos, onde lhe impôs como castigo que fizesse rolar eternamente um enorme rochedo na subida de uma vertente. Mal o rochedo atingia o cimo, voltava a cair mercê do seu próprio peso e o trabalho tinha de recomeçar. Este castigo, já referido na *Odisseia*, dizia-se, porém, que tinha outra explicação. Com efeito, Zeus, irritado pela denúncia de Sísifo, enviara-lhe o génio da Morte (Tânato) para que o matasse. Sísifo, todavia, apanhou Tânato de surpresa e acorrentou-o, de tal maneira que, durante algum tempo, nenhum homem morreu. Foi preciso que Zeus interviesse e obrigasse Sísifo a libertar Tânato, para que este pudesse continuar a desempenhar a sua missão. Naturalmente, a primeira vítima foi Sísifo. Este, porém, antes de morrer, em vez de aceitar a sua morte, ordenou secretamente à mulher que não lhe prestasse honras fúnebres. Quando chegou aos Infernos, Hades quis saber por que razão não vinha pelas formas comuns. Sísifo queixou-se amargamente da impiedade da mulher e obteve do deus, indignado, permissão de regressar à terra para a castigar e a fazer tornar ao bom caminho. Uma vez na terra, Sísifo dispensou-se de voltar e viveu até avançada idade. No entanto, quando morreu de vez, os deuses dos Infernos, para evitar qualquer evasão, impuseram-lhe uma tarefa que não lhe deixava nem descanso nem qualquer possibilidade de fugir.

Havia outro episódio na lenda de Sísifo que justificava de forma bem diferente o seu castigo. Infelizmente, é-nos transmitida apenas por uma notícia fragmentária de Higino, resumo incompleto de uma qualquer tragédia perdida. Higino conta que Sísifo odiava seu irmão Salmoneu. Perguntou ao oráculo de Apolo como poderia matar o «seu inimigo», isto é, o irmão. Apolo respondeu-lhe que encontraria quem o vingasse se desse filhos à sua própria sobrinha, Tiro, filha de Salmoneu. Sísifo tornou-se amante da jovem e deu-lhe dois gémeos. Tiro, porém, tomando conhecimento do oráculo, matou os próprios filhos, ainda de tenra idade. Infelizmente, não sabemos que fez então Sísifo. Quando a lacuna no texto termina, encontramos Sísifo nos Infernos rolando a sua pedra «por causa da sua impiedade».

Atribuiu-se por vezes a Sísifo a fundação dos Jogos Ístmicos em honra de seu sobrinho Melicertes (v. este nome).

Sísifo era casado com Mérope, uma das Plêiades, a única que casou com um mortal (v. *Plêiades*). Sobre a sua descendência, em que se contam nomeadamente Glauco e Belerofonte, v. quadro 36, p. 422.

SÍTON. (Σίθων.) Síton é um rei da Trácia, epónino da península de Sitónia, a mais central das penínsulas do Quersoneso da Trácia. Diz-se que é filho de Ares, ou então de Posídon e Ossa (a «ninfa» epónima da montanha vizinha). Casou com Anquínoe (ou Anquírroe), filha de Nilo, e dela teve duas filhas, Reteia e Palene. Quanto à lenda de Palene, v. este nome. Uma variante referida por Nono dizia que o próprio Dioniso se apaixonara por Palene e matou Síton com uma pancada do seu tirso para casar com a jovem. Uma alusão de Ovídio parece indicar que Síton se transformou em mulher, mas desconhecemos em que condições.

SÓFACE. V. *Sófax.*

SÓFAX. (Σόφαξ.) Quando Héracles massacrou Anteu, uniu-se à mulher dele, Tinge, epónimo da cidade de Tânger, e com ela gerou um filho, Sófax, que reinou na Mauritânia. Este Sófax teve um filho, Diodoro, que alargou o império herdado do pai e fundou a dinastia dos reis da Mauritânia.

*** SOL.** (*Sol.*) Sol é uma divindade sabina cujo culto se diz ter sido introduzido em Roma pelo primeiro rei sabino, Tito Tácio, juntamente com o culto da Lua. A família dos *Aurelii* passava por ter praticado o culto do Sol, de quem eram descendentes.

Sobre as lendas helénicas do Sol, v. *Hélio.*

SÓLIMO. (Σόλυμος.) É filho de Zeus ou, em outras versões, de Ares; é epónimo dos Sólimos, na Ásia Menor.

SOLUNTE. (Σολόεις.) Euneu, Tóloas e Solunte eram três jovens atenienses que haviam acompanhado Teseu na sua expedição contra as Amazonas. No regresso, Teseu trazia consigo Antíope e, durante a viagem de barco, Solunte apaixonou-se pela jovem. Confiou o segredo a um amigo que transmitiu a mensagem a Antíope. Ela, porém, recusou-se a ceder a Solunte que, desesperado, durante a escala, se lançou a um rio e se afogou. Quando tomou conhecimento do suicídio do jovem e da causa do seu desespero, Teseu sentiu um violento desgosto. Lembrou-se então de um oráculo em que a Pítia lhe ordenara que, no dia em que fosse afligido por um grande desgosto, no decurso de uma viagem a uma terra estrangeira, fundasse uma cidade e aí estabelecesse alguns dos seus companheiros. Obedecendo, Teseu fundou a cidade de Pitópolis, na Bitínia, nome que escolheu em honra de Apolo Pítio. Ao rio próximo chamou Solunte, em memória do jovem ateniense, e fixou na cidade os irmãos dele, bem como um outro ateniense, de nome Hermo.

---

pp. 74 e s.; 771 e s.; escól. *ad* SOPH., *Aj.*, 190; SUID., *s. u.*; HYG., *Fab.*, 60; 201; SERV., *ad* VIRG., *Georg.*, I, 138; *Aen.*, VI, 616. Cf. S. REINACH, *Cultes, Mythes et Religions*, II, pp. 159-205.

Síton: PARTH., *Erot.*, 6; CONON, *Narr.*, 10; escól. *ad* LYC., 583; 1161; 1356; NONN., *Dion.*, XLVIII, 183 e s.; OV., *Met.*, IV, 279.

Sófax: PLUT., *Sert.*, 9.

Sol: VAR., *LL*, V, 74; DION. HAL., II, 50; AUGUST., *Civ. D.*, IV, 23; PAUL., p. 23.

Sólimo: *Etym. Magn.*, 721, 43 e s.

Solunte: PLUT., *Thes.*, 26 (citando MENECRATES, *Hist. Nic*).

SÓPATRO. (Σώπατρος.) Outrora, quando os homens viviam apenas de frutos e legumes e ainda não ofereciam aos deuses sacrifícios sangrentos, vivia em Atenas um estrangeiro chamado Sópatro que aí possuía um campo. Durante um sacrifício solene, Sópatro colocou a sua oferenda sobre o altar; surgiu então um touro que devorou as plantas e as sementes que a compunham. Enfurecido, Sópatro empunhou um machado e matou o animal. Depois, arrependido do seu acto que considerava uma impiedade, exilou-se voluntariamente em Creta. Após a sua partida, porém, uma enorme escassez assolou o país. Interrogados, os deuses responderam que somente Sópatro podia indicar o remédio. Era preciso que o animal massacrado ressuscitasse, durante a mesma festa, e que o assassino fosse castigado. Foram então enviados emissários à procura de Sópatro e descobriram-no em Creta, acabrunhado de remorsos. Na esperança de tornar o seu erro mais suportável se o partilhasse com outros, quando os enviados atenienses lhe perguntaram que ritos deviam observar para apaziguar os deuses, começou por lhes pedir, como paga dos seus conselhos, que lhe concedessem o direito de cidadania. Os atenienses consentiram. Então, Sópatro acompanhou-os de regresso à pátria e eis o que imaginou: durante uma reunião de todos os atenienses, mandou trazer um touro semelhante ao que imolara; umas jovens apresentaram-lhe água com que purificou um cutelo que fora amolado por outros atenienses; abateu o animal que foi despedaçado e, em seguida, esfolado por outros, de tal modo que todos participaram na imolação. Dividiram depois a carne do touro. Terminado o festim, encheram a pele com feno e atrelaram a uma charrua o simulacro do touro assim obtido. Constituiu-se então um tribunal para julgar o assassino. De investigação em investigação, acabou por se estabelecer que o verdadeiro culpado era o cutelo, que foi condenado a ser atirado ao mar. Foi o que se fez. Foram assim cumpridas as condições do oráculo: «ressuscitado» o touro em forma de simulacro, executado o culpado, a escassez terminou. Este rito de sacrifício estabeleceu-se em Atenas, onde era celebrado pelos descendentes de Sópatro, os Sopátridas.

*** SORANO.** (*Soranus.*) Sorano é o deus adorado no cume do monte Soracte, a norte de Roma, pelos *Hirpi Sorani* (v. este nome). Este Sorano, identificado por vezes com *Dis Pater*, é geralmente considerado como um Apolo e é assim que é invocado por Virgílio, talvez por causa do culto do lobo que está ligado ao do deus, bem como ao de Apolo Lício (v. também *Vejove*, igualmente assimilado a um Apolo «infernal»).

SÓSTENES. (Σωσθένης.) Quando os Argonautas, vindos de Cízico, quiseram transpor o Bósforo, foram impedidos por Âmico (v. este nome). Refugiaram-se então numa pequena enseada onde lhes apareceu um homem alado, de prodigiosa estatura, que lhes predisse que venceriam Âmico. Recobrando ânimo, os Argonautas atacaram Âmico e derrotaram-no com facilidade. Erigiram então um santuário ao génio tutelar que lhes inspirara confiança e honraram-no sob o nome de Sóstenes. No tempo de Constantino, este santuário tornou-se uma capela do Arcanjo São Miguel.

*** SUMANO.** (*Summanus.*) Sumano é um deus romano, assimilado a uma manifestação de Júpiter: o deus dos relâmpagos nocturnos. Sumano não possui uma lenda própria. Contava-se que existia no templo de Júpiter, no Capitólio, uma estátua de *Summanus*, cuja cabeça fora cortada por um relâmpago, no ano de 278 a. C., e projectada no Tibre. Este prodígio foi interpretado como uma manifestação da vontade do deus, que desejava ter um templo separado. Este templo foi-lhe consagrado, a 20 de Julho, no *Circus Maximus.* Pensava-se que Sumano fora introduzido em Roma com os cultos sabinos importados por Tito Tácio.

Sópatro: PORPH., *De abst.*, 2, 29 e s.

Sorano: VIRG., *Aen.*, XI, 785; SERV., *ad loc.*, STRAB., V, p. 250; SIL. ITAL., V, 175 e s.; PLIN., *N. H.*, VII, 9.

Sóstenes: J. MALAL., 4, p. 78 e s. (Bonn).

Sumano: CIC., *de div.*, I, 16; OV., *Fast.*, VI, 729 e s.; PLIN., *N. H.*, II, 138; AUGUST., *Civ. D.*, IV, 23; *C. I. L.*, VI, p. 574, n.º 206; VAR., *LL*, V, 74. Cf. H. PETRIKOVITZ, *Summanus; Mitteil. des Vereins klass. Philol. in Wien*, 1931, pp. 35-42.

T

* **TÁCIO.** (*Tatius.*) *Titus Tatius* é, na tradição, o segundo rei de Roma. É de origem sabina, mais particularmente da cidade de Cures. É rei desta cidade antes de ser designado como chefe de guerra pela confederação sabina, que desejava vingar o rapto das mulheres e pôr fim aos progressos da recém-nascida Roma. Sobre os episódios desta guerra, marcada pela traição e pelo castigo de Tarpeia, v. este nome. O acampamento de Tácio está situado, tanto para Dionísio de Halicarnasso como para Propércio, na depressão que separa o Capitólio do Quirinal, nas imediações do *Comitium.* Após a reconciliação dos dois povos, devida à iniciativa de Hersília e das mulheres sabinas, foi decidido que os Sabinos e os Romanos formariam um único povo, e que Tácio e Rómulo partilhariam o poder sobre a cidade assim formada. Esta cidade conservaria o nome de Roma — derivado do nome do seu fundador —, mas os seus cidadãos teriam o nome de *Quirites*, em recordação da pátria de Tácio. Tácio habitaria a cidadela do Capitólio e Rómulo no Palatino. Este reinado conjunto durou cinco anos, no decurso dos quais se falou pouco de Tácio. Mas no quinto ano, alguns dos seus parentes e compatriotas discutiram com embaixadores laurentinos que se encontravam em Roma e, por fim, depois de os terem roubado, mataram-nos. Rómulo quis castigar este atentado contra os direitos dos povos, mas Tácio conseguiu salvar os seus parentes. Os amigos das vítimas, porém, atacaram Tácio durante um sacrifício que os dois reis ofereciam em comum a Lavínio e mataram-no. Embora Rómulo estivesse em seu poder, não lhe fizeram mal, mas, antes pelo contrário, escoltaram-no até Roma, louvando a sua justiça. Rómulo conduziu a Roma o cadáver de Tácio e concedeu-lhe grandes honras, sepultando-o no Aventino, próximo do *Armilustrium.* Em contrapartida, não tomou qualquer medida para castigar os assassinos do seu colega. Certos autores chegavam mesmo a afirmar que, apesar de os Laurentinos os terem entregue de livre vontade, Rómulo libertou-os, afirmando que já tinha sido feita justiça.

TÁFIO. (Τάφιος.) Filho de Posídon e de Hipótoe, pertence à raça de Perseu (v. quadro 32, p. 370). Teve por filho Ptérelas (v. este nome e, no mesmo artigo, as variantes na filiação). Táfio é o herói epónimo da ilha de Tafos.

* **TAGES.** (*Tages.*) Um dia, um lavrador, etrusco, ao conduzir o seu arado ao longo de um sulco, viu, de súbito, elevar-se um monte de terra, que se transformou numa criança chamada Tages. Pensavam que este Tages era filho do *Genius Iouialis.* Era dotado de uma grande sabedoria e possuía extraordinários dons de adivinhação. Viveu o tempo suficiente para predizer o futuro aos aldeãos, que tinham acorrido ao campo onde nascera, e ensinou-lhes as regras da haruspicina. Morreu em seguida. As suas palavras foram conservadas por escrito e constituíram a base dos livros etruscos consagrados à adivinhação.

Tácio: PLUT., *Romul.*, 20; 23; DION. HAL., II, 36 e s.; LIV., I, 10; 14; PROP., *El.*, IV, 4; OV., *Fast.*, I, 260 e s.

Táfio: APOLLOD., *Bibl.*, II, 4, 5; TZETZ., *ad LYC.*, 932; escól. a HES., *Scut.*, 11.
Tages: CIC., *de div.*, II, 23; OV., *Met.*, XV, 553; CENS., *de d. nat.*, IV, 13; FEST., *s. u.*

TAÍGETE. (Ταυγέτη.) Taígete, filha de Atlas e de Plêione, é uma das Plêiades (v. quadro 27, p. 280). Une-se a Zeus e dá-lhes um filho, Lacedémon (v. quadro 5, p. 90). Mas ela apenas cedeu ao deus desmaiada. Quando voltou a si, com vergonha, ocultou-se no monte Taígeto, na Lacónia.

Contava-se também que, para a livrar de Zeus, Ártemis tinha dissimulado a jovem sob os traços de uma corça. Quando foi devolvida à sua forma primitiva, Taígete, reconhecida, dedicou à deusa a corça com os cornos dourados cuja captura tinha sido um dos trabalhos de Héracles (v. *Héracles*).

TÁLAO. (Ταλαός.) Tálao, o filho de Bias, é célebre sobretudo por ser o pai de Adrasto (v. este nome). Reinou sobre a parte do reino de Argos que tinha sido atribuída ao seu pai por Preto (v. este nome). A sua mãe é Péro, filha de Neleu (v. *Bias*).

As tradições diferem quanto ao nome da mulher de Tálao: umas vezes é denominada Lisímaca e é considerada como filha do rei Abas e, por consequência, sua sobrinha-neta (v. quadro 1, p. 8); outras vezes, Lisianassa, filha do rei de Sícion, Políbo (v. este nome). Sobre as suas filhas, v. quadro referido.

Tálao figura entre os Argonautas.

*** TALÁSSIO.** (*Talassio.*) Talássio é, essencialmente, um grito ritual que se soltava durante os casamentos, no momento em que a jovem esposa transpunha a entrada da casa nupcial. Este grito, de significado obscuro, tinha dado origem à lenda de um certo Talássio, contando-se que esta personagem era um dos companheiros de Rómulo. Quando do rapto das mulheres sabinas, os pastores que estavam ao seu serviço tinham raptado uma jovem particularmente bela e, ao levá-la ao amo, para impedir que lha tirassem, gritavam: «Ela é para Talássio.» (Em latim: *Talassio.*) Como o casamento de Talássio foi, segundo se pensava, particularmente feliz, este grito, de bom augúrio, conservou-se no ritual do matrimónio. Era também dada uma outra explicação, relacionando a palavra com o grego (ταλασία (trabalho da lã). Tinha sido, com efeito, estipulado entre os Sabinos e os Romanos, depois do rapto das Sabinas, que estas não seriam submetidas a qualquer espécie de trabalho servil, mas contentar-se-iam em «fiar a lã». Era este compromisso que, segundo se dizia, recordava o grito *Talassio*.

TALIA. (Θαλία.) Este nome, que se relaciona com a raiz que transmite a ideia de «vegetação», é o de várias divindades, nomeadamente de uma Musa, de uma Graça e de uma Nereide.

1. Como Musa, e embora na origem não tivesse essa função particular, Talia acaba por presidir especialmente à comédia e à poesia ligeira. Considera-se que deu alguns filhos a Apolo, os Coribantes. Uma versão de lenda de Dafne fazia dela uma das amantes do herói — e identificar-se-ia com Pimpleia (v. *Dafne*).

2. Como uma das Cárites (Graças), Talia é filha de Zeus e de Eurínome. Presidia, neste caso, como as suas irmãs, à vegetação.

3. Por fim, Homero menciona, entre as Nereides, uma Talia, filha de Nereu e de Dóris.

TALO. (Τάλως.)**1.** Talo é uma personagem da lenda cretense que tanto é considerado um ser humano como um autómato de bronze. No primeiro caso, é filho de Crés (ou Crete), o herói epónimo da ilha, e ele próprio teria tido como filho o deus do Fogo, Hefesto (v. este nome). Hefesto, por seu lado, seria o pai de Radamente. Uma versão aberrante apresentava Enópion como pai de Talo. No segundo caso, Talo era considerado como obra de Hefesto, que o tinha oferecido a Minos, ou a Dédalo, o artista titular do rei, ou, então, era encarado como o último representante na Terra da «raça de bronze».

Talo é, essencialmente, o guardião de Creta. Vigilante infatigável, tinha sido escolhido por Minos para esta missão, ou, então, por Zeus, para proteger a filha da sua querida Europa. Todos os dias, armado, dava três voltas a Creta. Impedia os estrangeiros de penetrar na ilha, mas também impedia os habitantes de sair dela sem permissão de Minos. Foi para lhe escapar, parece, que Dédalo teve de escolher a via dos ares (v. *Dédalo*). As armas favoritas de Talo eram enormes pedras, que ele lançava a grande distância. Mas os «imigrantes clandestinos» tinham ainda outros perigos a recear da parte de Talo, mesmo quando conseguiam ultrapassar esta primeira barreira. Quando os capturava, Talo penetrava no fogo, levava o seu corpo metálico ao rubro e, precipitando-se sobre os infelizes, apertava-os com os seus braços e queimava-os.

Talo era invulnerável em todo o corpo, excepto na parte inferior da perna, onde se encontrava uma pequena veia, fechada por uma

---

Taígete: Escól. a PIND., *Olymp.*, III, 53; *Nem.*, II, 16 (cit. um frag. de HES.); HYG., *Fab.*, 154; 192; *Astr. Poet.*, II; 21; HELLAN., fr. 56; APOLLOD., *Bibl.*, III, 10, 3; PAUSAN., III, 1, 2; 18, 10; 20, 2; IX, 35, 1; ERATOSTH., *Cat.*, 23; TZETZ., *ad* LYC., 219; OV., *Fast.*, IV, 174; PS-PLUT., *de floor.*, 17, 3.

Tálao: APOLLOD., *Bibl.*, I, 9, 10; 12; 13; PAUSAN., II, 21, 2; APOL. RH., *Arg*, I, 118 e s., e escól. *ad loc.*; TZETZ., *ad Lyc.*, 175.

Talássio: SERV., *ad VIRG.*, *Aen.* 1, 651; PLUT., *Qu. Rom.*, 31; *Rom.*, 15; *Pomp.*, 4; LIV., I, 9, 12; CATO., 61, 134.

Talia: **1)** HES., *Theog.*, 77; DIOS. SIC., IV, 7; APOLLOD., *Bibl.*, I, 3, 1; 4; PLUT., *Qu. Conv.*, IX, 7; TZETZ., *ad Lyc.*, 78; SERV., *ad VIRG.*, *Ecl.*, VIII, 68; *Argum.*, a THEOCR., VIII, e escol. v. 92. **2)** HES., *Theog.*, 909; PAUSAN., IX, 35, 5; APOLLOD, *Bibl.*, I, 3, 1; TZET., *Chil.*, X, 516; PLUT., *Conv.*, IX, 14, 4. **3)** *Il.*, XVIII, 39; HYG., *Fab.*, prol.; VIRG., *Aen.*, V, 826; *Georg.*, IV, 338.

Talo: **1)** PAUSAN., VII, 4, 8; VIII, 53, 5; APOLLOD., *Bibl.*, I, 9, 26; APOL. RH., *Arg.*, IV, 1636, 3 e s., e escól. *ad loc.*; EUST., *ad Hom.*, XX, 302 (p. 1893); DIOD. SIC, IV, 76; escól. a PLAT, *Rep.*, I, p. 396; OV., *Met.*, VIII, 183 e s.; **2)** APOLLOD., *Bibl.*, III, 15, 9; DIOD. SIC., IV, 76; PAUSAN., I, 21, 4; 26, 4; OV., *Met.*, VIII, 236 e ss.; HYG., *Fab.*, 39; 244; 274; SERV., *ad VIRG.*, *Aen.*, VI, 14; *Georg.*, I, 143. Cf. J. SCHOO, in *Mném.* 1937, pp. 257-294.

cavilha. Quando os Argonautas desembarcaram, Medeia, com os seus encantamentos, conseguiu rasgar esta veia e Talo morreu (v. *Argonautas*). Uma outra versão contava que Peante, o pai de Filoctetes, e um dos Argonautas, tinha atravessado esta veia com uma flecha. Atribuía-se um filho a Talo: Leuco (v. *Idomeneu*).

2. Existia um outro Talo, um ateniense da família de Metíon e sobrinho de Dédalo, a quem este, com inveja da sua habilidade, matou (v. *Dédalo*).

TÁLPIO. (Θάλπιος.) Tálpio e o seu irmão, Antímaco, são dois dos chefes que comandam os quatro contingentes dos Epeus da Élida. Descendem de Actor, o filho de Forbas (v. quadro 25, p. 268), por intermédio dos Moliónidas, de quem são filhos (v. *Moliónidas*). Tálpio tem por mãe a filha de Dexâmeno, Teréfone, e por pai Êurito. Não possui uma lenda particular, figurando apenas entre os pretendentes à mão de Helena e entre os heróis que tomaram lugar no interior do cavalo de madeira. O seu túmulo, como o do seu irmão, encontrava-se na Élida.

TALTÍBIO. (Ταλθύβιος.) Arauto de Agamémnon, participou com ele na Guerra de Tróia. Enquanto arauto, tinha como colega Euríbato. Nas narrativas da *Ilíada*, Taltíbio representa diferentes papéis em ocasiões diversas. É encarregado de ir buscar Briseide a Aquiles; é enviado em embaixada a Macáon. Contava-se também que tinha acompanhado Ifigénia a Áulis, para o sacrifício, e que tinha participado na embaixada enviada a Cíniras (v. este nome).

Existia em Esparta um santuário de Taltíbio, que era considerado como o protector do direito internacional, assegurando a livre circulação dos embaixadores.

TÂMIRIS. (Θάμυρις.) Tâmiris (ou Tâmiras) é um dos músicos míticos aos quais se atribuem diversos poemas e diversas inovações musicais. Teria composto uma Teogonia, uma Cosmogonia e uma Titanomaquia. Também se dizia que era o inventor do modo dório.

É um dos filhos do músico Filámon (v. este nome) e da ninfa Argíope. Mas outras tradições apresentam-no como filho de Étlio e neto de Endímion. Do mesmo modo, a sua mãe é, por vezes, uma das Musas, Erato ou Melpómene. Tâmiris era de grande beleza e excelente tanto na arte do canto como na da lira, que lhe tinha sido ensinada pelo próprio Lino. Às vezes era mesmo considerado como o mestre de Homero. Homero conta que Tâmiris tentou rivalizar em música com as Musas, mas foi vencido e as deusas, irritadas, cegaram-no e privaram-no da sua habilidade musical. Pretendia, em caso de vitória, unir-se sucessivamente a todas as Musas. Diz-se que, depois do seu fracasso, Tâmiris teria lançado a sua lira, já inútil, a um rio denominado Bálira (em cuja formação se encontram duas palavras que significam, respectivamente, *lançar* e *lira*), no Peloponeso. O local do castigo costuma situar-se em Dório, perto de Pilos.

TÁNAIS. (Τάναις.) Deus-rio, filho de Oceano e de Tétis (hoje denominado Don). Uma lenda tardia pretendia que Tánais fosse um herói, um jovem filho de Beroso e da Amazona Lisipe, que apenas honrava Ares e detestava as mulheres. Irritada, Afrodite decidiu puni-lo e, para isso, inspirou-lhe um amor incestuoso pela mãe. Desesperado, Tánais não encontrou outro meio para escapar à sua paixão senão o lançar-se a um rio denominado até então Amazónio e que, desde esse momento, recebeu o nome de Tánais.

TÂNATO. (Θάνατος.) Tânato é o génio masculino alado que personifica a Morte. Na *Ilíada*, surge como o irmão do Sono (*Hypnos*), sendo esta genealogia retomada por Hesíodo, que faz destes dois génios os filhos da Noite.

No teatro, Tânato é, por vezes, introduzido como uma personagem. Esta inovação remonta ao trágico Frinico, no seu *Alceste*, hoje desaparecido. Foi imitado por Eurípides na tragédia sobre o mesmo tema.

Tânato não possui um mito propriamente dito. O combate que trava com Héracles, no *Alceste* de Eurípides, e o seu contratempo com Sísifo (v. este nome) são apenas narrativas populares imaginadas fora de qualquer sistema mítico.

TÂNTALO. (Τάνταλος.) **1.** Tântalo é geralmente considerado como um filho de Zeus e de Pluto, sendo esta filha de Crono ou mesmo

---

Tálpio: Pausan., V, 1; 3, 3 e s.; *Il.*, II, 618 e s.: Eust., *ad loc.*; Quint. Sm., XII, 323; Apollod., *Bibl.*, III, 10, 8.

Taltíbio: *Il.*, I, 320: III, 118; IV, 192 e s.; VII, 267; XIX, 196; 250; 267; XXIII, 897; Ov., *Her.*, III, 9 e s.; Apollod., *Ep.*, III, 22; Hdt., VII, 134 e s.; Pausan., III, 12, 7.

Tâmiris: *Il.*, II, 594 e s., e Eust., *ad loc.*; Suid., *s. u.*; Tzet., *Chil.*, VII, 92 e s.; Plut., *De Mus.*, III, 1152 b; Plat., *Ion*, 533 b e s.; Plin., *N. H.*, VII, 207; Eus., *Pr. Ev.*, X, 6. p. 476 c; Pausan., IV, 33, 3; X, 7, 2; escól., a Hes., *Op.*, I, p. 25; Apollod., *Bibl.*, IV, 33, 3; escól: a Eur., *Rh.*, 346; Soph., trag. perdida *Tâmiris*; Diod. Sic., III, 67; Hyg., *Astr. Poet.*, II, 6.

Tánais: Hyg., *Fab.*, *pr.*, 6 (Rose); Ps.-Plut., *de flor.*, XIV, 1.

Tânato: *Il.*, XI, 241; XIV, 231; Pausan., III, 18, 1; Hes., *Theog.*, 211 e s.; *Trag. Gr. Fragm.*, Nauck, 2.ª ed., p. 720; Eur., *Alc.*, *passim*; v. também *Sísifo*; cfr. F. de Ruyt, «Le Thanatos d'Euripide...», in *Ant. Class.*, 1932, pp. 61-77.

Tântalo: **1)** *Od.*, XI, 582 e s., escól. XIX, 518, e XX, 66; Apollod., *Bibl.*, III, 5, 6; *Ep.*, II, 1; Pind., *Olymp.*, I, 87 e s.; escól. v. 97; *Isth.*, VIII, 21; Eur., *Or.*, 4 e s.; Plat., *Cra.*, 395 d e s.; Pausan., X, 31, 10; Luc., *D. Mort.*, 17; Nonn., *Nar.*, *ap.* Westermann, *Appendix*, p. 386 (*Mythographi*); Athen., VII, 14, p. 281 b e s.; Lucr., *De Nat. Rer.*, III, 980 e s.; Cic., *de fin.*, I, 18, 60; *Tusc.*, IV, 16, 35; Hor., *Ep.*, XVII, 65 e s.; *S.*, I, 1, 68 e s; Ov., *Met.*, IV, 458 e s.; VI, 174; Hyg., *Fab.*, 9, 82; 155; Ant. Lib., *Transf.*, 36; Lact. Plac., *ad* Stat. *Theb.*, II, 436; Diod. Sic.; IV, 74. **2)** Pausan., II, 18, 2; 22, 3; Senec., *Th.*, 718; Hyg., *Fab.*, 88; 244; 296; Eur., *Iph. Aul.*, 1150. **3)** Ov., *Met.*, VI, 239; Hyg, *Fab.*, 11. Sobre *Tântalo* 1, *v. s.* Reinach, *art. cit.* (no artigo *Sísifo*).

de Atlas. Reinava na Frígia, ou na Lídia, no monte Sípilo. Era extremamente rico e amado pelos deuses, que o admitiam nos seus festins. Tinha por esposa uma das filhas de Atlas, a Plêiade Dione. Mas é-lhe conhecida também uma outra mulher, Emianassa, fiha do deus-rio Pactolo. Certos mitógrafos nomeiam igualmente Clite, a filha de Anfidamos, e Estérope, outra Plêiade.

Os seus filhos são Pélops, Níobe (v. quadro 2, p. 12), aos quais se acrescenta por vezes Bróteas, Dascilo e outros. É dele que, por intermédio de Pélops, descendem os «Tantálidas», Tiestes e Atreu, e por fim, Agamémnon e Menelau.

As acções que lhe atribuem os autores durante a sua vida são bastante insignificantes: teria cometido perjúrio para não entregar a Hermes o cão de Zeus, que Pandáreo lhe tinha confiado (v. este nome). Este crime ter-lhe-ia valido a cólera de Zeus e Tântalo teria sido encerrado sob o monte Sípilo antes de ser precipitado nos Infernos (v. a seguir). Uma outra aventura relacionava-o com Ilo, o fundador da primeira Tróia. Ilo, com efeito, tê-lo-ia expulso para a Ásia Menor depois das infelicidades da sua filha Níobe. Um outro episódio, por fim, fazia-o raptor de Ganimedes (v. este nome).

Mas o que tornou Tântalo mais célebre na mitologia foi o castigo que sofreu nos Infernos e de que é dada uma descrição já na *Odisseia*, na «Descida aos Infernos», que é um dos passos mais recentes do poema. Os autores, contudo, não estavam de acordo acerca do motivo deste castigo. Era acusado de orgulho. Convidado pelos deuses para a sua mesa, teria revelado aos homens os segredos divinos de que se tinha falado livremente na sua presença. Ou, então, teria roubado néctar e ambrósia durante um desses banquetes e tê-los-ia dado aos seus amigos mortais. Para uma outra acusação, v. *Pélops.* Como Licáon, Tântalo teria imolado o seu filho para servir como alimento aos deuses. Qualquer que tenha sido, porém, a sua falta, a punição ficou memorável. Mas mesmo este castigo é apresentado de diferentes maneiras. Contava-se, por vezes, que Tântalo estava colocado nos Infernos sob uma pedra enorme, sempre em risco de cair, mas que permanecia eternamente em equilíbrio. Dizia-se também que o seu suplício consistia numa fome e numa sede eternas: mergulhado na água até ao pescoço, não podia beber, porque o líquido fugia sempre que tentava mergulhar nele a boca; um ramo carregado de frutos pendia sobre a sua cabeça, mas, se levantava o braço, o ramo erguia-se bruscamente e ficava fora do seu alcance.

2. Um outro Tântalo é um filho de Tiestes, ou de Bróteas, ambos filhos de Tânatlo. A sua sepultura encontrava-se em Argos. Existiam sobre ele duas lendas diferentes: ou tinha sido morto por Atreu, por ódio a Tiestes, e servido a este em guisado ou, então, teria sido o primeiro marido de Clitemnestra, morto por Agamémnon, seu próprio sobrinho (v. *Clitemnestra* e quadro 2, p. 12).

3. Um dos filhos de Anfíon e Níobe tem o mesmo nome.

TARAS. (Τάρας.) Taras é o herói epónimo de Tarento, na Itália meridional. Era filho de Posídon e de uma ninfa local, denominada Sátira, ou Satíria, e que era considerada como filha de Minos (daí a tradição das origens cretenses de Tarento) (v. *Satíria*).

Para um outro fundador de Tarento, v. *Falanto.*

TARAXIPO. (Ταράξιππος.) **1.** Taraxipo, «o perturbador de cavalos», é um génio que frequentava o hipódromo de Olímpia e assustava os cavalos que tomavam parte nas corridas, próximo de uma curva onde se encontrava um altar. Existia um certo número de lendas a respeito deste génio. Dizia-se que era uma alma penada do herói Ísqueno, sacrificado para pôr fim a uma fome (v. *Ísqueno*), ou a de Olénio, um auriga célebre de Olímpia, ou, ainda, a de Dámeon, filha de Fliunte, que tinha participado na expedição de Héracles contra Augias e que tinha sido morto por Ctéato ao mesmo tempo que o seu cavalo. O dono e o animal tinham sido sepultados precisamente nesse local. Contava-se que este perturbador de cavalos era Alcátoo, o filho de Portáon, que tinha sido morto por Enómao quando tentava obter a mão de Hipodamia. É o mesmo génio era ainda relacionado com a lenda de Enómao de um duplo modo, quer Pélops tenha enterrado neste local um feitiço que tinha recebido de um egípcio e que lhe serviu para assustar os cavalos de Enómao e, assim, vencer a corrida (v. *Enómao*), quer o próprio Pélops tenha sido sepultado no hipódromo de Olímpia e continuasse a perturbar as corridas, como tinha perturbado outrora a do seu futuro sogro. Finalmente, os melhores espíritos asseguravam que existia um loureiro próximo desse altar e que a sombra da folhagem, agitada pelo vento, era suficiente para perturbar os cavalos que corriam na pista.

2. Encontrava-se um outro Taraxipo no hipódromo de Corinto. Era a alma do herói Glauco, filho de Sísifo, que tinha morrido devorado pelos seus cavalos (v. *Glauco*).

*** TÁRCON.** (Τάρχων.) Herói etrusco que era apontado como o fundador da cidade de Tarquínios, a norte de Roma, e de algumas outras, nomeadamente de Mântua, de Cortona, etc. Era, por vezes, considerado irmão de Tirreno e filho de Télefo. Teria sido ele quem conduziu os imigrantes etruscos da Lídia até à Itá-

---

Taras: Pausan., X, 10, 8; 13, 10; Stat., *Silyv.*, 1, 1, 103; Serv., *ad Virg.*, *Aen.*, III, 551; Prob., *ad* Virg., *Georg.*, II 176; cf. Wuilleumier, *Tarente*, pp. 35 e s.

Taraxipo: 1) Pausan., VI, 20, 15; Lyc., *Alex.*, 42 e s.; Tzetz., *ad loc.* **2)** Pausan., VI, 20, 19.

Tárcon: Strab., V., p. 219; Steph. Byz., *s. u.*, Ταρχυνία; Serv., *ad Virg.*, *Aen.*, X, 179; 198; Tzetz., *ad Lyc.*, 1242 e s; 1249: Virg., *Aen.*, VIII, 503 e s.; X, 147 e s.; cf. M. Pallottino, in *Rend. Accad. Lincei*, 1930. pp. 49-87.

lia. Contava-se também que tinha nascido com os cabelos brancos, sinal de um alto destino. Sobre o seu papel numa versão da lenda de Caco, v. este nome.

Virgílio dá a Tárcon um papel na *Eneida*, fazendo dele aliado de Evandro e, por consequência, de Eneias. É ele quem comanda o contingente etrusco.

* **TARPEIA.** (*Tarpeia*.) Tarpeia é uma heroína romana, epónima do Capitólio (*Mons Tarpeius*) ou ainda, de modo mais particular, da rocha «Tarpeia», de onde se lançavam certos criminosos. A forma mais usual da sua lenda é a seguinte: Tarpeia era filha de *Spurius Tarpeius*, a quem Rómulo, durante a guerra que se seguira ao rapto das Sabinas, tinha confiado a defesa do Capitólio. Mas como Tácio, o rei sabino, estava acampado, com o seu exército, junto ao Capitólio (no local do futuro *Comitium*), Tarpeia viu o herói e apaixonou-se por ele. Graças à cumplicidade de uma criada (ou da sua ama), prometeu a Tácio entregar-lhe a cidadela com a condição de ele a desposar. Tácio aceitou e Tarpeia introduziu-o, com os seus soldados, no Capitólio. Mas, em vez de casar com a jovem, Tácio fê-la esmagar sob o peso dos escudos dos seus homens. E Tarpeia morreu deste modo, sem receber o preço da sua traição. Uma outra versão pretendia que Tarpeia tivesse pedido a Tácio como pagamento «aquilo que os soldados e ele próprio levavam no braço esquerdo», isto é, ricas jóias em ouro. Mas Tácio fingiu perceber que ela queria os escudos e fê-la matar do modo já descrito.

Dizia-se também que os Sabinos tinham massacrado a jovem para não parecer que deviam a sua vitória a uma traição.

Os mitógrafos romanos procuraram também absolver Tarpeia, a quem se prestava um culto local no Capitólio. Contava-se, por exemplo, que era filha de Tácio e que tinha sido raptada por Rómulo. A sua traição teria sido a vingança contra o seu raptor. Mas não se compreende bem por que é que os Sabinos a teriam sacrificado. Uma outra versão explicava o seu suplício pela obstinação em não querer revelar a Tácio os planos de guerra de Rómulo. Contava-se, ainda, que Tarpeia teria idealizado um estratagema de guerra para deixar os Sabinos à mercê de Rómulo. Fingiu ter traído Rómulo e pediu como prémio o que levavam no braço esquerdo. Pensava, assim, nos escudos e esperava que os Sabinos, uma vez dentro da cidadela e desprovidos da sua principal protecção, seriam facilmente mortos pelos Romanos. Infelizmente, o emissário de que se servia para estas negociações traiu-a. Tácio teve conhecimento a tempo do perigo e, quando Tarpeia reclamou o seu escudo e os dos seus homens, ele fê-la esmagar sob as armas. Uma versão desta lenda situava a aventura no tempo da invasão gaulesa.

* **TARQUÉCIO** (Ταρχέτιος.) A lenda de Tarquécio é uma variante do nascimento de Rómulo e de Remo. Tarquécio era rei de Alba e, um dia, apareceu na sua casa um falo que saía do solo. Tarquécio perguntou à deusa Tétis o que é que devia fazer. O oráculo respondeu que uma jovem devia unir-se a esse falo e que a criança que nascesse dessa união teria uma vida gloriosa. Tarquécio chamou uma das suas filhas e ordenou-lhe que cumprisse as condições fixadas pela deusa. A jovem, por pudor, enviou uma criada em seu lugar. Ao ter conhecimento do facto, Tarquécio, irritado, quis matar as duas jovens. Mas a deusa Vesta apareceu-lhe em sonhos e dissuadiu-o do projecto. Para as punir, Tarquécio atou as duas culpadas a um tamborete de fiadeira e prometeu que as libertava e que as casava quando tivessem concluído determinado trabalho. Trabalhavam durante o dia, mas de noite, enquanto dormiam, outras criadas, enviadas por Tarquécio, desfaziam o seu trabalho. Por fim, a criada que se tinha unido ao falo miraculoso deu à luz dois gémeos. Tarquécio tinha a intenção de os matar, mas a mãe entregou-os a um certo Terásio, que os expôs nas margens do rio. Aí, foram amamentados por uma loba e salvaram-se os dois. Mais tarde, destronaram e mataram Tarquécio.

TÁRTARO.(Τάρταρος.) Nos *Poemas Homéricos* e na *Teogonia* hesiódica, o Tártaro surge como a região mais profunda do mundo, situada sob os próprios Infernos. A distância entre o Hades (os Infernos) e o Tártaro é a mesma que há entre o Céu e a Terra. Constitui as próprias fundações do Universo. A lenda mostra que é lá que as diferentes gerações divinas encerram sucessivamente os seus inimigos. Úrano tinha lá encerrado os primeiros filhos que tinha tido de Geia, os Ciclopes Arges, Estérópes e Brontes. Mas Geia, para os libertar, tinha amotinado os Titãs contra o pai. Depois da sua vitória, Crono, o mais jovem dos Titãs, libertou os Ciclopes, mas apressou-se a encerrá-los de novo. Estes só foram definitivamente libertados por Zeus, que os aceitou como aliados nas suas lutas contra os Titãs e os Gigantes. Foi a vez de os Titãs serem lançados ao Tártaro por Zeus, ajudado pelos seus irmãos Hades e Posídon. E os recém-chegados propuseram para guardá-los os Hecatonquiros, Gies, Coto e Briareu (v. estes nomes). O Tártaro permaneceu como um lugar temido pelos Olímpicos. Quando um deles resistia a Zeus, este ameaçava encerrá-lo nesse local e o rebelde apressava-se a obedecer. Quando Apolo ma-

---

Tarpeia: PLUT., *Rom.*, 17; *Parall. min.*, 15; LIV., I, 11,7 e ss.; DION. HAL., II, 38 e s.; SERV., *ad VIRG.*, *Aen.*, VIII, 348; OV., *Met.*, XIV, 777; *Fast.*, I, 261; PROP., *El.*, IV, 4; VAR., *LL*, V, 41, cf. E. PAIS, *Ancient Legends*, pp. 96 e s., e S. REINACH, in *Rev. Arch.*, 1908, pp. 42 e ss.; G. DUMÉZIL, *Tarpeia*, Paris, 1947; L. GANSINIEC, «Tarpéia», *Acta Soc. Arch. Polonorum*, 1949; cf. *R. E. L.*, 1951, p. 456.

Tarquécio: PLUT., *Rom.*, 2.

Tártaro: *Il.*, VIII, 13 e s.; 478 e s.; HES., *Theog.*, 119 e s.; 722 e s.; 820 e s.; APOLLOD., *Bibl.*, I, 1, 4 e s.; 6,

tou os Ciclopes com as suas flechas, escapou por pouco a este castigo e graças às súplicas de Leto, que conseguiu que, em vez de ser precipitado no Tártaro, seu filho fosse apenas condenado a servir um mortal (v. *Apolo*). Para o Tártaro foram lançados os Alóadas e Salmoneu (v. estes nomes). Pouco a pouco, o Tártaro confundiu-se com os Infernos propriamente ditos na acção de «mundo subterrâneo», onde se situava o local onde eram supliciados os grandes criminosos. Neste sentido, o Tártaro opõe-se aos Campos Elíseos, morada dos Bem-Aventurados. O Tártaro é personificado na *Teogonia* de Hesíodo. Constitui um dos elementos primordiais do mundo com Eros, o Caos e Geia (a Terra). Unido à Terra, Tártaro procria vários monstros: Tífon, Equidna, aos quais se junta por vezes a águia de Zeus e Tânato (a Morte) (v. quadro 14, p. 182).

TASO. (Θάσος.) Taso é o herói epónimo da ilha de Taso. É de origem fenícia, quer seja considerado filho de Agenor e irmão de Cadmo, etc. (v. quadro 3, p. 66), quer se ligue de um modo distinto à família de Europa (é então apresentado como filho de Cílix ou de Fénix). Acompanhava Telefaassa, Cadmo e os outros irmãos na procura de Europa. Deteve-se em Taso, ilha a que deu o seu nome (V. *Cadmo*).

TAUMAS. (Θαύμας.) Taumas é um dos filhos de Ponto (o Mar) e de Geia (a Terra) (v. quadro 14, p. 182; 33, p. 388). É o irmão de Nereu, Fórcis, Cato e Euríbia, e pertence, por conseguinte, ao grupo das divindades marítimas primordiais. Une-se à filha do Oceano, Electra, e dá-lhe filhas: as Harpias e Íris. Não possui uma lenda particular.

TAURO. (Ταῦρος.) Tauro, o Touro, é o nome dado pelos mitógrafos evemeristas a supostos heróis cretenses para explicarem «racionalmente» os mitos de Europa e do Minotauro.

1. A propósito do primeiro, dizem principalmente que Tauro era um príncipe de Cnosso e que comandou uma expedição contra Tiro, de onde levou, entre outras cativas, a filha do rei, Europa. Este Tauro é considerado como o fundador da cidade cretense de Gortina e como pai de Minos.

2. A propósito do mito do Minotauro, contava-se que o Minotauro não era um animal, mas um certo Tauro, chefe dos exércitos de Minos, um homem cruel. Os jovens enviados por Atenas como tributo não eram, dizia-se, mortos por Minos, mas oferecidos como prémio nos jogos fúnebres celebrados em honra de Tauro. O primeiro vencedor destes jogos teria sido precisamente Androgeu, que maltratou cruelmente os jovens que ganhara. Foi para se vingar dele que Teseu teria empreendido a expedição a Creta. Quanto a Minos, não lhe desagradou ver-se livre de um general que se tornara embaraçante e, sobretudo, demasiado solícito para com a rainha, Pasífae — que, por seu lado, não o repelia. Foi por esta razão que Minos facilitou a empresa de Teseu e que, espontaneamente, lhe deu em casamento a filha Ariadne.

3. Uma outra interpretação da lenda pretendia que Tauro fosse um jovem de grande beleza por quem Pasífae se apaixonara. A rainha entregara-se a Tauro num momento em que Minos, atacado por uma doença secreta, não podia procriar (v. *Minos* e *Prócris*). A rainha engravidou e Minos soube que a criança que ia nascer não era seu filho. Não ousou matá-la, mas enviou-a para a montanha. Já crescido, o jovem, a quem chamavam «Minotauro» pela sua semelhança com Tauro, recusou-se a continuar a obedecer aos pastores que o tinham recebido de Minos. Este decidiu, então, mandá-lo prender, mas o jovem refugiou-se numa gruta profunda, de onde lhe foi fácil rechaçar os que tinham sido enviados em sua perseguição. A população acostumou-se a levar-lhe comida e até Minos lhe enviou criminosos para serem mortos. Foi deste modo que lhe enviou Teseu. Mas Ariadne tinha-lhe dado uma espada e foi assim que Tauro morreu.

TEANIRA. (Θεάνειρα.) Teanira é uma mulher troiana que figurava entre as cativas de Héracles quando este conquistou pela primeira vez a cidade de Tróia. Coube em sorte a Télamon, que se uniu a ela. Estava grávida quando conseguiu fugir para Mileto, cujo rei, chamado Aríon, a acolheu benevolamente, casou com ela e educou o filho que deu à luz e que era o herói Trambelo (v. este nome).

TEANO. (Θεανώ.) **1.** Teano é o nome de várias heroínas, entre as quais a filha do rei da Trácia, Cisseu, que desposara o Troiano Antenor (v. este nome). Tinha como mãe uma das filhas de Ilo, Teleclia. Do seu casamento com Antenor teve vários filhos: Ifídamas, Arquéloco, Ácamas, Glauco, Eurímaco, Helicáon e Polidamas. Educou igualmente, com grande cuidado, Pedeu, um filho que Antenor tivera de outra mulher. Estava encarregada das funções de sacerdotisa de Atena, em Tróia. Quando da embaixada de Ulisses e Menelau, antes da abertura das hostilidades, acolheu-os na sua casa, como hóspedes do marido. Foi,

---

3; II, 1, 2; III, 10, 2; PAUSAN., IX, 27, 2; HYG., *Astr. Poet.*, II, 15.

Taso: HEROD., VI, 47; ST. BYZ., *s. u.*; APOLOOD., *Bibl.*, III, 1, 14; PAUSAN., V, 25, 12; escól. EUR., *Phoen.*, 5, 25.

Taumas: HES., *Theog.*, 237; 267; APOLLOD., *Bibl.*, I, 2, 6; HYG., *Fab.*, prol., 14; SERV., *ad Virg.*, *Aen.*, III, 212; 249; CIC., *de nat. D.*, III, 20, 51.

Tauro: **1)** PALEPH., *Incr.*, 15; TZETZ., *ad Lyc.*, 1297; 1299. **2)** PLUT., *Thes.*, 16; 19; *Fragm. Hist. gr.*, IV, p. 539, 16. **3)** PALEPH., *Ibid.*, 2; HERACLID., *Incred.*, 6.

Teanira: *Fragm. Hist. gr.*, I, p. 421; TZET., *ad Lyc.*, 467; 469.

Teano: **1)** *Il.*, 69 e s.; VI, 297 e s.; XI, 221 e s., e escól. v. 266; escól. EUR., *Andr.*, 224; *Hec.*, 3; TZETZ., *ad Lyc.*, 340; *Posth.*, 516; APOLLOD., *Ep.*,

por isso, poupada, juntamente com Antenor e os seus filhos, durante os combates que antecederam a conquista da cidade, e foi-lhe permitido deixar a Ásia livremente. Com o marido, atingiu a Ilíria (v. *Antenor*). Uma tradição posterior contava que ela tinha traído a cidade, de cumplicidade com Antenor, e entregue o Paládio aos Gregos.

2. Uma outra Teano é a mulher do rei Metaponto, que reinou na «Icária» e que o marido ameaçava repudiar por não lhe dar filhos. Para o satisfazer, foi procurar os pastores, pedindo-lhes para lhe darem uma criança, que ela apresentaria como sua. Os pastores deram-lhe dois gémeos que ela apresentou ao rei. Mas, entretanto, deu à luz ela própria dois gémeos. Procurou, então, desembaraçar-se das duas crianças encontradas, que eram, de facto, filhos de Melanipa e de Posídon. Ordenou aos seus filhos que matassem os estranhos, mas estes venceram e revelaram a Metaponto os crimes da sua mulher, que foi repudiada (ou morta?) e substituída por Melanipa (v. *Éolo*, 2).

TEBE. (Θήβη.) Tebe é o nome de várias heroínas, epónimas de cidades chamadas Tebas.

1. 2. A cidade de Tebas da Beócia relacionava-se com uma Tebe, filha de Prometeu e de uma ninfa (v. *Prometeu*), ou com uma outra, filha de Zeus e de Iodama, descendente de Deucalião (v. quadro 8, p. 116).

3. Uma outra Tebe, que os Beócios também reclamavam como sua, é a filha mais jovem do deus-rio Asopo e de Métope.

4. A Tebas da Cilícia conhecia uma heroína também chamada Tebe, filha do Pelasgo Adramis, o epónimo de Adramiteu, que tinha prometido a sua mão a quem a vencesse na corrida. Héracles conseguiu este feito e desposou Tebe. Como recordação, fundou a cidade de Tebas, na Cilícia, e deu-lhe o nome da sua jovem esposa (v. também *Granico*). À mesma heroína é, por vezes, dada uma outra genealogia, que a liga à raça de Cadmo, considerando-a filha de Cílix.

À mesma genealogia pertence a epónima de Tebas egípcia: a filha de Nilo (v. quadro 3, p. 66).

TECMESSA. (Τέκμησσα.) Filha do rei frígio Teleutante, foi raptada por Ájax, o filho de Télamon, quando da expedição contra a sua cidade, e levada cativa. Partilhou a vida do herói diante de Tróia e deu-lhe um filho, Eurísaces. Tecmessa desempenha um papel considerável na tragédia de Sófocles *Ájax*. Mas os mitógrafos mencionam-na raramente. Desconhece-se qual foi a sua sorte depois do suicídio de Ájax.

TÉCTAFO. (Τέκταφος.) Téctafo é um príncipe indiano cuja história é contada por Nono. Feito prisioneiro por Deríades, tinha sido encerrado num subterrâneo, sem ar nem luz, e condenado a morrer de fome. Guardas impediam qualquer comunicação com o mundo exterior. Mas a filha de Téctafo, chamada Eéria, que acabava de ser mãe, obteve dos guardas a permissão para entrar na prisão com o fim único de ver o seu pai e — dizia — levar-lhe uma suprema consolação. Os guardas revistaram-na, mas ela não levava consigo nenhum alimento. Deixaram-na, então, entrar; lá dentro, deu ao pai o leite do seu peito. Deríades teve conhecimento deste acto de piedade e libertou o seu inimigo.

TÉCTAMO. (Τέκταμος.) Pelo seu pai, Doro, Téctamo descende de Helena e de Deucalião (v. quadro 8, p. 116). Diodoro conta que invadiu Creta à cabeça dos Pelasgos e dos Eólios. Aí, desposou a filha de Creteu, de quem teve um filho, denominado Astério (v. este nome). Estendeu o seu poder a toda a ilha. Este Téctamo representa a componente «dória» da população cretense.

TEGEATES. (Τεγεάτης.) Tegeates é um dos filhos do herói arcádio Licáon e o fundador da cidade de Tégea. Considerava-se que tinha casado com uma das filhas de Atlas, Mera (v. este nome), da qual tivera filhos, entre os quais Escafro e Límon (v. *Límon*). Uma tradição local fazia-o também pai de Cídon, Arquédio, Gortis e Catreu, que teriam emigrado para Creta e aí fundado várias cidades: Cidónia, Górtina e Catre. Mas os Cretenses não aceitavam esta lenda (v. *Cídon*, *Catreu* e *Radamante*).

TEGÍRIO. (Τεγύριος.) Tegírio é um rei da Trácia, que acolheu Eumolpo e Ísmaro quando estes foram banidos da Etiópia. Sobre o seu papel nesta lenda, v. *Eumolpo*.

TÉLAMON. (Τελαμών.) Télamon é principalmente célebre por ser o pai do grande Ájax. Existem duas tradições diferentes sobre a sua genealogia. Segundo a que parece mais antiga, os seus pais seriam Acteu e Glauce, a filha do rei de Salamina, Cicreu (v. este nome). A versão mais divulgada considera Télamon como

---

III, 34; PAUSAN., X, 27, 3; SERV., *ad* VIRG., *Aen.*, I, 242; 480. **2)** HYG., *Fab.*, 186.

Tebe: 1-2) STEPH. BYZ., *s. u.*; *Fragm. Hist. gr.*, IV, 657 a; TZETZ., *ad Lyc.*, 1206; PIND., *Isth.*, VIII, 37 e s.; PAUSAN., II, 5, 2; DIOD. SIC., IV, 72; **3)** *Fragm. Hist. gr.*, II, p. 238; DIOD. SIC., V, 49, 3. **4)** Escól. *Il.*, IX, 383; TZETZ., *ad Lyc.*, 1206.

Tecmessa: SOPH., *Aj.*, *passim*; QUINT. SM., V, 5, 21 e s.; escól. *Il.*, I, 138; HOR., *O.*, II, 4, 5 e s.; OV., *Ars Am.*, III, 517 e s.; SERV., *ad* VIRG., *Aen.*, I, 619; PLUT., *Alcib.*, 1.

Téctafo: NONN., *Dion.*, XXVI, 101 e s.

Téctamo: DIOD. SIC., 60; V, 80.

Tegeates: PAUSAN., VIII, 3, 4; 45, 1; 48, 6; 53, 2 e s.

Tegírio: APOLLOD., *Bibl.*, III, 15, 4.

Télamon: *Il.*, XI, 495; 591; *Od.*, XI, 553; escól. *Il.*, XVI, 14; XIII, 694; SOPH., *Aj*, 202; 433 e s.; EUR., *Troy.*, 799; APOLLOD., *Bibl.*, I, 8, 2,; 9, 16; III, 12, 6 e s.; HYG., *Fab.*, 14; 89; 173; DIOD. SIC., IV, 41; 72; PLUT., *Thes.*, 10; 29; PAUSAN., I, 42, 4; II, 29, 3-10; III, 19, 13; VIII, 15, 6; OV., *Met.*, VII, 476 e s.; XIII, 151 e s.; APOL. RH., *Arg.*, I, 93 e s.; escól. a 1289; ATHEN., II, 43 d; PARTH., *Erot.*, 26; escól. a LYC., 467.

filho de Éaco e de Endeis (ela própria neta de Cicreu) e irmão de Peleu e de Alcímaque, que desposou mais tarde Oileu (v. este nome), estabelecendo assim um parentesco entre os dois Ájax (v. quadro 31, p. 352).

Sobre a primeira infância de Télamon e sobre a sua juventude, v. *Peleu*. Depois da morte de Foco, seu meio-irmão, foi exilado, tal como Peuleu, e, enquanto este se dirigia à Tessália, Télamon tomava a direcção de Salamina. Apesar de ter tentado obter o perdão do pai, enviando-lhe embaixadores, Éaco não lhe permitiu regressar a Egina; a única coisa que autorizou foi que defendesse a sua causa a partir de um molhe construído ao largo da ilha. Mas, apesar de tudo, Télamon perdeu a sua causa

Em Salamina, Télamon desposou a filha do rei Cicreu, Glauce, e, após a morte de Cicreu, que não tinha filhos, herdou o trono. Quando enviuvou, desposou Peribeia, ou Eribeia, filha de Alcátoo, o rei de Mégara (v. quadro 2, p. 12). Teve um filho de Peribeia: Ájax.

A lenda relaciona Télamon com os grandes empreendimentos da época lendária: a caçada de Cálidon, antes do seu exílio em Egina, e, sobretudo, a expedição dos Argonautas. No navio *Argo*, remava junto de Héracles, de quem era o companheiro favorito. Criticou os Argonautas por terem abandonado Héracles, quando o herói partiu o seu remo e foi talhar outro na floresta, durante a escala na Bitínia, e, ao procurar Hilas, não se apresentou a tempo de continuar a viagem (v. *Argonautas*).

Mas o episódio mais célebre atribuído a Télamon é a sua participação na conquista de Tróia por Héracles. Foi ele quem penetrou em primeiro lugar na cidade (v *Héracles*) e, com uma hábil resposta, escapou à fúria do seu companheiro. Este ofereceu-lhe Hesíone, a filha de Laomedonte (v. estes nomes), de quem teve um filho, Teucro (v. este nome). Segundo uma outra versão, Télamon teria recebido, como parte do saque da cidade de Tróia, uma cativa de nome Teanira, que concebeu um filho dele, mas que fugiu para Mileto antes de dar à luz. Nessa cidade, foi recollhida pelo rei Aríon, de quem concebeu o herói Estrambelo, ou Trambelo, que, mais tarde, foi morto por Aquiles

Télamon estava ainda vivo no final da Guerra de Tróia, na qual participaram os seus dois filhos, Ájax e Teucro. Quando este regressou sem o irmão (v. *Teucro*), Télamon expulsou-o. Apenas existem informações muito confusas sobre o modo como Télamon morreu.

TELÉBOAS. (Τηλεβόας.) Herói epónimo do povo dos Teléboas, que, a partir da pequena ilha vizinha de Tafo (hoje Méganis), se apoderou da ilha de Lêucade. Teléboas tanto é considerado como filho de Ptérelas (v. este nome) como é considerado seu pai.

TELECLEIA. (Τηλέηκλεια.) Segundo uma tradição, é a mãe de Hécuba. Telecleia era filha de Ilo e mulher de Cisseu (v. *Hécuba*).

TELÉDAMO. (Τηλέδαμος.) **1.** Telédamo é o nome de um filho atribuído aos amores de Ulisses e de Calipso, talvez idêntico a Telégono (v. este nome).

2. É também o nome de um dos dois gémeos nascidos dos amores de Cassandra e de Agamémnon (v. quadro 2, p. 12). Foi morto quando ainda era criança, como o seu irmão, e enterrado em Micenas.

TELEFAASSA. (Τηλέφασσα.) Mulher de Agenor, Telefaassa é a mãe de Cadmo, Cílix, Fénix e de Europa (v. quadro 3, p. 66). Partiu, com os seus filhos, em busca de Europa, quando esta foi raptada por Zeus. Morreu, esgotada, na Trácia e foi sepultada por Cadmo.

TÉLEFO. (Τήλεφος.) Télefo é o filho de Héracles e de Auge, a filha do rei de Tégea, Aleu (v. *Auge* e quadro 9, p. 132). De todos os filhos de Héracles, Télefo foi o que mais se assemelhou ao pai. Sobre as circunstâncias do seu nascimento, existiam duas séries de tradições distintas, umas remontando a fontes predominantemente épicas e outras utilizando principalmente os trágicos.

Segundo a primeira, Auge, depois do nascimento do filho, foi abandonada por Aleu no mar, encerrada num cofre, que derivou e chegou à Mísia; ou, então, Aleu entregou a filha a Náuplio, que a cedeu a mercadores, em vez de a afogar, como Aleu lhe ordenara, e Auge foi vendida na Mísia, ao rei Teutra. Foi na corte de Teutra que Télefo foi criado.

A segunda versão, pelo contrário, separa Auge e Télefo. Enquanto a mãe era exposta no mar, a criança era-o na montanha, na Arcádia. Com efeito, Aleu dera Auge a Náuplio, com a missão de este a afogar. No caminho, a jovem deu à luz o filho, no monte Parténio, e abandonou-o. E, enquanto Náuplio a vendia a mercadores que a levariam para a Mísia, o pequeno Télefo era alimentado por uma cerva. Foi, em seguida, recolhido por pastores do rei Córito, a quem o deram. Córito educou a criança como se fosse seu filho e deu-lhe o nome de Télefo, no qual se encontra o vocábulo grego que significa «cervo» ou «cerva» (ἔλαφος). Já homem, Télefo interrogou

---

Teléboas: Strab., VII, p. 322; Eust., *ad Hom.*, 1472, 38; v. *Ptérela*.

Telecleia: Escól. Eur., *Hec.*, 3.

Telédamo: **1)** Eust., *ad Hom.*, 1796, 47. **2)** Pausan., II, 16, 6.

Telefassa: Apollod., *Bibl.*, III, 1, 1 e s.

Télefo: *Ep. Gr. Fragm.* (Kinkel), pp. 18 e s.; Apollod, *Bibl.*, II, 7, 4 e s.; 8 e s.; III, 9, 1; *Ep.*, III, 17; V, 12; Tzetz., *Anteh.*, 269 e s.; *ad Lyc.*, 206; 1249 e s.; Hyg., *Fab.*, 99; 100; 101; 162; 244; Arist., *Poet.*, XIII, p. 1453 a, 21; Strab., XII, 571; XIII, 615; escól. *Il.*, I, 59; Pausan., I, 4, 6; III, 26, 10; VIII, 4, 9; 47, 3; 48, 7; X, 28, 8; Aesch., trag. perdida *Os Mísios*; Soph., trag. perdidas *Alévadas* e *Os Mísios*; Eur., fr., ed. Nauk, 2.ª ed., fr. 696 e s.; trag. perdida *Télefo*; Diod. Sic., IV, 33; Philostr., *Her.*, II, 14; Dion. Hal., I, 28; Plut., *Rom.*, 13; escól. Aristoph., *Nu.*, 919; Lyc., *Alex.*, 1245 e s.; Tzetz., *ad loc.*; L. Séchan, *Études sur la tragédie grecque*..., p. 503 e s.; J. Duchemin, *Agôn*..., p. 103.

o oráculo de Delfos para poder encontrar a mãe. O oráculo disse-lhe para se dirigir à Mísia, onde, com efeito, encontrou a mãe, na corte do rei Teutra. Contava-se que anteriormente, encontrando-se em Tégea, tinha morto, acidentalmente, e sem saber quem eles eram, os dois irmãos da mãe, Hipótoo e Pereu, concretizando assim um antigo oráculo. Este assassínio era o tema de uma tragédia perdida de Sófocles, os *Alévades*. Expulso da Arcádia, Télefo foi consultar o oráculo de Delfos, que lhe ordenou que se dirigisse à Mísia, sem pronunciar uma só palavra durante o percurso e até que Teutra o tivesse purificado.

Um episódio trágico tinha-se desenvolvido a partir do tema do reconhecimento de Télefo e de Auge. Era talvez tratado em *Os Mísios* de Sófocles. Quando Télefo chegou à corte de Teutra, Idas, um dos Argonautas pretendeu apoderar-se do trono. O rei pediu auxílio a Télefo, que tinha chegado da Mísia acompanhado por Partenopeu (v. este nome), prometendo-lhe, em caso de vitória, a mão de Auge, que considerava como sua filha adoptiva, desde o momento que ela desembarcara na Mísia. Télefo conseguiu a vitória e o casamento ia-se realizar. Mas Auge, fiel à recordação de Héracles, não se quer unir a nenhum mortal. Entra na câmara nupcial com uma espada. Uma serpente enorme, enviada pelos deuses, surge entre ela e o filho e, por uma inspiração divina, Auge e Télefo reconhecem-se. O incesto e o crime foram evitados e a mãe e o filho regressaram à Arcádia (v. também *Auge*).

O mais frequente era admitir que Télefo, reconhecido por Auge, permaneceu na Mísia, onde Teutra fez dele o seu herdeiro e o considerou como um filho. Deu-lhe em casamento a sua filha, Argíope. É neste momento que se situa um episódio célebre da vida de Télefo: a sua luta contra os Gregos que se dirigiam a Tróia e o seu ferimento causado por Aquiles. Quando da sua primeira tentativa contra Tróia, os Gregos, ignorando a rota, desembarcaram na Mísia, acreditando que se encontravam na Frígia. Certos autores pretendem que o fizeram conscientemente, querendo, deste modo, antes de atacar Tróia, abater o poder dos Mísios, a fim de impedir que Príamo pudesse apelar para o seu auxílio. Seja como for, Télefo fez frente aos invasores, matando muitos deles, nomeadamente Tersandro, o filho de Polinice, que tentara resistir-lhe. Mas quando Aquiles se apresentou, Télefo, assustado, fugiu. Na perseguição, prendeu o pé num cepo de vinha, caiu e Aquiles feriu-o com a lança na perna. Afirmava-se que o próprio Dioniso tinha provocado esta queda, por Télefo não lhe ter prestado as honras devidas. Os Gregos fizeram-se de novo ao mar (v. também *Híera*).

Entretanto, durante oito anos, os Gregos reuniram um outro exército e concentraram-se uma segunda vez em Áulis. Mas não sabiam como alcançar Tróia. Télefo, cuja ferida não cicratizava e a quem Apolo predissera que «o que o tinha ferido o curaria», foi da Mísia a Áulis, vestido de farrapos como um mendigo (esta caracterização parece ser exclusiva do *Télefo* de Eurípides), e ofereceu-se aos Gregos para lhes indicar o caminho, se Aquiles consentisse em curá-lo. Esclarecido sobre o verdadeiro sentido do oráculo, Aquiles concordou: colocou um pouco da ferrugem que se encontrava na sua lança sobre a ferida de Télefo e curou-o. De acordo com a sua promessa, este conduziu a frota, que chegou sem contratempos a Tróia. Na sua tragédia *Télefo*, Eurípides conta que, por conselho de Clitemnestra, Télefo tirara o pequeno Orestes do seu berço e ameaçara matá-lo se os Gregos não consentissem em que Aquiles o curasse. Mas este episódio dramático parece ter sido inventado pelo próprio poeta.

Após a chegada dos Gregos à Troáda, Télefo não desempenha qualquer papel na Guerra de Tróia. Só o seu filho Eurípilo se deixa convencer por Astíoque a conduzir um contingente mísio em socorro de Príamo e isso apesar da promessa expressa feita por Télefo aos Gregos de não combater contra eles (v. *Eurípilo*). Mas, nessa época, Télefo já tinha morrido.

Télefo está relacionado com os mitos itálicos através dos seus dois filhos, Tárcon e Tirseno (ou Tirreno). Esta filiação surge na *Cassandra* de Lícofron e é confirmada por Tzetzes e por Dionísio de Halicarnasso. Tárcon e Tirseno são os filhos de Télefo e de Híera. Emigraram para a Etrúria depois da queda de Tróia. Também Roma, uma das heroínas a quem se atribui a origem de Roma, é, por vezes, considerada como uma filha de Télefo, casada com Eneias (v. *Roma*).

TELÉGONO. (Τηλέγονος.) Filho dos amores de Ulisses e de Circe (segundo uma outra versão, menos autorizada, filho de Ulisses e de Calipso). Este Telégono não é referido nos poemas odisseicos, mas só a partir dos poemas cíclicos. Teria dado origem a um poema completo, a *Telegonia*, escrito por Eugámon de Cirene.

Telégono foi criado na ilha de sua mãe, Circe, depois da partida de Ulisses. Mas, quando atingiu a idade adulta, teve conhecimento de quem era o seu pai. Dirigiu-se, então, a Ítaca para se dar a conhecer, mas, aí, começou por se apoderar de uma parte do gado que pertencia ao rei. Ulisses quis defender os seus bens e, na batalha, foi ferido pelo filho, cuja lança estava guarnecida com espinhas de raias (peixe que, segundo se acreditava, causava feridas mortais). A ferida foi fatal e Ulisses morreu. Teléfono reconheceu então quem era a sua vítima e chorou amargamente o seu crime. Levou o cadáver de Ulisses, que Penépole quis acompanhar, para a ilha de Circe. Aí, desposou Penépole e Circe enviou os dois às Ilhas Afortunadas. Deste casamento entre Te-

Telégono: HES., *Theog.*, 1014; *Ep. Gr. Fragm.* (ed. KINKEL), pp. 56 e s.; EUST., *ad Hom.*, 1796, 49; HYG., *Fab.*, 125; 127; SOPH., fr., ed. PEARSON, pp. 105 e s.; SERV., *ad VIRG.*, *Aen.*, II, 44; APOLLOD., *Ep.*, VII, 16; 36 e s.; LUC., *Hist. Ver.*, II, 35; PARTH., *Erot.*, 3; TZETZ., *ad Lyc.*, 794; HOR., *Ep.*, I, 29 e s.; *O.*, III, 9, 8, e escól. PORPH., *ad loc.*; A. HARTMANN, *Unters. über die Sagen von Tod des Udysseus*, Munich, 1917.

légono e Penélope pretendia-se, por vezes, que teria nascido Ítalo, o herói epónimo da Itália (v. *Ítalo*). Atribuía-se também a Telégono a fundação de Túsculo (hoje Frascati) e, por vezes, a de Preneste (Palestrina).

TELÉMACO. (Τηλέμαχος.) Telémaco é filho de Ulisses e de Penélope, o único nascido deste casamento, pelo menos segundo os poemas odisseicos. Nascera pouco tempo antes da Guerra de Tróia e não tinha conhecido o pai. A sua lenda desenvolveu-se sobretudo nos quatro primeiros livros da *Odisseia*, que formam aquilo a que se chama por vezes «Telemaquia», mas os mitógrafos conhecem um grande número de aventuras anteriores e posteriores à narrativa homérica. Quando Ulisses, devido ao juramento que fizera, foi chamado para partir para Tróia, simulou estar louco e, atrelando um burro e um boi à charrua, começou a arar a terra que, em seguida, semeava com sal. Palamedes, para o pôr à prova, colocou Telémaco, menino de tenra idade, frente ao sulco. Ulisses parou a junta, mostrando assim que não estava tão louco como pretendia (v. *Ulisses* e *Palamedes*). Uma outra vez, Telémaco, ainda menino, caiu ao mar; foi salvo pelos delfins e foi por isso que Ulisses tinha a imagem de um delfim no seu escudo.

Os acontecimentos da juventude e da adolescência de Telémaco são narrados na *Odisseia*. Telémaco cresceu na corte de Ítaca, sob os cuidados de Mentor, o velho amigo de Ulisses. Mas, quando tinha cerca de dezassete anos, começaram as importunações dos pretendentes e a sua pilhagem dos bens de Ulisses. Telémaco, sentindo-se já adulto, tentou afastá-los. Iniciou uma viagem para saber novas de seu pai junto de Nestor, que regressara a Pilos, e de Menelau, que se encontrava em Esparta. No decurso da sua visita a Nestor foi acolhido por Policaste, uma das filhas do rei. Na corte de Menelau, teve conhecimento de que o deus Proteu revelara àquele que Ulisses estava, numa ilha distante, prisioneiro de Calipso.

De regresso a Ítaca, pouco tempo depois viu o pai regressar, sob os traços de um estrangeiro. A sua primeira entrevista foi preparada pelo boieiro Eumeu. Surge então a conjura contra os pretendentes e, em seguida, o massacre.

A estas aventuras clássicas, os mitógrafos acrescentam, por vezes, episódios diversos. A *Telegonia* (v. *Telégono*) contava, por exemplo, que, depois da morte de Ulisses, morto por Telégono, este tinha casado com Penélope, enquanto Telémaco desposava Circe. Deste casamento teria nascido Latino (v. este nome). Uma outra tradição fazia nascer dele Roma, que era, então, a epónima de Roma. Telémaco teria morto Circe (v. *Cassífone*).

Contava-se que, após o massacre dos pretendentes, Ulisses chamou Neoptólemo para servir de juiz entre ele e os pais das vítimas. Neoptólemo condenou Ulisses ao exílio para toda a vida. Foi Telémaco quem lhe sucedeu. Inversamente, existia uma outra lenda, segundo a qual Ulisses teria sido avisado por um oráculo para desconfiar do filho. Exilara, então, Telémaco para Corfu, onde o tinha vigiado. Com efeito, o oráculo dizia respeito a Telégono (v. este nome) e nada impediu o destino de se realizar: Ulisses foi morto, acidentalmente, pelo filho que tivera de Circe. Telémaco tomou então o poder em Ítaca. Uma tradição totalmente aberrante, sobre a qual não possuímos qualquer detalhe, contava que as Sirenes tinham reconhecido Telémaco e que o tinham morto para se vingarem de Ulisses.

Telémaco, figura secundária da *Odisseia*, não tinha uma lenda bem estabelecida. Serviu, por isso, para as construções múltiplas dos mitógrafos que estudaram e «comentaram» a lenda de Ulisses. Foi assim que, desenvolvendo o episódio homérico de Telémaco e Policaste, afirmaram a existência de duas crianças nascidas da sua união: Persépolis e o próprio Homero. Do mesmo modo imaginaram um casamento de Telémaco com Nausícaa, casamento de que teria nascido Persépolis ou Ptoliporto. O orador ático Andócides pretendia que se contavam entre os seus antepassados longínquos Telémaco e Nausícaa.

Para além destas construções tardias, Telémaco permanece como uma figura principalmente literária: a sua piedade, o seu valor, um pouco ingénuos, eram lendários e isso permitiu a Fénelon desenvolver longamente a *Telemaquia* no seu célebre romance, sem se afastar demasiado da psicologia tradicional do seu herói desde a *Odisseia*.

TÉLEMO. (Τήλεμος.) Télemo é um adivinho célebre do país dos Ciclopes. Foi ele quem, segundo a *Odisseia*, predisse a Polifemo que Ulisses o tornaria cego.

TELFUSA. (Τέλφουσα.) Ninfa de uma fonte situada na Beócia, entre Haliarto e Alalcómene, junto de uma falésia. Contava-se que Apolo, no seu regresso do país dos Hiperbóreos, seduzido pela frescura do local, quis estabelecer aí o seu santuário. Mas a ninfa, temendo ver diminuídas as suas honras se um deus tão grande se instalasse junto dela, aconselhou-o a fazê-lo em Delfos. Apolo assim o fez. Mas em Delfos teve de sustentar uma luta muito dura contra Píton (v. *Apolo*). Depois da vitória, e compreendendo o engano de que tinha sido vítima, o deus regressou para criticar Telfusa e, para a punir, dissimulou a fonte sob a falésia. Dedicou, em seguida, nesse lugar, um altar a si próprio.

TELQUINES. (Τελχῖνες.) Os Telquines são os génios de Rodes, filhos do Mar (*Ponto*, deus

---

Telémaco: Od., *passim*: EUST., *ad Hom.*, 1796; TZET., *ad Lyc.*, 798; 805; 808; 811; APOLLOD., *Ep.*, III, 7; VII, 32 e s.; PLUT., *De Soll. An.*, 36; SERV., *ad VIRG.*, *Aen.*, I, 273; PTOL. HEPH., VII.

Télemo: *Od.*, IX, 508 e s.; *Met.*, XIII, 771 e s.; THEOCR., *Idyl.*, VI, 23; HYG., *Fab.*, 125.

Telfusa: *Hymm. hom. Apoll.*, 244 e s.; 377 e s.

Telquines: STRAB., XIV, p. 601; 654; EUST., *ad Hom.*, p. 771; DIOD. SIC., V, 55 e 56; TZETZ., *Theog.*, 81 e s.; *Chil.*, VII, 126; SERV., *ad VIRG.*, *Aen.*, IV, 377; OV., *Met.*, VII 367; cf. BLINKENBERGIN, *Hermes*, 1915, pp. 271-303.

masculino) e da Terra, segundo certas tradições. Têm uma irmã, Halia (v. este nome), que se uniu a Posídon. Juntamente com Cafira, tomaram parte na educação do deus. Nesta educação tiveram o mesmo papel que os Curetes na de Zeus. Atribui-se aos Telquines a invenção de um certo número de artes, em particular a ideia de esculpir as estátuas dos deuses. Eram também mágicos e possuíam o poder de fazer cair chuva, granizo e neve. Eram também capazes de revestir a forma que quisessem. Não gostavam, porém, de revelar os seus talentos e mostravam-se bastante avaros em relação a eles.

Um pouco antes do Dilúvio, tiveram o pressentimento da catástrofe e deixaram Rodes, a sua ilha natal, para se dispersarem pelo mundo. Um deles, Lico, partiu para a Lícia, onde construiu, nas margens do rio Xanto, o templo de Apolo Lício.

Eram representados sob a forma de seres anfíbios, meio marinhos e meio terrestres. Tinham quer a parte inferior do corpo em forma de peixe ou de serpente, quer os pés palmados. O seu olhar era terrível e carregado de malefícios. Atribui-se-lhes nomeadamente o terem inundado a ilha de Rodes com a água do Estige para a tornarem estéril (v. *Macelo*). Esse facto provocou a cólera dos deuses contra eles. Apolo matou-os com as suas flechas ou, segundo outra versão, Zeus fulminou-os e precipitou-os no fundo do mar.

TÉLQUIS. (Τελχίς.) Télquis figura, na tradição conservada por Pausânias, entre os reis de Sícion (v. quadro 24, p. 265). É filho de Europa e pai de Ápis. Na tradição argiva, transmitida por Apolodoro, Télquis e Télxion são os dois heróis que libertaram o país da tirania de Ápis.

*** TELURE.** (*Tellus*.) *Tellus* é, em Roma, a personificação da Terra nutrícia. É, por vezes, honrada sob o nome de *Terra Mater*, a Terra Mãe, e identificada com a deusa grega Geia (v. este nome). Forma par, em época remota, com o *numen* masculino *Tellumo*. Telure não possui um mito. Nas lendas, ocupa, por vezes, o lugar de Geia ou, e é a maior parte dos casos, o de Ceres-Deméter.

TÉLXION. (Θελξίωυ.) Télxion é o quinto rei de Sícion, descendente de Egialeu (v. quadro 24, p. 265). Um outro herói com este nome (ou o mesmo?) é um dos dois assassinos de Ápis (v. este nome).

TÉMENO. (Τήμενος.) Nome de vários heróis.

1. Um deles, conhecido apenas por uma lenda local transmitida por Pausânias, era originário de Estínfalo, no Peloponeso. Era filho de Pelasgo e foi ele quem educou a deusa Hera. Em sua honra, consagrou três santuários: o primeiro a Hera Criança; o segundo, depois do casamento da deusa com Zeus, a Hera Núbil; o terceiro, quando Zeus e Hera, depois de uma disputa, se tinham momentaneamente separado, a Hera Viúva.

2. Segundo Pausânias, Témeno era o nome de um dos dois filhos de Fegeu. Com o irmão Axíon, matou Alcméon. Mais frequentemente, os dois filhos de Fegeu são chamados Prónoo e Agenor (v. *Fegeu* e quadro 19, p. 239).

3. Mas o mais célebre dos heróis com este nome é um dos Heraclidas, filho de Aristómaco, bisneto de Hilo, o filho de Héracles e de Dejanira (v. quadro 18, p. 220). Tal é, pelo menos, a genealogia mais vulgarizada. Mas havia uma outra tradição que fazia dele neto de Hilo e filho de Cleodeu, que, na tradição precedente, é o seu avô. Foi a ele que, juntamente com o seu irmão, Cresfontes, foi permitido conquistar o Peloponeso. Sobre os detalhes da expedição, v. *Heraclidas*. Uma vez terminada a conquista, Témeno obtém Argos (v. *Cresfontes*). Témeno pediu a um descentente de Diomedes, Ergieu, para roubar o Paládio, levado por Diomedes para Argos e, assim, privou a cidade da sua protecção. Mais tarde, esta estátua miraculosa foi transportada para Esparta (v. *Leagro*).

Témeno deu a mão da sua filha, Herneto, ao Heraclida Deifontes (v. este nome), atraindo assim o ódio dos próprios filhos, que tentaram assassiná-lo quando se banhava sozinho num ribeiro. Mas Témeno não morreu imediatamente; teve ainda tempo para deserdar os filhos e entregar o reino a Deifontes.

Para o nome dos filhos de Témeno, v. quadro 18, p. 220.

TÉMIS. (Θέμις.) Témis, a deusa da Lei, pertence à raça dos Titãs. É filha de Úrano e de Geia (v. quadros 6, p. 105; 14, p. 182) e irmã das Titânides. Como deusa das leis eternas, figura entre as esposas de Zeus, a segunda depois de Métis (v. este nome). Com Zeus, Témis gerou as três «Horas» (v. este nome), as três Moiras (as Parcas) — Cloto, Láquesis e Átropo —, a virgem Astreia, personificação da Justiça, as ninfas de Erídano, às quais Héracles perguntou o caminho para o país das Hespérides. Também se atribui, por vezes, a esta união as próprias Hespérides.

Télquis: PAUSAN., II, 6; CLEM. AL. *Strom.*, I, 102; APOLLOD., *Bibl.*, II, 1; TZET., *ad Lyc.*, 177.

Telure: LUCR., *De Nat. Rer.*, V, 259; VIRG., *Aen.*, VII, 136, e SERV., *ad VIRG.*, *Aen.*, I, 171; HOR., *Cant. Saec.*, 29; CIC., *de nat. D.*, III, 92; AUGUST., VII, 23 e s.; cf. S. WEINSTOCK, in *Glotta*, 1933, pp. 140-152, e H. LE BONNIEC (v. art. *Ceres*).

Télxion: 1) PAUSAN., II, 5, 7. **2)** APOLLOD., *Bibl.*, II, 1; TZET., *ad Lyc.*, 177.

Témeno: 1) PAUSAN., VIII, 22, 2. **2)** PAUSAN., VIII, 24, 10. **3)** PAUSAN., II, 6, 7; 11, 2; 12, 6; 13, 1; 18, 7; 19, 1; 21, 3; 26, 2; 28, 3 e s.; 38, 1; III, 1, 5; IV, 3, 3 e s.; APOLLOD., *Bibl.*, II, 8, 2 e s.; HYG., *Fab.*, 124; 219; TZETZ., *ad Lyc.*, 804; PLUT., *Qu. Gr.*, 48; EUR., trag. perdida *Teménides*; cf. NAUCK, *Tr. Gr. Fragm.*, 2.ª ed., p. 592 e s., e J. DUCHEMIN, *Agôn*, pp. 103-104.

Témis: HES., *Theog.*, 135; 901 e s.; DIOD. SIC., V, 66; APOLLOD., *Bibl.*, I, 1, 3; HYG., *Fab.*, *prol.*; ERATOSTH., *Cat.*, 9; escól. APOL. RH., *Ar.*, IV, 1396; a EUR., *Hipp.*, 742; AESCH., *Pr.*, 18; 209; 874; PLUT., *Qu. Rom.*, 56, p. 278 b; DION. HAL., I, 31; escól. *Il.*, XV, 299.

Uma tradição, apenas representada por Ésquilo, faz de Témis a mãe de Prometeu e o mesmo nome foi dado à ninfa arcádia, mãe de Evandro e mais geralmente designada por Carmenta na tradição romana (v. este nome).

Os mitógrafos e os filósofos imaginaram que Témis, como personificação da Justiça, ou da Lei Eterna, era conselheira de Zeus. Foi ela quem lhe teria ordenado que se vestisse com a pele da cabra Amalteia, a Égide, e se servisse dela como couraça durante a luta contra os Gigantes. Por vezes, atribui-se-lhe também a ideia primeira da Guerra de Tróia, que teria sido suscitada por ela a fim de remediar o povoamento excessivo da Terra. Entre as divindades da primeira geração, Témis é uma das raras que está associada aos Olímpicos e que partilha com eles a vida no Olimpo. Devia estas honras não só às suas relações com Zeus, mas, também, aos serviços que tinha prestado aos deuses, inventando os oráculos, os ritos e as leis. Foi Témis quem ensinou a Apolo os processos da adivinhação. E, antes do deus, era ela quem possuía o santuário pítico, em Delfos. Cita-se ainda um certo número de oráculos que ela teria pronunciado, como aquele que avisava Atlas de que um filho de Zeus roubaria as maçãs de ouro das Hespérides e o oráculo que dizia respeito à descendência de Tétis (v. este nome).

TEMISTO. (Θεμιστώ.) A mais célebre heroína com este nome é a filha de Hipseu, ele próprio filho de Peneu, o deus-rio tessálio, e de Creúsa (v. quadro 25, p. 268). Desposou Átamas, um dos filhos de Éolo e de Enareta (v. quadro 34, p. 392). Desse casamento teve quatro filhos: Lêucon, Eritrio, Esqueneu e Ptoo (v. *Átamas*, *Leucóte*).

TÉMON. (Τέμων.) Quando os Enianes, expulsos pelos Lápitas da Pelágia, erravam através da Grécia, quiseram estabelecer-se nas margens do Ínaco (na Acarnânia). Tiveram de combater os Ínacos e os Aqueus. Como um oráculo tivesse prevenido os primeiros habitantes de que perderiam o seu país se cedessem a menor porção dele, e, por outro lado, tinham prometido aos Eniades que, se os primeiros possuidores lhes cedessem uma pequena parcela do país, poderiam tornar-se senhores de toda a região. Para resolver a dificuldade, um nobre eniade, chamado Témon, disfarçou-se de mendigo e apresentou-se ao rei dos Ínacos, Hipéroco. O rei, um homem brutal, troçou dele e, no lugar de pão, deu-lhe um pedaço de terra; Témon pegou no torrão e guardou-o no seu saco. Vendo isto, os anciãos do país recordaram-se do velho oráculo e puseram o rei de sobreaviso sobre o que acabara de fazer. Pediram-lhe que impedisse este mendigo de partir com um pedaço do seu país. Témon apercebeu-se do que se passava e apressou-se a fugir, prometendo a Apolo uma hecatombe se o ajudasse naquele mau momento. Apolo protegeu-o e escapou aos seus inimigos. Mais tarde, o rei dos Enianes, Fémio, travou um combate singular com o rei Hipéroco e, enquanto este, a pedido de Fémio, se virava para afastar um cão que o seguira até ao local do combate, Fémio matou-o com uma pedrada. Os Enianes apoderaram-se então do país. Em recordação destas aventuras, votavam um culto especial às pedras e, no momento dos sacrifícios, ofereciam aos descendentes de Témon um pedaço escolhido da vítima, a que chamavam «a carne do mendigo».

TÉNERO. (Τήνερος.) Rei da cidade de Tebas, na Beócia, e filho da ninfa Mélia (v. este nome) e de Apolo. Era irmão do herói Ismeno, que deu o seu nome ao rio beócio homónimo. Foi sacerdote do templo de Apolo Ptoo e um adivinho célebre.

TENES. (Τένης.) Tenes, o herói epónimo da ilha de Ténedos, ao largo da costa troiana, é vulgarmente considerado como filho de Cicno (v. este nome) e, mais raramente, como filho de Apolo. A sua mãe é Próclea, uma das filhas de Laomedonte. Tem uma irmã, chamada Hemítea. Mas Próclea morre e Cicno casa em segundas núpcias com uma mulher chamada Filónome, que caluniou Tenes junto de Cicno, pretendendo que o jovem a tivesse querido violentar, quando, na realidade, ele tinha ficado insensível aos seus desafios. Cicno acreditou-a e abandonou os seus dois filhos, num cofre, no mar. O cofre, protegido pelos deuses, e talvez mais particularmente por Posídon (o avô de Tenes), acostou na ilha que se chamava então Lêucofris e que, em seguida, tomou o nome de Ténedos. Os habitantes da ilha tomaram Tenes como rei. Quando, mais tarde, Cicno reconheceu o seu erro (v. *Cicno*), tentou reconciliar-se com os seus filhos. Tenes não consentiu e como o pai se encontrasse num navio, preso à margem por um cabo, cortou o cabo para dar a entender que tudo estava cortado entre eles.

Quando os Gregos, navegando para Tróia, se apresentam em Ténedos, Tenes procurou impedir o seu desembarque, bombardeando-os com pedras. Mas Aquiles matou-o, ferindo-o no peito. Alguns autores afirmam que Cicno (que nesta versão se reconciliara, aparentemente, com o filho) foi morto no mesmo combate, igualmente por Aquiles.

Existia uma outra lenda respeitante à morte de Tenes: quando procurava proteger a sua irmã Hemítea dos ataques amorosos de Aquiles, o herói tê-lo-ia morto. Teria sido sepultado no próprio local, onde, mais tarde, se ergueria o seu templo. Neste templo, não era per-

---

Temisto: Escól. Pind., *Pyth.*, IX, 31; Apollod., *Bibl.*, I, 9, 2; Tzet., *ad Lyc.*, 22.

Témon: Plut., *Qu. Gr.*, 13.

Ténero: Strab., IX, 413; Pausan., IX, 10, 6; 26, 1; Tzetz., *ad Lyc.*, 1211.

Tenes: Steph. Byz., *s. u.*, Τένεδς; Suid., *ibid.*; *Fragm. Hist. gr.*., II, p. 157, fr. 170 (Arist.), e p. 213; Plut., *Qu. Gr.*, 28; Pausan., IX, 14, e s.; Diod. Sic., V, 83; Conon, *Narr.*, 28; Apollod., *Ep.*, III, 23 e s.; Tzetz., *ad Lyc.*, 232 e s.; escól. *Il.*, I, 38.

mitida a entrada a nenhum tocador de flauta, porque um tocador de flauta denominado Eumolpo, subornado pela madrasta de Tenes, tinha prestado contra ele um falso testemunho (v. *Cicno*).

Na lenda de Aquiles (pelo menos na sua parte pós-homérica), a morte de Tenes era um dos numerosos episódios que ligavam o herói ao seu destino. Tétis tinha-o avisado de que se matasse «um filho de Apolo», ele próprio, em Tróia, não poderia escapar a uma morte violenta (v. *Aquiles*).

TEOCLÍMENO. (Θεοκλύμενος.) **1.** Adivinho, filho de Polifides, e, por consequência, descendente de Melampo (v. *Polifides*), que desempenha um papel na *Odisseia*. É originário de Argos, mas teve de se exilar na sequência de um assassinato. Refugiou-se em Pilos, onde encontra Telémaco. Acompanha este a Ítaca e interpreta um presságio fornecido por um pássaro, no momento em que os dois desembarcaram. Numa outra ocasião, predisse, na presença de Penépole, que Ulisses não estava longe. Por fim, anuncia aos pretendentes a sorte que os espera.

2. Um outro herói com este nome, filho de Proteu e de Psâmate, desempenha um papel na *Helena* de Eurípides. Depois da morte de Proteu, que é apresentado como um rei do Baixo Egipto, sucede-lhe no trono. É um homem cruel, inimigo dos Gregos, sacrificando todos aqueles que caíam sob as suas mãos. Tenta seduzir Helena, que se refugiara na sua corte, e, quando esta o engana, mostra-se violento e quer matar a sua própria irmã, Teónoe, acusando-a de cumplicidade com Helena. Apenas acede perdoá-la após a intervenção dos Dioscuros.

TEÓFANE. (Θεοφάνη.) Heroína trácia, filha do rei Bisaltes, era de uma grande beleza. Muitos pretendentes nobres procuravam desposá-la; mas Posídon enamorou-se dela e para a levar transportou-a para a ilha de Crumissa (uma ilha desconhecida dos geógrafos antigos e cujo nome foi, talvez, corrompido pela tradição). Mas os pretendentes tiveram conhecimento do local onde ela se escondia e partiram à sua procura. Posídon, para os enganar, transformou a jovem numa ovelha de grande beleza, tendo-se ele próprio transformado num carneiro, animal em que também transfigurou todos os habitantes da ilha. Os pretendentes, quando chegaram à ilha, não encontraram senão rebanhos e prepararam-se para comê-los. Vendo isto, Posídon transformou-os em lobos. O próprio Posídon, como carneiro, uniu-se a Teófane e deu-lhe um filho, o carneiro com a pele de ouro, aquele que devia transportar Frixo e Hele.

TEÓNOE. (Θεονόη.) **1.** Uma primeira heroína com este nome é a filha de Proteu e irmã de Teoclímeno (v. *Teoclímeno*, 2). Na *Helena* de Eurípides, figura como conselheira piedosa, a quem a ascendência divina confere poderes de adivinhação. Ajuda Helena a escapar do Egipto e, por isso, incorre na cólera do irmão, sendo apenas salva pela intervenção dos Dioscuros. Uma tradição contava que se tinha apaixonado pelo piloto de Menelau, Canopo (v. este nome).

2. Uma outra Teónoe é a heroína de uma aventura romanesca que nos é contada por Higino, sem dúvida segundo uma tragédia hoje perdida. É filha de Testor e tem como irmão Calcas, o adivinho, e como irmã Leucipe. Um dia, quando brincava na praia, foi raptada por piratas e vendida ao rei da Cária, Ícaro. Testor partiu imediatamente em busca da sua filha, mas naufragou e foi atirado, por acaso, para as costas da Cária. Preso, foi conduzido perante o rei e entrou como escravo para a casa deste. Tendo perdido ao mesmo tempo o pai e a irmã, Leucipe decidiu, por sua vez, partir, de acordo com uma ordem do oráculo de Delfos. Cortou os cabelos, disfarçou-se de sacerdote e, assim, alcançou a Cária. Teóneo viu-a, não a reconheceu, e tomando-a por um homem, apaixonou-se e dirigiu-lhe, através dos seus servidores, propostas galantes. Embaraçada pelo seu disfarce, Leucipe recusou. Irritada, Teónoe ordenou que a prendessem e encerrassem na prisão; em seguida, encarregou um dos seus escravos de a matar. Ora este escravo era precisamente Testor, que ninguém tinha reconhecido. Entrou na prisão onde estava Leucipe, também não a reconheceu, mas lamentou a sorte que o obrigava, depois de perder as duas filhas, Teónoe e Leucipe, a cometer um crime. Leucipe compreendeu então quem tinha à sua frente e, como Testor virasse a espada contra ele próprio, arrancou-a, deu-se a conhecer e decidiu matar a «rainha» Teónoe. Estava prestes a consegui-lo quando esta, ameaçada, invocou o pai, Testor, o que deu lugar ao reconhecimento geral. O rei Ícaro cumulou-os de presentes e enviou-os de regresso à sua pátria.

TERAMBO. (Τέραμβος.) Filho de Eusiro, ele próprio filho de Posídon, e da ninfa dos montes Idótea, habitava, ainda jovem, nos cumes do monte Ótris, onde guardava grandes rebanhos. Dotado de uma voz melodiosa, era igualmente hábil a tocar flauta de cana e pretende-se que foi o primeiro mortal a cantar acompanhando-se à lira. Era também o favorito das Ninfas, que iam escutá-lo, e o próprio deus Pã era-lhe favorável. Cerca do final do Verão, Pã aconselhou-o a voltar à planície com o seu rebanho, porque o Inverno seria prematuro e duro. Terambo, com a negligência e o orgulho próprios da juventude, não o ouviu. Começou, inclusivamente, a ironizar acerca das Ninfas, pretendendo que elas não eram filhas de Zeus, mas sim do deus-rio Esperqueu. Contou também que, um dia, Posí-

---

Teoclímeno: 1) *Od.*, XV, 223 e s.; 508 e s.; XVII, 72 e s.; 151 e s.; XX, 350 e s.; Eust., *ad Hom.*, p. 1780, 10 e s. 2) Eur., *Hel.*, *passim.*

Teófane: Hig., *Fab.*, 3; 188; cf. Ov., *Met.*, VI, 117.

Teónoe: 1) Eur., *Hel.*, *passim*; Conon, *Narr.*, 8. 2) Hyg., *Fab.*, 190.

Terambo: Ant. Lib., *Transf.*, 22.

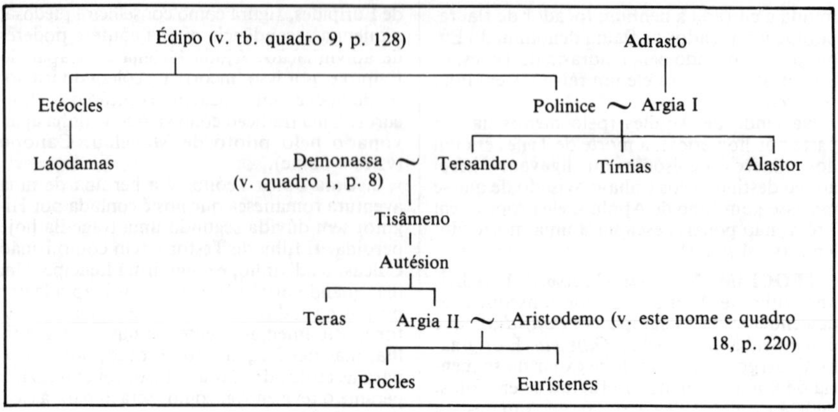

Quadro genealógico n.º 37

don, apaixonado por uma delas chamada Diópatra, tinha fixado as outras ninfas ao solo por meio de raízes e, durante algum tempo, tinha-as transformado em choupos. Depois, uma vez satisfeita a sua paixão, devolvera-as à forma primitiva. Tais eram os discursos de Terambo. De início, as Ninfas não disseram coisa alguma. Em breve, porém, começaram as primeiras geadas, neve abundante caiu sobre as montanhas, as árvores perderam as folhas e o rebanho de Terambo começou a emagrecer. Ficou só na montanha. Foi então que as Ninfas se vingaram e o transformaram em «Escaravelho Come-Madeira», o qual, para se alimentar, roía a casca das árvores. Este insecto serve de brinquedo às crianças, que lhe cortam a cabeça, cujos enormes cornos parecem uma lira (v. *Cerambo*).

TERAS. (Θήρας.) Teras é o herói epónimo da ilha de Tera. Pertence à raça de Cadmo e é descendente de Édipo em quinta geração (v. quadro 37).

O seu pai, Autésio, estabelecera-se em Esparta, onde Argia, a irmã de Teras, desposara o Heraclida Aristodemo, de quem teve dois filhos, Procles e Eurístenes. Aristodemo morreu quando os filhos eram ainda crianças e Teras foi seu tutor e regente. Quando chegaram à idade de reinar, Teras deixou o país, para não ficar sob as suas ordens, e foi estabelecer-se numa ilha, que, a partir de então, se chamou Tera (chamava-se anteriormente Caliste, a Muito Bela). Escolhera essa ilha porque já tinha sido colonizada pelos Fenícios, antigos companheiros de Cadmo. Embarcou com um certo número de mínios, descendentes dos Argonautas, outrora exilados em Lemnos e estabelecidos na Lacedemónia. Partiu acompanhado por três navios e instalou-se na ilha, que tomou o nome de Tera.

TEREU. (Τηρεύς.) Tereu, rei da Trácia e filho de Ares, é o herói da lenda de Filomelo e de Procne (v. *Filomelo*).

TÉRMERO (Τέρμερος.) Térmero é o herói epónimo da cidade de Térmera, na Cária. Era um pirata lélege, que saqueava não só as costas da Lícia e da Cária como a ilha de Cós. É, provavelmente, idêntico ao bandido de que fala Plutarco: matava os viajantes à cabeçada. Este monstro foi morto por Héracles.

* **TÉRMINO.** (*Terminus.*) Antiga divindade romana, cuja capela se situava no Capitólio, no interior do templo de Júpiter. A sua introdução na religião romana é atribuída ao sabino *Titus Tatius*, como, aliás, acontece para a maior parte das divindades agrícolas. E, com efeito, Término é o deus que se identifica com os marcos dos campos. É essencialmente imutável. Contava-se que, quando da construção do tempo de *Iupiter Optimus Maximus*, no Capitólio, as numerosas divindades das capelas que se encontravam no local aceitaram retirar-se para ceder o lugar ao senhor dos Deuses. Só Término recusou partir e foi necessário integrar o seu santuário no interior do templo. Como, todavia, Término não pode erguer-se senão sob o céu, foi feita uma abertura no tecto para seu uso exclusivo.

Celebravam-se em honra de Término os *Terminalia*, no dia 23 de Fevereiro de cada ano.

TERO. (Θηρώ.) Descendente, na terceira geração, de Íficlo, o irmão gémeo de Héracles.

Teras: HEROD., IV, 147 e s.; PAUSAN., III, 1, 7 e s.; 15, 6; IV, 3, 4; VII, 2, 2; APOL. RH., *Arg.*, IV, 1755 e s., e escól. v. 1764; PIND., *Pyht.*, IV, 257 e s.; V, 72 e s.; cf. CALLIM., *Hymn. hom. Apoll.*, 71 e s.

Tereu: APOLLOD., *Bibl.*, III, 14, 8; AESCH., *Supp.*, 61 e s.; tragédia perdida de LIV. ANDR.; HYG., *Fab.*, 45; 246; OV. *Met.*, VI, 427; LACT., PLAC., *ad* OV., *Met.*, 6. V. art. *Filomelo.*

Térmero: Escól. a EUR., *Rhes.*, 509; PLUT., *Thes.*, II.

Término: VAR., *LL*, V, 21; 74; DION. HAL., II, 74; III, 69; LIV., I, 55, 2; V, 54, 7; PLUT., *Qu. Rom.*, 15; FEST., p. 162; *C. I. L.*, I, 2.ª ed., p. 310; G. PICCALUGA, *Terminus. I segni di confine nella religione romana*, Roma, 1974.

Tero: PAUSAN., IX, 40, 5.

Une-se a Apolo, de quem tem um filho, Quéron, o herói epónimo de Queroneia, na Beócia (v. quadro 32, p. 370).

TERPSÍCORE. (Τερψιχόρα.) Uma das nove Musas, filhas de Zeus e de Mnemósine. Por vezes é considerada como mãe das Sirenes (v. este nome), cujo pai teria sido o deus-rio Aqueloo. É também apontada como mãe de Lino (v., contudo, *Lino*), de Reso, etc. No início, as suas atribuições não são mais especificadas que as das suas irmãs (v. *Musas*).

TERSANDRO. (Θέρσανδρος.) Conhecem-se pelo menos dois heróis com este nome.

1. Um é o filho de Sísifo e de Mérope (v. quadro 36, p. 422). Teve dois filhos, Haliarto e Corono, epónimos das cidades beócias de Haliarto e de Coroneia.

2. O outro é filho de Polinice e de Argia. Nele se reúne, pois, a raça de Édipo e a de Adrasto (v. quadro 1, p. 8; 37, p. 438). Participou na expedição dos Epígonos contra Tebas. Foi ele quem deu o peplo de Harmonia a Erífile, para que esta persuadisse o filho, Alcméon, a tomar parte na expedição (v. *Erífile*). Depois da conquista da cidade, Tersandro obteve o poder e fez regressar a Tebas os habitantes que tinham fugido no momento do saque. Desposou a filha de Anfiarau, Demonassa, de quem teve um filho, Tisâmeno. Participou na primeira expedição contra Tróia, aquela que terminou com o desembarque na Mísia. Foi morto por Télefo. Os seus funerais foram celebrados por Diomedes. Virgílio, porém, faz eco de uma tradição segundo a qual Tersandro teria participado na Guerra de Tróia propriamente dita, figurando entre os guerreiros que tomaram lugar no cavalo de madeira.

TERSITES. (Θερσίτης.) Tersites é, pelas suas origens, um herói etólio. É, com efeito, o neto de Portáon e de Êurite e um dos filhos de Ágrio (v. quadro 29, p. 298). Tem como irmãos Onquesto, Prótoo, Celeutor, Licopeu e Melanipo, e, com eles, expulsou o tio, Eneu, do trono de Cálidon (v. *Eneu* e *Diomedes*), quando o ancião ficou incapaz de se defender. Mas Tersites é sobretudo célebre pelo papel pouco positivo que lhe atribui a *Ilíada* na Guerra de Tróia.

Segundo a *Ilíada*, Tersites é o mais feio e o mais cobarde de todos os gregos que combatem em Tróia. É coxo e as suas pernas são tortas; é corcunda e os cabelos são raros. Quando Agamémnon põe os seus soldados à prova propondo-lhes o levantamento do cerco, Tersites é um dos primeiros a aceitar esta solução e figura entre os cabecilhas da sedição que está prestes a verificar-se. Ulisses castiga-o com uma bastonada, sob a risada dos soldados.

Contava-se ainda — mas esta narrativa não figura na *Ilíada* — que Tersites tinha participado na caçada ao javali de Cálidon, mas que, ao ver o animal, tomado de pavor, tinha fugido. As epopeias cíclicas informam-nos que Tersites ficou a dever a morte à própria maldade. Quando Pentesileia, a bela amazona, foi morta por Aquiles — que se apaixonou por ela quando a viu moribunda —, Tersites escarneceu deste amor e, com a ponta da sua lança, arrancou os olhos da jovem. Indignado com este crime, Aquiles matou Tersites a murro. Em seguida, fez-se purificar deste assassínio em Lesbos (v. também *Diomedes*).

TESEU. (Θησεύς.) Teseu é o herói por excelência da Ática e o simétrico do herói dório Héracles, cujas principais façanhas tiveram por cenário o Peloponeso. As principais fontes sobre a lenda que lhe diz respeito são a sua *Vida*, escrita por Plutarco, e as notícias de Apolodoro e de Diodoro.

Considerava-se que Teseu vivera uma geração antes da Guerra de Tróia, na qual tinham participado os seus dois filhos, Demofonte e Áca-

Terpsícore: HES., *Theog.*, 78; TZETZ., *ad Lyc.*, 653; SUID., *s. u.* Λῖνος; arg. EUR., *Rh.*

Tersandro: 1)PAUSAN., X, 30, 5; escól. *Od.*, XI, 326. 2) PIND., *Olymp.*, II, 76, e escól. *ad loc.*; PAUSAN., II, 20, 5; APOLLOD., *Bibl.*, III, 7, 2; HYG., Fab., 69; SERV., *ad VIRG.*, *Aen.*, II, 261; escól. APOL. RH., *Arg.*, IV, 1764; a EUR., *Phoen.*, 135; PAUSAN., III, 15, 6; IX, 5, 15 e s.; 8, 7; EUST., *ad Hom.*, p. 489, 37; STAT., *Theb.*, III, 683; LACT., PLAC., *ad* STAT., *Theb.*, III, 697; XII; 348. APOLLOD., *Ep.*, III, 17; DICT. CR., I, 14; VIRG., *Aen.*, II, 261.

Tersites: *Il.*, II, 211 e s.; QUINT. SM., I, 770 e s.; APOLLOD., *Bibl.*, I, 7, 10; *Ep.*, V, 1; *Ep. Gr. Fragm.* (KINKEL), p. 33; DIOD. SIC., II, 46; OV., *Pont.*, III, 9, 9 e s.; *Met.*, XIII, 232 e s.; TZETZ., *ad Lyc.*, 999; 1000; ANT. LIB., *Transf.*, 37; escól. SOPH., *Ph.*, 445; cf. SOPH., *ibid.*, 439 e s.; PROCL., *Chrest.*, p. 458; EUST., *ad Hom.*, p. 208; trag. perdida *Querémon*; cf. L. SÉCHAN, *Études...*, p. 527 e s.

Teseu: *Infância*: PLUT., *Thes.*, 3 e s.; APOLLOD., *Bibl.*, III, 1 e s.; EUR., *Supp.*, 1 e s.; PAUSAN., I, 27, 7; II, 33, 1; escól., STAT., *Theb.*, V, 431; HYG., *Fab.*, 37; LYC., 494 e s.

Regresso: PLUT., *ibid.*, 6 e s.; APOLLOD., *Bibl.*, II, 6, 3; III, 16, 1 e s.; *Ep.*, I, 1 e s.; BACCH., XVIII, 16 e s.; DIOD. SIC., IV, 59; PAUSAN., I, 44, 8; II, 1, 3 e s.; OV., *Met.*, VII, 404 e s.; *Ibis*, 407 e s.; HYG., *Fab.*, 38; escól. *Il.*, X, I, 74; fragmento SOPH., *Egeu*; EUR., *id.*, SERV., *ad VIRG.*, *Aen.*, VI, 20; VIII, 294; STRAB., IX, 399; CALLIM., *Hec.*, EUR., *Hipp.*, *passim.*

Ciclo cretense: *Od.*, XI, 322 e s.; 631; cf. PAUSAN., I, 20, 3; X, 28, 2 e s.; SERV., *ad VIRG.*, *Georg.*, I, 222; *Aen.*, III, 74: VI, 21; PLUT., *Thes.*, 15 e s.; escól. *Od.*, XI, 322, e *Il.*, XVIII, 590; HYG., *Fab.*, 41; 42; 43; *Astr. Poet.*, II, 5; LACT. PLAC., *ad STAT.*, *Achil.*, 192; DIOD. SIC., IV, 61; VI, 4; PAUSAN., I, 22, 5; CATUL., LXIV, 215 e s.; ERATOSTH., *Cat.*, 5; OV., *Met.*, VIII, 174 e s,. *Her.*, X.

Actividade política: PLUT., *ibd.*, 24; THUC., II, 15; CIC., *de leg.*, II, 5; ISOC., X, 35.

Guerra das Amazonas: PLUT., *ibid.*, 26 e s.; APOLLOD., *Ep.*, I, 16 e s.; DIOD. SIC., IV, 28; PAUSAN., I, 2, 1; 15, 2; 41, 7; II, 32, 9; V, 11, 4 e 7; SENEC., *Hipp.*, 927 e s.; HYG., *Fab.*, 30; 241; TZETZ., *ad Lyc.*, 1329.

Amizade com Pirítoo: PLUT., *ibid.*, 30 e s.; HELLAN., fr, 74; APOLLOD., *Ep.*, I, 21 e s.; AEL., *Hist. Var.*, IV, 5; PAUSAN., X, 29, 9; escól. ARISTOPH., *Eq.*, 1368; A. GELL., *N. A.*, X, 16, 13. V. também art. *Pirítoo.*

Morte de Teseu: PLUT., *ibid.*, 35 e s.; PAUSAN., I, 17, 6; DIOD. SIC., IV, 62, 4; APOLLOD., *Epit.*, I, 24; cf. S. REINACH, *op. cit..*, (art. *Sísifo*); F. H. WOLGENSINGER., *Theseus*, disse., Zurich, 1935; H. HERTER, in *Rh. Mus.*, 1939, pp. 244-286; 289-326; cf. A. VON SALLIS, *op. cit.*, (art. *Ariadne*); H. HERTER, «Theseus», in *R. E.*, Suppl. XII, 1973, pp. 1045-1288.

mas (v. estes nomes). É, todavia, mais novo do que Héracles pelo menos uma geração e certas tradições associam os dois heróis em grandes expedições colectivas da idade lendária: a procura do velo de ouro (v. *Argonautas*) e a guerra contra as Amazonas. Mas, neste caso, trata-se de uma organização artificial, destinada a impor à lenda uma cronologia verosímil.

I — *As origens e a infância.* — Existem duas tradições sobre as origens de Teseu: a tradição humana e a tradição divina. A primeira faz dele filho de Egeu e de Etra, unindo assim o sangue de Erecteu e, pelo pai deste, Erictónio, o de Hefesto (v. quadro 12, p. 144) ao de Pélops e de Tântalo (v. quadro 2, p. 12). Contava-se como Egeu, não podendo ter filhos de mulheres sucessivas, interrogara o oráculo de Delfos. O deus respondera-lhe através de versos obscuros, proibindo que «abrisse o odre de vinho antes de chegar à cidade de Atenas». Não compreendendo o que isto significava, Egeu afastara-se do seu caminho para consultar o rei de Trezénia, Piteu, um dos filhos de Pélops. Piteu compreendeu imediatamente o sentido do oráculo. Conseguiu embriagar Egeu e, durante a noite, deitou ao seu lado a filha, Etra. Egeu uniu-se a Etra, que concebeu um filho, que seria Teseu. No entanto, dizia-se também que Teseu era, na realidade, filho de Posídon. Na própria noite em que Egeu se uniu a Etra, ela tinha ido, enganada por um sonho que lhe enviara Atena, oferecer um sacrifício numa ilha, onde fora possuída à força pelo deus Posídon, que lhe tinha dado um filho. É este filho que Egeu pensa que é seu.

Seja como for, Teseu passa os seus primeiros anos em Trezénia, confiado ao avô Piteu. Egeu, que receava os sobrinhos, os Palântidas (v. este nome), não quisera levar a criança para Atenas. Ao partir, tinha dissimulado uma espada e um par de sandálias atrás de um grande rochedo e tinha confiado esse segredo a Etra, recomendando-lhe que apenas o revelasse ao filho que ia nascer quando ele fosse suficientemente forte para deslocar o rochedo e pegar nos objectos escondidos. Nessa altura, calçado com as sandálias e armado com a espada, devia partir à procura do pai, em grande segredo, para evitar que os Palântidas maquinassem a sua morte.

Teseu teve como pedagogo um certo Cónidas, a quem os Atenienses da época histórica sacrificavam ainda um carneiro na véspera da festa de Teseu. Contava-se em Trezénias um facto revelador da valentia da criança: um dia em que Héracles era hóspede de Piteu e que se sentara pousando ao lado a sua pele de leão, as crianças do palácio, pensando que um leão vivo entrara na sala, fugiram aos gritos. Apenas Teseu, que na altura tinha sete anos, tirou uma arma a um dos servidores e atacou o monstro.

Já adolescente, Teseu dirigiu-se a Delfos, onde ofereceu, de acordo com os costumes, a sua cabeleira ao deus. Mas, em vez de cortar inteiramente os cabelos, contentou-se em rapar a parte da frente da cabeça, à maneira dos Abantes (uma população belicosa mencionada na *Ilíada*), instaurando assim um costume ainda atestado na época histórica.

II — *O regresso a Atenas.* — Aos dezasseis anos, Teseu tinha atingido um tal grau de vigor que Etra julgou chegado o momento de lhe revelar o segredo de sua origem. Conduziu-o junto do rochedo onde Egeu escondera a espada e as sandálias. O jovem, com um empurrão, deslocou o rochedo, tomou os objectos e decidiu ir a Atenas para se dar a conhecer. Recordando as recomendações de Egeu, que desejava evitar problemas ao filho, pediu-lhe insistentemente que seguisse a estrada junto ao mar de Trezénia para a Ática e Piteu acrescentou os seus rogos aos de Etra. Para isso, imaginou todos os perigos que o esperavam se seguisse a estrada do interior, ao longo do istmo de Corinto. Nesse momento, com efeito, Héracles estava cativo na Lídia, no palácio de Ônfale, e todos os monstros que viviam escondidos com medo do herói voltavam a aparecer e retomavam as suas pilhagens. O Istmo estava, assim, infestado de assaltantes. Mas Teseu não lhes deu ouvidos. Ciumento da glória de Héracles, decidiu imitá-lo e matou sucessivamente: Perifetes, em Epidauro, de cuja maça se apoderou; o bandido Sínis, em Cencreis, onde esquartejava os viajantes com a ajuda de um pinheiro (v. *Sínis*); a porca de Crómion, um animal feroz que já matara muitos homens e que era considerada como o resultado da união de Tífon e de Equidna. Chamava-se Feia, do nome da mulher idosa que a alimentara. Teseu matou o animal com um golpe de espada. Nas Rochas Cirónicas, matou Ciro (v. este nome). Em seguida, lutou contra Cercion, em Elêusis, e matou-o (v. *Cércion*). Um pouco mais longe, acabou com Damastes, cognominado Procrustes (v. este nome).

Depois de ter ultrapassado todas estas provas, Teseu chegou às margens do Céfiso, onde encontrou homens da raça dos Fitálidas, que o acolheram favoravelmente e aceitaram purificá-lo das mortes que cometera. Assim, purificado, Teseu entrou em Atenas. Estava-se no oitavo dia do mês de Hecatombéon. Nessa altura, os assuntos públicos da cidade estavam na maior confusão. Egeu encontrava-se, então, sob o poder da maga Medeia, que prometera livrá-lo da sua desoladora esterilidade através de encantamentos. Teseu chegou, precedido pela reputação de destruidor de monstros, e Medeia adivinhou imediatamente a sua verdadeira identidade. Mas Egeu, que ignorava que este estrangeiro era o seu filho, teve medo. Medeia não fez nada para o desenganar, persuadindo-o, pelo contrário, a convidar o jovem para jantar, sob pretexto de o querer honrar, quando, na realidade, planeava desembaraçar-se dele, envenenando-o. Teseu aceitou o convite e não quis fazer-se reconhecer imediatamente. No entanto, durante o jantar, desembainhou a espada que o pai lhe deixara, como se pretendesse cortar a carne com ela. Ao vê-la, Egeu entornou a taça de veneno, já preparada, e reconheceu oficialmente o filho perante todos os cidadãos reunidos. Medeia foi exilada e repudiada por Egeu (v. *Medeia*).

Contava-se também que, antes de tentar envenená-lo, Medeia havia tentado matá-lo enviando-o a combater um touro monstruoso que devastava a planície de Maratona e do qual se dizia ser o próprio touro de Creta levado para o Peloponeso por Héracles, donde havia fugido (v. *Héracles*). Este touro lançava fogo pelas narinas. Teseu capturou-o, acorrentou-o e ofereceu-o em sacrifício a Apolo Delfínio. Este sacrifício, dizia-se, teve lugar na presença de Egeu e quando Teseu (que ainda não se dera a conhecer) puxou da sua espada para cortar os pêlos da fronte do animal (de acordo com o ritual de consagração), Egeu reconheceu a arma que tinha deixado atrás do rochedo, em Trezénia. Esta versão do reconhecimento, incompatível com a que foi apresentada anteriormente, é sem dúvida uma invenção de um poeta trágico.

É durante a caçada ao touro de Maratona que se situa o episódio de Hécale, narrado por Calímaco, num pequeno poema célebre. Hécale é uma mulher idosa que vivia numa cabana, no campo. Foi em sua casa que o herói passou a noite que precedeu a captura do touro. Hécale assistiu-o durante a velada de armas e demonstrou grande amabilidade, prometendo oferecer um sacrifício a Zeus se o jovem regressasse vivo da sua empresa. Mas, quando regressou com a presa, Hécale já tinha morrido e o seu corpo já colocado sobre a pira. Teseu, então, fundou em sua honra um culto a Zeus Hecalésio.

Uma vez reconhecido oficialmente pelo pai, Teseu teve de lutar contra os seus primos, os cinquenta filhos de Palas. Enquanto Egeu não tivera descendência, os Palântidas esperavam partilhar a sua sucessão. Mas, quando viram esta fugir-lhes com o regresso de Teseu, revoltaram-se e tentaram obter o poder pela força. Dividiram-se em dois grupos, tendo um atacado abertamente a cidade a partir de Esfeto; o outro grupo ficou emboscado em Gargeto, para apanhar os inimigos pela retaguarda. Mas tinham com eles um arauto originário de Agnunte, chamado Leos, que desvendou a Teseu o plano dos Palântidas. Teseu atacou o grupo que se encontrava emboscado e massacrou-o. Os outros dispersaram e a guerra terminou. O facto de a população de Agnunte nunca se casar em Palene (a aldeia de que Palas era epónima) era explicado por este episódio. Para expiar a morte dos Palântidas, dizia-se, por vezes, que Teseu tinha sido exilado de Atenas e que fora obrigado a passar um ano em Trezénia. Tal é a versão seguida por Eurípides no seu *Hipólito*; mas como acrescenta que Teseu estava, então, acompanhado por Fedra, e que foi lá que esta concebeu a paixão pelo enteado, conclui-se que a cronologia ordinária dos acontecimentos está alterada e que a expedição contra as Amazonas se situa em data anterior ao massacre dos Palântidas, o que é contrário à tradição mais divulgada e parece ser uma inovação do poeta.

III — *O ciclo cretense.* — Sabe-se que no seguimento da morte de Androgeu, o filho de Minos, este exigira aos atenienses um tributo de sete jovens, pagável de nove em nove anos (v. *Androgeu*). Quando chegou o momento de pagar este tributo pela terceira vez, os Atenienses começaram a murmurar contra Egeu. Teseu reflectiu e, para os acalmar, designou-se a si mesmo para seguir para Creta. Contava-se, também, que era o próprio Minos a escolher as suas vítimas e que reclamara Teseu, concordando que os jovens deviam apresentar-se sem armas, mas, se conseguissem matar o Minotauro, monstro a que deviam ser lançados como alimento, obteriam o direito de regressar livremente. Sobre a natureza do Minotauro e as diferentes versões que existiam a esse respeito, v. *Minotauro*.

Teseu partiu num navio ateniense, no sexto dia do mês de Muníquion. O piloto era Nausítoo, um homem natural de Salamina, que lhe fora dado pelo rei desta cidade, Ciro, porque o neto dele fazia parte dos jovens enviados a Minos. Entre as jovens, figurava Eribeia ou Peribeia, a filha do rei de Mégara, Alcátoo.

Sobre Peribeia, contava-se a seguinte história: Minos, que nesta versão tinha ido ele próprio escolher os reféns, apaixonou-se pela jovem durante a travessia. Peribeia chamou Teseu em seu auxílio, o qual declarou a Minos que, na qualidade de filho de Posídon, era tão nobre como ele, que era filho de Zeus. Minos apelou então para o pai, que enviou um relâmpago. Para pôr Teseu à prova, Minos lançou um anel ao mar e ordenou-lhe que, se era verdadeiramente filho de Posídon, o fosse apanhar. Teseu mergulhou imediatamente e foi recebido no palácio de seu pai, que lhe entregou o anel de Minos. Mais tarde, Teseu teria desposado Peribeia, que se tornou célebre, sobretudo, como esposa de Télamon (v. este nome).

Ao partir, Teseu recebera do pai dois jogos de velas para o navio. Velas negras para a ida — porque a viagem era funesta. Mas Teseu incutira em todos tanta confiança na sua coragem que ninguém duvidava de que conseguiria matar o Minotauro. Com esta esperança, e porque contava que a viagem de regresso fosse de alegria, Egeu dera-lhe também velas brancas.

Ao chegar a Creta, Teseu, tal como os companheiros, foi fechado no Labirinto, que era o «palácio» do Minotauro. Antes, porém, fora notado por Ariadne, uma das filhas de Minos, a qual, apaixonada, lhe entregara um rolo de fio para que pudesse reencontrar o caminho no Labirinto. Segundo uma outra versão, Ariadne dera-lhe, não um rolo de fio, mas uma coroa luminosa, que recebera de Dioniso como presente de noivado. Assim, graças à luz desta coroa, Teseu teria encontrado o seu caminho no Labirinto obscuro. Por último, às vezes, esta coroa divina não é considerada presente de Ariadne, mas de Anfitrite, que a teria dado ao herói quando este descera ao palácio de Posídon em busca do anel de Minos (v. *supra*).

Ariadne, antes de ajudar Teseu, impusera-lhe como condição que a desposasse e levasse para a sua pátria. Teseu assim lho prometeu e cumpriu a promessa. Depois de vencer o Minotauro (morto a murro), Teseu sabotou os navios dos Cretenses para impedir qualquer tentativa de perseguição e fez-se ao mar, durante a noite, acompanhado de Ariadne e dos jovens atenienses que a sua façanha tinha salvo.

Segundo a versão mais célebre da lenda, Teseu, certa noite, fez escala em Naxos. Ariadne adormeceu e, ao acordar, estava só. No horizonte, desaparecia o navio de Teseu, que a abandonara. Os mitógrafos interrogavam-se sobre a causa deste abandono: uns asseguravam que Teseu amava outra mulher, Aglaia, a filha do Fócio Panopeu; outros, que abandonara a jovem por ordem de Dioniso, que, tendo visto Ariadne, se apaixonara por ela; outros, ainda, que o deus a tinha levado durante a noite ou, então, que teria sido Atena ou Hermes quem teria convencido Teseu a abandonar Ariadne. Esta foi desposada em seguida por Dioniso, que a levou para o país dos deuses (v. *Ariadne*).

Existiam ainda outras versões do episódio de Ariadne, como, por exemplo: o navio que a transportava, juntamente com Teseu, fora levado por uma tempestade para Chipre. Ariadne, que estava grávida e muito enjoada, tinha desembarcado. Teseu voltara ao navio para cuidar da sua segurança, mas um golpe de vento arrastara-o para o largo. As mulheres da ilha, apiedando-se da pobre abandonada, tomaram conta dela e levavam-lhe cartas escritas por elas próprias, dizendo terem sido escritas por Teseu. Entretanto, Ariadne morreu ao dar à luz o filho. Mais tarde, Teseu regressou, deu dinheiro às mulheres e instituiu um ritual e um sacrifício em honra de Ariadne.

No regresso, Teseu fez uma outra escala em Delos, onde consagrou no templo uma estátua a Afrodite, que lhe tinha sido dada por Ariadne. Aí, com os jovens salvos, dançou uma dança circular complicada, que representava as sinuosidades do Labirinto. Este rito subsistia na época histórica.

Ao chegar à vista das costas da Ática, Teseu, absorto pela dor da perda de Ariadne, esqueceu-se de mudar as velas negras do seu navio e de içar as velas brancas, sinal de vitória. Egeu, que esperava o seu regresso na margem, avistou a vela negra e, acreditando que o filho tinha morrido, precipitou-se no mar, que a partir de então tomou o nome de mar Egeu. Contava-se também que o ancião vigiava o mar do alto da Acrópole, no local onde se ergue agora o templo de Vitória Aptera. Quando viu a vela negra, precipitou-se do alto da falésia e morreu.

IV — *Actividade política em Atenas.* — Depois da morte de Egeu, Teseu, livre dos Palântidas (cf. *supra*), assumiu o poder em Atenas. O seu primeiro acto foi realizar o «sinecismo», isto é, reunir numa única cidade os habitantes até então disseminados pelo campo. Atenas tornou-se capital do Estado assim constituído. Dotou-a com os edifícios políticos essenciais: o Pritaneu, a Bule, etc. Instituiu a festa das Panateneias, símbolo da unidade política da Ática. Cunhou moeda e dividiu a sociedade em três classes — os Nobres, os Artesãos e os Agricultores — e instaurou, nas suas grandes linhas, o funcionamento da democracia, tal como existia na época clássica. Conquistou a cidade de Mégara e incorporou-a ao Estado que criara. Erigiu uma estela, na fronteira entre a Ática e o Peloponeso, para marcar o limite dos dois Estados: de um lado o país dório, do outro, o jónio. E, do mesmo modo que Héracles fundara os Jogos Olímpicos em honra de Zeus, Teseu fundou, ou, melhor, reorganizou os Jogos Ístmicos, em Corinto, em honra de Posídon.

Foi sob o reinado de Teseu que teve lugar a expedição dos Sete contra Tebas. Sobre o seu papel, v. *Adrasto*. Teseu já concedera protecção a Édipo quando este procurou refúgio em Colono (v. *Édipo*); assegurou, igualmente, a sepultura dos heróis caídos frente à cidade. O mesmo papel será atribuído ao filho, Demofonto, no momento do regresso dos Heraclidas (v. esta palavra).

V — *A Guerra das Amazonas.* — A tradição conservava a recordação de uma guerra que os habitantes da Ática haviam sustentado contra as Amazonas, que tinham invadido o seu país. Sobre as origens desta guerra, as narrativas diferem. Dizia-se, por vezes, que Teseu participara na expedição de Héracles (v. este nome) e que recebera Antíope, uma das Amazonas, como cativa, em recompensa dos seus feitos. Mas a maioria dos mitógrafos afirmava que tinha sido ele sozinho a raptar Antíope. Tendo desembarcado no reino das Amazonas, fora bem acolhido — porque estas guerreiras não detestavam os estrangeiros — e tinham-lhe enviado presentes. Teseu convidou aquela que os levava, Antíope, a subir para bordo. Uma vez a jovem a bordo, zarpou traiçoeiramente. Teria sido esta a causa da guerra. Então, as Amazonas avançaram em força contra Atenas, apoderaram-se da Ática e fixaram o seu campo na própria cidade. A batalha decisiva teve lugar junto de Pnix, no sopé da Acrópole, no dia em que, na época clássica, se celebrava a festa das *Boedrómias*. As Amazonas obtiveram uma vitória passageira, mas uma das suas alas foi aniquilada pelos Atenienses e tiveram de assinar a paz.

Existiam outras versões desta guerra, que faziam intervir as aventuras amorosas de Teseu. Segundo certos autores não fora para libertar Antíope que as Amazonas teriam invadido a Ática, mas porque Teseu repudiara Antíope depois de ter casado com Fedra, que lhe fora dada por Deucalião, o filho de Minos. Antíope, que tivera um filho de Teseu (Hipólito), quis vingar-se e organizou uma expedição contra a Ática. O ataque teve lugar no próprio dia do casamento de Teseu com Fedra. Antíope, à cabeça das Amazonas, tentou invadir a sala do festim, mas os convidados conseguiram fechar as portas e mataram Antíope. Noutra versão, que apresentava a expedição das Amazonas como uma tentativa para libertar Antíope, Teseu permanecia-lhe fiel, e ela tomava partido contra as suas irmãs e caía na batalha. Foi apenas após a sua morte que Teseu desposou Fedra. Por fim, uma tradição obscura assegurava que, por ordem de um oráculo, Teseu imolara Antíope, no início da guerra, como sacrifício a Fobo (a divindade do Medo).

VI — *A amizade com Pirítoo.* — É à maturidade de Teseu que pertencem vários episódios cujo carácter comum é o de serem consequência da sua amizade com Pirítoo, o herói lápita. Sabe-se como esta amizade nasceu (v. *Pirítoo*) e como Pirítoo, seduzido pelas aventuras e pela reputação de Teseu, desejara pô-lo à prova. Mas, no momento de atacar o herói, foi atingido por uma tal admiração por ele que renunciou ao combate e declarou-se seu escravo. Teseu, atingido no seu amor-próprio, concedeu-lhe a sua amizade.

Juntamente com Pirítoo, Teseu participou no combate dos Lápitas contra os Centauros. Depois, um dia, os dois amigos decidiram que apenas desposariam filhas de Zeus, dado que ambos eram filhos dos dois deuses maiores: Teseu era filho de Posídon e Pirítoo filho de Zeus. Teseu decidiu obter a mão de Helena e Pirítoo a de Perséfone.

Os dois amigos começaram por raptar Helena. Teseu tinha então cinquenta anos e Helena ainda não era núbil. Chocados por esta diferença de idades, alguns mitógrafos afirmam que não foi o próprio Teseu a raptá-la, mas que os autores do rapto foram Idas e Linceu e que a confiaram a Teseu. Ou, ainda, que o pai de Helena, Tíndaro, encarregou-o de a vigiar com medo de um dos filhos de Hipocoonte, que a queria raptar. Mas a versão mais difundida e, segundo se acreditava, mais verosímil, é a seguinte:

Teseu e Pirítoo foram juntos a Esparta e raptaram Helena quando esta executava uma dança ritual no templo de Ártemis Órtia. Em seguida, fugiram. Foram perseguidos, mas os fugitivos pararam em Tegeia. Os dois companheiros, uma vez em segurança, decidiram tirar Helena à sorte e aquele que fosse favorecido prometia ajudar o outro a conquistar Perséfone. Tiraram à sorte e Teseu obteve Helena, mas, como ela ainda não estava em idade de se casar, levou-a, em grande segredo, a Afidnas, e deixou-a sob a protecção da sua mãe, Etra. Em seguida, partiu para conquistar Perséfone.

Durante a sua ausência, os irmãos de Helena, Castor e Pólux, invadiram a Ática à cabeça de um exército de arcádios e de lacedemónios. Começaram por reclamar pacificamente a sua irmã ao povo ateniense, mas, quando este teve de confessar que não possuía a jovem e que não sabia onde ela se encontrava, tomaram uma atitude belicosa. Então, um certo Academos, que descobrira o esconderijo de Helena, revelou-lhes o segredo. Por este facto, durante as numerosas invasões da Ática pelos Lacedemónios na época histórica, os seus exércitos respeitaram sempre a Academia, que era o jardim funerário do herói Academo. Os Dioscuros, sabendo que Helena estava escondida em Afidnas, conquistaram a cidade e encontraram a sua irmã, levando consigo Etra cativa (v. *Etra*). Instalaram, em seguida, no trono de Atenas um bisneto de Erecteu, chamado Menesteu, que reuniu à sua volta os descontentes, em especial os nobres, irritados com as reformas de Teseu.

Nos Infernos, entretanto, Teseu e Pirítoo eram vítimas da sua temeridade. Aparentemente, foram bem acolhidos por Hades, que os convidou a sentarem-se à sua mesa para tomarem parte num banquete. Mas, fixados nos seus assentos, não se puderam levantar e ficaram prisioneiros. Quando Héracles desceu aos Infernos, quis libertá-los, mas, apenas Teseu recebeu dos deuses autorização para regressar à terra. Pirítoo permaneceu eternamente sentado na Cadeira do Esquecimento. Contava-se que, ao fazer esforços para se libertar da sua cadeira, Teseu aí deixara presa uma parte de si próprio e isso explicava o facto de os Atenienses sempre terem sido pouco carnudos de nádegas.

Para uma interpretação evemerista da lenda de Teseu e de Pirítoo junto de Hades, v. *Pirítoo*.

VII — *A morte de Teseu.* — Quando Teseu, libertado por Héracles do seu cativeiro, regressou a Atenas, deparou-se-lhe uma situação bastante crítica: as facções partilhavam o poder e ele era rei apenas de nome. Por fim, tendo perdido a esperança de se ver restabelecido no trono, enviou em segredo os filhos para Eubeia, para junto de Elefenor, filho de Cálcon, e ele próprio se exilou, amaldiçoando Atenas. Contava-se que tentara refugiar-se em Creta, na corte de Deucalião, seu cunhado, mas que fora lançado por uma tempestade para a costa de Ciro, ou que se dirigira espontaneamente a Ciro para encontrar o rei Licomedes, ao qual o uniam laços de parentesco. Além disso, possuía na ilha domínios familiares. O rei Licomedes acolheu-o aparentemente com favor, mas, conduzindo-o a uma montanha, para lhe mostrar, disse, a perspectiva da ilha, precipitou-o traiçoeiramente do alto de um rochedo e matou-o. Outros autores afirmam que Licomedes não teve qualquer intervenção no caso e que Teseu se matou acidentalmente ao passear na montanha, uma noite, depois de jantar. Seja como for, esta morte passou despercebida na altura. Menesteu continuou a reinar em Atenas, de acordo com a decisão dos Dioscuros e os dois filhos de Teseu participaram como simples particulares na Guerra de Tróia. Após a morte de Menesteu, regressaram e recuperaram o reino de Atenas (v. *Ácamas* e *Demofonte*).

Quando da Batalha de Maratona, contra os Persas, os soldados atenienses viram um guerreiro de uma dimensão prodigiosa combater à frente do seu exército; compreenderam que se tratava de Teseu. Depois das Guerras Médicas, o oráculo de Delfos ordenou aos Atenienses que recolhessem as cinzas de Teseu e lhe dessem uma sepultura digna na cidade. Címon executou a ordem da Pítia. Conquistou a ilha de Ciro e, aí, viu uma águia que, pousada num montículo, esgaravatava a terra com as garras. Címon, inspirado pelo céu, compreendeu o significado do prodígio. Escavou a terra, encontrou um ataúde contendo um herói de uma dimensão prodigiosa, junto do qual estavam depositados uma lança de bronze e uma espada. Címon levou estas relíquias para a sua trirreme e os Atenienses acolheram as cinzas do seu herói com festas magníficas. Deram-lhe uma sepultura condigna dentro da cidade, perto do local onde se construiu, mais tarde, o ginásio de Ptolomeu. Este túmulo tornou-se um lugar de asilo para os escravos fugitivos e para os pobres perseguidos pelos ricos, porque, enquanto vivo, Teseu fora um campeão da democracia.

Para o episódio de Hipólito e de Fedra, v. estes nomes.

TÉSPIO. (Θέσπιος.) Téspio, o herói epónimo da cidade beócia de Téspias, é um dos filhos de Erecteu, o rei da Ática (v. quadro 12, p. 144). Tinha abandonado a Ática e fundado um reino na Beócia. Este herói desempenha um papel acessório no ciclo das lendas heráclidas. Foi a seu lado que Héracles, com a idade de dezoito anos, iniciou as suas aventuras, matando o leão do Citéron (v. *Héracles*). Téspio tinha cinquenta filhas, todas de uma só mulher, Magamede, ou de diversas concubinas. Durante todo o tempo que durou a caçada, Hérácles hospedou-se em casa de Téspio e uniu-se, em cada noite, a cada uma das suas filhas. O rei desejava, com efeito, ter filhos de um tal herói e este estava tão fatigado com as suas jornadas que não se apercebia da mudança e acreditava encontrar sempre a mesma companheira. Uma outra tradição assegura que Héracles possuiu todas as jovens em sete noites ou, mesmo, numa única noite. Todas conceberam um filho de Héracles; a mais velha e a mais jovem tiveram, cada uma, dois gémeos (v. quadro 17, p. 219). A maior parte desses jovens foi levada, por ordem de Héracles, por Iolau para a Sardenha, onde se estabeleceram como colonos. Dois teriam regressado a Tebas e sete permaneceram em Téspias. Contava-se que, em vez de morrerem, os filhos das Tespíades que se haviam estabelecido na Sardenha tinham adormecido com um sono profundo, eterno, e escapado assim à corrupção do túmulo e à chama da fogueira.

Téspio é, igualmente, o amigo que purificou Héracles após o assassinato dos filhos que tivera de Mégara.

Sobre Téspio, pai de Hipermnestra, v. *Téstio*.

TESPROTO. (Θεσπρωτός.) Tesproto é um dos filhos de Licáon. Abandonou a Arcádia e estabeleceu-se no Epiro, na região que tomou o nome de «país dos Tesprotos». Foi junto dele que, numa versão da lenda, Tiestes procurou refúgio (v. *Tiestes*).

TÉSSALO. (Θέσσαλός.) Nome do herói epónimo da Tessália. Sobre a sua identidade existiam várias tradições diferentes:

1. Os historiadores latinos conheciam um rei com este nome, natural do país dos Tesprotos, que teria conquistado a Tessália e aí teria fundado o seu reino. Este Téssalo era filho de Graico, a quem se atribui por vezes a fundação da cidade de Tessalónica.

2. Existia ainda um Téssalo ligado ao ciclo de Héracles. Julgava-se que era filho de Héracles e de Calcíope, ou, ainda, de Astíoque (e nesse caso seria irmão de Tleptólemo, v. quadro 17, p. 219). É rei da ilha de Cós e envia os seus dois filhos, Fidipo e Antifo, para combaterem na Guerra de Tróia. Fidipo e Antifo, após a conquista da cidade, estabeleceram-se na região a que deram o nome de Tessália em recordação do seu pai (v., sobre o nascimento de Téssalo, *Héracles*).

3. Finalmente, a lenda conhecia um Téssalo, filho de Medeia e de Jasão, que escapou ao ataque da mãe e que fugiu de Corinto para Iolco, quando da morte de Acasto, filho de Pélias, e assumiu aí o poder. Teria sido ele a dar à região o nome de Tessália.

4. Para Téssalo, filho de Hémon, v. *Hémon*, 2.

TÉSTIO. (Θέστιος.) Téstio é um rei de Plêuron e um herói etólio. É geralmente considerado como neto de Agenor, ele próprio filho de Plêuron. A sua mãe é Demonice e o pai é Ares (v. quadro 26, p. 272). É-lhe atribuída como esposa tanto Eurítemis como Deidamia, a filha de Perieres, como Laofonte (filha de Plêuron e, por conseguinte, na genealogia ordinária, sua tia-avó). Teve numerosos filhos, entre os quais Meleagro, Leda, Hipermestra, Íficlo, Evipo, Plexipo, Eurípilo, os tios de Meleagro por vezes chamados Testíades e que foram mortos durante a caçada no Cálidon (v. *Meleagro*). A filha Hipermestra é talvez identificada com uma outra Hipermestra, «filha de Téspio», dado que os dois nomes, Téstio e Téspio, são muitas vezes confundidos nos manuscritos.

Para a lenda de Téstio e de Cálidon, v. *Cálidon*.

TESTOR. (Θέστωρ.) Filho de Apolo e de Laótoe e pai do adivinho Calcas, tal como de duas filhas, Leucipe e Teónoe. Ele próprio é sacerdote de Apolo e herói de uma aventura romanesca, que nos foi conservada por Higino (v. *Teónoe*).

TÉTIS. (Θέτις.) Tétis é uma das Nereides, filhas de Nereu, o Velho do Mar, e de Dóris. É, por consequência, uma divindade marítima e eterna, a mais célebre de todas as Nereides.

Téspio: EUST., à *Hom.*, p. 266; APOLLOD., *Bibl.*, II, 4, 9 e s.; 7, 6 e s.; PAUSAN., I, 29, 5; VII, 2, 2; IX, 23, 1; 26, 6; 27, 6; X, 17, 5; 6; DIOD. SIC., IV, 29 e s.; STEPH. BYZ, *s. u.*, Θέσπεια; escól. SOPH., *Tra.*, 460; PHILOPON, comment. ARIST., ed. Vitelli, XVII, p. 715, 15 e s.

Tesproto: APOLLOD., *Bibl.*, III, 8, 1; STEPH. BYZ., *s. u.* 'Αμβρακία; TZETZ., *ad Lyc.*, 481; HYG., *Fab.*, 88.

Téssalo: 1) PLIN., *N. H.*, IV, 28; VELL., I, 3, 2; HEROD., VII, 176. **2)** *Il.*, II, 677; cf. HYG., *Fab.*, 97; APOLLOD., *Ep.*, V, 15; DIOD. SIC., V, 54; STRAB., IX, 5, 23. **3)** DIOD. SIC., IV, 34 e s.

Téstio: OV., *Met.*, IV, 487; STRAB., X, p. 461; 466; PAUSAN., III, 13, 8; APOLLOD., *Bibl.*, I, 7, 7; V. os artigos *Alteia, Leda, Hipermestra.*

Testor: *Il.*, I, 69; *Fr. Hist. gr.*, I, p. 88; TZETZ., *ad Lyc.*, 427; 980; 1047; OV., *Met.*, XII, 19; HYG., *Fab.*, 97; 128; 190.

Tétis: *Il.*, I, 348 e s.; 493 e s.; IX, 410 e s.; XVIII, 22 e s.; 368 e s.; XIX, 1 e s.; XXIV, 77 e s.; 120 e s.; HES., *Theog.*, 240; 1003; APOLLOD., *Bibl.*, I, 2, 7; 3, 5; 9, 25; III, 5, 1; 13, 4 e s.; *Ep.*, III, 29; VI, 5 e s.; TZETZ., prol. *All. ad Il.*, 426; 451; *Anteh.*, 180; HYG., *Fab.*, 54; 92; 96; 97; 106; 270; *Astr. Poet.*, II, 18; OV., *Met.*, XI, 423 e s.; APOL. RH., *Arg.*, IV, 790 e s.; escól., I, 582; PIND., *Nem.*, IV, 100 e s.; escól. III, 60; IV, 109; CATUL., 64; EUR., *Ihp. Aul.*, 701 e s.; cf. L. SÉCHAN, «Les noces de Thétis et de Pélee», *Rév. Cours et Conf.*, XXXII, I, pp. 673-688; II, pp. 330-340; J. KAISER, *Peleus und Thetis*, Munique, 1912.

Existe, todavia, uma tradição obscura que apresenta Tétis como filha do Centauro Quíron.

Tétis foi educada por Hera, do mesmo modo que esta o havia sido por Tétis (a filha de Úrano e Geia, Τηθύς). Explicam-se muitos episódios da sua lenda pelos laços de afeição que uniam a Nereide à esposa de Zeus. É Tétis, por exemplo, quem recolhe Hefesto, quando este é precipitado por Zeus do alto do Olimpo por ter pretendido intervir a favor de Hera (v. *Hefesto*, e as variantes). É ela quem, por ordem de Hera, toma o leme da nau *Argo* durante a travessia das Simplégades. Por fim, segundo certos mitógrafos, recusa o amor de Zeus, quando este se quis unir a ela, para não contristar Hera. Outras tradições, é um facto, interpretam este episódio de outro modo e contam que Zeus e Posídon pretenderam conquistá-la até ao dia em que um oráculo de Témis revelou que o filho que nascesse de Tétis seria mais poderoso que o pai. Os dois grandes deuses não insistiram e apressaram-se a entregá-lo a um mortal. Outras fontes, ainda, atribuem este oráculo a Prometeu, que teria precisado que o filho nascido dos amores de Zeus e Tétis seria um dia o senhor do Céu. De qualquer modo, tornada inacessível para os deuses, Tétis apenas podia desposar um mortal. Quíron, um Centauro, teve conhecimento do caso e apressou-se a aconselhar o seu protegido Peleu a aproveitar a ocasião para desposar uma divindade. Mas esta criou-lhe muitas dificuldades. Como todas as divindades marítimas, Tétis possuía o dom de se transformar e utilizou-o. Peleu conseguiu, contudo, vencê-la e desposá-la (v. *Peleu*).

Sobre o nascimento de Aquiles e as tentativas de Tétis para lhe obter a imortalidade, v. *Aquiles*. Estas tentativas conduziram à ruptura do casamento entre Tétis e Peleu, mas não foi motivo para a Nereide se desinteressar pelo filho. Quando este completou nove anos e o adivinho Calcas a informou de que Tróia não poderia ser conquistada sem o auxílio de Aquiles, Tétis, que sabia que Aquiles encontraria a morte diante da cidade, levou-o para o palácio de Licomedes, em Ciros, e dissimulou-o entre as jovens. Mas Aquiles não pôde escapar ao seu destino e partiu para a guerra. Tétis tentou, então, protegê-lo por todos os meios, mas o seu esforço foi em vão. Deu-lhe um companheiro destinado a evitar-lhe os erros fatais (v. *Tenes*). Tétis proibiu-o de desembarcar em primeiro lugar na costa troiana, visto que o primeiro herói a desembarcar seria também o primeiro a morrer. Deu-lhe armas e, depois da morte de Pátroclo, fez com que lhe fossem fabricadas outras por Hefesto, que lhe era inteiramente devotado. Finalmente, consolou-o em todos os momentos graves da sua existência. Tentou, nomeadamente, impedi-lo de matar Heitor, porque ele próprio morreria pouco tempo depois.

Mais tarde, morto Aquiles, Tétis interessou-se igualmente por Neoptólemo, que era seu neto. Aconselhou-o a não regressar com os outros aqueus e aguardar alguns dias em Ténedos, salvando-lhe, assim, a vida (v. também *Molosso*).

TÉTIS. (Τηθύς.) Tétis é uma das divindades primordiais das teogonias helénicas. Personifica a fecundidade «feminina» do mar. Nascida dos amores de Úrano e de Geia, é a mais jovem das Titânides (v. quadros 6, p. 105, e 14, p. 182). Desposou Oceano, um dos seus irmãos (v. *Oceano*), de quem teve um grande número de filhos, mais de três mil, que são todos os rios do mundo. Tétis criou Hera, que lhe confiou Reia (também ela uma Titânide), durante a luta de Zeus contra Crono (v. *Hera*). Como testemunho do seu reconhecimento, Hera conseguiu reconciliar Tétis com Oceano, após se terem zangado.

A morada de Tétis é geralmente situada no Extremo Ocidente, para lá do país das Hespérides, na região onde, todos os fins de tarde, o Sol termina o seu curso.

TEUCRO. (Τεῦκρος.) Teucro é o nome de dois heróis, ambos ligados ao ciclo troiano, mas separados por seis gerações.

1. O primeiro é geralmente considerado como filho do deus-rio frígio Escamandro e de uma ninfa do monte Ida, Ideia (v. quadro 7, p. 112). Mas existem outras tradições que fazem de Teucro um estrangeiro emigrado na Tróada. Faziam-no, por exemplo, oriundo de Creta, e mais precisamente do Ida cretense, com o pai, Escamandro. No momento da sua partida, haviam consultado o oráculo, que lhes ordenara que se estabelecessem no local onde fossem atacados pelos «filhos do solo». Uma noite, quando acampavam na Tróada, as suas armas, os seus escudos e as cordas dos seus arcos foram roídos por ratos. Compreendendo que o oráculo se tinha concretizado, fundaram nesse local um templo a Apolo Esminteu (o Apolo dos Ratos) e estabeleceram-se aí. Os mitógrafos áticos pretendiam que Teucro era originário do seu país e que tinha emigrado para a Tróada.

Qualquer que seja, porém, a sua origem, Teucro era o antepassado da família real de

---

Tétis: *Il.*, XIV, 201 e s.; HES., *Theog.*, 136; 237 e s.; fr. 260, RZ.; OV., *Fast.*, II, 191; *Met.*, II, 509; 527 e s.; XI, 950 e s.; HYG., *Fab.*, 177; *Astr. Poet.*, II, 1; APOLLOD., *Bibl.*, I, 1, 3; II, 1, 1; DIOD. SIC., IV, 69; 72.

Teucro: 1) APOLLOD., *Bibl.*, III, 12, 1 e s.; DIOD. SIC., IV, 75. TZET., *ad Lyc.*, 29; 1302 e s.; 1465; SERV., *ad VIRG.*, *Aen.*,III, 108; AEL., *Hist. An.*, XII, 5; STRAB., XIII, 604; DION. HAL., I, 61 e s. **2)** *Il.*, VI, 31; VII, 266 e s.; XIII, 370 e s.; XIII, 170 e s.; XIV, 515; XV, 442 e s.; XXIII, 850 e s.; PAUSAN., I, 23, 8; 28, 11; AESCH., trag. perdida *Mulheres de Salamina*; SOPH., trag. perdida *Teucro*; *Aiax*; 342 e s., e escól. *ad loc.*; 1008 e s.; escól. a 1019; QUINT. SM., V, 500 e s.; XII, 322; TZETZ., *ad Lyc.*, 447; 452; *Posth.*, 645; VIRG., *Aen.*, I, 619 e s., e SERV., *ad loc.*; PIND., *Nem.*, IV, 46 e escól. *ad loc.*; escól. EUR., *Hel.*, 147 e s.; OV., *Met.*, XIV, 696 e s.; HOR., *O.*, I, 7, 21 e s.; STRAB., XIV, p. 672; 682; ATHEN., VI, p. 256 b; SIL. ITAL., III, 368; XV, 192; PHILOSTR., *V. Apoll.*, V, 1.

Tróia. Acolheu Dárdano (v. este nome), deu-lhe a sua filha, Batíia (ou Arisbe). Deste casamento nasceu, entre outras crianças, Erictónio, o pai de Trós (v. quadro citado).

2. O segundo Teucro é filho de Télamon e de Hesíone, ela própria filha de Laomedonte e irmã de Príamo (v. quadros 7, p. 112, e 31, p. 352, e *Télamon*). É, pois, meio-irmão de Ájax, mas, pela sua mãe, pertence à família real de Tróia. É considerado na *Ilíada* como mais jovem que o seu irmão e o melhor arqueiro de todo o exército grego. Participa com Ájax na expedição contra Tróia, apesar de Príamo ser seu tio. As suas façanhas são consideráveis. Mata sucessivamente Orsíloco, Órmeno, Ofeleste, Daitor, Crómio, Licofonte, Amopáon, Melanipo, Gorgítion, Arqueptólemo; fere Glauco e é ele próprio ferido por Heitor, mas é salvo pelo irmão. No decurso de outros combates, mata ainda Ímbrio, Prótoo e Perifetes, Clito e quase mata Heitor. Participa, por fim, nos jogos fúnebres, onde disputa a prova de tiro com arco.

Nos poemas posteriores, contavam-se as aventuras que lhe diziam respeito. No momento da morte de Ájax, estava ausente, participando numa expedição de pirataria na Mísia, mas regressou a tempo de proteger o cadáver do irmão contra os ultrajes dos Atridas. Desesperado, esteve quase a suicidar-se, sendo apenas impedido pelos assistentes. Teucro é nomeado entre os combatentes que tomaram lugar no cavalo de madeira.

O «regresso» de Teucro não foi feliz. Chegou sem problemas até Salamina, onde reinava Télamon, mas, na viagem, foi separado do barco que transportava o seu sobrinho, Eurísaces (v. este nome). Por essa razão, Télamon recebeu-o bastante mal; criticou-o igualmente por não ter protegido Ájax e por não o ter vingado. Depois, expulsou-o e Teucro teve de se exilar. Conta-se que, antes de partir, fez um discurso, da proa do seu barco, na baía de Freátis, para se defender da acusação que lhe fizera Télamon. É a este episódio que se fazia remontar o uso de os exilados tentarem uma última vez defenderem-se, nesse lugar, antes de abandonarem a pátria.

Dirigiu-se em primeiro lugar para a Síria, onde foi recebido pelo rei Belo, que, nesse momento, se preparava para conquistar a ilha de Chipre. Belo instalou Teucro na ilha, onde este fundou a nova Salamina (Salamina de Chipre). Levou com ele prisioneiros de guerra troianos, que formaram uma parte de população. Ele próprio desposou Êunoe, a filha do rei Cipro, o epónimo da ilha. Êunoe deu-lhe uma filha, Astéria. Segundo uma outra tradição, Teucro estabeleceu-se pacificamente na ilha, onde desposou Êunoe, a filha do rei Círinas (v. este nome). Teve vários filhos desse casamento, nomeadamente Ájax, o jovem fundador da cidade de Ólbia, na Cilícia.

De acordo com os autores, sabemos que Teucro permaneceu em Chipre, onde morreu, ou, ainda, que tentou regressar a Salamina da Ática: aportou no momento em que Télamon acabava de ser expulso do seu reino e encontrara refúgio em Egina. Fez-se reconhecer pelo pai e restabeleceu-o no trono. Mas dizia-se também que tinha iniciado a viagem para a Ática ao ter conhecimento da morte de Télamon. Não conseguiu desembarcar, vencido pelo sobrinho Eurísaces. Dirigiu-se, então, para a Espanha, onde fundou a futura Cartagena. Encontram-se também os seus traços em Gades.

TÊUTAMO. (Τεύταμος.) Rei da Assíria, vigésimo sucessor de Nínias, também chamado Tautano. O seu reinado coincide com a época da Guerra de Tróia. Príamo enviou-lhe embaixadores com um pedido de auxílio; Têutamo acedeu ao seu pedido e enviou-lhe um contingente de dez mil etíopes, dez mil habitantes de Susa e duzentos carros de guerra. Este exército estava sob o comando de Mémnon, filho de Titono (v. este nome). Tal é a versão «historicista» do mito de Mémnon.

TEUTARO. (Τεύταρος.) Cita, pastor de Anfitrião, Teutaro foi o pastor que ensinou ao jovem Héracles a utilização do arco e a quem presenteou com o seu arco e as suas flechas (v. *Héracles*).

TEUTRA. (Τεύθρας.) **1.** Teutra é um rei da Mísia que desempenha um papel na lenda de Télefo. O seu reino estendia-se até à embocadura do Caíco. A sua mãe chamava-se Lísipe e contava-se que Teutra tinha morto, na montanha, um javali que implorava a sua piedade com voz humana e que se tinha refugiado no santuário de Ártemis Ortosia. Como castigo, a deusa enlouqueceu-o e atingiu-o com uma espécie de lepra. Lísipe, com o auxílio do adivinho Políido, conseguiu acalmar a cólera de Ártemis e Teutra recuperou a saúde. A montanha onde Teutra teve esta aventura denomina-se, em recordação do facto, Teutrânia.

Foi Teutra quem acolheu Auge, quando esta foi vendida por Náuplio. Conta-se, por vezes, que a desposou e, mais tarde, que fez de Télefo seu filho adoptivo; outras vezes, ainda, admite-se que tratava Auge como sua filha. Sobre estas variantes da lenda, v. *Télefo*. Seja como for, Teutra morreu sem deixar descendência masculina e foi Télefo quem lhe sucedeu.

2. Este Teutra não deve confundir-se com outros heróis do mesmo nome, nomeadamente um grego morto por Heitor em Tróia.

Têutamo: DIOD. SIC., II, 22; cf. EUS., *Chron.*, I, 66 (Schn.).

Teutaro: TZETZ., *ad Lyc.*, 50; 56; 458; escól. a TEOCR., XIII, 9.

Teutra: **1)** APOLLOD., *Bibl.*, II, 7, 4; III, 9, 1; PAUSAN., VIII, 4, 9; X, 28, 8; STEPH. BYZ., *s. u.* τευθρνία; DIOD. SIC., IV, 33; STRAB., XII, 571 e s.; HYG., *Fab.*, 99; 100; PS.-PLUT., *de flor.*, 21, 4. **2)** *Il.*, V, 705; TZETZ., *Hom.*, 100.

TIA. (Θεία.) Tia, a Divina, pertence à primeira geração divina, anterior à dos Olímpicos. É uma das Titânides, filha de Úrano e de Geia (v. quadro 14. p. 182). Une-se a Hipérion (v. quadro 16, p. 202), de quem tem três filhos: Hélio (o Sol), Eos (a Aurora) e Selene (a Lua).

TIA. (Θυία.) Segundo uma tradição de Delfos, Tia é uma ninfa da região, filha do deus-rio Céfiso, ou, ainda, do herói Castálio, um dos primeiros habitantes. Tia foi possuída por Zeus, que lhe deu um filho, Delfo, o epónimo de Delfos (v. *Delfo*). Tia foi a primeira a celebrar o culto de Dioniso nas encostas do Parnaso e é, diz-se, em recordação de tal facto que as Ménades tomam por vezes o nome de Tíades. Dizia-se também que ela tinha sido possuída por Posídon.

Existia uma outra tradição a respeito da mesma heroína: filha de Deucalião, teria dado a Zeus dois filhos, Magnes e Mácedon, os epónimos das regiões de Magnésia, na Tessália, e da Macedónia (v. *Macedon*).

TIAS. (Θείας.) Numa das versões da lenda de Adónis, Tias é apresentado como seu pai e como filho do rei da Babilónia, Belo. Casou com a ninfa Orítia e foi pai de Mirra (v. *Adónis*).

* **TIBERINO.** (*Tiberinus.*) **1.** Na lenda romana, Tiberino surge com um duplo aspecto: por um lado, o deus do Tibre, uma abstracção poética, de acordo com o tipo helénico; por outro lado, como rei de Alba, o décimo descendente de Eneias. Teria morrido junto ao rio, então chamado Albula, que, após este acontecimento, teria tomado o nome de Tibre.

2. Uma tradição diferente faz de Tiberino um herói, epónimo do rio, mas de origem divina e não descendente de Eneias. Seria o filho do deus Jano e de Camasena, uma ninfa do Lácio. Morto afogado no rio, ter-lhe-ia dado o seu nome.

* **TIBURNO.** (*Tiburnus.*) *Tiburnus*, ou *Tiburtus*, é o herói epónimo, fundador da cidade latina de Tibur (Tivoli). É, por vezes, considerado como um dos três filhos do herói tebano Anfiarau, idos para Itália após a morte do pai para fundarem colónias (v. também *Catilo*).

TÍCIO. (Τιτυός.) Tício é uma gigante, filha de Zeus e de Elara, que umas vezes é considerada como filha de Orcómeno e outras como filha de Mínias. Com medo dos ciúmes de Hera, quando a sua amante ficou grávida, Zeus escondeu-a nas profundezas da terra. E foi da terra que saiu, ao nascer, o gigante Tício.

Quando Leto deu Ártemis e Apolo a Zeus, Hera, com ciúmes da sua rival, lançou contra ela o gigante Tício, inspirando-lhe o desejo de a violentar. Mas Tício foi fulminado por Zeus e lançado nos Infernos, onde duas serpentes (ou duas águias) devoram o seu fígado, que renasce de acordo com as fases da Lua. Segundo outros autores, foram os filhos de Leto que protegeram a mãe e crivaram o monstro de flechas. Tício ficou, assim, eternamente no solo, onde o seu corpo cobria nove «hectares». Existia na Eubeia uma gruta onde Tício recebia um culto.

TIDEU. (Τυδεύς.) Tideu é um herói etólio, nascido do segundo casamento do rei Eneu com Peribeia, a filha de Hipónoo (v. quadro 29, p. 298). Entre as diversas tradições relativas ao casamento de Eneu e de Peribeia, existe uma segundo a qual a jovem teria sido seduzida por Eneu e, em vez de este se casar com ela, teria sido abandonada aos porqueiros. E é entre estes que teria crescido o jovem Tideu. Pretendia-se, por fim, que Eneu possuíra, por ordem de Zeus, a própria filha, Gorge, e que Tideu era, na realidade, fruto desse amor.

Chegado à idade adulta, Tideu cometeu um crime: segundo as fontes, a sua vítima foi o irmão de Eneu, Alcátoo, ou, então, os filhos de Melas, que tinham conspirado contra Eneu: Feneu, Euríalo, Hiperlau, Antíoco, Eumedes, Esternops, Xantipo e Estenelau; ou, ainda, o seu próprio irmão, Olénio. Seja como for, teve de abandonar a pátria e, depois de errar durante algum tempo, chegou à corte de Adrasto ao mesmo tempo que Polinice. Sobre o encontro dos dois heróis, v. *Adrasto*. Adrasto consente em purificar Tideu do seu crime, e, atendendo a um antigo oráculo, dá-lhe uma das filhas, Deípile, enquanto Polinice desposa outra, Argia. Ao mesmo tempo, Adrasto promete aos seus dois genros devolver-lhes as suas pátrias. Foi assim que Tideu foi levado a tomar

---

Tia: HES., *Theog.*, 135; 371 e s.; APOLLOD., *Bibl.*, I, 1, 3; 2, 2; PIND., *Isth.*, V, 1, e escól. v. 2.

Tia: PAUSAN., X, 6, 4; cf. 29, 5; STEPH. BYZ., *s. u.* Μακεδονία; HES., fr. 25 (Rz).

Tias: ANT. LIB., *Tr.*, 34.

Tiberino: 1) VIRG., *Aen.*, VIII, 31 e s. **2)** SERV., *ad Virg.*, *Aen.*, VIII, 330; VAR., *LL*, V, 30; DION. HAL., I, 71; DIOD. SIC., VI, 5; OV., *Fast.*, II, 389 e s.; *Met.*, XIV, 614 e s.

Tiburno: VIRG., *Aen.*, VII, 671, e SERV., *ad loc.*; XI, 519; SOLIN., II, 8; PLIN., *N. H.*, XVI, 237.

Tício: *Od.*, XI, 576 e s.; PIND., *Pyth.*, IV, 160 e s.; e escól. *ad loc.*, APOLLOD., *Bibl.*, I, 4,1; escól. *Od.*, VII, 324, e EUST., *ad loc.*, p. 1581; APOL. RH., *Arg.*, I, 761 e s.; e escól. *ad loc.*; LUCR., *De Nat. Rer.*, III, 984 e s.; VIRG., *Aen.*, VI, 595 e s.; *Etna*, 80; HYG., *Fab.*, 55; PAUS., X, 4, 5; 29, 3; STRAB., IX, p. 423; OV., *Met.*, IV, 457 e s.; cf. G. DUMÉZIL, in *R. Hist. Rel.*, CXI (1935), pp. 66-89; S. REINACH, *op. cit.*, (art. *Sísifo*).

Tideu: *Il.*, IV, 372 e s.; V, 126; 800 e s.; VI, 222 e s.; APOLLOD., *Bibl.*, I, 8, 4 e s.; III, 6, 1 e s.; 10, 8; HYG., *Fab.*, 69; 70; 71; 97; 175; 257; PAUSAN., III, 18; 12; IX, 18. 1 e s.; X, 10, 3; EUST., *ad Hom.*, p. 971; escól. *Il.*, V, 126; XIV, 114; 120; DIOD. SIC., IV, 65; PLUT., *Prov.*, I, 5; STAT., *Theb.*, I, 401 e s.; 669 e s.; II, 307 e s.; VIII, 717 e s., etc.; e LACT. PLAC., *ad loc.*; SOPH., arg., *Ant.*; *Oed. Col.*, 1315; fr. ed. Pearson, III, p. 38 (fr. 799); EUR., *Phoen.*, 134; 419; escól. v. 135; TZETZ., *ad Lyc.*, 1066; escól. PIND., *Nem.*, X,. 12, etc.

parte na expedição dos Sete Chefes, que tinha por fim instalar de novo Polinice no trono de Tebas.

Quando do episódio de Arquémoro, Tideu tomou o partido de Hipsípile contra o rei Licurgo (v. estes nomes) e bateu-se contra este. Anfiarau e Adrasto apaziguaram a querela. Nos jogos que estão são celebrados em honra de Arquémoro, e que se tornarão nos Jogos Nemeus, Tideu vence na prova de pugilato.

Tideu é, em seguida, enviado como embaixador a Tebas, mas Etéocles recusa-se a escutá-lo. Então, para pôr os Tebanos à prova, Tideu desafia-os individualmente para um combate singular e aniquila-os uns após outros. Ao partir, os Tebanos armaram-lhe uma emboscada, formada por cinquenta homens. Tideu matou-os a todos, excepto Méon (v. este nome, 1). Durante o cerco, uma tradição obscura situa um episódio que demonstra a ferocidade de Tideu: Ismena, a irmã de Etéocles, amava um jovem tebano de nome Teoclímeno e tinha-lhe marcado um encontro, fora da cidade, junto a uma fonte. Por instigação de Atena, Tideu seguiu os jovens enamorados e surpreendeu-os. Teoclímeno conseguiu fugir, mas Ismena, prisioneira, tentou comover Tideu, que permaneceu insensível e a matou.

No combate decisivo diante das sete portas da cidade, o adversário de Tideu era Melanipo. A deusa Atena, protectora de Tideu, preparava-se para lhe conceder a imortalidade, que ela lhe obtivera de Zeus. Mas quando Anfiarau, que não perdoava a Tideu o ter organizado a expedição onde ele próprio devia encontrar a morte, compreendeu a intenção da deusa, cortou a cabeça de Melanipo e levou-a a Tideu. Este rachou o crânio do seu inimigo e sorveu o cérebro. Desgostosa com este acto, Atena decidiu privar Tideu da imortalidade e retirou-se do campo de batalha.

O cadáver de Tideu foi sepultado devido aos cuidados de Méon, que se mostrava agradecido por ter sido poupado. Uma outra tradição pretendia que o corpo de Tideu tivesse sido levado pelos atenienses de Teseu e enterrado em Elêusis.

Tideu é o pai de Diomedes (v. este nome).

TIESTES. (Θυέστης.) Tiestes é o irmão gémeo de Atreu e, como ele, filho de Pélops e de Hipodamia (v. quadro 2, p. 12). A sua lenda é totalmente preenchida pelo seu ódio contra Atreu e pelas vinganças que os dois irmãos tramaram, alternadamente, um contra o outro. Tema trágico por excelência, esta lenda foi utilizada pelos poetas e arbitrariamente complicada com episódios cada vez mais cruéis.

Para as grandes linhas desta lenda, v. *Atreu*. Por instigação de Hipodamia, Tiestes e Atreu, na sua juventude, matam o seu meio-irmão, Crisipo. Depois deste assassínio, fugiram para junto de Esténelo e conquistaram o poder em Micenas (v. *Atreu*). Mas Tiestes tornou-se amante de sua cunhada, Aérope (v. este nome). Para se vingar, Atreu concebeu, então, o projecto horrível de dar a comer ao irmão os próprios filhos. Para isso, matou os filhos que Tiestes tinha tido de uma concubina (segundo uns, em número de três: Aglau, Calileonte e Orcómeno — ou de dois, segundo outros — Tântalo e Plístenes) e preparou com eles uma refeição, que deu a comer ao irmão. Em seguida, mostrou-lhe os braços e as cabeças. O Sol, horrorizado, retrocedeu no seu movimento. Tiestes fugiu, então, para junto do rei Tesproto (v. este nome) e, de lá, dirigiu-se a Sícion, onde se encontrava a sua filha, Pelópia. Tinha tomado conhecimento por um oráculo que só poderia vingar-se do irmão através de um filho nascido de um incesto com a filha (v. *Egisto*). Este filho, Egisto, conseguiu matar Atreu e devolver a Tiestes o trono que lhe fora usurpado.

TÍFIS. (Τῖφυς.) Tífis é o primeiro-piloto do navio *Argo*. É considerado filho de Hagnia e é natural de Sifas, na Beócia. Atribui-se-lhe um conhecimento profundo dos ventos, do curso dos astros, etc., que tinha recebido da própria Atena, mas nunca é apresentado a tomar parte nos combates em terra firme. Tífis não veria o final da expedição, pois morre de doença no palácio do rei Lico, no país dos Mariandinos, nas margens do Ponto Euxino. O seu sucessor ao leme é Anceu.

TÍFON. (Τυφών.) Tifeu ou Tífon é um ser monstruoso e o mais jovem dos filhos de Geia (a Terra) e do Tártaro (v. quadro 14, p. 182). Existe, contudo, uma série de versões ligando Tífon a Hera e a Crono. Geia, descontente com a derrota dos Gigantes, caluniou Zeus junto de Hera e esta pediu a Crono um meio para se vingar. Crono entregou-lhe, então, dois ovos impregnados com o seu próprio sémen: enterrados, estes ovos deviam dar nascimento a um génio capaz de destronar Zeus. Esse génio foi Tífon.

Segundo uma outra tradição, Tífon era um filho de Hera, que ela concebera sem recurso a qualquer princípio masculino, tal como concebera Hefesto (v. este nome). Deu o seu filho monstruoso a educar a um dragão, a serpente Píton, que vivia em Delfos (v. *Píton*).

Tiestes: *Il.*, II, 106 e s.; e escól. *ad loc.*; escól. Eur., *Or.*, 4; 12; Apollod., *Bibl.*, II, 4, 6; *Ep.*, II, 10; Strab., VIII, p. 337; Hyg., *Fab.*, 86; 87; 88; Senec., *Th.*; Soph., trag. perdida *Th.*; v. *Atreu, Aérope, Egisto, Agamémnon.*

Tífis: Apol., Rh., *Arg.*, I, 105, e escól. *ad loc.*; II, 815 a 854; etc.; Hyg., *Fab.*, 14; 18; Pausan., IX, 32, 4; Apollod., *Bibl.*, I, 9, 16; Senec., *Med.*, 2 e s., 617 e s.

Tífon: Hes., *Theog.*, 820 e s.; Pind., *Pyth.*, I, 15 e s.; Aesch., *Pr.*, 351 e s.; Ant. Lib., *Transf.*, 28; Ov., *Met.*, V, 321 e s.; Hyg., *Fab.*, 152; Apollod., *Bibl.*, I, 6, 3; escól. *Il.*, II, 783; *Hymn. hom. Apoll. Pyth.*, II, 127 e s.; 159 e s.; Nonn., *Dyon.*, I, 481 e s.; Cf. Werner «Typhon, der Feind der Zeus»; *Zt. für Welt.*, 1937, pp. 49-54; G. Seippel, *Der Typhonmythos*; diss. Greisswld, 1939; F. Vian, «Le mythe de Typhée...», *Éléments orientaux...* (v. art. *Afrodite*), pp. 19-37; J. P. Vernant, «L'union avec Métis et la royauté du ciel», in *Mel. Ch. H. Poech*, Paris, 1974, pp. 101-116.

Tífon era um ser intermédio entre um homem e uma fera. Em tamanho e em força, ultrapassava todos os outros filhos da Terra: era maior do que todas as montanhas e com frequência a sua cabeça tocava nas estrelas. Quando estendia os braços, uma das suas mãos atingia o Oriente e a outra tocava o Ocidente e em vez dos dedos tinha cem cabeças de dragão. Da cintura para baixo estava rodeado de víboras. O seu corpo era alado e os olhos lançavam chamas. Quando os deuses viram este ser atacar o céu, fugiram para o Egipto e esconderam-se no deserto, onde assumiram a forma de animais. Apolo transformou-se em milhafre, Hermes em ibis, Ares em peixe, Dioniso em bode, Hefesto em boi, etc. Apenas Atena e Zeus resistiram ao monstro. Zeus fulminou-o de longe com os seus raios e, quando se aproximou dele, atingiu-o com a sua foice de aço. O combate teve lugar no monte Cásio, nos confins do Egipto e da Arábia Petreia. Tífon, que estava apenas ferido, conseguiu recuperar e tirou a foice ao deus. Cortou os tendões dos braços e das pernas de Zeus, colocou o deus indefeso às costas e levou-o para a Cilícia, onde o encerrou numa caverna, a «gruta Corícia». Escondeu, por outro lado, os músculos e os tendões de Zeus numa pele de urso e entregou-os à guarda do dragão fêmea Delfine. Hermes e Pã — alguns autores referem Cadmo — roubaram os tendões e recolocaram-nos no corpo de Zeus. Este recuperou imediatamente a sua força e, subindo ao céu num carro puxado por cavalos alados, atacou o monstro com os seus raios. Tífon fugiu e, na esperança de aumentar a sua força, quis comer os frutos mágicos que cresciam no monte Nisa. Foi pelo menos esta a promessa que as Moiras lhe tinham feito, para o atraírem. Zeus alcançou-o e a perseguição continuou. Na Trácia, lançou montanhas contra Zeus, mas este, com os raios, fê-las cair sobre o monstro. Assim, o monte Hemo ficou a dever o seu nome ao sangue (em grego αἷμα) que correu de uma das suas feridas. Definitivamente desencorajado, Tífon fugiu e, enquanto atravessava o mar da Sicília, Zeus lançou sobre ele o monte Etna, que o esmagou. E as chamas que saem do Etna são ou as que o monstro lança ou o que resta dos raios com que Zeus o abateu.

Atribui-se a Tífon a paternidade de vários monstros (o cão Orco, a hidra de Lerna, a Quimera), que concebeu com Equidna, a filha de Calírroe e de Crisaor (v. quadro 33, p. 388).

TIMALCO. (Τίμαλχος.) Timalco é o filho mais velho do rei de Mégara, Megareu. Quando os Dioscuros procuravam a irmã, raptada por Teseu, atravessaram a Mégara. Timalco juntou-se-lhes e participou na tomada de Afidna, sendo morto por Teseu durante o combate.

TIMANDRA. (Τιμάνδρα.) Timandra é uma das filhas de Tíndaro e de Leda (v. quadro 2, p. 12; 21, p. 242). Era casada com Équemo (v. este nome) e, segundo uma tradição transmitida por Sérvio, ter-lhe-ia dado um filho: Evandro (v. este nome). Mas, tendo descontentado Afrodite ao neglicenciar a oferta de sacrifícios rituais, a deusa enlouqueceu-a. Timandra deixou-se raptar por Fileu (v. este nome), que a levou para viver em Dulíquio.

TIMETES. (Θυμοίτης.) Numa tradição transmitida por Diodoro, Timetes é um filho de Laomedonte e, por consequência, um dos irmãos de Príamo. Mas, na maior parte dos casos, Timetes é o marido de Cila (v. este nome) e, por conseguinte, cunhado de Príamo e não seu irmão. Príamo, interpretando mal um oráculo, tinha condenado Cila à morte. Timetes não lhe perdoou e, para se vingar, foi um dos primeiros a introduzir o cavalo de madeira dentro da cidade de Tróia.

TÍNDARO. (Τυνδάρεως.) Tíndaro, o pai dos Dioscuros, de Helena e de Clitemnestra, tal como de Timandra e de Filónoe (v. quadro 21, p. 242), é um herói lacedemónio. As diversas tradições não estão de acordo sobre a sua genealogia. É, por vezes, apresentado como filho de Ébalo e da Náiade Batia, ou de Gorgófone, uma das filhas de Perseu (v. quadro 5, p. 90). Outras vezes, no lugar de Ébalo, o seu pai é Perieres, de Messene, ou, ainda, Cinortas, que é normalmente considerado como pai de Perieres. Nas duas últimas tradições, a mãe é Gorgófone. Tem como irmãos (ou meio-irmãos, segundo as tradições, v. *Gorgófone*) Icário, Afareu e Leucipo, aos quais se acrescenta, por vezes, uma irmã, Arene.

Hipocoonte, após a morte de Ébalo, expulsou os irmãos e ficou como senhor absoluto de Esparta. Icário e Tíndaro fugiram para a corte do rei Téstio, em Cálidon. Foi aí que Tíndaro desposou Leda, a filha de Téstio. Mais tarde, e após Hipocoonte e os seus filhos terem sido vencidos por Héracles, este devolveu o reino de Esparta a Tíndaro (v. *Hipocoonte*). Segundo uma outra tradição, Hipocoonte e Icário permaneceram juntos em Esparta e chegaram a acordo para expulsarem Tíndaro. Este ter-se-ia, então, refugiado em Pelene, na Acaia, ou junto do seu meio-irmão Afareu, na Messénia.

Sobre os filhos de Tíndaro e o papel representado por Zeus no seu nascimento, v. *Dios-*

Timalco: PAUSAN., I, 41, 3 e s.

Timandra: APOLLOD., *Bibl.*, III, 10, 6; PAUSAN., VIII, 5, 1; escól. PIND., *Olymp.*, XI, 80; HES., fr. 90 (Rz); SERV., *ad VIRG.*, *Aen.*, VIII, 130; EUST., *ad Hom.*, p. 305, 17.

Timetes: *Il.*, III, 146; DIOD. SIC., III, 67; VIRG., *Aen.*, II, 32, e SERV., *ad loc.*

Tíndaro: HES., fr. 94 (Rz); EUST., p. 293, 11; escól. *Il.*,V, 81; TZET., *ad Lyc.*, 1123; *Chil.*, I, 456 e s.; HYG., *Fab.*, 77; 78; 79; 80; 92; 117; 119; APOLLOD., *Bibl.*, I, 9, 5; II, 7, 3; III, 10, 3 e s.; *Ep.*, II, 15 e s.; PAUSAN., I, 17, 5; 33, 7 e s.; II, 1, 9; 18, 2 e s.; 34, 10; III, 1, 4 e s.; 12, 5; 13, 1; 8; 15, 11; 16, 2; 17, 2-4; 18, 11; 14; 20, 9; 21, 2; 24, 7 e s.; IV, 27, 1; 31, 9; V, 8, 4; VIII, 5, 1; 34, 4; DIOD. SIC., IV, 33; escól. EUR., *Or.*, 457; STRAB., X. p. 461; EUR., *Hel.*, *passim*; *Or.*, *passim*; A. H. KRAPPE, «Tyndare», *Studi e Mater. di Storia delle rel.*, XV (1939), pp. 23-29.

curos, *Helena*, *Leda*, *Clitemnestra*. Tíndaro representa também um papel na lenda dos Atridas: após a morte de Agamémnon, a ama de Menelau envia as crianças do rei de Sícion, Polifides, que as confia, por seu lado, ao rei Eneu, em Cálidon. Quando Tíndaro regressa de Cálidon para Esparta, leva consigo as duas crianças e educa-as no seu palácio. Foi aí que os dois irmãos conheceram Helena e Clitemnestra.

Sobre as dificuldades que se depararam a Tíndaro com a grande beleza de Helena e os inúmeros pretendentes à sua mão, v. *Helena* e *Icário*. Depois da divinização dos seus dois filhos, Castor e Pólux, Tíndaro chamou para junto de si o genro, Menelau, e legou-lhe o reino de Esparta. Tíndaro estava ainda vivo no momento do rapto de Helena e foi durante a Guerra de Tróia que casou a neta, Hermíone, com Orestes (v. *Hermíone*). Afirmava-se, por vezes, que teria sobrevivido a Agamémnon e que teria sido o acusador de Orestes perante o Areópago (v. *Orestes*) ou mesmo em Argos, perante o tribunal do povo.

Tíndaro figura entre as personagens ressuscitadas por Asclépio. Era honrado como herói em Esparta.

TINGE. (Τίγγη.) Nome da esposa do gigante Anteu, que foi morto por Héracles. Este uniu-se a Tinge e deu-lhe um filho, Sófax (v. este nome), que fundou a cidade de Tingis (hoje Tânger), em honra de sua mãe.

TIODAMAS. (Θειοδάμας.) Tiodamas é o nome de um herói ligado ao ciclo de Héracles e cuja lenda tanto é localizada no país dos Dríopes como em Chipe. No primeiro caso, é considerado como pai de Hilas (v. este nome). Sobre a própria lenda, v. *Héracles*.

TIONE. (Θυώνη.) Tione é, em certas tradições, o nome da mãe de Dioniso, mais geralmente chamada Sémele (v. este nome). Explicava-se esta diferença de denominação quer pretendendo que, nos dois casos, não se tratava do mesmo Dioniso, quer considerando Sémele o nome «mortal» da mãe do deus e Tione o seu nome «divino», aquele que lhe foi dado depois da sua apoteose, quando o deus retirou a mãe dos Infernos para a colocar entre as divindades (v. *Dioniso*).

TIQUE. (Τύχη.) Tique é a Fortuna, ou, pelo menos, o Acaso divinizado e personificado por uma divindade feminina. Tique é desconhecida nos *Poemas Homéricos*, mas adquire, mais tarde, uma grande importância, que não cessa de aumentar até à época helenística e à própria Roma (v. *Fortuna*). Não possui mito e não passa de uma abstracção. Acaba por absorver certas deusas, como Ísis, e dar origem a uma divindade mista, chamada Isítique, que figura no sincretismo religioso da época imperial, representando o poder, a meia-Providência, o meio-Acaso, a que está submetido o mundo. Tique é, por vezes, representada cega. Tudo isto é um jogo de símbolos e não pertence à mitologia propriamente dita.

TÍQUIO. (Τυχίος.) Nome de um sapateiro célebre, originário da Beócia, que tinha fabricado o escudo de couro de Ájax, filho de Télamon. Ficou como o protótipo dos sapateiros e é muitas vezes citado como tal.

TIRÉSIAS. (Τειρεσίας.) Adivinho célebre, desempenha no ciclo tebano o mesmo papel que Calcas no ciclo troiano. Pertence, pelo pai, Éveres, que descendia de Udeu, à raça dos Espartos (v. esta palavra). A sua mãe é a ninfa Cariclo (v. a sua lenda).

Existiam diversas lendas sobre a juventude de Tirésias e o modo como tinha adquirido o seu talento de adivinho. Contava-se, por um lado, que fora Palas que o cegara, porque, acidentalmente, Tirésias a vira nua. Mas, a pedido de Cariclo, para o compensar, a deusa concedera-lhe o dom da profecia. A versão mais célebre é bastante diferente. Um dia, quando passeava no monte Cilene (ou então no Cíteron), o jovem Tirésias viu duas serpentes a copularem. Neste ponto, os autores não estão de acordo: ou Tirésias separou as serpentes ou feriu-as ou, finalmente, matou a serpente fêmea. Seja como for, o resultado foi que ele próprio se tornou numa mulher. Sete anos depois, passeando no mesmo local, reviu duas serpentes copuladas. Interveio do mesmo modo e retomou o primitivo sexo. A sua desventura tornara-o célebre e, um dia, quando Zeus e Hera discutiam para saber quem, se o homem ou se a mulher, desfrutava o maior prazer no amor, tiveram a ideia de consultar Tirésias, que era o único a ter a dupla experiência. Tirésias, sem hesitar, afirmou que, se o gozo do amor se compusesse de dez partes, a mulher tinha nove e o homem apenas uma. Isto encolerizou Hera por ver assim revelado o grande segredo do seu sexo e castigou-o com a cegueira. Zeus, para o compensar, concedeu-lhe o dom da profecia e o privilégio de viver durante muito tempo (sete gerações humanas, diz-se).

Tinge: PLUT., *Sert.*, 9.

Tiodamas: Escól. APOL. RH., *Arg.*, I, 131; APOLLOD., *Bibl.*, II, 7, 7; HYG., *Fab.*, 14; *Arg.* a SOPH., *Tr.*, NONN., ed. WESTERMANN, pp. 370 e s.; CONON, *Narr.*, 11.

Tione: OPP., *Cyn.*, I, 27; cf. HOR., *O.*, I, 17, 23; OV., *Met.*, IV, 13; DIOD. SIC., III, 62; IV, 25; CIC., *de nat. D.*, III, 58; APOLLOD., *Bibl.*, III, 5, 3.

Tique: PAUSAN., IV, 30, 4; Cf. BOUCHÉ-LECLERC, in *Rev. Hist. Rel.*, XXIII (1891), pp. 273 e s.; F. ALLEGRE, *Étude sur la déesse grecque Tyché*, Lyon, 1889.

Tíquio: *Il.*, VII, 220 e s.; HESYCH., *s. u.*; OV., *Fast.*, III, 824; PLIN., *N. H.*, VII, 196.

Tirésias: *Od.*, X, 487 e s.; XI, 84 e s.; escól. X, 494; XXIII, 323; EUST., *ad Hom.*, p. 1665, 41 e s.; APOLLOD., *Bibl.*, II, 4, 8; III, 4, 1; 6, 7 e s.; 7, 3 e s.; HYG., *Fab.*, 67, 68; 75; 125; 128; CALLIM., *Lav. Pall.*, 57 e s.; SOPH., *O. R.*, *passim*; EUR., *Phoen.*, 834 e s.; 1589 e s.; PAUSAN., IX, 33, 1 s.; OV., *Met.*, III, 320 e s.; TZETZ., *ad Lyc.*, 683; cf. TH. ZIELINSKI, «De Tireside... infortuniis», *Eos*, 1926, pp. 1-7; A. H. KRAPE, in *Am. Journ. Phil.*, 1928, pp. 267-276; L. BRISSON, *Le mythe de Tirésias. Essai d'analyse structurale*, Leyden, 1976.

Atribui-se a Tirésias um certo número de profecias respeitantes aos acontecimentos mais célebres da lenda tebana. Revelou, por exemplo, a Anfitrião a verdadeira identidade do seu rival junto de Alcmena (v. *Héracles*); desvendou os crimes de que Édipo, sem o saber, se tornara culpado e aconselhou Creonte a expulsar o rei para livrar a cidade de Tebas da maldição que ele impunha; profetisou, quando da expedição dos Sete Chefes, que a cidade seria poupada, se o filho de Creonte, Meneceu, fosse sacrificado para apaziguar a cólera de Ares (v. *Meneceu*). Finalmente, ao tempo da expedição dos Epígonos, aconselhou os Tebanos a negociarem um armistício e a deixarem secretamente a cidade durante a noite para evitar um massacre geral (v. *Epígonos*).

Na poesia helenística e romana, Tirésias torna-se o «adivinho universal» de Tebas. É ele quem aconselha o rei Penteu a não se opor à introdução do culto de Dioniso na Beócia e quem revela a sorte da ninfa Eco após a sua metamorfose. Prediz, igualmente, a morte de Narciso. Já nas lendas odisseicas tinha um papel particular: é para o consultar que Ulisses empreende a viagem ao país dos Cimérios e a evocação dos mortos, a conselho de Circe. Tirésias, com efeito, recebera de Zeus o privilégio de conservar, depois da morte, o seu dom de profeta.

Tirésias teve uma filha, a adivinha Manto, que foi, por seu lado, mãe do adivinho Mopso (v. estes nomes).

A morte de Tirésias está ligada à conquista de Tebas pelos Epígonos. Seguiu os Tebanos no seu êxodo e parou, com eles, de manhã, perto de uma fonte denominada Telfussa. Alterado pela caminhada, bebeu desta água, que era fria, e morreu. Segundo uma outra versão, Tirésias teria permanecido na cidade com a filha. Os vencedores aprisionaram-nos e enviaram-nos para Delfos a fim de serem consagrados ao seu deus, Apolo. No caminho, Tirésias, que era muito velho, morreu de fadiga.

TIRO. (Τύρος.) Ninfa fenícia, amada por Héracles. Contava-se que o seu cão, certo dia, comera uma concha de púrpura (um *murex*) e se aproximara da dona com o focinho colorido. Admirada com a cor, a jovem declarou a Héracles que só continuaria a amá-lo se lhe oferecesse um vestido da mesma cor. Docilmente, Héracles procurou e encontrou a tinta púrpura, glória de Tiro.

TIRO. (Τυρώ.) Tiro é filha de Salmoneu e de Alcídice (v. quadro 23, p. 258). Tiro foi educada em casa do irmão de Salmoneu, seu tio creteu. Aí, enamorou-se do deus-rio Enipeu e ia com frequência para as margens chorar a sua paixão. O deus Posídon, um dia, saiu das águas e uniu-se a ela sob a forma de Enipeu e deu-lhe dois gémeos, que ela deu à luz secretamente. Os seus dois filhos foram Pélias e Neleu (v. estes nomes). Entretanto, Tiro era objecto de maus tratos pela madrasta, Sidero, segunda mulher de Salmoneu. Quando os filhos cresceram, libertaram-na e mataram Sidero. Tiro desposou então Creteu e deu-lhe três filhos: Éson, Feres e Amitáon (v. o quadro citado).

Tiro intervém numa lenda muito diferente, cujo relato, mutilado, é parcialmente conservado por Higino. Sísifo e Salmoneu, que são irmãos, odeiam-se. Mas o oráculo comunicara a Sísifo que só poderia vingar-se do irmão se tivesse um filho de Tiro, sua sobrinha. Une-se a ela e dá-lhe dois filhos, que Tiro mata, ao conhecer o destino que os esperava. Ignoramos o que Sísifo fez então; sabemos somente que foi punido, nos Infernos, pelo seu incesto (v. *Sísifo*).

TIRRENO. (Τυρρηνός.) Herói epónimo dos Tirrenos (os Etruscos). Umas vezes é considerado como irmão de Lido, epónimo dos Lídios, e filho de Átis e Calítea, outras como um dos filhos de Héracles, inventor da trompa. A sua mãe seria, neste caso, Ônfale. É, finalmente, também considerado como filho de Télefo e de Híera. Tem, então, um irmão, Tárcon. Tirreno, de origem lídia, ter-se-ia exilado após a Guerra de Tróia — ou ainda no decurso de uma fome que assolou o país — e estabelecido na Itália central, dando origem ao povo etrusco.

*** TIRRO.** (*Tyrrhus.*) Nome do chefe dos pastores do rei Latino. Colocou-se à frente dos camponeses latinos para vingar a corça sagrada morta pelo jovem Ascânio. Mais tarde, depois da morte de Eneias, é junto dele que, com receio do genro, se refugiará Lavínia para dar à luz o filho, *Siluius* (v. *Lavínia* e *Ascânio*).

TISÂMENO. (Τισαμενός.) **1.** Tisâmeno, o Vingador, é principalmente o nome de dois heróis, dos quais um é filho de Orestes e de Hermíone (v. quadro 15, p. 200). Tendo Orestes herdado de Menelau o trono de Esparta, sucedeu-lhe Tisâmeno, que reinou até ao dia em que foi atacado pelos Heraclidas. Tisâmeno foi morto ao lutar contra eles. Uma outra tradição contava que fora expulso de Argos e de Esparta pelos Heraclidas, mas que obtivera permissão para se retirar com os seus súbditos. Dirigiu-se, então, aos Jónios estabelecidos na costa norte do Peloponeso e pediu-lhes acolhimento para si e para os seus súbditos. Os Jónios, temendo que Tisâmeno, cujo valor

Tiro: POL., I, 45 e s.

Tiro: *Od.*, II, 120; XI, 235 e s.; APOLLOD., *Bibl.*, I, 9, 7 e s.; DIOD. SIC., IV, 68; SOPH., duas trag. perdidas sobre *Tiro* (NAUCK, 2.ª ed., pp. 272 e s.); HYG., *Fab.*, 60; 239; 254; STRAB., VIII, p. 356; PROP., I, 13, 21.

Tirreno: DION. HAL., I, 27 e s.; HEROD., I, 94; HYG., *Fab.*, 274; TZETZ., *ad Lyc.*, 1239; 1249; SERV., *ad VIRG.*, *Aen.*, X, 179; 198; PAUSAN., II, 21, 3.

Tirro: VIRG., *Aen.*, VII, 485; 508 e s.; SERV., a VII, 484; cf. DION. HAL., I, 70 (que dà a forma *Tirreno*).

Tisâmeno: 1) Trag. perdida de SOPH., *Herm.*; EUST., *ad Hom.*, p. 1479, 10 e s.; escól. EUR., *Or.*, 1654; APOLLOD., *Bibl.*, II, 8, 2; 3; *Ep.*, VI; 28; TZETZ., *ad Lyc.*, 1374; HYG., *Fab.*, 124; PAUSAN., II, 18, 6; VII, 1, 7; 6, 2; VELL., I, 1, 4. **2)** PAUSAN., IX, 5, 15.

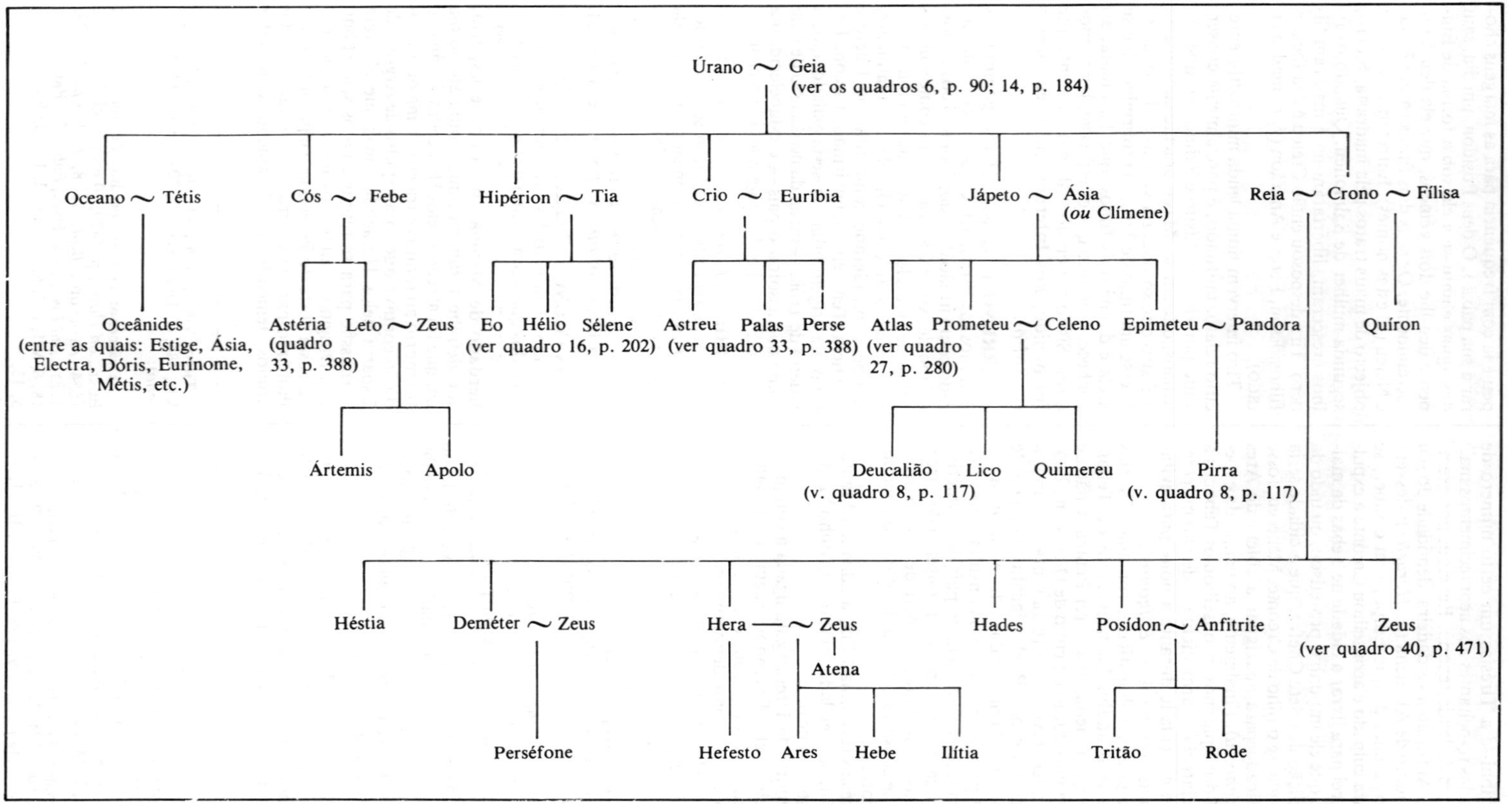

Quadro genealógico n.º 38

guerreiro e sabedoria eram conhecidos, os viesse a submeter ao seu domínio, recusaram e atacaram-no. Tisâmeno foi morto na batalha, mas os seus soldados alcançaram a vitória e cercaram os Jónios, que haviam retirado para a cidade de Hélice. Finalmente, os sitiados obtiveram autorização para se dirigirem para a Ática, onde foram recebidos pelos Atenienses. Os companheiros de Tisâmeno, senhores da região, fizeram funerais magníficos ao seu rei. Os filhos de Tisâmeno estabeleceram o seu domínio na região conquistada aos Jónios, que tomou o nome de Acaia. O mais velho, denominado Cometes, sucedeu-lhe, partindo em seguida para fundar uma colónia na Ásia. Os outros quatro filhos de Tisâmeno chamavam-se: Daímenes, Esparton, Télis e Leontomenes.

2. O segundo herói com o nome de Tisâmeno é um filho de Tersandro e de Demonassa. É descendente de Édipo na terceira geração (v. quadro 37, p. 438). Era demasiado jovem no momento da segunda expedição de Tróia (seu pai fora morto durante o desembarque na Mísia, v. *Tersandro*) para tomar o comando do contingente tebano. Foi Peneleu quem, no seu lugar, vingou a morte do rei precedente ao matar o filho de Télefo, Eurípilo (v. *Peneleu*). Ao atingir a idade adulta, Tisâmeno reinou em Tebas. Teve um filho, Autésion, que não lhe sucedeu, mas, antes, teve de se exilar e juntar-se ao Heraclidas no Peloponeso. Tisâmeno teve, então, como sucessor Damasícton, o neto de Peneleu.

TISÍFONE. (Τεισιφόνη.) **1.** Tisífone, a Vingadora do Morto, é uma das três Erínias. Não possui lenda particular, excepto o episódio obscuro que a mostra apaixonada pelo jovem e belo herói Citéron (v. este nome), que matou, através da mordedura de uma serpente que tirou da própria cabeleira.

2. Uma tragédia perdida de Eurípides, que tinha por tema as aventuras de Alcméon, refere uma filha deste, Tisífone, que foi confiada pelo pai ao rei de Corinto, Creonte, e vendida como escrava (v. *Alcméon*).

TITÂNIDES. (Τιτανίδες.) Denominam-se assim as seis filhas de Úrano e de Geia: Tia, Reia, Témis, Mnemósine, Febe e Tétis (v. quadro 14, p. 182). Uniram-se aos seus irmãos, os Titãs, para engendrar divindades de diferentes ordens (v. quadro 38, p. 452, e os diversos artigos que lhes são consagrados). Parece que não tomaram o partido dos seus irmãos na Titanomaquia.

TITÃS. (Τιτᾶνες.) Titãs é o nome genérico de seis filhos varãos de Úrano e Geia (v. quadro 6, p. 105; 14, p. 182). Pertencem à geração divina primitiva e o mais jovem é Crono, de quem sairá a geração dos Olímpicos (v. *Crono*). Têm seis irmãs, as Titânides (v. *Titânides*), com as quais se uniram para engendrar toda uma série de divindades secundárias (v. quadro 38, p. 452).

Após a mutilação de Úrano por Crono, os Titãs, que tinham sido expulsos do Céu pelo pai, apoderaram-se do poder. Oceano, todavia, negou-se a auxiliar Crono e manteve-se sempre afastado. Ajudará, porém, Zeus quando este, por sua vez, decide destronar Crono. Esta luta, que dá o poder aos Olímpicos, é conhecida por Titanomaquia e é longamente contada por Hesíodo na *Teogonia*, mas o passo talvez seja interpolado (v. *Crono*). Zeus teve como aliados nesta luta não apenas os Olímpicos — Atena, Apolo, Hera, Posídon, Plutão, etc. — mas também os Hecatonquiros, que tinham sofrido o domínio dos Titãs, Prometeu, embora fosse filho de Jápeto, e a Estige, a primeira das Oceânides.

TITONO. (Τιθωνός.) Embora uma genealogia aberrante apresente por vezes Titono como filho de Eos (a Aurora) e do Ateniense Céfalo (v. quadro 4, p. 79), este herói é normalmente relacionado com o ciclo troiano e considerado como um dos filhos de Laomedonte (v. quadro 7, p. 112). A sua mãe é Estrimo, a filha do deus-rio Escamandro. Titono é, por consequência, o irmão mais velho de Príamo. Titono era de grande beleza e foi visto pela Aurora, que se apaixonou e o raptou. Tiveram dois filhos, Emátion e Mémnon (v. estes nomes). No seu amor por Titono, Aurora pediu a Zeus que lhe concedesse a imortalidade; mas esqueceu-se de obter a juventude eterna. Assim, enquanto a sua amante permanecia sempre igual, Titono envelhecia e encarquilhava a tal ponto que foi necessário colocá-lo, como a uma criança, num cesto de vime. Por fim, a Aurora transformou-o em cigarra.

TLEPÓLEMO. (Τληπόλεμος.) Tlepólemo é um filho de Herácles e de Astíoque, a filha do rei dos Tesprotos, Filas. Herácles unira-se a ela depois da conquista da cidade de Éfira, durante a expedição efectuada contra Cálidon. A *Ilíada*, contudo, dá o nome de Actor ao pai de Astíoque (v. quadro 36, p. 422).

Depois da morte de Héracles, os Heraclidas tentaram durante algum tempo, em vão, regressar ao Peloponeso (v. *Heraclidas*). Mas,

---

Tisífone: 1) V. *Erínias, Citéron.* **2)** APOLLOD., *Bibl.*, III, 7, 7.

Titânides: V. art. *Titãs* e os artigos particulares.

Titãs: HES., *Theog.*, 132 e s.; 531 e s.; APOLLOD., *Bibl.*, I, 1, 2 e s.; HYG., *Fab.*, prol. (Rose); 150; 155; *Il.*, XV, 224 e s.; escól. v. 229; cf. AESCH., *Pr.*, 201 e s.; cf. MAROC, «Kronos und die Titanen», in *Studi e materiali di Storia delle religioni*, VIII, 1932.

Titono: *Il.*, XI, 1 e s.; e escól. *ad loc.*; XX, 237 e s.; *Od.*, V, 1, e escól.; HES., *Theog.*, 984; APOLLOD., *Bibl.*, III, 12, 3; HYG., *Fab.*, 270; DIOD. SIC., III, 67; IV, 75; SERV., *ad* VIRG., *Georg.*, I, 447; III, 48; 328; EL., *Nat. An.*, V, 1; *Hymn. hom.*, IV, 218 e s.; TZETZ., *ad Lyc.*, 18.

Tlepólemo: *Il.*, II, 653 e s., e escól. *ad loc.*; V, 627 e s.; PIND., *Olymp.*, VII, 50 e s.; APOLLOD., *Bibl.*, II, 7, 6; 8; *Ep.*, III, 13; VI, 15; HYG., *Fab.*, 81; 97; 162; DIOD. SIC., IV, 36; 57 e s.; STRAB., XIV, p. 653; PAUSAN., III, 19, 10; TZETZ., *ad Lyc.*, 911.

enquanto os Heraclidas deviam, após cada tentativa, regressar à Ática, Tlepólemo e o seu tio-avô, Licímnio, o meio-irmão de Alcmena (v. quadro 32, p. 370), bem como os filhos de Licímnio, obtiveram dos Argivos a permissão para se estabelecerem em Argos. Durante uma questão que se levantou entre Tlepólemo e o seu tio-avô, este foi morto com uma pancada. Segundo outros autores, este assassínio foi acidental ou porque Tlepólemo pretendia atingir um boi ou porque queria castigar um escravo, sendo, em ambos os casos, o bastão desviado sem intenção. De qualquer modo, os parentes do morto obrigaram Tlepólemo a exilar-se de Argos. Partiu, em companhia da mulher, Polixo, e estabeleceu-se em Rodes. Aí, fundou três cidades: Lindo, Iáliso e Camiro.

Tlepólemo figura entre os pretendentes à mão de Helena. Partiu para a guerra contra Tróia à cabeça de nove navios, deixando em Rodes Polixo como regente. Foi morto por Sarpédon. Sobre a vingança de Polixo, v. este nome.

Os companheiros de Tlepólemo, no regresso de Tróia, fizeram primeiro escala em Creta, e, em seguida, estabeleceram-se «nas ilhas da Ibéria».

TMOLO. (Τμῶλος.) **1.** Tmolo, nome de um monte da Lídia, é também o nome do marido de quem Ônfale é viúva.

2. É, ainda, o de um filho de Ares e de Teogone, igualmente rei da Lídia, que violou uma companheira de Ártemis, chamada Arripe. A deusa fê-lo matar por um touro furioso. O seu filho Teoclímeno sepultou-o na montanha que, após esse acto, tomou o nome de Tmolo.

TOAS. (Θόας.) Nome de vários heróis, os mais importantes dos quais são:

1. Um dos filhos de Dioniso e de Ariadne (v. quadros 23, p. 258; 30, p. 312). É, por vezes, considerado como filho, não de Dioniso mas sim de Teseu, tal como os seus irmãos Enópion e Estáfilo (v. *Ariadne*). Considera-se que nasceu na ilha de Lemnos e reinou sobre a cidade de Mirina, cujo epónimo é Mirina, sua mulher. Com ela, concebeu uma filha, Hipsípile (v. este nome), que desempenha um papel na lenda dos Argonautas. Quando as Lémnias decidiram massacrar todos os homens da ilha, na sequência de uma maldição de Afrodite, Hipsípile decidiu poupar Toas e este foi o único dos habitantes de Lemnos que sobreviveu ao massacre. Hipsípile deu-lhe a espada com que o devia matar e conduziu-o, disfarçado, ao templo de Dioniso, onde o dissimulou. Na manhã seguinte, conduziu-o à beira-mar, vestido de Dioniso, no carro ritual do deus, sob o pretexto de o ir purificar dos crimes da noite. Em seguida, Toas conseguiu fazer-se ao mar numa velha barca e abordou a Táurica. Uma outra tradição fazia-o desembarcar na ilha de Sícino (uma das Cíclades), que tinha então o nome de Énoe. Contava-se, também, que tinha alcançado a ilha de Quios, onde reinava o seu irmão Enópion. Quando souberam que Toas se tinha salvo, as Lémnias venderam a sua filha Hipsípile como escrava.

2. Um outro Toas é o neto do precedente e filho de Jasão e de Hipsípile (v. este nome). É irmão gémeo de Euneu e participou com este na libertação da mãe, escrava do rei Licurgo (v. *Hipsípile*, quadro 23, p. 258). Figurava, a esse título na tragédia de Eurípides, hoje perdida, denominada *Hipsípile*, sem que os fragmentos conservados permitam determinar exactamente qual o papel que desempenhava.

3. A lenda conhecia um outro Toas, rei da Táurica no momento em que Ifigénia passou a ocupar as funções de sacerdotisa de Ártemis. Esta personagem foi, por vezes, identificada com o Toas lémnio, filho de Dioniso e de Ariadne (v. *supra*), que, depois da fuga de Lemnos, teria encontrado asilo na Táurica. Quando Orestes e Pílades chegaram ao país e encontraram a irmã, o rei quis fazê-los sacrificar por ela, de acordo com o uso, mas eles fugiram com Ifigénia e com a estátua da deusa. Toas perseguiu-os, o que provocou a sua morte (v. *Ifigénia*).

4. No «Catálogo das Naus», a *Ilíada* nomeia um outro Toas, filho de Andrémon, como chefe de um contingente etólio. A mãe era Gorge, uma das filhas de Eneu e de Alteia e, por consequência, uma das irmãs de Meleagro (v. quadro 29, p. 298; 9, p. 128). Figura entre os pretendentes de Helena e, no fim da guerra, entre os guerreiros que tomaram lugar no cavalo de madeira. No regresso de Tróia, estabeleceu-se, segundo uns, em Itália (no *Bruttium*) ou, segundo outros, na Etólia, e foi junto dele que Ulisses, expulso de Ítaca por Neoptólemo, se teria refugiado, desposando a sua filha e dando-lhe um filho, denominado Leontófono (o Matador do Leão) (v. *Ulisses*). Foi este Toas, filho de Andrémon, quem mutilou Ulisses, antes de uma expedição de espionagem, para o tornar irreconhecível (v. *Ulisses*).

5. Um outro Toas, originário de Corinto, é o neto de Sísifo, pelo lado do pai Órnito (v. quadro 36, p. 422). É irmão de Foco, o herói epónimo da Fócida (v. *Foco*). Mas, enquanto o irmão emigrou para a Fócida, Toas estabeleceu-se em Corinto, onde sucedeu ao pai no trono. O filho, Damofonte, sucedeu-lhe e conservou o reino até à chegada dos Heraclidas. Esta é, pelo menos, a tradição coríntia.

Tmolo: 1) Apollod., *Bibl.*, II, 6, 3. **2)** Ps.-Plut., *de flor.*, VII, 5.

Toas: 1) Apol. Rh., *Arg.*, I, 634 e s.; IV, 424 e s.; Apollod., *Bibl.*, III, 6, 4; *Ep.*, I, 9; Lact. Plac., *ad* Stat., *Theb.*, IV, 768; Diod. Sic., V, 79; Ov., *Her.*, VI; Hyg., *Fab.*, 15; 74; 120; 121; 254; 261; Val. Flac., *Arg.*, II, 242 e s.; Eur., trag. perdida *Hipsípile* (v. este nome); cf. G. Dumézil, *Le crime des Lemniennes*, Paris, 1924. **2)** Eur., *loc. cit.* **3)** Hyg., *Fab.*, 120; 121; Soph., trag., perdida *Crises.* V. art. *Ifigénia.* **4)** *Il.*, II, 638 e s.; IV, 527 e s.; XV, 281 e s.; Tzetz., *ad Lyc.*, 780; Hesych., *s. u.*; Apollod., *Bibl.*, I, 8, 6; Hyg., *Fab.*, 81, 97; 114; Strab., VI, p. 255; Virg., *Aen.*, II, 262; Apollod., *Ep.*, VII, 40; Plut., *Qu. Gr.*, 14. **5)** Pausan., II, 4, 3; escól. Eur., *Or.*, 1094. **6)** Apollod., *Bibl.*, III, 10, 6.

6. Estes heróis são distintos de um outro Toas, filho de Icário e irmão de Penélope (v. quadro 21, p. 242).

TON. (Θών.) Rei do Egipto na época em que aí chegou Helena. A sua esposa, Polidamna, enviou a Helena um filtro capaz de lhe fazer esquecer todos os seus sofrimentos (v. também *Polidamna*).

TOOSA. (Θόωσα.) Toosa é filha de Fórcis. Amada por Posídon, deu-lhe um filho, Polifemo.

TOXEU. (Τοξεύς.) **1.** Toxeu, «o Arqueiro», é o nome de um dos filhos do rei de Ecália, Êurito. Foi morto por Héracles, ao mesmo tempo que os seus irmãos.
2. Um dos filhos de Eneu, rei de Cálidon, e de Alteia (v. quadro 29, p. 298) tem o mesmo nome. Eneu matou-o com a sua própria mão, porque Toxeu «tinha saltado por cima do fosso» (comparar com a morte de Remo).

TRACE. (Θράκη.) Heroína epónima da Trácia. É filha de Oceano e de Parténope e irmã de Europa (epónima do continente). Afirmava-se que, como as mulheres do seu país, era uma feiticeira notável.

TRAMBELO. (Τράμβηλος.) Trambelo é filho de Télamon e da cativa troiana Teanira (v. este nome). Foi criado, em Mileto, pelo rei Aríon, que tinha recolhido a sua mãe, fugitiva. Sobre os seus amores com Apríate, e sobre a morte da jovem, v. *Apríate*. Pouco tempo depois, como Aquiles regressasse da sua expedição de pirataria, Trambelo combateu contra ele e foi morto. Mas Aquiles, admirando o valor do jovem, quis saber a sua identidade e tomando conhecimento que era um filho de Télamon, e, por consequência, seu parente, erigiu-lhe um túmulo na praia.

TRASIMEDES. (Θρασυμήδης.) Um dos filhos de Nestor. Acompanhou o pai, tal como o irmão Antíloco (v. este nome), na Guerra de Tróia. Comandava um contingente de quinze navios. Participa, em segundo plano, em diversos episódios: combate junto ao corpo do irmão, contra Mémnon, e figura entre os guerreiros que tomaram lugar no cavalo de madeira. Regressa são e salvo a Pilos, no fim da guerra, e é acolhido por Telémaco. Teve um filho, de nome Silo, e um neto, Alcméon, distinto do filho de Anfiarau, que tinha o mesmo nome. Mostrava-se o seu túmulo nas proximidades de Pilos.

TRÉZEN. (Τροιζήν.) **1.** Trézen é o herói epónimo da cidade de Trezénia, situada no golfo Sarónico. Na tradição local, era considerado como filho de Pélops e de Hipodamia e irmão de Piteu (v. este nome e quadro 2, p. 12). Piteu e Trézen emigraram para a cidade que tomaria o nome deste, no tempo em que reinava o rei Écio, e passaram a reinar os três em comum. Trézen teve dois filhos, Anaflisto e Esfeto, que emigraram para a Ática.
2. Um outro herói com o mesmo nome representa um papel na lenda de Euopis e Dímete (v. este nome).

TRIAS. (Θριαί.) As «Trias», as Profetizas, são três irmãs, filhas de Zeus, três ninfas do Parnaso. Considerava-se que tinham criado Apolo, ao serviço do qual tinham permanecido. Atribuía-se-lhes a invenção da adivinhação com a ajuda de pequenas pedras. Gostavam muito de mel, que lhes era oferecido por aqueles que as iam interrogar.

TRICA. (Τρίκκη.) Filha do deus-rio Peneu, a esposa do rei Hipseu (v. quadro 25, p. 268). Epónima da cidade de Trica, na Tessália.

TRÍOPAS. (Τριόπας.) Tríopas é o nome de um herói com uma genealogia muito incerta, que figura simultaneamente nas lendas tessálias e nas lendas argivas. Tanto é considerado como sendo filho de Éolo e de Cânace ou como desta e de Posídon ou, ainda, como filho de Lápites e de Orsínome (v. quadro 25, p. 268) ou de Forbas e de Eubeia, da raça de Níobe e de Argos (v. quadro 19, p. 239) — e é a tradição argiva. Um dos filhos do Sol e de Rodo tem também o nome de Tríopas (v. *Helíades*).

Sobre as relações que aproximam as genealogias tessálias e argivas, cf. *Forbas*.

Atribui-se, por vezes, a Tríopas a fundação da cidade de Cnido.

TRIPTÓLEMO. (Τριπτόλεμος.) Triptólemo é o herói eleusino por excelência, ligado ao mito de Deméter. Na lenda mais antiga, é simplesmente considerado como um rei de Elêusis. Em seguida, é considerado como filho do

---

Ton: *Od.*, IV, 228, e EUST., ao v. 219.

Toosa: *Od.*, I, 71; APOLLOD., *Ep.*, VII, 4.

Toxeu: **1)** HES., fr. 110 (Rz); DIOD. SIC., IV, 37. **2)** APOLLOD., *Bibl.*, I, 8, 1.

Trace: Escól. AESCH., *Pers.*, 185; STEPH. BYZ., *s. u.*, TZETZ., *ad* LYC., 533; EUST., a DION. PER., 322.

Trambelo: EUST., *ad Hom.*, p. 343 e s.; LYC., *Alex.*, 457 e s.; e escól. *ad loc.*; PARTH., *Erot.*, 26.

Trasimedes: *Il.*, IX, 80 e s.; X, 196 e s.; 255 e s.; XVI, 317 e s.; *Od.*, III, 39; 442 e s.; QUINT. SM., II, 342; XII, 319; APOLLOD., *Bibl.*, I, 9, 9; HYG., *Fab.*, 97; PAUSAN., IV, 31, 11; 36, 2.

Trézen: **1)** PAUSAN., II, 30, 8 e s.; STEPH. BYZ., *s. u.* **2)** PARTH., *Erot.*, 31.

Trias: HESYCH., *s. u.*; STEPH. BYZ., *ibid.*, *Hymn. hom. Hermes*, 554 e s.; *Fr. Hist. gr.*, I, p. 416; IV, p. 637; CALLIM., *Hymn. Apoll.*, 45.

Trica: EUST., *ad Hom.*, p. 330, 26; STEPH. BYZ., *s. u.*

Tríopas: APOLLOD., *Bibl.*, I, 7, 4; DIOD. SIC., V, 61; CALL., *Hymn. Dem.*, 96 e s.; PAUSAN., II, 16, 1; 22. 1; IV, 1, 1; 3, 9; 26, 8; 27, 6; 31, 11; X, 11, 1; escól. EUR., *Or.*, 932.

Triptólemo: *Hym. hom. Demet.*, 153; 474; PAUSAN., I, 14, 2 e s.; 38, 6; 41, 2; VII, 18, 3; HYG., *Fab.*, 147; *Astr. Poet.*, II, 14; OV., *Fast.*, IV, 549 e s.; *Tr.*, III, 8, 1 e s.; SERV., *ad* VIRG., *Georg.*, I, 19; LACT. PLAC., *ad* STAT., *Theb.*, II, 382; APOLLOD., *Bibl.*, I, 4, 5; SOPH., trag. perdida *Triptólemo*; PLAT., *Ap.*, 42 a.

rei Céleo e de Metanira (v. estes nomes) e irmão de Demofonte (v. este nome). Outras tradições fazem dele o filho de Disaules e de Baubo (v. este nome), ou do herói Elêusis (v. este nome), ou, até, da Terra e do Oceano (v. quadro 14, p. 182).

Como recompensa pela hospitalidde que Deméter recebera em Elêusis, em casa dos pais de Triptólemo, a deusa deu-lhe um carro puxado por dragões alados e ordenou-lhe que percorresse o mundo, semeando por todo o lado grãos de trigo.

Em certas regiões, depararam-se a Tripólemo vivas resistências. Carnabon, o rei dos Getas, por exemplo, matou um dos seus dragões, mas Deméter substituiu-o imediatamente por outro. Em Patras, Antías, o filho de Eumelo, tentou atrelar os dragões ao carro divino, durante o sono do herói, e ser ele próprio a semear, mas caiu do carro e morreu. Eumelo e Triptólemo fundaram em sua honra a cidade de Antía.

Mais tarde, Triptólemo tornou-se juiz dos Mortos, nos Infernos, onde, por vezes, figura ao lado de Éaco, Minos e Radamante.

Atribui-se a Triptólemo a instituição das Tesmafórias, que são, em Atenas, as festas de Deméter.

Sobre a tentativa de Deméter para conceder a imortalidade a um dos filhos de Céleo, v. *Demofonte.* Considera-se, por vezes, que foi Triptólemo quem foi objecto dos encantamentos da deusa. Para os filhos atribuídos a Triptólemo nas tradições locais, v. *Crócon.*

TRITÃO. (Τρίτων.) Em sentido restrito, Tritão é um deus marítimo análogo a Nereu, Glauco, Fórcis, etc. Na maior parte dos casos é considerado como filho de Posídon e de Anfitrite (v. quadro 38, p. 452). Tem como irmã Rode (v. este nome). Embora a sua residência seja, geralmente, todo o mar, Tritão é, por vezes, considerado, nas lendas atestadas tardiamente, como o deus do lago Trítonis, na Líbia. Atribui-se-lhe, neste caso, uma filha, Palas, companheira de brincadeiras de Atena (v. *Palas*), que foi morta acidentalmente por esta. A tradição conhece uma outra filha de Tritão, uma sacerdotisa de Atena, denominada Trítia, que foi possuída por Zeus, de quem teve um filho, Melanipo.

A lenda faz intervir Tritão na expedição dos Argonautas. É ele quem, aparecendo sob os traços de Eurípilo, dá uma porção de terra a Eufemo como presente de hospitalidade (v. estes nomes) e indica aos navegadores a rota a seguir para chegarem ao Mediterrâneo.

Tritão aparece igualmente numa lenda local beócia, em Tânagra. Contava-se que, no decurso de uma festa de Dioniso, as mulheres tomavam banho no lago. Enquanto nadavam, Tritão tinha-as atacado, mas, respondendo às suas súplicas, Dioniso foi em seu auxílio e pôs Tritão em fuga. Dizia-se também que Tritão se entregava a depredações nas margens do seu lago, roubando rebanhos, etc., até ao dia em que colocaram um cântaro de vinho na praia. Tritão, atraído pelo cheiro, aproximou-se e bebeu. Em seguida, adormeceu no local, o que permitiu matá-lo à machadada. É assim que se interpretava «racionalmente» a vitória de Dioniso sobre o deus marítimo.

O nome de Tritão é muitas vezes aplicado não a um mas a toda uma série de seres, que fazem parte do cortejo de Posídon. Têm a parte superior do corpo semelhante à de um homem, mas a parte inferior tem a forma de um peixe. São normalmente representados a soprar em conchas que lhes servem de trompas (v. *Miseno*).

TROFÓNIO. (Τροφώνιος.) Trofónio é o herói de Lebadeia, na Beócia, onde possuía um oráculo muito célebre. As tradições diferem sobre a sua genealogia. Às vezes, é apresentado como filho de Apolo e de Epicasta e, por consequência, genro de Agamedes (v. este nome); outras vezes, é apontado como um dos filhos de Ergino (v. quadro 34, p. 392). Teria sido amamentado por Deméter. A sua reputação é grande, sobretudo como arquitecto. Atribuía-se-lhe, em colaboração com Agamedes, a construção de vários edifícios famosos: a casa de Anfitrião, em Tebas; um dos templos de Apolo, em Delfos; o tesouro de Augias, na Élide; o de Hirieu, em Hiria; o templo de Posídon, em Mantineia. A sua habilidade era tão grande que fez um mau uso dela, o que causou a sua perda (v. *Agamedes*). Existiam, porém, outras versões a propósito da sua morte. Dizia-se, por vezes, que era o preço pago por Apolo pela construção do seu templo, porque a morte é a melhor recompensa que a divindade pode dar a um mortal.

TROILO. (Τρωΐλος.) Troilo é o mais jovem dos filhos de Príamo e de Hécuba, embora se pretenda por vezes que esta o tenha concebido de Aquiles. Existia um oráculo segundo o qual Tróia não poderia ser conquistada se Troilo atingisse a idade de vinte anos. Mas foi morto por Aquiles pouco tempo depois da chegada dos Gregos às muralhas da cidade. As tradições diferem quanto às circunstâncias da sua morte: ou foi surpreendido por Aquiles

---

Tritão: HES., *Theog.*, 930 e s.; EUR., *Cyc.*, 263 e s.; escól. *Or.*, 364; HEROD., IV, 179; 188; PIND., *Pyth.*, IV, 19 e s.; e escól. *ad loc.*; APOL. RH., *Arg.*, IV, 1588 e s.; e escól. a I, 109, etc.; PAUSAN., VII, 22, 8 e s.; IX, 20, 4 e s.; 33, 7; APOLLOD., *Bibl.*, I, 4, 6; III, 12, 3; HYG., *Fab.*, pr., 18 (Rose); OV., *Her.*, VII, 49-50; TZETZ., *ad Lyc.*, 34; 519; 754; 886; SERV., *ad VIRG.*, *Aen.*, I, 144; DIOD. SIC., IV, 56.

Trofónio: *Hymn. hom.*, II, 118; escól. ARISTOPH., *Nu.*, 508; PHILOSTR., *V. Apoll.*, 8, 19; PAUSAN., VIII, 10, 2; IX, 11, 1; 37, 4-6; 39, 2-40, 3; X, 5, 13; STRAB., IX, p. 421; CIC., *Tusc.*, I, 114; crf. A. H. KRAPPE, *op. cit.*, art. *Agamedes.*

Troilo: *Il.*, XXIV, 257; EUST., ao v. 251, p. 1348; APOLLOD., *Bibl.*, III, 12, 5; *Ep.*, III, 32; LYC., *Alex.*, 307, e escól. *ad loc.* escól. a *Il.*, VI, 49; *Ep. Gr. Fragm.* (KINKEL), p. 20; VIRG., *Aen.*, I, 474 e s.; e SERV., *ad loc.* DION. CHR., *Or.*, XI, 77; SOPH., trag. perdida *Troilo*; DICT. CR., IV, 9.

quando, uma tarde, conduzia os cavalos ao bebedouro, não longe das Portas Ceias (v. também *Polixena*), ou, então, foi capturado e sacrificado pelo herói. Uma outra variante pretende que Aquiles o tenha visto na fonte e se tenha apaixonado por ele. Mas Troilo fugiu e encontrou refúgio no templo de Apolo Timbreu. Aquiles tentou, em vão, fazê-lo sair; depois, encolerizado, trespassou-o com a sua lança, no interior do próprio santuário.

TRÓQUILO. (Τρόχιλος.) Este herói, cujo nome recorda o da «roda», é um argivo, filho de Io. Atribui-se-lhe a invenção dos carros, nomeadamente do carro sagrado que era utilizado no culto da Hera argiva. Perseguido pelo ódio de Agenor, foge da sua pátria e refugia-se na Ática. Aí, teria desposado uma mulher de Elêusis, da qual teve dois filhos, Euboleu e Triptólemo (v. este nome). Mais tarde, teria sido incorporado entre os astros, onde forma a constelação do Auriga.

TRÓS. (Τρώς.) Herói epónimo da raça troiana e do povo troiano. É filho de Erictónio, ele próprio filho de Dárdano, e da filha do deus-rio Simoente, Astíoque (v. quadro 7, p. 112). Desposou Calírroe, a filha de Escamandro, de quem teve vários filhos: uma filha, Cleópatra, e três filhos, Ilo, Assáraco e Ganimedes.

* **TURNO.** (*Turnus.*) Turno é um herói itálico, rei dos Rútulos, no tempo da chegada de Eneias. É filho do rei Dauno e neto de Pilumno (v. estes nomes). A sua mãe é a ninfa Venília.

Como a lenda de Latino e todas as aventuras de Eneias no Lácio, a história de Turno comporta várias versões, entre as quais é difícil discernir qual é a mais antiga. Segundo o estádio da lenda que remonta, possivelmente, ao *Origines* de Catão, Turno aliou-se a Latino após o casamento da filha deste com Eneias. Latino tê-lo-ia chamado em seu auxílio para o defender das pilhagens dos Troianos. Latino foi morto na primeira batalha. Turno fugiu para a corte do rei Mezêncio, em Cere, e obtém o seu auxílio (v. *Mezêncio*). Regressa, então, para atacar Eneias, travando-se uma segunda batalha, na qual Turno é morto.

Segundo uma outra versão, Eneias e Latino são aliados e são ambos atacados pelos Rútulos de Turno. Durante a batalha, Latino e Turno são mortos.

Virgílio desenvolveu a figura de Turno. Fez dele o irmão de Juturna e noivo de Lavínia, a filha de Latino, que lhe tinha sido prometida pela tia, Amata (v. estes nomes). A sua hostilidade contra Eneias é tanto de origem pessoal como política. É o próprio Turno quem provoca a guerra contra os Troianos, apesar do desejo contrário de Latino, e mostra-se seu inimigo encarniçado. Jovem e violento, não pode suportar que estrangeiros se venham estabelecer na Itália central e levanta contra eles todas as populações vizinhas. Acaba por ser morto por Eneias em combate singular.

Tróquilo: PAUSAN., I, 14, 2; escól. ARAT., *Phaen.*, 161; HYG., *Astr. Poet.*, II, 13; TERT., *De spect.*, 9.

Trós: *Il.*, XX, 230; APOLLOD., *Bibl.*, III, 12, 2; CONON, *Narr.*, 12; DIOD. SIC., IV, 75; PAUSAN., V, 24, 5; TZETZ., *ad Lyc.*, 1232.

Turno: DION. HAL., I, 64; LIV., I, 2, 1 e s.; VIRG., *Aen.*, VII-XII, *passim.*; SERV., *ad VIRG.*, *Aen.*, I, 267; IV, 620; IX, 742; v. os art. *Mezêncio*, *Eneias*, e R. CRAHAY e J. HUBAUX, «Les deux Turnus», in *Studi et Mat...*, XXX (1959), pp. 157 212.

U

UCALEGONTE. (Οὐκαλέγων.) **1.** Nome de um dos velhos troianos amigos de Príamo. Figura no Conselho de Anciãos da cidade. A sua casa era vizinha da de Eneias e foi destruída pelo fogo na noite em que Tróia foi conquistada.

2. Ucalegonte é, também, numa tradição obscura, um Tebano, pai da Esfinge.

ULISSES. (᾿Οοδυσσεύς.) Ulisses, em grego Odisseu (o nome latino *Ulyxes* resulta de um empréstimo dialectal), é o herói mais célebre de toda a Antiguidade. A sua lenda, que constitui o tema da *Odisseia*, foi objecto de modificações, de adições e de comentários até ao fim da Antiguidade. Mais ainda do que a de Aquiles, esta lenda prestou-se a interpretações simbólicas e místicas. Ulisses, por exemplo, foi muitas vezes considerado pelos estóicos como o protótipo do Sábio.

I. *Nascimento.* — A genealogia de Ulisses é relativamente constante. Os autores estão de acordo quanto ao nome do seu pai, Laertes, e ao da mãe, Anticleia. Esta filiação já é dada pela *Odisseia.* As variações só começam com o nome dos antepassados mais afastados. Do lado paterno, o seu avô é Arcísio — e isto a partir da *Odisseia* —, mas Arcísio tanto é considerado como filho de Zeus e de Euriodia como de Céfalo ou, ainda de Cileu, filho de Céfalo (v. *Céfalo*).

Do lado materno, a *Odisseia* indica Autólico como seu avô e, por consequência, Hermes como bisavô. Mas existia uma tradição segundo a qual Anticleia, antes do seu casamento com Laertes, teria sido possuída por Sísifo e o pequeno Ulisses seria, na realidade, o filho daquele (v. *Anticleia*, *Sísifo*, *Autólico*). Esta versão é mencionada principalmente pelos trágicos e é desconhecida nos *Poemas Homéricos.*

Ulisses nasceu em Ítaca, que é uma ilha da costa ocidental da Grécia, a nordeste de Cefalénia, no mar Jónio. Foi Anticleia quem o deu à luz, mais precisamente no monte Nérito, num dia em que tinha sido surpreendida pela chuva e em que a água a impediu de prosseguir o seu caminho. Esta anedota tinha origem num trocadilho sobre o nome de *Odysseus*, que seria

---

Ucalegonte: 1) *Il.*, III, 148; VIRG., *Aen.*, II, 31 e s.; SERV., *ad loc.* **2)** Escól. EUR., *Phoen.* 26.

Ulisses: I. *Nascimento: Od.*, XI, 85; XV, 363 e s.; XVI, 119 e s.; e escól. v. 118; XIX, 395; 416; 482 e s.; XXIV, 270; 517; EUST., p. 197, 22; 1796, 34; 1572, 53; 1701, 60; escól. *Il.*, II, 173; X, 266; AESCH., fr. 175 (NAUCK., 2.ª ed); SOPH., *Aj.*, 190, e escól.; *Ph.*, 417, e escól.; 448; 623 e s.; escól. 1311; EUR., *Cyc.*, 104; APOLLOD., *Bibl.*, I, 9, 16; HYG., *Fab.*, 200; 201; OV., *Met.*, XIII, 144 e s.; SERV., *ad Virg.*, *Aen.*, II, 79; VI,529; TZETZ., *ad Lyc.*, 344; 786; ATHEN., IV, 1582; STEPH. BYZ., *s. u.*, 'Αλαλ-Κομεναί.

II. *Até à Guerra de Tróia: Od.*, II, 46 e s.; 172 e s.; IV, 689 e s.; XIX, 428 e s.; XXI, 11 e s.; escól. a XXIV, 119, e III, 267; EUST., p. 827, 34; 1466, 56; XENOPH., *Cyn.*, 1, 2; LIB., *El. Ul.*, IV, 925 e s.; 937; PAUSAN., X, 8,. 8; III, 12, 1 e s.; 20, 10 e s., APOLLOD., *Bibl.*, III, 10, 8 e s.; *Ep.*, III, 9 e s.; SOPH., *Aj.*, 111 e s.; escól. *Phil.*, 1025; HYG., *Fab.*, 81; 95; 96 escól. a APOL. RH., *Arg.*, I, 917; OV., *Met.*, XIII, 36; TZETZ., *ad Lyc.*, 276; 818; *Anteh.*, 307 e s.; SERV., *ad Virg.*, *Aen.*, II, 81; *Appendix Narrat.* (WESTERM.), p. 378, 52; PTOL. HEPH. (WEST.), p. 184.

III. *A guerra diante de Tróia: Il.*, I, 308 e s.; 439 e s.; II, 637; III, 205 e s.; escól. a 201; 206; IV, 329 e s.; 494 e s.; V, 669 e s.; VI, 30 e s.; IX, 169 e s.; X, 137 e s.; 272 e s.; 526-579; XI, 139 e s.; 310 e s.; 396 e s.; 767 e s.; *Od.*, IV, 244 e s.; 271 e s.; 342 e s.; escól. v. 343; VIII, 75 e s.; 219 e s.; escól. v. 517;

um fragmento (pouco mais ou menos) da frase grega que significa: «Zeus choveu no caminho» (κατά τὴν ὁδὸν ὗτεν ὁ Ζεύς). Mas a *Odisseia* dá uma outra interpretação do nome do seu herói: teria sido Sísifo quem denominou assim a criança porque ele próprio «era detestado por muitas pessoas» (*Odysseus* recorda, com efeito, ὀδύσσομαι, *ser odioso*).

Na tradição que faz de Ulisses filho de Sísifo, Anticleia teria dado à luz em Alalcoménio, na Beócia, quando se dirigia a Ítaca em companhia de Laertes, e foi em recordação do local do seu nascimento que Ulisses teria chamado Alalcoménio a uma cidade de Ítaca.

II. *Até à Guerra de Tróia.* — Durante a sua juventude, Ulisses fez várias viagens. Uma tradição tardia pretende que, como Aquiles, tenha sido um dos alunos do Centauro Quíron. Homero não nos diz nada disso. A *Odisseia* faz apenas alusão a uma caçada ao javali, no monte Parnaso, em que tomou parte durante a sua estada junto de Autólico. Durante esta caçada, foi ferido no joelho e a cicatriz que daí resultou ficou indelével. Será ela que o fará reconhecer, mais tarde, no seu regresso de Tróia. No tempo de Pausânias, os guias do santuário precisavam que Ulisses tinha recebido esta ferida no local onde se situava o ginásio de Delfos. Ulisses fez outras viagens a mando de Laertes. Deslocou-se, nomeadamente, à Messénia para reclamar os carneiros que lhe tinham sido roubados. Na Lacedemónia, encontrou Ífito, que tinha sido seu hóspede e de quem recebeu como presente de hospitalidade o arco de Êruito, que lhe servirá mais tarde para matar os pretendentes.

Ao atingir a idade adulta, obteve de Laertes o trono de Ítaca, bem como todas as riquezas da casa real, que se compunham sobretudo de rebanhos. É nesse momento que se situa, nas narrativas posteriores à *Odisseia*, a sua tentativa para desposar Helena, a filha de Tíndaro. Vendo, porém, que o número de pretendentes era considerável, renunciou a Helena para assegurar um casamento quase tão vantajoso e desposou Penélope, a prima de Helena e filha de Icário (v. *Penélope*). Pretendendo ser alvo do reconhecimento de Tíndaro, imaginou um estratagema capaz de o livrar de apuros perante o elevado número de pretendentes à mão de Helena. Aconselhou-o a exigir de cada um deles a garantia de respeitar a escolha que seria feita e de ajudar o eleito a conservar a sua esposa no caso de alguém a disputar. É deste juramento que irá sair a Guerra de Tróia. Reconhecido, Tíndaro não teve dificuldade em obter a mão de Penélope para Ulisses. Segundo outros autores, esta teria sido o prémio de uma corrida em que Ulisses saiu vencedor.

Deste casamento nasceu um filho: Telémaco. Este era ainda uma criança quando se espalhou a notícia de que Páris tinha raptado Helena e que Menelau pedia auxílio contra o raptor. Ulisses resignou-se com dificuldade a manter o juramento por que se tinha ligado e, posteriormente aos *Poemas Homéricos*, contava-se que tinha chegado a simular loucura para ser dispensado da expedição. Foi Palamedes quem descobriu o estratagema, ganhando assim o ódio do herói (v. *Palamedes*). Quando viu que tinha sido descoberto, Ulisses aceitou o inevitável e partiu para Tróia. Antes, o seu pai tinha-lhe dado um conselheiro, Miisco, com a missão de velar por ele durante a guerra. Este Miisco não é mencionado nos *Poemas Homéricos*.

Ulisses, a partir desse momento, entrega-se com ardor à causa dos Atridas. Acompanha Menelau a Delfos para este consultar o oráculo e mesmo, segundo certas tradições, desloca-se com ele uma primeira vez a Tróia para reclamar Helena (v. *infra*). Procura o jovem Aquiles, cuja presença fora declarada indispensável pelos Destinos se se quisesse conquistar a cidade. Descobre-o, por fim, em Esciro e, sozinho ou acompanhado por outros heróis (Nestor e Fénix, Nestor e Palamedes, Diomedes, consoante as tradições), disfarçou-se de mercador e penetrou no gineceu do rei Licomedes, onde vivia Aquiles (v. este nome). Aí, enquanto oferecia as suas fancarias de tecidos e de armas, reconheceu Aquiles pela prontidão deste ao escolher as armas. Ou, ainda, fê-lo trair-se pela emoção de ouvir o toque da trompa de guerra. Por fim, durante este período preparatório, vêmo-lo, também, como embaixador dos Atridas em Chipre, junto de Cíniras (v. este nome).

III. *A guerra diante de Tróia.* — Durante a primeira expedição, que conduz ao desembarque na Mísia (e que é ignorada nos *Poemas Homéricos*), o papel de Ulisses parece ter sido insignificante e ter-se limitado a interpretar correctamente o oráculo que dizia respeito à cura de Teléfo pelo «autor da ferida». Enquanto Aquiles desistia da interpretação, Ulisses observou que se tratava, na realidade, da lança e não do guerreiro (v. *Teléfo*). É sobretudo na segunda expedição, a Guerra de Tróia propria-

---

IX, 159; XI, 508e s.; XVII, 133 e s.; EUST., p. 1495, 5; 1498, 65; SOPH., *Phil.*, 5; trag. perdida 'Απχίτησις/'Ελένης ; HYG., *Fab.*, 98; 101; 102; OV., *Met.*, XIII, 193 e s.; *Her.*, I; APOLLOD., *Ep.*, III, 22 e s.; 28 e s.; V, 14; TZETZ., *Anteh.*, 154 e s.; 194 e s.; *Prol. All. Il.*, 405; *Posth.*, 617 e s.; 631; LYC., 780; DICT. CR., I, 4; II, 20; V, 13 e s.; ARIST., *Poet.*, XXIII; EUR., *Rh.*, 504 e s.; 710 e ss.; escól. *ad loc.*; *Hec.*, 238 e s. e escól.; QUINT. SM., V. 278 e s.

IV. *O regresso a Ítaca: Odisseia, passim*; HES., *Theog.*, 1111 e s.; EUST., p. 1615, 10; 1676; 1796; *Ep. Gr. Fragm.* (KINKEL), p. 56 e s.; escól. a APOL. RH., *Arg.*, III, 200; AESCH., *A.*, 814 e s.; SOPH., trag. perdida *Teleg.* (v. PEARSON, fr. de Sófocles, II, pp. 105 e s.) (v. *Telégono*); EUR., *Cyc.*, 141; 412; 616; APOLLOD., *Ep.*, VII, 2 final; PAUSAN., VIII, 12, 6; HYG., *Fab.*, 125; 126; 127; PLUT., *Qu. Gr.*, 14; PARTH., *Erot.*,2; 3; 12; DION. HAL., 72; XII, 16; PLIN., *N. H.*, V; 28; TZETZ., *ad Lyc.*, 794; 805 e s.; 1242; 1244; OV., *Met.*, XIV, 223 e s.; *Ibis*, 567 e s.; SERV., *ad VIRG.*, *Aen.*, II, 44.

A bibliografia moderna é imensa. V. principalmente V. BÉRARD, introdução à *Odyssée*, 3 vol., Paris, 1924; ID., *Les Navigations d'Ulysses*, 4 vol., Paris 1927, 1929. Sobre a relação de Ulisses com Lisboa, v. R. M Rosado Fernandes, «Ulisses em Lisboa», *Euphrosyne*, C. E. C., Lisboa, 1985, pp. 139-161.

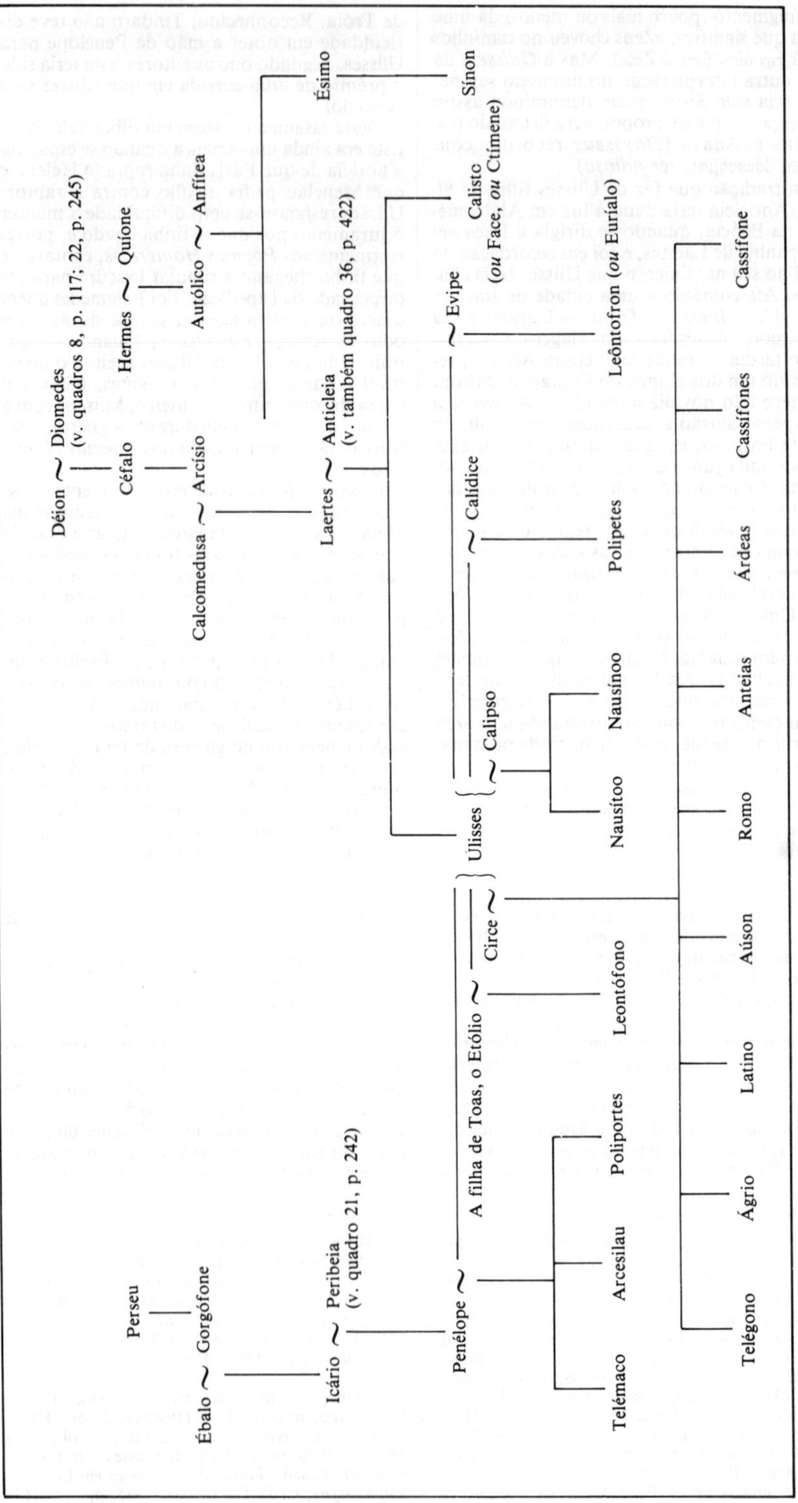

Quadro genealógico n.º 39

mente dita, que Ulisses se mostra activo. Serve de intermediário a Agaménmon para Ifigénia se deslocar até Áulis sob um pretexto plausível (v. *Ifigénia*).

Ulisses conduz a Tróia um contingente de doze navios. Faz parte dos chefes que se reunem em conselho e é considerado como par dos mais ilustres. No caminho para Tróia, aceita o desafio que lhe lança o rei de Lesbos, Filomelides, e mata-o em combate. Este episódio, ao qual se faz alusão na *Odisseia*, torna-se, nos autores posteriores, um assassinato em que Ulisses foi auxiliado por Diomedes, seu companheiro, ou seu cúmplice usual. Durante a escala em Lemnos, no banquete dos chefes, Ulisses, segundo o testemunho da *Odisseia*, discute com Aquiles. Um, Ulisses, louvava a prudência; o outro exaltava a bravura. Agaménmon, a quem Apolo tinha predito que os Gregos conquistariam Tróia quando a discórdia se manifestasse entre os assaltantes, viu nessa discussão o presságio de uma vitória rápida. Este episódio foi deformado pelos mitógrafos posteriores, que imaginaram uma querela entre Agaménnon e Aquiles, primeiro sintoma daquela que devia, nove anos mais tarde, opor os dois heróis um ao outro e que constitui o assunto da *Ilíada*. Ulisses tê-los-ia conciliado. Para mais, o episódio, em vez de ser situado em Lemnos, é transportado para Tenedos. É ainda em Lemnos, ou na ilhota vizinha de Crise, hoje desaparecida, que teve lugar, de acordo com o conselho de Ulisses, o abandono de Filoctetes (v. este nome).

Um outro episódio foi introduzido pelos poetas posteriores a Homero, episódio contemporâneo da viagem para Tróia: a embaixada que, de Tenedos vai, reclamar Helena. Após o rapto, já Ulisses e Menelau tinham feito uma primeira viagem a Tróia, acompanhados por por Palamedes, para tentarem regularizar o conflito de modo pacífico. Renovaram a sua tentativa a partir de Tenedos, mas uma vez mais em vão e foram seriamente ameaçados pelos Troianos, devendo a sua salvação à intervenção de Antenor (v. *Menelau*).

Durante o cerco, Ulisses mostrou-se um combatente da maior coragem, um conselheiro prudente e eficaz. É utilizado em todas as missões que requerem habilidade oratória: na *Ilíada*, por exemplo, é encarregado da embaixada junto de Aquiles, quando Agaménmon se quer reconciliar com ele; já fora ele quem entregara a cativa Criseide a seu pai, concluíra o armistício com os Troianos, organizara o combate singular entre Páris e Menelau, reduzira Térsito ao silêncio na assembleia dos soldados e persuadira os Gregos a permanecerem na Tróada.

A esta actividade diplomática, tal como é apresentada na *Ilíada*, os poetas posteriores (e isso, em parte, a partir da *Odisseia*) acrescentaram diversos episódios: a embaixada a Ânio para que ele consinta em enviar as suas filhas (v. *Ânio*) e, assim, assegurar o reabastecimento do exército, a embaixada a Filoctetes quando Heleno (feito prisioneiro e interrogado por Ulisses) revela que as flechas de Héracles eram necessárias para assegurar a conquista da cidade (v. *Filoctetes*); a embaixada a Neoptólemo, em que foi acompanhado ou por Diomedes ou por Fénix (v. *Neoptólemo*).

Atribuem-se igualmente a Ulisses outras acções, muitas vezes pouco honrosas, como as empresas de espionagem. Já a *Ilíada* o mostra em reconhecimento nocturno com Diomedes, no episódio da *Dolonia* (v. *Dólon* e *Diomedes*), no decurso do qual matou Dólon e capturou os cavalos de Reso (v. este nome). Mais tarde, sobre o modelo da Dolonia, foi imaginado o episódio do roubo do Paládio (v. esta palavra). É igualmente a Ulisses que se atribuem as intrigas que conduziram à morte de Palamedes (v. este nome) e a uma primeira ideia da construção do cavalo de madeira — estratagema cujo sucesso assegurara através de uma expedição particularmente audaciosa, mencionada na *Odisseia*. Primeiramente, fez-se mutilar com chicotadas por Toas, o filho de Andrémon (v. *Toas*, 4), para evitar ser reconhecido, e, vestindo-se de andrajos, apresentou-se na cidade como um trânsfuga. Aproximou-se de Helena, que, depois da morte de Páris, tinha desposado Deífobo, e convenceu-a a atraiçoar os Troianos. Contava-se que Helena tinha avisado Hécuba da presença de Ulisses, mas este, com as suas súplicas, lágrimas e discursos hábeis, sensibilizara a rainha, que lhe prometera guardar segredo. Foi-lhe possível retirar-se e regressar ao campo aqueu, não sem antes ter massacrado alguns troianos, nomeadamente os guardas da porta.

São numerosas as proezas guerreiras de Ulisses durante a guerra. As suas vítimas foram: Democoonte, Cérano, Alastor, Crómio, Alcandro, Hálio, Noémon, Prítanis, Pidites, Molíon, Hipodemo, Hipéroco, Deiopites, Tóon, Énomo, Quersidamas, Cáropo, Soco. Protege Diomedes quando este é ferido e cobre-lhe a retirada. Comanda o destacamento encerrado no cavalo de madeira e alerta os seus companheiros contra a astúcia de Helena, que vem sondar à sua volta, imitando as vozes das suas esposas. É o primeiro a sair do cavalo e acompanha Menelau, que quer apoderar-se o mais depressa possível de Helena, a casa de Deífobo e, segundo uma versão, impede o marido ultrajado de matar a sua esposa (v. *Menelau*). Segundo uma outra versão, aguarda que se acalme a cólera dos Gregos e evita, assim, que a jovem seja lapidada, como aqueles queriam. Salva, igualmente, um dos filhos de Antenor, Helicáon (v. este nome).

Sobre o papel de Ulisses no momento da partilha das armas de Aquiles e as suas intrigas contra Ájax, v. este nome. Ulisses é igualmente responsável pela morte de Astíanax e pelo sacrifício de Polixeno. Entre as cativas troianas, coube-lhe em partilha Hécuba e, na tradição segundo a qual a velha rainha foi lapidada, teria sido Ulisses quem lhe lançou a primeira pedra, embora anteriormente o tivesse salvo (v. *supra*).

IV. *O regresso a Ítaca.* — Esta parte das aventuras de Ulisses é a que constiti o objecto da *Odisseia* mas, também aqui, a lenda sofreu alterações e adições em épocas posteriores.

Sabe-se que Agaménmon e Menelau não estiveram de acordo acerca da data de partida para o regresso do exército à Grécia (v. *Aga-*

mémnon e *Menelau*). Menelau partiu em primeiro lugar, com Nestor. Ulisses seguiu-os, mas em Tenedos discutiu com eles e regressou a Tróia, para se reunir a Agamémnon. Quando este se fez ao mar, Ulisses foi o único dos príncipes gregos a segui-lo, mas em breve foi separado por uma tempestade. Chegou à costa da Trácia, ao país dos Cícones, onde conquistou a cidade de Ísmaros. De todos os habitantes, apenas poupou um, Máron, que era sacerdote de Apolo. Como agradecimento, Máron presenteou-o com doze vasilhas de um vinho doce e forte, que lhe será de grande utilidade no país dos Ciclopes (v. *infra*). No desembarque, Ulisses perdeu seis homens em cada um dos seus navios. Perante um contra-ataque dos Cícones do interior, fez-se de novo ao mar (v. *Cícones*).

Singrando para o sul, chegou, dois dias depois, à vista do cabo Maleia, mas um vento violento de norte impeliu-o até ao largo de Citera e, dois dias mais tarde, acostou no país dos Lotófagos. Enviou alguns dos seus homens a fazerem averiguações sobre os habitantes e estes receberam-nos favoravelmente. Deram-lhes a provar um fruto do seu país, o loto, que utilizavam como alimento. E este fruto era tão delicioso que não quiseram ir-se embora. Ulisses teve que os obrigar a partir contra-vontade. Os geógrafos antigos situavam este país na costa da Tripolitana.

Subindo para o norte, Ulisses e os seus companheiros aportaram a uma ilha repleta de cabras onde se puderam reabastecer abundantemente. Daí passaram para o país dos Ciclopes, sempre identificado com a Sicília. Acompanhado por doze homens, Ulisses desembarcou e penetrou numa caverna. Tinha tido o cuidado de levar consigo os odres cheios de vinho para servirem de presente de hospitalidade para os seres humanos que encontrasse. Na caverna, encontraram muito queijo, leite fresco e coalhado, etc. Os seus companheiros pressionaram Ulisses para se servir e partir, mas este não quis. E quando regressou o proprietário da caverna, o Ciclope Polifemo (v. este nome) apoderou-se dos estrangeiros e aprisionou-os no seu antro. Em seguida, dispôs-se a devorá-los dois a dois. Ulisses, entretanto, ofereceu-lhe o vinho de Máron. O Ciclope, que nunca tinha bebido vinho, achou-o bom e bebeu tanto que ficou muito bem disposto. Perguntou, então, o nome a Ulisses e este respondeu-lhe: «Ninguém.» Como recompensa por uma tão excelente bebida, prometeu devorá-lo em último lugar. Em seguida, após uma última taça, adormeceu. É conhecido como Ulisses, com a ajuda de uma estaca endurecida ao fogo, perfurou o único olho do gigante e, chegando a manhã, conseguiu sair da gruta sob o ventre de um carneiro. O Ciclope pediu auxílio aos congéneres quando foi ferido, mas, quando lhe perguntaram quem o atacava, o gigante foi obrigado a responder «ninguém». Não compreendendo o sentido da resposta, os outros Ciclopes tomaram-no por doido e foram-se embora (v. *Polifemo*). Foi a partir desse momento que Posídon, que era pai de Polifemo, começou a odiar Ulisses.

Tendo assim escapado ao Ciclope, Ulisses chegou à ilha de Éolo, o senhor dos Ventos. Éolo recebeu-o com hospitalidade e deu-lhe uma pele de boi que continha todos os ventos, excepto uma brisa favorável que devia conduzir Ulisses directamente para Ítaca. Já podiam ver as fogueiras acesas pelos pastores na ilha quando Ulisses adormeceu. Os companheiros, pensando que o odre de Éolo estava cheio de ouro, abriram-no. Os ventos escaparam-se em furacão e lançaram-nos na direcção oposta. Os navios abordaram de novo o reino de Éolo. Ulisses voltou a encontrar o rei e pediu-lhe de novo vento favorável. Éolo respondeu que não podia fazer nada por ele, agora que os deuses tinham provado tão claramente a hostilidade ao seu regresso. Ulisses retomou a navegação, ao acaso, e, subindo para o norte, acostou ao país dos Lestrígones, geralmente identificado com a costa nas imediações de Fórmias ou de Gaeta, no Norte da Campânia. Tornado prudente pela experiência com os Ciclopes, Ulisses enviou alguns homens à frente para fazerem um reconhecimento da região. Encontraram a filha do rei, que os conduziu até junto do pai, Antífates. Este devorou um imediatamente. Os outros fugiram perseguidos pelo rei e por todo o seu povo até ao rio. Os Lestrígones lapidaram os Gregos, afundando os navios e matando os homens. Apenas Ulisses conseguiu cortar o cabo que prendia o navio e fazer-se ao mar.

Reduzido a uma única embarcação e à sua equipagem, continuou a dirigir-se para o norte e em breve abordou à ilha de Eeia, onde habitava a maga Circe (sem dúvida o actual promontório do monte Circeu, ao sul do Lácio) (v. a narrativa das aventuras no artigo *Circe*). Quando partiu da ilha de Eeia, Ulisses deixou a Circe um filho, Telégono, talvez dois: Telégono e Nausítoo (v. quadro 39, p. 460).

Circe aconselhou-o a consultar a alma de Tirésias para conhecer os meios de assegurar o seu regresso a Ítaca. Tirésias disse a Ulisses que ele regressaria à sua pátria só e num navio estrangeiro, que deveria vingar-se dos pretendentes e, mais tarde, partir de novo, com um remo ao ombro, à procura de um povo que não conhecia a navegação. Ofereceria, então, um sacrifício expiatório a Posídon e, finalmente, morreria com uma idade avançada, no meio da felicidade e longe do mar. Por fim, após ter avistado um certo número de heróis entre os mortos evocados, Ulisses regressou para junto de Circe. Em seguida, partiu, não sem que a maga ainda lhe tivesse dado os seus conselhos. Passou primeiro ao largo da ilha das Sirenes (situada na vizinhança do golfo de Nápoles) (v. *Sirenes*). Teve, depois, de enfrentar as Rochas Errantes e o estreito de Caríbdis e Cila (v. estes nomes). Alguns marinheiros foram devorados por este, mas o navio escapou aos remoinhos de Caríbdis e, em breve, alcançou a ilha de Trinácria, onde pastavam os bois brancos que pertenciam ao Sol. Parou então o vento e faltaram os víveres. Para matar a fome, e apesar da proibição de Ulisses, os marinheiros mataram alguns bois para os comerem. O Sol viu e lamentou-se a Zeus, pedindo uma reparação. Quando o barco retomou a navegação, levantou-se imediatamente uma tempestade enviada pelo senhor dos deuses; o navio afundou-

-se e apenas Ulisses, que não tinha participado no banquete sacrílego, conseguiu, com grande dificuldade, salvar-se agarrado a um mastro. A corrente levou-o de novo através do estreito e foi por milagre que escapou ao remoinho de Caríbdis. Nove dias depois, período durante o qual foi joguete das ondas, Ulisses chegou à ilha de Calipso (provavelmente a região de Ceuta, na costa marroquina, defronte de Gibraltar) (v. *Calipso*). Embora a *Odisseia* não mencione nada de semelhante, os autores posteriores asseguravam que Ulisses tinha tido da deusa um ou mesmo vários filhos: Nausítoo, Nausínoo (v. quadro 39, p. 460). A estada junto de Calipso durou dez anos — ou oito ou cinco ou mesmo um, segundo os autores. Por fim, a pedido de Atena, a protectora do herói, Zeus, por intermédio de Hermes, deu ordem a Calipso para libertar Ulisses. Calipso, contrariada, pôs à disposição a madeira necessária para construir uma jangada e Ulisses partiu para este. Mas a cólera de Posídon não diminuiu. O deus provocou uma tempestade, que partiu a jangada. Foi nu e agarrado a um bocado de madeira que Ulisses alcançou a ilha dos Feaces, a que a *Odisseia* chama Esquéria e que é provavelmente Corfu.

Esgotado, Ulisses adormeceu na mata que bordejava um rio. De manhã, foi acordado pelos gritos e risos de um grupo de jovens. Eram Nausícaa, a filha do rei da ilha, e as suas criadas, que tinham ido lavar a roupa e brincar nas margens do rio. Ulisses apareceu-lhes e pediu auxílio. Nausícaa indicou-lhe o caminho que conduziu a casa de seu pai, o rei Alcínoo, enquanto que ela, com as suas criadas, regressava a casa por outro caminho, para não despertar a malícia dos transeuntes.

O acolhimento tributado por Alcínoo e pela rainha, Arete, a Ulisses foi afectuoso e muito hospitaleiro. Ofereceram um grande banquete em sua honra e Ulisses narrou longamente as suas aventuras. Em seguida, cumularam-no de presentes e, como tivesse declinado o convite que lhe fora feito para desposar Nausícaa e persistisse no desígnio de regressar a Ítaca, colocaram um navio à sua disposição. Durante a viagem, que foi breve, Ulisses adormeceu e os marinheiros feaces depositaram-no num lugar isolado da ilha Ítaca, com os tesouros que lhe tinham sido oferecidos por Alcínoo. O navio regressou a Esquéria, mas, no momento em que estavam a atingir a ilha, foi transformado em pedra por Posídon, que assim se vingou do auxílio prestado a Ulisses; a própria cidade foi rodeada por uma montanha e deixou de ser um porto.

A ausência de Ulisses tinha durado vinte anos. Estava tão transformado em consequência da idade e dos perigos que ninguém o reconheceu. Penélope, entretanto, esperava-o fielmente (tal é, pelo menos, a versão da *Odisseia*; v. *Penélope*). Era objecto das solicitações dos pretendentes, que se tinham instalado no palácio de Ulisses, onde devoravam as suas riquezas em loucas prodigalidades. Estes pretendentes são em número de cento e oito e os mitógrafos conservaram os seus nomes. Eram oriundos de Dulíquio, de Same, de Zacinto e da própria Ítaca — estes são os territórios sobre os quais se estende a autoridade de Ulisses. Penélope esforçava-se por os desencorajar e, para isso, tinha imaginado um estratagema que se tornou célebre. Tinha-lhes prometido uma resposta no dia em que acabasse de tecer a mortalha do velho Laertes. Durante o dia trabalhava nessa tarefa, mas à noite desfazia o trabalho diurno.

Ulisses, quando acordou, decidiu não se dirigir imediatamente ao palácio. Vai primeiramente a casa de Eumeu, o chefe dos seus porqueiros, homem em quem deposita grande confiança. Dá-se a conhecer e encontra lá Telémaco. Os dois dirigem-se então ao palácio, indo Ulisses disfarçado de mendigo. Ninguém o reconhce, excepto o cão, *Argos*, que, com os seus vinte anos, levava uma existência infeliz. Ao ver o dono, levanta-se, contente, e volta a cair, morto.

No palácio, Ulisses pede de comer aos pretendentes. Estes insultam-no e um mendigo de nome Iro, que costumava estar presente nos festins dos pretendentes, desafia para um combate este intruso que ameaça os seus privilégios. Ulisses derruba-o com alguns murros. O herói é, então, objecto de vários insultos por parte dos pretendentes, nomeadamente do mais importante entre eles, Antínoo. Penélope, que teve conhecimento da chegada do mendigo estrangeiro, deseja vê-lo para lhe perguntar se tem notícias de Ulisses. Mas este decide transferir o encontro para a noite.

Quando chega a noite, Telémaco, de acordo com as instruções do pai, faz transportar para uma sala do piso superior todas as armas que existem no palácio. O encontro entre Ulisses e Penélope tem então lugar. Ulisses não se dá a conhecer e limita-se a pronunciar palavras de esperança. A própria Penélope tinha sonhado que o marido chegaria em breve, mas não quer acreditar e propõe-se organizar, no dia seguinte, um concurso entre os pretendentes e dar a sua mão ao vencedor. Ela confiar-lhes-á o arco de Ulisses e o vencedor será o que melhor souber servir-se dele. Ulisses encoraja-a a executar esse projecto.

O concurso teve lugar no dia seguinte. Consistia em atravessar com uma flecha os anéis formados por vários ferros de machados dispostos lado a lado. Sucessivamente, todos os pretendentes empunham o arco, mas nenhum o consegue armar. No fim, Ulisses pede a arma e, à primeira tentativa, atinge o alvo. Os servidores de Ulisses fecham as portas do palácio, Telémaco empunha as armas e começam a massacrar os pretendentes. Em seguida, as criadas que não tinham observado para com estes a discrição necessária, levam os cadáveres, limpam a sala e são enforcadas no pátio do palácio, tal como o cabreiro Melântio, que tinha tomado partido pelos inimigos do amo. Ulisses dá-se, por fim, a conhecer a Penélope e, para vencer os seus últimos escrúpulos, descreve-lhe o quarto nupcial, que só os dois conhecem.

No dia seguinte, Ulisses desloca-se ao campo, ao local onde vivia o pai, para se dar a conhecer. Entretanto, os pais dos pretendentes massacrados reuniram-se e, armados, exigiam uma satisfação. Graças à intervenção de

Atena, sob os traços do velho Mentor, em breve se restabelece a paz em Ítaca.

Esta é a narração da *Odisseia*. Os poetas posteriores introduzem episódios romanescos, sobretudo amorosos, como, por exemplo, as aventuras de Ulisses e Polimele na ilha de Éolo (v. *Polimele*). Completaram também a *Odisseia*, acrescentando-lhe diversos «fins». Eis os episódios mais marcantes destas lendas, a maior parte meramente literárias.

Depois do massacre dos pretendentes, Ulisses ofereceu um sacrifício expiatório a Hades, Perséfone e Tirésias, e partiu a pé através do Epiro até alcançar o país dos Tesprotos. Aí, ofereceu a Posídon o sacrifício que Tirésias lhe tinha mandado fazer. A rainha do país, Calídice, insistiu para que até ficasse junto dela e ofereceu-lhe o seu reino. Ulisses concordou e os dois tiveram um filho: Polipetes. Reinou algum tempo conjuntamente com Calídice e obteve vitórias sobre os povos vizinhos. Mas quando Calídice morreu, entregou o reino a Polipetes e regressou a Ítaca, onde conheceu o segundo filho que lhe tinha dado Penélope, Poliportes.

Entretanto, Telégono, o filho de Ulisses e de Circe, tinha sabido pela mãe quem era o pai e tinha partido à sua procura. Desembarca em Ítaca e pilha os rebanhos. Ulisses foi em socorro dos seus pastores e tem lugar o combate em que Ulisses é morto pelo filho (v. *Telégono*). Quando soube quem era a sua vítima, Telégono lamentou-se e levou o cadáver, bem como Penélope, para a mansão de Circe.

Outras versões contam que Ulisses, acossado pelos pais dos pretendentes, tinha submetido o caso ao julgamento de Neoptólemo, que então reinava no Epiro. Neoptólemo, desejando apoderar-se de Cefalénia, condenou Ulisses ao exílio. Ulisses dirigiu-se para a Etólia, para junto de Toas, o filho de Andrémon. Aí desposou a filha de Toas, que lhe deu um filho, Leontófono, e morreu em idade muito avançada. Uma outra tradição, transmitida por Plutarco, quer que após o julgamento de Neoptólemo Ulisses se tenha exilado em Itália.

Sobre as aventuras de Ulisses em Itália e sobre a última parte da sua vida, existia toda uma série de tradições que não conhecemos senão por alusões obscuras. Contava-se, em especial, que Ulisses e Eneias se tinham encontrado no decurso das suas viagens e que se tinham reconciliado. Ulisses estabeleceu-se na Tirrénia (o país etrusco) e fundou trinta cidades. Aí teria tomado o nome de Nano (v. este nome), que, em língua etrusca, significaria «o Errante». Ulisses seria morto numa cidade denominada Gortina, geralmente identificada com Cortona, com o sofrimento que lhe causou as mortes de Telémaco e de Circe.

Tácito conta (*Germania*, III) que Ulisses tinha, nas suas viagens, alcançado as margens do Reno e, como recordação, erigira, na margem, um altar que subsistia ainda no tempo da conquista romana. Como o nome de Héracles, também o de Ulisses se ligou às diferentes fases da descoberta do Extremo Ocidente, simultaneamente graças ao episódio dos Cimérios (v. *supra*) e às viagens misteriosas realizadas no fim da sua existência.

A lista dos filhos de Ulisses é extremamente variável. Era modificada ao gosto dos genealogistas para, como no tempo de Catão, fornecer títulos de nobres a todas as cidades itálicas.

Atribui-se, assim, à sua união com Circe filhos como Árdeas, epónimo da cidade latina de Árdea, Latino, epónimo dos Latinos, etc. (v. também *Romo*, *Cassífone*, *Evipe* e quadro 39, p. 460).

ÚRANO. (Οὐρανος.) Úrano é a personificação do Céu, como elemento fecundo. Desempenha um importante papel na *Teogonia* hesiódica, onde figura como filho de Geia (a Terra). Noutros poemas, é apresentado como descendente de Éter (v. *Éter*), omitindo-se, nesta tradição que remonta à *Titanomaquia*, o nome da mãe, que seria, sem dúvida, Hémera, a personificação feminina do Dia. Na teogonia órfica, Úrano e Geia são dois filhos da Noite.

As lendas de Úrano mais conhecidas são aquelas em que ele intervém como esposo de Geia (o Céu cobre, de facto, a Terra inteira, sendo o único à sua medida). Dela teve inúmeros filhos. Reunimos (ver *Geia*), num quadro genealógico de conjunto, a lista dos filhos de Úrano, segundo Hesíodo e Apolodoro (quadro 14, p. 182; 6, p. 105; 38, p. 452). Contam-se entre eles: os seis Titãs, as seis Titânides, os três Ciclopes e os três Hecatonquiros. Mas Geia, descontente com tal fecundidade, e querendo furtar-se ao brutal abraço do seu esposo, pediu aos filhos que a protegessem dele. Todos se recusaram, excepto o mais novo, Crono, que armou uma emboscada e, com a ajuda de uma «foicinha» que sua mãe lhe dera, cortou os testículos ao pai, lançando-os ao mar (v. *Crono* e *Geia*). Tal mutilação é geralmente situada no cabo Drépano, assim denominado a partir do nome grego que designa *foice*. Por vezes, o local indicado é Corfu, na região dos Feaces. Segundo tal versão, a ilha mencionada não seria mais do que a foice que Crono lançara ao mar e aí se enraizara. Os próprios Feaces teriam nascido do sangue derramado pelo deus. Outra versão alude à Sicília, que teria sido fecundada pelo sangue de Úrano, aí residindo o segredo da sua extraordinária fertilidade.

Algo diferente é a tradição transmitida por Diodoro Sículo a respeito de Úrano. Este teria sido o primeiro rei dos Atlantes, povo particularmente piedoso e justo que habitava as margens do Oceano. Tê-los-ia iniciado nas práticas da vida civilizada e na cultura. Ele próprio era um hábil astrónomo e teria inventado o primeiro calendário, a partir dos movimen-

---

Úrano: Hes., *Theog.*, 126 ss; 463 e s.; 886 e s.; 924 e s.; *Titanomachia*, fr. 1 (Kinkel); cf. Cic., *de nat. D.*, III, 17, 44; *Frag. Orph.*, 89, 1; Diod. Sic., III, 57 s.; Plat., *Ti.*, 40 e; Macrob., *Sat.*, I, 8, 12; Apollod., *Bibl.*, I, 1, 1 s.; Cf. G. Dumezil, *Ouranos-Varouna*, Paris, 1934.

tos dos astros, sendo ainda capaz de predizer os principais acontecimentos que o mundo viria a conhecer. Na hora da morte, ter-lhe-iam sido atribuídas honras divinas e pouco a pouco teria sido confundido e identificado com o próprio céu. Segundo esta tradição, Úrano teve quarenta e cinco filhos, dezoito dos quais de Tita (que tomou mais tarde o nome de Geia), denominados Titãs, designação genérica derivada do nome da mãe. As filhas de Úrano foram: Basileia (a Rainha), mais tarde Cíbele, e Reia, cognominada *Pandora.* Basileia, senhora de uma grande beleza, sucedeu ao pai no trono e casou com Hiperíon, um dos irmãos, de quem teve dois filhos: Hélio (o Sol) e Selene (a Lua). Entre os outros descendentes de Úrano, Diodoro menciona Atlas e Crono. Segundo Platão, Oceano e Tétis são também seus filhos. A complicação e as variações destas genealogias explicam-se pelo facto de não traduzirem lendas precisas, mas interpretações simbólicas de cosmogonias eruditas. Alia-se a isto o facto de Úrano desempenhar um papel praticamente sem importância nos mitos helénicos. Contudo, Hesíodo conserva a memória de duas profecias atribuídas conjuntamente a Úrano e Geia: a primeira teria advertido Crono de que o seu reino chegaria ao fim no dia em que um dos filhos o havia de vencer; a segunda teria sido a profecia destinada a alertar Zeus contra o filho que teria de Métis. Foi por obedecer a esta advertência que o pai dos deuses engoliu Métis, quando ela se encontrava grávida de Atena (v. *Métis* e *Zeus*).

Acerca da lenda síria de Úrano e de Crono, transmitida por Fílon de Biblo, v. *Crono.*

V

* **VACUNA.** (*Vacuna.*) Nome de uma muito antiga deusa sabina, que tinha um santuário em ruínas junto da propriedade de Horácio, nas margens de Licenza. Os escoliastas identificam-na, muito vagamente, com Diana, com Minerva e, até, com a Vitória. Não possui nenhuma lenda.

* **VALÉRIA.** (*Valeria.*) Durante uma epidemia que assolou a cidade de Falérios, um oráculo ordenou que, para fazer cessar o flagelo, uma virgem fosse sacrificada a Juno, todos os anos. O sacrifício foi consumado, mas, num ano, a escolha recaiu numa jovem chamada Valéria Luperca. No momento em que ela própria se ia imolar com uma espada, junto do altar, surgiu uma águia que lhe levou a espada e deixou cair um pequeno bastão junto do martelo ritual, que se encontrava sobre o altar, e, afastando-se, soltou a espada sobre uma bezerra que pastava num prado vizinho. Valéria compreendeu as indicações dadas pelo pássaro. Sacrificou a bezerra e, levando com ela o martelo, tocou os doentes atingidos pela epidemia, que imediatamente se curaram.

* **VÉJOVE.** (*Veiouis.*) Deus romano identificado tardiamente com Apolo, tinha um antiquíssimo santuário no Capitólio e um outro na ilha Tiberina. Tem um carácter essencialmente infernal e, na origem, parece ter presidido aos pântanos e às manifestações vulcânicas. Véjove, que não possui uma lenda, era um deus gentílico dos *Iulii* (Júlios).

* **VÉNUS.** (*Venus.*) Antiga divindade latina, possuía um santuário próximo de Ardea, edificado em data anterior à fundação de Roma. Considerada durante muito tempo como presidindo à vegetação e aos jardins, é agora encarada por certos autores como um génio mediador da oração. Mas tudo isto é muito incerto. É assimilada, no século II a. C., à Afrodite grega. A *gens Iulia*, que pretendia descender de Eneias, tomava Vénus como antepassado.

* **VERTUMNO.** (*Vertumnus.*) Deus de origem provavelmente etrusca, tinha uma estátua em Roma, no bairro etrusco, à entrada do Foro. Vertumno personificava a ideia de «mudança». Era-lhe atribuído o dom de se transformar em quantas formas pretendesse. Ovídio atribui-lhe amores com a ninfa Pomona (v. este nome), provavelmente porque Vertumno era, sob vários aspectos, protector da vegetação e, mais particularmente, das árvores de fruto.

* **VESTA.** (*Vesta.*) Deusa romana de carácter muito arcaico, preside ao fogo do lar doméstico. Pertence, como a Héstia helénica

---

Vacuna: HOR., *Epist.*, I, 10, 49 e escól. *ad loc.*,

Valéria: PLUT., *Parall. min.*, XXXV.

Véjove: CIC., *de nat. D.*, III, 62; A. GELL., V, 12, 8 e s.; OV., *Fast.*, III, 437 e s.; VAR., *LL*, V, 84. E. GJERSTAD, «Veiovis. A preindoeuropean God in Rome?». *Opusc. Romana*, IX, 1973, pp. 35-42.

Vénus: STRAB., V, p. 232; SOLIN., II, 14; MACROB., *Sat.*, I, 12, 12 e s.; VAR., *LL*, VI, 20; 33; FEST., p. 265; PLIN., *N. H.*, XIX, 50; LUCR., *De Nat. Rer.*, I, 1 e s.; cf. R. SCHILLING, «La Vénus romaine», *Rev. Et. lat.*, 1942, pp. 44-46; R. SCHILLING, *La Religion romaine de Vénus...*, Paris, 1954.

Vertumno: VAR., *LL*, V, 46; PROP., IV, 2; OV., *Met.*, XIV, 643 e s.; *Fast.*, VI, 410.

Vesta: SERV., *ad VIRG.*, *Aen.*, VIII, 190; IX, 257. AUGUST., *Civ. D.*, VII, 16; CIC., *de nat. D.*,

(v. este nome), ao grupo das doze grandes deusas. O seu culto estava sob a dependência directa do Grande Pontífice, assistido pelas Vestais, sobre as quais exercia uma autoridade paternal. O culto de Vesta, segundo a maior parte dos autores, foi introduzido em Roma por Rómulo, o que levanta algumas dificuldades, porque o seu templo (com uma forma redonda como as mais antigas cabanas do Lácio) erguia-se, não no interior da cidade palatina mas à margem desta, no Forum romano e, por consequência, no exterior da cidade atribuída a Rómulo. O carácter arcaico da deusa é ainda confirmado pelo facto de o animal que lhe era sacrificado ser o burro, animal mediterrâneo por excelência, por oposição ao cavalo, que é indo-europeu. Nos dias das *Vestalia* (em meados de Junho), os burros jovens eram coroados com flores e não trabalhavam. Para explicar tal singularidade, foi imaginada, tardiamente, uma lenda que mostrava a deusa, casta entre todas, protegida pelo burro contra uma tentativa amorosa de Priapo (v. este nome). Trata-se de uma lenda tardia, de inspiração helenística e completamente artificial.

*** VÍRBIO.** (*Virbius.*) Génio cujo culto estava ligado ao de Diana, no bosque sagrado de Nemi (Arícia). O facto de os cavalos serem impedidos de penetrar neste bosque tinha levado ao nascimento da crença em que Vírbio não era outro senão o filho de Teseu, Hipólito, outrora morto pelos seus cavalos, ressuscitado por Asclépio e transportado por Ártemis para Itália (v. *Hipólito*). Esta interpretação apoiava-se num trocadilho, decompondo *Virbius* em *Vir* (homem) e *bis* (duas vezes): «o que foi morto duas vezes»; via-se nisso uma alusão à ressurreição do herói.

*** VOLTURNO.** (*Vulturnus.*) Antiga divindade romana, possuía um flâmine e uma festa, os *Volturnalia*, que se realizava a 27 de Agosto. Uma lenda pretendia que Volturno (ou o deus-rio da Campânia, homónimo com o qual talvez se identificasse) fosse o pai da ninfa Juturna (v. este nome).

*** VULCANO.** (*Vulcanus.*) Divindade romana, possui um flâmine e uma festa, os *Volcanalia,* que se realizava a 23 de Agosto. Teria sido introduzido em Roma por Tito Tácio, mas uma outra tradição atribui a construção do seu primeiro santuário a Rómulo, que o teria mandado construir sobre o espólio tomado ao inimigo durante uma guerra. Era usual, nas festas de Vulcano, lançar no fogo pequenos peixes e, por vezes, outros animais. Consideravam que estas oferendas representavam as vidas humanas, para cuja conservação eram oferecidos aos deuses os referidos animais. Vulcano, que não possuía nenhuma lenda própria, foi identificado com Hefesto (v. este nome). Considera-se, contudo, por vezes, que Vulcano é pai de Caco (v. este nome) ou de Céculo (v. este nome) ou, ainda, do rei mítico Sérvio Túlio (geralmente considerado como filho do Lar doméstico) (v. *Sérvio*).

II, 67; CATO, *De Agr.*, 143, 2; OV., *Fast.*, VI, 319 e s.; LACT., *Div. Inst.*, I, 21, 25 e s.; DEN. HAL., II, 65; PLUT., *Rom.*, 22, 1; cf. V. SMIALEK, «De prisci Vestae cultus reliquiis», *Eos*, 1926, pp. 39-50; E. DEL BASSO, «Virgines Vestales», *Atti. Accad. Napoli*, LXXXV, 1974, pp. 161-249.

Vírbio: OV., *Met.*, XV, 545 e s.; SERV., *ad VIRG.*, *Aen.*, V, 95; VIRG., *Aen.*, VII, 765 e s.; OV., *Fast.*, III, 266 e s.

Volturno: VAR., *LL*, VI, 21; VII, 45; PAUL., p. 379; ARNOB., III, 29.

Vulcano: VAR., *LL*, V, 74; 83 e s.; VI, 20; MACR., *Sat.*, I, 12, 18; PLIN., *N. H.*, XVI, 236; XXXVI, 204, PLUT., *Rom.*, 24, 5, VIRG., *Aen.*, VII, 679, VIII, 190 e s.; PAUL., p. 38; OV., *Fast.*, VI, 637; cf. J. CARCOPINO, *Virgile et les Origines d'Ostie*, Paris, 1921; M. GUARDUCCI, in *Mél. B. Nogara*, 1937, pp. 183-2-3; H. J. ROSE, in *Journ. Rom. Stud.*, 1933, pp. 46-63.

Z

ZACINTO. (Ζάκυνθος.) Zacinto é o herói epónimo da ilha de Zacinto (hoje Zante), no mar Jónio. Segundo as tradições, este herói é considerado como filho de Dárdano (v. quadro 7, p. 112) ou como um arcádio, oriundo da cidade de Psófis.

ZAGREU. (Ζαγρεύς.) Zagreu é geralmente considerado como filho de Zeus e de Perséfone e como o «primeiro Dioniso». Para o procriar, Zeus ter-se-ia unido a Perséfone sob a forma de uma serpente. Zeus, que tinha por ele uma afeição particular, destinou-lhe a sua sucessão e a soberania do mundo. Mas os Destinos decidiram de outro modo. Por precaução contra os ciúmes de Hera, Zeus confiou o pequeno Zagreu a Apolo e aos Curetes, que o educaram nas florestas do Parnaso. Mas Hera conseguiu descobri-lo e encarregou os Titãs de o raptarem. Zagreu tentou em vão escapar metamorfoseando-se. Tomou, nomeadamente, a forma de um touro; mas os Titãs despedaçaram-no e comeram-no, em parte cru, em parte cozinhado. Palas conseguiu salvar, apenas, o coração, ainda palpitante. Alguns restos dispersos foram recolhidos por Apolo, que os enterrou junto da trípode de Delfos. Mas a vontade de Zeus devolveu a vida à criança, quer porque Deméter tivesse reunido os seus restos, quer porque Zeus tivesse feito Sémele absorver o coração de Zagreu, fecundando-a assim com o «segundo Dioniso».

Zagreu é um deus órfico e a lenda precedente pertence à teologia dos mistérios órficos. É ao orfismo, por exemplo, que se deve atribuir a identificação do herói com Dioniso. Ésquilo, pelo contrário, chamava-lhe «deus subterrâneo» e assimilava-o a Hades.

ZELO. (Ζῆλος.) Zelo, o «Zelo», ou a «Emulação», é filho de Estígia e de Oceano. É irmão da Vitória, da Força e da Violência (v. quadro 33, p. 388).

ZETO. (Ζῆθος.) V. *Anfíon.*

ZEUS. (Ζεύς.) Zeus é o mais importante deus do Panteão helénico. É, essencialmente, o deus da Luz, do céu claro, tal como do raio, mas não se identifica com o Céu, do mesmo modo que Apolo não se identifica com o Sol nem Posídon com o Mar. No pensamento helénico, os deuses perderam o valor cósmico que podem ter tido num outro momento da sua evolução. Zeus interessa-nos aqui apenas como herói de lendas.

É nos *Poemas Homéricos* que é criada a personalidade de Zeus, rei dos homens e dos deuses, deus que reina nas alturas luminosas do Céu. Na maior parte do tempo, Zeus permanece no cimo do monte Olimpo, mas também

Zacinto: Steph. Byz., *s. u.*; Pausan., VIII, 24 e s.; Dion. Hal., I, 50.

Zagreu: Aesch., fr. 5; 228 (Nauck[2]); escól. a Pind., *Isth.*, VII, 3; Tzetz., *ad Lyc.*, 355; cf. 207; Procl., *in* Plat., *Ti*, 200 d; Macrob., *Somm. Scip.*, 1, 12; Nonn., *Dion.*, V, 565 e s.; VI, 155 e s.; Hesych. e Suid., *s. u.*; Diod. Sic., III, 62; 64; Callim., fr. 171; 374; Ov., *Met.*, VI, 114; Clem. Alex., *Proptr.*, II, 18. p. 15; Hyg., *Fab.*, 155; 167; Plut., *Qu. Gr.*, 12. Cf. S. Reinach, «Zagreus, le Serpent cornu», in *Cultes, Mythes et Religions*, II, pp. 58-65.

Zeus: Os textos em que Zeus é mencionado são demasiado numerosos para serem citados. São apenas indicados alguns, considerados particularmente importantes: *Il.*, I, 396 e s.; VIII, 13 e s.; XXIV, 527 e s.; escól. a XV, 229; XXIV, 615; Hes., *Theog.*,

viaja. Encontramo-lo, por exemplo, entre os Etíopes, povo piedoso por excelência, cujos sacrifícios lhe são particularmente agradáveis. Pouco a pouco, a morada de Zeus desliga-se de qualquer montanha particular e pela expressão «Olimpo» entende-se apenas a região etérea onde habitam os deuses.

Zeus preside não só às manifestações celestes como provoca a chuva, lança o raio e os relâmpagos —poder simbolizado pela sua égide (v. em baixo)— mas, sobretudo, mantém a ordem e a justiça no mundo. Encarregado de purificar os assassínios da mácula do sangue, vigia pela conservação do juramento e pelo respeito dos deveres devidos aos hóspedes; é a garantia do poder real e, em geral, da hierarquia social. Exerce estas prerrogativas em relação aos homens, mas, também, no interior da sociedade dos deuses. Ele próprio está submetido aos Destinos, de que é o intérprete e que defende contra a fantasia dos outros deuses — *pesa*, por exemplo, os destinos de Aquiles e de Heitor e, quando o prato em que este se encontra desce para o Hades, proíbe Apolo de intervir e abandona o herói ao seu inimigo. Deus providencial, consciente da sua responsabilidade, é o único que não se deixa arrebatar pelos seus caprichos — pelo menos quando não se trata dos seus caprichos amorosos e, mesmo nesse caso, as suas aparentes fantasias não são sempre isentas de uma certa política (v. em baixo). É o *distribuidor* dos bens e dos males. Homero, na *Ilíada*, conta que, na porta do seu palácio, existem duas jarras, uma contendo os bens, e outra os males. Normalmente, Zeus tira o conteúdo alternadamente de uma e de outra para cada um de nós. Mas, por vezes, retira exclusivamente de uma delas e o destino que daí resulta é ou inteiramente bom ou, e é o que mais se verifica, inteiramente mau.

Esta concepção de Zeus como potência universal desenvolveu-se a partir dos *Poemas Homéricos* e chega, entre os filósofos helenísticos, à concepção de uma Providência única: entre os estóicos (nomeadamente Crisipo, que consagrou um poema a Zeus), Zeus é o símbolo do deus único que encarna o Cosmos. As leis do mundo são apenas o pensamento de Zeus. Mas esse é o limite extremo da evolução do deus e sai do espaço da mitologia para pertencer à teologia e à história da filosofia.

O nascimento de Zeus. — Zeus pertence, como todos os Olímpicos, à segunda geração divina. É filho do Titã Crono e de Reia. E, do mesmo modo que Crono era o mais jovem da linhagem dos Titãs, também Zeus nasce em último lugar (v. quadro 38, p. 452). É conhecido o modo como Crono, advertido por um oráculo de que um dos seus filhos o destronaria, tentava impedir a concretização desta ameaça devorando os filhos e as filhas à medida que Reia os ia dando à luz (v. *Crono* e *Reia*). Ao nascer o sexto filho, Reia decidiu recorrer à astúcia e salvar o pequeno Zeus, que acabava de nascer. Deu-o à luz de noite, secretamente, e, de manhã, levou a Crono uma pedra envolta em panos. Crono devorou esta pedra, acreditando que se tratava de uma criança. Zeus estava salvo e, a partir desse momento, nada poderia impedir a realização dos destinos.

Existem duas tradições distintas relativamente ao local do nascimento de Zeus. A mais corrente situa-o em Creta, no monte «Egeu» ou no monte Ida ou, ainda, no monte Dicte. A outra, defendida por Calímaco no seu *Hino a Zeus*, coloca-o na Arcádia (v. *Neda*). Mas mesmo Calímaco admite que a primeira infância do deus decorreu no antro cretense onde a sua mãe o confiara aos Curetes e às Ninfas (v. *Curetes*). A sua ama foi a ninfa (ou a cabra) Amalteia, que o alimentou com o seu próprio leite (v. *Amalteia*). Contava-se que, quando esta cabra morreu, Zeus usou a sua pele como armadura: foi a *égide*, cujo poder comprovou, pela primeira vez, no combate contra os Titãs.

A criança divina foi também alimentada com mel. As abelhas do Ida destilaram-no propositadamente para ele (v. as interpretações evemeristas nos artigos *Melissa* e *Melisseu*).

Os Cretenses não se contentavam em mostrar o lugar onde, segundo eles, Zeus tinha nascido, mas mostravam também um «túmulo de Zeus», com grande escândalo dos mitógrafos e poetas, para quem Zeus era o deus imortal.

A conquista do poder. — Quando Zeus atingiu a idade adulta, quis apoderar-se do poder que Crono detinha. Pediu, então, conselho a Métis (a Prudência) (v. *Métis*), que lhe deu uma droga, graças à qual Crono foi obrigado a vomitar as crianças que tinha devorado. Apoiando-se nos irmãos e nas irmãs que, assim, tinham voltado à vida, Zeus atacou Crono e os Titãs. A luta durou dez anos. No final, Zeus e os Olímpicos foram os vencedores e os Titãs expulsos do Céu (v. *Crono*). Para obter esta vitória, Zeus, a conselho de Geia, libertou do Tártaro os Ciclopes e os Hecatonquiros, que Crono aí aprisionara. Para isso, matou a sua guardiã, Campe. Os Ciclopes deram, então, a Zeus o trovão e o raio, que tinham forjado; deram a Hades um capacete mágico que tornava invisível quem o colocasse; a Posídon, o tridente, cujo embate agita a terra e o mar. Uma vez vencedores, os deuses partilharam o poder, tirando-o à sorte. Zeus obteve o Céu, Posídon ficou com o Mar e Hades com o Mundo Subterrâneo. Zeus ficou ainda com a preeminência sobre o universo.

---

passim e 468 e s.; CALLIM., *Hymn. a Zeus.*; PAUSAN., VIII, 38, 2; IV, 33, 1; LYD., *De Mens.*, IV, 48; APOLLOD., *Bibl.*, I, 1, 6; 2, 1 e s.; DIOD. SIC., 70 e s.; OV., *Fast.*, IV, 207 e s.; *Met.*, VI, 103 e s.; VIRG., *Georg.*, IV, 153; SERV., *ad Virg.*, *Aen.*, III, 10-4; LUCR., *Nat. Rer.*, II, 629; HYG., *Fab.*, *praef.*, 19 e s.; 23 e s.; 31 e s. (Rose); 2; 7; 8; 14; 19; 29 e s.; 46; 52 e s.; 61 e s.; 75 e s.; 91 e s.; 106; 124 e s.; 138 e s.; 152 e s.; 173; 176 e s.; 195 e s.; 223 e s.; CLEM. AL., *Hom.*, V, 12 e s. V. também os artigos citados no texto. Bibliografia moderna muito abundante. Cf. em particular: A. B. COOK, *Zeus*, Cambridge, 1925; M. P. NILSSON, *Vater Zeus, Ar. Rel. Wiss*, pp. 156-171; Ch. PICARD, in *Rev. Hist. Rel.*, 1926, pp. 65-94; E. LIÉNARD, in *Latomus*, 1937, pp. 9 e s.; etc.

A vitória de Zeus e dos Olímpicos foi, todavia, em breve contestada. Juntamente com os Olímpicos, Zeus teve de lutar contra os Gigantes, excitados contra ele pela Terra, irritada por saber que os seus filhos, os Titãs, estavam aprisionados no Tártaro. Sobre esta luta, a Gigantomaquia, v. *Gigantes*. Finalmente, como última prova, Zeus enfrentou Tífon e este foi o combate mais rude que teve de travar. No decurso da luta, foi feito prisioneiro e mutilado pelo monstro, mas um estratagema de Hermes e de Pã libertou-o e, por fim, alcançou a vitória (v. *Tífon*).

As uniões de Zeus. — Cronologicamente, a primeira das esposas de Zeus é Métis, a filha de Oceano. Para escapar ao deus, Métis tomou diversas formas, mas em vão. Teve de submeter-se e concebeu uma filha. Mas Geia predisse a Zeus que, se Métis desse à luz uma filha, esta, por sua vez, conceberia um filho que destronaria o seu pai. Por isso, Zeus engoliu Métis e, quando chegou o momento do parto, Prometeu (algumas fontes referem Hefesto) fendeu com um golpe de machado o crânio de Zeus, de onde saiu, completamente armada, a deusa Atena.

Zeus desposou em seguida Témis, uma das Titânides, e dela teve filhas, as Estações (as *Horas*), chamadas, respectivamente, Irene (Paz), Eunomia (Disciplina) e Dice (Justiça). Em seguida, as Moiras (v. este nome), que são as agentes do Destino. O casamento com Témis, que é a encarnação da Ordem Eterna, da Lei, tem um evidente valor simbólico e exprime como Zeus, o deus todo-poderoso, pode ser submetido aos Destinos, visto que estas, suas emanações directas, são apenas um aspecto de si próprio.

Zeus uniu-se ainda a Dione, uma das Titânides e nela gerou Afrodite (v. neste nome as outras versões a respeito deste nascimento).

Com Eurínome, filha do Oceano, concebeu as Graças (v. *Cárites*): Aglaia, Eufrósina e Talia, que são, na origem, espíritos da vegetação.

De outra Titânide, Mnemósina, que simboliza a Memória, teve as Musas (v. este nome). Por fim, com Leto, gerou Apolo e Ártemis.

É só neste momento que, segundo Hesíodo, se situa o *casamento sagrado* com Hera, sua própria irmã. Mas é geralmente considerado como muito mais antigo. Deste casamento nasceram Hebe, Ilitia e Ares (v. *Hera*).

Com uma outra das suas irmãs, Deméter, Zeus teve uma filha: Perséfone.

Estas são as uniões de Zeus com as deusas, mas as suas uniões passageiras com mortais são inumeráveis. Citaremos aqui apenas as principais (v. quadro 40, p. 471).

Não há uma única região do mundo helénico que não se tenha vangloriado de ter por herói epónimo um filho nascido dos amores de Zeus. Do mesmo modo, a maior parte das grandes famílias da lenda ligavam-se a Zeus. É assim que os Heraclidas descendem não só da união do deus com Alcmena, mas, num grau mais remoto, da união de Zeus com Dánae, visto que são Perseides (v. quadro 32, p. 370). Aquiles e Ájax descendem de Zeus pela ninfa Egina (v. quadro 31, p. 352), enquanto o antepassado de Agaménnon e de Menelau, Tântalo, passava por filho de Zeus e de Pluto (v. quadro 2, p. 12). Do mesmo modo, a raça de Cadmo ligava-se à de Zeus por Io e seu filho, Épafo (v. quadro 3, p. 66). Os Troianos, pelo seu antepassado Dárdano, nasceram dos amores de Zeus e da Plêiade Electra (v. quadro 7, p. 112). Os Cretenses consideravam-se descendentes de Europa e dos três filhos que tinha tido de Zeus: Minos, Sarpédon e Radamante (v. quadro 30, p. 312). De um modo semelhante, os Arcádios tinham por antepassado Árcade, filho de Zeus e da ninfa Calisto (v. quadro 10, p. 132), e os seus vizinhos Argivos tinham por epónimo Argo, nascido, como o irmão Pelasgo, epónimo dos Pelasgos, de Zeus e da Níobe Argiva (v. quadros 19 e 20, pp. 239 e 240). Os Lacedemónios, por fim, reclamavam ser descendentes da ninfa Taígete e do deus (v. quadro 5, p. 90).

Ainda que os mitógrafos, sobretudo a partir da época cristã, considerem todas estas uniões como actos de libertinagem, os poetas e os mitógrafos anteriores esforçam-se por reconhecer as razões profundas que levaram o deus a dar filhos a mortais. É assim que se explicava o nascimento de Helena pelo desejo de diminuir a população demasiado numerosa da Grécia e da Ásia provocando um conflito sangrento. Do mesmo modo, o nascimento de Héracles tinha por finalidade suscitar um herói capaz de libertar a terra de monstros maléficos. Resumindo, a procriação surge em Zeus como um acto de acção providencial. Já os Antigos realçavam que muitas dessas uniões tiveram lugar sob a forma de animais ou de outras: com Europa, sob a forma de um touro; com Leda, de um cisne; com Dánae, de uma chuva de ouro, etc. Estas extravagâncias, que se explicam por vezes pela hipótese de substituição de cultos locais mais antigos por Zeus, nos quais a divindade substituída tinha uma forma animal ou feiticista, eram, para eles, frequentemente objecto de indignação e procuraram dar-lhes uma explicação simbólica. Para Eurípides, por exemplo, a chuva de ouro que reduziu Dánae é uma imagem da omnipotência da riqueza.

Estas aventuras expuseram muitas vezes Zeus à cólera de Hera. Uma das explicações dadas pelos Antigos para as metamorfoses do deus era precisamente o desejo de se ocultar à sua esposa, mas trata-se, evidentemente, de uma efabulação tardia, posterior em todo o caso às lendas de metamorfose. Também as amantes de Zeus assumiram com frequência formas de animais. Io foi metamorfoseada em vaca; Calisto tornou-se uma ursa, etc.

Lendas diversas. — Zeus intervém num grande número de lendas difíceis de agrupar. A *Ilíada* conhece uma conjura tramada contra ele por Hera, Atena e Posídon e que tinha por fim acorrentá-lo. Foi salvo por Egéon (v. este nome). Noutra ocasião, lançou Hefesto no vazio e tornou este deus definitivamente coxo, castigando-o assim por ter tomado o partido de Hera (v. *Hefesto* e *Hera*). Restabeleceu a ordem no mundo depois do roubo de Prometeu, agrilhoando este no Cáucaso (v. *Prometeu*). Mas, perante a maldade dos homens, decide o grande Dilúvio, de que a raça humana só conseguirá salvar-se graças a Deucalião (v. este nome). É a este Zeus Libertador que, uma vez terminado o Dilúvio, Deucalião oferecerá o seu primeiro sacrifício.

Vemos Zeus intervir nas querelas que surgem um pouco por todo o lado: entre Apolo e Héracles a propósito da trípode de Delfos (v. *Héracles*); entre Apolo e Ida por causa de Marpessa (v. este nome); entre Palas e Atenas, provocando assim, involuntariamente, a morte da primeira (v. *Palas*); entre Atena e Posídon, que disputavam a posse da Ática; entre Afrodite e Perséfone, que disputavam o belo Adónis (v. este nome). Castiga ainda um certo número de criminosos, nomeadamente sacrílegos como Salmoneu, Ixíon (vingando deste modo um insulto particular), Licáon, etc. Vêmo-lo também intervir nos trabalhos de Héracles, dando-lhe armas contra os inimigos ou retirando-o das suas mãos quando é ferido (v. *Héracles*).

Acreditava-se que Zeus tinha raptado o jovem Ganimedes na Tróade e que tinham feito dele o seu escanção particular em substituição de Hebe (v. *Ganimedes*).

Em Roma, Zeus foi identificado com Júpiter, como ele deus do céu luminoso e deus protector da Cidade, no seu templo do Capitólio.

ZEUXIPE. (Ζευξίππη.) Nome de várias heroínas, contando-se entre as principais:

1. A mulher do rei da Ática, Pandíon e, também, mãe de Erecteu, Butes, Procne e Filomela (v. quadro 12, p. 144). É irmã da sua própria mãe, a Náiade Praxítea, desposada por Pandíon.

2. Uma outra é a filha do rei de Sícion, Lamedonte (v. quadro 24, p. 265). Desposou Sícion, do qual teve uma filha, Ctonofile.

3. Uma terceira Zeuxipe, por fim, é a filha de Hipocoonte. Desposou Antífates, o filho de Melampo, e deu-lhe dois filhos: Ecleu e Anfalces (v. quadro 1, p. 8).

Zeuxipe: 1) APOLLOD., *Bibl.*, III, 14, 8; HYG., *Fab.*, 14. **2)** PAUSAN., II, 6, 5. **3)** DIOD. SIC., IV, 68.

ZEUS

- (uniões divinas)
  - Métis: Atena.
  - Témis: Horas, Moiras.
  - Dione: Afrodite.
  - Eurínome: Cárites;
  - Mnemósine: Musas.
  - Leto: Apolo, Ártemis.
  - Deméter: Perséfone.
  - Hera: Ares, Hebe, Ilitia, (Hefesto).
- (uniões humanas)
  - Alcmena: Héracles (v. quadro 32, p. 370).
  - Antíope: Anfíon, Zeto (v. quadro 27, p. 280).
  - Calisto: Árcade (v. quadro 10, p. 132).
  - Dánae: Perseu (v. quadro 32, p. 370).
  - Egina: Éaco (v. quadro 31, p. 352).
  - Electra: Dárdano, Iásio, Harmonia (v. quadro 7, p. 112).
  - Europa: Minos, Sarpédon, Radamante (v. quadro 30, p. 312).
  - Io: Épafo (v. quadro 3, p. 66).
  - Laodamia: Sarpédon (v. quadro 36, p. 422).
  - Leda: Helena, Dioscuros (v. quadro 2, p. 12).
  - Maia: Hermes (v. quadro 27, p. 280).
  - Níobe: Argos, Pelasgo (v. quadros 19 e 20, pp. 239 e 240).
  - Pluto: Tântalo (v. quadro 2, p. 12).
  - Sémele: Dioniso (v. quadro 3, p. 66).
  - Taígete: Lacedémon (v. quadro 5, p. 90).

Quadro genealógico n.º 40

ÍNDICE I

NOMES PRÓPRIOS MÍTICOS, GEOGRÁFICOS, HISTÓRICOS

Os nomes que se relacionam com as pessoas são impressos em versaletes. Os nomes geográficos em redondo. Os nomes de festa ou de instituição em itálico.

Os números remetem para as páginas. Seguidos da letra a, designam a coluna da esquerda; da letra b, a da direita. Os números em caracteres negros indicam a página onde o nome é objecto de definição específica.

ÍTALO. 57 *a*; 138 *b*; **255**; 275 *b*; 318 *b*; 406 *b*; 408 *a*; 413 *b*; 417 *b*; 434 *a*.

ÍNDICE II

TEMAS LENDÁRIOS

QUADROS GENEALÓGICOS

ÍNDICE GERAL

DESAPARECIDO

Desaparecido é o 31º romance campeão de vendas de Danielle Steel. Um aterrorizante drama judicial, onde uma série de revelações irão desvendar o complexo mundo de motivos e paixões que movem a vida de homens e mulheres.

Danielle Steel presenteia seu público fiel com uma trama muito bem-elaborada e repleta de suspense e emoção, ao contar a tragédia de pais que têm seu filho seqüestrado, no momento em que a sociedade norte-americana ainda está perplexa com o seqüestro do filho do casal Lindbergh.

No final da década de 30, às vésperas da Segunda Guerra Mundial, Marielle Patterson vive com o marido, Malcolm, e seu filhinho, Teddy, numa elegante mansão num bairro de Nova York. Ela, esposa e mãe devotada; ele, sério e bem-sucedido, um homem admirado por todos. Mas este casal, aparentemente feliz, esconde segredos de há muito enterrados no passado. Por que Marielle todos os anos acende uma vela para uma criança que morrera num trágico acidente?

Nem o marido conhece o que se esconde por trás das paredes do tempo... Até que Marielle encontra seu primeiro amor, Charles Delauney, um americano que residia fora do país. E até que o pequeno Teddy tem sua vida ameaçada pelas mãos de um misterioso seqüestrador...

Enquanto os Patterson, a polícia de Nova York e o FBI reviram a cidade, e o país, à procura de Teddy, suspeitas e acusações misturam-se a terror, angústia e sofrimento. As comparações com o caso Lindbergh são inevitáveis; e o pavor de que Teddy tenha sido morto leva todos a uma busca desenfreada e obcecada.

Desaparecido é uma intrigante história de culpa, desejo e paixão de personagens inesquecíveis, que enfrentam os próprios segredos para encontrar o que de mais caro existe para eles.

OBRAS DA AUTORA

AGORA E SEMPRE
ÁLBUM DE FAMÍLIA
AMAR DE NOVO
UM AMOR CONQUISTADO
AMOR SEM IGUAL
O ANEL DE NOIVADO
ÂNSIA DE VIVER
O APELO DO AMOR
O BRILHO DA ESTRELA
CALEISDOSCÓPIO
CASA FORTE
UM DESCONHECIDO
DOCES MOMENTOS
FINAL DE VERÃO
GALOPE DE AMOR
JÓIAS
MENSAGEM DE SAIGON
MOMENTOS DE PAIXÃO
UM MUNDO QUE MUDOU
PASSAGEIROS DA ILUSÃO
O PREÇO DO AMOR
RECOMEÇOS
RELEMBRANÇA
SEGREDO DE UMA PROMESSA
SEGREDOS DE AMOR
TUDO PELA VIDA
UMA SÓ VEZ NA VIDA
VALE A PENA VIVER
A VENTURA DE AMAR
ZOYA